NCS 국가직무능력표준 National Competency Standards

한국공인회계사회 지정

2024

AT 수험서분야 베스트셀러 1위

비대면(온라인) 완벽대비!

세무실무

더존 Smart A를 이용한

I can! TAT 2급

삼일인포마인 저

SAMIL | 삼일회계법인 삼일인포마인

AT 비대면(온라인) 시험이 뭘까?

- **국가공인 민간자격 최초로 AT자격시험이 비대면 온라인시험 방식으로 시행됩니다.**

- **AT 비대면(온라인) 시험 진행절차**

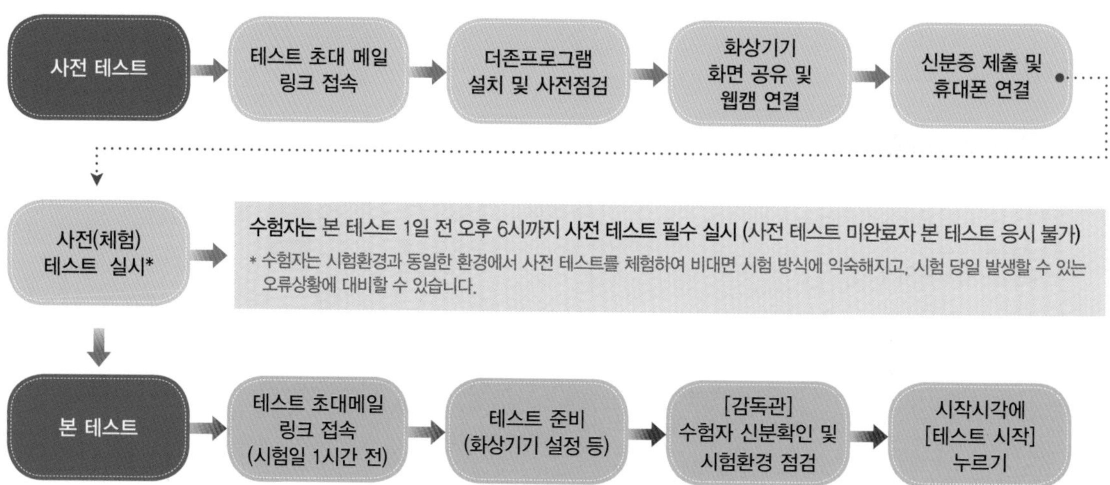

- **AT 비대면 시험 환경 수험자 권장사양**

시험장소

응시 가능	정숙이 유지되는 1인1실의 독립공간(자택, 개인사무실 또는 회의실 등)
응시 불가	2인 이상이 동시 이용하는 공간 불가(카페, PC방, 도서관, 학원, 학교 등) ※ 단, 학원 · 학교 교실에서 1인만 응시하는 경우 응시 가능

PC(권장사양보다 낮아도 응시가 불가능한 것은 아니지만 응시가 원활하지 않을 수 있으며, 이 경우 발생하는 문제는 수험자의 귀책사유에 해당함)

운영체제	Window 10(64bit) [Mac PC & 태블릿 PC는 응시 불가]
CPU	Quad Core (4Core 이상) / [윈도우 작업관리자(Ctrl + Shift + Esc) – 성능에서 확인 가능]
RAM	8GB
브라우저	Chrome(최신버전 업데이트)
PC 기타장비	마이크 기능이 있는 웹캠, 모니터(15인치 이상 권장), 휴대폰 거치대

Mobile(안드로이드폰, 아이폰 모두 가능)

운영체제	Android	iOS
브라우저	Chrome(최신버전 업데이트)	Safari

Internet Network 속도

PC	UP & DOWN 50Mbps
Mobile	

- UP/DOWN의 속도 확인은 speedtest.net에서 확인 가능합니다.
- wifi를 이용하는 경우 wifi signal이 차있는 상태를 확인합니다.

AT 비대면시험 응시환경 준비

웹캠(카메라) 설정 방법

- 웹캠을 사용하는 시험의 경우 주위 밝기를 조절하여 응시자 얼굴의 인식이 가능하도록 조정합니다.
- 웹캠은 응시자의 얼굴 전체가 나와야 하며, 얼굴의 일부분이 가려지지 않도록 조정합니다.

스마트폰 예시 화면

- 스마트폰은 응시자 왼쪽 또는 오른쪽에 1m거리, 높이는 약 0.8m정도로 설치합니다. (아래 그림 참조)
- 스마트폰은 가로로 거치하며, 그림과 같이 응시자의 얼굴(측면)과 손, PC 화면, 책상 위가 모두 보여져야 합니다.

응시자는 화면 공유 시, 모니터 전체 화면을 공유해야 합니다. 스마트폰 카메라는 응시자의 왼쪽 또는 **오른쪽에 거치하며 시험 환경이 보여져야** 합니다.

시험 응시 환경 예시

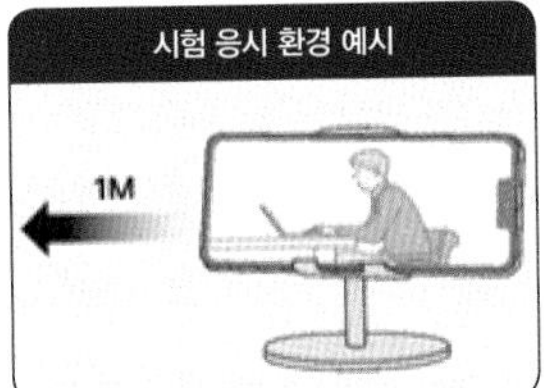

감독관에게 보여지는 휴대폰 화면 예시

감독관에게 보여지는 웹캠 예시

AT 비대면 시험 부정행위 기준

- 다음은 시험 기준 안내 사항으로 시험 전 반드시 숙지해야 합니다.
- 시험 종료 후 녹화 영상 판독 시에도 해당 사항이 발견될 경우 부정행위로 처리될 수 있습니다.

시험 응시 주변환경 (부정행위 간주 항목)	– 시험 응시 현장에 응시자 본인 외 금지(2인 이상 응시 금지 – 공공장소, 카페, PC방 등) – 모자 및 마스크 착용 금지 – 이어폰, 헤드셋, 스마트워치, 디지털카메라, 전자사전, 통신(블루투스) 기능 있는 전자기기 소지 및 착용 금지 – TV스크린, 듀얼모니터, 공학용 또는 윈도우 계산기, 태블릿PC 사용 금지 – 시험 감독관으로부터 확인받은 A4백지 1장, 필기구 1개, 사칙연산용 계산기만 허용 – 책상 위에 허용된 물품 외 다른 물품 비치 금지(테스트 접속 전 깨끗이 정리 필수) – 휴대폰 카메라는 수험자의 양손, 얼굴 측면, 책상 위, 모니터가 보이도록 각도 설정 필수
시험 중 부정행위	– 시험 중 자리 이탈 및 화장실 이용 불가 / 음료, 간식, 껌 등의 음식물 섭취 불가 – 타 사이트 접속 및 외부 프로그램 사용 금지(인터넷 검색, 엑셀, 카카오톡, 줌, 공학용 계산기 등) – 의심행동 금지(손을 화면 밖으로 이탈, 시선을 모니터와 필기종이 외에 다른 곳을 보는 움직임 등) – 휴대폰 통화, 타인과 대화 또는 주변 대화 소리가 들리는 경우 – 응시화면(모니터, 웹캠, 스마트폰)이 모두 끊길 경우 – 감독관의 메시지와 지시에 응하지 않을 경우 – 컨닝행위(손바닥 필기, 참고자료, 컨닝페이퍼, 듀얼모니터 사용 등 모든 부정한 행위) – 문제 및 답안지를 복사/캡처/녹화/촬영하여 문제 및 답안을 유출하는 행위

※ 부정행위자에 대하여는 당해 시험일 이후 2년간 AT 자격검정 응시자격을 정지합니다.

머리말

AT(Accounting Technician)는 우리나라 최고의 회계·세무 전문가 단체인 한국공인회계사회에서 주관하는 국가공인 '회계·세무 실무자격'으로 기업에서 사용하는 회계·세무 실무프로그램의 회계 및 세무 처리 능력을 인증하는 회계·세무 실무자격이다.

투명한 회계정보를 생성하기 위한 회계실무 능력과 그 회계실무를 바탕으로 한 세무실무 능력을 충분히 발휘할 수 있는 실무자를 양성하는 것을 목표로 하며 나아가 기업의 인재 제공에 도움을 줄 수 있도록 설계된 실무중심 자격증이다.

특히 2022년 8월부터는 AT자격시험이 전면 비대면 시험으로 전환됨에 따라 이러한 AT자격시험의 출제경향을 철저히 분석하고 한국공인회계사회의 의도를 충실히 반영하여 기업 실무에 적합한 회계·세무 실무 교재를 집필하였다.

본 교재의 특징은

첫 째, AT 자격시험의 정신인 실무중심 수험서!

수험목적의 교재이기는 하지만 AT 자격시험의 정신인 실무중심의 회계교육에 걸맞게 실무적인 회계처리에 대해서도 설명하고 있다.

둘 째, 전면 비대면 시험을 준비하는 수험생들의 빠른 합격을 위한 수험서!

중요한 내용에 대해서는 이해하기 쉽도록 보충설명을 하였으며, 비대면 시험의 완벽한 대비를 위해 한국공인회계사회의 출제방향에 최적화된 문제 및 풀이로 철저한 시험대비가 가능하다.

- **수년간의 기출문제를 분석한 유형별 연습문제 풀이로 빠른 합격**
- **전면 비대면 시험 출제방향 완벽히 분석하여 완벽 대비 가능**

셋 째, 실제 시험과 기업 실무에 일치하는 컬러 증빙으로 제작!

각종 증빙 및 세무신고자료 등을 실제 시험문제와 기업 실무와 동일하게 모든 증빙을 컬러로 제작하여 효과적인 학습을 할 수 있도록 배려하였다.

넷 째, 국가직무능력표준(NCS, National Competency Standards) 교재로 취업경쟁력 상승!

NCS를 정확히 반영한 목차와 본문 내용(필요 지식, 수행과제, 수행과제 풀이, 수행Tip)으로 산업현장에서 필요한 직무능력을 갖추어 취업성공까지 이룰 수 있도록 하였다.

본 교재를 출간하게 해주신 삼일인포마인 이희태 대표이사님과 기타 관계자분들께 감사드리며, 아무쪼록 AT 자격시험을 준비하는 분들에게 일조를 하여 이론과 실무를 겸비한 회계실무 전문가로 성장하는데 동행하는 친구가 될 수 있다면 그 이상 기쁨은 없을 것이다. 꾸준히 노력하여 보다 충실한 교재로 거듭날 것을 약속하며 독자들의 충고와 질책을 바라는 바이다.

시험일정 및 시험안내

1. 시험일정

구분	제69회	제70회	제71회	제72회	제73회	제74회	제75회	제76회	제77회	제78회
원서접수	2.1~2.7	2.29~3.6	4.4~4.11	5.2~5.8	5.30~6.5	7.4~7.10	8.1~8.7	10.3~10.10	10.31~11.6	12.5~12.11
사전테스트	2.13~2.16	3.12~3.15	4.16~4.19	5.14~5.17	6.11~6.14	7.16~7.19	8.13~8.16	10.15~10.18	11.12~11.15	12.17~12.20
시험일자	2.17(토)	3.16(토)	4.20(토)	5.18(토)	6.15(토)	7.20(토)	8.17(토)	10.19(토)	11.16(토)	12.21(토)
합격자발표	2.23(금)	3.22(금)	4.26(금)	5.24(금)	6.21(금)	7.26(금)	8.23(금)	10.25(금)	11.22(금)	12.27(금)
시험등급	FAT 1,2급 TAT 1,2급	FAT 1급 TAT 2급	FAT 1,2급 TAT 1,2급	FAT 1급 TAT 2급	FAT 1,2급 TAT 1,2급	FAT 1급 TAT 2급	FAT 1,2급 TAT 1,2급	FAT 1,2급 TAT 1,2급	FAT 1급 TAT 2급	FAT 1,2급 TAT 1,2급

구분		신분확인 및 환경점검	시험시간
1교시	FAT 2급	09:00~10:00	10:00~11:00
	TAT 2급	09:00~10:00	10:00~11:30
2교시	FAT 1급	13:00~14:00	14:00~15:00
	TAT 1급	13:00~14:00	14:00~15:30

※ 시험방식: 모든 회차 모두 비대면 시험

■ 비대면 시험 수험자 필수확인사항

① 시험전일(오후6시)까지 사전테스트 필수이수(미이수시 응시불가)

② 시험시간 20분전까지 온라인고사실 필수입실(미입실시 응시불가)

③ 시험전 더존교육프로그램(최신버전)과 등급별 수험데이터파일 필수 설치(미설치시 추가시간부여 불가)

④ 권장사양보다 낮은 PC로 응시 중 발생하는 문제는 수험자 귀책사유

2. 시험안내

검정기준

재무회계와 부가가치세 수정신고 등 수행능력과 소득세 원천징수의 전자신고를 통한 세무정보 분석능력을 평가

검정방법

- 실무이론시험과 실무수행시험 동시 진행
- 실무수행프로그램(회계·세무 S/W프로그램) : 더존 SmartA(iPLUS) 실무교육프로그램

합격결정기준

- 이론시험 30점 + 실기시험 70점
- 100점 만점, 70점 이상 합격

응시자격

- 응시자격 : 제한없음

자격의 형태

- 국가공인 자격
- 국가평생교육진흥원 학점은행제 자격학점 인정 자격
  - FAT1급 4학점, TAT 2급 10학점, TAT1급 16학점
  - 표준교육과정 해당 전공: 전문학사 '경영', 학사 '경영학, 회계학, 세무학'

출제범위 및 시험(소요)시간

등급	검정방법	시험과목		시험시간
TAT 2급	실무이론 (30%)	재무회계	계정과목별 결산 회계처리, 매출원가 계산	90분
		세무회계	부가가치세법, 소득세법(근로소득)	
	실무수행 (70%)	회계정보관리	• 제조기업의 특수 상황별 회계처리, 결산 • 적격증빙관리 및 관련서류 작성 • 어음관리	
		부가가치세관리	• 전자세금계산서 관리 및 부가가치세신고 • 업종별 부가가치세신고 부속서류 작성	
		근로소득관리	근로소득의 원천징수 프로세스	

시험일정 및 시험안내

세부 출제범위

구분	과목	평가범위	세부 출제범위	
			주요항목	세부항목
실무 이론	재무회계	재무회계	재무회계	• 재무제표의 작성과 표시 • 매출원가 계산 • 재무상태표 계정과목별회계처리 • 손익계산서 계정과목별회계처리 • 특수한 상황별 회계처리 • 적격증빙관리 • 결산
	세무회계	부가가치세	부가가치세	• 부가가치세의 기본개념 • 과세거래 • 영세율과 면세 • 과세표준과 세액
		소득세 (원천징수)	소득세 (원천징수)	• 소득세 총설 • 종합소득공제
실무 수행	회계정보 관리	거래자료 입력	적격증빙의 이해	• 사업자등록증에 의한 회사등록 수정 • 환경설정 수정 • 사업자등록증에 의한 거래처등록 • 계정과목추가 및 적요등록 수정
			어음관리	• 전기분재무제표(재무상태표, 손익계산서)의 입력 수정 • 거래처별초기이월(일반채권, 채무, 어음관리) 등록 및 수정
			유형자산 관련	• 정부보조금에 의한 유/무형자산의 구입 • 신규매입자산의 고정자산등록 • 유/무형자산의 매각
			기타일반거래	• 단기매매증권구입 및 매각 • 대손의 발생과 설정 • 출장비 정산, 급여 및 퇴직금지급, 임차료지급, 운반비지급, 계약금지급, 계약금입금, 퇴직연금, 리스회계, 잉여금처분 및 중간배당금지급, 사회보험지급, 자본거래 등

구분	과목	평가범위	세부 출제범위	
			주요항목	세부항목
실무수행	회계정보 관리	결산	수동결산	• 손익의 예상과 이연 • 유가증권 및 외화평가 • 가계정 및 유동성대체 • 재고자산감모 및 평가손실 등
			자동결산	• 결산자료입력에 의한 자동결산 → 상품매출원가, 제품매출원가, 감가상각비, 대손상각비, 퇴직금 • 추계액, 법인세 등
	부가가치세 관리	부가가치세	전자세금계산서의 발행	• 과세매출자료 입력 • 과세매출자료의 전자세금계산서 발행 • 수정사유별 수정전자세금계산서 발행
			부속서류작성 및 회계처리	• 부동산임대사업자의 부가가치세신고서 작성 : 전표입력 → 부동산임대공급가액명세서 → 간주임대료 회계처리 → 부가가치세신고서 반영 • 의제매입세액공제신고사업자의 부가가치세신고서 작성 : 전표입력 → 의제매입세액공제신고서 작성 → 의제매입세액회계처리 → 부가가치세신고서 반영 • 신용카드매출전표발행집계표/작성자의 부가가치세신고서 작성 : 전표입력 → 신용카드매출전표발행집계표작성 → 부가가치세신고서 반영 • 수출실적명세서 작성자의 부가가치세신고서 작성 : 전표입력 → 수출실적명세서 → 부가가치세신고서 반영 • 매입세액불공제내역 작성자의 부가가치세신고서 작성 : 전표입력 → 매입세액불공제내역 작성 → 부가가치세신고서 반영 • 대손세액공제신고서 작성자의 부가가치세신고서 작성 : 대손세액공제신고서 작성 → 대손금의 회계처리 → 부가가치세신고서 반영 • 건물등감가상각자산취득명세서 작성자의 부가가치세신고서 작성 : 전표입력 → 건물등감가상각자산취득명세서 → 부가가치세신고서 반영

시험일정 및 시험안내

구분	과목	평가범위	세부 출제범위	
			주요항목	세부항목
실무수행	근로소득 관리	근로소득 원천징수	사원등록	• 주민등록등본, 가족관계증명원, 고용계약서 등에 의한 사원등록
			급여자료입력	• 급여명세에 의한 급여자료 → 수당공제등록 → 급여자료입력 → 원천징수이행상황신고서 반영
			원천징수이행상황신고서 작성	• 신입사원의 원천징수 → 사원등록 : 입사일자등록 및 기본정보등록 → 급여자료입력 → 원천징수이행상황신고서 반영 • 중도퇴사자의 원천징수 → 사원등록 : 퇴직일자입력 → 급여자료입력 → 연말정산자료입력 → 원천징수이행상황신고서 반영 • 전월미환급세액의 원천징수이행상황신고서 반영
		근로소득 연말정산	연말정산자료 입력	• 국세청연말정산간소화 및 이외의 자료를 기준으로 연말정산 → 사원등록 수정 → 소득명세 작성 → 정산명세 항목별 작성 → 의료비명세서 또는 기부금명세서 작성

3. 합격률

(단위 : %)

시험년도	회차	FAT		TAT		합계
		2급	1급	2급	1급	
2023년	68회	70.93	61.28	56.13	29.84	58.28
	67회	-	55.72	52.66	-	54.51
	66회	69.39	71.81	67.60	46.75	68.14
	65회	66.86	60.77	48.15	30.09	54.98
	64회	-	54.03	22.78	-	40.83
	63회	68.38	61.24	22.93	31.76	48.95
	62회	-	54.23	21.39	-	41.27
	61회	74.16	65.95	39.69	35.86	55.74
	60회	-	53.15	54.71	-	53.76
	59회	67.12	57.54	46.74	33.33	53.57
2022년	58회	46.72	60.03	40.85	30.86	49.84
	57회	49.18	60.40	31.67	34.87	48.28
	56회	55.48	49.97	44.58	16.19	46.45
	55회	51.07	44.81	45.23	37.82	45.26
	54회	39.52	45.79	49.22	49.00	46.51
	53회	62.88	67.33	43.95	32.39	57.01
	52회	66.48	50.75	41.76	26.45	47.36
	51회	63.57	66.11	26.81	29.42	49.72
2021년	50회	47.64	55.13	31.72	29.34	44.24
	49회	56.80	61.88	31.44	26.07	48.11
	48회	59.63	59.48	41.66	29.48	53.21
	47회	60.13	63.00	47.37	28.03	56.15
	46회	58.64	48.71	44.70	31.20	47.62
	45회	76.28	46.79	41.62	40.08	49.79
2020년	44회	55.97	68.67	20.89	14.13	47.74
	43회	54.71	65.70	39.79	31.05	53.62
	42회	60.49	62.97	42.48	27.78	54.00
	41회	75.61	58.60	44.07	19.84	54.09
	39회	51.81	64.92	31.83	20.54	50.77
2019년	38회	56.46	47.37	26.15	18.6	41.96
	37회	33.27	61.01	38.38	22.07	46.94
	36회	41.37	42.99	30.87	23.99	38.27
	35회	50.42	48.85	23.44	12.24	40.96
	34회	48.69	55.63	24.95	25.23	43.81
	33회	58.78	70.15	22.31	28.51	52.86
2018년	32회	62.34	64.42	31	32.2	53.41
	31회	50.38	43.03	29.52	24.58	40.32
	30회	42.63	46.12	38.53	28.21	42.61
	29회	60.94	40.55	25.31	30.22	41.49
	28회	65.15	58.45	39.51	25.57	52.76
	27회	65.06	48.17	34.12	27.43	46.41

차례

제 1 부 이론 내 것으로 만들기

차례

제 3 부 합격 확신 문제풀이

차례

제 1 부

이론 내 것으로 만들기

제 1 장

재무회계 이론 제대로 알기

제 1 절 회계란 무엇인가?

01 회계의 정의와 목적

정의	• 회계정보(재무정보)이용자가 합리적인 판단이나 의사결정을 할 수 있도록 기업실체에 관한 유용한 경제적 정보를 식별, 인식, 측정, 기록 및 전달하는 과정
목적	• 회계정보(재무정보)이용자의 경제적 의사결정에 유용한 기업의 재무상태, 경영성과 및 재무상태변동에 관한 정보를 제공 • 위탁받은 자원에 대한 경영진의 수탁책임이나 회계책임(경영진이 기업에 투자한 투자자나 채권자 등을 대신하여 기업을 경영하는 책임)의 결과를 보여줌

02 회계정보(재무정보)이용자와 회계의 분류

회계의 목적은 광범위한 정보이용자의 경제적 의사결정에 유용한 기업의 재무상태, 경영성과 및 재무상태변동에 관한 정보를 제공하는 것이다.

회계정보(재무정보)이용자의 정보요구에 따른 회계의 분야를 크게 분류해보면 다음과 같다.

구 분	재무회계 Financial Accounting	원가(관리)회계 Cost(Management) Accounting	세무회계 Tax Accounting
목 적	• 일반목적 재무제표 작성	• 경영자가 경영활동에 필요한 재무정보 생성, 분석	• 법인세, 소득세, 부가가치세 등의 세무보고서를 작성
정 보 이용자	• 외부정보이용자	• 내부정보이용자	• 과세관청
	• 주주, 투자자, 채권자 등	• 경영자, 근로자 등	• 국세청 등
작 성 기 준	• 일반적으로 인정된 회계원칙에 따라 작성	• 특별한 기준이나 일정한 원칙없이 작성	• 법인세법, 소득세법, 부가가치세법 등에 따라 작성

주의 재무회계의 내용, 원가(관리)회계의 내용을 정확히 구분하자.

03 회계의 기본가정(전제조건)

회계는 일정한 가정 하에 이루어지는데 이 기본가정(또는 전제) 중 가장 중요한 것은 다음과 같다.

기업실체의 가정	• 기업을 소유주와는 독립적으로 존재하는 회계단위로 간주 • 하나의 기업을 하나의 회계단위의 관점에서 재무정보를 측정, 보고 • 소유주와 별도의 회계단위로서 기업실체를 인정하는 것 주의 회계단위: 기업의 경영활동을 기록 계산하기 위한 장소적 범위(본점, 지점) 예 회계처리는 주주 등의 입장이 아닌 기업실체(예: 삼일뷰티) 입장에서 하자.
계속기업의 가정	• 일반적으로 기업이 예상 가능한 기간 동안 영업을 계속할 것이라는 가정 • 기업은 그 경영활동을 청산하거나 중요하게 축소할 의도나 필요성을 갖고 있지 않다는 가정을 적용 주의 건물의 내용연수를 20년 등으로 하여 감가상각을 할 수 있는 것은 계속기업의 가정 덕분이다.
기간별 보고의 가정	• 기업실체의 존속기간을 일정한 기간 단위로 분할하여 각 기간별로 재무제표를 작성하는 것 • 기업의 경영활동을 영업이 시작되는 날부터 폐업하는 날까지 전체적으로 파악하기는 어려우므로 인위적으로 6개월 또는 1년 등으로 구분하여 재무제표를 작성 주의 회계연도는 1년을 넘지 않는 범위 내에서 기업의 임의대로 설정할 수 있다.

04 발생주의(발생기준)

발생주의는 현금의 수수에 관계없이 거래가 발생된 시점에 인식하는 기준으로 현금거래 이외의 비현금거래에 대하여도 거래로 인식하여 회계처리하게 된다. 이에 따라 거래는 발생하였으나 현금의 유입과 유출이 이루어지기 전에 인식되는 매출채권, 매입채무 등의 발생주의 계정이 사용된다.

05 회계정보(재무정보)의 질적특성

정보이용자의 의사결정에 유용하기 위하여 회계정보(재무정보)가 갖추어야 할 주요 속성으로, 가장 중요한 질적특성은 목적적합성(relevance)과 신뢰성(reliability)이 있다.

목적적합성	예측가치	• 정보이용자가 기업의 미래 재무상태, 경영성과, 순현금흐름 등을 예측하는 데에 그 정보가 활용될 수 있는 능력이다. 예 반기 재무제표에 의한 반기 이익은 연간 이익을 예측하는 데 활용
	피드백 가치	• 제공되는 회계정보 정보이용자의 당초 기대치(예측치)를 확인 또는 수정되게 함으로써 의사결정에 영향을 미칠 수 있는 능력이다. 예 어떤 기업의 투자자가 특정 회계연도의 재무제표가 발표되기 전에 그 해와 그 다음 해의 이익을 예측하였으나 재무제표가 발표된 결과 당해 연도의 이익이 자신의 이익 예측치에 미달하는 경우, 투자자는 그 다음 해의 이익 예측치를 하향 수정

	적시성	• 의사결정시점에서 필요한 정보가 제공되지 않는다면 동 정보는 의사결정에 이용될 수 없고 따라서 목적적합성을 상실한다. 예 A기업이 2분기 손익계산서를 공시하기 전까지 1분기 손익계산서를 공시하지 않았다면 이는 적시성을 훼손한 것임.
신뢰성	표현의 충실성	• 회계정보(재무정보)가 신뢰성을 갖기 위해서는 그 정보가 기업의 경제적 자원과 의무, 그리고 이들의 변동을 초래하는 거래나 사건을 충실하게 표현해야 한다.
	검증가능성	• 동일한 경제적 사건이나 거래에 대하여 동일한 측정방법을 적용할 경우 다수의 독립적인 측정자가 유사한 결론에 도달할 수 있어야 함을 의미한다.
	중립성	• 회계정보(재무정보)가 신뢰성을 갖기 위해서는 편의 없이 중립적이어야 한다. • 의도된 결과를 유도할 목적으로 재무제표에 특정 정보를 표시함으로써 정보이용자의 의사결정에 영향을 미친다면 중립적이라 할 수 없다.
비교가능성		• 기업실체의 재무상태, 경영성과, 현금흐름 및 자본변동의 추세 분석과 기업실체 간의 상대적 평가를 위하여 회계정보(재무정보)는 기간별 비교가 가능해야 하고 기업실체간의 비교가능성도 있어야 한다. • 비교가능성(comparability)은 목적적합성과 신뢰성만큼 중요한 질적특성은 아니나, 목적적합성과 신뢰성을 갖춘 정보가 기업실체 간의 비교가능하거나 또는 기간별 비교가 가능할 경우 회계정보(재무정보)의 유용성이 제고될 수 있다.

주의 목적적합성과 신뢰성 중 하나가 완전히 상실된 경우 그 정보는 유용한 정보가 될 수 없다.

회계정보(재무정보)의 질적특성

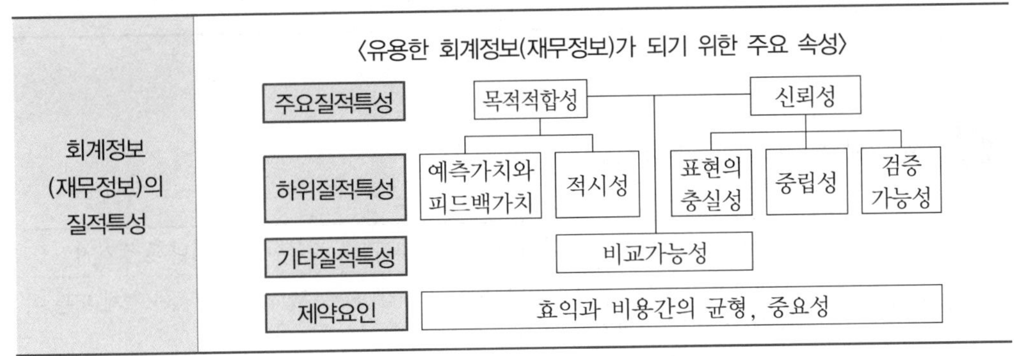

06 회계정보(재무정보)의 제약요인

<table>
<tr><td>비용과 효익 간의 균형</td><td>• 질적특성을 갖춘 정보라도 정보제공 및 이용에 소요될 사회적 비용이 사회적 효익을 초과한다면 그러한 정보의 제공은 정당화될 수 없다.</td></tr>
<tr><td>중요성</td><td>• 목적적합성과 신뢰성을 갖춘 항목이라도 중요하지 않다면 반드시 재무제표에 표시되는 것은 아니다.(중요성은 정보가 제공되기 위한 최소한의 요건)
• 특정 정보가 생략되거나 잘못 표시된 재무제표가 정보이용자의 판단이나 의사결정에 영향을 미칠 수 있다면 그러한 정보는 중요한 정보이다.
예 재무제표를 공시할 때 회사규모가 크고 재무제표 이용자의 오해를 줄 염려가 없다면 천원 또는 백만원 미만 금액은 생략할 수 있다.</td></tr>
<tr><td>질적특성 간의 절충의 필요</td><td>• 목적적합성 있는 정보를 위해 신뢰성이 희생하는 경우가 있고, 신뢰성 있는 정보제공을 위해서 목적적합성이 희생해야 하는 경우가 있다.
• 즉, 정보의 적시성과 신뢰성간의 균형을 고려하여야 한다.
<table>
<tr><th>구분</th><th>목적적합성</th><th>신뢰성</th></tr>
<tr><td>자산의 평가</td><td>공정가치법(시가법)</td><td>원가법</td></tr>
<tr><td>수익의 인식</td><td>진행기준</td><td>완성기준</td></tr>
<tr><td>손익의 인식</td><td>발생주의</td><td>현금주의</td></tr>
<tr><td>재무제표 보고</td><td>반기 재무제표</td><td>연차 재무제표</td></tr>
<tr><td>유가증권 투자</td><td>지분법</td><td>원가법</td></tr>
</table></td></tr>
</table>

07 재무제표 요소의 측정기준

취득원가	• 역사적원가로 자산을 취득하였을 때 그 대가로 지불한 금액이나 공정가치
공정가치	• 독립된 당사자간의 현행거래에서 자산이 매각 또는 구입되거나 부채가 결제 또는 이전될 수 있는 교환가치
기업특유가치	• 기업실체가 자산을 사용함에 따라 당해 기업실체의 입장에서 인식되는 현재의 가치를 말하며, 사용가치라고도 한다.
순실현가능가치	• 정상적인 기업활동 과정에서 미래에 당해 자산이 현금 또는 현금성자산으로 전환될 때 수취할 것으로 예상되는 금액에서 직접 소요된 비용을 차감한 금액

제 2 절 재무제표

재무제표는 기업의 외부 정보이용자에게 재무정보를 전달하는 핵심적인 재무보고 수단으로 다양한 정보이용자의 공통요구를 위해 작성되는 일반목적 재무제표를 의미한다.

재무제표의 종류

재무상태표	• 재무상태표는 일정 시점의 기업의 재무상태를 보여주는 보고서이다.
손익계산서	• 손익계산서는 일정 기간의 기업의 경영성과를 보여주는 보고서이다.
현금흐름표	• 현금흐름표는 일정 기간 동안 기업의 현금유입과 현금유출에 대한 정보를 영업활동, 투자활동 및 재무활동 현금흐름에 대한 정보를 제공한다.
자본변동표	• 자본변동표는 자본의 크기와 그 변동에 관한 정보를 제공하는 재무제표이다.
주석	• 재무제표 본문에 표시된 정보를 이해하는데 도움이 되는 추가적 정보를 설명하는 것을 말한다. 재무제표 본문에 관련 주석번호가 표시되는 방식으로 이루어진다.

주의 상법 등 관련 법규에서 이익잉여금처분계산서의 작성을 요구하는 경우에는 재무상태표의 이익잉여금에 대한 보충정보로서 이익잉여금처분계산서를 주석으로 공시한다.

재무제표 작성과 표시의 일반원칙

계속기업	• 경영진은 재무제표 작성 시 계속기업으로서의 존속가능성을 평가해야 한다. • 경영진이 기업을 청산하거나 경영활동을 중단할 의도를 가지고 있지 않거나, 청산 또는 경영활동의 중단 외에 다른 현실적 대안이 없는 경우가 아니면 계속기업을 전제로 재무제표를 작성한다.
재무제표의 작성책임과 공정한 표시	• 재무제표의 작성과 표시에 대한 책임은 경영진에게 있다. • 재무제표는 경제적 사실과 거래의 실질을 반영하여 기업의 재무상태, 경영성과, 현금흐름 및 자본변동을 공정하게 표시하여야 한다. • 일반기업회계기준에 따라 적정하게 작성된 재무제표는 공정하게 표시된 재무제표로 본다.
자산과 부채의 총액표시	• 자산과 부채는 원칙적으로 상계하여 표시하지 않는다. • 다만, 기업이 채권과 채무를 상계할 수 있는 법적 구속력 있는 권리를 가지고 있고, 채권과 채무를 순액기준으로 결제하거나 채권과 채무를 동시에 결제할 의도가 있다면 상계하여 표시한다. • 매출채권에 대한 대손충당금 등은 해당 자산이나 부채에서 직접 가감하여 표시할 수 있으며, 이는 상계에 해당하지 아니한다.

재무제표 항목의 구분과 통합표시	• 중요한 항목은 재무제표의 본문이나 주석에 그 내용을 가장 잘 나타낼 수 있도록 구분하여 표시한다. • 중요하지 않은 항목은 성격과 기능이 유사한 항목과 통합하여 표시할 수 있다.
비교재무제표의 작성	• 재무제표의 기간별 비교가능성을 제고하기 위하여 전기 재무제표의 모든 계량정보를 당기와 비교하는 형식으로 표시한다.
재무제표 항목의 표시와 분류의 계속성	• 재무제표의 기간별 비교가능성을 제고하기 위하여 재무제표 항목의 표시와 분류는 다음의 경우를 제외하고는 매기 동일하여야 한다. ① 일반기업회계기준에 의해 재무제표 항목의 표시, 분류 변경이 요구되는 경우 ② 사업결합 또는 사업중단 등에 의해 영업의 내용이 유의적으로 변경된 경우 ③ 재무제표 항목의 표시와 분류를 변경함으로써 기업의 재무정보를 더욱 적절하게 전달할 수 있는 경우 • 재무제표 항목의 표시나 분류방법이 변경되는 경우에는 당기와 비교하기 위하여 전기의 항목을 재분류하고, 재분류 항목의 내용, 금액 및 재분류가 필요한 이유를 주석으로 기재한다.
재무제표의 보고양식	• 재무제표는 이해하기 쉽도록 간단하고 명료하게 표시하여야 한다. • 재무제표는 재무상태표, 손익계산서, 현금흐름표, 자본변동표 및 주석으로 구분하여 작성하며, 다음의 사항을 각 재무제표의 명칭과 함께 기재한다. ① 기업명, ② 보고기간 종료일 또는 회계기간, ③ 보고통화 및 금액단위

 재무상태표

재무상태표는 일정시점의 재무상태를 나타내는 표로 자산 부채 자본으로 분류된다.

(1) 자산과 부채의 분류

자산과 부채는 1년을 기준으로 유동과 비유동으로 분류하며 유동성이 큰 항목부터 배열하는 것을 원칙으로 한다.

유동자산	① 사용의 제한이 없는 현금및현금성자산 ② 기업의 정상적인 영업주기 내에 실현될 것으로 예상되거나 판매목적 또는 소비목적으로 보유하고 있는 자산 주의 정상적인 영업주기 내에 판매되거나 사용되는 재고자산과 회수되는 매출채권 등은 보고기간종료일로부터 1년 이내에 실현되지 않더라도 유동자산으로 분류한다. ③ 단기매매 목적으로 보유하는 자산 ④ ① 내지 ③ 외에 보고기간종료일로부터 1년 이내에 현금화 또는 실현될 것으로 예상되는 자산 주의 장기미수금이나 투자자산에 속하는 매도가능증권 또는 만기보유증권 등의 비유동자산 중 1년 이내에 실현되는 부분은 유동자산으로 분류한다.

비유동자산	유동자산 이외의 모든 자산은 비유동자산으로 분류한다.
유동부채	① 기업의 정상적인 영업주기 내에 상환 등을 통하여 소멸할 것이 예상되는 매입채무와 미지급비용 등의 부채 주의 정상적인 영업주기 내에 소멸할 것으로 예상되는 매입채무와 미지급비용 등은 보고기간종료일로부터 1년 이내에 결제되지 않더라도 유동부채로 분류한다. ② 보고기간종료일로부터 1년 이내에 상환되어야 하는 단기차입금 등의 부채 주의 당좌차월, 단기차입금 및 유동성장기차입금 등은 보고기간종료일로부터 1년 이내에 결제되어야 하므로 영업주기와 관계없이 유동부채로 분류한다. 또한 비유동부채 중 보고기간종료일로부터 1년 이내에 자원의 유출이 예상되는 부분은 유동부채로 분류한다.
비유동부채	유동부채 이외의 모든 부채는 비유동부채로 분류한다.

(2) 자본의 분류

자본금	• 자본금은 법정자본으로 일반적으로 주식의 액면금액을 의미한다. 자본금은 보통주자본금과 우선주자본금으로 구분하여 표시한다.
자본잉여금	• 자본잉여금은 증자나 감자 등 주주와의 거래에서 발생하여 자본을 증가시키는 잉여금이다. 예를 들면, 주식발행초과금, 자기주식처분이익, 감자차익 등이 포함된다.
자본조정	• 자본조정은 당해 항목의 성격으로 보아 자본거래에 해당하나 최종 납입된 자본으로 볼 수 없거나 자본의 가감 성격으로 자본금이나 자본잉여금으로 분류할 수 없는 항목이다. 예를 들면, 자기주식, 주식할인발행차금, 주식선택권, 출자전환채무, 감자차손 및 자기주식처분손실 등이 포함된다.
기타포괄손익누계액	• 기타포괄손익누계액은 당기순이익에 포함되지 않는 평가손익의 누계액이다. 예를 들어, 보고기간종료일 현재의 매도가능증권평가손익, 해외사업환산손익, 현금흐름위험회피 파생상품평가손익, 재평가잉여금 등의 잔액이다.
이익잉여금	• 이익잉여금(또는 결손금)은 손익계산서에 보고된 손익과 다른 자본항목에서 이입된 금액의 합계액에서 주주에 대한 배당, 자본금으로의 전입 및 자본조정 항목의 상각 등으로 처분된 금액을 차감한 잔액이다. 이익잉여금은 법정적립금, 임의적립금 및 미처분이익잉여금(또는 미처리결손금)으로 구분하여 표시한다.

04 손익계산서

손익계산서는 일정 기간 동안 기업의 경영성과에 대한 정보를 제공하는 재무제표이다.

(1) 손익계산서의 작성기준

구분	내용
기간배분	• 모든 수익과 비용은 그것이 발생한 기간에 정당하게 배분되도록 처리하여야 한다.
수익 · 비용의 대응	• 수익과 비용은 그 발생원천에 따라 명확하게 분류하고 각 수익항목과 이에 관련되는 비용항목을 대응표시하여야 한다.
구분표시	• 손익계산서는 매출총손익, 영업손익, 법인세차감전순손익, 법인세비용, 당기순손익으로 구분표시하여야 한다.
수익과 비용의 총액표시	• 수익과 비용은 각각 총액으로 보고하는 것을 원칙으로 한다. 다만, 다른 일반기업회계기준에서 수익과 비용을 상계하도록 요구하거나 허용하는 경우에는 수익과 비용을 상계하여 표시할 수 있다. 동일 또는 유사한 거래나 회계사건에서 발생한 차익, 차손 등은 총액으로 표시하지만 중요하지 않은 경우에는 관련 차익과 차손 등을 상계하여 표시할 수 있다.

(2) 손익계산서의 세부항목

항목	내용
매출액	• 매출액은 상품을 판매하고 얻은 대가이다. 반제품매출액, 부산물매출액, 작업폐기물매출액, 수출액, 장기할부매출액 등이 중요한 경우에는 이를 구분하여 표시하거나 주석으로 기재한다.
매출원가	• 매출원가는 제품, 상품 등의 매출액에 대응되는 원가로서 판매된 제품이나 상품 등에 대한 제조원가 또는 매입원가이다.
판매비와관리비	• 판매비와관리비는 제품, 상품, 용역 등의 판매활동과 기업의 관리활동에서 발생하는 비용으로서 매출원가에 속하지 아니하는 모든 영업비용을 포함한다. 예로는 급여, 광고비, 감가상각비 등이 있다.
영업외수익	• 영업외수익은 기업의 주된 영업활동이 아닌 활동으로부터 발생한 수익과 차익으로서 중단사업손익에 해당하지 않는 것으로 한다. 예로는 이자수익, 임대수익, 유형자산처분이익 등이 있다.
영업외비용	• 영업외비용은 기업의 주된 영업활동이 아닌 활동으로부터 발생한 비용과 차손으로서 중단사업손익에 해당하지 않는 것으로 한다. 예로는 이자비용, 임차비용, 유형자산처분손실 등이 있다.
법인세비용	• 회계기간에 납부하여야 할 법인세액과 이연법인세비용의 합계액을 말한다.

 현금흐름표

현금흐름표는 일정 기간 동안 기업의 현금유입과 현금유출에 대한 정보를 제공하는 재무제표이다. 현금흐름표는 영업활동을 통한 현금창출에 관한 정보, 투자활동에 관한 정보 및 자본조달을 위한 재무활동에 대한 정보를 제공한다.

영업활동 현금흐름	• 영업활동 현금흐름은 사업활동의 지속, 차입금상환, 배당금지급 및 신규투자 등에 필요한 현금을 외부로부터 조달하지 않고 제품의 생산과 판매활동, 상품과 용역의 구매와 판매활동 및 관리활동 등 자체적인 영업활동으로부터 얼마나 창출하였는지에 대한 정보를 제공한다.
투자활동 현금흐름	• 투자활동 현금흐름은 미래 영업현금흐름을 창출할 자원의 확보와 처분에 관련된 현금흐름에 대한 정보를 제공한다. 투자활동은 투자자산, 유형자산 및 무형자산의 취득과 처분활동 등을 포함한다.
재무활동 현금흐름	• 재무활동 현금흐름은 주주, 채권자 등이 미래현금흐름에 대한 청구권을 예측하는데 유용한 정보를 제공하며, 영업활동 및 투자활동의 결과 창출된 잉여현금흐름이 어떻게 배분되었는지를 나타내어 준다. • 재무활동은 현금의 차입과 상환 및 이자비용 지급, 신주발행과 배당금의 지급 등을 포함한다.

 자본변동표

자본변동표는 자본의 크기와 그 변동에 관한 정보를 제공하는 재무보고서로서, 자본을 구성하고 있는 자본금, 자본잉여금, 자본조정, 기타포괄손익누계액, 이익잉여금(또는 결손금)의 변동에 대한 포괄적인 정보를 제공한다.

 주석

재무제표 본문에 표시된 정보를 이해하는데 도움이 되는 추가적 정보를 설명하는 것을 말한다. 재무제표 본문에 관련 주석번호가 표시되는 방식으로 이루어진다.

제3절 유동자산

01 당좌자산

당좌자산이란 유동자산 중에서 판매과정을 거치지 않고 1년 이내에 현금화가 가능한 자산을 말한다.

(1) 현금 및 현금성자산

<table>
<tr><td rowspan="4">현금 및
현금성자산</td><td rowspan="2">현금</td><td>통화</td><td>주화 및 지폐</td></tr>
<tr><td>통화대용증권</td><td>송금수표, 가계수표, 타인발행수표, 자기앞수표, 우편환증서, 만기도래 국공채 및 회사채이자표, 배당금지급통지표 등</td></tr>
<tr><td colspan="2">예금</td><td>보통예금, 당좌예금, 제예금</td></tr>
<tr><td colspan="2">현금성자산</td><td>큰 거래 비용없이 현금으로 전환이 용이하고 이자변동에 따른 가치변동의 위험이 경미한 금융상품으로 취득당시 만기일이 3개월 이내 도래하는 유가증권 및 단기금융상품</td></tr>
</table>

(2) 단기금융상품

만기가 1년 이내에 도래하는 금융상품으로 현금성자산이 아닌 것으로 정기예적금, 기타 단기금융상품, 단기매매증권 등이 있다.

1) 유가증권의 분류

보유목적	지분증권(주식)	채무증권(국공채, 사채)
① 단기간내에 매매차익	단기매매증권	단기매매증권
② 만기보유 적극적 의도와 능력	–	만기보유증권
③ ①, ②의 목적이 아닌 경우로 언제 매각할지 결정하지 않음	매도가능증권	매도가능증권

주의 단기매매증권 취득 시 매입수수료 ➡ 당기비용(수수료비용)으로 처리
매도가능증권, 만기보유증권 취득 시 매입수수료 ➡ 취득원가에 가산(+)

2) 단기매매증권의 회계처리

구분	내용
취득	• 구입금액(액면금액×, 구입금액O)으로 회계처리 • 취득 시 매입수수료 당기비용(영업외비용)처리 (차) 단기매매증권 ××× (대) 현 금 ××× 수수료비용(영업외비용) ×××
평가	• 결산 시 장부금액과 공정가치를 비교하여 공정가치로 평가 • 차액은 단기매매증권평가손익(단기투자자산평가손익)으로 처리 • 장부금액 < 공정가치 : 단기매매증권평가이익(단기투자자산평가이익) (차) 단기매매증권 ××× (대) 단기매매증권평가이익 ××× • 장부금액 > 공정가치 : 단기매매증권평가손실(단기투자자산평가손실) (차) 단기매매증권평가손실 ××× (대) 단기매매증권 ×××
처분	• 장부금액과 처분금액의 차액은 단기매매증권처분손익(단기투자자산처분손익)으로 처리 • 처분시 수수료 등의 비용은 단기매매증권처분손익에 가(+)감(−)처리 • 장부금액 < 처분금액 : 단기매매증권처분이익(단기투자자산처분이익) (차) 현금(처분금액) ××× (대) 단기매매증권 ××× 단기매매증권처분이익 ××× • 장부금액 > 처분금액 : 단기매매증권처분손실(단기투자자산처분손실) (차) 현금(처분금액) ××× (대) 단기매매증권 ××× 단기매매증권처분손실 ×××

(3) 매출채권(외상매출금, 받을어음)

1) 매출채권의 대손충당금 설정방법

① 매출채권 잔액비례법: 보고기간 말에 매출채권 총액에 일정률을 곱하여 계산

> 대손예상액 = 기말매출채권 × 대손 설정률

② 연령분석법: 매출채권의 발생기간(연령)에 따라 다른 대손률을 곱하여 계산
(오래된 매출채권일수록 대손률이 높다.)

> 대손예상액 = 기간별 기말매출채권 × 기간별 대손 설정률

구분	내용
기말	• 보고기간 말 대손예상액을 대손상각비로 계상 • 매출채권에서 직접 차감(직접상각법)하거나 대손충당금(충당금설정법)을 설정
	• 직접상각법: (차) 대손상각비 ××× (대) 외상매출금 ××× • 충당금설정법: 대손충당금추가설정액 = 대손예상액 − 기설정대손충당금 ① 대손예상액 > 기 설정 대손충당금 (차) 대손상각비 ××× (대) 대손충당금 ××× ② 대손예상액 < 기 설정 대손충당금 (차) 대손충당금 ××× (대) 대손충당금환입 ××× 주의 대손충당금환입 ➡ 판매비와관리비의 차감(−) 항목이다.
대손	• 매출채권이 채무자의 파산 등의 사유로 회수불가능이 확정(대손확정)되었을 경우 • 대손충당금 잔액이 충분하면 대손충당금과 상계하고 잔액이 없으면 대손상각비로 회계처리
	(차) 대손충당금(매출채권차감항목) ××× (대) 매출채권 ××× 대손상각비 ×××
대손금 회수	• 매출채권의 대손이 확정되어 대손 처리를 하였는데 다시 회수하게 되었을 경우 • 대손충당금계정 대변으로 회계처리한다.
	(차) 현 금 ××× (대) 대손충당금 ×××

02 재고자산

재고자산은 정상적인 영업과정에서 판매를 위하여 보유하는 자산(상품, 제품), 생산 중에 있는 자산(재공품, 반제품) 및 생산 또는 서비스 제공과정에 투입될 원재료나 소모품 형태로 존재하는 자산을 말한다.

주의 상품매매기업은 상품, 미착상품이 주요 재고자산이며, 제조기업은 원재료, 미착원재료, 재공품, 반제품, 제품이 주요 재고자산이다. 부동산매매업을 주업으로 하는 기업이 보유하고 있는 부동산은 판매를 목적으로 하므로 재고자산이다.

(1) 재고자산의 취득원가

1) 재고자산의 매입

재고자산 매입대금 및 매입과 관련하여 지불한 운반비, 매입수수료, 하역비, 보험료, 세금 등의 구입 부대비용을 취득원가에 포함한다.

주의 재고자산 구입 시 운반비 ➡ 재고자산, 재고자산 매출시 운반비 ➡ 운반비

(차) 재고자산(상품)	×××	(대) 외상매입금(또는 현금)	×××

2) 매입에누리와 환출

매입에누리는 매입한 재고자산 중 하자나 파손이 있는 재고자산에 대해 가격을 인하 받는 것을 말하며, 매입환출은 매입한 재고자산 중 하자나 파손이 있는 상품에 대해 반품하는 것을 말한다.

(차) 외상매입금(또는 현금) ×××	(대) 매입에누리(상품의 차감계정) ×××
(차) 외상매입금(또는 현금) ×××	(대) 매입환출(상품의 차감계정) ×××

3) 매입할인

재고자산의 구매자가 판매대금을 조기에 지급하는 경우에 약정에 의해 할인 받은 금액을 말한다.

(차) 외상매입금(또는 현금) ×××	(대) 매입할인(상품의 차감계정) ×××

4) 상품의 순매입액

순매입액 = 총매입액(상품매입금액 + 매입 부대비용) − 매입에누리와 환출 − 매입할인

(2) 매출원가

1) 매출원가의 의의

기업이 주된 영업활동을 통하여 수익을 창출하는 것을 매출이라고 한다면 매출원가는 이러한 매출이 이루어지기 위하여 투입한 비용(원가)을 말한다.

2) 매출원가 공식과 상품계정 기록방법

상품매매업의 매출원가를 구하는 기본공식은 다음과 같다.

기초상품재고액 + 당기상품매입액 − 기말상품재고액 = 상품매출원가

(3) 기말재고자산의 평가

1) 수량결정방법

① 계속기록법	• 상품의 입고, 출고를 모두 기록하여 장부에 의하여 수량을 파악한다.
② 실지재고 조사법	• 상품의 입고만 기록하고 출고는 기록하지 않는다. • 입고란에 기록된 수량에서 직접 조사한 상품의 실제 수량을 차감하여 판매된 수량을 파악한다.
③ 혼합법	• 계속기록법과 실지재고조사법을 병행하여 파악한다.

2) 단가 결정 방법

상품을 매입할 때마다 단가가 계속하여 변동하는 경우가 대부분이므로 판매되는 재고자산의 단가흐름을 어떻게 가정할 것인지를 정해야 한다.

① 개별법	• 개별 상품 각각에 단가표를 붙여서 개별적 단가를 결정 – 장점: 실제 물량의 흐름과 동일하여 가장 정확 : 수익비용대응의 원칙에 가장 가까운 방법 – 단점: 거래가 많을 경우 적용하기 어려움
② 선입선출법	• 먼저 입고된 상품을 먼저 출고한다는 가정하에 출고단가를 결정 – 장점: 실제 물량의 흐름과 일치 : 재고자산금액이 현재의 공정가치를 나타냄 – 단점: 현재 수익과 과거 원가가 대응하여 수익비용대응의 원칙에 부적합 : 물가상승 시 이익이 과대가 되어 법인세 부담이 큼
③ 후입선출법	• 나중에 입고된 상품을 먼저 출고한다는 가정하에 출고단가를 결정 – 장점: 현재 수익에 현재 원가가 대응되어 수익비용대응의 원칙에 부합 – 단점: 실제 물량의 흐름과 동일하지 않음 : 재고자산금액이 현재의 공정가치를 나타내지 못함
④ 이동평균법	• 매입할 때마다 이동평균단가를 구하여 이동평균단가로 출고 단가를 결정 – 장점: 변동하는 화폐가치를 단가에 반영함 – 단점: 매입이 자주 발생하는 경우 매번 새로운 단가를 계산해야 함
⑤ 총평균법	• 기말에 총입고금액을 총입고수량으로 나누어 총평균단가로 출고단가 결정 – 장점: 가장 간편하고 이익조작의 가능성이 낮음 – 단점: 기초재고가 기말재고의 단가에 영향을 줌

주의 총평균법과 이동평균법을 가중평균법이라고 한다.

물가가 상승, 재고자산의 수량이 일정하게 유지된다는 가정하에 단가 산정방법 비교

- 기말재고금액, 매출총이익, 당기순이익, 법인세비용
  선입선출법 > 이동평균법 ≥ 총평균법 > 후입선출법
- 매출원가
  선입선출법 < 이동평균법 ≤ 총평균법 < 후입선출법

(4) 재고자산의 저가법

저가법(Lower of Cost or Market)이란 취득원가와 시가를 비교하여 낮은 금액으로 표시하는 방법이다.

1) 저가법의 발생사유

다음과 같은 사유가 발생하면 재고자산 시가가 원가 이하로 하락할 수 있다.

① 손상을 입은 경우
② 보고기간 말로부터 1년 또는 정상영업주기 내에 판매되지 않았거나 생산에 투입할 수 없어 장기체화된 경우
③ 진부화하여 정상적인 판매시장이 사라지거나 기술 및 시장 여건 등의 변화에 의해서 판매가치가 하락한 경우
④ 완성하거나 판매하는 데 필요한 원가가 상승한 경우

2) 저가법 회계처리

① 재고자산 평가손실(금액차이)

재고자산의 시가가 장부금액 이하로 하락하여 발생한 평가손실은 매출원가에 가산하며 재고자산의 차감계정인 재고자산평가충당금으로 회계처리한다.

(차) 재고자산평가손실(매출원가가산)* ×××　(대) 재고자산평가충당금(재고자산 차감계정)　×××
* 취득원가 − 순실현가능가치

주의 재고자산을 저가법으로 평가하는 경우 재고자산의 시가는 순실현가능가치를 말한다.
⇨ 순실현가능가치: 공정가치(판매하면 받을 수 있는 금액)에서 판매에 소요되는 비용을 차감한 금액
⇨ 원재료의 순실현가능가치: 현행대체원가(동등한 자산을 현재시점에서 취득할 경우 그 대가)를 말한다.

② 재고자산 평가손실 환입

저가법의 적용에 따른 평가손실을 초래했던 상황이 해소되어 새로운 시가가 장부금액보다 상승한 경우에는 최초의 장부금액을 초과하지 않는 범위 내에서 평가손실을 환입한다. 재고자산평가손실의 환입은 매출원가에서 차감한다.

(차) 재고자산평가충당금 *	×××	(대) 재고자산평가충당금환입(매출원가차감)	×××

* 최초의 장부금액을 초과하지 않는 범위 내에서 환입

3) 재고자산 감모손실(수량차이)

재고자산 감모손실은 재고자산의 장부상 수량과 실제 수량과의 차이에서 발생하는 손실이다. 정상적으로 발생한 감모손실은 매출원가에 가산하고 비정상적으로 발생한 감모손실은 영업외비용으로 분류한다.

• 정상적인 감모손실

(차) 재고자산감모손실(매출원가)	×××	(대) 재고자산	×××

• 비정상적인 감모손실

(차) 재고자산감모손실(영업외비용)	×××	(대) 재고자산	×××

(5) 재고자산의 인식

재고자산의 원가를 계산하기 이전에 재고자산의 소유권에 대한 인식을 먼저 고려하여야 한다. 이는 특히 재고자산을 구입하는 단계에서 회계상으로 언제 재고자산의 소유권을 인식하여야 하는가가 중요한 문제가 될 수 있다. 특정 수량의 재고자산을 기말 재무상태표에 포함할 것인지에 관한 구체적인 예는 다음과 같다.

1) 미착상품

미착상품은 매입하였는데 운송 중이라 도착하지 않은 재고자산이다.

① 선적지 인도조건(F.O.B. shipping point)

선적지인도조건인 경우에는 상품이 선적된 시점에 소유권이 매입자에게 이전되기 때문에 미착상품은 매입자의 재고자산에 포함된다.

② 목적지(도착지) 인도조건(F.O.B. destination)

목적지(도착지)인도조건인 경우에는 상품이 목적지에 도착하여 매입자가 인수한 시점에 소유권이 매입자에게 이전되기 때문에 매입자의 재고자산에 포함되지 않는다.

2) 시송품

시송품은 매입자로 하여금 일정 기간 사용한 후에 매입 여부를 결정하라는 조건으로 판매한 상품을 말한다. 시용매출로 매입자에게 인도한 재고자산으로 매입자가 구입의사표시를 하기 전까지는 판매자의 재고자산으로 본다.

3) 적송품(위탁상품)

적송품은 판매를 위탁하여 수탁자에게 적송한 재고자산으로 수탁자가 판매하기 전까지는 위탁자의 재고자산으로 본다.

제4절 비유동자산

01 투자자산

투자자산이란 비유동자산 중에서 기업의 판매활동 이외의 장기간에 걸쳐 투자이익을 얻을 목적으로 보유하고 있는 자산을 말한다.

계정과목	내용
장기성예금과 장기금융상품	• 만기가 1년 이후에 도래하는 예금을 장기성예금이라고 하며 금융기관에서 판매하고 있는 양도성예금증서(CD), 종합자산관리계좌(CMA), MMF, 환매채(RP), 기업어음(CP)등 금융상품의 만기가 1년 이후에 도래하면 장기금융상품이라 한다.
특정현금과예금	• 만기가 1년 이후에 도래하는 사용이 제한되어 있는 금융상품을 말한다.
매도가능증권	• 기업이 여유자금으로 유가증권(주식, 사채, 공채 등)을 구입하는 경우 단기매매증권이나 만기보유증권으로 분류되지 아니하는 경우 매도가능증권으로 분류된다.
만기보유증권	• 기업이 여유자금으로 사채, 공채 등의 채무증권을 만기까지 보유할 적극적인 의도와 능력을 가지고 구입하는 경우 만기보유증권으로 분류한다.
장기대여금	• 자금을 대여하고 그 회수기간이 1년 이후에 도래하는 대여금을 말한다.
투자부동산	• 기업의 고유의 영업활동과 직접적인 관련이 없는 부동산으로 투자를 목적으로 보유한다.

02 유형자산

비유동자산 중에서 기업의 영업활동과정에서 장기간에 걸쳐 사용되어 미래의 경제적 효익이 기대되는 유형의 자산을 말한다.

계정과목	내용
토지	기업이 자신의 영업목적을 위하여 영업용으로 사용하고 있는 대지, 임야, 전답, 잡종지 등으로 장기간 사용할 목적으로 취득한 것을 말한다. 주의 토지라고 해서 모두 유형자산으로 분류하는 것은 아니다. 기업이 지가상승을 목적으로 보유하고 있는 토지는 투자자산 중 투자부동산으로 처리하고, 건설회사가 건설을 목적으로 보유하고 있는 토지는 재고자산(=용지)으로 계상해야 한다.

계정과목	내용
건물	건물과 냉·온방, 조명, 통풍 및 건물의 기타 건물부속설비 등을 말한다. 건물이란 토지 위에 건설된 공작물로서 지붕이나 벽을 갖추고 있는 사무소, 점포, 공장, 사택, 기숙사 등을 말한다. 건물부속설비란 건물에 부속되어 그 건물과 일체를 이루는 전기설비, 급배수설비, 위생설비, 가스설비, 냉난방설비, 통풍설비, 보일러설비 및 승강기설비, 차고, 창고 등을 총칭한다.
구축물	기업이 경영목적을 위하여 소유·사용하고 있는 토지 위에 정착된 건물 이외의 토목설비, 공작물 및 이들의 부속설비 등을 말한다.
기계장치	기계장치와 컨베이어, 기중기 등의 운송설비 및 기타 부속설비 등을 말한다.
차량운반구	육상운송수단으로 사용되는 승용차, 화물차, 오토바이 등을 말한다.
비품	사무용 집기비품으로 냉장고, 에어컨, 책상, 컴퓨터, 복사기 등의 물품을 말한다.
건설중인자산	유형자산의 건설을 위해 지출한 금액을 건설완료 전까지 처리하는 임시계정이다. 건설이 완료되면 본래의 계정과목으로 대체한다.

(1) 유형자산의 취득원가

유형자산은 최초 취득 시 취득원가로 측정한다. 단, 유형자산을 현물출자, 증여, 기타 무상으로 취득하는 경우 그 공정가치를 취득원가로 한다. 취득원가는 구입원가 또는 제작원가 및 경영진이 의도하는 방식으로 자산을 가동하는 데 필요한 장소와 상태에 이르게 하는데 직접 관련되는 원가인 다음의 지출 등으로 구성된다.

> 유형자산의 취득원가 = 매입금액 + 구입 시 취득원가에 가산하는 지출 − 매입할인

① 설치장소 준비를 위한 지출
② 외부 운송 및 취급비
③ 설치비
④ 설계와 관련하여 전문가에게 지급하는 수수료
⑤ 유형자산의 취득과 관련하여 국·공채 등을 불가피하게 매입하는 경우 당해 채권의 매입금액과 일반기업회계기준에 따라 평가한 현재가치와의 차액
⑥ 자본화대상인 차입원가
⑦ 취득세, 등록세 등 유형자산의 취득과 직접 관련된 제세공과금
⑧ 해당 유형자산의 경제적 사용이 종료된 후에 원상회복을 위하여 그 자산을 제거, 해체하거나 또는 부지를 복원하는 데 소요될 것으로 추정되는 원가가 충당부채의 인식요건을 충족하는 경우 그 지출의 현재가치(이하 '복구원가'라 한다)
⑨ 유형자산이 정상적으로 작동되는지 여부를 시험하는 과정에서 발생하는 원가. 단, 시험과정에서 생산된 재화(예: 장비의 시험과정에서 생산된 시제품)의 순매각금액은 당해 원가에서 차감한다.

(2) 유형자산의 취득 후의 지출

구분	내용
자본적 지출	• 유형자산을 취득한 후에 발생하는 지출이 내용연수의 증가, 생산능력의 증대, 원가절감, 품질향상 등의 경우로 미래의 경제적 효익을 증가시키면 해당자산으로 처리한다. 주의 자본적 지출: 건물의 에스컬레이터 설치, 증설이나 개조, 냉난방장치 설치 등
수익적 지출	• 유형자산을 취득한 후에 발생하는 지출이 원상회복, 능률유지 등 수선유지를 위한 성격이면 당기비용(수선비)으로 처리한다. 주의 수익적 지출: 건물의 도색, 유리창 교체, 소모된 부품의 교체, 현상유지 등

(3) 유형자산의 감가상각

구분	내용
감가상각 대상금액	(취득원가－잔존가치)
감가상각기간 (내용연수)	• 자산이 사용가능할 것으로 기대되는 기간
감가상각방법	• 정액법, 체감잔액법(정률법, 연수합계법), 생산량비례법 • 정액법: 감가상각비 = 감가상각대상금액(취득원가－잔존가치) × 1/내용연수 • 정률법: 감가상각비 = 미상각잔액(취득원가－감가상각누계액) × 정률 • 연수합계법: 감가상각비 = 감가상각대상금액(취득원가－잔존가치) × 내용연수의 역순/내용연수의 합계 • 생산량비례법: 감가상각비 = 감가상각대상금액(취득원가－잔존가치) × 당기생산량/총 예상생산가능량
감가상각비 회계처리	(차) 감가상각비 ××× (대) 감가상각누계액 ××× (유형자산의 차감계정)

(4) 유형자산의 처분

유형자산의 처분금액과 장부금액(취득원가－감가상각누계액)을 비교하여 차액에 대한 금액을 유형자산처분손익으로 인식한다.

• 장부금액(취득원가－감가상각누계액) 〈 처분금액: 유형자산처분이익

(차)		(대)	
현　　금	×××	유형자산	×××
감가상각누계액	×××	유형자산처분이익	×××

• 장부금액(취득원가－감가상각누계액) 〉 처분금액: 유형자산처분손실

(차)		(대)	
현　　금	×××	유형자산	×××
감가상각누계액	×××		
유형자산처분손실	×××		

(5) 유형자산의 무상취득 및 교환

이종자산의 교환	• 다른 종류의 자산과의 교환으로 유형자산을 취득하는 경우 유형자산의 취득원가는 교환을 위하여 제공한 자산의 공정가치로 인식하고, 제공한 자산에 대해서는 처분손익(공정가치－장부금액)을 인식한다. (차) 기계장치B ×××　(대) 기계장치A ××× ↳ 제공한 자산(A)의 공정가치　유형자산처분이익 ××× 감가상각누계액(기계장치A) ×××　(또는 차변의 유형자산처분손실)
동종자산의 교환	• 동종자산과의 교환에서는 제공한 자산의 이익획득과정이 완료되지 않은 것으로 보아 교환으로 취득한 유형자산의 취득원가는 교환을 위하여 제공된 자산의 장부금액을 기초로 인식하고 처분손익을 인식하지 않는다. (차) 기계장치B ×××　(대) 기계장치A ××× ↳ 제공한 자산(A)의 장부금액 감가상각누계액(기계장치A) ×××

(6) 유형자산의 재평가

유형자산은 최초 인식시점 이후에는 원가모형이나 재평가모형 중 하나를 회계정책으로 선택하여 유형자산 분류별로 동일하게 적용한다.

원가모형	• 장부금액 = 취득원가 － 감가상각누계액 － 손상차손누계액
재평가모형	• 장부금액 = 재평가일의 공정가치 － 감가상각누계액 － 손상차손누계액 • 재평가는 보고기간 말 자산의 장부금액이 공정가치와 중요하게 차이가 나지 않도록 주기적으로 수행한다. • 유형자산을 재평가할 때, 재평가 시점의 총 장부금액에서 기존의 감가상각누계액을 제거하여 자산의 순장부금액이 재평가금액이 되도록 수정한다.
재평가모형 회계처리	**① 재평가로 장부금액이 증가된 경우** • 증가액은 기타포괄손익으로 인식한다. 그러나, 동일한 자산에 대하여 이전에 당기손익으로 인식한 재평가감소액이 있다면 그 금액을 한도로 재평가증가액만큼 당기손익으로 인식한다. (차) 유형자산 ×××　(대) 재평가잉여금(기타포괄손익누계액) ××× 재평가이익(당기손익)주1) ××× 주1) 이전에 당기손익으로 인식한 재평가감소액이 있는 경우 **② 재평가로 장부금액이 감소된 경우** • 감소액은 당기손익으로 인식한다. 그러나 그 유형자산의 재평가로 인해 인식한 기타포괄손익의 잔액이 있다면 그 금액을 한도로 재평가감소액을 기타포괄손익에서 차감한다. (차) 재평가손실(당기손익) ×××　(대) 유형자산 ××× 재평가잉여금(기타포괄손익누계액)주1) ××× 주1) 이전에 기타포괄손익으로 인식한 재평가증가액이 있는 경우

(7) 유형자산의 손상차손

유형자산의 손상징후가 있다고 판단되고, 당해 유형자산의 사용 및 처분으로부터 기대되는 미래의 현금흐름총액의 추정액이 장부금액에 미달하는 경우에는 장부금액을 회수가능액으로 조정하고 그 차액을 손상차손으로 처리한다. 다만, 차기 이후에 감액된 자산의 회수가능액이 장부금액을 초과하는 경우에는 그 자산이 감액되기 전의 장부금액의 감가상각 후 잔액을 한도로 하여 그 초과액을 손상차손환입으로 처리한다.

(8) 정부보조금

정부보조금이란 기업의 영업활동과 관련하여 과거나 미래에 일정한 조건을 충족하였거나 충족할 경우 기업에게 자원을 이전하는 형식의 정부지원을 말한다. 정부지원은 제공되는 지원의 성격과 일반적으로 부수되는 조건에 따라 매우 다양한 형식을 취하는데, 다음과 같은 종류의 정부보조금이 있다.

- 자산관련보조금: 정부지원의 요건을 충족하는 기업이 장기성 자산을 매입, 건설하거나 다른 방법으로 취득하여야 하는 일차적 조건이 있는 정부보조금
- 수익관련보조금: 자산관련보조금 이외의 정부보조금

1) 회계처리

① 자산관련보조금

- 정부보조금 수령시

(차)		(대)	
현금	×××	정부보조금(현금의 차감계정)	×××

- 관련자산 취득시

(차)		(대)	
유형자산	×××	현금	×××
정부보조금(현금의 차감계정)	×××	정부보조금(유형자산의 차감계정)	×××

- 결산시

(차)		(대)	
감가상각비	×××	감가상각누계액	×××
정부보조금(유형자산의 차감계정)	×××	감가상각비	×××

② 수익관련보조금

- 정부보조금 수령시: 특정조건을 충족하지 않아도 되는 경우

(차)		(대)	
현금	×××	정부보조수익	×××

- 정부보조금 수령시: 특정조건을 충족하여야 하는 경우

(차)		(대)	
현금	×××	선수수익[주1)]	×××

주1) 특정조건이 충족한 경우에는 수익 인식함

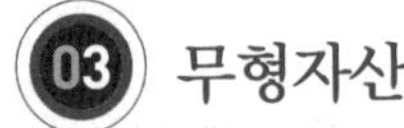

03 무형자산

(1) 무형자산의 정의

무형자산은 재화의 생산이나 용역의 제공, 타인에 대한 임대 또는 관리에 사용할 목적으로 기업이 보유하고 있으며, 물리적 형체가 없지만 식별가능하고, 기업이 통제하고 있으며, 미래 경제적 효익이 있는 비화폐성자산을 말한다.

주의 물리적 형체가 없는 판매용 자산 ➡ 재고자산

무형자산의 정의	내용
식별가능성	무형자산이 분리가능하면 그 무형자산은 식별가능하다. 자산이 분리가능하다는 것은 그 자산과 함께 동일한 수익창출활동에 사용되는 다른 자산의 미래 경제적 효익을 희생하지 않고 그 자산을 임대, 매각, 교환 또는 분배할 수 있는 것을 말한다.
통제	무형자산의 미래 경제적 효익을 확보할 수 있고 제3자의 접근을 제한할 수 있다면 자산을 통제하고 있는 것이다. 무형자산의 미래 경제적 효익에 대한 통제는 일반적으로 법적 권리로부터 나오며, 법적 권리가 없는 경우에는 통제를 입증하기 어렵다. 그러나 권리의 법적 집행가능성이 통제의 필요조건은 아니다.
미래 경제적 효익	무형자산의 미래 경제적 효익은 재화의 매출이나 용역수익, 원가절감, 또는 자산의 사용에 따른 기타 효익의 형태로 발생한다.

주의 교육훈련비, 마케팅 비용은 미래 경제적 효익은 기대되지만 통제가능성이 없으므로 발생기간의 비용으로 인식한다.

(2) 무형자산의 인식

무형자산으로 인식하기 위해서는 앞에서 설명한 무형자산의 정의만 충족해서는 아니되며 아래의 추가적인 인식조건을 충족해야 한다.

- 자산으로부터 발생하는 미래 경제적 효익이 기업에 유입될 가능성이 매우 높아야 한다.
- 자산의 취득원가를 신뢰성 있게 측정할 수 있어야 한다.

(3) 내부적으로 창출한 무형자산

내부적으로 창출한 무형자산이 인식기준에 부합하는지를 평가하기 위하여 무형자산의 창출과정을 연구단계와 개발단계로 구분한다. 무형자산을 창출하기 위한 내부 프로젝트를 연구단계와 개발단계로 구분할 수 없는 경우에는 그 프로젝트에서 발생한 지출은 모두 연구단계에서 발생한 것으로 본다.

1) 연구단계

프로젝트의 연구단계에서는 미래 경제적 효익을 창출할 무형자산이 존재한다는 것을 입증할 수 없기 때문에 연구단계에서 발생한 지출은 무형자산으로 인식할 수 없고 발생한 기간의 비용으로 인식한다.

연구단계에 속하는 활동의 예는 다음과 같다.

- 새로운 지식을 얻고자 하는 활동
- 연구결과 또는 기타 지식을 탐색, 평가, 최종 선택 및 응용하는 활동
- 재료, 장치, 제품, 공정, 시스템, 용역 등에 대한 여러 가지 대체안을 탐색하는 활동
- 새롭거나 개선된 재료, 장치, 제품, 공정, 시스템, 용역 등에 대한 여러 가지 대체안을 제안, 설계, 평가 및 최종 선택하는 활동

2) 개발단계

개발단계에서 발생한 지출은 다음의 조건을 모두 충족하는 경우에만 무형자산으로 인식하고, 그 외의 경우에는 경상개발비의 과목으로 하여 발생한 기간의 비용으로 인식한다.

- 무형자산을 사용 또는 판매하기 위해 그 자산을 완성시킬 수 있는 기술적 실현가능성을 제시할 수 있다.
- 무형자산을 완성해 그것을 사용하거나 판매하려는 기업의 의도가 있다.
- 완성된 무형자산을 사용하거나 판매할 수 있는 기업의 능력을 제시할 수 있다.
- 무형자산이 어떻게 미래 경제적 효익을 창출할 것인가를 보여줄 수 있다. 예를 들면, 무형자산의 산출물, 그 무형자산에 대한 시장의 존재 또는 무형자산이 내부적으로 사용될 것이라면 그 유용성을 제시하여야 한다.
- 무형자산의 개발을 완료하고 그것을 판매 또는 사용하는 데 필요한 기술적, 금전적 자원을 충분히 확보하고 있다는 사실을 제시할 수 있다.
- 개발단계에서 발생한 무형자산 관련 지출을 신뢰성 있게 구분하여 측정할 수 있다.

개발단계에 속하는 활동의 예는 다음과 같다.

- 생산 전 또는 사용 전의 시작품과 모형을 설계, 제작 및 시험하는 활동
- 새로운 기술과 관련된 공구, 금형, 주형 등을 설계하는 활동
- 상업적 생산목적이 아닌 소규모의 시험공장을 설계, 건설 및 가동하는 활동
- 새롭거나 개선된 재료, 장치, 제품, 공정, 시스템 및 용역 등에 대하여 최종적으로 선정된 안을 설계, 제작 및 시험하는 활동

(4) 무형자산의 종류

영업권	기업의 좋은 이미지, 우수한 경영진, 뛰어난 영업망, 유리한 위치 등으로 동종의 타 기업에 비해 특별히 유리한 자원을 말한다. 영업권은 사업결합으로 취득한 영업권과 내부창출영업권이 있는데 내부창출영업권은 인정하지 않는다. 매수 합병이라는 사업결합 시 자산(자본)을 초과하는 금액을 영업권이라고 한다.
산업재산권	• 특허권: 특정한 발명을 등록하여 일정기간 독점적, 배타적으로 사용할 수 있는 권리를 말한다. • 실용신안권: 특정 물건의 모양이나 구조 등 실용적인 고안을 등록하여 일정기간 독점적, 배타적으로 사용할 수 있는 권리를 말한다. • 디자인권: 특정 디자인이나 로고 등 고안을 등록하여 일정기간 독점적, 배타적으로 사용할 수 있는 권리를 말한다. • 상표권: 특정 상표를 등록하여 일정기간 독점적, 배타적으로 사용할 수 있는 권리를 말한다.
광업권	일정한 광구에서 광물을 일정기간 독점적, 배타적으로 채굴할 수 있는 권리를 말한다.
개발비	신제품과 신기술 등의 개발활동과 관련하여 발생한 지출로서 미래경제적 효익의 유입가능성이 매우 높으며 취득원가를 신뢰성 있게 측정할 수 있는 것을 말한다.
소프트웨어	소프트웨어 구입에 따른 금액을 말한다.

주의 신제품, 신기술 개발과 관련된 지출 자산처리 ⇨ 개발비, 비용처리 ⇨ 경상연구개발비

(5) 무형자산의 상각방법

상각기간	• 무형자산의 상각기간은 독점적·배타적인 권리를 부여하고 있는 관계 법령이나 계약에 정해진 경우를 제외하고는 20년을 초과할 수 없다.
상각시작시점	• 무형자산상각은 자산이 사용가능한 때부터 시작한다.
상각방법	• 정액법, 체감잔액법(정률법, 연수합계법), 생산량비례법 등이 있다. • 다만, 합리적인 상각방법을 정할 수 없는 경우에는 정액법을 사용한다.
잔존가치	• 무형자산의 잔존가치는 없는 것을 원칙으로 한다. • 다만, 경제적 내용연수보다 짧은 상각기간을 정한 경우에 상각기간이 종료될 때 제3자가 자산을 구입하는 약정이 있거나, 그 자산에 대한 거래시장이 존재하여 상각기간이 종료되는 시점에 자산의 잔존가치가 거래시장에서 결정될 가능성이 매우 높다면 잔존금액을 인식할 수 있다.

(6) 무형자산 상각의 회계처리

보고기간 말에 당기에 해당하는 상각비금액을 무형자산상각비계정 차변에 기입하고 해당자산계정 대변에 기입한다.

(차) 무형자산상각비	×××	(대) 무형자산(개발비, 영업권 등)	×××

주의 유형자산에 대해서는 '감가상각누계액'이라는 차감계정을 사용하지만, 무형자산에 대해서는 일반적으로 무형자산에서 직접 차감한다.

04 기타비유동자산

비유동자산 중에서 투자자산, 유형자산, 무형자산에 속하지 아니하는 자산을 말한다.

계정과목	내용
임차보증금	• 임대차계약에 의하여 월세를 지급하는 조건으로 타인의 부동산 사용을 계약하고 임차인이 임대인에게 지급하는 보증금을 말한다. 임차보증금은 계약기간이 만료되면 다시 상환 받는다.
전세권	• 전세금을 지급하고 타인의 부동산을 일정기간 그 용도에 따라 사용한 후 그 부동산을 반환하고 전세금을 반환받을 권리로 민법상 인정된 권리를 말한다.
장기외상매출금	• 상품을 매출하고 1년 이후에 받기로 한 외상매출금을 말한다.
장기성받을어음	• 상품을 매출하고 받은 약속어음의 만기가 1년 이후에 도래하는 것을 말한다.

주의 임대보증금 ➡ 비유동부채

제 5 절 유동부채

유동부채는 결산일로부터 상환기한이 1년 이내에 도래하는 단기부채로 매입채무, 단기차입금, 선수금, 예수금, 미지급비용, 선수수익 등이 있다.

제 6절 비유동부채

비유동부채는 결산일로부터 상환기한이 1년 이후에 도래하는 장기부채를 말한다.

01 사 채

사채란 주식회사가 장기자금을 조달하기 위하여 발행하는 채무증권으로 계약에 따라 일정한 이자를 지급하고 일정한 시기에 원금을 상환할 것을 약속한 증서를 말한다.

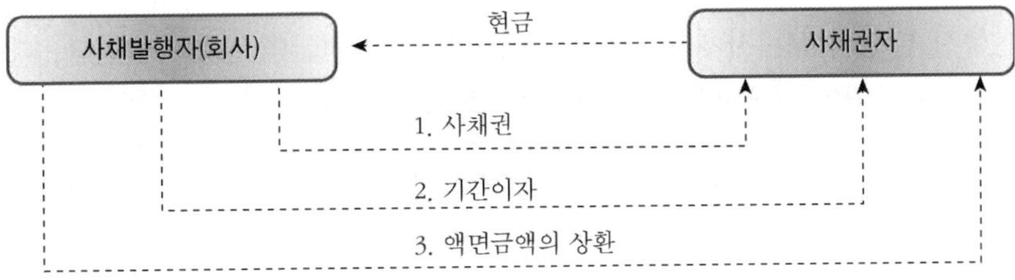

주의 채무증권 ⇨ 국공채와 사채, 지분증권 ⇨ 주식

사채의 발행 및 현금흐름	• 사채는 장기자금을 조달하기 위하여(일반적으로 3년) 사채발행자(회사)가 사채임을 증명하는 사채권을 발행하여 주고, 만기까지의 기간동안 정해진 이자율(액면이자율, 표시이자율)에 따라 이자를 지급하고, 만기에 원금을 상환하는 것을 약정한 비유동부채이다.
액면금액	• 사채의 표면에 기재된 금액으로, 사채발행자는 바로 이 액면금액을 만기일에 사채권자들에게 상환하여야 한다.
액면이자율	• 사채에 적혀 있는 이자율로 표시이자율이라고도 한다. • 이자지급일에 지급할 현금지급이자 = 액면금액 × 액면(표시)이자율
시장이자율	• 자본시장에 참여하고 있는 일반 투자 대중들이 사채 구입 대신 다른 곳에 돈을 빌려주면 받을 수 있는 이자율을 시장이자율이라 한다. • 시장이자율은 표시이자율과 항상 일치하지는 않으므로, 시장이자율과 표시이자율이 다를 때 사채는 할인 또는 할증발행된다.

(1) 이자율과 사채발행금액과의 관계

이자율과 사채발행금액과의 관계를 정리하면 다음과 같다.

이자율	사채발행금액	논리
시장이자율 > 액면(표시)이자율	액면금액보다 낮게 (할인발행)	사채발행회사는 시장이자율에 비해 낮은 사채이자에 대한 보상으로 할인발행
시장이자율 = 액면(표시)이자율	액면금액 (액면발행)	시장이자율과 표시이자율이 동일
시장이자율 < 액면(표시)이자율	액면금액보다 높게 (할증발행)	사채발행회사는 시장이자율에 비해 높은 사채이자에 대한 프리미엄으로 할증발행

(2) 사채발행시 회계처리

사채발행시 발행회사는 사채계정을 만기에 상환할 액면금액으로 기록한다. 다만 할인발행 또는 할증발행인 경우에는 다음과 같이 회계처리한다.

구 분	회계 처리	
	사채발행자	사채매입자
액면발행 (발행금액 = 액면금액)	(차) 현금 ××× (대) 사채 ×××	(차) 만기보유증권 ××× (대) 현금 ××× (또는 매도가능증권)
할인발행 (발행금액 < 액면금액)	(차) 현금 ××× (대) 사채 ××× 사채할인발행차금 ×××	(차) 만기보유증권 ××× (대) 현금 ××× (또는 매도가능증권)
할증발행 (발행금액 > 액면금액)	(차) 현금 ××× (대) 사채 ××× 사채할증발행차금 ×××	(차) 만기보유증권 ××× (대) 현금 ××× (또는 매도가능증권)

구 분	부분재무상태표	
	사채발행자	사채매입자
액면발행 (발행금액 = 액면금액)	비유동부채 사채 ×××	비유동자산 만기보유증권 ××× (또는 매도가능증권)
할인발행 (발행금액 < 액면금액)	비유동부채 사채 ××× 사채할인발행차금 (×××) ×××	비유동자산 만기보유증권 ××× (또는 매도가능증권)
할증발행 (발행금액 > 액면금액)	비유동부채 사채 ××× 사채할증발행차금 ××× ×××	비유동자산 만기보유증권 ××× (또는 매도가능증권)

(3) 사채할인(할증)발행차금 상각(환입)

사채할인(할증)발행차금은 사채의 상환기간 동안에 매결산기마다 체계적인 방법으로 상각(환입)함으로써 만기일에 사채할인(할증)발행차금계정 잔액이 0원이 되어 사채의 액면금액과 장부금액(액면금액 ± 사채할인(할증)발행차금)이 일치하도록 회계처리하여야 한다.

사채할인(할증)발행차금은 유효이자율법으로 상각 또는 환입한다. 유효이자율은 '사채의 액면금액과 미래지급액(이자+액면금액)의 현재가치를 일치시켜주는 이자율'이다. 유효이자율법은 사채의 장부금액(액면금액－사채할인발행차금, 또는 액면금액+사채할증발행차금)에 사채발행시의 유효이자율을 곱하여 계산된 이자비용과 액면금액에 액면이자율을 곱하여 계산된 이자비용과의 차액을 상각(환입)시키는 방법이다.

다음은 할인발행시 사채할인발행차금 상각 절차이다.

할인발행시 사채할인발행차금상각 절차

① 사채의 기초장부금액 계산 = 사채의 액면금액 － 사채할인발행차금
② 연간 총이자비용 계산 = 사채의 기초장부금액 × 유효이자율
③ 연간 현금이자비용 계산 = 사채의 액면금액 × 액면이자율
④ 사채할인발행차금상각액 계산 = 연간 총이자비용 － 연간 현금이자비용

▌사채할인(할증)발행차금의 상각/환입▐

구 분	사채기간동안의 총이자비용	매기 인식할 이자비용	사채할인(할증)발행차금 상각(환입)액
할인발행	총현금이자비용 + 사채할인발행차금	기초사채장부금액 × 유효이자율 = 연간 현금이자비용 + 사채할인발행차금상각액	사채할인발행차금 상각액 = 매기 인식할 이자비용 － 매기 현금이자비용
할증발행	총현금이자비용 － 사채할증발행차금	기초사채장부금액 × 유효이자율 = 연간 현금이자비용 － 사채할증발행차금환입액	사채할증발행차금 환입액 = 매기 현금이자비용 － 매기 인식할 이자비용

사례 결산일이 12월 31일인 (주)한공은 시장이자율(유효이자율과 같다고 가정)이 12%일 때 아래와 같은 조건으로 사채를 발행하였다.

- 발행회사명: (주)한공
- 발행일: 2022년 1월 1일
- 액면금액: 100,000원
- 만기일: 2024년 12월 31일
- 표시이자율: 연 10%
- 이자지급일: 연 1회, 매년 12월 31일

1. 사채발행금액

원금의 현재가치: 100,000원×0.7118(3년, 12% 원금현가계수)=71,180원

이자의 현재가치: 100,000원×10%×2.4018(3년, 12% 연금현가계수)=24,018원

발행금액: 71,180원+24,018원=95,198원

2. 사채할인발행차금 상각표

	기초(①)	유효이자 (①×12%)	액면이자	사채할인발행차금상각 (유효이자－액면이자)	기말 (기초+사채할인발행차금상각)
2022년	95,198	11,424	10,000	1,424	96,622
2023년	96,622	11,595	10,000	1,595	98,216
2024년	98,216	11,784	10,000	1,784	100,000

3. 2022년 1월 1일, 12월 31일, 2023년 12월 31일, 2024년 12월 31일 회계처리

구분	회계처리					
2022.01.01.	(차)	현금	95,198	(대)	사채	100,000
		사채할인발행차금	4,802			
2022.12.31.	(차)	이자비용	11,424	(대)	현금	10,000
					사채할인발행차금	1,424
2023.12.31.	(차)	이자비용	11,595	(대)	현금	10,000
					사채할인발행차금	1,595
2024.12.31.	(차)	이자비용	11,784	(대)	현금	10,000
					사채할인발행차금	1,784
	(차)	사채	100,000	(대)	현금	100,000

사례 결산일이 12월 31일인 (주)한공은 시장이자율(유효이자율과 같다고 가정)이 8%일 때 아래와 같은 조건으로 사채를 발행하였다.

- 발행회사명: (주)한공
- 발행일: 2022년 1월 1일
- 액면금액: 100,000원
- 만기일: 2024년 12월 31일
- 표시이자율: 연 10%
- 이자지급일: 연 1회, 매년 12월 31일

1. 사채발행금액

원금의 현재가치: 100,000원×0.7938(3년, 8% 원금현가계수)=79,380원

이자의 현재가치: 100,000원×10%×2.5771(3년, 8% 연금현가계수)=25,771원

발행금액: 79,380원+25,771원=105,151원

2. 사채할증발행차금 상각표

	기초(①)	유효이자 (①×8%)	액면이자	사채할인발행차금상각 (액면이자－유효이자)	기말 (기초－사채할증발행차금상각)
2022년	105,151	8,412	10,000	1,588	103,563
2023년	103,563	8,285	10,000	1,715	101,848
2024년	101,848	8,152	10,000	1,848	100,000

3. 2022년 1월 1일, 12월 31일, 2023년 12월 31일, 2024년 12월 31일 회계처리

구분	회계처리					
2022.01.01.	(차)	현금	105,151	(대)	사채	100,000
					사채할증발행차금	5,151
2022.12.31.	(차)	이자비용	8,412	(대)	현금	10,000
		사채할증발행차금	1,588			
2023.12.31.	(차)	이자비용	8,285	(대)	현금	10,000
		사채할증발행차금	1,715			
2024.12.31.	(차)	이자비용	8,152	(대)	현금	10,000
		사채할증발행차금	1,848			
	(차)	사채	100,000	(대)	현금	100,000

I Can!

사채할인(할증)발행차금의 상각과 관련된 비교

구분	사채할인발행 상각 시	사채할증발행 상각 시
매기 상각액	증가	증가
매기 사채의 장부금액	증가	감소
매기 이자비용(유효이자율법) (사채의 장부금액 × 유효이자율)	증가	감소
매기 지급해야 하는 이자 (사채의 액면금액 × 액면이자율)	일정	일정

02 장기차입금

자금을 차입하고 그 상환기간이 1년 이후에 도래하는 차입금을 말한다.

장기차입금 발생시

(차) 현금	×××	(대) 장기차입금	×××

장기차입금을 유동성 장기부채로 대체시

(차) 장기차입금	×××	(대) 유동성 장기부채	×××

장기차입금 상환시

(차) 유동성 장기부채	×××	(대) 현금	×××

03 임대보증금

임대차계약에 의하여 월세를 지급받는 조건으로 타인에게 부동산 사용을 계약하고 임대인이 임차인에게 지급받는 보증금을 말한다. 임대보증금은 계약기간이 만료되면 다시 상환한다.

04 퇴직급여충당부채

(1) 퇴직금제도

퇴직금제도의 경우 회계연도 말 현재 모든 종업원이 일시에 퇴직한다면 지급해야 할 퇴직일시금에 상당하는 금액을 퇴직급여충당부채로 인식한다.

퇴직급여충당부채 설정시

(차) 퇴직급여	×××	(대) 퇴직급여충당부채	×××

종업원 퇴직시: 퇴직급여충당부채 지급

(차) 퇴직급여충당부채	×××	(대) 현금	×××

사례 A사는 2024년 1월 1일에 개업하였으며 2024년 12월 31일에 모든 종업원이 퇴직한다면 지급해야 할 퇴직일시금이 1,000,000원이다.

회계 처리			
(차) 퇴직급여	1,000,000	(대) 퇴직급여충당부채	1,000,000

(2) 확정기여형 퇴직연금제도

확정기여형 퇴직연금제도를 설정한 경우에는 당해 회계기간에 대하여 기업이 납부하여야 할 부담금(기여금)을 퇴직급여(비용)로 인식하고, 회계연도 말 현재 아직 납부하지 않은 기여금은 미지급비용으로 인식한다.

▶▷ 사례 C사는 2024년 1월 1일에 개업하였으며 모든 종업원은 확정기여형 퇴직연금제도에 가입하였다. C사는 2024년에 보험회사에 10,000원을 납부하여야 하며 이 중 아직 납부하지 않은 기여금은 3,000원이다.

회계 처리					
(차)	퇴직급여	10,000	(대)	현금	7,000
				미지급비용	3,000

(3) 확정급여형 퇴직연금제도

1) 종업원이 퇴직하기 전의 경우

보고기간말 현재 종업원이 **퇴직할 경우 지급하여야 할 퇴직일시금**에 상당하는 금액을 측정하여 퇴직급여충당부채로 인식한다.

2) 종업원이 퇴직연금에 대한 수급요건 중 가입기간 요건을 갖추고 퇴사하였으며 퇴직연금의 수령을 선택한 경우

보고기간말 이후 퇴직 종업원에게 지급하여야 할 예상퇴직연금합계액의 현재가치를 측정하여 '퇴직연금미지급금'으로 인식한다.

확정급여형 퇴직연금제도에서 운용되는 자산은 하나로 통합하여 퇴직연금운용자산으로 표시한다.

확정급여형 퇴직연금제도에서 퇴직급여와 관련된 자산과 부채를 재무상태표에 표시할 때에는 퇴직급여와 관련된 부채(퇴직급여충당부채와 퇴직연금미지급금)에서 퇴직급여와 관련된 자산(퇴직연금운용자산)을 차감하는 형식으로 표시한다. 퇴직연금운용자산이 퇴직급여충당부채와 퇴직연금미지급금의 합계액을 초과하는 경우에는 그 초과액을 투자자산의 과목으로 표시한다.

▶▷ 사례 B사는 2024년 1월 1일에 개업하였으며 모든 종업원은 확정급여형 퇴직연금제도에 가입하였다. 2024년에 보험회사에 10,000원을 납부하였다. 2024년 12월 31일에 모든 종업원이 퇴직한다면 지급해야 할 퇴직일시금이 11,000원이다.

회계 처리					
(차)	퇴직급여	11,000	(대)	퇴직급여충당부채	11,000
	퇴직연금운용자산	10,000		현금	10,000

〈재무상태표 표시〉

	비유동부채	
	퇴직급여충당부채	11,000
	퇴직연금운용자산	(10,000)

05 장기미지급금

주요 상거래인 상품과 원재료 매입 이외의 외상거래(비품, 기계장치 등의 구입과 복리후생비 등의 지급)에서 대금을 1년 이후의 기간에 지급하기로 하면 장기미지급금으로 기입한다.

주의 제품을 외상으로 매입하고 1년 이후의 기간에 지급하기로 하면 ⇨ 장기외상매입금

06 기타 충당부채

충당부채는 과거사건이나 거래의 결과에 의한 현재의무로서, 지출의 시기 또는 금액이 불확실하지만 그 의무를 이행하기 위하여 자원이 유출될 가능성이 매우 높고 또한 당해 금액을 신뢰성 있게 추정할 수 있는 의무를 말한다.

충당부채로 인식하는 금액은 현재의무를 보고기간 말에 이행하기 위하여 소요되는 지출에 대한 보고기간 말 현재 최선의 추정치이어야 한다.

제 7 절 자본관련 계정과목

자본은 기업이 소유하고 있는 자산에서 갚아야 하는 부채를 차감한 것을 말하며, 개인기업의 자본은 자본금을 말한다.

01 자본금

주식회사의 자본금은 법정자본으로서 주당 액면금액에 발행주식수를 곱한 금액이다.

자본금(법정자본) = 주당 액면금액 × 발행주식수

• 주식발행시(주식회사의 경우)

(차) 현금	×××	(대) 자본금(주식의 액면금액)	×××

주의 • 자본금은 무조건 액면금액으로 회계처리한다.
• 액면발행의 경우 신주발행비는 주식할인발행차금에 가산(+)한다.

액면발행 시 신주발행비가 있는 경우

(차) 현금	×××	(대) 자본금(주식의 액면금액)	×××
주식할인발행차금	×××		

02 자본잉여금

(1) 주식발행초과금

주식발행초과금은 주식발행금액이 액면금액을 초과하는 경우 그 초과금액을 말한다.

주의 주식을 액면이상으로 발행하는 경우 신주발행비는 주식발행초과금에서 차감하며, 주식을 액면이하로 발행하는 경우 주식발행금액에서 신주발행비를 차감한 금액과 액면금액 차이는 주식할인발행차금으로 자본조정항목으로 계상한다.

주의 주식발행초과금은 유상증자시 발생하는 것으로 주금납입절차가 이루어지지 않는 무상증자나 주식배당의 경우는 발생하지 아니한다.

• 주식을 액면금액 이상으로 발행하는 경우: 현금출자

(차) 현금	×××	(대) 자본금(주식의 액면금액)	×××
		주식발행초과금(자본잉여금)	×××

(2) 감자차익

자본금 감소시 그 감소액이 주식의 소각, 주금의 반환에 의한 금액 또는 결손 보전에 충당한 금액을 초과하는 경우 그 초과액을 말한다.

유상감자시: 액면금액 〉 유상으로 재취득한 금액(취득원가)

(차)		(대)	
자본금(액면금액)	×××	현금	×××
		감자차익(자본잉여금)	×××

주식을 액면금액 이하로 발행하는 경우: 현금출자

(차)		(대)	
자본금(액면금액)	×××	현금	×××
감자차익(자본잉여금)*	×××		
감자차손(자본조정)	×××		

* 기존 감자차익을 의미함.

03 자본조정

자본조정은 당해 항목의 성격상 자본거래에 해당하나 최종 납입된 자본으로 볼 수 없거나 자본의 차감 성격으로 자본금이나 자본잉여금으로 분류할 수 없는 항목이다.

(1) 주식할인발행차금

주식할인발행차금은 주식을 액면금액 이하로 발행한 경우 발행금액과 액면금액의 차이를 말하며 자본조정에 해당한다.

주식을 액면금액 이하로 발행하는 경우: 현금출자

(차)		(대)	
현금	×××	자본금(주식의 액면금액)	×××
주식할인발행차금(자본조정)	×××		

(2) 감자차손

자본금 감소시 나타나는 것으로 주식을 매입하여 소각하는 경우 취득금액이 액면금액보다 큰 경우에 그 차이를 말한다.

유상감자시: 액면금액 〈유상으로 재취득한 금액(취득원가)

(차)		(대)	
자본금(주식의 액면금액)	×××	현금	×××
감자차손(자본조정)	×××		

 기타포괄손익누계액

기타포괄손익누계액은 재무상태표일 현재의 기타포괄손익 잔액으로 당기순이익에 포함되지 않는 평가손익의 누계액이다.

매도가능증권평가손익	매도가능증권의 공정가치 평가 시 발생하는 미실현손익
해외사업장환산손익	해외지점, 해외사업소 또는 해외소재 관계 및 종속 기업의 자산과 부채를 외화환산할 때 발생하는 환산손익
현금흐름위험회피 파생상품평가손익	가격변동에 따른 손익을 회피하기 위하여 선도, 선물, 스왑, 옵션 등 파생상품거래를 한 경우, 파생상품을 공정가치로 평가해야 한다. 공정가치로 평가 시 발생하는 평가손익 중 효과적인 부분만 기타포괄손익으로 인식한다. 비효과적인 부분은 당기손익으로 인식한다.
재평가잉여금	유형자산을 재평가모형에 따라 공정가치로 평가할 경우 공정가치가 상승하여 발생하는 재평가이익은 기타포괄손익으로 공정가치가 하락하여 발생하는 재평가손실은 당기손익으로 인식한다.

 이익잉여금

이익잉여금은 영업활동의 결과 손익거래에서 매기에 얻어진 이익이 사내에 유보되어 생기는 잉여금이다.

이익준비금	상법의 규정에 의하여 자본금의 1/2에 달할 때까지 매 결산기 금전 이익배당액의 1/10 이상을 적립
기타법정적립금	기타 법령에 따라 적립된 금액
임의적립금	채권자와의 계약, 기업의 특정목적을 달성하기 위해 정관의 규정이나 주주총회의 결의로 배당가능한 이익잉여금의 일부를 유보한 금액
처분전 이익잉여금	전기말 미처분이익잉여금 + 당기순이익 − 주주에 대한 배당 − 자본금으로의 전입 − 자본조정항목의 상각

(1) 배당

배당이란 이익을 주주들에게 보상차원에서 지급하는 것을 말한다. 배당의 종류는 현금배당과 주식배당 및 현물배당으로 구분된다.

1) 현금배당

현금배당은 배당기준일(회계연도말)을 기준으로 현금으로 배당하는 것이다. 예를 들어, 매년 12월 31일이 회계연도 말인 회사에서 2023년도분 현금배당은 2024년도 초에 이사회 의결을 거쳐 주주총회에서 확정된다. 이와 같이 2023년도 말 후에 배당을 선언한 경우 2023년도 말에는 어떠한 의무도 존재하지 않으므로 2023년도 말에 부채로 인식하지 않는다. 그러므로 2023년도 재무상태표에는 배당액 차감 전 이익잉여금이 표시된다. 대신 2024년도에 이익잉여금에서 차감한다.

한편, 매년말 배당하는 것 이외에 중간배당이라고 하여 기중에 배당을 할 수 있다.

2) 주식배당

주식배당이란 영업활동의 결과로 발생한 이익을 현금으로 배분하지 않고, 새로이 발행하는 주식으로 주주에게 그 지분비율에 따라 무상으로 배분하는 것을 말한다. 이익 없이 하는 배당은 곧 회사의 부실화를 초래하므로 상법은 이익배당에 관하여 엄격한 규제를 하고 있다.

주식배당을 실시하는 기업입장에서는 무상증자와 다름이 없으므로 회사의 자본구성 내용에 변동을 가져올 뿐 자본 자체의 변동은 없다. 또한 주식배당을 수령한 자 입장에서는 자산의 증가로 보지 아니하고 주식수만 조정하면 된다.

주식배당액도 주주총회에서 결정될 때(일반적으로 다음 회계연도 초에 결정되므로 기말에는 별도의 회계처리가 필요하지 않음) 발행주식의 액면금액을 배당액으로 하여 자본금의 증가와 이익잉여금의 감소로 회계처리한다.

제8절 수익과 비용

01 수 익

(1) 수익의 정의

수익은 기업의 경영활동에서 재화의 판매 또는 용역의 제공 과정으로 획득된 경제적 가치로서 자산의 증가 또는 부채의 감소에 따라 자본의 증가를 초래하는 경제적 효익의 총유입을 의미한다. 예를 들어, 재화 및 용역을 공급한 대가로서 현금이나 매출채권이 증가하게 된다.

수익은 경영활동의 결과로 발생하였거나 발생할 현금유입액을 나타내며, 경영활동의 종류와 당해 수익이 인식되는 방법에 따라 매출액, 이자수익, 배당금수익 및 임대수익 등과 같이 다양하게 구분될 수 있다.

손익계산서의 정보유용성을 높이기 위해 포괄이익을 증가시키는 요소인 수익 중에서 차익을 분리하여 표시할 수도 있다. 여기서 차익(이익)이란 기업실체의 주요 경영활동을 제외한 부수적인 거래나 사건으로서 소유주의 투자가 아닌 거래나 사건의 결과로 발생하는 순자산의 증가로 정의된다.

수익은 기업이 받을 경제적효익의 총 유입만을 포함하므로 부가가치세와 같이 제3자를 대신하여 받는 금액은 수익에서 제외한다. 이와 마찬가지로 대리관계에서 본인을 대신하여 대리인인 기업이 받는 금액은 수익이 아니며 이 경우 수익은 수수료 금액이다.

(2) 수익의 측정

1) 원칙

수익은 재화의 판매·용역의 제공에 대하여 받을 대가(판매대가)의 공정가치로 측정한다. 매출에누리와 환입 및 매출할인은 수익에서 차감한다.

2) 판매대가가 장기간에 걸쳐 유입되는 경우

판매대가가 재화의 판매 · 용역의 제공 이후 장기간에 걸쳐 유입되는 경우에는 그 공정가치가 미래에 받을 금액의 합계액(명목금액)보다 작을 수 있다. 이때 공정가치는 명목금액을 할인율로 할인하여 현재가치로 측정하며, 공정가치와 명목금액과의 차액은 현금회수기간에 걸쳐 이자수익으로 인식한다.

(3) 유형별 수익인식기준

1) 재화의 판매

재화의 판매로 인한 수익은 다음 조건이 모두 충족될 때 인식한다.

① 재화의 소유에 따른 유의적인 위험과 보상이 구매자에게 이전된다.
② 판매자는 판매한 재화에 대하여 소유권이 있을 때 통상적으로 행사하는 정도의 관리나 효과적인 통제를 할 수 없다.
③ 수익금액을 신뢰성 있게 측정할 수 있다.
④ 경제적효익의 유입 가능성이 매우 높다.
⑤ 거래와 관련하여 발생했거나 발생할 원가를 신뢰성 있게 측정할 수 있다.

2) 용역의 제공

용역의 제공으로 인한 수익은 용역제공거래의 성과를 신뢰성 있게 추정할 수 있을 때 진행기준에 따라 인식한다. 다음 조건이 모두 충족되는 경우에는 용역제공거래의 성과를 신뢰성 있게 추정할 수 있다고 본다.

① 거래 전체의 수익금액을 신뢰성 있게 측정할 수 있다.
② 경제적효익의 유입 가능성이 매우 높다.
③ 진행률을 신뢰성 있게 측정할 수 있다.
④ 이미 발생한 원가 및 거래의 완료를 위하여 투입하여야 할 원가를 신뢰성 있게 측정할 수 있다.

용역제공거래의 진행률은 다음 ① 또는 ③을 이용하여 계산할 수 있다.

① 총 예상작업량(또는 작업시간) 대비 실제작업량(또는 작업시간)의 비율
② 총 예상용역량 대비 현재까지 제공한 누적 용역량의 비율
③ 총 추정원가 대비 현재까지 발생한 누적원가의 비율, 현재까지 발생한 누적원가는 현재까지 수행한 용역에 대한 원가만을 포함하며, 총 추정원가는 현재까지의 누적원가와 향후 수행하여야 할 용역의 원가를 합계한 금액이다.
그러나 고객으로부터 받은 중도금 또는 선수금에 기초하여 계산한 진행률은 작업진행정도를 반영하지 않을 수 있으므로 적절한 진행률로 보지 아니한다.

3) 이자수익, 로열티수익, 배당금수익

자산을 타인에게 사용하게 함으로써 발생하는 이자, 배당금, 로열티 등의 수익은 일단 다음 기본조건을 모두 충족하여야 한다.

① 수익금액을 신뢰성 있게 측정할 수 있다.
② 경제적효익의 유입 가능성이 매우 높다.

상기 기본조건을 충족한 이자수익, 배당금수익, 로열티수익은 다음의 기준에 따라 인식한다.
① 이자수익은 원칙적으로 유효이자율을 적용하여 발생기준에 따라 인식한다.
② 배당금수익은 배당금을 받을 권리와 금액이 확정되는 시점에 인식한다.
③ 로열티수익은 관련된 계약의 경제적 실질을 반영하여 발생기준에 따라 인식한다.
주의 제조업의 경우 이자수익, 배당금수익, 로열티수익은 영업외수익에 해당한다.

02 비 용

(1) 비용의 정의

비용은 기업의 경영활동에서 수익을 얻기 위하여 소비한 재화 또는 용역으로 자산이 감소하거나 부채가 증가함에 따라 자본의 감소를 초래하는 경제적 효익의 사용 또는 유출을 의미한다.

(2) 비용의 인식

비용은 경제적 효익이 사용 또는 유출됨으로써 자산이 감소하거나 부채가 증가하고 그 금액을 신뢰성 있게 측정할 수 있을 때 인식한다. 보다 구체적인 비용 인식기준은 다음과 같다.

① 수익과 직접 관련하여 발생한 비용은 동일한 거래나 사건에서 발생하는 수익을 인식할 때 대응하여 인식한다.
예 매출수익에 대응하여 인식하는 매출원가
② 수익과 직접 대응할 수 없는 비용은 재화 및 용역의 사용으로 현금이 지출되거나 부채가 발생하는 회계기간에 인식한다.
예 광고선전비등의 판매비와관리비
③ 자산으로부터의 효익이 여러 회계기간에 걸쳐 기대되는 경우, 이와 관련하여 발생한 특정 성격의 비용은 체계적이고 합리적인 배분절차에 따라 각 회계기간에 배분하는 과정을 거쳐 인식한다.
예 유형자산의 감가상각비와 무형자산의 상각비

03 수익 · 비용의 구분

기업의 주요 영업활동인 매출활동과 관련된 수익을 영업수익이라고 하고 그 외의 수익을 영업외수익이라고 한다. 영업수익인 매출액에 대응하는 비용을 매출원가라고 하고 판매와 관리활동에 관련된 비용을 판매비와관리비라고 하며, 그 외의 비용을 영업외비용이라 한다.

회계변경과 오류수정

01 회계변경의 정의

회계정보의 유용성을 제고시키기 위해서는 계속성과 통일성이 유지될 필요가 있다. 이는 회계정보의 비교가능성을 확보한다는 의미이기도 하다. 비교가능성은 다음과 같이 구분될 수 있다.

기간별 비교가능성	• 기업의 재무상태, 재무성과 및 재무상태 변동의 기간별 추세 비교 가능(회계기준의 계속적 적용)
기업간 비교가능성	• 기업 간의 상대적 평가 가능(재무 · 투자 · 영업활동 등의 특성을 훼손시키지 않는 범위 내에서 기업 간에 통일된 회계기준 적용)

02 회계변경의 사유

회계변경은 회계정보의 비교 가능성을 훼손할 수 있으므로 회계변경을 하는 기업은 반드시 회계변경의 정당성을 입증하여야 한다. 그러나 회계기준제정기구가 새로운 회계기준을 제정하거나 개정하는 경우에는 이익조정을 위한 자의적인 회계변경의 여지가 없으므로 회계변경의 정당성에 대한 입증을 필요로 하지 아니한다.

정당한 사유에 의한 회계변경의 예는 다음과 같다.

① 합병, 사업부 신설, 대규모 투자, 사업의 양수도 등 기업환경의 중대한 변화에 의하여 총자산이나 매출액, 제품의 구성 등이 현저히 변동됨으로써 종전의 회계정책을 적용할 경우 재무제표가 왜곡되는 경우
② 동종산업에 속한 대부분의 기업이 채택한 회계정책 또는 추정방법으로 변경함에 있어서 새로운 회계정책 또는 추정방법이 종전보다 더 합리적이라고 판단되는 경우
③ 일반기업회계기준의 제정, 개정 또는 기존의 일반기업회계기준에 대한 새로운 해석에 따라 회계변경을 하는 경우

단순히 세법의 규정을 따르기 위한 회계변경은 정당한 회계변경으로 보지 아니한다. 그 이유는 세무보고의 목적과 재무보고의 목적이 서로 달라 세법에 따른 회계변경이 반드시 재무회계정보의 유용성을 향상시키는 것은 아니기 때문이다.

또한, 이익조정을 주된 목적으로 한 회계변경은 정당한 회계변경으로 보지 아니한다.

03 회계변경의 유형

회계정책의 변경	• 회계정책: 기업이 재무보고의 목적으로 선택한 기업회계기준과 그 적용방법 • 회계정책의 변경: 재무제표의 작성과 보고에 적용하던 회계정책을 다른 회계정책으로 바꾸는 것을 말한다. • 회계정책의 변경이 가능한 경우 ① 일반기업회계기준에서 회계정책의 변경을 요구하는 경우 ② 회계정책의 변경을 반영한 재무제표가 거래, 기타 사건 또는 상황이 재무상태, 재무성과 또는 현금흐름에 미치는 영향에 대하여 신뢰성 있고 더 목적적합한 정보를 제공하는 경우 • 회계정책의 변경 사례: 재고자산 평가방법의 변경, 유가증권의 취득단가산정방법 변경 등 • 회계처리: 변경된 새로운 회계정책은 소급하여 적용한다. 전기 또는 그 이전의 재무제표를 비교목적으로 공시할 경우에는 소급적용에 따른 수정사항을 반영하여 재작성한다. 비교재무제표상의 최초회계기간 전의 회계기간에 대한 수정사항은 비교재무제표상 최초회계기간의 자산, 부채 및 자본의 기초금액에 반영한다. 또한 전기 또는 그 이전기간과 관련된 기타재무정보도 재작성한다.
회계추정의 변경	• 회계추정: 일부 재무제표 항목은 기업환경의 불확실성으로 인하여 그 인식과 측정을 추정에 의존한다. • 합리적인 추정은 재무제표작성에 필수적인 과정이며 재무제표의 신뢰성을 떨어뜨리지 않는다. • 회계추정 사례: 대손의 추정, 재고자산의 진부화 여부에 대한 판단과 평가, 우발부채의 추정, 감가상각자산의 내용연수 또는 감가상각방법의 변경 및 잔존금액의 추정 등 • 회계처리: 회계추정의 변경은 전진적으로 처리하여 그 효과를 당기와 당기이후의 기간에 반영한다. 회계변경의 속성상 그 효과를 회계정책의 변경효과와 회계추정의 변경효과로 구분하기가 불가능한 경우에는 이를 회계추정의 변경으로 본다.

회계오류

(1) 회계오류의 의의

전기 또는 그 이전 기간의 재무제표를 작성할 때 발생하였던 오류가 당기에 발견되는 경우가 있다. 회계오류는 계산상의 실수, 회계기준의 잘못된 적용, 사실판단의 잘못, 부정, 과실 또는 사실의 누락 등으로 인해 발생한다.

오류수정은 전기 또는 그 이전의 재무제표에 포함된 회계적 오류를 당기에 발견하여 이를 수정하는 것을 말한다. 중대한 오류는 재무제표의 신뢰성을 심각하게 손상할 수 있는 매우 중요한 오류를 말한다.

오류수정은 회계추정의 변경과 구별된다. 회계추정의 변경은 추가적인 정보를 입수함에 따라 기존의 추정치를 수정하는 것을 말한다. 예를 들면, 우발부채로 인식했던 금액을 새로운 정보에 따라 보다 합리적으로 추정한 금액으로 수정하는 것은 오류수정이 아니라 회계추정의 변경이다.

(2) 회계오류의 유형

회계오류의 유형은 크게 당기순이익에 영향을 미치지 않는 오류와 당기순이익에 영향을 미치는 오류로 구분된다.

1) 당기순이익에 영향을 미치지 않는 오류

당기순이익에 영향을 미치지 않는 오류를 일명 계정분류 오류라고 한다. 즉, 재무상태표 계정과목 상호간의 오류 또는 손익계산서 계정과목 상호간의 오류를 말한다.

2) 당기순이익에 영향을 미치는 오류

중대한 회계오류와 중대하지 않은 회계오류에 대하여 오류수정의 회계처리 방법은 각각 다르다.

① 중대하지 않은 회계오류

당기에 발견한 전기 또는 그 이전 기간의 오류는 당기 손익계산서에 영업외손익 중 전기오류수정손익으로 보고한다.

사례 A사는 1차년도 초에 3년의 내용연수를 가지는 유형자산 900원(잔존가치 0)을 구입하고 이를 전액 수선비로 처리하였다. 이 오류를 2차년도에 발견하였다. 이것은 중대하지 않은 오류라고 가정한다.

구 분	회계 처리	
	회사 분개	올바른 분개
〈1차년도〉	(차) 수선비 900 (대) 현금 900	(차) 유형자산 900 (대) 현금 900 감가상각비 300 감가상각누계액 300
〈2차년도〉	분개 없음	(차) 감가상각비 300 (대) 감가상각누계액 300

수정 분개				
(차) 유형자산	900	(대)	감가상각누계액	300
			전기오류수정이익(영업외수익)	600
(차) 감가상각비	300	(대)	감가상각누계액	300

② 중대한 오류

중대한 오류는 일반적인 회계에서의 중요성에 대한 판단기준보다 더 엄격한 기준을 적용하여 재무제표의 신뢰성을 심각하게 손상시킬 수 있는 매우 중요한 오류를 의미한다. 중대한 오류의 경우에는 소급법을 적용한다. 이와 같이 소급법의 적용을 중대한 오류의 경우로 한정한 이유는 모든 오류수정의 회계처리에 소급법을 적용한다면 재무제표를 빈번하게 재작성하게 됨에 따라 재무제표의 신뢰성을 훼손시킬 수 있기 때문이다.

전기 또는 그 이전 기간에 발생한 중대한 오류의 수정을 위해 전기 또는 그 이전 기간의 재무제표를 재작성하는 경우 각각의 회계기간에 발생한 중대한 오류의 수정금액을 해당기간의 재무제표에 반영한다. 비교재무제표에 보고된 최초회계기간 이전에 발생한 중대한 오류의 수정에 대하여는 당해 최초회계기간의 자산, 부채 및 자본의 기초금액에 반영한다. 또한 전기 또는 그 이전 기간과 관련된 기타재무정보도 재작성한다.

사례 A사는 1차년도 초에 3년의 내용연수를 가지는 유형자산 900원(잔존가치 0)을 구입하고 이를 전액 수선비로 처리하였다. 이 오류를 2차년도에 발견하였다. 이것은 중대한 오류라고 가정한다.

구분	회계 처리	
	회사 분개	올바른 분개
〈1차년도〉	(차) 수선비 900 (대) 현금 900	(차) 유형자산 900 (대) 현금 900 감가상각비 300 감가상각누계액 300
〈2차년도〉	분개 없음	(차) 감가상각비 300 (대) 감가상각누계액 300

수정분개				
(차)	유형자산	900	(대) 감가상각누계액	300
			이익잉여금(전기오류수정이익)	600
(차)	감가상각비	300	(대) 감가상각누계액	300

제 10절 내부통제제도와 내부회계관리제도

01 내부통제제도

(1) 내부통제제도의 정의

내부통제제도는 다음의 세가지 목적을 달성하기 위하여 회사의 이사회, 경영진 및 기타 구성원에 의해 지속적으로 실행되는 일련의 과정을 말한다.

목적	내용
기업운영의 효율성 및 효과성 확보 (운영목적)	• 회사가 업무를 수행함에 있어 자원을 효과적으로 효율적으로 사용하고 있음을 확인
재무정보의 신뢰성 확보 (재무보고목적)	• 회사가 정확하고 신뢰할 수 있는 재무정보의 작성 및 보고체계를 유지하고 있음을 확인
관련 법규의 정책의 준수 (법규준수목적)	• 회사의 모든 활동은 관련법규, 감독규정, 내부정책 및 절차를 준수하고 있음을 확인

(2) 내부통제제도의 구성요소

내부통제제도의 구성요소는 통제환경, 위험평가, 통제활동, 정보 및 의사소통, 모니터링의 다섯 가지로 나누어 볼 수 있다.

구성요소	내용
통제환경	• 내부통제제도 전체의 기초를 이루는 개념 • 조직체계 · 구조, 내부통제와 관련된 상벌 체계, 인력운용 정책, 교육정책, 경영자의 철학, 윤리, 리더십 등을 포함
위험평가	• 회사의 내 · 외부의 위험을 식별하고 평가 · 분석하는 활동 • 전사적 수준 및 하위 업무프로세스 수준의 위험식별, 위험의 분석 · 대응방안 수립, 위험의 지속적 관리 등이 포함됨
통제활동	• 조직 구성원이 경영방침이나 지침에 따라 업무를 수행할 수 있도록 마련된 정책 및 절차와 이러한 정책 및 절차가 준수되도록 하기 위한 제반 활동 • 업무의 분장, 문서화, 승인 · 결재체계, 감독체계, 자산의 보호체계 등을 포함
정보 및 의사소통	• 조직 구성원이 책임을 적절하게 수행할 수 있도록 정보를 확인 · 수집할 수 있도록 지원하는 절차와 체계 • 정보의 생성 · 집계 · 보고체계, 의사소통의 체계 및 방법 등이 포함
모니터링	• 내부통제의 효과성을 지속적으로 평가하는 과정 • 상시적인 모니터링과 독립적인 평가 또는 이 두 가지의 결합에 의해서 수행

(3) 내부통제제도의 효과와 한계

효과적인 내부통제제도는 경영진이 업무성과를 측정하고, 경영의사결정을 수행하며, 업무프로세스를 평가하고, 위험을 관리하는데 기여함으로써 회사의 목표를 효율적으로 달성하고 위험을 회피 또는 관리할 수 있도록 한다.

그리고 직원의 위법 및 부당행위(횡령, 배임 등) 또는 내부정책 및 절차의 고의적인 위반행위뿐만 아니라 개인적인 부주의, 태만, 판단상의 착오 또는 불분명한 지시에 의해 야기된 문제점들을 신속하게 포착함으로써 회사가 시의적절한 대응조치를 취할 수 있게 해 준다.

그러나 아무리 잘 설계된 내부통제제도라고 할지라도 제도를 운영하는 과정에서 발생하는 집행위험은 피할 수 없다. 즉, 최상의 자질과 경험을 지닌 사람도 부주의, 피로, 판단착오 등에 노출될 수 있으며, 내부통제제도도 이러한 사람들에 의해 운영되므로 내부통제제도가 모든 위험을 완벽하게 통제할 수는 없다.

02 내부회계관리제도

내부회계관리제도는 회사의 재무제표가 일반적으로 인정되는 회계처리기준에 따라 작성·공시되었는지에 대한 합리적 확신을 제공하기 위해 설계·운영되는 내부통제제도의 일부분으로서 회사의 이사회와 경영진을 포함한 모든 구성원들에 의해 지속적으로 실행되는 과정을 의미한다.

내부회계관리제도는 내부통제제도의 세 가지 목적 중 재무정보의 신뢰성 확보목적, 특히 외부에 공시되는 재무제표의 신뢰성 확보를 목적으로 하며, 여기에는 자산의 보호 및 부정방지 프로그램이 포함된다. 또한, 운영목적이나 법규준수목적과 관련된 통제절차가 재무제표의 신뢰성 확보와 관련된 경우 해당 통제절차는 내부회계관리제도의 범위에 포함된다.

(1) 자산보호와 관련된 통제

보호와 관련된 통제라 함은 재무제표에 중요한 영향을 미칠 수 있는 승인되지 않은 자산의 취득·사용·처분을 예방하고 적시에 적발할 수 있는 체계를 의미한다.

사례 (재고자산)

재고자산이 보관되어 있는 창고에 대한 물리적인 접근을 통제하고 주기적으로 재고실사 수행 ➡ 자산의 도난이 분실을 완전히 막을 수는 없지만 실물자산과 장부자산의 수량 차이를 적시에 발견하여 재무제표의 중요한 왜곡표시 방지 가능

(2) 부정방지 프로그램

부정방지 프로그램은 재무제표의 신뢰성을 훼손할 수 있는 부정을 예방·적발하는 한편, 확인된 특정 부정위험을 감소시킬 수 있도록 고안된 체제 및 통제로서 이는 회사 내 효과적인 통제문화를 조성함에 있어서 필수적인 요소이다. 예를 들어, 경영진의 권한남용 및 통제회피위험 등에 대한 적절한 부정방지 프로그램이 존재하지 않는 경우 이는 통제상 중요한 취약점으로 분류될 수 있다.

사례 (부정방지 프로그램에 포함되는 내용)

- 윤리강령
- 내부고발제도 및 내부고발자 보호 프로그램
- 채용기준 및 인사규정
- 부정 적발 또는 혐의 발견시 처리 절차
- 이사회 및 감사(위원회)의 감독
- 부정 위험 평가 및 이를 관리하기 위한 통제활동

03 내부회계관리제도의 설계 및 운영

내부회계관리제도는 내부통제의 일반적인 다섯 가지 구성요소(통제환경, 위험평가, 통제활동, 정보 및 의사소통, 모니터링)를 모두 고려하여 설계하고, 이사회, 경영진, 감사(위원회) 및 중간관리자와 일반직원 등 조직 내 모든 구성원들에 의해 운영된다.

구성요소	구분	내용
통제환경	이사회	• 경영진이 설계·운영하는 내부회계관리제도 전반에 대한 감독책임이다.
	감사(위원회)	• 경영진과는 독립적으로 내부회계관리제도에 대한 평가기능을 수행함으로써 내부회계관리제도의 적정한 운영 및 개선을 지원한다.
	경영진	• 대표이사는 효과적인 내부회계관리제도의 설계 및 운영에 대한 최종 책임을 지며, 내부회계관리제도 운영을 담당할 내부회계관리자를 지정한다. • 경영진은 내부회계관리제도를 문서화·공식화하여 회사의 각 계층 및 기능별로 내부회계관리제도상의 역할과 통제를 명확히 이해하고 수행할 수 있도록 한다.
	통제문화	• 이사회와 경영진은 내부회계관리제도의 중요성을 강조하는 직업윤리 및 청렴도의 기준을 윤리강령 등을 통해 제시하고 솔선수범하고 회사의 모든 구성원들이 내부회계관리제도에 있어서 자신의

구성요소	구분	내용
통제환경	통제문화	역할을 이해하고 그 절차를 충실히 따르도록 하는 통제문화를 조성한다. • 경영진은 회사의 윤리강령, 부정방지 프로그램 등에 재무제표 관련 부정행위를 사전에 방지하고 적시에 적발·시정할 수 있는 절차를 포함한다. 한편, 모든 구성원들이 직무 수행 중 내부회계관리제도 운영상의 문제점이나 윤리강령·정책의 위반사례, 위법·부정행위를 발견한 경우 담당 책임자에게 이를 보고할 수 있도록 하는 공식적인 체계를 마련한다.
위험평가	경영진	• 경영진은 재무제표의 신뢰성 확보에 부정적인 영향을 미치는 위험을 식별하고 지속적으로 평가하는 공식적인 체계를 구축한다. 특히 내부회계관리제도와 관련하여 수행하는 경영진의 위험 식별 및 평가는 재무제표 상의 유의한 계정과목 각각에 대한 경영자 주장을 대상으로 이루어진다. • 재무제표의 신뢰성과 관련된 위험은 재무제표에 대한 경영자 주장과 관련이 있으며 경영진은 재무제표를 적절히 작성 및 공시하였다는 사실을 다음과 같은 형태로 주장한다. (1) 실재성: 자산이나 부채는 보고기간 종료일 등 주어진 특정일자 현재에 존재한다. (2) 권리와 의무: 보고기간 종료일 등 주어진 특정일자 현재 자산이나 부채는 회사에 귀속된다. (3) 발생사실: 거래나 사건은 회계기간 동안 회사에 실제로 발생하였다. (4) 완전성: 재무제표에 기록되지 않은 자산, 부채, 거래나 사건 혹은 공시되지 않은 항목은 없다. (5) 평가: 자산이나 부채는 적절한 가치로 계상되었다. (6) 측정: 거래나 사건은 적절한 금액으로 기록되었으며 수익이나 비용은 적절한 기간에 배분되었다. (7) 재무제표 표시와 공시: 재무제표의 구성항목은 일반적으로 인정된 회계처리기준에 따라 공시, 분류 및 기술되어 있다.
통제활동	경영진	• 경영진은 효과적인 내부회계관리제도를 구축하기 위해 다음과 같은 사항을 고려하여 각 업무프로세스 수준에서의 통제활동을 명확히 설정한다. (1) 통제활동을 통해 얻고자 하는 확신 또는 목표 (2) 통제활동의 수행자 및 이에 대한 승인·검토자 (3) 통제활동의 수행과 관련한 기록 또는 보고서 (4) 통제활동을 지원하는 시스템 (5) 통제활동의 수행주기 (6) 통제활동의 수행장소(지역, 부서 등) (7) 통제활동의 수행 후 오류 또는 예외적인 상황이 발견되었을 경우의 사후관리 절차 등

구성요소	구분	내용
통제활동	경영진	• 통제활동은 회사 일상 업무의 일부가 되어야 하며, 개별 통제목표에 따라 그 형태 및 세부 운영수준은 다를 수 있지만 가장 일반적인 형태의 통제활동의 예는 다음과 같다. (1) 경영진의 검토 (2) 중간관리자의 검토 (3) 정보처리과정의 통제 (4) 물리적 통제 (5) 성과지표의 분석 (6) 업무의 분장
정보 및 의사소통	정보	• 경영진은 재무제표의 신뢰성을 확보하기 위하여 재무정보뿐만 아니라 재무제표에 영향을 미칠 수 있는 비재무정보(운영활동정보, 법규준수활동정보, 외부환경 정보 등)도 적절하게 수집·유지·관리한다. • 경영진은 내부회계관리제도의 효과적 운영과 이와 관련된 효율적 의사결정을 위해 신뢰할 수 있는 회계정보를 제공할 수 있는 정보시스템을 구축한다. • 정보시스템으로부터 산출되는 정보가 효과적으로 내부회계관리제도를 지원하기 위해서는 다음과 같은 요건을 필요로 한다. (1) 정보가 관련 의사결정목적에 부합하여야 한다(목적적합성). (2) 정보가 적시에 사용가능하여야 한다(적시성). (3) 정보가 최신의 것이어야 한다(최신성). (4) 정보가 정확하여야 한다(정확성). (5) 관련 정보에 대한 접근이 용이하여야 한다(접근가능성).
	의사소통	• 경영진은 회사의 구성원들이 내부회계관리제도 상 책임 또는 임무와 관련된 정책 및 절차를 충분히 이해하고 준수할 수 있도록 하고, 관련된 정보가 해당 구성원에게 효과적으로 전달될 수 있는 의사소통 경로를 마련한다. • 경영진은 하향의 의사소통 경로뿐만 아니라 중요한 정보에 대한 상향의 의사소통경로도 마련하여야 한다. 특히, 재무제표에 영향을 미치는 관련 법규나 윤리강령의 위반행위 등에 대한 내부 고발자를 보호하고, 아울러 검증되지 않은 주장에 근거한 악의적인 내부고발을 방지하기 위한 적절한 장치도 균형있게 마련한다. • 경영진과 이사회 간의 원활한 의사소통을 위해 경영진은 재무제표에 영향을 미칠 수 있는 중요한 사업의 내용 및 위험, 경영성과 등에 관한 최신 정보를 이사회에 충분히 제공하며, 이사회는 필요한 정보를 경영진에게 요구하고 제공받은 정보에 대한 검토결과를 경영진에게 제공한다. • 경영진은 내부 의사소통 이외에도 외부 이해관계자(외부감사인, 감독당국, 거래처, 고객 등)로부터 회사의 재무제표에 중요한 영향을 미치는 정보를 효과적으로 획득할 수 있는 경로와 절차를 마련하고, 이러한 과정을 통해 획득한 중요한 정보를 조직 전체에 전달한다.

구성요소	구분	내용
모니터링	경영진	• 경영진은 내부회계관리제도의 운영에 대한 상시적인 모니터링과 독립적인 평가를 수행함과 동시에 내부회계관리제도의 전반적 효과성에 대한 평가결과를 이사회 및 감사(위원회)에 보고한다. • 감사(위원회)는 경영진이 실시한 평가절차와 운영실태 평가결과의 적정성을 감독자의 관점에서 독립적으로 평가하여 이사회에 보고한다. • 경영진은 자체평가 또는 감사(위원회)의 평가결과 나타난 통제상의 미비점이 적시에 시정될 수 있도록 하는 체계를 마련한다.

제2장

부가가치세 이론 제대로 알기

제 1 절 부가가치세의 기본이론

01 부가가치세(Valued Added Tax)의 개념 및 특징

구분	내용
부가가치세의 정의	부가가치는 재화 또는 용역이 생산 · 유통되는 모든 단계에서 기업이 새로이 창출하는 가치의 증가분을 말하며, 부가가치에 대해 부과하는 조세를 부가가치세라 한다.
우리나라 부가가치세의 특징	① 일반소비세 법률상 면세대상으로 열거된 것을 제외하고 모든 재화나 용역의 소비행위에 대해서 과세한다. ② 전단계세액공제법 매출세액(매출액 × 세율)에서 매입세액을 차감하여 부가가치세를 계산한다. [매출액 × 세율 − 세금계산서 등으로 입증된 매입세액] ③ 간접세 납세의무자는 재화 또는 용역을 공급하는 사업자이지만, 담세자(세금을 실질적으로 부담하는 자)는 최종소비자가 된다. ④ 소비형 부가가치세 • 총매출액에서 중간재구입액과 자본재구입액을 차감하여 부가가치를 산출한다. • 중간재와 자본재 구입비용을 차감하므로 부가가치는 총 소비액과 일치한다. ⑤ 소비지국 과세원칙 우리나라는 생산지국에서 수출할 때 부가가치세를 과세하지 않고, 소비지국에서 과세할 수 있도록 하는 소비지국과세원칙을 채택하고 있다. → 수출재화: 0% 세율을 적용하여 부가가치세를 전액 공제 또는 환급 → 수입재화: 국내생산 재화와 동일하게 부가가치세를 부과

02 납세의무자

<table>
<tr><th>구분</th><th colspan="2">내용</th></tr>
<tr><td rowspan="4">부가가치세의 납세의무자</td><td>구분</td><td>납세의무자</td></tr>
<tr><td>재화의 공급 및 용역의 공급</td><td>사업자</td></tr>
<tr><td>재화의 수입</td><td>재화를 수입하는 자</td></tr>
<tr><td colspan="2">주의 재화를 수입하는 경우 사업자 여부 관계없이 부가가치세 납세의무를 부담하며, 세관장이 관세법에 따라 징수한다.</td></tr>
<tr><td>사업자의 요건</td><td colspan="2">다음의 요건을 충족하면 부가가치세 납세의무가 있다.
① 재화 또는 용역의 공급
부가가치세법상 과세대상이 되는 재화 또는 용역을 공급해야 한다.
② 영리목적 여부는 불문
• 부가가치세법상 납세의무자는 개인사업자나 영리법인으로 한정되어 있지 않다.
• 비영리법인과 국가 · 지방자치단체도 사업자 요건을 충족하면 부가가치세 납세의무가 발생한다.
③ 사업상 독립성
부가가치를 창출해 낼 수 있는 정도의 사업형태를 가지고 계속적, 반복적 의사로 재화 또는 용역을 독립적으로 공급해야 한다.</td></tr>
</table>

주의 사업자 분류

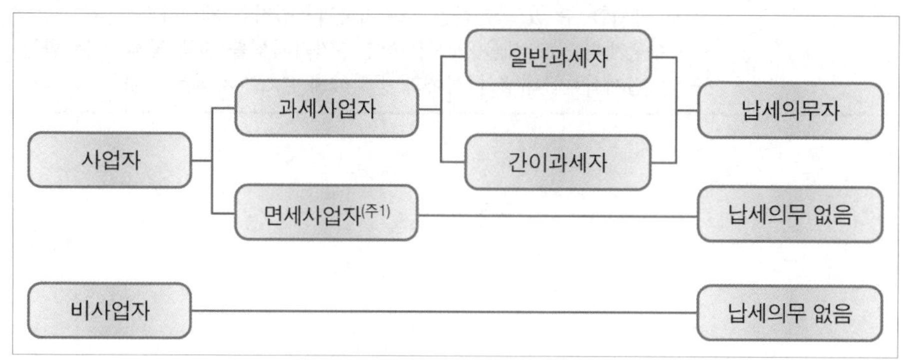

(주1) 면세사업자는 부가가치세가 면세되는 재화 또는 용역을 공급하는 사업자이므로 부가가치세 납세의무가 있는 사업자가 아니다.

03 과세기간

<table>
<tr><th>구분</th><th colspan="2">내용</th></tr>
<tr><td rowspan="6">부가가치세의 과세기간</td><th>구분</th><th>과세기간</th></tr>
<tr><td>일반과세자</td><td>제 1기: 1월 1일 ~ 6월 30일
제 2기: 7월 1일 ~ 12월 31일</td></tr>
<tr><td>간이과세자</td><td>1월 1일 ~ 12월 31일</td></tr>
<tr><td>신규로 사업을 시작하는 자</td><td>사업개시일 ~ 사업개시일이 속하는 과세기간의 종료일</td></tr>
<tr><td>폐업하는 경우</td><td>과세기간 개시일 ~ 폐업일</td></tr>
<tr><td>간이과세를 포기하는 경우</td><td>• 간이과세자의 과세기간
해당 과세기간의 개시일 ~ 포기신고일이 속하는 달의 마지막 날
• 일반과세자의 과세기간
포기신고일이 속하는 달의 다음 달 1일 ~ 당해 과세기간의 종료일</td></tr>
<tr><td rowspan="3">부가가치세의 예정신고기간</td><th>구분</th><th>예정신고기간</th></tr>
<tr><td>일반적인 경우</td><td>제 1기: 1월 1일 ~ 3월 31일
제 2기: 7월 1일 ~ 9월 30일</td></tr>
<tr><td>신규로 사업을 시작하는 자</td><td>사업개시일 ~ 예정신고기간 종료일</td></tr>
</table>

주의 법인사업자의 과세기간은 1년을 1기와 2기로 나누어지나, 부가가치세 신고 · 납부는 예정신고기간으로 인하여 3개월마다 해야 한다.(단, 개인사업자와 직전 과세기간 공급가액 합계액이 1억 5천만원 미만인 법인사업자는 예정신고기간에 고지세액을 납부한다.)

04 납세지

구분	내용
납세지의 정의	부가가치세의 납세지는 각 사업장 소재지로 한다. 따라서 사업자가 여러 사업장을 가지고 있다면 부가가치세 납세의무자는 사업자등록, 부가가치세 신고·납부와 같은 부가가치세법상 제반 의무를 사업장별로 이행해야 한다.

사업장

① 업종별 사업장의 범위

사업	사업장의 범위	
광업	광업사무소 소재지	
제조업	최종제품을 완성하는 장소	
건설업·운수업과 부동산매매업	가. 법인	법인의 등기부상 소재지
	나. 개인	사업에 관한 업무를 총괄하는 장소
무인자동판매기를 통하여 재화·용역을 공급하는 사업	사업에 관한 업무를 총괄하는 장소	
다단계판매원	다단계판매원이 등록한 다단계판매업자의 주된 사업장	
부동산임대업	부동산의 등기부상 소재지	

② 직매장, 하치장 및 임시사업장

구분	내용	사업장 여부
직매장	사업자가 자기의 사업과 관련하여 생산하거나 취득한 재화를 직접 판매하기 위하여 특별히 판매시설을 갖춘 장소	○
하치장	재화를 보관하고 관리할 수 있는 시설만 갖춘 장소	×
임시사업장	각종 경기대회나 박람회 등 행사가 개최되는 장소	×

주사업장 총괄납부와 사업자단위과세

구분	주사업장 총괄납부	사업자단위과세
개념	사업장이 둘 이상인 사업자가 납부할 세액을 주된 사업장에서 총괄하여 납부할 수 있는 제도	사업장이 둘 이상인 사업자가 사업자의 본점(주사무소)에서 총괄하여 사업자등록, 세금계산서 발급, 신고·납부할 수 있게 하는 제도
총괄 사업장	법인: 본점 또는 지점 개인: 주사무소	법인: 본점 개인: 주사무소

주의 • 부가가치세 납세자의무자는 원칙적으로 부가가치세법상 제반 의무를 사업장별로 이행해야 한다. 다만, 관할 세무서장에게 신청을 한 경우에만 주사업장 총괄납부 또는 사업자단위과세를 적용받을 수 있다.

• 주사업장 총괄납부는 각 사업장의 납부(환급)세액을 합산하여 주된 사업장에서 납부(환급)하는 제도이다. 세액만 합산하여 납부(환급)하므로 사업자등록, 세금계산서 발급 및 수취, 과세표준 및 세액계산, 신고·결정·경정은 사업장별로 이루어져야 한다. 사업자단위과세는 사업자단위과세적용사업장(본점 또는 주사무소)에서 납부(환급)뿐만 아니라 신고·납부도 총괄하여 할 수 있다.

주의 주사업장 총괄납부와 사업자단위과세의 비교

구분	주사업장 총괄납부	사업자단위과세
사업자등록	사업장별 적용	사업자단위과세 적용 사업장에서 적용
세금계산서 발급 및 수취		
과세표준 및 세액계산		
신고		
결정, 경정 및 징수		
납부 및 환급	주사업장에서 납부 및 환급	
주사업장 또는 총괄사업장	법인: 본점 또는 지점 개인: 주된 사무소	법인: 본점 개인: 주된 사무소
신청	과세기간 개시 20일 전까지[주1]	과세기간 개시 20일 전까지
포기	과세기간 개시 20일 전까지	과세기간 개시 20일 전까지

(주1) 신규로 사업을 시작하는 자가 주된 사업장에서 총괄하여 납부하려는 경우에는 주된 사업장의 사업자등록증을 받은 날부터 20일 이내에 신청서를 주된 사업장의 관할 세무서장에게 제출하여야 한다.

05 사업자등록

<table>
<tr><th>구분</th><th>내용</th></tr>
<tr><td>사업자등록의 신청</td><td>• 사업자는 사업장마다 사업 개시일부터 20일 이내에 사업장 관할 세무서장에게 사업자등록을 신청하여야 한다.
• 다만, 신규로 사업을 시작하려는 자는 사업 개시일 이전이라도 사업자등록을 신청할 수 있다.</td></tr>
<tr><td>사업등록증의 발급</td><td>• 사업자등록 신청을 받은 사업장 관할 세무서장은 사업자의 인적사항과 그밖에 필요한 사항을 적은 사업자등록증을 신청일부터 2일 이내에 신청자에게 발급하여야 한다.
• 다만, 사업장시설이나 사업현황을 확인하기 위하여 국세청장이 필요하다고 인정하는 경우에는 발급기한을 5일 이내에서 연장하고 조사한 사실에 따라 사업자등록증을 발급할 수 있다.</td></tr>
<tr><td>사업자등록의
사후관리</td><td>① 사업자등록 사항의 변경
다음과 같은 사유에 해당하는 경우 사업자의 인적사항, 사업자등록의 변경 사항 및 그 밖의 필요한 사항을 적은 사업자등록 정정신고서를 세무서장에게 제출해야 하고, 세무서장은 기한 내에 변경 내용을 확인하고 사업자등록증의 기재사항을 정정하여 재발급하여야 한다.
<table>
<tr><th>변경 사유</th><th>재발급 기한</th></tr>
<tr><td>• 상호를 변경하는 경우
• 통신판매업자가 사이버몰의 명칭 또는 인터넷 도메인이름을 변경하는 경우</td><td>신청일 당일</td></tr>
<tr><td>• 대표자를 변경하는 경우
• 사업의 종류에 변동이 있는 경우
• 사업장을 이전하는 경우
• 상속으로 사업자의 명의가 변경되는 경우
• 공동사업자의 구성원 또는 출자지분이 변경되는 경우
• 임대인, 임대차 목적물 및 그 면적, 보증금, 임차료 또는 임대차기간이 변경되거나 새로 상가건물을 임차한 경우</td><td>신청일부터 2일 이내</td></tr>
</table>
② 사업자등록 말소
사업자가 폐업한 경우 또는 사실상 사업을 시작하지 아니하게 되는 경우 지체 없이 사업자등록을 말소하여야 한다. 이 경우 세무서장은 지체 없이 등록증을 회수하여야 하며, 등록증을 회수할 수 없는 경우에는 등록말소 사실을 공시하여야 한다.</td></tr>
</table>

제 2 절 과세대상 거래

재화의 공급

구분	내용
기초개념	① 재화의 정의 • 물건(유체물): 상품, 제품, 원료, 기계, 건물 등 • 물건(무체물): 전기, 가스, 열 등 관리할 수 있는 자연력 • 권리: 광업권, 특허권, 저작권 등 물건 외에 재산적 가치가 있는 모든 것 ② 공급의 정의 계약상 또는 법률상의 모든 원인에 따라 재화를 인도하거나 양도
일반적인 재화공급	① 매매거래 현금판매, 외상판매, 할부판매, 장기할부판매, 조건부 및 기한부 판매, 위탁판매와 그 밖의 매매계약에 따라 재화를 인도하거나 양도 ② 가공거래 자기가 주요자재의 전부 또는 일부를 부담하고 상대방으로부터 인도받은 재화를 가공하여 새로운 재화를 만드는 가공계약에 따라 재화를 인도 ③ 교환거래 재화의 인도 대가로서 다른 재화를 인도받거나 용역을 제공받는 교환계약에 따라 재화를 인도하거나 양도 ④ 기타 경매, 수용, 현물출자와 그 밖의 계약상 또는 법률상의 원인에 따라 재화를 인도하거나 양도
특수한 재화공급	① 자가공급 • 면세사업 전용 → 자기의 과세사업과 관련하여 생산 · 취득한 재화를 자기의 면세사업 및 부가가치세가 과세되지 아니하는 재화 또는 용역을 공급하는 사업을 위하여 직접 사용 · 소비하는 것은 재화의 공급으로 본다. • 비영업용 소형승용차와 그 유지비용 → 과세사업을 위하여 생산 · 취득한 재화를 비영업용 소형승용차와 그 자동차 유지를 위하여 사용하면 재화의 공급으로 본다. • 타사업장 반출 → 사업장이 둘 이상인 사업자가 자기의 사업과 관련하여 생산 또는 취득한 재화를 판매할 목적으로 자기의 다른 사업장에 반출하는 것은 재화의 공급으로 본다.

구분	내용
	② 개인적 공급 사업자가 자기생산 · 취득재화를 사업과 직접적인 관계없이 자기의 개인적인 목적이나 그 밖의 다른 목적을 위하여 사용 · 소비하거나 그 사용인 또는 그 밖의 자가 사용 · 소비하는 것으로서 사업자가 그 대가를 받지 아니하거나 시가보다 낮은 대가를 받는 경우는 재화의 공급으로 본다. ③ 사업상 증여 사업자가 자기생산 · 취득재화를 자기의 고객이나 불특정 다수에게 증여하는 경우 재화의 공급으로 본다. ④ 폐업시 잔존재화 사업자가 폐업할 때 자기생산 · 취득재화 중 남아 있는 재화는 자기에게 공급하는 것으로 본다.
재화의 공급으로 보지 않는 경우	① 질권, 저당권 또는 양도담보의 목적으로 동산, 부동산 및 부동산상의 권리를 제공하는 것 ② 사업에 관한 모든 권리와 의무를 포괄적으로 승계시키는 사업양도(단, 사업양도에 대하여 대리납부 제도에 따라 그 사업을 양수받은 자가 대가를 지급하는 때에 부가가치세를 징수하여 납부한 경우는 제외한다.) ③ 조세물납

주의 다음의 것은 개인적 공급으로 보지 않는다.

- 자기의 다른 사업장에서 원료 자재 등으로 사용하거나 소비하기 위하여 반출하는 경우
- 자기사업상의 기술개발을 위하여 시험용으로 사용하거나 소비하는 경우
- 수선비 등에 대체하여 사용하거나 소비하는 경우
- 사후무료 서비스제공을 위하여 사용하거나 소비하는 경우
- 불량품교환 또는 광고선전을 위한 상품진열 등의 목적으로 자기의 다른 사업장으로 반출하는 경우
- 실비변상적이거나 복리후생적인 목적으로 그 사용인에게 대가를 받지 아니하거나 시가보다 낮은 대가를 받고 제공하는 것예 : 작업복, 작업모, 작업화, 직장 연예 및 직장 문화와 관련된 재화, 사용인 1명당 연간 10만원 이내의 경조사, 설날 · 추석, 창립기념일 및 생일 등과 관련된 재화)

주의 다음의 것은 사업상 증여로 보지 않는다.

- 무상으로 제공하는 견본품
- 주된 거래인 재화의 공급대가에 포함되는 것
- 자기적립마일리지등으로만 전부를 결제받고 공급하는 재화
- 특별재난지역에 공급하는 물품

 용역의 공급 및 재화의 수입

<table>
<tr><th>구분</th><th>내용</th></tr>
<tr><td>용역의 공급</td><td>① 용역의 공급
용역의 공급은 계약상 또는 법률상의 모든 원인에 따라 역무를 제공하거나, 시설물·권리 등 재화를 사용하게 하는 것을 말한다.
② 용역의 간주공급
부가가치세법상 사업자가 자신의 용역을 자기의 사업을 위하여 대가를 받지 아니하고 공급함으로써 다른 사업자와의 과세형평이 침해되는 경우에는 자기에게 용역을 공급하는 것으로 보고 있으나, 구체적인 범위를 규정하고 있지 아니하여 현실에서는 과세를 하지 않는다.
③ 용역의 무상공급
• 일반적인 경우: 사업자가 대가를 받지 아니하고 타인에게 용역을 공급하는 것은 용역의 공급으로 보지 않는다.
• 예외: 특수관계인에게 사업용 부동산의 임대용역을 무상으로 공급하는 것은 용역의 공급으로 본다.</td></tr>
<tr><td>재화·용역의 공급의 사례</td><td><table>
<tr><th>거래</th><th>구분</th></tr>
<tr><td>건설업의 경우 건설업자가 건설자재의 전부 또는 일부를 부담하는 것</td><td>용역의 공급</td></tr>
<tr><td>자기가 주요자재를 전혀 부담하지 아니하고 상대방으로부터 인도받은 재화를 단순히 가공만 해 주는 것</td><td>용역의 공급</td></tr>
<tr><td>자기가 주요자재의 전부 또는 일부를 부담하고 상대방으로부터 인도받은 재화를 가공하여 새로운 재화를 만드는 가공계약에 따라 재화를 인도하는 것</td><td>재화의 공급</td></tr>
<tr><td>산업재산권(특허권, 상표권 등)의 대여</td><td>용역의 공급</td></tr>
<tr><td>산업재산권(특허권, 상표권 등)의 양도</td><td>재화의 공급</td></tr>
</table></td></tr>
<tr><td>재화의 수입</td><td>재화의 수입은 다음에 해당하는 물품을 국내에 반입하는 것(보세구역을 거치는 것은 보세구역에서 반입하는 것을 말한다)으로 한다.
• 외국으로부터 국내에 도착한 물품(외국 선박에 의하여 공해(公海)에서 채집되거나 잡힌 수산물을 포함한다)
• 수출신고가 수리된 물품</td></tr>
</table>

주의 고용관계에 따라 근로를 제공하는 것은 용역의 공급으로 보지 아니한다.

03 부수 재화 및 부수 용역의 공급

주된 재화 또는 용역의 공급에 부수되어 공급되는 재화 · 용역	주된 사업에 부수되는 재화 또는 용역의 공급
부수되는 재화 또는 용역이 다음에 해당하면 주된 재화 또는 용역의 공급에 포함되는 것으로 본다. ① 해당 대가가 주된 재화 또는 용역의 공급에 대한 대가에 통상적으로 포함되어 공급되는 재화 또는 용역 ② 거래의 관행으로 보아 통상적으로 주된 재화 또는 용역의 공급에 부수하여 공급되는 것으로 인정되는 재화 또는 용역	부수되는 재화 또는 용역이 다음에 해당하면 별도의 공급으로 보되, 과세 및 면세 여부 등은 주된 사업의 과세 및 면세 여부 등을 따른다. ① 주된 사업과 관련하여 우연히 또는 일시적으로 공급되는 재화 또는 용역 ② 주된 사업과 관련하여 주된 재화의 생산 과정이나 용역의 제공 과정에서 필연적으로 생기는 재화

주의 주된 사업에 부수되는 재화 또는 용역이 면세이면 주된 사업에 관계없이 면세이다. 그러나 주된 사업에 부수되는 재화 또는 용역이 과세이면 주된 사업의 과세여부에 따라 부수되는 재화 또는 용역의 과세 여부를 판단한다.

부수되는 재화 · 용역	주된 사업	부수되는 재화 · 용역의 과세 여부
면세(토지 공급)	과세(제조업)	면세
	면세(금융업)	면세
과세(건물 공급)	과세(제조업)	과세
	면세(금융업)	면세

04 재화의 공급시기

구분	내용: 구분	내용: 공급시기
재화의 공급시기	① 재화의 이동이 필요한 경우	재화가 인도되는 때
	② 재화의 이동이 필요하지 아니한 경우	재화가 이용가능하게 되는 때
	①과 ②를 적용할 수 없는 경우	재화의 공급이 확정되는 때
거래 형태에 따른 재화의 공급시기	현금판매, 외상판매 또는 할부판매	재화가 인도되거나 이용가능하게 되는 때
	상품권 등을 현금 또는 외상으로 판매하고 그 후 그 상품권 등이 현물과 교환되는 경우	재화가 실제로 인도되는 때
	재화의 공급으로 보는 가공의 경우	가공된 재화를 인도하는 때
	반환조건부 판매, 동의조건부 판매, 그 밖의 조건부 판매 및 기한부 판매	그 조건이 성취되거나 기한이 지나 판매가 확정되는 때
	장기할부판매, 완성도기준지급조건부 공급, 중간지급조건부 공급, 전력이나 그밖에 공급단위를 구획할 수 없는 재화를 공급하는 경우	대가의 각 부분을 받기로 한 때
	무인판매기를 이용하여 재화를 공급하는 경우	사업자가 무인판매기에서 현금을 꺼내는 때
	위탁판매 또는 대리인에 의한 매매의 경우	수탁자 또는 대리인의 공급을 기준으로 판단
	간주공급	재화가 사용·소비되는 때
	폐업시 잔존재화	폐업하는 때
	내국물품을 외국으로 반출하거나 중계무역방식의 수출	수출재화의 선(기)적일
	원양어업 및 위탁판매수출	수출재화의 공급가액이 확정되는 때
	외국인도수출 및 위탁가공무역 방식의 수출	외국에서 해당 재화가 인도되는 때

주의 ① 장기할부판매는 다음 요건을 충족해야 한다.

ㄱ. 2회 이상으로 분할하여 대가를 받는 것

ㄴ. 해당 재화의 인도일의 다음 날부터 최종 할부금 지급기일까지의 기간이 1년 이상인 것

② 중간지급조건부 재화의 공급은 다음 요건을 충족해야 한다.

ㄱ. 계약금을 받기로 한 날의 다음 날부터 재화를 인도하는 날 또는 재화를 이용 가능하게 하는 날까지의 기간이 6개월 이상

ㄴ. 계약금 외의 대가를 분할하여 받는 경우(3회 이상 분할하여 대가를 받는 것)

05 용역의 공급시기

<table>
<tr><th>구분</th><th colspan="2">내용</th></tr>
<tr><td rowspan="3">용역의 공급시기</td><td>구분</td><td>공급시기</td></tr>
<tr><td>① 통상적인 용역의 경우</td><td>역무의 제공이 완료되는 때</td></tr>
<tr><td>② 기타</td><td>시설물, 권리 등 재화가 사용되는 때</td></tr>
<tr><td rowspan="7">거래 형태에 따른 용역의 공급시기</td><td>구분</td><td>공급시기</td></tr>
<tr><td>장기할부판매, 완성도기준지급조건부 공급, 중간지급조건부 공급, 전력이나 그밖에 공급단위를 구획할 수 없는 용역을 공급하는 경우</td><td>대가의 각 부분을 받기로 한 때</td></tr>
<tr><td>전세금 또는 임대보증금의 간주임대료</td><td>예정신고기간 또는 과세기간의 종료일</td></tr>
<tr><td>2 이상의 과세기간에 걸쳐 일정한 용역을 계속적으로 제공하고 그 대가를 선불로 받는 경우</td><td>예정신고기간 또는 과세기간의 종료일</td></tr>
<tr><td>2 이상의 과세기간에 걸쳐 부동산 임대용역을 공급하고 그 대가를 선불 또는 후불로 받는 경우 월수로 안분계산한 임대료</td><td>예정신고기간 또는 과세기간의 종료일</td></tr>
<tr><td>폐업 전에 공급한 용역의 공급시기가 폐업일 이후에 도래하는 경우</td><td>폐업일</td></tr>
<tr><td>위 이외의 경우</td><td>역무의 제공이 완료되고 그 공급가액이 확정되는 때</td></tr>
</table>

06 거래장소

<table>
<tr><th>구분</th><th colspan="2">내용</th></tr>
<tr><td rowspan="3">재화의 공급장소</td><td>구분</td><td>거래장소</td></tr>
<tr><td>재화의 이동이 필요한 경우</td><td>재화의 이동이 시작되는 장소</td></tr>
<tr><td>재화의 이동이 필요하지 아니한 경우</td><td>재화가 공급되는 시기에 재화가 있는 장소</td></tr>
<tr><td rowspan="3">용역의 공급장소</td><td>구분</td><td>거래장소</td></tr>
<tr><td>일반적인 경우</td><td>역무가 제공되거나 시설물, 권리 등 재화가 사용되는 장소</td></tr>
<tr><td>국내 및 국외에 걸쳐 용역이 제공되는 국제운송의 경우</td><td>사업자가 비거주자 또는 외국법인이면 여객이 탑승하거나 화물이 적재되는 장소</td></tr>
</table>

제 3 절 영세율과 면세

 영세율

구분	내용
영세율 개념	• 영세율이란 재화 또는 용역을 공급할 때 영(0%)의 세율을 적용하는 것을 말한다. • 영세율을 적용하게 되면 전단계세액공제법 하에서 매출세액은 없고 매입세액만 발생하게 된다. 따라서 재화 또는 용역을 공급받을 때 부담한 매입세액을 환급받음으로써 부가가치세가 완전면세가 된다. • 영세율은 소비지국과세원칙을 구현하기 위해 외국에 공급하는 거래에 적용하는 제도이나, 외화획득의 장려를 위해 국내거래에도 일부 적용된다.
영세율 적용대상자	• 영세율은 부가가치세법상 과세사업자에게 적용한다. • 비거주자나 또는 외국법인의 경우 해당 국가에서 대한민국의 거주자 또는 내국법인에 대하여 동일하게 면세하는 경우에만 영세율을 적용한다.(상호주의에 따라 판단)
영세율 적용대상 거래	① 재화의 수출 • 내국물품(대한민국 선박에 의하여 채집되거나 잡힌 수산물을 포함)을 외국으로 반출하는 것 • 중계무역 방식의 수출 • 위탁판매수출 • 외국인도수출 • 위탁가공무역 방식의 수출 • 원료를 대가 없이 국외의 수탁가공 사업자에게 반출하여 가공한 재화를 양도하는 경우에 그 원료의 반출 • 관세법상 수입의 신고가 수리되기 전의 물품으로서 보세구역에 보관하는 물품을 외국으로 반출하는 것 • 사업자가 내국신용장 또는 구매확인서에 의하여 공급하는 재화 ② 용역의 국외공급 국외에서 공급하는 용역(예: 해외에서 진행중인 건설공사)에 대하여는 영세율을 적용한다. ③ 외국항행용역의 공급 외국항행용역은 선박 또는 항공기에 의하여 여객이나 화물을 국내에서 국외로, 국외에서 국내로 또는 국외에서 국외로 수송하는 것을 말한다. 선박 또는 항공기에 의한 외국항행용역의 공급에 대하여는 영세율을 적용한다.

구분	내용
	④ 외화 획득 재화 또는 용역의 공급 • 우리나라에 상주하는 외교공관, 영사기관, 국제연합과 이에 준하는 국제기구 등에 재화 또는 용역을 공급하는 경우 • 외교공관 등의 소속 직원으로서 해당 국가로부터 공무원 신분을 부여받은 자 또는 외교부장관으로부터 이에 준하는 신분임을 확인받은 자 중 내국인이 아닌 자에게 재화 또는 용역을 공급하는 경우 • 수출업자와 직접 도급계약에 의하여 수출재화를 임가공하는 수출재화임가공용역 • 내국신용장 또는 구매확인서에 의하여 공급하는 수출재화임가공용역 • 외국을 항행하는 선박 및 항공기 또는 원양어선에 공급하는 재화 또는 용역 • 국내에서 국내사업장이 없는 비거주자 또는 외국법인에 공급되는 일정한 재화 또는 일정한 사업에 해당하는 용역

주의 영세율제도는 영(0%)의 세율을 적용한 결과 부가가치세 부담이 면제되는 것이다. 따라서 부가가치세법상 과세사업자만이 영세율을 적용할 수 있으며, 면세사업자는 면세를 포기하지 않는 한 영세율을 적용받을 수 없다(간이과세자도 부가가치세법상 과세사업자이므로 영세율을 적용받을 수 있다).

02 면세

구분	내용
면세의 개념	면세란 일정한 재화 또는 용역의 공급에 대하여 부가가치세를 면제하는 것을 말한다. 면세사업자는 부가가치세 납세의무가 없으므로 매출세액을 납부하지 않으며 매입세액도 공제·환급되지 않는다. 따라서 매입세액은 공급가격에 포함되어 최종소비자에게 전가되므로 부가가치세 부담이 완전히 제거되지 않는다.(부분면세 제도)
면세대상 재화 또는 용역	① 기초생활필수품 및 관련 용역 • 미가공 식료품(농·축·수·임산물): 국내산 외국산 불문 • 미가공 비식용(농·축·수·임산물): 국내산만 면세 • 수돗물 • 연탄과 무연탄 • 여성용 생리 처리 위생용품, 영유아용 기저귀와 분유(액상형 분유 포함) • 여객운송 용역. 다만, 다음에 해당하는 여객운송용역은 과세 –항공기, 시외우등고속버스, 시외고급고속버스, 전세버스, 택시, 특수자동차, 특종선박, 고속철도에 의한 여객운송 용역 –삭도, 유람선 등 관광 또는 유흥 목적의 운송수단에 의한 여객운송 용역 ② 국민후생 및 문화관련 재화 또는 용역 • 의료보건 용역(수의사의 용역을 포함)과 혈액 • 교육용역

<table>
<tr><th>구분</th><th>내용</th></tr>
<tr><td></td><td>• 우표(수집용 우표는 과세), 인지, 증지, 복권 및 공중전화
• 도서(도서대여 및 실내 도서열람 용역 포함), 신문(인터넷신문 포함), 잡지, 관보, 뉴스통신(광고는 과세)
• 법 소정 담배
• 예술창작품, 예술행사, 문화행사 또는 아마추어 운동경기
• 도서관, 과학관, 박물관, 미술관, 동물원, 식물원 등 입장

③ 부가가치 구성요소
• 토지의 공급
• 금융·보험 용역
• 저술가·작곡가나 그 밖의 자가 직업상 제공하는 인적용역

④ 기타
• 국가, 지방자치단체, 지방자치단체조합이 공급하는 재화 또는 용역
• 국가, 지방자치단체, 지방자치단체조합 및 공익단체에 무상으로 공급하는 재화 또는 용역
• 종교, 자선, 학술, 구호, 그 밖의 공익을 목적으로 하는 단체가 공급하는 재화 또는 용역
• 주택과 이에 부수되는 토지의 임대용역
• 국민주택 및 국민주택건설용역(리모델링용역 포함)</td></tr>
<tr><td>면세포기</td><td><table>
<tr><th>구분</th><th>내용</th></tr>
<tr><td>면세포기 대상</td><td>① 영세율의 적용 대상이 되는 것
② 학술연구단체와 기술연구단체가 학술·기술연구와 관련하여 실비 또는 무상으로 공급하는 재화 또는 용역</td></tr>
<tr><td>면세포기 절차</td><td>① 면세포기신고서를 관할 세무서장에게 제출
② 사업자등록(부가가치세법상 과세사업자로 전환)</td></tr>
<tr><td>면세포기 효력</td><td>① 면세의 포기를 신고한 사업자는 신고한 날부터 3년간 부가가치세를 면제받지 못한다.
② 면세의 포기를 신고한 사업자가 면세포기신고를 한 날로부터 3년이 지난 후 면세를 적용받고자 하는 때에는 면세적용신고를 하여야 한다. 면세적용신고서를 제출하지 아니하면 계속하여 면세를 포기한 것으로 본다.</td></tr>
</table></td></tr>
</table>

주의 국가, 지방자치단체, 지방자치단체조합이 공급하는 재화 또는 용역 중 다음의 재화 또는 용역은 과세된다.

① 우정사업조직이 소포 우편물을 방문접수하여 배달하는 용역과 우편주문판매를 대행하는 용역

② 고속철도에 의한 여객운송용역

③ 부동산임대업, 도매 및 소매업, 음식점·숙박업, 골프장 및 스키장 운영업, 기타 스포츠시설 운영업에서 공급하는 재화 또는 용역

④ 부가가치세 과세대상인 진료용역과 동물의 진료용역

제4절 과세표준과 매출세액

01 과세표준 기초개념

<table>
<tr><th>구분</th><th>내용</th></tr>
<tr><td>과세표준의 정의</td><td>세법에 따라 직접적으로 세액산출의 기초가 되는 과세대상의 수량 또는 가액을 말한다. 부가가치세에서 과세표준은 해당 과세기간에 공급한 재화 또는 용역의 공급가액을 합한 금액이다.
• 공급가액: 부가가치세를 포함하지 않은 매출액 등을 말한다.
• 공급대가: 부가가치세를 포함한 금액이다.</td></tr>
<tr><td>과세표준 결정</td><td>
<table>
<tr><th colspan="2">구분</th><th>과세표준 금액</th></tr>
<tr><td rowspan="4">일반원칙</td><td>금전으로 대가를 받는 경우</td><td>그 대가</td></tr>
<tr><td>금전 외의 대가를 받는 경우</td><td>공급한 재화 또는 용역의 시가</td></tr>
<tr><td>폐업하는 경우</td><td>폐업 시 남아 있는 재화의 시가</td></tr>
<tr><td>간주공급</td><td>공급한 재화 또는 용역의 시가</td></tr>
<tr><td>부당행위
계산 부인</td><td colspan="2">특수관계인에게 공급하는 재화 또는 용역의 공급가액이 조세의 부담을 부당하게 감소시킬 것으로 인정되는 경우 공급한 재화 또는 용역의 시가를 공급가액으로 본다.</td></tr>
</table>
</td></tr>
<tr><td>거래유형별
과세표준</td><td>
<table>
<tr><th>구분</th><th>과세표준 금액</th></tr>
<tr><td>외상판매 및 할부판매</td><td>공급한 재화의 총가액</td></tr>
<tr><td>• 장기할부판매
• 완성도기준지급조건부 또는 중간지급조건부로 재화나 용역을 공급
• 계속적으로 재화나 용역을 공급</td><td>계약에 따라 받기로 한 대가의 각 부분</td></tr>
<tr><td>둘 이상의 과세기간에 걸쳐 용역을 제공하고 그 대가를 선불로 받는 경우</td><td>선불로 받은 금액 $\times \frac{\text{과세대상기간의 개월 수}}{\text{계약기간의 개월 수}}$</td></tr>
</table>
</td></tr>
</table>

 항목별 과세표준 포함여부

과세표준에 포함하는 금액	과세표준에 포함하지 않는 금액
장기할부판매 또는 할부판매 경우의 이자상당액	매출에누리 · 매출환입 · 매출할인
대가의 일부로 받는 운송보험료 · 산재보험료 등	공급받는 자에게 도달하기 전에 파손되거나 훼손되거나 멸실한 재화의 가액
대가의 일부로 받는 운송비 · 포장비 · 하역비 등	재화 또는 용역의 공급과 직접 관련되지 아니하는 국고보조금과 공공보조금
개별소비세와 교통 · 에너지 · 환경세 및 주세가 과세되는 재화 또는 용역에 대하여는 해당 개별소비세와 교통 · 에너지 · 환경세 및 주세와 그 교육세 및 농어촌특별세상당액	공급에 대한 대가의 지급이 지체되었음을 이유로 받는 연체이자
대가의 전부 또는 일부를 받은 마일리지등 상당액 중 다음의 금액 ① 마일리지 등 외의 수단으로 결제받은 금액 ② 자기적립 마일리지 등 외의 마일리지 등으로 결제받은 부분에 대해 재화 또는 용역을 공급하는 자 외의 자로부터 보전받은 금액	통상적으로 용기 또는 포장을 해당 사업자에게 반환할 것을 조건으로 그 용기대금과 포장비용을 공제한 금액으로 공급하는 경우에 그 용기대금과 포장비용
	음식 · 숙박 용역이나 개인서비스 용역을 공급하고 그 대가와 함께 받는 종업원의 봉사료를 세금계산서, 영수증, 신용카드매출전표 등에 그 대가와 구분하여 적은 경우로서 봉사료를 해당 종업원에게 지급한 사실이 확인되는 경우 그 봉사료
	임차인이 부담하여야 할 보험료, 수도료 및 공공요금 등을 별도로 구분징수하여 납입을 대행하는 경우 해당 금액

주의 과세표준에서 공제하지 않는 금액은 다음과 같다.

① 재화 또는 용역을 공급받는 자에게 지급하는 장려금이나 이와 유사한 금액
② 대손금
③ 하자보증금

03 재화의 수입

<table>
<tr><th>구분</th><th>내용</th></tr>
<tr><td>재화의 수입</td><td>재화의 수입에 대한 부가가치세의 과세표준은 그 재화에 대한 관세의 과세가격과 관세, 개별소비세, 주세, 교육세, 농어촌특별세 및 교통·에너지·환경세를 합한 금액으로 한다.</td></tr>
<tr><td>외국통화 대가를 받는 경우</td><td><table>
<tr><th>구분</th><th>과세표준금액</th></tr>
<tr><td>공급시기 도래 전에 원화로 환가한 경우</td><td>환가한 금액</td></tr>
<tr><td>공급시기 이후에 외국통화나 그 밖의 외국환 상태로 보유하거나 지급받는 경우</td><td>공급시기의 기준환율 또는 재정환율에 따라 계산한 금액</td></tr>
</table></td></tr>
</table>

04 매출세액

❙ 매출세액 구조 ❙

	과세표준	× 세율
+	예정신고누락분 과세표준	× 세율
±	대손세액 가감	
=	매출세액	

<table>
<tr><th>구분</th><th>내용</th></tr>
<tr><td>매출세액의 결정</td><td>① 매출세액의 계산

매출세액 = 과세표준 × 세율(10%, 0%)

② 예정신고누락분
예정신고시 누락된 매출세액을 확정신고시 신고하는 금액을 말한다.

③ 대손세액공제
• 외상매출금이나 그 밖의 매출채권(부가가치세 포함)이 공급받은자의 파산·강제집행이나 그 밖의 사유로 대손되어 회수할 수 없는 경우 매출세액에서 차감한다.
• 공급일로부터 10년이 경과한 날이 속하는 과세기간에 대한 확정신고기한까지 대손세액공제요건이 확정되어야 한다.

대손세액 = 대손금액 × 10/110

→ 확정신고시에만 대손세액공제가 가능하다(예정신고 때는 불가능)</td></tr>
</table>

제 5 절 매입세액

매입세액

| 매입세액 구조 |

	세금계산서 수취분 매입세액
+	예정신고누락분
+	매입자발행세금계산서에 의한 매입세액
+	그 밖의 공제매입세액
	신용카드매출전표 등 수취분
	의제매입세액
	재활용폐자원 등 매입세액
	과세사업전환매입세액
	재고매입세액
	변제대손세액
−	공제받지 못할 매입세액
	불공제 매입세액
	공통매입세액 면세사업분
	대손처분받은 세액
=	매입세액

<table>
<tr><th>구분</th><th colspan="2">내용</th></tr>
<tr><td rowspan="3">공제하는 매입세액</td><td>구분</td><td>내용</td></tr>
<tr><td>세금계산서 수취분 매입세액</td><td>사업자가 사업을 위하여 사용하였거나 사용할 목적으로 세금계산서와 함께 공급받은 재화 또는 용역에 대한 부가가치세액은 매출세액에서 공제한다. 재화의 수입의 경우에도 마찬가지이다.</td></tr>
<tr><td>그 밖의 공제 매입세액</td><td>① 신용카드매출전표 수취분 등
사업자가 일반과세자로부터 재화 또는 용역을 공급받고 부가가치세액이 별도로 구분되는 신용카드매출전표 등을 발급받은 경우 그 부가가치세액은 공제할 수 있는 매입세액으로 본다.
② 의제매입세액
사업자가 면세농산물을 원재료로 하여 제조·가공한 재화 또는 창출한 용역의 공급에 대하여 부가가치세가 과세되는 경우에는 면세농산물의 매입가액에 소정의 율을 곱한 금액을 매입세액으로 보아 매출세액에서 공제할 수 있다.</td></tr>
</table>

구분	내용	
	구분	내용
공제받지 못할 매입세액	세법상 의무 불이행	매입처별 세금계산서합계표 미제출 · 부실기재
		세금계산서 미수취 · 부실기재
	면세관련 매입	면세사업 관련 매입세액
		토지에 관련된 매입세액(주1)
	업무무관	사업과 직접 관련이 없는 지출에 대한 매입세액
	기타	비영업용 소형승용차의 구입과 임차 및 유지에 관한 매입세액
		접대비관련 매입세액
		사업자등록을 신청하기 전의 매입세액(주2)

(주1) 토지에 관련된 매입세액의 구체적인 예는 다음과 같다.

① 토지의 취득 및 형질변경, 공장부지 및 택지의 조성 등에 관련된 매입세액

② 건축물이 있는 토지를 취득하여 그 건축물을 철거하고 토지만 사용하는 경우에는 철거한 건축물의 취득 및 철거 비용과 관련된 매입세액

③ 토지의 가치를 현실적으로 증가시켜 토지의 취득원가를 구성하는 비용에 관련된 매입세액

(주2) 공급시기가 속하는 과세기간이 끝난 후 20일 이내에 사업자 등록을 신청한 경우 등록신청일부터 공급시기가 속하는 과세기간 기산일(1월 1일 또는 7월 1일을 말한다)까지 역산한 기간 내의 것은 매입세액 공제가 가능하다.

02 면세농산물 등 의제매입세액 공제특례

구분	내용
공제요건	① 과세사업자가 매입한 면세농산물 등을 원재료로 하여 제조 · 가공한 재화 또는 창출한 용역의 공급에 대하여 부가가치세가 과세되는 경우 ② 면세농산물 등을 공급받은 사실을 증명하는 서류(주1)를 예정신고 또는 확정신고 시 납세지 관할 세무서장에게 제출
공제액	• 공제대상액: 면세농산물 등의 매입가액 × 공제율(주2) • 한도: 면세농산물 등과 관련하여 공급한 과세표준 × 한도율(주3) × 공제율
공제시기	면세농산물 등을 매입한 날이 속하는 예정신고기간 또는 확정신고기간에 공제한다.

(주1) 제출서류: 의제매입세액공제신고서, 매입처별 계산서합계표, 신용카드매출전표등 수령명세서

(주2) 의제매입세액의 공제율은 다음과 같다.

구분		공제율
㉮ 음식점업	ⓐ: 과세유흥장소의 경영자	2/102
	ⓑ: ⓐ 외의 음식점을 경영하는 개인사업자	8/108(9/109)
	ⓒ: ⓐ와 ⓑ 외의 음식점을 경영하는 사업자	6/106

구분		공제율
㉯ 제조업	ⓐ: 과자점업, 도정업, 제분업 및 떡류 제조업 중 떡방앗간을 경영하는 개인사업자	6/106
	ⓑ: ⓐ 외의 제조업 경영하는 중소기업 및 개인사업자	4/104
	ⓒ: ⓐ와 ⓑ 외의 사업자	2/102
㉰ ㉮와 ㉯ 외의 사업자		2/102

주의 다만, 2026년 12월 31일까지는 과세표준이 2억원 이하인 음식점을 경영하는 개인사업자에 대해서 9/109의 공제율을 적용한다.

(주3) 의제매입세액 한도율은 다음과 같다.

구분		한도율
개인사업자	과세표준 2억원 이하	50%
	과세표준 2억원 초과	40%
법인사업자		30%

주의 다만, 2026년 12월 31일까지는 음식점업을 영위하는 개인사업자와 법인사업자에 대해서는 아래와 같이 공제한도를 적용한다.

구분		한도율
음식점업을 경영하는 개인사업자	과세표준 1억원 이하	75%
	과세표준 1억원 초과 ~ 2억원 이하	70%
	과세표준 2억원 초과	60%
음식점업 외의 사업을 경영하는 개인사업자	과세표준 2억원 이하	65%
	과세표준 2억원 초과	55%
법인사업자		50%

03 재활용폐자원 등에 대한 부가가치세 매입세액 공제특례

구분	내용
공제요건	재활용폐자원 및 중고자동차를 수집하는 사업자가 세금계산서를 발급할 수 없는 자(부가가치세과세사업을 영위하지 아니하는 자 또는 간이과세자)로부터 재활용폐자원 및 중고자동차를 매입하여 제조 또는 가공하거나 이를 공급하는 경우
공제액	• 공제대상액: 재활용폐자원 등의 매입가액 × 공제율(주1) • 한도(주2): (과세표준 × 80% − 세금계산서 수취한 매입가액)
공제시기	재활용폐자원 등을 매입한 날이 속하는 예정신고기간 또는 확정신고기간에 공제한다.

(주1) 공제율은 다음과 같다.

구분	공제율
재활용폐자원	3/103
중고자동차	10/110

(주2) 중고자동차에 대하여는 한도를 적용하지 않는다.

 공통매입세액의 안분계산

구분	내용
기초개념	사업자가 과세사업과 면세사업 등을 겸영하는 경우에 과세사업과 면세사업 등에 관련된 매입세액의 계산은 실지귀속에 따라 구분한다. 그러나 실지귀속을 구분할 수 없는 매입세액(공통매입세액)은 총 공급가액에 대한 면세공급가액의 비율 등을 적용하여 안분하여 계산한다.
안분계산 방법	면세사업 관련 매입세액 = 공통매입세액 × 해당 과세기간의 $\frac{\text{면세공급가액}}{\text{총 공급가액}}$
안분계산의 배제	다음 어느 하나에 해당하는 경우에는 해당 재화 또는 용역의 공통매입세액은 공제되는 매입세액으로 한다. ① 해당 과세기간의 총 공급가액 중 면세공급가액이 5퍼센트 미만인 경우의 공통매입세액. 다만, 공통매입세액이 5백만원 이상인 경우는 제외한다. ② 해당 과세기간 중의 공통매입세액이 5만원 미만인 경우의 매입세액 ③ 해당 과세기간에 신규로 사업을 개시한 사업자가 해당 과세기간에 공급한 공통사용재화에 대한 매입세액
공통매입세액의 재계산	감가상각자산에 대하여 공통매입세액의 안분계산에 따라 매입세액이 공제된 후 공통매입세액 안분기준에 따른 비율과 감가상각자산의 취득일이 속하는 과세기간(그 후의 과세기간에 재계산한 때는 그 재계산한 과세기간)에 적용되었던 공통매입세액 안분기준에 따른 비율이 5% 이상 차이가 나면 납부세액 또는 환급세액을 다시 계산하여 해당 과세기간의 확정신고와 함께 관할 세무서장에게 신고·납부하여야 한다.

면세사업 감가상각자산의 과세사업 전환시 매입세액공제

<table>
<tr><th>구분</th><th>내용</th></tr>
<tr><td>과세사업에 전부 전용</td><td>공제되는 매입세액 = 취득시 매입세액 불공제액 × (1 − 상각률(주1) × 경과된 과세기간 수(주2))</td></tr>
<tr><td>과세사업에 일부 전용</td><td>1) 일반적인 계산방법
공제되는 매입세액 =
취득시 매입세액 불공제액 × (1 − 상각률(주1) × 경과된 과세기간 수(주2)) × 해당 과세기간의 과세공급가액(주3) / 해당 과세기간의 총공급가액

2) 예외적인 안분계산방법(주4)
과세기간 중 과세사업과 면세사업 등의 공급가액이 없거나 그 어느 한 사업의 공급가액이 없는 경우에 그 과세기간에 대한 안분 계산은 다음 순서에 따른다.
① 총 매입가액에 대한 과세사업에 관련된 매입가액의 비율
② 총 예정공급가액에 대한 과세사업에 관련된 예정공급가액의 비율
③ 총 예정사용면적에 대한 과세사업에 관련된 예정사용면적의 비율

다만, 취득시 면세사업 등과 관련하여 매입세액이 공제되지 아니한 건물에 대하여 과세사업과 면세사업 등에 제공할 예정면적을 구분할 수 있는 경우에는 ③을 ① 및 ②에 우선하여 적용한다.</td></tr>
</table>

(주1) 상각률: 건물 · 구축물은 5%, 기타의 감가상각자산은 25%

(주2) 건물 또는 구축물의 경과된 과세기간의 수가 20을 초과할 때에는 20으로, 그 밖의 감가상각자산의 경과된 과세기간의 수가 4를 초과할 때에는 4로 한다.

(주3) 과세공급가액이 총공급가액 중 5% 미만일 때에는 공제되는 매입세액이 없는 것으로 본다.

(주4) 공제세액의 정산
예외적인 안분계산방법에 따라 매입세액을 공제한 경우에는 과세사업과 면세사업의 공급가액(사용면적)이 확정되는 과세기간에 대한 납부세액을 확정신고할 때에 다음 계산식에 따라 정산한다.

- 공급가액 비율로 안분계산하는 경우

$$\text{가산되거나 공제되는 세액} = \text{과세사업에 전용시 매입세액} \times \frac{\text{공급가액이 확정되는 과세기간의 과세공급가액}}{\text{공급가액이 확정되는 과세기간의 총 공급가액}} - \text{이미 공제한 매입세액}$$

– 면적비율로 안분계산하는 경우

$$\text{가산되거나 공제되는 세액} = \text{과세사업에 전용시 매입세액} \times \frac{\text{사용면적이 확정되는 과세기간의 과세사용면적}}{\text{사용면적이 확정되는 과세기간의 총 사용면적}} - \text{이미 공제한 매입세액}$$

06 세금계산서

구분	내용
거래징수	거래징수란 사업자가 재화 또는 용역을 공급하는 경우에 공급가액에 부가가치세율을 적용하여 계산한 부가가치세를 재화 또는 용역을 공급받는 자로부터 징수하는 것을 말한다. 거래징수를 통해 부가가치세는 최종소비자에게 전가된다.
세금계산서의 정의	사업자가 재화 또는 용역을 공급하는 때에 부가가치세를 거래징수하고 이를 증명하기 위하여 공급받는 자에게 교부하는 세금영수증이다.
세금계산서의 종류	<table><tr><th>구분</th><th>내용</th></tr><tr><td>종이세금계산서</td><td>세금계산서는 2매을 작성하여 1매를 공급받는자에게 발급하고 1매를 보관한다. 공급자는 발급한 세금계산서를 토대로 매출처별세금계산서합계표를 작성·제출하며, 공급받는자는 매입처별세금계산서합계표를 작성·제출한다.</td></tr><tr><td>전자세금계산서</td><td>작성자의 신원 및 계산서의 변경 여부 등을 확인할 수 있는 공인인증시스템을 거쳐 정보통신망으로 발급하는 세금계산서를 말한다. 전자세금계산서 발급 및 수취는 전산설비 및 시스템에서 확인 가능하다.</td></tr></table>
전자세금계산서	<table><tr><th>구분</th><th>내용</th></tr><tr><td>전자세금계산서 의무발급 대상자</td><td>• 법인사업자 • 직전연도의 사업장별 재화 및 용역의 과세공급가액과 면세공급가액 합계액이 8,000만원(2023년 7월 1일부터 2024년 6월 30일까지는 1억원) 이상인 개인사업자</td></tr><tr><td>전자세금계산서 발급명세 전송</td><td>전자세금계산서를 발급하였을 때에는 전자세금계산서 발급일의 다음 날까지 전자세금계산서 발급명세를 국세청장에게 전송하여야 한다.</td></tr></table>

<table>
<tr><th>구분</th><th>내용</th></tr>
<tr><td>세금계산서의 발급</td><td>① 세금계산서 기재사항
<table>
<tr><th>필요적 기재사항</th><th>임의적 기재사항</th></tr>
<tr><td>공급하는 사업자의 등록번호와 성명 또는 명칭</td><td>공급하는 자의 주소</td></tr>
<tr><td>공급받는 자의 등록번호</td><td>공급받는 자의 상호·성명·주소</td></tr>
<tr><td>공급가액과 부가가치세액</td><td>공급품목, 단가와 수량</td></tr>
<tr><td>작성 연월일</td><td>공급 연월일</td></tr>
</table>
② 세금계산서의 발급시기
재화 또는 용역의 공급시기에 재화 또는 용역을 공급받는 자에게 발급하여야 한다.</td></tr>
</table>

영수증

구분	내용
영수증 정의	영수증은 공급받는 자의 등록번호와 부가가치세액을 별도로 구분하여 기재하지 않은 거래증빙이다.
영수증 발급대상	① 일반과세자 • 소매업, 음식점업(다과점업을 포함) • 숙박업, 미용, 욕탕 및 유사 서비스업 • 여객운송업 • 입장권을 발행하여 경영하는 사업 • 변호사·회계사 등 전문직사업자와 행정사업 • 우정사업조직이 소포우편물을 방문접수하여 배달하는 용역 • 주로 사업자가 아닌 소비자에게 재화 또는 용역을 공급하는 사업(부동산중개업 등) ② 간이과세자(주1) • 간이과세자 중 신규사업자 및 직전연도 공급대가 합계액이 4,800만원 미만인 사업자 • 주로 사업자가 아닌 자에게 재화 또는 용역을 공급하는 사업자
세금계산서발급의무 면제	• 택시운송 사업자, 노점 또는 행상을 하는 사람이 공급하는 재화 또는 용역 • 소매업 또는 미용, 욕탕 및 유사 서비스업을 경영하는 자가 공급하는 재화 또는 용역. 다만, 소매업의 경우에는 공급받는 자가 세금계산서 발급을 요구하지 아니하는 경우로 한정한다. • 재화의 간주공급(판매목적 타사업장 반출의 경우 제외) • 간주임대료 • 영세율이 적용대상이 되는 일정한 재화(주2)

구분	내용
거래상대방이 세금계산서 발급을 요구하는 경우	공급을 받는 사업자가 사업자등록증을 제시하고 세금계산서 발급을 요구할 때 세금계산서를 발급할 수 있다. 다만, 목욕·이발·미용, 여객운송업(전세버스운송업 제외), 입장권을 발행하여 영위하는 사업은 세금계산서를 발급할 수 없다.

(주1) 직전연도 공급대가 합계액이 4,800만원 이상인 간이과세자는 세금계산서를 발급해야 한다.
(주2) 영세율 적용대상거래 중 세금계산서 발급해야 하는 거래는 다음과 같다.
- 내국신용장 등에 의하여 공급하는 재화
- 한국국제협력단, 한국국제보건의료재단에 공급하는 재화
- 수출재화임가공용역

제 6 절 신고와 납부 등

01 신고와 납부

구분	내용
예정신고와 납부	1) 직전 과세기간 공급가액이 1.5억원 이상인 법인사업자 법인사업자는 예정신고기간이 끝난 후 25일 이내에 예정신고기간에 대한 과세표준과 납부세액 또는 환급세액을 납세지 관할 세무서장에게 신고하고, 해당 예정신고기간의 납부세액을 납부하여야 한다. 2) 개인사업자와 직전 과세기간 공급가액이 1.5억원 미만인 법인사업자 ① 원칙(고지납부) 관할 세무서장이 각 예정신고기간마다 직전 과세기간에 대한 납부세액의 1/2에 상당하는 금액을 결정하여 해당 예정신고기간이 끝난 후 25일까지 징수한다. ② 예외(신고납부) 다음 사유가 있는 개인사업자는 예정신고 · 납부를 할 수 있다. – 휴업 또는 사업 부진 등으로 인하여 각 예정신고기간의 공급가액 또는 납부세액이 직전 과세기간의 공급가액 또는 납부세액의 1/3에 미달하는 자 – 각 예정신고기간분에 대하여 조기환급을 받으려는 자
확정신고와 납부	사업자는 각 과세기간에 대한 과세표준과 납부세액 또는 환급세액을 그 과세기간이 끝난 후 25일 이내에 납세지 관할 세무서장에게 신고하고, 해당 과세기간에 대한 납부세액을 납부하여야 한다. 다만, 예정신고를 한 사업자 또는 조기에 환급을 받기 위하여 신고한 사업자는 이미 신고한 과세표준과 납부한 납부세액 또는 환급받은 환급세액은 신고하지 아니한다.

주의 폐업하는 경우 폐업일이 속한 달의 다음 달 25일 이내에 신고 · 납부하여야 한다.

02 환급

구분	내용
일반환급	각 과세기간별로 그 과세기간에 대한 환급세액을 확정신고한 사업자에게 그 확정신고기한이 지난 후 30일 이내 환급한다. 예정신고기간의 환급세액은 환급하지 아니하고 확정신고 시 납부세액에서 차감한다.
조기환급	① 조기환급대상: ⓐ 영세율을 적용받는 경우, ⓑ 사업설비를 신설·취득·확장 또는 증축하는 경우, ⓒ 사업자가 재무구조 개선 계획을 이행 중인 경우 ② 조기환급기간: 예정신고기간 중 또는 과세기간 최종 3개월 중 매월 또는 매 2월 ③ 조기환급방법: 조기환급기간이 끝난 날부터 25일 이내(조기환급신고기한)에 조기환급기간에 대한 환급세액을 관할세무서장에게 신고한다. ④ 조기환급: 관할 세무서장은 조기환급기간에 대한 환급세액을 각 조기환급기간별로 해당 조기환급신고기한이 지난 후 15일 이내에 환급하여야 한다. ⑤ 조기환급신고를 한 부분은 예정신고 및 확정신고의 대상에서 제외한다.

03 가산세

(1) 미등록·허위등록 가산세

구분	내용	가산세
미등록	사업개시일로부터 20일 이내에 사업자등록을 신청하지 않은 경우	공급가액(주1)×1%
허위등록	타인의 명의로 사업자등록을 하거나 그 타인 명의의 사업자등록을 이용하여 사업을 하는 것으로 확인되는 경우	공급가액(주2)×1%

(주1) 사업 개시일부터 등록을 신청한 날의 직전일까지의 공급가액

(주2) 타인 명의의 사업 개시일부터 실제 사업을 하는 것으로 확인되는 날의 직전일까지의 공급가액

(2) 세금계산서 관련 가산세

구분	내용	가산세
세금계산서 지연발급	세금계산서의 발급시기가 지난 후 해당 재화 또는 용역의 공급시기가 속하는 과세기간에 대한 확정신고 기한까지 세금계산서를 발급하는 경우	공급가액×1%
세금계산서 미발급	세금계산서의 발급시기가 지난 후 해당 재화 또는 용역의 공급시기가 속하는 과세기간에 대한 확정신고기한까지 세금계산서를 발급하지 아니한 경우 ※ 둘 이상의 사업장을 가진 사업자가 자신의 다른 사업장 명의로 세금계산서를 발급한 경우 부과하는 경우 → 공급가액×1%	공급가액×2%
세금계산서 부실기재	세금계산서의 필요적 기재사항의 전부 또는 일부가 착오 또는 과실로 적혀 있지 아니하거나 사실과 다른 경우	공급가액×1%
가공세금계산서 발급	재화 또는 용역을 공급하지 아니하고 세금계산서 등을 발급한 경우	공급가액×3%
가공세금계산서 수취	재화 또는 용역을 공급받지 아니하고 세금계산서 등을 발급받은 경우	공급가액×3%
타인명의 세금계산서 발급	재화 또는 용역을 공급하고 실제로 재화 또는 용역을 공급하는 자가 아닌 자의 명의로 세금계산서 등을 발급한 경우	공급가액×2%
타인명의 세금계산서 수취	재화 또는 용역을 공급받고 실제로 재화 또는 용역을 공급하는 자가 아닌 자의 명의로 세금계산서 등을 발급받은 경우	공급가액×2%
과다기재 세금계산서 발급	재화 또는 용역을 공급하고 세금계산서 등의 공급가액을 과다하게 기재한 경우	과다하게 기재한 부분에 대한 공급가액×2%
과다기재 세금계산서 수취	재화 또는 용역을 받고 세금계산서 등의 공급가액을 과다하게 기재한 경우	과다하게 기재한 부분에 대한 공급가액×2%

(3) 매출처별 세금계산서합계표 관련 가산세

구분	내용	가산세
합계표 미제출	매출처별 세금계산서합계표를 제출하지 아니한 경우	공급가액×0.5%
합계표 부실기재	매출처별 세금계산서합계표의 기재사항 중 거래처별 등록번호 또는 공급가액의 전부 또는 일부가 적혀 있지 아니하거나 사실과 다르게 적혀 있는 경우	공급가액×0.5%
합계표 지연제출	예정신고를 할 때 제출하지 못하여 해당 예정신고기간이 속하는 과세기간에 확정신고를 할 때 매출처별 세금계산서합계표를 제출하는 경우	공급가액×0.3%

(4) 매입처별 세금계산서합계표 관련 가산세

구분	내용	가산세
합계표 불성실	재화 또는 용역의 공급시기 이후에 발급받은 세금계산서로서 그 공급시기가 속하는 과세기간에 대한 확정신고기한까지 발급받아 매입처별 세금계산서 합계표에 따르지 아니하고 세금계산서 또는 수정세금계산서에 따라 공제받는 경우	공급가액×0.5%
	경정시 경정기관의 확인을 거쳐 제출한 경우	공급가액×0.5%
	매입처별 세금계산서합계표의 기재사항 중 공급가액을 사실과 다르게 과다하게 적어 신고한 경우	공급가액×0.5%

(5) 전자세금계산서

구분	내용	가산세
전자세금계산서 발급명세 전송 불성실	전자세금계산서 발급명세 전송기한이 경과한 후 재화 또는 용역의 공급시기가 속하는 과세기간에 대한 확정신고기한까지 국세청장에게 세금계산서 발급명세를 전송하는 경우	공급가액×0.3%
	전자세금계산서 발급명세 전송기한이 경과한 후 재화 또는 용역의 공급시기가 속하는 과세기간에 대한 확정신고기한까지 국세청장에게 세금계산서 발급명세를 전송하지 아니한 경우	공급가액×0.5%
전자세금계산서 발급의무자의 종이세금계산서 발급	전자세금계산서를 발급하여야 할 의무가 있는 자가 종이세금계산서를 발급한 경우	공급가액×1%

(6) 신고관련 가산세

구분	내용	가산세
무신고	일반 무신고	납부세액×20% +영세율과세표준×0.5%
	부당 무신고	납부세액×40% +영세율과세표준×0.5%
과소신고 · 초과환급신고	일반 과소신고 · 초과환급신고	과소신고납부세액 등×10% +과소신고된 영세율과세표준 ×0.5%
	부당 과소신고 · 초과환급신고	과소신고납부세액 등×40% +과소신고된 영세율과세표준 ×0.5%

(7) 납부지연 가산세

미납부 · 미달납부세액(초과환급세액) × 기간 × 2.2/10,000

(8) 기타 가산세

구분	내용	가산세
신용카드매출전표 등 가산세	① 신용카드매출전표 등을 발급받아 예정신고 또는 확정신고를 할 때에 제출하여 매입세액을 공제받지 않고 경정기관 확인을 거쳐 매입세액을 공제받는 경우 ② 매입세액을 공제받기 위하여 제출한 신용카드매출전표등 수령명세서에 공급가액을 과다하게 적은 경우	공급가액×0.5%
현금매출명세서 등	현금매출명세서 또는 부동산임대공급가액명세서를 제출하지 아니하거나 제출한 수입금액이 사실과 다른 경우	수입금액(주1)×1%

(주1) 미제출 수입금액 또는 부실기재 수입금액을 말한다.

제7절 간이과세자

01 적용범위

구분	내용
적용대상	직전 연도의 재화와 용역의 공급대가(부가가치세 포함)의 합계액이 1억 4백만원에 미달하는 개인사업자
적용배제	① 간이과세가 적용되지 아니하는 다른 사업장을 보유하고 있는 사업자 ② 다음 업종을 영위하는 사업자 • 광업 • 제조업(주로 최종소비자에게 직접 재화를 공급하는 사업으로서 기획재정부령으로 정하는 것은 제외한다) • 도매업(소매업을 겸영하는 경우를 포함하되, 재생용 재료수집 및 판매업은 제외한다) 및 상품중개업 • 부동산매매업 • 개별소비세법에 따른 과세유흥장소를 경영하는 사업으로서 기획재정부령으로 정하는 것 • 부동산임대업으로서 기획재정부령으로 정하는 것 • 전문서비스업 • 부동산임대업 또는 과세유흥장소를 경영하는 사업자로서 해당 업종의 직전 연도의 공급대가의 합계액이 4,800만원 이상인 사업자 • 둘 이상의 사업장이 있는 사업자로서 그 둘 이상의 사업장의 직전 연도의 공급대가의 합계액이 1억 4백만원 이상인 사업자(둘 이상의 사업이 동산임대업 또는 과세유흥장소인 경우는 공급대가의 합계액이 4,800만원 이상인 사업자) • 전기·가스·증기 및 수도 사업 • 건설업(주로 최종소비자에게 직접 재화 또는 용역을 공급하는 사업으로서 기획재정부령으로 정하는 사업은 제외한다)
신규사업개시자	신규로 사업을 시작하는 개인사업자는 사업을 시작한 날이 속하는 연도의 공급대가가 1억 4백만원(주1)에 미달될 것으로 예상되면 납세지 관할 세무서장에게 간이과세 적용신고를 하고 간이과세를 적용받을 수 있다.

(주1) 부동산임대업 또는 과세유흥장소를 경영하는 사업자는 공급대가가 4,800만원에 미달될 것으로 예상된다면 간이과세를 적용받을 수 있다.

02 납부세액

구분	내용
납부세액의계산	• 납부세액 = 과세표준 × 업종별 부가가치율 × 10% • 최종납부세액 = 납부세액 + 재고납부세액 − 세액공제 − 예정부과세액 + 가산세

<table>
<tr><th>구분</th><th>내용</th></tr>
<tr><td>과세표준</td><td>간이과세자의 과세표준은 해당 과세기간의 공급대가(부가가치세 포함)이다.</td></tr>
<tr><td>업종별
부가가치율</td><td>
<table>
<tr><th>구분</th><th>부가가치율</th></tr>
<tr><td>소매업, 재생용 재료수집 및 판매업, 음식점업</td><td>15%</td></tr>
<tr><td>제조업, 농업·임업 및 어업, 소화물 전문 운송업</td><td>20%</td></tr>
<tr><td>숙박업</td><td>25%</td></tr>
<tr><td>건설업, 운수 및 창고업(소화물 전문 운송업은 제외), 정보통신업</td><td>30%</td></tr>
<tr><td>금융 및 보험 관련 서비스업, 전문·과학 및 기술서비스업(인물사진 및 행사용 영상 촬영업은 제외), 사업시설관리·사업지원 및 임대서비스업, 부동산 관련 서비스업, 부동산 임대업</td><td>40%</td></tr>
<tr><td>그 밖의 서비스업</td><td>30%</td></tr>
</table>
</td></tr>
<tr><td>세액공제</td><td>① 매입세금계산서 등 수취세액공제
② 신용카드매출전표 등 발행세액공제
③ 전자신고세액공제</td></tr>
</table>

03 신고 및 납부

<table>
<tr><th>구분</th><th>내용</th></tr>
<tr><td>예정부과와 납부</td><td>① 원칙: 고지납부
사업장 관할세무서장은 간이과세자에 대하여 직전 과세기간에 대한 납부세액의 2분의 1에 해당하는 금액을 예정부과기간(1월 1일부터 6월 30일까지)의 납부세액으로 결정하여 예정부과기한(예정부과기간이 끝난 후 25일 이내)까지 징수한다.
② 예외: 신고납부
• 휴업 또는 사업 부진 등으로 인하여 예정부과기간의 공급대가의 합계액 또는 납부세액이 직전 과세기간의 공급대가의 합계액 또는 납부세액의 3분의 1에 미달하는 경우에는 예정부과기간의 과세표준과 납부세액을 예정부과기한까지 사업장 관할 세무서장에게 신고할 수 있다.
• 예정부과기간에 세금계산서를 발급한 간이과세자는 예정부과기간의 과세표준과 납부세액을 예정부과기한까지 사업장 관할 세무서장에게 신고하여야 한다.</td></tr>
<tr><td>확정신고와 납부</td><td>간이과세자는 과세기간의 과세표준과 납부세액을 그 과세기간이 끝난 후 25일(폐업하는 경우 폐업일이 속한 달의 다음 달 25일) 이내에 납세지 관할 세무서장에게 확정신고를 하고 납세지 관할 세무서장 등에 납부하여야 한다.</td></tr>
</table>

04 간이과세자와 일반과세자의 비교

구분	간이과세자	일반과세자
적용대상	직전연도 공급대가가 8,000만원 미만인 개인사업자	간이과세자 이외의 과세사업자
과세기간	1월 1일 ~ 12월 31일	1기: 1월 1일 ~ 6월 30일 2기: 7월 1일 ~ 12월 31일
과세표준	공급대가(부가가치세 포함)	공급가액(부가가치세 제외)
납부세액구조	공급대가 × 부가가치율 × 세율	공급가액 × 10% - 매입세액
세금계산서 발급	영수증 또는 세금계산서 교부 가능	영수증 또는 세금계산서 교부 가능
세금계산서 수취	(공급대가 × 0.5%)을 납부세액에서 공제	매입세액으로 공제
대손세액공제	적용받을 수 없음	적용 가능
의제매입세액공제	적용받을 수 없음	적용 가능
납부의무면제	당해 과세기간의 공급대가가 4,800만원 미만인 경우에 납부의무 면제	없음
포기제도	간이과세를 포기하고 일반과세자가 될 수 있음	없음

제 3 장

소득세 이론 제대로 알기

제 1 절 소득세법 총설

01 소득세의 개념

구분	내용
소득세의 정의	소득세는 개인이 얻은 소득에 대하여 부과하는 조세이다.
소득세의 특징	① 소득원천설에 따른 과세소득의 범위 법령에서 제한적으로 열거된 소득에 대해서만 과세하고 법령에서 열거되지 않은 소득은 과세하지 않는다. 다만 예외적으로 이자소득과 배당소득은 법령에 열거되지 않은 것이라도 유사한 소득에 대하여 과세하는 유형별 포괄주의를 채택하고 있다. ② 소득종류에 따른 과세(주1) ③ 개인단위과세제도 소득세법은 개인을 단위로 하여 소득세를 과세한다. 다만 예외적으로 동거하는 가족과 함께 공동사업을 하는 경우 손익분배비율을 허위로 정하는 사유가 있는 경우에는 가족의 소득을 합산하여 과세한다. ④ 원천징수(주2) 원천징수란 소득을 지급하는 자가 그 지급받는 자의 조세를 징수하여 국가 및 지방자치단체에 납부하는 제도이다. ⑤ 인적공제 및 누진과세 소득세는 개인소득에 대하여 부과되기 때문에 부양가족에 따른 개인별 부담능력이 다르다. 소득세법은 이를 고려하여 소득에 대한 인적공제제도를 채택하고 있다. 이와 더불어 소득세의 소득재분배기능을 위해 누진세율도 채택하고 있다. ⑥ 신고납세주의 소득세는 신고납세주의를 채택하고 있다. 따라서 납세의무자가 과세표준확정신고를 함으로써 소득세의 납세의무가 확정된다.

(주1) 소득세법에서는 아래와 같이 소득의 종류별로 과세방법을 정하고 있다.

소득	과세방법
이자소득, 배당소득, 사업소득, 근로소득, 연금소득, 기타소득	• 종합과세: 6가지 소득을 합산하여 과세한다.(원칙) • 분리과세: 특정소득에 대하여 원천징수로 과세를 종결한다.(예외)
퇴직소득	분류과세: 장기간에 걸쳐 발생하는 퇴직소득 또는 양도소득은 다른 소득과 합산하지 않고 별도로 과세한다.
양도소득	

(주2) 원천징수제도의 유형은 다음과 같다.

유형	내용
예납적 원천징수	소득을 지급할 때 일단 원천징수하고, 확정신고할 때 원천징수된 세액은 기납부세액으로 공제한다.
완납적 원천징수	원천징수로 과세가 종결되는 경우의 원천징수를 말한다.

02 납세의무자

(1) 납세의무자의 구분

납세의무자는 소득을 얻은 개인이며 다음과 같이 구분된다.

구분	개념	납세의무의 범위
거주자	국내에 주소를 두거나 183일 이상의 거소(주1)를 둔 개인을 말한다.	국내·외 원천소득
비거주자	거주자가 아닌 개인을 말한다.	국내원천소득

(주1) 거소는 주소지 외의 장소 중 상당기간에 걸쳐 거주하는 장소로서 주소와 같이 밀접한 일반적 생활관계가 형성되지 아니한 장소를 말한다.

(2) 주소의 판정

구분	내용
판정기준	주소는 국내에서 생계를 같이 하는 가족 및 국내에 소재하는 자산의 유무 등 생활관계의 객관적 사실에 따라 판정
국내에 주소가 있는 것으로 보는 경우	① 계속하여 183일 이상 국내에 거주할 것을 통상 필요로 하는 직업을 가진 자 ② 국내에 생계를 같이하는 가족이 있고, 그 직업 및 자산상태에 비추어 계속하여 183일 이상 국내에 거주할 것으로 인정되는 자 ③ 외국을 항행하는 선박 또는 항공기의 승무원의 경우 그 승무원과 생계를 같이하는 가족이 거주하는 장소 또는 그 승무원이 근무기간 외의 기간 중 통상 체재하는 장소가 국내에 있는 자 ④ 거주자나 내국법인의 국외사업장 또는 해외현지법인(내국법인이 발행주식총수 또는 출자지분의 100%를 직접 또는 간접 출자한 경우에 한정한다) 등에 파견된 임원 또는 직원이나 국외에서 근무하는 공무원

(3) 법인이 아닌 단체

국세기본법에 따른 법인 아닌 단체 중 법인으로 보는 단체 외의 단체는 국내에 주사무소 또는 사업의 실질적 관리장소를 둔 경우에는 1거주자로, 그 밖의 경우에는 1비거주자로 보아 소득세법을 적용한다. 법인이 아닌 단체의 구체적인 과세방법은 다음과 같다.

구분	과세방법
구성원 간 이익의 분배방법이나 분배비율이 정하여져 있거나 사실상 이익이 분배되는 것으로 확인되는 경우	구성원이 공동으로 사업을 영위하는 것으로 보아 구성원별로 과세
구성원 간 이익의 분배방법이나 분배비율이 정하여져 있지 않거나 확인되지 않는 경우	단체를 1 거주자 또는 1 비거주자로 보아 과세

과세기간 및 납세지

(1) 소득세의 과세기간

구분		과세기간
원칙		1월 1일 ~ 12월 31일
예외	거주자가 사망한 경우	1월 1일 ~ 사망일
	거주자가 출국하여 비거주자가 되는 경우	1월 1일 ~ 출국일

(2) 납세지

납세지란 납세자와 국가 · 지방자치단체간의 법률관계의 이행장소를 결정하는 장소적 기준을 말한다. 납세지는 납세자의 신고, 신청, 청구 및 납부 등의 행위의 상대방이 되는 과세관청을 결정할 때의 기준이 된다.

구분	납세지
거주자	주소지(주소지가 없는 경우에는 그 거소지)
비거주자	국내사업장의 소재지(국내사업장이 둘 이상 있는 경우에는 주된 국내사업장의 소재지로 하고, 국내사업장이 없는 경우에는 국내원천소득이 발생하는 장소)

 이자소득과 배당소득

(1) 이자소득

1) 이자소득의 범위 및 비과세 이자소득

구분	내용
이자소득의 범위	① 국가나 지방자치단체, 내국법인, 외국법인의 국내지점 또는 국내영업소, 외국법인이 발행한 채권 또는 증권의 이자와 할인액 ② 국내 · 외에서 받는 예금(적금 · 부금 · 예탁금 및 우편대체를 포함)의 이자 ③ 상호저축은행법에 따른 신용계 또는 신용부금으로 인한 이익 ④ 채권 또는 증권의 환매조건부 매매차익 ⑤ 저축성보험의 보험차익 ⑥ 직장공제회 초과 반환금 ⑦ 비영업대금의 이익 ⑧ 위의 소득과 유사한 소득으로서 금전 사용에 따른 대가로서의 성격이 있는 것 ⑨ 위의 이자소득을 발생시키는 거래 또는 행위와 파생상품이 결합된 경우 해당 파생상품의 거래 또는 행위로부터의 이익
비과세 이자소득	① 공익신탁법에 따른 공익신탁의 이익 ② 농어가목돈마련저축에서 발생하는 이자소득(2025년 12월 31일까지 가입분에 한함) ③ 노인 · 장애인 등에 해당하는 거주자의 비과세 종합저축(1인당 5천만원 이하에 한함)에서 발생하는 이자소득(2025년 12월 31일까지 가입분에 한함)

2) 이자소득의 수입시기

구분	수입시기
채권 또는 증권의 이자와 할인액	• 기명 채권 등: 약정에 의한 지급일 • 무기명 채권 등: 그 지급을 받은 날
보통예금·정기예금·적금 또는 부금의 이자	• 실제로 이자를 지급 받는 날 • 원본에 전입하는 뜻의 특약이 있는 이자는 그 특약에 의하여 원본에 전입된 날 • 해약으로 인하여 지급되는 이자는 그 해약일 • 계약기간을 연장하는 경우에는 그 연장하는 날 • 정기예금연결정기적금의 경우 정기예금의 이자는 정기예금 또는 정기적금이 해약되거나 정기적금의 저축기간이 만료되는 날
통지예금의 이자	인출일

구분	수입시기
채권 또는 증권의 환매조건부 매매차익	약정에 의한 당해 채권 또는 증권의 환매수일 또는 환매도일. 다만, 기일 전에 환매수 또는 환매도하는 경우에는 그 환매수일 또는 환매도일
저축성보험의 보험차익	보험금 또는 환급금의 지급일. 다만, 기일 전에 해지하는 경우에는 그 해지일
직장공제회 초과 반환금	약정에 의한 공제회반환금의 지급일
비영업대금의 이익	• 약정에 의한 이자지급일 • 이자지급일의 약정이 없거나 약정에 의한 이자지급일전에 이자를 지급 받는 경우 또는 총수입금액 계산에서 제외하였던 이자를 지급받는 경우에는 그 이자지급일
채권 등의 보유기간이자등 상당액	매도일 또는 이자 등의 지급일
이자소득이 발생하는 상속재산이 상속되거나 증여	상속개시일 또는 증여일
유사 이자소득 및 결합파생상품의 이익	약정에 따른 상환일. 다만, 기일 전에 상환하는 때에는 그 상환일

(2) 배당소득

1) 배당소득의 범위 및 비과세 배당소득

구분	내용
배당소득의 범위	① 내국법인으로부터 받는 이익이나 잉여금의 배당 또는 분배금 ② 법인으로 보는 단체로부터 받는 배당금 또는 분배금 ③ 의제배당 ④ 법인세법에 따라 배당으로 처분된 금액 ⑤ 국내 또는 국외에서 받는 집합투자기구로부터의 이익 ⑥ 외국법인으로부터 받는 이익이나 잉여금의 배당 또는 분배금 ⑦ 국제조세조정에 관한 법률에 따라 배당받은 것으로 간주된 금액 ⑧ 공동사업에서 발생한 소득금액 중 출자공동사업자의 손익분배비율에 해당하는 금액 ⑨ 위의 소득과 유사한 소득으로서 수익분배의 성격이 있는 것 ⑩ 위의 배당소득을 발생시키는 거래 또는 행위와 파생상품이 결합된 경우 해당 파생상품의 거래 또는 행위로부터의 이익 ⑪ 동업기업과세특례에 따른 동업자의 배당소득
비과세 배당소득	① 신탁법에 따른 공익신탁의 이익 ② 노인·장애인 등에 해당하는 거주자의 비과세종합저축(1인당 5천만원 이하에 한함)에서 발생하는 배당소득(2025년 12월 31일까지 가입분에 한함) ③ 장기보유 우리사주의 배당소득

2) 배당소득의 수입시기

구분	수입시기
무기명주식의 이익이나 배당	그 지급을 받은 날
잉여금의 처분에 의한 배당	당해 법인의 잉여금 처분결의일
출자공동사업자의 배당	과세기간 종료일
법인세법에 의하여 처분된 배당	당해 법인의 당해 사업연도의 결산확정일
의제배당	• 무상주 의제배당: 자본전입 결의일 • 감자(퇴사 · 탈퇴) 시 의제배당: 감자(퇴사탈퇴) 결의일 • 해산 시 의제배당: 잔여재산가액 확정일 합병 · 분할시 의제배당: 합병 · 분할등기일
집합투자기구로부터의 이익	집합투자기구로부터의 이익을 지급받은 날. 다만, 원본에 전입하는 뜻의 특약이 있는 분배금은 그 특약에 따라 원본에 전입되는 날
유사 배당소득 및 결합파생상품의 이익	지급받은 날

(3) 이자소득금액과 배당소득금액의 계산

이자(배당)소득금액 = 이자(배당)소득 총수입금액(비과세, 분리과세 소득은 제외)

(4) 이자소득과 배당소득의 과세방법

1) 원천징수

국내에서 거주자나 비거주자에게 이자소득 · 배당소득을 지급하는 자는 그 거주자나 비거주자에 대한 소득세를 원천징수하여야 한다. 원천징수해야 할 소득세는 지급금액에 원천징수세율을 적용하여 계산한다. 원천징수세율은 다음과 같다.

구분	내역	세율
이자소득	비영업대금의 이익	25%
	직장공제회 초과 반환금	기본세율
	조세특례제한법상 분리과세 되는 이자소득	5% ~ 14%
	비실명 이자소득	45%(90%)
	일반적인 이자소득	14%

구분	내역	세율
배당소득	비실명 배당소득	45%(90%)
	조세특례제한법상 분리과세 되는 배당소득	5% ~ 14%
	출자공동사업자의 배당소득	25%
	일반적인 배당소득	14%

2) 이자소득 등에 대한 종합과세

이자소득과 배당소득 중 비과세 및 무조건 분리과세대상을 제외한 금융소득(무조건 종합과세 + 조건부 종합과세)을 합산하여 2천만원을 초과하면 종합과세하고 2천만원 이하이면 분리과세(주1)된다.

(주1) 조건부 종합과세 금융소득만 분리과세 된다는 의미이다. 조건부 종합과세 금융소득은 종합과세 여부를 판정할 때만 합산되는 것이며, 무조건 종합과세 금융소득은 항상 종합과세한다.

구분	범위	원천징수세율
무조건 분리과세	비실명 이자소득과 배당소득	45%(90%)
	직장공제회 초과반환금	기본세율
	법원보관금의 이자소득	14%
	조세특례제한법상 분리과세 되는 이자소득, 배당소득	5% ~ 14%
무조건 종합과세	원천징수 되지 않은 이자소득과 배당소득	-
	출자공동기업의 배당소득	25%
조건부 종합과세	일반적인 이자소득 배당소득	14%
	비영업대금의 이익	25%

05 사업소득

(1) 사업소득의 정의

사업소득이란 개인이 계속적으로 행하는 사업에서 생기는 소득을 말한다. 사업이란 영리를 목적으로 독립적인 지위에서 계속·반복적으로 행하는 사회적 활동을 의미하며, 이러한 사업에서 발생하는 소득이 사업소득이다.

(2) 사업소득의 범위 및 비과세 사업소득

구분	내용
사업소득의 범위	① 농업(작물재배업 중 곡물 및 기타 식량작물 재배업은 제외)·임업 및 어업에서 발생하는 소득 ② 광업에서 발생하는 소득 ③ 제조업에서 발생하는 소득 ④ 전기, 가스, 증기 및 공기조절공급업에서 발생하는 소득 ⑤ 수도, 하수 및 폐기물 처리, 원료 재생업에서 발생하는 소득 ⑥ 건설업에서 발생하는 소득 ⑦ 도매 및 소매업에서 발생하는 소득 ⑧ 운수 및 창고업에서 발생하는 소득 ⑨ 숙박 및 음식점업에서 발생하는 소득 ⑩ 정보통신업에서 발생하는 소득 ⑪ 금융 및 보험업에서 발생하는 소득 ⑫ 부동산업에서 발생하는 소득. 다만, 공익사업과 관련하여 지역권·지상권(지하 또는 공중에 설정된 권리를 포함한다)을 설정하거나 대여함으로써 발생하는 소득은 제외한다. ⑬ 전문, 과학 및 기술서비스업(연구개발업은 제외한다)에서 발생하는 소득 ⑭ 사업시설관리, 사업 지원 및 임대 서비스업에서 발생하는 소득 ⑮ 교육서비스업에서 발생하는 소득 ⑯ 보건업 및 사회복지서비스업에서 발생하는 소득 ⑰ 예술, 스포츠 및 여가 관련 서비스업에서 발생하는 소득 ⑱ 협회 및 단체, 수리 및 기타 개인서비스업에서 발생하는 소득 ⑲ 가구내 고용활동에서 발생하는 소득 ⑳ 복식부기의무자가 차량 및 운반구 등 유형고정자산을 양도함으로써 발생하는 소득. 다만, 토지 및 건물의 양도에 따른 소득은 제외한다. ㉑ 위의 소득과 유사한 소득으로서 영리를 목적으로 자기의 계산과 책임 하에 계속적·반복적으로 행하는 활동을 통하여 얻는 소득

구분	내용
비과세 사업소득	① 논·밭을 작물 생산에 이용하게 함으로써 발생하는 소득 ② 1개의 주택을 소유하는 자의 주택임대소득(기준시가가 12억원을 초과하는 주택 및 국외에 소재하는 주택의 임대소득은 제외) ③ 농어가부업소득 ④ 전통주의 제조에서 발생하는 소득 ⑤ 조림기간 5년 이상인 임지의 임목의 벌채 또는 양도로 발생하는 소득으로서 연 600만원 이하의 금액 ⑥ 어로어업 또는 양식어업에서 발생하는 소득

(3) 사업소득금액의 계산

사업소득금액 = 총수입금액 – 필요경비

(4) 사업소득의 과세방법

1) 원천징수

원천징수가 적용되는 사업소득의 범위 및 원천징수세율은 다음과 같다.

구분	원천징수세율
의료보건용역	3%
부가가치세 면세대상 인적용역	3%
외국인 직업운동가의 사업소득	20%
봉사료수입금액	5%
농축수산물 판매업자 및 노점상인의 소득	납세조합을 조직하여 조합원의 사업소득에 대한 소득세에서 납세조합공제(세액의 5%)를 차감한 금액을 매월 징수하여 다음달 10일까지 납부

2) 종합과세

소규모 주택임대소득은 분리과세하나, 그 외 사업소득은 원천징수를 하더라도 종합과세한다.

06 근로소득

(1) 근로소득의 정의

근로소득은 고용계약 또는 이와 유사한 계약에 의하여 비독립적으로 근로용역을 제공하고 받는 급여를 말한다.

(2) 근로소득의 범위

구분	내용
근로소득의 범위	① 기밀비(판공비를 포함) · 교제비 기타 이와 유사한 명목으로 받는 것으로서 업무를 위하여 사용된 것이 분명하지 아니한 급여 ② 종업원이 받는 공로금 · 위로금 · 개업축하금 · 학자금 · 장학금(종업원의 수학중인 자녀가 사용자로부터 받는 학자금 · 장학금을 포함) 기타 이와 유사한 성질의 급여 ③ 근로수당 · 가족수당 · 전시수당 · 물가수당 · 출납수당 · 직무수당 기타 이와 유사한 성질의 급여 ④ 급식수당 · 주택수당 · 피복수당 기타 이와 유사한 성질의 급여 ⑤ 주택을 제공받음으로써 얻는 이익. 다만, 다음 어느 하나에 해당하는 사람이 사택을 제공받는 경우는 제외한다. 가. 주주 또는 출자자가 아닌 임원 나. 소액주주인 임원 다. 임원이 아닌 종업원(비영리법인 또는 개인의 종업원을 포함한다) 라. 국가 또는 지방자치단체로부터 근로소득을 지급받는 사람 ⑥ 종업원이 주택(주택에 부수된 토지를 포함)의 구입 · 임차에 소요되는 자금을 저리 또는 무상으로 대여 받음으로써 얻는 이익(중소기업 종업원의 주택 구입 · 임차자금 대여 이익은 제외) ⑦ 기술수당 · 보건수당 및 연구수당, 그밖에 이와 유사한 성질의 급여 ⑧ 시간외근무수당 · 통근수당 · 개근수당 · 특별공로금 기타 이와 유사한 성질의 급여 ⑨ 여비의 명목으로 받는 연액 또는 월액의 급여 ⑩ 벽지수당 · 해외근무수당 기타 이와 유사한 성질의 급여 ⑪ 법인의 임원 또는 종업원이 당해 법인 또는 당해 법인과 특수관계에 있는 법인으로부터 부여받은 주식매수선택권을 근무하는 기간 중 행사함으로써 얻은 이익 ⑫ 종업원등 또는 대학의 교직원이 지급받는 직무발명보상금(다만, 연 700만원 이하 금액은 비과세) ⑬ 법인의 주주총회 · 사원총회 또는 이에 준하는 의결기관의 결의에 따라 상여로 받는 소득 ⑭ 법인세법에 따라 상여로 처분된 금액 ⑮ 퇴직함으로써 받는 소득으로서 퇴직소득에 속하지 아니하는 소득

(3) 비과세 근로소득

구분	내용
일·숙직비	회사 지급규정에 의해 지급하는 실비변상정도의 금액
식대	월 20만원 이내의 식대(단, 현물급식은 전액 비과세)
4대 보험 회사부담금	국민건강보험, 고용보험, 국민연금, 공무원연금, 노인장기요양보험료 등 법령에 의해 회사가 부담하는 금액
자가운전 보조금	본인의 차량, 또는 본인 명의로 임차한 차량을 회사 업무에 이용하고 실제 여비를 받는 대신에 지급받는 월 20만원 이내의 자가운전보조금
여비	회사 지급규정에 의해 지급하는 실비변상정도의 금액
자녀보육수당	근로자 또는 배우자의 자녀출산, 6세 이하(과세기간 개시일 기준으로 판단) 자녀 보육과 관련하여 받는 급여로서 월 20만원 이내의 금액
육아휴직수당	고용보험공단에서 지급하는 육아휴직급여, 산전후 휴가 급여, 공무원의 육아휴직 수당, 육아기 근로시간 단축 급여
실업급여	고용보험법에 따라 받는 실업급여
비과세 학자금	자녀학자금을 회사에서 지원한 금액은 근로소득 과세 대상이며 근로자 본인의 학자금 지원액은 요건을 충족하는 경우 비과세
근로장학금	대학생이 근로의 대가로 지급받는 장학금
연구활동비	교원 및 연구 활동 종사자가 받는 월 20만원 이내의 금액
생산직근로자 야간근무수당	공장, 광산 등 생산직에 종사하며 월정액급여 210만원 이하로서 직전 과세기간 총급여액이 3천만원 이하인 근로자가 받는 야간근무수당 등(240만원 또는 전액)
직무발명보상금	종업원 등이 직무발명으로 사용자등으로부터 받는 700만원 이하의 금액
국외근로소득	국외에 주재하며 근로를 제공하고 받는 보수 한도: 월 100만원(외항 선박·국외 건설현장 월 500만원)
처우개선비	국가 또는 지방자치단체가 지급하는 다음의 금액 • 보육교사의 처우개선을 위하여 지급하는 근무환경개선비 • 사립유치원 교사의 인건비 • 전공의에게 지급하는 수련보조수당
취재수당	기자의 취재수당 중 월 20만원 이내 금액
벽지수당	월 20만원 이내의 벽지수당
이주수당	수도권 외의 지역으로 국가균형발전특별법에 따라 이전하는 공무원이나 공공기관의 직원에게 지급하는 월 20만원 이내의 이주수당
주택 구입·임차 지원비	중소기업 종업원이 주택의 구입·임차에 소요되는 자금을 저리 또는 무상으로 대여 받음으로써 얻는 이익
사택사용이익	주주 또는 출자자가 아닌 임원, 소액주주임원, 임원이 아닌 종업원 등이 사택을 제공받음으로써 얻는 이익
보험료·신탁 부금 또는 공제부금	종업원이 계약자이거나 종업원 또는 그 배우자 및 그 밖의 가족을 수익자로 하는 보험·신탁 또는 공제와 관련하여 사용자가 부담하는 보험료·신탁부금 또는 공제부금

(4) 근로소득으로 보지 않는 것

사업자가 그 종업원에게 지급한 경조금 중 사회통념상 타당하다고 인정되는 범위 내의 금액은 이를 지급받은 자의 근로소득으로 보지 아니한다.

(5) 근로소득금액의 계산

근로소득금액 = 총급여액 − 근로소득공제

1) 총급여액

총급여액이란 비과세소득 금액을 제외한 해당 과세기간에 발생한 근로소득의 합계액을 말한다.

2) 근로소득공제

① 일반근로자

총급여액	공제액
500만원 이하	총급여액 × 70%
500만원 초과 1,500만원 이하	350만원 + (총급여액 − 500만원) × 40%
1,500만원 초과 4,500만원 이하	750만원 + (총급여액 − 1,500만원) × 15%
4,500만원 초과 1억원 이하	1,200만원 + (총급여액 − 4,500만원) × 5%
1억원 초과	1,475만원 + (총급여액 − 1억원) × 2%

※ 공제액이 2천만원을 초과하는 경우에는 2천만원을 공제한다.

② 일용근로자

총급여액에서 1일 15만원을 공제한다.

(6) 근로소득의 수입시기

구분	근로소득의 수입시기
급여	근로를 제공한 날
잉여금처분에 의한 상여	당해 법인의 잉여금처분결의일
인정상여	해당 사업연도 중의 근로를 제공한 날
주식매수선택권	주식매수선택권을 행사한 날

(7) 근로소득의 과세방법

1) 일반근로자의 원천징수 및 연말정산

국내에서 거주자나 비거주자에게 근로소득을 지급하는 자는 근로소득세를 원천징수하여야 한다. 일반근로자에 급여지급시 간이세액표에 따른 소득세를 원천징수하고 다음 연도 2월분 급여지급 시 연말정산을 한다.

주의 연말정산이란 매월 급여지급 시 원천징수한 근로소득세 합계액과 과세기간(1월 1일~12월 31일)동안의 근로소득을 종합해서 산출한 근로소득세를 대조하여 과부족을 정산하는 절차이다.

2) 일용근로자의 원천징수

일용근로자는 급여지급 시 원천징수로써 납세의무가 종결된다.(분리과세)
일용근로자의 과세 방법은 다음과 같다.

	1 일 급 여 액	
−	근 로 소 득 공 제	········· 1일 15만원
=	과 세 표 준	
×	세 율	········· 6%
=	산 출 세 액	
−	근로소득세액공제	········· 산출세액의 55%
=	원천징수할세액	

3) 종합과세

일반근로자의 근로소득은 종합과세대상이므로 다른 종합소득금액에 합산하여 과세표준 확정신고를 해야 한다. 다만, 근로소득 외 다른 종합소득이 없으면 과세표준확정신고를 하지 않아도 된다.

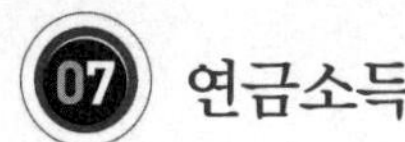

07 연금소득

(1) 연금소득의 범위 및 비과세 연금소득

구분	내용
연금소득의 범위	① 공적연금 소득: 공적연금 관련법에 따라 받는 각종 연금 (국민연금 및 연계노령 연금, 공무원 연금, 사학연금 등) ② 사적연금 소득: 소득세가 이연된 소득으로서 그 소득의 성격에도 불구하고 연금계좌에서 연금형태로 인출하는 경우의 연금 (퇴직보험연금, 퇴직연금, 연금저축 등)
비과세 연금소득	① 공적연금 관련법에 따라 받는 유족연금, 장애연금, 장해연금, 상이연금(傷痍年金), 연계노령유족연금 또는 연계퇴직유족연금 ② 산업재해보상보험법에 따라 받는 각종 연금 ③ 국군포로의 송환 및 대우 등에 관한 법률에 따른 국군포로가 받는 연금

(2) 연금소득금액의 계산

연금소득금액 = 총연금액 − 연금소득공제

1) 총연금액

총연금액이란 비과세소득과 분리과세소득을 제외한 해당 과세기간에 발생한 연금소득의 합계액을 말한다.

주의 사적연금소득이 연간 1,500만원 이하인 경우 분리과세를 선택할 수 있다.

2) 연금소득공제

연금소득은 실제로 지출된 필요경비를 확인하기 어렵기 때문에 실제 필요경비를 공제하지 아니하고 연금소득공제를 통해 획일적으로 일정한 금액을 공제한다. 다만, 연 900만원을 한도로 한다.

총급여액	공제액
350만원 이하	총연금액
350만원 초과 700만원 이하	350만원 + (총연금액 − 350만원) × 40%
700만원 초과 1,400만원 이하	490만원 + (총연금액 − 700만원) × 20%
1,400만원 초과	630만원 + (총연금액 − 1,400만원) × 10%

(3) 연금소득의 수입시기

연금소득의 수입시기는 다음과 같다.

구분	연금소득의 수입시기
공적연금	연금을 지급받기로 한 날
사적연금	연금수령한 날

기타소득

(1) 기타소득의 범위 및 필요경비

내용	필요경비
승마투표권 등의 환급금	적중된 투표권의 단위투표금액
슬롯머신 등의 당첨금품	당첨 당시에 슬롯머신등에 투입한 금액
• 공익법인이 주무관청의 승인을 받아 시상하는 상금 및 부상과 다수가 순위 경쟁하는 대회에서 입상자가 받는 상금 및 부상 • 주택입주 지체상금	Max [총수입금액 × 80%, 실제 필요경비]
• 무형자산(광업권, 어업권 등)을 양도하거나 대여하고 그 대가로 받는 금품 • 공익사업과 관련하여 지역권 · 지상권(지하 또는 공중에 설정된 권리를 포함한다)을 설정하거나 대여함으로써 발생하는 소득 • 원작자의 원고료, 인세, 미술 · 음악 또는 사진에 속하는 창작품에 대하여 받는 대가 • 통신판매중개를 하는 자를 통하여 물품 또는 장소를 대여하고 500만원 이하의 사용료로서 받은 금품 • 인적용역을 일시적으로 제공하고 받는 대가 – 고용관계 없이 다수인에게 강연을 하고 강연료 등 대가를 받는 용역 – 라디오 · 텔레비전방송 등을 통하여 해설 · 계몽 또는 연기의 심사 등을 하고 보수 또는 이와 유사한 성질의 대가를 받는 용역 – 변호사 등이 그 지식 또는 기능을 활용하여 보수 또는 그 밖의 대가를 받고 제공하는 용역 – 고용관계 없이 수당 또는 이와 유사한 성질의 대가를 받고 제공하는 용역	Max [총수입금액 × 60%, 실제 필요경비]
서화 · 골동품의 양도로 발생하는 소득(*)	Max [총수입금액 × 필요경비율(*), 실제 필요경비]

<table>
<tr><th>내용</th><th>필요경비</th></tr>
<tr><td>(*) 양도가액이 6천만원 이상인 것으로 양도일 현재 생존해 있는 국내 원작자의 작품은 제외한다.</td><td>(*) 필요경비율
<table>
<tr><th>양도가액</th><th>필요경비율</th></tr>
<tr><td>1억원 이하</td><td>90%</td></tr>
<tr><td rowspan="2">1억원 초과</td><td>0~1억원까지: 90%</td></tr>
<tr><td>1억원 초과분: 80%</td></tr>
</table>
단, 보유기간이 10년 이상인 경우는 90%</td></tr>
<tr><td>• 상금, 현상금, 포상금, 보로금 또는 이에 준하는 금품(공익법인이 주무관청의 승인을 받아 시상하는 상금 및 부상과 다수가 순위 경쟁하는 대회에서 입상자가 받는 상금 및 부상은 제외)
• 복권, 경품권, 그 밖의 추첨권에 당첨되어 받는 금품
• 사행행위 등 규제 및 처벌특례법에서 규정하는 행위에 참가하여 얻은 재산상의 이익
• 저작자 또는 실연자·음반제작자·방송사업자 외의 자가 저작권 또는 저작인접권의 양도 또는 사용의 대가로 받는 금품
• 물품(유가증권을 포함한다) 또는 장소를 일시적으로 대여하고 사용료로서 받는 금품
• 재산권에 관한 알선 수수료 및 사례금
• 유실물의 습득 또는 매장물의 발견으로 인하여 보상금을 받거나 새로 소유권을 취득하는 경우 그 보상금 또는 자산
• 소유자가 없는 물건의 점유로 소유권을 취득하는 자산
• 거주자·비거주자 또는 법인의 특수관계인이 그 특수관계로 인하여 그 거주자·비거주자 또는 법인으로부터 받는 경제적 이익으로서 급여·배당 또는 증여로 보지 아니하는 금품
• 영화·필름, 라디오·텔레비전 방송용 테이프·필름 그밖에 이와 유사한 자산 또는 권리의 양도·대여 또는 사용의 대가로 받은 금품
• 계약의 위약 또는 해약으로 인하여 받는 소득으로서 위약금, 배상금, 부당이득 반환 시 지급받은 이자(주택입주 지체상금 제외)
• 사례금
• 소기업·소상공인 공제부금의 해지 일시금
• 종업원 등 또는 대학의 교직원이 퇴직한 후에 지급받는 직무발명보상금(700만원 이하의 금액은 비과세)
• 퇴직 전에 부여받은 주식매수선택권을 퇴직 후에 행사하거나 고용관계 없이 주식매수선택권을 부여받아 이를 행사함으로써 얻는 이익</td><td>실제 필요경비</td></tr>
</table>

내용	필요경비
• 뇌물 및 알선수재 및 배임수재에 의하여 받는 금품 • 연금계좌 가입자가 납입한 연금보험료로서 연금계좌 세액공제를 받은 금액과 연금계좌의 운용실적에 따라 증가된 금액을 그 소득의 성격에도 불구하고 연금 외 수령한 소득	

(2) 기타소득금액의 계산

기타소득금액 = 총수입금액 – 필요경비

(3) 기타소득금액의 과세방법

구분	대상	원천징수세율
무조건분리과세	연금계좌에서 연금외 수령한 자기불입분 및 운용수익	15%
	복권당첨소득, 슬롯머신 등의 당첨금품 등	20% (3억원 초과분 30%)
	서화 · 골동품의 양도로 발생하는 소득	20%
무조건종합과세	• 뇌물 • 알선수재 및 배임수재에 의하여 받는 금품	–
조건부분리과세(*)	계약의 위약 등으로 받은 위약금과 배상금(계약금이 위약금 · 배상금으로 대체되는 경우에 한함)	–
	소기업 · 소상공인 공제부금의 해지일시금	15%
	그 밖의 기타소득	20%

(*) 계약의 위약 등으로 계약금이 위약금 · 배상금으로 대체되는 금액과 그 외의 기타소득(원천징수되는 소득에 한함)의 소득금액이 연간 300만원 이하이면서 원천징수가 된 때에는 분리과세와 종합과세 중 선택할 수 있다.

제 2 절 종합소득공제 및 세액공제

01 과세표준 및 세액의 계산구조

종합소득의 과세표준과 세액은 다음과 같이 계산한다.

	종합소득금액	
−	종합소득공제	인적공제, 특별소득공제, 기타공제, 조세특례제한법 소득공제
=	종합소득과세표준	
×	기본세율	
=	산출세액	
	세액감면	
−	세액공제	소득세법 세액공제, 조세특례제한법 세액공제
=	결정세액	

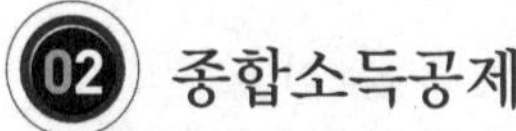

02 종합소득공제

(1) 인적공제

<table>
<tr><th colspan="2">구분</th><th>공제금액</th><th colspan="3">공제요건</th></tr>
<tr><td colspan="2" rowspan="9">기본공제[주3]</td><td rowspan="9">1명당
150만원</td><td>구분</td><td>소득요건[주1]</td><td>나이요건[주2]</td></tr>
<tr><td>본인</td><td>×</td><td>×</td></tr>
<tr><td>배우자</td><td>○</td><td>×</td></tr>
<tr><td>직계존속</td><td>○</td><td>만 60세 이상</td></tr>
<tr><td>형제자매</td><td>○</td><td>만 20세 이하
만 60세 이상</td></tr>
<tr><td>직계비속[주4]
(입양자 포함)</td><td>○</td><td>만 20세 이하</td></tr>
<tr><td>위탁아동[주5]</td><td>○</td><td>만 18세 미만</td></tr>
<tr><td>수급자 등</td><td>○</td><td>×</td></tr>
<tr><td colspan="3"></td></tr>
<tr><td rowspan="4">추가공제</td><td>경로우대</td><td>1명당 100만원</td><td colspan="3">기본공제대상자 중 만 70세 이상</td></tr>
<tr><td>장애인[주6]</td><td>1명당 200만원</td><td colspan="3">기본공제대상자 중 장애인</td></tr>
<tr><td>부녀자</td><td>50만원</td><td colspan="3">종합소득금액이 3천만원 이하자인 거주자가 다음 어느 하나에 해당하는 경우
• 배우자가 있는 여성
• 배우자가 없는 여성으로서 부양가족이 있는 세대주</td></tr>
<tr><td>한부모</td><td>100만원</td><td colspan="3">배우자가 없는 자로서 기본공제대상인 직계비속 또는 입양자가 있는 경우(부녀자 공제와 중복적용 배제)</td></tr>
</table>

(주1) 연간 소득금액 합계액이 100만원(근로소득만 있는 자는 총급여액 500만원)이하여야 한다.
- 연간 소득금액 합계액은 종합소득, 퇴직소득, 양도소득의 소득금액을 합하여 계산한다.
- 퇴직금의 경우 그 자체가 퇴직소득금액이 되므로, 부양가족의 퇴직금이 100만원을 초과하면 당해 부양가족은 공제대상에 해당하지 않는다.

(주2) 장애인의 경우 나이요건은 적용하지 않으나, 소득 요건은 충족해야 한다.

(주3) 기본공제를 받기위해서는 해당 거주자와 생계를 같이해야 하며 구체적인 내용은 다음과 같다.
- 주민등록표의 동거가족으로서 해당 근로자의 주소 또는 거소에서 현실적으로 생계를 같이하는 사람으로 한다.
- 직계비속·입양자는 주소(거소)에 관계없이 생계를 같이하는 것으로 본다.
- 거주자 또는 동거가족(직계비속·입양자 제외)이 취학, 질병의 요양, 근무상 또는 사업상의 형편으로 본래의 주소 또는 거소를 일시 퇴거한 경우에도 생계를 같이하는 것으로 본다.
- 근로자의 부양가족 중 근로자(그 배우자 포함)의 직계존속이 주거의 형편에 따라 별거하고 있는 경우 생계를 같이하는 것으로 본다.

(주4) 며느리나 사위는 기본공제 대상에 해당하지 아니하나, 기본공제 대상 직계비속과 그 직계비속의 배우자가 모두 장애인이면 그 직계비속의 배우자도 기본공제가 가능하다.

(주5) 아동복지법에 따른 가정위탁을 받아 양육하는 아동으로서 해당 과세기간에 6개월 이상 직접 양육한 위탁아동(보호기간이 연장된 경우로서 20세 이하인 위탁아동 포함)을 말한다. 다만, 직전 과세기간에 소득공제를 받지 아니한 경우에는 해당 위탁아동에 대한 직전 과세기간의 위탁기간을 포함하여 계산한다.

(주6) 장애인의 범위는 다음과 같다.
- 장애인복지법에 의한 장애인(장애인등록증으로 확인) 및 장애아동 복지지원법에 따른 장애아동
- 국가유공자 등 예우 및 지원에 관한 법률에 의한 상이자
- 상이자와 유사한 사람으로서 근로능력이 없는 자
  - 국가유공자 등 예우 및 지원에 관한 법률 시행령 별표 3에 규정된 상이등급 구분표에 게기하는 상이자와 같은 정도의 신체장애가 있는 자(보훈청에서 발급한 장애인증명서 제출)
- 항시 치료를 요하는 중증환자
  - 지병에 의해 평상시 치료를 요하고 취학·취업이 곤란한 상태에 있는 자(소득세법에서 정하는 장애인증명서 제출)

(2) 연금보험료 공제

구분	공제금액	공제요건
연금보험료 공제	보험료 전액	종합소득이 있는 거주자 본인의 국민연금보험료, 공무원연금법 등 (공적연금관련법)에 따라 부담한 부담금 · 기여금

(3) 신용카드 등 사용금액에 대한 소득공제

구분	내용
공제대상	• 근로소득자 본인 · 배우자 · 직계존비속의 사용액 • 기본공제대상자로서 나이제한 없으며, 형제자매 및 장애인 직계비속의 장애인 배우자 사용액은 제외
공제대상금액	공제금액계산 = (① + ② + ③ + ④ + ⑤ − ⑥ + ⑦) ① 전통시장 사용분(ⓐ) × 40% ② 대중교통 사용분(ⓑ) × 40%

<table>
<tr><th>구분</th><th>내용</th></tr>
<tr><td></td><td>③ 도서 · 신문 · 공연 · 박물관 · 미술관 사용분(ⓒ) × 30%(*1)
④ 직불카드등 사용분(ⓓ) × 30%
⑤ 신용카드 사용분(ⓔ) × 15%
⑥ 다음의 어느 하나에 해당하는 금액
㉠ 최저사용금액(*2) ≤ ⓔ
→ 최저사용금액 × 15%
㉡ ⓔ 〈 최저사용금액 ≤(ⓒ(*1) + ⓓ + ⓔ)
→ ⓔ × 15% + (최저사용금액 − ⓔ) × 30%
㉢ 최저사용금액 〉(ⓒ(*1) + ⓓ + ⓔ)
→ ⓔ × 15% + (ⓒ(*1) + ⓓ) × 30% + (최저사용금액 −ⓒ(*1) − ⓓ − ⓔ) × 40%
(*1) 도서 · 공연 사용분은 총급여액이 7천만원이 초과하는 경우 공제금액 계산 시 포함하지 않는다.
(*2) 최저사용금액 = 총급여액 × 25%
⑦ 2024년 신용카드등 사용금액 - 2023년 신용카드등 사용금액 × 105%) × 10%</td></tr>
<tr><td>공제한도</td><td>• 기본한도
<table><tr><th>총급여액</th><th>한도</th></tr><tr><td>7천만원 이하</td><td>Min(300만원, 총급여액 × 20%)</td></tr><tr><td>7천만원 초과 1억2천만원 이하</td><td>연간 250만원</td></tr><tr><td>1억2천만원 초과</td><td>연간 200만원</td></tr></table>• 추가한도
추가한도액 계산 = Min(①, ②)
① 기본한도 초과액
② Min(전통시장 사용분 × 40%, 100만원) + Min(대중교통사용분 × 40%, 100만원) + Min(도서 · 공연 · 박물관 · 미술관 사용분 × 30%, 100만원)(*1) + Min((2024년 신용카드등 사용금액 - 2023년 신용카드등 사용금액 × 105%) × 10%, 100만원)
(*1) 도서 · 공연 사용분은 총급여액이 7천만원이 초과하는 경우 공제한도 계산 시 포함하지 않는다.</td></tr>
<tr><td>사용금액에서 제외되는 항목</td><td>• 사업관련 비용지출액
• 비정상적인 사용행위에 해당하는 경우
• 자동차 구입비용(*)
• 국민건강보험료, 고용보험료, 연금보험료, 보장성 보험료 지불액
• 해외에서의 신용카드 사용액
• 학교 및 보육시설에 납부한 수업료, 보육비 등
• 국세 · 지방세, 전기료 · 수도료 · 가스료 · 전화료(정보사용료 · 인터넷이용료 등 포함) · 아파트관리비 · 텔레비전시청료(종합유선방송 이용료 포함) 및 도로통행료
• 상품권 등 유가증권 구입비
• 리스료(자동차대여사업의 자동차대여료 포함)
• 취득세 또는 등록면허세가 부과되는 재산의 구입비용(*)
• 금융 · 보험용역과 관련된 지급액, 수수료, 보증료 등
• 신용카드 등으로 결제하여 기부하는 정치자금 중 세액공제를 적용받는 금액</td></tr>
</table>

구분	내용
	• 소득세법에 따라 소득공제를 적용받는 월세액 • 국가 · 지방자치단체, 지방자치단체조합에 지급하는 사용료 · 수수료 등의 대가 (*) 다만, 중고자동차 구입비용의 10%는 신용카드 사용금액에 포함한다.

(4) 기타 소득공제

구분		공제금액(한도)	공제요건
주택담보노후연금 이자비용공제		이자비용 (연 200만원 한도)	주택담보노후연금에 대해서 해당 과세기간에 발생한 이자비용
건강보험료 등 소득공제		보험료 전액	근로소득자 본인의 건강보험료, 노인장기요양보험료, 고용보험료
주택자금소득공제	주택임차 차입금 원리금 상환액 등	원리금 상환액의 40% (연 400만원 한도)(주1)	무주택 세대의 세대주(세대주가 주택 관련 공제를 받지 않은 경우 세대원도 가능)인 근로소득자가 국민주택규모의 주택(오피스텔 포함)을 임차하기 위하여 금융회사, 국가보훈처 등으로부터 차입한 차입금의 원리금상환액
			무주택 세대의 세대주(세대주가 주택 관련 공제를 받지 않은 경우 세대원도 가능)로서 총 급여 5천만원 이하인 근로소득자가 국민주택규모의 주택(오피스텔 포함)을 임차하기 위하여 대부업을 경영하지 아니하는 개인으로부터 연 1,000분의 16보다 낮은 이자율로 차입한 자금이 아닌 차입금의 원리금상환액
	장기주택 저당차입금 이자상환액 공제	공제금액 이자상환액 (연 300만원~ 1,800만원 한도)(주1)	무주택 세대 또는 1주택 보유 세대의 세대주(세대주가 주택 관련 공제를 받지 않은 경우 세대원도 가능)로서 근로소득자가 주택(취득당시 기준시가 6억원 이하)을 취득하기 위하여 당해 주택에 저당권을 설정하고 금융기관 등으로부터 차입한 장기주택저당차입금의 이자상환액
	주택마련 저축공제	주택마련저축 불입액의 40% (연 300만원 한도)(주1)	무주택 세대의 세대주로서 총급여 7천만원 이하인 근로소득자가 주택청약종합저축에 납입한 금액
고용유지중소기업 근로자 소득공제		임금삭감액의 50% (연1천만원 한도)	고용유지 중소기업에 근로를 제공하는 상시 근로소득자에 대해 근로소득금액에서 공제
소기업 · 소상공인 공제부금 소득공제		공제부금 납부액 (연 200만원~ 500만원 한도)(주2)	거주자가 소기업 · 소상공인 공제에 가입하여 납부하는 공제부금을 사업소득금액(법인의 대표자로서 해당 과세기간의 총급여액이 7천만원 이하인 거주자의 경우에는 근로소득금액)에서 공제함.
우리사주조합 출연금소득공제		출자금액 (연 400만원 한도)(주3)	우리사주조합원이 자사주를 취득하기 위하여 우리사주조합에 출연한 금액

(주1) 주택자금 소득공제 관련 한도는 다음과 같다.

공제항목	개별한도	통합한도	
주택임차차입금 원리금 상환액공제	연 400만원	연 400만원	연 600만원~2,000만원(*)
주택마련저축공제	연 300만원		
장기주택저당차입금 이자상환액공제	(*) 다음의 금액을 공제한도로 한다. 15년 이상 상환, 비거치식 and 고정금리: 2,000만원 15년 이상 상환, 비거치식 or 고정금리: 1,800만원 15년 이상 상환, 기타: 800만원 10년 이상 상환, 비거치식 or 고정금리: 600만원		

(주2) 소기업·소상공인 공제부금 소득공제 관련 한도는 다음과 같다.

사업소득금액	공제한도
4천만원 이하	500만원
4천만원 이하 1억원 이하	300만원
1억원 초과	200만원

(주3) 벤처기업 등의 우리사주조합원의 경우에는 공제한도가 1천500만원이다.

(5) 기타사항

구분	내용
공제대상자 판정시기	• 원칙: 과세기간 종료일(12월 31일)의 상황에 의함. • 과세기간 종료일 전에 사망 또는 장애가 치유된 경우에는 사망일 전일 또는 치유일 전일의 상황에 의함. • 부양가족의 공제대상 여부를 판단할 때, 적용대상 나이가 정해진 경우에는 해당과세기간의 과세기간 중에 해당 나이에 해당되는 날이 있는 경우에는 공제대상자로 본다.
2명 이상의 공제대상 가족에 해당하는 경우	거주자의 공제대상가족이 동시에 다른 거주자의 공제대상가족에 해당되는 경우에는 해당 과세기간의 과세표준확정신고서(근로소득자 소득·세액 공제신고서, 연금소득자 소득·세액 공제신고서)에 기재된 바에 따라 그 중 1인의 공제대상가족으로 한다.
소득공제 종합한도	• 한도: 2,500만원 • 종합한도 대상 소득공제금액 합계액이 2,500만원을 초과하는 경우에는 그 초과하는 금액은 없는 것으로 한다. • 종합한도 적용대상 소득공제: 주택자금소득공제, 청약저축 등에 대한 소득공제, 우리사주조합 출자에 대한 소득공제, 신용카드 등 사용금액에 대한 소득공제, 소기업·소상공인 공제부금 소득공제 등

산출세액

종합소득산출세액은 종합소득과세표준에 다음의 세율을 적용하여 계산한다.

종합소득과세표준	기본세율
1,400만원 이하	과세표준 × 6%
1,400만원 초과 5,000만원 이하	84만원 + (과세표준 － 1,400만원) × 15%
5,000만원 초과 8,800만원 이하	624만원 + (과세표준 － 5,000만원) × 24%
8,800만원 초과 1억5천만원 이하	1,536만원 + (과세표준 － 8,800만원) × 35%
1억5천만원 초과 3억원 이하	3,706만원 + (과세표준 － 1억5천만원) × 38%
3억원 초과 5억원 이하	9,406만원 + (과세표준 － 3억원) × 40%
5억원 초과 10억원 이하	1억 7,406만원 + (과세표준 － 5억원) × 42%
10억원 초과	3억 8,406만원 + (과세표준 － 10억원) × 45%

세액공제

<table>
<tr><th>구분</th><th>내용</th></tr>
<tr><td>근로소득
세액공제</td><td>
• 공제대상: 근로소득이 있는 거주자
• 세액공제액
<table>
<tr><th>산출세액</th><th>세액공제액</th></tr>
<tr><td>130만원 이하</td><td>근로소득산출세액×55%</td></tr>
<tr><td>130만원 초과</td><td>715,000원+(근로소득산출세액－130만원) × 30%</td></tr>
</table>
• 공제한도
<table>
<tr><th>총급여</th><th>한도</th></tr>
<tr><td>3,300만원 이하</td><td>74만원</td></tr>
<tr><td>3,300만원 초과~
7,000만원 이하</td><td>Max(①, ②)
① 74만원－(총급여액－3,300만원)×0.8%
② 66만원</td></tr>
<tr><td>7,000만원 초과~
1억2천만원 이하</td><td>Max(①, ②)
① 66만원－(총급여액－7,000만원)×50%
② 50만원</td></tr>
<tr><td>1억2천만원 초과</td><td>Max(①, ②)
① 50만원－(총급여액－1억2천만원)×50%
② 20만원</td></tr>
</table>
</td></tr>
</table>

<table>
<tr><th colspan="2">구분</th><th>내용</th></tr>
<tr><td colspan="2">자녀세액공제</td><td>
• 공제대상: 종합소득이 있는 거주자의 기본공제대상자에 해당하는 자녀(입양자 및 위탁아동 포함) 및 손자녀가 있는 경우 8세 이상의 사람에 대해서는 다음에 따른 금액을 종합소득산출세액에서 공제한다.
• 기본 세액공제액
<table>
<tr><th>자녀수</th><th>세액공제액</th></tr>
<tr><td>1명인 경우</td><td>15만원</td></tr>
<tr><td>2명인 경우</td><td>35만원</td></tr>
<tr><td>3명 이상인 경우</td><td>35만원 + (자녀수−2명)×30만원</td></tr>
</table>
• 추가 세액공제액
<table>
<tr><th>구분</th><th>세액공제액</th></tr>
<tr><td>출생·입양</td><td>• 자녀가 첫째인 경우: 30만원
• 자녀가 둘째인 경우: 50만원
• 자녀가 셋째 이상인 경우: 70만원</td></tr>
</table>
</td></tr>
<tr><td colspan="2">연금계좌
세액공제</td><td>
• 공제대상: 종합소득이 있는 거주자가 연금계좌에 납입한 금액
• 세액공제액: Min(①, ②) × 12%(*1)
① Min(연금저축계좌 납입액, 연 600만원) + 퇴직연금계좌 납입액 + ISA만기계좌 전환금액
② 한도: 연금저축계좌에 납입한 금액 중 600만원 이내의 금액 및 퇴직연금계좌 납입액: 900만원
ISA만기계좌 전환금액: Min(전환금액×10%, 연 300만원)
(*1) 종합소득금액 4천5백만원 또는 총급여액 55백만원 이하인 거주자는 15%를 적용
</td></tr>
<tr><td></td><td>보험료
세액공제</td><td>
• 공제대상
<table>
<tr><th>구분</th><th>공제대상</th></tr>
<tr><td>일반 보장성보험료</td><td>근로소득자가 기본공제대상자(소득요건, 나이요건 제한 있음)를 피보험자로 지출한 보장성보험의 보험료</td></tr>
<tr><td>장애인전용
보장성보험료</td><td>근로소득자가 기본공제대상자인 장애인을 피보험자로 지출한 장애인 전용 보장성보험의 보험료</td></tr>
</table>
• 세액공제액: (①+②)
<table>
<tr><th>구분</th><th>세액공제액</th></tr>
<tr><td>① 일반 보장성보험료</td><td>보험료 납입액(*1)× 12%</td></tr>
<tr><td>② 장애인전용보장성보험료</td><td>보험료 납입액(*1)× 15%</td></tr>
</table>
(*1) 일반보장성 보험료 납입액과 장애인전용보장성보험료 납입액 한도는 각각 100만원이다.
</td></tr>
<tr><td></td><td>의료비
세액공제</td><td>
• 공제대상: 근로소득이 있는 거주자가 기본공제대상자(나이요건, 소득요건 제한 없음)를 위하여 의료비를 지급한 경우
• 세액공제액: (①+②+③)
</td></tr>
</table>

구분		내용

특별세액공제(주1)

구분	세액공제액
① 일반의료비	세액공제 대상 의료비(*2)× 15%
② 본인 등 의료비(*1)	세액공제 대상 의료비(*3)× 15%
③ 난임시술비	세액공제 대상 의료비(*4)× 20%

(*1) 해당 거주자, 중증질환자, 과세기간 종료일 현재 65세 이상인 사람, 과세기간 개시일 현재 6세 이하인 사람 및 장애인을 위하여 지급한 의료비를 말한다.

(*2) Min(일반의료비 – 총급여×3%, 700만원)

(*3) 본인 등 의료비
(다만, 일반의료비가 총급여액의 3%에 미달하는 경우에는 그 미달하는 금액을 뺀다)

(*4) 난임시술비
(다만, 일반의료비와 본인 등 의료비 합계액이 총급여액의 3%에 미달하는 경우에는 그 미달하는 금액을 뺀다.)

• 공제 가능 의료비(*1)
- 진찰, 치료 등을 위한 의료기관 지출 비용(미용 · 성형수술비용 제외)
- 치료요양을 위한 의약품(한약 포함) 구입비용(건강증진 의약품 제외)
- 장애인 보장구 및 의사 등의 처방에 따라 의료기기 구입 · 임차비용
- 시력교정용안경(콘택트렌즈) 구입비용(기본공제대상자 1인당 연 50만원 이내 금액)
- 보청기 구입비용
- 장기요양급여비 본인 일부 부담금
- 산후조리원에 산후조리 및 요양의 대가로 지급하는 비용으로서 출산 1회당 200만원 이내의 금액

(*1) 실손의료보험금을 지급받은 경우 그 실손의료보험금은 제외한다.

교육비 세액공제

• 공제대상: 근로소득이 있는 거주자가 그 거주자와 기본공제대상자(나이요건 제한 없음, 직계존속은 공제대상이 아님)를 위하여 해당 과세기간에 대통령령으로 정하는 교육비를 지급한 경우

• 세액공제액: 교육비 공제대상금액(*1) × 15%

(*1) 세액공제 대상 교육비한도

구분	교육비한도
취학전아동, 초 · 중 · 고생	1명 연 300만원
대학생	1명 연 900만원
본인, 장애인	한도없음

• 공제대상금액

구분	공제대상금액
취학전 아동	보육료, 학원비 · 체육시설 수강료, 유치원비, 방과후수업료(특별활동비 · 도서구입비 포함, 재료비 제외), 급식비
초등학생 중고생	교육비, 학교급식비, 교과서대금, 방과후학교 수강료(도서구입비 포함, 재료비 제외), 국외교육비, 교복구입비(중고등학교 학생 1명당 연 50만원 이내), 현장체험학습비(학생 1명당 연 30만원 이내)

구분		내용
특별세액공제(주1)	(교육비 세액공제 계속)	아래 표 참조
	기부금 세액공제	아래 내용 참조

구분	공제대상금액
대학생	교육비, 국외교육비
근로자 본인	교육기관 교육비, 대학·대학원 1학기 이상의 교육과정과 시간제 과정 교육비, 직업능력개발훈련 수강료, 학자금 대출의 원리금 상환에 지출한 교육비
장애인특수 교육비	사회복지시설 등에 기본공제대상자인 장애인(*)의 재활교육을 위해 지급하는 비용 (*) 이 경우 소득금액 제한 없으며, 직계존속도 공제 가능

기부금 세액공제

• 공제대상: 거주자(*1)(사업소득만 있는 자는 제외하되, 연말정산 대상 사업소득만 있는 자는 포함)가 지급한 기부금이 있는 경우

(*1)기본공제대상자(나이요건 제한없음)가 지급한 기부금도 공제대상이다.

• 기부금 종류

구분	내용
정치자금 기부금	정당, 후원회, 선거관리위원회에 기부한 금액(근로자 본인의 정치자금기부금만 공제 가능)
특례기부금	① 국가 등에 지출한 기부금 ② 특별재난지역을 복구하기 위하여 자원봉사를 한 경우 그 용역의 가액
우리사주조합기부금	우리사주조합원이 아닌 근로자가 우리사주조합에 기부하는 기부금
일반기부금(종교단체 외)	사회복지·문화 등 공익성을 고려한 지정기부금 단체 중 비종교단체에 지출한 기부금
일반기부금(종교단체)	종교의 보급, 그 밖의 교화를 목적으로 민법 제32조에 따라 문화체육부장관 또는 지방자치단체의 장의 허가를 받아 설립한 비영리법인(그 소속 단체를 포함)에 기부한 기부금

• 세액공제액

구분	세액공제 한도	세액공제율
① 정치자금 기부금	근로소득금액 × 100%	10만원 이하: 100/110 10만원 초과: 15% (3천만원 초과분 25%)
② 특례기부금(*)	(근로소득금액－①)×100%	1천만원 이하: 15% 1천만원 초과: 30%
③ 우리사주조합기부금	(근로소득금액－①－②)×30%	
④ 일반기부금(종교단체 외)(*)	(근로소득금액－①－②－③)×30%	
⑤ 일반기부금(종교단체)(*)	(근로소득금액－①－②－③)×10%	

(*) 특례기부금과 일반기부금을 합한 금액이 3천만원을 초과하는 경우 그 초과분에 대하여 10%에 해당하는 금액을 추가로 공제한다.(2024년 1월 1일부터 2024년 12월 31일까지 지급한 기부금에 한함)

구분	내용
납세조합공제	• 세액공제액: 납세조합원천징수세액 × 5% • 원천징수 제외대상 근로소득자가 납세조합에 가입하여 매월분의 급여를 원천징수하는 경우 원천징수세액의 5% 세액공제
외국납부 세액공제	• 공제대상: 거주자의 종합소득금액에 국외원천소득이 합산되어 있는 경우 국외원천소득에 대해 외국에서 납부한 세액이 있을 때 • 세액공제액: 외국납부세액 • 세액공제한도 종합소득 산출세액 × (국외소득금액 / 종합소득금액) • 한도 초과시 이월하여 세액공제 가능
월세 세액공제	• 세액공제액 [총급여액 / 세액공제액] 5천500만원 이하 (종합소득금액 4천500만원 초과자 제외): 월세 지급액 × 17% 5천500만원 초과 ~ 8천만원 이하 (종합소득금액 7천만원 초과자 제외): 월세 지급액 × 15% • 월세지급액 한도: 연 1,000만원 • 공제요건: 무주택 세대의 세대주(세대주가 주택 관련 공제를 받지 않은 경우 세대원도 가능)로서 총급여액이 8천만원 이하인 근로소득자가 국민주택규모의 주택 또는 기준시가 4억원 이하 주택(주거용 오피스텔, 고시원 포함)을 임차하기 위하여 지급하는 월세액

(주1) 특별세액공제의 적용

구분	소득공제 및 세액공제
근로소득이 있는 자	다음 ①과 ② 중 선택 ① 특별세액공제 중 항목별 세액공제(*1), 특별소득공제(*2), 월세 세액공제 ② 표준세액공제(*3)(13만원) (*1) 보험료 세액공제, 의료비 세액공제, 교육비 세액공제, 기부금 세액공제 (*2) 건강보험료 등 소득공제, 주택자금 소득공제 (*3) 표준세액공제를 선택한 경우에도 정치자금기부금 세액공제와 우리사주조합기부금 세액공제는 적용 가능
근로소득이 없는 자 (성실사업자제외)	기부금세액공제 + 표준세액공제(7만원)

제 4 장

원가계산 이론 제대로 알기

* 원가계산은 TAT2급 시험에 출제되지 않으나, NCS회계 · 감사 직무분야의 4수준 중간관리자까지의 능력을 갖출 수 있도록 교재에 수록하게 되었다.

제 1 절 원가관리회계의 기초

01 원가관리회계의 의의

원가회계(cost accounting)란 재화나 용역의 원가정보를 산출하는 과정이며, 관리회계(managerial accounting)란 원가정보를 바탕으로 기업의 내부정보이용자인 경영자에게 의사결정, 계획 및 통제에 유용한 정보를 제공하는 것을 말한다.

02 원가회계 · 재무회계 · 관리회계의 구분

(1) 원가회계의 특징

원가회계는 재무회계와 관리회계에서 필요한 원가정보를 제공하는 것을 목적으로 한다. 즉 원가회계는 재화나 용역의 원가를 측정하고 계산하여 재무제표 작성에 필요한 정보(재무회계)*를 제공하며, 경영계획 · 통제 · 성과평가에 필요한 원가정보(관리회계)도 제공한다.

* 손익계산서상 매출원가와 재무상태표상 재고자산 금액결정을 위한 원가정보를 말한다.

▌원가 · 재무 · 관리회계의 관계▐

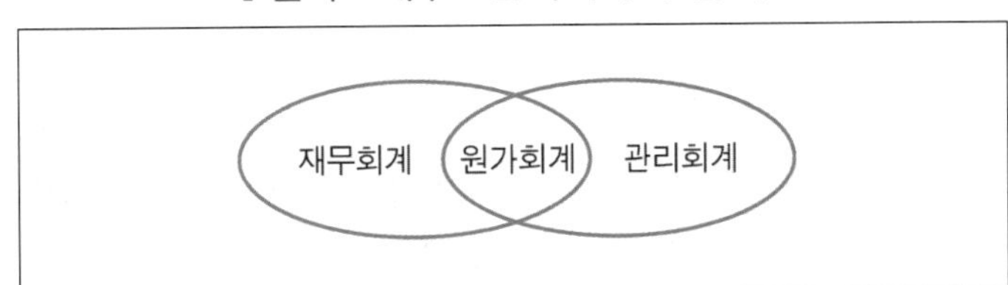

(2) 재무회계와 관리회계의 비교

구분	재무회계	관리회계
목적	외부정보이용자의 경제적 의사결정에 유용한 정보 제공	경영자의 경제적 의사결정에 유용한 정보 제공
정보이용자	주주, 채권자(은행, 거래처) 등	경영자, 근로자 등
준거기준	일반적으로 인정된 회계원칙에 따라 작성	특별한 기준이나 일정한 원칙없이 작성
보고서	재무제표	일정한 형식이 없음.
보고시기	정기	정기 또는 수시
정보 특성	-과거 정보 -화폐 정보	-과거 및 미래 정보 -화폐 및 비화폐 정보

03 원가의 개념

(1) 원가의 정의과 특징

구분	내용
원가의 정의	재화나 용역을 생산하기 위하여 희생된 자원을 화폐단위로 측정한 것을 말한다.
원가의 특징	•경제적 가치의 소비: 재화나 용역의 생산과정에서 소비된 경제적 가치만 포함한다. → 자연력(태양열, 공기)의 사용은 경제적 가치가 없으므로 원가가 될 수 없다. •제품생산과 관련된 소비: 기업의 주된 경영(생산)활동에서 소비되는 가치만 포함한다. → 주된 생산활동과 관련없는 이자비용 등은 제외한다. •정상적인 경제자원의 소비: 정상적인 경영활동에서 소비된 가치만을 포함한다. → 화재나 재해 등으로 인한 비경상적인 손실은 원가로 보지 않는다.

(2) 원가 · 자산 · 비용 · 손실

원가는 소멸원가와 미소멸원가로 구분할 수 있다. 미소멸원가란 투입된 원가가 미래에 경제적 효익을 창출될 것으로 기대되는 자원을 말하며 자산으로 기록한다. 소멸원가는 투입된 원가의 용역 잠재력이 소멸되어 더 이상 경제적 효익을 창출할 수 없는 원가를 말한다. 소멸원가는 비용와 손실로 구분되며 수익창출에 기여한 원가는 비용으로 기록하고, 수익창출에 기여하지 못한 원가를 손실로 기록한다.

▌원가·자산·비용·손실의 관계▐

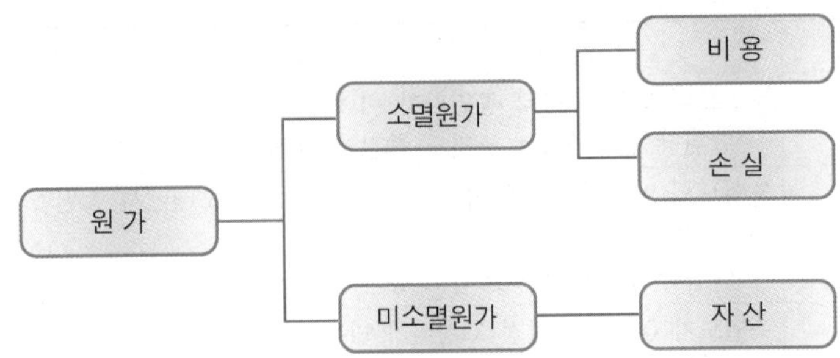

04 원가의 분류

(1) 추적가능성 여부에 따른 분류

구분	내용
직접원가	특정제품 또는 특정부문과 관련해서 실질적으로 명확하게 추적할 수 있는 원가로 해당 제품 또는 부문에 직접 부과
간접원가	특정제품 또는 특정부문과 관련은 있지만 실질적으로 추적이 불가능한 원가로 합리적인 배부기준에 의하여 각각의 제품 또는 부문에 배부

(2) 제조활동 관련성에 따른 분류

구분	내용
제조원가	제품을 생산하는 과정에서 발생하는 모든 원가(주1)
비제조원가	제조활동과 직접관련이 없는 판매 및 관리활동에서 발생하는 원가 → 판매관리비

(주1) 제조원가는 재료원가, 노무원가, 제조원가로 분류하고 추적가능성에 따라 직접원가와 제조간접원가로 구분한다.

(3) 자산화 여부에 따른 분류

구분	내용
제품원가	제품을 제조할 때 소비되는 원가로 소비되는 시점에는 재고자산의 원가를 구성하였다가 판매시점에 매출원가라는 비용으로 처리한다.
기간원가	제품 제조와 관련없이 발생하는 원가로 발생한 기간에 비용으로 처리한다.

(4) 원가행태에 따른 분류

구분	내용
변동원가	조업도의 변동에 따라 총원가가 비례적으로 변동하는 원가 → 단위당 변동원가는 조업도 증감에 관계없이 일정하다.
고정원가	조업도의 변동에 관계없이 일정한 범위의 조업도내에서 총원가가 일정하게 발생하는 원가 → 단위당 고정원가는 조업도 증가에 따라 감소한다.
준변동원가 (혼합원가)	조업도가 0이어도 일정 고정비가 발생하고 조업도가 증가하면 비례적으로 증가(변동원가)하는 원가 → 고정원가와 변동원가 요소가 혼합된 원가성격을 갖는다.
준고정원가	일정한 조업도 범위 내에서는 총원가가 일정(고정원가)하나, 조업도가 일정 수준 이상 증가하면 원가총액이 증가하는 원가

주의 원가행태: 조업도 변화에 따라 나타나는 원가의 반응
조업도: 기업의 제조설비의 이용수준

(5) 통제가능성에 따른 분류

구분	내용
통제가능원가	경영자가 원가 발생액에 영향을 미칠 수 있는 원가
통제불능원가	경영자가 원가 발생액에 영향을 미칠 수 없는 원가

(6) 의사결정 관련성에 따른 분류

구분	내용
관련원가	특정 의사결정과 직접 관련 있는 원가로 의사결정의 여러 대안 간에 차이가 있는 미래의 원가
비관련원가	특정 의사결정과 관련이 없는 이미 발생한 원가로 의사결정의 여러 대안 간에 원가의 차이가 없는 원가
매몰원가	과거 의사결정의 결과 이미 발생한 원가로 현재 또는 미래의 의사결정에 아무런 영향을 미치지 못하는 원가
기회원가	의사결정의 여러 대안 중 하나를 선택하면 다른 대안은 포기할 수밖에 없는데 이때 포기한 대안에서 얻을 수 있는 효익 중 가장 큰 것

제 2 절 원가계산과 원가의 흐름

01 원가계산의 단계

원가요소별 계산 → 부문별 원가계산 → 제품별 원가계산

02 원가계산의 종류

분류기준	내용	
원가계산 시기	• 사전원가계산	제품의 생산을 위하여 원가 요소를 소비하는 시점에 사전적으로 예정가격, 표준가격 등을 사용 ① 정상원가계산: 직접재료원가와 직접노무원가 → 실제원가로 측정 제조간접원가 → 예정배부율에 의해 원가 결정 ② 표준원가계산: 사전에 설정된 표준가격, 표준사용량을 이용
	• 실제원가계산 (사후원가계산)	제품의 생산이 완료된 후 원가요소의 실제 소비량과 실제 금액을 적용하여 실제발생액을 이용
생산형태	• 개별원가계산	성능, 규격 등이 서로 다른 여러 가지의 제품을 개별적으로 생산하는 경우 예 건설업, 조선업, 기계제조업 등 주문제작
	• 종합원가계산	성능, 규격 등이 동일한 종류의 제품을 대량으로 연속하여 생산 예 정유업, 제지업, 제분업
원가계산 범위 (고정비 포함 여부)	• 전부원가계산	직접재료비, 직접노무비, 변동제조간접비(전력비 등)의 변동비뿐만 아니라 고정비에 속하는 고정제조간접비(공장 임차료, 보험료 등)도 포함하여 모든 원가를 제품의 원가계산 범위에 포함
	• 직접(변동) 원가계산	직접재료비, 직접노무비, 변동제조간접비 등의 변동비만원가계산 대상에 포함시키고 고정비는 제품의 원가에 구성하지 않고 기간비용(판매비와관리비)으로 처리

03 원가흐름

(1) 제조원가의 구성

제조원가는 발생형태별로 재료원가, 노무원가, 제조경비로 분류되며, 특정 제품이나 부문에의 추적가능성에 따라 직접재료원가, 직접노무원가, 제조간접원가로 분류된다.

① 직접재료원가

제품 제조를 위한 재료의 소비금액으로 특정 제품에 추적할 수 있는 원가를 말한다.

② 직접노무원가

제품 제조를 위해 투입된 노동력의 대가로 지급되는 임금으로 특정 제품에 추적할 수 있는 원가를 말한다.

③ 제조간접원가

직접재료원가와 직접노무원가를 제외한 모든 제조원가를 말한다.

발생형태 / 추적가능성	재료원가	노무원가	제조경비
직접원가	직접재료원가	직접노무원가	직접제조경비
간접원가	간접재료원가	간접노무원가	간접제조경비

주의 직접원가(기본 또는 기초원가) = 직접재료원가 + 직접노무원가
가공원가 = 직접노무원가 + 제조간접원가

▌원가의 구성▐

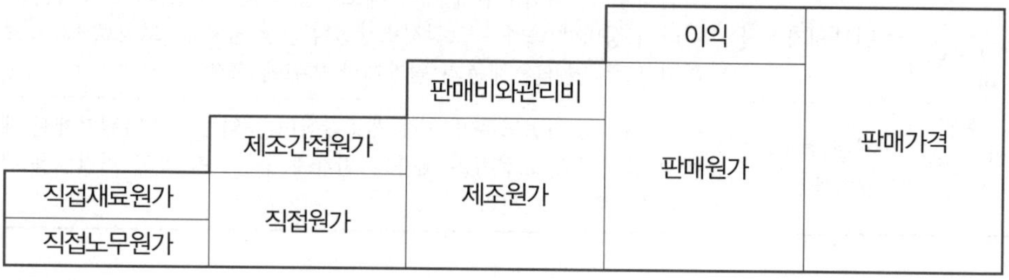

			이익	판매가격
		판매비와관리비	판매원가	
	제조간접원가	제조원가		
직접재료원가	직접원가			
직접노무원가				

(2) 제조원가의 흐름

▌제조원가의 흐름▐

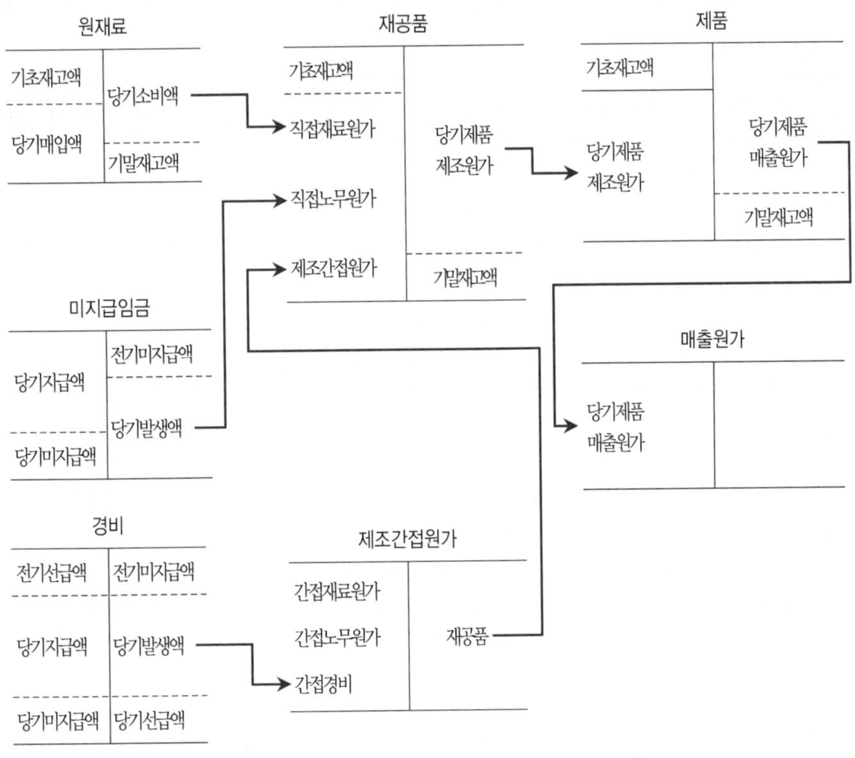

① 직접재료원가

원재료가 제품의 제조를 위하여 공정에 투입되면 직접재료원가는 원재료 계정에서 재공품 계정으로 대체되며, 공정에 투입되지 않고 남은 원재료는 기말재고가 된다.

> 직접재료원가 = 기초원재료재고액 + 당기원재료매입액 − 기말원재료재고액

② 직접노무원가

노무비는 발생과 동시에 소비되며, 직접노무원가는 바로 재공품 계정에 대체된다.

> 직접노무원가 = 당기지급액 + 당기 미지급액 − 전기미지급액

③ 제조간접원가

제조간접원가는 간접재료원가, 간접노무원가 및 제조경비(예 감가상각비, 보험료, 동력비, 수선비 등)로 구성되며 제조간접원가 계정으로 대체되어 집계된 후 다시 재공품 계정으로 대체된다.

제조간접원가=당기지급액 + 당기 미지급액 + 전기선급액 − 전기 미지급액 − 당기선급액

④ 당기총제조원가

당기총제조원가는 한 회계기간 동안 투입된 모든 제조원가를 의미하며, 생산의 완료 여부와 무관하다.

당기총제조원가 = 직접재료원가 + 직접노무원가 + 제조간접원가

⑤ 당기제품제조원가

당기제품제조원가는 당기에 제품으로 완성되어 재공품에서 제품으로 대체된 완성품의 제조원가를 의미한다.

당기제품제조원가 = 기초재공품재고액 + 당기총제조원가 − 기말재공품재고액

⑥ 매출원가

기초제품재고액과 당기제품제조원가를 합한 금액에서 기말제품재고액을 차감하여 계산한다.

매출원가 = 기초제품재고액 + 당기제품제조원가 − 기말제품재고액

 04 제조원가명세서

제조원가명세서는 당기에 제품제조를 위하여 소비된 원가를 집계해 놓은 표로 재공품계정을 펼쳐놓은 서식이다. 제조원가명세서에서 산출되는 '당기제품제조원가'는 손익계산서의 '제품매출원가'의 '당기제품제조원가'에 반영된다.

▌제조원가명세서▌

2024년 1월 1일부터 2024년 12월 31일까지

(주)삼일전자 (단위: 원)

과 목	금 액	
Ⅰ. 재료비		
1. 기초재료재고액	×××	
2. 당기재료매입액	×××	
계	×××	
3. 기말재료재고액	(×××)	×××
Ⅱ. 노무비		
1. 임 금	×××	
2. 급 여	×××	
3. 퇴직급여	×××	×××
Ⅲ. 경비		
1. 전기료	×××	
2. 가스료	×××	
3. 세금과공과	×××	
4. 감가상각	×××	
5. 보험료	×××	×××
Ⅳ. 당기총제조원가		×××
Ⅴ. 기초재공품재고액		×××
Ⅵ. 합 계		×××
Ⅶ. 기말재공품재고액		(×××)
Ⅷ. 당기제품제조원가		×××

제 2 부

더존 SmartA(iPlus) 내 것으로 만들기

더존 SmartA(iPLUS)실무교육프로그램 설치방법

① 더존 SmartA(iPLUS)프로그램을 다운받기 위해 한국공인회계사회 AT자격시험 홈페이지 'http://at.kicpa.or.kr'에 접속한다.
② 홈페이지 왼쪽 하단에 '프로그램 다운로드'를 클릭한다. 소속 등 간단한 개인정보를 입력하고 교육용프로그램 다운로드 를 클릭한다.
③ '파일을 다운로드 하시겠습니까?'라는 화면에서 '확인'을 클릭한다.
④ 파일 다운로드 대화상자에서 '저장'을 클릭하여 바탕화면 등에 저장한다.
⑤ 다운로드한 압축파일의 압축을 풀고 더블클릭하여 실행한다.
⑥ 사용권 계약 등에 동의를 하고 '다음'을 클릭하여 설치를 진행하고 설치가 완료되면 '완료'를 클릭한다.
⑦ 바탕화면의 'AT자격시험 더존 SmartA(iPLUS)' 아이콘을 더블클릭하면 프로그램이 실행된다.
⑧ 화면 오른쪽 하단의 '최신버전확인'을 클릭하여 업데이트를 진행한다.

교재 백데이터 파일 설치방법

본문의 수행내용 문제는 아래의 방법으로 백데이터를 설치한 후 진행한다.
① 삼일아이닷컴(http://www.samili.com) 홈페이지에 접속한다.
② 상단부 제품몰을 클릭하고 AT수험서 자료실에서 백데이터를 다운받는다.
③ 다운받은 백데이터 파일을 더블클릭하여 실행한다.
④ 사용급수와 회사명을 선택하고 수행내용을 진행한다.

제 1 장

더존 SmartA(iPlus) 재무회계실무 제대로 알기

NCS 능력단위(수준)

회계정보시스템 운용(0203020105_20v4)
전표처리(0203020201_20v5)
자금관리(0203020102_20v4)
결산관리(0203020202_20v5)

백데이터 설치방법

① 삼일아이닷컴(http://www.samili.com) 홈페이지에 접속한다.
② 상단부 제품몰을 클릭하고 AT수험서 자료실에서 백데이터를 다운받는다.
③ 다운받은 백데이터파일을 더블클릭하여 실행한다.
④ 2000.(주)재무전자를 선택하여 수행내용을 수행하도록 한다.

제 1 절 회계정보시스템 운용 (NCS 능력단위)

01 프로그램의 시작

(1) 최초 로그인

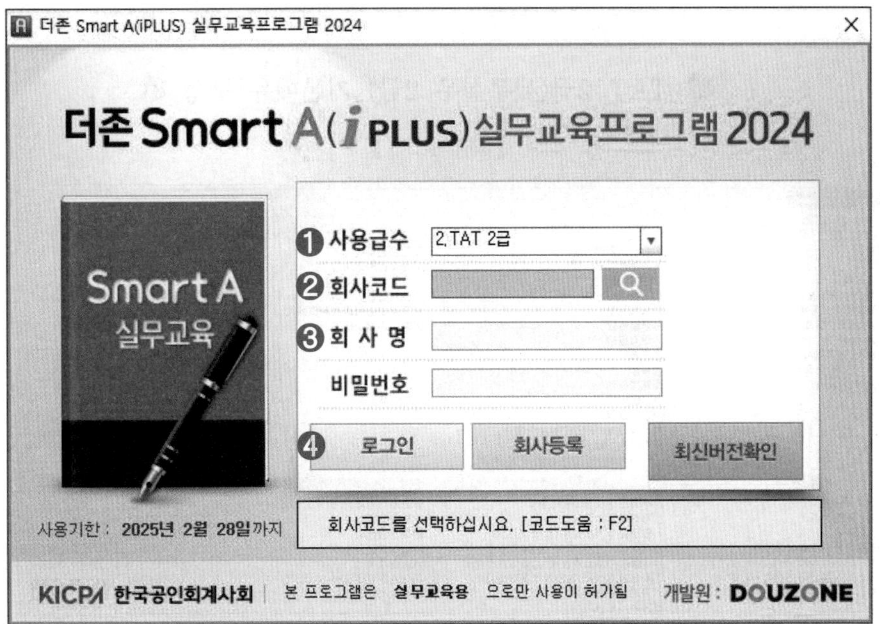

❶ 사용자가 작업하려는 사용급수를 TAT 2급으로 선택한다.

❷ 회사등록이 이루어진 상태면 검색(F2)을 클릭하여 회사를 선택한다.(예: 2000)

❸ 회사코드에서 작업할 회사코드를 선택하면 자동으로 회사명이 표시된다.

❹ 로그인을 클릭하여 프로그램을 시작한다.

실무 익히기

(2) 급수별 프로그램 구성

구 분	FAT 2급	FAT 1급	TAT 2급	TAT 1급
기업형태	개인기업, 도·소매업	법인기업, 도·소매업	법인기업, 제조업	법인기업, 제조업
회계범위	회계원리	재무회계	중급회계	고급회계
부가가치세		부가가치세기초	부가가치세실무	부가가치세신고
소득세			근로소득원천징수	원천징수 전체
법인세				법인세무조정

TAT 2급(세무실무 2급) 기본메뉴 구성

▌재무회계▐

재무회계

기초정보관리
환경설정
회사등록
거래처등록
업무용승용차등록
계정과목및적요등록
전기분 재무상태표
전기분 손익계산서
전기분 원가명세서
전기분 이익잉여금처분계산서
거래처별초기이월

전표입력/장부
일반전표입력
매입매출전표입력
일/월계표
합계잔액시산표
적요별원장
계정별원장
거래처원장
전표출력
분개장
총계정원장
현금출납장
매입매출장
세금계산서(계산서)수수현황
차량비용현황(업무용승용차)

고정자산등록
고정자산등록
고정자산관리대장
미상각분감가상각계산
양도자산감가상각계산
원가경비별감가상각명세서
월별감가상각비계상

결산/재무제표 I
결산자료입력
합계잔액시산표
재무상태표
손익계산서
제조원가명세서
이익잉여금처분계산서
결산부속명세서
영수증수취명세서
경비등의송금명세서

부가가치세 I
부가가치세신고서
세금계산서합계표
계산서합계표
신용카드매출전표발행집계표
신용카드매출전표등 수령금액 합계표(
영세율첨부서류입력
영세율첨부서류제출현황
수출실적명세서
매입세액불공제내역
부동산임대공급가액명세서
의제매입세액공제신고서
재활용폐자원세액공제신고서
대손세액공제신고서
건물등감가상각자산취득명세서

부가가치세 II
신용카드매출전표발행현황
전자화폐결제명세서
사업장별부가세납부(환급)신고서
전자세금계산서 발행 및 내역관리
국세청전자세금계산서 검증및전표처리
전자세금계산서 발급세액공제신고서
부가가치세신고서
부가가치세전자신고
국세청전자신고변환(실무교육용)
국세청전송(실무교육용)
부가가치세납부서

금융/자금관리
일일자금명세(경리일보)
예적금현황
받을어음현황
지급어음현황
어음집계표
통장거래정리입력
통장거래내역

데이터관리
데이터 백업
백업데이터 복구
회사코드변환(회사코드/기수)
코드변환(거래처/계정과목/사원/부서
데이터체크/매입매출/자금관리자료정리
데이터통합
마감후이월

▌인사급여▐

인사관리

기초/인사관리
사원등록
기초관리코드등록
인사관리등록
인사출무양식
인사관리현황

근로소득관리
급여자료입력
급여대장(명세)
은행별이체명세
월별급상여수당지급현황
회계전표처리
일용직사원등록
일용직급여자료입력
원천징수이행상황신고서

연말정산관리
연말정산 근로소득원천징수영수증
소득자별근로소득원천징수부
연말정산현황

데이타관리
데이터 백업
백업데이터 복구
마감후이월

(3) TAT 2급(세무실무 2급) 프로세스

TAT 2급을 구성하는 프로그램의 전체 프로세스는 다음과 같다.

❙ 재무회계 ❙

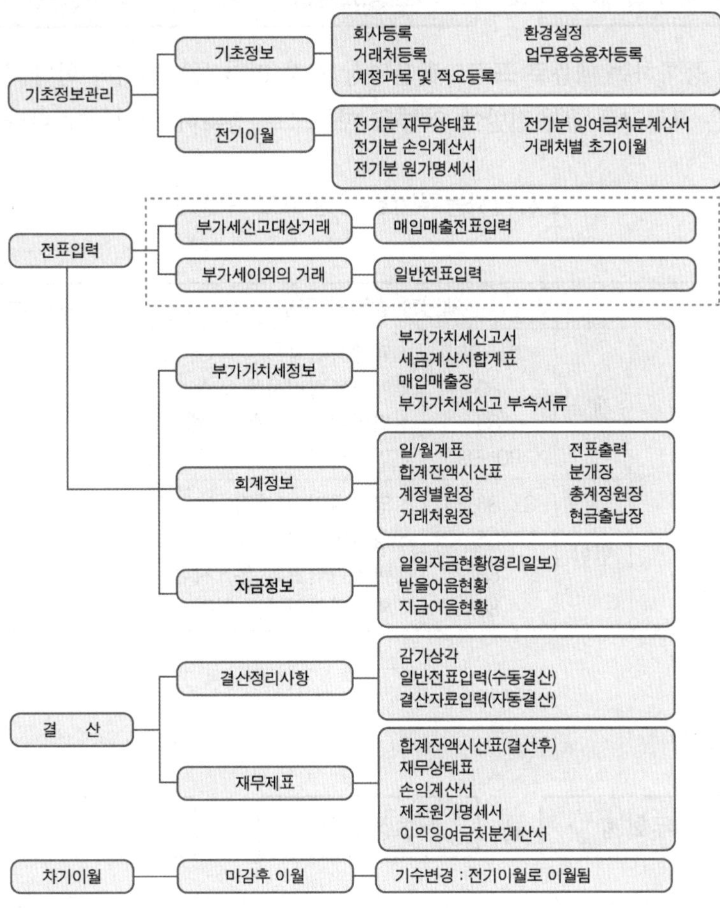

❙ 원천징수 ❙

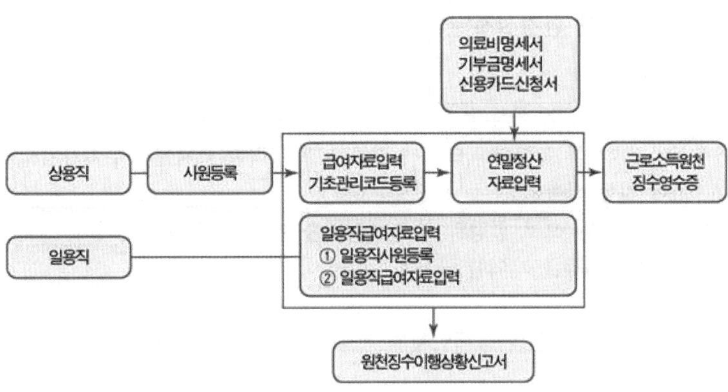

02 회사등록

재무회계 → 기초정보관리 → 회사등록

기본회사를 등록하는 메뉴로 프로그램운영상 가장 먼저 등록되어야 한다.【회사등록】에 등록된 사항은 프로그램 운용전반에 영향을 미치므로 정확히 입력해야 한다.

▌사업자등록번호 구분코드 구성▐

□□□	– □□		– □□□□□
세무서코드	개인과 법인의 구분		일련번호와 검증번호
일련번호	개인	01~79 • 과세사업자 80 • 아파트관리사무소 등 89 • 법인이 아닌 종교단체 90~99 • 면세사업자	–
	법인	81,86,87 • 영리법인의 본점 85 • 영리법인의 지점 82 • 비영리법인의 본·지점 84 • 외국법인의 본·지점	

03 환경설정

시스템환경을 설정하기 위한 메뉴로 수정 시 다른 메뉴들을 종료하고 수정해야 한다.

> **I Can! 신용카드관련 환경설정!**
>
> ① 신용카드 입력방식
> - '1.공급대가(부가세포함)'로 설정된 경우 매입매출전표에서 유형 17.카과, 57.카과 입력시 공급가액란에 부가가치세를 포함한 금액을 입력하면 그 입력한 금액에서 부가가치세를 제외한 금액(100/110)이 자동 산출된다.
> - '2.공급가액(부가세제외)'으로 설정된 경우 매입매출전표에서 유형 17.카과, 57.카과 입력시 공급가액란에 부가가치세를 제외한 금액을 입력한다.
>
> ② 신용카드채권 · 채무
> 자동분개되는 카드매출채권, 카드매입채무 계정을 설정할 수 있다.

업무용승용차등록

업무용승용차는 법인 소유이거나 법인이 리스 또는 임차하여 업무에 사용하는 승용차를 말한다. 따라서 종업원 소유의 차량을 업무에 사용하고 차량유지비 등을 지급 받는 경우에는 업무용승용차가 아니다.

업무용승용차의 취득과 유지를 위하여 지출한 비용(유류비, 보험료, 수선비, 자동차세, 통행료 등)등을 관리항목으로 관리하기 위하여 업무용승용차를 등록한다.

구분	내용
대상	일반적인 승용차(개별소비세법 제1조 제2항 제3호에 해당하는 승용자동차), 리스나 렌트 차량도 포함 −제외: 배기량 1,000cc 이하, 운수업, 자동차판매업, 자동차임대업(렌트회사), 시설대여업(리스회사), 운전학원업 등에서 사용하는 자동차
감가상각 방법	2016년 1월 1일 이후 취득분 부터 정액법으로 5년 동안 감가상각
승용차관련비용	임차료, 유류비, 자동차세, 보험료, 수리비, 감가상각비 등
감가상각비 인정	연간 최대 8백만원(초과되는 부분은 다음해로 이월됨)
보험가입	2016.4.1. 이후 보험료부터는 임직원전용자동차보험 가입하여야 함

주의 고정자산코드, 고정자산명, 취득일자는 [고정자산등록]메뉴에 등록된 내용을 ? 를 선택하여 반영하면 된다.

I Can! 업무용승용차등록!

① 계정과목 및 적요등록: 관리항목에서 32.업무용승용차 항목을 사용으로 설정 (관련 계정과목: 보험료, 차량유지비, 임차료, 감가상각비 등)
② 업무용승용차등록: 업무용승용차 차량을 등록한다.
③ 일반전표 및 매입매출전표 입력에서 업무용 승용차 관련 비용 입력시 금액입력 후 F3을 누르고 하단에 차량별로 관리할 수 있도록 업무용승용차 관리항목을 입력한다.

수행과제 업무용승용차등록

(주)재무전자의 업무용승용차를 등록하기 위하여 다음을 수행하시오.

수행 1 다음의 고정자산을 [고정자산등록] 메뉴에 등록하시오.

계정과목	코드	자산명	취득일	상각 방법	기초가액	전기말 상각누계액	내용 연수	경비구분
차량운반구	301	차량1	2021.12.31.	정액법	45,000,000원	18,000,000원	5	800번대

수행 2 [고정자산등록]에 등록한 업무용승용차를 [업무용승용차등록] 메뉴에 등록하시오.

코드	차량번호	차종	명의구분	사용	기초주행거리	보험가입여부	보험기간
101	25오7466	그랜져	회사	○	31,000km	업무전용자동차 보험(법인)	2024.9.4. ~ 2025.9.4.

수행과제 풀이 업무용승용차등록

수행 1 ① 고정자산계정과목을 ?를 이용하여 '208.차량운반구'를 선택한다.

② 고정자산등록 메뉴에 해당자산의 내용을 입력한다.

수행 2 ① 업무용승용차등록 각 란의 내용을 입력한다.

② 고정자산코드에서 ? 를 클릭하여 수행 1 에서 등록한 고정자산을 선택하면 고정자산명, 취득일자, 경비구분은 자동으로 반영된다.

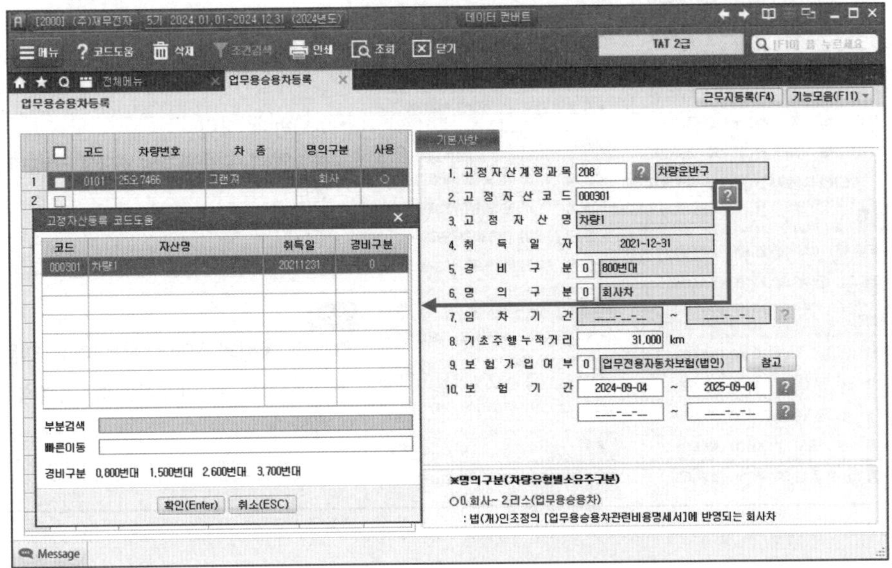

수행 tip

- 고정자산등록에 등록된 업무용승용차를 불러와 공통적인 부분은 자동 반영 받는다.
- 업무용승용차의 취득과 유지를 위하여 지출한 내용과 관련된 계정과목은 관리항목을 32.업무용승용차로 설정해야 한다.

05 계정과목 및 적요등록

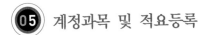

계정과목은 시스템 전반에 영향을 미치므로 프로그램을 처음 사용하는 시점에서 정확하게 설정하여야 한다. 일반회계기준에 따라 가장 일반적인 계정과목은 이미 등록되어 있으며, 계정과목을 계정과목 코드체계에 의하여 수정하거나 추가하여 사용할 수 있다.

I Can! 계정과목 코드체계!

재무상태표 계정과목	손익계산서 계정과목	참 고
자산 •유동자산 - 당 좌 자 산(10100~14599) - 재 고 자 산(14600~17599) •비유동자산 - 투 자 자 산(17600~20099) - 유 형 자 산(20100~23099) - 무 형 자 산(23100~25099) - 기타비유동자산(96100~98099) 부채 •유 동 부 채(25100~29099) •비 유 동 부 채(29100~33099) 자본 •자 본 금(33100~34099) •자 본 잉 여 금(34100~35099) •이 익 잉 여 금(35100~38099) •자 본 조 정(38100~40099) •기 타 포 괄손익(98100~99099)	매출 •매 출(40100~42099) 매출원가 •매 출 원 가(45100~47099) 판관비 •판 매 / 관 리 비(80100~90099) 기타 •영 업 외 수 익(90100~93099) •영 업 외 비 용(93100~96099) •중 단 사 업손익(99100~99799) •법 인 (개 인)(99800~99999) 제조 •제 조 원 가(50100~60099) 도급 •도 급 원 가(60100~70099) 분양 •분 양 원 가(70100~80099)	• 500번대 경비 제조원가명세서를 구성하는 코드 • 600번대 경비 건설업의 도급원가명세서를 구성하는 코드 • 700번대 경비 건설업의 분양원가명세서를 구성하는 코드 • 800번대 경비 판매비와관리비를 구성하는 코드 주의 빨간색 계정과목의 수정은 Ctrl+F1을 동시에 누른 후 계정과목을 덧씌워 입력한다.

수행과제 계정과목 및 적요등록

(주)재무전자는 다음의 계정과목에 관리항목을 추가로 등록하고자 한다.

수행 업무용승용차와 관련된 다음의 계정과목에 관리항목의 추가설정을 수행하시오.

코드	계정과목	관리항목	코드	계정과목	관리항목
821	보험료	32.업무용승용차	822	차량유지비	32.업무용승용차

수행과제 풀이 계정과목 및 적요등록

① 코드 란에 커서를 두고 821을 입력하면 821.보험료로 이동한다.

② 관리항목 란에서 F2를 선택하여 [관리항목]보조 창이 나타나면 32.업무용승용차관리를 선택한 후 사용에서 'o'를 클릭한다.

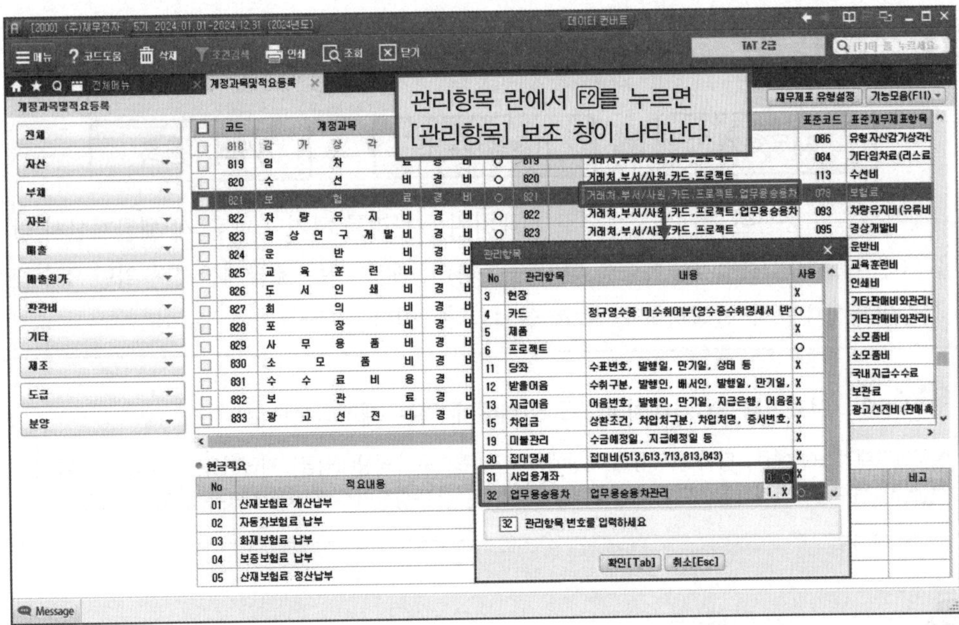

③ 코드 란에 커서를 두고 822를 입력하면 822.차량유지비로 이동한다.

④ 관리항목 란에서 F2를 선택하여 [관리항목]보조 창이 나타나면 32.업무용승용차관리를 선택한 후 사용에서 'O'를 클릭한다.

수행 tip

- 계정과목과 적요를 등록 · 수정할 수 있어야 한다. 빨간색 계정과목은 Ctrl+F1을 누른 후 수정한다.
- 계정과목의 관리항목에 32.업무용승용차관리를 추가하면 전표 입력 시 관리항목을 추가로 입력할 수 있다.

06 거래처등록

재무회계 ➡ 기초정보관리 ➡ 거래처등록

거래처등록은 등록된 거래처코드별로 거래처원장 관리를 하거나 매출 시 세금계산서 발급 등을 위해 매출처의 사업자등록증을 받아 등록하며, 매입 시는 세금계산서나 일반 영수증에 표시된 거래상대방의 인적사항을 보고 입력할 수 있다.

I Can! 전표입력 시 거래처코드를 입력해야 하는 계정과목!

예금관련계정(보통예금, 당좌예금 등), 외상매출금, 받을어음, 외상매입금, 지급어음, 미지급금, 미수금, 선급금, 선수금, 가지급금, 단기차입금, 장기차입금, 유동성장기부채, 대여금 등의 채권·채무

07 전기분 재무상태표

전기분 재무상태표를 입력하는 곳으로 입력된 자료는 다른 자료에 자동으로 영향을 미치므로 가장 먼저 작업을 해야 한다.

I Can! 전기분 재무상태표!

① 대손충당금과 감가상각누계액은 자신의 코드번호 바로 아래의 코드를 선택한다.

108. 외상매출금	110. 받을어음	202. 건물	206. 기계장치
109. 대손충당금	111. 대손충당금	203. 감가상각누계액	207. 감가상각누계액

② 충당금, 결손금의 경우 -(음수)로 입력하지 않는다.

③ 법인의 잉여금 계정입력
이월이익잉여금은 375, 이월결손금은 376으로 입력하고, 당기순이익 379, 당기순손실 380으로 입력하지 않도록 주의한다.

08 전기분 손익계산서

재무회계 ➡ 기초정보관리 ➡ 전기분 손익계산서

전기분 손익계산서를 입력하는 곳으로 전기분 손익계산서는 계속기업의 비교식 손익계산서 작성 자료를 제공함과 동시에 기업의 당기순이익을 산출하는 메뉴이다.

I Can! 전기분 손익계산서!

① 455.제품매출원가: 보조 입력창에 자료를 입력하면 자동으로 금액이 산출된다.
- 제품매출원가 = 기초제품재고액 + 당기제품제조원가 − 기말제품재고액

② 기말상품재고액: 전기분 재무상태표에서 자동 반영된다.
③ 모든 내용을 입력하고 나면 당기순이익이 일치해야 한다.

실무 익히기

09 전기분 원가명세서

재무회계 ➡ 기초정보관리 ➡ 전기분 원가명세서

제조원가명세서는 제조업을 영위하는 기업에서 작성하는 것으로 재료비, 노무비, 제조경비 등을 집계하여 당기제품제조원가를 산출하는 보고서이며 비교식 원가명세서를 작성하기 위하여 전년도 원가명세서를 입력해야 한다.

I Can! 전기분 원가명세서!

① 매출원가 선택 및 이에 따른 경비를 연결하기 위한 작업으로 제조원가명세서, 공사원가명세서 등을 작성할 때 매우 중요하다.
455.제 품 매 출 원 가 --- 500번대 경비
452.도급공사매출원가 --- 600번대 경비
453.분양공사매출원가 --- 700번대 경비
② 계정과목코드와 금액을 입력하면 원재료비의 경우 재료비 보조 화면이 나타나며, 기말재고액은 재무상태표 초기이월에 입력된 재고계정(원재료)금액이 자동 반영된다.
③ 기초재공품재고액, 타계정에서 대체액, 타계정으로 대체액등은 별도의 계정과목이 존재하지 않으므로 직접 커서를 두고 입력한다.

10 전기분 이익잉여금처분계산서

재무회계 ➡ 기초정보관리 ➡ 전기분 이익잉여금처분계산서

전기분 이익잉여금처분계산서는 전년도 법인기업의 당기순이익과 이월된 이익잉여금을 보여주며 주주총회를 통해 처분한 잉여금에 대한 내역들이 작성된다.

I Can! 전기분 이익잉여금처분계산서!

① 전년도 잉여금처분계산서상의 당기순손익이 결손일 경우 (−)금액으로 입력한다.
② 처분액 등의 항목을 처분계산서상에 삽입하길 원하면 당기순이익이나 차기이월이익잉여금에 커서를 두고 F7을 누르면 추가가 가능하다.

11 거래처별초기이월

채권·채무 등 거래처별로 관리가 필요한 계정과목에 대해 각 거래처별 전기이월 자료를 제공하기 위해 입력하는 것으로 입력 후 거래처원장을 조회하면 전기이월로 표시된다. 전기분 재무상태표의 작업이 선행되어야 거래처별 초기이월을 입력할 수 있으며, 거래처코드 등록이 된 상태에서 입력이 가능하다.

제 2 절 전표처리(NCS 능력단위)

자산·부채·자본의 증감변동이 발생하면 증빙서류를 보고 회계 프로그램이 요구하는 형식에 맞추어 입력하는 메뉴이다. 일반전표입력에서 입력된 자료는 전표, 분개장 및 총계정원장 등 관련 장부와 메뉴에 자동으로 반영되어 필요한 내용을 조회, 출력할 수 있다. 프로그램으로 회계처리함에 있어 전표입력은 가장 핵심적이고 중요한 작업이다.

일반전표입력은 부가가치세신고와 관련이 없는 거래를 입력하며 부가가치세신고와 관련된 거래는 매입매출전표에 입력한다.

I Can! 주요항목별 입력내용 및 방법!

항목	입력내용 및 방법
일	① 일자를 직접 입력하여 일일거래를 입력한다. ② 해당 월만 입력 후 일자별 거래를 연속적으로 입력한다. * 일자를 입력하지 않고 Enter↵를 누르면 된다.
거래처 코드	① 거래처코드를 모를 경우 입력 방법 ㉠ 코드란에 커서 위치시 F2 도움 받아 원하는 거래처를 부분 검색하여 Enter↵로 입력 (사업자등록번호로도 검색이 가능함) ㉡ 코드란에 커서 위치시 '+'키를 누르고 원하는 거래처를 입력하여 Enter↵ ② 신규거래처일 경우 입력방법 코드란에 커서 위치시 '+'키를 누르고 거래처명을 입력하여 Enter↵ → 세부항목을 눌러 기본사항을 입력 → 확인 → 등록 * 입력된 자료는 각종 원장에 반영된다.
구 분	전표의 유형을 입력하는 란이다. [1: 출금, 2: 입금, 3: 차변, 4: 대변, 5: 결산차변, 6: 결산대변] ① 현금전표 – 출금전표: 1, 입금전표: 2 ② 대체전표 – 차변: 3, 대변: 4 ③ 결산전표 – 결산차변: 5, 결산대변: 6(결산대체분개시만 사용함)

실무 익히기

I Can! 주요항목별 입력내용 및 방법!

항목	입력내용 및 방법
코드와 계정 과목	① 계정코드를 모를 경우 입력방법 ㉠ 코드란에 커서 위치시 F2 도움 받아 원하는 계정을 부분 검색하여 Enter↵로 입력 ㉡ 코드란에 커서 위치시 계정과목명 앞 두 글자를 입력하여 Enter↵로 입력 ② 계정코드를 아는 경우 직접 계정코드를 입력하는 방법 * 입력된 자료는 각종 원장 및 재무제표에 자동 반영된다.
적 요	적요는 숫자 0, 1~8, F3 중 해당 번호를 선택, 입력한다. ① 0: 임의의 적요를 직접 입력하고자 할 때 선택한다. ② 1~8: 화면 하단에 보여지는 내장적요로, 해당번호를 선택 입력한다. 기 내장적요 외에 빈번하게 사용하는 적요의 경우에는 적요 코드도움 창에서 편집(F3)키를 눌러 기 등록된 적요를 수정 또는 추가할 수 있다. ③ F3: 받을어음, 지급어음, 차입금 등의 자금관리 및 업무용승용차 관리를 하고자 할 경우 선택하며, 받을어음현황, 지급어음현황, 차입금현황, 당좌수표현황, 차량비용현황 등에 반영되어 자금관리 자료로 활용된다.

01 출금전표 작성하기

출금거래는 현금이 지출된 거래를 말하며 전표입력 시 구분 란에 '1'을 입력하면 출금으로 표시되며, 자동으로 대변에 '현금'이 입력되므로 차변 계정과목만 입력하면 된다.

02 입금전표 작성하기

입금거래는 현금이 입금된 거래를 말하며 전표입력 시 구분 란에 '2'를 입력하면 출금으로 표시되며, 자동으로 차변에 '현금'이 입력되므로 대변 계정과목만 입력하면 된다.

03 대체전표 작성하기

대체거래는 거래 총액 중 일부가 현금이거나 현금이 포함되지 않는 거래를 말하며, 전표 입력 시 구분 란에 차변은 '3'을 대변은 '4'를 입력한다.

수행과제 전표 작성하기(일반전표입력)

다음 거래 자료를 참고하여 출금전표, 입금전표, 대체전표 입력을 수행하시오.

1 출금전표 작성하기

영 수 증

2024.8.2. 15:30

(주)SK주유소
(T.02-634-1211)
서울 성동구 자양로 19길
129-81-19997 박수경

유 종 명	수 량	단가	금 액
휘 발 유	15	1,697	25,455

부가세물품가액	25,455원
부 가 가 치 세	2,545원
합 계	28,000원

감사합니다.

관리부의 업무용 승용차(25오7466)에 주유를 하고 주유대금을 현금으로 지급하고 받은 영수증이다.

수행 1 회계처리를 수행하시오.

수행 2 업무용승용차 관리를 수행하시오.

2 입금전표 작성하기

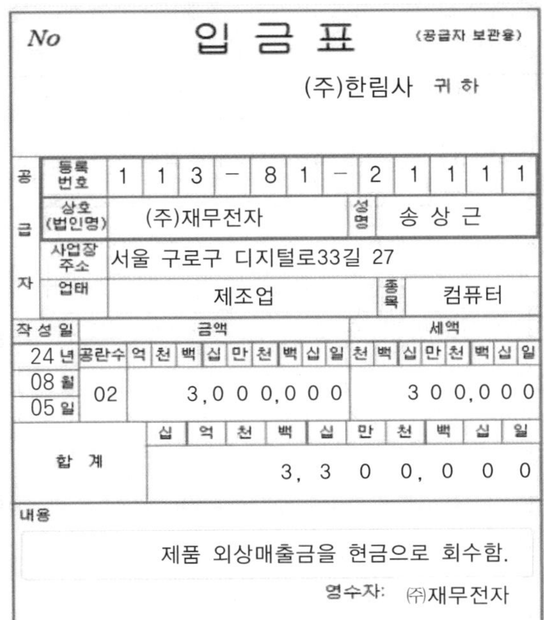

No **입 금 표** (공급자 보관용)

(주)한림사 귀 하

공급자				
등록번호	113-81-21111			
상호(법인명)	(주)재무전자	성명	송 상 근	
사업장 주소	서울 구로구 디지털로33길 27			
업태	제조업	종목	컴퓨터	

작성일	공란수	금액	세액
24년 08월 05일	02	3,000,000	300,000

합 계	3,300,000

내용

제품 외상매출금을 현금으로 회수함.

영수자: ㈜재무전자

영업부에서 매출처 (주)한림사로부터 외상대금 3,300,000원을 현금으로 받고 입금표를 발급하였다.

수행 회계처리를 수행하시오.

3 대체전표 작성하기

입 금 증

• 성명: (주)재무전자 귀하	• 계좌번호: 4321-1111-231 • 거래일자: 2024. 8. 20.
찾으신 거래내역	• 정기예금 총액: 20,000,000원 • 이자소득 : 800,000원 • 법 인 세 : 112,000원 • 지방소득세 : 11,200원 • 차감수령액 : 20,676,800원 • 송금계좌 : 123-456-789 한국은행 보통예금 (주)재무전자

항상 저희은행을 찾아주셔서 감사합니다.
계좌번호 및 거래내역을 확인하시기 바랍니다.
한국은행 구로 지점 (전화:02-6013-6008) 취급자:김민채

정기예금 만기가 도래하여 한국은행으로부터 다음과 같은 내역서를 받았다. 전기분재무제표상에 계상되어 있는 미수수익을 조회하여 참고하시오.

수행 회계처리를 수행하시오.

4 대체전표 작성하기

■ 보통예금(한국은행) 거래내역

		내용	찾으신금액	맡기신금액	잔액	거래점
번호	거래일자	계좌번호: 123-456-789 (주)재무전자				
1	2024-08-31	법인세중간예납	9,800,000원		*********	구로

해당 사업연도 법인세의 중간예납세액 9,800,000원을 한국은행 보통예금계좌에서 인터넷뱅킹으로 납부하였다.(단, 법인세납부액은 자산계정으로 처리할 것)

수행 회계처리를 수행하시오.

5 대체전표 작성하기

[12월 15일]
확정급여형퇴직연금제도를 설정하고 있는 (주)재무전자는 퇴직연금 부담금 18,000,000원(제조 8,000,000원, 관리 10,000,000원)을 당사 한국은행 보통예금계좌에서 하나금융 퇴직연금계좌로 이체하여 입금하였다.

수행 회계처리를 수행하시오.

6 대체전표 작성하기

■ 보통예금(한국은행) 거래내역

		내용	찾으신금액	맡기신금액	잔액	거래점
번호	거래일자	계좌번호: 123-456-789 (주)재무전자				
1	2024-12-20	퇴직금지급	1,193,470원		*********	구로

생산부직원의 퇴직금 지급 후 발급한 퇴직소득원천징수영수증이다. 당사는 퇴직연금(확정급여형)에 가입되어 있으며, 3,000,000원은 하나금융 퇴직연금운용자산에서 지급되었고 원천징수세액을 차감한 잔액은 한국은행 보통예금계좌에서 이체하여 지급하였다.

수행 회계처리를 수행하시오.

■ 소득세법 시행규칙[별지 제24호서식(2)] (2020.03.13 개정) (2쪽 중 제1쪽)

관리번호	

퇴직소득원천징수영수증/지급 명세서

([ ]소득자 보관용 [ ]발행자 보관용 [V]발행자 보고용)

거주구분	거주자1 / 비거주자2
내·외국인	내국인1 / 외국인9
종교관련종사자여부	여1 / 부2
거주지국 대한민국	거주지국코드 KR
징수의무자구분	사업장1 / 공적연금사업자3

구분					
징수 의무자	① 사업자 등록번호	113-81-21111	②법인명(상호)	(주)재무전자	③대표자(성명) 송상근
	④법인(주민)등록번호	110111-1111113	⑤소재지(주소)	서울특별시 구로구 디지털로33길 27 (구로동, 삼성IT밸리)	
소득자	⑥성 명	박부장	⑦주민등록번호	560411-1711118	
	⑧주 소				⑨임원여부 [ ]여 [V]부
	⑩ 확정급여형 퇴직연금제도 가입일				⑪2011.12.31 퇴직금
⑪귀 속 연 도	2024년01월01일 부터 2024년12월20일 까지	⑫ 퇴직사유	□ 정년퇴직 □ 임원퇴직	□ 정리해고 □ 중간정산	☑ 자발적 퇴직 □ 기 타

퇴직 급여 현황	근 무 처 구 분	중간지급 등	최종	정산
	⑬근무처명		(주)재무전자	
	⑭사업자등록번호		113-81-21111	
	⑮퇴직급여		4,200,000	4,200,000
	⑯비과세 퇴직급여			
	⑰과세대상 퇴직급여 (⑮-⑯)		4,200,000	4,200,000

근속 연수	구 분	⑱입사일	⑲기산일	⑳퇴사일	㉑지급일	㉒근속월수	㉓제외월수	㉔가산월수	㉕중복월수	㉖근속연수
	중간지급 근속연수									
	최종 근속연수	2023/09/01	2023/09/01	2024/12/20	2024/12/20	16	0			2
	정산 근속연수	2023/09/01	2023/09/01	2024/12/20		16	0		0	2

	계 산 내 용	금 액
과세표준 계산	퇴직소득(⑰)	4,200,000
	근속연수공제	2,000,000
	환산급여[(-)×12배/정산근속연수]	13,200,000
	환산급여별공제	11,120,000
	㉛퇴직소득과세표준(-)	2,080,000

	계 산 내 용	금 액
퇴직소득 세액계산	㉜환산산출세액(㉛× 세율)	124,800
	㉝퇴직소득 산출세액(㉜× 정산근속연수/12배)	20,800
	㉞세액공제	
	㉟기납부(또는 기과세이연) 세액	
	㊱신고대상세액(㉝-㉞-㉟)	20,800

이연 퇴직 소득 세액 계산	㊲신고대상세액(㊱)	연금계좌 입금내역					㊴퇴직급여(⑰)	㊵이연 퇴직소득세 (㊲×㊳/㊴)
		연금계좌취급자	사업자등록번호	계좌번호	입금일	㊳계좌입금금액		
	20,800	하나금융	114-85-45632	4321123411	2024/12/20	3,000,000	4,200,000	14,857
		㊶합계				3,000,000		

납부 명세	구 분	소득세	지방소득세	농어촌특별세	계
	㊷신고대상세액(㊱)	20,800	2,080		22,880
	㊸이연퇴직소득세(㊵)	14,857	1,485		16,342
	㊹차감원천징수세액(㊷-㊸)	5,940	590		6,530

위의 원천징수세액(퇴직소득)을 정히 영수(지급) 합니다.

2024 년 12 월 31 일

징수(보고) 의무자 (주)재무전자 송상근 (서명 또는 인)

구로 세무서장 귀하

210㎜×297㎜ [백상지 80g/㎡(재활용품)]

수행과제 풀이 전표작성하기(일반전표입력)

1 8월 2일

구분	코드	계정과목	코드	거래처명	적요	차변	대변
출금	822	차량유지비		SK주유소	유류대 지급 [0101]25오7466그랜져	28,000	현금

(차) 822 차량유지비 28,000 (대) 101 현금 28,000

주의 ① 금액을 입력 후 F3을 누르면 하단에 [업무용 승용차 관리]가 보인다.

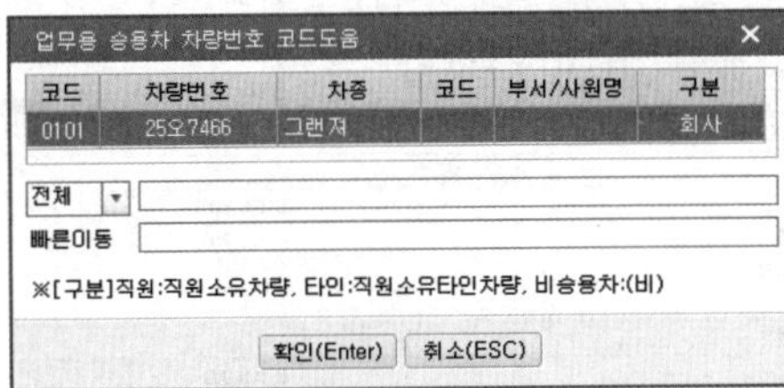

② 승용차코드 란에 커서를 두고 F2를 누르면 [업무용승용차등록]에서 등록한 차량이 확인되며, 차량번호를 선택하고 [확인]을 클릭하면 적요가 자동 반영된다.

● 업무용 승용차 관리 삭제(F5)

승용차코드	차량번호	차종	구분	코드	부서/사원	임차여부	임차기간		보험기간	
0101	25오7466	그랜져	1.유류비			0.회사차	----.--.--	----.--.--	2024-09-04	2025-09-04

※ 업무용승용차를 입력하면 「업무용승용차등록」에 등록된 사원이 전표에 반영됩니다.
「업무용승용차등록」에 등록된 사원과 전표의 사원이 다른 경우 업무용승용차관리창 밖의 전표의 부서에 해당사원을 입력하시기 바랍니다.

2 8월 5일

구분	코드	계정과목	코드	거래처명	적요		차변	대변
입금	108	외상매출금	1001	(주)한림사	04	외상대금 현금회수	현금	3,300,000

(차) 현금 3,300,000 (대) 외상매출금 3,300,000

3 8월 20일

구분	코드	계정과목	코드	거래처명	적요		차변	대변
차변	103	보통예금	98000	한국은행(보통)		정기예금 만기	20,676,800	
차변	136	선납세금			01	이자소득 원천징수세액	123,200	
대변	104	정기예금	98003	한국은행(정기예금)	04	기타예금인출시 보통대체		20,000,000
대변	116	미수수익			04	미수수익 재수정분개		266,600
대변	901	이자수익			02	정기예금이자 원본대체		533,400

(차) 보통예금 20,676,800 (대) 정기예금 20,000,000
선납세금 123,200 미수수익 266,600
이자수익 533,400

주의 이자수익계정은 전년도 귀속분을 미수수익계정으로 계상하였으므로 차감하고 나머지 금액을 입력한다.

4 8월 31일

구분	코드	계정과목	코드	거래처명	적요	차변	대변
차변	136	선납세금			법인세 중간예납	9,800,000	
대변	103	보통예금	98000	한국은행(보통)	법인세 중간예납		9,800,000

(차) 선납세금 9,800,000 (대) 보통예금 9,800,000

❙8월 거래내역 수행 완료화면❙

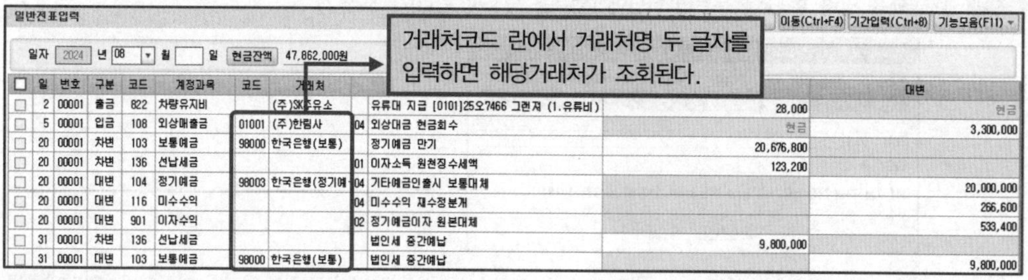

일반전표입력 이동(Ctrl+F4) 기간입력(Ctrl+8) 기능모음(F11)

일자 2024 년 08 월 일 현금잔액 47,862,000원

거래처코드 란에서 거래처명 두 글자를 입력하면 해당거래처가 조회된다.

일	번호	구분	코드	계정과목	코드	거래처			대변
2	00001	출금	822	차량유지비		(주)SK주유소	유류대 지급 [0101]25오7466 그랜저 (1.유류비)	28,000	현금
5	00001	입금	108	외상매출금	01001	(주)한림사	04 외상대금 현금회수	현금	3,300,000
20	00001	차변	103	보통예금	98000	한국은행(보통)	정기예금 만기	20,676,800	
20	00001	차변	136	선납세금			01 이자소득 원천징수세액	123,200	
20	00001	대변	104	정기예금	98003	한국은행(정기예	04 기타예금인출시 보통대체		20,000,000
20	00001	대변	116	미수수익			04 미수수익 재수정분개		266,600
20	00001	대변	901	이자수익			02 정기예금이자 원본대체		533,400
31	00001	차변	136	선납세금			법인세 중간예납	9,800,000	
31	00001	대변	103	보통예금	98000	한국은행(보통)	법인세 중간예납		9,800,000

5 12월 15일

구분	코드	계정과목	코드	거래처명	적요	차변	대변
차변	198	퇴직연금운용자산	98004	하나금융(퇴직연금)	퇴직연금부담금	18,000,000	
대변	103	보통예금	98000	한국은행(보통)	퇴직연금부담금		18,000,000

(차) 퇴직연금운용자산 18,000,000 (대) 보통예금 18,000,000

6 12월 20일

구분	코드	계정과목	코드	거래처명	적요	차변	대변
차변	295	퇴직급여충당부채			퇴직금 지급	4,200,000	
대변	198	퇴직연금운용자산	98004	하나금융(퇴직연금)	퇴직금 지급		3,000,000
대변	254	예수금			퇴직소득세등예수		6,530
대변	103	보통예금	98000	한국은행(보통)	퇴직금 지급		1,193,470

(차) 퇴직급여충당부채 4,200,000 (대) 퇴직연금운용자산 3,000,000
예수금 6,530
보통예금 1,193,470

▌12월 거래내역 수행 완료화면▐

일반전표입력 | 어음등록 | 복사(F4) | 이동(Ctrl+F4) | 기간입력(Ctrl+8) | 기능모음(F11)

일자 2024 년 12 월 일 현금잔액 43,262,000원

일	번호	구분	코드	계정과목	코드	거래처	적요	차변	대변
15	00001	차변	198	퇴직연금운용자산	98004	하나금융(퇴직연·	퇴직연금부담금	18,000,000	
15	00001	대변	103	보통예금	98000	한국은행(보통)	퇴직연금부담금		18,000,000
20	00001	차변	295	퇴직급여충당부채			퇴직금 지급	4,200,000	
20	00001	대변	198	퇴직연금운용자산	98004	하나금융(퇴직연·	퇴직금 지급		3,000,000
20	00001	대변	254	예수금			퇴직소득세등 예수		6,530
20	00001	대변	103	보통예금	98000	한국은행(보통)	퇴직금 지급		1,193,470

04 정규증명서류(적격증빙)의 이해

증빙이란 거래상황에 대하여 객관적으로 입증이 가능한 증거서류를 말한다.

정규증명서류(적격증빙)!

1. 정규증명서류 수취
   ① 3만원 초과 거래에 대하여 정규증명서류를 수취하지 않았을 경우 영수증수취명세서를 작성하여 제출하며 제출자료에 대하여 2%의 가산세가 부과된다.
   ② 3만원 초과 거래 중 제외대상거래가 있으므로 검토하여 함께 제출한다.
2. 정규증명서류의 범위
   ① 신용카드 매출전표 등 ② 현금영수증 ③ 세금계산서 ④ 계산서

(1) 영수증수취명세서 작성대상거래

일정 사업자와의 거래건당 3만원 초과의 지출거래시에는 정규증명서류(세금계산서, 계산서, 신용카드매출전표 등, 현금영수증)를 수취하여야 하며, 수취하지 않은 경우에는 지출증명서류 미수취 가산세(거래금액의 2%)를 법인세 신고시 납부해야 한다.

정규증명서류 수취하지 않은 경우에 영수증수취명세서를 작성(법인사업자 제출의무 없음)하여 제출하여야 하며, [일반전표입력] 메뉴에서는 다음과 같이 해당사항을 선택하여 입력해야 한다.

수행과제 영수증수취명세서 작성 거래(명세서제출 대상거래)

다음 거래 자료를 일반전표입력메뉴에 입력하고 영수증수취명세서를 작성하시오.

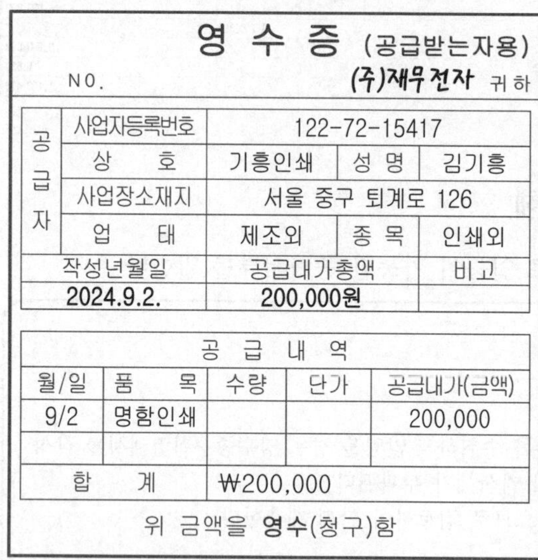

영 수 증 (공급받는자용)

NO.

(주)재무전자 귀하

공급자	사업자등록번호	122-72-15417		
	상 호	기흥인쇄	성 명	김기흥
	사업장소재지	서울 중구 퇴계로 126		
	업 태	제조외	종 목	인쇄외
작성년월일		공급대가총액		비고
2024.9.2.		200,000원		

공 급 내 역				
월/일	품 목	수량	단가	공급대가(금액)
9/2	명함인쇄			200,000
합 계		₩200,000		

위 금액을 **영수**(청구)함

영업부 직원의 명함인쇄 대금을 현금으로 지불하고 다음의 영수증을 받았다. 회사는 이 거래가 지출증명서류미수취가산세 대상인지를 검토하려고 한다.

수행 1 회계처리를 수행하시오.

수행 2 영수증수취명세서 (1)과 (2)서식작성을 수행하시오.

수행과제 풀이 영수증수취명세서 작성 거래(명세서제출 대상거래)

수행 1 9월 2일

구분	코드	계정과목	코드	거래처명	적요	차변	대변
출금	826	도서인쇄비		기흥인쇄	06 명함인쇄대 지급	200,000	현금
(차) 도서인쇄비(판)			200,000		(대) 현금	200,000	

□	일	번호	구분	코드	계정과목	코드	거래처	적요	차변	대변
□	02	00001	출금	826	도서인쇄비		기흥인쇄	06 명함인쇄대 지급	200,000	현금

수행 2 ❶ 영수증수취명세서(2) 작성

영수증수취명세서 기능모음(F11)

영수증수취명세서(2) | 영수증수취명세서(1) | 해당없음 입력순

□	거래일자	상 호	성 명	사업장	사업자등록번호	거래금액	구분	계정코드	계정과목	적요
□	2024-09-02	기흥인쇄	김기흥	서울 중구 퇴계로 126	122-72-15417	200,000		826	도서인쇄비	명함인쇄대 지급

❷ 영수증수취명세서(1) 작성: 상단부 [명세서(2)불러오기]를 클릭하여 자동 반영한다.

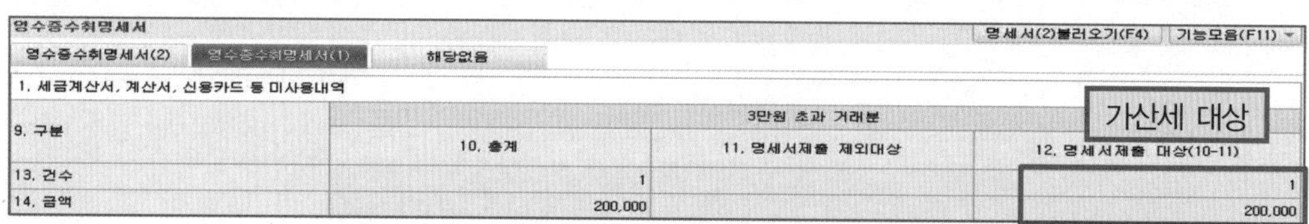

영수증수취명세서 명세서(2)불러오기(F4) 기능모음(F11)

영수증수취명세서(2) | 영수증수취명세서(1) | 해당없음

1. 세금계산서, 계산서, 신용카드 등 미사용내역

9. 구분	3만원 초과 거래분		
	10. 총계	11. 명세서제출 제외대상	12. 명세서제출 대상(10-11)
13. 건수	1		1
14. 금액	200,000		200,000

(2) 영수증수취명세서 제출 제외대상거래

원천징수사업대상 사업소득, 세금, 보험료 등은 지출증빙특례규정에 의해 일반영수증, 입금표 등의 증빙을 수취하여도 가산세가 부과되지 않는다.

▌정규증명서류 수취의무 면제거래▐

구분	해당내용
농·어민과 직접 거래한 경우	농·어민으로부터 재화·용역을 직접 공급받은 경우
원천징수하는 사업소득의 경우	원천징수대상 사업자로부터 용역을 공급받은 경우
사업의 포괄양도·양수의 경우	재화의 공급으로 보지 아니하는 사업의 양도에 의하여 재화를 공급받은 경우
방송용역의 경우	방송용역을 제공받은 경우
전기통신용역의 경우	전기통신사업자로부터 전기통신용역을 제공받은 경우
국외거래의 경우	외국에서 재화 또는 용역을 공급받은 경우
공매·경매 또는 수용의 경우	공매·경매 또는 수용에 의하여 재화를 공급받은 경우
토지 또는 주택의 구입과 주택임대의 경우	토지 또는 주택을 구입하거나 주택의 임대업을 영위하는 자(법인제외)로부터 주택임대용역을 공급받은 경우
택시운송용역을 제공받은 경우	택시운송용역을 제공받은 경우
주택외 부동산을 구입하는 경우	건물(토지를 함께 공급받은 경우에는 당해 토지를 포함하며, 주택을 제외한다.)을 구입하는 경우로 거래내용이 확인되는 매매계약서 사본을 법인세법 제60조의 규정에 의한 법인세과세표준신고서에 첨부하여 납세지관할세무서장에게 제출하는 경우
금융·보험용역의 경우	
입장권·승차권등을 구입하는 경우	국세청장이 정하여 고시한 전산발매통합관리시스템에 가입한 사업자로부터 입장권·승차권·승선권 등을 구입하여 용역을 제공받은 경우
항공기의 항행용역을 제공받은 경우	항공기의 항행용역을 제공받은 경우로서 국내구간이든 불문하고 지출증빙수취의 특례를 적용한다.
간주임대료의 경우	부동산임대용역을 제공받은 경우로 전세금 또는 임대보증금에 대한 부가가치세액을 임차인이 부담하는 경우
연체이자	재화공급계약·용역제공계약등에 의하여 확정된 대가의 지급지연으로 인하여 연체이자를 지급하는 경우
통행료의 경우	「유료도로법」 제2조 제2호에 따른 유료도로를 이용하고 통행료를 지급하는 경우
철도의 여객운송용역의 경우	「한국철도공사법」에 의한 한국철도공사로부터 철도의 여객운송용역을 공급받는 경우
경비등 송금명세서를 제출하는 경우	현실적으로 정규증명서류 수취가 어려운 거래 중 특정 거래의 경우 법인세과세표준신고서에 송금사실을 기재한 경비 등의 송금명세서를 첨부하여 제출하는 경우

수행과제 영수증수취명세서 작성 거래(명세서제출 제외대상거래)

자동차보험증권

Insurance 2024년 9월 4일 **자보업무팀에서** 작성하여 발행한 것임.

계약번호	2024-42999878			계 약 일	2024 년 9 월 4 일	
기명피보험자	(주)재무전자			기명피보험자코드		
계 약 자	(주)재무전자			계약자코드		
보험 가입 자동차				보험료 납입사항		
차량번호 (차대번호)	25오 7466 (연식: 2021)			납입하신 보험료	의무보험	원
차 명	승용차				임의보험	원
차량가액	2,700 만원	부속품가액	300 만원	연간적용보험료		1,200,000 원
의무보험	2024 년 9 월 4 일 24:00 부터 2025 년 9 월 4 일 24:00					
임의보험기간	2024 년 9 월 4 일 24:00 부터 2025 년 9 월 4 일 24:00					

[9월 4일]

영업부 승용차 자동차보험 가입증권이다. 보험료는 한국은행 보통예금계좌에서 이체하여 (주)삼성화재에 지급하였다. 회사는 이 거래가 지출증명서류미수취가산세 대상인지를 검토하려고 한다.(비용으로 처리할 것)

수행1 회계처리를 수행하시오.

수행2 영수증수취명세서(1)과 (2)서식작성을 수행하시오.

수행과제 풀이 영수증수취명세서 작성 거래(명세서제출 제외대상거래)

수행1 **9월 4일**

구분	코드	계정과목	코드	거래처명	적요	차변	대변
차변	821	보 험 료		(주)삼성화재	자동차보험료 2024.9.4~2025.9.4	1,200,000	
대변	103	보 통 예 금	98000	한국은행(보통)	자동차보험료 2024.9.4~2025.9.4		1,200,000

(차) 보험료(판) 1,200,000 (대) 보통예금 1,200,000

일반전표입력 어음등록 복사(F4) 이동(Ctrl+F4) 기간입력(Ctrl+8) 기능모음(F11)

일자 2024 년 09 월 04 일 현금잔액 47,662,000원

일	번호	구분	코드	계정과목	코드	거래처	적요	차변	대변
4	00001	차변	821	보험료		(주)삼성화재	자동차보험료 2024.9.4~2025.9.4	1,200,000	
4	00001	대변	103	보통예금	98000	한국은행(보통)	자동차보험료 2024.9.4~2025.9.4		1,200,000

수행 2

❶ 영수증수취명세서(2) 작성: 구분 란에 16.금융·보험용역을 선택한다.

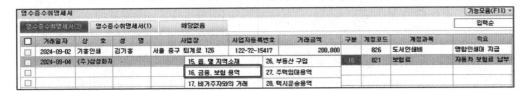

영수증수취명세서 기능모음(F11)

영수증수취명세서(2) | 영수증수취명세서(1) | 해당없음 | 입력순

□	거래일자	상호	성명	사업장	사업자등록번호	거래금액	구분	계정코드	계정과목	적요
□	2024-09-02	기흥인쇄	김기흥	서울 중구 퇴계로 126	122-72-15417	200,000		826	도서인쇄비	명함인쇄대 지급
□	2024-09-04	(주)삼성화재					16	821	보험료	자동차 보험료 납부
□										
□										

15. 읍, 면 지역소재 / 26. 부동산 구입
16. 금융, 보험 용역 / 27. 주택임대용역
17. 비거주자와의 거래 / 28. 택시운송용역

❷ 영수증수취명세서(1) 작성: 상단부 [명세서(2)불러오기]를 클릭하여 자동 반영한다.

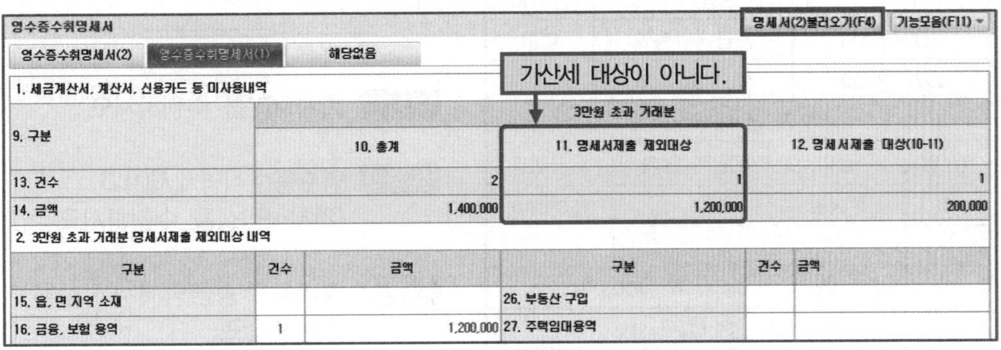

영수증수취명세서 명세서(2)불러오기(F4) 기능모음(F11)

영수증수취명세서(2) | 영수증수취명세서(1) | 해당없음

1. 세금계산서, 계산서, 신용카드 등 미사용내역

9. 구분	3만원 초과 거래분		
	10. 총계	11. 명세서제출 제외대상	12. 명세서제출 대상(10-11)
13. 건수	2	1	1
14. 금액	1,400,000	1,200,000	200,000

2. 3만원 초과 거래분 명세서제출 제외대상 내역

구분	건수	금액	구분	건수	금액
15. 읍, 면 지역 소재			26. 부동산 구입		
16. 금융, 보험 용역	1	1,200,000	27. 주택임대용역		

(3) 경비 등 송금명세서 작성

간이과세자로부터 부동산임대용역을 제공받은 거래나 부동산중개수수료 지급 등의 거래는 송금사실을 기재한 [경비 등의 송금명세서]를 제출하면 지출증명서류 미수취에 대한 가산세를 부과하지 않는다.

I Can! 「경비 등 송금명세서」 제출 대상 거래!

재화 또는 용역의 거래금액을 금융기관을 통하여 지급한 경우로서 법인세과세표준신고서에 송금사실을 기재한 「경비 등의 송금명세서」를 첨부하여 제출하는 경우 가산세 적용이 되지 않는다.

- 간이과세자의 부동산 임대용역의 경우
- 개인사업자에게 임가공용역을 제공받은 경우
- 운수업을 영위하는 자가 제공하는 택시운송용역 외의 운송용역을 제공받은 경우
- 재활용폐자원용역의 경우
- 항공법에 의한 상업서류송달용역을 제공받는 경우
- 부동산중개업법에 의한 중개업자에게 수수료를 지급하는 경우
- 복권판매수수료의 경우
- 국세청장이 정하여 고시한 다음의 경우
  - 인터넷, PC통신 및 TV홈쇼핑을 통하여 재화 또는 용역을 공급받은 경우
  - 우편송달에 의한 주문판매를 통하여 재화를 공급받은 경우

수행과제 경비 등 송금명세서 작성 거래(명세서제출 제외대상거래)

NO.	영 수 증 (공급받는자용)			
(주)재무전자				귀하
공급자	사업자등록번호	124-60-21455		
	상호	신속용달	성명	박진현
	사업장소재지	서울 은평구 가좌로 162		
	업태	운수업	종목	용달차
작성일자		공급대가총액		비고
2024. 9. 30.		₩ 150,000		

월/일	품명	수량	단가	금액
9.30.	운송료			150,000
합 계			₩ 150,000	

위 금액을 **영수**(청구)함

간이과세자인 신속용달에 제품운송을 의뢰하고 영수증을 수취하였다. 대금 150,000원은 한국은행 보통예금계좌에서 신속용달 하나은행(예금주: 박진현, 계좌번호: 501-5482-6242) 계좌로 송금하였다.

수행 1 회계처리를 수행하시오.

수행 2 영수증수취명세서(1)과 (2)서식작성을 수행하시오.

수행 3 경비등의 송금명세서 작성을 수행하시오.

수행과제 풀이 경비 등 송금명세서 작성 거래(명세서제출 제외대상거래)

수행 1 9월 30일

구분	코드	계정과목	코드	거래처명	적요	차변	대변
차변	824	운 반 비		신속용달	운송료 지급	150,000	
대변	103	보 통 예 금	98000	한국은행(보통)	운송료 지급		150,000

(차) 운반비(판) 150,000 (대) 보통예금 150,000

일반전표입력 — 어음등록 | 복사(F4) | 이동(Ctrl+F4) | 기간입력(Ctrl+8) | 기능모음(F11)

일자 2024 년 09 월 30 일 현금잔액 46,562,000원

일	번호	구분	코드	계정과목	코드	거래처	적요	차변	대변
30	00001	차변	824	운반비		신속용달	운송료 지급	150,000	
30	00001	대변	103	보통예금	98000	한국은행(보통)	운송료 지급		150,000

수행 2

❶ 영수증수취명세서(2) 작성: 구분 란에 33.송금명세서 제출분을 선택한다.

영수증수취명세서 기능모음(F11)

영수증수취명세서(2) | 영수증수취명세서(1) | 해당없음 입력순

	거래일자	상 호	성 명	사업장	사업자등록번호	거래금액	구분	계정코드	계정과목	적요
□	2024-09-02	기홍인쇄	김기홍	서울 중구 퇴계로 126	122-72-15417	200,000		826	도서인쇄비	명함인쇄대 지급
□	2024-09-04	(주)삼성화재				1,200,000	16	821	보험료	자동차 보험료 납부
□	2024-09-30	신속용달	박진현	서울 은평구			33	824	운반비	운송료 지급
□										

15. 읍, 면 지역소재	26. 부동산 구입
16. 금융, 보험 용역	27. 주택임대용역
17. 비거주자와의 거래	28. 택시운송용역
18. 농어민과의 거래	29. 전산발매통합관리
19. 국가 등과의 거래	30. 항공기항행용역
20. 비영리법인과의 거래	31. 간주임대료
21. 원천징수대상사업소득	32. 연체이자지급분
22. 사업의 양도	33. 송금명세서제출분
23. 전기통신, 방송용역	34. 접대비필요경비부인분
24. 국외에서의 공급	35. 유료도로 통행료
25. 공매, 경매, 수용	

❷ 영수증수취명세서(1) 작성: 영수증수취명세서(2)의 작성에 의하여 자동 반영된다.

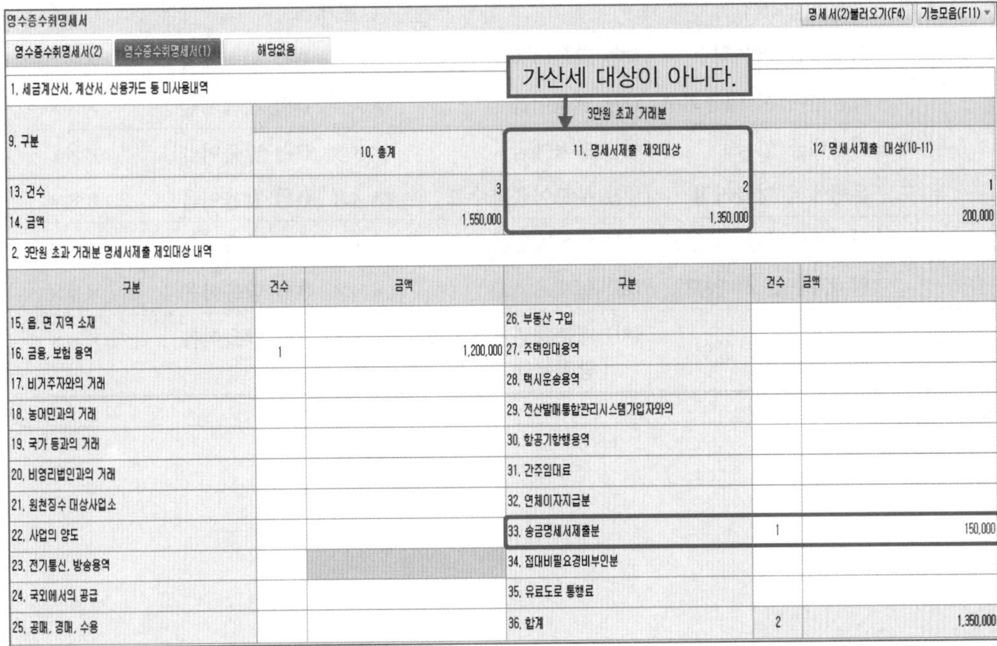

영수증수취명세서 명세서(2)불러오기(F4) 기능모음(F11)

영수증수취명세서(2) | 영수증수취명세서(1) | 해당없음

1. 세금계산서, 계산서, 신용카드 등 미사용내역

9. 구분	3만원 초과 거래분		
	10. 총계	11. 명세서제출 제외대상	12. 명세서제출 대상(10-11)
13. 건수	3	2	1
14. 금액	1,550,000	1,350,000	200,000

2. 3만원 초과 거래분 명세서제출 제외대상 내역

구분	건수	금액	구분	건수	금액
15. 읍, 면 지역 소재			26. 부동산 구입		
16. 금융, 보험 용역	1	1,200,000	27. 주택임대용역		
17. 비거주자와의 거래			28. 택시운송용역		
18. 농어민과의 거래			29. 전산발매통합관리시스템가입자와의		
19. 국가 등과의 거래			30. 항공기항행용역		
20. 비영리법인과의 거래			31. 간주임대료		
21. 원천징수 대상사업소			32. 연체이자지급분		
22. 사업의 양도			33. 송금명세서제출분	1	150,000
23. 전기통신, 방송용역			34. 접대비필요경비부인분		
24. 국외에서의 공급			35. 유료도로 통행료		
25. 공매, 경매, 수용			36. 합계	2	1,350,000

❸ 경비등의 송금명세서 작성: 경비등 송금명세서 관련 사항을 입력하고 저장한다.

경비등송금명세서 전자 저장하기(F3) 기능모음(F11)

● 거래 및 송금내역, 공급자

번호	⑥ 거래일자	⑦ 법인명(상호)	⑧ 성 명	⑨사업자(주민)등록번호	⑩ 거래내역	⑪ 거 래 금 액	⑫ 송금일자	CD	⑬ 은 행 명	⑭ 계 좌 번 호	계정코드
1	2024-09-30	신속용달	박진현	124-60-21455	운송료 지급	150,000	2024-09-30	081	하나은행	501-5482-6242	

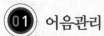

제 3 절 자금관리(NCS 능력단위)

01 어음관리

약속어음이란 발행인이 소지인(수취인)에게 일정한 기일에 일정한 금액을 지급할 것을 약속하는 증권을 말한다. 약속어음거래에 대하여는 거래상대방으로부터 물품대금으로 약속어음을 받는 경우와 은행으로부터 약속어음용지를 수령하여 물품대금으로 약속어음을 발행하여 지급하는 경우로 구분할 수 있다.

(1) 받을어음의 관리

I Can! 받을어음 회계처리!

구 분	거래	분개			
보 관	외상대금 어음회수	(차) 받을어음	×××	(대) 외상매출금	×××
	제품판매 시 어음회수	(차) 받을어음	×××	(대) 제품매출	×××
결 제	어음대금 입금	(차) 당좌예금	×××	(대) 받을어음	×××
부 도	은행에서 지급거절	(차) 부도어음과수표	×××	(대) 받을어음	×××
배 서	외상대금지급 시 양도	(차) 외상매입금	×××	(대) 받을어음	×××
	원재료구입 시 양도	(차) 원재료	×××	(대) 받을어음	×××
할 인	금융기관에서 할인	(차) 매출채권처분손실 당좌예금	××× ×××	(대) 받을어음	×××

수행과제 받을어음 관리

다음 거래자료를 일반전표입력메뉴에 입력하고 어음에 대한 자금관리를 수행하여 받을어음현황에 반영하시오.

1 10월 1일 보관

(주)한림사 외상매출금 중 30,000,000원을 전자어음으로 받고 입금표를 발행하였다.

전 자 어 음

㈜재무전자 귀하 00420241001123456789

금 삼천만원정 30,000,000원

위의 금액을 귀하 또는 귀하의 지시인에게 지급하겠습니다.

지급기일	2025년 1월 12일	발행일	2024년 10월 1일
지 급 지	국민은행	발행지 주 소	서울 구로구 구로중앙로 198
지급장소	구로지점	발행인	(주)한림사

전자서명

2 10월 5일 만기

하나기업(주)에서 제품판매대금으로 받아 보관중인 전자어음 38,000,000원이 만기일이 되어 은행에 제시한 결과 당사 국민은행 당좌예금계좌로 만기일에 입금되었다.(만기일: 2024년 10월 5일)

3 10월 8일 배서

(주)한성의 외상매입대금을 (주)베스트원에서 받아 보관중인 전자어음 43,000,000원을 배서하여 지급하였다.(만기일: 2024년 11월 30일)

4 10월 10일 부도

(주)두리온스에서 물품대금으로 받아 보관중인 전자어음 9,000,000원을 지급기일이 되어 은행에 제시한 결과 지급 거절되어 부도처리하였다.(만기일: 2024년 10월 10일)

5 10월 15일 할인

부족한 자금을 조달하기 위하여 올림푸스(주)에서 받아 보관중인 전자어음 5,000,000

원(어음번호: 00420240930123456789, 지급기일: 2024.11.30, 지급은행: 국민은행 구로지점)을 당사 거래은행인 국민은행 구로지점에서 할인하고 할인료 50,000원을 차감한 잔액은 당사 당좌계좌로 입금 받았다.(할인율 입력은 생략)

입 금 증

• 성명 : (주)재무전자 귀하 • 어음번호 : 00420240930123456789 • 거래일자 : 2024.10.15.	
찾으신 거래내역	• 어음금액 : 5,000,000원 • 할인료 : 50,000원 • 차감수령액 : 4,950,000원 • 송금계좌 : 2231-8475-222 (주)재무전자

항상 저희은행을 찾아주셔서 감사합니다.
계좌번호 및 거래내역을 확인하시기 바랍니다.
국민은행 구로 지점 (전화:02-6013-6008) 취급자: 김민채

수행과제 풀이 받을어음 관리

1 10월 1일 보유

구분	코드	계정과목	코드	거래처명		적요	차변	대변
차변	110	받을어음	01001	(주)한림사		00420241001123456789 -보관-	30,000,000	
대변	108	외상매출금	01001	(주)한림사	05	외상대금 받을어음회수		30,000,000

(차) 받을어음 30,000,000 (대) 외상매출금 30,000,000

주의 받을어음 관리내역: 받을어음 관리내역이 입력되면 적요의 내용이 변경된다.

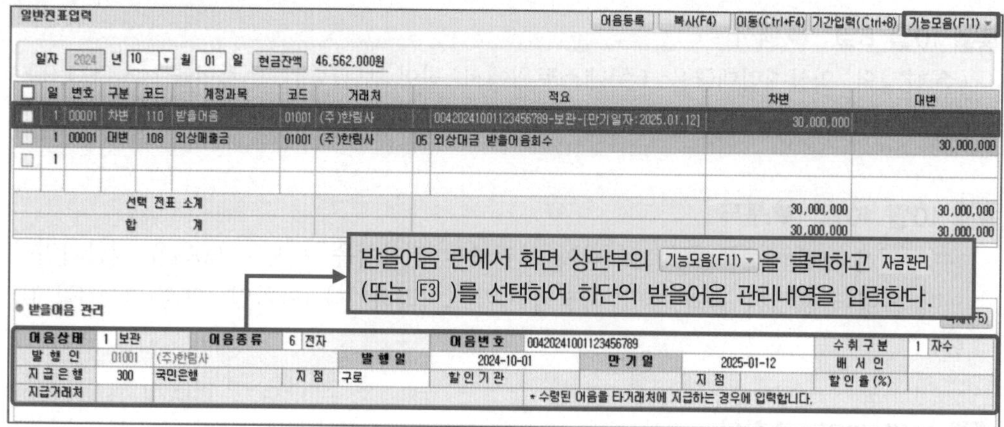

2 10월 5일 만기

구분	코드	계정과목	코드	거래처명	적요		차변	대변
차변	102	당좌예금	98001	국민은행(당좌)	02	받을어음 당좌추심	38,000,000	
대변	110	받을어음	01003	하나기업(주)		00420231230123456789-만기-		38,000,000

(차) 당좌예금 38,000,000 (대) 받을어음 38,000,000

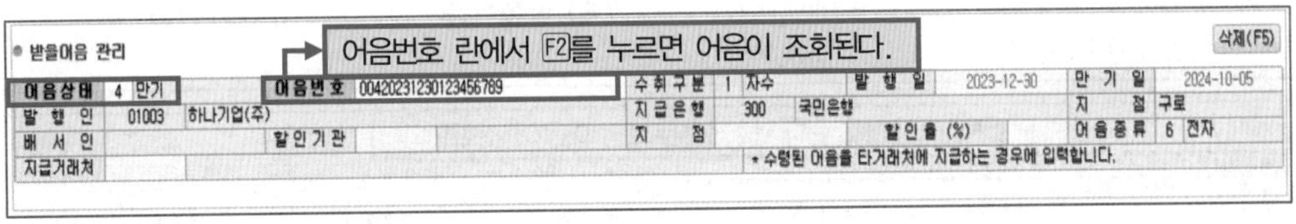

● 받을어음 관리 — 어음번호 란에서 F2를 누르면 어음이 조회된다. 삭제(F5)

어음상태 4 만기 | 어음번호 00420231230123456789 | 수취구분 1 자수 | 발행일 2023-12-30 | 만기일 2024-10-05
발행인 01003 하나기업(주) | 지급은행 300 국민은행 | 지점 구로
배서인 | 할인기관 | 지점 | 할인율(%) | 어음종류 6 전자
지급거래처 | *수령된 어음을 타거래처에 지급하는 경우에 입력합니다.

3 10월 8일 배서

구분	코드	계정과목	코드	거래처명	적요		차변	대변
차변	251	외상매입금	02002	(주)한성	07	외상매입금반제어음양도	43,000,000	
대변	110	받을어음	01002	(주)베스트원		00420231130123456789-배서-		43,000,000

(차) 외상매입금 43,000,000 (대) 받을어음 43,000,000

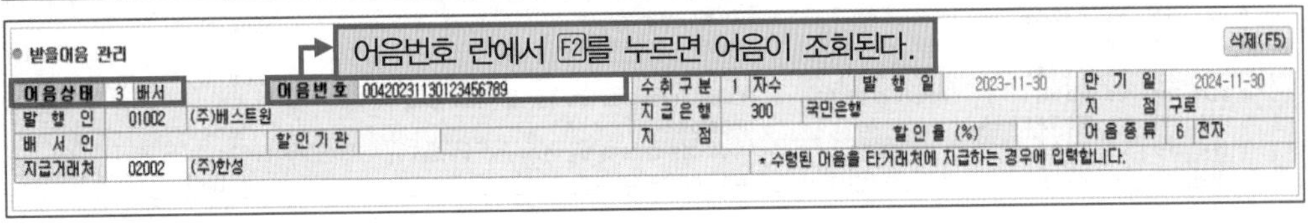

● 받을어음 관리 — 어음번호 란에서 F2를 누르면 어음이 조회된다. 삭제(F5)

어음상태 3 배서 | 어음번호 00420231130123456789 | 수취구분 1 자수 | 발행일 2023-11-30 | 만기일 2024-11-30
발행인 01002 (주)베스트원 | 지급은행 300 국민은행 | 지점 구로
배서인 | 할인기관 | 지점 | 할인율(%) | 어음종류 6 전자
지급거래처 02002 (주)한성 | *수령된 어음을 타거래처에 지급하는 경우에 입력합니다.

4 10월 10일 부도

구분	코드	계정과목	코드	거래처명	적요		차변	대변
차변	976	부도어음과수표	01005	두리온스(주)		어음부도	9,000,000	
대변	110	받을어음	01005	두리온스(주)		00420231210123456789-부도-		9,000,000

(차) 부도어음과수표 9,000,000 (대) 받을어음 9,000,000

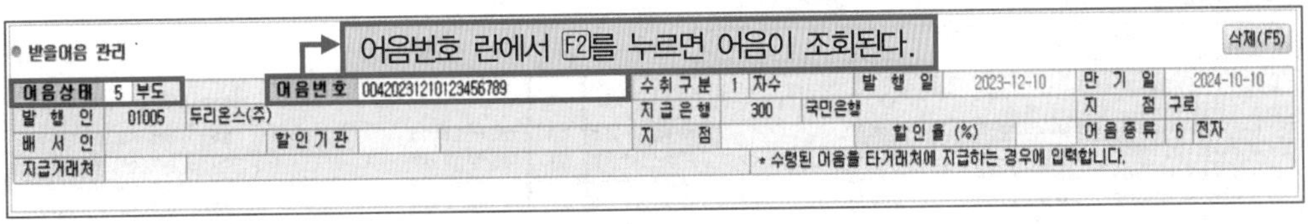

● 받을어음 관리 — 어음번호 란에서 F2를 누르면 어음이 조회된다. 삭제(F5)

어음상태 5 부도 | 어음번호 00420231210123456789 | 수취구분 1 자수 | 발행일 2023-12-10 | 만기일 2024-10-10
발행인 01005 두리온스(주) | 지급은행 300 국민은행 | 지점 구로
배서인 | 할인기관 | 지점 | 할인율(%) | 어음종류 6 전자
지급거래처 | *수령된 어음을 타거래처에 지급하는 경우에 입력합니다.

5 10월 15일 할인

구분	코드	계정과목	코드	거래처명	적요	차변	대변
차변	102	당 좌 예 금	98001	국민은행	03 받을어음할인액 당좌입금	4,950,000	
차변	936	매출채권처분손실			어음할인료	50,000	
대변	110	받 을 어 음	01004	올림푸스(주)	00420240930123456789-할인-		5,000,000

(차) 당좌예금 4,950,000 (대) 받을어음 5,000,000
매출채권처분손실 50,000

● 받을어음 관리 → 어음번호 란에서 F2를 누르면 어음이 조회된다. 삭제(F5)

어음상태	2 할인(전액)	어음번호	00420240930123456789	수취구분	1 자수	발행일	2024-09-30	만기일	2024-11-30
발행인	01004 올림푸스(주)			지급은행	300 국민은행			지점	구로
배서인		할인기관	98001 국민은행(당좌)	지점	구로	할인율 (%)		어음종류	6 전자
지급거래처				* 수령된 어음을 타거래처에 지급하는 경우에 입력합니다.					

▍받을어음 거래내역 수행 완료화면▍

일반전표입력 어음등록 복사(F4) 이동(Ctrl+F4) 기간입력(Ctrl+8) 기능모음(F11)

일자 2024 년 10 월 일 현금잔액 45,462,000원

일	번호	구분	코드	계정과목	코드	거래처	적요		차변	대변
1	00001	차변	110	받을어음	01001	(주)한림사		00420241001123456789-보관-[만기일자:2025.01.12]	30,000,000	
1	00001	대변	108	외상매출금	01001	(주)한림사	05	외상대금 받을어음회수		30,000,000
5	00001	차변	102	당좌예금	98001	국민은행(당좌)	02	받을어음 당좌추심	38,000,000	
5	00001	대변	110	받을어음	01003	하나기업(주)		00420231230123456789-만기-[만기일자:2024.10.05]		38,000,000
8	00001	차변	251	외상매입금	02002	(주)한성	07	외상매입금반제 어음양도	43,000,000	
8	00001	대변	110	받을어음	01002	(주)베스트원		00420231130123456789-배서-[만기일자:2024.11.30]		43,000,000
10	00001	차변	976	부도어음과수표	01005	두리온스(주)		어음부도	9,000,000	
10	00001	대변	110	받을어음	01005	두리온스(주)		00420231210123456789-부도-[만기일자:2024.10.10]		9,000,000
15	00001	차변	936	매출채권처분손실				어음할인료	50,000	
15	00001	대변	110	받을어음	01004	올림푸스(주)		00420240930123456789-할인(전액)-[만기일자:2024.1		5,000,000
15	00001	차변	102	당좌예금	98001	국민은행(당좌)	03	받을어음할인액 당좌입금	4,950,000	

받을어음 관련 결과 검토하기

받을어음의 거래처관리와 보관상태를 조회할 수 있다.

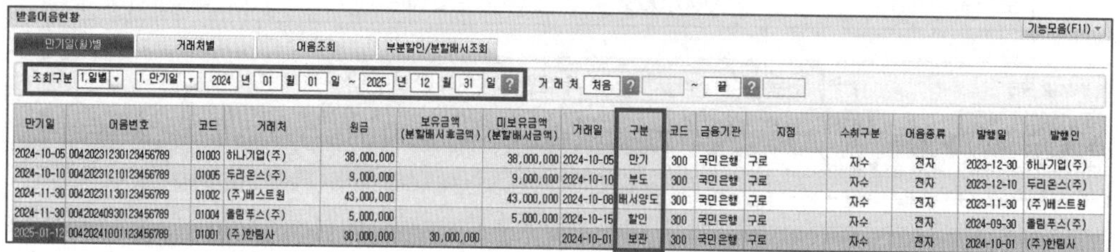

받을어음현황 기능모음(F11)

만기일(월)별 | 거래처별 | 어음조회 | 부분할인/분할배서조회

조회구분 1.일별 1.만기일 2024 년 01 월 01 일 ~ 2025 년 12 월 31 일 거래처 처음 ~ 끝

만기일	어음번호	코드	거래처	원금	보유금액 (분할배서후금액)	미보유금액 (분할배서금액)	거래일	구분	코드	금융기관	지점	수취구분	어음종류	발행일	발행인
2024-10-05	00420231230123456789	01003	하나기업(주)	38,000,000		38,000,000	2024-10-05	만기	300	국민은행	구로	자수	전자	2023-12-30	하나기업(주)
2024-10-10	00420231210123456789	01005	두리온스(주)	9,000,000		9,000,000	2024-10-10	부도	300	국민은행	구로	자수	전자	2023-12-10	두리온스(주)
2024-11-30	00420231130123456789	01002	(주)베스트원	43,000,000		43,000,000	2024-10-08	배서양도	300	국민은행	구로	자수	전자	2023-11-30	(주)베스트원
2024-11-30	00420240930123456789	01004	올림푸스(주)	5,000,000		5,000,000	2024-10-15	할인	300	국민은행	구로	자수	전자	2024-09-30	올림푸스(주)
2025-01-12	00420241001123456789	01001	(주)한림사	30,000,000	30,000,000		2024-10-01	보관	300	국민은행	구로	자수	전자	2024-10-01	(주)한림사

필요 지식

(2) 지급어음의 관리

은행에서 약속어음용지를 수령하면 [어음등록]에 등록 후 거래자료발생 및 어음발행 시 등록된 어음번호별로 처리한다. 어음번호는 [어음등록]메뉴의 [수불부]에서 조회할 수 있고 거래입력 시 [F3]-자금관리]를 이용하여 [자금]보조화면에서 등록 및 입력한다.

I Can! 지급어음 회계처리!

구 분	거래	분개
수령	약속어음 등록	약속어음을 등록하면 '수령'으로 표시되며, '수령'으로 표시된 어음번호에 대해 전표입력메뉴에서 입력할 수 있다.
발행	물품대금으로 어음발행	(차) 외상매입금 ××× (대) 지급어음 ×××
결제	발행된 어음의 만기결제	(차) 지급어음 ××× (대) 당좌예금 ×××

수행과제 **지급어음 관리**

다음 거래자료를 일반전표입력메뉴에 입력하고 어음에 대한 자금관리를 수행하여 지급어음현황에 반영하시오.

1 10월 20일 어음등록 및 발행

(주)대신의 외상매입금을 전자어음을 발행하여 지급하였다. 전자어음 1매를 등록하여 지급어음명세서에 반영하시오.(수령일: 2024.10.20., 금융기관: 국민은행, 매수: 1)

전 자 어 음

(주)대신 귀하 00420241020123456789

금 일백삼십만원정 1,300,000원

위의 금액을 귀하 또는 귀하의 지시인에게 지급하겠습니다.

지급기일 2025년 1월 12일
지 급 지 국민은행
지급장소 구로지점

발행일 2024년 10월 20일
발행지 주소 서울 중구 디지털로33길 27
발행인 (주)재무전자

전자서명

실무 익히기

2 10월 24일 어음결제

(주)한성에 발행한 전자어음 30,800,000원이 만기가 되어 당사 국민은행 당좌예금 계좌에서 지급결제되었다.(만기일: 2024년 10월 24일)

수행과제 풀이 지급어음 관리

1 10월 20일 어음등록 및 발행

주의 어음등록: 어음집계표와 일반전표입력의 상단부의 어음등록 을 이용한다.

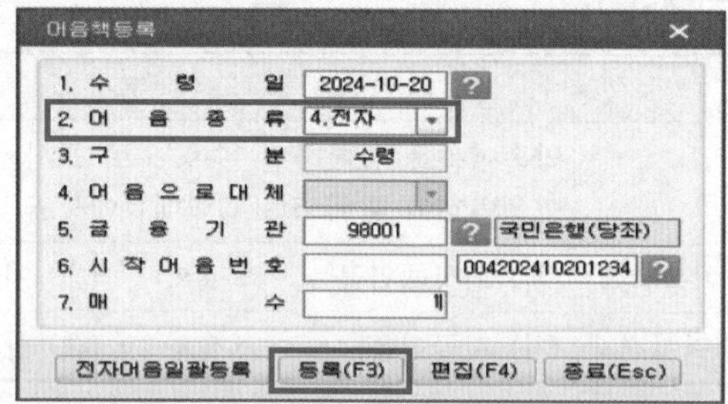

구분	코드	계정과목	코드	거래처명	적요		차변	대변
차변	251	외상매입금	02001	(주)대신	02	외상매입금반제 어음발행	1,300,000	
대변	252	지 급 어 음	02001	(주)대신		00420241020123456789-발행-		1,300,000

(차) 외상매입금 1,300,000 (대) 지급어음 1,300,000

주의 지급어음 관리내역: 지급어음 관리내역이 입력되면 적요의 내용이 변경된다.

2 10월 24일 어음결제

구분	코드	계정과목	코드	거래처명	적요		차변	대변
차변	252	지급어음	02002	(주)한성		00420240724123456789-결제-	30,800,000	
대변	102	당좌예금	98001	국민은행	04	지급어음 당좌결제		30,800,000

(차) 지급어음 30,800,000 (대) 당좌예금 30,800,000

지급어음 관리
어음번호 란에서 F2를 누르면 어음이 조회된다.
어음상태 2 발행
어음번호 00420240724123456789
어음종류 4 전자
발 행 일 2024-07-24
만 기 일 2024-10-24
지급은행 98001 국민은행(당좌)
지 점

▌지급어음 거래내역 수행 완료화면▐

일반전표입력 　 어음등록 | 복사(F4) | 이동(Ctrl+F4) | 기간입력(Ctrl+8) | 기능모음(F11)

일자 2024 년 10 월 일 현금잔액 42,390,000원

□	일	번호	구분	코드	계정과목	코드	거래처	적요	차변	대변
□	20	00001	차변	251	외상매입금	02001	(주)대신	02 외상매입금반제 어음발행	1,300,000	
□	20	00001	대변	252	지급어음	02001	(주)대신	00420241020123456789-발행-[만기일자:2025.01.12]		1,300,000
□	24	00001	차변	252	지급어음	02002	(주)한성	00420240724123456789-결제-[만기일자:2024.10.24]	30,800,000	
□	24	00001	대변	102	당좌예금	98001	국민은행(당좌)	04 지급어음 당좌결제		30,800,000

지급어음 관련 결과 검토하기

❶ 어음집계표

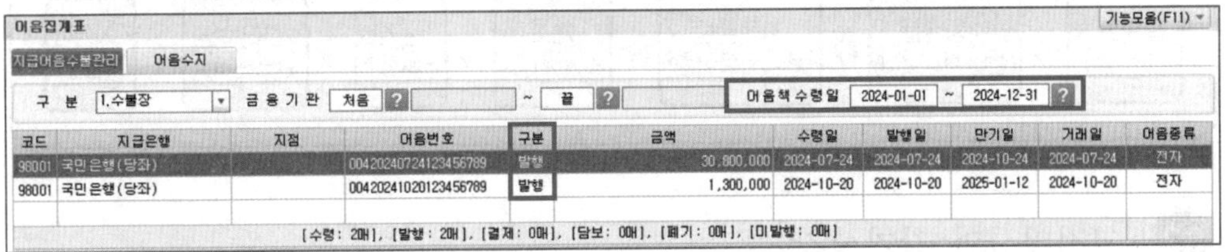

어음집계표 　 기능모음(F11)

지급어음수불관리 | 어음수지

구 분 1.수불장 　 금 융 기 관 처음 ~ 끝 　 어음책 수령일 2024-01-01 ~ 2024-12-31

코드	지급은행	지점	어음번호	구분	금액	수령일	발행일	만기일	거래일	어음종류
98001	국민은행(당좌)		00420240724123456789	발행	30,800,000	2024-07-24	2024-07-24	2024-10-24	2024-07-24	전자
98001	국민은행(당좌)		00420241020123456789	발행	1,300,000	2024-10-20	2024-10-20	2025-01-12	2024-10-20	전자

[수령: 2매], [발행: 2매], [결제: 0매], [담보: 0매], [폐기: 0매], [미발행: 0매]

❷ 지급어음현황

지급어음현황 　 기능모음(F11)

만기일(월)별 | 지급은행별 | 거래처별

조회구분 1.일별 　 만 기 일 2024 년 01 월 01 일 ~ 2025 년 12 월 31 일

어음구분 1.전체 　 거 래 처 처음 ~ 끝 　 만기일>거래처코드>발행일>어음

만기일	코드	거래처	어음번호	금액	발행일	구분	코드	지급은행
2024-10-24	02002	(주)한성	00420240724123456789	30,800,000	2024-07-24	발행	98001	국민은행(당좌)
2025-01-12	02001	(주)대신	00420241020123456789	1,300,000	2024-10-20	발행	98001	국민은행(당좌)

[합 계] 32,100,000 　 [결 제] 0 　 [미 결 제] 32,100,000

수행 tip

- 받을어음, 지급어음 계정은 자금관리(F3)를 해야 한다.
- 전자어음번호는 20자리의 어음번호체계를 갖는다.

  004 ↳ 은행코드(국민은행) 　 20240610 ↳ 어음 발행일자 　 252232143 ↳ 일련번호
- 자금관리내역이 수행된 전표의 삭제

  ① 어음계정 란을 클릭한 후 하단의 자금관리내역 란을 선택한다.

  ② 상단부의 삭제를 클릭하여 하단의 자금관리내역을 삭제한다.

  ③ 삭제할 전표를 선택한 후 상단부의 삭제를 클릭하면 삭제된다.

제4절 결산관리

01 결산프로세스

기업은 경영활동에서 발생한 거래를 분개장에 분개하고 총계정원장에 전기하며 기중의 거래를 기록한다. 이렇게 기록한 각종 장부를 회계 기간 말에 정리하고 마감하여 기업의 재무상태와 경영성과를 정확하게 파악하는 절차를 결산(Closing)이라고 한다.

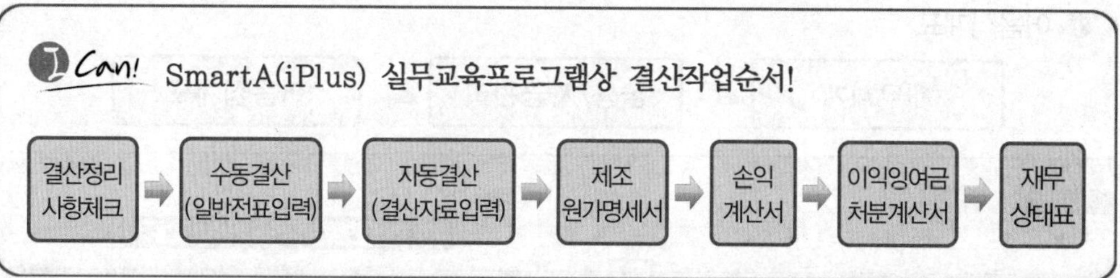

02 고정자산과 감가상각

(1) 고정자산등록

고정자산등록은 기업이 경영활동에 사용하기 위해 취득한 유형자산과 무형자산의 세부내용을 등록하고 관리하기 위한 메뉴이다. 고정자산의 세부내용을 등록하면 당기의 감가상각비가 계산되며 그 금액을 결산자료입력(자동결산)에 반영할 수 있다.

| 주요항목별 입력내용 및 방법 |

항목	입력내용 및 방법
계정과목	① 계정과목 3자리 또는 5자리를 입력하거나, F2 또는 ? 클릭하여 등록할 계정과목을 선택한다. ② 과목을 입력하지 않고 Enter↵로 이동하면 전체과목으로 입력이 가능하다.
코드	원하는 숫자 6자리까지 입력가능하다.(오른쪽버튼 클릭시 코드 정렬 변경가능)
자산명	한글 31자, 영문 50자 내외로 입력한다.
취득일	해당자산의 취득년월일을 입력한다.
기초가액	유형자산은 취득금액, 무형자산은 장부금액을 입력한다.
전기말상각누계액	위 입력된 기초가액과 전기말상각누계액을 반영한다.(자동계산된 금액을 표시) 직접 입력시 유형자산은 전기말 현재의 감가상각누계액을 입력하고, 무형자산은 전년도까지 상각액을 입력한다.
신규취득및증가	당기 취득자산의 취득가액 또는 기 등록된 자산의 자본적지출액을 입력한다.

항목	입력내용 및 방법
상각방법	0.정률법과 1.정액법 중 해당 번호를 선택한다.
내용연수	해당자산의 내용연수를 F2 또는 ? 클릭하여 확인 후 입력 → 상각률이 자동계산되어 표시되며 당기상각범위액도 자동계산된다.
내용연수월수	취득, 양도에 따른 월수가 자동 계산된다.
상각상태완료년도	상각상태에 따라 0.진행, 1.완료가 자동으로 뜬다.
자본지출즉시상각	자본적지출액을 수익적지출(비용)로 비용처리한 경우의 금액을 기재한다. 당기상각액 범위액이 변경된다.
회사계상상각비	자동계산되며 사용자 수정을 누르면 수정이 가능해진다.

실무 익히기

수행과제 고정자산 등록과 감가상각

다음 자료를 등록하여 결산에 반영할 감가상각비를 계산을 수행하시오.

계정과목	코드번호	자산명	취득일자	취득금액	감가상각누계액	상각방법	내용연수	경비구분
건물	101	공장건물	2020.02.28.	89,000,000원	22,000,000원	정액법	20년	500
기계장치	201	기계1	2021.02.01.	98,000,000원	32,000,000원	정률법	10년	500
차량운반구	301	차량1*	2021.12.31.	45,000,000원	18,000,000원	정액법	5년	800
비품	401	비품1	2024.11.30.	3,000,000원	–	정률법	5년	800
개발비	501	개발비	2023.01.06.	3,000,000원	600,000원	정액법	5년	800

주의 차량운반구의 차량1은 1절의 기초정보관리 부분의 수행내용에서 미리 등록하였으므로 본 문제에서의 입력은 생략한다.

수행과제 풀이 고정자산 등록과 감가상각

[고정자산등록] 메뉴에 해당자산별로 내용을 입력하여 감가상각비를 확인한다.

재무회계 ➡ 고정자산등록 ➡ 고정자산등록

❶ 건물 감가상각비 → 4,450,000원

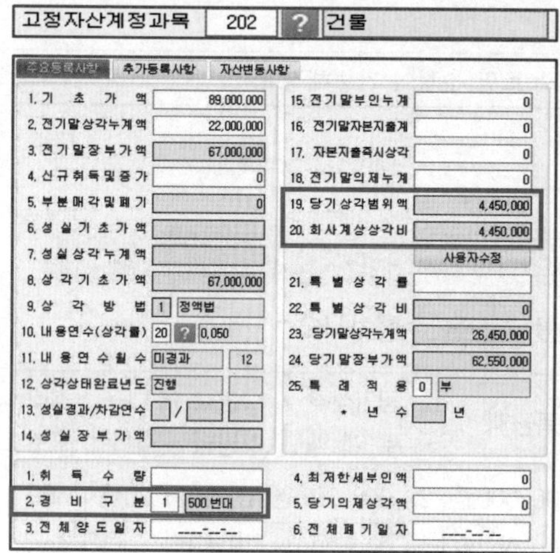

고정자산계정과목 202 ? 건물

주요등록사항 | 추가등록사항 | 자산변동사항

1. 기초가액	89,000,000	15. 전기말부인누계	0
2. 전기말상각누계액	22,000,000	16. 전기말자본지출계	0
3. 전기말장부가액	67,000,000	17. 자본지출즉시상각	0
4. 신규취득및증가	0	18. 전기말의제누계	0
5. 부분매각및폐기	0	19. 당기상각범위액	4,450,000
6. 성실기초가액		20. 회사계상상각비	4,450,000
7. 성실상각누계액		사용자수정	
8. 상각기초가액	67,000,000	21. 특별상각률	
9. 상각방법	1 정액법	22. 특별상각비	0
10. 내용연수(상각률)	20 ? 0.050	23. 당기말상각누계액	26,450,000
11. 내용연수월수	미경과 12	24. 당기말장부가액	62,550,000
12. 상각상태완료년도	진행	25. 특례적용	0 부
13. 성실경과/차감연수	/	• 년수	년
14. 성실장부가액			
1. 취득수량		4. 최저한세부인액	0
2. 경비구분	1 500번대	5. 당기의제상각액	0
3. 전체양도일자	____-__-__	6. 전체폐기일자	____-__-__

❷ 기계장치 감가상각비 → 17,094,000원

고정자산계정과목 206 ? 기계장치

주요등록사항 | 추가등록사항 | 자산변동사항

1. 기초가액	98,000,000	15. 전기말부인누계	
2. 전기말상각누계액	32,000,000	16. 전기말자본지출계	
3. 전기말장부가액	66,000,000	17. 자본지출즉시상각	
4. 신규취득및증가		18. 전기말의제누계	
5. 부분매각및폐기	0	19. 당기상각범위액	17,094,000
6. 성실기초가액		20. 회사계상상각비	17,094,000
7. 성실상각누계액		사용자수정	
8. 상각기초가액	66,000,000	21. 특별상각률	
9. 상각방법	0 정률법	22. 특별상각비	0
10. 내용연수(상각률)	10 ? 0.259	23. 당기말상각누계액	49,094,000
11. 내용연수월수	미경과 12	24. 당기말장부가액	48,906,000
12. 상각상태완료년도	진행	25. 특례적용	0 부
13. 성실경과/차감연수	/	• 년수	년
14. 성실장부가액			
1. 취득수량		4. 최저한세부인액	
2. 경비구분	1 500번대	5. 당기의제상각액	
3. 전체양도일자	____-__-__	6. 전체폐기일자	____-__-__

❸ 비품의 감가상각비 → 225,500원

고정자산계정과목 212 ? 비품

주요등록사항 | 추가등록사항 | 자산변동사항

1. 기초가액		15. 전기말부인누계	
2. 전기말상각누계액	0	16. 전기말자본지출계	
3. 전기말장부가액	0	17. 자본지출즉시상각	
4. 신규취득및증가	3,000,000	18. 전기말의제누계	
5. 부분매각및폐기	0	19. 당기상각범위액	225,500
6. 성실기초가액		20. 회사계상상각비	225,500
7. 성실상각누계액		사용자수정	
8. 상각기초가액	3,000,000	21. 특별상각률	
9. 상각방법	0 정률법	22. 특별상각비	0
10. 내용연수(상각률)	5 ? 0.451	23. 당기말상각누계액	225,500
11. 내용연수월수	미경과 2	24. 당기말장부가액	2,774,500
12. 상각상태완료년도	진행	25. 특례적용	0 부
13. 성실경과/차감연수	/	• 년수	년
14. 성실장부가액			
1. 취득수량		4. 최저한세부인액	
2. 경비구분	0 800번대	5. 당기의제상각액	
3. 전체양도일자	____-__-__	6. 전체폐기일자	____-__-__

주의 2024년에 신규로 취득하였으므로 '4.신규취득및증가'란에 입력한다.

❹ 개발비의 상각비 → 600,000원

고정자산계정과목 239 ? 개발비

주요등록사항 | 추가등록사항 | 자산변동사항

1. 기초가액	2,400,000	15. 전기말부인누계	
2. 전기말상각누계액	600,000	16. 전기말자본지출계	
3. 전기말장부가액	2,400,000	17. 자본지출즉시상각	
4. 신규취득및증가		18. 전기말의제누계	
5. 부분매각및폐기	0	19. 당기상각범위액	600,000
6. 성실기초가액		20. 회사계상상각비	600,000
7. 성실상각누계액		사용자수정	
8. 상각기초가액	2,400,000	21. 특별상각률	
9. 상각방법	1 정액법	22. 특별상각비	0
10. 내용연수(상각률)	5 ? 0.200	23. 당기말상각누계액	600,000
11. 내용연수월수	미경과 12	24. 당기말장부가액	1,800,000
12. 상각상태완료년도	진행	25. 특례적용	0 부
13. 성실경과/차감연수	/	• 년수	년
14. 성실장부가액			
1. 취득수량		4. 최저한세부인액	
2. 경비구분	0 800번대	5. 당기의제상각액	
3. 전체양도일자	____-__-__	6. 전체폐기일자	____-__-__

주의 무형자산은 직접법으로 상각하므로 '1.기초가액'란에 상각 후 금액을 입력한다.

(2) 고정자산관리대장

[고정자산등록]에 입력한 데이터를 반영하여 회사내부의 고정자산에 대한 관리내용을 일괄적으로 보여주며, 고정자산별로 양도/폐기/사용부서이동 등 당해 연도중에 변동된 상황을 '전체'와 '부분양도(폐기)'로 조회할 수 있다.

(3) 미상각분감가상각계산

[고정자산등록]에서 입력된 데이터를 반영하여 미상각된 감가상각대상 자산의 감가상각계산 명세를 조회 및 출력한다.

(4) 양도자산감가상각계산

[고정자산등록]에서 입력된 데이터를 반영하여 '양도자산'에 대하여 작성된 감가상각계산 명세를 조회한다.

(5) 원가경비별 감가상각명세서

[고정자산등록]에서 입력된 데이터를 반영하여 '경비구분'에서 선택한 경비별로 감가상각내용을 조회한다.

❶ 유형자산

원가경비별감가상각명세서 기능모음(F11)

유형자산 | 무형자산 | 유형자산총괄 | 무형자산총괄

유형자산계정과목 ? 전체 경비구분 0.전체 자산구분 1.전체표시

	과목	코드	자산	관리코드	취득일	기초가액	당기증감	기말잔액	전기말상각누…	상각대상금액	당기상각비	당기말상각누…	미상각잔액
1	차량운반구	000301	차량1		2021-12-31	45,000,000		45,000,000	18,000,000	45,000,000	9,000,000	27,000,000	18,000,000
2	비품	000401	비품1		2024-11-30		3,000,000	3,000,000		3,000,000	225,500	225,500	2,774,500
3	800번대 경비소계					45,000,000	3,000,000	48,000,000	18,000,000	48,000,000	9,225,500	27,225,500	20,774,500
4	건물	000101	공장건물		2020-02-28	89,000,000		89,000,000	22,000,000	89,000,000	4,450,000	26,450,000	62,550,000
5	기계장치	000201	기계1		2021-02-01	98,000,000		98,000,000	32,000,000	66,000,000	17,094,000	49,094,000	48,906,000
6	500번대 경비소계					187,000,000		187,000,000	54,000,000	155,000,000	21,544,000	75,544,000	111,456,000
7	합계					232,000,000	3,000,000	235,000,000	72,000,000	203,000,000	30,769,500	102,769,500	132,230,500

❷ 무형자산

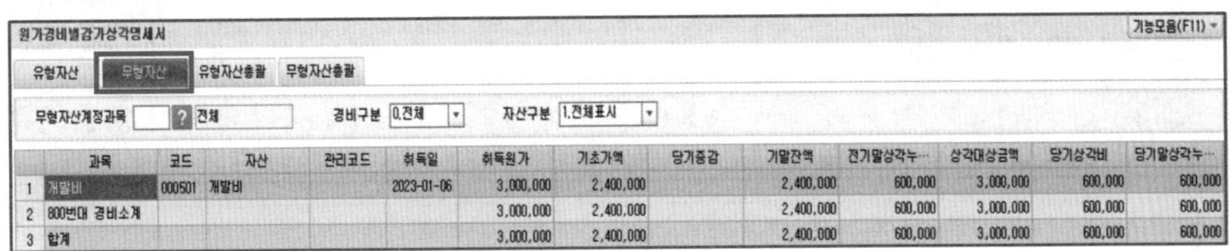

원가경비별감가상각명세서 기능모음(F11)

유형자산 | 무형자산 | 유형자산총괄 | 무형자산총괄

무형자산계정과목 ? 전체 경비구분 0.전체 자산구분 1.전체표시

	과목	코드	자산	관리코드	취득일	취득원가	기초가액	당기증감	기말잔액	전기말상각누…	상각대상금액	당기상각비	당기말상각누…
1	개발비	000501	개발비		2023-01-06	3,000,000	2,400,000		2,400,000	600,000	3,000,000	600,000	600,000
2	800번대 경비소계					3,000,000	2,400,000		2,400,000	600,000	3,000,000	600,000	600,000
3	합계					3,000,000	2,400,000		2,400,000	600,000	3,000,000	600,000	600,000

(6) 월별감가상각비계상

[고정자산등록]에서 입력된 데이터를 반영하여 '결산시점별'로 감가상각비 계산명세를 조회한다. [결산기준 감가상각계상]에서 결산월별로 조회한 다음 반드시 '저장'하여야 하며 '저장'된 데이터가 [월별감가상각비 명세] [월별감가상각비 자산별총괄표]에서 조회된다. [결산자료입력]메뉴에서 자동으로 불러오기 하면 결산에 반영할 수 있다.

❶ 결산기준 감가상각 계상

월별감가상각비계상 기능모음(F11)

결산기준 감가상각 계상 | 월별감가상각비 명세 | 월별감가상각비 자산별총괄표

결산월 2024 년 12 월 31 일까지 경비구분 0. 전체

	코드	자산	취득일	기초가액	당기증감	기말잔액	전기말상각누계액	당기 감가상각범위액	12월 누적 감가상각범위액	12월 누적 감가상각비
1	000301	(000301) 차량1	2021-12-31	45,000,000	0	45,000,000	18,000,000	9,000,000	9,000,000	9,000,000
		[차량운반구] 소계	800번대	45,000,000	0	45,000,000	18,000,000	9,000,000	9,000,000	9,000,000
2	000401	(000401) 비품1	2024-11-30	0	3,000,000	3,000,000	0	225,500	225,500	225,500
		[비품] 소계	800번대	0	3,000,000	3,000,000	0	225,500	225,500	225,500
3	000501	(000501) 개발비	2023-01-06	2,400,000	0	2,400,000	600,000	600,000	600,000	600,000
		[개발비] 소계	800번대	2,400,000	0	2,400,000	600,000	600,000	600,000	600,000
		[800번대] 경비 합계		47,400,000	3,000,000	50,400,000	18,600,000	9,825,500	9,825,500	9,825,500
4	000101	(000101) 공장건물	2020-02-28	89,000,000	0	89,000,000	22,000,000	4,450,000	4,450,000	4,450,000
		[건물] 소계	500번대	89,000,000	0	89,000,000	22,000,000	4,450,000	4,450,000	4,450,000
5	000201	(000201) 기계1	2021-02-01	98,000,000	0	98,000,000	32,000,000	17,094,000	17,094,000	17,094,000
		[기계장치] 소계	500번대	98,000,000	0	98,000,000	32,000,000	17,094,000	17,094,000	17,094,000
		[500번대] 경비 합계		187,000,000	0	187,000,000	54,000,000	21,544,000	21,544,000	21,544,000
		합 계		234,400,000	3,000,000	237,400,000	72,600,000	31,369,500	31,369,500	31,369,500

1월상각비	2월상각비	3월상각비	4월상각비	5월상각비	6월상각비	7월상각비	8월상각비	9월상각비	10월상각비	11월상각비	12월상각비	합계
0	0	0	0	0	0	0	0	0	0	0	9,000,000	9,000,000

❷ 월별감가상각비 명세

주의 저장된 자료에 의해 [결산자료입력]메뉴에서 자동으로 결산에 반영할 수 있다.

월별감가상각비계상 기능모음(F11)

결산기준 감가상각 계상 | 월별감가상각비 명세 | 월별감가상각비 자산별총괄표

결산월 2024 년 12 월 31 일까지 경비구분 0. 전체

	경비구분	계정...	코드	자산	취득일	1월상각비	2월상각비	3월상각비	4월상각비	5월상각비	6월상각비	7월상각비	8월상각비	9월상각비	10월상각비	11월상각비	12월상각비	합계
1	800번대	208	000301	차량1	2021-12-31	0	0	0	0	0	0	0	0	0	0	0	9,000,000	9,000,000
	[차량운반구]				정액법	0	0	0	0	0	0	0	0	0	0	0	9,000,000	9,000,000
2	800번대	212	000401	비품1	2024-11-30	0	0	0	0	0	0	0	0	0	0	0	225,500	225,500
	[비품]				정률법	0	0	0	0	0	0	0	0	0	0	0	225,500	225,500
3	800번대	239	000501	개발비	2023-01-06	0	0	0	0	0	0	0	0	0	0	0	600,000	600,000
	[개발비]				정액법	0	0	0	0	0	0	0	0	0	0	0	600,000	600,000
	800번대 경비					0	0	0	0	0	0	0	0	0	0	0	9,825,500	9,825,500
4	500번대	202	000101	공장건물	2020-02-28	0	0	0	0	0	0	0	0	0	0	0	4,450,000	4,450,000
	[건물]				정액법	0	0	0	0	0	0	0	0	0	0	0	4,450,000	4,450,000
5	500번대	206	000201	기계1	2021-02-01	0	0	0	0	0	0	0	0	0	0	0	17,094,000	17,094,000
	[기계장치]				정률법	0	0	0	0	0	0	0	0	0	0	0	17,094,000	17,094,000
	500번대 경비					0	0	0	0	0	0	0	0	0	0	0	21,544,000	21,544,000
			경비 전체 합계			0	0	0	0	0	0	0	0	0	0	0	31,369,500	31,369,500

수동결산

수동결산정리사항에 해당하는 내용을 요약하여 [전표입력/장부] ⇨ [일반전표입력]에 12월 31일자로 입력을 한다.

▍수동결산정리사항 주요 분개▍

구분	결산정리사항	차변		대변	
비용의 이연	보험료 선급분 계상	선급비용	×××	보험료	×××
수익의 이연	이자수익 선수분 계상	이자수익	×××	선수수익	×××
비용의 예상	임차료 미지급분 계상	임차료	×××	미지급비용	×××
수익의 예상	임대료 미수분 계상	미수수익	×××	임대료	×××
소모품의 정리	구입시 자산처리법	소모품비	×××	소모품	×××
	구입시 비용처리법	소모품	×××	소모품비	×××
단기매매증권의 평가	장부금액 〈 공정가치	단기매매증권	×××	단기매매증권평가이익	×××
	장부금액 〉 공정가치	단기매매증권평가손실	×××	단기매매증권	×××
매도가능증권의 평가	장부금액 〈 공정가치	매도가능증권	×××	매도가능증권평가이익	×××
	장부금액 〉 공정가치	매도가능증권평가손실	×××	매도가능증권	×××
재고자산감모	비정상적인 감모	재고자산감모손실	×××	재고자산 (적요8.타계정으로 대체액)	×××
부가가치세정리	매출세액 〉 매입세액	부가세예수금	×××	부가세대급금 미지급세금	××× ×××
	매출세액 〈 매입세액	부가세예수금 미수금	××× ×××	부가세대급금	×××
선납세금정리	선납세금 법인세대체	법인세등	×××	선납세금	×××
외화자산평가	장부금액 〉 기말평가액	외화환산손실	×××	외화예금	×××
	장부금액 〈 기말평가액	외화예금	×××	외화환산이익	×××
외화부채평가	장부금액 〉 기말평가액	외화차입금	×××	외화환산이익	×××
	장부금액 〈 기말평가액	외화환산손실	×××	외화차입금	×××
대손충당금환입	대손충당금잔액 〉 설정액	대손충당금	×××	대손충당금환입	×××

필요 지식

04 자동결산

자동결산 분개에 해당하는 내용을 [결산/재무제표] ⇨ [결산자료입력]에 입력한 후 상단부의 전표추가(F3)를 클릭한다. 본 메뉴는 결산작업의 마지막 단계로 결산정리사항을 수동 대체분개를 하지 않고 [결산자료입력]메뉴 해당란에 해당금액을 입력하여 자동분개하는 곳이다. 월별, 분기별, 반기별, 년간으로 해당 월의 선택에 따라 중간, 기말결산을 진행한다.

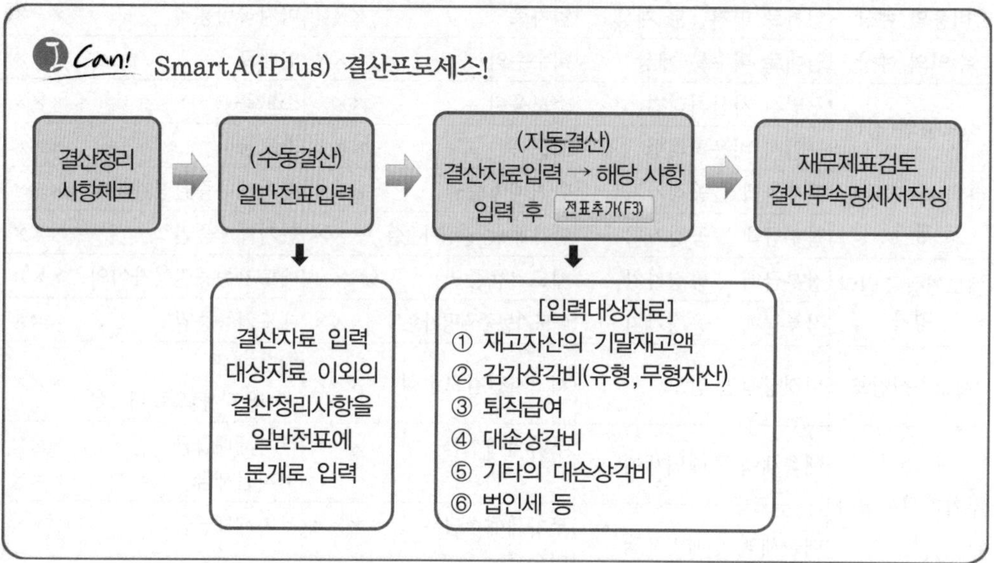

▌주요항목별 입력내용 및 방법▐

구분	내용
결산월	결산 대상기간을 입력한다.
각 재고자산의 기말재고액 입력	기말제품재고액, 기말원재료액 등 각 해당란에 입력한다.
유형자산의 감가상각비 입력	당기 감가상각비를 판매비와관리비, 제조경비로 구분하여 해당액을 입력한다.
퇴직급여 입력	퇴직급여충당부채 추가 설정액을 입력한다.
대손상각비 입력	매출채권에 대한 대손충당금 추가 설정액을 입력한다.
기타의대손상각비 입력	기타채권(미수금, 대여금 등)에 대한 대손충당금 추가 설정액을 입력한다.

구분	내용
무형자산의 상각비 입력	무형고정자산의 과목별 당기 상각비를 입력한다.
법인세등 입력	법인세등의 '법인세 계상'란에 기납부한 법인세(선납세금)을 차감하고 추가 계상할 법인세액을 입력한다.

주의 결산자료 해당사항을 모두 입력한 후 상단 툴바의 전표추가(F3) 클릭하여 분개를 자동 생성한다.

수행과제 결산 분개하기

다음 자료를 입력하여 결산 수행을 완료하고, 재무제표를 완성을 수행하시오.

1 9월 4일 납부한 보험료의 기간미경과분에 대한 정리분개를 수행하시오.

보험적용기간	2024년 9월 4일 ~ 2025년 9월 4일
보험료납입액	1,200,000원
계 산 방 식	일할 계산한다.(양편넣기, 총일수 366)

2 결산일 현재 외화장기차입금은 BEST Co., Ltd.에서 2023년 5월 1일 차입한 US$ 200,000이다. 상환예정일은 2027년 4월 30일이며, 적용할 환율은 다음과 같다.

2023년 12월 31일	US $1 = 1,000원
2024년 12월 31일	US $1 = 1,100원

3 재고자산 명세서에 의한 기말재고액은 다음과 같다.

구 분	장부상내역			실사내역		
	단위당원가	수량	금액	단위당원가	수량	금액
원 재 료	20,000원	500개	10,000,000원	20,000원	450개	9,000,000원
제 품	30,000원	900개	27,000,000원	30,000원	900개	27,000,000원

* 재고자산감모손실은 비정상적인 감모분이다.

4 감가상각비는 [고정자산등록]에 등록된 자료에 의해 기말결산에 반영하시오.

5 법인세차감전이익에 대한 법인세등 30,000,000원을 계상하시오.(법인세 중간예납세액 및 원천징수세액이 선납세금계정에 계상되어 있다.)

수행과제 풀이 결산 분개하기

1순위 수동결산에 해당하는 내용을 [결산/재무제표] ➡ [일반전표입력]에 입력한다.

1 12월 31일

보험료 기간미경과분에 대하여 선급비용으로 대체한다.

구분	코드	계정과목	코드	거래처명		적요	금액
3.차변	133	선 급 비 용				자동차보험료 2024.9.4~2025.9.4	809,836
4.대변	821	보 험 료		(주)삼성화재		자동차보험료 2024.9.4~2025.9.4	809,836

(차) 선급비용 809,836 (대) 보험료(판) 809,836

주의 선급비용 = 1,200,000원 × (선납일수/총일수) = 1,200,000 × 247/366 = 809,836원

2 12월 31일

외화장기차입금의 결산일 기준환율을 적용하여 평가한 금액을 외화환산손실로 대체한다.

구분	코드	계정과목	코드	거래처명		적요	금액
3.차변	935	외 화 환 산 손 실			02	외화차입금평가시환산손	20,000,000
4.대변	305	외화장기차입금	01010	BEST.Co.,Ltd.		외화차입금평가시환산손	20,000,000

(차) 외화환산손실 20,000,000 (대) 외화장기차입금 20,000,000

주의 2023년 $200,000 × 1,000원 = 200,000,000원, 2024년 $200,000 × 1,100원 = 220,000,000원

3 12월 31일

원재료의 비정상적인 감모분은 영업외비용으로 회계처리한다.

구분	코드	계정과목	코드	거래처명		적요	금액
3.차변	939	재고자산감모손실			02	원재료 감모손실	1,000,000
4.대변	153	원 재 료			08	타계정으로 대체액	1,000,000

(차) 재고자산감모손실 1,000,000 (대) 원재료 1,000,000

3의 기말재고 관련 결산과 **4**의 감가상각비 관련 결산은 '자동결산'에서 수행한다.

5 12월 31일

법인세 선납분에 대하여 결산 시 '법인세등'으로 대체한다.

구분	코드	계정과목	코드	거래처명		적요	금액
3.차변	998	법 인 세 등				선납세금 법인세대체	9,993,200
4.대변	136	선 납 세 금				선납세금 법인세대체	9,993,200

(차) 법인세등 9,993,200 (대) 선납세금 9,993,200

주의 법인세등 30,000,000원 – 선납세금 9,993,200원 = 20,006,800원(결산자료입력에서 자동분개)

▌수동결산 – 일반전표에 입력된 화면▐

일반전표입력 | 어음등록 | 복사(F4) | 이동(Ctrl+F4) | 기간입력(Ctrl+8) | 기능모음(F11)

일자 2024 년 12 월 31 일 | 현금잔액 43,262,000원

일	번호	구분	코드	계정과목	코드	거래처		적요	차변	대변
31	00001	차변	133	선급비용				자동차보험료 2024.9.4~2025.9.4	809,836	
31	00001	대변	821	보험료		(주)삼성화재		자동차보험료 2024.9.4~2025.9.4		809,836
31	00002	차변	935	외화환산손실			02	외화차입금평가시 환산손	20,000,000	
31	00002	대변	305	외화장기차입금	01010	BEST.Co.,Ltd.		외화차입금평가시 환산손		20,000,000
31	00003	차변	939	재고자산감모손실			02	원재료 감모손실	1,000,000	
31	00003	대변	153	원재료			08	타계정으로 대체액		1,000,000
31	00004	차변	998	법인세등				선납세금 법인세대체	9,993,200	
31	00004	대변	136	선납세금				선납세금 법인세대체		9,993,200

2순위 자동결산 내용을 [결산/재무제표] ➡ [결산자료입력]을 클릭하여 입력한다.

[결산자료입력] 메뉴에서 '결산일자 2024년 01월부터 2024년 12월까지'를 입력한다. '매출원가 및 경비선택'에서 '455.제품매출원가(1.500번대, 제조)'를 입력한다.

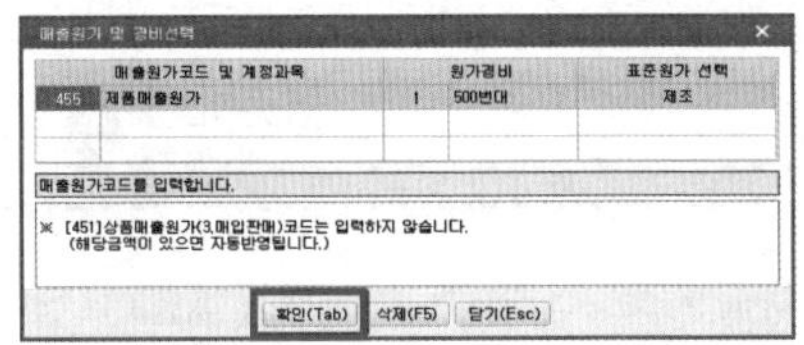
매출원가 및 경비선택

매출원가코드 및 계정과목		원가경비		표준원가 선택
455	제품매출원가	1	500번대	제조

매출원가코드를 입력합니다.

※ [451]상품매출원가(3.매입판매)코드는 입력하지 않습니다.
(해당금액이 있으면 자동반영됩니다.)

확인(Tab) 삭제(F5) 닫기(Esc)

❶ 기말원재료재고액과 기말제품재고액을 입력한다.

❷ 감가상각비란에 감가상각비 설정액을 입력한다.

주의 [월별감가상각비명세]를 조회하여 저장하였으므로 상단부 기능모음(F11) ▾을 클릭한 후 반영 감가상각반영 F7 을 클릭한다.

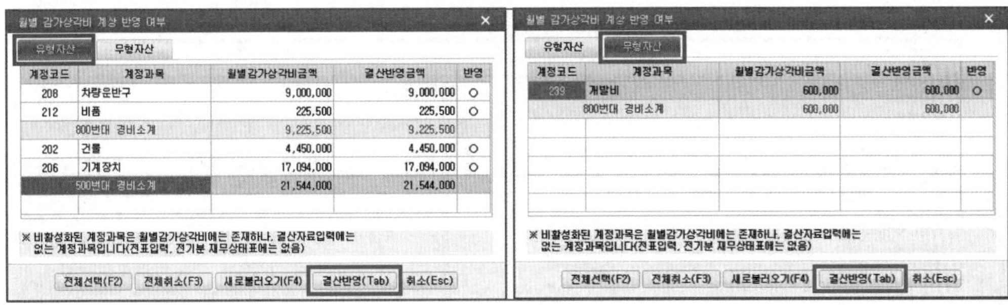
월별 감가상각비 계상 반영 여부 — 유형자산 | 무형자산

계정코드	계정과목	월별감가상각비금액	결산반영금액	반영
208	차량운반구	9,000,000	9,000,000	○
212	비품	225,500	225,500	○
	800번대 경비소계	9,225,500	9,225,500	
202	건물	4,450,000	4,450,000	○
206	기계장치	17,094,000	17,094,000	○
	500번대 경비소계	21,544,000	21,544,000	

※ 비활성화된 계정과목은 월별감가상각비에는 존재하나, 결산자료입력에는 없는 계정과목입니다(전표입력, 전기분 재무상태표에는 없음)

전체선택(F2) 전체취소(F3) 새로불러오기(F4) 결산반영(Tab) 취소(Esc)

월별 감가상각비 계상 반영 여부 — 유형자산 | 무형자산

계정코드	계정과목	월별감가상각비금액	결산반영금액	반영
239	개발비	600,000	600,000	○
	800번대 경비소계	600,000	600,000	

※ 비활성화된 계정과목은 월별감가상각비에는 존재하나, 결산자료입력에는 없는 계정과목입니다(전표입력, 전기분 재무상태표에는 없음)

전체선택(F2) 전체취소(F3) 새로불러오기(F4) 결산반영(Tab) 취소(Esc)

❸ 법인세등란에 추가설정액을 입력한다.

주의 법인세추가설정액 = 법인세계상액 – 선납세금(기납부세액)
= 30,000,000원 – 9,993,200원 = 20,006,800원

❹ 상단부 전표추가(F3) 를 클릭하여 자동분개를 입력한다.

결산자료입력 ❹ 전표추가(F3) 기능모음(F11)

결 산 일 자 2024 년 01 월 부터 2024 년 12 월 까지

과 목	결산분개금액	결산입력사항금액	결산금액(합계)
1. 매출액			2,400,000,000
제품매출		2,400,000,000	
2. 매출원가			1,462,114,000
제품매출원가		1,462,114,000	1,462,114,000
1)원재료비			1,246,000,000
원재료비		1,246,000,000	1,246,000,000
(1). 기초 원재료 재고액		28,000,000	
(2). 당기 원재료 매입액		1,228,000,000	
(7). 타계정으로 대체액		1,000,000	
❶ (10).기말 원재료 재고액		9,000,000	
3)노 무 비			175,000,000
(1). 임금		175,000,000	
(2). 퇴직급여(전입액)			
(3). 퇴직연금충당금전입액			
7)경 비			36,114,000
(1). 복리후생비 외		14,570,000	14,570,000
복리후생비		1,540,000	
여비교통비		450,000	
통신비		560,000	
전력비		7,200,000	
세금과공과금		180,000	
보험료		1,200,000	
차량유지비		1,200,000	
소모품비		2,240,000	
(2). 일반감가상각비		21,544,000	21,544,000
❷ 건물		4,450,000	
❷ 기계장치		17,094,000	
차량운반구			
비품			
8)당기 총제조비용			1,457,114,000
(4). 기말 재공품 재고액			
9)당기완성품제조원가		1,457,114,000	1,457,114,000
(1). 기초 제품 재고액		32,000,000	
❶ (7). 기말 제품 재고액		27,000,000	
3. 매출총이익			937,886,000
4. 판매비와 일반관리비			148,533,664
1). 급여 외		138,708,164	
급여		105,000,000	
복리후생비		3,220,000	
여비교통비		910,000	
접대비		6,860,000	
통신비		1,470,000	
전력비		1,200,000	
세금과공과금		320,000	
임차료		12,000,000	
보험료		1,280,164	
차량유지비		348,000	
운반비		780,000	
도서인쇄비		320,000	
소모품비		2,000,000	
광고선전비		3,000,000	
2). 퇴직급여(전입액)			
3). 퇴직연금충당금전입액			
4). 감가상각비		9,225,500	9,225,500
건물			
기계장치			
❷ 차량운반구		9,000,000	
❷ 비품		225,500	
5). 대손상각			
외상매출금			
받을어음			
미수수익			
부도어음과수표			
6). 무형고정자산상각		600,000	600,000
❷ 개발비		600,000	
5. 영업이익			789,352,336
6. 영업외 수익			1,033,400
1). 이자수익외			1,033,400
이자수익		1,033,400	
3). 충당금등환입액			
7. 영업외 비용			27,170,000
1). 이자비용외			27,170,000
이자비용		6,120,000	
외화환산손실		20,000,000	
매출채권처분손실		50,000	
재고자산감모손실		1,000,000	
4). 조감법상 특별상각			
건물			
기계장치			
차량운반구			
비품			
8. 법인세차감전이익			763,215,736
9. 법인세등			30,000,000
1). 법인세등		9,993,200	
❸ 2). 법인세 계상		20,006,800	

매출액:[2,400,000,000] 당기순이익:[733,215,736] 소득평율:30.55%

▎자동결산 – 전표추가(F3) 로 자동입력된 전표화면– ▎

일반전표입력 | 어음등록 | 복사(F4) | 이동(Ctrl+F4) | 기간입력(Ctrl+8) | 기능모음(F11)

일자 2024 년 12 월 31 일 현금잔액 43,262,000원 결산분개

일	번호	구분	코드	계정과목	코드	거래처	적요	차변	대변
31	00005	결차	501	원재료비			01 원재료사용분 재료비대체	1,246,000,000	
31	00005	결대	153	원재료			04 원재료사용분 재료비대체		1,246,000,000
31	00006	결차	169	재공품				1,246,000,000	
31	00006	결대	501	원재료비			02 재료비 제조로 대체		1,246,000,000
31	00007	결차	169	재공품				175,000,000	
31	00007	결대	504	임금			08 제조로 대체		175,000,000
31	00008	결차	169	재공품				14,570,000	
31	00008	결대	511	복리후생비			08 제조로 대체		1,540,000
31	00008	결대	512	여비교통비			08 제조로 대체		450,000
31	00008	결대	514	통신비			08 제조로 대체		560,000
31	00008	결대	516	전력비			08 제조로 대체		7,200,000
31	00008	결대	517	세금과공과금			08 제조로 대체		180,000
31	00008	결대	521	보험료			08 제조로 대체		1,200,000
31	00008	결대	522	차량유지비			08 제조로 대체		1,200,000
31	00008	결대	530	소모품비			08 제조로 대체		2,240,000
31	00009	결차	518	감가상각비			01 당기말 감가상각비 계상	21,544,000	
31	00009	결대	203	감가상각누계액			04 당기감가충당금 설정		4,450,000
31	00009	결대	207	감가상각누계액			04 당기감가충당금 설정		17,094,000
31	00010	결차	169	재공품				21,544,000	
31	00010	결대	518	감가상각비			08 제조로 대체		21,544,000
31	00011	결차	150	제품			01 완성품 제조원가 제품대체	1,457,114,000	
31	00011	결대	169	재공품					1,457,114,000
31	00012	결차	455	제품매출원가			01 제품매출원가 대체	1,462,114,000	
31	00012	결대	150	제품			04 제품 매출원가 대체		1,462,114,000
31	00013	결차	818	감가상각비			01 당기말 감가상각비계상	9,225,500	
31	00013	결대	209	감가상각누계액			04 당기감가충당금 설정		9,000,000
31	00013	결대	213	감가상각누계액			04 당기감가충당금 설정		225,500
31	00014	결차	840	무형고정자산상각비			01 무형고정자산 당기상각액	600,000	
31	00014	결대	239	개발비					600,000
31	00015	결차	998	법인세등			01 당기 미지급분 계상	20,006,800	
31	00015	결대	261	미지급세금			04 선납법인세의 미지급대체		20,006,800
31									
			선택 전표 소계					1,246,000,000	1,246,000,000
			합 계					5,705,521,336	5,705,521,336

수행 tip

- **자동분개 일괄 삭제하기**

  [일반전표입력]의 12월 31일 화면에서 Shift 를 누른 상태에서 F5를 누르면 (Shift+F5) 일괄자동분개 삭제 화면이 나타나며, 삭제(F5) 를 누르면 자동분개가 일괄 삭제된다.

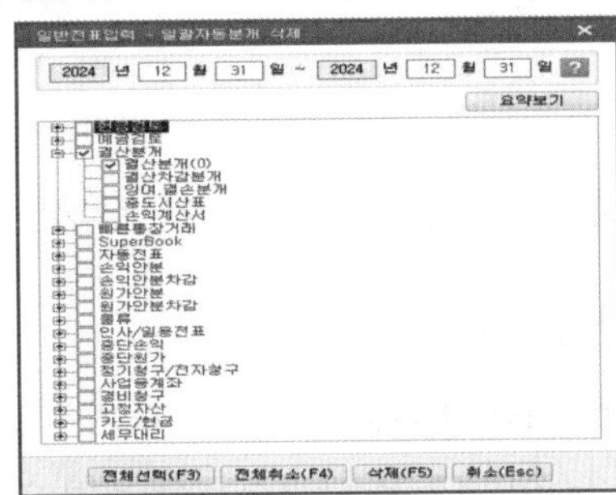

- **결산전표 작성하기**

  수동결산은 [일반전표입력]에서 12월 31일로 입력한다.

  자동결산은 [결산자료입력]에서 전표추가(F3) 를 클릭하여 반영한다.

필요 지식

05 재무제표 작성

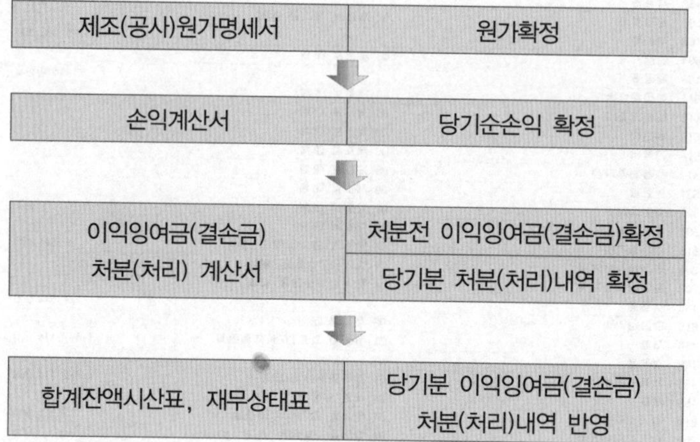

(1) 합계잔액시산표

합계잔액시산표의 차변합계액과 대변합계액은 대차평균의 원리에 의하여 반드시 일치하여야 한다. 차변합계와 대변합계가 일치하지 않는다면 입력오류가 발생한 것이므로 오류를 조사하여 이를 수정해야 한다. 즉 [합계잔액시산표]는 입력된 전표가 대차차액 없이 적정하게 처리되었는지 정확성 여부를 검증하는 것이다.

(2) 제조원가명세서

제조원가명세서는 일정기간 동안 원가의 구성내역을 나타내는 보고서이다.

(3) 손익계산서

손익계산서는 일정기간 동안 기업의 경영성과를 나타내는 결산보고서이다.

(4) 이익잉여금처분계산서

전기의 이월이익잉여금 내역을 이월받아 당기에 전기 처분내역을 입력한 후 당기 결산을 통해서 얻어진 당기순이익(또는 당기순손실)을 반영받은 다음, 화면 상단의 [추가]키를 이용하여 [손익대체]분개를 자동으로 발생한다.

수행과제 이익잉여금처분계산서 작성하기

당기 이익잉여금 처분내액이 다음과 같을 경우 이익잉여금처분계산서를 작성을 수행하시오.

- 처분확정일 2025년 2월 28일(전기 2024년 2월 28일)

배당내용	현금배당 30,000,000원, 주식배당 10,000,000원 ※ 상법에 의해 이익준비금의 최소금액을 적립한다.
처분확정일(예정일)	2025년 2월 28일(전기 2024년 2월 28일)

수행과제 풀이 이익잉여금처분계산서 작성하기

이익잉여금처분계산서 | 참 고 | 전표추가(F3) | 기능모음(F11)

제 5(당)기 처분 예정일 2025-02-28 | 제 4(전)기 처분 확정일 2024-02-28

과목	계정과목및 과목명		제 5(당)기 [2024/01/01 ~ 2024/12/31] 금액	합계	제 4(전)기 [2023/01/01 ~ 2023/12/31] 금액	합계
Ⅰ. 미처분이익잉여금				745,089,936		11,874,200
1. 전기이월미처분이익잉여금			11,874,200		1,874,200	
2. 회계변경의 누적효과	369	회 계 변경의누적효과	0		0	
3. 전기오류수정이익	370	전 기 오 류 수정이익	0		0	
4. 전기오류수정손실	371	전 기 오 류 수정손실	0		0	
5. 중간배당금	372	중 간 배 당 금	0		0	
6. 당기순이익			733,215,736		10,000,000	
Ⅱ. 임의적립금 등의 이입액				0		0
1.			0		0	
2.			0		0	
합 계				745,089,936		11,874,200
Ⅲ. 이익잉여금처분액				43,000,000		0
1. 이익준비금	351	이 익 준 비 금	3,000,000		0	
2. 기업합리화적립금	352	기 업 합 리 화적립금	0		0	
3. 배당금			40,000,000		0	
가. 현금배당	265	미 지 급 배 당 금	30,000,000		0	
나. 주식배당	387	미 교 부 주 식배당금	10,000,000		0	
4. 사업확장적립금	356	사 업 확 장 적 립 금	0		0	
5. 감채 적립금	357	감 채 적 립 금	0		0	
6. 배당평균적립금	358	배 당 평 균 적 립 금	0		0	
Ⅳ. 차기이월미처분이익잉여금				702,089,936		11,874,200

주의 상법에 의한 이익준비금은 현금배당액의 1/10이며, 처분에 대한 회계처리는 2025년 2월 28일에 한다.

일반전표입력 | 어음등록 | 복사(F4) | 이동(Ctrl+F4) | 기간입력(Ctrl+8) | 기능모음(F11)

일자 2024 년 12 월 31 일 현금잔액 43,262,000원 잉여,결손분개

□	일	번호	구분	코드	계정과목	코드	거래처	적요	차변	대변
□	31	00018	차변	400	손익			당기순손익 잉여금에 대체	733,215,736	
□	31	00018	대변	377	미처분이익잉여금			당기순손익 대체		733,215,736
□	31	00019	차변	375	이월이익잉여금			미처분 이익잉여금에서 대체	11,874,200	
□	31	00019	대변	377	미처분이익잉여금			이월이익잉여금에 대체		11,874,200
□	31	00020	차변	377	미처분이익잉여금			이월이익잉여금에서 대체	745,089,936	
□	31	00020	대변	375	이월이익잉여금			차기이월이익잉여금		745,089,936
□	31									
		선택 전표 소계							1,667,817,664	1,667,817,664

주의 상단부의 전표추가(F3) 를 클릭하면 손익 대체분개를 수행할 수 있다.

(5) 재무상태표

재무상태표는 일정시점의 기업의 재무상태를 나타내는 결산보고서이다.

[결산/재무제표]의 [재무상태표]를 12월로 조회하여 자산, 부채, 자본의 상태를 확인하고 자본금의 당기순이익을 확인한다.

출제예상 평가문제

(비대면 시험대비)

* 조회 회사: 2000.(주)재무전자

01 [영수증수취명세서 조회] 영수증수취명세서(1)에 반영되는 11.명세서제출 제외대상 금액은 얼마인가?

02 [받을어음현황 조회] 2024년에 만기가 도래하는 받을어음 중 배서양도 금액은 얼마인가?

03 [지급어음현황 조회] 2025년에 만기가 도래하는 지급어음의 거래처 코드를 기록하시오.

04 [원가경비별감가상각명세서 조회] 당기에 계상되는 감가상각비 금액이 가장 큰 유형자산 계정과목 코드를 기록하시오.

05 [계정별원장 조회] 당기의 선납세금 계정금액 중 법인세 중간예납 금액은 얼마인가?

06 [손익계산서 조회] 당기에 발생한 영업외비용 중 금액이 가장 큰 계정과목 코드를 기록하시오.

07 [제조원가명세서 조회] 당기 제조원가명세서의 당기제품제조원가는 얼마인가?

08 [재무상태표 조회] 재무상태표에 표시되는 퇴직연금운용자산 잔액은 얼마인가?

09 [재무상태표 조회] 12월말 개발비 잔액은 얼마인가?

10 [재무상태표 조회] 12월말 미처분이익잉여금(이월이익잉여금) 잔액은 얼마인가?

제 2 장

더존 SmartA(iPlus) 부가가치세실무 제대로 알기

NCS 능력단위(분류번호)

부가가치세 신고(0203020205_23v6)

백데이터 설치방법

백데이터를 아래의 방법으로 설치한 후 문제를 풀어보세요.

① 삼일아이닷컴(http://www.samili.com) 홈페이지에 접속한다.

② 상단부 제품몰을 클릭하고 AT수험서 자료실에서 백데이터를 다운받는다.

③ 다운받은 백데이터파일을 더블클릭하여 실행한다.

④ 2100.(주)삼일전자를 선택하여 수행내용을 수행하도록 한다.

제1절 전자세금계산서 발급 및 전송 (NCS 능력단위요소)

01 전자세금계산서 발급 및 전송

(1) 전자세금계산서 발급

법인사업자와 직전연도 사업장별 과세공급가액과 면세공급가액 합계액이 1억원(2024년 7월 1일부터는 8,000만원 이상)이상인 개인사업자는 재화 또는 용역의 공급시기가 속하는 달의 다음달 10일까지 다음의 방법 중 하나로 전자세금계산서를 발급하여야 한다.

I Can!

전자세금계산서 발급 및 입력방법!

방법 1	더존 Bill36524로 전자세금계산서를 발행한 후 국세청에 전송한 전자세금계산서 매입매출전표입력 ⇨ 전자세금계산서 발행 및 내역관리 ⇨ 매입매출전표조회 (전표입력, 전자세금 란: 빈란) (전자발행 → 전자세금계산서 전송) (전자세금 란: 전자발행)
방법 2	더존 Bill36524가 아닌 타기관에서 이미 발행된 전자세금계산서 이미 발행된 전자세금계산서를 근거로 매입매출전표에 입력 (전자세금 란: 전자입력)

(2) 전자세금계산서 관련 매입매출전표입력

전자세금계산서를 발급하려면 먼저 [매입매출전표입력] 메뉴에 11.과세매출 또는 12.영세매출을 선택하여 [전자세금]란을 빈칸으로 하고 해당내역을 입력한 다음 [전자세금계산서발행 및 내역관리] 메뉴에서 '발행' 및 '전송'을 하면 [매입매출전표입력] 메뉴의 [전자세금]란에 '전자발행'으로 자동표기된다.

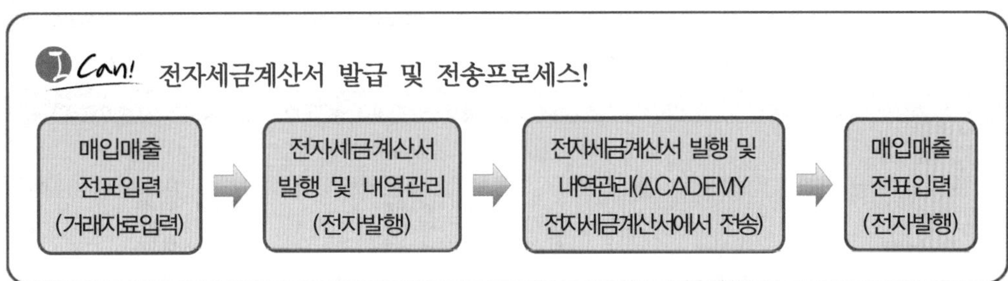

수행과제 전자세금계산서 발급 및 전송

제품을 외상으로 판매하고 전자세금계산서를 금일 bill36524에서 발급 · 전송하였다. 대금은 해당월의 다음달 10일 입금받기로 하였다. 거래명세서에 의해 전표를 입력하고 [전자세금계산서 발행 및 내역관리]를 통하여 발급 및 전송을 수행하시오.

거래명세서 (공급자 보관용)

공급자	등록번호	113-81-21111			공급받는자	등록번호	134-81-21118		
	상호	(주)삼일전자	성명	김현철		상호	(주)베스트원	성명	김문식
	사업장 주소	서울 구로구 디지털로33길 27				사업장 주소	경기도 안산시 단원구 별망로 159번길 26		
	업태	제조업외	종사업장번호			업태	도매·무역	종사업장번호	
	종목	컴퓨터외				종목	전자제품		

거래일자	미수금액	공급가액	세액	총 합계금액
2024.5.10.		20,000,000	2,000,000	22,000,000

NO	월	일	품목명	규격	수량	단가	공급가액	세액	합계
1	5	10	컴퓨터		50	400,000	20,000,000	2,000,000	22,000,000

수행과제 풀이 전자세금계산서 발급 및 전송

1 매입매출전표입력(5월 10일)

거래유형	품명	공급가액	부가세	거래처	전자세금
11.과세	컴퓨터	20,000,000원	2,000,000원	(주)베스트원	
분개유형	(차) 외상매출금 22,000,000원		(대) 제품매출 20,000,000원		
2.외상			부가세예수금 2,000,000원		

매입매출전표입력 113-81-21111 복수거래 수정세금계산서 어음등록 검색 복사(F4) 이동(Ctrl+F4) 기능모음(F11)

일자 2024 년 05 월 10 일 현금잔액 63,680,000원 매출 50001

일	유형	품명	수량	단가	공급가액	부가세	합계	코드	거래처명	사업.주민번호	전자세금	분개
10	과세	컴퓨터	50	400,000	20,000,000	2,000,000	22,000,000	01002	(주)베스트원	134-81-21118		외상
10												
업체별 소계			50		20,000,000	2,000,000	22,000,000					

구분	코드	계정과목	차변	대변	코드	거래처	적요	관리
차변	108	외상매출금	22,000,000		01002	(주)베스트원	컴퓨터 50 X 400,000	
대변	255	부가세예수금		2,000,000	01002	(주)베스트원	컴퓨터 50 X 400,000	
대변	404	제품매출		20,000,000	01002	(주)베스트원	컴퓨터 50 X 400,000	
전표건별 소계			22,000,000	22,000,000				

2 전자세금계산서발행 및 내역관리

① [매출] Tab에서 기간을 입력하여 발행대상자료를 조회한 후 상단부 [전자발행]을 클릭한다.

② 전자세금계산서 하단의 [발행]을 클릭하면 발행이 완료된다.

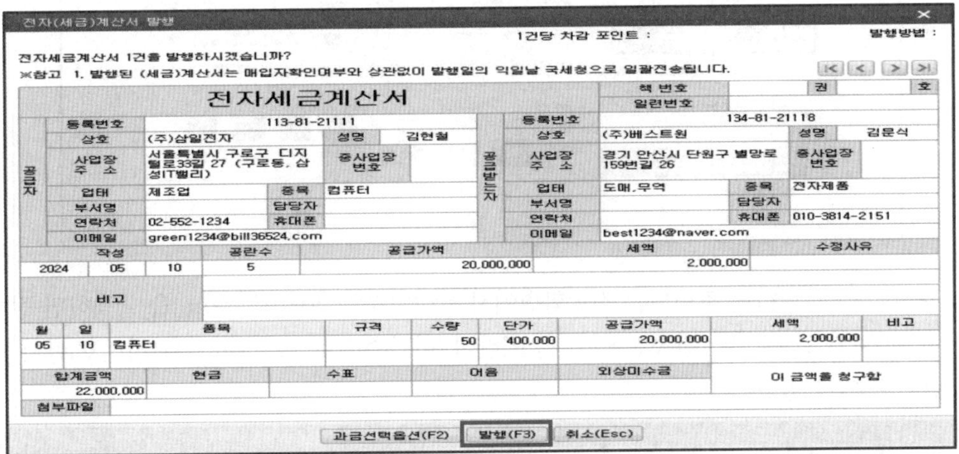

③ [확인]을 클릭하면 [전자세금계산서발행 및 내역관리]화면의 해당 자료가 '국세청'란에 '발행대상'으로 표기된다.

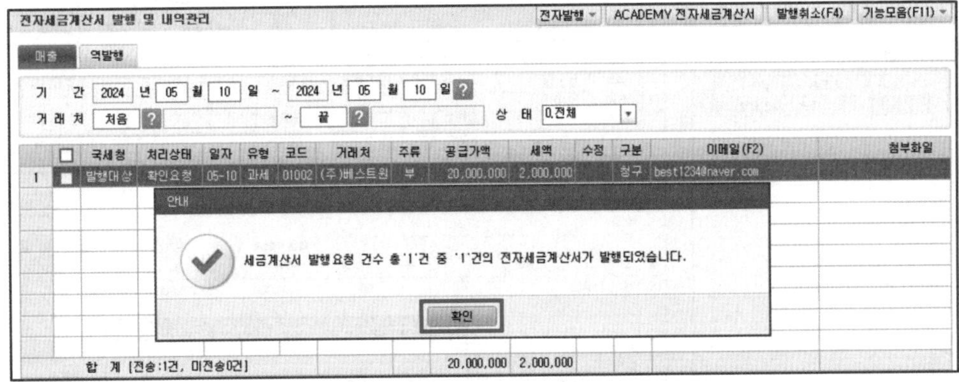

3 국세청 전송

① [전자세금계산서발행 및 내역관리]메뉴에서 [국세청]란에 '발행대상'으로 표기된 자료를 클릭하여 선택한 다음 [ACADEMY전자세금계산서] 아이콘을 클릭한다.

② 국세청 e-세로 사이트에 발급된 전자세금계산서를 전송하기 위하여 교육용으로 만든 가상서버인 Bill36524사이트로 로그인하며, 이때 아이디와 비밀번호는 [회사등록]시 등록한 사업자등록번호도 자동 부여된다.

③ [로그인]을 클릭하면 조회되는 전송화면에서 작성일자와 [매출조회Tab]을 클릭하면 전송 대상자료가 조회된다. 전송전에는 [신고]란이 '미전송'으로 표시되고, [관리번호]란이 빈 칸으로 되어 있다.

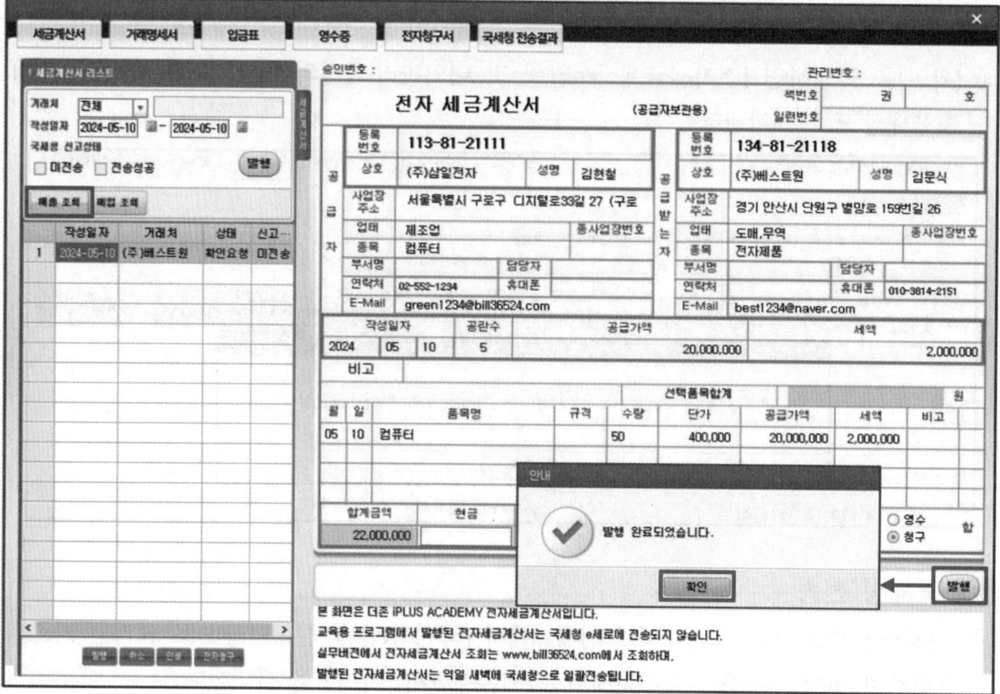

④ 화면 하단의 [발행]키를 클릭하면 [신고]란이 '전송성공'으로 표기되고 [관리번호]란에 발행번호가 자동으로 표기되면서 전송이 완료되었음을 확인할 수 있다.

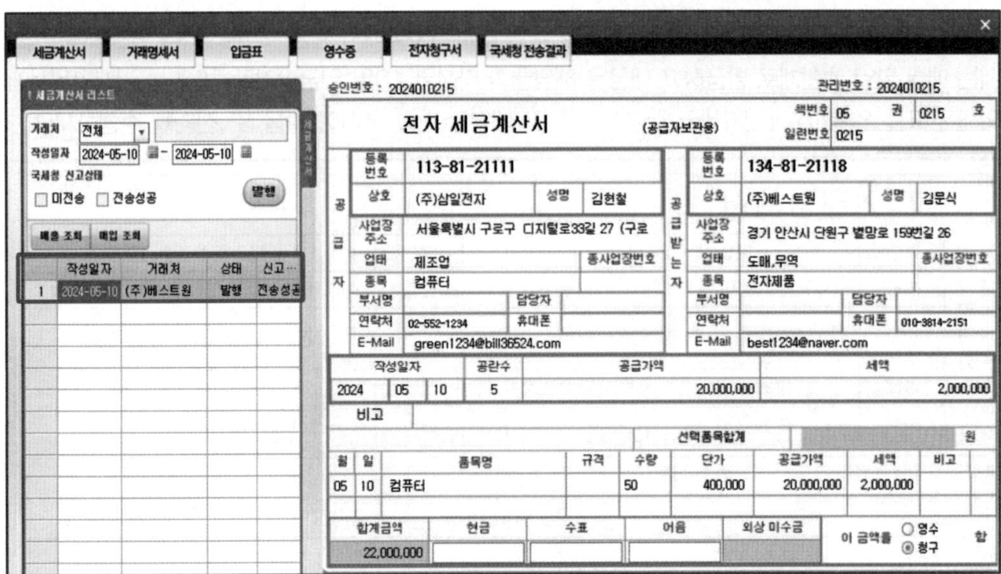

4 전자세금계산서 발행결과 확인

❶ [전자세금계산서발행 및 내역관리] 메뉴에서 결과 조회

[국세청]란에 '전송성공'으로 표기되어 전송이 완료되었음을 확인할 수 있다.

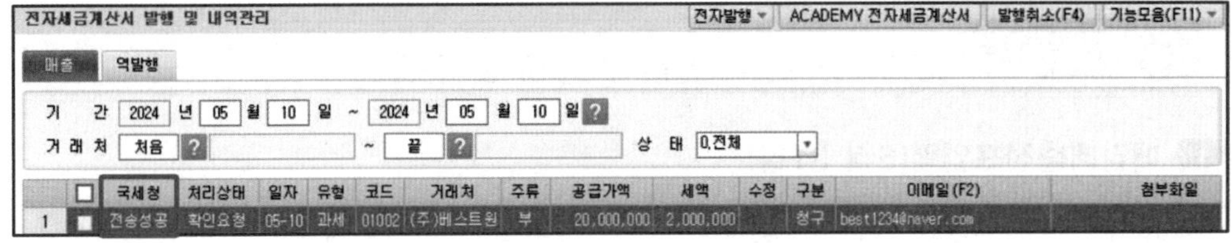

	국세청	처리상태	일자	유형	코드	거래처	주류	공급가액	세액	수정	구분	이메일(F2)	첨부화일
1	전송성공	확인요청	05-10	과세	01002	(주)베스트원	부	20,000,000	2,000,000		청구	best1234@naver.com	

❷ [매입매출전표입력] 메뉴에서 전송결과 확인

[매입매출전표입력] 메뉴에서 [전자세금]란에 '전자발행'으로 자동으로 표기되어 있음을 확인할 수 있다.

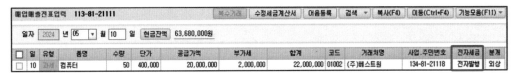

매입매출전표입력 113-81-21111

일자 2024 년 05 월 10 일 현금잔액 63,680,000원

일	유형	품명	수량	단가	공급가액	부가세	합계	코드	거래처명	사업.주민번호	전자세금	분개
10	과세	컴퓨터	50	400,000	20,000,000	2,000,000	22,000,000	01002	(주)베스트원	134-81-21118	전자발행	외상

수행과제 전자세금계산서(월합계) 발급 및 전송

제품을 외상으로 판매하고 전자세금계산서를 금일 bill36524에서 발급 · 전송하였다. 전자세금계산서는 매월 말일 월합계로 발급하고 대금은 해당월의 다음달 10일 입금받기로 하였다. 거래명세서에 의해 전표를 입력하고 [전자세금계산서 발행 및 내역관리]를 통하여 발급 및 전송을 수행하시오.

거래명세서 (공급자 보관용)

공급자	등록번호	113-81-21111		
	상호	(주)삼일전자	성명	김현철
	사업장 주소	서울 구로구 디지털로33길 27		
	업태	제조업외	종사업장번호	
	종목	컴퓨터외		
공급받는자	등록번호	417-81-21110		
	상호	하나기업(주)	성명	이창희
	사업장 주소	전남 여수시 신월로 699		
	업태	도·소매	종사업장번호	
	종목	전자제품		

거래일자	미수금액	공급가액	세액	총 합계금액
		28,000,000	2,800,000	30,800,000

NO	월	일	품목명	규격	수량	단가	공급가액	세액	합계
1	5	15	컴퓨터		30	400,000	12,000,000	1,200,000	13,200,000
2	5	20	노트북		20	800,000	16,000,000	1,600,000	17,600,000

수행과제 풀이 전자세금계산서(월합계) 발급 및 전송

1 매입매출전표입력(5월 31일)

거래유형	품명	공급가액	부가세	거래처	전자세금
11.과세	컴퓨터외	28,000,000원	2,800,000원	하나기업(주)	
분개유형	(차) 외상매출금	30,800,000원	(대) 제품매출		28,000,000원
2.외상			부가세예수금		2,800,000원

주의 복수거래로 입력, 월합계로 세금계산서를 발급하여야 하므로 작성일자는 5월 31일이 된다.

2 전자세금계산서 발행 및 내역관리

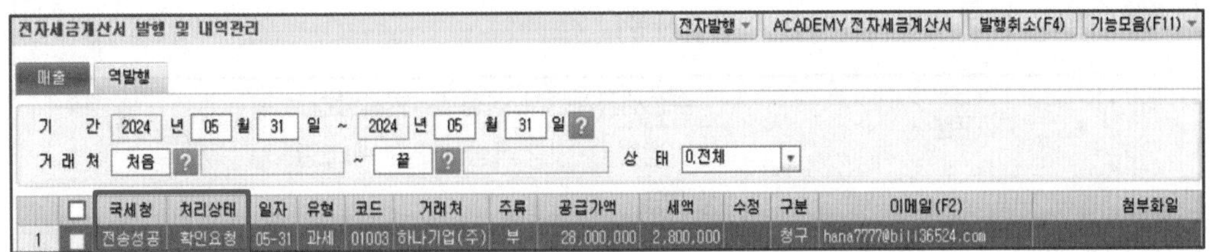

① '전자세금계산서 발행' 화면에서 발행(F3) 을 클릭한 다음 [확인]을 클릭한다.

② 국세청란에 '발행대상'으로 표시되면 ACADEMY 전자세금계산서 를 클릭한다.
좌측 화면: [세금계산서 리스트]에서 [미전송]으로 체크 후 [매출조회]를 클릭한다.
우측 화면: [전자세금계산서]에서 [발행]을 클릭한다.

02 수정전자세금계산서의 발급

필요 지식

전자세금계산서를 발급한 후 수정해야 할 사유가 발생한 경우, 반드시 적법한 수정 사유에 따른 수정세금계산서로만 발급하여야 한다. 수정전자세금계산서와 관련된 수정분개를 매입매출전표에 입력하고, 수정사유에 따른 수정전자세금계산서를 발급한다.

① [매입매출전표입력]에서 수정세금계산서를 입력한다.
② [전자세금계산서발행 및 내역관리]메뉴에서 데이터를 조회하여 발급 및 전송하며, 수정세금계산서 데이터의 경우에는 [수정] 항목에 수정사유가 표시된다.
③ 수정세금계산서를 발급 후 전송결과를 통해 처리상태를 확인한다.

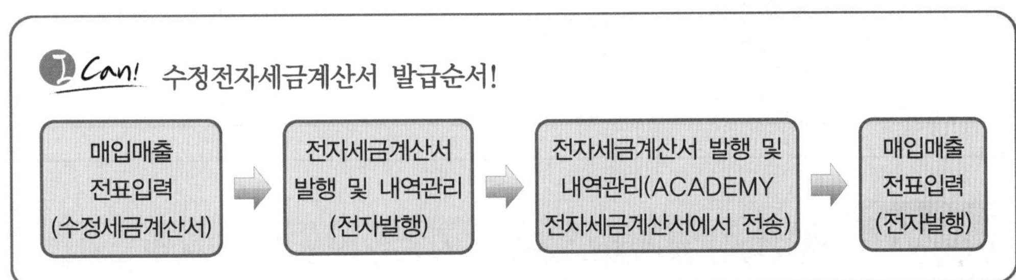

I Can! 수정 전자세금계산서 발급사유!

구분		수정세금계산서 작성 및 발급방법			발급기한
		방법	작성일자	비고란	
작성일자 소급 안됨	**환입** 당초 공급한 재화가 환입(반품)된 경우	**1장 발급** 환입금액분에 대하의 음(-)의 세금계산서 1장 발급	환입된날	처음 세금계산서 작성일자	환입된 날 다음달 10일
	계약의 해제 계약의 해제로 재화 또는 용역이 공급되지 않는 경우	**1장 발급** 음(-)의 세금계산서 1장 발급	계약해제일	처음 세금계산서 작성일자	계약해제일 다음달 10일
	공급가액 변동 판매실적에 따라 단가가 변동되거나, 잠정가액으로 공급 후 추후 공급가액이 확정되는 경우, 공급계약 후 당사자 간의 합의에 의하여 가격의 증감이 발생되는 경우	**1장 발급** 증감되는 분에 대하의 정(+) 또는 음(-)의 세금계산서 1장 발급	변동사유 발생일	처음 세금계산서 작성일자	변동사유발생일 다음달 10일
작성일자 소급	**내국신용장 사후개설** 재화 또는 용역을 공급한 후 공급시기가 속하는 과세기간 종료 후 25일 이내에 내국신용장이 개설되었거나 구매확인서가 발급된 경우	**2장 발급** 음(-)의 세금계산서 1장과 영세율세금계산서 1장 발급		내국신용장 개설일자	내국신용장 개설일 다음달 10일 (과세기간 종료 후 25일 이내에 개설된 경우 25일까지 발급)
	기재사항 착오정정 등 - 필요적 기재사항(공급자의 사업자 등록번호·성명·상호, 공급받는자 사업자등록번호, 작성연월일, 공급가액과 부가가치세액)등을 착오 또는 착오외의 사유로 잘못 작성하여 발급한 경우 - 세율을 잘못 적용하여 발급한 경우	**2장 발급** 음(-)의 세금계산서 1장과 정확한 세금계산서 1장 발급	처음 세금계산서 작성일 (단, 작성월일이 잘못 기재된 경우 실제 작성일)	-	착오: 착오 사실을 인식한 날 착오 외: 확정신고기한까지 발급
	착오에 의한 이중발급 등 - 착오로 이중 발급한 경우 - 면세 등 발급대상이 아닌 거래 등에 대하여 발급한 경우	**1장 발급** 음(-)의 세금계산서 1장 발급		-	착오 사실을 인식한 날

수행과제 수정전자세금계산서 발급(수정사유: 기재사항 착오정정)

[6월 1일] (주)한림사에 발급된 전자세금계산서의 작성일자는 계약조건에 의하여 6월 10일로 발급되어야 하는 건으로서 거래처의 요청에 의하여 수정전자세금계산서를 발급하기로 하였다. 수정전자세금계산서 발급을 수행하시오.

수행과제 풀이 수정전자세금계산서 발급(수정사유: 기재사항 착오정정)

❶ [매입매출전표입력] ➡ [6월 1일] 전표 선택 ➡ [수정세금계산서] Tab 클릭

❷ [수정사유] 화면에서 다음 사항을 입력 ➡ [확인(Tab)] 클릭

- 수정사유: 1. 기재사항 착오 · 정정
- 비 고: 기재사항착오항목 2. 작성년월일 선택

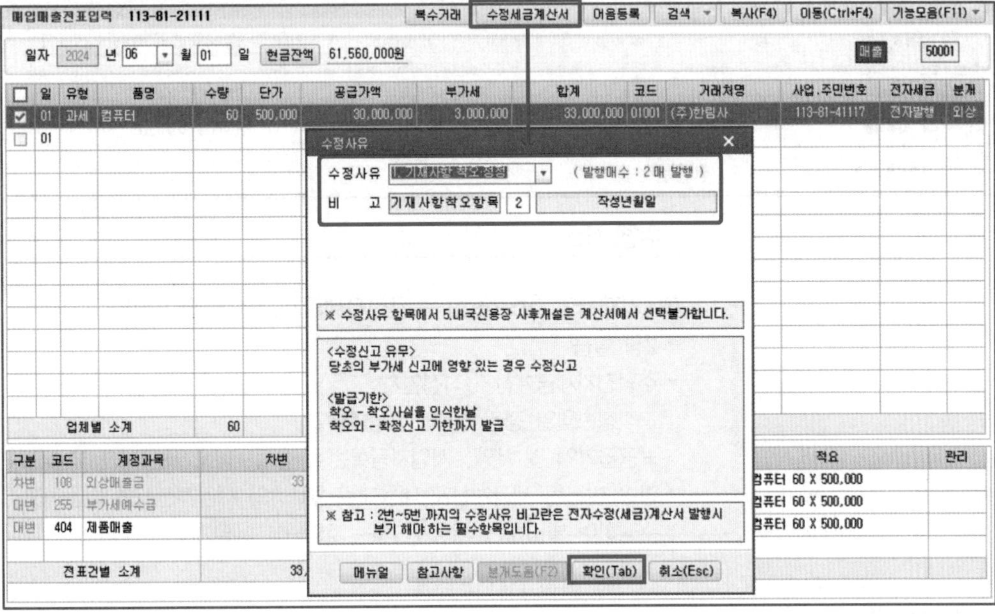

❸ [수정세금계산서(매출)] 화면이 나타난다.

❹ 수정분 [공급가액 ▲30,000,000원], [세액 ▲3,000,000원] 자동반영
수정분 [작성일자 6월 10일], [수량 60], [단가 500,000원], [공급가액 30,000,000원], [세액 3,000,000원] 입력 ➡ [확인(Tab)] 클릭

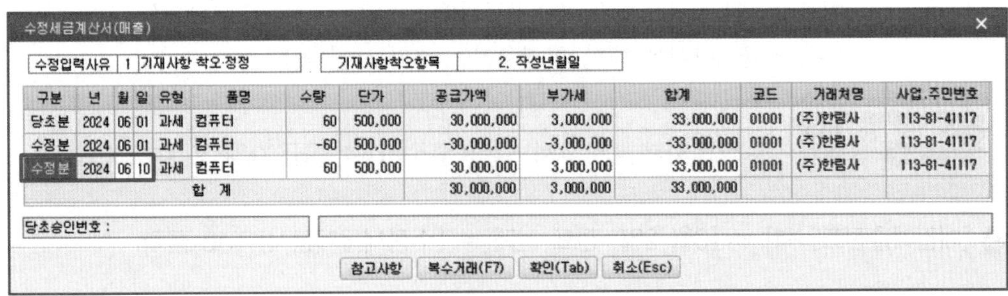

수정세금계산서(매출)

수정입력사유 1 기재사항 착오·정정 | 기재사항착오항목 2. 작성년월일

구분	년	월	일	유형	품명	수량	단가	공급가액	부가세	합계	코드	거래처명	사업.주민번호
당초분	2024	06	01	과세	컴퓨터	60	500,000	30,000,000	3,000,000	33,000,000	01001	(주)한림사	113-81-41117
수정분	2024	06	01	과세	컴퓨터	-60	500,000	-30,000,000	-3,000,000	-33,000,000	01001	(주)한림사	113-81-41117
수정분	2024	06	10	과세	컴퓨터	60	500,000	30,000,000	3,000,000	33,000,000	01001	(주)한림사	113-81-41117
					합 계			30,000,000	3,000,000	33,000,000			

당초승인번호 :

참고사항 | 복수거래(F7) | 확인(Tab) | 취소(Esc)

❺ [매입매출전표입력] 화면에 수정분이 입력된다.

매입매출전표입력 113-81-21111 | 복수거래 | 수정세금계산서 | 어음등록 | 검색 | 복사(F4) | 이동(Ctrl+F4) | 기능모음(F11)

일자 2024 년 06 월 일 | 현금잔액 65,350,000원 | 매출 | 50001

일	유형	품명	수량	단가	공급가액	부가세	합계	코드	거래처명	사업.주민번호	전자세금	분개
01	과세	컴퓨터	60	500,000	30,000,000	3,000,000	33,000,000	01001	(주)한림사	113-81-41117	전자발행	외상
01	과세	컴퓨터	-60	500,000	-30,000,000	-3,000,000	-33,000,000	01001	(주)한림사	113-81-41117		외상
02	과세	노트북	100	800,000	80,000,000	8,000,000	88,000,000	01003	하나기업(주)	417-81-21110	전자발행	외상
03	과세	컴퓨터	80	500,000	40,000,000	4,000,000	44,000,000	01001	(주)한림사	113-81-41117	전자발행	외상
04	과세	계약금			7,000,000	700,000	7,700,000	01004	홀림푸스(주)	301-81-21488	전자발행	현금
05	과세	프린트기	100	200,000	20,000,000	2,000,000	22,000,000	01002	(주)베스트원	134-81-21118	전자발행	외상
06	과세	컴퓨터	10	500,000	5,000,000	500,000	5,500,000	01005	두리온스(주)	108-81-21517	전자발행	외상
06	과세	컴퓨터	10	500,000	5,000,000	500,000	5,500,000	01005	두리온스(주)	108-81-21517	전자발행	외상
10	과세	컴퓨터	60	500,000	30,000,000	3,000,000	33,000,000	01001	(주)한림사	113-81-41117		외상
업체별 소계			140		70,000,000	7,000,000	77,000,000		수정세금, 당초분:2024/06/01, 전표번호:50001			

구분	코드	계정과목	차변	대변	코드	거래처	적요	관리
차변	108	외상매출금	33,000,000		01001	(주)한림사	컴퓨터 60 X 500,000	
대변	255	부가세예수금		3,000,000	01001	(주)한림사	컴퓨터 60 X 500,000	
대변	404	제품매출		30,000,000	01001	(주)한림사	컴퓨터 60 X 500,000	
전표건별 소계			33,000,000	33,000,000				

수행 tip

[기재사항 착오정정] 수정전자세금계산서 발급 방법!

- 2장 발급
- 수정전자세금계산서 작성일자
  - 작성년월일 정정: 실제 작성년월일
  - 공급가액 및 세액, 사업자등록번호 정정: 당초 세금계산서작성일
- 당초 발급된 세금계산서 내용대로 부(-)의 세금계산서를 발급하고, 수정하여 발급하는 세금계산서는 정(+)의 세금계산서 발급

수행과제 수정전자세금계산서 발급(수정사유: 공급가액 변동)

[6월 2일] 하나기업(주)에 공급한 제품의 결제대금이 당초의 결제조건에 의하여 6월 11일 5% 할인된 금액만큼 차감하고 한국은행 보통예금통장에 전액 입금되었다. 수정전자세금계산서 발급을 수행하시오.

➡ 매출할인액 = 80,000,000(공급가액) × 5% = 4,000,000원
(수정세금계산서에 대한 회계처리만 하기로 한다.)

수행과제 풀이 수정전자세금계산서 발급(수정사유: 공급가액 변동)

❶ [매입매출전표입력] ➡ [6월 2일] 전표 선택 ➡ [수정세금계산서] Tab 클릭

❷ [수정사유] 화면에서 다음 사항을 입력 ➡ [확인(Tab)] 클릭
- 수정사유: 2. 공급가액 변동

• 비　　고: 당초세금계산서 작성일 2024.06.02. 자동반영

수정사유
수정사유 2.공급가액 변동 (발행매수 : 1매 발행)
비　고 당초(세금)계산서작성일 2024 년 06 월 02 일

❸ [수정세금계산서(매출)] 화면이 나타난다.

❹ 수정분 [작성일자 6월 11일], [공급가액 ▲4,000,000원], [세액 ▲400,000원] 입력
➡ [확인(Tab)] 클릭

수정세금계산서(매출)

수정입력사유 2 공급가액 변동　　당초(세금)계산서작성 2024-06-02

구분	년	월	일	유형	품명	수량	단가	공급가액	부가세	합계	코드	거래처명	사업.주민번호
당초분	2024	06	02	과세	노트북	100	800,000	80,000,000	8,000,000	88,000,000	01003	하나기업(주)	417-81-21110
수정분	2024	06	11	과세	노트북			-4,000,000	-400,000	-4,400,000	01003	하나기업(주)	417-81-21110
합 계								76,000,000	7,600,000	83,600,000			

당초승인번호 :

참고사항 | 복수거래(F7) | 확인(Tab) | 취소(Esc)

❺ [매입매출전표입력] 화면에 수정분이 입력된다.

매입매출전표입력 113-81-21111　　복수거래 | 수정세금계산서 | 어음등록 | 검색 | 복사(F4) | 이동(Ctrl+F4) | 기능모음(F11)

일자 2024 년 06 월 　 일　현금잔액 65,350,000원　　매출　50001

일	유형	품명	수량	단가	공급가액	부가세	합계	코드	거래처명	사업.주민번호	전자세금	분개
01	과세	컴퓨터	60	500,000	30,000,000	3,000,000	33,000,000	01001	(주)한림사	113-81-41117	전자발행	외상
01	과세	컴퓨터	-60	500,000	-30,000,000	-3,000,000	-33,000,000	01001	(주)한림사	113-81-41117		외상
02	과세	노트북	100	800,000	80,000,000	8,000,000	88,000,000	01003	하나기업(주)	417-81-21110	전자발행	외상
03	과세	컴퓨터	80	500,000	40,000,000	4,000,000	44,000,000	01001	(주)한림사	113-81-41117	전자발행	외상
04	과세	계약금			7,000,000	700,000	7,700,000	01004	솔림푸스(주)	301-81-21488	전자발행	현금
05	과세	프린트기	100	200,000	20,000,000	2,000,000	22,000,000	01002	(주)베스트원	134-81-21118	전자발행	외상
06	과세	컴퓨터	10	500,000	5,000,000	500,000	5,500,000	01005	두리온스(주)	108-81-21517	전자발행	외상
06	과세	컴퓨터	10	500,000	5,000,000	500,000	5,500,000	01005	두리온스(주)	108-81-21517	전자발행	외상
10	과세	컴퓨터	60	500,000	30,000,000	3,000,000	33,000,000	01001	(주)한림사	113-81-41117		외상
11	과세	노트북			-4,000,000	-400,000	-4,400,000	01003	하나기업(주)	417-81-21110		외상
	업체별 소계		100		76,000,000	7,600,000	83,600,000		수정세금, 당초분:2024/06/02, 전표번호:50001			

수행 tip

[공급가액 변동] 수정전자세금계산서 발급방법!

• 1장 발급
• 수정전자세금계산서 작성일자: 증감사유가 발생한 일자
• 추가되는 금액은 정(+)의 세금계산서를 발급하고, 차감되는 금액은 부(−)로 발급

수행과제 수정전자세금계산서 발급(수정사유: 환입)

[6월 3일] (주)한림사에 납품한 제품(전자세금계산서 발급 건) 중 일부 하자가 발생하여 10대를 반입하기로 결정하였다. 수정전자세금계산서 발급을 수행하시오.

➡ 환입일자: 2024.06.12.

수행과제 풀이 수정전자세금계산서 발급(수정사유: 환입)

❶ [매입매출전표입력] ➡ [6월 3일] 전표 선택 ➡ [수정세금계산서] Tab 클릭

❷ [수정사유] 화면에서 다음 사항을 입력 ➡ [확인(Tab)] 클릭

- 수정사유: 3. 환입
- 비　　고: 당초세금계산서 작성일 2024.06.03. 자동반영

❸ [수정세금계산서(매출)] 화면이 나타난다.

❹ 수정분 [작성일자 6월 12일], [수량 ▲10], [단가 500,000원] [공급가액 ▲5,000,000원], [세액 ▲500,000원] 입력 ➡ [확인(Tab)] 클릭

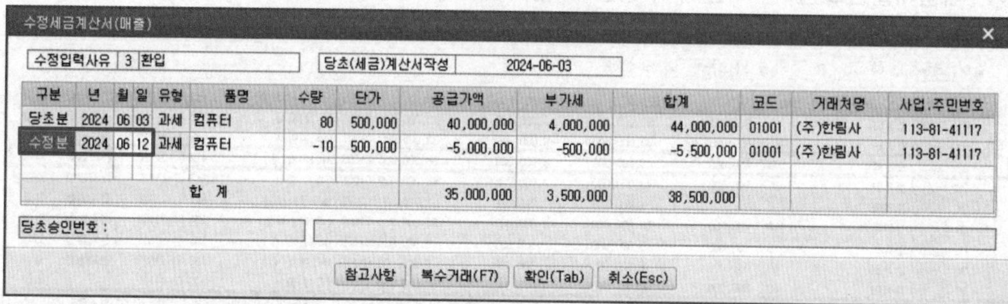

수정세금계산서(매출)

수정입력사유 3 환입 | 당초(세금)계산서작성 2024-06-03

구분	년	월	일	유형	품명	수량	단가	공급가액	부가세	합계	코드	거래처명	사업.주민번호
당초분	2024	06	03	과세	컴퓨터	80	500,000	40,000,000	4,000,000	44,000,000	01001	(주)한림사	113-81-41117
수정분	2024	06	12	과세	컴퓨터	-10	500,000	-5,000,000	-500,000	-5,500,000	01001	(주)한림사	113-81-41117
					합 계			35,000,000	3,500,000	38,500,000			

당초승인번호 :

참고사항 | 복수거래(F7) | 확인(Tab) | 취소(Esc)

❺ [매입매출전표입력] 화면에 수정분이 입력된다.

매입매출전표입력 113-81-21111 | 복수거래 | 수정세금계산서 | 어음등록 | 검색 | 복사(F4) | 이동(Ctrl+F4) | 기능모음(F11)

일자 2024 년 06 월 일 | 현금잔액 65,350,000원 | 매출 | 50001

일	유형	품명	수량	단가	공급가액	부가세	합계	코드	거래처명	사업.주민번호	전자세금	분개
01	과세	컴퓨터	60	500,000	30,000,000	3,000,000	33,000,000	01001	(주)한림사	113-81-41117	전자발행	외상
01	과세	컴퓨터	-60	500,000	-30,000,000	-3,000,000	-33,000,000	01001	(주)한림사	113-81-41117		외상
02	과세	노트북	100	800,000	80,000,000	8,000,000	88,000,000	01003	하나기업(주)	417-81-21110	전자발행	외상
03	과세	컴퓨터	80	500,000	40,000,000	4,000,000	44,000,000	01001	(주)한림사	113-81-41117	전자발행	외상
04	과세	계약금			7,000,000	700,000	7,700,000	01004	올림푸스(주)	301-81-21488	전자발행	현금
05	과세	프린트기	100	200,000	20,000,000	2,000,000	22,000,000	01002	(주)베스트원	134-81-21118	전자발행	외상
06	과세	컴퓨터	10	500,000	5,000,000	500,000	5,500,000	01005	두리온스(주)	108-81-21517	전자발행	외상
06	과세	컴퓨터	10	500,000	5,000,000	500,000	5,500,000	01005	두리온스(주)	108-81-21517	전자발행	외상
10	과세	컴퓨터	60	500,000	30,000,000	3,000,000	33,000,000	01001	(주)한림사	113-81-41117		외상
11	과세	노트북			-4,000,000	-400,000	-4,400,000	01003	하나기업(주)	417-81-21110		외상
12	과세	컴퓨터	-10	500,000	-5,000,000	-500,000	-5,500,000	01001	(주)한림사	113-81-41117		외상
		업체별 소계	130		65,000,000	6,500,000	71,500,000		수정세금, 당초분:2024/06/03, 전표번호:50001			

수행 tip

[환입] 수정전자세금계산서 발급방법!
- 1장 발급
- 수정전자세금계산서 작성일자: 환입된 일자
- 비고란에 당초 세금계산서 작성일자를 부기한 후 반품된 금액만큼만 부의 표시(-)를 하여 발급

수행과제 수정전자세금계산서 발급(수정사유: 계약의 해제)

[6월 4일] 올림푸스(주)에 계약금 수령 후 발급된 전자세금계산서는 납품일정 지연이 불가피하여, 거래처와 협의 후 계약을 해제하기로 합의하였으며 계약금은 전액 현금으로 지급하였다. 수정전자세금계산서 발급을 수행하시오.

➡ 계약의 해제일: 2024.06.13.

수행과제 풀이 수정전자세금계산서 발급(수정사유: 계약의 해제)

❶ [매입매출전표입력] ➡ [6월 4일] 전표 선택 ➡ [수정세금계산서] Tab 클릭

❷ [수정사유] 화면에서 다음 사항을 입력 ➡ [확인(Tab)] 클릭
- 수정사유: 4. 계약의 해제
- 비　　고: 당초세금계산서작성일 2024.06.04. 자동반영

수정사유
수정사유 4. 계약의 해제 (발행매수 : 1매 발행)
비　고 당초(세금)계산서작성일 2024 년 06 월 04 일

❸ [수정세금계산서(매출)] 화면이 나타난다.

❹ 수정분 [작성일자 6월 13일], [공급가액 ▲7,000,000원], [세액 ▲700,000원] 자동반영 ➡ [확인(Tab)] 클릭

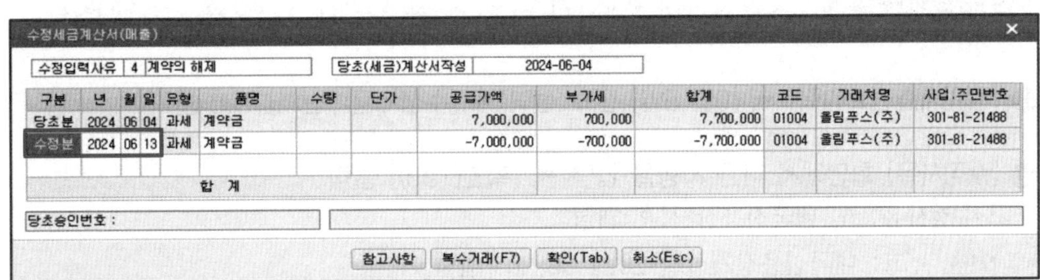
수정세금계산서(매출)

수정입력사유 4 계약의 해제　　당초(세금)계산서작성 2024-06-04

구분	년	월	일	유형	품명	수량	단가	공급가액	부가세	합계	코드	거래처명	사업.주민번호
당초분	2024	06	04	과세	계약금			7,000,000	700,000	7,700,000	01004	올림푸스(주)	301-81-21488
수정분	2024	06	13	과세	계약금			-7,000,000	-700,000	-7,700,000	01004	올림푸스(주)	301-81-21488
					합 계								

당초승인번호 :

참고사항 / 복수거래(F7) / 확인(Tab) / 취소(Esc)

❺ [매입매출전표입력] 화면에 수정분이 입력된다.

매입매출전표입력 113-81-21111 | 복수거래 | 수정세금계산서 | 어음등록 | 검색 | 복사(F4) | 이동(Ctrl+F4) | 기능모음(F11)

일자 2024 년 06 월 일 현금잔액 57,650,000원 매출 50001

일	유형	품명	수량	단가	공급가액	부가세	합계	코드	거래처명	사업.주민번호	전자세금	분개
01	과세	컴퓨터	60	500,000	30,000,000	3,000,000	33,000,000	01001	(주)한림사	113-81-41117	전자발행	외상
01	과세	컴퓨터	-60	500,000	-30,000,000	-3,000,000	-33,000,000	01001	(주)한림사	113-81-41117		외상
02	과세	노트북	100	800,000	80,000,000	8,000,000	88,000,000	01003	하나기업(주)	417-81-21110	전자발행	외상
03	과세	컴퓨터	80	500,000	40,000,000	4,000,000	44,000,000	01001	(주)한림사	113-81-41117	전자발행	외상
04	과세	계약금			7,000,000	700,000	7,700,000	01004	흘림푸스(주)	301-81-21488	전자발행	현금
05	과세	프린트기	100	200,000	20,000,000	2,000,000	22,000,000	01002	(주)베스트원	134-81-21118	전자발행	외상
06	과세	컴퓨터	10	500,000	5,000,000	500,000	5,500,000	01005	두리온스(주)	108-81-21517	전자발행	외상
06	과세	컴퓨터	10	500,000	5,000,000	500,000	5,500,000	01005	두리온스(주)	108-81-21517	전자발행	외상
10	과세	컴퓨터	60	500,000	30,000,000	3,000,000	33,000,000	01001	(주)한림사	113-81-41117		외상
11	과세	노트북			-4,000,000	-400,000	-4,400,000	01003	하나기업(주)	417-81-21110		외상
12	과세	컴퓨터	-10	500,000	-5,000,000	-500,000	-5,500,000	01001	(주)한림사	113-81-41117		외상
13	과세	계약금			-7,000,000	-700,000	-7,700,000	01004	흘림푸스(주)	301-81-21488		현금
		업체별 소계										

수정세금, 당초분:2024/06/04, 전표번호:50001

구분	코드	계정과목	차변	대변	코드	거래처	적요	관리
입금	255	부가세예수금	현금	-700,000	01004	흘림푸스(주)	계약금	
입금	259	선수금	현금	-7,000,000	01004	흘림푸스(주)	계약금	
		전표건별 소계	-7,700,000	-7,700,000				

주의 선수금으로 계정과목을 수정한다.

수행 tip

[계약의 해제] 수정전자세금계산서 발급 방법!

- 1장 발급
- 수정전자세금계산서 작성일자: 계약해제일
- 당초에 발급한 세금계산서를 부(−)의 표시를 하여 발급

수행과제 수정전자세금계산서 발급(수정사유: 내국신용장 사후개설)

[6월 5일] 발급한 전자세금계산서는 (주)베스트원이 내국신용장을 사후 개설하고 영세율을 적용하기로 하였다. ➡ 내국신용장 개설일자: 2024.06.20.

수행과제 풀이 수정전자세금계산서 발급(수정사유: 내국신용장 사후개설)

❶ [매입매출전표입력] ➡ [6월 5일] 전표 선택 ➡ [수정세금계산서] Tab 클릭

❷ [수정사유] 화면에서 다음 사항을 입력 ➡ [확인(Tab)] 클릭

- 수정사유: 5. 내국신용장 사후 개설
- 비　　고: 내국신용장개설일 2024.06.20. 입력

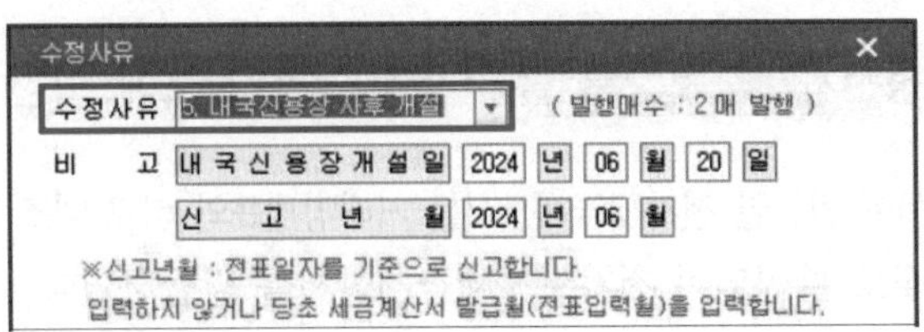

수정사유

수정사유 5. 내국신용장 사후 개설 (발행매수 : 2매 발행)

비 고 내국신용장개설일 2024 년 06 월 20 일

신고년월 2024 년 06 월

※신고년월 : 전표일자를 기준으로 신고합니다.
입력하지 않거나 당초 세금계산서 발급월(전표입력월)을 입력합니다.

❸ [수정세금계산서(매출)] 화면이 나타난다.

❹ 수정분 [공급가액 ▲20,000,000원], [세액 ▲2,000,000원] 자동반영
수정분 [공급가액 20,000,000원], [세액 0원] 입력 ➡ [확인(Tab)] 클릭

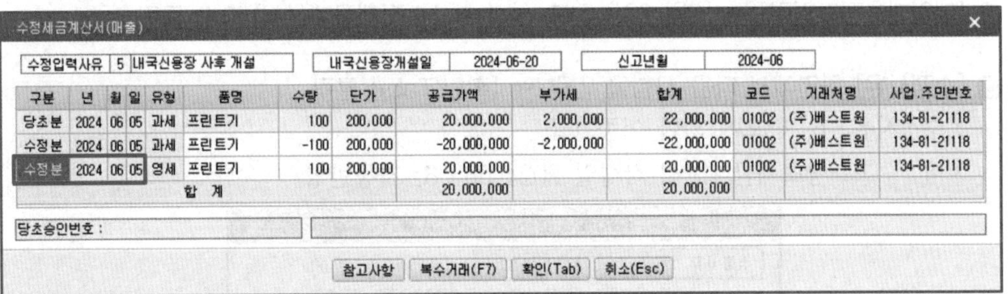

수정세금계산서(매출)

수정입력사유 5 내국신용장 사후 개설 | 내국신용장개설일 2024-06-20 | 신고년월 2024-06

구분	년	월	일	유형	품명	수량	단가	공급가액	부가세	합계	코드	거래처명	사업.주민번호
당초분	2024	06	05	과세	프린트기	100	200,000	20,000,000	2,000,000	22,000,000	01002	(주)베스트원	134-81-21118
수정분	2024	06	05	과세	프린트기	-100	200,000	-20,000,000	-2,000,000	-22,000,000	01002	(주)베스트원	134-81-21118
수정분	2024	06	05	영세	프린트기	100	200,000	20,000,000		20,000,000	01002	(주)베스트원	134-81-21118
					합 계			20,000,000		20,000,000			

당초승인번호 :

참고사항 | 복수거래(F7) | 확인(Tab) | 취소(Esc)

❺ [매입매출전표입력] 화면에 수정분이 입력된다.

매입매출전표입력 113-81-21111 | 복수거래 | 수정세금계산서 | 어음등록 | 검색 | 복사(F4) | 이동(Ctrl+F4) | 기능모음(F11)

일자 2024 년 06 월 일 현금잔액 57,650,000원 매출 50003

일	유형	품명	수량	단가	공급가액	부가세	합계	코드	거래처명	사업.주민번호	전자세금	분개
01	과세	컴퓨터	-60	500,000	-30,000,000	-3,000,000	-33,000,000	01001	(주)한림사	113-81-41117		외상
02	과세	노트북	100	800,000	80,000,000	8,000,000	88,000,000	01003	하나기업(주)	417-81-21110	전자발행	외상
03	과세	컴퓨터	80	500,000	40,000,000	4,000,000	44,000,000	01001	(주)한림사	113-81-41117	전자발행	외상
04	과세	계약금			7,000,000	700,000	7,700,000	01004	홀림푸스(주)	301-81-21488	전자발행	현금
05	과세	프린트기	100	200,000	20,000,000	2,000,000	22,000,000	01002	(주)베스트원	134-81-21118	전자발행	외상
05	과세	프린트기	-100	200,000	-20,000,000	-2,000,000	-22,000,000	01002	(주)베스트원	134-81-21118		외상
05	영세	프린트기	100	200,000	20,000,000		20,000,000	01002	(주)베스트원	134-81-21118		외상
06	과세	컴퓨터	10	500,000	5,000,000	500,000	5,500,000	01005	두리온스(주)	108-81-21517	전자발행	외상
06	과세	컴퓨터	10	500,000	5,000,000	500,000	5,500,000	01005	두리온스(주)	108-81-21517	전자발행	외상
10	과세	컴퓨터	60	500,000	30,000,000	3,000,000	33,000,000	01001	(주)한림사	113-81-41117		외상
11	과세	노트북			-4,000,000	-400,000	-4,400,000	01003	하나기업(주)	417-81-21110		외상
12	과세	컴퓨터	-10	500,000	-5,000,000	-500,000	-5,500,000	01001	(주)한림사	113-81-41117		외상
13	과세	계약금			-7,000,000	-700,000	-7,700,000	01004	홀림푸스(주)	301-81-21488		현금
	업체별 소계		100		20,000,000		20,000,000	수정세금, 당초분:2024/06/05, 전표번호:50001				

수행 tip

[내국신용장 사후개설] 수정전자세금계산서 발급방법!

- 2장 발급
- 수정전자세금계산서 작성일자: 당초세금계산서 작성일
- 비고란에 내국신용장 개설일 등을 부기하고, 당초에 발급한 세금계산서는 부의 표시(–)를 하여 발급하고, 추가하여 영세율 세금계산서 발급

수행과제 수정전자세금계산서 발급(수정사유: 착오에 의한 이중발급)

[6월 6일] 두리온스(주)에 발급한 전자세금계산서를 거래명세표와 비교 대조 결과, 동일 건을 이중발급한 사실로 확인되어 전자수정세금계산서를 발급하였다. 수정전자세금계산서 발급을 수행하시오.

수행과제 풀이 수정전자세금계산서 발급(수정사유: 착오에 의한 이중발급)

❶ [매입매출전표입력] ➡ [6월 6일] 전표 선택 ➡ [수정세금계산서] Tab 클릭

❷ [수정사유] 화면에서 다음 사항을 입력 ➡ [확인(Tab)] 클릭

- 수정사유: 6. 착오에 의한 이중발급
- 비　　고: 당초세금계산서 작성일 2024.06.06. 자동반영

❸ 수정세금계산서(매출)] 화면이 나타난다.

❹ 수정분 [작성일자 6월 6일], [공급가액 ▲5,000,000원], [세액 ▲500,000원] 입력 ➡ [확인(Tab)] 클릭

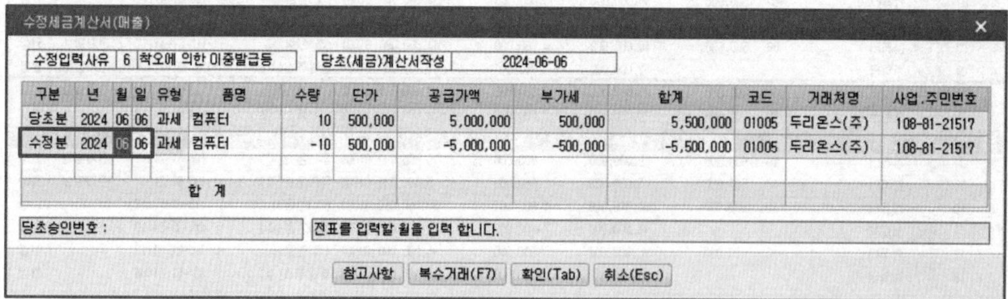
수정세금계산서(매출)

수정입력사유 6 착오에 의한 이중발급등 | 당초(세금)계산서작성 2024-06-06

구분	년	월	일	유형	품명	수량	단가	공급가액	부가세	합계	코드	거래처명	사업.주민번호
당초분	2024	06	06	과세	컴퓨터	10	500,000	5,000,000	500,000	5,500,000	01005	두리온스(주)	108-81-21517
수정분	2024	06	06	과세	컴퓨터	-10	500,000	-5,000,000	-500,000	-5,500,000	01005	두리온스(주)	108-81-21517
합 계													

당초승인번호 :

전표를 입력할 월을 입력 합니다.

참고사항 | 복수거래(F7) | 확인(Tab) | 취소(Esc)

❺ [매입매출전표입력] 화면에 수정분이 입력된다.

매입매출전표입력 113-81-21111 | 복수거래 | 수정세금계산서 | 어음등록 | 검색 | 복사(F4) | 이동(Ctrl+F4) | 기능모음(F11)

일자 2024 년 06 월 일 | 현금잔액 57,650,000원 | 매출 | 50003

일	유형	품명	수량	단가	공급가액	부가세	합계	코드	거래처명	사업.주민번호	전자세금	분개
02	과세	노트북	100	800,000	80,000,000	8,000,000	88,000,000	01003	하나기업(주)	417-81-21110	전자발행	외상
03	과세	컴퓨터	80	500,000	40,000,000	4,000,000	44,000,000	01001	(주)한림사	113-81-41117	전자발행	외상
04	과세	계약금			7,000,000	700,000	7,700,000	01004	올림푸스(주)	301-81-21488	전자발행	현금
05	과세	프린트기	100	200,000	20,000,000	2,000,000	22,000,000	01002	(주)베스트원	134-81-21118	전자발행	외상
05	과세	프린트기	-100	200,000	-20,000,000	-2,000,000	-22,000,000	01002	(주)베스트원	134-81-21118		외상
05	영세	프린트기	100	200,000	20,000,000		20,000,000	01002	(주)베스트원	134-81-21118		외상
06	과세	컴퓨터	10	500,000	5,000,000	500,000	5,500,000	01005	두리온스(주)	108-81-21517	전자발행	외상
06	과세	컴퓨터	10	500,000	5,000,000	500,000	5,500,000	01005	두리온스(주)	108-81-21517	전자발행	외상
06	과세	컴퓨터	-10	500,000	-5,000,000	-500,000	-5,500,000	01005	두리온스(주)	108-81-21517		외상
10	과세	컴퓨터	60	500,000	30,000,000	3,000,000	33,000,000	01001	(주)한림사	113-81-41117		외상
11	과세	노트북			-4,000,000	-400,000	-4,400,000	01003	하나기업(주)	417-81-21110		외상
12	과세	컴퓨터	-10	500,000	-5,000,000	-500,000	-5,500,000	01001	(주)한림사	113-81-41117		외상
13	과세	계약금			-7,000,000	-700,000	-7,700,000	01004	올림푸스(주)	301-81-21488		현금
	업체별 소계		10		5,000,000	500,000	5,500,000		수정세금, 당초분:2024/06/06, 전표번호:50002			

수행 tip

[착오에 의한 이중발급] 수정전자세금계산서 발급방법!

- 1장 발급
- 수정전자세금계산서 작성일자: 당초세금계산서 작성일
- 당초에 발급한 세금계산서의 내용대로 부(−)의 표시를 하여 발급

03 수정전자세금계산서의 전송

필요 지식

[매입매출전표입력] 메뉴에 입력된 자료를 [전자세금계산서발행 및 내역관리] 메뉴에서 발행 및 전송한다.

수행과제 수정전자세금계산서 발급 및 전송

수정 전자세금계산서 발급내역에 대하여 전자세금계산서를 발급 및 전송을 수행하시오.

수행과제 풀이 수정전자세금계산서 발급 및 전송

❶ [전자세금계산서 발행 및 내역관리] 메뉴 [매출] TAB에서 미전송된 내역 8건을 조회하여 전자세금계산서를 발행하고 국세청에 전송한다.(8건을 모두 발행 전송한다.)

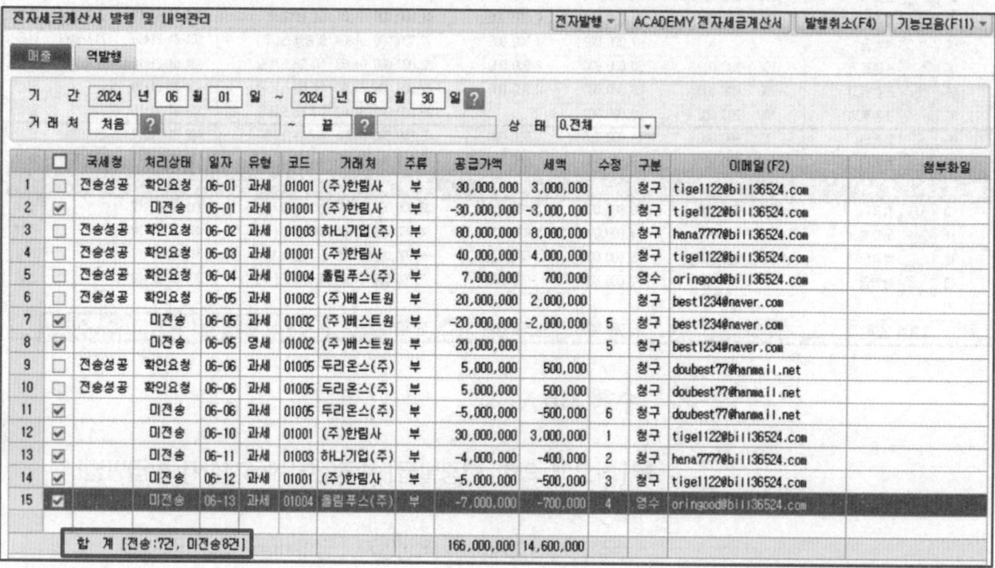

전자세금계산서 발행 및 내역관리 | 전자발행 | ACADEMY 전자세금계산서 | 발행취소(F4) | 기능모음(F11)

매출 | 역발행

기 간 2024 년 06 월 01 일 ~ 2024 년 06 월 30 일
거래처 처음 ~ 끝 상태 0.전체

	□	국세청	처리상태	일자	유형	코드	거래처	주류	공급가액	세액	수정	구분	이메일(F2)	첨부화일
1	□	전송성공	확인요청	06-01	과세	01001	(주)한림사	부	30,000,000	3,000,000		청구	tige1122@bill36524.com	
2	☑		미전송	06-01	과세	01001	(주)한림사	부	-30,000,000	-3,000,000	1	청구	tige1122@bill36524.com	
3	□	전송성공	확인요청	06-02	과세	01003	하나기업(주)	부	80,000,000	8,000,000		청구	hana7777@bill36524.com	
4	□	전송성공	확인요청	06-03	과세	01001	(주)한림사	부	40,000,000	4,000,000		청구	tige1122@bill36524.com	
5	□	전송성공	확인요청	06-04	과세	01004	올림푸스(주)	부	7,000,000	700,000		영수	oringood@bill36524.com	
6	□	전송성공	확인요청	06-05	과세	01002	(주)베스트원	부	20,000,000	2,000,000		청구	best1234@naver.com	
7	☑		미전송	06-05	과세	01002	(주)베스트원	부	-20,000,000	-2,000,000	5	청구	best1234@naver.com	
8	☑		미전송	06-05	영세	01002	(주)베스트원	부	20,000,000		5	청구	best1234@naver.com	
9	□	전송성공	확인요청	06-06	과세	01005	두리온스(주)	부	5,000,000	500,000		청구	doubest77@hanmail.net	
10	□	전송성공	확인요청	06-06	과세	01005	두리온스(주)	부	5,000,000	500,000		청구	doubest77@hanmail.net	
11	☑		미전송	06-06	과세	01005	두리온스(주)	부	-5,000,000	-500,000	6	청구	doubest77@hanmail.net	
12	☑		미전송	06-10	과세	01001	(주)한림사	부	30,000,000	3,000,000	1	청구	tige1122@bill36524.com	
13	☑		미전송	06-11	과세	01003	하나기업(주)	부	-4,000,000	-400,000	2	청구	hana7777@bill36524.com	
14	☑		미전송	06-12	과세	01001	(주)한림사	부	-5,000,000	-500,000	3	청구	tige1122@bill36524.com	
15	☑		미전송	06-13	과세	01004	올림푸스(주)	부	-7,000,000	-700,000	4	영수	oringood@bill36524.com	
		합 계 [전송:7건, 미전송8건]							166,000,000	14,600,000				

❷ [매입매출전표입력] 메뉴에서 전송결과를 확인한다.

매입매출전표입력 113-81-21111 | 복수거래 | 수정세금계산서 | 어음등록 | 검색 | 복사(F4) | 이동(Ctrl+F4) | 기능모음(F11)

일자 2024 년 06 월 일 현금잔액 57,650,000원

□	일	유형	품명	수량	단가	공급가액	부가세	합계	코드	거래처명	사업.주민번호	전자세금	분개
□	01	과세	컴퓨터	60	500,000	30,000,000	3,000,000	33,000,000	01001	(주)한림사	113-81-41117	전자발행	외상
□	01	과세	컴퓨터	-60	500,000	-30,000,000	-3,000,000	-33,000,000	01001	(주)한림사	113-81-41117	전자발행	외상
□	02	과세	노트북	100	800,000	80,000,000	8,000,000	88,000,000	01003	하나기업(주)	417-81-21110	전자발행	외상
□	03	과세	컴퓨터	80	500,000	40,000,000	4,000,000	44,000,000	01001	(주)한림사	113-81-41117	전자발행	외상
□	04	과세	계약금			7,000,000	700,000	7,700,000	01004	올림푸스(주)	301-81-21488	전자발행	현금
□	05	과세	프린트기	100	200,000	20,000,000	2,000,000	22,000,000	01002	(주)베스트원	134-81-21118	전자발행	외상
□	05	과세	프린트기	-100	200,000	-20,000,000	-2,000,000	-22,000,000	01002	(주)베스트원	134-81-21118	전자발행	외상
□	05	영세	프린트기	100	200,000	20,000,000		20,000,000	01002	(주)베스트원	134-81-21118	전자발행	외상
□	06	과세	컴퓨터	10	500,000	5,000,000	500,000	5,500,000	01005	두리온스(주)	108-81-21517	전자발행	외상
□	06	과세	컴퓨터	10	500,000	5,000,000	500,000	5,500,000	01005	두리온스(주)	108-81-21517	전자발행	외상
□	06	과세	컴퓨터	-10	500,000	-5,000,000	-500,000	-5,500,000	01005	두리온스(주)	108-81-21517	전자발행	외상
□	10	과세	컴퓨터	60	500,000	30,000,000	3,000,000	33,000,000	01001	(주)한림사	113-81-41117	전자발행	외상
□	11	과세	노트북			-4,000,000	-400,000	-4,400,000	01003	하나기업(주)	417-81-21110	전자발행	외상
□	12	과세	컴퓨터	-10	500,000	-5,000,000	-500,000	-5,500,000	01001	(주)한림사	113-81-41117	전자발행	외상
□	13	과세	계약금			-7,000,000	-700,000	-7,700,000	01004	올림푸스(주)	301-81-21488	전자발행	현금
□													
			업체별 소계										

제 2 절 부가가치세 부속서류 작성하기(NCS 능력단위요소)

부가가치세 신고와 관련된 매입·매출자료를 입력하며, 입력된 자료는 매입매출장과 부가가치세신고서 및 해당부속서류메뉴에 자동으로 반영된다.

화면구성은 매입매출 거래내용을 입력하는 상단부와 분개를 입력하는 하단부로 구분된다. 상단부는 부가가치세 관련 각 신고자료(부가가치세신고서, 세금계산서합계표, 매입매출장 등)로 활용되며, 하단부는 재무회계자료(계정별원장, 재무제표 등)에 반영된다.

▎매입매출전표 입력 주요항목별 입력내용 및 방법▐

항목	입력내용 및 방법
유 형	입력되는 매입매출자료의 유형코드 2자리를 입력한다. 유형은 크게 매출과 매입으로 구분되어 있으며, 유형코드에 따라 부가가치세신고서등의 각 부가가치세 관련 해당자료에 자동 반영되므로 정확한 입력을 요한다.
복수거래	품명, 수량, 단가 등이 2개 이상인 경우 클릭하거나 F7을 눌러 보조화면에서 입력한다.
전자세금	0. 입력안함: 전자세금계산서가 아닌 경우, 더존 Bill36524에서 발급한 경우 1. 전자입력: Bill36524외 타기관에서 발급한 경우
분개유형	0. 분개없음: 매입매출전표 상단부(부가가치세신고서에 반영할 내용)만 입력하고 하단부의 분개가 필요 없는 경우에 사용한다. 1. 현금: 전액 현금입금이나 현금출금 분개일 경우 2. 외상: 전액 외상매출금이나 외상매입금 분개일 경우 3. 혼합: '1.현금, 2.외상, 4.카드' 이외의 분개일 경우 4. 카드: 카드매출과 카드매입의 분개일 경우 사용 자동으로 분개되는 부분은 [환경설정] → [회계] → '4.매입매출전표입력 자동설정관리'의 '② 신용카드 기본계정설정'에 설정된 계정과목에 의해 입력된다.
기능모음 (자금관리)	받을어음, 지급어음에 대한 추가자료 입력 시 선택하며, 받을어음, 지급어음 등에 반영되어 '자금관리' 자료로 활용된다.

실무 익히기

▌매출 유형별 입력 자료와 특성▐

코드	유형	입력 자료	자동작성되는 자료
11	과세매출	부가가치세가 10%인 매출세금계산서	매출처별세금계산서합계표, 매입매출장, 부가가치세신고서
12	영세매출	부가가치세가 0%인 영세율세금계산서(간접수출)	매출처별세금계산서합계표, 매입매출장, 부가가치세신고서
13	면세매출	면세분 매출계산서	매출처별계산서합계표, 매입매출장, 부가가치세신고서 과세표준의 면세수입금액란과 계산서발급금액란
14	건별매출	• 세금계산서가 발급되지 않는 과세매출(영수증) • 간주공급	매입매출장, 부가가치세신고서 과세매출의 기타란과 과세표준명세서
15	종합매출	간이과세자의 매출	부가가치세신고서
16	수출매출	직수출	매입매출장, 부가가치세신고서
17	카과매출	과세대상거래의 신용카드매출전표 발급분	매입매출장, 신용카드매출전표발행집계표, 부가가치세신고서 과세 신용카드 · 현금영수증란
18	카면매출	면세대상거래의 신용카드매출전표 발급분	매입매출장, 신용카드매출전표발행집계표, 부가가치세신고서 과세표준의 면세수입금액란
19	카영매출	영세율대상거래의 신용카드매출전표발급분	매입매출장, 신용카드매출전표발행집계표, 부가가치세신고서 영세 기타란
20	면건매출	계산서가 발급되지 않은 면세 매출분	매입매출장, 부가가치세신고서의 과세표준의 면세수입금액란
21	전자매출	전자결제수단으로서 과세매출분	
22	현과매출	현금영수증에 의한 과세매출분	매입매출장, 신용카드매출전표발행집계표, 부가가치세신고서 과세 신용카드 · 현금영수증란
23	현면매출	현금영수증에 의한 면세매출분	매입매출장, 신용카드매출전표발행집계표, 부가가치세신고서 과세표준의 면세수입금액란
24	현영매출	현금영수증에 의한 영세매출분	매입매출장, 신용카드매출전표발행집계표, 부가가치세신고서 영세 기타란

매입 유형별 입력 자료와 특성

코드	유형	입력 자료	자동작성되는 자료
51	과세매입	부가가치세가 10%인 매입세금계산서	매입처별세금계산서합계표, 매입매출장, 부가가치세신고서
52	영세매입	부가가치세가 0%인 영세율세금계산서	매입처별세금계산서합계표, 매입매출장, 부가가치세신고서
53	면세매입	면세분 매입계산서	매입처별계산서합계표, 매입매출장, 부가가치세신고서
54	불공매입	부가가치세가 10%인 매입세금계산서중 매입세액불공제분	매입처별세금계산서합계표, 매입매출장, 부가가치세신고서
55	수입매입	세관장이 발급한 수입세금계산서	매입처별세금계산서합계표, 매입매출장, 부가가치세신고서
56	금전매입	1999년 이후 사용안함	
57	카과매입	매입세액공제가 가능한 신용카드매출발행전표(구분기재분) 과세매입분	매입매출장, 신용카드매출전표등수령금액합계표(갑), 부가가치세신고서의 그밖의 공제매입세액란
58	카면매입	신용카드에 의한 면세매입분	매입매출장
59	카영매입	신용카드에 의한 영세매입분	매입매출장
60	면건매입	계산서가 발급되지 않은 면세 매입분	매입매출장
61	현과매입	현금영수증에 의한 과세 매입분	매입매출장, 신용카드매출전표등수령금액합계표(갑), 부가가치세신고서(그밖의 공제매입세액 란)
62	현면매입	현금영수증에 의한 면세 매입분	매입매출장

I Can! 증빙종류별 유형구분!

구분		증빙종류	유형	비 고
매출	과세 (10%)	세금계산서	과세	
		신용카드영수증	카과	
		현금영수증	현과	
		영수증 등	건별	정규증빙 외
	영세 (0%)	세금계산서	영세	
		신용카드영수증	카영	
		현금영수증	현영	
		수출신고서	수출	직수출
	면세	계산서	면세	
		신용카드영수증	카면	
		현금영수증	현면	
		영수증 등	면건	정규증빙 외
매입	과세 (10%)	세금계산서	과세	매입세액공제 가능
			불공	매입세액공제 불가능
			수입	수입세금계산서
		신용카드영수증	카과	매입세액공제 가능
		현금영수증	현과	매입세액공제 가능
		※ 신용카드영수증, 현금영수증 중 매입세액공제가 불가능한 거래는 일반전표 입력		
	영세 (0%)	세금계산서	영세	
		신용카드영수증	카영	
	면세	계산서	면세	
		신용카드영수증	카면	
		현금영수증	현면	
		영수증 등	면건	

01 과세매출 거래의 부가가치세신고

일반과세사업자가 재화나 용역을 공급하고 세금계산서를 발급하면서 부가가치세액을 징수하는 경우 11.과세매출을 입력한다. 입력된 정보는 세금계산서합계표, 매입매출장, 부가가치세신고서에 자동으로 반영되며, 회계정보는 제장부 및 재무제표에 반영된다.

❙ 과세매출거래 실무 프로세스 ❙

수행과제 과세매출 거래의 부가가치세신고

다음 거래자료를 [매입매출전표입력] 메뉴에 입력하고 [세금계산서합계표] 및 [부가가치세신고서] 작성을 수행하시오.(전자세금계산서 관련 거래는 '전자입력'으로 입력한다.)

1 한림사에 제품을 판매하고 다음과 같이 전자세금계산서를 발급하였다.

(적 색)

전자세금계산서 (공급자 보관용) 승인번호

공급자					공급받는자				
등록번호	113-81-21111				등록번호	113-81-41117			
상호	(주)삼일전자	성명(대표자)	김현철		상호	(주)한림사	성명(대표자)	김기동	
사업장주소	서울 구로구 디지털로33길 27				사업장주소	서울 구로구 구로중앙로 198			
업태	제조업외	종사업장번호			업태	도·소매	종사업장번호		
종목	컴퓨터외				종목	전자제품			
E-Mail	green1234@bill36524.com				E-Mail	tige1122@bill36524.com			

작성일자	2024.07.01.	공급가액	40,000,000	세액	4,000,000

월	일	품목명	규격	수량	단가	공급가액	세액	비고
7	1	컴퓨터		80	500,000	40,000,000	4,000,000	

합계금액	현금	수표	어음	외상미수금	이 금액을	◉ 영수 ○ 청구	함
44,000,000	44,000,000						

2 (주)베스트원에 제품을 판매하고 다음과 같이 전자세금계산서를 발급하였다.

(적 색)

전자세금계산서 (공급자 보관용)

	승인번호	

구분	항목	내용	항목	내용
공급자	등록번호	113-81-21111		
공급자	상호	(주)삼일전자	성명(대표자)	김현철
공급자	사업장 주소	서울 구로구 디지털로33길 27		
공급자	업태	제조업외	종사업장번호	
공급자	종목	컴퓨터외		
공급자	E-Mail	green1234@bill36524.com		
공급받는자	등록번호	134-81-21118		
공급받는자	상호	(주)베스트원	성명(대표자)	김문식
공급받는자	사업장 주소	경기 안산시 단원구 별망로 159번길 26		
공급받는자	업태	도매·무역	종사업장번호	
공급받는자	종목	전자제품		
공급받는자	E-Mail	best1234@naver.com		

작성일자	2024.07.02.	공급가액	50,000,000	세액	5,000,000

월	일	품목명	규격	수량	단가	공급가액	세액	비고
7	2	컴퓨터		20	500,000	10,000,000	1,000,000	
7	2	노트북		50	800,000	40,000,000	4,000,000	

합계금액	현금	수표	어음	외상미수금	이 금액을	○ 영수 ◉ 청구	함
55,000,000				55,000,000			

3 비사업자인 박기현에게 제품을 판매하고 전자세금계산서를 발급하였다. 대금은 전액 한국은행 보통예금계좌로 송금받았다.(거래처코드: 5001번으로 등록하시오)

(적 색)

전자세금계산서 (공급자 보관용)

	승인번호	

구분	항목	내용	항목	내용
공급자	등록번호	113-81-21111		
공급자	상호	(주)삼일전자	성명(대표자)	김현철
공급자	사업장 주소	서울 구로구 디지털로33길 27		
공급자	업태	제조업외	종사업장번호	
공급자	종목	컴퓨터외		
공급자	E-Mail	green1234@bill36524.com		
공급받는자	등록번호			
공급받는자	상호	박기현	성명(대표자)	박기현
공급받는자	사업장 주소	서울 영등포구 경인로 830		
공급받는자	업태		종사업장번호	
공급받는자	종목			
공급받는자	E-Mail	park7777@naver.com		

작성일자	2024.07.03.	공급가액	1,200,000	세액	120,000
비고	750627-1234566				

월	일	품목명	규격	수량	단가	공급가액	세액	비고
7	3	노트북		1	1,200,000	1,200,000	120,000	

합계금액	현금	수표	어음	외상미수금	이 금액을	◉ 영수 ○ 청구	함
1,320,000							

4 차량을 외상으로 매각하고 전자세금계산서를 발급하였다.(취득원가: 15,000,000원, 전기말 감가상각누계액: 2,000,000원, 당기상각비 계상 안함)

(적 색)

전자세금계산서 (공급자 보관용) 승인번호

공급자					공급받는자				
등록번호	113-81-21111				등록번호	108-81-21220			
상호	(주)삼일전자	성명(대표자)	김현철		상호	우리자동차(주)	성명(대표자)	손수창	
사업장주소	서울 구로구 디지털로33길 27				사업장주소	서울 동작구 동작대로 207-33			
업태	제조업외	종사업장번호			업태	도·소매	종사업장번호		
종목	컴퓨터외				종목	자동차			
E-Mail	green1234@bill36524.com				E-Mail	car7878@naver.com			

작성일자	2024.07.04.	공급가액	11,000,000	세액	1,100,000

월	일	품목명	규격	수량	단가	공급가액	세액	비고
7	4	승용차매각				11,000,000	1,100,000	

합계금액	현금	수표	어음	외상미수금	이 금액을	○ 영수 ◉ 청구	함
12,100,000				12,100,000			

수행과제 풀이 과세매출 거래의 부가가치세신고

❶ 매입매출전표입력

1 7월 1일

거래유형	품명	공급가액	부가세	거래처	전자세금
11.과세	컴퓨터	40,000,000원	4,000,000원	(주)한림사	전자입력
분개유형	(차) 현금	44,000,000원	(대) 제품매출		40,000,000원
1.현금			부가세예수금		4,000,000원

2 7월 2일

거래유형	품명	공급가액	부가세	거래처	전자세금
11.과세	컴퓨터외 *	50,000,000원	5,000,000원	(주)베스트원	전자입력
분개유형	(차) 외상매출금	55,000,000원	(대) 제품매출		50,000,000원
2.외상			부가세예수금		5,000,000원

주의 * 복수거래키를 이용하여 입력한다.

3 7월 3일

거래유형	품명	공급가액	부가세	거래처	전자세금
11.과세	노트북	1,200,000원	120,000원	박기현	전자입력
분개유형 3.혼합	(차) 보통예금(한국은행) 1,320,000원			(대) 제품매출 1,200,000원 부가세예수금 120,000원	

주의 5001.박기현 신규거래처 등록(1.주민기재분 표시)

거래처 내용 등록(수정)

1. 거래처코드 05001
2. 거래처명 박기현
3. 거래처구분 0 전체
4. 사업자등록번호 ___-__-_____
5. 주민등록번호 750627-1234566 1 주민등록번호
6. 대표자성명 박기현

4 7월 4일

거래유형	품명	공급가액	부가세	거래처	전자세금
11.과세	승용차매각	11,000,000원	1,100,000원	우리자동차(주)	전자입력
분개유형 3.혼합	(차) 감가상각누계액(209) 2,000,000원 미수금 12,100,000원 유형자산처분손실 2,000,000원			(대) 차량운반구 15,000,000원 부가세예수금 1,100,000원	

❷ 세금계산서합계표

*** 기간: 7월 ~ 9월**

매출세금계산서

유형	구분	매출처	매수	공급가액	부가세
전자	사업자	3	3	101,000,000	10,100,000
	주민번호	1	1	1,200,000	120,000
	소계	4	4	102,200,000	10,220,000
전자외	사업자				
	주민번호				
	소계				
합계		4	4	102,200,000	10,220,000

(매출)전자세금계산서

	거래처명	등록번호	매수	공급가액	부가세
1	우리자동차(주)	108-81-21220	1	11,000,000	1,100,000
2	(주)한림사	113-81-41117	1	40,000,000	4,000,000
3	(주)베스트원	134-81-21118	1	50,000,000	5,000,000
4		주민등록기재분	1	1,200,000	120,000

❸ 부가가치세신고서

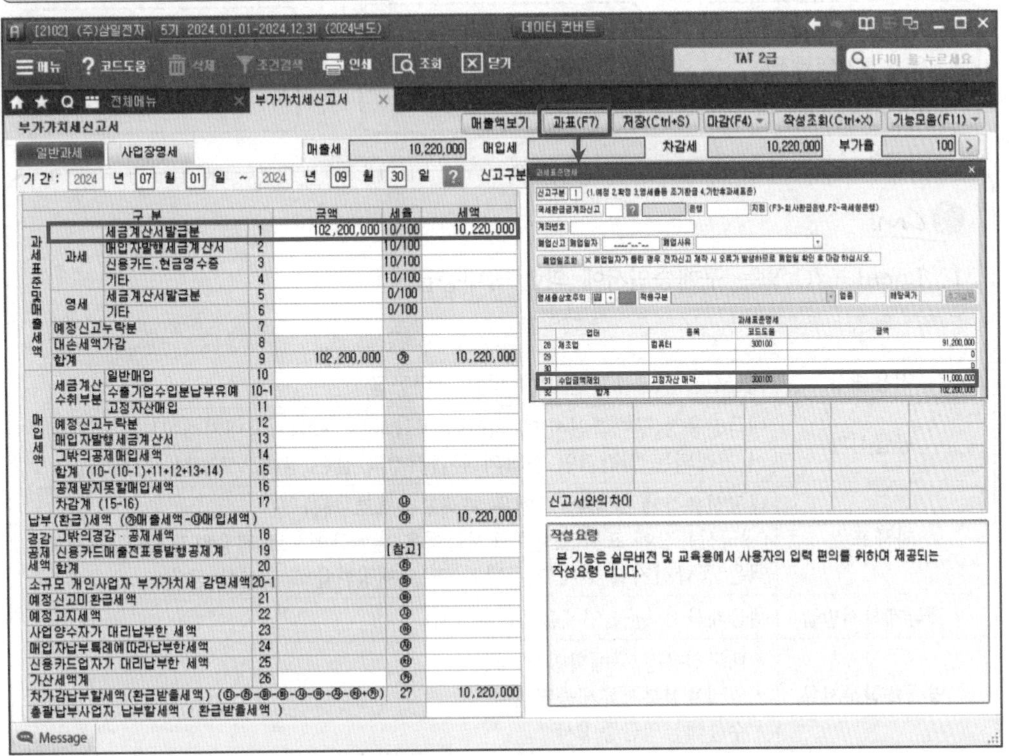

주의 고정자산의 매각대금은 수입금액에서 제외되는 금액으로 [과세표준명세]의 [수입금액제외]에 반영된다.

02 영세율매출 거래의 부가가치세신고

필요 지식

영세율이란 일정한 재화 또는 용역의 공급에 대하여 영의 세율을 적용하는 제도로, 그 결과 부가가치세의 부담이 완전히 제거되는 완전 면세제도로 현재 수출하는 재화 및 정책적인 목적에서 조특법에서 규정한 일부거래에 대하여 영(0)의 세율을 적용한다.

세금계산서발급의무가 없는 직수출거래는 16.수출매출로 입력하고, Local L/C(내국신용장) 등에 의한 영세율세금계산서 발급거래는 12.영세매출로 입력한다. 또한 부가가치세 신고 시 수출실적명세서와 영세율첨부서류를 함께 제출한다.

▌영세율매출거래 실무 프로세스▐

매입매출전표입력 유형: 12.영세매출 유형: 16.수출매출	➡	영세율첨부서류 세금계산서합계표 수출실적명세서	➡	부가가치세신고서

1. Local L/C 또는 구매승인서에 의한 국내공급!

구분	내용
적용대상	내국신용장(구매확인서)에 의한 국내공급
공급시기	내국신용장(구매확인서)에 의하여 공급하는 재화는 국내거래이므로 국내에서 거래되는 일반적인 재화의 공급시기와 같은 방법으로 적용
과세표준	내국신용장에 표시된 금액을 과세표준으로 계산 (내국신용장에 표시된 원화표시금액은 원화금액으로 적용하고, 외화표시금액은 공급시기일 현재 기준환율 또는 재정환율로 환산한 금액)
세금계산서발급	세금계산서 발급(영세율세금계산서)
영세율첨부서류	• 내국신용장/구매확인서 사본 • 영세율첨부서류제출명세서 • 수출대금입금증명서

2. 직수출!

구분	내용
적용대상	국내물품을 외국으로 반출하는 것으로, 유·무상에 관계없이 외국으로 반출하는 재화는 모두 영세율을 적용한다.
공급시기	수출재화 : 선적일
과세표준	수출품을 선적(공급시기)하기 전에 수출대금을 원화로 환가한 경우에는 그 환가한 금액으로 하며, 수출품을 공급시기까지 수출대금을 원화로 환가하지 아니하였거나 선적일 이후에 지급받은 경우에는 공급시기의 외국환거래법에 의한 기준환율 또는 재정환율로 환산한 금액
세금계산서발급	세금계산서 발급의무 없음
영세율첨부서류	수출실적명세서

수행과제 영세율매출 거래의 부가가치세신고

다음 거래자료를 [매입매출전표입력] 메뉴에 입력하고 [영세율첨부서류]와 [수출실적명세서] 작성을 수행하시오. 또한 [세금계산서합계표], [부가가치세신고서] 작성을 조회를 수행하시오.(전자세금계산서 관련거래는 '전자입력'으로 입력하기로 한다)

[영세율세금계산서 발급 거래자료]

1 영업부에서는 (주)베스트원에 컴퓨터를 납품하고 내국신용장에 의해 전자영세율세금계산서를 발급하였다.(내국신용장 NO: L2024-50A-12345X, 개설은행: 한국은행 영등포지점, 발급일자: 2024년 7월 11일)

(적 색)

전자 영세율세금계산서 (공급자 보관용)					승인번호			
공급자	등록번호	113-81-21111		공급받는자	등록번호	134-81-21118		
	상호	(주)삼일전자	성명(대표자) 김현철		상호	(주)베스트원	성명(대표자)	김문식
	사업장주소	서울 구로구 디지털로33길 27			사업장주소	경기 안산시 단원구 별망로 159번길 26		
	업태	제조업외	종사업장번호		업태	도매·무역	종사업장번호	
	종목	컴퓨터외			종목	전자제품		
	E-Mail	green1234@bill36524.com			E-Mail	best1234@naver.com		

작성일자	2024.07.11.	공급가액	15,000,000	세액	0

월	일	품목명	규격	수량	단가	공급가액	세액	비고
7	11	컴퓨터		30	500,000	15,000,000	0	

합계금액	현금	수표	어음	외상미수금	이 금액을	○ 영수 ◉ 청구	함
15,000,000				15,000,000			

[직수출 거래자료]

2 미국의 Blue Co., Ltd.에 제품(컴퓨터)을 직수출하고 신고한 수출신고필증이다. 대금은 말일에 거래은행을 통하여 NEGO하기로 하였다.(B/L상 선적일 7월 14일)

7월 12일 기준환율	7월 14일 기준환율
₩1,052.12 / $	₩1,054.40 / $

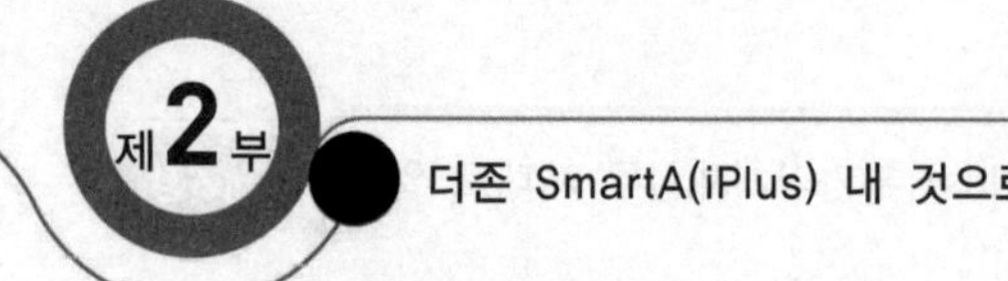

수 출 신 고 필 증 (갑지)

※ 처리기간 : 즉시

제출번호 12345-04-0001230 ① 신 고 자 인천 관세법인 관세사 김광석	⑤ 신고번호 12906-20-400130X	⑥ 세관.과 130-82	⑦ 신고일자 2024/07/12	⑧ 신고구분 H	⑨ C/S구분

② 수 출 대 행 자 (주)삼일전자 (통관고유부호) 삼일전자-1-74-1-12-4 수출자구분 A 수 출 화 주 (주)삼일전자 (통관고유부호) 삼일전자-1-74-1-12-4 (주 소) 서울 구로구 디지털로33길 27 (대표자) 김현철 (소재지) (사업자등록번호) 113-81-21111	⑩ 거래구분 11	⑪종류 A	⑫ 결제방법 LS
	⑬ 목적국 US USA	⑭ 적재항 INC 인천항	⑮ 선박회사 (항공사) HJSC
	⑯ 선박명(항공편명) HANJIN SAVANNAH	⑰ 출항예정일자 20240714	⑱ 적 재 예 정 보 세 구 역 03012202
	⑲ 운송형태 10 BU		⑳ 검사희망일 2024/07/10
	㉑ 물품소재지 한진보세장치장 인천 중구 연안동 245-1		
③ 제 조 자 (주)삼일전자 (통관고유부호) 삼일전자-1-74-1-12-4 제조장소 214 산업단지부호	㉒ L/C번호 868EA-10-55554		㉓ 물품상태 N
	㉔ 사전임시개청통보여부 A		㉕ 반송 사유
④ 구 매 자 Blue Co., Ltd. (구매자부호) CNTOSHIN12347	㉖ 환급신청인 1 (1 : 수출대행자/수출화주, 2 : 제조자) 간이환급 NO		

• 품명 • 규격 (란번호/총란수 : 999/999)

㉗ 품 명 Computer ㉘ 거래품명 Computer			㉙ 상표명 NO		
㉚ 모델·규격 Computer		㉛ 성분	㉜ 수량 300(EA)	㉝ 단가(US$) 400	㉞ 금액(US$) 120,000
㉟ 세번부호	1234.12-1234	㊱ 순중량 500KG	㊲ 수량 300(EA)	㊳ 신고가격 (FOB)	$120,000 ₩126,254,400
㊴ 송품장번호	AC-2024-00620	㊵ 수입신고번호	㊶ 원산지 Y	㊷ 포장갯수 (종류)	300C/T
㊸ 수출요건확인(발급서류명)					

㊹ 총중량	550KG	㊺ 총포장갯수	300C/T	㊻ 총신고가격 (FOB)	$120,000 ₩126,254,400
㊼ 운임(₩)		㊽ 보험료(₩)		㊾ 결제금액	FOB-$120,000
㊿ 수입화물관리번호				51 컨테이너번호	CKLU2005013 Y

※ 신고인기재란 수출자 : 제조/무역, 전자제품	52 세관기재란

53 운송(신고)인 한라통운(주) 박운송 54 기간 2024/07/12 부터 2024/08/11 까지	55 적재의무기한	2024/08/11	56 담당자	990101 (김태호)	57 신고수리일자	2024/07/12

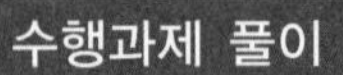

영세율매출 거래의 부가가치세신고

❶ 매입매출전표입력

1 7월 11일

거래유형	품명	공급가액	부가세	거래처	전자세금
12.영세	컴퓨터	15,000,000원		(주)베스트원	전자입력
분개유형 2.외상	(차) 외상매출금	15,000,000원	(대) 제품매출		15,000,000원

2 7월 14일

거래유형	품명	공급가액	부가세	거래처	전자세금
16.수출	컴퓨터	126,528,000원		Blue Co.,Ltd.	
분개유형 2.외상	(차) 외상매출금	126,528,000원	(대) 제품매출		126,528,000원

주의 (수출신고필증의 ㊽ 결제금액 × 선적일의 기준환율) = 수출금액
($120,000 × 1,054.40원) = 126,528,000원

❷ 영세율첨부서류입력

영세율첨부서류입력 엑셀자료반영 기능모음(F11)

2024 년 07 월 입 력 순

	구분	서류명	발급자	발급일자	선적일자	L/C번호	비고	통화코드	환율
1	명세서	내국신용장	한국은행	2024-07-11		L2024-50A-12345X		KRW	
2									

당기 제출 금액		당기 신고 해당분		당기 신고 미도래 금액	
외 화	원 화	외 화	원 화	외 화	원 화
	15,000,000		15,000,000		
원화(합계)	15,000,000	원화(합계)	15,000,000	원화(합계)	

❸ 수출실적명세서

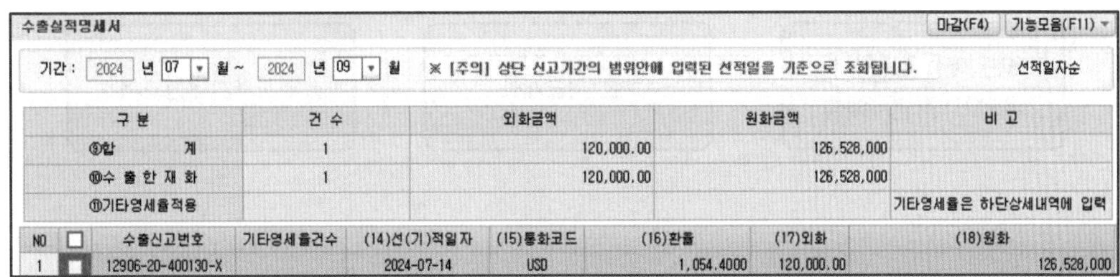
수출실적명세서 마감(F4) 기능모음(F11)

기간 : 2024 년 07 월 ~ 2024 년 09 월 ※ [주의] 상단 신고기간의 범위안에 입력된 선적일을 기준으로 조회됩니다. 선적일자순

구 분	건 수	외화금액	원화금액	비 고
⑨합 계	1	120,000.00	126,528,000	
⑩수 출 한 재 화	1	120,000.00	126,528,000	
⑪기타영세율적용				기타영세율은 하단상세내역에 입력

NO	☐	수출신고번호	기타영세율건수	(14)선(기)적일자	(15)통화코드	(16)환율	(17)외화	(18)원화
1	■	12906-20-400130-X		2024-07-14	USD	1,054.4000	120,000.00	126,528,000

❹ 세금계산서합계표

*** 기간: 7월 ~ 9월**

매출세금계산서

유형	구분	매출처	매수	공급가액	부가세
전자	사업자	3	4	116,000,000	10,100,000
	주민번호	1	1	1,200,000	120,000
	소계	4	5	117,200,000	10,220,000
전자외	사업자				
	주민번호				
	소계				
합계		4	5	117,200,000	10,220,000

(매출)전자세금계산서

	거래처명	등록번호	매수	공급가액	부가세
1	우리자동차(주)	108-81-21220	1	11,000,000	1,100,000
2	(주)한림사	113-81-41117	1	40,000,000	4,000,000
3	(주)베스트원	134-81-21118	2	65,000,000	5,000,000
4		주민등록기재분	1	1,200,000	120,000

❺ 부가가치세신고서

*** 기간: 7월 ~ 9월**

구 분				금액	세율	세액
과세표준및매출세액	과세	세금계산서발급분	1	102,200,000	10/100	10,220,000
		매입자발행세금계산서	2		10/100	
		신용카드.현금영수증	3		10/100	
		기타	4		10/100	
	영세	세금계산서발급분	5	15,000,000	0/100	
		기타	6	126,528,000	0/100	
	예정신고누락분		7			
	대손세액가감		8			
	합계		9	243,728,000	㉮	10,220,000

역추적 | 첨부서식

전표입력	상세	유형	건수	금액	세액
매입매출	영세율세금	영세	1	15,000,000	
합계			1	15,000,000	
신고서와의 차이				0	0

주의 부가가치세신고서의 기간을 입력하면 '저장된 내용이 있습니다. 불러오시겠습니까?'라는 화면에서 '아니오'를 클릭해야 최근 자료를 새롭게 불러온다.

03 면세매출 거래의 부가가치세신고

필요 지식

기초생활필수품 등 부가가치세가 면제되는 품목을 공급하고 계산서를 발급하면 매입매출전표입력에서 13.면세로 입력한다. 부가가치세 신고시 계산서합계표를 함께 제출한다.

| 면세매출거래 실무 프로세스 |

수행과제 면세매출 거래의 부가가치세신고

다음 거래자료를 [매입매출전표입력] 메뉴에 입력하고 [계산서합계표] 및 [부가가치세신고서] 작성을 수행하시오.(전자계산서 관련거래는 '전자입력'으로 입력하기로 한다.)

1 하나기업(주)에 면세가 적용되는 제품을 판매하고 전자계산서를 발급하였다.

(적 색)

전자계산서 (공급자 보관용)						승인번호				
공급자	등록번호	113-81-21111			공급받는자	등록번호	417-81-21110			
	상호	(주)삼일전자	성명(대표자)	김현철		상호	하나기업(주)	성명(대표자)	이창희	
	사업장 주소	서울 구로구 디지털로33길 27				사업장 주소	전남 여수시 신월로 699			
	업태	제조업외	종사업장번호			업태	도.소매	종사업장번호		
	종목	컴퓨터외				종목	서적			
	E-Mail	green1234@bill36524.com				E-Mail	hana7777@bill36524.com			
작성일자	2024.07.17.	공급가액	800,000	비고						

월	일	품목명	규격	수량	단가	공급가액	비고
7	17	컴퓨터서적		40	20,000	800,000	

합계금액	현금	수표	어음	외상미수금	이 금액을 (◉ 영수 ○ 청구) 함
800,000	800,000				

수행과제 풀이 면세매출 거래의 부가가치세신고

❶ 매입매출전표입력(7월 17일)

거래유형	품명	공급가액	부가세	거래처	전자세금
13.면세	컴퓨터서적	800,000원		하나기업(주)	전자입력
분개유형 1.현금	(차) 현금 800,000원		(대) 제품매출 800,000원		

❷ 계산서합계표(기간: 7월 ~ 9월)

매출계산서

유형	구분	매출처	매수	공급가액
전자	사업자	1	1	800,000
	주민번호			
	소계	1	1	800,000
전자외	사업자			
	주민번호			
	소계			
합계		1	1	800,000

(매출)전자계산서

	거래처명	등록번호	매수	공급가액
1	하나기업(주)	417-81-21110	1	800,000

❸ 부가가치세신고서

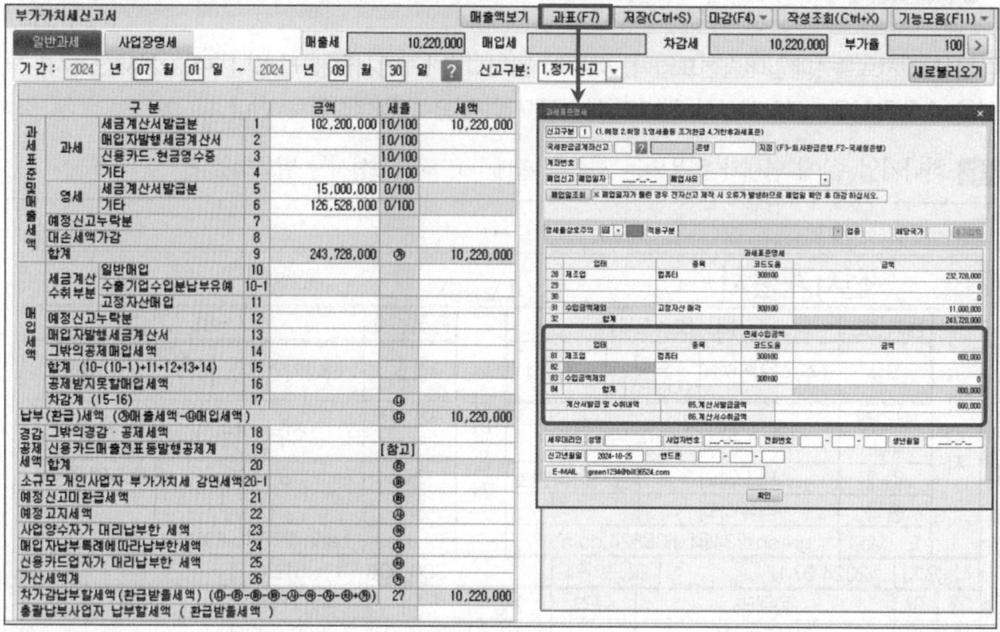

부가가치세신고서 | 매출액보기 | 과표(F7) | 저장(Ctrl+S) | 마감(F4) | 작성조회(Ctrl+X) | 기능모음(F11)

일반과세 | 사업장명세 | 매출세 10,220,000 | 매입세 | 차감세 10,220,000 | 부가율 100

기 간: 2024 년 07 월 01 일 ~ 2024 년 09 월 30 일 | 신고구분: 1.정기신고 | 새로불러오기

구 분				금액	세율	세액
과세표준및매출세액	과세	세금계산서발급분	1	102,200,000	10/100	10,220,000
		매입자발행세금계산서	2		10/100	
		신용카드.현금영수증	3		10/100	
		기타	4		10/100	
	영세	세금계산서발급분	5	15,000,000	0/100	
		기타	6	126,528,000	0/100	
	예정신고누락분		7			
	대손세액가감		8			
	합계		9	243,728,000	㉮	10,220,000
매입세액	세금계산수취부분	일반매입	10			
		수출기업수입분납부유예	10-1			
		고정자산매입	11			
	예정신고누락분		12			
	매입자발행세금계산서		13			
	그밖의공제매입세액		14			
	합계 (10-(10-1)+11+12+13+14)		15			
	공제받지못할매입세액		16			
	차감계 (15-16)		17		㉯	
납부(환급)세액 (㉮매출세액-㉯매입세액)					㉰	10,220,000
경감공제세액	그밖의경감·공제세액		18			
	신용카드매출전표등발행공제계		19		[참고]	
	합계		20		㉱	
소규모 개인사업자 부가가치세 감면세액			20-1		㉲	
예정신고미환급세액			21		㉳	
예정고지세액			22		㉴	
사업양수자가 대리납부한 세액			23		㉵	
매입자납부특례에따라납부한세액			24		㉶	
신용카드업자가 대리납부한 세액			25		㉷	
가산세액계			26		㉸	
차가감납부할세액(환급받을세액)(㉰-㉱-㉲-㉳-㉴-㉵-㉶-㉷+㉸)			27			10,220,000
총괄납부사업자 납부할세액(환급받을세액)						

04 신용카드매출전표 등 발급 거래의 부가가치세신고

필요 지식

소매업, 음식·숙박업 등 주로 최종소비자를 대상으로 영업을 하는 사업자는 신용카드나 현금영수증 단말기를 설치하고 대금을 결제 받는다. 이렇게 신용카드 등으로 결제된 내역은 국세청에 통보가 되기 때문에 부가가치세신고 시 이를 누락해서 신고하면 세무서에서 매출 과소신고 혐의로 안내문을 받게 되고, 가산세가 부과된다. 따라서 당해 과세기간의 매출액을 정확히 신고하는 것이 중요하다.

▌신용카드매출전표 등 발급거래 실무 프로세스▐

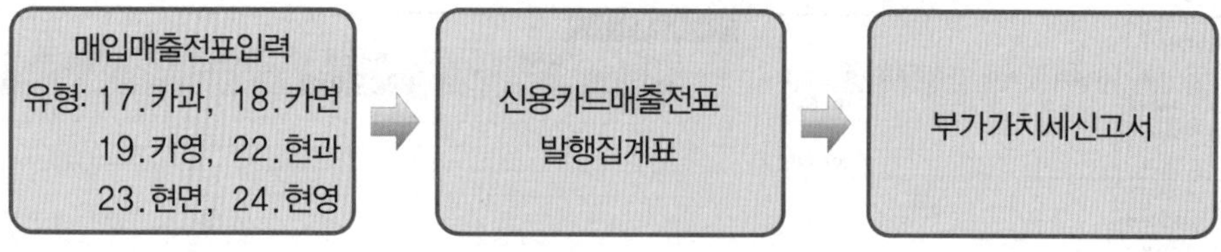

I Can! 신용카드매출전표 발급 유형!

① 영수증 발급 가능 사업자가 발급하는 신용카드매출전표

최종소비자를 주로 대상으로 하는 사업자는 세금계산서를 발급하는 대신에 영수증을 발급할 수 있으며, 이때 영수증의 종류 중 신용카드매출전표를 발급함으로써 매출증빙 및 부가가치세 세액의 징수를 판단할 수 있다. 17.카과(18.카면, 19.카영 등)을 선택하여 입력하며 부가가치세신고 시 신용카드매출전표발행집계표를 작성하여 제출한다.

② 일반과세사업자가 세금계산서를 발급하고 결제수단으로 발급하는 신용카드매출전표

일반과세사업자는 세금계산서를 발급하여야 하는 의무가 있으나, 결제수단으로 신용카드매출전표를 발급한 경우 기본매출이 세금계산서가 우선이므로 매입매출전표입력 시 11.과세매출로 입력하고 분개 시 외상매출금계정에 신용카드사를 입력한다. 이는 세금계산서합계표와 부가가치세신고서에 세금계산서 발급분으로 표시되며, 신용카드매출전표발행집계표에는 별도로 '세금계산서발급분'으로 표시하므로 매출이 이중으로 계상되지는 않는다.

수행과제 신용카드매출전표 등 발급 거래의 부가가치세신고

다음 거래자료를 [매입매출전표입력]메뉴에 입력하고 [신용카드매출전표발행집계표], [부가가치세신고서] 작성을 수행하시오.(전자세금계산서 관련거래는 '전자입력'으로 입력하기로 한다)

1 김남현에게 노트북(제품 과세분)을 판매하고 발급한 신용카드영수증이다.

매 출 전 표

카드종류	거래일자
국민카드	2024.07.21.16:05:16
카드번호(CARD NO)	
2224-1222-****-1345	
승인번호	금액 AMOUNT: 1000000
819999951	부가세 V.AT: 100000
일반 / 할부	봉사료 CASHBACK:
일시불	합계 TOTAL: 1100000
거래유형	
신용승인	
가맹점명	
(주)삼일전자	
대표자명	사업자번호
김현철	113-81-21111
전화번호	가맹점번호
02-552-1234	887931720
주소	
서울 구로구 디지털로33길 27	

상기의 거래 내역을 확인합니다. 서명 김남현

2 박지영에게 컴퓨터서적(제품 면세분)을 판매하고 발급한 현금영수증이다.

현금영수증
CASH RECEIPT
박 지 영 귀하

사업자등록번호	113-81-21111
현금영수증가맹점명	(주)삼일전자
대표자	김현철
주소	서울 구로구 디지털로33길 27
전화번호	02-552-1234

품명	컴퓨터서적	승인번호	12345
거래일시	2024.07.22.	취소일자	

단위		백			천		원
금액 AMOUNT				5	0	0	0	0
부가세 VAT								
봉사료 TIPS								
합계 TOTAL				5	0	0	0	0

3 두리온스(주)에 프린터기(제품 과세분)를 판매하고 전자세금계산서 발급 후 국민카드로 결제를 받았다.

(적 색)

전자세금계산서 (공급자 보관용)						승인번호			
공급자	등록번호	113-81-21111		공급받는자	등록번호	108-81-21517			
	상호	(주)삼일전자	성명(대표자) 김현철		상호	두리온스(주)	성명(대표자) 김종민		
	사업장주소	서울 구로구 디지털로33길 27			사업장주소	서울 마포구 마포대로 8			
	업태	제조업외	종사업장번호		업태	도·소매	종사업장번호		
	종목	컴퓨터외			종목	전자제품			
	E-Mail	green1234@bill36524.com			E-Mail	doubest77@hanmail.net			

작성일자	2024.07.23.	공급가액	2,000,000	세액	200,000

월	일	품목명	규격	수량	단가	공급가액	세액	비고
7	23	프린터기		10	200,000	2,000,000	200,000	

합계금액	현금	수표	어음	외상미수금	이 금액을	○ 영수 ◉ 청구	함
2,200,000				2,200,000			

매출전표

카드종류	거래일자
국민카드	2024.07.23.10:15:16
카드번호(CARD NO)	
2224-1222-****-1345	
승인번호	금액 AMOUNT: 2000000
819229823	부가세 V.AT: 200000
일반 / 할부: 일시불	봉사료 CASHBACK:
거래유형: 신용승인	합계 TOTAL: 2200000
가맹점명	
(주)삼일전자	
대표자명	사업자번호
김현철	113-81-21111
전화번호	가맹점번호
02-552-1234	887931720
주소	
서울 구로구 디지털로33길 27	

상기의 거래 내역을 확인합니다. 서명 두리온스(주)

수행과제 풀이 신용카드매출전표 등 발급 거래의 부가가치세신고

❶ 매입매출전표입력

1 7월 21일

거래유형	품명	공급가액	부가세	거래처	전자세금
17.카과	노트북	1,000,000원	100,000원	김남현	
분개유형 4.카드	(차) 외상매출금(국민카드사) 1,100,000원		(대) 제품매출 부가세예수금		1,000,000원 100,000원

2 7월 22일

거래유형	품명	공급가액	부가세	거래처	전자세금
23.현면	컴퓨터서적	50,000원		박지영	
분개유형 1.현금	(차) 현금	50,000원	(대) 제품매출		50,000원

3 7월 23일

거래유형	품명	공급가액	부가세	거래처	전자세금
11.과세	프린터기	2,000,000원	200,000원	두리온스(주)	전자입력
분개유형 4.카드	(차) 외상매출금(국민카드사) 2,200,000원		(대) 제품매출 부가세예수금		2,000,000원 200,000원

주의 세금계산서와 신용카드영수증이 동시 발급되었을 경우 신용카드영수증은 결제수단에 불과하므로 11.과세유형을 선택하고, 분개에서 4.카드를 선택하고 구분에 세금계산서교부분이 표시되면 신용카드매출전표발행집계표에 자동반영이 된다.

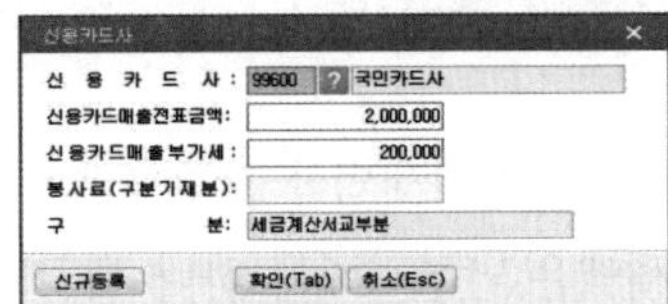
신용카드사

신 용 카 드 사 : 99600 ? 국민카드사
신용카드매출전표금액: 2,000,000
신용카드매출부가세 : 200,000
봉사료(구분기재분):
구 분: 세금계산서교부분

신규등록 확인(Tab) 취소(Esc)

❷ 신용카드매출전표발행금액집계표

*** 기간: 7월 ~ 9월, 상단부 '불러오기' 클릭**

1. 신용카드매출전표 등 발행금액 현황

구 분	⑤ 합 계	⑥ 신용 · 직불 · 기명식 선불카드	⑦ 현금영수증	⑧ 직불 · 기명식 선불전자지급수단
합 계	3,350,000	3,300,000	50,000	
과 세 매 출 분	3,300,000	3,300,000		
면 세 매 출 분	50,000		50,000	
봉 사 료				

2. 신용카드 매출전표등 발행금액(⑤합계) 중 세금계산서(계산서) 발급내역

⑨ 세금계산서 발급금액	2,200,000	⑩ 계산서 발급금액	

❸ 부가가치세신고서

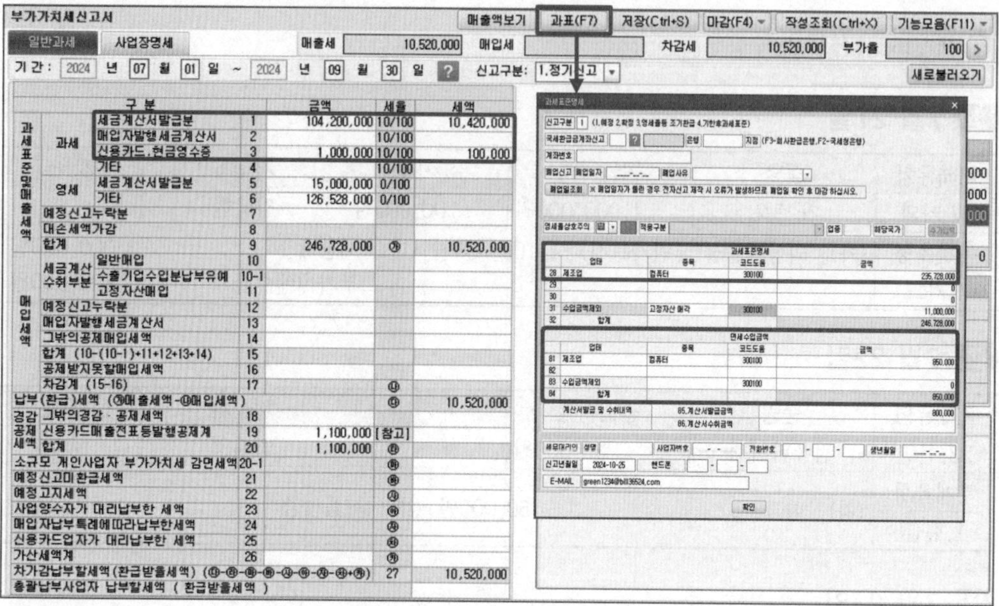

05 간주공급거래의 부가가치세신고

필요 지식

부가가치세법상 간주공급에 해당하는 거래발생시 과세표준은 시가로 계산하여 부가가치세액은 납부하여야 하나 세금계산서 발급의무가 없으므로 매입매출전표입력에서 14.건별 유형으로 입력하여 부가가치세신고서를 작성한다.

I Can! 재화의 간주공급!

재화를 거래상대방에게 실질적으로 인도, 양도하지 않았더라도 일정한 요건을 충족한 경우 과세대상거래로 간주하여 부가가치세를 부과하며, 이를 재화의 간주공급이라고 한다.

① 자가공급

자가공급이란 사업자가 사업과 관련하여 취득한 재화(매입세액 공제받은 재화)를 자기의 사업을 위해 사용, 소비하는 것으로서 다음의 예에 해당하는 경우

예 면세사업으로 전용, 비영업용 승용차와 그 유지를 위한 재화, 판매를 목적으로 자기의 타사업장에 반출한 재화

② 개인적공급
개인적공급이란 사업자가 사업과 관련하여 획득한 재화(매입세액 공제받은 재화)를 사업과 관련없이 개인적인 목적으로 사용하는 경우로서 사업과 직접 관련없이 사업자 본인, 종업원 또는 주변지인들을 위해 재화를 사용·소비하는 경우

예 매입세액공제를 받은 상품을 종업원의 생일선물로 제공하는 경우

③ 사업상증여
사업상증여란 사업자가 사업과 관련하여 취득한 재화(매입세액 공제받은 재화)를 자기의 고객이나 불특정 다수인에게 무상으로 제공한 경우(단, 광고선전용으로 불특정다수에게 증여하는 재화는 제외)

예 매입세액공제를 받은 상품을 매출거래처에 선물로 제공하는 경우

④ 폐업 시 잔존재화
폐업 시 사업장에서 보유하고 있던 재고자산과 고정자산에 대하여 부가가치세를 부담하여야 함

❙ 간주공급거래 실무 프로세스 ❙

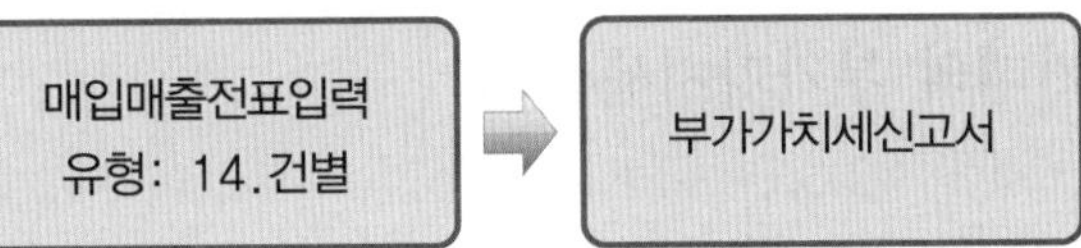

수행과제 간주공급 거래의 부가가치세신고

다음 거래자료를 [매입매출전표입력] 메뉴에 입력하고 [부가가치세신고서] 작성을 수행하시오.

1 7월 25일

당사 제품(컴퓨터 원가 400,000원, 판매가 500,000원)을 매출처에 선물로 제공하였다.

수행과제 풀이 간주공급 거래의 부가가치세신고

❶ 매입매출전표입력(7월 25일)

거래유형	품명	공급가액	부가세	거래처	전자세금
14.건별	매출처선물	500,000원	50,000원		
분개유형	(차) 접대비(기업업무추진비)(판) 450,000원		(대) 제품 400,000원 (적요: 8.타계정으로대체액) 부가세예수금 50,000원		
3.혼합					

❷ 부가가치세신고서

- 과세표준명세서의 수입금액제외(31)란 11,500,000원
  (고정자산매각분 11,000,000원 + 간주공급분 500,000원 = 11,500,000원)

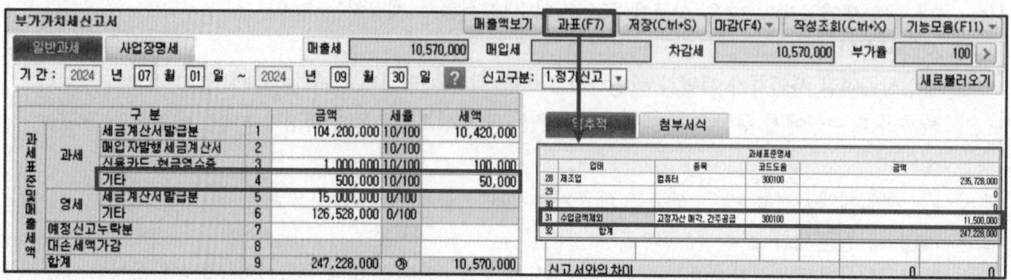

주의 고정자산의 매각대금은 수입금액에서 제외되는 금액으로 [과세표준명세]의 [수입금액제외]에 반영된다.

06 과세매입 거래의 부가가치세신고

필요 지식

재화 및 용역을 공급받고 10% 부가가치세가 별도로 징수된 매입(전자)세금계산서를 발급받으면 [세금계산서합계표]가 작성되어야 하고, 매입세액 공제가 불가능한 세금계산서는 [매입세액불공제내역]을 작성하여야 하며, 고정자산을 취득한 (전자)세금계산서는 [건물등감가상각자산명세서]를 작성하여야 한다.

▌과세매입거래 실무 프로세스▐

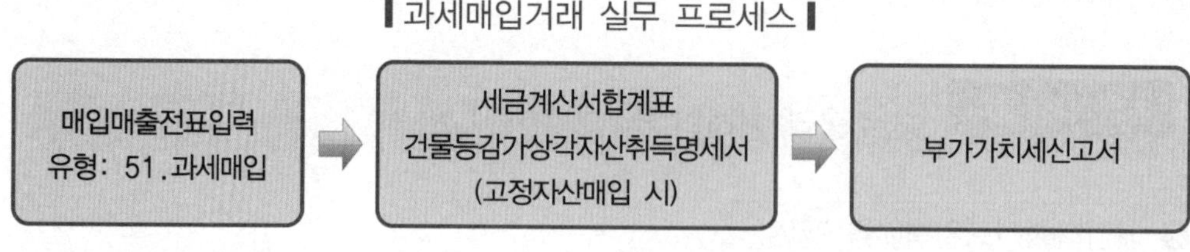

수행과제 과세매입 거래의 부가가치세신고

다음 거래자료를 [매입매출전표입력] 메뉴에 입력하고 [세금계산서합계표], [건물등감가상각자산취득명세서], [부가가치세신고서] 작성을 수행하시오.(전자세금계산서는 '전자입력'으로 입력한다.)

1 (주)대신으로부터 원재료를 구입하고 전자세금계산서를 발급 받았다.

(청 색)

<table>
<tr><td colspan="6">전자세금계산서 (공급받는자 보관용)</td><td colspan="2">승인번호</td><td colspan="4"></td></tr>
<tr><td rowspan="6">공급자</td><td>등록번호</td><td colspan="3">503-81-11117</td><td rowspan="6">공급받는자</td><td>등록번호</td><td colspan="4">113-81-21111</td></tr>
<tr><td>상호</td><td>(주)대신</td><td>성명(대표자)</td><td>서재현</td><td>상호</td><td>(주)삼일전자</td><td>성명(대표자)</td><td colspan="2">김현철</td></tr>
<tr><td>사업장주소</td><td colspan="3">대구 달서구 달구벌대로250길 67</td><td>사업장주소</td><td colspan="4">서울 구로구 디지털로33길 27</td></tr>
<tr><td>업태</td><td>제조업</td><td colspan="2">종사업장번호</td><td>업태</td><td>제조업외</td><td colspan="3">종사업장번호</td></tr>
<tr><td>종목</td><td>전자부품</td><td colspan="2"></td><td>종목</td><td>컴퓨터외</td><td colspan="3"></td></tr>
<tr><td>E-Mail</td><td colspan="3">good7777@bill36524.com</td><td>E-Mail</td><td colspan="4">green1234@bill36524.com</td></tr>
<tr><td>작성일자</td><td colspan="2">2024.08.01.</td><td>공급가액</td><td colspan="3">20,000,000</td><td>세액</td><td colspan="3">2,000,000</td></tr>
<tr><td>월</td><td>일</td><td>품목명</td><td>규격</td><td>수량</td><td>단가</td><td colspan="2">공급가액</td><td colspan="2">세액</td><td colspan="2">비고</td></tr>
<tr><td>8</td><td>1</td><td>전자부품</td><td></td><td></td><td></td><td colspan="2">20,000,000</td><td colspan="2">2,000,000</td><td colspan="2"></td></tr>
<tr><td></td><td></td><td></td><td></td><td></td><td></td><td colspan="2"></td><td colspan="2"></td><td colspan="2"></td></tr>
<tr><td colspan="2">합계금액</td><td>현금</td><td>수표</td><td>어음</td><td colspan="2">외상미수금</td><td colspan="5" rowspan="2">이 금액을 ○ 영수 ◉ 청구 함</td></tr>
<tr><td colspan="2">22,000,000</td><td></td><td></td><td></td><td colspan="2">22,000,000</td></tr>
</table>

2 (주)대신으로 구입한 원재료 중 불량품 500,000원에 대해 반품하고 전자수정세금계산서를 발급 받았으며, 대금은 외상매입금 잔액에서 차감하기로 하였다.

(청 색)

<table>
<tr><td colspan="6">전자 수정세금계산서 (공급받는자 보관용)</td><td colspan="2">승인번호</td><td colspan="4"></td></tr>
<tr><td rowspan="6">공급자</td><td>등록번호</td><td colspan="3">503-81-11117</td><td rowspan="6">공급받는자</td><td>등록번호</td><td colspan="4">113-81-21111</td></tr>
<tr><td>상호</td><td>(주)대신</td><td>성명(대표자)</td><td>서재현</td><td>상호</td><td>(주)삼일전자</td><td>성명(대표자)</td><td colspan="2">김현철</td></tr>
<tr><td>사업장주소</td><td colspan="3">대구 달서구 달구벌대로250길 67</td><td>사업장주소</td><td colspan="4">서울 구로구 디지털로33길 27</td></tr>
<tr><td>업태</td><td>제조업</td><td colspan="2">종사업장번호</td><td>업태</td><td>제조업외</td><td colspan="3">종사업장번호</td></tr>
<tr><td>종목</td><td>전자부품</td><td colspan="2"></td><td>종목</td><td>컴퓨터외</td><td colspan="3"></td></tr>
<tr><td>E-Mail</td><td colspan="3">good7777@bill36524.com</td><td>E-Mail</td><td colspan="4">green1234@bill36524.com</td></tr>
<tr><td>작성일자</td><td colspan="2">2024.08.02.</td><td>공급가액</td><td colspan="3">-500,000</td><td>세액</td><td colspan="3">-50,000</td></tr>
<tr><td>비고</td><td colspan="11">2024.08.01.(당초세금계산서작성일)</td></tr>
<tr><td>월</td><td>일</td><td>품목명</td><td>규격</td><td>수량</td><td>단가</td><td colspan="2">공급가액</td><td colspan="2">세액</td><td colspan="2">비고</td></tr>
<tr><td>8</td><td>2</td><td>전자부품</td><td></td><td></td><td></td><td colspan="2">-500,000</td><td colspan="2">-50,000</td><td colspan="2"></td></tr>
<tr><td></td><td></td><td></td><td></td><td></td><td></td><td colspan="2"></td><td colspan="2"></td><td colspan="2"></td></tr>
<tr><td colspan="2">합계금액</td><td>현금</td><td>수표</td><td>어음</td><td colspan="2">외상미수금</td><td colspan="5" rowspan="2">이 금액을 ○ 영수 ◉ 청구 함</td></tr>
<tr><td colspan="2">-550,000</td><td></td><td></td><td></td><td colspan="2">-550,000</td></tr>
</table>

3 (주)동우기계에서 자동조립 기계를 구입하고 전자세금계산서를 발급 받았다.

(청 색)

<table>
<tr><td colspan="6">전자세금계산서 (공급받는자 보관용)</td><td colspan="3">승인번호</td><td colspan="2"></td></tr>
<tr><td rowspan="6">공급자</td><td>등록번호</td><td colspan="4">121-81-21539</td><td rowspan="6">공급받는자</td><td>등록번호</td><td colspan="3">113-81-21111</td></tr>
<tr><td>상호</td><td>(주)동우기계</td><td>성명(대표자)</td><td colspan="2">홍동우</td><td>상호</td><td>(주)삼일전자</td><td>성명(대표자)</td><td>김현철</td></tr>
<tr><td>사업장 주소</td><td colspan="4">인천 남동구 경인로 602</td><td>사업장 주소</td><td colspan="3">서울 구로구 디지털로33길 27</td></tr>
<tr><td>업태</td><td>제조업</td><td colspan="3">종사업장번호</td><td>업태</td><td colspan="2">제조업외</td><td>종사업장번호</td></tr>
<tr><td>종목</td><td>기계제작</td><td colspan="3"></td><td>종목</td><td colspan="2">컴퓨터외</td><td></td></tr>
<tr><td>E-Mail</td><td colspan="4">dongwoo@bill36524.com</td><td>E-Mail</td><td colspan="3">green1234@bill36524.com</td></tr>
</table>

작성일자	2024.08.03.	공급가액	30,000,000	세액	3,000,000

월	일	품목명	규격	수량	단가	공급가액	세액	비고
8	3	자동조립기				30,000,000	3,000,000	

합계금액	현금	수표	어음	외상미수금	이 금액을 ○ 영수 ◉ 청구 함
33,000,000				33,000,000	

수행과제 풀이 과세매입 거래의 부가가치세신고

❶ 매입매출전표입력

1 8월 1일

거래유형	품명	공급가액	부가세	거래처	전자세금
51.과세	전자부품	20,000,000원	2,000,000원	(주)대신	전자입력
분개유형 2.외상	(차) 원재료 부가세대급금	20,000,000원 2,000,000원	(대) 외상매입금		22,000,000원

2 8월 2일

거래유형	품명	공급가액	부가세	거래처	전자세금
51.과세	전자부품	-500,000원	-50,000원	(주)대신	전자입력
분개유형 2.외상	(차) 원재료 부가세대급금	-500,000원 -50,000원	(대) 외상매입금		-550,000원

3 8월 3일

거래유형	품명	공급가액	부가세	거래처	전자세금
51.과세	자동조립기	30,000,000원	3,000,000원	(주)동우기계	전자입력
분개유형	(차) 기계장치	30,000,000원	(대) 미지급금		33,000,000원
3.혼합	부가세대급금	3,000,000원			

❷ 세금계산서합계표

*** 기간: 7월 ~ 9월**

매입세금계산서

유형	구분	매입처	매수	공급가액	부가세
전자	사업자	2	3	49,500,000	4,950,000
	주민번호				
	소계	2	3	49,500,000	4,950,000
전자외	사업자				
	주민번호				
	소계				
합계		2	3	49,500,000	4,950,000

(매입)전자세금계산서

	거래처명	등록번호	매수	공급가액	부가세
1	(주)동우기계	121-81-21539	1	30,000,000	3,000,000
2	(주)대신	503-81-11117	2	19,500,000	1,950,000
	전자 세금계산서 합계		3	49,500,000	4,950,000
	전자신고 마감합계				

❸ 건물등감가상각자산취득명세서

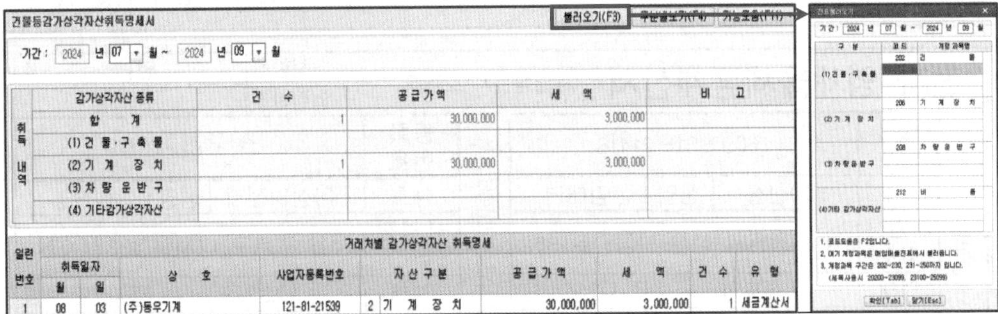

건물등감가상각자산취득명세서

기간: 2024 년 07 월 ~ 2024 년 09 월

	감가상각자산 종류	건수	공급가액	세액	비고
취득내역	합계	1	30,000,000	3,000,000	
	(1) 건물·구축물				
	(2) 기계장치	1	30,000,000	3,000,000	
	(3) 차량운반구				
	(4) 기타감가상각자산				

거래처별 감가상각자산 취득명세

일련번호	취득일자 월	일	상호	사업자등록번호	자산구분	공급가액	세액	건수	유형
1	08	03	(주)동우기계	121-81-21539	2 기계장치	30,000,000	3,000,000	1	세금계산서

❹ 부가가치세신고서

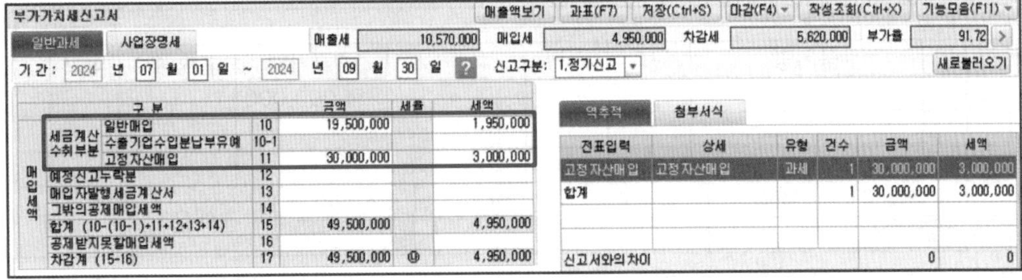

부가가치세신고서

일반과세 | 사업장명세 | 매출세 10,570,000 | 매입세 4,950,000 | 차감세 5,620,000 | 부가율 91.72

기간: 2024 년 07 월 01 일 ~ 2024 년 09 월 30 일 | 신고구분: 1.정기신고

구분			금액	세율	세액
매입세액	세금계산서 수취부분	일반매입	10	19,500,000		1,950,000
		수출기업수입분납부유예	10-1			
		고정자산매입	11	30,000,000		3,000,000
	예정신고누락분		12			
	매입자발행세금계산서		13			
	그밖의공제매입세액		14			
	합계 (10-(10-1)+11+12+13+14)		15	49,500,000		4,950,000
	공제받지못할매입세액		16			
	차감계 (15-16)		17	49,500,000	ⓓ	4,950,000

전표입력	상세	유형	건수	금액	세액
고정자산매입	고정자산매입	과세	1	30,000,000	3,000,000
합계			1	30,000,000	3,000,000
신고서와의차이				0	0

07 영세율 매입거래의 부가가치세신고

필요 지식

수출용 재화와 관련된 매입거래를 내국신용장(Local L/C) 또는 구매확인서에 의하여 구입한 경우 영세율이 적용된다.

❙ 영세율매입거래 실무 프로세스 ❙

수행과제 영세율 매입거래의 부가가치세신고

다음 거래자료를 [매입매출전표입력] 메뉴에 입력하고 [세금계산서합계표], [부가가치세신고서] 작성을 수행하시오.(전자세금계산서 관련거래는 '전자입력'으로 입력하기로 한다)

1 수출용 원자재를 내국신용장에 의하여 구입하고 전자세금계산서를 발급 받았다.

전자 영세율세금계산서 (공급받는자 보관용)

책번호	권	호
일련번호		

공급자				공급받는자			
등록번호	609-81-21418			등록번호	113-81-21111		
상호	(주)한성	성명	김대연	상호	(주)삼일전자	성명	김현철
사업장 주소	경남 창원시 성산구 공단로 852			사업장 주소	서울 구로구 디지털로33길 27		
업태	제조업	종사업장번호		업태	제조업외	종사업장번호	
종목	전자부품			종목	컴퓨터외		
E-Mail	kindness@bill36524.com			E-Mail	green1234@bill36524.com		

작성일자			공란수	공급가액	세액
2024	08	04	5	14,000,000	

비고	

월	일	품목명	규격	수량	단가	공급가액	세액	비고
8	4	전자부품				14,000,000		

합계금액	현금	수표	어음	외상미수금	이 금액을 ○ 영수 ◉ 청구 함
14,000,000				14,000,000	

수행과제 풀이 영세율 매입거래의 부가가치세신고

❶ 매입매출전표입력(8월 4일)

거래유형	품명	공급가액	부가세	거래처	전자세금
52.영세	전자부품	14,000,000원		(주)한성	전자입력
분개유형 2.외상	(차) 원재료 14,000,000원		(대) 외상매입금 14,000,000원		

❷ 세금계산서합계표

*** 기간: 7월 ~ 9월**

매입세금계산서

유형	구분	매입처	매수	공급가액	부가세
전자	사업자	3	4	63,500,000	4,950,000
	주민번호				
	소계	3	4	63,500,000	4,950,000
전자외	사업자				
	주민번호				
	소계				
합계		3	4	63,500,000	4,950,000

(매출)전자세금계산서

	거래처명	등록번호	매수	공급가액	부가세
1	(주)동우기계	121-81-21539	1	30,000,000	3,000,000
2	(주)대신	503-81-11117	2	19,500,000	1,950,000
3	(주)한성	609-81-21418	1	14,000,000	
전자 세금계산서 합계			4	63,500,000	4,950,000
전자신고 마감합계					

❸ 부가가치세신고서

부가가치세신고서 매출액보기 과표(F7) 저장(Ctrl+S) 마감(F4) 작성조회(Ctrl+X) 기능모음(F11)

일반과세 사업장명세 매출세 10,570,000 매입세 4,950,000 차감세 5,620,000 부가율 85.78

기 간 : 2024 년 07 월 01 일 ~ 2024 년 09 월 30 일 신고구분: 1.정기신고 새로불러오기

구분				금액	세율	세액
매입세액	세금계산 수취부분	일반매입	10	33,500,000		1,950,000
		수출기업수입분납부유예	10-1			
		고정자산매입	11	30,000,000		3,000,000
	예정신고누락분		12			
	매입자발행세금계산서		13			
	그밖의공제매입세액		14			
	합계 (10-(10-1)+11+12+13+14)		15	63,500,000		4,950,000
	공제받지못할매입세액		16			
	차감계 (15-16)		17	63,500,000	⑭	4,950,000

역추적 첨부서식

전표입력	상세	유형	건수	금액	세액
매입매출	일반매입	과세	2	19,500,000	1,950,000
매입매출	일반매입	영세	1	14,000,000	
합계			3	33,500,000	1,950,000
신고서와의 차이				0	0

08 면세매입 거래의 부가가치세신고

필요 지식

부가가치세가 면제되는 면세사업자와 거래를 하고 계산서를 발급 받은 경우 세액이 면제되므로 부가가치세액은 표시되지 않는다.

❙ 면세매입거래 실무 프로세스 ❙

수행과제 면세 매입거래의 부가가치세신고

다음 거래자료를 [매입매출전표입력] 메뉴에 입력하고 [계산서합계표], [부가가치세신고서] 작성을 수행하시오.

1 재경아카데미에서 회계팀 직원들이 지출증빙실무 교육을 받고 종이계산서를 발급 받았다. 대금은 전액 한국은행(보통) 계좌에서 이체하여 지급하였다.

(청 색)

계 산 서		(공급받는자 보관용)				승인번호		
공급자	등록번호	108-91-51403			공급받는자	등록번호	113-81-21111	
	상호	재경아카데미	성명(대표자)	박성호		상호	(주)삼일전자	성명(대표자) 김현철
	사업장주소	서울 마포구 마포대로 8				사업장주소	서울 구로구 디지털로33길 27	
	업태	교육서비스업	종사업장번호			업태	제조업외	종사업장번호
	종목	회계학원				종목	컴퓨터외	

작성일자	2024.08.05.	공급가액	700,000

월	일	품목명	규격	수량	단가	공급가액	비고
8	5	지출증빙실무교육				700,000	

합계금액	현금	수표	어음	외상미수금	이 금액을 ◉ 영수 ○ 청구 함
700,000					

수행과제 풀이 면세 매입거래의 부가가치세신고

❶ 매입매출전표입력(8월 5일)

거래유형	품명	공급가액	부가세	거래처	전자세금
53.면세	지출증빙실무교육	700,000원		재경아카데미	
분개유형	(차) 교육훈련비(판)	700,000원	(대) 보통예금(한국은행)	700,000원	
3.혼합					

❷ 계산서합계표

* 기간: 7월 ~ 9월

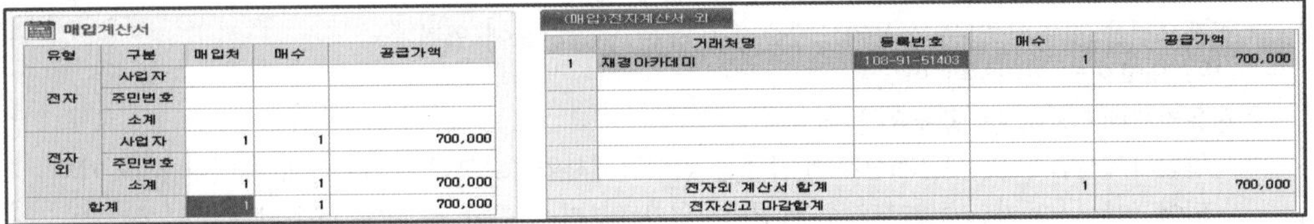

매입계산서

유형	구분	매입처	매수	공급가액
전자	사업자			
	주민번호			
	소계			
전자외	사업자	1	1	700,000
	주민번호			
	소계	1	1	700,000
합계		1	1	700,000

(매입)전자계산서 외

	거래처명	등록번호	매수	공급가액
1	재경아카데미	108-91-51403	1	700,000
	전자외 계산서 합계		1	700,000
	전자신고 마감합계			

❸ 부가가치세신고서

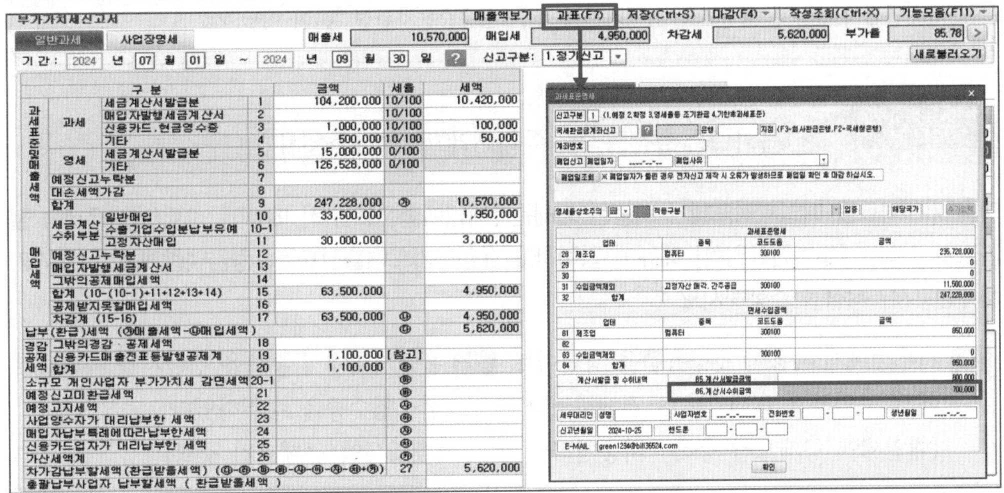

부가가치세신고서

일반과세 | 사업장명세 | 매출세 10,570,000 | 매입세 4,950,000 | 차감세 5,620,000 | 부가율 85.78

기간: 2024 년 07 월 01 일 ~ 2024 년 09 월 30 일 | 신고구분: 1.정기신고

구분				금액	세율	세액
과세표준및매출세액	과세	세금계산서발급분	1	104,200,000	10/100	10,420,000
		매입자발행세금계산서	2		10/100	
		신용카드.현금영수증	3	1,000,000	10/100	100,000
		기타	4	500,000	10/100	50,000
	영세	세금계산서발급분	5	15,000,000	0/100	
		기타	6	126,528,000	0/100	
	예정신고누락분		7			
	대손세액가감		8			
	합계		9	247,228,000	㉮	10,570,000
매입세액	세금계산수취부분	일반매입	10	33,500,000		1,950,000
		수출기업수입분납부유예	10-1			
		고정자산매입	11	30,000,000		3,000,000
	예정신고누락분		12			
	매입자발행세금계산서		13			
	그밖의공제매입세액		14			
	합계 (10-(10-1)+11+12+13+14)		15	63,500,000		4,950,000
	공제받지못할매입세액		16			
	차감계 (15-16)		17	63,500,000	㉯	4,950,000
납부(환급)세액 (㉮매출세액-㉯매입세액)					㉰	5,620,000
경감공제세액	그밖의경감 · 공제세액		18			
	신용카드매출전표등발행공제계		19	1,100,000	[참고]	
	합계		20	1,100,000	㉱	
소규모 개인사업자 부가가치세 감면세액			20-1		㉲	
예정신고미환급세액			21		㉳	
예정고지세액			22		㉴	
사업양수자가 대리납부한 세액			23		㉵	
매입자납부특례에따라납부한세액			24		㉶	
신용카드업자가 대리납부한 세액			25		㉷	
가산세액계			26		㉸	
차가감납부할세액(환급받을세액) (㉰-㉱-㉲-㉳-㉴-㉵-㉶-㉷+㉸)					27	5,620,000
총괄납부사업자 납부할세액 (환급받을세액)						

⓴9 신용카드매출전표 등 수취 거래의 부가가치세신고

필요 지식

일반과세자로부터 부가가치세액이 별도 구분 기재된 신용카드매출전표 등을 수취한 경우(세금계산서 발급이 불가능한 목욕 · 이발 · 미용업, 여객운송업, 입장권사업을 제외) 매입세액공제 요건을 충족하면 매입세액으로 공제받으며, 이때 신용카드매출전표 수령합계표를 작성하여야 한다.

▌신용카드매입거래 실무 프로세스▐

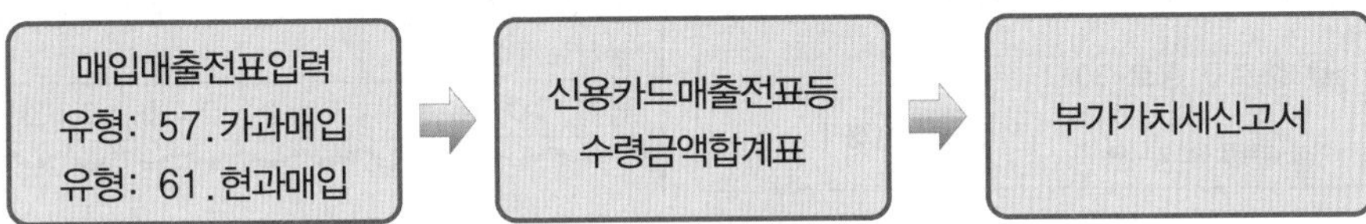

I Can! 신용카드매출전표(현금영수증) 수취거래 입력 시 주의사항!

- 매입세액 공제가 가능한 거래만 매입매출전표에 입력
- 공제요건을 갖추지 않은 신용카드매출전표 등은 일반전표에 입력 (불공유형으로 입력하면 안됨)
- 신용카드매출전표 등 공제요건
  - 일반과세사업자 및 세금계산서 발급대상 간이과세사업자로부터 공급가액과 세액이 분리 기재되어 있는 신용카드매출전표 수취(면세사업자로부터 수취한 신용카드매출전표는 공제불가)
  - 세금계산서 발급이 불가능한 업종(예: 목욕 · 이발 · 미용업, 여객운송업, 입장권사업)으로부터 수취한 영수증이 아닐 것
  - 매입세액 불공제 대상(예: 접대비관련, 비영업용승용차관련 등)이 아닐 것

수행과제 신용카드매출전표 등 수취거래의 부가가치세신고

다음 거래자료를 매입세액공제가 가능한 거래는 [매입매출전표입력] 메뉴에, 매입세액공제가 불가능한 거래는 [일반전표입력] 메뉴에 입력하고, [신용카드매출전표등수령금액합계표], [부가가치세신고서] 작성을 수행하시오.

1 사무실에서 사용할 문구용품을 강남마트에서 구입하고 비씨카드로 결제하였다. (매입세액 공제요건 충족, 비용처리)

매출전표

카드종류	거래일자
비씨카드	2024.08.06.16 : 05 :
카드번호(CARD NO)	
1111 – 2222 – **** – 4444	
승인번호	금액 AMOUNT 60000
323999951	부가세 V.AT 6000
일반 일시불 / 할부	봉사료 CASHBACK
거래유형	합계 TOTAL 66000
신용승인	
가맹점명	
강남마트	
대표자명	사업자번호
박두식	101 – 32 – 12116
전화번호	가맹점번호
02 – 514 – 1254	767931340
주소	
서울 종로구 종로 30	

상기의 거래 내역을 확인합니다. 서명(주)삼일전자

2 홀스기획에서 홍보용 전단지를 제작하고 현금영수증을 수취하였다. (매입세액 공제요건 충족)

현금영수증
CASH RECEIPT
(주)삼일전자 귀하

사업자등록번호	107 – 35 – 21410
현금영수증가맹점명	홀스기획
대표자	김창현
주소	서울 영등포구 신길로 229
전화번호	02 – 421 – 5177

품명	전단지제작	승인번호	54321
거래일시	2024.08.07.	취소일자	

단위		백		천			원
금액 AMOUNT			2	0	0	0	0	0
부가세 VAT				2	0	0	0	0
봉사료 TIPS								
합계 TOTAL			2	2	0	0	0	0

3 고기천국에서 매출거래처 직원들과 식사를 하고 롯데카드로 결제하였다.

신용카드매출전표

카드종류 : 롯데카드
회원번호 : 5555-6666-****-8888
거래일시 : 2024.8.8. 19:05:16
거래유형 : 신용승인
매　　출 : 150,000원
부 가 세 : 15,000원
합　　계 : 165,000원
결제방법 : 일시불
승인번호 : 85110501

가맹점명 : 고기천국
주　　소 : 서울 강남구 테헤란로 105
대 표 자 : 박노봉
사업자NO: 214-12-67864

- 이 하 생 략 -

수행과제 풀이 신용카드매출전표 등 수취거래의 부가가치세신고

❶ 매입매출전표입력

1 8월 6일

거래유형	품명	공급가액	부가세	거래처	전자세금
57.카과	문구용품	60,000원	6,000원	강남마트	
분개유형	(차) 소모품비(판) 60,000원		(대) 미지급금(비씨카드) 66,000원		
4.카드	부가세대급금 6,000원				

2 8월 7일

거래유형	품명	공급가액	부가세	거래처	전자세금
61.현과	전단지 제작	200,000원	20,000원	홀스기획	
분개유형	(차) 광고선전비(판) 200,000원		(대) 현금 220,000원		
1.현금	부가세대급금 20,000원				

2 8월 8일

구분	코드	계정과목	코드	거래처명	적요		차변	대변
차변	813	접 대 비 (기업업무추진비)		고기천국	01	거래처 접대비(기업업무추진비) /신용카드(법인)	165,000	
대변	253	미 지 급 금	99900	롯데카드		거래처 접대비(기업업무추진비) /신용카드(법인)		165,000

(차) 813 접대비(기업업무추진비) 165,000 (대) 253 미지급금 165,000

주의 접대성격이므로 매입세액 불공제에 해당하여 일반전표에 입력한다.

❷ 신용카드매출전표등 수령금액 합계표

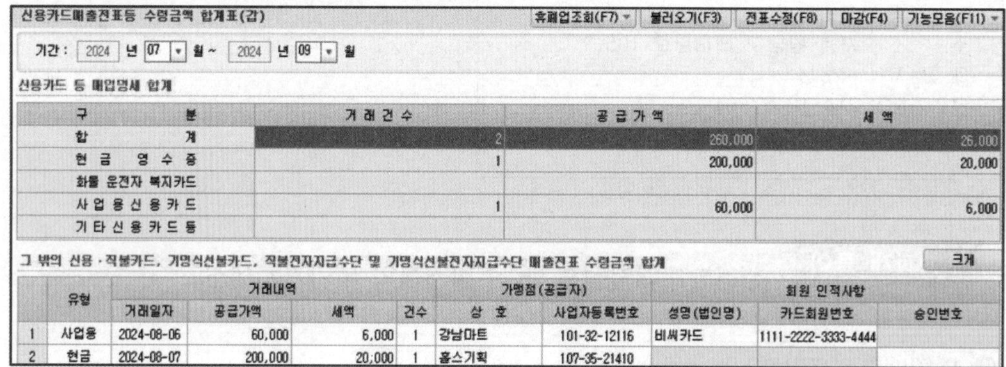

신용카드매출전표등 수령금액 합계표(갑)　휴폐업조회(F7)　불러오기(F3)　전표수정(F8)　마감(F4)　기능모음(F11)

기간 : 2024 년 07 월 ~ 2024 년 09 월

신용카드 등 매입명세 합계

구분	거래건수	공급가액	세액
합계	2	260,000	26,000
현금영수증	1	200,000	20,000
화물 운전자 복지카드			
사업용신용카드	1	60,000	6,000
기타신용카드등			

그 밖의 신용·직불카드, 기명식선불카드, 직불전자지급수단 및 기명식선불전자지급수단 매출전표 수령금액 합계　크게

	유형	거래내역				가맹점(공급자)		회원 인적사항		
		거래일자	공급가액	세액	건수	상호	사업자등록번호	성명(법인명)	카드회원번호	승인번호
1	사업용	2024-08-06	60,000	6,000	1	강남마트	101-32-12116	비씨카드	1111-2222-3333-4444	
2	현금	2024-08-07	200,000	20,000	1	홍스기획	107-35-21410			

❸ 부가가치세신고서

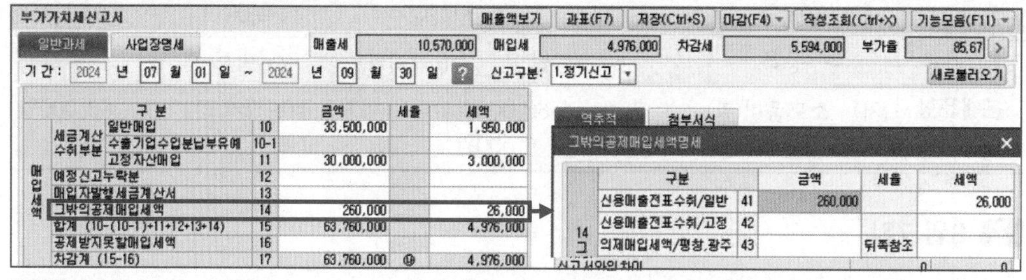

부가가치세신고서　매출액보기　과표(F7)　저장(Ctrl+S)　마감(F4)　작성조회(Ctrl+X)　기능모음(F11)

일반과세　사업장명세　매출세 10,570,000　매입세 4,976,000　차감세 5,594,000　부가율 85.67

기 간 : 2024 년 07 월 01 일 ~ 2024 년 09 월 30 일　신고구분: 1.정기신고　새로불러오기

구분				금액	세율	세액
매입세액	세금계산 수취부분	일반매입	10	33,500,000		1,950,000
		수출기업수입분납부유예	10-1			
		고정자산매입	11	30,000,000		3,000,000
	예정신고누락분		12			
	매입자발행세금계산서		13			
	그밖의공제매입세액		14	260,000		26,000
	합계 (10-(10-1)+11+12+13+14)		15	63,760,000		4,976,000
	공제받지못할매입세액		16			
	차감계 (15-16)		17	63,760,000	ⓛ	4,976,000

역추적　첨부서식

그밖의공제매입세액명세

	구분		금액	세율	세액
14 그	신용매출전표수취/일반	41	260,000		26,000
	신용매출전표수취/고정	42			
	의제매입세액/평창,광주	43		뒤쪽참조	

주의 [그밖의공제매입세액] 란에서 Tab을 누르면 [그밖의공제매입세액명세]를 볼 수 있다.

10 수입세금계산서 거래의 부가가치세신고

필요 지식

수입되는 재화에 대하여는 세관장이 수입업자에게 세금계산서를 발급한다. 수입하는 재화의 과세표준은 실제 수입금액과 차이가 나며, 부가가치세액만을 지급하고 회계처리한다. 실제수입금액은 별도로 '미착품' 등의 계정으로 정리한다.

▌수입세금계산서거래 실무 프로세스▐

수행과제 수입세금계산서 거래의 부가가치세신고

다음 거래자료를 [매입매출전표입력] 메뉴에 입력하고 [세금계산서합계표], [부가가치세신고서] 작성을 수행하시오.

1 원재료를 수입하고 인천세관으로부터 수입세금계산서를 발급받았다. 부가가치세(3,200,000원)와 관세(2,000,000원)등 5,200,000원은 현금으로 지급하였다.(부가가치세 및 관세 등은 매입매출전표입력메뉴에서 회계처리하고, 미착품계정을 조회하여 일반전표입력메뉴에서 정리를 수행하시오.(전자세금계산서 관련 거래는 '전자입력'으로 입력하기로 한다)

징수형태 11 B/L NO: SHE 24080049

NO.05727291

전 자 수 입 세 금 계 산 서 (수입자 보관용)

세관명			수입자		
등록번호	125-83-11115		등록번호	113-81-21111	
세 관 명	인천세관		상 호	(주)삼일전자	
세관주소	인천 중구 서해대로 339		성 명	김현철	
수입신고번호 또는 일괄발급기간(총건)	80610-12-000037U		사업장주소	서울 구로구 디지털로33길 27	
			업 태	도소매	종목 의류

작성 년	월	일	공 급 가 액	세 액	비고
24	08	09	32,000,000	3,200,000	

월	일	품목	규격	수량	단가	공급가액	세액	비고
		수입신고필증 참조						

* 과세표준은 관세의 과세가격과 관세, 개별소비세, 주세, 교통에너지환경세, 교육세 및 농어촌특별세의 합계액으로 한다.
* 본 수입세금계산서는 수입세금계산서 발급에 관한 고시 제 6조의 규정에 의하여 발급한 수입세금계산서 전자문서의 내역을 출력한 것입니다.
* 수입(세금)계산서는 관세청 홈페이지(http://customs.go.kr)를 통하여 간편하게 발급받으실 수 있습니다.(문의전화 1544-1285)

수행과제 풀이 수입세금계산서 거래의 부가가치세신고

❶ 매입매출전표입력(8월 9일)

거래유형	품명	공급가액	부가세	거래처	전자세금
55.수입	원재료	32,000,000원	3,200,000	인천세관	전자입력
분개유형	(차) 원재료	2,000,000원	(대) 현금		5,200,000원
3.혼합	부가세대급금	3,200,000원			

❷ 일반전표입력(8월 9일)

(차) 원재료 30,000,000원 (대) 미착품 30,000,000원

주의 계정별원장에서 미착품계정 30,000,000원을 조회하여 일반전표입력메뉴에서 대체 처리한다.

❸ 세금계산서합계표

*** 기간: 7월 ~ 9월**

매입세금계산서

유형	구분	매입처	매수	공급가액	부가세
전자	사업자	4	5	95,500,000	8,150,000
	주민번호				
	소계	4	5	95,500,000	8,150,000
전자외	사업자				
	주민번호				
	소계				
합계		4	5	95,500,000	8,150,000

(매입)전자세금계산서

	거래처명	등록번호	매수	공급가액	부가세
1	(주)동우기계	121-81-21539	1	30,000,000	3,000,000
2	인천세관	125-83-11115	1	32,000,000	3,200,000
3	(주)대신	503-81-11117	2	19,500,000	1,950,000
4	(주)한성	609-81-21418	1	14,000,000	
전자 세금계산서 합계			5	95,500,000	8,150,000
전자신고 마감합계					

❹ 부가가치세신고서

부가가치세신고서 매출액보기 과표(F7) 저장(Ctrl+S) 마감(F4) 작성조회(Ctrl+X) 기능모음(F11)

일반과세 사업장명세 매출세 10,570,000 매입세 8,176,000 차감세 2,394,000 부가율 72.1

기 간: 2024 년 07 월 01 일 ~ 2024 년 09 월 30 일 신고구분: 1.정기신고 새로불러오기

구분				금액	세율	세액
매입세액	세금계산서 수취부분	일반매입	10	65,500,000		5,150,000
		수출기업수입분납부유예	10-1			
		고정자산매입	11	30,000,000		3,000,000
	예정신고누락분		12			
	매입자발행세금계산서		13			
	그밖의공제매입세액		14	260,000		26,000
	합계 (10-(10-1)+11+12+13+14)		15	95,760,000		8,176,000
	공제받지못할매입세액		16			
	차감계 (15-16)		17	95,760,000	ⓛ	8,176,000

역추적 첨부서식

전표입력	상세	유형	건수	금액	세액
매입매출	일반매입	과세	2	19,500,000	1,950,000
매입매출	일반매입	영세	1	14,000,000	
매입매출	일반매입	수입	1	32,000,000	3,200,000
합계			4	65,500,000	5,150,000
신고서와의 차이				0	0

매입세액불공제 거래의 부가가치세신고

필요 지식

재화나 용역을 구입하면서 부가가치세를 부담하고 세금계산서를 발급받았으나, 부가가치세법의 매입세액 불공제 사유에 해당되어 매입세액을 공제받지 못할 경우 해당하는 사유별로 구분하여 매입세액불공제내역서를 작성하여야 한다.

1. 공제받지못할 매입세액 내역

불공제사유	내용
필요한 기재사항 누락	세금계산서를 미수취 및 부실 기재한 경우, 매입처별세금계산서합계표를 미제출·부실 기재한 경우
사업과 직접 관련 없는 지출	사업과 직접 관련이 없는 지출에 대한 매입세액
비영업용 소형 승용 자동차 구입 및 유지	개별소비세가 과세되는 자동차(영업용제외)구입과 유지 및 임차비용에 관한 매입세액(1,000cc이하의 국민차는 제외)
접대비 및 이와 유사한 비용 관련	접대비 및 이와 유사한 비용의 지출에 관련된 매입세액
면세사업 관련	면세사업에 관련된 매입세액
토지의 자본적 지출 관련	토지의 자본적 지출비용에 관련된 매입세액
사업자등록 전 매입세액	사업자등록 전 수취한 매입세금계산서(단, 공급시기가 속하는 과세기간이 끝난 후 20일 이내에 등록 신청한 경우는 매입세액 공제가능)
금·구리 스크랩 거래계좌 미사용 관련 매입세액	금·구리거래계좌 미사용 관련 매입세액

2. 공통매입세액 안분계산(예정신고)

사업자가 과세사업과 면세사업을 겸업하는 경우에는 과세사업에 관련된 매입세액은 공제하게 되지만 과세사업과 면세사업에 공통으로 관련된 매입세액이거나 과세사업인지 면세사업관련 매입세액인지를 명확하게 구분할 수 없는 경우에는 이를 법이 정한 방법에 의하여 합리적으로 안분계산하여야 한다.

3. 공통매입세액 안분정산(확정신고)

공통매입세액은 1기 또는 2기 과세기간별로 안분계산하여야 하므로 예정신고시 안분계산을 한 경우 확정신고시 예정신고분과 확정신고분을 합친 금액으로 공통매입세액의 정산을 하여야 한다. 예정신고시에는 공통매입세액이 있었으나 확정신고시 공통매입세액이 없는 경우라도 확정신고시에는 예정신고시 적용한 공통매입세액에 대한 정산을 하여야 한다.

4. 납부(환급)세액 재계산(확정신고)

공통매입세액에 해당되는 고정자산의 취득은 여러 과세기간에 걸쳐서 사용될 것이므로 취득시 과세기간의 공급가액 또는 공급면적을 기준으로만 안분계산하면 부당하거나 납세자가 불리한 매입세액 공제가 발생할 수 있다. 따라서 과세, 면세 공통사용 고정자산의 취득과 관련하여 발생된 매입세액에 대해서는 아래의 조건에 모두 해당되는 경우 취득일 이후 과세기간의 면세사업에 관련된 매입세액을 재계산하여 재계산한 과세기간의 납부세액에 가감하거나 환급세액에서 공제, 추가하는 제도를 말한다.

① 재계산 조건

- 공통매입세액을 안분 계산한 경우
- 면세비율이 추후 과세기간에 5%이상 증감된 경우
- 매입세액을 공제받은 자산이 감가상각 대상자산이어야 한다.

② 계산산식

구분	재계산세액
건물 또는 구축물	매입세액 × (1－5% × 경과된 과세기간의 수) × 증가되거나 감소된 면세공급가액의 비율
기타의 감가상각자산	매입세액 × (1－25% × 경과된 과세기간의 수) × 증가되거나 감소된 면세공급가액의 비율

▌매입세액불공제거래 실무 프로세스▐

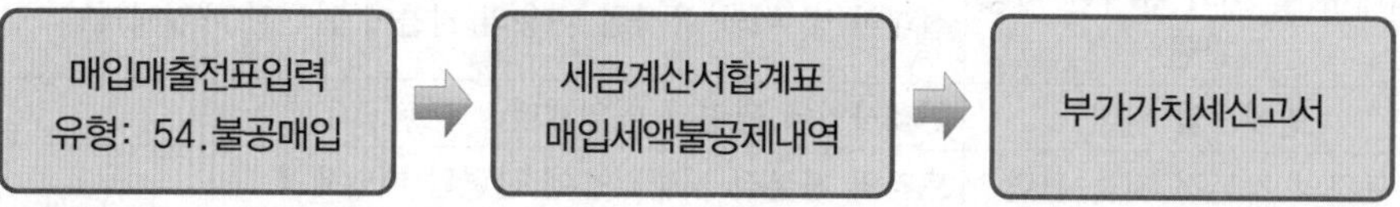

수행과제 매입세액불공제 거래의 부가가치세신고

다음 거래자료를 [매입매출전표입력] 메뉴에 입력하고 [세금계산서합계표], [매입세액불공제내역], [부가가치세신고서]를 작성하고 공통매입세액에 대한 회계처리를 수행하시오.(전자세금계산서 관련거래는 '전자입력'으로 입력하기로 한다)

1 강남마트에서 매출처에 선물할 선물세트를 구입하고 전자세금계산서를 발급 받았다.

(청 색)

전자세금계산서 (공급받는자 보관용)					승인번호				
공급자	등록번호	101-32-12116			공급받는자	등록번호	113-81-21111		
	상호	강남마트	성명(대표자)	박두식		상호	(주)삼일전자	성명(대표자)	김현철
	사업장 주소	서울 종로구 종로 30				사업장 주소	서울 구로구 디지털로33길 27		
	업태	도·소매	종사업장번호			업태	제조업외	종사업장번호	
	종목	잡화				종목	컴퓨터외		
	E-Mail	knmart@naver.com				E-Mail	green1234@bill36524.com		

작성일자	2024.08.11.	공급가액	3,000,000	세액	300,000

월	일	품목명	규격	수량	단가	공급가액	세액	비고
8	11	선물세트				3,000,000	300,000	

합계금액	현금	수표	어음	외상미수금	이 금액을 ○ 영수 ◉ 청구 함
3,300,000				3,300,000	

2 한공자동차정비(주)에서 관리부 업무용승용차(2,000cc)를 수리하고 전자세금계산서를 발급 받았다.(수익적 지출로 처리할 것)

(청 색)

전자세금계산서 (공급받는자 보관용)					승인번호				
공급자	등록번호	101-81-21118			공급받는자	등록번호	113-81-21111		
	상호	한공자동차정비(주)	성명(대표자)	이규대		상호	(주)삼일전자	성명(대표자)	김현철
	사업장 주소	서울 종로구 동호로 398-1				사업장 주소	서울 구로구 디지털로33길 27		
	업태	서비스	종사업장번호			업태	제조업외	종사업장번호	
	종목	자동차정비				종목	컴퓨터외		
	E-Mail	carbest11@bill36524.com				E-Mail	green1234@bill36524.com		

작성일자	2024.08.12.	공급가액	1,500,000	세액	150,000

월	일	품목명	규격	수량	단가	공급가액	세액	비고
8	12	타이어 교체				1,500,000	150,000	

합계금액	현금	수표	어음	외상미수금	이 금액을 ○ 영수 ◉ 청구 함
1,650,000				1,650,000	

3 (주)대신으로부터 공통사업에 사용할 원재료를 구입하고 전자세금계산서를 발급 받았다.(과세 · 면세 공통사용)

(청 색)

전자세금계산서 (공급받는자 보관용) 승인번호

공급자				공급받는자			
등록번호	503-81-11117			등록번호	113-81-21111		
상호	(주)대신	성명(대표자)	서재현	상호	(주)삼일전자	성명(대표자)	김현철
사업장 주소	대구 달서구 달구벌대로250길 67			사업장 주소	서울 구로구 디지털로33길 27		
업태	제조업	종사업장번호		업태	제조업외	종사업장번호	
종목	전자부품			종목	컴퓨터외		
E-Mail	good7777@bill36524.com			E-Mail	green1234@bill36524.com		

작성일자	2024.08.13.	공급가액	10,000,000	세액	1,000,000

월	일	품목명	규격	수량	단가	공급가액	세액	비고
8	13	전자부품				10,000,000	1,000,000	

합계금액	현금	수표	어음	외상미수금	이 금액을 ○ 영수 ◉ 청구 함
11,000,000				11,000,000	

4 공통매입 안분계산 자료에 의하여 공통매입세액 안분계산을 하고 회계처리를 하시오.

자료 1. 공급가액 내역(7월 1일 ~ 9월 30일)

구 분		공급가액
매출내역	과세분(전자세금계산서)	300,000,000원
	면세분(계산서)	200,000,000원
	합 계	500,000,000원

주의 입력되어 있는 매출 데이터는 무시하고 주어진 자료에 의하여 안분계산하기로 한다.

자료 2. 매입가액(원재료) 중 안분대상내역(7월 1일 ~ 9월 30일)

구 분	거래내역(공급가액)
매입내역	8월 13일 과세사업과 면세사업 공통사용분 10,000,000원(전자세금계산서)

수행과제 풀이 매입세액불공제 거래의 부가가치세신고

❶ 매입매출전표입력

1 8월 11일

거래유형	품명	공급가액	부가세	거래처	전자세금
54.불공	선물세트	3,000,000원	300,000원	강남마트	전자입력
불공사유	9.접대비 관련 매입세액				
분개유형 / 3.혼합	(차) 접대비(판)	3,300,000원	(대) 미지급금	3,300,000원	

2 8월 12일

거래유형	품명	공급가액	부가세	거래처	전자세금
54.불공	타이어 교체	1,500,000원	150,000원	한공자동차정비(주)	전자입력
불공사유	3.비영업용 소형승용차 구입 및 유지				
분개유형 / 3.혼합	(차) 차량유지비(판)	1,650,000원	(대) 미지급금	1,650,000원	

3 8월 13일

거래유형	품명	공급가액	부가세	거래처	전자세금
54.불공	전자부품	10,000,000원	1,000,000원	(주)대신	전자입력
불공사유	5.공통매입세액 안분계산서분				
분개유형 / 2.외상	(차) 원재료	11,000,000원	(대) 외상매입금	11,000,000원	

❷ 세금계산서합계표

*** 기간: 7월 ~ 9월**

매입세금계산서

유형	구분	매입처	매수	공급가액	부가세
전자	사업자	6	8	110,000,000	9,600,000
	주민번호				
	소계	6	8	110,000,000	9,600,000
전자외	사업자				
	주민번호				
	소계				
합계		6	8	110,000,000	9,600,000

(매입)전자세금계산서

	거래처명	등록번호	매수	공급가액	부가세
1	강남마트	101-32-12116	1	3,000,000	300,000
2	한공자동차정비(주)	101-81-21118	1	1,500,000	150,000
3	(주)동우기계	121-81-21539	1	30,000,000	3,000,000
4	인천세관	125-83-11115	1	32,000,000	3,200,000
5	(주)대신	503-81-11117	3	29,500,000	2,950,000
6	(주)한성	609-81-21418	1	14,000,000	
전자 세금계산서 합계			8	110,000,000	9,600,000
전자신고 마감합계					

❸ 매입세액불공제내역

1. 공통매입세액 안분계산 내역

*** 기간: 7월 ~ 9월**

2.공제받지 못할 매입세액 내역 | 3.공통매입세액 안분계산 내역 | 4.공통매입세액의 정산내역 | 5.납부세액 또는 환급세액 재계산 내역

	계산식	구분	과세,면세 사업 공통매입		(12)총공급가액 등 (총예정사용면적)	(13)면세공급가액 등 (총예정사용면적)	(14)불공제 매입세액 (⑪×⑬÷⑫)
			(10)공급가액	(11)세액			
1	1.공급가액기준		10,000,000	1,000,000	500,000,000	200,000,000	400,000
2							
합 계			10,000,000	1,000,000	500,000,000	200,000,000	400,000

공통매입세액 1,000,000 × 면세공급가액 200,000,000 / 총공급가액 500,000,000 = 불공제매입세액 400,000

2. 공제받지 못할 매입세액 내역

*** 기간: 7월 ~ 9월**

2.공제받지 못할 매입세액 내역 | 3.공통매입세액 안분계산 내역 | 4.공통매입세액의 정산내역 | 5.납부세액 또는 환급세액 재계산 내역

공제받지 못할 매입세액 내역			
불공제사유	세금계산서		
	매수	공급가액	매입세액
①필요한 기재사항 누락			
②사업과 직접 관련 없는 지출			
③비영업용 소형 승용 자동차구입 및 유지	1	1,500,000	150,000
④접대비 및 이와 유사한 비용 관련	1	3,000,000	300,000
⑤면세사업 관련			
⑥토지의 자본적 지출 관련			
⑦사업자등록 전 매입세액			
⑧금.구리 스크랩 거래계좌 미사용 관련 매입세액			
⑨ 합 계	2	4,500,000	450,000

구분	공급가액	세액
공통매입세액 안분 계산	4,000,000	400,000
공통매입세액 정산 내역		
납부세액 또는 환급세액 재계산 내역		
총계(불공제매입세액,안분,정산,재계산의 공급가액과 세액)	8,500,000	850,000

3. 공통매입세액 관련 회계처리(일반전표입력 9월 30일)

(차) 부가세대급금 600,000원 (대) 원재료 600,000원

주의 공통매입세액 1,000,000원 - 매입세액불공제분 400,000원 = 공제세액 600,000원

❹ 부가가치세신고서

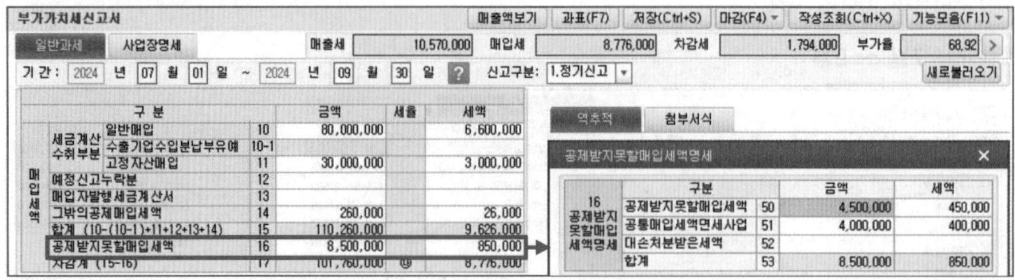

부가가치세신고서 매출액보기 과표(F7) 저장(Ctrl+S) 마감(F4) 작성조회(Ctrl+X) 기능모음(F11)

일반과세 사업장명세 매출세 10,570,000 매입세 8,776,000 차감세 1,794,000 부가율 68.92

기 간: 2024 년 07 월 01 일 ~ 2024 년 09 월 30 일 신고구분: 1.정기신고 새로불러오기

구 분				금액	세율	세액
매입세액	세금계산 수취부분	일반매입	10	80,000,000		6,600,000
		수출기업수입분납부유예	10-1			
		고정자산매입	11	30,000,000		3,000,000
	예정신고누락분		12			
	매입자발행세금계산서		13			
	그밖의공제매입세액		14	260,000		26,000
	합계 (10-(10-1)+11+12+13+14)		15	110,260,000		9,626,000
	공제받지못할매입세액		16	8,500,000		850,000
	차감계 (15-16)		17	101,760,000	ⓓ	8,776,000

역추적 첨부서식

공제받지못할매입세액명세

구분			금액	세액
16 공제받지 못할매입 세액명세	공제받지못할매입세액	50	4,500,000	450,000
	공통매입세액면세사업	51	4,000,000	400,000
	대손처분받은세액	52		
	합계	53	8,500,000	850,000

수행 tip

공통매입세액 회계처리 방법!

구 분	불공매입으로 처리한 경우	과세매입으로 처리한 경우
매입시	(차) 원재료 11,000,000 (대) 외상매입금 11,000,000	(차) 원재료 10,000,000 부가세대급금 1,000,000 (대) 외상매입금 11,000,000
9월 30일	(차) 부가세대급금 600,000 (대) 원재료 600,000	(차) 원재료 400,000 (대) 부가세대급금 400,000

12 부동산임대사업자의 부가가치세신고

필요 지식

부동산 임대용역을 제공하는 사업자는 부동산 임대용역의 공급내역을 상세히 기록한 부동산임대공급가액명세서를 부가가치세 신고 시 제출해야 하며, 이는 부가가치세 성실신고여부와 보증금에 대한 간주임대료 계산의 적정여부 등을 판단하는 자료로 활용된다.

I Can! 간주임대료 계산방법!

부동산 임대용역을 공급하고 전세금 또는 임대보증금을 받은 경우에는 금전 이외의 대가를 받은 것으로 보아, 다음 산식에 의해 계산한 금액을 부가가치세 과세표준으로 하며, 이를 통상 간주임대료라 한다.

$$\text{간주임대료} = \text{임대보증금(전세금)} \times \frac{\text{대상기간의 일수}}{\text{365(윤년의 경우 366)}} \times \left\{ \begin{array}{c} \text{과세기간 종료일 현재} \\ \text{계약기간 1년 만기 정기예금} \\ \text{이자율} \end{array} \right\}$$

주의 계약기간 1년 만기 정기예금 이자율은 서울 시내에 본점을 둔 시중은행의 이자율을 감안하여 기획재정부령이 정하는 율(수시로 변동될 수 있다)을 말한다.

▌부동산임대사업자 실무 프로세스▐

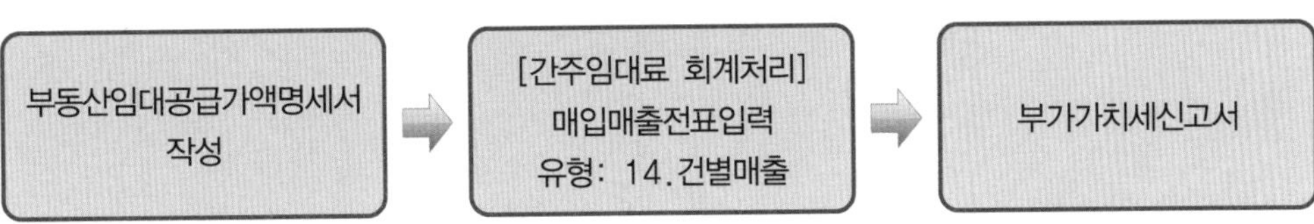

수행과제 부동산임대사업자의 부가가치세신고

다음 자료를 참고하여 거래자료를 [매입매출전표입력] 메뉴에 입력하고, [부동산임대공급가액명세서] 작성 및 관련 회계처리를 하고 [부가가치세신고서] 작성을 수행하시오.(본 문제에 한하여 부동산임대업을 겸업[과세표준명세의 업종코드 701201]하고 있고, 정기예금이자율은 3.5%로 가정하며, '동' 입력은 생략한다. 또한 전자세금계산서 관련거래는 '전자입력'으로 입력하기로 한다.)

(사 무 실) 월 세 계 약 서 ■ 임대인용 □ 임차인용 □ 사무소보관용

부동산의 표시	소재지	서울 용산구 백범로 259(효창동) 신하빌딩 2층 205호				
	구 조	철근콘크리트조	용도	사무실	면적	82㎡
월 세 보 증 금		**금 50,000,000원정**		**월세 1,000,000원정(VAT 별도)**		

제 1 조 위 부동산의 임대인과 임차인 합의하에 아래와 같이 계약함.
제 2 조 위 부동산의 임대차에 있어 임차인은 보증금을 아래와 같이 지불키로 함.
제 3 조 위 부동산의 간주임대료는 임대인이 부담하기로 함.

계 약 금	1,000,000원정은 계약 시 지불하고
중 도 금	원정은 년 월 일 지불하며
잔 금	49,000,000원정은 2024년 8월 31일 중개업자 입회하에 지불함.

제 3 조 위 부동산의 명도는 **2024년 9월 1일**로 함.
제 4 조 임대차 기간은 **2024년 9월 1일로부터 (12)개월**로 함.

임 대 인	주 소	서울시 구로구 디지털로33길 27				
	사업자등록번호	113-81-21111	전화번호	02-552-1234	성명	(주)삼일전자㊞
임 차 인	주 소	서울 용산구 서빙고로 36				
	사업자등록번호	106-81-35219	전화번호	02-705-9010	성명	(주)기흥성 ㊞
중개업자	주 소	서울 용산구 백범로 259			허가번호	92240000-004
	상 호	삼성공인중개사	전화번호	02-584-1212	성명	김 중 원 ㊞

(적 색)

전자세금계산서 (공급자 보관용)						승인번호			
공급자	등록번호	113-81-21111		공급받는자	등록번호	106-81-35219			
	상호	(주)삼일전자	성명(대표자) 김현철		상호	(주)기흥성	성명(대표자) 기흥성		
	사업장주소	서울 구로구 디지털로33길 27			사업장주소	서울 용산구 서빙고로 36			
	업태	제조업외	종사업장번호		업태	서비스	종사업장번호		
	종목	컴퓨터외			종목	건축관련기술서비스			
	E-Mail	green1234@bill36524.com			E-Mail	toptree@bill36524.com			

작성일자	2024.09.10.	공급가액	1,000,000	세액	100,000

월	일	품목명	규격	수량	단가	공급가액	세액	비고
9	10	9월 임대료				1,000,000	100,000	

합계금액	현금	수표	어음	외상미수금	이 금액을	◉ 영수 ○ 청구	함
1,100,000	1,100,000						

수행과제 풀이 부동산임대사업자의 부가가치세신고

❶ 매입매출전표입력(9월 10일)

거래유형	품명	공급가액	부가세	거래처	전자세금
11.과세	9월 임대료	1,000,000원	100,000원	(주)기흥성	전자입력
분개유형	(차) 현금	1,100,000원	(대) 임대료		1,000,000원
1.현금			부가세예수금		100,000원

❷ 부동산임대공급가액명세서 작성

적용 이자율(간주임대료 요율)이 3.5%로 되어 있지 않으면 상단부 '이자율(F7)'을 클릭하여 3.5%로 수정입력하여 적용한다.

❸ 간주임대료 회계처리(9월 30일)

거래유형	품명	공급가액		부가세	거래처	전자세금
14.건별	간주임대료	143,442		14,344		
분개유형	(차) 세금과공과금(판)		14,344원	(대) 부가세예수금		14,344원
3.혼합						

❹ 부가가치세신고서

* 과세표준명세(업종코드 701201)

① 부동산 임대(29란): 임대료 1,000,000원 + 간주임대료 143,442원 = 1,143,442원

※ 부동산임대업종의 보증금이자는 과세표준명세 작성시 수입금액에 포함하여 작성한다.

② 수입금액제외(31란): 고정자산매각분 11,000,000원 + 간주공급분 500,000원
= 11,500,000원

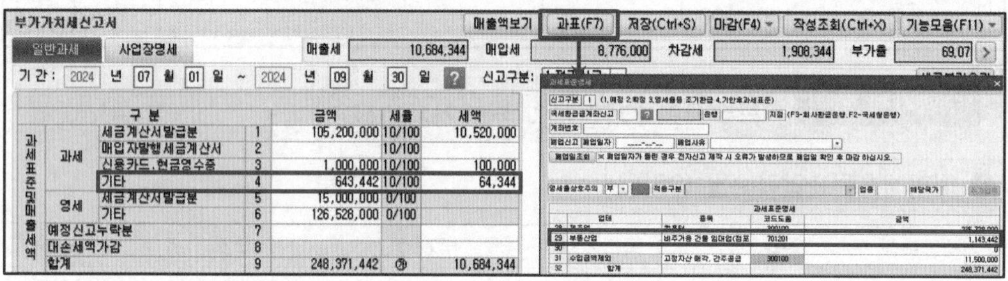

13 의제매입세액공제 대상자의 부가가치세신고

필요 지식

사업자가 부가가치세가 면제되는 농·축·수·임산물 등 원재료를 공급받아서 이를 제조, 가공한 재화 또는 용역이 과세되는 경우에는 그 원재료 가액의 일정금액을 매입세액으로 공제받을 수 있으며, 이를 의제매입세액공제라고 한다. 매입세액으로 공제받기 위하여는 부가가치세신고시 의제매입세액공제신고서를 매입처별계산서합계표 또는 신용카드매출전표등수령합계표와 함께 제출하여야 한다.

일반전표입력, 매입매출전표입력에서 해당 계정의 적요번호 6번 '의제매입세액 원재료차감'으로 입력된 자료가 반영되어 자동 작성되며, 수정 또는 추가입력이 가능하다.

▌의제매입세액공제 실무 프로세스▐

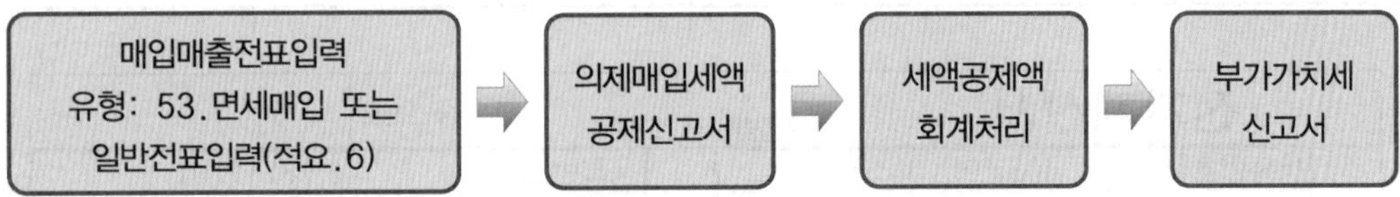

I Can! 의매입세액공제!

① 의제매입세액공제액 = 면세농산물등의 가액 × 공제율

구분		공제율
일반업종		2/102
중소제조업 및 개인사업자		4/104(6/106)*
음식점	법인사업자	6/106
	개인사업자	8/108
	과세유흥장소	2/102

* 최종소비자대상 개인제조업자(과자점업, 도정업, 제분업, 떡방앗간) 6/106 적용
** 과세표준이 2억원 이하인 음식점을 경영하는 개인사업자 9/109 적용

② 의제매입세액 공제한도(법인사업자): (공급과표 × 50%) × 공제율

③ 의제매입세액 공제요건
- 사업자로부터 면세농산물 등을 공급받은 경우: 정규증명서류(계산서, 신용카드매출전표, 현금영수증 등) 수취
- 농어민으로부터 직접 공급받은 경우: 공급자의 인적사항이 기재된 구매계약서 등 수취(일반과세 음식점업자는 제외)

수행과제 의제매입세액공제 대상자의 부가가치세신고

다음 자료를 참고하여 거래자료를 [매입매출전표입력] 메뉴에 입력하고, [의제매입공제신고서] 작성 및 관련 회계처리를 하고 [부가가치세신고서] 작성을 수행하시오.(본 문제에 한하여 통조림을 제조하는 중소기업으로 가정한다)(전자계산서는 '전자입력'으로 할 것)

실무 익히기

1 통조림 제조에 사용할 원재료를 구입하고 전자계산서를 발급 받았다.

(청 색)

전자계산서 (공급받는자 보관용)								승인번호			
공급자	등록번호	108-91-31256			공급받는자	등록번호	113-81-21111				
	상호	평화수협	성명(대표자)	강수길		상호	(주)삼일전자	성명(대표자)	김현철		
	사업장 주소	서울 마포구 마포대로 6				사업장 주소	서울 구로구 디지털로33길 27				
	업태	도소매업	종사업장번호			업태	제조업외	종사업장번호			
	종목	농/축/수/임산물				종목	컴퓨터외				
	E-Mail	pr1234@naver.com				E-Mail	green1234@bill36524.com				
작성일자	2024.09.11.	공급가액	3,500,000	비고							
월	일	품목명	규격	수량	단가	공급가액	비고				
9	11	고등어		500	7,000	3,500,000					
합계금액	현금	수표	어음	외상미수금	이 금액을 ○ 영수 ◉ 청구 함						
3,500,000	500,000			3,000,000							

주의 전표입력 시 거래처코드와 의제매입세액공제신고서 작성 시 수량을 반드시 입력하여야 한다.

2 통조림 제조에 사용할 원재료(정어리) 50상자를 강남마트에서 구입하고 비씨카드로 결제하였다.

매출전표

카드종류	거래일자
비씨카드	2024.09.12.10:05:16
카드번호(CARD NO)	
1111-2222-****-4444	
승인번호	금액 AMOUNT: 1000000
523997851	부가세 V.AT:
일반 할부	봉사료 CASHBACK:
일시불	합계 TOTAL: 1000000
거래유형	
신용승인	
가맹점명	
강남마트	
대표자명	사업자번호
박두식	101-32-12116
전화번호	가맹점번호
02-514-1254	767931340
주소	
서울 종로구 종로 30	

상기의 거래 내역을 확인합니다. 서명 (주)삼일전자

3 통조림 제조에 사용할 원재료를 어민으로부터 직접 구매한 계약서이다.

수산물 공급 계약서

■ 공급자 인적사항

성 명	주민등록번호
박어부	710110-1235141

■ 계약내역

품 목	공급량	납품일자	금 액
고등어	90상자	2024.09.13.	1,800,000원
합계금액			1,800,000원

■ 대금지급조건: 공급시기 해당 월의 다음달 10일까지 지급

수행과제 풀이 의제매입세액공제 대상자의 부가가치세신고

❶ 매입매출전표입력

1 9월 11일

거래유형	품명	수량	공급가액	부가세	거래처	전자세금
53.면세	고등어	500	3,500,000원		평화수협	전자입력
분개유형	(차) 원재료 3,500,000원 (적요: 6.의제매입세액 원재료차감)			(대) 현금 500,000원 외상매입금 3,000,000원		
3.혼합						

2 9월 12일

거래유형	품명	수량	공급가액	부가세	거래처	전자세금
58.카면	정어리	50	1,000,000원		강남마트	
분개유형	(차) 원재료 1,000,000원 (적요: 6.의제매입세액 원재료차감)			(대) 외상매입금(비씨카드) 1,000,000원		
2.외상						

주의 일반적인 상거래에 해당하므로 카드로 결제하였더라도 2.외상을 선택하여야 하며, 외상매입금의 거래처를 카드거래처로 변경해야 한다.

3 9월 13일

거래유형	품명	수량	공급가액	부가세	거래처	전자세금
60.면건	고등어	90	1,800,000원		박어부	
분개유형	(차) 원재료 1,800,000원 (적요: 6.의제매입세액 원재료차감)			(대) 외상매입금 1,800,000원		
2.외상						

❷ 의제매입세액공제신고서

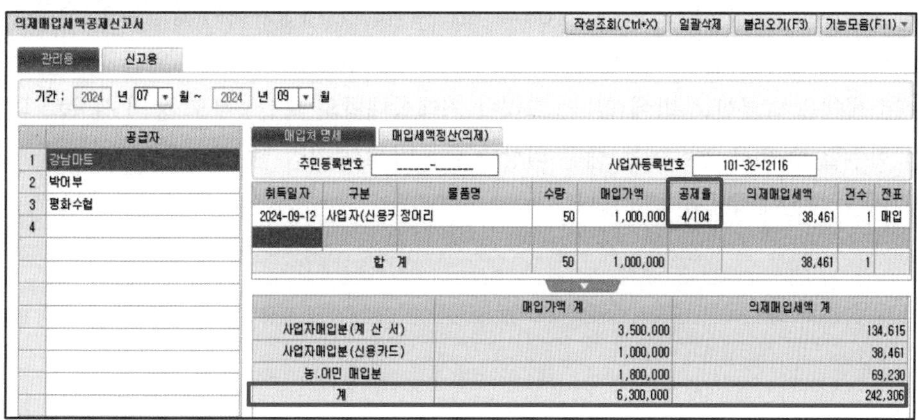
의제매입세액공제신고서 작성조회(Ctrl+X) 일괄삭제 불러오기(F3) 기능모음(F11)

관리용 신고용

기간 : 2024 년 07 월 ~ 2024 년 09 월

	공급자
1	강남마트
2	박어부
3	평화수협
4	

매입처 명세 매입세액정산(의제)

주민등록번호 ______-_______ 사업자등록번호 101-32-12116

취득일자	구분	물품명	수량	매입가액	공제율	의제매입세액	건수	전표
2024-09-12	사업자(신용카	정어리	50	1,000,000	4/104	38,461	1	매입
합 계			50	1,000,000		38,461	1	

	매입가액 계	의제매입세액 계
사업자매입분(계 산 서)	3,500,000	134,615
사업자매입분(신용카드)	1,000,000	38,461
농.어민 매입분	1,800,000	69,230
계	6,300,000	242,306

❸ 의제매입 공제대상세액 회계처리

일반전표입력 [9월 30일]

(차) 부가세대급금 242,306원 (대) 원재료 242,306원

주의 타계정 대체란 재고자산이 본래의 목적이 아닌 다른 용도로 사용되는 것이다(예: 원재료를 거래처에 선물, 제품을 공익단체에 기부 등). 의제매입 공제대상세액은 타계정 대체에 해당하지 않으나, 과거 결산분개 시 제조원가 대체에서 대변 원재료금액을 반영하지 못하여 '적요8.타계정 대체'를 표시하여 왔으나 현행 프로그램에서는 재고자산의 대변금액이 반영되므로 타계정 대체 표시는 하지 않기로 한다.

❹ 부가가치세신고서

부가가치세신고서 매출액보기 과표(F7) 저장(Ctrl+S) 마감(F4) 작성조회(Ctrl+X) 기능모음(F11)

일반과세 사업장명세 매출세 10,684,344 매입세 9,018,306 차감세 1,666,038 부가율 66.39

기 간: 2024 년 07 월 01 일 ~ 2024 년 09 월 30 일 신고구분: 1.정기신고 새로불러오기

구 분				금액	세율	세액
매입세액	세금계산수취부분	일반매입	10	80,000,000		6,600,000
		수출기업수입분납부유예	10-1			
		고정자산매입	11	30,000,000		3,000,000
	예정신고누락분		12			
	매입자발행세금계산서		13			
	그밖의공제매입세액		14	6,560,000		268,306
	합계 (10-(10-1)+11+12+13+14)		15	116,560,000		9,868,306
	공제받지못할매입세액		16	8,500,000		850,000
	차감계 (15-16)		17	108,060,000	⑭	9,018,306

역추적 첨부서식

그밖의공제매입세액명세

	구분		금액	세율	세액
14	신용매출전표수취/일반	41	260,000		26,000
	신용매출전표수취/고정	42			
	의제매입세액/평창,광주	43	6,300,000	뒤쪽참조	242,306

14 대손세액공제 대상자의 부가가치세신고

필요 지식

부가가치세의 경우 대가의 수령여부와 관계없이 공급자가 공급받는 자에게 재화 또는 용역을 공급할 때 거래상대방으로부터 10%의 매출세액을 거래징수하여 공급일이 속하는 과세기간에 해당세액을 납부하여야 한다. 따라서 외상거래일 경우에도 일단 공급자는 10%의 매출세액을 납부할 수밖에 없다. 그러나 거래상대방의 파산, 부도 등의 사유로 외상대금을 회수할 수 없을 경우에는 해당 외상대금에 대해서 미리 납부한 매출세액을 공제해주는데 이를 대손세액공제라고 한다.

I Can! 매출에 대한 대손처리!

① 대손사유
- 채무자의 파산 · 강제집행 · 형의 집행 또는 사업의 폐지
- 채무자의 사망 · 실종 · 행방불명
- 회생계획인가 또는 면책결정으로 회수불능확정채권
- 상법 · 수표법 · 어음법 및 민법상의 소멸시효 완성
- 부도발생일로부터 6개월 이상 경과한 수표 또는 어음상 채권과 중소기업의 외상매출금
- 회수기일이 6개월 이상 경과한 소액채권(30만원 이하)
- 중소기업의 외상매출금으로서 회수기일로부터 2년이 경과한 외상매출금 및 미수금

② 대손세액공제시기
대손이 확정된 날이 속하는 과세기간의 매출세액에서 차감할 수 있으므로, 대손이 확정되어 대손상각이 분개된 시점의 확정된 부가가치세 **확정신고** 시 매출세액에서 공제받을 수 있다.

③ 대손확정일
- 파산법에 의한 파산: 채권배분계산서의 통지를 받은 날
- 민사소송법에 의한 강제집행: 채권배분계산서의 통지를 받은 날
- 사망, 실종선고: 사망일, 실종선고일
- 회사정리법에 의한 회사정리계획인가의 결정: 법원의 회사정리 인가결정일
- 상법상의 소멸시효가 완성된 경우: 소멸시효 만료일
- 수표 및 어음 부도의 경우: 부도발생일로부터 6개월이 경과되는 때

④ 공제요건
대손세액공제를 받고자 하는 사업자는 부가가치세확정신고서에 대손세액공제(변제)신고서와 대손사실 또는 변제사실을 증명하는 서류를 첨부하여 제출하여야 한다.
- 매출세금계산서 또는 매출장사본
- 파산 · 강제집행시: 채권배분계산서
- 실정선고: 가정법원판결문사본, 채권배분계산서
- 회사정리계획의 인가결정: 법원이 인가한 회사정리 인가 안
- 부도어음 · 수표: 부도어음 · 수표사본

❙ 대손세액공제 실무 프로세스 ❙

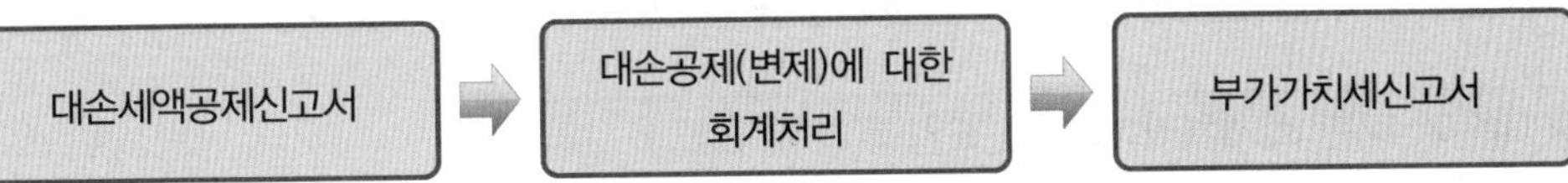

수행과제 대손세액공제 대상자의 부가가치세신고

다음 거래자료에 의하여 [대손세액공제신고서]를 작성하고 대손세액공제 및 대손채권에 대한 회계처리를 하고 [부가가치세신고서] 작성을 수행하시오.

실무 익히기

(주)부실전자의 부도(6월 29일 금융기관으로부터 부도확인)로 다음의 전자세금계산서와 관련한 매출채권(외상매출금)에 대해서 제2기 부가가치세 확정신고 시 대손세액공제신청을 하고자 한다. 대손세액공제액 및 대손채권(외상매출금)에 대한 회계처리를 12월 30일자로 수행하시오.(단, 중소기업의 외상매출금임)

(적 색)

전자세금계산서 (공급자 보관용) | 승인번호

공급자	등록번호	113-81-21111			공급받는자	등록번호	212-81-30450		
	상호	(주)삼일전자	성명(대표자)	김현철		상호	(주)부실전자	성명(대표자)	김무전
	사업장 주소	서울 구로구 디지털로33길 27				사업장 주소	서울 도봉구 도당로19가길 10		
	업태	제조업외	종사업장번호			업태	도·소매	종사업장번호	
	종목	컴퓨터외				종목	전자제품		
	E-Mail	green1234@bill36524.com				E-Mail	free9988@bill36524.com		

작성일자	2023.12.30.	공급가액	6,000,000	세액	600,000

월	일	품목명	규격	수량	단가	공급가액	세액	비고
12	30	컴퓨터				6,000,000	600,000	

합계금액	현금	수표	어음	외상미수금	이 금액을	○ 영수 ◉ 청구	함
6,600,000				6,600,000			

수행과제 풀이 **대손세액공제 대상자의 부가가치세신고**

❶ 대손세액공제신고서 작성

대손세액공제신고서 　기능모음(F11)

대손발생 | 대손변제

기간 : 2024 년 10 월 ~ 2024 년 12 월 　공제율 : 10/110

	당초공급일	대손사유	대손기준일	대손확정일	대손금액	대손세액	코드	거래상대방 상호	사업자등록번호	주민등록번호	성명
1	2023-12-30	부도[6월 되는날]	2024-06-29	2024-12-30	6,600,000	600,000	01006	(주)부실전자	212-81-30450		김무전

❷ 대손에 대한 회계처리: 일반전표입력(12월 30일)

(차) 대손충당금(109)	1,800,000원	(대) 외상매출금((주)부실전자)	6,600,000원
대손상각비	4,200,000원		
부가세예수금	600,000원		

❸ 부가가치세신고서

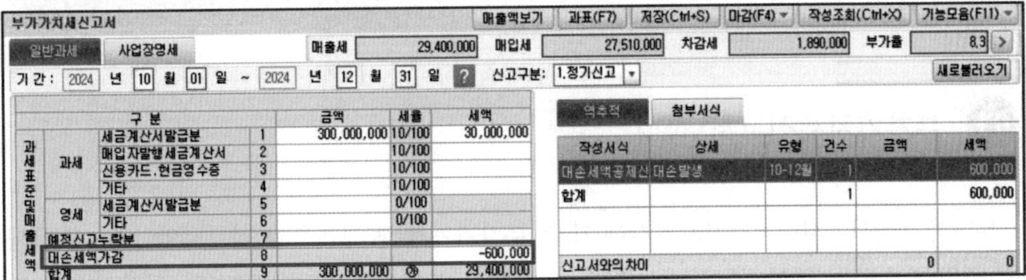

부가가치세신고서 | 매출액보기 | 과표(F7) | 저장(Ctrl+S) | 마감(F4) | 작성조회(Ctrl+X) | 기능모음(F11)

일반과세 | 사업장명세 | 매출세 29,400,000 | 매입세 27,510,000 | 차감세 1,890,000 | 부가율 8.3

기 간 : 2024 년 10 월 01 일 ~ 2024 년 12 월 31 일 | 신고구분: 1.정기신고 | 새로불러오기

구 분				금액	세율	세액
과세표준및매출세액	과세	세금계산서발급분	1	300,000,000	10/100	30,000,000
		매입자발행세금계산서	2		10/100	
		신용카드.현금영수증	3		10/100	
		기타	4		10/100	
	영세	세금계산서발급분	5		0/100	
		기타	6		0/100	
	예정신고누락분		7			
	대손세액가감		8			-600,000
	합계		9	300,000,000	㉮	29,400,000

역추적 | 첨부서식

작성서식	상세	유형	건수	금액	세액
대손세액공제신	대손발생	10-12월	1		600,000
합계			1		600,000
신고서와의 차이				0	0

수행 tip

대손세액공제 · 변제대손세액공제 대상 부가가치세 신고 방법!

<table>
<tr><th>구 분</th><th colspan="2">내 용</th><th>비 고</th></tr>
<tr><td rowspan="3">대손세액
공제신고서</td><td>부속서류작성</td><td>대손세액공제요건을 갖춘 내용만 신고서에 입력</td><td></td></tr>
<tr><td>부가세신고서
반영</td><td>과세표준 및 매출세액
• 대손발생시: 대손세액가감란에 마이너스금액 반영
• 대손금회수시: 대손세액가감란에 플러스금액 반영</td><td></td></tr>
<tr><td>회계처리</td><td>• 대손발생시
(차) 부가세예수금 ××× (대) 매출채권 ×××
대손충당금 ×××
(또는 대손상각비)
• 대손금회수시
(차) 현 금 ××× (대) 부가세예수금 ×××
대손충당금 ×××</td><td>• 대손발생시
대손확정일에
회계처리

• 대손금회수시
대손금회수일에
회계처리</td></tr>
<tr><td rowspan="3">대손세액
변제신고서</td><td>부속서류작성</td><td>대손세액공제신고서에서 대손변제를 선택하여 입력</td><td></td></tr>
<tr><td>부가세신고서
반영</td><td>매입세액
• 대손발생시
공제받지못할매입세액: 대손처분받은세액란에 반영
• 대손변제시
그밖의공제매입세액: 변제대손세액란에 반영</td><td></td></tr>
<tr><td>회계처리</td><td>• 대손발생시
(차) 매 입 채 무 ××× (대) 부가세대급금 ×××
※ 대손세액에 대해서만 회계처리
• 대손변제시
(차) 매 입 채 무 ××× (대) 현 금 ×××
부가세대급금 ×××</td><td></td></tr>
</table>

제3절 부가가치세 신고하기(NCS 능력단위요소)

01 부가가치세신고서 작성

부가가치세신고서는 각 신고기간에 대한 부가가치세 과세표준과 납부세액 또는 환급세액 등을 기재하여 관할세무서에 신고하는 서류로 부가가치세법에 규정된 서식이다.

부가가치세신고는 예정신고, 확정신고, 영세율등조기환급신고, 수정신고가 있으며, 신고시 부가가치세신고서의 상단에 해당신고를 표시하고 신고내용을 증명하는 부속서류를 같이 제출해야 한다.

I Can! 부가가치세 신고서 작성!

① 사업장명세(사업장현황 명세서)

사업장명세(사업장현황명세서)는 사업장의 기본현황 및 월 기본경비를 기재하는 항목이다. 사업장명세는 음식·숙박업 및 기타서비스업을 영위하는 사업자가 확정신고시 또는 폐업신고시에만 작성하여 신고하며, 예정신고시에는 작성하지 않는다. 본 내용은 사업의 규모를 판단하는 자료로 활용된다.

② 신고내용

1장

<table>
<tr><th colspan="4">구 분</th><th>금 액</th><th>세율</th><th>세 액</th></tr>
<tr><td rowspan="9">과세
표준
및
매출
세액</td><td rowspan="4">과세</td><td>세금계산서 발급분</td><td>(1)</td><td>11.과세</td><td>10 / 100</td><td></td></tr>
<tr><td>매입자발행 세금계산서</td><td>(2)</td><td></td><td>10 / 100</td><td></td></tr>
<tr><td>신용카드 · 현금영수증 발행분</td><td>(3)</td><td>17.카과, 22.현과</td><td rowspan="2">10 / 100</td><td></td></tr>
<tr><td>기타(정규영수증 외 매출분)</td><td>(4)</td><td>14.건별(간주공급, 간주임대료)</td><td></td></tr>
<tr><td rowspan="2">영세율</td><td>세금계산서 발급분</td><td>(5)</td><td>12.영세</td><td>0 / 100</td><td></td></tr>
<tr><td>기 타</td><td>(6)</td><td>16.수출, 19.카영, 24.현영</td><td>0 / 100</td><td></td></tr>
<tr><td colspan="2">예 정 신 고 누 락 분</td><td>(7)</td><td>예정신고누락분명세 반영</td><td></td><td></td></tr>
<tr><td colspan="2">대 손 세 액 가 감</td><td>(8)</td><td></td><td></td><td>대손세액공제신고서에서 반영</td></tr>
<tr><td colspan="2">합 계</td><td>(9)</td><td></td><td>㉮</td><td></td></tr>
<tr><td rowspan="9">매입
세액</td><td rowspan="3">세금
계산서
수취분</td><td>일 반 매 입</td><td>(10)</td><td colspan="3">51.과세, 52.영세, 54.불공, 55.수입 중 고정자산으로 분개되지 않은 것</td></tr>
<tr><td>수출기업수입분납부유예</td><td>(10-1)</td><td colspan="3"></td></tr>
<tr><td>고정자산 매입</td><td>(11)</td><td colspan="3">51.과세, 52.영세, 54.불공, 55.수입 중 고정자산으로 분개된 것</td></tr>
<tr><td colspan="2">예 정 신 고 누 락 분</td><td>(12)</td><td>예정신고누락분명세 반영</td><td></td><td></td></tr>
<tr><td colspan="2">매입자발행 세금계산서</td><td>(13)</td><td></td><td></td><td></td></tr>
<tr><td colspan="2">그 밖의 공제매입세액</td><td>(14)</td><td>그밖의공제매입세액명세 반영</td><td></td><td></td></tr>
<tr><td colspan="2">합계(10)+(11)+(12)+(13)+(14)</td><td>(15)</td><td></td><td></td><td></td></tr>
<tr><td colspan="2">공제받지 못할 매입세액</td><td>(16)</td><td>공제받지못할매입명세 반영</td><td></td><td></td></tr>
<tr><td colspan="2">차 감 계(15)-(16)</td><td>(17)</td><td></td><td>㉯</td><td></td></tr>
</table>

2장

<table>
<tr><th rowspan="7">(14)
그
밖의
공제
매입
세액
명세</th><th colspan="3">구 분</th><th>금 액</th><th>세율</th><th>세 액</th></tr>
<tr><td rowspan="2">신용카드매출전표등 수령명세서 제출분</td><td>일 반 매 입</td><td>(41)</td><td colspan="3">57.카과, 61.현과 중 고정자산으로 분개되지 않은 것</td></tr>
<tr><td>고정자산매입</td><td>(42)</td><td colspan="3">57.카과, 61.현과 중 고정자산으로 분개된 것</td></tr>
<tr><td colspan="2">의 제 매 입 세 액</td><td>(43)</td><td colspan="3">의제매입세액공제신고서에서 반영</td></tr>
<tr><td colspan="2">재활용폐자원 등 매입세액</td><td>(44)</td><td colspan="3">재활용폐자원세액공제신고서에서 반영</td></tr>
<tr><td colspan="2">과세사업전환 매입세액</td><td>(45)</td><td></td><td></td><td></td></tr>
<tr><td colspan="2">재 고 매 입 세 액</td><td>(46)</td><td></td><td></td><td></td></tr>
</table>

실무 익히기

	변 제 대 손 세 액	(47)			대손세액변제신고서에서 반영
	외국인 관광객에 대한 환급세액	(48)			
	합 계	(49)			
(16) 공제받지 못할 매입세액 명세	공제받지 못할 매입세액	(50)	54.불공		
	공통매입세액 중 면세사업등 해당세액	(51)	매입세액불공제내역(공통매입세액)에서 반영		
	대 손 처 분 받 은 세 액	(52)			
	합 계	(53)			

과세표준명세				
	업태	종목	코드	금액
(28)				
(29)				
(30)				
(31)	수입금액제외			
(32)	합계			
면세수입금액				
	업태	종목	코드	금액
(81)				
(82)				
(83)	수입금액제외			
(84)	합계			
계산서발급 및 수취내역		(85) 계산서발급금액	13.면세매출	
		(86) 계산서수취금액	53.면세매입	

주의 과세표준명세는 과세표준을 업종별로 나누어 작성하는 것으로 28란 ~ 30란은 401.상품매출로 입력 시 도·소매로, 404.제품매출로 입력 시 제조로, 이외의 계정으로 입력 시 기타로 자동 반영되며, 31.수입금액제외 란은 고정자산 매각, 간주공급 등 이 입력될 경우 자동 반영된다.

③ 부가가치세 관련 계정의 정리분개

분기별로 부가가치세신고서상의 매출부가가치세(부가세예수금 계정)와 매입부가가치세(부가세대급금 계정)를 서로 상계하여 정리하여야 한다.

구 분		분 개			
납부세액인 경우	정리분개	(차) 부가세예수금	×××	(대) 부가세대급금 미지급세금	××× ×××
	납 부 시	(차) 미지급세금	×××	(대) 현금	×××
환급세액인 경우	정리분개	(차) 부가세예수금 미수금	××× ×××	(대) 부가세대급금	×××
	환 급 시	(차) 보통예금	×××	(대) 미수금	×××

주의 전자신고세액공제분은 잡이익으로 처리한다.

수행과제 부가가치세신고서 작성 및 회계처리

1 제1기 부가가치세 확정 신고서를 작성을 수행하시오.
(당사는 부가가치세 신고 시 홈택스에서 전자신고를 하고 있으므로 전자신고세액공제 10,000원을 반영할 것.)

2 제1기 부가가치세 확정 신고서를 참고하여 부가가치세 관련 계정을 정리분개를 수행하시오.(전자신고 세액공제분은 잡이익으로 처리하고, 거래처코드를 선택할 것.)

수행과제 풀이 부가가치세신고서 작성 및 회계처리

1 부가가치세신고서 작성

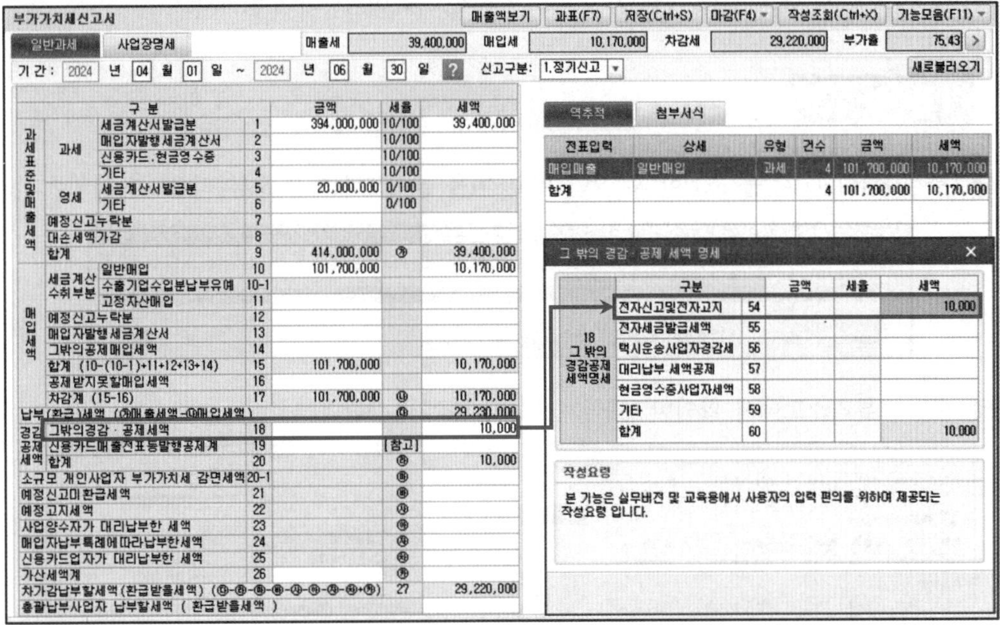

부가가치세신고서 | 매출액보기 | 과표(F7) | 저장(Ctrl+S) | 마감(F4) | 작성조회(Ctrl+X) | 기능모음(F11)

일반과세 | 사업장명세 | 매출세 39,400,000 | 매입세 10,170,000 | 차감세 29,220,000 | 부가율 75.43

기 간 : 2024 년 04 월 01 일 ~ 2024 년 06 월 30 일 | 신고구분: 1.정기신고 | 새로불러오기

구 분				금액	세율	세액
과세표준및매출세액	과세	세금계산서발급분	1	394,000,000	10/100	39,400,000
		매입자발행세금계산서	2		10/100	
		신용카드.현금영수증	3		10/100	
		기타	4		10/100	
	영세	세금계산서발급분	5	20,000,000	0/100	
		기타	6		0/100	
	예정신고누락분		7			
	대손세액가감		8			
	합계		9	414,000,000	㉮	39,400,000
매입세액	세금계산수취부분	일반매입	10	101,700,000		10,170,000
		수출기업수입분납부유예	10-1			
		고정자산매입	11			
	예정신고누락분		12			
	매입자발행세금계산서		13			
	그밖의공제매입세액		14			
	합계 (10-(10-1)+11+12+13+14)		15	101,700,000		10,170,000
	공제받지못할매입세액		16			
	차감계 (15-16)		17	101,700,000	㉯	10,170,000
납부(환급)세액 (㉮매출세액-㉯매입세액)					㉰	29,230,000
경감공제세액	그밖의경감 · 공제세액		18			10,000
	신용카드매출전표등발행공제계		19		[참고]	
	합계		20		㉱	10,000
소규모 개인사업자 부가가치세 감면세액			20-1		㉲	
예정신고미환급세액			21		㉳	
예정고지세액			22		㉴	
사업양수자가 대리납부한 세액			23		㉵	
매입자납부특례에따라납부한세액			24		㉶	
신용카드업자가 대리납부한 세액			25		㉷	
가산세액계			26		㉸	
차가감납부할세액(환급받을세액) (㉰-㉱-㉲-㉳-㉴-㉵-㉶-㉷+㉸)					27	29,220,000
총괄납부사업자 납부할세액 (환급받을세액)						

역추적 | 첨부서식

전표입력	상세	유형	건수	금액	세액
매입매출	일반매입	과세	4	101,700,000	10,170,000
합계			4	101,700,000	10,170,000

그 밖의 경감 · 공제 세액 명세

	구분		금액	세율	세액
18 그 밖의 경감공제 세액명세	전자신고및전자고지	54			10,000
	전자세금발급세액	55			
	택시운송사업자경감세	56			
	대리납부 세액공제	57			
	현금영수증사업자세액	58			
	기타	59			
	합계	60			10,000

작성요령

본 기능은 실무버전 및 교육용에서 사용자의 입력 편의를 위하여 제공되는 작성요령 입니다.

2 부가가치세 관련 계정정리

일반전표입력 [6월 30일]

(차) 부가세예수금	39,400,000원	(대) 부가세대급금	10,170,000원
		잡이익	10,000원
		미지급세금(구로세무서)	29,220,000원

02 국세청 홈택스 전자신고

부가가치세신고서를 세무정보시스템에서 마감하고, 국세청 홈택스에서 전자신고할 수 있도록 부가가치세신고서 자료를 변환하고 홈택스에 전자신고를 한다.

▌국세청 홈택스 전자신고 실무 프로세스▐

수행과제 국세청 홈택스 전자신고

제1기 부가가치세 예정신고를 국세청 홈택스 전자신고를 이용하여 수행하시오.

수행과제 풀이 국세청 홈택스 전자신고

❶ [부가가치세신고서]를 조회한 후 상단부 [마감]을 클릭하여 마감 오류 리스트를 확인한다.

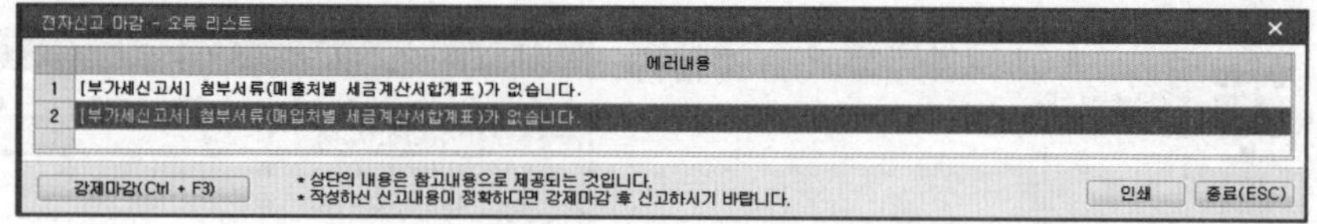

❷ 마감 오류리스트에서 확인한 [세금계산서합계표] 마감한다.

매출세금계산서

유형	구분	매출처	매수	공급가액	부가세
전자	사업자	4	12	600,000,000	60,000,000
	주민번호				
	소계	4	12	600,000,000	60,000,000
전자외	사업자				
	주민번호				
	소계				
합계		4	12	600,000,000	60,000,000

매입세금계산서

유형	구분	매입처	매수	공급가액	부가세
전자	사업자	4	12	305,100,000	30,510,000
	주민번호				
	소계	4	12	305,100,000	30,510,000
전자외	사업자				
	주민번호				
	소계				
합계		4	12	305,100,000	30,510,000

(매출)전자세금계산서

	거래처명	등록번호	매수	공급가액	부가세
1	(주)한림사	113-81-41117	3	150,000,000	15,000,000
2	(주)베스트원	134-81-21118	3	120,000,000	12,000,000
3	올림푸스(주)	301-81-21488	3	150,000,000	15,000,000
4	하나기업(주)	417-81-21110	3	180,000,000	18,000,000
	전자 세금계산서 합계		12	600,000,000	60,000,000
	전자신고 마감합계 01월 부터 - 03월 까지				

❸ [부가가치세신고서] 상단부 [마감]을 클릭하여 부가가치세신고서를 마감한다.

재무회계 → 부가가치세 I → 부가가치세신고서

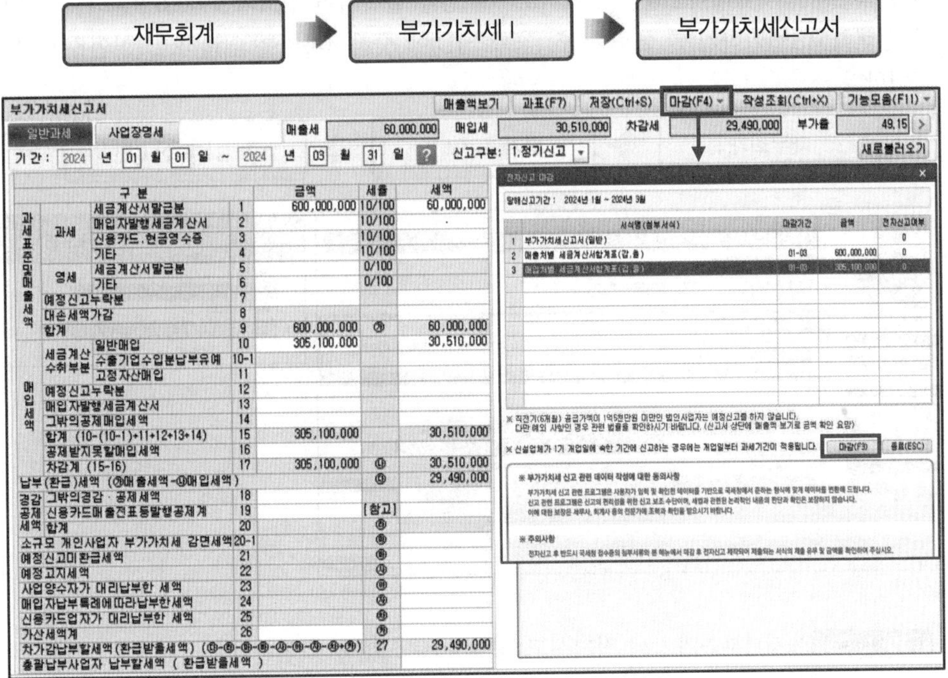

❹ [부가가치세전자신고]를 클릭하여 부가가치세 전자신고 자료를 제작하여 저장한다.

재무회계 → 부가가치세 II → 부가가치세전자신고

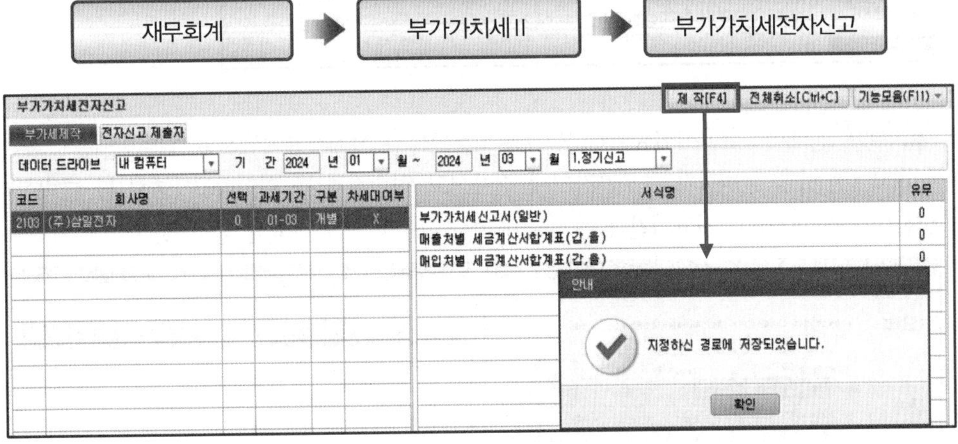

❺ [국세청전자신고변환]을 클릭하여 [확인]을 누른 후 [변환대상 파일선택]에서 [신고파일찾기]를 클릭한다. 'C:₩ersdata'를 선택하고 [확인]을 클릭하면 신고파일이 조회된다. 신고파일을 선택하고 [변환하기]를 클릭한 후 [홈택스ID]에 숫자 4자리를 입력하고 [확인]-[다음]을 클릭한다.

재무회계 ➡ 부가가치세 II ➡ 국세청전자신고변환

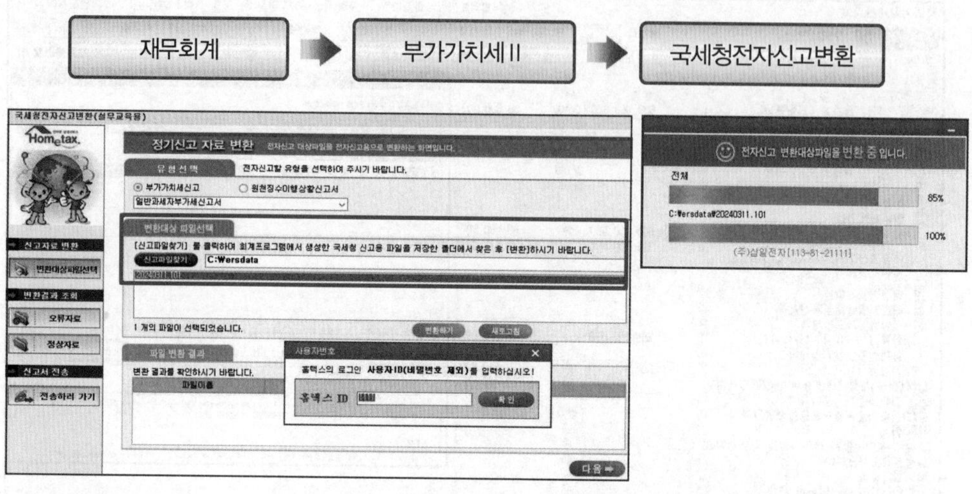

❻ 정상자료 에서 [부가가치세 정기신고 정상자료 조회]를 확인한다.

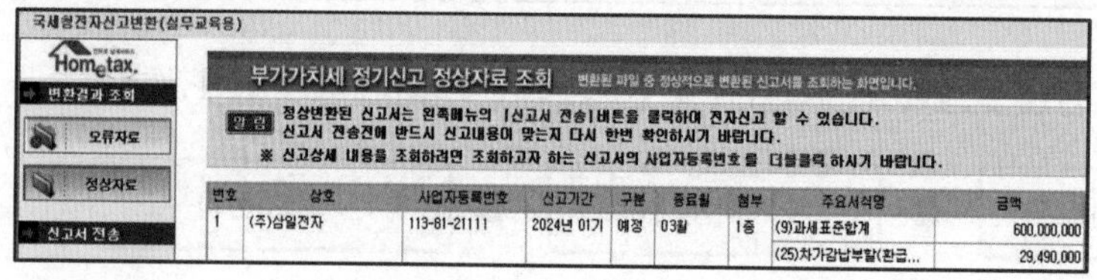

❼ 전송하러 가기 에서 [신고서전송하기(부가)를 클릭한 후 사업자등록번호를 입력한다. [조회]를 누르고 [전송]을 클릭한다. [부가가치세 전자신고 접수결과]를 확인하고 [종료]를 클릭한다. (신고파일생성년월은 신고기간과 관계없이 학습하면서 제작한 월을 넣을 것.)

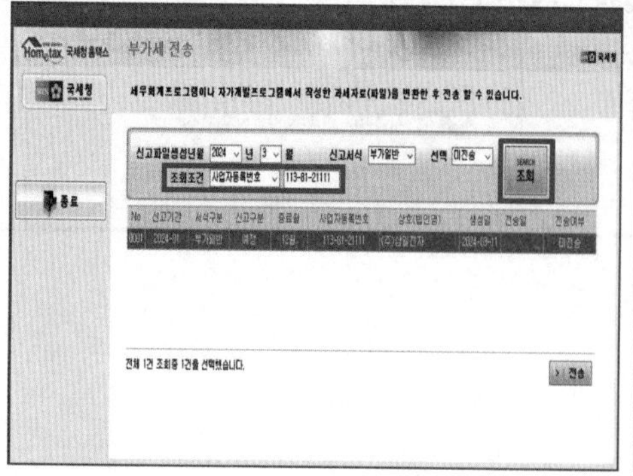

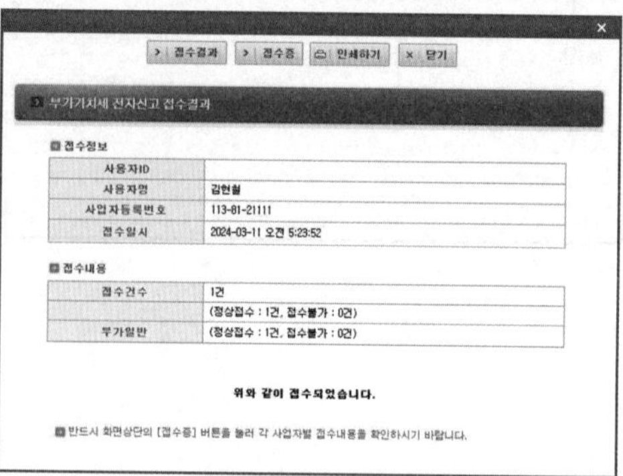

출제예상 평가문제 (비대면 시험대비)

* 조회 회사: 2100.(주)삼일전자

01 [세금계산서합계표 조회] 제2기 예정 신고기간의 전자매출세금계산서의 매수는 몇 매인가?

02 [매입매출전표입력 조회] 6월 5일 수정사유로 발행된 영세율전자세금계산서의 수정사유 코드를 기록하시오.

03 [수출실적명세서 조회] 제2기 예정 신고기간의 수출실적명세서 ⑩수출한재화 원화금액은 얼마인가?

04 [신용카드매출전표발행집계표 조회] 제2기 예정 신고기간의 신용카드발행금액집계표 상 신용카드 매출전표 발행금액 중 세금계산서가 발급된 금액은 얼마인가?

05 [신용카드매출전표등 수령금액합계표 조회] 제2기 예정 신고기간의 신용카드매출전표 등 수령금액 합계표 상 현금영수증 공급가액은 얼마인가?

06 [매입세액불공제내역 조회] 제2기 예정 신고기간의 매입세액불공제내역 상 공통매입세액 안분계산 내역 Tab의 (14)불공제 매입세액은 얼마인가?

07 [부동산임대공급가액명세서 조회] 제2기 예정 신고기간의 부동산임대공급가액명세서 보증금이자(간주임대료) 금액은 얼마인가?

08 [**의제매입세액공제신고서 조회**] 제2기 예정 신고기간의 의제매입세액공제신고서 의제매입세액 계는 얼마인가?

09 [**대손세액공제신고서 조회**] 제2기 확정 신고기간의 대손세액공제신고서 대손금액은 얼마인가?

10 [**부가가치세신고서 조회**] 제2기 확정 신고기간의 차가감납부할세액(환급받을세액)은 얼마인가?

제 3 장

더존 SmartA(iPlus) 근로소득실무 제대로 알기

NCS 능력단위(분류번호)

원천징수(0203020204_23v6)
종합소득세신고(0203020206_23v6)

백데이터 설치방법

① 삼일아이닷컴(http://www.samili.com) 홈페이지에 접속한다.
② 상단부 제품몰을 클릭하고 AT수험서 자료실에서 백데이터를 다운받는다.
③ 다운받은 백데이터파일을 더블클릭하여 실행한다.
④ 2100.(주)삼일전자를 선택하여 수행내용을 수행하도록 한다.

제 1 절 근로소득 원천징수하기(NCS 능력단위요소)

근로소득은 근로소득자의 세액을 계산해가는 과정으로 먼저 사원을 등록하고, 사원에 대한 급여자료를 입력하여 월별로 세액을 납부한 다음 연간소득에 대한 연말정산을 하도록 구성되어 있다.

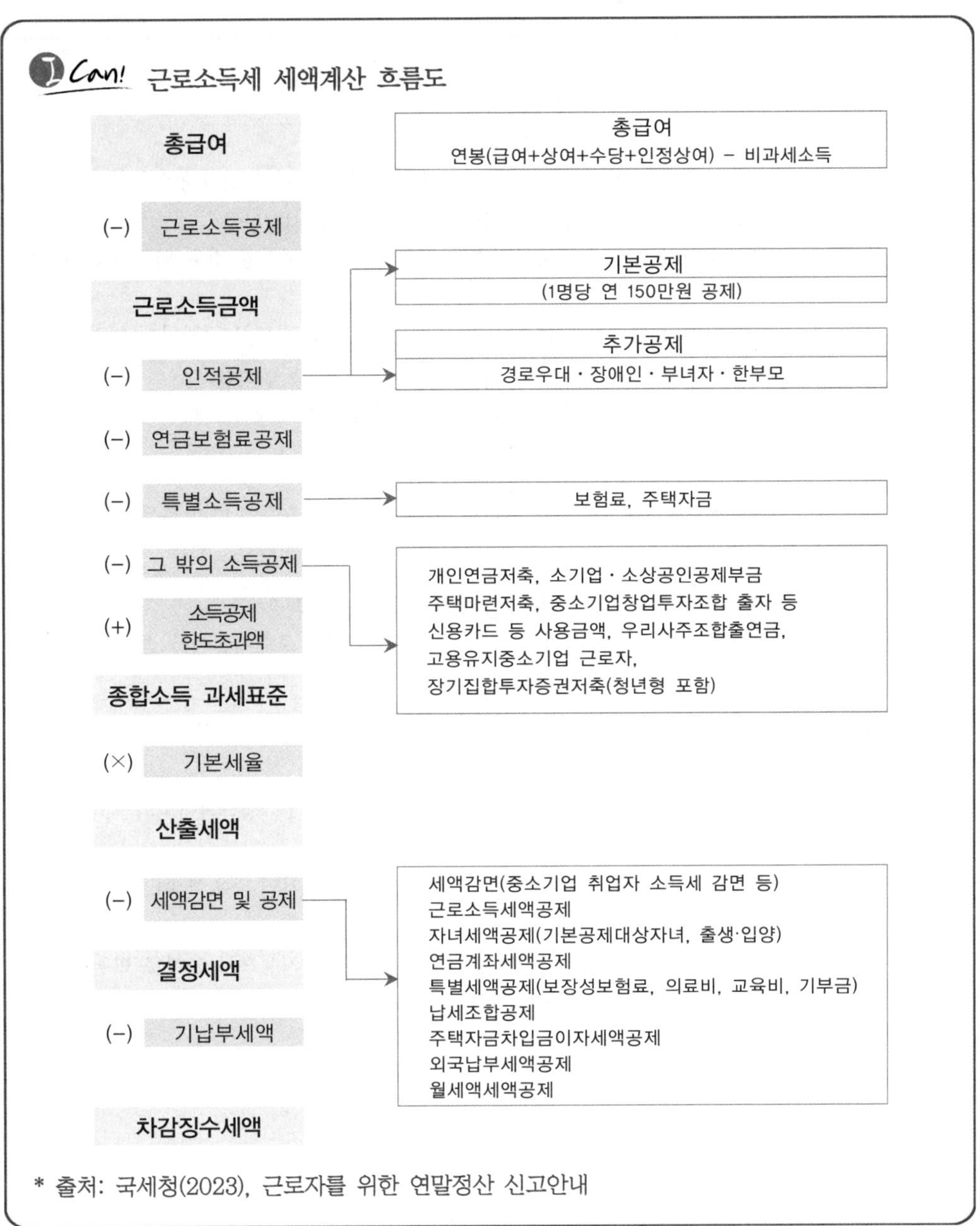

실무 익히기

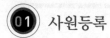

사원등록

인사급여프로그램의 가장 기초가 되는 사원에 대한 정보를 입력함으로써, 급여계산, 사원정보관리, 연말정산, 퇴직소득 등 상용직원에 대한 원천징수와 관련된 제반정보를 제공한다.

▌주요항목별 입력방법▐

항목	내용
사원코드	숫자 또는 문자를 이용하여 10자 이내로 입력한다.
사원명	사원명을 20자 이내로 입력한다. 외국인은 국세청 전자신고시 사원명을 한글로 풀어서 입력해야 한다.
주민(외국인)번호	0.내국인 1.외국인으로 내/외국인 구분을 먼저 선택한다. 0.내국인일 경우 주민등록번호를 입력하며 1.외국인일 경우 외국인등록번호를 입력한다.
입사일자	사원관리의 기준이 되는 중요한 입력항목이므로 반드시 정확하게 입력한다.
단일세율적용여부	외국인근로자의 경우 단일세율적용(0.부, 1.여)을 입력한다. 1.여를 선택하면 근로소득의 19%를 산출세액으로 계산한다.
거주구분	거주자인 경우 '0', 비거주자인 경우 '1'로 입력한다.
국민연금, 건강보험, 고용보험보수월액	보수월액을 입력하면 기초관리코드등록에 등록된 요율에 따라 자동으로 계산하여 보여준다.
고용보험적용여부	대표자인 경우 1입력, 임원인 경우 2를 입력한다. (대표자, 임원으로 설정된 경우 급여자료입력 및 조회메뉴에서 정렬 시 항상 상단에 조회된다.)
국외근로적용여부	원양어선, 해외건설근로자인 경우 '2. 500만원 비과세', 이외의 국외근로소득은 '1. 100만원 비과세'을 입력한다.
생산직여부	연장근로수당이 비과세되는 생산직사원의 경우 '1', 생산직이외의 사원은 '0'을 입력한다.
연장근로비과세적용	전년도 총급여액이 3,000만원 이하인 생산직근로자인 경우 '1.여', 광산근로자일 경우 '2'를 입력한다.
퇴사년월일/이월여부	퇴사일자를 입력하며 퇴사일 입력시 이월여부는 자동으로 1.부로 변경된다. 이월여부는 사원등록 마감후 이월시 사용되며 0.여로 되어 있는 사원을 이월한다.

<table>
<tr><th>항목</th><th colspan="2">내용</th></tr>
<tr><td rowspan="9">부양가족명세</td><td colspan="2">소득자 본인을 포함한 부양가족에 대한 내역을 입력하며 입력된 사항을 바탕으로 급여자료입력, 연말정산자료입력의 인적공제 내역에 반영된다.</td></tr>
<tr><td>연말정산관계</td><td>0.본인 1.소득자직계존속 2.배우자직계존속 3.배우자 4.직계비속((손)자녀 또는 입양자) 5.직계비속(4.제외) 6.형제자매 7.수급자(1-6제외) 8. 기타(위탁아동)중 선택</td></tr>
<tr><td>세대</td><td>본인이 세대주인 경우 선택</td></tr>
<tr><td>부녀</td><td>본인이 부녀자인 경우 선택</td></tr>
<tr><td>장애</td><td>본인, 부양가족 중 1.장애인복지법에 의한 장애인, 2.국가유공자 등 근로능력없는자, 3.항시 치료를 요하는 중증환자이면 선택</td></tr>
<tr><td>경로 70세</td><td>기본공제대상자가 만70세 이상인 경우 선택</td></tr>
<tr><td>출산입양</td><td>공제대상 자녀 중 출생 또는 입양 신고한 경우 선택</td></tr>
<tr><td>자녀</td><td>기본공제대상 자녀 중 만 8세 이상의 자녀인 경우 선택</td></tr>
<tr><td>한부모</td><td>배우자가 없는 자로서 기본공제대상자인 부양자녀(20세 이하)가 있는 경우 선택</td></tr>
</table>

실무 익히기

I Can! 인적공제대상자 해당여부 판정 시 참고사항!

<table>
<tr><th colspan="2">구 분</th><th>공제금액 · 한도</th><th colspan="3">공 제 요 건</th></tr>
<tr><td colspan="2" rowspan="9">기본공제</td><td rowspan="9">1명당
150만원</td><td>구분</td><td>소득요건*</td><td>나이요건**</td></tr>
<tr><td>본인</td><td>×</td><td>×</td></tr>
<tr><td>배우자</td><td>○</td><td>×</td></tr>
<tr><td>직계존속</td><td>○</td><td>만 60세 이상</td></tr>
<tr><td>형제자매</td><td>○</td><td>만 20세 이하,
만 60세 이상</td></tr>
<tr><td>직계비속
(입양자 포함)</td><td>○</td><td>만 20세 이하</td></tr>
<tr><td>위탁아동</td><td>○</td><td>만 18세 미만
(보호기간이 연장된 경우로서 20세 이하인 위탁아동 포함)</td></tr>
<tr><td>수급자 등</td><td>○</td><td>×</td></tr>
<tr><td colspan="3">* 연간소득금액 합계액 100만원 이하
(근로소득만 있는 자는 총급여액 500만원 이하)
** 장애인의 경우 나이요건 적용하지 않음</td></tr>
<tr><td rowspan="4">추
가
공
제</td><td>경로우대</td><td>1명당 100만원</td><td colspan="3">기본공제대상자 중 만 70세 이상</td></tr>
<tr><td>장애인</td><td>1명당 200만원</td><td colspan="3">기본공제대상자 중 장애인</td></tr>
<tr><td>부녀자</td><td>50만원</td><td colspan="3">근로소득금액이 3천만원 이하자인 근로자가 다음 어느 하나에 해당하는 경우
• 배우자가 있는 여성 근로자
• 기본공제대상자가 있는 여성 근로자로서 세대주</td></tr>
<tr><td>한부모</td><td>100만원</td><td colspan="3">배우자가 없는 자로서 기본공제대상인 직계비속 또는 입양자가 있는 경우
(부녀자 공제와 중복적용 배제)</td></tr>
</table>

I Can! 기본공제대상자 소득요건 판정 시 참고사항!

연간소득금액(종합 + 퇴직 + 양도소득금액) 합계액 100만원으로 판단
(소득금액 = 소득 - 필요경비)

종류	소득금액계산	기본공제대상 여부	
근로소득	근로소득－근로소득공제	총급여 500만원 이하	○
		총급여 500만원 초과	×
		일용근로자(분리과세)	○
사업소득	총수입금액－필요경비공제	소득금액 100만원 이하	○
퇴직소득	비과세를 제외한 퇴직금 전액		
양도소득	양도가액－필요경비－장기보유특별공제		
연금소득	연금소득－연금소득공제	공적연금 516만원 이하	○
		사적연금 1,500만원 이하	○
		사적연금 1,500만원 초과	△
기타소득	총수입금액－필요경비공제* *60% (강연료, 원고료 등) 80%, 90% 또는 실제필요경비	100만원 이하	○
		100만원~300만원 이하(선택적 분리과세)	△
		300만원 초과	×
		복권 등(무조건 분리과세)	○
		뇌물 등(무조건 종합과세)	×
금융소득	필요경비 인정 안 됨	2,000만원 이하(분리과세)	○
		2,000만원 초과(종합과세)	×

수행과제 **사원등록**

다음 제시된 자료를 이용하여 사원등록을 수행하시오.

1 1001.김현철 인적사항

입사년월일	내/외국인	거주지국	주민번호	단일세율 적용여부	거주구분	급여구분
2020.02.01.	내국인	KR	651010-1771119	부	거주자	월급 5,000,000원
산재보험 적용여부	**국민연금 보수월액**	**건강보험 보수월액**	**건강보험증권번호**	**고용보험 보수월액**	**고용보험 적용여부**	**장기요양보험 적 용 여 부**
부	5,000,000원	5,000,000원	생 략		부(대표자)	여
생산직여부	**국외근로적용여부**		**주 소**			**퇴사년월일**
부	부		서울시 영등포구 영등포로72길 13(신길동)			

문서확인번호

1/1

주 민 등 록 표
(등 본)

이 등본은 세대별 주민등록표의 원본내용과 틀림 없음을 증명합니다.
담당자: 전화:
신청인: ( )
용도 및 목적:
년 월 일

세대주 성명 (한자)	김현철 (金鉉喆)	세 대 구 성 사유 및 일자	전입 2008 - 10 - 24
현주소: 서울 영등포구 영등포로72길 13(신길동)			

번호	세대주 관 계	성 명 주민등록번호	전입일 / 변동일	변동사유
1	본인	김현철 651010 - 1771119		
2	처	박정은 660212 - 2111111	2008 - 10 - 24	전입
3	자	김장일 960725 - 1182814	2008 - 10 - 24	전입
4	자	김차일 040820 - 3111110	2008 - 10 - 24	전입
5	부	김두식 390503 - 1771111	2023 - 01 - 28	전입
6	모	황순이 430411 - 2222229	2023 - 01 - 28	전입
7	형제	김재철 670826 - 1771117	2023 - 01 - 28	전입

① 처 박정은은 근로소득 총급여액 5,000,000원이 있다.
② 부 김두식은 원고료수입 2,000,000원이 있다.(필요경비 60%)
③ 모 황순이는 일용근로소득 6,000,000원이 있다.
④ 제 김재철은 장애인복지법에 따른 지적장애인이며 별도의 소득은 없다.

2 1002.성동일 인적사항

입사년월일	내/외국인	거주지국	주민번호	단일세율 적용여부	거주구분	급여구분
2020.10.01.	내국인	KR	721010-1774918	부	거주자	월급 4,100,000원
산재보험 적용여부	국민연금 보수월액	건강보험 보수월액	건강보험증권번호	고용보험 보수월액	고용보험 적용여부	장기요양보험 적 용 여 부
여	3,700,000원	3,700,000원	생 략	3,700,000원	여	여
생산직여부	국외근로적용여부		주 소			퇴사년월일
부	부		서울시 강남구 강남대로 476(논현동, urbanhire)			2024.08.25.*

* 단, 퇴사년월일은 사원등록 시 입력하지 않고, 급여자료입력 시 입력하기로 한다.

문서확인번호 1/1

주 민 등 록 표
(등 본)

이 등본은 세대별 주민등록표의 원본내용과 틀림 없음을 증명합니다.
담당자: 전화:
신청인: ( )
용도 및 목적:
년 월 일

세대주 성명 (한자)	성동일 (成東鎰)	세 대 구 성 사유 및 일자	전입 2020 - 02 - 28

현주소: 서울 강남구 강남대로 476(논현동)

번호	세대주 관 계	성 명 주민등록번호	전입일 / 변동일	변동사유
1	본인	성동일 721010-1774918		
2	처	이일화 770202-2045678	2020 - 02 - 28	전입
3	자	성보라 980711-2111113	2020 - 02 - 28	전입
4	자	성덕선 040927-4111113	2020 - 02 - 28	전입
5	자	성노을 240430-3220111	2024 - 06 - 30	입양
6	장인	이영철 390203 - 1222223	2020 - 02 - 28	전입

[별지 제3호서식]

입 양 관 계 증 명 서

등록기준지	서울 강남구 강남대로 476(논현동)

구분	성　명	출생연월일	주민등록번호	성별	본
본인	성동일	1972년 10월 10일	721010-1774918	남	창녕

입양사항

구분	성　명	출생연월일	주민등록번호	성별	본
양부	성동일	1972년 10월 10일	721010-1774918	남	창녕
양모	이일화	1977년 02월 02일	770202-2045678	여	전주
양자	성노을	2024년 04월 30일	240430-3220111	남	창녕

구분	상세내용
입양	(신고일) 2024년 06월 30일 (양　자) 성노을 (양자의 주민번호: 240430-3220111) (처리관서) 서울특별시 강남구

① 처 이일화는 퇴직소득 3,000,000원이 있다.
② 자 성보라는 근로소득 6,000,000원이 있다.
③ 성노을은 2024년 6월에 입양하였다.(셋째 자녀에 해당함)
④ 장인 이영철은 이자소득 22,000,000원이 있다.

3 1003.노현주 인적사항

입사년월일	내/외국인	거주지국	주민번호	단일세율 적용여부	거주구분	급여구분
2020.06.01.	내국인	KR	750426-2111111	부	거주자	월급 3,700,000원
산재보험 적용여부	국민연금 보수월액	건강보험 보수월액	건강보험증권번호	고용보험 보수월액	고용보험 적용여부	장기요양보험 적 용 여 부
여	3,100,000원	3,100,000원	생 략	3,100,000원	여	여
생산직여부	국외근로적용여부		주　소			퇴사년월일
부	부		서울시 관악구 관천로 62(신림동)			

문서확인번호 1/1

주 민 등 록 표
(등 본)

이 등본은 세대별 주민등록표의 원본내용과 틀림없음을 증명합니다.
담당자: 전화:
신청인: ( )
용도 및 목적:
년 월 일

세대주 성명 (한자)	박정수 (朴政水)	세 대 구 성 사유 및 일자	전입 2019 - 11 - 28

현주소: 서울 관악구 관천로 62(신림동)

번호	세대주 관 계	성 명 주민등록번호	전입일 / 변동일	변동사유
1	본인	박정수 731123 - 1111113		
2	처	노현주 750426 - 2111111	2019 - 11 - 28	전입
3	자	박영인 040820-4111112	2019 - 11 - 28	전입
4	자	박현우 070711-3111115	2019 - 11 - 28	전입
5	동거	정아영 180101 - 4231455	2024 - 02 - 28	전입
6	처남	노병탁 810203 - 1222226	2019 - 11 - 28	전입

① 배우자 박정수는 사업소득 관련 결손금 10,000,000원, 근로소득금액 5,000,000원이 있다.
② 정아영은 2024년 2월에 위탁받은 아동으로 현재 생계를 함께하고 있다.
③ 동생 노병탁은 청각장애인이며, 근로소득 15,000,000원이 있다.
④ 본인 노현주의 근로소득금액은 30,000,000원 이하이다.

4 1004.이진섭 인적사항

입사년월일	내/외국인	거주지국	주민번호	단일세율 적용여부	거주구분	급여구분
2024.06.01.	내국인	KR	750321－1111115	부	거주자	월급 2,400,000원
산재보험 적용여부	국민연금 보수월액	건강보험 보수월액	건강보험증권번호	고용보험 보수월액	고용보험 적용여부	장기요양보험 적 용 여 부
여	1,900,000원	1,900,000원	생 략	1,900,000원	여	여
생산직여부	연장근로 비과세적용	국외근로 적용여부	주 소			퇴사년월일
여	여	부	서울시 성북구 대사관로11가길 36(성북동)			

실무 익히기

가 족 관 계 증 명 서

등록기준지	서울특별시 성북구 대사관로11가길 36(성북동)

구분	성 명	출생연월일	주민등록번호	성별	본
본인	이진섭	1975년 3월 21일	750321-1111115	남	전주

가족사항

구분	성명	출생연월일	주민등록번호	성별	본
모	황영숙	1944년 04월 03일	440403-2111110	여	황해
자녀	이지영	2006년 10월 01일	061001-4023456	여	전주
자녀	이민국	2009년 07월 01일	090701-3013459	남	전주

장 애 인 증 명 서

1. 증명서 발급기관

① 상 호	대한대학병원	② 사업자등록번호	101-90-10044
③ 대표자(성 명)	안성만		
④ 소 재 지	서울 종로구 낙산1길 6(동숭동)		

2. 소득자 (또는 증명서 발급 요구자)

⑤ 성 명	이진섭	⑥ 주민등록번호	750321-1111115
⑦ 주 소	서울 성북구 대사관로11가길 36(성북동)		

3. 장애인

⑧ 성 명	황영숙	⑨ 주민등록번호	440403-2111110
⑩ 소득자와의관계	모	⑪ 장애예상기간	■영구 □비영구(. . .부터 . .까지)
⑫ 장애내용	제 3 호	⑬ 용 도	소득공제 신청용

위 사람은 「소득세법」 제51조 제1항 제2호 및 동법 시행령 제107조 제1항에 따른 장애인에 해당하는 자임을 증명합니다.

① 모 황영숙은 사적연금소득 10,000,000원이 있다.
② 배우자는 위암으로 2023년 사망하였다.
③ 전년도 총급여액은 28,000,000원이다.

수행과제 풀이 사원등록

1 1001.김현철 등록사항

- 박정은: 근로소득이 500만원 이하이므로 기본공제 가능

주의 근로소득 5,000,000원 – 근로소득공제(70%) 3,500,000원 = 근로소득금액 1,500,000원 근로소득만 있는 경우에 총급여 500만원까지는 기본공제가 가능하므로, 근로소득금액이 100만원을 초과하여도 가능하다.

- 김장일: 나이 제한으로 기본공제 불가능
- 김차일: 기본공제, 자녀세액공제 가능
- 김두식: 기타소득금액이 100만원 이하이므로 기본공제, 경로우대공제 가능

주의 기타소득(원고료수입) 2,000,000원 – 필요경비(60%) 1,200,000원 = 기타소득금액 800,000원

- 황순이: 일용근로소득은 분리과세소득(소득금액 산정 시 제외됨)이므로 기본공제, 경로우대공제 가능

주의 일용직근로소득: 분리과세소득

- 김재철: 장애인은 나이 제한이 없으므로 기본공제, 장애인공제 가능

주의 장애인: 연령제한이 없음

사원등록

코드	사원명	주민(외국인)번호
1001	김현철	내 651010-1771119
재직/전체	1명 / 1명	

기초사항 | 관리사항

1. 입사년월일 2020 년 02 월 01 일 국적 KR 대한민국 체류자격
2. 내/외국인 구분 0 내국인 3. 거주지국 KR 대한민국
4. 0.주민 번호 651010-1771119 5. 단일세율 적용여부 0 부
6. 거주구분 0 거주자 7. 급여구분 0.월급 임금 5,000,000 원
8. 산재보험적용여부 0 여 9. 국민연금보수월액 5,000,000 225,000
10. 건강보험보수월액 5,000,000 177,250 11. 건강보험료경감여부 0 경감률 0 %
12. 고용보험보수월액 13. 고용보험적용여부 1 부 (대표자 1 대표자)
14. 장기요양보험적용여부 0 여 경감률 0 % 15. 건강보험증번호
16. 국외근로적용여부 0 부 17. 선원여부 0 18. 생산직등여부 0 부 연장근로비과세 0 부
19. 주소 07352 서울특별시 영등포구 영등포로72길 13
(상세주소) (신길동)
20. 퇴사년월일 년 월 일 20. 이월여부 0 여

부양가족명세 (2024.12.31기준)

	연말정산관계	기본	세대	부녀	장애	경로70세	출산입양	자녀	한부모	성명		주민(외국인)번호	가족관계
1	0.본인	본인	○							김현철	내	651010-1771119	
2	3.배우자	배우자								박정은	내	660212-2111111	02.배우자
3	1.(소)직계존속	60세이상				○				김두식	내	390503-1771111	03.부
4	1.(소)직계존속	60세이상				○				황순이	내	430411-2222229	04.모
5	4.직계비속((손)자녀	부								김장일	내	960725-1182814	05.자녀
6	4.직계비속((손)자녀	20세이하						○		김차일	내	040820-3111110	05.자녀
7	6.형제자매	장애인			1					김재철	내	670826-1771117	22.제
	합계				1	2		1					

2 1002.성동일 등록사항

- 이일화: 퇴직소득금액이 100만원을 초과하므로 기본공제 불가능
- 성보라: 근로소득이 500만원을 초과하므로 기본공제 불가능
- 성덕선: 기본공제, 자녀세액공제 가능
- 성노을: 기본공제, 출산입양세액공제(3.셋째이상 선택) 가능

• 이영철: 금융소득 종합과세 대상이므로 기본공제 불가능

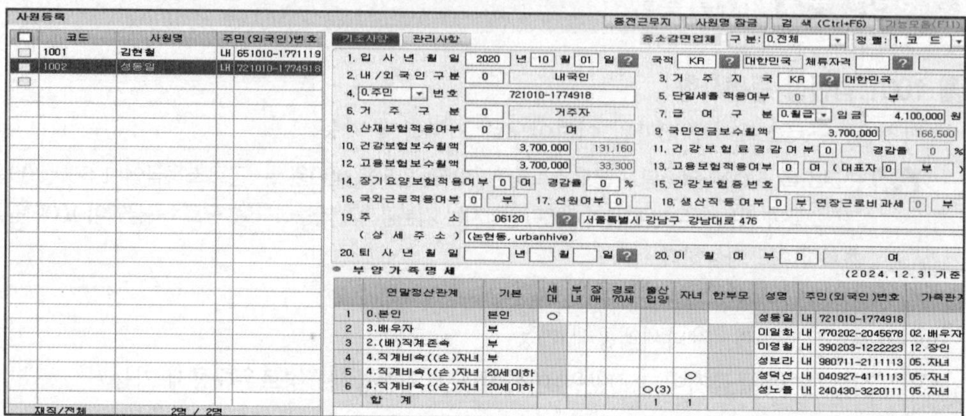

부양가족명세 (2024.12.31기준)

	연말정산관계	기본	세대	부녀	장애	경로70세	출산입양	자녀	한부모	성명		주민(외국인)번호	가족관계
1	0.본인	본인	○							성동일	내	721010-1774918	
2	3.배우자	부								이일화	내	770202-2045678	02.배우자
3	2.(배)직계존속	부								이영철	내	390203-1222223	12.장인
4	4.직계비속((손)자녀	부								성보라	내	980711-2111113	05.자녀
5	4.직계비속((손)자녀	20세이하						○		성덕선	내	040927-4111113	05.자녀
6	4.직계비속((손)자녀	20세이하					○(3)			성노을	내	240430-3220111	05.자녀
	합계						1	1					

3 1003.노현주 등록사항

• 노현주: 세대주가 아니므로 세대주에서는 삭제, 부녀자공제 가능

• 박정수: 종합소득금액이 결손이므로 기본공제 가능

주의 사업소득 ▲ 10,000,000원 + 근로소득금액 5,000,000원 = ▲ 5,000,000원

• 박영인: 기본공제, 자녀세액공제 가능

• 박현우: 기본공제, 자녀세액공제 가능

• 정아영: 위탁일로 부터 6개월 이상 양육하였으므로 기본공제 가능

• 노병탁: 장애인이지만 근로소득이 500만원을 초과하므로 공제 불가능

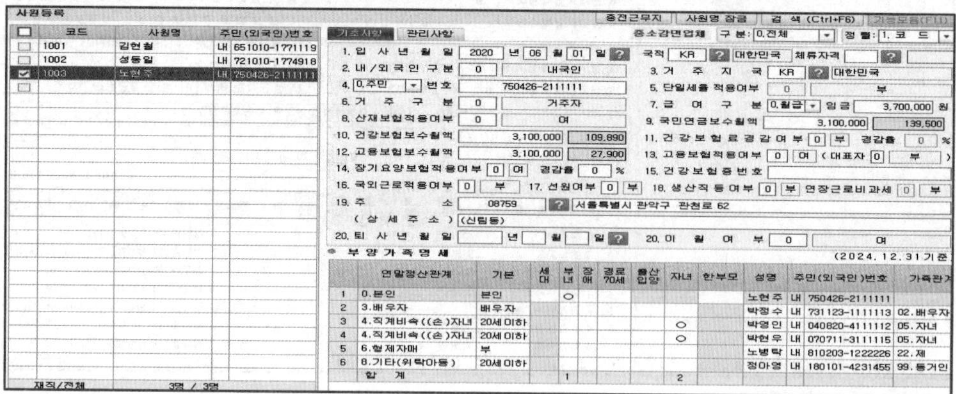

부양가족명세 (2024.12.31기준)

	연말정산관계	기본	세대	부녀	장애	경로70세	출산입양	자녀	한부모	성명		주민(외국인)번호	가족관계
1	0.본인	본인		○						노현주	내	750426-2111111	
2	3.배우자	배우자								박정수	내	731123-1111113	02.배우자
3	4.직계비속((손)자녀	20세이하						○		박영인	내	040820-4111112	05.자녀
4	4.직계비속((손)자녀	20세이하						○		박현우	내	070711-3111115	05.자녀
5	6.형제자매	부								노병탁	내	810203-1222226	22.제
6	8.기타(위탁아동)	20세이하								정아영	내	180101-4231455	99.동거인
	합계			1				2					

4 1004.이진섭 등록사항

• 이진섭: 배우자가 없고 기본공제대상 자녀가 있으므로 한부모공제 가능

• 황영숙: 사적연금소득은 15,000,000원 이하인 경우 분리과세에 해당되므로 기본공제, 경로우대공제, 장애인공제 가능

주의 사적연금소득 15,000,000원 이하: 분리과세

- 이지영: 기본공제, 자녀세액공제 가능
- 이민국: 기본공제, 자녀세액공제 가능

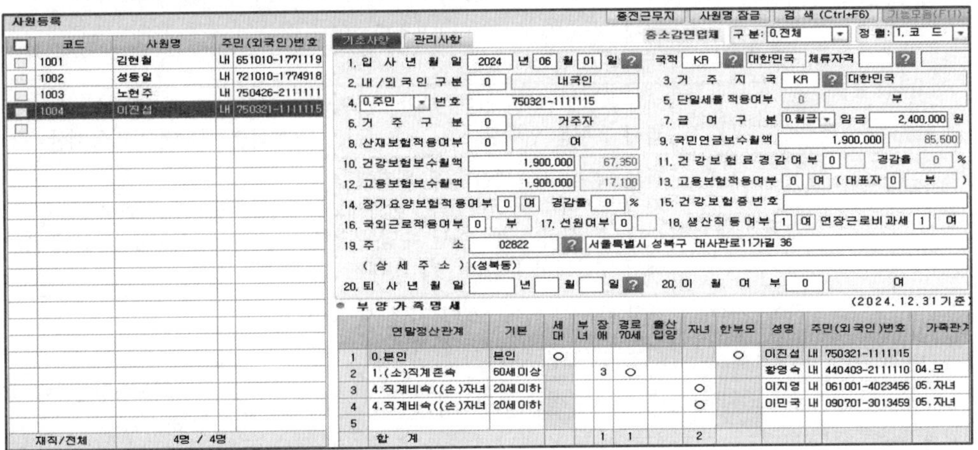

급여자료입력

필요 지식

[급여자료입력]은 상용직근로자의 각 월별 급여자료 및 상여금 입력메뉴로 이는 [급여대장]과 [원천징수이행상황신고서]와 [연말정산 근로소득원천징수영수증]에 반영된다.(단, 급여입력 전에 '수당등록'과 '공제등록' 작업이 선행되어야 한다.)

▌주요항목별 입력방법▐

항목		설명
지급일자		귀속월별 지급내역을 확인할 수 있으며, 정기적으로 발생하는 급여나 상여금이 동일할 때 복사를 이용하여 손쉽게 작업할 수 있다. 또한 입력실수 등으로 지급일자, 지급구분 등을 변경하고자 할 때 [지급일자]키를 이용하여 해당내역을 삭제 후 다시 설정하여 등록할 수 있다.
재 계 산		과세, 비과세금액이 변경되거나 사원의 부양가족이 변경되는 등 입력된 정보의 내용을 변경하고자 하는 경우 사용
마 감		당월 지급분에 대한 급여자료입력을 완료했다는 의미이며, 마감시 수정, 재계산, 삭제 등의 작업을 할 수 없다. 마감후 다시 [마감]키를 클릭하면 마감이 취소된다.
기능모음	연말정산	전년도 연말정산 소득세를 적용할 때 사용
	중도퇴사자정산	중도퇴사시 사원등록에서 퇴사일을 입력한 다음 해당 퇴사월의 급여자료입력시 기능모음의 [중도퇴사자정산]키를 클릭하여 자료입력 후 [확인]키를 클릭하면 중도퇴사자에 연말정산이 완료된다.

▌수당 및 공제등록 입력방법▐

구분	유형	내용	비고
수당등록	과세구분	과세수당이면 과세, 비과세수당이면, 비과세를 입력한다.	
	근로소득유형	과세구분을 [비과세]로 선택할 경우 비과세 유형을 입력한다.	비과세유형에 의하여 각 비과세 항목별 한도액이 자동계산된다.
	월정액 여부	과세구분이 비과세인 경우 월정액 계산 시 포함 여부를 선택한다. 비과세되는 수당 중 실비변상이 아닌 수당은 월정액에 포함되어야 한다.(예 식대)	연장근로수당의 월정액급여 210만원 이하 판단 시 반영된다.
	급여 · 상여 · 추급 · 추상	해당 수당이 급여, 상여 지급 시 지급되는 수당 항목에 체크를 한다.	
공제등록	공제소득유형	소득공제유형을 선택한다.	기부금 및 사회보험정산자료 집계에 자동 반영된다.
	급여 · 상여 · 추급 · 추상	해당 항목이 급여, 상여 지급 시 공제되는 항목에 체크를 한다.	
비과세 감면 설정	월, 년별 적용할 비과세 항목을 설정한 후 구분에 따라 월 한도액 및 연 한도금액을 입력한다. 설정된 한도액 범위를 기준으로 자동으로 비과세, 과세금액이 계산된다.		지급명세서 미제출로 표시된 항목은 근로소득원천징수영수증 및 원천징수이행상황신고서에 반영되지 않는다.
사회보험	사회보험 대상 금액기준으로 4대 사회보험을 계산하는 경우에 사용한다.		
코드참고사항	비과세 및 감면소득 코드표로 지급명세서 작성여부를 보여준다.		

I Can! 수당등록 시 비과세 종류별 입력방법!

종류	비과세유형	비고
생산직근로자의 연장 · 야간근로수당	1. 연장근로	• 연 240만원까지 비과세 • 생산직에 근로하면서 월정액급여가 210만원 이하의 경우에만 비과세(직전연도 총급여가 3,000만원 이하)
식대	2. 식대	• 월 20만원까지 비과세 • 식사를 제공받을 경우 식대는 과세
자가운전보조금	3. 자가운전	• 월 20만원까지 비과세 • 종업원 본인 소유차량으로 회사 업무를 수행하고 지급기준에 의해 지급받는 것, 출장비 별도지급 시 과세
출산보육 · 육아수당	7. 육아수당	• 월 20만원까지 비과세
국외근로소득	9. 국외근로	• 월 100만원까지 비과세
국외근로소득 (원양, 해외건설)	10. 국외근로	• 월 500만원까지 비과세
육아/산전휴가	11. 육아/산전휴가	

수행과제 급여자료 입력

1월 ~ 12월의 급여는 다음과 같다. 다음 내용을 모두 반영하여 급여자료 입력을 수행하시오.

① 급여내역 중 비과세 적용을 받을 수 있는 모든 급여는 세법상의 비과세 요건을 충족하는 것으로 가정하며, 국민연금, 건강보험료, 고용보험료 등은 프로그램에서 자동계산되는 금액을 반영하도록 한다.
② 상여금은 12월에만 지급된 것으로 한다.
③ 8월 25일 중도퇴사한 성동일의 중도정산은 기 등록되어 있는 자료에 의한 기본공제 이외의 특별공제는 없는 것으로 한다.
④ 수당 등록 시 차량보조금은 실비변상 성격이므로 월정액급여에 포함하지 않도록 한다.
⑤ 8월 급여 시 성동일의 퇴사연월일을 2024년 8월 25일로 입력한다.

1. 2024년 1월~11월 급여대장(급여지급일 : 매월 25일) (단위: 원)

구분		김현철	성동일	노현주	이진섭
수당	기본급	4,500,000	3,300,000	2,700,000	1,900,000
	직책수당	500,000	300,000	200,000	
	연장근로수당			200,000	300,000
	차량보조금		300,000	200,000	
	식대		200,000	200,000	200,000
	육아수당			200,000	
	급여계	**5,000,000**	**4,100,000**	**3,700,000**	**2,400,000**
공제	상조회비	20,000	10,000	10,000	10,000

2. 2024년 12월 급여대장(급여지급일: 매월 25일) (단위: 원)

구분		김현철	노현주	이진섭
수당	기본급	4,500,000	2,700,000	1,900,000
	상여금	**4,500,000**	**2,700,000**	**1,900,000**
	직책수당	500,000	200,000	
	연장근로수당		200,000	300,000
	차량보조금		200,000	
	식대		200,000	200,000
	육아수당		200,000	
	급여계	**9,500,000**	**6,400,000**	**4,300,000**
공제	상조회비	20,000	10,000	10,000

수행과제 풀이 급여자료 입력

1순위 수당 및 공제등록

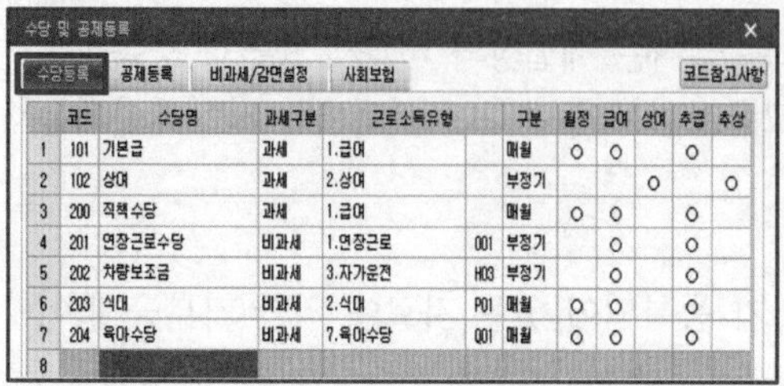

수당 및 공제등록 — 수당등록 | 공제등록 | 비과세/감면설정 | 사회보험 | 코드참고사항

	코드	수당명	과세구분	근로소득유형		구분	월정	급여	상여	추급	추상
1	101	기본급	과세	1.급여		매월	○	○		○	
2	102	상여	과세	2.상여		부정기			○		○
3	200	직책수당	과세	1.급여		매월	○	○		○	
4	201	연장근로수당	비과세	1.연장근로	001	부정기		○		○	
5	202	차량보조금	비과세	3.자가운전	H03	부정기		○		○	
6	203	식대	비과세	2.식대	P01	매월	○	○		○	
7	204	육아수당	비과세	7.육아수당	Q01	매월	○	○		○	
8											

수당 및 공제등록 — 수당등록 | 공제등록 | 비과세/감면설정 | 사회보험

	코드	공제항목명	공제소득유형	급여	상여	추급	추상
1	501	국민연금	0.무구분	○		○	
2	502	건강보험	0.무구분	○		○	
3	503	고용보험	0.무구분	○	○	○	○
4	504	장기요양보험료	0.무구분	○		○	
5	505	학자금상환액	0.무구분	○		○	
6	903	농특세	0.사용	○	○	○	○
7	600	상조회비	0.무구분	○			
8							

2순위 급여와 상여자료 입력

❶ 해당 월을 선택하여 급여대장을 보고 월별로 급여자료를 입력한다.

- 귀속연월: 2024년 1월(각 해당 월을 선택), 구분: 1.급여, 지급일: 매월 25일

▌김현철의 급여(1월) 입력▐

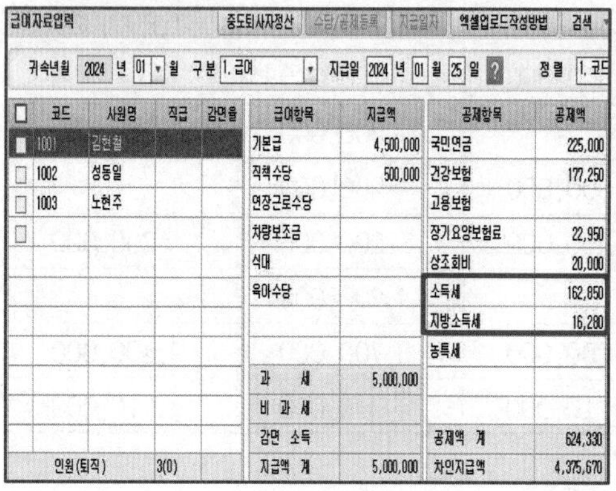

급여자료입력 — 귀속년월 2024 년 01 월 구분 1.급여 지급일 2024 년 01 월 25 일

코드	사원명	급여항목	지급액	공제항목	공제액
1001	김현철	기본급	4,500,000	국민연금	225,000
1002	성동일	직책수당	500,000	건강보험	177,250
1003	노현주	연장근로수당		고용보험	
		차량보조금		장기요양보험료	22,950
		식대		상조회비	20,000
		육아수당		소득세	162,850
				지방소득세	16,280
				농특세	
		과세	5,000,000		
		비과세			
		감면소득		공제액계	624,330
인원(퇴직)	3(0)	지급액계	5,000,000	차인지급액	4,375,670

▌성동일의 급여(1월) 입력▐

급여자료입력 — 귀속년월 2024 년 01 월 구분 1.급여 지급일 2024 년 01 월 25 일

코드	사원명	급여항목	지급액	공제항목	공제액
1001	김현철	기본급	3,300,000	국민연금	166,500
1002	성동일	직책수당	300,000	건강보험	131,160
1003	노현주	연장근로수당		고용보험	33,300
		차량보조금	300,000	장기요양보험료	16,980
		식대	200,000	상조회비	10,000
		육아수당		소득세	64,980
				지방소득세	6,490
				농특세	
		과세	3,700,000		
		비과세	400,000		
		감면소득		공제액계	429,410
인원(퇴직)	3(0)	지급액계	4,100,000	차인지급액	3,670,590

▌노현주의 급여(1월) 입력▐

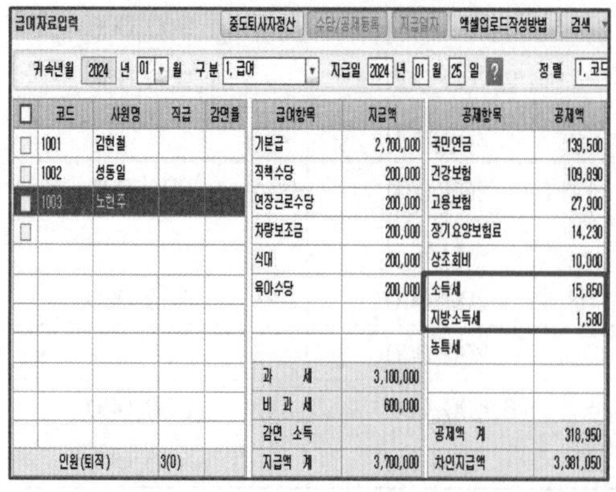

급여자료입력 — 귀속년월 2024 년 01 월 구분 1.급여 지급일 2024 년 01 월 25 일

코드	사원명	급여항목	지급액	공제항목	공제액
1001	김현철	기본급	2,700,000	국민연금	139,500
1002	성동일	직책수당	200,000	건강보험	109,890
1003	노현주	연장근로수당	200,000	고용보험	27,900
		차량보조금	200,000	장기요양보험료	14,230
		식대	200,000	상조회비	10,000
		육아수당	200,000	소득세	15,850
				지방소득세	1,580
				농특세	
		과세	3,100,000		
		비과세	600,000		
		감면소득		공제액계	318,950
인원(퇴직)	3(0)	지급액계	3,700,000	차인지급액	3,381,050

- 2월 급여부터는 '전월 데이타를 복사하시겠습니까?'라는 화면에서 [복사후 재계산]을 클릭한 후 '전체사원'을 체크하여 소득세와 지방소득세를 재계산한다.
- 2월 급여는 1월과 동일하며, 3월 이후 급여 지급분부터는 개정된 소득세와 지방소득세가 반영된다.

※ 근로소득 간이세액 개정 ※

2024년 3월 1일 이후 급여 지급분부터는 '근로소득 간이세액 개정(공제대상가족 중 자녀세액공제 계산 방법 개정)'에 따라 변경된 소득세와 지방소득세가 반영된다.

▌김현철의 급여(3월) 입력▐

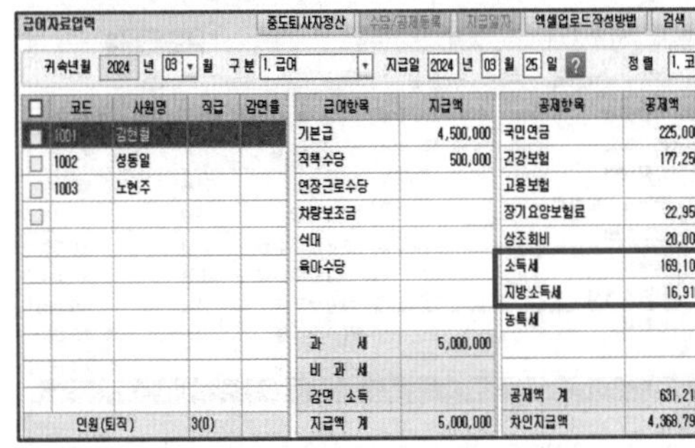

급여자료입력 | 중도퇴사자정산 | 수당/공제등록 | 지급일자 | 엑셀업로드작성방법 | 검색

귀속년월 2024 년 03 월 구 분 1. 급여 지급일 2024 년 03 월 25 일 정렬 1. 코드

코드	사원명	직급	감면율
1001	김현철		
1002	성동일		
1003	노현주		
인원(퇴직)	3(0)		

급여항목	지급액	공제항목	공제액
기본급	4,500,000	국민연금	225,000
직책수당	500,000	건강보험	177,250
연장근로수당		고용보험	
차량보조금		장기요양보험료	22,950
식대		상조회비	20,000
육아수당		소득세	169,100
		지방소득세	16,910
		농특세	
과세	5,000,000		
비과세			
감면 소득		공제액 계	631,210
지급액 계	5,000,000	차인지급액	4,368,790

▌성동일의 급여(3월) 입력▐

급여자료입력 | 중도퇴사자정산 | 수당/공제등록 | 지급일자 | 엑셀업로드작성방법 | 검색

귀속년월 2024 년 03 월 구 분 1. 급여 지급일 2024 년 03 월 25 일 정렬 1. 코드

코드	사원명	직급	감면율
1001	김현철		
1002	성동일		
1003	노현주		
인원(퇴직)	3(0)		

급여항목	지급액	공제항목	공제액
기본급	3,300,000	국민연금	166,500
직책수당	300,000	건강보험	131,160
연장근로수당		고용보험	33,300
차량보조금	300,000	장기요양보험료	16,980
식대	200,000	상조회비	10,000
육아수당		소득세	65,610
		지방소득세	6,560
		농특세	
과세	3,700,000		
비과세	400,000		
감면 소득		공제액 계	430,110
지급액 계	4,100,000	차인지급액	3,669,890

▌노현주의 급여(3월) 입력▐

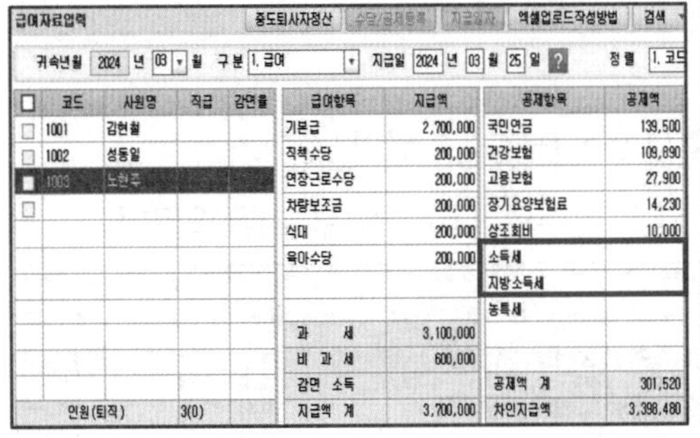

급여자료입력 | 중도퇴사자정산 | 수당/공제등록 | 지급일자 | 엑셀업로드작성방법 | 검색

귀속년월 2024 년 03 월 구 분 1. 급여 지급일 2024 년 03 월 25 일 정렬 1. 코드

코드	사원명	직급	감면율
1001	김현철		
1002	성동일		
1003	노현주		
인원(퇴직)	3(0)		

급여항목	지급액	공제항목	공제액
기본급	2,700,000	국민연금	139,500
직책수당	200,000	건강보험	109,890
연장근로수당	200,000	고용보험	27,900
차량보조금	200,000	장기요양보험료	14,230
식대	200,000	상조회비	10,000
육아수당	200,000	소득세	
		지방소득세	
		농특세	
과세	3,100,000		
비과세	600,000		
감면 소득		공제액 계	301,520
지급액 계	3,700,000	차인지급액	3,398,480

▌이진섭의 급여(6월) 입력(6월 입사)▐

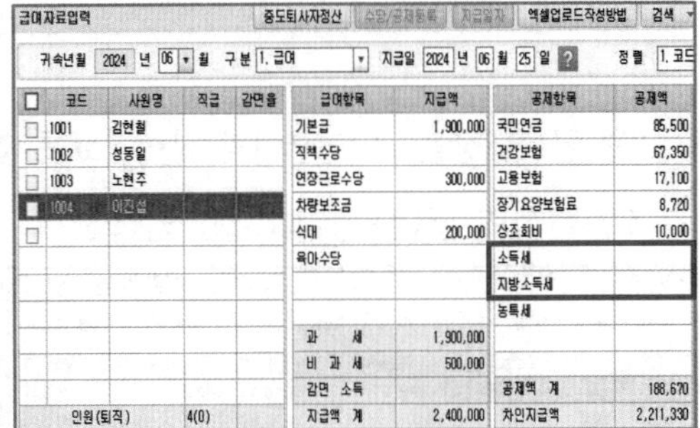

급여자료입력 | 중도퇴사자정산 | 수당/공제등록 | 지급일자 | 엑셀업로드작성방법 | 검색

귀속년월 2024 년 06 월 구 분 1. 급여 지급일 2024 년 06 월 25 일 정렬 1. 코드

코드	사원명	직급	감면율
1001	김현철		
1002	성동일		
1003	노현주		
1004	이진섭		
인원(퇴직)	4(0)		

급여항목	지급액	공제항목	공제액
기본급	1,900,000	국민연금	85,500
직책수당		건강보험	67,350
연장근로수당	300,000	고용보험	17,100
차량보조금		장기요양보험료	8,720
식대	200,000	상조회비	10,000
육아수당		소득세	
		지방소득세	
		농특세	
과세	1,900,000		
비과세	500,000		
감면 소득		공제액 계	188,670
지급액 계	2,400,000	차인지급액	2,211,330

- 8월의 급여자료 입력(퇴사자: 성동일)
  - [사원등록]에서 성동일의 퇴사 년월일을 2024년 8월 25일로 입력한다.
  - 상단부 [중도퇴사자정산]을 클릭하여 정산을 완료하고 반영을 클릭하면 차감징수세액이 자동 반영된다.

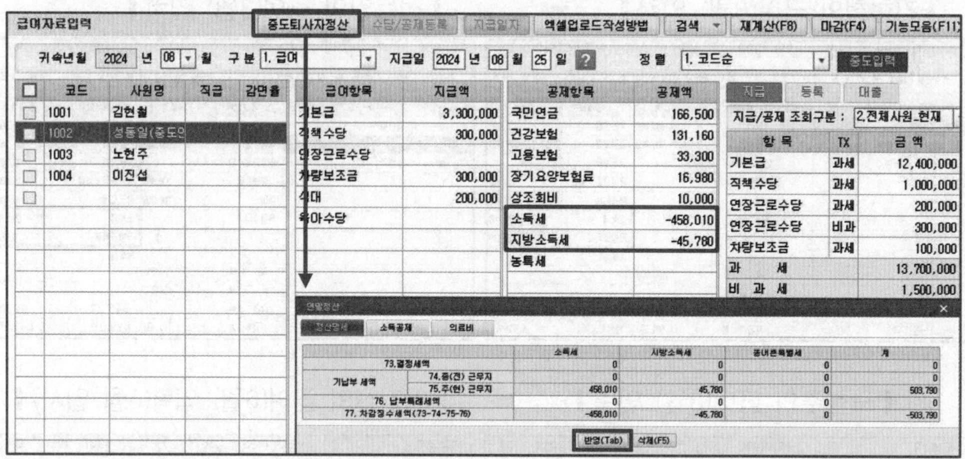

❷ 12월 급여대장을 보고 급여와 상여자료를 입력한다.(구분: 2.급여+상여)

▌김현철의 급여+상여(12월) 입력▐

▌노현주의 급여+상여(12월) 입력▐

▌이진섭의 급여+상여(12월) 입력▐

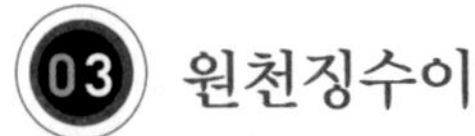

03 원천징수이행상황신고서

필요 지식

소득세법 제127조의 규정에 의한 원천징수대상소득을 지급하는 거주자 또는 법인세법 제73조의 규정에 의하여 법인세를 원천징수하는 법인은 원천징수납부(환급)세액유무와 관계없이 원천징수월이 속하는 달의 다음달 10일까지 원천징수이행상황신고서를 제출하여야 한다.

수행과제 원천징수이행상황신고서 작성

8월분 급여자료 및 중도정산자료를 이용하여 [원천징수이행상황신고서] 작성을 수행하시오.

수행과제 풀이 원천징수이행상황신고서 작성

[원천징수이행상황신고서] 메뉴를 선택하여 귀속기간(8월)과 지급기간(8월)을 입력한다.

원천징수이행상황신고서 #메일 보내기 | 마감(F4) | 불러오기(F3) | 저장(Ctrl+S) | One-Shot(Ctrl+O) | 기능모음(F1

귀속기간 2024 년 08 월 ~ 2024 년 08 월 지급기간 2024 년 08 월 ~ 2024 년 08 월 0.정기신고

1.신고구분 ☑ 매월 ☐ 반기 ☐ 수정 ☐ 연말 ☐ 소득처분 ☐ 환급신청 2.귀속연월 202408 3.지급연월 202408 일괄납부 ○ 여 ◉ 부 사업자단위 ○ 여 ◉

원천징수내역 | 부표-거주자 | 부표-비거주자 | 부표-법인원천

	구분	코드	소득지급(과세미달,비과세포함)		징수세액			9.당월 조정 환급세액	10.소득세 등 (가산세 포함)	11.농어촌 특별세
			4.인원	5.총지급액	6.소득세 등	7.농어촌특별세	8.가산세			
근로소득	간 이 세 액	A01	4	14,800,000	169,100					
	중 도 퇴 사	A02	1	31,200,000	-458,010					
	일 용 근 로	A03								
	연말정산합계	A04								
	연말분납금액	A05								
	연말납부금액	A06								
	가 감 계	A10	5	46,000,000	-288,910					

전월 미환급 세액의 계산			당월 발생 환급세액				18.조정대상환급 (14+15+16+17)	19.당월조정 환급액계	20.차월이월 환급액(18-19)	21.환급신청액
12.전월미환급	13.기환급신청	14.잔액12-13	15.일반환급	16.신탁재산	17.금융등	17.합병등				
			288,910				288,910		288,910	

수행 tip

- 총지급액 란에 식대와 육아수당은 제출비과세로 포함하며, 자가운전보조금은 미제출비과세로 포함되지 않는다.
- 중도퇴사자 자료가 원천징수이행상황신고서에 반영되지 않을 경우 [연말정산 근로소득원천징수영수증] 메뉴 상단부 [중도]를 클릭하여 중도퇴사자를 불러와 연말정산 프로세스를 진행하면 원천징수이행상황신고서에 정산내역이 반영된다.

04 일용직 사원등록과 급여자료입력

필요 지식

일급, 시급제 등 일용직 사원에 대한 급여를 입력하여 세액을 산출할 수 있다.

I Can! 일용직근로소득세 계산구조!

- 일용급여(비과세제외) － 근로소득공제(1일당 150,000원) × 세율 6% ＝ 산출세액
- 산출세액 － 근로소득세액공제(산출세액의 55%) ＝ 결정세액

(1) 일용직 사원등록

① 부　　서: [사원등록]의 [기초코드등록]에서 부서등록이 선행되어야 하며, 재무회계와 관련이 없다.

② 급여형태: 시급직, 일급직의 설정에 따라 일용직 급여입력의 지급액이 자동 산출된다.

(2) 일용직 급여자료입력

급여지급방법에 따라 소득세 산출방식이 달라진다.

① 매일지급: 소득세가 1,000원 미만일 경우 소득세가 산출되지 않는다.(소액부징수)

② 일정기간단위지급: 소득세가 1,000원 미만일 경우라도 소득세가 산출된다.

(3) 원천징수이행상황신고서

일용직근로자의 임금지급관련 원천징수분은 다음달 10일까지 원천징수이행상황신고서에 반영하여 신고한다.

수행과제 일용직 사원등록과 급여자료입력

관리부 일용직사원 신민경에게 일급(200,000원)으로 12월분 근무일수에 대하여 12월 15일 임금을 지급하고자 한다. 일용직 급여자료입력에 등록하여 소득세를 산출하고 원천징수이행상황신고서의 작성을 수행하시오.

- 사번: 7001, 주민등록번호: 850327－2000009, 입사년월일: 2024년 12월 1일, 주소: 생략
- 12월 1일 ~ 12월 15일 근무(총 일수 15일), 사회보험 중 고용보험은 원천징수한다.

수행과제 풀이 일용직 사원등록과 급여자료입력

❶ 일용직사원등록

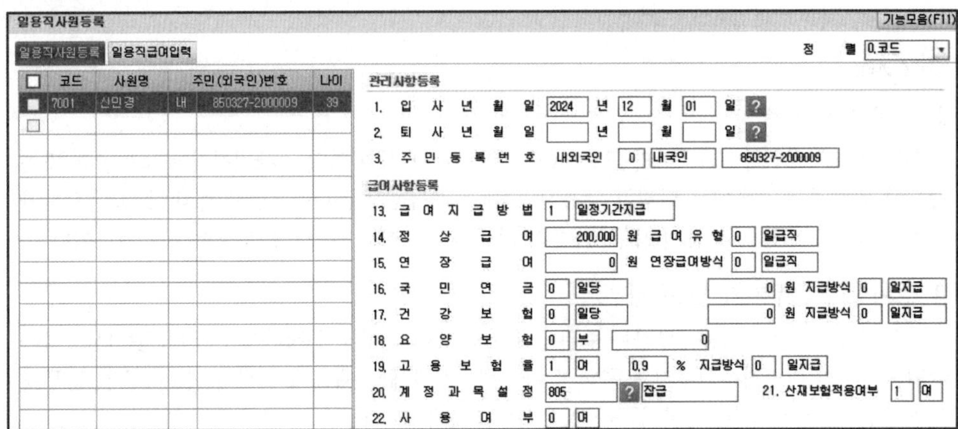

일용직사원등록 | 기능모음(F11)
일용직사원등록 | 일용직급여입력 | 정렬 0.코드

코드	사원명		주민(외국인)번호	나이
7001	신민경	내	850327-2000009	39

관리사항등록
1. 입사년월일 2024 년 12 월 01 일
2. 퇴사년월일 년 월 일
3. 주민등록번호 내외국인 0 내국인 850327-2000009

급여사항등록
13. 급여지급방법 1 일정기간지급
14. 정상급여 200,000 원 급여유형 0 일급직
15. 연장급여 0 원 연장급여방식 0 일급직
16. 국민연금 0 일당 0 원 지급방식 0 일지급
17. 건강보험 0 일당 0 원 지급방식 0 일지급
18. 요양보험 0 부 0
19. 고용보험율 1 여 0.9 % 지급방식 0 일지급
20. 계정과목설정 805 잡급 21. 산재보험적용여부 1 여
22. 사용여부 0 여

❷ 일용직급여입력

현장 코드	현장명	일자	요일	근무	근무시간 정상	근무시간 연장	지급액 정상	지급액 연장	기타비과세	고용보험	국민연금	건강보험	요양보험	소득세	지방소득세	임금총액	공제총액	차인지급액
		01	일	○			200,000			1,800				1,350	130	200,000	3,280	196,720
		02	월	○			200,000			1,800				1,350	130	200,000	3,280	196,720
		03	화	○			200,000			1,800				1,350	130	200,000	3,280	196,720
		04	수	○			200,000			1,800				1,350	130	200,000	3,280	196,720
		05	목	○			200,000			1,800				1,350	130	200,000	3,280	196,720
		06	금	○			200,000			1,800				1,350	130	200,000	3,280	196,720
		07	토	○			200,000			1,800				1,350	130	200,000	3,280	196,720
		08	일	○			200,000			1,800				1,350	130	200,000	3,280	196,720
		09	월	○			200,000			1,800				1,350	130	200,000	3,280	196,720
		10	화	○			200,000			1,800				1,350	130	200,000	3,280	196,720
		11	수	○			200,000			1,800				1,350	130	200,000	3,280	196,720
		12	목	○			200,000			1,800				1,350	130	200,000	3,280	196,720
		13	금	○			200,000			1,800				1,350	130	200,000	3,280	196,720
		14	토	○			200,000			1,800				1,350	130	200,000	3,280	196,720
		15	일	○			200,000			1,800				1,350	130	200,000	3,280	196,720
		16	월	×														
합계 [최종근무일 15일]				15			3,000,000			27,000				20,250	1,950	3,000,000	49,200	2,950,800

주의 근무 란을 클릭하면 'o'으로 표시되며, 다시 클릭하면 '×'로 표시된다.

❸ 원천징수이행상황신고서

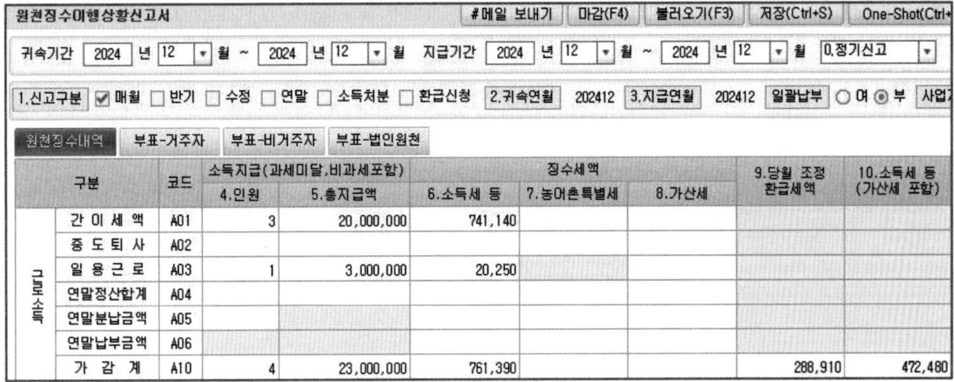

원천징수이행상황신고서 | #메일 보내기 | 마감(F4) | 불러오기(F3) | 저장(Ctrl+S) | One-Shot(Ctrl+

귀속기간 2024 년 12 월 ~ 2024 년 12 월 지급기간 2024 년 12 월 ~ 2024 년 12 월 0.정기신고

1.신고구분 ☑ 매월 □ 반기 □ 수정 □ 연말 □ 소득처분 □ 환급신청 2.귀속연월 202412 3.지급연월 202412 일괄납부 ○ 여 ◉ 부 사업자

원천징수내역 | 부표-거주자 | 부표-비거주자 | 부표-법인원천

	구분	코드	소득지급(과세미달,비과세포함) 4.인원	5.총지급액	징수세액 6.소득세 등	7.농어촌특별세	8.가산세	9.당월 조정 환급세액	10.소득세 등 (가산세 포함)
근로소득	간이세액	A01	3	20,000,000	741,140				
	중도퇴사	A02							
	일용근로	A03	1	3,000,000	20,250				
	연말정산합계	A04							
	연말분납금액	A05							
	연말납부금액	A06							
	가감계	A10	4	23,000,000	761,390			288,910	472,480

제 2 절 근로소득 연말정산하기(NCS 능력단위요소)

1. 연말정산이란?

연말정산은 원천징수의무자가 근로자(일용근로자 제외)의 해당 과세기간 근로소득금액 또는 중도에 퇴직하는 경우에는 퇴직한 달까지의 해당 과세기간 근로소득금액에 대해 그 근로자가 제출한 소득공제신고서 등의 내용에 따라 부담하여야 할 소득세액을 확정하는 제도이다.

2. 2이상의 근무지가 있는 경우

근무처가 2이상인 이중근로자는 주된 근무지와 종된 근무지를 정하여 근무지(변동)신고서를 주된근무지의 원천징수의무자를 통하여 관할세무서장에게 제출해야 한다. 또한 주된 근무지 원천징수의무자는 종된 근무지 원천징수의무자에게 그 사실을 통보하여야 한다.

3. 재취직자의 연말정산

해당 과세기간 중도에 퇴직하고 새로운 근무지에 취직한 근로소득자가 종전 근무지에서 해당 과세기간의 1월부터 퇴직한 날이 속하는 달까지 받은 근로소득을 포함하여 근로소득자 소득공제신고서를 제출한 때에는 현근무지 원천징수의무자는 전근무지의 근로소득과 합산하여 연말정산을 하여 소득세를 원천징수한다.

▌연말정산자료의 입력순서▐

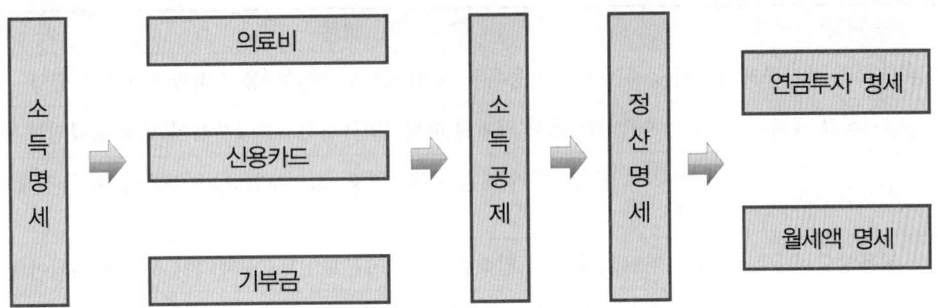

01 연말정산 근로소득원천징수영수증

필요 지식

근로소득자로부터 제출받은 [근로소득공제신청서]에 의해 연말정산에 필요한 추가자료를 입력하는 메뉴이다. 계속근무자의 연말 정산일 경우 [연말], 중도퇴사자의 연말정산은 [중도], 전체사원의 연말정산내역을 조회할 때 [총괄] 탭으로 조회된다.

❶ 정산년월

연말정산을 하는 연월을 입력한다.

※ 계속근무자의 연말정산의 경우는 2025년 2월로 관리된다.

❷ 귀속기간

[사원등록] 메뉴에서 입력한 입사년월과 퇴사년월이 자동체크되어 반영된다.

▌주요항목별 입력방법▐

아이콘	설명
전사원	연말정산에 해당하는 전체 사원을 불러온다.
재계산	해당 사원에 대한 정보와 소득명세를 다시 불러와 계산한다.
불러오기	소득공제 신고서와 부속명세에 작성된 사원과 내용을 불러오며, 정산명세는 재계산되며 기존 입력된 데이터는 삭제된다.
완료/해제	연말정산 자료 입력을 완료했다는 의미로 완료된 사원에 대해 재계산, 금액변경, 삭제 등을 할 수 없으며, 해제를 해야 수정 가능하다.

[정산명세 TAB]

<table>
<tr><th colspan="2">구분</th><th>내용</th></tr>
<tr><td colspan="2">기본공제 및 추가공제</td><td>[사원등록]메뉴에서 등록된 공제대상 부양가족내용에 따라 자동으로 반영</td></tr>
<tr><td colspan="2">연금보험료 공제</td><td>[급여자료입력]에서 입력된 매월「연금보험료」공제액이 자동 집계되어 반영</td></tr>
<tr><td colspan="2">건강보험료</td><td>[급여자료입력]에서 입력된 매월「건강·요양보험료」공제액이 자동 집계되어 반영</td></tr>
<tr><td colspan="2">고용보험료</td><td>[급여자료입력]에서 입력된 매월「고용보험료」공제액이 자동 집계되어 반영</td></tr>
<tr><td rowspan="2">특별소득공제</td><td>주택임차 차입금 원리금상환액</td><td>주택임차 차입금에 대한 원금과 이자의 연간 상환액 합계를 입력하며 대출기관의 차입금과 거주자로부터 차입한 차입금은 구분하여 입력
• 무주택 세대의 세대주가 국민주택규모의 주택(주거용 오피스텔 포함)을 임차하기 위하여 금융회사 등으로부터 차입한 차입금의 원리금상환액 공제
• 원리금 상환액의 40%공제(연 300만원 한도)</td></tr>
<tr><td>장기주택저당차입금 이자상환액</td><td>장기주택저당차입금의 이자상환액을 2011년 이전 차입분(15년 미만, 15~29년, 30년 이상), 2012년 이후 차입분(고정 & 비거치, 기타대출), 2016년 이후 차입분(고정 & 비거치, 고정 or 비거치, 기타대출)으로 구분하여 입력
• 무주택 세대의 세대주가 주택(취득당시 기준시가 6억원 이하)을 취득하기 위하여 당해 주택에 저당권을 설정하고 금융기관 등으로부터 차입한 장기주택저당차입금의 이자상환액 공제
• 주택차입금이자세액공제 대상은 세액공제란에 입력</td></tr>
<tr><td rowspan="7">그 밖의 소득공제</td><td>개인연금저축소득공제</td><td>개인연금저축의 불입액 입력
• 본인 명의의 불입액만 공제 가능
• 불입액의 40% 공제(연 72만원 한도)</td></tr>
<tr><td>소기업등 공제부금소득공제</td><td>소기업·소상공인 공제(노란우산공제)에 가입하여 납부한 공제부금 입력</td></tr>
<tr><td>주택마련저축 소득공제</td><td>주택마련저축의 연간 불입액 입력
1. 청약저축, 2. 주택청약종합저축, 3. 근로자주택마련저축 중 선택 입력
• 총급여액이 7천만원 이하인 무주택세대주(또는 3억원 이하의 국민주택을 1채만 소유한 세대주)인 경우 공제 가능
• 불입액의 40% 공제(연 300만원 한도)</td></tr>
<tr><td>투자조합출자액</td><td>거주자 본인이 투자조합 등 출자(투자)의 범위에 해당하는 직접 출자 또는 투자액이 있는 경우에 투자액을 입력</td></tr>
<tr><td>우리사주조합 출연금</td><td>우리사주조합원이 우리사주를 취득하기 위하여 우리사주 조합에 출자한 금액을 입력</td></tr>
<tr><td>고용유지중소기업 소득공제</td><td>고용유지중소기업 상시근로자의 임금삭감액을 입력</td></tr>
<tr><td>장기집합투자 증권저축</td><td>요건을 갖춘 장기집합투자증권저축 불입액을 입력</td></tr>
</table>

<table>
<tr><th colspan="4">구분</th><th>내용</th></tr>
<tr><td>그밖의 소득공제</td><td colspan="3">신용카드 등 소득공제</td><td>[신용카드 탭에서 입력한 내용이 자동반영]
• 공제금액: 총급여 25% 초과 신용카드 등 사용금액
• 공제율
−15%: 신용카드:
−30%: 체크 · 직불카드 · 현금영수증 · 제로페이 · 총급여 7천만원 이하자의 도서비
−40%: 전통시장 · 대중교통비
• 공제한도
−총급여액 7천만원 이하: 총급여액의 20%와 300만원 중 적은 금액
−총급여액 7천만원 초과: 250만원
−총급여액 1억2천만원 초과: 200만원
−전통시장 · 대중교통비 · 도서공연비는 각각 100만원 한도 추가
• 부양가족 사용분은 소득금액 제한은 있으나 나이제한이 없음
• 형제자매의 신용카드 사용액은 공제 불가능
• 무기명 선불카드의 사용액은 공제 불가능
• 위장가맹점과 거래분은 공제 불가능
• 부양가족 중 기본공제는 다른 사람이 받고 신용카드사용액만 본인이 받을 수 없음
• 사업관련 경비로 처리된 종업원명의의 신용카드사용액은 공제 불가능</td></tr>
<tr><td rowspan="2">세액감면</td><td colspan="3">중소기업취업청년 소득세 감면</td><td>중소기업 취업 청년에 대한 소득세 감면금액을 입력</td></tr>
<tr><td colspan="3">외국인기술자에 대한 소득세 감면</td><td>외국인 기술자에 대한 근로소득세 감면금액을 입력</td></tr>
<tr><td rowspan="10">세액공제</td><td colspan="3">근로소득세액공제</td><td>[급여자료입력]에서 입력된 급여 금액에 따라 자동으로 반영</td></tr>
<tr><td colspan="3">자녀세액공제</td><td>[사원등록] 메뉴에서 등록된 공제대상 부양가족내용에 따라 자동으로 반영</td></tr>
<tr><td rowspan="8">특별세액공제</td><td rowspan="4">연금계좌</td><td>과학기술인</td><td>과학기술인공제회법에 따른 퇴직연금 불입액을 입력</td></tr>
<tr><td>퇴직급여</td><td>퇴직연금을 지급받기 위하여 설정한 퇴직연금계좌 불입액을 입력</td></tr>
<tr><td>연금저축</td><td>2001. 1. 1. 이후에 근로자 본인 명의로 가입한 연금저축불입액을 입력</td></tr>
<tr><td>참고사항</td><td>• 본인 명의의 불입액만 공제 가능</td></tr>
<tr><td rowspan="4">보장성보험</td><td colspan="2">[소득공제 탭에서 입력한 내용이 자동반영]</td></tr>
<tr><td>보장성보험</td><td>건강보험료와 고용보험료를 제외한 보장성 보험료 입력(납입액의 12% 공제)</td></tr>
<tr><td>장애인전용보장성보험료</td><td>장애인전용보장성보험료(납입액의 15% 공제)</td></tr>
<tr><td>참고사항</td><td>• 기본공제대상자(소득금액 및 나이 제한)의 보험료만 공제 가능
• 저축성보험료, 태아보험료는 공제대상 아님
• 보장성보험료 12%, 장애인보장성보험료 15%(각 연 100만원 한도)</td></tr>
</table>

실무 익히기

<table>
<tr><th colspan="4">구분</th><th>내용</th></tr>
<tr><td rowspan="13">세액공제</td><td rowspan="13">특별세액공제</td><td rowspan="6">의료비</td><td colspan="2">[의료비 탭에서 입력한 내용이 자동반영]</td></tr>
<tr><td>본인·장애인·중증질환 등·65세 이상자 의료비</td><td>기본공제대상자 중 본인, 장애인, 중증질환자 등, 경로우대자(65세 이상), 6세 이하 자녀를 위하여 지출한 의료비</td></tr>
<tr><td>미숙아·선천성이상아 의료비</td><td>미숙아·선천성이상의 의료비</td></tr>
<tr><td>난임시술자 의료비</td><td>난임시술비</td></tr>
<tr><td>그 밖의 공제대상자 의료비</td><td>기본공제대상자(연령 및 소득금액의 제한을 받지 아니함)를 위하여 당해 근로자가 직접 부담한 의료비 중 본인, 장애인, 건강보험산정특례자, 65세 이상자, 난임시술자를 제외한 의료비</td></tr>
<tr><td>참고사항</td><td>• 공제대상의료비＝의료비지출액 － 총급여액 × 3%
• 공제한도액: 전액공제대상 의료비 제외 연 700만원
: 그 밖의 공제대상의료비가 총급여 3% 미달시 전액공제에서 제외
• 부양가족의 소득금액 및 나이제한 없음
• 안경, 콘텍트렌즈구입비는 1인당 50만원 한도로 입력(P/G에서 한도체크 안됨)
• 산후조리원 비용은 200만원 한도내 공제가능
• 총의료비와 실손의료보험금을 별도 입력하면 순지출액을 기준으로 세액공제 금액이 계산됨
• <u>공제 불가능한 의료비</u>
－ 국외 의료기관의 의료비
－ 미용·성형수술비, 건강기능식품구입비용
－ 의료기관이 아닌 특수교육원의 언어치료비·심리치료비
－ 간병인에게 지급된 비용</td></tr>
<tr><td rowspan="7">교육비</td><td colspan="2">[소득공제 탭에서 입력한 내용이 자동반영]</td></tr>
<tr><td>본인</td><td>본인의 교육비 지출액(대학원, 직업능력개발훈련 수강료, 학자금대출 원리금상환액 포함)</td></tr>
<tr><td>배우자</td><td>배우자의 교육비 지출액</td></tr>
<tr><td>자녀등
취학전 아동
초·중·고등·대학생</td><td>직계비속이나 형제자매를 위한 교육비 지출액</td></tr>
<tr><td>장애인</td><td>기본공제 대상자인 장애인(소득금액의 제한을 받지 아니함) 재활을 위하여 사회복지시설 및 비영리법인 등에 지급하는 특수 교육비
• 소득금액 제한 없으며 직계존속도 공제 가능</td></tr>
<tr><td>참고사항</td><td>• 공제가능액: 교육비 공제대상액×15%(본인 및 장애인교육비는 한도 없음)
• 영·유치원, 초중고생: 1인당 300만원 한도, 대학생: 900만원 한도
• 부양가족의 소득금액 제한은 있으나 나이제한 없음
• 직계존속의 교육비는 공제 불가능
• 대학원교육비는 본인만 공제 가능
• 취학전 아동의 학원비는 공제 가능하나 초·중·고등학생의 학원비는 불가능
• 학교급식비, 방과후수업료, 교복구입비, 교과서구입비 공제 가능
• 학교버스이용료, 기숙사비는 공제 불가능
• 외국대학부설 어학연수과정의 수업료는 공제 불가능</td></tr>
</table>

<table>
<tr><th colspan="4">구분</th><th>내용</th></tr>
<tr><td rowspan="9">세액공제</td><td rowspan="9">특별세액공제</td><td rowspan="9">기부금</td><td>정치자금
(10만원 이하)</td><td>본인이 지출한 정당, 후원회, 선거관리위원회에 기부한 금액 중 10만원
(100/110 세액공제)</td></tr>
<tr><td>정치자금
(10만원 초과)</td><td>정치자금 중 10만원을 초과하는 금액 입력</td></tr>
<tr><td>고향사랑
기부금
(10만원 이하)</td><td>본인의 주소지 이외의 지자체에 지출한 고향사랑기부금액 중 10만원
(100/110 세액공제)</td></tr>
<tr><td>고향사랑
기부금
(10만원 초과)</td><td>본인이 지출한 고향사랑기부금액 중 10만원을 초과한 금액
(연간 500만원 한도)</td></tr>
<tr><td>특례기부금</td><td>국가 또는 지방자치단체에 기부한 금품, 국방헌금과 위문금품, 천재 · 지변으로 인한 이재민구호금품, 특별재난지역의 복구를 위하여 자원 봉사한 경우 그 용역의 가액 입력</td></tr>
<tr><td>우리사주
기부금</td><td>우리사주조합원이 아닌 근로자가 우리사주조합에 기부하는 기부금</td></tr>
<tr><td>일반기부금
(종교단체)</td><td>종교단체 기부금 입력</td></tr>
<tr><td>일반기부금
(종교단체외)</td><td>사회 · 복지 · 문화 · 예술 · 교육 · 자선 등 공익성 기부금 입력</td></tr>
<tr><td>참고사항</td><td>• 부양가족의 소득금액 제한은 있으나 나이제한은 없음
• 정치자금 및 고향사랑기부금은 본인 지출분만 공제 가능
• 한도 초과시 이월공제 가능(고향사랑기부금 제외)</td></tr>
<tr><td colspan="4">주택차입이자 상환액</td><td>무주택 세대주 또는 1주택만을 소유한 세대주인 근로자가 1995. 11. 1. ~ 1997. 12. 31. 기간 중 (구)조세감면규제법 제67조의 2의 규정에 의한 미분양주택의 취득과 직접 관련하여 1995. 11. 1. 이후 국민주택기금 등으로부터 차입한 대출금의 이자상환액을 입력
※ 주택차입금이자세액공제 대상만 입력하여야 함.(주택자금공제와 혼돈될 수 있음)</td></tr>
<tr><td colspan="4">월세액</td><td>총급여 8천만원(종합소득금액 7천만원) 이하인 무주택 세대주가 지출한 월세액을 입력
• 공제가능액: 월세 지급액 × 공제율(연 1,000만원 한도)
• 총급여 5,500만원(종합소득금액 4,500만원 이하): 공제율 17%
• 총급여 5,500만원초과 7,000만원(종합소득금액 4,500만원 초과 7,000만원 이하): 공제율 15%</td></tr>
</table>

I Can!

1. 부양가족의 소득(세액)공제 여부 판단 시 참고사항!

구분	기본공제대상자의 요건		근로기간 지출한 비용만 공제	비고
	나이요건	소득요건		
보험료	○	○	○	
기부금	×	○	×	정치자금은 본인 지출분만 공제 가능
교육비	×	○	○	직계존속의 교육비는 공제 불가능
신용카드	×	○	○	형제자매 사용분은 공제 불가능
의료비	×	×	○	
주택자금	–	–	○	본인 명의 지출분만 공제 가능
연금저축	–	–	×	본인 명의 지출분만 공제 가능

2. 신용카드 등 소득공제와 특별세액공제 중복적용 여부!

구분		특별세액공제 항목	신용카드공제
신용카드로 결제한 의료비		의료비 세액공제 가능	○
신용카드로 결제한 보장성 보험료		보험료 세액공제 가능	×
신용카드로 결제한 학원비	취학전아동	교육비 세액공제 가능	○
	그외	교육비 세액공제 불가	
신용카드로 결제한 교복구입비		교육비 세액공제 가능	○
신용카드로 결제한 기부금		기부금 세액공제 가능	×

3. 연말정산 근로소득원천징수영수증 작성방법!

구분	내용
소득명세 TAB	• 종전근무지의 근로소득내역, 인정상여, 과세대상 추가금액 등을 입력
의료비 TAB	• 의료비 TAB에 입력 → 소득공제 TAB에 반영 → 정산명세 TAB에 반영
기부금 TAB	• 기부금 TAB에 입력 → 기부금 조정명세 TAB 오른쪽 상단부 [공제액계산 정산명세보내기] → 소득공제 TAB → 정산명세 TAB에 반영
신용카드 TAB	• 신용카드 TAB에 입력 → 소득공제 TAB에 반영 → 정산명세 TAB에 반영
소득공제 TAB	• 보험료, 교육비는 소득공제 TAB에 입력 → 정산명세 TAB에 반영
정산명세 TAB	• 소득명세와 소득공제 TAB의 내용이 정산명세 TAB에 반영
연금투자명세 TAB	• 연금/주택마련저축이 있는 경우 정산명세 TAB에 입력 → 연금투자명세 TAB 반영
월세액명세 TAB	• 월세액이 있는 경우 정산명세 TAB에 입력 → 월세액명세 TAB 반영

수행과제 근로소득 연말정산하기

다음 제시된 국세청 제공 자료와 증빙 자료를 보고 소득명세, 소득공제, 의료비, 기부금, 신용카드, 연금/저축, 월세액 및 정산명세 작성을 수행하시오.

1 관리1001. 김현철의 연말정산자료

자료 ❶

2024년 귀속 소득·세액공제증명서류 : 기본(사용처별)내역 [신용카드]

■ 사용자 인적사항

성 명	주 민 등 록 번 호
김현철	651010-1******

■ 신용카드 등 사용금액 집계

일반	전통시장	대중교통	도서공연등	합계금액
16,000,000	2,000,000	1,000,000	0	19,000,000

■ 신용카드 등 사용내역

(단위: 원)

구분	사업자번호	상 호	종 류	공제대상금액합계
신용카드	101-86-61***	㈜KB국민카드	일반	9,000,000
신용카드	120-81-54***	롯데카드 주식회사	일반	5,000,000
신용카드	202-81-48***	신한카드 주식회사	일반	2,000,000
신용카드	214-81-37***	비씨카드(주)	전통시장	2,000,000
신용카드	214-81-37***	비씨카드(주)	대중교통	1,000,000
인별합계금액				19,000,000

국세청 National Tax Service

• 본 증명서류는 「소득세법」 제165조 제1항에 따라 영수증 발급기관으로부터 수집한 서류로 소득·세액공제 충족 여부는 근로자가 직접 확인하여야 합니다.
• 본 증명서류에서 조회되지 않는 내역은 영수증 발급기관에서 직접 발급받으시기 바랍니다.

자료 ❷

2024년 귀속 소득·세액공제증명서류 [현금영수증]

■ 사용자 인적사항

성 명	주민등록번호
김두식	390503-1******

■ 신용카드 등 사용내역

일반	전통시장	대중교통	도서공연등	합계금액
3,000,000	0	0	0	3,000,000

• 본 증명서류는 「소득세법」 제165조 제1항에 따라 영수증 발급기관으로부터 수집한 서류로 소득·세액공제 충족 여부는 근로자가 직접 확인하여야 합니다.
• 본 증명서류에서 조회되지 않는 내역은 영수증 발급기관에서 직접 발급받으시기 바랍니다.

자료 ❸

2024년 귀속 소득·세액공제증명서류 : 기본(지출처별)내역 [보장성 보험, 장애인전용보장성보험]

■ 계약자 인적사항

성 명	주민등록번호
김현철	651010-1******

■ 보장성보험(장애인전용보장성보험) 납입내역

(단위: 원)

종류	상 호 / 사업자번호	보험종류 / 증권번호	주피보험자 / 종피보험자		납입금액계
보장성	더케이손해보험(주)	에듀카개인용	651010-1******	김현철	800,000
	104-81-30***	C20120525***			
보장성	삼성생명보험(주)	건강클리닉	660212-2******	박정은	700,000
	104-81-30***	000005523***			
장애인 보장성	삼성생명보험(주)	곰돌이장애보험	670826-1******	김재철	900,000
	104-81-30***	F2057200***			
인별합계금액					2,400,000

• 본 증명서류는 「소득세법」 제165조 제1항에 따라 영수증 발급기관으로부터 수집한 서류로 소득·세액공제 충족 여부는 근로자가 직접 확인하여야 합니다.
• 본 증명서류에서 조회되지 않는 내역은 영수증 발급기관에서 직접 발급받으시기 바랍니다.

자료 ❹

2024년 귀속 소득·세액공제증명서류 : 기본(지출처별)내역 [의료비]

■ 환자 인적사항

성 명	주 민 등 록 번 호
김현철	651010-1******

■ 의료비 지출내역

(단위: 원)

사업자번호	상 호	종류	지출금액 계
0-2*-55*	현***	일반	800,000
의료비 인별합계금액			800,000
안경구입비 인별합계금액			0
산후조리원 인별합계금액			0
인별합계금액			**800,000**

• 본 증명서류는 『소득세법』 제165조 제1항에 따라 영수증 발급기관으로부터 수집한 서류로 소득·세액공제 충족 여부는 근로자가 직접 확인하여야 합니다.
• 본 증명서류에서 조회되지 않는 내역은 영수증 발급기관에서 직접 발급받으시기 바랍니다.

자료 ❺

2024년 귀속 소득·세액공제증명서류 : 기본(지출처별)내역 [의료비]

■ 환자 인적사항

성 명	주 민 등 록 번 호
황순이	430411-2******

■ 의료비 지출내역

(단위: 원)

사업자번호	상 호	종류	지출금액 계
5-2*-31*	손***	일반	3,300,000
4-2*-24*	**안경	안경 또는 콘텍트렌즈 구입비용	700,000
의료비 인별합계금액			3,300,000
안경구입비 인별합계금액			700,000
산후조리원 인별합계금액			0
인별합계금액			**4,000,000**

국세청
National Tax Service

• 본 증명서류는 『소득세법』 제165조 제1항에 따라 영수증 발급기관으로부터 수집한 서류로 소득·세액공제 충족 여부는 근로자가 직접 확인하여야 합니다.
• 본 증명서류에서 조회되지 않는 내역은 영수증 발급기관에서 직접 발급받으시기 바랍니다.

자료 ❻

2024년 귀속 소득·세액공제증명서류 : 기본(지출처별)내역 [교육비]

■ 학생 인적사항

성 명	주 민 등 록 번 호
김장일	960725-1*****

■ 교육비 지출내역

(단위: 원)

교육비구분	학교명	사업자번호	구분	지출금액 계
대학원	***대학교	**3-82-06***	일반교육비	9,000,000
일반교육비 합계금액				9,000,000
현장학습비 합계금액				0

• 본 증명서류는 「소득세법」 제165조 제1항에 따라 영수증 발급기관으로부터 수집한 서류로 소득·세액공제 충족 여부는 근로자가 직접 확인하여야 합니다.
• 본 증명서류에서 조회되지 않는 내역은 영수증 발급기관에서 직접 발급받으시기 바랍니다.

자료 ❼

2024년 귀속 소득·세액공제증명서류 : 기본(지출처별)내역 [교육비]

■ 학생 인적사항

성 명	주 민 등 록 번 호
김차일	040820-3*****

■ 교육비 지출내역

(단위: 원)

교육비구분	학교명	사업자번호	구분	지출금액 계
대학교	***대학교	**3-83-04***	일반교육비	8,500,000
일반교육비 합계금액				8,500,000
현장학습비 합계금액				0

국세청 National Tax Service

• 본 증명서류는 「소득세법」 제165조 제1항에 따라 영수증 발급기관으로부터 수집한 서류로 소득·세액공제 충족 여부는 근로자가 직접 확인하여야 합니다.
• 본 증명서류에서 조회되지 않는 내역은 영수증 발급기관에서 직접 발급받으시기 바랍니다.

자료 ❽

2024년 귀속 소득·세액공제증명서류 : 기본(지출처별)내역[기부금]

■ 기부자 인적사항

성 명	주 민 등 록 번 호
김현철	651010-1******

■ 기부금 지출내역

(단위: 원)

사업자번호	단 체 명	기부유형	기부금액 합계	공제대상 기부금액	기부장려금 신청금액
138-83-01632	선거관리위원회	정치자금	300,000	300,000	
203-82-00639	대한적십자사	특례기부금	200,000	200,000	
인별합계금액			500,000	500,000	

- 본 증명서류는 「소득세법」 제165조 제1항에 따라 영수증 발급기관으로부터 수집한 서류로 소득·세액공제 충족 여부는 근로자가 직접 확인하여야 합니다.
- 본 증명서류에서 조회되지 않는 내역은 영수증 발급기관에서 직접 발급받으시기 바랍니다.

실무 익히기

2 1003.노현주의 연말정산자료

자료 ❶

2024년 귀속 소득·세액공제증명서류 : 기본역[연금저축]

■ 가입자 인적사항

성 명	주 민 등 록 번 호
박정수	731123-1******

■ 연금저축 납입내역

(단위: 원)

상 호	사업자번호	당해연도 납입금액	당해연도 납입액 중 인출금액	순납입금액
계좌번호				
(주)우리은행	104-81-26***	3,600,000		3,600,000
12345204567				
순납입금액 합계				3,600,000

- 본 증명서류는 「소득세법」 제165조 제1항에 따라 영수증 발급기관으로부터 수집한 서류로 소득·세액공제 충족 여부는 근로자가 직접 확인하여야 합니다.
- 본 증명서류에서 조회되지 않는 내역은 영수증 발급기관에서 직접 발급받으시기 바랍니다.

자료 ❷

2024년 귀속 소득·세액공제증명서류 : 기본(지출처별)내역 [보장성 보험, 장애인전용보장성보험]

■ 계약자 인적사항

성 명	주 민 등 록 번 호
노병탁	810203-1******

■ 보장성보험(장애인전용보장성보험) 납입내역

(단위: 원)

종류	상 호	보험종류	주피보험자		납입금액계
	사업자번호	증권번호	종피보험자		
보장성	동부손해보험(주)	프로미자동차	810203-1******	노병탁	800,000
	104-81-30***	201K2017***			
인별합계금액					800,000

- 본 증명서류는 「소득세법」 제165조 제1항에 따라 영수증 발급기관으로부터 수집한 서류로 소득·세액공제 충족 여부는 근로자가 직접 확인하여야 합니다.
- 본 증명서류에서 조회되지 않는 내역은 영수증 발급기관에서 직접 발급받으시기 바랍니다.

실무 익히기

자료 ❸

2024년 귀속 소득·세액공제증명서류 : 기본(지출처별)내역 [의료비]

■ 환자 인적사항

성 명	주 민 등 록 번 호
박현우	070711-3******

■ 의료비 지출내역

(단위: 원)

사업자번호	상 호	종류	지출금액 계
0-2*-55*	김***	일반	3,700,000
의료비 인별합계금액			3,700,000
안경구입비 인별합계금액			0
산후조리원 인별합계금액			0
인별합계금액			**3,700,000**

• 본 증명서류는 「소득세법」 제165조 제1항에 따라 영수증 발급기관으로부터 수집한 서류로 소득·세액공제 충족 여부는 근로자가 직접 확인하여야 합니다.
• 본 증명서류에서 조회되지 않는 내역은 영수증 발급기관에서 직접 발급받으시기 바랍니다.

2024년 귀속 소득·세액공제증명서류 : 기본내역 [실손의료보험료]

■ 수익자 인적사항

성 명	주 민 등 록 번 호
박현우	070711-3******

■ 실손의료보험금 수령내역

(단위: 원)

사업자번호	상품명	보험계약자	수령금액 계
사업자번호	계약(증권)번호	피보험자	
주식회사 케이비손해보험	(무)LIG닥터플러스V보험	노현주	1,200,000
202-81-48370	201134*****	박현우	
인별합계금액			**1,200,000**

의료세액공제를 받는 경우, 의료비 공제대상금액에서 실손의료보험금 수령액을 차감한 금액으로 공제받아야 합니다.

• 본 증명서류는 「소득세법」 제165조 제1항에 따라 영수증 발급기관으로부터 수집한 서류로 소득·세액공제 충족 여부는 근로자가 직접 확인하여야 합니다.
• 본 증명서류에서 조회되지 않는 내역은 영수증 발급기관에서 직접 발급받으시기 바랍니다.

자료 ❹

■ 소득세법 시행규칙 [별지 제44호 서식(1)] (앞 쪽)

<table>
<tr><td colspan="8">교 육 비 납 입 증 명 서</td></tr>
<tr><td colspan="4">① 상 호 : 아너스영어학원</td><td colspan="4">② 사업자등록번호 : 105－90－20***</td></tr>
<tr><td colspan="4">③ 대표자 : 이근욱</td><td colspan="4">④ 전 화 번 호 : 521－2121</td></tr>
<tr><td colspan="8">⑤ 주 소 : 서울시 강남구 강남대로 470(논현동)</td></tr>
<tr><td rowspan="2">신청인</td><td colspan="3">⑥ 성명 : 노현주</td><td colspan="4">⑦ 주민등록번호 : 750426－2******</td></tr>
<tr><td colspan="7">⑧ 주소 : 서울시 강남구 강남대로 476(논현동)</td></tr>
<tr><td>대상자</td><td colspan="3">⑨ 성명 : 박영인</td><td colspan="2">⑩ 신청인과의 관계</td><td colspan="2">자</td></tr>
<tr><td colspan="8">Ⅰ. 교육비부담명세</td></tr>
<tr><td rowspan="2">⑪ 납부 연월</td><td rowspan="2">⑫ 종류</td><td rowspan="2">⑬ 구분</td><td rowspan="2">⑭ 총교육비 (A)</td><td colspan="2">⑮ 장학금등 수혜액(B)</td><td colspan="2" rowspan="2">⑯ 공제대상 교육비부담액 (C＝A－B)</td></tr>
<tr><td>학비감면</td><td>직접지급액</td></tr>
<tr><td>2024. 11.</td><td>학원</td><td>수업료</td><td>500,000</td><td></td><td></td><td colspan="2">500,000</td></tr>
<tr><td>2024. 12.</td><td>학원</td><td>수업료</td><td>300,000</td><td></td><td></td><td colspan="2">300,000</td></tr>
<tr><td>계</td><td></td><td></td><td>800,000</td><td></td><td></td><td colspan="2">800,000</td></tr>
<tr><td colspan="8">－이 하 생 략－</td></tr>
</table>

3 1004.이진섭의 연말정산자료

자료 ❶

전근무지

■ 소득세법 시행규칙 [별지 제24호 서식(1)] <개정안2024. 3. .> (1쪽)

관리번호

[√] 근로소득 원천징수영수증
[ ] 근로소득 지 급 명 세 서

([√]소득자 보관용 [ ]발행자 보관용 [ ]발행자 보고용)

거주구분	거주자1 / 비거주자2		
거주지국	대한민국	거주지국코드	KR
내, 외국인	내국인1 / 외국인9		
외국인단일세율적용		여1 / 부2	
외국법인소속 파견근로자 여부		여1 / 부2	
종교관련종사자 여부		여1 / 부2	
국적	대한민국	국적코드	KR
세대주여부		세대주1 / 세대원2	
연말정산구분		계속근로1 / 중도퇴사2	

징수의무자	①법인명(상호)	(주)레드박스	②대표자(성명)	김태형
	③사업자등록번호	106-81-24124	④주민등록번호	
	③-1 사업자단위과세자 여부	여1 / 부2	③-2 종사업장 일련번호	
	⑤소재지(주소)	서울특별시 용산구 백범로342-1 (문배동)		
소득자	⑥성명	이진섭	⑦주민(외국인)등록번호	750321-1111115
	⑧주소	서울특별시 용산구 백범로259 (효창동)		

I 근무처별소득명세

구분	주(현)	종(전)	종(전)	⑯-1 납세조합	합계
⑨근무처명	(주)레드박스				
⑩사업자등록번호	106-81-24124				
⑪근무기간	2024.01.01 ~ 2024.05.31	~	~	~	
⑫감면기간	~	~	~	~	
⑬급여	25,000,000				25,000,000
⑭상여	10,000,000				10,000,000
⑮인정상여					
⑮-1 주식매수선택권행사이익					
⑮-2 우리사주조합인출금					
⑮-3 임원 퇴직소득금액 한도초과액					
⑮-4 직무발명보상금					
⑯ 계	35,000,000				35,000,000

II 비과세 및 감면소득명세

⑳비과세소득 계					
㉑-1 감면소득 계					

III 세액명세

구분			⑲소득세	⑳지방소득세	㉑농어촌특별세
⑬결정세액			1,120,506	112,050	
기납부세액	⑭종(전) 근무지 (결정세액란의 세액을 적습니다)	사업자등록번호			
	⑮주(현) 근무지		1,401,880	140,160	
⑯납부특례세액					
⑰차감징수세액(⑬-⑭-⑮-⑯)			-281,370	-28,110	

위의 원천징수액(근로소득)을 정히 영수(지급)합니다.

국민건강보험료: 833,750 원 장기요양보험료: 96,040 원
고용보험료: 280,000 원 국민연금보험료: 1,093,500 원

2024 년 05 월 31 일

징수(보고)의무자 (주)레드박스 김태형 (서명 또는 인)

이진섭 귀하

210mmX297mm [백상지 80g/㎡]

자료 ❷

2024년 귀속 소득·세액공제증명서류 : 기본(취급기관별)내역 [장기주택저당차입금 이자상환액]

■ 계약자 인적사항

성 명	주 민 등 록 번 호
이진섭	750321-1******

■ 장기주택저당차입금 이자상환액 부담내역

(단위: 원)

취급기관	대출종류	최초차입일 최종상환 예정일	상환기간	주택 취득일	저당권 설정일	연간 합계액	소득공제 대상액
		차입금	고정금리 차입금	비거치식 상환차입금	당해년 원금상환액		
(주)신한은행 (201-81-72***)	주택구입 자금대출액	2012-08-02 2032-08-02	20년	2012-08-01	2012-08-02	1,200,000	1,200,000
		30,000,000	0	30,000,000	3,000,000		
인별합계금액							1,200,000

국세청 National Tax Service

• 본 증명서류는 「소득세법」 제165조 제1항에 따라 영수증 발급기관으로부터 수집한 서류로 소득·세액공제 충족 여부는 근로자가 직접 확인하여야 합니다.
• 본 증명서류에서 조회되지 않는 내역은 영수증 발급기관에서 직접 발급받으시기 바랍니다.

자료 ❸

2024년 귀속 소득·세액공제증명서류 : 기본(지출처별)내역[퇴직연금]

■ 가입자 인적사항

성 명	주 민 등 록 번 호
이진섭	750321-1******

■ 퇴직연금 납입내역

(단위: 원)

상 호	사업자번호	당해연도 납입금액	당해연도 납입액 중 인출금액	순납입금액
계좌번호				
(주)신한은행	108-81-26***	200,000		200,000
12345204578				
순납입금액 합계				200,000

국세청 National Tax Service

• 본 증명서류는 「소득세법」 제165조 제1항에 따라 영수증 발급기관으로부터 수집한 서류로 소득·세액공제 충족 여부는 근로자가 직접 확인하여야 합니다.
• 본 증명서류에서 조회되지 않는 내역은 영수증 발급기관에서 직접 발급받으시기 바랍니다.

자료 ❹

2024년 귀속 소득·세액공제증명서류 : 기본(지출처별)내역
[보장성 보험, 장애인전용보장성보험]

■ 계약자 인적사항

성 명	주 민 등 록 번 호
이진섭	750321-1******

■ 보장성보험(장애인전용보장성보험) 납입내역

(단위: 원)

종류	상 호	보험종류	주피보험자		납입금액계
	사업자번호	증권번호	종피보험자		
보장성	삼성생명보험(주)	어린이홈닥터	090701-3******	이민국	800,000
	105-81-30***	KO302523***			
저축성	금호생명보험(주)	미래형저축	750321-1******	이진섭	4,000,000
	104-81-28***	000005523***			
인별합계금액					4,800,000

국세청 National Tax Service

• 본 증명서류는 「소득세법」 제165조 제1항에 따라 영수증 발급기관으로부터 수집한 서류로 소득·세액공제 충족 여부는 근로자가 직접 확인하여야 합니다.
• 본 증명서류에서 조회되지 않는 내역은 영수증 발급기관에서 직접 발급받으시기 바랍니다.

자료 ❺

2024년 귀속 소득·세액공제증명서류 : 기본(지출처별)내역 [교육비]

■ 학생 인적사항

성 명	주 민 등 록 번 호
이지영	061001-4*****

■ 교육비 지출내역

(단위: 원)

교육비구분	학교명	사업자번호	구분	지출금액 계
고등학교	***고등학교	**3-83-21***	일반교육비	760,000
고등학교	***고등학교	**3-83-21***	체험현장학습비	100,000
일반교육비 합계금액				760,000
현장학습비 합계금액				100,000

국세청 National Tax Service

• 본 증명서류는 「소득세법」 제165조 제1항에 따라 영수증 발급기관으로부터 수집한 서류로 소득·세액공제 충족 여부는 근로자가 직접 확인하여야 합니다.
• 본 증명서류에서 조회되지 않는 내역은 영수증 발급기관에서 직접 발급받으시기 바랍니다.

자료 ❻

2024년 귀속 소득·세액공제증명서류 : 기본(지출처별)내역 [교복구입비]

■ 학생 인적사항

성 명	주 민 등 록 번 호
이지영	061001－4*****

■ 교복구입비 지출내역

(단위: 원)

사업자번호	상호	지출금액 계
201－15－40***	아이비클럽세종점	600,000
인별 합계금액		**600,000**

• 본 증명서류는 「소득세법」 제165조 제1항에 따라 영수증 발급기관으로부터 수집한 서류로 소득·세액공제 충족 여부는 근로자가 직접 확인하여야 합니다.
• 본 증명서류에서 조회되지 않는 내역은 영수증 발급기관에서 직접 발급받으시기 바랍니다.

자료 ❼

일련번호	0233

기 부 금 영 수 증

※ 아래의 작성방법을 읽고 작성하여 주시기 바랍니다.

① 기부자

성명(법인명)	이진섭	주민등록번호 (사업자등록번호)	750321－******
주소(소재지)	서울시 성북구 대사관로11가길 36		

② 기부금 단체

단 체 명	하늘교회	사업자등록번호 (고유번호)	106－82－99369
소 재 지	서울 영등포구 영등포로 21	기부금공제대상 기부금단체 근거법령	소득세법 제34조제1항

③ 기부금 모집처(언론기관 등)

단 체 명		사업자등록번호	
소 재 지			

④ 기부내용

유형	코드	구분	연월일	내용	기 부 금 액			
					합계	공제대상 기부금액	공제제외 기부금	
							기부장려금 신청금액	기타
종교단체	41	금전	2024.12.20.	기부금	500,000	500,000		

-이 하 생 략-

수행과제 풀이 근로소득 연말정산하기

1순위 [연말정산 근로소득원천징수영수증] 메뉴에서 상단부 [전사원]을 클릭하여 연말정산 대상자를 불러온다. 또는 [코드] 란에서 F2를 누르고 각 사원을 선택한다.

2순위 부양가족의 나이요건과 소득요건을 파악하여 소득공제 및 정산명세를 작성한다. 소득명세, 의료비, 기부금, 신용카드, 연금투자명세, 월세액명세에 해당하는 사항들을 작성하거나 반영한다.

1 김현철의 연말정산하기

※ 관계코드를 입력할 때는 F2를 누른 후 해당되는 부양가족을 선택한다.

1) 사원등록의 부양가족 명세

● 부 양 가 족 명 세 (2024.12.31기준)

	연말정산관계	기본	세대	부녀	장애	경로 70세	출산 입양	자녀	한부모	성명		주민(외국인)번호	가족관계
1	0.본인	본인	○							김현철	내	651010-1771119	
2	3.배우자	배우자								박정은	내	660212-2111111	02.배우자
3	1.(소)직계존속	60세이상				○				김두식	내	390503-1771111	03.부
4	1.(소)직계존속	60세이상				○				황순이	내	430411-2222229	04.모
5	4.직계비속((손)자녀	부								김장일	내	960725-1182814	05.자녀
6	4.직계비속((손)자녀	20세이하						○		김차일	내	040820-3111110	05.자녀
7	6.형제자매	장애인			1					김재철	내	670826-1771117	22.제
	합 계				1	2		1					

2) 신용카드 탭

정산명세 | 소득명세 | 소득공제 | 의료비 | 기부금 | 신용카드 | 연금투자명세 | 월세액명세

● 1. 공제대상자및대상금액

공제대상자		신용카드 등 공제대상금액									
내.외 / 관계	성명 / 생년월일	구분	⑤소계(⑥+⑦+⑧+⑨+⑩+⑪)	⑥신용카드	⑦직불선불카드	⑧현금영수증	⑨도서공연박물관미술관사용분(총급여7천만원이… 신용카드	직불선불카드	현금영수증	⑩전통시장	⑪대중교통이용분
내	김현철	국세청자료	19,000,000	16,000,000						2,000,000	1,000,000
본인	1965-10-10	그밖의자료									
내	김두식	국세청자료	3,000,000			3,000,000					
1	1939-05-03	그밖의자료									
	⑤-1 합 계		22,000,000	16,000,000		3,000,000				2,000,000	1,000,000

3) 의료비 탭

정산명세 | 소득명세 | 소득공제 | 의료비 | 기부금 | 신용카드 | 연금투자명세 | 월세액명세

● 지 급 내 역

	공제대상자					지급처			지급명세			난임시술비 해당 여부	중증질환 결핵환자등	산후조리원 해당여부	미숙아·선천성이상아
	부양가족 관계코드	성명	내외	주민등록번호	본인등 해당여부	상호	사업자번호	의료증빙 코드	건수	지급액	실손의료보험금				
1	본인	김현철	내	651010-1771119	○			국세청	1	800,000		X	X	X	X
2	소득자의 직계존·	황순이	내	430411-2222229	○			국세청	1	3,800,000		X	X	X	X
3															
	합 계								2	4,600,000					

4) 기부금 탭

[해당연도 기부명세]

정산명세 | 소득명세 | 소득공제 | 의료비 | 기부금 | 신용카드 | 연금투자명세 | 월세액명세

해당연도 기부명세 | 기부금 조정명세 | 조정명세서 현황 | 노동조합회비 | 급여공제내역 | 엑셀

● 1. 해당연도 기부명세

NO	기부자				기부처		유형	코드	기부명세				구분	내용	비고
	관계	성명	내.외	주민번호	사업자번호	상호			건수	합계금액	기부대상액	장려금신청			
1	1.본인	김현철	내	651010-1771119			정치	20	1	300,000	300,000		국세청	금전	
2	1.본인	김현철	내	651010-1771119	203-82-00639	대한적십자사	특례	10	1	200,000	200,000		국세청	금전	
3															
합계									2	500,000	500,000				

※ 정치자금기부금은 기부처의 사업자등록번호, 상호 입력은 생략한다.

[기부금 조정명세]

정산명세 | 소득명세 | 소득공제 | 의료비 | 기부금 | 신용카드 | 연금투자명세 | 월세액명세

해당연도 기부명세 | 기부금 조정명세 | 조정명세서 현황 | 노동조합회비 | 급여공제내역 | 엑셀

● 3-1. [당해연도] 기부금조정명세서 | 공제액계산 정산명세보내기

NO	코드	기부연도	(16)기부금액	(17)전년까지 공제된금액	공제대상 금액(16-17)	해당연도 공제금액	해당연도 공제받지 못한 금액	
							소멸금액	이월금액
1	10	2024	200,000		200,000	200,000		
2	20	2024	300,000		300,000	300,000		
3								
합계			500,000		500,000	500,000		

[기부금 조정명세 - 공제액계산 정산명세보내기]

코	구분	기부금지출액	공제대상기부금	세액(소득)공제금액	한도초과 이월금액	조정된 세액공제액	해당년도 공제금액
20	정치자금	200,000	200,000	30,000		30,000	200,000
43	고향사랑						
10	특례법정이월(13년)						
10	특례법정(14년 이후)						
	특례법정(16년 이후)						
	특례법정(19년~20년)						
	특례법정(21년~22년)						
	특례법정 당기(23년)	200,000	200,000	30,000		30,000	200,000
42	우리사주기부금						
40	일반종교외이월(13년)						
41	일반종교이월(13년)						
40	일반종교외(14년 이후)						
	일반종교외(16년 이후)						
	일반종교외(19년~20년)						
	일반종교외(21년~22년)						
	일반종교외 당기(23년)						
41	일반종교(14년 이후)						
	일반종교(16년 이후)						
	일반종교(19년~20년)						
	일반종교(21년~22년)						
	일반종교 당기(23년)						
20	정치자금(10만원이하)	100,000	100,000	90,909		90,909	100,000
43	고향사랑(10만원이하)						
합계		500,000	500,000			150,909	500,000

기부금(이월분)소득공제		정치10만원초과공제	30,000	법정기부금세액공제액	30,000	고향10만원초과공제
우리사주기부금공제		지정기부금(종교외 40)		지정기부금(종교 41)		0

■ 기부금명세서 작성시 주의사항

기부금을 이월하는 경우에는 기부금명세서에서 해당연도 공제금액을 반드시 확인하셔야 합니다. | 표준세액공제로 반영

불러오기 | 공제금액+정산명세 반영 | 일괄삭제 | 종료(ESC)

5) 소득공제 탭

정산명세 | 소득명세 | 소득공제 | 의료비 | 기부금 | 신용카드 | 연금투자명세 | 월세액명세

	관계코드	성 명	기	소득100만원초과여부	부녀자	한부모	장애인	경로70	출산입양	자녀	구	보험료				의료비					교육비			신용카드(전통시장·대중교통비·도서공연 제외)	직불카드(전통시장·대중교통비·도서공연 제외)	현금영수증(전통시장·대중교통비·도서공연 제외)	도서공연사용액	전통시장사용액	대중교통이용액	기부금
	내외국인	주민등록번호	본								분	건강	고용	보장성	장애인	일반	미숙아선천성이상아	난임시술비	65세이상,장애인,건보산정특례자	실손의료보험금	구분	일반	장애인특수교육							
1	0	김현철	본인/세대주								국세청			800,000		800,000					본인			16,000,000				2,000,000	1,000,000	500,000
	1	651010-1771119									기타	2,402,400																		
2	3	박정은	배우자								국세청			700,000																
	1	660212-2111111									기타																			
3	1	김두식	60세이상					○			국세청															3,000,000				
	1	390503-1771111									기타																			
4	1	황순이	60세이상					○			국세청								3,800,000											
	1	430411-2222229									기타																			
5	4	김장일	부								국세청																			
	1	960725-1182814									기타																			
6	4	김차일	20세이하							○	국세청										대학생	8,500,000								
	1	040820-3111110									기타																			
7	6	김재철	장애인				1				국세청				900,000															
	1	670826-1771117									기타																			
계		7명	6	0	0	0	1	2	0	1	국세청	0	0	1,500,000	900,000	800,000	0	0	3,800,000	0		8,500,000	0	16,000,000	0	3,000,000	0	2,000,000	1,000,000	500,000
											기타	2,402,400	0	0	0	0	0	0	0	0		0	0	0	0	0	0	0	0	0

6) 정산명세 탭

- 신용카드 등은 신용카드 탭 → 소득공제 탭 → 정산명세에 반영
- 보험료는 소득공제 탭 → 정산명세에 반영
- 의료비는 의료비 탭 → 소득공제 탭 → 정산명세에 반영
- 교육비는 소득공제 탭 → 정산명세에 반영
- 기부금은 기부금 탭 → 기부금 조정명세 탭 오른쪽 상단부 [공제액계산 정산명세보내기] → 소득공제 탭 → 정산명세에 반영

① 신용카드등

- 신용카드 16,000,000원 • 현금영수증 3,000,000원
- 전통시장사용액 2,000,000원 • 대중교통이용액 1,000,000원

② 보험료

- 보장성보험 1,500,000원(본인 800,000원 + 배우자 700,000원)
- 장애인전용보장성보험 900,000원(동생)

③ 의료비 : 본인 · 장애인 · 65세 이상자 등

4,600,000원(본인 800,000원 + 경로자 3,800,000원)

주의 안경구입비는 500,000원이 한도

④ 교육비 : 대학생 1명 8,500,000원

주의 대학원교육비는 본인만 공제 가능

⑤ 기부금

- 정치자금(지출액) 300,000원 • 특례당기기부금 200,000원

실무 익히기

❙ 김현철 정산명세 ❙

정산명세 | 소득명세 | 소득공제 | 의료비 | 기부금 | 신용카드 | 연금투자명세 | 월세액명세

정산년월 2025 년 02 월 귀속기간 2024-01-01 ~ 2024-12-31 영수일자 2025-02-28

구분			금액	공제대상액
21.총 급 여(16)				64,500,000
22.근로소득공제				12,975,000
23.근로소득금액				51,525,000
기본공제	24.본 인			1,500,000
	25.배 우 자			1,500,000
	26.부 양 가 족	4_명		6,000,000
추가공제	27.경 로 우 대	2_명		2,000,000
	28.장 애 인	1_명		2,000,000
	29.부 녀 자			
	30.한부모가족			
연금보험공제	31.국민연금보험료			2,700,000
	32.공적연금보험공제	가.공무원연금		
		나.군인연금		
		다.사립학교교직원연금		
		라.별정우체국연금		
특별소득공제	33.보험	가.건강	2,402,400	2,402,400
		나.고용	0	
	34.주택 - 가.주택임차 차입금 원리금상환액	대출기관		
		거주자		
	34.주택 나.장기주택저당차입금이자상환액 11년이전 차입분	15년미만		
		15~29년		
		30년이상		
	12년이후 차입분(15년이상)	고정or비거치		
		기타대출		
	15년이후 차입분(15년이상)	고정&비거치		
		고정or비거치		
		기타대출		
	15년이후 차입분(10~15년)	고정or비거치		
	35.기부금(이월분)			
	36.계			2,402,400
37.차 감 소 득 금 액				33,422,600
그 밖의 소득공제	38.개인연금저축			
	39.소기업·소상공인공제부금			
	40.주택마련저축	가.청약저축		
		나.주택청약종합저축		
		다.근로자주택마련저축		
	41.투자조합출자 등			
	42.신용카드등		22,000,000	2,062,500
	43.우리사주조합 출연금			
	44.고용유지중소기업근로자			
	45.장기집합투자증권저축			
	46.청년형장기집합투자증권저축			
	47.그 밖의 소득 공제 계			2,062,500

구분			금액	공제대상액
48.소득공제 종합한도 초과액				
49.종 합 소 득 과 세 표 준				31,360,100
50.산 출 세 액				3,444,015
세액감면	51.『소 득 세 법』			
	52.조세특례제한법(53제외)			
	53.중소기업취업자감면/조특30			
	54.조세조약(원어민교사)			
	55.세 액 감 면 계			
세액공제	세 액 공 제 구 분			세액공제액
	56.근 로 소 득			660,000
	57 자녀세액공제	공제대상자녀	1_명	150,000
		출산입양	__명	
	연금계좌	58.과학기술인공제		
		59.근로자퇴직급여보장법		
		60.연금저축		
		60-1. ISA만기시연금계좌		
	특별세액공제	61.보장성보험	2,400,000	255,000
		62.의 료 비	4,600,000	399,750
		63.교 육 비	8,500,000	1,275,000
	64 기부금 정치자금	10만 이하		90,909
		10만 초과		30,000
	64 기부금 고향사랑	10만 이하		
		10만 초과		
		다.특례(법정)기부금		30,000
		라.우리사주기부금		
		마.일반기부금(종교외)		
		바.일반기부금(종교)		
		65.계		2,080,659
	66.표준세액공제			
	67.납 세 조 합 공 제			
	68.주 택 차 입 금			
	69.외 국 납 부			
	70.월세액			
	71.세 액 공 제 계			2,890,659
72.결 정 세 액(50-55-71)				553,356
82.실 효 세 율(%) (72/21)×100%				0.9%

		소득세	지방소득세	농어촌특별세	계
73.결정세액		553,356	55,335	0	608,691
기납부 세액	74.종(전) 근무지	0	0	0	0
	75.주(현) 근무지	2,586,480	258,630	0	2,845,110
76. 납부특례세액		0	0	0	0
77. 차감징수세액(73-74-75-76)		-2,033,120	-203,290	0	-2,236,410

2 노현주의 연말정산

※ 관계코드를 입력할 때는 F2를 누른 후 해당되는 부양가족을 선택한다.

1) 사원등록의 부양가족 명세

● 부 양 가 족 명 세 (2024.12.31기준

	연말정산관계	기본	세대	부녀	장애	경로70세	출산입양	자녀	한부모	성명		주민(외국인)번호	가족관계
1	0.본인	본인		○						노현주	내	750426-2111111	
2	3.배우자	배우자								박정수	내	731123-1111113	02.배우자
3	4.직계비속((손)자녀	20세이하						○		박영인	내	040820-4111112	05.자녀
4	4.직계비속((손)자녀	20세이하						○		박현우	내	070711-3111115	05.자녀
5	6.형제자매	부								노병탁	내	810203-1222226	22.제
6	8.기타(위탁아동)	20세이하								정아영	내	180101-4231455	99.동거인(
	합 계			1				2					

2) 의료비 탭

정산명세 | 소득명세 | 소득공제 | 의료비 | 기부금 | 신용카드 | 연금투자명세 | 월세액명세

● 지 급 내 역

	공제대상자					지급처			지급명세						
	부양가족 관계코드	성명	내외	주민등록번호	본인등 해당여부	상호	사업자번호	의료증빙 코드	건수	지급액	실손의료보험금	난임시술비 해당 여부	중증질환 결핵환자등	산후조리원 해당여부	미숙아·선천성이상아
1	직계비속(자녀,입	박현우	내	070711-3111115	×			국세청	1	3,700,000	1,200,000	X	X	X	X
2															
	합 계								1	3,700,000	1,200,000				

※ 의료비 총지출액과 실손의료보험금을 별도 입력하여야한다.
의료비지급액 3,700,000원, 실손의료보험금 1,200,000원을 입력하면 [정산명세 탭]에서 순지출액 2,500,000원을 기준으로 세액공제금액이 계산된다.

3) 소득공제 탭

정산명세 | 소득명세 | 소득공제 | 의료비 | 기부금 | 신용카드 | 연금투자명세 | 월세액명세

	관계코드 / 내외국인	성명 / 주민등록번호	기본	소득100만원초과여부	부녀자	한부모	장애인	경로70	출산입양	자녀	구분	보험료 건강	보험료 고용	보험료 보장성	보험료 장애인
1	0	노현주	본인		○						국세청				
	1	750426-2111111									기타	1,489,440	359,100		
2	3	박정수	배우자								국세청				
	1	731123-1111113									기타				
3	4	박영인	20세이하							○	국세청				
	1	040820-4111112									기타				
4	4	박현우	20세이하							○	국세청				
	1	070711-3111115									기타				
5	6	노병탁	부								국세청				
	1	810203-1222226									기타				
6	8	노아영	20세이하								국세청				
	1	180101-4231455									기타				
계		6 명	5	0	1	0	0	0	0	2	국세청	0	0	0	0
											기타	1,489,440	359,100	0	0

	성명	구분	의료비 일반	의료비 미숙아선천성이상아	의료비 난임시술비	의료비 65세이상,장애인,건보산정특례자	의료비 실손의료보험금	교육비 구분	교육비 일반	교육비 장애인특수교육
1	노현주	국세청						본인		
		기타								
2	박정수	국세청								
		기타								
3	박영인	국세청								
		기타								
4	박현우	국세청	3,700,000				1,200,000			
		기타								
5	노병탁	국세청								
		기타								
6	노아영	국세청								
		기타								
계		국세청	3,700,000	0	0	0	1,200,000		0	0
		기타	0	0	0	0	0		0	0

4) 정산명세 탭

- 연금저축은 정산명세 탭 → 연금투자명세 탭 반영
- 보험료는 소득공제 탭 → 정산명세에 반영
- 의료비는 의료비 탭 → 소득공제 탭 → 정산명세에 반영
- 교육비는 소득공제 탭 → 정산명세에 반영

① 연금저축: 본인 납입액만 공제 가능

② 보 험 료: 노병탁 소득금액제한으로 기본공제대상자가 아니므로 보험료공제 불가능

③ 의 료 비: 그밖의 공제대상자 의료비 3,700,000원, 실손의료보험금 1,200,000원

④ 교 육 비: 0원

주의 취학전 아동의 학원교육비만 공제 가능

실무 익히기

▌노현주 정산명세▐

정산명세 | 소득명세 | 소득공제 | 의료비 | 기부금 | 신용카드 | 연금투자명세 | 월세액명세

정산년월 2025 년 02 월　귀속기간 2024-01-01 ~ 2024-12-31　영수일자 2025-02-28

구분	공제대상액	구분	공제대상액
21.총 급 여(16)	39,900,000	48.소득공제 종합한도 초과액	
22.근로소득공제	11,235,000	49.종합소득과세표준	17,142,460
23.근로소득금액	28,665,000	50.산출세액	1,311,369
기본공제 24.본인	1,500,000	세액감면 51.『소득세법』	
25.배우자	1,500,000	52.조세특례제한법(53제외)	
26.부양가족 3_명	4,500,000	53.중소기업취업자감면/조특30	
추가공제 27.경로우대 __명		54.조세조약(원어민교사)	
28.장애인 __명		55.세액감면계	
29.부녀자	500,000		
30.한부모가족			
연금보험공제 31.국민연금보험료	1,674,000	세액공제구분	세액공제액
32.공적연금보험공제 가.공무원연금		56.근로소득	684,800
나.군인연금		57 자녀세액공제 공제대상자녀 2_명	350,000
다.사립학교교직원연금		출산입양 __명	
라.별정우체국연금			
특별소득공제 33.보험 가.건강 1,489,440	1,489,440	연금계좌 58.과학기술인공제	
나.고용 359,100	359,100	59.근로자퇴직급여보장법	
34.주택 - 가.주택임차 차입금 원리금상환액 대출기관		60.연금저축	
거주자		60-1. ISA만기시연금계좌	
34.주택 나.장기주택저당차입금이자상환액 11년이전 차입분 15년미만		세액공제 특별세액공제 61.보장성보험 0	
15~29년		62.의료비 3,700,000	195,450
30년이상		63.교육비 0	
12년이후 차입분(15년이상 고정or비거치		64 기부금 정치자금 10만 이하	
기타대출		10만 초과	
15년이후 차입분(15년이상) 고정&비거치		고향사랑 10만 이하	
고정or비거치		10만 초과	
기타대출		다.특례(법정)기부금	
15년이후 차입분(10~15년 고정or비거치		라.우리사주기부금	
		마.일반기부금(종교외)	
35.기부금(이월분)		바.일반기부금(종교)	
36.계	1,848,540	65.계	195,450
37.차감소득금액	17,142,460	66.표준세액공제	
그 밖의 소득공제 38.개인연금저축		67.납세조합공제	
39.소기업·소상공인공제부금		68.주택차입금	
40.주택마련저축 가.청약저축		69.외국납부	
나.주택청약종합저축		70.월세액	
다.근로자주택마련저축			
41.투자조합출자 등			
42.신용카드등 0			
43.우리사주조합 출연금			
44.고용유지중소기업근로자			
45.장기집합투자증권저축		71.세액공제계	1,230,250
46.청년형장기집합투자증권저축		72.결정세액(50-55-71)	81,119
47.그 밖의 소득 공제 계		82.실효세율(%) (72/21)×100%	0.2%

구분		소득세	지방소득세	농어촌특별세	계
73.결정세액		81,119	8,111	0	89,230
기납부 세액	74.종(전) 근무지	0	0	0	0
	75.주(현) 근무지	33,960	3,380	0	37,340
76. 납부특례세액		0	0	0	0
77. 차감징수세액(73-74-75-76)		47,150	4,730	0	51,880

3 이진섭의 연말정산

1) 사원등록의 부양가족 명세

● 부 양 가 족 명 세 (2024.12.31기준)

	연말정산관계	기본	세대	부녀	장애	경로70세	출산입양	자녀	한부모	성명		주민(외국인)번호	가족관계
1	0.본인	본인	○						○	이진섭	내	750321-1111115	
2	1.(소)직계존속	60세이상			3	○				황영숙	내	440403-2111110	04.모
3	4.직계비속((손)자녀	20세이하						○		이지영	내	061001-4023456	05.자녀
4	4.직계비속((손)자녀	20세이하						○		이민국	내	090701-3013459	05.자녀
5													
	합 계				1	1		2					

2) 소득명세 탭

상단 툴바의 [종전근무지입력]을 클릭하여 전근무지 정산내역을 입력한다.

정산명세 | 소득명세 | 소득공제 | 의료비 | 기부금 | 신용카드 | 연금투자명세 | 월세액명세

구분/항목	계	6월	7월	8월	9월	10월	11월	12월	연말	종전1
근무처명										(주)레드박스
사업자등록번호(숫자10자리입력)										106-81-24124
13.급여	38,300,000	1,900,000	1,900,000	1,900,000	1,900,000	1,900,000	1,900,000	1,900,000		25,000,000
14.상여	11,900,000							1,900,000		10,000,000
15.인정상여										
15-1.주식매수선택권행사이익										
15-2.우리사주조합인출금										
15-3.임원퇴직소득한도초과액										
15-4.직무발명보상금										
16.급여계	50,200,000	1,900,000	1,900,000	1,900,000	1,900,000	1,900,000	1,900,000	3,800,000		35,000,000
18-1.생산직등야간근로수당	2,100,000	300,000	300,000	300,000	300,000	300,000	300,000	300,000		
P01.비과세 식사대(월 20만원 이히	1,400,000	200,000	200,000	200,000	200,000	200,000	200,000	200,000		
20.제출비과세계	3,500,000	500,000	500,000	500,000	500,000	500,000	500,000	500,000		
미제출비과세										
건강보험료	1,305,200	67,350	67,350	67,350	67,350	67,350	67,350	67,350		833,750
장기요양보험료	157,080	8,720	8,720	8,720	8,720	8,720	8,720	8,720		96,040
국민연금보험료	1,692,000	85,500	85,500	85,500	85,500	85,500	85,500	85,500		1,093,500
고용보험료	416,800	17,100	17,100	17,100	17,100	17,100	17,100	34,200		280,000
소득세	1,120,506									1,120,506
지방소득세	112,050									112,050
근무기간(시작일)										2024-01-01
근무기간(종료일)										2024-05-31
감면기간(시작일)										

3) 기부금 탭

[해당연도 기부명세]

정산명세 | 소득명세 | 소득공제 | 의료비 | 기부금 | 신용카드 | 연금투자명세 | 월세액명세

해당연도 기부명세 | 기부금 조정명세 | 조정명세서 현황 | 급여공제내역 | 엑셀

● 1. 해당연도 기부명세

NO	기부자				기부처		유형	코드	기부명세				구분	내용	비고
	관계	성명	내.외	주민번호	사업자번호	상호			건수	합계금액	기부대상액	장려금신청			
1	1.본인	이진섭	내	750321-1111115	106-82-99369	하늘교회	종교	41	1	500,000	500,000		기타	금전	
2															

[기부금 조정명세]

정산명세 | 소득명세 | 소득공제 | 의료비 | 기부금 | 신용카드 | 연금투자명세 | 월세액명세

해당연도 기부명세 | 기부금 조정명세 | 조정명세서 현황 | 노동조합회비 | 급여공제내역 | 엑셀

● 3-1. [당해연도] 기부금조정명세서 | 공제액계산 정산명세보내기

NO	코드	기부연도	(16)기부금액	(17)전년까지 공제된금액	공제대상 금액(16-17)	해당연도 공제금액	해당연도 공제받지 못한 금액	
							소멸금액	이월금액
1	41	2024	500,000		500,000	500,000		

[기부금 조정명세 - 공제액계산 정산명세보내기]

코	구분	기부금지출액	공제대상기부금	세액(소득)공제금액	한도초과 이월금액	조정된 세액공제액	해당년도 공제금액
20	정치자금						
43	고향사랑						
10	특례법정이월(13년)						
10	특례법정(14년 이후)						
	특례법정(16년 이후)						
	특례법정(19년~20년)						
	특례법정(21년~22년)						
	특례법정 당기(23년)						
42	우리사주기부금						
41	일반종교(14년 이후)						
	일반종교(16년 이후)						
	일반종교(19년~20년)						
	일반종교(21년~22년)						
	일반종교 당기(23년)	500,000	500,000	75,000		75,000	500,000
20	정치자금(10만원이하)						
43	고향사랑(10만원이하)						
	합계	500,000	500,000			75,000	500,000

기부금(이월분)소득공제		정치10만원초과공제	0	법정기부금세액공제액		고향10만원초과공제	
우리사주기부금공제		지정기부금(종교외 40)		지정기부금(종교 41)	75,000		0

■ 기부금명세서 작성시 주의사항

기부금을 이월하는 경우에는 기부금명세서에서 해당연도 공제금액을 반드시 확인하셔야 합니다. | 표준세액공제로 반영

불러오기 | 공제금액+정산명세 반영 | 일괄삭제 | 종료(ESC)

4) 소득공제 탭

정산명세 | 소득명세 | 소득공제 | 의료비 | 기부금 | 신용카드 | 연금투자명세 | 월세액명세

	관계코드 / 내외국인	성명 / 주민등록번호	기본	구분	보험료 건강	보험료 고용	보험료 보장성	보험료 장애인	의료비 일반	의료비 미숙아 선천성 이상아	의료비 난임 시술비	의료비 65세이상, 장애인,건보 산정특례자	의료비 실손의료 보험금	교육비 구분	교육비 일반	교육비 장애인 특수교육	기부금
1	0	이진섭	본인/세대주	국세청										본인			
	1	750321-1111115		기타	1,462,280	416,800											500,000
2	1	황영숙	60세이상	국세청													
	1	440403-2111110		기타													
3	4	이지영	20세이하	국세청										초중고	1,360,000		
	1	061001-4023456		기타													
4	4	이민국	20세이하	국세청			800,000										
	1	090701-3013459		기타													
계		4 명	4	국세청	0	0	800,000	0	0	0	0	0	0		1,360,000	0	0
				기타	1,462,280	416,800	0	0	0	0	0	0	0		0	0	500,000

5) 정산명세 탭

- 주택자금은 정산명세 탭에서 입력
- 연금계좌는 정산명세 탭 → 연금투자명세 탭 반영
- 보험료는 소득공제 탭 → 정산명세에 반영
- 교육비는 소득공제 탭 → 정산명세에 반영
- 기부금은 기부금 탭 → 기부금 조정명세 탭 오른쪽 상단부 [공제액계산 정산명세보내기] → 소득공제 탭 → 정산명세에 반영

① 주택자금: 장기주택차입이자상환액 2012년 이후 고정금리 or 비거치식 1,200,000원

장기주택 저당차입금 이자상환액	2011년 이전 차입분	상환 15년미만(한도600)			
		상환 15년~29년(한도1,000)			
		상환 30년이상(한도1,500)			
	2012년 이후(15년 이상상환)	고정금리 or 비거치 (1,500)		1,200,000	1,200,000
		기타상환(한도500)			
		15년	고정and비거치 (한도1,800)		

② 연금계좌: 근로자퇴직급여(퇴직연금) 200,000원

연금계좌

구분	금융회사등		계좌번호	불입금액
1.퇴직연금	308	(주)신한은행	12345204578	200,000
퇴 직 연 금				200,000

③ 보험료: 보장성보험 800,000원

주의 저축성보험료는 공제불가능

④ 교육비: 초중고 1명 1,360,000원(교육비 760,000원 + 교복구입비 500,000원 + 체험학습비 100,000원)

주의 교복구입비는 500,000원이 한도

교육비(국세청)

초 중 고 교 육 비	760,000
중 고 생 교 복 구 입 비	500,000
초 중 고 체 험 학 습 비	100,000

⑤ 기부금: 일반종교단기기부금 500,000원

6) 연금투자명세 탭

[정산명세] 탭의 연금계좌 란에서 입력한 내용이 [연금투자명세] 탭에 반영된다.

정산명세 | 소득명세 | 소득공제 | 의료비 | 기부금 | 신용카드 | 연금투자명세 | 월세액명세

● 퇴직연금 공제 ※ 정산명세 탭에서 입력한 명세를 조회합니다. 전체화면보기

퇴직연금	금융회사등	계좌번호(또는증권번호)	불입금액	공제금액
근로자퇴직급여	(주)신한은행	12345204578	200,000	30,000

실무 익히기

▌이진섭 정산명세▐

정산명세	소득명세	소득공제	의료비	기부금	신용카드	연금투자명세	월세액명세

구분	공제대상액	구분	공제대상액
21.총 급 여(16)	50,200,000	48.소득공제 종합한도 초과액	
22.근로소득공제	12,260,000	49.종합소득과세표준	23,168,920
23.근로소득금액	37,940,000	50.산 출 세 액	2,215,338
기본공제 24.본 인	1,500,000	세액감면 51.『소득세법』	
기본공제 25.배 우 자		세액감면 52.조세특례제한법(53제외)	
기본공제 26.부양가족 3_명	4,500,000	세액감면 53.중소기업취업자감면/조특30	
추가공제 27.경로우대 1_명	1,000,000	세액감면 54.조세조약(원어민교사)	
추가공제 28.장 애 인 1_명	2,000,000	세액감면 55.세액감면계	
추가공제 29.부 녀 자			
추가공제 30.한부모가족	1,000,000		
연금보험공제 31.국민연금보험료	1,692,000	**세액공제구분**	**세액공제액**
32.공적연금보험공제 가.공무원연금		56.근 로 소 득	660,000
32.공적연금보험공제 나.군인연금		57.자녀세액공제 공제대상자녀 2_명	350,000
32.공적연금보험공제 다.사립학교교직원연금		57.자녀세액공제 출산입양 __명	
32.공적연금보험공제 라.별정우체국연금			
특별소득공제 33.보험 가.건강 1,462,280	1,462,200	연금계좌 58.과학기술인공제	
특별소득공제 33.보험 나.고용 416,800	416,800	연금계좌 59.근로자퇴직급여보장법	30,000
34.주택 - 가.주택임차 차입금 원리금상환액 대출기관		연금계좌 60.연금저축	
34.주택 - 가.주택임차 차입금 원리금상환액 거주자		연금계좌 60-1. ISA만기시연금계좌	
34.주택 나.장기주택저당차입금이자상환액 11년이전 차입분 15년미만		특별세액공제 61.보장성보험 800,000	96,000
11년이전 차입분 15~29년		특별세액공제 62.의료비 0	
11년이전 차입분 30년이상		특별세액공제 63.교육비 1,360,000	204,000
12년이후 차입분(15년이상 고정or비거치	1,200,000	64.기부금 정치자금 10만 이하	
12년이후 차입분(15년이상 기타대출		64.기부금 정치자금 10만 초과	
15년이후 차입분(15년이상) 고정&비거치		64.기부금 고향사랑 10만 이하	
15년이후 차입분(15년이상) 고정or비거치		64.기부금 고향사랑 10만 초과	
15년이후 차입분(15년이상) 기타대출		64.기부금 다.특례(법정)기부금	
15년이후 차입분(10~15년 고정or비거치		64.기부금 라.우리사주기부금	
		64.기부금 마.일반기부금(종교외	
35.기부금(이월분)		64.기부금 바.일반기부금(종교)	75,000
36.계	3,079,080	65.계	375,000
37.차 감 소 득 금 액	23,168,920	66.표준세액공제	
그 밖의 소득공제 38.개인연금저축		67.납세조합공제	
39.소기업·소상공인공제부금		68.주택차입금	
40.주택마련저축 가.청약저축		69.외국납부	
40.주택마련저축 나.주택청약종합저축		70.월세액	
40.주택마련저축 다.근로자주택마련저축			
41.투자조합출자 등			
42.신용카드등 0			
43.우리사주조합 출연금			
44.고용유지중소기업근로자			
45.장기집합투자증권저축		71.세액공제계	1,415,000
46.청년형장기집합투자증권저축		72.결정세액(50-55-71)	800,338
47.그 밖의 소득 공제 계		82.실효세율(%) (72/21)×100%	1.6%

구분		소득세	지방소득세	농어촌특별세	계
73.결정세액		800,338	80,033	0	880,371
기납부 세액	74.종(전) 근무지	1,120,506	112,050	0	1,232,556
	75.주(현) 근무지	0	0	0	0
76. 납부특례세액		0	0	0	0
77. 차감징수세액(73-74-75-76)		-320,160	-32,010	0	-352,170

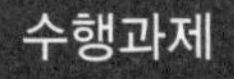

수행과제 원천징수이행상황신고서 작성

2024년 연말정산자료를 이용하여 [원천징수이행상황신고서] 작성을 수행하시오.

수행과제 풀이 원천징수이행상황신고서 작성

귀속기간과 지급기간을 2025년 2월 ~ 2025년 2월로 입력하여 조회한다.

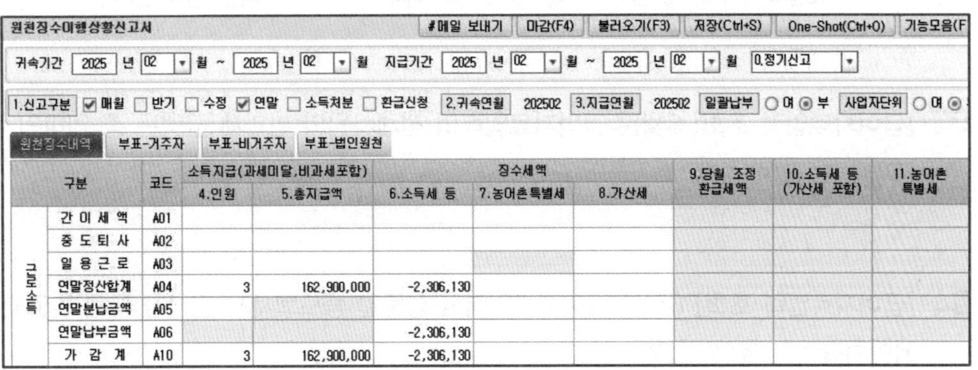

원천징수이행상황신고서 | #메일 보내기 | 마감(F4) | 불러오기(F3) | 저장(Ctrl+S) | One-Shot(Ctrl+0) | 기능모음(F

귀속기간 2025 년 02 월 ~ 2025 년 02 월 지급기간 2025 년 02 월 ~ 2025 년 02 월 0.정기신고

1.신고구분 ☑ 매월 ☐ 반기 ☐ 수정 ☑ 연말 ☐ 소득처분 ☐ 환급신청 2.귀속연월 202502 3.지급연월 202502 일괄납부 ○ 여 ◉ 부 사업자단위 ○ 여 ◉

원천징수내역 | 부표-거주자 | 부표-비거주자 | 부표-법인원천

구분		코드	소득지급(과세미달,비과세포함)		징수세액			9.당월 조정 환급세액	10.소득세 등 (가산세 포함)	11.농어촌 특별세
			4.인원	5.총지급액	6.소득세 등	7.농어촌특별세	8.가산세			
근로소득	간 이 세 액	A01								
	중 도 퇴 사	A02								
	일 용 근 로	A03								
	연말정산합계	A04	3	162,900,000	-2,306,130					
	연말분납금액	A05								
	연말납부금액	A06			-2,306,130					
	가 감 계	A10	3	162,900,000	-2,306,130					

출제예상 평가문제

(비대면 시험대비)

01 [급여자료입력 조회] 수당항목 중 차량보조금 월 비과세한도 금액은 얼마인가?

02 [급여자료입력 조회] 수당항목 중 식대 월 비과세한도 금액은 얼마인가?

03 [급여자료입력 조회] 8월분 급여자료입력의 전체사원의 비과세 금액은 총 얼마인가? (구분: 1.급여)

04 [급여자료입력 조회] 8월분 급여자료입력의 성동일 중도퇴사자 정산을 통해 반영되는 차인지급액은 얼마인가?

05 [원천징수이행상황신고서 조회] 8월분의 근로소득 간이세액(A01) 5.총지급액은 얼마인가?

06 [원천징수이행상황신고서 조회] 8월분의 18.조정대상환급액은 얼마인가?

07 [근로소득원천징수영수증 조회] 김현철의 기본공제 대상 인원수(본인포함)는 총 몇 명인가?

08 [근로소득원천징수영수증 조회] 노현주의 근로소득원천징수영수증의 61.의료비 세액공제액은 얼마인가?

09 [근로소득원천징수영수증 조회] 이진섭의 74.종(전) 근무지 기납부 세액(소득세)은 얼마인가?

10 [원천징수이행상황신고서 조회] 2025년 2월분 연말정산합계(A04) 5.총지급액은 얼마인가?

제 3 부

합격 확신 문제풀이

백데이터 설치방법

합격 확신 문제풀이(AT자격시험 맛 보기, 유형별 연습문제, 모의고사, 기출문제) 백데이터를 아래의 방법으로 설치한 후 문제를 풀어보세요.

① 삼일아이닷컴(http://www.samili.com) 홈페이지에 접속한다.
② 상단부 제품몰을 클릭하고 자료실에서 백데이터를 다운받는다.
③ 다운받은 백데이터파일을 더블클릭하여 실행한다.
④ 해당회사로 로그인하고 문제를 푼다.

참고 프로그램 설치에 대한 자세한 내용은 교재 P.19를 참고하면 된다.

제 1 장

유형별 연습문제

유형별 연습문제

실무이론평가

제1절 재무회계

01 회계란 무엇인가?

01 일반기업회계기준과 관련된 다음 설명 중 옳은 것은?

① 판매대금의 회수가 구매자의 재판매에 의해 결정되는 경우에 판매자는 구매자에게 판매시 수익을 인식한다.
② 상품권을 할인판매 시 액면금액 전액을 선수금으로 인식하고 할인액은 상품권할인계정으로 선수금의 차감계정으로 표시한다.
③ 매도가능증권으로부터 발생하는 배당금수익과 이자수익은 기타포괄손익으로 처리한다.
④ 추가 생산단계에 투입하기 전에 보관이 필요한 경우 외의 보관비용은 재고자산 원가에 포함한다.

02 다음은 (주)한공의 '외부감사인의 감사보고서'의 일부이다. (가)에 들어갈 말로 옳은 것은?

> 외부감사인의 감사보고서
>
> (주)한공 주주 및 이사회 귀중
> 2024년 2월 10일
>
> 본 감사인은 첨부된 (주)한공의 2022년 12월 31일 현재의 재무상태표와 동일로 종료되는 회계연도의 손익계산서, 자본변동표 및 현금흐름표를 감사하였습니다. 이 재무제표를 적정하게 작성할 책임은 (가)에게 있으며 본 감사인의 책임은 동 재무제표에 대하여 감사를 실시하고 이를 근거로 이 재무제표에 대하여 의견을 표명하는데 있습니다.

① 회사 외부감사인 ② 회사 경리부장
③ 회사 경영자 ④ 회사 내부감사

03 다음 중 기업 경영자의 의사결정과 계획 및 통제를 위한 정보제공이 주된 목적인 회계 분야는 무엇인가?

① 재무회계 ② 관리회계
③ 세무회계 ④ 회계감사

04 다음 중 회계의 정의와 목적에 대한 설명으로 옳지 않은 것은?

① 회계는 이해관계자들이 경제적 의사결정을 수행하는데 필요로 하는 유용한 모든 정보를 제공한다.
② 재무제표는 위탁받은 자원에 대한 경영자의 수탁책임 또는 회계책임의 결과를 보여준다.
③ 재무제표는 기업의 수많은 거래를 화폐단위로 요약하여 표준화된 방식으로 기록·보고하는 회계보고서이다.
④ 회계정보의 이해관계자에는 주주, 채권자, 정부 등이 있다.

05 다음과 관련이 있는 재무제표의 기본가정은 무엇인가?

> 지배·종속관계에 있는 회사들의 경우 지배회사와 종속회사는 단일의 법적 실체가 아니지만 단일의 경제적 실체를 형성하여 하나의 회계단위로서 연결재무제표의 작성대상이 된다.

① 계속기업의 가정 ② 기업실체의 가정
③ 기간별보고의 가정 ④ 발생주의 회계

06 다음 중 회계정보의 질적특성에 대한 설명으로 옳지 않은 것은?

① 회계정보가 신뢰성을 갖기 위해서는 경제적 거래나 사건을 충실하게 표현하여야 한다.
② 기업의 거래나 사건의 경제적 실질은 법적 형식 또는 외관상의 형식과 항상 일치하지는 않는다.
③ 적시에 제공되지 않은 정보라 할지라도 목적적합성은 유지될 수 있다.
④ 특정 거래나 사건을 충실히 표현하기 위해 필요한 중요한 정보는 누락되어서는 안된다.

07 회계의 개념체계와 관련된 설명 중 타당하지 않은 것은?

① 회계정보의 질적특성이란 회계정보가 유용하기 위해 갖추어야할 주요 속성을 말한다.
② 회계정보의 질적특성은 회계기준제정기구가 회계기준을 제정 또는 개정할 때 대체적 회계처리 방법들을 비교 평가할 수 있는 판단기준이 된다.

③ 신뢰성을 가지려면 예측가치와 피드백가치가 있어야 한다.
④ 회계정보가 갖추어야 할 가장 중요한 질적특성은 목적적합성과 신뢰성이다.

08 재무회계의 기본가정으로 옳지 않은 것은?

① 계속기업의 가정 ② 취득원가의 가정
③ 기업실체의 가정 ④ 기간별 보고의 가정

09 다음과 관련된 회계정보의 질적특성은 무엇인가?

> 금융리스의 법적 형식은 임차계약이지만 경제적 실질의 관점에서 자산과 부채의 정의를 충족하므로 리스이용자는 리스거래 관련 자산과 부채로 인식하여야 한다.

① 목적적합성 ② 신뢰성
③ 비교가능성 ④ 이해가능성

10 회계정보의 질적 특성에 대한 설명으로 옳지 않은 것은?

① 회계정보의 질적 특성이란 회계정보가 유용하기 위해 갖추어야 할 주요 속성을 말한다.
② 회계정보가 갖추어야 할 가장 중요한 질적 특성은 목적적합성과 효율성이다.
③ 회계정보의 질적 특성은 비용과 효익, 그리고 중요성의 제약요인 하에서 고려되어야 한다.
④ 목적적합성 있는 정보는 정보이용자의 의사결정에 차이를 가져올 수 있는 정보를 말한다.

11 재무제표의 신뢰성에 관한 설명으로 옳지 않은 것은?

① 외부 회계감사는 재무제표의 신뢰성을 높일 수 있다.
② 기업의 내부회계관리제도는 재무제표의 신뢰성을 높일 수 있다.
③ 재무제표가 신뢰성을 갖기 위해서는 회계정보가 적시에 제공되어야 한다.
④ 신뢰성은 표현충실성, 검증가능성, 중립성과 관련이 있다.

12 다음 설명과 관련된 회계정보의 질적 특성은?

> 상장법인인 (주)한공은 1분기 손익계산서를 기한 내에 공시하지 않았다. 이로 인해 기업의 투자자들은 투자의사결정 시점에 필요한 정보를 제공받지 못하였다.

① 적시성 ② 중립성
③ 검증가능성 ④ 표현의 충실성

13 다음의 설명에 적합한 회계정보의 질적특성은?

> 회계정보는 정보이용자가 기업실체의 과거, 현재 또는 미래 사건의 결과에 대한 예측을 하는데 도움이 되거나 또는 그 사건의 결과에 대한 기대치를 확인·수정할 수 있게 함으로써 의사결정에 차이를 가져올 수 있어야 한다. 또한 회계정보는 의사결정 시점에 이용가능 하도록 적시에 제공될 때 유효하다.

① 비교가능성 ② 목적적합성
③ 검증가능성 ④ 중립성

14 정보이용자의 의사결정에 유용한 정보를 제공하기 위해 회계정보가 갖추어야 할 질적특성에 관한 설명으로 옳지 않은 것은?

① 회계정보가 갖추어야 할 가장 중요한 질적특성은 목적적합성과 신뢰성이다.
② 일반적으로 인정되는 회계원칙에 따라 재무제표를 작성하면 회계정보의 기업실체간 비교가능성이 높아진다.
③ 회계정보의 질적특성은 비용과 효익, 그리고 회계항목의 성격 및 크기의 중요성 등 제약요인이 고려되어야 한다.
④ 회계정보의 목적적합성과 신뢰성을 높일 수 있는 대체적방법이 있더라도 비교가능성을 저하시킨다면 그러한 회계정책은 선택되어서는 안된다.

15 다음 중 재무제표의 질적특성에 대한 설명으로 옳지 않은 것은?

① 목적적합성 있는 회계정보는 예측가치 또는 피드백가치를 가져야 한다.
② 적시성 있는 정보라 하여 반드시 목적적합성을 갖는 것은 아니나, 적시에 제공되지 않은 정보는 목적적합성을 상실할 수 있다.
③ 회계정보가 신뢰성을 갖기 위해서는 객관적으로 검증가능하여야 한다.
④ 회계정보의 질적특성은 서로 상충될 수 없다.

16 다음 중 회계정보의 질적 특성에 대한 설명으로 옳지 않은 것은?

① 회사가 회계정책을 선택하는데 판단기준을 제공한다.
② 정보이용자가 기업실체의 미래 사건의 결과를 예측하는 데 도움이 된다면 신뢰성 있는 정보이다.
③ 유형자산을 역사적원가로 평가하면 신뢰성은 높아지지만 목적적합성은 낮아질 수 있다.
④ 재무제표는 정보이용자가 이해할 수 있도록 작성해야 한다.

17 다음 중 회계의 개념체계에 대한 설명으로 옳지 않은 것은?

① 자산은 과거 사건의 결과로 기업이 통제하고 있고 미래경제적효익이 기업에 유입될 것으로 기대되는 자원이다.
② 부채는 과거 사건에 의하여 발생하였으며 경제적효익을 갖는 자원이 기업으로부터 유출됨으로써 이행될 것으로 기대되는 현재의 의무이다.
③ 재무상태표에 표시되는 자본 총액은 자산에서 부채를 차감한 금액으로 기업의 시가총액과 동일하다.
④ 수익은 자산의 증가나 부채의 감소와 관련하여 미래경제적효익이 증가하고 이를 신뢰성 있게 측정할 수 있을 때 손익계산서에 인식한다.

18 회계정보의 질적 특성 중 목적적합성에 대한 설명으로 옳지 않은 것은?

① 회계정보가 정보이용자의 의사결정에 반영될 수 있도록 적시에 제공되어야 한다.
② 회계정보는 그 정보가 나타내고자 하는 대상을 충실히 표현하고 있어야 한다.
③ 회계정보는 정보이용자의 당초 기대치를 확인 또는 수정할 수 있게 함으로써 의사결정에 차이를 가져올 수 있다.
④ 회계정보는 정보이용자가 기업실체의 과거, 현재 또는 미래 사건의 결과에 대한 예측을 하는 데 도움이 된다.

19 다음 중 재무제표의 기본가정에 대한 설명으로 옳지 않은 것은?

① 재무제표의 기본가정으로는 기업실체, 계속기업 및 기간별 보고가 있다.
② 기업실체의 가정이란 기업을 소유주와는 독립적으로 존재하는 회계단위로 간주하고 이 회계단위의 관점에서 그 경제활동에 대한 재무정보를 측정, 보고하는 것을 말한다.
③ 계속기업의 가정이란 기업실체의 중요한 경영활동이 축소되거나 기업실체를 청산시킬 의도나 상황이 존재한다는 가정을 말한다.
④ 기간별 보고의 가정이란 기업실체의 존속기간을 일정한 기간 단위로 분할하여 각 기간별로 재무제표를 작성하는 것을 말한다.

재무제표

01 다음 중 재무제표에 대한 설명으로 옳지 않은 것은?

① 경우에 따라서는 법적 권리가 없어도 자산의 정의를 충족시킬 수 있다.
② 증여받은 재화는 이에 관한 지출이 발생하지 않았지만 자산의 정의를 충족시킬 수 있다.
③ 부채의 정의를 만족하기 위해서는 금액이 반드시 확정되어야 한다.
④ 재무제표는 특정 기업실체에 관한 정보를 제공하며, 산업 또는 경제전반에 관한 정보를 제공하지는 않는다.

02 다음 중 재무제표의 작성과 표시에 대한 설명으로 옳지 않은 것은?

① 중요한 항목은 재무제표의 본문이나 주석에 그 내용을 가장 잘 나타낼 수 있도록 구분하여 표시하며, 중요하지 않은 항목은 성격이나 기능이 유사한 항목과 통합하여 표시할 수 있다.
② 자산과 부채는 유동성이 큰 항목부터 배열하는 것을 원칙으로 한다.
③ 재무제표의 기간별 비교가능성을 제고하기 위하여 재무제표 항목의 표시와 분류는 일부 경우를 제외하고는 매기 동일하여야 한다.
④ 정상적인 영업주기 내에 회수되는 매출채권이라 하더라도 보고기간종료일부터 1년 이내에 실현되지 않으면 비유동자산으로 분류한다.

03 재무제표의 표시 방법에 대한 설명 중 옳지 않은 것은?

① 재무제표 본문과 주석에 적용하는 중요성에 대한 판단기준은 항상 동일하여야 한다.
② 현금흐름표를 제외하고는 발생주의 원칙에 따라 재무제표를 작성한다.
③ 손익계산서의 이익은 매출총이익, 영업이익, 법인세차감전순이익, 당기순이익의 순서로 구분표시한다.
④ 자산, 부채, 자본 중 중요하지 않은 항목은 유사한 항목에 통합하여 표시할 수 있다.

04 다음 중 일반기업회계기준에 의한 재무상태표의 작성 기준으로 옳지 않은 것은?

① 자산과 부채는 유동성이 큰 항목부터 배열하는 것을 원칙으로 한다.
② 자본금은 보통주자본금과 우선주자본금을 구분하여 표시한다.

③ 자산은 유동자산과 비유동자산으로, 부채는 유동부채와 비유동부채로 구분하여 표시한다.
④ 자산과 부채는 원칙적으로 상계하여 표시한다.

05 다음 중 재무제표에 대한 설명으로 옳은 것은?

① 재무제표는 재무상태표, 손익계산서, 현금흐름표, 자본변동표로 구성되며, 주석은 포함하지 않는다.
② 재무제표의 작성책임은 경영진에게 있다.
③ 재무상태표의 과목배열은 유동성이 낮은 순서대로 배열함을 원칙으로 한다.
④ 중단사업손익은 영업외손익에 해당한다.

06 다음 중 재무보고에 관한 설명 중 옳지 않은 것은?

① 재무보고는 기업실체 외부의 다양한 이해관계자의 경제적 의사결정을 위해 경영자가 기업실체의 경제적 자원과 의무, 경영성과, 현금흐름, 자본변동 등에 관한 재무정보를 제공하는 것을 말한다.
② 재무보고는 기업실체의 회계시스템에 근거한 재무제표에 의해 주로 이루어지나, 그 외의 수단에 의해서도 제공될 수 있다.
③ 재무제표는 재무상태표, 손익계산서, 자본변동표, 현금흐름표로 구성되며, 주석을 포함한다.
④ 발생주의에 따라 측정된 회계이익에 대한 정보는 미래 순현금흐름을 예측하는 데는 유용하지 않다.

07 다음에서 설명하고 있는 재무제표는 무엇인가?

> 일정 시점 현재 기업이 보유하고 있는 경제적 자원인 자산과 경제적 의무인 부채, 그리고 자본에 대한 정보를 제공하는 재무보고서로서, 정보이용자들이 기업의 유동성, 재무적 탄력성, 수익성과 위험 등을 평가하는 데 유용한 정보를 제공한다.

① 손익계산서　② 재무상태표
③ 자본변동표　④ 현금흐름표

08 다음 중 부채에 대한 설명으로 옳지 않은 것은?

① 3년 만기 장가차입금은 비유동부채로 분류한다.
② 시장이자율이 액면이자율보다 높은 경우 사채의 발행금액은 액면금액보다 낮게 발행되며, 이러한 발행을 할인발행이라고 한다.
③ 미지급비용은 상품매입 이외의 외상거래(예: 비품 등의 구입)에서 대금을 1년 이내의 기간에 지급하기로 한 경우에 발생한다.
④ 차입약정을 위반하여 채권자가 즉시 상환을 요구할 수 있는 채무는 보고기간 종료일과 재무제표 확정일 사이에 상환을 요구하지 않기로 합의 하더라도 유동부채로 분류한다.

09 자산에 대한 설명 중 옳지 않은 것은?

① 자산으로 인식하기 위해서는 당해 자산에 미래 경제적 효익이 내재되어 있어야 한다.
② 자산의 존재를 판단하기 위해서 물리적 형태가 필수적인 것은 아니다.
③ 자산의 정의를 충족하기 위해서는 반드시 법적권리를 보유하여야 인식할 수 있다.
④ 자산은 과거 사건의 결과 기업이 통제하고 있고, 미래 경제적 효익이 기업에 유입될 것으로 기대되는 자원이다.

10 재무상태표 계정과목 중 같은 항목에 속하지 않는 것은?

① 매도가능증권평가손실
② 해외사업환산손실
③ 매도가능증권평가이익
④ 자기주식처분손실

11 다른 기업을 취득하기 위하여 지급한 금액이 취득한 순자산의 공정가치를 초과하는 경우 그 초과액을 처리하는 계정과목은 무엇인가?

① 합병차익　② 영업권
③ 산업재산권　④ 지적재산권

12 다음은 제조업을 영위하고 있는 (주)한공의 박전무와 김대리의 대화내용이다. (가)와 (나)에 들어갈 항목으로 옳은 것은?

> • 박전무
> 회사가 보유하고 있는 건물은 재무상태표에 어떻게 표시되고 있나요?
> • 김대리
> 타인에게 임대하거나 자체적으로 사용하고 있는 건물은 (가)(으)로 시세차익을 얻기 위하여 보유하고 있는 건물은 (나)(으)로 분류하고 있습니다.

① (가) 유형자산　(나) 재고자산
② (가) 투자자산　(나) 재고자산
③ (가) 유형자산　(나) 투자자산
④ (가) 재고자산　(나) 유형자산

13 다음 설명 중 옳지 않은 것은?

① 자산과 부채는 1년을 기준으로 유동과 비유동으로 구분한다.
② 장기적인 투자수익을 얻기 위해 가지고 있는 채무증권과 지분증권은 투자자산으로 분류한다.

③ 장기미수금이나 투자자산에 속하는 매도가능채권 중 1년 이내에 실현되는 부분은 유동자산으로 분류한다.
④ 재고자산이 정상적인 영업주기 내에 판매되거나 사용되더라도 보고기간 종료일부터 1년 이내에 실현되지 않는다면 비유동자산으로 분류한다.

14 다음 중 유동자산으로 분류되지 않는 것은?

① 제품제조를 위해 구입한 원재료
② 단기시세차익을 목적으로 구입한 시장성이 있는 유가증권
③ 보고기간 종료일로부터 1년 이내에 만기가 도래하여 현금화가 가능한 만기보유증권
④ 기업이 고유의 영업활동과 직접적인 관련 없이 투자목적으로 보유하고 있는 부동산

15 자산 또는 부채와 관련된 설명으로 옳지 않은 것은?

① 자산은 과거의 거래나 사건의 결과로서 현재 기업실체에 의해 지배되고 미래에 경제적 효익을 창출할 것으로 기대되는 자원이다.
② 물리적 형태가 없는 자원이라도 기업실체에 의하여 지배되고 그 실체에게 미래의 경제적 효익을 창출할 것으로 기대되는 경우 당해 항목은 자산의 정의를 충족할 수 있다.
③ 기업이 미래에 자산을 사용하거나 용역을 제공하는 등 경제적 자원의 희생이 예상될 경우에도 현재시점에서 지출될 금액이 확정된 것이 아니면 부채로 인식하지 않는다.
④ 부채는 과거의 거래나 사건의 결과로 현재 기업실체가 부담하고 있고 미래에 자원의 유출 또는 사용이 예상되는 의무이다.

16 다음 중 유형자산에 대한 설명으로 옳지 않은 것은?

① 재평가모형을 적용하는 경우 유형자산의 공정가치를 장부금액으로 한다.
② 감가상각방법의 변경은 회계정책의 변경에 해당하고, 잔존가치의 변경은 회계추정의 변경에 해당한다.
③ 정률법과 연수합계법은 자산의 내용연수 동안 감가상각액이 매기간 감소하는 방법이다.
④ 유형자산과 관련하여 수령한 정부보조금은 유형자산 취득시점에 유형자산의 차감계정으로 표시한다.

17 다음 중 판매자의 기말재고자산에 포함되지 않는 것은?

① 선적지인도기준으로 판매시 기말 현재 선적이 완료되지 않은 재고
② 기말 이전에 매입자의 매입의사가 표시된 시송품
③ 기말 현재 수탁자가 판매하지 못한 위탁상품
④ 기말 현재 담보로 제공된 재고자산

03 당좌자산

01 다음 자료를 이용하여 현금및현금성자산의 합계액을 계산하면 얼마인가?

• 정기적금(1년 만기):	400,000원
• 타인발행 당좌수표:	230,000원
• 만기도래 공사채이자표:	160,000원
• 당좌차월:	100,000원
• 사용이 제한된 정기예금(1년 만기):	200,000원
• 배당금지급통지표:	10,000원

① 400,000원　　② 500,000원
③ 630,000원　　④ 790,000원

02 다음 자료을 이용하여 회계연도말 재무상태표에 표시될 매출채권을 계산하면 얼마인가?

• 당기현금매출액:	50,000원
• 기초매출채권:	80,000원
• 기초상품재고액:	120,000원
• 기말상품재고액:	110,000원
• 매출총이익:	90,000원
• 매출채권회수액:	200,000원
• 당기상품매입액:	200,000원

① 100,000원　　② 130,000원
③ 160,000원　　④ 190,000원

03 다음 자료로 재무상태표에 표시해야 할 현금및현금성자산을 계산하면 얼마인가?

• 통화	1,000,000원
• 타인발행수표	500,000원
• 6개월 만기 정기예금	20,000원
• 만기도래국채이자표	200,000원
• 타인발행약속어음	300,000원
• 단기매매지분증권	150,000원

① 1,500,000원　② 1,700,000원
③ 1,870,000원　④ 2,150,000원

04 다음은 (주)한공의 2024년도 매출채권 및 대손충당금 관련 자료이다. 2024년도 기초 매출채권 금액은 얼마인가?

> • 2024년도 기말 매출채권: 1,500,000원
> • 2024년도 회수불능으로 인한 대손처리액: 20,000원
> • 2024년도 외상매출액: 4,000,000원
> • 2024년도 현금으로 회수한 매출채권: 3,480,000원

① 980,000원　② 1,000,000원
③ 1,020,000원　④ 1,050,000원

05 다음 자료에 의해 (주)한공의 회계연도말 재무상태표에 표시될 매출채권 미회수액을 계산하면 얼마인가?

> • 기초매출채권 70,000원
> • 당기현금매출액 40,000원
> • 매출채권회수액 190,000원
> • 당기총매출액 290,000원

① 130,000원　② 170,000원
③ 210,000원　④ 290,000원

06 다음 자료를 토대로 (주)한공의 단기매매증권처분손익을 계산하면 얼마인가?

> • 2023.9.1.: (주)정상 주식 1,000주를 주당 1,300원(액면가 1,000원)에 현금으로 취득하였다.
> • 2023.12.31.: (주)정상 주식의 공정가치는 1,500원이다.
> • 2024.10.1.: (주)정상 주식 1,000주를 주당 1,000원에 매각하였다.

① 처분이익　300,000원
② 처분손실　300,000원
③ 처분이익　500,000원
④ 처분손실　500,000원

04 재고자산

01 다음 중 재고자산 평가에 대한 설명으로 옳지 않은 것은?

① 재고자산평가손실을 계상한 후 차기에 시가가 상승하는 경우, 최초의 장부금액을 초과하지 않는 범위에서 재고자산평가손실환입을 인식하고 매출원가에서 차감한다.
② 재고자산평가손실 회계처리에 있어서 저가법은 취득원가와 시가를 비교하여 낮은 가액으로 표시하는 방법이다.
③ 재고자산 수량의 감소는 재고자산평가손실로, 재고자산 가격의 하락은 재고자산감모손실로 회계처리한다.
④ 재고자산평가손실과 재고자산감모손실은 감액이나 감모가 발생한 기간에 비용으로 인식한다.

02 다음 중 재고자산에 관한 설명으로 옳지 않은 것은?

① 재고자산감모손실 중 정상적으로 발생한 감모손실은 매출원가에 가산한다.
② 물가가 지속적으로 상승하는 상황에서 선입선출법을 적용한 경우의 기말재고액은 이동평균법, 총평균법, 후입선출법을 적용한 경우의 기말재고액보다 크다.
③ 재고자산감모손실 중 비정상적으로 발생한 감모손실은 영업외비용으로 처리한다.
④ 저가법을 적용함으로써 발생한 재고자산평가손실은 영업외비용으로 처리한다.

03 (주)한공의 경영진은 자재관리 담당자가 재고자산을 횡령하였다고 확신하고 있다. 다음 자료를 이용하여 자재관리 담당자의 횡령에 의한 재고자산 손실 금액을 계산하면 얼마인가? 단, 횡령 외의 원인에 의한 재고자산 손실은 없다고 가정한다.

> • 기초재고액: 50,000원
> • 실사에 의한 기말재고액: 80,000원
> • 당기매입액: 300,000원
> • 당기매출액: 300,000원
> • 매출총이익률: 30%

① 10,000원　② 15,000원
③ 40,000원　④ 60,000원

04 다음은 (주)한공의 상품 취득 관련 자료이다. 12월 15일 현재 상품의 취득원가를 계산하면 얼마인가?

일자	구분	비고
12월 1일	외상 매입	1,000개(단가 1,000원)
12월 1일	매입 운반비	10,000원
12월 10일	매입에누리	5,000원
12월 15일	매입할인	10,000원

① 900,000원 ② 910,000원
③ 995,000원 ④ 1,010,000원

05 다음은 (주)한공의 2024년 2월 중 상품 취득 관련 자료이다. 2월말 현재 상품의 취득원가는 얼마인가?

일자	구분	비고
2월 1일	외상매입	1,000개(단가 1,200원)
	매입 운반비	10,000원
2월 9일	매입에누리	5,000원
2월 10일	매입할인	10,000원
	매입환출	3,000원

① 1,182,000원 ② 1,192,000원
③ 1,195,000원 ④ 1,210,000원

06 다음은 (주)한공의 9월 상품매입과 관련된 자료이다. 이 자료에 의해 상품의 순매입액을 계산하면 얼마인가?

- 상품 300개를 개당 10,000원에 외상으로 매입하다.
- 매입운반비 50,000원은 현금으로 별도 지급하였다.
- 외상매입 대금의 조기 지급으로 10,000원 할인 받았다.
- 매입된 상품 중 하자가 있어 20,000원을 매입처에 반품하였다.

① 3,000,000원 ② 3,020,000원
③ 3,040,000원 ④ 3,050,000원

07 다음 중 물가가 지속적으로 상승하고, 기초재고자산수량과 기말재고자산수량이 동일하다는 가정 하에 재고자산 단가 결정방법에 따른 영향 비교로 옳지 않은 것은?

① 기말재고액: 선입선출법〉이동평균법〉총평균법〉후입선출법
② 매출원가: 선입선출법〈이동평균법〈총평균법〈후입선출법
③ 당기순이익: 선입선출법〈이동평균법〈총평균법〈후입선출법
④ 법인세비용: 선입선출법〉이동평균법〉총평균법〉후입선출법

08 다음 중 재고자산과 관련하여 잘못 설명하고 있는 사람은 누구인가?

- 호영
  컴퓨터를 판매하는 회사의 재무팀에서 사용하는 컴퓨터는 재고자산이 아니야.
- 준희
  재고자산의 판매비용이 상승하면 재고자산평가손실금액이 증가할 수 있어.
- 준수
  비정상적으로 발생한 재고감모손실은 매출원가에 영향을 미치지 않아.
- 민경
  선적지 인도조건으로 매입한 운송중인 재고는 기말재고에서 제외시켜야 해.

① 호영 ② 준희
③ 준수 ④ 민경

09 다음은 (주)한공의 매입에 관한 자료이다. 11월 25일에 8,000개의 상품을 판매하였다면 계속기록법에 의한 선입선출법(FIFO)을 사용할 경우 11월에 판매한 상품의 매출원가는 얼마인가?

일자	구분	수량	단가
11월 3일	기초재고	4,000개	@400원
11월 16일	상품매입	12,000개	@440원
11월 30일	상품매입	3,000개	@475원

① 3,360,000원 ② 3,440,000원
③ 5,340,000원 ④ 5,420,000원

10 다음은 (주)한공의 12월 중 상품 매매 자료이다. 재고자산의 평가방법으로 이동평균법과 총평균법을 적용할 때 12월말 상품재고액으로 옳은 것은?

일자	구분	수량	단가
12월 1일	월초재고	1,000개	100원
12월 8일	외상매입	1,000개	110원
12월 12일	상품매출	1,500개	500원
12월 16일	외상매입	1,000개	120원

① 이동평균법 157,500원
총평균법 165,000원
② 이동평균법 170,000원
총평균법 75,000원
③ 이동평균법 172,500원
총평균법 165,000원
④ 이동평균법 175,000원
총평균법 172,500원

11 다음은 (주)한공의 1월 상품재고장이다. 총평균법을 사용할 경우 1월말 현재 재고자산은 얼마로 기록되는가?(단, 수량감모가 없고, 저가법은 고려하지 않는다)

일자	내역	수량	매입단가
1/ 1	월초재고	100개	100원
1/ 7	매 출	(50개)	
1/15	매 입	500개	130원
1/26	매 출	(250개)	
1/28	매 출	(200개)	

① 10,000원 ② 11,500원
③ 12,500원 ④ 13,000원

12 다음은 (주)한공의 상품재고장의 일부이다. 5월말 기말상품재고액과 매출원가는 얼마인가?(단, 실지재고조사법과 선입선출법을 적용하며, 실사결과 수량감모는 없었다.)

일자	내역	수량	단가
5/1	기초재고	100개	@1,000원
5/9	매출	50개	
5/16	매입	400개	@1,300원
5/20	매출	300개	
5/25	매입	100개	@1,500원
5/28	매출	200개	

① 기말상품재고액 75,000원
매출원가 720,000원
② 기말상품재고액 65,000원
매출원가 720,000원
③ 기말상품재고액 75,000원
매출원가 695,000원
④ 기말상품재고액 65,000원
매출원가 95,000원

13 다음은 (주)한공의 재고자산 관련 자료이다. 회사는 물가가 지속적으로 상승할 경우 당기순이익이 가장 크게 계상되는 재고자산 평가방법을 채택하고 있다. 기말 재고자산의 단가는 얼마인가?

1 / 1	전기이월	100개	단가	1,000원
3 /15	매 입	400개	단가	1,200원
6 /30	매 출	300개	단가	2,000원
8 / 5	매 입	100개	단가	1,500원
12/10	매 출	200개	단가	2,500원

① 1,000원 ② 1,200원
③ 1,500원 ④ 2,000원

05 투자자산

01 (주)한공은 2023년 5월 7일 (주)서울의 주식 100주를 주당 1,000원에 취득하고 매도가능증권으로 분류하였다. 2023년 말 이 주식의 공정가치는 주당 1,200원 이었으며, (주)한공은 2024년 9월 30일 주당 1,300원에 전량 매도하였다. 이 거래가 2024년 당기순이익에 미치는 영향으로 옳은 것은?

① 10,000원 증가 ② 20,000원 증가
③ 30,000원 증가 ④ 40,000원 증가

02 도·소매업을 영위하는 (주)한공이 보유하고 있는 유가증권 회계처리로 옳은 것은?

① 단기매매증권평가손익은 영업외손익에 해당한다.
② 매도가능증권평가손익은 당기 손익에 영향을 미친다.
③ 매도가능증권처분손익은 기타포괄손익누계액에 반영한다.
④ 단기매매증권의 취득과 관련된 매입수수료는 취득원가에 가산한다.

03 다음 자료에 의해 (주)한공의 매도가능증권처분손익을 계산한 금액의 회계처리로 옳은 것은?

- 2023년 8월 10일 매도가능증권 500주를 1주당 공정가치 7,000원에 취득하다.
- 2023년 12월 31일 매도가능증권을 1주당 공정가치 9,000원으로 평가하다.
- 2024년 7월 1일 매도가능증권 500주를 1주당 6,000원에 처분하고 주금은 현금으로 받다.

(가) (차) 현금	3,000,000원	
매도가능증권처분손실	500,000원	
(대) 매도가능증권		3,500,000원
(나) (차) 현금	3,000,000원	
매도가능증권평가이익	1,000,000원	
(대) 매도가능증권		3,500,000원
매도가능증권처분이익		500,000원
(다) (차) 현금	3,000,000원	
매도가능증권처분손실	1,500,000원	
(대) 매도가능증권		4,500,000원
(라) (차) 현금	3,000,000원	
매도가능증권평가이익	1,000,000원	
매도가능증권처분손실	500,000원	
(대) 매도가능증권		4,500,000원

① (가) ② (나)
③ (다) ④ (라)

04 (주)한공은 2022년에 장기투자 목적으로 (주)서울의 주식을 1,000,000원에 취득하고 매도가능증권으로 분류하였다. 다음 자료에 의해 2024년에 인식할 매도가능증권처분손익을 계산하면 얼마인가?

- 2022년말 공정가치: 900,000원
- 2023년말 공정가치: 1,200,000원
- 2024년중 처분금액: 1,100,000원

① 매도가능증권처분손실 100,000원
② 매도가능증권처분손실 200,000원
③ 매도가능증권처분이익 100,000원
④ 매도가능증권처분이익 200,000원

06 유형 · 무형 · 기타 비유동자산

01 다음 연구 및 개발활동과 관련된 지출내역 중 무형자산인 개발비로 계상할 수 있는 금액은 얼마인가?

- 새로운 지식을 얻고자 하는 활동: 100,000원
- 연구결과 또는 기타 지식을 탐색, 평가, 최종선택 및 응용하는 활동: 200,000원
- 생산 전의 시작품과 모형을 설계, 제작 및 시험하는 활동: 300,000원
- 새로운 기술과 관련된 공구, 금형, 주형 등을 설계하는 활동: 400,000원

① 200,000원 ② 500,000원
③ 700,000원 ④ 1,000,000원

02 다음은 재무상태표상 자산의 일부 내역이다. 유동자산과 비유동자산으로 계상되는 금액은 각각 얼마인가?

- 현금및현금성자산 100,000원
- 단기투자자산 120,000원
- 상품 270,000원
- 개발비 150,000원
- 매출채권 650,000원
- 선급금 80,000원
- 장기대여금 500,000원
- 차량운반구 330,000원

① 유동자산: 640,000원
비유동자산: 1,560,000원
② 유동자산: 1,140,000원
비유동자산: 1,060,000원
③ 유동자산: 1,220,000원
비유동자산: 980,000원
④ 유동자산: 1,100,000원
비유동자산: 1,100,000원

03 다음 자료에 의해 (주)한공이 (주)회계를 인수시 발생한 영업권의 회계처리에 대한 설명으로 옳지 않은 것은?

- 김대표: (주)회계의 현재 재무상태는 어떤가요?
- 이부장: 자산 5,000,000원, 부채 3,000,000원, 자본 2,000,000원입니다.
- 김대표: 2,500,000원을 지급하고 (주)회계를 인수하도록 하세요.

① 영업권은 정액법으로 상각하여야 한다.
② 발생한 영업권의 금액은 500,000원이다.
③ 영업권의 내용연수는 5년을 초과할 수 없다.
④ 인수시 발생한 영업권은 외부에서 창출된 영업권이므로 무형자산으로 처리한다.

04 두 직원 간의 대화 중 빈칸에 들어갈 내용으로 옳은 것은?

> • 이차장
> 김대리. 무형자산의 합리적인 상각방법을 정할 수 없는 경우에는 어떤 상각방법을 사용해야 하나요?
> • 김대리
> 네. 말씀하신 경우에는 ___을 사용하여야 합니다.

① 정액법 ② 정률법
③ 연수합계법 ④ 생산량비례법

05 (주)한공은 2020년 1월 1일에 100,000원의 저작권을 구입하였으며 해당 자산의 내용연수는 10년, 잔존가치는 없는 것으로 추정하였다. 2024년 1월 1일 저작권의 미래의 경제적효익을 증가시키는 자본적 지출 6,000원이 발생하였다. 2024년의 저작권상각액은 얼마인가?(단, 자본적 지출로 인하여 내용연수는 연장되지 않는다.)

① 0원 ② 10,000원
③ 11,000원 ④ 12,000원

06 다음에서 설명하고 있는 자산에 해당하는 것은?

> 비화폐성으로 재화의 생산이나 용역의 제공, 타인에 대한 임대 또는 관리에 사용할 목적으로 기업이 보유하고 있으며, 물리적 형체가 없지만 식별가능하고, 기업이 통제하고 있으며, 미래경제적효익을 제공한다.

① 개발비, 임대보증금
② 연구개발비, 임차보증금
③ 재고자산, 투자부동산
④ 특허권, 광업권

07 다음 중 무형자산의 취득원가에 대한 설명으로 옳지 않은 것은?

① 무형자산의 구입가격과 취득 관련 세금은 취득원가로 인식 가능하다.
② 무형자산의 취득과 관련된 매입할인은 취득원가에서 차감한다.
③ 무형자산에 대한 지출로서 과거 회계연도의 재무제표나 중간재무제표에서 비용으로 인식한 지출도 그 후의 기간에 무형자산의 취득원가로 인식할 수 있다.
④ 무형자산을 의도한 목적에 사용할 수 있도록 준비하는데 직접 관련되는 원가는 취득원가에 포함한다.

08 다음 중 무형자산에 관한 설명으로 옳지 않은 것은?

① 무형자산으로 인식되기 위해서는 식별가능성, 자원에 대한 통제, 미래 경제적효익이라는 조건을 모두 충족하여야 한다.
② 무형자산의 상각방법을 합리적으로 정할 수 없는 경우에는 정률법을 사용한다.
③ 무형자산은 상각누계액을 직접 차감한 잔액으로 재무상태표에 표시한다.
④ 무형자산의 상각기간은 독점적·배타적인 권리를 부여하고 있는 관계법령이나 계약에 정해진 경우를 제외하고는 20년을 초과할 수 없다.

09 다음 중 무형자산에 대한 설명으로 옳지 않은 것은?

① 연구단계에서 발생한 지출은 무형자산으로 인식하지 않는다.
② 전기에 비용으로 인식한 개발단계의 지출은 당기에 무형자산으로 인식할 수 없다.
③ 무형자산의 잔존가치는 없는 것을 원칙으로 한다.
④ 무형자산은 경제적 효익이 소비되는 행태를 반영하여 합리적인 방법으로 상각하며, 합리적인 상각방법을 정할 수 없는 경우에는 정률법으로 상각한다.

10 다음 중 무형자산으로 회계처리해야 하는 거래는?

① 프로젝트 초기의 연구단계에서 연구비를 지출하였다.
② 다른 회사와 합병하면서 영업권을 취득하였다.
③ 조직 개편으로 인한 부서별 명패 교환비용으로 현금을 지출하였다.
④ 재경팀 직원에게 회계교육을 실시하고 강사료를 지급하였다.

11 (주)한공은 사용하던 기계장치를 다음과 같이 거래처의 동종자산으로 교환하여 취득하였다. 새로운 기계장치의 취득원가로 옳은 것은?

• (주)한공이 제공한 기계장치 관련 금액

취득원가	3,000,000원
감가상각누계액	2,400,000원
공정가치	500,000원

• 거래처로부터 제공받은 기계장치 관련 금액

취득원가	2,000,000원
감가상각누계액	1,500,000원
공정가치	300,000원

① 300,000원 ② 400,000원
③ 500,000원 ④ 600,000원

12 **다음 중 유형자산의 자본적 지출에 해당하는 것은?**

> 가. 본래의 용도를 변경하기 위한 개조
> 나. 빌딩의 피난시설 설치
> 다. 기계의 소모된 부속품 또는 벨트의 대체
> 라. 건물 외벽의 도색

① 가, 나　　② 나, 다
③ 가, 다　　④ 나, 라

13 **(주)한공의 다음과 같은 회계처리가 경영성과에 미치는 영향으로 옳은 것은?**

> (주)한공의 건물관리팀장은 본사건물에 엘리베이터를 추가 설치하고 회계담당자에게 설치대금 3,000,000원의 지급을 요청하였다. 회계담당자는 대금 3,000,000원을 보통예금 계좌에서 이체하여 지급하고 다음과 같이 회계처리 하였다.

> (차) 수선비　　3,000,000원
> 　(대) 보통예금　　3,000,000원

① 부채의 과소계상
② 비용의 과소계상
③ 자산의 과소계상
④ 당기순이익의 과대계상

14 **도매업을 영위하는 (주)한공은 사업확장에 따라 본사건물 2개층을 증축하고 증축에 소요된 비용은 수선비로 회계처리하였다. 본사건물 증축으로 인해 내용연수가 3년 연장되었다.이 회계처리가 2024년 재무제표에 미치는 영향으로 옳지 않은 것은?(단, 증축전 잔존내용연수는 10년이다.)**

① 본사건물 감가상각비와 감가상각누계액이 과소계상된다.
② 유형자산이 과소계상된다.
③ 당기순이익이 과대계상된다.
④ 매출원가에 미치는 영향은 없다.

15 **다음은 김부장과 박과장의 대화이다. (가), (나), (다)의 내용으로 옳은 것은?**

> • 김부장
> 유형자산에 대한 자본적지출을 수익적지출로 잘못 처리하면 어떤 효과가 발생하나요?
> • 박과장
> 네. 순이익이 (가)되고, 자산이 (나)되며, 비용이 (다)되는 효과가 발생합니다.

① (가) 과소계상　(나) 과소계상　(다) 과대계상
② (가) 과소계상　(나) 과소계상　(다) 과소계상
③ (가) 과대계상　(나) 과대계상　(다) 과소계상
④ (가) 과소계상　(나) 과대계상　(다) 과대계상

16 **(주)한공은 유형자산으로 분류된 토지에 대하여 재평가모형을 적용하고 있다. 토지 재평가가 재무제표에 미치는 영향으로 옳지 않은 것은?(단, 재평가시점의 토지의 장부금액은 1,000,000원이고 공정가치는 1,300,000원이다.)**

① 자본이 증가한다.
② 자산이 증가한다.
③ 당기순이익이 증가한다.
④ 부채는 변동이 없다.

17 **(주)한공은 다음과 같은 건물에 대해서 2024년 12월 31일에 재평가하려고 한다.**

> • 취득원가: 500,000원
> (취득일 2024년 1월 1일, 내용연수 5년, 잔존가치 0원, 정액법 감가상각)
> • 2024년 12월 31일 건물의 공정가치: 750,000원

이 건물의 감가상각 및 재평가와 관련하여 2024년의 당기손익과 기타포괄손익에 미치는 영향으로 옳은 것은?

① 당기순이익　250,000원 증가
② 당기순이익　350,000원 증가
③ 기타포괄이익 250,000원 증가
④ 기타포괄이익 350,000원 증가

18 **토지를 전기 초 80,000,000원에 취득하였으며, 전기에 손상징후가 있고 전기말 순공정가치와 사용가치는 각각 55,000,000원과 60,000,000원이었다. 당기말 현재 토지의 회수가능액이 85,000,000원인 경우 손상차손환입액으로 인식할 금액은 얼마인가?**

① 15,000,000원　　② 18,000,000원
③ 20,000,000원　　④ 22,000,000원

19 (주)한공은 2023년에 본사건물를 건설할 목적으로 토지를 1,000,000원에 취득하였으며, 매 보고기간마다 재평가모형을 적용하기로 하였다. 2023년 말과 2024년 말 토지의 공정가치는 각각 1,200,000원과 900,000원이다. 2024년 손익계산서에 계상될 토지 재평가손실은 얼마인가?

① 0원 ② 100,000원
③ 200,000원 ④ 300,000원

20 다음 자료에 의해 (주)한공이 2024년 손익계산서에 계상할 토지 재평가손익은 얼마인가?

- (주)한공은 2023년에 공장을 건설할 목적으로 토지를 2,000,000원에 취득하였으며, 매 보고기간마다 재평가모형을 적용하기로 하였다.
- 2023년말과 2024년말 토지의 공정가치는 각각 2,200,000원과 1,800,000원이다.

① 재평가손실 200,000원
② 재평가손실 400,000원
③ 재평가이익 200,000원
④ 재평가이익 400,000원

21 다음 설명에서 (가)에 들어갈 내용으로 옳은 것은?

유형자산이 진부화 및 시장가치의 급격한 하락 등의 손상징후가 있다고 판단되고, 당해 유형자산의 사용 및 처분으로부터 기대되는 미래의 현금흐름 총액의 추정액이 장부금액에 미달하는 경우에는 장부금액을 회수가능액으로 조정하고 그 차액을 (가)(으)로 처리한다.

① 유형자산손상차손
② 감가상각비
③ 유형자산손상차손환입
④ 감가상각누계액

22 (주)한공은 2023년 1월 1일 기계장치를 2,000,000원에 취득(내용연수 5년, 잔존가치는 0원)하였다. 동 기계장치는 원가모형을 적용하며 정액법으로 감가상각한다. 매 회계연도 말 기계장치에 대한 회수가능액은 다음과 같으며 회수가능액 변동은 기계장치의 손상 또는 그 회복에 따른 것이다. 2024년도 재무제표에 인식될 기계장치의 손상차손은 얼마인가?

연도	2023년말	2024년말
회수가능액	1,600,000원	900,000원

① 100,000원 ② 200,000원
③ 300,000원 ④ 400,000원

23 다음 중 유형자산 재평가에 대한 설명으로 옳지 않은 것은?

① 재평가의 빈도는 재평가되는 유형자산의 공정가치 변동에 따라 달라진다.
② 재평가모형을 적용시 공정가치가 증가된 경우 및 감소된 경우를 모두 장부에 반영하여야 한다.
③ 공정가치는 합리적인 판단력과 거래의사가 있는 독립된 당사자 간에 거래될 수 있는 교환가격을 뜻한다.
④ 유형자산 재평가로 발생하는 재평가이익과 손실은 모두 기타포괄손익으로 처리한다.

24 다음은 (주)한공의 A기계장치 관련 자료이다. 2024년 말에 인식할 유형자산손상차손 금액은 얼마인가?

- 2023년 1월 1일: A기계장치를 200,000,000원에 취득
- 2023년 12월 31일: A기계장치에 대한 감가상각비 계상
  (차) 감가상각비 20,000,000원
  (대) 감가상각누계액 20,000,000원
- 2024년 12월 31일: A기계장치에 대한 감가상각비 계상
  (차) 감가상각비 20,000,000원
  (대) 감가상각누계액 20,000,000원
- 2024년 말 A기계장치에 대한 손상검사를 실시한 결과, 처분 시 예상되는 순공정가치는 60,000,000원, 계속사용가치는 70,000,000원으로 판단되었다.

① 60,000,000원 ② 70,000,000원
③ 90,000,000원 ④ 100,000,000원

25 다음 중 유형자산 취득시 회계처리에 대한 설명으로 옳지 않은 것은?

① 현물출자, 증여, 기타 무상으로 취득한 자산은 공정가치를 취득원가로 한다.
② 매입할인이 있는 경우에는 이를 차감하여 취득원가를 산출한다.
③ 다른 종류의 자산과의 교환으로 취득한 유형자산의 취득원가는 교환을 위하여 제공한 자산의 공정가치로 측정한다.

④ 동종자산과의 교환으로 취득한 유형자산의 취득원가는 교환으로 제공한 자산의 공정가치로 한다.

26 다음 중 유형자산인 건물의 취득원가에 포함되지 않는 것은?

① 건물의 설계와 관련하여 전문가에게 지급하는 설계비
② 건물의 취득과 관련하여 국·공채를 불가피하게 매입하는 경우 당해 채권의 매입가액과 일반기업회계기준에 따라 평가한 현재가치와의 차액
③ 건물에 대한 자본화 대상인 차입원가
④ 취득한 건물에서 판매할 새로운 상품을 소개하는데 소요되는 지출

27 (주)한공은 2023년 1월 1일 2,000,000원에 기계장치를 구입하였다. 기계장치의 추정내용연수는 5년이며, 잔존가치는 200,000원으로 추정된다. (주)한공은 2024년 7월 1일에 이 건물을 2,000,000원에 처분하였다. (주)한공이 정액법을 사용하는 경우와 연수합계법을 사용하는 경우 인식되는 각각의 처분손익은 얼마인가?

① 정액법 540,000원 이익
연수합계법 840,000원 이익
② 정액법 740,000원 이익
연수합계법 1,040,000원 이익
③ 정액법 740,000원 이익
연수합계법 840,000원 이익
④ 정액법 540,000원 이익
연수합계법 1,040,000원 이익

28 (주)한공이 보유하고 있는 본사건물의 2023년말 장부금액은 1,000,000원이었다. 이 건물을 2024년 7월 1일 1,000,000원에 처분하면서 100,000원의 처분이익이 발생하였다면 2024년 감가상각비는 얼마인가?

① 100,000원 ② 120,000원
③ 150,000원 ④ 180,000원

29 다음 자료에 의하여 (주)한공이 2024년 1월 1일부터 건물의 처분시점까지 인식할 감가상각비는 얼마인가?

• (주)한공이 보유하고 있는 본사건물의 2023년말 장부금액은 2,000,000원이었다.
• (주)한공이 2024년 8월 1일 2,000,000원에 처분하면서 250,000원의 처분이익이 발생하였다.

① 0원 ② 250,000원
③ 500,000원 ④ 2,000,000원

30 다음은 (주)한공의 2023년 7월 1일 일괄취득한 토지와 건물에 관한 자료이다. 2024년도 기말 재무상태표에 표시될 건물의 장부금액은 얼마인가?

• 2023년 7월 1일, 토지와 건물을 15,000,000원에 일괄취득 하였다.
• 토지와 건물의 공정가치는 토지 12,000,000원, 건물 8,000,000원이다.
• 감가상각방법은 정액법(내용연수 10년, 잔존가치 없음, 월할상각)을 적용한다.

① 4,800,000원 ② 5,100,000원
③ 6,400,000원 ④ 6,800,000원

31 정부보조금과 관련된 설명 중 옳지 않은 것은?

① 상환의무가 없는 자산관련 정부보조금은 관련 자산 취득시 그 자산의 가산계정으로 회계처리한다.
② 상환의무가 없는 자산관련 정부보조금은 관련 자산의 내용연수에 걸쳐 감가상각금액과 상계한다.
③ 상환의무가 없는 수익관련 정부보조금으로 특정조건을 충족해야 하는 경우가 아니라면 정부보조금을 받을 때 손익에 반영한다.
④ 상환의무가 없는 수익관련 정부보조금이 특정 비용을 보전할 목적으로 지급되는 경우에는 특정 비용과 상계처리한다.

32 (주)한공은 2024년 1월 1일 연구장비를 취득하는 조건으로 상환의무 없는 정부보조금 500,000원을 수령하고 연구장비를 1,000,000원에 취득하였다. 2024년 재무상태표와 손익계산서에 계상될 감가상각누계액과 감가상각비는 얼마인가? (단, 연구장비의 내용연수는 10년, 감가상각방법은 정액법이며, 잔존가치는 없다)

① 감가상각누계액 50,000원
감가상각비 50,000원
② 감가상각누계액 100,000원
감가상각비 50,000원
③ 감가상각누계액 50,000원
감가상각비 100,000원
④ 감가상각누계액 100,000원
감가상각비 100,000원

33 (주)한공은 정부보조금을 수령하여 다음의 기계장치를 취득하였다. 2024년 손익계산서에 계상될 감가상각비는 얼마인가?

- 취득원가 100,000원
- 정부보조금 40,000원
- 취득일자 2024년 7월 1일
- 정액법 상각, 내용연수 5년, 잔존가치는 없다.

① 6,000원 ② 10,000원
③ 12,000원 ④ 20,000원

34 다음은 (주)한공이 제5기(2024.1.1.~ 2024.12.31.)에 정부보조금을 수령하여 취득한 건물과 관련된 자료이다. 제5기(2024년 12월 31일) 손익계산서에 반영될 건물의 감가상각비로 옳은 것은?

- 취득원가: 1,000,000원
- 정부보조금: 100,000원
- 취득일: 2024년 1월 1일
- 내용연수: 10년, 잔존가치: 없음, 감가상각 방법: 정액법

① 90,000원 ② 100,000원
③ 110,000원 ④ 900,000원

35 다음 (주)한공의 거래에 대한 회계처리로 옳은 것은?

- 2024년 1월 1일 기계장치 취득을 위해 상환의무가 없는 정부보조금 1,000,000원을 현금으로 수령하다.

(가) (차) 현금 1,000,000원
(대) 정부보조금 1,000,000원
(현금차감)

(나) (차) 정부보조금 1,000,000원
(현금차감)
(대) 현금 1,000,000원

(다) (차) 기계장치 1,000,000원
정부보조금 1,000,000원
(현금차감)
(대) 현금 1,000,000원
정부보조금 1,000,000원
(기계장치차감)

(라) (차) 기계장치 1,000,000원
정부보조금 1,000,000원
(기계장치차감)
(대) 현금 1,000,000원
정부보조금 1,000,000원
(현금차감)

① (가) ② (나)
③ (다) ④ (라)

36 다음은 (주)한공이 정부보조금을 수령하여 취득한 차량운반구 관련 자료이다. 2024년 결산정리 후 재무상태표의 차량운반구 장부금액은 얼마인가?

- 취득일: 2024년 1월 1일
- 취득원가: 1,200,000원
- 정부보조금: 400,000원 현금 수령
- 내용연수: 5년, 잔존가치: 없음, 정액법 적용

① 560,000원 ② 640,000원
③ 800,000원 ④ 960,000원

37 다음은 (주)한공이 정부보조금을 수령하여 취득한 기계장치 관련 자료이다. 2024년 손익계산서에 계상될 감가상각비는 얼마인가?

- 2024. 1. 1. 기계장치 취득
- 취득원가 3,000,000원, 정부보조금 500,000원
- 내용연수 5년, 잔존가치 10%, 정액법 상각

① 440,000원 ② 500,000원
③ 540,000원 ④ 600,000원

38 다음 거래에 대한 회계처리로 옳은 것은?

기계장치를 1,000,000원에 취득하고 대금은 보통예금으로 수령했던 정부보조금 1,000,000원(상환의무 없음)으로 이체하여 지급하다.

(가) (차) 보통예금 1,000,000원
(대) 정부보조금 1,000,000원
(보통예금 차감)

(나) (차) 정부보조금 1,000,000원
(보통예금 차감)
(대) 보통예금 1,000,000원

(다) (차) 기계장치	1,000,000원	
정부보조금 (보통예금 차감)	1,000,000원	
(대) 보통예금		1,000,000원
정부보조금 (기계장치차감)		1,000,000원
(라) (차) 기계장치	1,000,000원	
정부보조금 (기계장치차감)	1,000,000원	
(대) 보통예금		1,000,000원
정부보조금 (보통예금 차감)		1,000,000원

① (가) ② (나) ③ (다) ④ (라)

 부채와 자본

01 다음은 (주)한공의 사채 관련 자료이다. 2024년 12월 31일 사채이자에 대한 회계처리로 옳은 것은?

- 사채 발행일: 2024년 1월 1일
- 사채 만기일: 2026년 12월 31일
- 사 채 액 면: 1,000,000원
- 이자 지급일: 매년 12월 31일(연 1회, 현금 지급)

[사채할인발행차금 상각표]

(단위: 원)

날짜	유효이자	액면이자	상각액	장부금액
2024. 1. 1.	-	-	-	×××
2024.12.31.	114,236	100,000	14,236	×××

(가) (차) 이자비용	100,000원	
(대) 현금		100,000원
(나) (차) 이자비용	114,236원	
(대) 현금		100,000원
사채할인발행차금		14,236원
(다) (차) 이자비용	100,000원	
사채할인발행차금	14,236원	
(대) 현금		114,236원
(라) (차) 이자비용	114,236원	
(대) 현금		114,236원

① (가) ② (나) ③ (다) ④ (라)

02 (주)한공은 사채를 할증발행 하였으며, 사채할증발행차금의 상각은 유효이자율법을 적용한다. 만기까지의 기간 중에 (주)한공의 재무상태표상 사채의 장부금액은 매년 (가)하며, 이자비용 금액은 매년 (나)한다. 가와 나에 들어갈 옳은 단어는?

① (가) 증가 (나) 증가
② (가) 증가 (나) 감소
③ (가) 감소 (나) 증가
④ (가) 감소 (나) 감소

03 다음은 사채 발행과 관련된 자료이다. 이에 대한 설명으로 옳지 않은 것은?

- 발행일: 2024년 7월 1일
- 상환기간: 3년
- 표시이자율: 연 10%, 시장이자율: 연 12%
- 이자지급일: 매년 12월 31일(연 1회)
- 발행일 회계처리

(차) 현금	95,196원	
사채할인발행차금	4,804원	
(대) 현금		100,000원

① 사채는 비유동부채로 분류한다.
② 사채의 발행금액은 100,000원이다.
③ 사채의 발행방법은 할인발행이다.
④ 유효이자율법 적용 시 사채할인발행차금 상각액은 매기 증가한다.

04 사채의 회계처리에 관한 설명으로 옳은 것은?

① 사채계정에는 사채발행 시 기업에 유입된 현금에서 사채발행비용을 차감한 금액이 기록된다.
② 사채발행 시 액면이자율보다 유효이자율이 높으면 할증발행된다.
③ 사채가 할인발행되는 경우 유효이자율법을 적용하면 매기 사채의 이자비용은 증가한다.
④ 사채가 만기상환되는 경우 사채상환손익이 발생될 수 있다.

05 (주)한공은 2024년 1월 1일에 액면가액 1,000,000원인 3년 만기 사채를 995,843원에 발행하였다. 사채 발행시 액면이자율 10%, 유효이자율은 15%이고 이자는 매년 말 1회 지급한다. 2024년 (주)한공이 인식하여야 할 이자비용은 얼마인가?

① 99,584원 ② 100,000원
③ 149,376원 ④ 150,000원

06 다음 중 사채의 시장이자율과 액면이자율의 관계를 올바르게 설명한 것은?

① 사채할인발행차금은 시장이자율 보다 액면이자율이 낮을 경우 발생한다.
② 사채할인발행차금은 시장이자율 보다 액면이자율이 높을 경우 발생한다.
③ 사채할인발행차금은 시장이자율과 액면이자율이 같을 경우 발생한다.
④ 사채할인발행차금은 시장이자율에 의해 영향을 받지 않는다.

07 다음 중 사채발행관련 회계처리로 옳지 않은 것은?

① 사채할인발행차금 및 사채할증발행차금은 이자비용에 가감하여 상각처리한다.
② 사채할인발행차금의 상각은 당기순이익을 감소시킨다.
③ 사채할증발행차금의 상각은 사채의 장부금액을 감소시킨다.
④ 사채를 할인발행하는 경우 손익계산서상 이자비용은 사채장부금액에 액면이자율을 곱한 금액이다.

08 (주)한공은 2024년 1월 1일에 액면금액 1,000,000원, 액면이자율 5%, 만기 3년, 이자는 매년 말에 지급하는 조건으로 사채를 발행하였다. 발행시점의 시장이자율과 유효이자율은 6%로 동일하며, 발행가액은 974,000원이다. 2024년말 손익계산서상 사채관련 이자비용은 얼마인가?

① 48,700원　　② 50,000원
③ 58,440원　　④ 60,000원

09 다음 중 사채를 발행한 회사의 회계처리로 옳지 않은 것은?

① 사채의 기말 장부금액은 발행 시점의 유효이자율을 적용하여 평가한다.
② 사채할증발행차금은 사채 액면금액에서 차감하는 형식으로 재무상태표에 보고한다.
③ 유효이자율법을 적용하는 경우 사채할인발행차금 상각액은 기간이 경과함에 따라 매년 증가한다.
④ 사채를 발행한 경우 상각후원가를 재무상태표에 표시해야 한다.

10 주식배당에 대한 설명 중 옳지 않은 것은?

① 주식배당은 배당을 현금으로 지급하지 않고, 주식을 새로 발행하여 무상으로 배부하는 것이다.
② 주주의 경우 주식배당은 주식의 액면가액보다 주식의 시가가 높을 경우에 선호하는 제도이다.
③ 주식배당을 수령한 주주입장에서는 자산의 증가로 보지 않고 주식수를 조정한다.
④ 주식배당액은 주주총회에서 결정될 때 부채인 미교부주식배당금으로 계상한다.

11 (주)한공은 주당 10,000원에 취득한 자기주식 1,000주 중 200주를 주당 15,000원에 매각하였다. 이 거래가 (주)한공의 재무제표에 미치는 영향으로 옳은 것은?

① 자본총계는 변동하지 않는다.
② 자본잉여금은 변동하지 않는다.
③ 자본조정이 2,000,000원 증가한다.
④ 자본금이 2,000,000원 감소한다.

12 다음은 (주)한공의 주식 발행에 대한 내용이다. 이에 대한 설명으로 옳지 않은 것은?

주식의 발행
(주)한공은 5월 17일 증자를 위해 주식 10,000주를 주당 6,000원(액면금액: 주당 5,000원)에 발행하고, 주식발행비 800,000원을 현금으로 지급하였다.

① 자본금 증가액은 50,000,000원이다.
② 주식발행비용은 영업외비용으로 회계처리한다.
③ 주식 발행으로 유입된 금액은 총 59,200,000원이다.
④ 액면금액을 초과하는 금액은 주식발행초과금(자본잉여금)으로 회계처리한다.

13 회사가 유통 중인 자사의 주식을 소각 또는 재발행할 목적으로 취득한 경우 이를 (가)로(으로) 처리하고, (나)로(으로) 분류한다. (가)와 (나)에 들어갈 용어로 알맞은 것은?

① (가) 자기주식　(나) 자본조정
② (가) 자기주식　(나) 자본금
③ (가) 무상감자　(나) 자본잉여금
④ (가) 무상감자　(나) 자본조정

14 다음 중 자본총계에 영향을 미치는 거래에 해당하는 것은?

가. 주식배당을 실시하였다. 나. 단기투자목적으로 취득한 주식으로부터 현금배당금을 수령하였다 다. 자기주식을 소각하였다 라. 유상증자를 실시하였다.

① 가, 나　　② 가, 다
③ 나, 라　　④ 다, 라

15 다음 중 자본항목의 분류와 계정과목 연결이 옳은 것은?

① 이익잉여금 – 해외사업환산손익
② 자본조정 – 자기주식처분손실
③ 이익잉여금 – 주식선택권
④ 자본잉여금 – 매도가능증권평가손익

16 다음 중 자본에 대한 회계처리로 옳지 않은 것은?

① 유상증자시 자본금의 액면금액을 초과하는 금액은 주식발행초과금으로 회계처리한다.
② 자기주식 취득시 이익잉여금 총액의 변동은 발생하지 않지만, 자기주식처분시 발생한 손익은 이익잉여금에 반영한다.
③ 주식배당은 총자본에는 영향을 주지 않지만 이익잉여금을 감소시킨다.
④ 주식배당은 발행주식의 액면금액을 배당액으로 하여 회계처리한다.

17 다음 중 주식배당으로 인한 영향으로 옳지 않은 것은?

① 미교부주식배당금만큼 부채가 증가한다.
② 순자산의 유출없이 배당효과를 얻을 수 있다.
③ 자본금은 증가하지만 이익잉여금은 감소한다.
④ 자본 총액은 변동이 없으나 주식수는 증가한다.

18 다음 대화 내용대로 주식을 발행한 결과로 옳은 것만을 고른 것은?

• 임과장
채무상환 자금이 부족하여 외부 자금조달이 매우 급합니다.
• 김대리
우리 회사 주식의 가치가 동종기업보다 높으니 주식을 발행하여 조달하는 것이 좋겠습니다.
• 임과장
그럼, 주당 발행금액은 얼마까지 가능할까요?
• 김대리
주당 액면금액의 2배로 발행할 수 있을 것 같습니다.

가. 자본금이 증가한다.
나. 자본잉여금이 증가한다.
다. 자본 총액이 증가한다.

① 가　　② 가, 나
③ 나, 다　　④ 가, 나, 다

19 (주)한공은 당기 중 유상증자를 2차례 실시하였다. 다음 자료를 토대로 재무상태표에 표시되는 주식발행초과금을 계산하면 얼마인가?(단, 전기 말 주식발행초과금과 주식할인발행차금 잔액은 없는 것으로 한다.)

• 3월 5일 발행주식수 1,000주, 1주당 발행금액 10,000원(액면: @5,000원)
주식발행 수수료는 없다.
• 9월 20일 발행주식수 1,000주, 1주당 발행금액 4,000원(액면: @5,000원)
주식발행 수수료 100,000원이 발생하였다.

① 3,900,000원　　② 4,000,000원
③ 4,100,000원　　④ 5,000,000원

20 다음은 (주)한공의 2024년 12월 31일 수정후 잔액시산표 중 재무상태표 관련 계정과목을 나타낸 것이다. 2024년 12월 31일 현재 재무상태표상 비유동부채 금액은 얼마인가?

〈자료〉 잔액시산표(수정후)

(주)한공　　(단위: 원)

차변	계정과목	대변
	⋮	
72,456,000	당좌예금	
20,000,000	재고자산	
120,000,000	기계장치	
30,500,000	산업재산권	
	외상매입금	38,420,000
	퇴직급여충당부채	50,000,000
	장기차입금	20,000,000
	자본금	100,000,000
	이익잉여금	26,626,000
	⋮	

① 38,420,000원　　② 70,000,000원
③ 88,420,000원　　④ 108,420,000원

21 다음은 (주)한공의 2024년 12월 31일 수정후 잔액시산표 중 재무상태표 관련 계정과목을 나타낸 것이다. 2024년 12월 31일 현재 재무상태표상 이익잉여금은 얼마인가?

〈자료〉 잔액시산표(수정후)

(주)한공 (단위: 원)

차변	계정과목	대변
	⋮	
	외상매입금	30,000,000
	퇴직급여충당부채	20,000,000
	장기차입금	40,000,000
	보통주자본금	100,000,000
	주식발행초과금	20,000,000
50,000,000	매도가능증권평가손실	
	이익준비금	10,000,000
	임의적립금	15,000,000
	미처분이익잉여금	40,000,000
	⋮	

① 50,000,000원 ② 65,000,000원
③ 135,000,000원 ④ 225,000,000원

22 다음 거래 중 회사의 현금이 증가되는 경우에 해당하는 것은?

가. 무상증자를 한다.
나. 사채를 발행한다.
다. 자기주식을 처분한다.
라. 토지의 재평가를 실시한다.

① 가, 나 ② 가, 다
③ 나, 다 ④ 나, 라

23 (주)한공은 확정기여제도에 따라 퇴직급여를 인식하고 있다. 2024년에 지급하여야 할 기여금은 84,000,000원이며, 2024년에 이미 지급한 기여금은 72,000,000원인 경우 2024년 말 퇴직급여 관련 분개로 옳은 것은?

(가) (차) 퇴직급여 12,000,000원
(대) 미지급비용 12,000,000원

(나) (차) 퇴직급여충당부채 12,000,000원
(대) 미지급비용 12,000,000원

(다) (차) 미지급비용 12,000,000원
(대) 퇴직급여충당부채 12,000,000원

(라) (차) 퇴직급여 12,000,000원
(대) 퇴직급여충당부채 12,000,000원

① (가) ② (나) ③ (다) ④ (라)

24 퇴직급여충당부채에 대한 설명으로 옳지 않은 것은?

① 퇴직급여충당부채는 보고기간 말 현재 전종업원이 일시에 퇴직할 경우 지급하여야 할 퇴직금에 상당하는 금액으로 한다.
② 확정급여형 퇴직연금제도에서 퇴직급여는 인식하나 퇴직급여충당부채를 인식하지 않는다.
③ 확정기여형 퇴직연금제도에서 퇴직연금운용자산을 인식하지 않는다.
④ 퇴직연금제도는 확정기여형과 확정급여형이 있다.

25 다음 중 퇴직급여충당부채에 대한 설명으로 옳지 않은 것은?

① 퇴직급여충당부채는 미래의 예상 임금수준을 사용하여 측정하여야 한다.
② 급여규정의 개정과 급여의 인상으로 퇴직금 소요액이 증가되었을 경우에는 당기분과 전기 이전분을 일괄하여 당기비용으로 인식한다.
③ 확정급여형퇴직연금제도에서 퇴직급여와 관련된 자산과 부채를 재무상태표에 표시할 때에는 퇴직급여충당부채에서 퇴직연금운용자산을 차감하는 형식으로 표시한다.
④ 퇴직연금운용자산이 퇴직급여충당부채와 퇴직연금미지급금의 합계액을 초과하는 경우에는 그 초과액을 투자자산의 과목으로 표시한다.

26 다음은 관리부 김회계씨가 퇴사하여 퇴직급여를 보통예금 계좌에서 이체하여 지급한 퇴직급여지급명세서이다. 이에 대한 회계처리로 옳은 것은? 단, 김회계씨의 퇴사일 현재 회사의 퇴직급여충당부채 잔액은 10,000,000원이며, 퇴직보험 및 퇴직연금에 가입한 내역은 없다.

퇴직급여지급명세서

(단위: 원)

성명	지급항목		공제항목			
	퇴직급여	총액	소득세	지방소득세	공제계	차인지급액
김회계	14,000,000	14,000,000	400,000	40,000	440,000	13,560,000

㉮ (차) 퇴직급여 13,560,000원
(대) 보통예금 13,560,000원

㉯ (차) 퇴직급여 13,560,000원
퇴직급여충당부채 440,000원
(대) 보통예금 13,560,000원
예수금 440,000원

㉰ (차) 퇴직급여충당부채 4,000,000원
퇴직급여 10,000,000원
(대) 보통예금 13,560,000원
예수금 440,000원

㉣ (차) 퇴직급여충당부채 10,000,000원
퇴직급여 4,000,000원
(대) 보통예금 13,560,000원
예수금 440,000원

① ㉮ ② ㉯ ③ ㉰ ④ ㉣

27 다음은 (주)한공의 퇴직급여충당부채 계정과 결산 정리 사항이다. 결산 회계 처리를 하였을 경우, (가)의 금액과 (나)의 계정과목으로 올바른 것은?

퇴직급여충당부채

6/30 현금	1,000,000	1/1 전기이월	(가)

[결산 정리 사항]
- 12월 31일 결산 시 임직원 전체의 퇴직금 추산액은 6,000,000원이다.
- 결산분개
  (차) 퇴직급여 2,000,000
  (대) (나) 2,000,000

① (가) 1,000,000원 (나) 현금
② (가) 2,000,000원 (나) 현금
③ (가) 5,000,000원 (나) 퇴직급여충당부채
④ (가) 6,000,000원 (나) 퇴직급여충당부채

28 다음은 (주)한공의 퇴직급여충당부채계정과 결산정리 사항이다. 2024년 재무상태표에 계상될 퇴직급여충당부채와 손익계산서에 계상될 퇴직급여는 얼마인가?

퇴직급여충당부채

8/30 현금	1,000,000	1/1 전기이월	5,000,000

[결산 정리 사항]
- 2024년 말 현재 전 종업원이 일시에 퇴직할 경우 지급하여야 할 퇴직금은 6,000,000원이다.

① 퇴직급여충당부채 4,000,000원
　퇴직급여 1,000,000원
② 퇴직급여충당부채 4,000,000원
　퇴직급여 2,000,000원
③ 퇴직급여충당부채 6,000,000원
　퇴직급여 1,000,000원
④ 퇴직급여충당부채 6,000,000원
　퇴직급여 2,000,000원

29 다음은 (주)한공의 퇴직급여에 관한 사항이다. 올바르게 설명하고 있는 것은?

퇴직급여충당부채

	기초	5,000,000

- 2024년 전종업원이 일시에 퇴직할 경우 지급하여야 할 퇴직금은 7,000,000원이고, 이는 퇴직급여규정의 개정으로 증가된 1,500,000원이 포함되어 있다.(전기 이전분 1,300,000원, 당기분 200,000원)
- 당기에 지급한 퇴직급여는 1,000,000원이다.

① 재무상태표상 퇴직급여충당부채는 6,500,000원이다.
② 손익계산서상의 퇴직급여는 3,000,000원이다.
③ 퇴직급여규정의 개정으로 증가된 전기 이전분 1,300,000원은 전기이익잉여금에 반영한다.
④ (주)한공은 확정기여제도(DC형)를 적용하고 있다.

30 다음 자료에 의해 계산한 결산 시 퇴직금추계액은 얼마인가?

〈총계정원장의 일부〉

퇴직급여충당부채

4/5 보통예금	2,000,000	1/1 전기이월	6,000,000

〈결산정리사항〉
12월 31일
(차) 퇴직급여 3,000,000원
(대) 퇴직급여충당부채 3,000,000원

① 1,000,000원 ② 4,000,000원
③ 7,000,000원 ④ 9,000,000원

31 다음은 (주)한공의 총계정원장의 일부와 퇴직급여 관련 자료이다. 손익계산서에 표시될 퇴직급여는 얼마인가?

〈총계정원장의 일부〉

퇴직급여충당부채

6/5 보통예금	6,500,000	1/1 전기이월	20,000,000
		12/31 퇴직급여	XXX

퇴직급여

12/31 퇴직급여충당부채	XXX	

합격 확신 문제풀이

〈당기말 퇴직금추계액 계산내역〉

종업원명	월평균급여	근속연수	퇴직금추계액
김공인	3,000,000원	5년	15,000,000원
이회계	2,000,000원	1년 6개월	3,000,000원
합계			18,000,000원

① 3,500,000원 ② 4,500,000원
③ 6,500,000원 ④ 18,000,000원

08 수익과 비용

01 다음은 (주)한공의 기초와 기말 재무상태표이다.

기초 재무상태표

자산	3,000,000	부채	2,600,000
		자본	400,000
	3,000,000		3,000,000

기말 재무상태표

자산	3,500,000	부채	2,800,000
		자본	700,000
	3,500,000		3,500,000

당기 중 자본거래가 다음과 같은 경우 당기순이익은 얼마인가?

- 유상증자: 300,000원
- 현금배당: 100,000원
- 주식배당: 200,000원

① 100,000원 ② 200,000원
③ 300,000원 ④ 400,000원

02 (주)한공은 2020년 1월 1일에 내용연수 10년으로 추정되는 특허권을 400,000원에 구입하였다. 2024년 1월 1일에 동 특허권의 보호를 위한 추가비용 60,000원이 발생하였다. 2024년도 손익계산서에 계상될 특허권상각비는 얼마인가?

① 0원 ② 30,000원
③ 45,000원 ④ 50,000원

03 다음은 (주)한공의 상품 관련 내역이다. 2024년도 매출원가를 계산한 금액으로 옳은 것은?

[상품 관련 내역]

구분	기초상품 재고액	당기 매입액	기말상품 재고액
2023년	1,000,000원	6,000,000원	취득원가: 2,000,000원 순실현가능가치: 1,500,000원
2024년	×××	7,000,000원	취득원가: 2,000,000원 순실현가능가치: 3,000,000원

① 5,500,000원 ② 6,000,000원
③ 6,500,000원 ④ 7,000,000원

04 다음은 도매업을 영위하고 있는 (주)한공의 2024년 5월 상품관련 자료이다. 5월 매출원가와 5월말 상품 재고자산은 얼마인가?(단, 상품은 단일품목이고 선입선출법을 적용하고 있으며, 월말결산을 한다.)

- 5월초 상품 1,000개(단위당 원가 100원)
- 5월 5일 매입 2,000개(단위당 원가 120원)
- 5월 25일 매출 2,500개
- 5월말 실제상품 400개(단위당 시가 110원)
- 수량감모는 정상감모에 해당한다.

① 매출원가 292,000원, 재고자산 48,000원
② 매출원가 296,000원, 재고자산 44,000원
③ 매출원가 285,000원, 재고자산 55,000원
④ 매출원가 280,000원, 재고자산 60,000원

05 다음은 (주)한공의 2024년 상품거래 내역이다. 매출원가를 계산하면 얼마인가?(단, 선입선출법을 적용한다)

- 1월 1일
  기초상품 재고 300개의 금액은 300,000원이다.
- 7월 1일
  400개를 단위당 1,500원에 외상 매입하였다.
- 10월 1일
  550개를 1,375,000원에 외상 매출 하였다.

① 675,000원 ② 900,000원
③ 1,000,000원 ④ 1,375,000원

06 다음은 (주)한공의 상품 관련 자료이다. 2024년도 매출원가는 얼마인가?(단, 재고자산감모손실은 없다)

〈자료 1〉 2023년도

기초상품 재고액	당기매입액	기말상품재고액
1,000,000원	6,000,000원	취득원가: 2,000,000원 순실현가능가치: 1,500,000원

〈자료 2〉 2024년도

기초상품 재고액	당기매입액	기말상품재고액
×××	7,000,000원	취득원가: 3,000,000원 순실현가능가치: 2,000,000원

① 5,500,000원 ② 6,000,000원
③ 6,500,000원 ④ 7,000,000원

07 다음은 (주)한공의 2024년 상품관련 자료이다. (주)한공의 2024년 매출원가를 계산하면 얼마인가?(단, 모든 상품 매입은 외상매입이다.)

- 기초상품재고액: 100,000원
- 기말상품재고액: 130,000원
- 기초매입채무: 60,000원
- 기말매입채무: 45,000원
- 매입채무의 현금지급액: 550,000원

① 500,000원 ② 505,000원
③ 515,000원 ④ 525,000원

08 (주)한공은 당기 7월 중 처음 상품을 매입하여 판매하였다. 다음은 7월 중 상품의 매입 및 매출거래 내역이다. 7월말 상품재고액과 7월 매출원가는 얼마인가?(단, 회사는 선입선출법에 따라 단가를 결정하고 있다.)

	수량	단가	금 액
• 7월 5일 매입:	50개	150원	7,500원
• 7월 12일 매입:	50개	170원	8,500원
• 7월 20일 매출:	80개	350원	28,000원
• 7월 25일 매입:	70개	180원	12,600원

① 상품재고액 15,300원, 매출원가 13,300원
② 상품재고액 16,000원, 매출원가 12,600원
③ 상품재고액 16,500원, 매출원가 12,100원
④ 상품재고액 17,000원, 매출원가 11,600원

09 다음은 (주)한공의 12월 중 상품 매매 자료이다. 재고자산의 평가방법을 선입선출법으로 적용한 경우 매출원가와 매출총이익은 각각 얼마인가?

일자	구분	수량	단가
12월 1일	기초재고	100개	1,000원
12월 5일	외상매입	100개	1,200원
12월 9일	상품매출	150개	4,000원
12월 15일	외상매입	100개	1,400원

① 매출원가 150,000원, 매출총이익 450,000원
② 매출원가 160,000원, 매출총이익 440,000원
③ 매출원가 160,000원, 매출총이익 435,000원
④ 매출원가 180,000원, 매출총이익 420,000원

10 다음 중 매출원가 계산에 영향을 미치지 않는 것은?

① 재고자산평가손실
② 정상적으로 발생한 재고자산감모손실
③ 재고자산의 매출시 운반비
④ 재고자산의 매입에누리와 환출

11 다음은 (주)한공의 상품 관련 자료이다. 이를 통해 2024년도 매출원가를 계산하면?(재고자산 평가손실은 정상적인 것이다.)

〈자료 1〉 2023년도

기초상품 재고액	당기 매입액	기말상품재고액
1,000,000원	6,000,000원	취득원가: 2,000,000원 순실현가능가치: 1,500,000원

〈자료 2〉 2024년도

기초상품 재고액	당기 매입액	기말상품재고액
×××	7,000,000원	취득원가: 3,000,000원 순실현가능가치: 2,000,000원

① 5,500,000원 ② 6,000,000원
③ 6,500,000원 ④ 7,000,000원

12 다음 중 일반기업회계기준에 의한 손익계산서의 작성기준으로 옳지 않은 것은?

① 수익과 비용은 그것이 발생한 기간에 정당하게 배분되도록 처리하여야 한다.
② 수익과 비용은 상계하여 표시하는 것을 원칙으로 한다.
③ 수익은 실현되었거나 실현가능하고, 그 가득과정이 완료되어야 인식한다.
④ 수익과 비용은 발생원천에 따라 분류하고, 각 수익항목과 관련되는 비용항목은 대응하여 표시한다.

13 중소기업이 아닌 법인의 수익인식에 대한 설명으로 옳지 않은 것은?

① 장기할부조건으로 판매한 제품은 대금회수시점에 수익을 인식한다.
② 용역의 제공으로 인한 수익은 진행기준에 따라 인식한다.
③ 적송품은 수탁자가 고객에게 판매한 시점에 수익을 인식한다.
④ 상품권은 고객에게 판매한 때 선수금으로 회계처리하고, 고객이 물건과 교환했을 때 수익으로 인식한다.

14 다음은 도매업을 영위하는 (주)한공의 본사 건물 화재보험증서의 일부이다. (주)한공은 화재보험 가입 시 보험료를 전액 현금으로 지급하였다.

화재보험증서

◉ 보험가입내용

피보험자	(주)한공 (사업자등록번호 123-81-67897)		
보험물건소재지	서울 종로구 신문로1가 123 서울빌딩		
보험계약기간	2024년 3월 1일 ~ 2025년 2월 29일	일시납입보험료 (보험 가입 시 전액 납부 조건)	2,400,000원

화재보험료에 대하여 적절히 회계처리할 경우 (주)한공의 2024년 재무제표에 미치는 영향을 올바르게 지적한 사람은?

• 현진
건물 취득원가가 증가하겠군!
• 지수
자본이 감소할거야.
• 유리
건물 감가상각누계액이 증가해.
• 찬호
당기순이익은 증가하고 판매비와관리비에 미치는 영향은 없어.

① 현진　　② 지수
③ 유리　　④ 찬호

15 다음은 (주)한공의 2024년 12월 연말연시 선물 구입계획서의 일부이다. 선물 구입액에 대한 회계처리를 할 때, 차변계정으로 옳은 것은?

연말연시 선물 구입계획서

결재	재무이사	김 공인
	부 장	박 회계
	담당직원	이 세무

연말연시를 맞이하여 다음과 같은 목적으로 선물용 점퍼를 구입하고자 합니다.

(가)	매출거래처 선물용	200벌 (1,000,000원)
(나)	불우청소년 선물용	500벌 (2,500,000원)
(다)	생산직종업원 선물용	300벌 (1,500,000원)
합 계		1,000벌 (5,000,000원)

① (가) 접대비, (나) 기부금, (다) 복리후생비
② (가) 기부금, (나) 접대비, (다) 복리후생비
③ (가) 접대비, (나) 기부금, (다) 소모품비
④ (가) 기부금, (나) 접대비, (다) 소모품비

16 다음 대화에서 (가)와 (나)에 해당하는 계정과목으로 옳은 것은?

• 김대리
부장님 1월에 종업원의 급여에서 공제한 건강보험료 20,000원과 회사부담금 20,000원을 납부하려고 합니다. 차변의 계정과목은 어느 계정과목으로 사용해야 하나요?
• 이부장
급여공제분은 (가)계정과목으로, 회사부담분은 (나) 계정과목으로 회계처리하세요.

① (가) 예수금,　(나) 복리후생비
② (가) 예수금,　(나) 접대비
③ (가) 복리후생비,　(나) 예수금
④ (가) 보험료,　(나) 복리후생비

17 다음의 지출항목에 해당하는 계정과목으로 옳은 것은?

(가) 거래처 직원과의 회식비
(나) 전기요금
(다) 사무실 월세

① (가) 접대비　　(나) 수도광열비
(다) 지급임차료

② (가) 복리후생비　　(나) 세금과공과
　(다) 수입임대료
③ (가) 접대비　　(나) 세금과공과
　(다) 수입임대료
④ (가) 복리후생비　　(나) 수도광열비
　(다) 지급임차료

18 다음은 회계팀 김부장과 이대리의 대화이다. (가)와 (나)에 들어갈 내용으로 옳은 것은?

• 김부장
이대리, 작년 연말에 구입한 점퍼구입금액을 어떻게 회계처리 했나요?
• 이대리
매출거래처에 선물로 제공한 점퍼구입금액은 **(가)**(으)로 처리하고, 불우이웃에게 제공한 점퍼구입금액은 **(나)**(으)로 처리하였습니다.

① (가) 접대비　　(나) 기부금
② (가) 복리후생비　　(나) 기부금
③ (가) 기부금　　(나) 접대비
④ (가) 접대비　　(나) 복리후생비

19 다음은 (주)한공의 2024년 12월 31일 수정후 잔액시산표 중 손익계산서 관련 계정 내역을 나타낸 것이다. 2024년 손익계산서상 영업이익 금액은 얼마인가?

〈자료 1〉 잔액시산표(수정후)

(주)한공　　(단위: 원)

차변	계정과목	대변
	⋮	
	매출	112,000,000
48,000,000	매출원가	
12,090,000	급여	
27,000,000	대손상각비	
	이자수익	5,000,000
17,000,000	이자비용	
5,000,000	법인세비용	
	⋮	

① 7,910,000원　　② 12,910,000원
③ 24,910,000원　　④ 39,090,000원

20 다음은 (주)한공의 2024년 12월 31일 수정전 잔액시산표 중 손익계산서 관련 계정 내역과 결산정리사항을 나타낸 것이다.

〈자료 1〉 잔액시산표(수정전)

(주)한공　　(단위: 원)

차변	계정과목	대변
	⋮	
	매출	90,000,000
30,000,000	매출원가	
12,000,000	급여	
10,000,000	임차료	
	유형자산처분이익	7,000,000
30,000,000	이자비용	
5,000,000	법인세비용	
	⋮	

〈자료 2〉 결산정리사항

가. 임차료는 2024년 1월 1일에 2년치를 선급한 것이다.
나. 2024년 12월 31일 현재 미수이자 5,000,000원이 반영되지 않았다.

결산정리사항을 반영한 후, 2024년 당기순이익은 얼마인가?

① 5,000,000원　　② 10,000,000원
③ 15,000,000원　　④ 20,000,000원

21 도매업을 영위하는 (주)한공의 다음 자료로 판매비와관리비를 계산하면 얼마인가?

• 재고자산 매입 시 운반비　20,000원
• 종업원 작업복 구입비　100,000원
• 업무용 차량에 대한 자동차세　30,000원
• 은행 차입금에 대한 이자　80,000원

① 120,000원　　② 130,000원
③ 150,000원　　④ 230,000원

22 도·소매업을 영위하고 있는 (주)한공은 2024년 결산 마감 전 다음의 사항이 미반영되었음을 알게 되었다. 미반영사항을 반영하기 전 매출액이 10,000,000원일 때, 미반영사항을 반영한 후 올바른 매출액은 얼마인가?

• 2024년 12월 10일 도착지 인도조건으로 판매한 운송중인 상품 400,000원이 매출에 계상되지 않았다.
• 2024년 말 수탁자에게 인도한 상품 500,000원 중 300,000원이 판매되었음을 확인하였다.

합격 확신 문제풀이

> • 2024년에 판매한 상품권 1,000,000원 중 800,000원이 상품 판매로 인해 회수되었음을 확인하였다.(단, 상기 금액은 모두 매가이다)

① 10,000,000원　② 10,300,000원
③ 11,100,000원　④ 11,500,000원

23 다음 자료에 의해 (주)한공의 재고자산 중 자연재해로 인해 유실된 금액을 계산하면 얼마인가?

> 〈장부상 재고자산 자료〉
> • 기초상품재고액　300,000원
> • 당기상품매입액 1,200,000원
> • 당기상품매출액 1,000,000원
> • 매출총이익율 20%
>
> 〈재해 발생 후 재고자산 실사 결과 자료〉
> • 기발상품재고 창고실사 결과 실재액 600,000원

① 100,000원　② 320,000원
③ 560,000원　④ 600,000원

24 다음은 당기 중 취득한 (주)한공의 유가증권 관련 자료이다. 손익계산서에 계상될 영업외비용은 얼마인가?

종목	계정분류	주식 수	주당 취득금액	결산 시 주당 공정가치
A주식	단기매매증권	2,000주	7,000원	5,000원
B주식	매도가능증권	1,000주	10,000원	8,000원
C채권	매도가능증권	1,000좌	11,000원	12,000원

① 4,000,000원　② 5,000,000원
③ 6,000,000원　④ 7,000,000원

25 다음 자료에 대한 설명으로 옳은 것은?

〈자료 1〉 임차료 총계정원장

(단위: 원)

차변		대변	
10/1 현금	600,000	12/31 선급임차료	200,000
		12/31 집합손익	400,000
	600,000		600,000

〈자료 2〉 이자수익 총계정원장

(단위: 원)

차변		대변	
12/31 선수이자	400,000	9/1 현금	900,000
12/31 집합손익	500,000		
	900,000		900,000

① 당기분 임차료는 600,000원이다.
② 차기로 이연되는 임차료는 200,000원이다.
③ 차기로 이연되는 이자수익은 500,000원이다.
④ 당기분 이자수익은 900,000원이다.

26 회계부서 두 직원간의 다음 대화 중 빈칸에 들어갈 내용으로 옳은 것은?

> • 이대리
> 과장님. 지난 연말 거래처 직원 결혼 축의금 100,000원을 신입직원이 기부금으로 입력한 오류가 결산과정에서 발견되었습니다.
> • 김과장
> 그래? 그렇다면 수정 전 결산서 상에는 [　　　　] 되었겠군. 수정하도록 하세요.

① 영업이익　100,000원　과대계상
② 당기순이익　100,000원　과대계상
③ 영업이익　100,000원　과소계상
④ 당기순이익　100,000원　과소계상

27 (주)한공은 2024년 결산 후에 매출거래처인 (주)서울이 2024년 12월에 파산하여 매출채권의 회수가 불가능한 사실을 알게 되었다. 이 사실이 2024년 재무제표에 미치는 영향으로 옳은 것은?(단, 대손충당금 잔액은 없다)

① 매출의 과대계상
② 당기순이익의 과소계상
③ 자산의 과대계상
④ 이익잉여금의 과소계상

28 (주)한공은 2024년 5월 1일에 전기 대손처리한 외상매출금 1,000,000원 중 500,000원을 현금으로 회수하였다. 회수 전 외상매출금과 대손충당금 자료는 다음과 같다.

외상매출금

차변		대변	
1/1 전기이월	1,000,000원	4/20 현금	4,000,000원
4/1 매출	5,000,000원		

대손충당금

차변	대변	
	1/1 전기이월	300,000원

외상매출금 회수에 따른 회계처리로 옳은 것은?

㉮ (차) 현금	1,000,000원	
(대) 대손상각비		1,000,000원
㉯ (차) 현금	500,000원	
(대) 외상매출금		500,000원
㉰ (차) 현금	500,000원	
(대) 대손충당금		500,000원
㉱ (차) 대손충당금	500,000원	
(대) 현금		500,000원

① ㉮ ② ㉯ ③ ㉰ ④ ㉱

29 (주)한공은 2023년 12월 31일 현재 장부금액이 2,560,000원인 기계장치를 2024년 7월 1일에 2,000,000원에 처분하면서 200,000원의 처분손실이 발생하였다. 이 기계장치와 관련하여 (주)한공이 2024년도에 계상한 감가상각비는 얼마인가?

① 160,000원 ② 360,000원
③ 720,000원 ④ 800,000원

30 다음은 (주)한공의 본사 건물에 대한 자료이다.

- 구입시점: 2023년 1월 1일
- 구입가격: 1,000,000원
- 감가상각방법: 정액법
  (잔존가치는 없으며, 월할상각한다)
- 내용연수: 10년

(주)한공은 2024년 1월 1일 600,000원이 지출된 본사건물 보강공사를 완료하였으며, 이로 인하여 내용연수가 3년 연장되었다. 이 자료로 2024년 손익계산서와 재무상태표에 계상될 감가상각비와 감가상각누계액을 계산하면 얼마인가?

① 감가상각비 123,077원
감가상각누계액 246,154원
② 감가상각비 125,000원
감가상각누계액 250,000원
③ 감가상각비 125,000원
감가상각누계액 225,000원
④ 감가상각비 100,000원
감가상각누계액 200,000원

31 다음은 (주)한공의 기계장치 관련 거래 내용이다. 2024년 손익계산서에 반영되는 기계장치의 감가상각비는 얼마인가?

- 2024년 1월 1일
  기계장치 20,000,000원 취득
  내용연수 5년, 잔존가치 0원, 정액법
- 2024년 7월 1일
  기계장치에 대하여 5,400,000원의 자본적지출(월할상각)이 발생하다.

① 4,000,000원 ② 4,540,000원
③ 4,600,000원 ④ 5,000,000원

32 다음의 수정분개 중 당기순이익에 미치는 영향이 나머지와 다른 것은?

㉮ (차) 선급보험료	300,000원	
(대) 보험료		300,000원
㉯ (차) 임대료	300,000원	
(대) 선수임대료		300,000원
㉰ (차) 대손상각비	300,000원	
(대) 대손충당금		300,000원
㉱ (차) 이자비용	300,000원	
(대) 미지급이자		300,000원

① ㉮ ② ㉯ ③ ㉰ ④ ㉱

33 아래 자료에 의한 2024년 당기순이익의 변화로 옳은 것은?

〈자료 1〉 잔액시산표(수정전)
2024년 12월 31일

(주)한공 (단위: 원)

차변	계정과목	대변
	⋮	
800,000	선급보험료	
1,000,000	소모품비	
	임대료수익	1,000,000
	⋮	

〈자료 2〉 결산정리사항

- 2024년 당기분 보험료는 500,000원이다.
- 2024년 당기분 임대료수익은 800,000원이다.

① 당기순이익 200,000원 증가
② 당기순이익 700,000원 감소
③ 당기순이익 800,000원 감소
④ 당기순이익 1,000,000원 감소

34 다음은 손익의 이연에 따른 회계처리가 재무제표에 미치는 영향을 나타낸 것이다. (가)와 (나)에 해당하는 결산 정리 사항으로 옳은 것은?

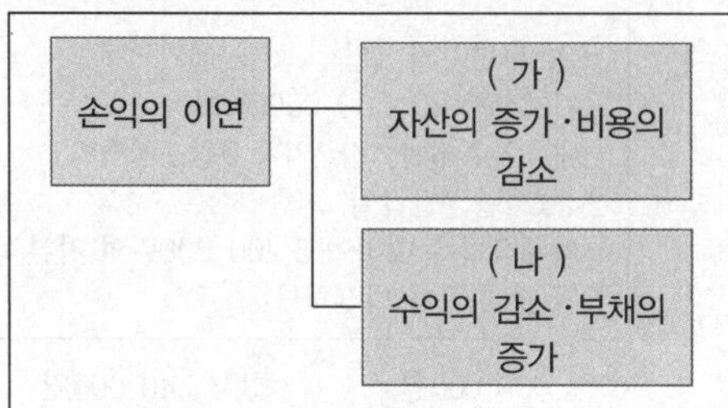

㉠ 보험료 선급분을 계상하다.
㉡ 임대료 미수분을 계상하다.
㉢ 이자수익 선수분을 계상하다.
㉣ 이자비용 미지급분을 계상하다.

① (가) ㉠ (나) ㉢
② (가) ㉢ (나) ㉠
③ (가) ㉡ (나) ㉣
④ (가) ㉣ (나) ㉡

35 다음은 (주)한공의 수정 전 잔액시산표의 일부이다. 결산 정리사항에 따른 변동으로 옳은 것은?

〈자료1〉 잔액시산표(수정전)/
2024년 12월 31일

(주)한공 (단위: 원)

차변	계정과목	대변
⋮	⋮	⋮
	이자수익	100,000
80,000	소모품비	
⋮	⋮	⋮

〈자료 2〉 결산정리사항

- 이자 미수액: 20,000원
- 소모품 미사용액: 30,000원
(구입 시 전액 비용처리됨)

① 이자수익이 100,000원 증가한다.
② 소모품비가 80,000원 감소한다.
③ 미수수익이 20,000원 감소한다.
④ 자산이 50,000원 증가한다.

36 다음의 기말 수정분개 후 당기순이익은 얼마인가?

가. 수정 전 당기순이익: 500,000원
나. 기말 수정사항
- 미지급이자 30,000원
- 보험료선급분 5,000원
- 임대료선수분 20,000원
- 미수이자 50,000원

① 455,000원 ② 505,000원
③ 545,000원 ④ 605,000원

37 다음은 (주)한공의 2024년 12월 31일 결산조정 전 잔액시산표와 결산조정 후 비품과 이자수익 관련계정이다.

〈자료 1〉 잔액시산표(수정전)/
2024년 12월 31일

(주)한공 (단위: 원)

차변	계정과목	대변
	⋮	
10,000	비품	
	비품감가상각누계액	1,000
	⋮	
	이자수익	2,000
	⋮	

〈자료 2〉 결산조정 후 비품과 이자수익 관련계정

비품

차변		대변	
1/1 기초	10,000	12/31 차기이월	10,000

비품 감가상각누계액

차변		대변	
12/31 차기이월	3,000	1/1 기초	1,000
		12/31 감가상각비	2,000

이자수익

차변		대변	
12/31 손익	7,000	6/30 현금	2,000
		12/31 미수수익	5,000

미수수익

차변		대변	
12/31 이자수익	5,000	12/31 차기이월	5,000

결산조정 후 재무제표에 대한 내용으로 잘못된 것은?(단, 제시된 자료 외에는 고려하지 아니한다)

① 재무상태표상 비품의 장부금액(취득가액 – 감가상각누계액)은 8,000원이다.
② 재무상태표상 미수수익은 5,000원이다.
③ 손익계산서상 이자수익은 7,000원이다.
④ 손익계산서상 감가상각비는 2,000원이다.

38 (주)한공의 결산 결과 당기순이익이 545,000원으로 산출되었다. 그러나 외부감사과정에서 다음의 기말수정사항이 누락되었음이 확인되었다. 누락된 수정사항을 고려한 올바른 당기순이익은?

• 미지급급여	12,000원
• 선수임대료	22,000원
• 미수이자	15,000원
• 선급보험료	8,000원

① 534,000원 ② 542,000원
③ 545,000원 ④ 556,000원

39 다음은 (주)한공의 2024년도 회계처리 내역이다. 이에 대한 기말 수정분개 후의 설명으로 옳지 않은 것은?

• 5월 1일
1년분 임대료 12,000원을 현금으로 받고 전액 수익 처리하였다.
• 10월 1일
2년분 보험료 24,000원을 현금으로 지급하고 전액 비용 처리하였다.

① 손익계산서에 표시되는 임대료수익은 8,000원이다.
② 재무상태표에 표시되는 선수임대료는 8,000원이다.
③ 손익계산서에 표시되는 보험료는 3,000원이다.
④ 재무상태표에 표시되는 선급보험료는 21,000원이다.

40 (주)한공은 2024년 4월 1일에 만기가 1년인 정기예금 10,000,000원(이자율 5%, 이자 및 원금은 만기일시수령)을 예치하였다. 2024년말 재무상태표에 계상될 미수수익은 얼마인가?(미수수익은 월할계산하기로 한다.)

① 375,000원 ② 400,000원
③ 450,000원 ④ 500,000원

41 다음 자료에 의해 (주)한공의 2024년도말 결산분개 후 재무상태표와 손익계산서에 표시될 금액을 계산하면 얼마인가?(단, 기간계산은 월할로 할 것.)

• 2024년 4월 1일:
1년치 임차료 3,000,000원을 지급하고 전액 비용처리 하였다.

① 재무상태표: 미수수익 3,000,000원
　손익계산서: 임차료 3,000,000원
② 재무상태표: 선급비용 3,000,000원
　손익계산서: 임차료 3,000,000원
③ 재무상태표: 선급비용 750,000원
　손익계산서: 임차료 2,250,000원
④ 재무상태표: 선수수익 3,000,000원
　손익계산서: 임대료 2,250,000원

42 다음의 결산정리사항을 반영하지 아니한 (주)한공의 당기순이익은 450,000원이다. 결산정리사항을 추가로 반영하여 당기순이익을 계산하면 얼마인가?

• 임대료 미수수익 미계상	20,000원
• 기계장치 감가상각비 미계상	30,000원
• 선급 보험료를 비용 계상	40,000원

① 380,000원 ② 460,000원
③ 480,000원 ④ 530,000원

43 다음은 (주)한공의 외상매출금 계정과 수정 전 잔액시산표의 일부이다. 자료에 대한 설명으로 옳은 것은?

〈자료 1〉 잔액시산표(수정전)
2024년 12월 31일

(주)한공 (단위: 원)

차변	계정과목	대변
	⋮	
	대손충당금	3,000
	⋮	

외상매출금

차변		대변	
1/ 1 전기이월	200,000	5/31 대손충당금	2,000
6/18 매출	300,000	9/28 당좌예금	400,000
10/23 매출	500,000	12/31 차기이월	598,000
	1,000,000		1,000,000

• 결산 시 외상매출금 잔액에 대해 1%의 대손을 예상하다.

① 당기 대손발생액은 3,000원이다.
② 당기 외상매출금 회수액은 598,000원이다.
③ 전기 이월된 기초대손충당금은 5,000원이다.
④ 손익계산서에 반영되는 당기 대손상각비는 5,980원이다.

44 제조업을 영위하는 (주)한공의 수정 전 영업이익은 600,000원이다. 다음의 결산정리사항을 반영한 후 영업이익은 얼마인가?

- 미지급임차료 50,000원에 대한 회계처리를 누락하였다.
- 보험료선급분 10,000원을 전액 당기비용으로 처리 하였다.
- 이자미수분 20,000원에 대한 회계처리를 누락하였다.

① 540,000원 ② 550,000원
③ 560,000원 ④ 580,000원

45 다음은 (주)한공의 기말상품에 대한 자료이다. 재무상태표에 계상될 재고자산의 금액으로 옳은 것은?

수량	단위당		
	취득가격	추정판매가격	추정판매비용
3,000개	700원	1,000원	200원

① 1,500,000원 ② 2,100,000원
③ 2,400,000원 ④ 3,000,000원

46 다음은 (주)한공의 재고자산 관련 자료이다. 선입선출법에 의한 기말재고자산은 얼마인가?

- 전기이월 상품 120개, 개당 10,000원
- 당기매입 상품 100개, 개당 12,000원
  (이 중 30개는 반품하였다.)
- 당기매출 상품 50개, 개당 15,000원

① 1,400,000원 ② 1,440,000원
③ 1,540,000원 ④ 1,700,000원

47 (주)한공의 결산일 현재 실지재고조사에 따른 기말재고액은 1,800,000원이다. 동 금액에는 다음과 같은 일부 재고자산 내역이 미반영되었다. 결산후 재무상태표에 표시될 기말 재고자산 금액은 얼마인가?

- 선적지인도조건의 수입 상품 350,000원(선적일 12월 28일)이 기말 현재 운송 중에 있다.
- 도착지인도조건의 수입 상품 280,000원(도착예정일 내년 1월 3일)이 기말 현재 운송 중에 있다.
- 방문판매 고객에게 일정기간 사용 후 매입여부를 결정하는 조건으로 상품 150,000원을 인도했으나, 결산일 현재 아직 매입의사표시가 없다.

① 1,800,000원 ② 2,150,000원
③ 2,300,000원 ④ 2,430,000원

48 다음은 (주)한공의 재고자산 관련 자료이다. (주)한공의 기말재고금액은 얼마인가?

- 기말재고 실사액 2,500,000원
  (위탁 및 시용판매분 제외)
- 매입처에 주문하여 운송중인 상품
  - A상품 300,000원(도착지 인도 기준)
  - B상품 600,000원(선적지 인도 기준)
- 위탁판매 의뢰한 적송품 100,000원 중 수탁자가 판매한 금액 70,000원
- 시용판매중인 시송품 1,000,000원 중 구매 의사표시가 확정된 금액 400,000원

① 3,430,000원 ② 3,600,000원
③ 3,700,000원 ④ 3,730,000원

49 다음 자료에서 2024년 결산시 (가)와 (나)에 들어갈 내용으로 옳은 것은?

재무상태표
2024년 12월 31일

(주)한공 (단위: 원)

계정과목	제5기	
⋮	⋮	
매출채권	1,000,000	
대손충당금	(가)	
	⋮	

손익계산서
2024년 1월 1일~2024년 12월 31일

(주)한공 (단위: 원)

계정과목	제5기	
⋮	⋮	
대손상각비	(나)	
	⋮	

- 대손충당금 추정액: 기말 매출채권 잔액 × 3%
- 수정전 시산표상 대손충당금 잔액: 20,000원

① (가) 30,000원 (나) 10,000원
② (가) 30,000원 (나) 20,000원
③ (가) 10,000원 (나) 20,000원
④ (가) 20,000원 (나) 10,000원

50 다음 자료에 따라 (주)한공이 2024년에 인식할 손익계산서상 대손상각비는 얼마인가?

> • 2023년 말 매출채권 내역
>
> | | |
> |---|---|
> | 매출채권 | 285,000원 |
> | (대손충당금) | (14,250원) |
> | | 270,750원 |
>
> • 2024년 초 고객인 (주)절망의 파산으로 인하여 매출채권 5,000원을 받을 수 없게 되어 대손 확정 분개를 하였다.
> • 2024년 말 매출채권 잔액은 200,000원이며 5%의 대손충당금 설정률을 적용한다.

① 750원 ② 4,250원
③ 5,000원 ④ 10,000원

51 다음은 (주)한공의 2024년 12월 31일 수정 전 잔액시산표의 일부와 결산정리사항을 나타낸 것이다.

〈자료 1〉 잔액시산표(수정전)
2024년 12월 31일

(주)한공 (단위: 원)

차변	계정과목	대변
	⋮	
5,000,000	매출채권	
	대손충당금	100,000
	⋮	
0	대손상각비	
	⋮	

〈자료2〉 결산정리사항

• 기말에 매출거래처 (주)서울의 파산으로 매출채권 500,000원은 회수 불가능한 것으로 판명되어 대손처리하려고 한다.
• 기말 매출채권잔액의 5%를 대손충당금으로 설정하려고 한다.

결산정리사항 반영 후 재무상태표상 대손충당금과 손익계산서상 대손상각비는 얼마인가?

① 대손충당금 225,000원
대손상각비 625,000원
② 대손충당금 225,000원
대손상각비 725,000원
③ 대손충당금 250,000원
대손상각비 625,000원
④ 대손충당금 250,000원
대손상각비 725,000원

52 다음은 (주)한공의 대손충당금 계정에 대한 자료이다. 당기말 매출채권 잔액이 3,000,000원일 경우 대손상각비 및 대손충당금에 관한 설명으로 옳지 않은 것은?(당기말 매출채권 중 2,000,000원은 2%, 1,000,000원은 3%의 대손이 예상된다.)

대손충당금			
8월 5일	50,000원	전기이월	65,000원
차기이월	XXX	12월31일	XXX

① 손익계산서에 계상되는 당기 대손상각비는 55,000원이다.
② 당기말 재무상태표에 계상되는 대손충당금은 70,000원이다.
③ 당기 중 대손이 발생한 금액은 50,000원이다.
④ 당기 중 대손충당금 환입이 15,000원 발생하였다.

53 대손충당금에 관한 결산정리사항을 반영하기 위한 회계처리로 옳은 것은?

> • 매출액과 매출원가는 각각 3,000,000원 2,600,000원이다.
> • 기말의 매출채권 잔액은 3,000,000원이다.
> • 기초의 대손충당금 잔액은 200,000원이고, 기중에 75,000원의 대손이 발생하였다.
> • 기말 매출채권에 대한 대손충당금은 매출채권 잔액의 3%를 설정한다.

㉮	(차) 대손상각비 35,000원	(대) 대손충당금 35,000원
㉯	(차) 대손상각비 110,000원	(대) 대손충당금 110,000원
㉰	(차) 대손충당금 35,000원	(대) 대손충당금환입 35,000원
㉱	(차) 대손충당금 110,000원	(대) 대손충당금환입 110,000원

① ㉮ ② ㉯ ③ ㉰ ④ ㉱

54 (주)한공의 2024년 12월 31일 재무상태표상 매출채권은 1,000,000원이고, 기말 대손추산액은 매출채권 잔액의 10%이다. (주)한공의 결산수정분개 전 대손충당금계정이 다음과 같을 때 2024년 손익계산서에 인식할 대손상각비는 얼마인가?

합격 확신 문제풀이

대손충당금			
6.1. 매출채권	25,000	1.1. 기초	50,000
		8.1. 현금	25,000

① 50,000원 ② 75,000원
③ 100,000원 ④ 125,000원

55 **다음은 (주)한공의 2024년 매출채권과 대손에 관한 자료이다. 2024년도 손익계산서에 계상될 대손상각비는 얼마인가?**

- 2024년 1월 1일 현재 대손충당금 계정의 잔액은 1,000,000원이다.
- 2024년 2월 18일 당기에 매출한 1,200,000원의 매출채권이 회수불가능한 것으로 확정되었다.
- 2024년 5월 15일 전기에 대손 처리한 매출채권 700,000원이 회수되었다.
- 2024년 12월 31일 현재 매출채권의 잔액은 100,000,000원이며 이 중 99%에 해당하는 금액만 회수가능할 것으로 예상된다.

① 300,000원 ② 500,000원
③ 1,000,000원 ④ 1,100,000원

56 **다음은 (주)한공의 수정전 잔액시산표와 결산 후 재무상태표이다. (가)와 (나)의 금액으로 옳은 것은?**

〈자료 1〉 잔액시산표(수정전)
2024년 12월 31일

(주)한공 (단위: 원)

차변	계정과목	대변
⋮	⋮	⋮
800,000	외상매출금	
	대손충당금	5,000
200,000	받을어음	
	대손충당금	3,000
⋮	⋮	⋮

〈자료 2〉

매출채권 잔액에 대하여 대손추정율 2%의 대손충당금을 보충법으로 설정하다.

〈자료 3〉 재무상태표

(주)한공 (단위: 원)

계정과목	제5기	
	⋮	⋮
매출채권	(가)	
대손충당금	((나))	XXX
	⋮	⋮

① (가) 980,000원 (나) 12,000원
② (가) 980,000원 (나) 20,000원
③ (가) 1,000,000원 (나) 12,000원
④ (가) 1,000,000원 (나) 20,000원

57 **다음은 (주)한공의 2024년 매출채권 및 대손충당금에 대한 자료이다. 2024년 결산시 대손충당금 분개로 옳은 것은?**

- 1. 1.
  기초매출채권 500,000원,
  기초대손충당금 80,000원
- 9.10.
  회수불능 매출채권의 대손처리금액 30,000원
- 12.31.
  기말매출채권 700,000원, 대손추정율 10%
  (대손충당금은 보충법을 적용함.)

㉮	(차) 대손상각비	30,000원	
	(대) 대손충당금		30,000원
㉯	(차) 대손상각비	20,000원	
	(대) 대손충당금		20,000원
㉰	(차) 대손충당금	50,000원	
	(대) 대손충당금환입		50,000원
㉱	(차) 대손충당금	30,000원	
	(대) 대손충당금환입		30,000원

① ㉮ ② ㉯ ③ ㉰ ④ ㉱

58 **다음은 2024년 매출채권과 대손충당금의 내역이다. 손익계산서에 계상될 대손상각비는 얼마인가?**

- 매출채권 기초잔액은 300,000원이다.
- 대손충당금은 기초, 기말 모두 매출채권잔액의 10%로 설정하고 있다.
- 당기 외상매출액은 940,000원, 당기 회수액은 700,000원이다.

• 전년도말 매출채권 중 20,000원이 당기 회수불능이 확정되어 대손처리하였다.

① 42,000원 ② 52,000원
③ 60,000원 ④ 70,000원

59 다음은 (주)한공의 2024년도 재무제표의 일부이다. 2024년도 기말재무상태표상 매출채권 및 대손충당금은 각각 얼마인가?

• 2024년 1월 1일 매출채권 100,000원, 대손충당금 40,000원
• 2024년 (주)한공의 매출액은 200,000원이며 이중 외상매출액은 매출액의 70%임
• 2024년 외상매출금 회수액 30,000원
• 2024년 회수불능으로 대손처리된 채권금액 20,000원

① 매출채권 190,000원
대손충당금 20,000원
② 매출채권 210,000원
대손충당금 20,000원
③ 매출채권 230,000원
대손충당금 30,000원
④ 매출채권 250,000원
대손충당금 30,000원

60 다음 자료를 참고하여 (주)한공이 2024년도 손익계산서에 계상할 대손상각비 합계액은 얼마인가?

• 2023년 말 매출채권 잔액과 대손충당금 잔액은 각각 20,000,000원과 500,000원이다.
• 기초 매출채권 중 회수불능인 600,000원을 대손처리 하였다.
• 전기에 상각된 매출채권 중 현금으로 회수된 금액은 400,000원이다.
• 2024년도 말 결산전 매출채권 잔액은 30,000,000원이다.
• 회사는 매출채권 기말잔액의 2%를 대손예상액으로 추정한다.

① 100,000원 ② 300,000원
③ 400,000원 ④ 600,000원

61 다음 자료를 토대로 (주)한공의 당기 말 대손충당금 차감전 매출채권 잔액을 계산하면 얼마인가?

• 전기말 대손충당금 잔액이 1,000원이고 전기에 발생한 매출채권중 500원이 당기에 대손확정되었다.
• 당기 결산과정에서 인식한 대손상각비는 1,500원이다.
• 당기말 매출채권의 순장부금액이 4,200원이다.

① 6,200원 ② 6,500원
③ 7,200원 ④ 7,500원

62 다음은 (주)한공의 2024년 대손 관련 자료이다. 2024년 손익계산서에 계상될 대손상각비는 얼마인가?

• 1월 1일
매출채권에 대한 대손충당금 기초잔액은 400,000원이다.
• 4월 22일
매출채권 300,000원이 회수불능으로 판명 되어 대손처리하였다.
• 10월 28일
2021년도에 대손처리했던 매출채권 중 100,000원을 현금으로 회수하였다.
• 12월 31일
기말 매출채권 잔액 100,000,000원 중 1%를 회수불확실한 금액으로 추정한다.

① 800,000원 ② 900,000원
③ 1,000,000원 ④ 1,300,000원

63 다음은 (주)한공의 매출채권 및 대손 관련 자료이다. 대손충당금 기말잔액은 얼마인가?

• 매출채권 기초잔액: 600,000원
• 매출채권 대손발생액: 20,000원
• 매출채권 기말잔액: 800,000원
• 대손충당금 기초잔액: 34,000원
• 당기 대손상각비 계상액: 66,000원

① 34,000원 ② 36,000원
③ 66,000원 ④ 80,000원

64 다음은 (주)한공의 수정 전 잔액시산표의 일부이다. 이에 대한 설명으로 옳은 것은?(단, 제시된 자료 외에는 고려하지 않는다.)

〈자료 1〉 잔액시산표(수정전)/
2024년 12월 31일

(주)한공 (단위: 원)

차변	계정과목	대변
	⋮	
7,000,000	외상매출금	
	대손충당금	60,000
3,000,000	받을어음	
200,000	선급금	
	⋮	

〈자료 2〉 결산정리사항

- 기중에 발생한 대손은 없었다.
- 기말 매출채권 잔액에 대하여 1%의 대손을 추정하고 있다.

① 수정후 기말 매출채권 총액은 10,200,000원이다.
② 손익계산서에 계상될 대손상각비는 40,000원이다.
③ 수정후 잔액시산표의 대손충당금 잔액은 160,000원이다.
④ 수정후 기말 매출채권 순장부금액은 10,000,000원이다.

09 회계변경과 오류수정

01 다음 중 회계변경과 오류수정에 대한 설명으로 옳은 것은?

① 회계추정의 변경은 소급법으로 처리하고 회계정책의 변경은 전진법으로 처리한다.
② 감가상각 대상자산의 내용연수 변경은 회계정책의 변경이다.
③ 현금주의로 회계처리 한 것을 발생주의로 변경하는 것은 회계추정의 변경이다.
④ 회계정책의 변경효과와 회계추정의 변경효과를 구분하기 불가능한 경우에는 회계추정의 변경으로 본다.

02 다음 중 회계변경의 유형이 다른 것은?

① 전액 회수할 것으로 평가한 매출채권을 일부만 회수할 것으로 변경
② 감가상각방법을 정률법에서 정액법으로 변경
③ 재고자산의 원가결정방법을 선입선출법에서 총평균법으로 변경
④ 유형자산의 잔존가치를 500,000원에서 1,000,000원으로 변경

03 다음 중 회계변경에 대한 설명으로 옳지 않은 것은?

① 회계정책의 변경은 소급법으로 회계처리한다.
② 재고자산의 가격결정방법을 선입선출법에서 평균법으로 변경하는 것은 회계정책의 변경이다.
③ 단순히 세법의 규정을 따르기 위한 회계변경은 정당한 회계변경으로 보지 아니한다.
④ 회계변경의 속성상 그 효과를 회계정책의 변경효과와 회계추정의 변경효과로 구분하기가 불가능한 경우에는 이를 회계정책의 변경으로 본다.

04 다음 중 회계변경에 대한 설명이 올바른 것은?

① 회계정책의 변경과 회계추정의 변경은 전진적으로 처리하여 그 효과를 당기와 당기이후의 기간에 반영하는 것을 원칙으로 한다.
② 단순히 세법의 규정을 따르기 위한 회계변경은 정당한 회계변경으로 본다.
③ 회계변경의 속성상 그 효과를 회계정책의 변경효과와 회계추정의 변경효과로 구분하기 불가능한 경우에는 이를 회계정책의 변경으로 본다.
④ 회계변경은 회계정보의 비교가능성을 훼손할 수 있으므로 회계변경을 하는 기업은 반드시 회계변경의 정당성을 입증하여야 한다.

05 다음 중 회계변경의 유형이 다른 것은?

① 우발부채의 추정
② 재고자산 진부화에 대한 판단 및 평가를 변경
③ 감가상각자산의 내용연수 또는 감가상각방법의 변경
④ 재고자산 평가방법의 변경

06 다음 중 회계변경과 오류수정에 관한 설명으로 옳지 않은 것은?

① 회계정책의 변경은 소급적용하고 회계추정의 변경은 전진적으로 처리한다.
② 단순히 세법의 규정을 따르기 위한 회계변경은 정당한 회계변경으로 본다.
③ 회계변경은 회계정보의 비교가능성을 훼손할 수 있으므로 회계변경을 하는 기업은 회계변경의 정당성을 입증하여야 한다.
④ 회계변경의 속성상 그 효과를 회계정책의 변경효과와 회계추정의 변경효과로 구분하기 불가능한 경우에는 이를 회계추정의 변경으로 본다.

07 선생님의 질문에 대하여 바르게 대답한 학생은?

> • 선생님
> 회계정책의 변경에 포함되는 예를 한가지씩 발표해 보세요?
> • 명희
> 재고자산의 진부화 여부에 대한 판단과 평가가 해당됩니다.
> • 설아
> 재고자산 평가방법의 변경은 회계정책의 변경에 해당됩니다.
> • 민종
> 우발부채의 추정은 회계정책의 변경에 해당됩니다.
> • 우성
> 감가상각자산의 내용연수 변경이 해당됩니다.

① 명희 ② 설아
③ 민종 ④ 우성

08 다음 중 회계변경과 오류수정에 관한 설명으로 옳지 않은 것은?

① 회계정책의 변경은 소급적용하고 회계추정의 변경은 전진법으로 처리한다.
② 단순히 세법의 규정을 따르기 위한 회계변경은 회계변경으로 보지 않는다.
③ 회계변경은 회계정보의 비교가능성을 훼손할 수 있으므로 회계변경을 하는 기업은 회계변경의 정당성을 입증하여야 한다.
④ 회계변경의 속성상 그 효과를 회계정책의 변경효과와 회계추정의 변경효과로 구분하기 불가능한 경우에는 이를 회계추정의 변경으로 본다.

09 연말 결산시에 다음과 같은 회계오류를 발견하였다. 이 중에서 회계연도말 유동자산과 당기순이익이 모두 과대계상되는 것은?

① 선급비용의 과소계상
② 미지급비용의 과소계상
③ 매출채권에 대한 대손충당금의 과소계상
④ 영업용 건물에 대한 감가상각비의 과소계상

10 (주)한공은 결산 시 다음과 같은 회계오류를 발견하였다. 이 중에서 회계연도 말 유동자산과 자본을 모두 과대 계상하게 되는 것은?

① 선급비용의 과소 계상
② 미지급비용의 과소 계상
③ 장기매출채권을 유동자산으로 잘못 분류함
④ 매출채권에 대한 대손충당금의 과소 계상

11 (주)한공은 다음과 같은 회계오류를 발견하였다. 회계오류가 당기순이익에 미치는 영향으로 옳은 것은?

> • 기말재고자산 500,000원 과소계상
> • 미지급급여 100,000원 과소계상
> • 미지급보험료 200,000원 과소계상

① 200,000원 과소계상
② 300,000원 과소계상
③ 500,000원 과소계상
④ 800,000원 과소계상

12 다음의 오류가 당기순이익에 미치는 영향으로 옳은 것은?

> • 결산 시 발생이자 미지급분 500,000원을 아래와 같이 잘못 회계처리 하였다.
> (차) 미지급비용 500,000원
> (대) 이자수익 500,000원

① 당기순이익 500,000원 과대계상
② 당기순이익 1,000,000원 과대계상
③ 당기순이익 500,000원 과소계상
④ 당기순이익 1,000,000원 과소계상

13 (주)부실은 회계처리를 왜곡시켜 당기순이익과 순자산을 과대계상하였다. 이 기업이 회계처리한 내용으로 옳은 것은?

① 재고자산 과소계상, 매입채무 과소계상
② 재고자산 과소계상, 매출원가 과대계상
③ 매출원가 과대계상, 매출 과소계상
④ 재고자산 과대계상, 매출원가 과소계상

14 (주)한공은 2024년 결산 후 다음과 같은 오류가 발견되었다. 이러한 오류가 재무제표에 미치는 영향으로 옳은 것은?

> (가) 2024년 7월 1일에 선급한 1년분 임차료 120,000원이 전액 선급비용으로 계상되어 있다. (월할계산함)
> (나) 도난당한 상품 50,000원이 재고자산에 계상되어 있다.

① 자산이 60,000원 과대계상되어 있다.
② 당기순이익이 60,000원 과대계상되어 있다.
③ 비용이 110,000원 과소계상되어 있다.
④ 이익잉여금이 110,000원 과소계상되어 있다.

15 장부마감 전 발견된 다음 오류사항 중 당기순이익에 영향을 미치는 것은?

① 주식할인발행차금의 미상각
② 매도가능증권에 대한 평가손실 미계상
③ 재고자산에 대한 평가손실 미계상
④ 재해손실을 판매비와관리비로 계상

16 다음과 같은 오류가 손익계산서에 미치는 영향으로 옳은 것은?

• 김부장은 거래처 직원과 식사를 하고 현금으로 결제 후 영수증을 수취하였다.
• 해당 영수증을 재무팀에 제출하지 않아 관련 회계처리가 누락되었다.

① 영업외비용 과소계상, 영업이익 과소계상
② 영업외비용 과대계상, 영업이익 과소계상
③ 판매관리비 과소계상, 영업이익 과대계상
④ 매출총이익 과소계상, 영업이익 과대계상

17 다음은 (주)한공의 결산 시 발견된 오류내역이다. 수정 전 당기순이익이 5,000,000원인 경우 수정 후 당기순이익은 얼마인가?(단, 법인세 효과는 고려하지 않는다.)

• 선급비용 계상 누락 1,000,000원
• 선수수익 계상 누락 500,000원
• 미지급비용 계상 누락 600,000원

① 4,100,000원 ② 4,900,000원
③ 5,900,000원 ④ 6,100,000원

18 다음은 (주)한공의 보험료 관련 자료이다. 결산 수정분개를 누락한 결과가 재무제표에 미치는 영향으로 옳은 것은?(월할계산 가정)

• 8월 1일
업무용 건물에 대한 1년분 화재 보험료 720,000원을 현금으로 지급하고, 전액 선급비용(자산)으로 처리하였다.
• 12월 31일
결산 시 보험료에 대한 결산수정분개를 누락하였다.

① 손익계산서에 보험료 420,000원이 과소계상된다.
② 손익계산서의 영업이익이 300,000원이 과대계상된다.
③ 재무상태표에 유동부채 300,000원이 과소계상된다.
④ 재무상태표에 유동자산 420,000원이 과대계상된다.

19 (주)한공의 오류 수정 전 당기순이익은 10,000,000원이다. 다음 회계처리 오류사항을 수정한 후의 당기순이익은 얼마인가?

• 지급 당시 전액 비용처리한 보험료 기간 미경과분 300,000원을 계상 누락하다.
• 차입금에 대한 발생이자 미지급분 200,000원을 계상 누락하다.

① 9,900,000원 ② 10,100,000원
③ 10,200,000원 ④ 10,300,000원

10 내부통제제도와 내부회계관리제도

01 내부통제제도의 목적으로 옳지 않은 것은?

① 기업운영의 효율성 및 효과성 확보
② 재무정보의 신뢰성 확보
③ 우수한 신용등급 유지
④ 관련 법규 및 정책의 준수

02 다음 (가)와 (나)에 들어갈 내용으로 옳은 것은?

회사의 (가)는(은) 효과적인 내부회계관리제도의 설계 및 운영에 대한 최종 책임을 지며, 내부회계관리제도 운영을 담당할 (나)를(을) 지정한다.

① (가) 대표이사 (나) 외부감사인
② (가) 내부회계관리자 (나) 내부감사
③ (가) 내부회계관리자 (나) 외부감사인
④ (가) 대표이사 (나)내부회계관리자

03 다음에서 설명하고 있는 내부통제제도의 구성요소는 무엇인가?

조직 구성원이 책임을 적절하게 수행할 수 있도록 시의적절한 정보를 확인·수집할 수 있게 지원하는 절차와 체계를 의미하며, 정보의 생성·집계·보고체계, 의사소통의 체계 및 방법 등이 포함된다.

① 통제환경 ② 위험평가
③ 통제활동 ④ 정보 및 의사소통

04 **정보시스템으로부터 산출되는 정보가 효과적으로 내부회계관리제도를 지원하기 위해서 필요한 요건이 아닌 것은?**

① 정보가 관련 의사결정 목적에 부합하여야 한다.
② 정보가 적시에 사용 가능하여야 한다.
③ 정보가 공식적이어야 한다.
④ 관련 정보에 대한 접근이 용이하여야 한다.

05 **내부통제제도 및 내부회계관리제도에 관한 설명으로 옳지 않은 것은?**

① 내부통제제도는 내부회계관리제도의 일부분으로 운영된다.
② 내부회계관리제도는 재무정보의 신뢰성 확보를 목적으로 한다.
③ 내부통제제도는 직원의 위법행위를 신속히 발견할 수 있게 한다.
④ 내부회계관리제도의 부정방지프로그램은 부정을 예방하고 적발하는 체계를 포함한다.

06 **다음은 내부회계관리제도 운영 책임에 대한 설명이다. (가)와 (나)에 들어갈 내용으로 옳은 것은?**

(가) 는(은) 경영진이 설계·운영하는 내부회계관리제도 전반에 대한 감독책임을 지며, (나) 는(은) 경영진과 독립적으로 내부회계관리제도에 대한 평가기능을 수행함으로써 내부회계관리제도의 적정한 운영 및 개선을 지원한다.

① (가) 이사회 (나) 고객
② (가) 이사회 (나) 감사(위원회)
③ (가) 고객 (나) 이사회
④ (가) 고객 (나) 감사(위원회)

07 **경영자는 회사의 경영목적을 효과적으로 달성하는데 있어 필요한 내부통제제도를 설계하여 운영해야 한다. 이러한 내부통제제도의 목적으로 적합하지 않은 것은?**

① 거래처 및 인적자원의 확보
② 기업운영의 효율성 및 효과성 확보
③ 재무정보의 신뢰성 확보
④ 관련 법규 및 정책의 준수

08 **다음 중 내부통제제도의 필요성으로 옳지 않은 것은?**

① 정보이용자에게 신뢰성 있는 자료를 적시에 제공
② 여러 유형의 부정 처리 및 분식회계를 사전에 예방
③ 회계 담당자의 내부 감사 역할을 통한 인력 감축
④ 회계기록 및 증빙서류의 도난 및 횡령, 변조 등을 제거하여 기업의 자산을 보호

09 **다음 대화 내용에서 선생님의 질문에 대해 올바른 답변을 한 사람을 고르시오.**

[선생님] 조직구성원이 이사회와 경영진이 제시한 경영방침이나 지침에 따라 업무를 수행할 수 있도록 마련된 정책 및 절차와 이러한 정책 및 절차가 준수되도록 하기 위한 제반 활동을 의미하는 내부통제의 구성요소는 무엇인가요? [민종] 통제환경입니다. [서희] 위험평가입니다. [수진] 통제활동입니다. [상훈] 모니터링입니다.

① 민종 ② 서희
③ 수진 ④ 상훈

10 **다음 중 내부회계관리제도에 대한 설명으로 옳지 않은 것은?**

① 기업은 내부고발자를 보호하는 프로그램을 갖추어야 한다.
② 외부에 공시되는 재무제표의 신뢰성 확보를 주된 목적으로 한다.
③ 회계감사를 수행하는 외부감사인이 따라야 할 감사절차를 규정하고 있다.
④ 재고자산이 보관된 창고에 대한 물리적 접근을 통제하는 것도 내부회계관리제도 범위에 포함된다.

제 2 절 부가가치세

01 부가가치세의 기본이론

01 다음 중 우리나라 부가가치세의 특징에 대한 설명으로 옳지 않은 것은?

① 국가가 부과하는 조세이므로 국세에 해당한다.
② 납세의무자는 부가가치세법상 사업자이나 담세자는 최종소비자이다.
③ 매출세액에서 매입세액을 차감하여 납부세액을 계산하는 전단계세액공제법을 적용한다.
④ 납세의무자의 부양가족 수 등의 인적사항을 고려하는 인세이다.

02 다음 중 우리나라 부가가치세의 특징에 대한 설명으로 옳지 않은 것은?

① 중간 유통단계에서는 과세하지 않고, 최종 소비자에게 공급하는 단계에서만 과세한다.
② 매출세액에서 매입세액을 차감하여 납부세액을 계산한다.
③ 납세의무자와 담세자가 다를 것으로 예정된 간접세이다.
④ 납세의무자의 교육비·의료비 등 인적사항이 고려되지 않는 물세이다.

03 다음 중 우리나라 부가가치세의 특징을 잘못 설명하는 사람은 누구인가?

> [승희]
> 재화 또는 용역의 소비에 대하여 과세하는 소비세야.
> [진영]
> 부가가치가 클수로 더 높은 세율을 적용해.
> [명희]
> 재화가 국가간에 이동되는 경우 소비하는 국가에서 과세하지.
> [재형]
> 최종소비자에게 세부담이 전가될것으로 예정된 간접세야.

① 승희 ② 진영
③ 명희 ④ 재영

04 다음 중 우리나라 부가가치세의 특징에 대한 설명으로 옳은 것은?

① 생산지국 과세원칙을 적용한다.
② 전단계거래액공제법을 따르고 있다.
③ 담세자와 납세자가 동일한 직접세에 해당한다.
④ 재화 또는 용역의 소비에 대하여 과세하는 소비세이다.

05 부가가치세법의 납세지 및 사업자등록과 관련된 설명으로 옳지 않은 것은?

① 사업자는 사업개시일부터 20일 이내에 사업자등록을 신청하여야 한다.
② 상호 변경으로 사업자등록사항 변경신고를 하면 신청일 당일에 사업자등록증을 재발급 한다.
③ 기존사업장이 있는 사업자가 경기대회나 박람회 등 행사가 개최되는 장소에 개설한 임시사업장은 별도의 사업장으로 본다.
④ 주사업장 총괄납부 사업자는 세액의 납부(환급)만 총괄하므로 신고는 사업장별로 하여야 한다.

06 다음 중 부가가치세법상 주사업장 총괄납부와 사업자단위과세에 대해 바르게 설명하는 사람은?

> [김한공]
> 사업자단위과세제도는 사업자단위 과세적용사업장에서 납부뿐만 아니라 신고도 총괄하여 할 수 있어.
> [김신용]
> 주사업장 총괄납부를 하는 경우에 세금계산서는 주사업장에서 총괄하여 발급해야 해.
> [김회계]
> 주사업장 총괄납부 사업자가 주사업장 총괄납부를 포기할 때에는 납부하려는 과세기간 종료20일 전에 포기신고서를 제출해야해.
> [김세무]
> 법인이 주사업장 총괄납부를 하려는 경우 지점을 주된 사업장으로 할 수 없어.

① 김한공 ② 김신용
③ 김회계 ④ 김세무

07 다음 중 부가가치세 과세기간에 대한 설명으로 옳지 않은 것은?

① 간이과세자의 과세기간은 1월 1일부터 12월 31일까지이다.
② 일반과세자는 관할 세무서장에게 신고하여 과세기간을 변경할 수 있다.

③ 신규사업자의 최초 과세기간은 사업개시일(사업개시일 이전 사업자등록을 신청한 경우에는 신청일)부터 그 날이 속하는 과세기간 종료일까지이다.
④ 피합병법인의 최종 과세기간은 당해 과세기간 개시일부터 합병등기를 한 날까지이다.

02 과세대상 거래

01 다음 중 부가가치세가 과세되는 재화 및 용역에 해당하는 것으로 옳은 것은?

① 부동산임대업을 하는 사업자가 특수관계인에게 건물을 사무실로 무상 임대하는 것
② 민사집행법에 의한 경매에 따라 재화를 양도하는 것
③ 양도담보 목적으로 부동산을 제공하는 것
④ 「상속세 및 증여세법」에 따라 조세를 물납하는 것

02 다음 중 부가가치세법상 재화의 공급인 것은?

① 재화를 현물출자한 경우
② 상속세를 재화로 물납한 경우
③ 매입세액이 불공제된 재화를 면세사업에 사용한 경우
④ 재화를 차입금에 대한 담보로 제공한 경우

03 과세사업자인 (주)한공의 다음 거래 중 부가가치세 과세거래는?

가. 담보목적으로 부동산을 제공하는 경우
나. 매입세액공제를 받지 못한 재화를 거래처에 증정하는 경우
다. 특수관계인에게 사업용 부동산을 무상으로 임대하는 경우
라. 건물을 교환하는 경우

① 가, 나　　② 나, 다
③ 다, 라　　④ 가, 라

04 다음 거래에 대한 부가가치세법상의 설명으로 옳지 않은 것은?

(주)한공은 올해 컴퓨터 50대를 생산해서 20대를 거래처에 판매하고, 설 선물로 종업원들과 일부 거래처에 각각 10대씩 무상으로 제공하였다. 그리고 창고에 보관 중인 10대는 은행에 담보로 제공하였다.

① 거래처에 20대 판매: 재화의 공급
② 종업원에 10대 선물: 재화의 개인적 공급
③ 거래처에 10대 선물: 재화의 사업상 증여
④ 은행에 10대 담보 제공: 재화의 공급

05 다음 중 부가가치세 과세대상 재화의 공급으로 옳지 않은 것은?

① 상품의 장기할부판매
② 제품의 교환거래
③ 부동산에 근저당권 설정
④ 생산한 제품을 고객에게 증여

06 사업자가 매입세액공제를 받은 재화를 다음과 같은 용도로 사용하는 경우 부가가치세 과세거래에 해당하는 것은?

① 견본품을 무상으로 제공하는 경우
② 면세사업을 위하여 사용하는 경우
③ 작업복·작업모·작업화로 사용하는 경우
④ 자기사업상의 기술개발을 위하여 시험용으로 사용하는 경우

07 다음 중 부가가치세법상 사업자가 무상으로 용역을 공급하는 경우 과세거래에 해당하는 것은?

① 종업원에게 음식용역을 무상제공하는 경우
② 직계존속에게 미용용역을 무상제공하는 경우
③ 직계존속에게 사업용 부동산을 무상임대하는 경우
④ 직계비속에게 숙박용역을 무상제공하는 경우

08 다음 중 부가가치세법상 용역의 공급에 해당하지 않는 것은?

① 건설업의 경우 건설업자가 건설자재의 전부 또는 일부를 부담하는 것
② 자기가 주요자재를 전혀 부담하지 아니하고 상대방으로부터 인도받은 재화를 단순히 가공만 해 주는 것
③ 산업상·상업상 또는 과학상의 지식·경험 또는 숙련에 관한 정보를 제공하는 것
④ 자기가 주요자재의 전부 또는 일부를 부담하고 상대방으로부터 인도받은 재화를 가공하여 새로운 재화를 만드는 가공계약에 따라 재화를 인도하는 것

09 다음 중 부가가치세 과세대상 거래에 대하여 잘못 설명하고 있는 사람은?

[강민]
신발제조회사가 수출하는 신발은 영세율적용대상이야

[영희]
가방판매회사가 국내에서 판매하기 위해 가방을 수입할 때는 부가가치세가 과세되는 거야.
[정우]
농부가 밭에서 재배해서 판매하는 당근에도 부가가치세가 과세되는 거야.
[민경]
근로계약에 따라 근로를 제공하는 건 부가가치세 과세대상이 아니야.

① 강민 ② 영희 ③ 정우 ④ 민경

10 다음 중 부가가치세법상 재화의 공급이 아닌 것은?

① 매매계약에 따라 재화를 인도하거나 양도하는 경우
② 자기가 주요자재의 전부 또는 일부를 부담하고 상대방으로부터 인도받은 재화를 가공
하여 새로운 재화를 만들어 인도하는 경우
③ 재화의 인도 대가로서 다른 재화를 인도받거나, 용역을 제공받는 교환계약에 따라 재화를 인도하거나 양도하는 경우
④ 재화를 잃어버리거나 재화가 멸실되어 재고감모손실로 처리된 경우

11 다음 중 부가가치세 과세거래에 대한 설명으로 옳은 것은?

① 광업권의 양도는 재화의 공급에 해당하지 않는다.
② 화재로 인하여 재화가 멸실된 경우에는 재화의 공급에 해당한다.
③ 지체상금의 수령은 과세거래에 해당하지 않는다.
④ 현물출자에 의하여 재화를 인도하는 것은 과세거래에 해당하지 않는다.

12 다음 중 부가가치세 과세대상 용역의 공급이 아닌 것은?

① 의료보건용역을 제공하는 경우
② 특수관계인에게 사업용 부동산을 무상으로 임대하는 경우
③ 산업재산권을 대여하는 경우
④ 건설업자가 건설용역을 제공하면서 건설자재의 일부를 부담하는 경우

13 다음 중 부가가치세 과세대상에 해당하는 것은?

① 무상으로 제공하는 견본품
② 저당권 설정을 목적으로 부동산을 제공하는 경우
③ 매입세액 공제된 판매장려물품을 고객에게 제공하는 경우
④ 조세의 물납을 목적으로 재화를 제공하는 경우

14 다음 중 부가가치세법상 용역의 공급에 해당하는 것은?

① 산업상·상업상 또는 과학상의 지식·경험에 관한 정보를 제공하는 경우
② 자기가 주요자재의 전부를 부담하고 상대방으로부터 인도받은 재화를 가공하여 이를 인도하는 경우
③ 부동산 매매를 사업목적으로 하여 부동산을 판매하는 경우
④ 특허권을 양도하고 대가를 수령하는 경우

15 다음 중 부가가치세법상 과세대상 재화의 공급에 해당하는 것은?

① 자기가 주요자재의 일부를 부담하는 가공계약에 따라 재화를 인도하는 경우
② 매입시 세금계산서를 발급받지 못한 상품을 거래처에 증정한 경우
③ 사업자가 아닌 개인이 사용하던 승용차를 중고차 매매상에게 판매한 경우
④ 사업을 위하여 대가를 받지 아니하고 다른 사업자에게 견본품을 인도하는 경우

16 다음 중 부가가치세법상 재화와 용역의 공급시기로 옳지 않은 것은?

① 수출재화: 수출재화의 선적일
② 폐업시 잔존재화: 폐업하는 때
③ 단기할부판매: 대가의 각 부분을 받기로 한 때
④ 위탁판매: 수탁자의 공급일

17 부가가치세법상 재화의 수입에 대한 설명으로 옳지 않은 것은?

① 재화의 수입시기는 관세법에 따른 수입신고가 수리된 때로 한다.
② 수출신고가 수리된 물품으로서 선적되지 아니한 물품을 보세구역에서 반입하는 경우는 재화의 수입에 해당하지 아니한다.
③ 외국에서 보세구역으로 재화를 반입하는 것은 재화의 수입에 해당한다.
④ 부가가치세가 과세되는 재화를 수입하는 경우에는 세관장이 수입세금계산서를 발급한다.

18 다음 중 부가가치세법상 재화의 수입에 대해 틀린 설명을 하는 사람은?

[민수]
수입자가 사업자인 경우에만 과세대상이야.
[진아]
관세는 과세표준에 포함되는 거야.

> **[성재]**
> 수입시기는 수입신고가 수리된 때야.
> **[현정]**
> 납세지를 관할하는 세관장이 과세하지.

① 민수 ② 진아 ③ 성재 ④ 현정

03 영세율과 면세

01 다음 중 부가가치세법상 영세율에 대한 설명으로 옳지 않은 것은?

① 영세율은 완전면세제도에 해당한다.
② 영세율은 부가가치세 세부담의 역진성 완화를 목적으로 한다.
③ 영세율을 적용받는 경우에는 매입시 부담한 부가가치세액을 환급받을 수 있다.
④ 영세율을 적용받는 경우에도 과세표준은 있으나 매출세액은 0이 된다.

02 다음 중 부가가치세법상 영세율에 대하여 잘못 알고 있는 친구는 누구인가?

> **[철수]**
> 수출을 촉진하기 위해 수출하는 재화는 영세율이 적용돼.
> **[세연]**
> 내국법인 미국에서 제공하는 용역은 영세율 대상이야.
> **[진호]**
> 영세율은 결국 매입세액이 환급되므로 완전면세제도라고도 해.
> **[민정]**
> 이 근처 도서관 입장료도 영세율이 적용돼서 저렴한 거야.

① 철수 ② 세연 ③ 진호 ④ 민정

03 다음 중 부가가치세법상 영세율에 대한 설명으로 옳지 않은 것은?

① 영세율의 주된 목적은 소비지국과세원칙의 구현이다.
② 영세율을 적용받는 경우 과세표준은 있으나 매출세액은 0이 된다.
③ 영세율을 적용받는 사업자는 부가가치세법상 납세의무자에 해당한다.
④ 영세율은 부분면세제도에 해당한다.

04 다음 중 부가가치세법상 영세율 적용대상이 아닌 것은?

① 사업자가 내국신용장 또는 구매확인서에 의하여 공급하는 재화
② 수출업자와의 직접 도급계약에 의한 수출재화임가공용역
③ 국외에서 공급하는 용역
④ 수출업자가 대행위탁수출을 하고 받은 수출대행수수료

05 다음 중 부가가치세법상 영세율 과세대상에 해당하지 않는 것은?

① 대행위탁 수출하는 재화
② 외국항행용역의 공급
③ 내국신용장에 의하여 공급하는 재화
④ 국가에 무상으로 공급하는 재화

06 다음 중 부가가치세법상 영세율이 적용되지 않는 것은?

① 사업자가 한국국제협력단에 공급하는 재화
② 외국을 항행하는 선박에 공급하는 재화
③ 관세법상 수입의 신고가 수리되기 전의 물품으로서 보세구역에 보관하는 물품을 외국으로 반출하는 재화
④ 수출업자의 수출자문 수수료

07 다음 중 부가가치세법상 면세와 관련한 설명으로 옳지 않은 것은?

① 면세사업자는 부가가치세법에 따른 사업자등록의무가 없다.
② 면세사업자가 면세재화를 수출하는 경우에는 별다른 절차 없이 영세율이 적용된다.
③ 약사가 제공하는 의약품의 조제용역은 면세대상이다.
④ 국가에 무상으로 공급하는 재화 또는 용역은 면세대상이다.

08 다음 중 부가가치세법상 면세와 관련한 설명으로 옳지 않은 것은?

① 면세사업자는 부가가치세법상 사업자가 아니다.
② 면세는 수출산업을 지원하기 위한 목적으로 도입되었다.
③ 면세사업자는 면세포기를 하여야만 영세율을 적용받을 수 있다.
④ 국가에 무상으로 공급하는 재화 또는 용역에 대해서는 면세가 적용된다.

09 다음 중 부가가치세법상 면세에 대하여 잘못 설명하고 있는 사람은?

> **[민수]**
> 부가가치세의 부담이 완저히 제거되므로 완전면세에 해당해.
> **[진형]**
> 매입시 부담한 매입세액을 공제받을 수 없어.
> **[진숙]**
> 영세율 적용대상이 되는 경우 면세를 포기할 수 있어.
> **[미형]**
> 우리나라에서 생산되어 식용으로 제공되지 않는 미가공 농산물은 면세되는 재화에 해당 해.

① 민수 ② 진형 ③ 진숙 ④ 미현

10 다음 중 부가가치세 면세에 해당하는 금액을 산출하면 얼마인가?

가. 연탄과 무연탄	200,000원
나. 시내버스 운송용역	100,000원
다. 수집용 우표	50,000원
라. 신문사의 광고	120,000원

① 250,000원 ② 300,000원
③ 350,000원 ④ 420,000원

11 다음 중 부가가치세 면세에 해당하는 금액을 산출하면 얼마인가?

가. 중국산 콩	100,000원
나. 고속철도 운송용역	130,000원
다. 수집용 우표	50,000원
라. 실내 도서열람 용역	70,000원

① 100,000원 ② 150,000원
③ 170,000원 ④ 230,000원

12 다음 중 부가가치세 면세에 해당하는 것을 모두 고른 것은?

> 가. 토지의 공급
> 나. 국민주택의 공급
> 다. 수돗물의 공급
> 라. 착화탄의 공급

① 가 ② 가, 나
③ 가, 나, 다 ④ 가, 나, 다, 라

13 부가가치세 과세사업자가 다음과 같이 재화와 용역을 공급한 경우 부가가치세 면세대상인 것은?

① 국가에 판매한 컴퓨터
② 주차장용 토지의 임대
③ 자동차운전학원의 교육용역
④ 주차장으로 사용하던 토지의 양도

14 다음 중 부가가치세법상 영세율과 면세에 대한 설명으로 옳은 것은?

① 면세사업자는 매입 시 부담한 부가가치세액을 공제받을 수 있다.
② 영세율 적용대상자는 과세사업자로서 부가가치세법의 제반의무를 이행해야 한다.
③ 면세는 소비지국 과세원칙을 구현하기 위한 제도이다.
④ 사업자가 비거주자 또는 외국법인인 경우에도 거주자와 내국법인과 같이 모두 영세율을 적용한다.

04 과세표준과 매출세액

01 다음 중 부가가치세의 과세표준에 포함되는 것은?

① 매출할인액
② 대가와 구분하여 기재한 경우로서 종업원에 지급한 봉사료
③ 대가의 일부로 받는 운송비, 운송보험료
④ 계약 등에 의해 확정된 대가의 지연지급으로 인해 지급받는 연체이자

02 다음 중 부가가치세 공급가액에 포함되는 것은?

> 가. 인도 전에 파손된 원재료 가액
> 나. 재화 또는 용역의 공급과 직접 관련이 되지 아니하는 국고보조금
> 다. 장기외상매출금의 할부이자 상당액
> 라. 제품의 외상판매가액에 포함된 운송비

① 가, 나 ② 가, 다
③ 가, 라 ④ 다, 라

03 다음 중 부가가치세법상 과세표준에 포함되는 것은?

① 공급에 대한 대가의 지급이 지체되었음을 이유로 받는 연체이자
② 재화 또는 용역의 공급과 직접 관련되지 아니하는 국고보조금과 공공보조금

③ 공급에 대한 대가를 약정기일 전에 받았다는 이유로 사업자가 당초의 공급가액에서 할인해 준 금액
④ 재화를 공급하고 대가의 일부로 받는 운송비와 포장비

04 **다음 중 부가가치세법상 과세표준과 관련하여 옳게 설명하고 있는 사람은?**

> **[다솜]**
> 특수관계인에게 저가로 재화를 공급하면 부당행위계산 부인이 적용되어야 해.
> **[진리]**
> 대가의 일부로 받는 하역비는 과세표준에 포함해야 해.
> **[민수]**
> 회수가 불가능한 대손금은 과세표준에서 차감해야 해.
> **[은희]**
> 대가와 함께 회수하는 연체이자는 과세표준에 포함해야 해.

① 다솜, 진리
② 다솜, 민수
③ 다솜, 진리, 은희
④ 진리, 민수, 은희

05 **다음 중 부가가치세 과세표준에 대하여 잘못 설명하고 있는 사람은?**

> **[혜인]**
> 매출환입과 매출할인은 과세표준에서 제외되지 않지만 매출에누리는 과세표준에서 제외돼.
> **[명희]**
> 공급대가의 지급이 지연되어 받는 연체이자 상당액은 과세표준에서 제외 돼.
> **[수혜]**
> 장기할부판매의 경우 이자상당액은 과세표준에 포함 돼.
> **[진아]**
> 재화를 공급받는 자에게 지급하는 장려금은 과세표준에서 공제하지 않아야 해.

① 혜인 ② 명희
③ 수혜 ④ 진아

06 **다음 중 부가가치세법상 대손금 및 대손세액공제와 관련된 설명으로 옳지 않은 것은?**

① 대손금은 과세표준에서 공제하지 아니한다.
② 공급받은 자의 파산 및 강제집행이나 그 밖의 사유로 대손이 확정되어 회수할 수 없는 경우 대손세액공제를 적용받을 수 있다.
③ 대손세액공제는 공급일부터 10년이 경과한 날이 속하는 과세기간에 대한 확정신고기한까지 적용받을 수 있다.
④ 예정신고 기간에도 대손세액공제가 가능하다.

07 **일반과세자인 (주)한공의 2024년 제1기 부가가치세 확정신고와 관련된 다음 자료로 대손세액공제를 가감한 후의 매출세액을 구하면 얼마인가?**

> 가. 국내매출액 66,000,000원
> (부가가치세 포함)
> 나. 수 출 액 40,000,000원
> 다. 전기 부가가치세 신고서에 포함된 국내매출 관련 채권 3,300,000원(부가가치세 포함)이 거래처의 파산으로 당기에 대손확정되었다.

① 5,700,000원 ② 4,700,000원
③ 6,300,000원 ④ 5,300,000원

08 **다음은 부가가치세 사업자인 (주)한공의 제1기 예정신고기간(2024.1.1.~2024.3.31.)의 거래 내역이다. 부가가치세 과세표준은 얼마인가?**

> 가. 상품 매출액 100,000,000원
> 나. 거래처에 제공한 판매장려품(시가) 20,000,000원
> 다. 수출액 60,000,000원
> 라. 토지 매각액 100,000,000원

① 100,000,000원 ② 160,000,000원
③ 180,000,000원 ④ 280,000,000원

09 **다음은 완구소매업을 하는 (주)한공의 2024년 제1기 과세기간의 자료이다. 이 자료로 대손세액공제를 적용한 후 매출세액을 구하면 얼마인가?**

> 가. 완구를 판매하고 받은 대가(부가가치세가 구분 표시되지 않음) 11,000,000원
> 나. 사업용으로 사용하던 토지의 공급가액 500,000원
> 다. 2023년 제1기에 외상거래로 발생한 외상매출금 550,000원(부가가치세 포함)이 거래처의 파산으로 2024년 제1기 중에 회수불능하게 되었음

① 900,000원 ② 950,000원
③ 1,000,000원 ④ 1,050,000원

10 다음 중 부가가치세법상 매출세액은 얼마인가?

> 정수기를 생산하는 (주)한공의 제1기 예정신고기간(2024년 1월 1일 ~ 2024년 3월 31일)의 거래내역이다. 단, 모든 거래는 부가가치세 별도이다.
> - 국내 매출액: 80,000,000원
> - 우수 직원 포상으로 현물(정수기) 지급: 5,000,000원(시가 7,000,000원)
> - 수출액: US$ 22,000
>
> ※ 환율: 선적일(3월 10일) 1,000원/US$, 입금일(3월 15일) 1,100원/US$

① 8,000,000원 ② 8,700,000원
③ 10,000,000원 ④ 10,700,000원

11 다음 자료로 부가가치세 매출세액을 계산하면 얼마인가? 단, 제시된 금액에는 부가가치세가 포함되지 아니하였다.

> 가. 상품의 외상판매액: 150,000원
> 나. 공급받는 자에게 도달하기 전에 파손된 재화의 가액: 100,000원
> 다. 상가 임대용역에 대한 간주임대료: 110,000원

① 15,000원 ② 24,000원
③ 26,000원 ④ 34,000원

12 제조업을 영위하는 일반과세사업자인 (주)한공의 2024년 제1기 예정신고기간의 부가가치세 과세표준을 계산하면 얼마인가? 단, 제시된 재화·용역과 관련된 매입세액은 적법하게 공제하였고, 아래의 금액에는 부가가치세가 포함되지 아니하였다.

공급 내역 (2024년 1월~3월)	판매금액	시가
특수관계인에게 판매한 제품	100,000원	200,000원
특수관계인에게 무상공급한 음식용역	–	120,000원
거래처(특수관계인 아님)에 증정한 회사의 제품(원가 100,000원)	–	130,000원

① 270,000원 ② 330,000원
③ 400,000원 ④ 450,000원

13 다음은 부가가치세 과세사업자인 (주)한공의 2024년 제2기 부가가치세 예정신고기간의 거래내역이다. 부가가치세 매출세액을 구하면 얼마인가?

> 가. 제품 국내 공급가액(매출할인 200,000원 차감 전) 100,000,000원
> 나. 직수출 공급가액 US$20,000
> • 선적일(2024.7.20.)의 기준환율 1,000원/US$
> • 대금결제일(2024.9.30.)의 기준환율 1,100원/US$
> 다. 매입처로부터 수령한 판매장려금 2,000,000원

① 9,980,000원 ② 10,000,000원
③ 10,180,000원 ④ 11,080,000원

14 (주)한공은 제품을 영찬산업에 공급하고 그 대가로 비품을 받았다. 다음 자료를 참고하여 (주)한공과 영찬산업의 부가가치세법상 공급가액을 구하면 얼마인가? 단, 두 회사는 모두 부가가치세 과세사업자이다.

구 분	(주)한공의 제품	영찬산업의 비품
장부금액	500만원	600만원
시 가	700만원	690만원

	(주)한공	영찬산업
①	500만원	690만원
②	700만원	690만원
③	500만원	600만원
④	700만원	600만원

15 다음은 과세사업자인 (주)한공의 제2기 부가가치세 예정신고기간(2024. 7. 1. ~ 2024. 9.30.)의 거래 내역이다. 부가가치세 매출세액은 얼마인가?

> 가. 제품매출액 180,000,000원
> 나. 내국신용장에 의한 상품매출액 60,000,000원
> 다. 차량운반구 처분액 20,000,000원
> 라. 대표이사가 개인적인 용도로 사용한 상품 4,000,000원 (시가 6,000,000원)

① 26,600,000원 ② 20,600,000원
③ 26,400,000원 ④ 20,400,000원

16 다음은 컴퓨터 판매업을 영위하는 (주)한공의 2024년 제2기 예정신고기간의 거래내역이다. 부가가치세 매출세액은 얼마인가? 단, 아래의 금액에는 부가가치세가 포함되어 있지 않다.

> 가. 취득원가 1,500,000원(시가 2,000,000원)인 컴퓨터(매입세액 공제분)를 특수관계인에게 무상으로 제공하였다.
> 나. 창고건설을 목적으로 보유하던 토지를 500,000원에 판매하였다.
> 다. 노트북을 1,000,000원에 판매하였다.
> 라. 상품배달에 사용하던 트럭을 800,000원에 판매하였다.

① 150,000원 ② 250,000원
③ 380,000원 ④ 430,000원

17 페인트 제조 및 판매업을 영위하는 (주)한공의 다음 자료로 부가가치세 매출세액을 계산하면 얼마인가? 단, 제시된 금액에는 부가가치세가 포함되지 아니하였다.

> 가. 상품의 외상판매액: 2,500,000원
> 나. 내국신용장에 의한 공급액: 2,000,000원
> 다. 과세사업용 부동산 처분액: 6,000,000원
> (토지 1,500,000원, 건물 4,500,000원)

① 450,000원 ② 700,000원
③ 800,000원 ④ 900,000원

18 다음 자료로 과세사업자인 (주)한공의 2024년 제1기 예정신고기간의 부가가치세 과세표준을 계산하면 얼마인가? 단, 아래의 금액에는 부가가치세가 포함되지 아니하였다.

> 가. 제품 국내매출액(매출할인 2,000,000원이 차감되지 아니하였음): 6,000,000원
> 나. 제품 수출액: 2,500,000원
> 다. 자산수증이익: 1,000,000원
> 기증받은 업무용 차량의 시가)

① 5,000,000원 ② 6,500,000원
③ 7,000,000원 ④ 7,500,000원

19 다음은 일반과세자인 (주)한공의 2024년 제1기 부가가치세 확정신고와 관련된 자료이다. 다음 자료로 매출세액을 구하면 얼마인가?

> 가. 상품공급액(부가가치세 포함) 55,000,000원
> 나. 매출채권의 회수지연에 따라 받은 연체이자 1,100,000원
> 다. 전기 과세표준에 포함된 매출채권 5,500,000원(부가가치세 포함)이 거래처의 파산으로 당기에 대손확정 되었다.

① 4,500,000원 ② 4,600,000원
③ 5,000,000원 ④ 5,100,000원

20 다음의 공급가액 자료를 토대로 (주)한공(의류도매업)의 2024년 제1기 예정신고기간 부가가치세 과세표준을 계산하면 얼마인가?

> 가. 광고선전용으로 무상 제공한 견본품: 2,000,000원(시가)
> 나. 공급받는 자에게 도달하기 전에 파손된 재화가액: 5,000,000원
> 다. 상품국내매출액: 4,000,000원
> (매출할인 1,000,000원 차감 전)
> 라. 상품수출액: 2,000,000원

① 2,000,000원 ② 3,000,000원
③ 4,000,000원 ④ 5,000,000원

21 신발제조업을 영위하는 (주)한공의 2024년 2기 부가가치세 예정신고기간(2024.7.1. ~ 2024.9.30.)의 공급가액에 대한 자료이다. 매출세액은 얼마인가?

> • 국내 매출액 4,400,000원
> • 수출액 2,000,000원
> • 수출대행수수료 수입액 600,000원
> • 토지매각액 3,000,000원
> • 거래처에 제공한 판매장려품 400,000원
> (시가: 500,000원)

① 490,000원 ② 540,000원
③ 550,000원 ④ 750,000원

22 다음은 신발제조업을 영위하는 (주)한공의 2024년 1기 예정신고기간(2024.1.1.~2024. 3.31.)의 거래내역이다. 부가가치세법상 매출세액은 얼마인가?(단, 주어진 자료의 금액에는 부가가치세가 포함되어 있지 않다.)

• 국내 매출액	7,000,000원
• 하치장 반출액	1,000,000원
• 국외(수출) 매출액	5,000,000원
• 거래처에 무상으로 제공한 견본품의 시가	3,000,000원

① 700,000원 ② 1,000,000원
③ 1,200,000원 ④ 1,500,000원

23 **다음의 자료를 토대로 (주)한공의 2024년 제2기 확정신고기간 부가가치세 과세표준을 계산한 금액으로 옳은 것은?(단, 주어진 자료에는 부가가치세가 포함되지 아니하였다.)**

• 제품판매액:	60,000,000원
• 견본품의 시가:	3,000,000원
• 사업에 사용한 토지의 공급액:	10,000,000원
• 매입세액 공제 받은 제품의 대표자 개인적 사용분:	4,000,000원(시가 5,000,000원)

① 65,000,000원 ② 67,000,000원
③ 70,000,000원 ④ 75,000,000원

24 **다음 자료를 토대로 (주)한공의 2024년 제1기 부가가치세 확정신고 시 과세표준금액을 계산하면 얼마인가?(단, 주어진 자료에는 부가가치세가 포함되지 아니하였다.)**

• 제품 매출액:	50,000,000원
• 국가에 무상으로 기증한 제품:	20,000,000원(시가)
• 화재로 인하여 소실된 제품:	5,000,000원(시가)
• 중고 기계장치 처분액:	10,000,000원

① 55,000,000원 ② 60,000,000원
③ 75,000,000원 ④ 80,000,000원

25 **다음 자료를 토대로 (주)한공(휴대폰 제조업)의 2024년 제1기 확정신고 시 부가가치세 과세표준을 계산하면 얼마인가?(단, 아래의 금액에는 부가가치세가 포함되지 아니하였다.)**

가. 제품의 판매금액(매출에누리 500,000원이 차감되지 아니하였음):	12,000,000원
나. 사무용비품 매각금액:	3,000,000원
다. 자산수증이익(기증받은 사무용 비품의 시가):	5,000,000원
라. 대표이사가 개인적 용도로 사용한 제품(매입세액공제를 받았음)의 원가:	4,500,000원(시가: 6,000,000원)

① 17,500,000원 ② 20,500,000원
③ 22,500,000원 ④ 24,500,000원

26 **다음은 (주)한공의 2024년 제2기 확정신고기간(2024.10.1.~2024.12.31.)의 자료이다. 이를 토대로 부가가치세 과세표준을 계산하면 얼마인가?(단, 주어진 자료의 금액은 부가가치세가 포함되어 있지 않은 금액이며, 세금계산서 등 필요한 증빙서류는 적법하게 발급하였거나 수령하였다.)**

가. 외상판매액 (수출액 3,000,000원 포함)	10,000,000원
나. 비영업용 소형승용차의 매각액	5,000,000원
다. 토지매각액	6,000,000원
라. 재화 공급과 직접 관련되지 않는 국고보조금 수령액	2,500,000원

① 10,000,000원 ② 15,000,000원
③ 17,500,000원 ④ 21,000,000원

27 **다음 자료를 토대로 (주)한공의 2024년 제2기 부가가치세 확정신고기간(2024.10.1.~2024.12.31.)의 부가가치세 매출세액을 계산하면 얼마인가? 단, 주어진 자료의 금액은 부가가치세가 포함되어 있지 않은 금액이며, 세금계산서 등 필요한 증빙서류는 적법하게 발급하였거나 수령하였다.**

일 자	거 래 내 용	금 액
9월 29일	현금매출액	5,000,000원
10월 8일	외상매출액	30,000,000원
11월 7일	매입세액공제받은 재화의 거래처 증여(시가: 3,000,000원)	2,000,000원
12월 19일	공급대가의 지급이 지체되어 받는 연체이자	1,500,000원

① 3,200,000원 ② 3,300,000원
③ 3,450,000원 ④ 3,800,000원

05 매입세액

01 다음 중 부가가치세법상 매입세액불공제에 해당하지 않는 것은?

① 조세특례제한법에 따라 발급된 매입자발행세금계산서의 매입세액
② 필요적 기재사항의 일부가 적히지 아니한 세금계산서의 매입세액
③ 사업과 직접 관련이 없는 지출에 대한 매입세액
④ 접대비 및 이와 유사한 비용의 지출에 관련된 매입세액

02 다음 중 매출세액에서 공제받을 수 있는 매입세액은 어느 것인가?

① 건축물이 있는 토지를 취득하여 그 건축물을 철거하고 토지만 사용하는 경우 철거한 건축물의 취득 및 철거 비용과 관련된 매입세액
② 토지의 취득 및 형질변경, 공장부지 및 택지의 조성 등에 관련된 매입세액
③ 과세사업에 사용하여 오던 자기 소유의 노후 건물을 철거하고 새로운 건물을 신축하는 경우 해당 철거 비용과 관련된 매입세액
④ 토지의 가치를 현실적으로 증가시켜 토지의 취득원가를 구성하는 비용에 관련된 매입세액

03 다음 중 부가가치세 신고 시 공제받을 수 있는 매입세액이 아닌 것은?

① 거래처 선물 목적으로 시계를 구입하면서 발생한 매입세액
② 직원회식비와 관련된 매입세액
③ 제품운반용 소형트럭 구입과 관련된 매입세액
④ 사무용소모품 구입 관련 매입세액

04 다음 의제매입세액공제에 대한 설명 중 옳지 않은 것은?

① 제조업을 영위하는 사업자만 의제매입세액의 공제를 받을 수 있다.
② 외국으로부터 수입한 농산물 등도 의제매입세액공제의 대상이 될 수 있다.
③ 의제매입세액공제는 면세농산물 등을 원재료로 하여 과세되는 재화·용역을 공급하는 경우에 발생하는 누적효과를 완화하기 위한 제도이다.
④ 제조업을 하는 중소기업은 4/104의 공제율을 적용받는다.

05 부가가치세법상 공통매입세액의 안분계산에 대한 설명으로 옳지 않은 것은?

① 공통매입세액은 원칙적으로 실지귀속에 따라 구분하되, 실지귀속이 불분명한 경우에는 당해 과세기간의 공급가액을 기준으로 안분계산한다.
② 감가상각자산의 공통매입세액을 공제받은 경우에는 그 이후 확정신고시에 과세기간의 면세공급가액 비율이 5%이상 증감된다면 납부세액 또는 환급세액을 재계산하여야 한다.
③ 예정신고 시 예정신고기간에 대한 공통매입세액을 안분계산하였다면 확정신고 시 정산할 필요가 없다.
④ 해당 과세기간 중의 공통매입세액이 5만원 미만인 경우의 매입세액은 전액 공제되는 매입세액으로 한다.

06 다음 중 부가가치세법상 공제받을 수 있는 매입세액은 얼마인가?

가. 사무용 소모품 구입 관련 매입세액	1,800,000원
나. 거래처 증정용 선물세트 구입 관련 매입세액	1,000,000원
다. 수입원자재 관련 매입세액	6,000,000원

① 1,800,000원 ② 2,800,000원
③ 6,000,000원 ④ 7,800,000원

07 다음 중 부가가치세법상 매출세액에서 공제 가능한 매입세액은 얼마인가?

가. 법인세법상 업무무관비용 관련 매입세액	100,000원
나. 접대비 관련 매입세액	500,000원
다. 건물(과세사업에 사용)의 자본적 지출 관련 매입세액	200,000원
라. 과세사업 및 면세사업의 원재료 매입 관련 공통매입세액 (실지귀속이 불분명한 공통매입세액이며 해당 과세기간의 과세사업 및 면세사업의 공급가액은 각각 2,000,000원과 3,000,000원이다)	400,000원

① 200,000원 ② 360,000원
③ 400,000원 ④ 440,000원

08 다음은 일반과세자 (주)한공이 2024년 제1기 부가가치세 예정신고기간에 발급받은 세금계산서 내역이다. 매입세액 공제액은 얼마인가?

내 역	매입세액
2024. 1. 7. 기계장치 구입	1,000,000원
2024. 2. 15. 토지조성 관련 비용	4,000,000원
2024. 2. 28. 제품운반용 소형트럭 구입	1,600,000원
2024. 3. 2. 거래처 선물 구입	500,000원

① 1,500,000원　② 2,600,000원
③ 3,100,000원　④ 7,100,000원

09 다음 중 제조업을 영위하는 일반과세자인 (주)한공의 부가가치세 신고 시 매출세액에서 공제받을 수 있는 매입세액은 얼마인가? 단, 세금계산서는 적법하게 수취하였으며, 매입세액을 공제받기 위한 절차를 모두 이행한다고 가정한다.

구분	공급가액
원재료를 운반하는 트럭에 대한 수선비 관련 매입세액	19,500,000원
업무용 승용자동차의 구입에 관련된 매입세액(2,000CC, 5인승)	15,000,000원
거래처 체육대회시 증정한 물품 구입 관련 매입세액	5,000,000원
공장용 토지 조성을 위한 공사비용 관련 매입세액	20,000,000원

① 1,950,000원　② 2,000,000원
③ 2,450,000원　④ 3,500,000원

10 다음은 (주)한공의 2024년 제2기 예정신고기간(2024.7.1. ~ 2024.9.30.)의 매입세액이다. 부가가치세법상 매출세액에서 공제할 수 없는 매입세액은 얼마인가? 단, 세금계산서는 모두 적법하게 수취하였다.

가. 과세사업에 사용하는 건물에 대한 자본적 지출 관련 매입세액　10,000,000원
나. 거래처에 증정한 선물 관련 매입세액　3,000,000원
다. 직장체육대회에 사용할 물품 관련 매입세액　5,000,000원
라. 공장건설용 토지조성 관련 매입세액　20,000,000원

① 13,000,000원　② 20,000,000원
③ 23,000,000원　④ 25,000,000원

11 다음 중 부가가치세법상 일반사업자가 제2기 과세기간(7.1. ~ 12.31.)의 매출세액에서 공제받을 수 있는 매입세액은 얼마인가? 단, 세금계산서는 적법하게 수취하였다.

• 제1기 과세기간에 신고누락된 원재료 관련 매입세액　2,000,000원
• 제2기 과세기간에 구입한 원재료 관련 매입세액(기말 현재 보유중임)　500,000원
• 직장체육대회 관련 매입세액　800,000원
• 공장부지 조성 관련 매입세액　1,500,000원

① 1,300,000원　② 2,000,000원
③ 2,800,000원　④ 3,300,000원

12 다음은 개인사업자인 한공기업(페인트 제조업)의 거래내용이다. 2024년 제1기 부가가치세 매출세액에서 공제받을 수 없는 매입세액은 모두 얼마인가? 단, 필요한 세금계산서는 적법하게 수취하였다.

일 자	거 래 내 용	매입세액
1월 18일	기계장치 매입	20,000,000원
3월 26일	접대비 지출	2,000,000원
5월 19일	공장부지의 조성관련 지출	50,000,000원
7월 27일	종업원 식대	1,000,000원

① 50,000,000원　② 51,000,000원
③ 52,000,000원　④ 53,000,000원

13 다음 중 제조업을 영위하는 일반과세자인 (주)한공의 부가가치세 신고 시 매출세액에서 공제받을 수 있는 매입세액은 얼마인가? 세금계산서는 적법하게 수취하였으며, 매입세액을 공제받기 위한 절차를 모두 이행하였다고 가정한다.

가. 원재료를 운반하는 트럭 매입세액:　3,000,000원
나. 회계감사 수수료 관련 매입세액:　1,000,000원
다. 공장용 토지 조성을 위한 공사비용 관련 매입세액:　4,000,000원
라. 영업부에서 사용하기 위한 5인승 자동차(2,000CC) 구입 관련 매입세액:　2,000,000원

① 3,000,000원 ② 4,000,000원
③ 6,000,000원 ④ 10,000,000원

14 다음은 제조업을 영위하는 일반과세자 (주)한공의 2024년 제2기 부가가치세 예정신고와 관련된 매입세액 자료이다. 부가가치세법상 공제받을 수 있는 매입세액은 얼마인가?(단, 세금계산서는 적법하게 수취하였다.)

가. 공장용 화물차 유류대 관련 매입세액: 2,500,000원
나. 거래처 발송용 추석 선물세트 구입 관련 매입세액: 1,000,000원
다. 사무용 비품 구입 관련 매입세액: 4,000,000원
라. 토지 자본적 지출 관련 매입세액: 3,400,000원

① 5,000,000원 ② 5,900,000원
③ 6,500,000원 ④ 7,400,000원

15 다음은 일반과세자인 (주)한공(전자제품 제조업)의 2024년 제2기 부가가치세 확정신고기간의 내역이다. 이 중 매출세액에서 공제 가능한 매입세액은 얼마인가?(단, 세금계산서는 적법하게 수취하였고, 매입세액을 공제받기 위한 절차를 모두 이행하였다.)

- 원재료 구입 관련 매입세액 2,500,000원
- 거래처 접대용품 구입 관련 매입세액 1,000,000원
- 대표이사 업무용 승용차(3,500cc) 구입 관련 매입세액 3,000,000원
- 제품 제조용 기계장치 구입 관련 매입세액 1,200,000원

① 2,500,000원 ② 3,700,000원
③ 5,500,000원 ④ 6,700,000원

16 다음 자료를 토대로 의류제조업을 영위하는 (주)한공의 공제받을 수 있는 매입세액을 계산하면 얼마인가?(단, 세금계산서는 적법하게 수령하였다.)

- 거래처 방문용 소형승용차(2,000cc)의 매입세액: 3,000,000원
- 공장부지의 조성과 관련된 매입세액: 14,000,000원
- 당해 과세기간에 매입하였으나 과세기간 말 현재 사용하지 않은 원재료의 매입세액: 8,000,000원
- 거래처 접대와 관련된 매입세액: 5,000,000원

① 8,000,000원 ② 11,000,000원
③ 19,000,000원 ④ 22,000,000원

17 다음은 일반과세자인 (주)한공(전자제품 제조업)의 2024년 제1기 부가가치세 예정신고기간의 내역이다. 이 중 부가가치세 매출세액에서 공제 가능한 부가가치세 매입세액은 얼마인가?(단, 세금계산서는 적법하게 수취하였고, 매입세액을 공제받기 위한 절차를 모두 이행하였다.)

가. 세관장으로부터 발급받은 수입세금계산서상 원재료 매입세액 3,500,000원
나. 거래처 접대용품 구입 관련 매입세액 1,000,000원
다. 대표이사 업무용 승용차(3,500cc) 구입 관련 매입세액 3,000,000원
라. 제품 제조용 기계장치 유지보수 관련 매입세액 2,200,000원

① 4,000,000원 ② 4,500,000원
③ 5,700,000원 ④ 6,500,000원

18 다음은 컴퓨터 제조업을 영위하는 (주)한공의 2024년 1기 부가가치세 확정신고기간(2024.4.1.~2024.6.30.)의 자료이다. 이를 토대로 부가가치세 납부세액을 계산하면 얼마인가?(단, 모든 거래금액은 부가가치세가 포함되어 있지 않고 필요한 세금계산서는 적법하게 수취하였다.)

- 국내 매출액: 30,000,000원
- 직수출액: 12,000,000원
- 컴퓨터 부품 매입액: 11,000,000원
- 배달용 1톤 트럭 구입액: 15,000,000원
- 거래처 증정용 선물구입액: 3,000,000원

① 100,000원 ② 400,000원
③ 1,600,000원 ④ 1,900,000원

19 다음 중 세금계산서(또는 전자세금계산서)에 대한 설명으로 옳지 않은 것은?

① 법인사업자는 의무적으로 전자세금계산서를 발급해야 한다.

② 전자세금계산서를 지연발급하면 발급자에게만 가산세가 부과된다.
③ 발급일의 다음날까지 세금계산서 발급명세를 국세청장에게 전송해야 한다.
④ 공급받는자의 등록번호는 필요적 기재사항이다.

20 다음 중 세금계산서 발급의무가 있는 것은 어느 것인가?

① 사업자가 폐업할 때 자기생산·취득재화 중 남아 있는 재화
② 내국신용장에 의하여 공급하는 재화
③ 무인자동판매기를 이용하여 공급하는 재화
④ 부동산임대용역 중 간주임대료

21 다음 중 부가가치세법상 세금계산서에 대한 설명으로 옳지 않은 것은?

① 작성 연월일은 필요적 기재사항이다.
② 택시운송 사업자는 세금계산서 발급의무가 면제된다.
③ 세금계산서는 공급시기에 발급하는 것이 원칙이다.
④ 전자세금계산서 발급명세는 전자세금계산서 발급 후 10일 이내에 국세청장에게 전송하여야 한다.

22 세금계산서(또는 전자세금계산서)에 대한 설명으로 옳지 않은 것은?

① 계약의 해제로 재화 또는 용역이 공급되지 아니한 경우 수정전자세금계산서의 작성일은 계약의 해제일로 한다.
② 택시운송 사업자는 세금계산서 발급의무가 면제되지 아니한다.
③ 공급받는 자의 등록번호는 세금계산서의 필요적 기재사항이다.
④ 필요적 기재사항 등이 착오 외의 사유로 잘못 적힌 경우는 재화나 용역의 공급일이 속하는 과세기간에 대한 확정신고기간까지 수정세금계산서를 발급할 수 있다.

23 다음 중 세금계산서(또는 전자세금계산서)에 대한 설명으로 옳지 않은 것은?

① 부가가치세가 과세되는 재화를 수입하는 경우에는 세관장이 수입세금계산서를 발급한다.
② 부가가치세가 과세되는 미용성형수술에 대해서는 세금계산서 발급의무가 있다.
③ 공급받는 자의 등록번호는 세금계산서의 필요적 기재사항이다.
④ 착오로 기재사항을 잘못 적은 경우에는 세금계산서를 수정하여 발급할 수 있다.

24 다음은 부가가치세 과세사업자인 (주)한공의 세금계산서 발급내역이다. 이 중 세금계산서를 잘못 발급한 것은?

① (주)한공은 4월 5일 계약금 10만원(매매대금의 10%)을 받고 그와 동시에 10만원에 대한 세금계산서를 발급하였다. 주문한 상품은 6월 5일에 인도할 예정이다.
② (주)한공은 4월 27일 상품을 인도하고 대금은 2개월 후에 받기로 하였다. (주)한공은 6월 27일에 대금을 받으면서 그와 동시에 세금계산서를 발급하였다.
③ (주)한공은 4월 6일과 4월 25일에 두 번 상품을 공급하고 5월 10일에 월합계세금계산서(작성연월일: 4.30.)를 발급하였다.
④ (주)한공은 5월 2일에 상품을 공급하고 세금계산서의 작성연월일을 5월 2일로 기재하여 6월 10일에 세금계산서를 발급하였다.

25 다음 중 전자세금계산서와 관련된 설명으로 옳지 않은 것은?

① 전자세금계산서 의무발급대상이 아닌 사업자도 전자세금계산서를 발급할 수 있다.
② 전자세금계산서를 발급하였을 때에는 그 발급명세를 발급일이 속하는 달의 다음 달 10일까지 국세청장에게 전송하여야 한다.
③ 법인사업자는 의무적으로 전자세금계산서를 발급하여야 한다.
④ 관할 세무서장은 개인사업자가 전자세금계산서 의무발급 개인사업자에 해당하는 경우 전자세금계산서를 의무발급해야 하는 기간이 시작하기 1개월 전까지 그 사실을 해당 개인사업자에게 통보하여야 한다.

26 다음 중 부가가치세법상 세금계산서 및 전자세금계산서에 대한 설명으로 옳은 것은?

① 공급 연월일은 세금계산서의 필수적 기재사항이다.
② 공급받는 자가 발급을 요구하더라도 소매업자는 세금계산서를 발급하지 아니할 수 있다.
③ 공급시기 전에 세금계산서를 발급하고 그 발급일부터 7일 이내에 대가를 받으면 발급일을 공급시기로 본다.
④ 직전연도의 사업장별 공급가액과 면세공급가액 합계액이 1억원인 법인사업자는 전자세금계산서를 발급하지 아니할 수 있다.

27 다음 중 부가가치세법상 세금계산서에 대한 설명으로 옳은 것은?

① 공급가액과 부가가치세액은 세금계산서의 임의적 기재사항이다.

② 일반과세자인 법인은 전자세금계산서의 발급의무자이다.
③ 전자세금계산서 발급명세는 전자세금계산서 발급일이 속하는 달의 다음달 10일까지 국세청장에게 전송하여야 한다.
④ 간주임대료에 대해서도 세금계산서를 발급하여야 한다.

28 **다음 중 부가가치세법상 전자세금계산서에 대한 설명으로 옳은 것은?**

① 전자세금계산서 발급명세는 발급일까지 국세청장에 전송해야 한다.
② 공급받는자의 성명은 필요적 기재사항에 해당한다.
③ 전자세금계산서를 발급 · 전송한 경우 세금계산서 보관의무는 면제된다.
④ 모든 개인사업자는 전자세금계산서를 의무발급 하여야 한다.

06 신고와 납부 등

01 **다음 중 부가가치세의 신고 · 납부에 대한 설명으로 옳지 않은 것은?**

① 개인사업자의 예정신고는 고지납부가 원칙이며, 일정한 사유가 있는 경우에만 신고 납부를 할 수 있다.
② 사업자가 폐업하는 경우 폐업일이 속하는 달의 말일까지 확정신고와 납부를 하여야 한다.
③ 직전 과세기간 공급가액 합계액이 1억 5천만원이상인 법인사업자는 예정신고기간이 끝난 후 25일 이내에 예정신고기간에 대한 과세표준과 납부세액 또는 환급세액을 납세지 관할 세무서장에게 신고하여야 한다.
④ 조기환급신고를 한 부분은 예정신고 및 확정신고의 대상에서 제외한다.

02 **다음 중 일반과세자의 부가가치세 신고·납부 및 환급에 대한 설명으로 옳은 것은?**

① 총괄납부사업자는 주사업장 관할세무서장에게 종된 사업장분을 합산하여 신고·납부하여야 한다.
② 확정신고를 하는 경우에는 예정신고 시 신고한 내용을 포함하여 신고하여야 한다.
③ 폐업하는 경우 폐업일이 속하는 과세기간의 개시일부터 폐업일까지의 과세기간분에 대한 확정신고를 하여야 한다.
④ 조기환급이 아닌 일반환급의 경우에는 각 과세기간별로 확정신고기한 후 15일 이내에 환급한다.

03 **다음 중 부가가치세 신고 및 납부에 대한 설명으로 옳지 않은 것은?**

① 직전 과세기간 공급가액 합계액이 1억 5천만원 이상인 법인사업자는 예정신고기간이 끝난 후 25일 이내에 예정신고·납부를 하여야 한다.
② 개인 일반과세자에게는 관할 세무서장이 직전 과세기간에 대한 납부세액의 1/2을 결정하여 해당 예정신고기간이 끝난 후 25일까지 징수하는 것이 원칙이다.
③ 폐업하는 경우 폐업일부터 25일 이내에 신고·납부하여야 한다.
④ 예정신고기간 분에 대해 조기환급을 받고자 하는 조기환급대상 개인 일반과세자는 예정신고를 할 수 있다.

04 **다음 중 부가가치세의 신고 · 납부에 관한 설명으로 옳지 않은 것은?**

① 납부할 세액이 1천만원 초과하는 경우에는 납부기한 경과 후에 분납 할 수 있다.
② 주사업장 총괄납부 사업자의 경우 세금계산서는 각 사업장별로 발급하여야 한다.
③ 납세자가 직접 전자신고방법에 의해 부가가치세를 확정신고 하는 경우 납부세액에서 1만원을 공제한다.
④ 사업부진으로 인하여 각 예정신고기간의 공급가액이 직전과세기간의 공급가액의 1/3에 미달하는 개인사업자는 예정신고를 할 수 있다.

05 **다음 중 부가가치세법상 신고·납부에 대한 설명으로 옳지 않은 것은?**

① 직전 과세기간 공급가액 합계액이 1억 5천만원 이상인 법인사업자는 예정신고기간의 과세표준과 납부세액을 예정신고기간 종료일부터 25일 이내 신고·납부해야 한다.
② 조기환급신고를 할 때 이미 신고한 과세표준은 확정신고 시 포함하지 않는다.
③ 개인사업자의 부가가치세 예정고지세액이 50만원 미만인 경우 이를 징수하지 아니한다.
④ 개인사업자는 조기환급을 신청할 수 없다.

06 **다음 중 부가가치세 환급에 대한 설명으로 옳지 않은 것은?**

① 일반환급은 각 과세기간별로 확정신고기한 경과후 30일 이내에 환급해야 한다.
② 재화 및 용역의 공급에 영세율이 적용되는 경우에는 조기환급이 가능하다.
③ 사업설비를 신설하는 경우 조기환급이 가능하다.
④ 영세율 등 조기환급기간별로 당해 조기환급신고기한 경과후 25일 이내에 환급해야 한다.

07 **다음 중 부가가치세 환급에 대한 설명으로 옳지 않은 것은?**

① 일반환급의 경우 예정신고시 환급세액은 예정신고기간이 지난 후 30일 이내에 환급한다.
② 영세율을 적용받는 경우에는 조기환급 대상이 된다.
③ 조기환급 신고를 한 경우의 조기환급세액은 조기환급 신고기한이 지난 후 15일 이내에 사업자에게 환급한다.
④ 경정에 의한 환급세액이 있는 경우 관할세무서장은 지체없이 환급해야 한다.

08 **부가가치세 과세사업자인 (주)한공의 다음 거래를 현행 부가가치세법에 따라 회계처리할 경우 발생하는 결과로 잘못된 것은?**

- 상품을 외상으로 판매하고 935,000원(VAT포함)의 세금계산서를 발급하였다.
- 거래처 담당자와 저녁식사를 하고 법인카드로 165,000원(VAT포함)을 결제하였다.
- 재무팀 직원들이 회식을 하고 법인카드로 110,000원(VAT포함)을 결제하였다.

① 매출채권은 935,000원이 증가한다.
② 매출액은 850,000원이 발생한다.
③ 부채로 계상될 금액 합계는 275,000원이다.
④ 비용으로 계상될 금액 합계는 265,000원이다.

07 간이과세

01 **다음 중 부가가치세법상 간이과세자에 대한 설명으로 가장 옳지 않은 것은?**

① 재화를 수출한 경우에는 간이과세자도 영세율을 적용받을 수 있다.
② 간이과세자는 직전연도 공급대가가 1억4백만원 미만의 개인사업자와 법인사업자를 말한다.
③ 간이과세자는 의제매입세액공제를 받을 수 없다.
④ 간이과세자의 과세표준은 부가가치세를 포함한 공급대가이다.

02 **다음 중 간이과세자에 해당하는 자는?**

① 변호사업을 영위하는 개인사업자로서 직전 연도의 공급대가가 1억원인 자
② 양복점업을 영위하는 개인사업자로서 직전 연도의 공급대가가 7,000만원인 자
③ 음식점업을 영위하는 개인사업자로서 직전 연도의 공급대가가 1억 5백만원인 자
④ 재생용 재료수집 및 판매업을 영위하는 법인사업자로서 직전 연도의 공급대가가 9,000만원인 자

03 **부가가치세법의 일반과세자와 간이과세자에 대한 비교 설명으로 옳지 않은 것은?**

① 일반과세자는 의제매입세액공제를 적용할 수 있으나, 간이과세자는 의제매입세액공제를 적용할 수 없다.
② 일반과세자의 과세기간은 1월 1일부터 6월 30일을 제1기 과세기간, 7월 1일부터 12월 31일을 제2기 과세기간으로 하나, 간이과세자는 1월 1일부터 12월 31일까지를 과세기간으로 한다.
③ 일반과세자는 대손세액공제를 적용할 수 있으나, 간이과세자는 대손세액공제를 적용할 수 없다.
④ 일반과세자는 부가가치세를 포함한 공급대가를 과세표준으로 하나, 간이과세자는 부가가치세를 포함하지 않은 공급가액을 과세표준으로 한다.

04 **다음의 대화를 통해 간이과세자에 대해 잘못 설명한 사람을 고르면?**

[철수]
법인사업자는 간이과세자가 될 수 없어.
[영희]
해당 과세기간의 공급가액 합계액이 과세표준이야.
[재영]
간이과세자에 관한 규정의 적용을 포기할 수 있어.
[희수]
간이과세자의 해당 과세기간에 대한 공급대가의 합계액이 4천800만원 미만이면 납부의무를 면제가 돼.

① 철수 ② 영희
③ 재영 ④ 희수

05 **다음 중 부가가치세법상 간이과세제도에 대한 설명으로 가장옳지 않은 것은?**

① 법인사업자는 간이과세에 대한 규정을 적용받지 못한다.
② 간이과세자는 세금계산서를 발급할 수 없다.
③ 부동산매매업을 영위하는 사업자도 간이과세자가 될 수 없다.
④ 부동산임대업을 경영하는 사업자로서 직전 연도의 공급대가의 합계액이 4,800만원 이상인 사업자는 간이과세를 적용할 수 없다.

제3절 소득세

01 소득세법 총설

01 다음 중 소득세에 대한 설명으로 옳지 않은 것은?

① 소득세는 납세의무자와 담세자가 일치할 것으로 예정된 직접세이다.
② 비거주자는 국내원천소득에 대해 소득세 납세의무가 있다.
③ 거주자가 사망한 경우에 소득세 과세기간은 1월 1일부터 사망한 날까지로 한다.
④ 소득세는 과세기간의 다음연도 5월 31일까지 정부가 부과 · 고지함으로써 확정된다.

02 다음 중 소득세에 대한 설명으로 옳지 않은 것은?

① 퇴직소득과 양도소득은 종합소득에 포함되지 아니한다.
② 일용근로소득은 종합과세와 분리과세를 선택할 수 있다.
③ 출자공동사업자의 배당소득은 종합과세 한다.
④ 사적연금소득이 연 1,200만원 이하인 경우에는 종합과세와 분리과세를 선택할 수 있다.

03 다음의 거주자 중 종합소득 확정신고를 하여야 하는 자는?(다만, 연말정산소득은 소득세법에 따라 연말정산되었다고 가정한다.)

① 근로소득과 퇴직소득만 있는 자
② 분리과세이자소득과 공적연금소득만 있는 자
③ 근로소득과 공적연금소득만 있는 자
④ 공적연금소득과 퇴직소득만 있는 자

04 다음 중 소득세에 대한 설명으로 옳지 않은 것은?

① 퇴직소득과 양도소득은 다른 소득과 합산하지 아니하고 분류과세한다.
② 비거주자는 국내원천소득에 대하여만 소득세 납세의무를 진다.
③ 소득세는 부과과세제도를 채택하고 있으므로 정부의 결정으로 납세의무가 확정된다.
④ 분리과세소득은 원천징수로써 소득세의 과세가 종결된다.

05 소득세법에 대한 내용으로 옳지 않은 것은?

① 소득세는 신고납세주의를 채택하고 있으며, 납세자가 과세표준 확정신고를 함으로써 소득세의 납세의무가 확정된다.
② 거주자는 국내외 원천소득에 대한 납세의무가 있으나, 비거주자는 국내원천소득에 대한 납세의무만 있다.
③ 소득세의 과세기간은 1월 1일부터 12월 31일까지이나, 1년 이내의 기간을 한도로 과세기간을 변경할 수 있다.
④ 계속하여 183일 이상 국내에 거주할 것을 통상 필요로 하는 직업을 가진 자는 국내에 주소가 있는 것으로 본다.

06 다음 중 소득세와 관련된 설명으로 옳지 않은 것은?

① 확정신고기간은 다음연도 5월 1일부터 5월 31일(성실신고확인대상사업자는 6월 30일)까지 이다.
② 거주자가 사망한 경우의 소득세 과세기간은 1월 1일부터 사망한 날까지로 한다.
③ 원천징수에는 예납적 원천징수와 완납적 원천징수가 있다.
④ 비거주자는 국내외 모든 소득에 대해 소득세 납세의무가 있다.

07 다음 중 소득세법상의 소득구분이 옳은 것은?

① 연금저축에 가입하고 연금형태로 지급받는 소득: 이자소득
② 곡물재배업으로부터 발생하는 소득: 사업소득
③ 직장공제회 초과반환금: 근로소득
④ 지역권 및 지상권을 설정하거나 대여하고 받는 금품: 기타소득

08 다음 중 소득세 신고 및 납부에 대한 설명으로 옳지 않은 것은?

① 사업소득이 있는 거주자의 중간예납기간은 1월 1일부터 6월 30일까지이다.
② 퇴직소득과 양도소득에 대해서는 중간예납을 하지 않는다.
③ 납부할 세액이 500만원을 초과하는 경우 분납을 할 수 있다.
④ 연말정산한 근로소득만 있는 자는 과세표준확정신고를 하지 않아도 된다.

09 다음 중 소득세에 관한 설명으로 옳은 것은?

① 거주자가 폐업하는 경우의 과세기간은 1월 1일부터 폐업일까지이다.
② 사업소득에 대해 원천징수하는 경우는 없다.
③ 이자소득은 다른 종합소득과 합산하지 않고 별도로 과세하는 분류과세대상 소득이다.
④ 비거주자도 국내원천소득에 대해서는 소득세를 납부할 의무가 있다.

10 다음 중 우리나라 소득세에 대한 설명으로 옳지 않은 것은?

① 납세의무자의 신고에 의해 과세표준과 세액이 확정되는 것을 원칙으로 한다.
② 종합소득에 대한 소득세는 누진세율을 적용하여 계산한다.
③ 부부의 소득은 원칙적으로 합산하여 과세한다.
④ 일용근로소득은 원천징수로 납세의무가 종결된다.

11 다음 중 종합소득세의 납세절차에 대한 설명으로 옳은 것은?

① 근로소득과 분리과세 이자소득만 있는 자도 과세표준 확정신고를 하여야 된다.
② 퇴직소득만 있는 자는 과세표준 확정신고를 하지 않아도 된다.
③ 근로소득과 공적연금소득이 있는 자는 과세표준 확정신고를 하지 않아도 된다.
④ 차감납부할 세액이 1천만원을 초과하는 경우 그 납부할 세액의 일부를 납부기한이 지난 후 1개월(중소기업은 2개월)이내에 분납할 수 있다.

12 다음 중 소득세법에 대한 설명으로 옳은 것은?

① 비거주자는 국내원천소득에 대해 소득세를 납부할 의무가 없다.
② 소득재분배기능을 위해 누진세율제도를 채택하고 있다.
③ 순자산을 증가시킨 모든 소득에 대해 과세하는 포괄주의 과세방식을 채택하고 있다.
④ 퇴직소득은 종합과세 대상소득으로 다른 소득과 합산하여 종합과세한다.

13 다음 중 소득세법상 소득금액계산시 필요경비로 인정받을 수 있는 경우는?

① 이자소득금액을 계산하는 경우 차입금에 대한 지급이자
② 연금소득금액을 계산하는 경우 은행에 지급한 수수료
③ 근로소득금액을 계산하는 경우 업무상 출장비용
④ 사업소득금액을 계산하는 경우 사업자 본인의 건강보험료

14 다음 중 소득세법상 종합소득금액에 대하여 바르게 설명한 사람은 누구인가?

[이로윤]
기준시가 6억원인 1개의 주택을 소유하는 경우 주택임대소득은 비과세 사업소득에 해당 해.
[조은유]
상가 임대소득에서 발생한 결손금에 대해서는 다른 종합소득금액에서 공제할 수 있어.
[안이현]
이자소득, 배당소득, 사업소득, 근로소득, 연금소득, 기타소득, 퇴직소득, 양도소득은 모두 합산하여 종합소득금액으로 신고해야 하는 거야.
[이지호]
아버지와 아들이 공동으로 사업을 하는 경우에는 합산하여 소득금액을 계산하는 것이 원칙이야.

① 이로윤 ② 조은유 ③ 안이현 ④ 이지호

15 다음 중 소득세법상 납세의무자에 대한 설명으로 옳지 않은 것은?

① 소득세법상 거주자는 국내에 주소를 두거나 183일 이상의 거소를 둔 개인을 말한다.
② 거소는 주소지 외의 장소 중 상당기간에 걸쳐 거주하는 장소로서 주소와 같이 밀접한 일반적 생활관계기 형성되지 아니한 장소를 말한나.
③ 국내에 거소를 둔 기간이 1과세기간 동안 183일 이상인 경우에는 거주자로 본다.
④ 국내에 거소를 둔 기간은 입국한 날부터 출국한 날까지로 한다.

16 다음 중 종합소득세 확정신고·납부와 관련된 내용으로 옳지 않은 것은?

① 과세표준이 없거나 결손시에는 신고의무가 면제된다.
② 일용근로소득만 있는 자는 과세표준 확정신고를 하지 않아도 된다.
③ 과세표준 확정신고 기한은 다음 연도 5월 1일에서 5월 31일(성실신고대상자는 6월 30일)까지이다.
④ 납부할 세액이 1천만원을 초과하는 경우에는 납부기한 경과 후 2개월 이내에 분납 할 수 있다.

17 다음 중 소득세에 대한 설명으로 옳지 않은 것은?

① 소득세의 과세기간은 1월 1일부터 12월 31일을 원칙으로 하며, 거주자가 출국하여 비거주자가 되는 경우에는 1월 1일부터 출국일까지로 한다.
② 해당 과세기간의 신규사업개시자는 중간예납의무를 지지 않는다.
③ 퇴직소득과 양도소득은 종합소득과 합산과세 하지 않는다.
④ 부부가 공동사업을 영위하는 경우에는 부부단위로 합산하여 과세하는 것이 원칙이다.

18 다음의 이자소득 중 과세방법이 다른 것은?

① 비실명 이자소득
② 직장공제회 초과반환금
③ 법원보관금의 이자소득
④ 국외에서 지급받는 이자소득

19 **다음 중 소득세법상 이자소득에 해당하지 않는 것은?**

① 손해배상금에 대한 법정이자
② 국내에서 지급받는 은행 예금의 이자
③ 내국법인이 발행한 채권 또는 증권의 이자
④ 비영업대금의 이익

20 **소득세법상 금융소득에 대한 설명으로 옳지 않은 것은?**

① 비영업대금의 이익은 분리과세하지 않으며, 원천징수하더라도 종합과세 대상으로 보아 과세한다.
② 국내에서 거주자에게 이자소득과 배당소득을 지급하는 자는 그 거주자에 대한 소득세를 원천징수하여야 한다.
③ 비실명 이자소득과 배당소득은 분리과세 대상 금융소득으로 종합과세하지 아니한다.
④ 공동사업에서 발생한 사업소득금액 중 출자공동사업자의 손익분배비율에 해당하는 금액은 종합과세 대상이다.

21 **다음의 금융소득 중 과세방법이 다른 것은?**

① 직장공제회 초과반환금
② 비실명 금융소득
③ 민사집행법에 따라 법원에 납부한 보증금에서 발생한 이자소득
④ 출자공동사업자의 배당소득

22 **다음은 국내 거주자 한공회씨의 2024년 귀속 이자소득과 배당소득 내역이다. 한공회씨의 종합과세대상 이자소득과 배당소득은 얼마인가? (다. 외국법인으로부터 받은 현금배당금을 제외하고는 모두 소득세법에 따라 적법하게 원천징수 되었다.)**

가. 내국법인으로부터 받은 현금배당금	4,000,000원
나. 직장공제회 초과반환금	9,000,000원
다. 외국법인으로부터 받은 현금배당금	3,000,000원
라. 비영업대금의 이익	12,000,000원

① 3,000,000원 ② 13,000,000원
③ 16,000,000원 ④ 19,000,000원

23 **다음 중 금융소득의 과세방법에 대하여 바르게 설명하고 있는 사람은?**

[승훈]
부부의 금융소득 합계금액이 2,000만원 초과하면 종합과세 대상이야.
[상화]
원천징수되지 않은 이자소득은 조건부 종합과세 대상이야.
[지섭]
비실명 금융소득은 무조건 분리과세 돼.
[은희]
금융소득의 필요경비는 인정 받을 수 있어.

① 승훈 ② 상화
③ 지섭 ④ 은희

24 **다음 중 무조건 종합과세대상 금융소득인 것은?**

① 직장공제회 초과반환금
② 비실명 이자소득
③ 출자공동사업자의 배당소득
④ 비영업대금의 이익

25 **다음 중 소득세법상 금융소득에 대한 설명으로 옳지 않은 것은?**

① 직장공제회 초과반환금은 무조건 분리과세 대상이다.
② 이자소득과 배당소득은 필요경비가 인정되지 않는다.
③ 외국법인으로부터 받은 원천징수 대상이 아닌 현금배당은 조건부 종합과세 대상이다.
④ 은행 정기적금 이자 수령액이 연간 2천만원을 초과하는 경우 종합과세 대상이다.

26 **다음 중 소득세법상 금융소득에 대한 설명으로 옳지 않은 것은?**

① 비영업대금의 이익은 25%의 세율로 원천징수된다.
② 과세소득의 범위를 유형별 포괄주의에 따라 규정하고 있다.
③ 금융기관에서 받은 정기예금 이자가 2,000만원을 초과하는 경우 종합과세 된다.
④ 국내 또는 국외에서 받는 집합투자기구로부터의 이익은 소득세법상 이자소득에 해당한다.

27 **다음 중 금융소득에 대한 설명으로 옳은 것은?**

① 통지예금의 이자는 약정에 따른 이자지급 개시일을 수입시기로 한다.
② 출자공동사업자의 배당소득은 조건부 종합과세 배당소득에 해당한다.

③ 실지명의가 확인되지 아니하는 금융소득은 무조건 종합과세 대상이다.
④ 법인세법에 의하여 처분된 배당은 해당 법인의 사업연도 결산확정일을 수입시기로 한다.

28 다음은 거주자 김한공씨의 2024년 귀속 소득의 내역이다. 김한공씨의 종합소득금액에 합산될 종합과세대상 금융소득은 얼마인가? 별도의 언급이 없는 한 적법하게 원천징수 되었다.

> 가. 내국법인으로부터 받은 현금배당금 4,000,000원
> 나. 계약의 해약으로 인한 배상금 8,000,000원
> 다. 외국법인으로부터 받은 현금배당금(원천징수되지 아니함) 3,000,000원
> 라. 비영업대금의 이익 9,000,000원

① 3,000,000원 ② 7,000,000원
③ 9,000,000원 ④ 16,000,000원

29 다음 중 소득세법상 사업소득에 대한 설명으로 옳지 않은 것은?

① 논·밭을 작물생산에 이용하게 함으로써 발생하는 소득은 비과세 사업소득이다.
② 사업소득 중 연말정산대상 사업소득은 분리과세 대상이다.
③ 부동산임대업은 사업소득에 해당하나 지역권 또는 지상권을 설정·대여함으로써 발생하는 소득은 기타소득에 해당한다.
④ 사업소득 중 원천징수대상인 의료보건용역의 소득세 원천징수세율은 수입금액의 3%이다.

30 다음 중 소득세법상 사업소득에 대한 설명으로 옳은 것은?

① 대표자 본인에 대한 급여는 필요경비로 인정된다.
② 논·밭을 작물생산에 이용하게 함으로써 발생하는 소득은 비과세된다.
③ 상품 등의 위탁판매는 위탁자가 수탁자에게 그 위탁품을 인도하는 날을 수입시기로 한다.
④ 원천징수대상 사업소득은 분리과세되어 원천징수로써 납세의무가 종결된다.

31 제조업을 영위하는 개인사업자 김한공씨의 2024년도 사업소득금액을 계산하면?

> 가. 손익계산서상 당기순이익 100,000,000원
> 나. 손익계산서에 포함된 수익 항목
> • 예금 이자수입 2,000,000원
> • 거래상대방으로부터 받은 장려금 3,000,000원
> 다. 손익계산서에 포함된 비용 항목
> • 소득세 비용 5,000,000원
> • 김한공씨의 배우자(경리부서에 근무함)에 대한 급여 4,000,000원

① 101,000,000원 ② 103,000,000원
③ 106,000,000원 ④ 107,000,000원

32 다음 중 비과세 근로소득에 해당하지 않는 것은?

① 종업원에게 지급하는 공로금, 위로금, 학자금, 장학금
② 법령 등에 의하여 제복을 착용해야 하는 자가 받는 제복 및 제모
③ 천재지변 기타 재해로 인하여 받는 급여
④ 근로자가 사내급식을 통해 제공받는 식사 또는 기타 음식물

33 다음 중 비과세 근로소득에 해당하지 않는 것은?

① 법령 등에 의하여 제복을 착용해야 하는 자가 받는 제복
② 종업원이 사택을 제공받음으로써 얻는 이익
③ 법인세법에 따라 상여로 처분된 금액
④ 천재지변 기타 재해로 인하여 받는 급여

34 다음 중 소득세 과세대상 근로소득인 것은?

① 사회통념상 타당한 범위의 경조금
② 비출자임원이 사택을 제공받아 얻은 이익
③ 근로자가 사내급식으로 제공받는 식사
④ 근로자가 연 1회 지급받은 하계휴가비

35 소득세법상 비과세 근로소득이 아닌 것은?

① 고용보험법에 따른 실업급여
② 전투경찰순경이 받는 급여
③ 종업원이 받는 자녀학자금
④ 실비변상정도의 숙직료

36 (주)한공의 생산팀 과장으로 근무하고 있는 김한공씨가 2024년에 회사에서 지급(또는 제공)받은 금액 및 이익은 다음과 같다. 다음 중 소득세 과세대상 근로소득에 해당하는 것을 모두 고르면?

가. 사택을 무상으로 제공받음으로써 얻은 이익
나. 사보에 배낭여행기를 기고하고 받은 금액
다. 월 20만원씩 받은 자가운전보조금(김한공씨는 차량을 소유하고 있지 않으며, 본인 명의로 임차한 차량도 없음.)
라. 월 20만원씩 지급받은 식대(별도로 식사를 제공받음)

① 가, 나　② 다, 라
③ 가, 다　④ 나, 라

37 다음은 (주)한공(중견기업)의 영업부장으로 근무하고 있는 김한공씨가 2024년에 회사에서 지급(또는 제공)받은 금액 및 이익이다. 다음 중 소득세 과세대상 근로소득에 해당하는 것을 모두 고르면?

가. 여비의 명목으로 받는 월액의 급여
나. 자녀의 학자금 수령액
다. 주택 구입에 소요되는 금액을 무상으로 대여받음으로써 얻은 이익
라. 식사의 제공을 받지 않고 수령한 20만원의 식대

① 가, 나　② 나, 라
③ 가, 나, 다　④ 나, 다, 라

38 다음 중 근로소득에 해당하지 않는 것은?

① 법인의 주주총회, 이사회 등 의결기관 결의에 의하여 받는 상여
② 비출자임원과 종업원이 사택을 제공받음으로써 얻는 이익
③ 연 또는 월단위로 받는 여비
④ 업무를 위해 사용된 것이 분명하지 않은 기밀비, 판공비, 교제비

39 다음 중 소득세법상 근로소득에 해당하지 않는 것은?

① 회사에서 지급받은 휴가비
② 출자임원이 회사로부터 사택을 무상으로 제공받음으로써 얻은 이익
③ 대기업 종업원이 회사로부터 주택구입자금을 무상으로 대여받아 얻은 이익
④ 근로제공의 대가로 받은 주식매수선택권을 퇴직 후 행사하여 얻은 이익

40 (주)한공의 임원인 우수남씨(주주는 아님)가 회사에서 받은 금품이나 이익은 다음과 같다. 다음 중 우수남씨의 근로소득에 해당하는 것은?

① 우수남씨가 사택을 제공받음으로써 얻은 이익
② 사회통념상 타당한 범위의 경조금
③ 임직원의 고의(중과실 포함)외의 업무상 행위로 인한 손해의 배상청구를 보험금의 지급사유로 하고 우수남씨를 피보험자로 하는 보험의 보험료
④ 우수남씨가 퇴직함으로써 받는 소득으로서 퇴직소득에 속하지 아니하는 소득

41 다음 중 소득세법상 근로소득에 대한 설명으로 옳지 않은 것은?

① 종업원이 받는 직무수당 중 사회통념상 타당하다고 인정되는 범위 내의 금액은 근로소득으로 보지 않는다.
② 법인의 임원이 부여받은 주식매수선택권을 근무하는 기간 중 행사함으로써 얻은 이익은 근로소득에 해당한다.
③ 일직료·숙직료 또는 여비로서 실비변상정도의 금액은 비과세 근로소득이다.
④ 연말정산한 근로소득은 다른 종합소득이 없으면 과세표준확정신고를 하지 않아도 된다.

42 다음 중 소득세 과세대상 근로소득에 해당하지 않는 것은?

① 사용인이 사택을 제공받음으로써 얻는 이익
② 연 또는 월단위로 받는 여비
③ 법인세법에 따라 상여로 처분된 금액
④ 근로제공의 대가로 받은 주식매수선택권을 근로 중 행사하여 얻은 이익

43 다음 중 소득세법상 근로소득이 있는 자만 적용받을 수 있는 세액공제끼리 짝지어진 것은?

① 연금계좌세액공제 - 보장성보험료 세액공제
② 정치자금기부금세액공제 - 외국납부세액공제
③ 보장성보험료 세액공제 - 월세액에 대한 세액공제
④ 교육비세액공제 - 표준세액공제

44 다음 자료는 (주)한공에서 근무하는 거주자 김한공씨가 2024년에 근로를 제공하고 받은 대가이다. 이를 토대로 2024년 총급여액을 계산하면 얼마인가?

• 월정액 급여	36,000,000원
• 상여금	5,000,000원
• 자녀학자금	3,000,000원

> • 여비(회사 지급규정에 의한 실비변상적 금액) 1,000,000원
> • 식대(월 200,000원, 현물식사 제공받음.) 2,400,000원

① 41,000,000원　② 44,000,000원
③ 46,400,000원　④ 47,400,000원

45 다음은 거주자 김한공씨(영업부장)가 (주)한공으로부터 수령한 소득자료이다. 이를 이용하여 2024년 김한공씨의 총급여액을 계산하면 얼마인가?

> 가. 기본급: 36,000,000원
> (월 3,000,000원)
> 나. 상여금: 3,000,000원
> 다. 식　대: 3,600,000원
> (월 300,000원, 식사는 제공받지 않음.)
> 라. 본인 차량을 업무수행에 이용하고 회사의 지급기준에 따라 받는 자가운전보조금: 3,600,000원(월 300,000원)

① 39,000,000원　② 40,200,000원
③ 41,400,000원　④ 46,200,000원

46 다음 자료를 토대로 (주)한공에 근무하는 김한공씨의 2024년도 총급여액을 계산하면 얼마인가?

> 가. 기본급: 24,000,000원
> (주휴수당 포함)
> 나. 직책수당: 3,600,000원
> 다. 식대보조금: 3,000,000원
> (월 25만원. 별도의 식사를 제공받았음)
> 라. 자가운전보조금: 2,400,000원
> (월 20만원, 본인 차량을 업무에 이용하였으며, 실제 여비를 받지 않았음)

① 27,600,000원　② 28,200,000원
③ 30,600,000원　④ 33,000,000원

47 다음 중 근로소득의 귀속시기로 옳지 않은 것은?

① 근로소득으로 보는 퇴직위로금: 지급받거나 지급받기로 한 날
② 잉여금의 처분에 의한 상여: 해당 법인의 잉여금처분 결의일
③ 인정상여: 해당 법인의 결산확정일
④ 급여: 근로를 제공한 날

48 다음 중 근로소득의 귀속시기로 옳지 않은 것은?

① 주식매수선택권을 행사함으로써 얻은 이익: 주식매수선택권을 부여받은 날
② 임원의 퇴직소득 한도초과액: 지급받거나 지급받기로 한 날
③ 인정상여: 해당 법인의 사업연도 중 근로를 제공한 날
④ 잉여금의 처분에 의한 상여: 해당 법인의 잉여금처분 결의일

49 다음 중 소득세법상 일용근로자에 대한 설명으로 옳지 않은 것은?

① 일 15만원을 한도로 근로소득공제를 적용한다.
② 산출세액 산정 시 6%의 세율을 적용한다.
③ 근로소득세액공제는 산출세액의 55%를 적용하며, 그 한도가 없다.
④ 동일한 고용주에게 6개월 이상 고용되지 않은 근로자를 말한다.

50 다음 중 일용근로소득에 대한 설명으로 옳지 않은 것은?

① 동일한 고용주에게 계속하여 1년 이상 고용된 건설공사 종사자는 일용근로자에 해당하지 아니한다.
② 일용근로자의 근로소득에 대해서도 근로소득세액공제가 적용된다.
③ 일용근로자의 근로소득공제액은 1일 10만원이다.
④ 일용근로자는 원천징수로써 납세의무가 종결된다.

51 다음 중 소득세법상 일용근로자의 소득에 대한 설명으로 옳지 않은 것은?

① 일용근로자의 근로소득이 1일 15만원 이하인 경우 부담할 소득세는 없다.
② 일용근로자의 산출세액은 근로소득과세표준에 기본세율(6%~42%)을 적용한다.
③ 일용근로자의 근로소득세액공제는 산출세액의 55%를 적용한다.
④ 일용근로자의 근로소득은 항상 분리과세한다.

52 다음 중 비과세 연금소득인 것은?

① 이연퇴직소득을 연금수령하는 경우의 연금소득
② 의료목적으로 인출하는 경우의 연금소득
③ 공적연금 관련법에 따라 받는 유족연금
④ 천재지변이나 그 밖의 부득이한 사유로 인출하는 경우의 연금소득

53 다음 중 연금소득에 대한 설명으로 옳지 않은 것은?

① 소득세법에 따라 연말정산한 공적연금소득만이 있는 자가 다른 종합소득이 없는 경우에는 과세표준확정신고를 하지 않아도 된다.
② 산업재해보상보험법에 따라 받는 각종 연금은 비과세 연금소득에 해당한다.
③ 연금소득공제액이 900만원을 초과하는 경우에는 900만원을 공제한다.
④ 연금계좌에서 연금수령하는 경우의 연금소득은 연금을 지급받기로 한 날이 수입시기가 된다.

54 다음 중 소득세법상 연금소득에 대한 설명으로 옳지 않은 것은?

① 공적연금을 연금이 아닌 일시금으로 수령하는 경우에도 연금소득으로 과세한다.
② 공적연금소득의 수입시기는 공적연금 관련법에 따라 연금을 지급받기로 한 날이다.
③ 국민연금법에 따라 받는 유족연금은 비과세한다.
④ 사적연금소득이 연 1,500만원 이하인 경우 분리과세를 선택할 수 있다.

55 다음 중 연금소득에 대한 설명으로 옳지 않은 것은?

① 연금계좌에서 연금수령하는 경우의 연금소득은 연금수령한 날이 수입시기가 된다.
② 연금소득공제액이 900만원을 초과하는 경우에는 900만원을 공제한다.
③ 공적연금소득만 있는 자는 해당 공적연금소득을 종합소득 확정신고하여야 한다.
④ 산업재해보상보험법에 따라 받는 각종 연금은 비과세 연금소득에 해당한다.

56 다음 중 소득세법상 연금소득에 대한 설명으로 옳지 않은 것은?

① 공적연금의 수입시기는 관련법에 따라 연금을 지급받기로 한 날이고 사적연금의 수입시기는 연금을 수령한 날이다.
② 공적연금은 해당과세기간의 다음연도 1월분 공적연금소득을 지급할 때에 연말정산을 한다.
③ 연금소득공제액이 900만원을 초과하는 경우에는 900만원을 공제한다.
④ 사적연금소득의 합계액이 연 1,500만원 이하인 경우는 무조건 분리과세를 적용한다.

57 다음 중 소득세법상 연금소득에 대한 설명으로 옳지 않은 것은?

① 공적연금소득만 있는 자가 다른 종합소득이 없는 경우에는 과세표준확정신고를 하지 않아도 된다.
② 공적연금소득은 공적연금 관련법에 따라 연금을 지급받기로 한 날을 수입시기로 한다.
③ 연금소득공제액이 900만원을 초과하는 경우에는 900만원을 공제한다.
④ 공적연금 관련법에 따라 받는 일시금은 연금소득으로 과세된다.

58 다음 중 무조건 분리과세되는 기타소득으로 옳지 않은 것은?

① 복권당첨소득
② 승마투표권, 소싸움경기투표권 및 체육진흥투표권의 구매자가 받는 환급금
③ 계약의 위약 또는 해약으로 받은 위약금(계약금이 위약금으로 대체되는 경우)
④ 슬롯머신 등을 이용하는 행위에 참가하여 받는 당첨금품

59 다음 중 무조건 종합과세되는 기타소득으로 옳은 것은?

① 사적연금불입액과 운용수익을 연금외 수령한 소득
② 서화·골동품의 양도로 발생하는 소득
③ 인적용역을 일시적으로 제공하고 받는 소득
④ 알선수재 및 배임수재에 따라 받은 금품

60 다음 중 소득세법상 기타소득에 해당하지 않는 것은?

① 계약의 위약 또는 해약에 따라 부당이득을 반환받고 그에 따라 지급받은 이자
② 복권에 당첨되어 받는 금품
③ 저축성보험의 보험차익
④ 지역권·지상권을 설정하거나 대여하고 받는 금품

61 다음의 기타소득 중 최소한 총수입금액의 80%를 필요경비로 인정하는 것은?

① 뇌물
② 복권에 의하여 받는 당첨금품
③ 위약금과 배상금 중 주택입주 지체상금
④ 재산권에 관한 알선수수료

62 다음 중 기타소득에 해당하지 않는 것은?

① 공인회계사가 독립적인 지위에서 계속·반복적으로 자문용역을 제공하고 얻는 금품
② 복권이 당첨되어 얻는 금품
③ 지역권을 설정하거나 대여하고 받는 금품
④ 저작자 이외의 자가 저작권의 양도 또는 사용대가로 받는 금품

합격 확신 문제풀이

63 다음 중 소득세법상 기타소득에 해당되지 않는 것은?

① 물품 또는 장소를 일시적으로 대여하고 사용료로서 받는 금품
② 공익사업과 관련하여 지역권을 설정 또는 대여하고 받는 금품
③ 저작자가 자신의 저작권의 양도 또는 사용의 대가로 받는 금품
④ 계약의 위약 또는 해약으로 인하여 받은 위약금

64 다음 중 소득세법상 기타소득에 대한 설명으로 옳은 것은?

① 복권 당첨소득 중 3억원 초과분은 20%의 세율로 원천징수한다.
② 연금계좌에서 연금 외 수령한 기타소득은 무조건 종합과세 대상 기타소득에 해당한다.
③ 법인세법에 의하여 처분된 기타소득의 수입시기는 그 법인의 해당 사업연도 결산확정일이다.
④ 뇌물, 알선수재 및 배임수재에 따라 받은 금품의 기타소득금액의 합계액이 300만원 이하인 경우 분리과세를 선택할 수 있다.

65 다음 중 소득세법상 기타소득에 해당하지 않는 것은?

① 복권에 당첨되어 받는 금품
② 물품을 일시적으로 대여하고 사용료로서 받는 금품
③ 재산권에 대한 알선수수료
④ 저작자 또는 음반제작자가 저작권의 양도 또는 사용의 대가로 받는 금품

66 다음은 성실해씨의 수입 내역이다. 원천징수대상 기타소득금액은 얼마인가? 단, 실제 소요된 필요경비는 없는 것으로 가정한다.

가. 유실물의 습득으로 인한 보상금	2,000,000원
나. 주택입주 지체상금	1,000,000원
다. 원작자가 받는 원고료	500,000원

① 2,400,000원 ② 3,000,000원
③ 3,200,000원 ④ 4,000,000원

67 다음 자료는 거주자 김한공씨의 2024년 귀속 소득내역이다. 김한공씨의 종합과세되는 기타소득금액은 얼마인가?(단, 실제 소요된 필요경비는 확인되지 않는 것으로 가정한다.)

가. 위약금으로 받은 주택입주 지체상금	3,000,000원
나. 상훈법에 따른 상금	4,000,000원
다. 고용관계 없이 다수인에게 강연을 하고 받은 대가로 받은 강연료	8,000,000원
라. 골동품을 박물관에 양도하고 받은 대가	2,000,000원

① 3,200,000원 ② 3,800,000원
③ 5,200,000원 ④ 5,800,000원

68 다음 중 소득별 수입시기로 옳지 않은 것은?

① 보통예금의 이자: 지급받은 날
② 무기명주식의 배당: 주주총회의 처분 결의일
③ 법인세법에 따라 처분된 기타소득: 법인의 해당 사업연도 결산확정일
④ 잉여금처분에 의한 상여: 주주총회의 처분 결의일

69 다음 중 이자소득의 수입시기에 대한 설명으로 잘못 연결된 것은?

① 통지예금의 이자 - 인출일
② 저축성 보험의 보험차익 - 보험금 또는 환급금의 지급일 또는 중도해지일
③ 무기명 채권의 이자와 할인액 - 약정에 따른 지급일
④ 환매조건부 채권 또는 증권의 매매차익 - 약정에 의한 환매수일(또는 환매도일)과 실제 환매수일(또는 환매도일) 중 빠른 날

70 다음 중 소득별 수입시기로 옳지 않은 것은?

① 법인세법에 따라 처분된 기타소득: 법인의 해당 사업연도 종료일
② 무기명주식의 배당: 그 지급을 받은 날
③ 사적연금소득: 연금수령한 날
④ 보통예금의 이자: 지급받은 날

71 다음 중 소득세법상 사업소득의 수입시기에 대한 설명으로 옳은 것은?

① 시용판매는 구매자에게 상품을 인도한 날이 수입시기이다.
② 금융보험업에서 발생하는 이자는 실제로 수입한 날이 수입시기이다.
③ 인적용역제공은 용역대가를 실제로 지급받은 날이 수입시기이다.
④ 자산의 임대소득은 계약에 의하여 지급일이 정해진 경우 실제 지급을 받은 날이 수입시기이다.

72 다음 중 원천징수에 대한 설명으로 옳지 않은 것은?

① 분리과세대상소득은 별도의 확정신고절차 없이 원천징수로써 납세의무가 종결된다.
② 금융소득이 연간 1,500만원을 초과하는 경우에는 원천징수 후 종합소득에 합산된다.
③ 연 300만원 이하의 기타소득금액은 거주자의 선택에 의하여 분리과세하거나 종합과세한다.
④ 근로소득에 대해서는 매월 원천징수 후 다음연도 2월분 근로소득 지급시 연말정산한다.

02 종합소득공제 및 세액공제

01 다음 중 종합소득공제에 대한 설명으로 옳지 않은 것은?

① 근로소득자 본인의 저축성 보험료는 보험료 공제대상이다.
② 기본공제 판정시 장애인은 나이의 제한을 받지 아니한다.
③ 1인당 연 50만원 이내의 시력보정용 안경과 콘택트렌즈 구입비는 의료비 공제대상이다.
④ 근로소득자 본인의 대학원 등록금은 교육비 공제대상이다.

02 다음 중 종합소득공제의 추가공제대상이 아닌 사람은?

① 기본공제대상자가 장애인인 경우
② 기본공제대상자가 70세 이상인 경우
③ 본인이 배우자가 있는 여성인 경우
(연간 종합소득금액 3천만원)
④ 기본공제대상자인 자녀가 초등학생인 경우

03 종합소득공제에 대한 설명으로 옳은 것은?

① 기본공제대상자가 부녀자공제와 한부모공제에 모두 해당되는 경우 둘 다 적용한다.
② 계부·계모는 직계존속이 아니므로 실제 부양하는 경우에도 기본공제대상이 아니다.
③ 장애인은 나이와 소득에 관계없이 기본공제대상이다.
④ 해당 과세기간에 사망한 자도 기본공제대상이 될 수 있다.

04 다음 중 소득세법상 종합소득공제에 관한 설명으로 옳지 않은 것은?

① 과세기간 종료일 전에 장애가 치유된 경우 장애인공제를 적용받을 수 없다.
② 거주자의 배우자가 양도소득금액만 200만원이 있는 경우 거주자는 배우자공제를 받을 수 없다.
③ 거주자의 직계존속이 주거 형편에 따라 별거하고 있는 경우에는 거주자와 생계를 같이 하는 사람으로 보아 부양가족공제를 한다.
④ 거주자의 공제대상가족이 동시에 다른 거주자의 공제대상에 해당되는 경우에는 과세표준확정신고서 등에 기재된 바에 따라 그 중 1인의 공제대상가족으로 한다.

05 사업소득자인 왕건이씨가 2024년 12월 31일 현재 부양하고 있는 가족은 다음과 같다. 이 중에서 왕건이씨의 2024년 귀속 소득세 신고 시 소득세법상 기본공제 대상이 될 수 있는 사람만 모은 것은? 단, 부양가족은 모두 소득이 없다.

가. 2024년 10월 31일에 이혼한 배우자
나. 주거의 형편상 별거하고 있는 75세 모친
다. 2024년 1월 2일에 사망한 76세인 아버지
라. 미국에 유학 중인 19세인 자녀

① 가　② 가, 나
③ 나, 다　④ 나, 다, 라

06 다음 중 종합소득공제에 대한 설명으로 옳지 않은 것은?

① 종합소득공제액 중 미공제액은 퇴직소득과 양도소득에서 공제할 수 있다.
② 인적공제 합계액이 종합소득금액을 초과하는 경우 그 초과하는 금액은 없는 것으로 한다.
③ 인적공제 적용 시 장애인은 나이의 제한을 받지 아니한다.
④ 해당 과세기간 중에 이혼한 배우자는 기본공제를 적용받을 수 없다.

07 소득세법상 종합소득공제 중 인적공제에 대한 설명으로 옳은 것은?

① 기본공제대상자가 아닌 경우에도 추가공제대상자가 될 수 있다.
② 배우자가 양도소득금액만 200만원이 있는 경우 기본공제대상자가 될 수 있다.
③ 해당 과세기간 중 20세가 된 직계비속은 기본공제대상자가 될 수 있다.
④ 기본공제대상자가 장애인인 경우 100만원을 추가로 공제한다.

08 **다음은 근로소득자인 김한공씨의 2024년 12월 31일 현재 동거중인 부양가족 현황이다. 이 중 소득세법상 기본공제대상이 될 수 있는 사람을 모두 고르면? 단, 부양가족은 모두 소득이 없다.**

가. 대학생인 21세 자녀(장애인임)
나. 69세인 모친
다. 초등학생인 11세 조카
라. 43세인 배우자

① 가, 나 ② 나, 라
③ 가, 나, 다 ④ 가, 나, 라

09 **다음 중 종합소득공제에 대한 설명으로 옳은 것은?**

① 기본공제대상자인 직계존속이 70세 이상인 경우 1인당 200만원의 경로우대 공제가 적용된다.
② 소득이 없는 직계비속이 해당 과세기간 중 20세가 된 경우에는 기본공제대상자에 해당하지 아니한다.
③ 우리사주조합원이 우리사주를 취득하기 위하여 우리사주조합에 출연한 금액은 연 400만원을 한도로 공제한다.
④ 주택담보노후연금 이자비용은 한도 없이 전액 공제가 가능하다.

10 **다음 중 소득세법상 세액공제에 관한 설명으로 옳지 않은 것은?**

① 근로자 본인의 1인당 연 50만원 이내의 시력보정용 안경과 콘텍트렌즈 구입비는 의료비세액공제 대상금액이다.
② 사업자가 재해로 자산총액의 20% 이상을 상실하여 납세가 곤란한 경우 재해손실세액공제 대상이다.
③ 근로소득자 본인의 대학원 등록금은 교육비 세액공제 대상금액이다.
④ 간편장부대상자가 간편장부로 기장한 경우 기장세액공제 대상이다.

11 **다음 중 소득세법상 종합소득공제에 대한 설명으로 옳지 않은 것은?**

① 장애인은 기본공제 적용 시 나이제한을 받지 않는다.
② 입양자와 그 배우자 모두 장애인이면 그 배우자도 기본공제 적용 대상 부양가족이 될 수 있다.
③ 사업소득금액 50만원과 근로소득금액(일용직이 아님) 60만원이 있는 배우자에 대해서는 배우자공제를 받을 수 있다.
④ 공제대상 부양가족이 있고 종합소득금액이 연간 3,000만원 이하인 배우자가 없는 여성세대주는 부녀자공제를 받을 수 있다.

12 **다음 중 소득세법상 소득공제 및 세액공제에 대한 설명으로 옳지 않은 것은?**

① 국민주택 임차를 위한 차입금의 원리금 상환액의 경우 그 금액의 40%를 해당 과세기간의 근로소득금액에서 소득공제한다.
② 근로소득자 본인의 종교단체 기부금은 기부금세액공제 대상이다.
③ 종합소득이 있는 거주자가 공적연금보험료를 납입한 경우 전액 소득공제한다.
④ 의료비 지출액에 대해서는 신용카드소득공제와 의료비 세액공제를 중복하여 적용할 수 없다.

13 **다음 중 소득세법상 인적공제에 대한 설명으로 옳지 않은 것은?**

① 기본공제 대상자 1인당 150만원을 소득공제 한다.
② 과세기간 종료일 전에 사망한 경우 해당연도에는 인적공제 적용 대상에서 제외한다.
③ 인적공제 대상자 판정 시 장애인은 나이의 적용을 받지 않는다.
④ 직계비속은 항상 생계를 같이하는 부양가족으로 본다.

14 **다음 중 소득세법상 인적공제에 대한 설명으로 옳지 않은 것은?**

① 연간 총급여액 500만원 이하의 근로소득만 있는 공제대상 부양가족에 대하여는 소득금액의 요건을 충족한 것으로 본다.
② 거주자의 공제대상 배우자가 다른 거주자의 공제대상 부양가족에 해당하는 경우에는 공제대상 배우자로 한다.
③ 국내 은행이자만 연간 1,800만원이 있는 생계를 같이 하는 63세의 모친에 대하여는 기본공제를 적용받을 수 없다.
④ 부녀자공제와 한부모 소득공제에 모두 해당되는 경우에는 한부모 소득공제를 적용한다.

15 **다음은 (주)한공에 근무하는 거주자 한공회씨의 2024년도 근로소득에 대한 연말정산과 관련된 자료이다. 종합소득공제 중 인적공제액은 얼마인가?**

가. 한공회(남성, 49세)의 총급여액: 60,000,000원
나. 부양가족 현황
• 배우자(47세, 총급여액 1,000,000원)
• 아들(18세, 소득 없음)
• 딸(20세, 사업소득금액 3,000,000원, 장애인)
• 모친(78세, 소득 없음)

① 6,000,000원 ② 7,000,000원
③ 9,500,000원 ④ 10,500,000원

16 다음은 (주)한공에 근무하는 거주자 김공인씨(남성, 45세)의 동거중인 부양가족 현황이다. 김공인씨가 적용받을 수 있는 인적공제는 얼마인가?

- 배우자(40세, 소득없음)
- 아들(15세, 소득없음, 장애인)
- 부친(75세, 사업소득금액 3,000,000원)
- 모친(73세, 소득없음)

① 6,000,000원 ② 7,000,000원
③ 8,000,000원 ④ 9,000,000원

17 다음은 (주)한공에 근무하는 거주자 윤성빈씨의 2024년도 근로소득에 대한 연말정산관련 자료이다. 종합소득공제 중 인적공제는 얼마인가?

가. 윤성빈(남성, 52세)의 총급여액: 50,000,000원
나. 부양가족 현황
- 배우자: 50세, 총급여 4,800,000원
- 장남: 19세, 대학생, 일용근로소득 2,000,000원
- 차남: 17세, 고등학생
- 부친: 70세, 상가 임대소득금액 2,000,000원

① 3,000,000원 ② 4,500,000원
③ 6,000,000원 ④ 7,500,000원

18 다음은 (주)한공에 근무하는 거주자 김한공씨의 부양가족 현황이다. 2024년 연말정산 시 김한공씨가 적용받을 수 있는 기본공제와 추가공제의 합계는 얼마인가?

가. 김한공(남성, 45세) 씨의 근로소득금액: 40,000,000원
나. 부양가족 현황
- 배우자(40세, 소득 없음)
- 아들(15세, 소득 없음, 장애인)
- 부친(75세, 사업소득금액 3,000,000원)
- 모친(73세, 소득 없음)

① 7,500,000원 ② 9,000,000원
③ 10,500,000원 ④ 11,000,000원

19 다음 자료를 이용하여 거주자 김한공씨(57세)의 2024년도 종합소득과세표준 계산 시 공제되는 인적공제액을 계산하면 얼마인가?

구분	나이	비 고
아내	52세	소득 없음
부친	79세	2024.3.27.사망, 소득 없음
장남	25세	장애인, 사업소득금액 5,000,000원 있음
장녀	17세	소득 없음

① 6,000,000원 ② 7,000,000원
③ 8,500,000원 ④ 9,500,000원

20 다음은 (주)공인에 근무하는 거주자 김한공(남성, 45세)씨의 2024년말 현재 부양가족 현황이다. 김한공씨가 적용받을 수 있는 기본공제와 추가공제의 합계액은 얼마인가?

가. 김한공 씨의 종합소득금액: 60,000,000원
나. 부양가족 현황(모두 생계를 같이 함)

구분	나이	소득	비고
배우자	40세	없음	
자녀	15세	없음	장애인임
부친	75세	사업소득금액 300만원	
모친	73세	없음	

① 6,000,000원 ② 7,000,000원
③ 8,000,000원 ④ 9,000,000원

21 다음 중 소득세법상 특별세액공제에 대한 설명으로 옳지 않은 것은?

① 보험료 세액공제 중 장애인전용보장성보험료는 연간 한도 없이 전액 공제한다.
② 근로소득이 있는 거주자가 공제신청을 하지 않은 경우에도 연 13만원을 표준세액공제로 공제한다.
③ 의료비 세액공제는 총급여액의 3%를 초과하는 의료비 지출액에 한하여 공제한다.
④ 직계존속의 대학등록금은 교육비 세액공제대상이 아니다.

22 다음 중 소득세법상 특별소득공제와 관련된 설명으로 옳지 않은 것은?

① 국민건강보험료는 한도 없이 지급액 전액을 소득공제한다.
② 공제액이 해당 과세기간의 합산과세되는 종합소득금액을 초과하는 경우 그 초과액은 차기로 이월된다.
③ 장기주택저당차입금공제는 취득 당시 기준시가가 5억원 이하인 주택에 대하여 적용한다.
④ 보장성보험은 보험료 세액공제 대상이 아니다.

23 근로자 김한공씨는 배우자를 위하여 다음과 같은 지출을 하였다. 이 중 의료비세액공제대상이 아닌 것은?

가. 시력보정용 안경구입비(연 50만원) 나. 장애인 보장구 구입비 다. 외국대학병원에서의 치료비 라. 미용을 위한 성형수술비

① 가, 다 ② 나, 라
③ 다, 라 ④ 나, 다

24 다음 중 소득세법상 특별세액공제에 대한 설명으로 옳지 않은 것은?

① 직계존속의 대학등록금은 교육비 세액공제 대상이 아니다.
② 보험료 세액공제의 대상인 장애인전용보장성 보험료는 연간 100만원을 초과할 수 없다.
③ 본인의 대학원 등록금은 교육비 세액공제대상이 아니다.
④ 의료비 세액공제는 총급여액의 3%를 초과하는 의료비 지출액에 한하여 적용한다.

25 다음 중 소득세법상 특별세액공제 대상에 해당하는 지출은?

① 사업소득자가 지출한 보장성 보험료 50만원
② 근로소득자가 지출한 외국병원 진찰료 100만원
③ 연금소득자가 지출한 대학원 교육비 200만원
④ 근로소득자가 지출한 종교단체 기부금 70만원

26 다음 중 소득세법상 특별세액공제에 대한 설명으로 옳지 않은 것은?

① 본인의 의료비는 총급여액의 3%를 초과하지 않는 경우에도 의료비세액공제를 적용받을 수 있다.
② 직계존속의 대학등록금은 교육비세액공제 대상이 아니다.
③ 장애인전용보장성보험료로 납입한 금액이 100만원을 초과하는 경우 100만원을 초과하는 금액은 세액공제대상이 아니다.
④ 초등학생의 교복구입비는 교육비세액공제 대상이 아니다.

27 다음 중 소득세법상 특별세액공제에 대한 설명으로 옳은 것은?

① 의료기관에 지출한 미용을 위한 성형수술비용은 공제대상 의료비에 해당한다.
② 근로소득이 없는 거주자도 기부금 세액공제는 받을 수 있다.
③ 초·중·고 및 대학생의 교육비는 1명당 연 300만원을 한도로 공제한다.
④ 생계를 같이 하는 부양가족 중 기본공제대상자가 아닌 자에게 지출한 보장성보험료도 공제대상이다.

28 다음 자료를 이용하여 (주)한공의 근로자인 이민기씨(총급여액 50,000,000원)의 2024년 종합소득세 특별세액공제액을 계산하면 얼마인가?

가. 이민기 씨는 소득이 없는 자녀 대학교 등록금으로 5,000,000원을 지출하였다. 나. 본인 소유의 승용차에 대한 자동차보험료 1,200,000원을 지출하였다. 다. 소득이 없는 배우자(장애인)에 대한 의료비로 600,000원을 지출하였다.

① 750,000원 ② 870,000원
③ 894,000원 ④ 966,000원

29 다음은 근로소득자인 김한공씨가 2024년에 지출한 자녀교육비내역이다. 연말정산시 교육비세액공제 대상금액은 얼마인가?(단, 자녀의 소득은 없는 것으로 가정한다.)

자녀명	생년월일	지출내역	금액(원)
김진수 (대학생)	1998.09.28.	대학교 등록금	11,000,000
김영미 (초등학생)	2011.12.01.	보습영어 학원 수강료	1,500,000
김은정 (유치원생)	2017.02.12.	미술학원 강습료	1,800,000

① 9,000,000원 ② 10,800,000원
③ 12,300,000원 ④ 12,800,000원

30 다음 중 종합과세되는 소득으로 옳지 않은 것은?

① 뇌물·알선수재 및 배임수재에 의하여 받은 금품
② 출자공동사업자의 배당
③ 부동산업 및 임대업에서 발생하는 소득
④ 비실명금융자산의 이자

31 다음 중 종합소득 산출세액에서 세액공제를 받을 수 없는 경우는?

① 종합소득에 근로소득이 포함된 경우
② 간편장부대상자가 간편장부로 기장한 경우
③ 종합소득금액에 배당가산액이 포함된 경우
④ 사업자가 재해로 자산총액의 20% 이상을 상실하여 납세가 곤란한 경우

32 종합소득 과세표준 확정신고에 대한 설명으로 옳지 않은 것은?

① 소득세는 납세의무자의 확정신고로 과세표준과 세액이 확정된다.
② 거주자가 사망한 경우 소득세 과세기간은 1월 1일부터 사망한 날까지로 한다.
③ 분리과세 이자소득만 있는 거주자는 과세표준 확정신고를 하지 아니할 수 있다.
④ 소득세의 모든 소득은 종합과세, 분리과세 중 어느 한 방법으로 과세된다.

33 다음 중 소득세법상 종합소득에 대한 설명으로 옳은 것은?

① 사업소득은 원천징수 여부에 관계없이 종합과세한다.
② 2,000만원 이하의 출자공동사업자 배당소득은 원천징수로 과세가 종결된다.
③ 일용근로소득은 종합과세 대상 소득이다.
④ 기타소득 중 복권당첨소득은 종합과세 대상 소득이다.

34 다음 자료를 이용하여 거주자 김한공씨의 2024년도 종합소득금액을 계산하면 얼마인가? 단, 필요경비는 확인되지 않는다.

가. 국내은행예금이자	4,000,000원
나. 비상장주식의 양도소득	12,000,000원
다. 공적연금 관련법에 따라 받는 유족연금	2,000,000원
라. 유실물 습득으로 인한 보상금	6,000,000원

① 6,000,000원 ② 10,000,000원
③ 12,000,000원 ④ 22,000,000원

35 다음 자료를 이용하여 거주자 김한공씨의 2024년도 종합소득과세표준을 계산하면 얼마인가? 단, 모든 소득은 세법에 따라 적법하게 원천징수가 되었다.

가. 비영업대금의 이익	5,000,000원
나. 내국법인으로부터 받는 이익의 배	10,000,000원
다. 근로소득금액	30,000,000원
라. 종합소득공제액	20,000,000원

① 10,000,000원 ② 15,000,000원
③ 20,000,000원 ④ 25,000,000원

36 다음 자료는 거주자 김한공씨의 2024년도 소득 내역이다. 김한공씨의 종합소득금액은 얼마인가? 단, 모든 소득은 국내에서 발생한 것으로 세법에 따라 적법하게 원천징수 되었으며 필요경비는 확인되지 않는다.

가. 비영업대금의 이익	7,000,000원
나. 콘도미니엄 회원권 매각대금	12,000,000원
다. 국민연금법에 따라 받는 유족연금	6,000,000원
라. 골동품을 박물관에 양도하고 받은 대금	10,000,000원

① 0원 ② 10,000,000원
③ 28,000,000원 ④ 35,000,000원

37 다음 자료를 이용하여 거주자 김한공씨의 2024년도 종합소득산출세액을 계산하면 얼마인가? (단, 종합소득과세표준이 1,400만원 이하인 경우 세율은 6%이다.)

가. 비영업대금의 이익	5,000,000원
나. 내국법인으로부터 받는 잉여금의 배당	10,000,000원
다. 근로소득금액	30,000,000원
라. 종합소득공제액	20,000,000원

① 600,000원 ② 720,000원
③ 800,000원 ④ 1,800,000원

38 다음은 거주자 한공회씨의 2024년 귀속 소득이다. 이 자료로 한공회씨의 2024년의 종합소득금액을 계산하면 얼마인가?

구 분	금 액
가. 은행예금이자	15,000,000원
나. 사업소득금액	42,000,000원
다. 퇴직소득	30,000,000원
라. 비영업대금이익	6,000,000원

① 42,000,000원 ② 63,000,000원
③ 72,000,000원 ④ 93,000,000원

39 다음 자료를 이용하여 거주자 이국세씨의 2024년도 종합소득산출세액을 계산하면 얼마인가? 단, 제시된 금융소득은 적법하게 원천징수 되었다.

가. 비영업대금의 이익	2,000,000원
나. 내국법인으로부터 받은 배당	3,000,000원

다. 근로소득금액	12,000,000원
라. 종합소득공제액	5,000,000원

※ 종합소득과세표준이 1,400만원 이하인 경우 세율은 6%이다.

① 420,000원 ② 540,000원
③ 720,000원 ④ 1,020,000원

40 다음은 거주자인 김한공씨의 2024년 귀속 소득 내역이다. 원천징수대상 소득은 소득세법에 따라 적법하게 원천징수 되었다. 김한공씨의 종합소득금액을 구하면 얼마인가?

가. 근로소득금액	50,000,000원
나. 은행 이자소득	6,500,000원
다. 직장공제회초과반환금	2,000,000원
라. 상장법인 배당소득	9,500,000원
마. 사업소득금액	12,000,000원

① 62,000,000원 ② 78,000,000원
③ 66,000,000원 ④ 64,000,000원

41 다음 자료를 이용하여 거주자 한공회씨의 2024년도 종합소득금액을 계산하면 얼마인가? 단, 모든 소득은 국내에서 발생한 것으로 원천징수는 세법에 따라 적법하게 이루어졌으며 필요경비는 확인되지 않는다.

구 분	금 액
가. 퇴직금	30,000,000원
나. 고용보험법에 따라 받는 실업급여	10,000,000원
다. 일시적으로 받은 원고료	20,000,000원

① 0원 ② 8,000,000원
③ 14,000,000원 ④ 34,000,000원

42 다음 자료를 이용하여 거주자 김한공씨의 2024년도 종합소득금액을 계산하면 얼마인가?

• 국내예금이자	2,000,000원
• 골동품의 양도소득(필요경비 확인 안됨)	70,000,000원
• 비상장주식 양도소득	10,000,000원
• 소매업에서 발생한 사업소득금액	4,000,000원

① 4,000,000원 ② 12,000,000원
③ 14,000,000원 ④ 19,000,000원

43 다음 자료에 의하여 거주자 김한공씨의 2024년 종합소득 과세표준을 계산하면 얼마인가? 단, 제시된 금융소득은 적법하게 원천징수 되었다.

가. 직장공제회초과반환금:	5,000,000원
나. 국가보안법에 의한 상금:	3,000,000원
다. 근로소득금액:	15,000,000원
라. 종합소득공제액:	6,000,000원

① 9,000,000원 ② 12,000,000원
③ 14,000,000원 ④ 17,000,000원

44 다음 자료를 이용하여 거주자 한공회씨의 2024년도 종합소득금액을 계산하면 얼마인가? 단, 모든 소득은 국내에서 발생한 것으로 세법에서 규정된 원천징수는 적법하게 이루어졌으며 필요경비는 확인되지 않는다.

가. 로또복권 당첨금	4,000,000원
나. 토지매각대금	10,000,000원
다. 유실물 습득으로 인한 보상금	5,000,000원

① 1,000,000원 ② 5,000,000원
③ 9,000,000원 ④ 19,000,000원

45 다음 자료를 토대로 거주자 김한공씨의 2024년 종합소득금액을 계산하면 얼마인가?(단, 모든 소득은 국내에서 발생한 것으로 세법에서 규정된 원천징수는 적법하게 이루어졌다.)

구분	금액
가. 근로소득금액	25,000,000원
나. 은행 정기예금 이자소득	1,000,000원
다. 정신적 피해로 인한 보상금	2,000,000원
라. 상장주식 양도차익 (소액주주임)	3,500,000원

① 25,000,000원 ② 26,000,000원
③ 28,500,000원 ④ 29,500,000원

46 다음 자료를 토대로 거주자 김한공씨의 2024년도 귀속 종합소득금액을 계산하면 얼마인가? (단, 모든 소득은 국내에서 발생한 것으로 세법에서 규정된 원천징수는 적법하게 이루어졌으며 필요경비는 확인되지 않는다.)

가. 은행예금이자	3,000,000원
나. 종업원으로 근무하던 직장을 퇴직함으로써 지급받은 소득	5,000,000원
다. 산업재산권을 양도하고 받은 금품	10,000,000원

① 0원 ② 4,000,000원
③ 13,000,000원 ④ 15,000,000원

47 다음은 거주자 김한공씨의 2024년 소득 내역이다. 이를 토대로 김한공씨의 종합소득 과세대상 소득금액을 계산하면 얼마인가?

- 논·밭을 작물 생산에 이용하게 함으로써 발생하는 총수입금액: 10,000,000원 (필요경비:6,000,000원)
- 고가주택을 임대하고 임대료로 받은 소득: 24,000,000원(필요경비 14,000,000원)
- 「복권 및 복권기금법」에 따른 복권 당첨금: 20,000,000원(필요경비는 확인되지 아니함.)
- 일시적인 문예창작의 대가: 15,000,000원 (필요경비는 확인되지 아니함.)

① 16,000,000원 ② 26,000,000원
③ 49,000,000원 ④ 59,000,000원

48 다음 자료를 이용하여 거주자 김한공씨의 2024년도 종합소득산출세액을 계산하면 얼마인가? 원천징수대상이 되는 소득은 세법에 따라 적절하게 원천징수 되었다.

- 직장공제회 초과반환금 5,000,000원
- 사업소득금액 36,000,000원
- 기타소득금액 4,000,000원
- 종합소득공제 3,000,000원
- 종합소득세율은 다음과 같다.

종합소득과세표준	세율	누진공제액
1,400만원 이하	6%	-
5,000만원 이하	15%	1,260,000원

① 4,290,000원 ② 4,740,000원
③ 5,040,000원 ④ 5,490,000원

49 다음의 자료를 이용하여 사업자 김한공씨의 2024년 종합소득 산출세액을 계산하면 얼마인가?

가. 복식부기에 따라 계산한 사업소득금액: 30,000,000원
나. 근로소득금액: 50,000,000원
다. 직장공제회 초과반환금에 따른 이자소득 금액: 10,000,000원
라. 종합소득공제와 그 밖의 소득공제 합계액: 24,000,000원
마. 세율

종합소득과세표준	세율	누진공제액
1,200만원 이하	6%	-
5,000만원 이하	15%	1,260,000원
8,800만원 이하	24%	5,760,000원

① 7,680,000원 ② 10,080,000원
③ 13,440,000원 ④ 15,840,000원

50 다음 중 신용카드 등 사용금액에 대한 소득공제 적용시 신용카드 등 사용금액에 포함되는 것은?

① 소득세법에 따라 월세소득공제를 적용받은 월세액
② 지방세법에 의하여 취득세가 부과되는 재산의 구입 비용
③ 학원의 수강료
④ 상품권 등 유가증권구입비

51 다음의 신용카드 사용액 중에서 신용카드 등 사용금액에 대한 소득공제대상인 것은?

① 법인의 손금 또는 개인사업의 필요경비인 것
② 취득세 과세대상 재산의 구입액
③ 국민건강보험료 지출액
④ 미용을 위한 성형수술 비용

52 신용카드를 사용하여 결제한 경우에 신용카드 등 사용금액에 대한 소득공제를 적용받을 수 있는 것은?

① 지방세법에 의하여 취득세가 부과되는 재산의 구입비
② 해외에서 지출한 여행경비
③ 의료비 세액공제를 적용 받은 의약품 구입비
④ 상품권 등 유가증권 구입비

53 다음은 (주)한공에 근무하는 김한공씨의 신용카드 사용내역이다. 신용카드 등 소득공제 대상 사용금액은 얼마인가?

• 아파트 관리비	2,500,000원
• 중학생인 자녀 영어학원비	4,000,000원
• 맹장 수술비용	2,000,000원
• 해외에서 사용한 신용카드 사용	1,300,000원
• KTX 승차권 구입비용	600,000원

① 6,600,000원　② 9,100,000원
③ 9,700,000원　④ 10,400,000원

54 다음의 지출내역 중 신용카드 등 사용금액에 대한 소득공제를 적용받을 수 있는 것은?

① 상품권 등 유가증권 구입비
② 중학생 보습학원비
③ 고속도로 통행료
④ 해외에서 지출한 여행경비

55 다음 중 신용카드 등 사용금액에 대한 소득공제 적용 대상에 해당하는 것은?

① 정치자금법에 따라 정당 등에 기부하는 정치자금 신용카드 사용금액
② 소득세법에 따라 월세 세액공제를 적용받은 월세액 신용카드 사용금액
③ 리스료 신용카드 사용금액
④ 학원의 수강료 신용카드 사용금액

56 다음 중 종합소득공제 적용 시 소득공제가 적용되는 신용카드 등 사용금액에 해당하는 것은?

① 해외여행에서의 사용액
② 월세 세액공제를 적용받은 월세액
③ 신차 구입금액
④ 고등학생 자녀의 교복구입비용

57 다음 중 소득세법상 연말정산에 대한 설명으로 옳지 않은 것은?

① 원천징수의무자는 매월 급여 지급시 간이세액표에 따른 소득세를 원천징수하고 다음 연도 2월분 급여 지급시 연말정산을 한다.
② 일용근로자의 근로소득은 연말정산에 의해 납세의무가 종결되므로 과세표준 확정신고를 할 필요가 없다.
③ 근로소득 이외에 종합과세 대상 기타소득이 있는 거주자는 근로소득과 기타소득을 합산하여 과세표준 확정신고를 하여야 한다.
④ 이미 원천징수하여 납부한 소득세의 과오납으로 인한 환급액은 납부할 소득세에서 조정하여 환급한다.

58 다음 중 소득세법상 연말정산과 과세표준 확정신고에 대한 설명으로 옳지 않은 것은?

① 근로소득과 연말정산되는 사업소득이 있는 자는 과세표준 확정신고를 하여야 한다.
② 중도퇴직자는 다음 연도 2월 말일에 정산한다.
③ 소득세법에 따라 연말정산한 공적연금소득만이 있는 자가 다른 종합소득이 없는 경우에는 과세표준 확정신고를 하지 않아도 된다.
④ 일용근로소득만 있는 자는 연말정산을 하지 않는다.

59 다음은 (주)한공에 근무하는 거주자 김한공씨의 2024년도 연말정산과 관련된 자료이다. 연말정산에 의한 소득세 환급세액은 얼마인가? 단, 주어진 자료 외에는 고려하지 않는다.

가. 근로소득금액　36,000,000원
나. 종합소득공제　24,000,000원
다. 세 율

종합소득과세표준	세율	누진공제액
1,400만원 이하	6%	–
5,000만원 이하	15%	1,260,000원

라. 김한공씨의 세액공제 합계액은 520,000원으로 가정한다.
마. 2024년의 근로소득 원천징수세액은 500,000원이다.

① 100,000원　② 200,000원
③ 300,000원　④ 500,000원

유형별 연습문제

실무수행평가

01 재무회계 분개연습

1 일반분개

[01] 평화상사에 대한 외상매입금 2,000,000원을 거래처 서울상사가 발행한 받을어음으로 배서양도하여 결제하였다.

[02] 매출처 대구상사에 제품을 매출하고 수령한 대구상사 발행 약속어음 12,000,000원을 우리은행에 추심의뢰 하였는데 금일 만기가 도래하였다. 이에 대하여 우리은행으로부터 추심수수료 70,000원을 차감한 잔액을 우리은행 당좌예금계좌에 입금하였다는 통지를 받았다.

[03] 4월 1일 회사는 부족한 운영자금 문제를 해결하기 위해 보유중인 대전상사의 받을어음 1,000,000원을 한국은행에 현금으로 매각하였다.(만기일 8월 31일, 할인율 연 12%, 월할 계산, 매각거래로 회계처리 하시오.)

[04] 운전자금 확보를 위해 주거래처인 제주상사로부터 매출대금으로 받은 약속어음 30,000,000원을 곧바로 우리은행에서 할인하고 할인료 500,000원 및 추심수수료 20,000원을 차감한 잔액을 현금으로 수령하였다. 단, 어음할인은 매각거래로 간주한다.

[05] 광주상사에 대한 외상매출금 4,700,000원을 금일자로 연 8% 이자율로 동점에 3개월간 대여하기로 하고 이를 대여금으로 대체하였다.

[06] 평화상사에 대한 외상매입금 10,000,000원 중 5,000,000원은 한국은행 보통예금계좌에서 이체하였고, 나머지 금액은 다음과 같은 내용의 금전대차거래로 전환하기로 하였다.

• 이자율: 연 12%(단, 원리금 상환지체시 연 30% 추가) • 원금상환기한: 차용일로부터 10개월 • 이자지급기한: 원금 상환시 일시지급

[07] 우리상사로부터 매입하였던 원재료에 대한 외상매입대금 8,200,000원 중 품질불량으로 인하여 에누리 받은 700,000원을 제외한 잔액을 현금으로 지급하였다.(단, 부가가치세는 고려하지 않는다)

[08] 강릉상사로부터 제품매출 후 외상매출금 5,000,000원에 대하여 조기회수에 따른 매출할인액(할인율: 2%)을 차감한 나머지 금액이 우리은행 당좌예금계좌로 입금되었다.(단, 부가가치세는 고려하지 않는다)

[09] 부실상사에 대한 외상매출금 33,000,000원의 소멸시효가 완성되어 대손처리하였다.(대손충당금잔액 10,000,000원, 부가가치세는 고려하지 않는다)

[10] 나약기업에 제품을 매출하고 받은 나약기업 발행 약속어음 6,000,000원이 부도로 인하여 대손이 확정되었다.(대손충당금잔액 5,000,000원, 부가가치세는 고려하지 않는다)

[11] 당사는 부실기업에 대여한 단기대여금 10,000,000원을 회수불능채권으로 보아 전액 대손처리하였다.(대손충당금 잔액 7,000,000원)

[12] 전기에 대손처리한 개성상사에 대한 외상매출금 2,000,000원이 한국은행 보통예금계좌로 입금되었다. 단, 전기의 회계처리는 아래와 같고, 부가가치세법상 대손세액공제는 적용하지 않았다.

(차) 대손상각비	1,000,000원	(대) 외상매출금	2,000,000원
대손충당금	1,000,000원		

[13] 전기에 평양상사의 외상매출금 4,400,000원(부가가치세 포함)을 회수불능채권으로 대손처리하였으나 당일 전액 현금으로 회수되었다. 단, 상기금액은 전년도 제1기 부가가치세 확정신고시 대손요건 충족으로 대손세액공제를 받은 바 있다.

[14] 당사는 전기에 삼일상사에게 대여한 단기대여금 5,000,000원을 회수불능채권으로 보아 전기말 결산시 대손 처리하였으나, 금일 삼일상사로부터 전액을 현금으로 회수하였다. 단, 전기 대손처리는 모두 대손충당금과 상계하였다.

[15] 당사는 상품으로 교환할 수 있는 상품권 1,000,000원을 경기상사에 판매하고 대금은 현금으로 받았다.

[16] 판매부 직원용 기숙사 제공을 위해 원룸 2채에 대하여 임대차계약을 맺고, 이와 관련한 보증금을 당사 한국은행 보통예금계좌에서 전액 지급하였다. 임대차 계약기간은 2년이고 계약한 금액은 보증금 1억원이다.

[17] 당좌거래개설보증금 3,000,000원을 현금으로 예치하여 우리은행 당좌거래를 개설하였다.

[18] 제조설비를 취득하는 조건으로 상환의무가 없는 정부보조금 30,000,000원을 한국은행 보통예금으로 수령하였다.

[19] (주)하나기계로부터 자동포장기를 구입하고(공급가액 50,000,000원, 세액 5,000,000원) 대금은 기 수령한 정부보조금 30,000,000원을 포함하여 한국은행 보통예금계좌에서 이체하여 지급하였다.

[20] 3월 31일 현재 부가세대급금과 부가세예수금을 상계 회계처리 하시오. 납부할 세액은 미지급세금으로 처리하시오.(부가세예수금 잔액 46,900,000원, 부가세대급금 잔액 9,100,000원)

[21] 미납된 부가가치세 5,000,000원(전년도 제2기 확정분)과 이에 대한 가산세 24,000원을 한국은행 보통예금 계좌에서 납부하였다. 단, 미납된 부가가치세는 미지급세금 계정으로 처리되어 있고 가산세는 세금과공과금(판)으로 회계처리하기로 한다.

[22] 공장부지로 사용할 토지를 다음과 같이 매입하였다. 그 중 토지취득 관련세액과 중개수수료는 현금으로 납부하고, 토지매입대금은 한국은행 보통예금계좌에서 이체하였다.

• 토지	:	50,000,000원
• 취득세등	:	2,300,000원
• 취득에 관련된 중개수수료	:	300,000원

[23] 주자창으로 사용할 토지를 기흥개발로부터 구입하고, 이와 관련하여 아래와 같은 지출이 발생하였다.

> • 토지금액 50,000,000원(선 지급한 계약금 5,000,000원을 제외한 잔액 45,000,000원은 한국은행 보통예금계좌에서 이체)
> • 중개수수료 800,000원(기타소득 원천징수세액 20,000원을 차감한 잔액 780,000원을 현금으로 지급)

[24] 당사는 사옥으로 사용할 목적으로 현대개발로부터 건물과 토지를 300,000,000원에 일괄 취득하였고, 대금은 전자어음을 발행하였다. 단, 취득당시 건물의 공정가치는 160,000,000원, 토지의 공정가치는 80,000,000원이었으며, 건물과 토지의 취득원가는 상대적 시장가치에 따라 안분하며, 부가가치세는 고려하지 않기로 한다.

[25] 제품 창고 건설을 위하여 건물이 있는 부지를 구입하고 동시에 건물을 철거하였다. 건물이 있는 부지의 구입비로 100,000,000원을 한국은행 보통예금계좌에서 이체하고, 철거비용 5,000,000원은 현금으로 지급하였다.

[26] 사용중인 공장건물을 새로 신축하기 위하여 기존건물을 철거하였다. 철거당시의 기존건물의 취득금액 및 감가상각누계액의 자료는 다음과 같다.

> 1. 건물의 취득금액: 100,000,000원
> 2. 철거당시 감가상각누계액: 80,000,000원(철거 시점까지 상각완료 가정)
> 3. 건물철거비용: 3,000,000원을 현금 지급함.

[27] 보유중인 사업용 토지 일부분을 (주)부산산업에 40,000,000원(장부금액 23,000,000원)에 매각하고 대금은 (주)부산산업의 전기이월 외상매입금 15,000,000원과 상계처리하고 잔액은 한국은행 보통예금계좌에 입금되었다.

[28] 전년도말로 내용연수가 경과하여 운행이 불가능한 승용차(취득금액 8,500,000원, 감가상각누계액 8,499,000원)를 폐차대행업체를 통해 폐차시키고, 당해 폐차대행업체로부터 고철비 명목으로 10,000원을 현금으로 받다.(단, 부가가치세는 고려하지 않는다.)

[29] 공장을 건설하기 위하여 소요되는 자금을 조달하기 위하여 신한은행에서 차입한 차입금에 대한 이자 2,500,000원이 발생하여 한국은행 보통예금계좌에서 이체하였다. 당기 차입금에 대한 이자는 회계기준상 자본화대상요건을 충족하였고 공장은 현재 건설중이다.

[30] 업무용 차량에 화재가 발생하여 완전히 소실되었다. 소실전 감가상각비가 반영된 차량의 장부금액은 다음과 같다.(단, 해당 차량은 손해보험에 가입되어 있지 않았음)

• 차량운반구의 취득금액: 20,000,000원
• 감가상각누계액: 2,000,000원

[31] 공장에서 사용중인 기계장치(취득금액 1,200,000원, 감가상각누계액 300,000)가 진부화되어 손상차손을 인식하려고 한다.(순공정가치 400,000원, 사용가치 500,000원)

[32] (주)호산으로부터 투자목적으로 사용할 토지를 200,000,000원에 현금으로 매입하였다. 당일 취득세 10,000,000원은 현금 납부하였다.

[33] 아진상사에 투자부동산(190,000,000원) 전부를 250,000,000원에 매각하면서 대금은 전자어음(만기 1년 이내)을 받았다.

[34] 당사와 동일 업종을 영위하는 강진기업을 매수합병(포괄양도양수에 해당함)하고 합병대금 12,000,000원은 우리은행앞 당좌수표를 발행하여 지급하다. 합병일 현재 강진기업의 자산은 토지(장부금액 8,000,000원, 공정가치 9,300,000원)와 특허권(장부금액 580,000원, 공정가치 1,400,000원) 뿐이며 부채는 없다.

[35] 당사는 단기매매증권으로 분류되는 (주)청아(상장회사)의 주식 5,000주를 1주당 10,000원에 매입하였다. 매입수수료는 매입가액의 1%이고 매입관련 대금은 모두 현금으로 지급하였다.

[36] 업무용 차량 구입시 법령에 의하여 액면금액 1,000,000원의 공채를 액면금액에 현금으로 매입하였다. 다만, 공채의 매입당시 공정가치는 750,000원으로 평가되며 단기매매증권으로 분류한다.

[37] 공장건설을 위한 토지를 매입하면서 법령에 의하여 액면금액 2,000,000원의 공채를 액면금액에 현금으로 매입하였다. 공채의 매입당시 공정가치는 1,750,000원으로 평가되며 단기매매증권으로 분류하도록 한다.

[38] 단기간 매매차익 목적으로 구입하였던 상장법인 (주)우리상사의 주식 300주(장부금액 3,000,000원)를 한국증권거래소에서 1주당 9,000원에 처분하고, 수수료 80,000원을 차감한 잔액을 한국은행보통예금계좌로 이체 받았다.

[39] 단기보유목적으로 전년도 12월 5일에 구입한 시장성이 있는 (주)세진의 주식 1,000주를 15,000,000원에 처분하였다. 처분대금은 거래수수료 10,000원을 차감한 잔액이 한국은행 보통예금계좌에 입금되었으며, 증권거래세 45,000원은 현금으로 납부하였다.

- 전년도 12월 5일 취득시: 2,000주, 주당 취득금액 18,000원, 취득부대비용 67,000원
- 전년도 12월 31일 시가: 주당 16,000원

[40] 2월 1일에 단기매매증권인 (주)우리전자의 주식 500주를 주당 13,000원에 매각하고, 매각수수료 250,000원을 제외한 매각대금을 한국은행 보통예금으로 송금 받았다. (주)우리전자 주식에 대한 거래현황은 다음 자료 이외에는 없다고 가정하며, 단가의 산정은 이동평균법에 의한다.

취득일자	주식수	취득단가	취득금액
1월 7일	300주	13,200원	3,960,000원
1월 26일	400주	12,500원	5,000,000원

[41] 단기매매증권인 기흥전자(주)의 주식 300주를 주당 22,000원에 매각하고 수수료 50,000원을 차감한 잔액은 현금으로 받았다. 기흥전자(주)의 주식은 모두 2월 10일에 주당 19,000원에 400주를 취득한 것으로서 취득 시에 수수료 등 제비용이 70,000원 지출되었다. 주식 매각 시 분개를 하시오.

[42] 당사는 (주)우진상사가 발행한 다음의 사채를 2년 후 매각할 목적으로 현금 취득하였다.

- 만기: 2027년 9월 30일(발행일: 2024년 10월 1일)
- 액면이자율: 8%(시장이자율: 10%)
- 액면금액: 10,000,000원(발행금액: 9,502,580원)
- 3년, 이자율 10%의 현가계수: 0.75131(3년, 이자율 10%의 연금현가계수: 2.48685)

[43] 대표이사가 업무용으로 사용할 3,000cc 승용차 구입 시 이에 대하여 의무적으로 구입해야 하는 액면금액 1,000,000원, 공정가치 700,000원인 채권(매도가능증권으로 분류된다)을 액면금액으로 취득하면서 채권에 대한 대가는 현금으로 지급하였다.

[44] 당사가 보유중인 매도가능증권(당기에 처분의도가 없음)을 다음과 같은 조건으로 처분하고 현금을 회수하였으며, 전년도 기말 평가는 일반기업회계기준에 따라 처리하였다.

취득금액	기말공정가치	처분금액	비고
취득일 전년도 1월 31일	전년도 12월 31일		
10,000,000원	15,000,000원	12,000,000원	시장성 있음

[45] 당사가 장기투자 목적으로 보유하던 상장주식(투자회사에 대한 지분율이 1% 미만임)을 다음과 같은 조건으로 처분하고 처분대금은 한국은행 보통예금 계좌로 입금하였다. 단, 전년도에 해당 상장주식에 대한 기말 평가는 일반기업회계기준에 따라 적절하게 회계처리 하였다.

취득금액	시 가	처분금액
취득일 전년도 1월 31일	전년도 12월 31일	
7,000,000원	5,000,000원	6,000,000원

[46] 미국 뉴욕은행으로부터 금년 1월 10일 차입한 단기차입금 $10,000에 대해 원화를 외화($)로 환전하여 상환하였다. 상환당시 환율은 1$당 1,200원이었다.(차입당시 13,000,000원) 환전수수료 등 기타 부대비용은 없다고 가정한다.

[47] 전달 20일(선적일) 미국 블랙홀사에 외상으로 수출한 제품의 수출대금 $120,000을 금일 달러화로 송금 받은 후, 즉시 원화로 환전하여 한국은행 보통예금계좌에 입금하였다.

- 전월 20일 적용환율: 1,300원/$
- 금일 적용환율: 1,320원/$

[48] 전기말에 일본 혼다사에 무이자부로 단기 대여해준 ￥1,000,000을 금일 한국은행 보통예금계좌로 상환받다. 단, 상환 시 적용된 환율은 1,000원/100￥이다.(단기대여금 잔액 9,000,000원)

[49] 당사는 전년도 8월 9일에 일본에 소재한 교토상사로부터 원재료 ￥1,000,000을 구매하면서 이를 외상매입금으로 처리하였고, 금일 동 외상매입금 전액을 현금으로 상환하였다. 단, 전기말 외화자산부채와 관련해서는 적절하게 평가하였다.

일　자	환　율
전년도　08. 09.	1,000원/100¥
전년도　12. 31.	900원/100¥
상환시	950원/100¥

[50] 뉴욕은행으로부터 차입한 외화장기차입금 $10,000(외화장기차입금 계정)와 이자 $200에 대해 거래은행에서 원화현금을 달러로 환전하여 상환하였다.

- 장부상 회계처리 적용환율: $1당 1,000원
- 상환시 환전한 적용환율: $1당 1,100원

[51] 당사는 만기 3년, 액면금액 100,000,000원의 사채를 발행하였으며, 발행금액은 한국은행 보통예금계좌으로 입금되었다. 유효이자율법에 의한 사채발행금액은 95,000,000원이다.

[52] 사채 1,000,000원을 발행하면서 발행금액 1,200,000원은 한국은행 보통예금계좌로 입금되다. 사채발행 관련 법무사수수료 300,000원이 현금으로 지급되다. 하나의 전표로 입력하시오.

[53] 액면금액 50,000,000원인 사채 중 액면금액 20,000,000원을 20,330,000원에 한국은행 보통예금계좌에서 이체하여 조기에 상환하였다. 당사의 다른 사채 및 사채할인발행차금 등 사채 관련 계정금액은 없었다.

[54] 사채(액면금액 30,000,000원) 중 액면금액 15,000,000원 상당액을 12,800,000원에 중도상환하기로 하고, 상환대금은 한국은행 보통예금계좌에서 이체하다. 상환일 현재 상각 후 총 사채할인발행차금 잔액은 5,000,000원이며, 다른 사채발행금액은 없는 것으로 한다.

[55] 액면금액 200,000,000원인 사채 중 액면금액 150,000,000원을 132,000,000원에 중도 상환하기로 하고 상환대금은 우리은행 앞 당좌수표로 지급하다. 상환일 현재 사채할인발행차금 잔액은 20,000,000원이며 (주)남산에 다른 사채발행금액은 없는 것으로 가정한다.

[56] 당사가 발행한 사채의 액면금액은 300,000,000원이고 만기는 2025년 2월 9일이지만 자금사정의 회복으로 인하여 이중 액면금액 100,000,000원의 사채를 금일 중도상환하기로 하고 상환대금 110,000,000원을 전액 우리은행 앞 당좌수표를 발행하여 지급하다. 상환전 사채할증발행차금 잔액은 12,000,000원이다.

[57] 다음은 이익잉여금처분계산서 내역의 일부이다. 현금배당은 2024년 3월 말일에 지급할 예정이다. 처분확정일의 회계처리를 하시오.

이익잉여금처분계산서

2023년 1월 1일부터 2023년 12월 31일까지

처분확정일 2024년 02월 28일 (단위: 원)

과 목	금 액	
– 중간 생략 –		
Ⅲ.이익잉여금 처분액		41,000,000
1. 이익준비금	1,000,000	
2. 재무구조개선적립금	0	
3. 배당금	30,000,000	
가. 현금배당	10,000,000	
나. 주식배당	20,000,000	
4. 사업확장적립금	10,000,000	

[58] 다음은 전기 이익잉여금처분계산서의 내역이다. 처분확정일의 회계처리를 하시오.

이익잉여금처분계산서

2023년 1월 1일부터 2023년 12월 31일까지

처분확정일 2024년 02월 25일 (단위: 원)

과 목	금 액	
Ⅰ.미처분 이익잉여금		45,520,000
1. 전기이월미처분이익잉여금	32,000,000	
2. 당기순이익	13,520,000	
Ⅱ. 임의적립금등의 이입액		7,500,000
1. 배당평균적립금	7,500,000	
합 계		53,020,000
Ⅲ.이익잉여금 처분액		19,000,000
1. 이익준비금	1,000,000	
2. 배당금	15,000,000	
가. 현금배당	10,000,000	
나. 주식배당	5,000,000	
3. 감채적립금	3,000,000	
Ⅳ. 차기이월 미처분이익잉여금		34,020,000

[59] 전기분 이익잉여금처분계산서대로 주주총회에서 확정(배당결의일 2월 25일)된 배당액을 지급하였다. 원천징수세액 1,540,000원을 제외한 8,460,000원을 현금으로 지급하였고, 주식배당 5,000,000원은 주식을 발행(액면발행)하여 교부하였다.

[60] 유상증자를 위하여 신주 1,000주(액면 @10,000원)를 1주당 12,000원에 발행하고 대금은 전액 우리은행 당좌예금 계좌에 입금하였으며, 주식발행과 관련한 법무사수수료 200,000원은 현금으로 지급되었다.

[61] 주주총회의 특별결의로 보통주 8,000주(액면금액 1주당 5,000원)를 1주당 4,800원에 발행하고 납입액은 전액 한국은행 보통예금에 예입하였으며, 주식발행에 관련된 법무사수수료 등 500,000원은 현금으로 별도 지급하였다.(주식발행초과금 잔액은 없다고 가정하며, 하나의 전표로 입력할 것)

[62] 당사는 유상증자를 위해 보통주 10,000주(1주당 액면금액 10,000원)를 1주당 8,000원으로 발행하였고, 주금은 금일 한국은행 보통예금으로 입금받았다. 단, 이와 관련한 주식발행비용(제세공과금 등) 2,000,000원은 즉시 한국은행 보통예금에서 지급되었고, 증자일 현재 주식발행초과금계정 잔액은 20,000,000원이었다.(하나의 거래로 처리할 것)

[63] 회사는 신주 10,000주(액면금액 1주당 5,000원)를 1주당 6,000원에 발행하고 납입대금 전액을 한국은행 보통예금에 입금하였으며, 신주발행비 4,500,000원은 우리은행 앞 당좌수표를 발행하여 지급하였다.(주식할인발행차금잔액 2,000,000원 있음)

[64] 회사가 보유한 신한은행의 장기차입금 300,000,000원을 출자전환하기로 하고 주식 20,000주(액면금액 10,000원)를 발행하여 교부하였으며 자본증자 등기를 마쳤다.

[65] 당사는 주식 3,000주(액면 @5,000원)를 1주당 4,000원으로 매입소각하고 대금은 한국은행 보통예금계좌에서 이체하여 지급하였다.

[66] 3월 1일에 취득한 자기주식 3,000,000원을 5,000,000원에 매각하고 대금은 전액 (주)삼일 발행 약속어음으로 수령하였다.

[67] 보유중인 자기주식(취득원가: 300,000원)을 240,000원에 현금 처분하였다. 회사의 재무상태표에는 전기 이월된 자기주식처분이익 50,000원이 계상되어 있다.

[68] 3월 10일에 취득한 자기주식 500주(주당 10,000원) 중 250주를 주당 12,000원에 현금을 받고 매각하였다. 단, 자본조정 중 자기주식처분손실계정의 잔액 200,000원을 반영하여 회계처리를 하시오.

[69] 11월 5일에 취득한 자기주식 3,000,000원(액면금액은 2,000,000원)을 전부 소각하였다.

[70] 회사는 3월 15일에 액면금액 5,000원인 자기주식을 1주당 6,000원에 1,000주를 취득했었는데, 4월 15일에 이 자기주식을 소각하였다.(감자차익잔액 500,000원)

[71] 전년도에 720,000원에 취득하였던 자기주식을 모두 소각하여 처리하였다. 자기주식의 전년도 12월 31일 공정가치는 710,000원이었고, 액면금액은 700,000원이었다.

[72] 이월결손금 150,000,000원의 보전을 위하여 주식 5주를 1주로 병합하는 감자를 실시하였다. 감자 전 당사의 자본은 자본금 200,000,000원(액면금액 @10,000원, 주식수 20,000주)과 이월결손금뿐이다.

[73] 무상증자를 위하여 기타자본잉여금 20,000,000원을 자본금으로 전입하고 무상주 4,000주(액면금액 5,000원)를 발행하였다.

[74] 당사는 신한금융과 확정급여형(DB형) 퇴직연금으로 매년 말에 퇴직금 추계액의 60%를 적립하고 적립액의 1%를 적립수수료로 지급하기로 계약하였다. 계약에 따라 올해 퇴직연금 부담금 30,000,000원과 적립수수료 300,000원을 한국은행 보통예금 계좌에서 이체하였다.

[75] 퇴직연금 자산에 이자 300,000원이 입금되다. 당사는 전임직원의 퇴직금 지급 보장을 위하여 신한금융에 확정급여형(DB) 퇴직연금에 가입되어 있다.

[76] 확정기여형 퇴직연금제도를 설정하고 있는 (주)한국상사는 퇴직연금의 부담금(기여금) 1,500,000원(제조 1,000,000원, 관리 500,000원)을 은행에 현금 납부하였다.

[77] 사무직원 홍길동씨가 퇴사하여 퇴직금을 한국은행 보통예금 통장에서 지급하였다. 퇴직급여명세서의 내용은 다음과 같다.

내 역	금 액
퇴직급여	12,000,000원
퇴직소득세, 지방소득세	400,000원
차감지급액	11,600,000원

※ 홍길동씨의 퇴사 직전 회사의 퇴직급여충당부채 잔액은 2,000,000원 있었고, 퇴직연금에 가입한 내역은 없다.

[78] 확정급여형 퇴직연금제도를 실시하는 당사는 생산직 직원 김수현의 퇴직시 한국은행 보통예금에서 20,000,000원과 퇴직연금운용사(신한금융)에서 6,000,000원을 지급하였다. 퇴직일 현재 퇴직급여충당부채의 잔액은 49,000,000원이다.(퇴직소득에 대한 원천징수는 생략한다)

[79] 5년간 근속한 영업부사원 노성호씨의 퇴직으로 인하여 퇴직금을 다음과 같이 정산 후 한국은행 보통예금계좌에서 지급하였다. 회사는 퇴직급여충당부채를 설정하고 있다.

- 퇴직금 총액 18,000,000원
- 국민연금(퇴직금)전환금 회사납부액 2,000,000원
- 전세자금 대여액 5,000,000원(주.임.종단기채권에 계상되어 있음)
- 퇴직소득세 및 지방소득세 500,000원
- 기초퇴직급여충당부채잔액 10,000,000원(당기에 상기외의 퇴직금지급내역은 없다)

[80] 무역협회(법정단체임) 일반회비로 200,000원을 현금으로 지급하였다. 그리고 오퍼정보협회(임의단체)에 일반회비 100,000원을 현금으로 지급하였다. 세법상 처리로 분개하시오.

[81] 회사는 대표이사의 주소가 변경됨으로 인해서, 법인등기부등본을 변경등기하고 이에 대한 등록세로 120,000원을 현금지출하고, 등록관련 수수료로 100,000원을 현금으로 지급하였다.

[82] 당사에서 구입했던 상품을 수재민을 도와주기 위해 서울시에 기부하였다. 상품의 구입원가는 10,000,000원이며 시가는 12,000,000원이다.

[83] 경리직원의 개정세법 교육을 위하여 외부강사를 초빙하여 수강 후 강의료를 한국은행 보통예금 계좌로 송금함과 동시에 다음의 기타소득에 관한 원천징수영수증을 발급하였다.

• 강의료지급총액	500,000원	• 필요경비	300,000원
• 소득금액	200,000원	• 소득세원천징수세액	40,000원(지방소득세별도)

[84] 장기금융상품으로 처리되어 있던 외환은행 정기적금이 금일 만기가 도래하여 원금 5,000,000원과 이자 1,000,000원 중 원천징수세액 140,000원을 제외한 잔액은 한국은행 보통예금에 대체하였다. 다만, 이자소득에 대한 원천징수세액은 자산계정으로 회계처리한다.

[85] 당사는 전월 (주)제일상사에 일시적으로 대여한 자금 5,000,000원과 이에 대한 이자를 합하여 총 5,430,000원(원천징수세액 70,000원 차감 후 금액임)을 금일 한국은행 보통예금계좌로 입금받았다. 단, 이자소득에 대한 원천징수세액은 자산계정으로 회계처리한다.

[86] 보통예금에 대한 3개월분 이자 100,000원(전기에 미수수익으로 계상해두었던 금액 81,000원 포함) 중 원천징수세액 14,000원을 제외한 금액이 한국은행 보통예금 계좌에 입금되다. 단, 원천징수세액은 자산계정으로 처리한다.

[87] 대표이사 최민철로부터 시가 100,000,000원의 건물을 증여받았다. 당일 소유권이전비용으로 취득세 5,000,000원을 현금으로 지출하였다.

[88] 당사의 최대주주인 이재민으로부터 업무용 토지를 기증받았다. 본 토지에 대한 취득세로 15,000,000원이 현금으로 은행에 납부되었다. 이재민이 실제 취득한 토지의 금액은 200,000,000원이었으며, 수증일 현재의 공정가치는 300,000,000원이다.

[89] (주)상일에게 지급해야 할 외상매입금 3,000,000원 중에서 50%는 우리은행 당좌예금계좌에서 송금하였고 나머지 50%는 채무를 면제받았다.

[90] 보유중인 길동상사의 주식에 대해 1,500,000원의 중간배당이 결정되어 한국은행 보통예금에 입금되었다.(원천세는 고려하지 말 것)

[91] 당사가 보유중인 유가증권(보통주 1,000주, 액면금액: 1주당 5,000원, 장부금액:1주당 10,000원)에 대하여 현금배당액(1주당 800원)과 주식배당액을 아래와 같이 당일 수령하였다.

구 분	수 령 액	공정가치(1주당)	발행금액(1주당)
현금배당	현 금 800,000원		
주식배당	보통주 100주	9,000원	8,000원

[92] 본사건물에 대해 전년도에 납부한 전기료 중 과오납부한 금액인 200,000원이 당사 한국은행 보통예금으로 입금되어 오류를 수정하였다.(중대한 오류가 아니다.)

[93] 매출처인 (주)여유통상으로부터 일시적으로 차입하였던 30,000,000원과 이에 대한 이자 2,000,000원 중 이자소득에 대한 원천징수세액 500,000원을 차감한 전액을 한국은행 보통예금 계좌에서 송금하여 상환하였다.

[94] 회사는 전기에 퇴직급여충당부채 10,000,000원이 미 계상된 점을 발견하고 일반기업회계기준에 따라 즉시 퇴직급여충당부채를 추가로 계상하였다.(중대한 오류가 아니다.)

2 결산 수동분개

[95] 영업부에서 홍보차 회사로고가 새겨진 볼펜을 구입하여 광고선전비로 계상하였으나, 기말 현재 미사용된 금액 1,300,000원을 소모품으로 대체하다.

[96] 12월 25일부터 27일까지 3일간 부산으로 업무차 출장갔던 영업사원 박상준에 대한 출장비지급액과 정산 후 반납액이 결산일 현재 각각 가지급금계정잔액 300,000원과 가수금계정잔액 75,000원이 계상되어 있다. 결산일에 정산분개를 하며, 출장비는 전액 여비교통비로 처리한다.

[97] 장부상 현금보다 실제 현금이 부족하여 현금과부족 계정으로 처리해 두었던 금액 40,000원 중 32,000원은 판매직원의 시내교통비 누락분으로 밝혀졌으며, 잔액은 업무상 사용되었으나 결산일까지 그 내역을 알 수 없는 상황이다.

[98] 회사는 신한은행으로부터 시설자금 500,000,000원을 2023년 5월 1일 차입하여 2025년부터 5년간 균등액으로 분할상환 하고자 한다. 2024년 결산일에 해당금액에 대한 유동성대체분개를 하시오.

[99] 당사가 기 발행한 사채에 대한 자료이다. 기말에 사채의 액면금액과 발행금액의 차액에 대한 상각비를 일반기업회계기준에 따라 회계처리 하시오.

① 사채액면금액: 100,000,000원
② 사채발행금액: 90,000,000원
③ 사채의 액면금액과 발행금액의 차액 상각비
- 유효이자율법 적용시: 3,000,000원
- 정액법 적용시: 2,000,000원

[100] 보험료 납부시 전액 비용으로 처리한 화재보험료에 대한 내용을 결산에 반영하라. (단, 월할계산 하기로 한다.)

구분	분개처리일	대상기간	금액	비고
화재보험료	2024. 7. 1.	2024. 7. 1. ~ 2026. 6. 30.	4,000,000원	본사건물 화재보험료

[101] 6월 1일에 1년분 사무실 임차료 36,000,000원을 선불로 납부하고 선급비용으로 처리하였다. 기말 결산 시 필요한 회계처리를 행하시오.(월할계산할 것)

[102] 매월 1일에 현금으로 지급받은 이자수익에는 차기에 속하는 이자수익이 1,000,000원 포함되어 있다.

[103] 결산일 현재 정기예금과 장기차입금에 대한 내용이다. 일반기업회계기준에 따라 회계처리를 하시오. 단, 이자계산은 월할계산으로 하되 1월 미만은 1월로 한다.

과목	거래처	발생일자	만기일자	금액	이자율	이자지급일
정기예금	국민은행	2024.7.10.	2025.7.10.	10,000,000	6%	2025.7.10.
장기차입금	신한캐피탈	2024.10.1.	2026.9.30.	50,000,000	7%	매년 4월 1일과 10월 1일에 6개월분씩 지급(후지급함)

[104] 단기매매증권에 대하여 일반기업회계기준에 따라 기말평가를 반영하시오. 단 현재까지 일반기업회계기준에 따라 정상적으로 회계처리를 하였다.

구분	취득원가	2023.12.31. 시가	2024.12.31. 시가
단기매매증권	10,000,000원	9,000,000원	9,500,000원

[105] 기말현재 단기매매목적으로 보유하고 있는 단기매매증권의 공정가치는 다음과 같다. 종목별로 회계처리 하시오.

회사명	평가전장부금액	기말공정가치
A사 보통주	22,000,000원	24,000,000원
B사 보통주	55,000,000원	53,500,000원

[106] 다음의 매도가능증권에 대한 기말결산분개를 하시오. 2023년말 매도가능증권 평가손익에 대한 회계처리는 적절하게 처리되었다.

취득금액	2023년말 공정가치	2024년말 공정가치
8,500,000원	8,700,000원	9,600,000원

[107] 다음 자료에 의하여 2023년 10월 1일에 취득하여 보유중인 매도가능증권에 대한 결산 회계처리를 행하시오. 결산일 이전의 회계처리는 올바르게 이루어진 상태이다.

구분	취득원가	2023년 12월 31일 공정가치	2024년 12월 31일 공정가치
매도가능증권	5,000,000원	4,800,000원	5,100,000원

[108] 전기에 평가이익을 계상했던 매도가능증권은 결산일의 공정가치가 36,000,000원이 되었다.(장부상 매도가능증권잔액 40,000,000원, 매도가능증권평가이익 3,000,000원)

[109] 회사가 보유한 화폐성 외화자산은 다음과 같다. 외화 관련손익을 인식하도록 한다.

계정과목	거래처	금액	발생일	발생일 환율	결산일 환율
장기차입금	외국은행	$15,000	9월 10일	1,350원/$	1,400원/$

[110] 2024년 결산일 현재 외화장기차입금은 전액 실버사에서 2023년 10월 1일에 3년 후 일시상환조건으로 차입한 외화장기차입금 US $10,000이다.

계정과목	2023년10월1일 환율	2023년12월31일 환율	2024년12월31일 환율
외화장기차입금	1,100원	1,120원	1,170원

[111] 결산일 현재 다음의 외화자산에 대하여 적절한 회계처리를 하시오.(12월 31일 환율 ￥100 = 1,120원)

• 계정과목: 보통예금(외환은행) • 외화금액: ￥3,180,000 • 장부금액: 34,662,000원

[112] 정부보조금 100,000,000원으로 7월 1일 구입한 시설장치(취득원가 150,000,000원)를 정액법으로 감가상각비를 계상하였다. 내용연수는 4년이며 월할상각한다.

[113] 결산일 현재 유형자산에 해당하는 장부금액 200,000,000원인 토지에 대한 손상징후가 있다고 판단되어 검토한 결과 토지의 사용가치는 136,000,000원이고, 처분가치는 173,000,000원인 것으로 판단되어 이를 손상차손으로 인식하다.

[114] 무형자산으로 계상되어 있는 특허권(장부금액 5,000,000원)은 더 이상 사용을 할 수 없어 사용을 중지하고 처분을 위해 보유하고 있는데 당기 말 일반기업회계기준에 의한 회수가능금액은 3,000,000원이다.

3 결산 자동분개

[115] 기말 현재 재고자산은 다음과 같다.

• 기말원재료: 13,000,000원	• 기말재공품: 11,000,000원	• 기말제품: 7,000,000원

※ 기말제품 중에는 구매자가 구매의사를 표시한 시송품 1,000,000원이 포함되어 있다.

[116] 기말 현재 재고자산은 다음과 같다.

• 원재료: 1,500,000원	• 재공품: 2,200,000원	• 제품: 1,850,000원

※ 원재료에는 기말현재 해외로부터 도착지인도기준으로 운송 중인 금액 350,000원이 포함되어 있지 않다.

[117] 기말 현재 재고자산은 다음과 같다.

• 원재료: 2,000,000원	• 재공품: 3,000,000원	• 제품: 4,000,000원

※ 단, 원재료 기말재고액 중에는 도착지인도기준에 의해 운송 중인 원재료 500,000원이 포함되어 있다.

[118] 기말 현재 재고자산은 다음과 같다.

• 재공품: 24,650,000,000원	• 제품: 27,300,000원	• 상품: 31,200,000원

※ 회사는 실지재고조사법에 의하여 재고수량을 파악하고 있으며, 상기 상품 금액에는 선적지인도조건에 의해 구입하였으나 기말 현재 운송 중인 2,000,000원이 포함되어 있지 않다.

[119] 기말 현재 재고자산은 다음과 같다. 단, 제품 금액에는 판매용으로 제작하였으나 당사에서 제품제조시 사용하기로 한 기계장치 50,000,000원이 포함되어 있으므로 타계정대체를 일반전표입력 메뉴에서 처리하고 결산자료입력을 하시오.

• 원재료: 320,000,000원 • 재공품: 170,000,000원 • 제품: 281,000,000원

[120] 기말 현재의 재고자산은 다음과 같다.

구분	재고자산 장부상 금액	재고자산 실제금액
원재료	72,000,000원	70,000,000원
재공품	45,540,000원	45,540,000원
제 품	82,575,000원	82,575,000원

※ 단, 원재료의 차액은 비정상적인 감모로 인하여 발생하였다.

[121] 결산일을 기준으로 상품 재고자산에 대하여 실사를 한 결과 장부상의 수량(10,000개)과 실제수량(8,500개)과 차이가 발생하였다. 그 차이원인을 확인한 결과 80%는 원가성이 있으나 나머지는 원가성이 전혀 없는 것으로 밝혀졌다. 동 상품의 장부상 단위당 금액은 3,000원이며 이는 기말현재 공정가치와 일치한다.

[122] 기말 현재의 재고자산은 다음과 같다.

구분	재고자산 장부상 금액	재고자산 실제금액	재고자산 시가(순실현가능가치)
상 품	40,000,000원	40,000,000원	35,000,000원
원재료	30,000,000원	30,000,000원	30,000,000원
재공품	50,000,000원	50,000,000원	50,000,000원
제 품	35,000,000원	35,000,000원	35,000,000원

※ 재고자산의 시가(순실현가능가치)는 일반기업회계기준상 저가법의 사유로 인하여 발생된 것이다.

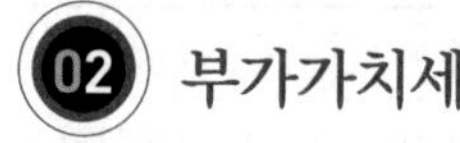

02 부가가치세

1 수정전자세금계산서 발급

[기재사항착오정정]

- 필요적 기재사항(공급자의 사업자 등록번호 · 성명 · 상호, 공급받는자 사업자등록번호, 작성연월일, 공급가액과 부가가치세액)등을 착오 또는 착오외의 사유로 잘못 작성하여 발급한 경우
- 세율을 잘못 적용하여 발급한 경우

[사 례]

구분	내 용
공급가액 및 세액	담당자의 착오로 세금계산서(과세) 발행 거래가 영세율전자세금계산서로 발급되어, 수정전자세금계산서를 발급하기로 하였다.
	전자세금계산서의 공급수량이 120개(공급가액 12,000,000원)로 기재했어야하나, 담당자의 실수로 공급수량이 100개(공급가액 10,000,000원)로 기재하여 발급하였음을 확인하였다.
	전자세금계산서의 공급단가를 13,000원으로 기재했어야 하나, 담당자의 실수로 공급단가를 12,000원으로 기재하여 발급하였음을 확인하였다.
작성년월일	담당자의 착오로 작성연월일 9월 5일이 8월 5일로 잘못 기재되었다.
사업자 등록번호	(주)동양유리 사업자등록번호를 301-81-11113으로 기재했어야 하나, 담당자의 실수로 306-81-20145로 기재하여 발급하였음을 확인하였다. (올바른 사업자등록번호의 거래처 코드: 3002)

[공급가액 변동]

- 판매실적에 따라 단가가 변동되거나, 잠정가액으로 공급 후 추후 공급 가액이 확정되는 경우, 공급계약 후 당사자 간의 합의에 의하여 가격의 증감이 발생되는 경우

[사 례]

구분	내 용
단가인하	3월 26일 제품의 시세하락으로 인하여 동 제품의 단가를 100원 인하 하기로 결정하고, 수정세금계산서를 발급하기로 하였다.
	5월 10일 상호합의에 따라 이미 납품한 품목의 납품단가를 3% 할인하기로 결정하였다 (결제대금 입금에 대한 회계처리는 생략할 것.)
가격인상	7월 24일 원자재 구입가격의 상승으로 인해 동 제품의 공급가액을 1,000,000원 인상하기로 결정하고, 수정세금계산서를 발급하기로 하였다.

구분	내 용
매출에누리 및 매출할인	6월 18일 당초의 공급가액에 대해서 3%를 매출에누리로 확정하고 외상대금과 상계처리 하였다.
	2월 25일 약정에 의하여 공급가액의 3%를 매출할인으로 적용하고 외상대금과 상계하기로 하였다.
	11월 16일 결제조건(2/10, n/30)에 따라 2% 할인된 금액만큼 차감하고 기업은행 보통예금 계좌에 입금되었다. **tip 할인 또는 에누리된 금액만큼 음수로 표시하여 발행**
공급가액 차감	6월 20일 사전약정에 의한 판매목표 달성분에 대하여 공급가액 800,000원을 차감하기로 하였다.
	8월 28일 외주가공물량을 정산하고 용역제공관련 공급가액 2,000,000원을 차감하기로 합의하였다.
	4월 30일에 해당 제품의 하자가 일부 발견되어 공급가액의 2%를 차감하기로 하였다.

[환입]

• 당초 공급한 재화가 환입(반품)된 경우

[사 례]

구분	내 용
제품하자	제품에 하자가 발생하여 제품의 일부가 반품되었다. - 환입일자: 2024년 2월 15일 - 환입수량: 2개
유효기간 임박	3월 20일 판매한 제품 중 유효기간이 임박한 제품 100개에 대해 거래처와의 합의하에 3월 24일 환입하기로 하였다.

[계약의 해제]

• 계약의 해제로 재화 또는 용역이 공급되지 않는 경우

[사 례]

구분	내 용
납품지연	2월 12일 공장 화재로 납품일정이 지연됨에 따라 (주)수현기업과의 계약을 해제하기로 합의하였다.
	원재료 구입처의 파산으로 제품 납품이 지연되어 11월 22일에 (주)창신자동차와의 계약을 해제하였다.

납품지연	본 거래에 대하여 제품생산 공장의 일정 지연으로 물량 납품계약을 이행할 수 없어 해제되었다.(계약해제일: 2024. 3. 10.) **tip 회계처리 시 프로그램에서 자동으로 제품매출계정으로 회계처리 되므로 선수금계정으로 수정하여야 함** 구분 / 코드 / 계정과목 / 차변 / 대변 입금 / 255 / 부가세예수금 / 현금 / -150,000 입금 / 404 / 제품매출 / 현금 / -1,500,000 선수금계정으로 수정

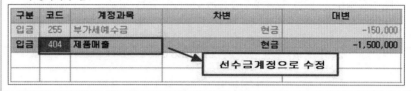

[내국신용장 사후개설]

• 재화 또는 용역을 공급한 후 공급 시기가 속하는 과세기간 종료 후 25일 이내에 내국신용장이 개설 되었거나 구매확인서가 발급된 경우

[사 례]

구분	내 용
내국신용장 사후개설	내국신용장이 사후에 발급되어 영세율을 적용하려고 한다. – 당초 공급일자: 5월 30일 – 내국신용장 개설일자: 2024년 6월 15일 – 개설은행: 국민은행 춘천지점
구매확인서 발급	6월 3일 (주)한국산업에 제품을 공급하고 전자세금계산서를 발급하였다. 본 건에 대하여 다음과 같이 구매확인서를 발급받아 영세율을 적용하려고 한다. • 구매확인서 발급일자: 2024년 7월 15일 • 개설은행: 신한은행 강남지점

[이중발급]

• 착오로 이중 발급한 경우
• 면세 등 발급대상이 아닌 거래 등에 대하여 발급한 경우

[사 례]

구분	내 용
이중발급	담당자의 착오로 동일 건을 이중 발급한 사실을 확인하였다.

2 부가가치세신고서 및 부속서류 작성

[신용카드매출발행집계표 작성자의 부가가치세신고서 작성]

• 신용카드영수증 또는 현금영수증 발급거래가 있는 경우

[사 례]

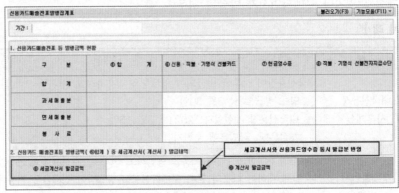

구분	내 용
거래유형	• 세금계산서와 신용카드영수증 동시 발급: 유형-11.과세, 분개-카드 **tip** 분개에서 카드를 선택하면 신용카드사를 선택하여 신용카드매출전표발행집계표에 반영할 수 있음 • 신용카드영수증: 유형-17.카과(과세), 18.카면(면세), 19.카영(영세) • 현금영수증: 유형-22.현과(과세), 23.현면(면세), 24.현영(영세)
부가가가치세 부속서류	신용카드매출전표발행집계표 [불러오기(F3)] [기능모음(F11)] 기간 : 1. 신용카드매출전표 등 발행금액 현황 구 분 / ⑤합 계 / ⑥신용 · 직불 · 기명식 선불카드 / ⑦현금영수증 / ⑧직불 · 기명식 선불전자지급수단 합 계 과세매출분 면세매출분 봉 사 료 2. 신용카드 매출전표등 발행금액(⑤합계) 중 세금계산서(계산서) 발급내역 ⑨세금계산서 발급금액 / ⑩계산서 발급금액 세금계산서와 신용카드영수증 동시 발급분 반영
부가세신고서 해당란	과세표준및매출세액 — 구분 / 금액 / 세율 / 세액 과세: 세금계산서발급분 1 10/100 (1란) 매입자발행세금계산서 2 10/100 신용카드.현금영수증 3 10/100 (3란) 기타 4 10/100 영세: 세금계산서발급분 5 0/100 기타 6 0/100 예정신고누락분 7 대손세액가감 8 합계 9 ㉮ 1란: 세금계산서와 신용카드영수증 동시 발급분 반영 3란: 신용카드영수증 과세분(카과), 현금영수증 과세분(현과) 반영

[신용카드매출전표등 수령금액 합계표(갑) 작성자의 부가가치세신고서 작성]

- 신용카드영수증 또는 현금영수증 수취거래가 있는 경우
- 매입세액 공제가 가능한 경우 매입매출전표 입력
- 매입세액 공제가 불가능한 경우 일반전표 입력

[사 례]

구분		내　　용
거래유형	일반전표	• 고기천국에서 영업부 회식을 하고 법인카드로 결제하였다. (고기천국의 사업자번호를 조회한 결과 직전연도 공급대가 4,800만원 미만 간이과세자에 해당한다) • 관리부에서 사용할 문구를 구입하고 현대문구로부터 현금영수증을 수취하였다. (현대문구의 사업자번호를 조회한 결과 직전연도 공급대가 4,800만원 미만 간이과세자에 해당한다.) **tip 간이과세자(직전연도 공급대가 4,800만원 미만)로부터 수취한 영수증은 매입세액공제 불가능**
		• 영업부 직원 출장시 우등고속버스 교통비를 법인카드로 결제하였다. • 영업부 직원 출장시 KTX(고속철도)요금을 현금으로 결제하고 현금영수증을 수취하였다. • 영업부 직원 해외 출장시 항공요금을 법인카드로 결제하였다. **tip 세금계산서 발급이 불가능한 여객운송사업자로부터 수취한 영수증은 매입세액공제 불가능**
		• 영업부 업무용 승용차(배기량 1,800cc)에 주유하고 현금영수증을 수취하였다. • 매출거래처 접대를 하고 법인카드로 결제하였다. **tip 매입매출전표에서 불공으로 입력하면 안됨**
	매입매출전표	[카드과세] • 영업부 업무용 승용차(배기량 999cc)에 주유하고 법인카드로 결제하였다. • 공장 종업원 작업복을 구입하고 법인카드로 결제하였다. • 관리부에서 사용할 컴퓨터를 빛나전자에서 구입하고 법인카드로 결제하였다. • 원재료 운반용 화물차에 주유를 하고 법인카드로 결제하였다.
		[카드면세] • 매출거래처 창립기념일 행사에 보내기 위한 화환(면세 적용)을 구입하고 법인카드로 결제하였다. • 관리부 직원 출장시 철도요금(면세 적용)을 법인카드로 결제하였다.
		[현금과세] • 관리부에서 사용할 복사기를 구입하고 현금영수증을 수취하였다. • 관리부에서 사용할 복사용지 및 사무용품을 미래문구에서 구입하고 현금영수증(지출증빙용)을 수취하였다.(소모품비로 처리)

부가가가치세 부속서류

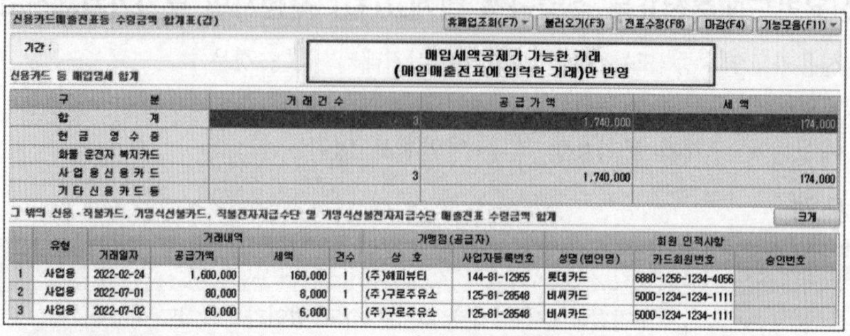

신용카드매출전표등 수령금액 합계표(갑) 휴폐업조회(F7) 불러오기(F3) 전표수정(F8) 마감(F4) 기능모음(F11)

기간 :

매입세액공제가 가능한 거래
(매입매출전표에 입력한 거래)만 반영

신용카드 등 매입명세 합계

구분	거래건수	공급가액	세액
합계	3	1,740,000	174,000
현금영수증			
화물운전자복지카드			
사업용신용카드	3	1,740,000	174,000
기타신용카드등			

그 밖의 신용·직불카드, 기명식선불카드, 직불전자지급수단 및 기명식선불전자지급수단 매출전표 수령금액 합계 크게

	유형	거래내역				가맹점(공급자)		회원 인적사항		
		거래일자	공급가액	세액	건수	상호	사업자등록번호	성명(법인명)	카드회원번호	승인번호
1	사업용	2022-02-24	1,600,000	160,000	1	(주)해피뷰티	144-81-12955	롯데카드	6880-1256-1234-4056	
2	사업용	2022-07-01	80,000	8,000	1	(주)구로주유소	125-81-28548	비씨카드	5000-1234-1234-1111	
3	사업용	2022-07-02	60,000	6,000	1	(주)구로주유소	125-81-28548	비씨카드	5000-1234-1234-1111	

부가세신고서 해당란

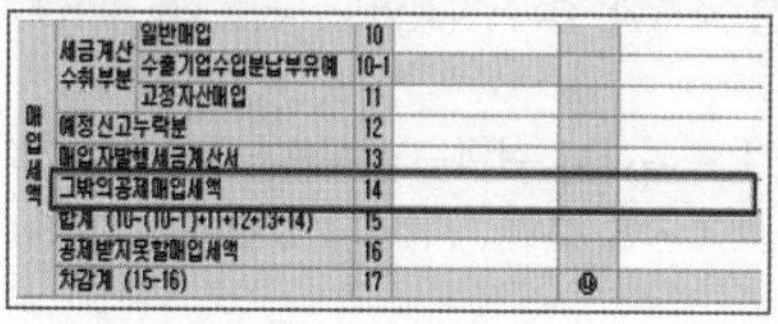

매입세액						
세금계산수취부분	일반매입	10			
	수출기업수입분납부유예	10-1			
	고정자산매입	11			
예정신고누락분		12			
매입자발행세금계산서		13			
그밖의공제매입세액		14			
합계 (10-(10-1)+11+12+13+14)		15			
공제받지못할매입세액		16			
차감계 (15-16)		17		⑭	

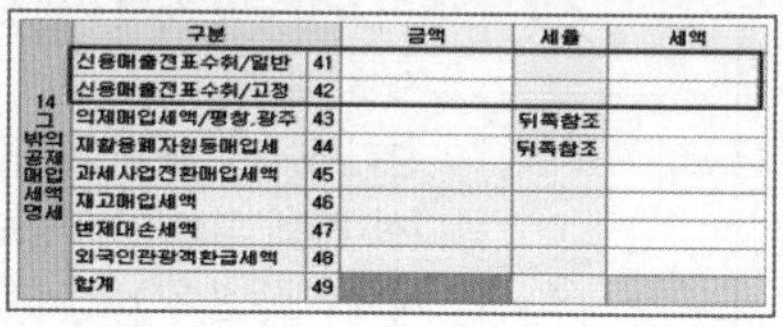

14 그 밖의 공제매입세액명세 구분		금액	세율	세액
신용매출전표수취/일반	41			
신용매출전표수취/고정	42			
의제매입세액/평창,광주	43		뒤쪽참조	
재활용폐자원등매입세	44		뒤쪽참조	
과세사업전환매입세액	45			
재고매입세액	46			
변제대손세액	47			
외국인관광객환급세액	48			
합계	49			

41란: 신용카드영수증(현금영수증포함) 수취분 중 고정자산 계정과목 이외의 계정으로 회계처리한 거래분 반영

42란: 신용카드영수증(현금영수증포함) 수취분 중 고정자산 계정과목으로 회계처리한 거래분 반영

tip 매입매출전표에서 입력한 거래분만 반영

[수출실적명세서 작성자의 부가가치세신고서 작성]

• 직수출 거래가 있는 경우

[사 례]

구분: 거래유형 — 선적일 전액 외상거래

• 미국의 BUB Co.,Ltd.에 제품 $49,000을 외상으로 직수출하고 신고한 수출신고필증이다.

• 기준환율 내역이다.(선적일: 9월 23일)

9월 15일	9월 20일	9월 23일
1,145.50원/US$	1,150.10원/US$	1,149.50원/US$

[매입매출전표]

거래유형	품명	공급가액	부가세	거래처	전자세금
16. 수출	제품	56,325,500		00600.BUB Co., Ltd.	
분개유형	(차) 108.외상매출금 56,325,500원			(대) 404.제품매출 56,325,500원	
3. 혼합					

tip 과세표준 = $49,000 × 1,149.50 = 56,325,500원

구분: 거래유형 —

• 미국의 BUB Co.,Ltd.에 제품 $12,000을 외상으로 직수출하고 신고한 수출신고필증이다.

• 수출계약일은 5월 10일이고, 수출대금은 5월 15일에 보통예금으로 입금되었다.

거래유형

선적일 전 계약금 전액 입금 (원화로 환가 ○)

• 환율 내역이다.(선적일: 5월 20일)

5월 10일	5월 15일	5월 20일
1,100원/US$	1,120원/US$	1,130원/US$

[일반전표입력] 5월 15일

(차) 103.보통예금 13,440,000원 (대) 259.선수금 13,440,000원

[매입매출전표]

거래유형	품명	공급가액	부가세	거래처	전자세금
16. 수출	제품	13,440,000		00600.BUB Co., Ltd.	
분개유형	(차) 259.선수금 13,440,000원			(대) 404.제품매출 13,440,000원	
3. 혼합					

tip 과세표준 = $12,000 × 1,120 = 13,440,000원
수출품을 선적(공급시기)하기 전에 수출대금을 원화로 환가한 경우에는 그 환가한 금액으로 한다.

선적일 전 계약금 일부 입금 (원화로 환가 ○)

• 12월 25일 선적한 MAC Co., Ltd.의 수출신고필증이다.
• 12월 15일 MAC Co., Ltd.에 제품 $10,000를 수출하기로 계약하고, 12월 20일 계약금 $1,000를 받아 환전하여 보통예금통장(하나은행)에 입금하였다.
• 수출대금 잔액은 2025년 1월 31일에 받기로 하였다.
• 환율 내역이다.

12월 15일	12월 20일	12월 25일
950원/US$	900원/US$	1,000원/US$
매입환율	매입환율	기준환율

[일반전표입력] 12월 20일

(차) 103.보통예금 900,000원 (대) 259.선수금 900,000원

tip 선수금: $1,000 × 900원 = 900,000원

[매입매출전표]

거래유형	품명	공급가액	부가세	거래처	전자세금
16. 수출	제품	9,900,000		00600.MAC Co., Ltd.	
분개유형	(차) 108.외상매출금 9,000,000원			(대) 404.제품매출 9,900,000원	
3. 혼합	259.선수금 900,000원				

tip 과세표준 = ($1,000 × 900원) + ($9,000 × 1,000원) = 9,900,000원

선적일 전 계약금 일부 입금 (원화로 환가 ×)

• MAC Co., Ltd.에 제품 $10,000 외상으로 직수출하고 신고한 수출신고필증이다.
• 계약금 $1,000를 받아 원화로 환가하지 않고 보통예금 계좌에 입금하였으며, 12월 15일 기준환율로 회계처리 하였다.
(차) 103.보통예금 1,142,400원 (대) 259.선수금 1,142,400원
• 기준환율 내역이다.(선적일: 12월 25일)

12월 15일	12월 20일	12월 25일
1,142.40원/US$	1,145.20원/US$	1,148.40원/US$

[매입매출전표]

거래유형	품명	공급가액	부가세	거래처	전자세금
16. 수출	제품	11,484,000		00600.MAC Co., Ltd.	

분개유형	(차)		(대)	
3. 혼합	108.외상매출금	10,341,600원	404.제품매출	11,484,000원
	259.선수금	1,142,400원		

tip 과세표준 = $10,000 × 1,148.40원 = 11,484,000원

수출신고필증 검토방법

㉟ 세번부호	1234.12-1234	㊱ 순중량	870KG	㊲ 수량 500(BOX)	㊳ 신고가격 (FOB)	$10,000 ₩11,452,000
㊴ 송품장번호	AC-2022-00620	㊵ 수입신고번호		㊶ 원산지 Y	㊷ 포장갯수(종류)	500(BOX)
㊸ 수출요건확인(발급서류명)						
㊹ 총중량	950KG	㊺ 총포장갯수	100C/T	㊻ 총신고가격 (FOB)		$10,000 ₩11,452,000
㊼ 운임(₩)		㊽ 보험료(₩)		㊾ 결제금액	FOB-$10,000	
㊿ 수입화물관리번호				(51) 컨테이너번호	CKLU7845013	Y

㉟ 세번부호	1234.12-1234	㊱ 순중량	870KG	㊲ 수량 500(BOX)	㊳ 신고가격 (FOB)	$10,000 ₩11,452,000
㊴ 송품장번호	AC-2022-00620	㊵ 수입신고번호		㊶ 원산지 Y	㊷ 포장갯수(종류)	500(BOX)
㊸ 수출요건확인(발급서류명)						
㊹ 총중량	950KG	㊺ 총포장갯수	100C/T	㊻ 총신고가격 (FOB)		$10,000 ₩11,452,000
㊼ 운임(₩)	₩450,000	㊽ 보험료(₩)	₩170,000	㊾ 결제금액	CIF-$10,500	
㊿ 수입화물관리번호				(51) 컨테이너번호	CKLU7845013	Y

tip 과세표준 = 수출신고필증의 ㊾결제금액 × 선적일의 기준환율

부가가치세 부속서류

수출실적명세서 마감(F4) 기능모음(F11)

기간 : 2022 년 월 ~ 2022 년 월 ※ [주의] 상단 신고기간의 범위안에 입력된 선적일을 기준으로 조회됩니다. 선적일자순

구 분	건 수	외화금액	원화금액	비 고
⑨합 계	1	10,000.00	11,484,000	
⑩수 출 한 재 화	1	10,000.00	11,484,000	
⑪기타영세율적용				기타영세율은 하단상세내역에 입력

NO	□	수출신고번호	기타영세율건수	(14)선(기)적일자	(15)통화코드	(16)환율	(17)외화	(18)원화
1	□	071-12-18-0558571-4		-12-25	USD	1,148.4000	10,000.00	11,484,000
2	□							

부가세신고서 해당란

구 분				금액	세율	세액
과세표준및매출세액	과세	세금계산서발급분	1		10/100	
		매입자발행세금계산서	2		10/100	
		신용카드.현금영수증	3		10/100	
		기타	4		10/100	
	영세	세금계산서발급분	5		0/100	
		기타	6		0/100	
	예정신고누락분		7			
	대손세액가감		8			
	합계		9		㉮	

[매입세액불공제내역서 작성자의 부가가치세신고서 작성]

• <u>세금계산서 수취분</u> 중 매입세액공제가 불가능한 거래가 있는 경우

[사 례]

구분		내 용
거래유형	토지의 자본적 지출관련	• 자재창고 신축을 위하여 취득한 건축물이 있는 토지의 기존 건축물을 철거하고 철거비용에 대한 전자세금계산서를 수취하였다. • 신규 취득한 토지의 정지작업을 하고 전자세금계산서를 수취하였다. **tip** 철거비용 및 토지 정지작업 비용은 토지로 회계처리
	비영업용 소형승용차 구입 및 유지	• 영업부 업무용으로 승용차(2,000cc)를 구입하고 전자세금계산서를 수취하였다. • 관리부 업무용승용차(1,500cc, 5인승)에 주유하고 발급받은 신용카드영수증이다. **tip** 세금계산서는 매출매출전표입력 메뉴에서 54.불공으로 입력 신용카드(현금영수증 포함)은 일반전표에 입력
		• 관리부에서 사용할 승용차(990cc 국민차)를 구입하고 전자세금계산서를 수취하였다. **tip** 1,000cc이하의 국민차는 매입세액 공제가 가능하므로 51.과세로 입력
	사업과 관련없는 지출	• 대표이사 개인용도로 사용할 비품을 구입하고 전자세금계산서를 수취하였다. **tip** 대표이사 개인용도 사용분은 가지급금으로 회계처리
	면세사업과 관련된분	• 면세사업 제조를 위한 외주용역비를 지급하고 전자세금계산서를 수취하였다.
	접대비 관련 매입세액	• 매출거래처에 증정할 선물을 구입하고 전자세금계산서를 수취하였다.
		• 매출거래처 식사접대비를 법인카드로 결제하고 신용카드매출전표를 수취하였다. **tip** 세금계산서는 매출매출전표입력 메뉴에서 54.불공으로 입력 신용카드(현금영수증 포함)은 일반전표에 입력

부가가치세 부속서류

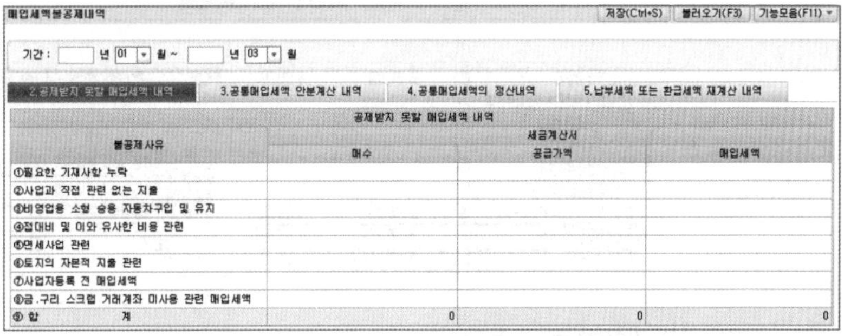

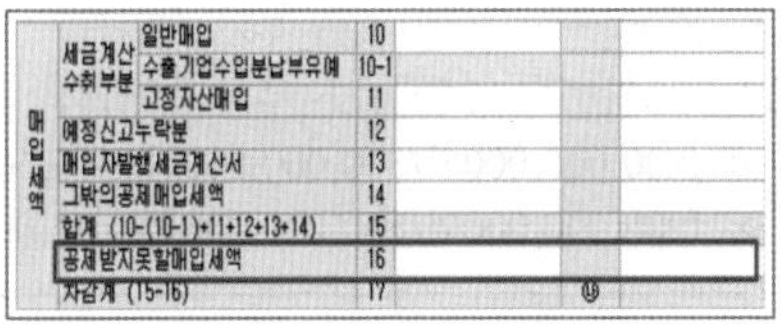

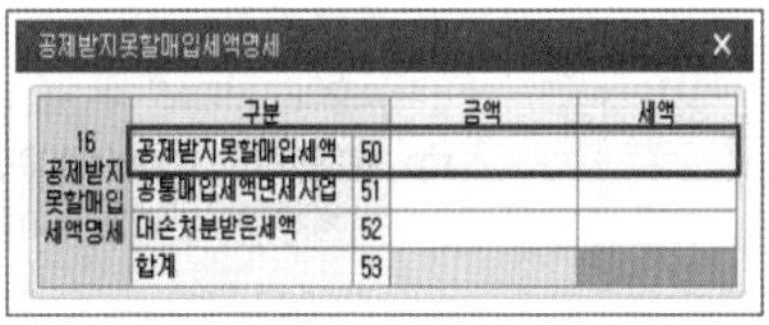

매입세액불공제내역 저장(Ctrl+S) 불러오기(F3) 기능모음(F11)

기간 : 년 01 월 ~ 년 03 월

2.공제받지 못할 매입세액 내역 | 3.공통매입세액 안분계산 내역 | 4.공통매입세액의 정산내역 | 5.납부세액 또는 환급세액 재계산 내역

공제받지 못할 매입세액 내역			
불공제사유	세금계산서		
	매수	공급가액	매입세액
①필요한 기재사항 누락			
②사업과 직접 관련 없는 지출			
③비영업용 소형 승용 자동차구입 및 유지			
④접대비 및 이와 유사한 비용 관련			
⑤면세사업 관련			
⑥토지의 자본적 지출 관련			
⑦사업자등록 전 매입세액			
⑧금.구리 스크랩 거래계좌 미사용 관련 매입세액			
⑨ 합 계	0	0	0

부가세신고서 해당란

구분			번호
매입세액	세금계산 수취부분	일반매입	10
		수출기업수입분납부유예	10-1
		고정자산매입	11
	예정신고누락분		12
	매입자발행세금계산서		13
	그밖의공제매입세액		14
	합계 (10-(10-1)+11+12+13+14)		15
	공제받지못할매입세액		16
	차감계 (15-16)		17

공제받지못할매입세액명세

구분			금액	세액
16 공제받지못할매입세액명세	공제받지못할매입세액	50		
	공통매입세액면세사업	51		
	대손처분받은세액	52		
	합계	53		

[공통매입세액 안분계산] 작성자의 부가가치세신고서 작성

• 과세사업과 면세사업을 겸업하는 경우(예정신고)

[사 례]

구분	내 용

거래유형

1. 과세기간의 공급가액 내역

구분	2024.7.1. ~ 2024.9.30.
과세매출	600,000,000원
면세매출	200,000,000원
합계	800,000,000원

2. 공통매입내역

일자	품목	공급가액	세액	거래처	유형
8월 14일	원재료	60,000,000원	6,000,000원	(주)케이상사	과세매입
9월 25일	기계장치	40,000,000원	4,000,000원	(주)미래기계	과세매입

부가가가치세 부속서류

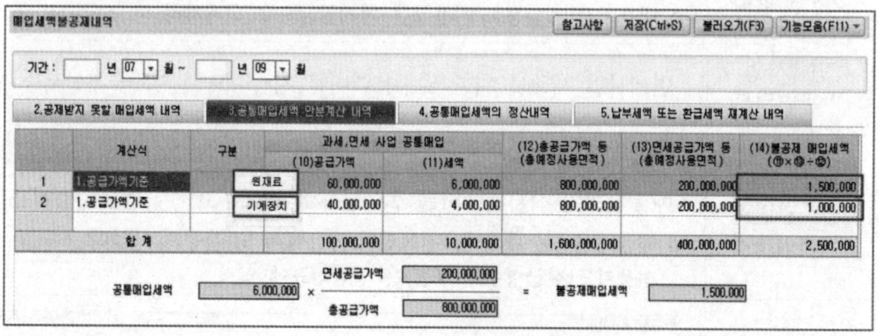

매입세액불공제내역 (참고사항 | 저장(Ctrl+S) | 불러오기(F3) | 기능모음(F11))

기간 : 년 07 월 ~ 년 09 월

2.공제받지 못할 매입세액 내역 | 3.공통매입세액 안분계산 내역 | 4.공통매입세액의 정산내역 | 5.납부세액 또는 환급세액 재계산 내역

	계산식	구분	과세,면세 사업 공통매입 (10)공급가액	(11)세액	(12)총공급가액 등 (총예정사용면적)	(13)면세공급가액 등 (총예정사용면적)	(14)불공제 매입세액 (⑪×⑬÷⑫)
1	1.공급가액기준	원재료	60,000,000	6,000,000	800,000,000	200,000,000	1,500,000
2	1.공급가액기준	기계장치	40,000,000	4,000,000	800,000,000	200,000,000	1,000,000
합 계			100,000,000	10,000,000	1,600,000,000	400,000,000	2,500,000

공통매입세액 6,000,000 × 면세공급가액 200,000,000 / 총공급가액 800,000,000 = 불공제매입세액 1,500,000

부가세신고서 해당란

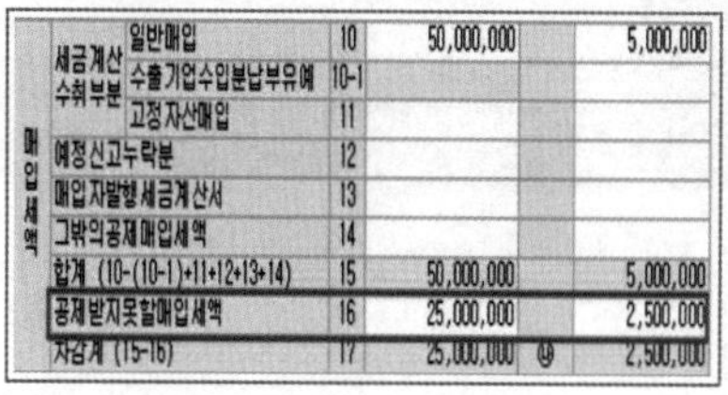

매입세액			금액		세액
세금계산 수취부분	일반매입	10	50,000,000		5,000,000
	수출기업수입분납부유예	10-1			
	고정자산매입	11			
예정신고누락분		12			
매입자발행세금계산서		13			
그밖의공제매입세액		14			
합계 (10-(10-1)+11+12+13+14)		15	50,000,000		5,000,000
공제받지못할매입세액		16	25,000,000		2,500,000
차감계 (15-16)		17	25,000,000	⑭	2,500,000

공제받지못할매입세액명세

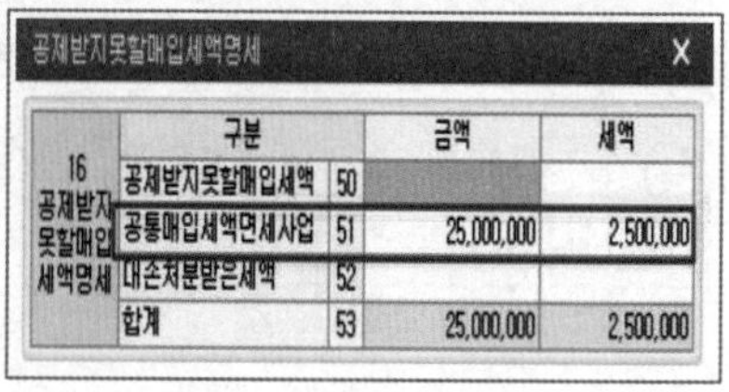

	구분		금액	세액
16 공제받지못할매입세액명세	공제받지못할매입세액	50		
	공통매입세액면세사업	51	25,000,000	2,500,000
	대손처분받은세액	52		
	합계	53	25,000,000	2,500,000

안분계산분 회계처리

[일반전표입력] 9월 30일

(차) 153.원재료 1,500,000원 (대) 135.부가세대급금 1,500,000원

(차) 206.기계장치 1,000,000원 (대) 135.부가세대급금 1,000,000원

tip 원재료 6,000,000원 × (200,000,000원/800,000,000원) = 1,500,000원

기계장치 4,000,000원 × (200,000,000원/800,000,000원) = 1,000,000원

[공통매입세액 안분정산] 작성자의 부가가치세신고서 작성

• 과세사업과 면세사업을 겸업하는 경우(확정신고)

[사 례]

구분	내　　용
거래유형	(아래 1, 2 참조)
부가가치세 부속서류	(아래 매입세액불공제내역 참조)
부가세신고서 해당란	(아래 신고서 참조)
안분정산분 회계처리	[일반전표입력] 12월 31일 (차) 206.기계장치　150,000원　　(대) 135.부가세대급금　150,000원

거래유형

1. 기계장치 매입내역

일자	공급가액	공급세액	거래내역
9.15	15,000,000원	1,500,000원	과세사업과 면세사업에 공통으로 사용되는 식품가공기계를 외상으로 구입하고 전자세금계산서를 수령하였다.

2. 공급가액 내역

구　분	2기 예정	2기 확정	합계
과세분	210,000,000원	270,000,000원	480,000,000원
면세분	90,000,000원	230,000,000원	320,000,000원
합　　계	300,000,000원	500,000,000원	800,000,000원

* 제2기 예정신고시에 공통매입세액중 안분계산을 통해 450,000원을 기 불공제 처리하였다.

부가가치세 부속서류

매입세액불공제내역　　참고사항　저장(Ctrl+S)　불러오기(F3)　기능모음(F11)

기간 : 　년 10 월 ~ 　년 12 월

2.공제받지 못할 매입세액 내역 | 3.공통매입세액 안분계산 내역 | 4.공통매입세액의 정산내역 | 5.납부세액 또는 환급세액 재계산 내역

	계산식	구분	(15)총공통매입세액	(16)면세 사업 확정비율(%) 면세공급가액(면세사용면적)	(16) 총공급가액(총사용면적)	(16) 면세비율(%)	(17)불공제매입세액총액((15)×(16))	(18)기 불공제 매입세액	(19)가산또는공제되는 매입세액((17)-(18))
1	1.면세공급가액기준		1,500,000	320,000,000	800,000,000	40.000000	600,000	450,000	150,000
총공통매입세액 참고사항			0						
합 계			1,500,000	320,000,000	800,000,000		600,000	450,000	150,000

공통매입세액 1,500,000 × (면세.과세 사업의 공급가액이 확정되는 과세기간의 면세공급가 320,000,000 / 면세.과세 사업의 공급가액이 확정되는 과세기간의 총공급가 800,000,000) (면세비율%) 40 - 기 불공제 매입 450,000 = 불공제매입세액 150,000

※ 비율로 입력합니다.(50% -> 50)

부가세신고서 해당란

구분			금액		세액
매입세액 세금계산수취부분 일반매입	10		50,000,000		5,000,000
수출기업수입분납부유예	10-1				
고정자산매입	11				
예정신고누락분	12				
매입자발행세금계산서	13				
그밖의공제매입세액	14				
합계 (10-(10-1)+11+12+13+14)	15		50,000,000		5,000,000
공제받지못할매입세액	16		1,500,000		150,000
차감계 (15-16)	17		48,500,000	ⓛ	4,850,000

공제받지못할매입세액명세

	구분		금액	세액
16 공제받지못할매입세액명세	공제받지못할매입세액	50		
	공통매입세액면세사업	51	1,500,000	150,000
	대손처분받은세액	52		
	합계	53	1,500,000	150,000

[공통매입세액 납부세액재계산] 작성자의 부가가치세신고서 작성

- 과세사업과 면세사업을 겸업하는 사업자가 공통매입세액에 해당하는 고정자산을 취득하여 여러 과세기간동안 사용하는 경우(확정신고)

[사 례]

구분	내 용

거래유형

1. 과세사업과 면세사업에 공통으로 사용되는 자산의 구입내역

계정과목	취득일자	공급가액	부가가치세	비 고
건 물	2022.6.20.	800,000,000원	80,000,000원	
원 재 료	2023.9.30.	30,000,000원	3,000,000원	

2. 과세기간의 공급가액 내역

일자	과세사업	면세사업	총공급가액	면세비율
2024년 제1기	700,000,000원	300,000,000원	1,000,000,000원	30%
2024년 제2기	500,000,000원	500,000,000원	1,000,000,000원	50%

부가가가치세 부속서류

매입세액불공제내역 　 저장(Ctrl+S) 불러오기(F3) 기능모음(F11)

기간 : 년 10 월 ~ 년 12 월

2.공제받지 못할 매입세액 내역 | 3.공통매입세액 안분계산 내역 | 4.공통매입세액의 정산내역 | 5.납부세액 또는 환급세액 재계산 내역

	계산식	구분	(20)해당재화의 매입세액	(21)경감률(%) (1- 체감률 x 과세기간수) 체감률	경과된 과세기간수	경감률	(22)증가또는감소된면세 공급가액(사용면적)비율(%)	(23)가산또는공제되는 매입세액(20 x 21 x 22)
1	1.건축.구축물		80,000,000	5/100	5	75	20	12,000,000
2								

1. 5/100
2. 10/100
3. 25/100 ← 기타감가상각자산

tip 원재료는 감가상각 대상 자산이 아니므로 재계산할 필요가 없음
면세 증가비율: 2024년 2기 면세비율 − 2024년 1기 면세비율 = 50% − 30% = 20%
경과된과세기간수: 2022년 2회 + 2023년 2회 + 2024년 1회 = 5회

부가세신고서 해당란

구분		번호	금액	세율	세액
매입세액	세금계산서 수취부분 일반매입	10	200,000,000		20,000,000
	수출기업수입분납부유예	10-1			
	고정자산매입	11			
	예정신고누락분	12			
	매입자발행세금계산서	13			
	그밖의공제매입세액	14			
	합계 (10-(10-1)+11+12+13+14)	15	200,000,000		20,000,000
	공제받지못할매입세액	16	120,000,000		12,000,000
	차감계 (15-16)	17	80,000,000	ⓘ	8,000,000

공제받지못할매입세액명세

	구분		금액	세액
16 공제받지못할매입세액명세	공제받지못할매입세액	50		
	공통매입세액면세사업	51	120,000,000	12,000,000
	대손처분받은세액	52		
	합계	53	120,000,000	12,000,000

납부세액 재계산분 회계처리

[일반전표입력] 12월 31일
(차) 202.건물 12,000,000원 　 (대) 135.부가세대급금 12,000,000원
tip 건물 80,000,000원 × (1 − 5% × 5기) × 20%(면세증가비율) = 12,000,000원

[부동산임대공급가액명세서 작성자의 부가가치세신고서 작성]

• 부동산 임대용역을 공급한 경우

[사 례]

구분		내 용
거래유형	간주임대료 임대인 부담	(아래 참조)
거래유형	간주임대료 임차인 부담	(아래 참조)

거래유형 – 간주임대료 임대인 부담

• 9월분 임대료에 대한 전자세금계산서이며, 임대료는 9월 30일 국민은행 보통예금계좌에 입금된 것을 확인하였다.
• 간주임대료에 대한 부가가치세는 임대인이 부담하기로 하였다.

[임대료-세금계산서 발급분 회계처리]

거래유형	품명	공급가액	부가세	거래처	전자세금
11.과세	임대료	3,000,000	300,000	00550.(주)은정	전자입력
분개유형	(차) 103.보통예금 3,300,000원 (98001.국민은행)		(대) 411.임대료수입 3,000,000원 255.부가세예수금 300,000원		
3.혼합					

[간주임대료 회계처리]

거래유형	품명	공급가액	부가세	거래처	전자세금
14.건별	간주 임대료	221,917	22,191		
분개유형	(차) 817.세금과공과금 22,191원		(대) 255.부가세예수금 22,191원		
3.혼합					

tip 간주임대료에 대한 공급가액 = 부동산임대공급가액명세서의 보증금이자란의 금액

보증금이자	월세등		계(과세표준)	

거래유형 – 간주임대료 임차인 부담

• 9월분 임대료에 대한 전자세금계산서이며, 임대료는 9월 30일 국민은행 보통예금계좌에 입금된 것을 확인하였다.
• 간주임대료에 대한 부가가치세는 임차인이 부담하기로 하였으며, 9월 30일 간주임대료에 대한 부가가치세가 국민은행 보통예금계좌로 입금되었다.

[임대료-세금계산서 발급분 회계처리]

거래유형	품명	공급가액	부가세	거래처	전자세금
11.과세	임대료	3,000,000	300,000	00550.(주)은정	전자입력
분개유형	(차) 103.보통예금 3,300,000원 (98001.국민은행)		(대) 411.임대료수입 3,000,000원 255.부가세예수금 300,000원		
3.혼합					

[간주임대료 회계처리]

거래유형	품명	공급가액	부가세	거래처	전자세금
14.건별	간주 임대료	221,917	22,191		
분개유형	(차) 103.보통예금 22,191원 (98001.국민은행)		(대) 255.부가세예수금 22,191원		
3.혼합					

겸용 주택건물

[부동산 임대계약서 내역]

구분	계약기간	임대보증금	월임대료	면적	비고
사무실 임대	2024년 6월 1일 부터 24개월로 함	60,000,000원	3,000,000원	208㎡	월세금액은 매월 말일에 지불키로 하되 만약 기일 내에 지불치 못할 시에는 보증금액에서 공제하기로 함
주택 임대		40,000,000원	2,000,000원	147㎡	

[사무실임대료-세금계산서 발급분 회계처리]

거래유형	품명	공급가액	부가세	거래처	전자세금
11.과세	사무실 임대료	3,000,000	300,000	00550.(주)은정	전자입력
분개유형 3.혼합	(차) 108.외상매출금 3,300,000원		(대) 411.임대료수입 3,000,000원 255.부가세예수금 300,000원		

[주택임대료-계산서 발급분 회계처리]

거래유형	품명	공급가액	부가세	거래처	전자세금
13.면세	주택 임대료	2,000,000		00550.(주)은정	전자입력
분개유형 3.혼합	(차) 108.외상매출금 2,000,000원		(대) 411.임대료수입 2,000,000원		

[간주임대료 회계처리]

거래유형	품명	공급가액	부가세	거래처	전자세금
14.건별	간주 임대료	78,904	7,890		
분개유형 3. 혼합	(차) 817.세금과공과금 7,890원		(대) 255.부가세예수금 7,890원		

tip 주택임대는 면세에 해당하므로 사무실임대분에 대해서만 간주임대료 계산

부가가치세 부속서류

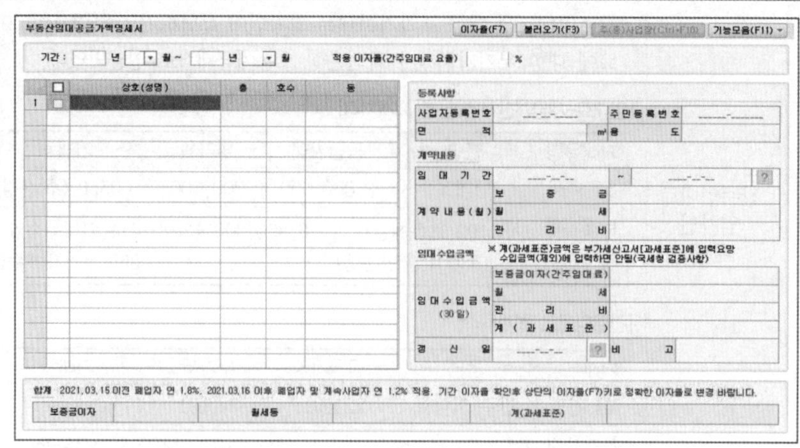

구분	내용
부가세신고서 해당란	(아래 표)

과세표준및매출세액	구 분		금액	세율	세액
과세	세금계산서발급분	1		10/100	
과세	매입자발행세금계산서	2		10/100	
과세	신용카드.현금영수증	3		10/100	
과세	기타	4		10/100	
영세	세금계산서발급분	5		0/100	
영세	기타	6		0/100	
예정신고누락분		7			
대손세액가감		8			
합계		9		㉮	

[의제매입세액공제신고서 작성자의 부가가치세신고서 작성]

• 부가가치세가 면세되는 농 · 축 · 수산물을 공급받아 제조 · 가공 후 과세로 공급하는 경우

[사 례]

구분		내 용
거래유형	계산서 수취	• 천연허브를 외상으로 구입하고 전자계산서를 수취하였다. • 닭다리 정육을 현금으로 구입하고 전자계산서를 수취하였다.

[매입매출전표]

거래유형	품명	공급가액	부가세	거래처	전자세금
53.면세	닭다리 정육	80,000,000		00211.준경유통	전자입력
분개유형	(차) 153.원재료 80,00,000원			(대) 101.현금 80,000,000원	
1.현금	적요6.의제매입세액원재료차감(부가)				

구분		내 용
거래유형	신용카드 현금영수증 수취	• 천연허브 50상자를 현금으로 구입하고 현금영수증을 수취하였다. • 미가공 오리 10box를 구입하고 신용카드매출전표를 수취하였다.

[매입매출전표]

거래유형	품명	공급가액	부가세	거래처	전자세금
58.카면	미가공오리	1,800,000		00220.승영농산	전자입력
분개유형	(차) 153.원재료 1,800,000원			(대) 251.외상매입금 1,800,000원	
2.외상	적요6.의제매입세액원재료차감(부가)			(99608.삼성카드)	

tip 일반적인 상거래에 해당하므로 분개유형을 외상으로 선택하여야 외상매입금으로 회계처리 할 수 있음

구분		내 용
거래유형	농어민 계약서	• 천연허브를 농민(이윤석)으로부터 구입하고 작성한 계약서이다.(제조업 운영)

[매입매출전표]

거래유형	품명	공급가액	부가세	거래처	전자세금
60.면건	천연허브	10,000,000		00211.준경유통	전자입력
분개유형	(차) 153.원재료 10,000,000원			(대) 101.현금 80,000,000원	
1.현금	적요6.의제매입세액원재료차감(부가)				

• 마늘을 농민으로부터 직접 현금으로 작성한 계약서이다.(음식점 운영)

[일반전표입력]

(차) 153.원재료 2,000,000원 (대) 101.현금 2,000,000원

tip 농어민으로부터 농수산물을 공급받고 계약서를 작성한 경우 일반음식점은 매입세액 공제가 불가능하므로 일반전표에 입력

일반 영수증

• 미가공 닭 40마리를 현금으로 구입하고 수취한 영수증이다.

• 생강을 현금으로 구입하고 수취한 영수증이다.

[일반전표입력]

(차) 153.원재료 1,000,000원 (대) 101.현금 1,000,000원

tip 의제매입세액 공제요건이 충족되지 않은 영수증 거래는 일반전표에 입력

의제 매입세액 정산자료

• 2024년 2기(7.1.~12.31.)의 양념육 제조와 관련한 과세표준은 800,000,000원(2기 예정: 450,000,000원, 2기 확정: 350,000,000원)이다.

• 예정신고 시 면세매입금액: 125,000,000원
• 예정신고 시 의제매입세액공제액: 4,807,692원

tip 확정 신고분은 의제매입세액공제신고서 매입세액정산(의제) Tab에서 정산자료를 입력하여 의제매입세액 한도액을 계산

매입처 명세 | 매입세액정산(의제)

구분	매입처수	건수	매입가액	공제율	의제매입세액
합 계	0	0	0		0
사업자매입분(계 산 서)					
사업자매입분(신용카드)					
농·어민 매 입 분					

3.면세농산물등 의제매입세액 | 4.매입시기 집중제조업 면세농산물등 ※ 확정(폐업)신고시 3번을 작성하셔야 합니다.

가. 과세기간 과세표준 및 공제가능한 금액 등 한도율편집(확정신고)

과세표준			대상액한도계산	
14.합계	15.예정분	16.확정분	17.한도율	18.한도액
			40%	

부가가가치세 부속서류

의제매입세액공제신고서 작성조회(Ctrl+X) 일괄삭제 불러오기(F3) 기능모음(F11)

관리용 | 신고용

기간 : 년 10 월 ~ 년 12 월

	공급자
1	조영준
2	준경유통
3	

매입처 명세 | 매입세액정산(의제)

주민등록번호 ______-_______ 사업자등록번호 108-91-31256

취득일자	구분	물품명	수량	매입가액	공제율	의제매입세액	건수	전표
	사업자(계산서)	닭다리	8,000	80,000,000	4/104	3,076,923	1	매입
합 계			8,000	80,000,000		3,076,923	1	

공제율 선택: 1. 2/102 2. 6/106 3. 4/104 4. 기타

일반업종 2/102
중소기업 4/104
음 식 점 6/106

	매입가액 계	의제매입세액 계
사업자매입분(계 산 서)	80,000,000	3,076,923
사업자매입분(신용카드)		
농.어민 매입분	2,000,000	76,923
계	82,000,000	3,153,846

tip 전표입력시 원재료계정에서 적요6.의제매입세액원재료차감(부가)을 선택하면 의제매입세액 공제신고서에 자동반영됨

부가세신고서 해당란	 매입세액: 세금계산수취부분 일반매입 10 / 수출기업수입분납부유예 10-1 / 고정자산매입 11; 예정신고누락분 12; 매입자발행세금계산서 13; 그밖의공제매입세액 14; 합계 (10-(10-1)+11+12+13+14) 15; 공제받지못할매입세액 16; 차감계 (15-16) 17 ⓤ 14 그밖의공제매입세액명세 (구분/금액/세율/세액): 신용매출전표수취/일반 41; 신용매출전표수취/고정 42; 의제매입세액/평창,광주 43 뒤쪽참조; 재활용폐자원등매입세 44 뒤쪽참조; 과세사업전환매입세액 45; 재고매입세액 46; 변제대손세액 47
의제매입세액 회계처리	[일반전표입력, 과세기간 종료일자로 회계처리] (차) 135.부가세대급금 3,153,846원 (대) 153.원재료 3,153,846원

[대손세액공제신고서 작성자의 부가가치세신고서 작성]

• 매출채권에 대한 대손이 발생한 경우

[사 례]

구분		내 용
거래유형	파산	• 매출거래처 (주)현진산업이 파산신청을 하여 2024년 4월 5일에 법원으로부터 파산결정을 받았다.
	회사 정리인가	• 2024년 5월 31일 신당물산이 「채무자 회생 및 파산에 관한 법률」에 의한 회생계획 인가 결정을 받음에 따라 매출채권의 대손이 확정되었다.
	부도	• (주)영천스포츠는 2023년 12월 29일 어음에 대한 부도 확인을 받았고, (주)세종상사는, 2024년 3월 20일 어음에 대한 부도 확인을 받았다. 대손세액을 제1기 부가가치세 확정신고서에 반영하시오. tip (주)세종상사에 대한 대손금액은 부도발생일 이후 6개월이 지나지 않아 대손세액공제 신청을 할 수 없다.
	채권 시효소멸	• (주)바이오슈즈에 매출한 거래내역으로, 해당 채권의 소멸시효가 완성(2024년 12월 10일)되어 전액 대손으로 확정되었다.
	화해 권고결정	• (주)시온침구는 2024년 12월 20일에 서울중앙지방법원에 의해 '민사소송법'에 따른 화해권고결정이 확정되었다. (단, 대손사유의 8.기타입력을 선택하여 '재판상 화해'로 입력할 것.)
부가가가치세 부속서류		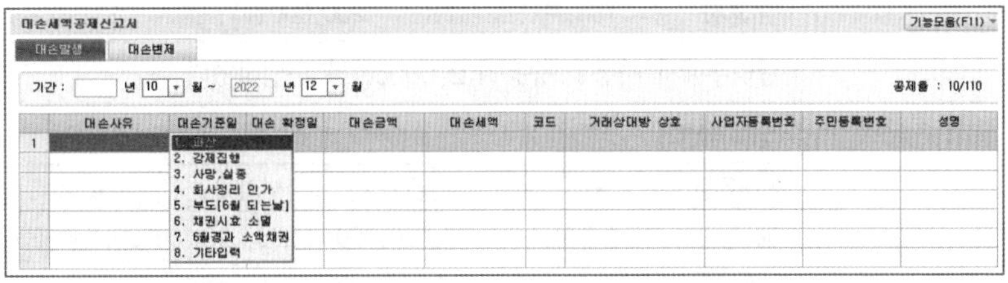 대손세액공제신고서 (기능모음(F11)) — 대손발생 / 대손변제 기간: 년 10 월 ~ 2022 년 12 월 공제율: 10/110 대손사유 / 대손기준일 / 대손 확정일 / 대손금액 / 대손세액 / 코드 / 거래상대방 상호 / 사업자등록번호 / 주민등록번호 / 성명 1. 파산 2. 강제집행 3. 사망,실종 4. 회사정리 인가 5. 부도[6월 되는날] 6. 채권시효 소멸 7. 6월경과 소액채권 8. 기타입력 tip 부가가치세 확정신고 시 공제 가능

부가세신고서 해당란

구 분				금액	세율	세액
과세표준및매출세액	과세	세금계산서발급분	1	50,000,000	10/100	5,000,000
		매입자발행세금계산서	2		10/100	
		신용카드.현금영수증	3		10/100	
		기타	4		10/100	
	영세	세금계산서발급분	5		0/100	
		기타	6		0/100	
	예정신고누락분		7			
	대손세액가감		8			-500,000
	합계		9	50,000,000	㉯	4,500,000

tip 공제 가능한 대손세액이 대손세액가감란에 음수로 반영됨

대손발생 회계처리

[일반전표입력]

(차) 109.대손충당금 3,000,000원 (대) 108.외상매출금 11,000,000원
835.대손상각비 7,000,000원 (00208.(주)현진산업)
255.부가세예수금 1,000,000원

tip 외상매출금에 대한 대손충당금 잔액을 조회한 후 회계처리

[건물등감가상각자산취득명세서 작성자의 부가가치세신고서 작성]

• 고정자산 취득 관련 거래가 있는 경우

[사 례]

구분		내 용
거래유형	세금계산서 수취	(아래 참조)

• 본사사옥신축공사 계약금을 국민은행 보통예금 계좌에서 이체하여 지급하고 전자세금계산서를 수취하였다.

tip 건물신축공사 계약금, 중도금은 건설중인자산으로 회계처리

• 생산부에서 사용할 기계장치를 구입하고 전자세금계산서를 수취하였다.

• 영업사원 교육용으로 사용하기 위하여 빔 프로젝터를 구입하고 전자세금계산서를 수취하였다.

• 특허등록이 완료되어 등록비용을 현금으로 지급하고 전자세금계산서를 수취하였다.

[매입매출전표]

거래유형	품명	공급가액	부가세	거래처	전자세금
51.과세	특허등록비용	2,000,000	200,000	00550.특허사무소	전자입력
분개유형	(차) 232.특허권 2,000,000원			(대) 101.현금 2,200,000원	
3.혼합	135.부가세대급금 200,000원				

• 관리부에서 사용할 승용차(2,000cc)를 구입하였다.

[매입매출전표]

거래유형	품명	공급가액	부가세	거래처	전자세금
54.불공	승용차	22,000,000	200,000	00200.우리자동차	전자입력
분개유형	(차) 208.차량운반구 22,000,000원			(대) 253.미지급금 22,000,000원	
3.혼합					

tip 불공유형 거래도 건물등감가상각자산취득명세서에 반영됨

신용카드 현금영수증 수취

• 사무실에서 사용할 에어컨을 구입하고 법인신용카드로 결제하였다.
• 경영지원팀 사무실에서 사용할 제본기를 구입하고 현금영수증을 수취하였다.

[매입매출전표]

거래유형	품명	공급가액	부가세	거래처	전자세금
61.현과	제본기	2,000,000	200,000	00550.한국전자	전자입력
분개유형	(차) 212.비품 2,000,000원			(대) 101.현금 2,200,000원	
3.혼합	135.부가세대급금 200,000원				

• 전자마트(주)로부터 대표이사가 개인적으로 사용할 노트북을 구입하고법인신용카드로 결제하였다.

[일반전표입력]

(차) 134.가지급금 990,000원 (대) 253.미지급금 990,000원

tip 대표이사의 개인적인 물품구입은 매입세액 공제대상이 아니며, 세금계산서를 수취하지 않고 신용카드매출전표를 수취하였으므로 일반전표에 매입부가세를 포함한 금액으로 입력

부가가치세 부속서류

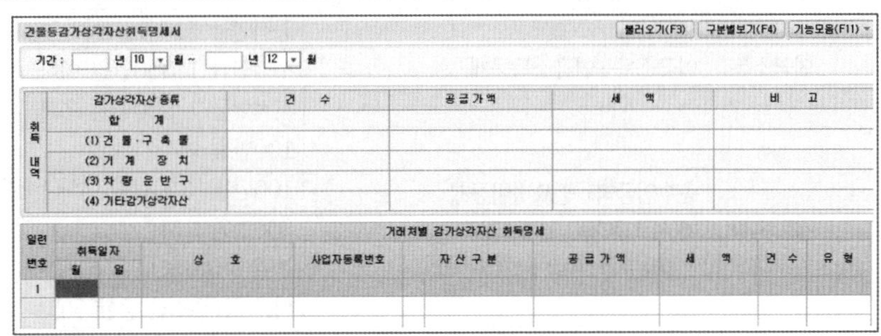

건물등감가상각자산취득명세서 불러오기(F3) 구분별보기(F4) 기능모음(F11)

기간 : 년 10 월 ~ 년 12 월

취득내역	감가상각자산 종류	건 수	공급가액	세 액	비 고
	합 계				
	(1) 건 물 · 구 축 물				
	(2) 기 계 장 치				
	(3) 차 량 운 반 구				
	(4) 기타감가상각자산				

거래처별 감가상각자산 취득명세

일련번호	취득일자 월	취득일자 일	상 호	사업자등록번호	자 산 구 분	공 급 가 액	세 액	건 수	유 형
1									

tip 매입매출전표 51.과세, 54.불공, 55.수입, 57.카과, 61.현과 유형 반영

부가세신고서 해당란

매입세액					
세금계산 수취부분	일반매입	10			
	수출기업수입분납부유예	10-1			
	고정자산매입	11			
예정신고누락분		12			
매입자발행세금계산서		13			
그밖의공제매입세액		14			
합계 (10-(10-1)+11+12+13+14)		15			
공제받지못할매입세액		16			
차감계 (15-16)		17		⑭	

14 그 밖의 공제매입세액 명세	구분		금액	세율	세액
	신용매출전표수취/일반	41			
	신용매출전표수취/고정	42			
	의제매입세액/평창,광주	43		뒤쪽참조	
	재활용폐자원등매입세	44		뒤쪽참조	
	과세사업전환매입세액	45			
	재고매입세액	46			
	변제대손세액	47			

03 근로소득관리

1 사원등록

I Can! 기본공제대상자 소득요건 판정 시 참고사항!

종류	소득금액계산	기본공제대상 여부	
근로소득	근로소득−근로소득공제	총급여 500만원 이하	○
		총급여 500만원 초과	×
		일용근로자(분리과세)	○
사업소득	총수입금액−필요경비공제	소득금액 100만원 이하	○
퇴직소득	비과세를 제외한 퇴직금 전액		
양도소득	양도가액−필요경비−장기보유특별공제		
연금소득	연금소득−연금소득공제	공적연금 516만원 이하	○
		사적연금 1,500만원 이하	○
		사적연금 1,500만원 초과	△
기타소득	총수입금액−필요경비공제* *60% (강연료, 원고료 등) 80%, 90% 또는 실제필요경비	100만원 이하	○
		100만원~300만원 이하(선택적 분리과세)	△
		300만원 초과	×
		복권 등(무조건 분리과세)	○
		뇌물 등(무조건 종합과세)	×
금융소득	필요경비 인정 안 됨	2,000만원 이하(분리과세)	○
		2,000만원 초과(종합과세)	×

[본인 공제]

- 나이, 소득 상관없이 공제 가능
- 배우자가 없는자로서, 기본공제 대상 직계비속 또는 입양자가 있는 경우 한부모공제 가능 (단, 여성의 경우 부녀자 추가공제와 중복되는 경우 한부모공제를 적용)
- 다음에 해당하는 경우 부녀자공제 가능
  ① 배우자가 있는 여성인 경우
  ② 배우자가 없는 여성으로서, 기본공제대상자인 부양가족이 있는 세대주인 경우 (단, 종합소득금액 3,000만원 이하)
- 본인이 장애인에 해당하는 경우 장애인공제, 70세 이상에 해당하는 경우 경로우대공제 가능

[사 례]

나이	내 용	기본공제	추가공제
38	이혼 후 혼자 자녀를 부양하고 있다.	○	한부모
45	여성인 경우: 장애인복지법에 의한 장애인에 해당하며, 총급여액은 3,000만원 이하이다.(배우자 있음.)	○	부녀자 장애인
40	여성인 경우: 이혼 후 소득이 없는 모(70세)를 부양하고 있다. 세대주이며 총급여액은 3,000만원 이하이다. **tip** 직계비속이 없으므로 한부모공제는 불가능	○	부녀자

[배우자 공제]

- 나이 상관없이 소득금액이 100만원 이하인 경우 공제 가능
- 배우자가 장애인에 해당하는 경우 장애인공제, 70세 이상에 해당하는 경우 경로우대공제 가능
- 배우자가 주거 형편에 따라 별거하고 있는 경우 생계를 같이하는 것으로 봄

[사 례]

나이	내 용	기본공제	추가공제
70	근로능력이 없는 국가유공자이다.	○	장애인 경로우대
42	배우자 이승현은 2024년 9월 15일에 사망하였으며, 사망일까지 별도의 소득은 없다. **tip** 사망일 전일로 판단하므로 공제 가능	○	
40	일용근로소득 30,000,000원이 있다. **tip** 일용근로소득은 분리과세 되므로 공제 가능	○	
42	해당 연도 11월에 취업이 되어 총급여 5,000,000원이 있다 **tip** 근로소득만 있는 경우 총급여 500만원까지 공제 가능	○	
40	근로소득금액 4,000,000원, 사업소득금액 결손금 6,000,000원이 있다 **tip** 종합소득금액이 결손이므로 기공제 가능 사업소득금액 -6,000,000원 + 근로소득금액 4,000,000원 = -2,000,000원	○	
40	기타소득(문예창작소득) 2,000,000원(필요경비 60%)이 있다. **tip** 기타소득금액 100만원 이하이므로 공제 가능 기타소득 2,000,000원 - 필요경비 1,200,000원 = 소득금액 800,000원	○	
40	복권당첨소득 7,000,000원이 있다. **tip** 복권당첨금은 분리과세소득이므로 금액 상관없이 공제 가능	○	

나이	내　　용	기본공제	추가공제
40	복권당첨소득 20,000,000원과 기타소득 2,500,000원(분리과세 선택)이 있다. **tip** 복권당첨소득은 분리과세 대상, 기타소득금액은 분리과세를 선택하였으므로 공제 가능	○	
45	장애인복지법에 따른 장애인으로 등록되었으며 이자소득 19,000,000원이 있다. **tip** 금융소득 2,000만원 이하는 분리과세소득이므로 공제 가능	○	장애인
45	항시 치료를 요하는 암환자(중증환자)로서 현재 타지역의 요양시설에서 생활하고 있으며 소득이 없다.	○	장애인
45	배우자는 소득이 없으며, 별거 중이다. **tip** 배우자는 생계를 같이 하여야 한다는 요건이 없으므로 공제 가능	○	
50	배우자와 2024년 12월 21일에 이혼하였다. **tip** 이혼하였으므로 공제 불가능	×	
50	양도소득금액이 30,000,000원이 있다. **tip** 소득금액 100만원을 초과하므로 공제 불가능	×	
50	근로소득 총급여액 30,000,000원이 있다. **tip** 총급여액이 500만원을 초과하므로 공제 불가능	×	
50	이자소득 7,500,000원과 배당소득 13,500,000원이 있다.(이자소득과 배당소득은 원천징수되었다.) **tip** 금융소득이 2,000만원을 초과하여 종합과세 되므로 공제 불가능	×	
45	배우자와 작년에 사별하였다. **tip** 작년까지 공제 가능, 당해연도는 공제 불가능	×	
45	보험모집인으로 연간 소득금액 2,400,000원이 있다. **tip** 사업소득금액이 100만원을 초과하므로 기본공제 불가능	×	
50	2024년 1월에 퇴직하면서 급여 3,000,000원과 퇴직금 12,000,000원을 받았고, 이후 가사에 전념하고 있다. **tip** 퇴직소득이 100만원을 초과하므로 공제 불가능	×	
52	서울신문사의 신춘문예에 응모하여 당선되었으며, 상금으로 10,000,000원을 수령하였다. **tip** 기타소득금액이 100만원이 초과되고 선택적 분리과세 대상인 300만원도 초과하므로 공제 불가능 1,000만원 − 600만원(필요경비 60%) = 400만원	×	

[부양가족 공제 – 직계존속]

- 만 60세 이상에 해당하며, 소득금액이 100만원 이하인 경우 공제 가능
- 대상: 부모, 배우자의 부모(장인, 장모, 시부모), 조부모, 외조부모, 시조부모 등
- 직계존속이 장애인에 해당하는 경우 장애인공제, 70세 이상에 해당하는 경우 경로우대공제 가능
- 직계존속이 주거의 형편에 따라 별거하고 있는 경우 생계를 같이하는 것으로 봄

[사 례]

나이	내 용	기본공제	추가공제
70	일용근로소득 4,000,000원이 있다. tip 일용근로소득은 무조건 분리과세 되므로 금액 상관없이 공제 가능	○	경로우대
62	당해 연도에 사망을 하였으나, 일용근로소득 7,500,000원이 있다. tip 당해 사망, 일용근로소득은 무조건 분리과세 되므로 금액 상관없이 공제 가능	○	
70	복권당첨금 30,000,000원이 있다. tip 복권당첨소득은 분리과세소득이므로 공제 가능	○	경로우대
70	기초노령연금을 월 180,000원씩 지급받고 있다. tip 기초생활수급금 및 기초연금은 연금소득 과세대상이 아니므로 공제 가능	○	경로우대
72	총급여액 15,000,000원이 있으며, 장애인복지법에 따른 장애인이다. tip 근로소득이 500만원을 초과하므로 공제 불가능	×	
70	노인일자리복지 사업에 참여하여 매월 500,000원의 급여를 수령하였다. tip 총급여액이 500만원 이하이므로 공제 가능	○	경로우대
60	양도소득금액 1,000,000원이 있다. tip 양도소득금액이 100만원 이하이므로 공제 가능	○	
74	양도소득금액 3,000,000원이 있다. tip 양도소득금액이 100만원을 초과하므로 공제 불가능	×	
78	사업소득금액이 5,000,000원 있으며, 생활비의 일부를 부담하고 있다. tip 사업소득금액 100만원 초과로 공제 불가능	×	
71	개인사업자이며, 사업소득 결손금 1,000,000원이 있다. tip 사업소득 결손금이 있으므로 공제 가능	○	경로우대
79	기타소득금액 2,000,000원이 있다.(분리과세 선택) tip 소득금액이 100만원을 초과하지만 분리과세를 선택하였으므로 공제 가능 (기타소득금액 300만원까지 분리과세 선택가능)	○	경로우대
77	일시적인 문예창작소득 2,000,000원(필요경비 60%)이 있다. tip 기타소득금액 100만원 이하이므로 공제 가능 기타소득 2,000,000원 − 필요경비 1,200,000원 = 소득금액 800,000원	○	경로우대
78	소득세법에 따라 원천징수 된 이자소득 10,000,000원과 배당소득 9,000,000원이 있고 그 외 소득은 없다. tip 금융소득합계액이 2,000만원 이하로서 분리과세 대상이므로 공제 가능	○	경로우대
75	항시 치료를 요하는 치매(중증환자)이며, 소득세법에 따라 원천징수 된 이자소득 6,000,000원과 배당소득 8,000,000원이 있다. tip 금융소득합계액이 2,000만원 이하로서 분리과세 대상이므로 공제 가능	○	장애인 경로우대
70	사적연금소득 15,000,000원이 있다.(분리과세 선택) tip 사적연금소득 1,500만원 이하는 분리과세이므로 공제 가능	○	경로우대

나이	내　　용	기본공제	추가공제
70	과세대상 공적연금액 5,000,000원이 있다. tip 연금소득금액이 1,000,000원 이하이므로 공제 가능 총연금액 5,000,000원 – 연금소득공제 4,100,000원 = 연금소득금액 900,000원	○	경로우대
90	시조모 김영숙은 주거형편상 별거중이며 소득이 없다. tip 직계존속은 주거형편상 별거는 공제 가능	○	경로우대
70	주거형편상 별거하고 있으며, 생활비 400,000원을 매월 부담해주고 있다. tip 직계존속은 주거형편상 별거는 공제 가능	○	경로우대
72	항시 치료를 요하는 중증환자로서, 현재 타지역의 요양시설에서 생활하고 있으며 소득이 없다.	○	장애인 경로우대
65	장애인복지법에 의한 장애인으로 현재 타지역의 요양시설에서 생활하고 있으며 소득이 없다.	○	장애인
62	당해연도에 사망하였으며, 사망 당시 장애인복지법에 따른 장애인이다. tip 사망일 전일로 판단하므로 공제 가능	○	장애인

[부양가족 공제 – 직계비속 · 동거입양자]

- 만 20세 이하에 해당하며, 소득금액이 100만원 이하인 경우 공제 가능
- 대상: 자녀, 손자 · 손녀, 위탁아동
- 직계비속(동거입양자)이 장애인에 해당하는 경우 장애인공제 가능
- 직계비속(동거입양자)은 주소와 관계없이 생계를 같이하는 것으로 봄

[사 례]

나이	내　　용	기본공제	추가공제
18	타지역에서 기숙사 생활을 하고 있으며 소득은 없다. tip 주소와 관계없이 생계를 같이하는 것으로 보고 공제 가능	○	
18	금융소득금액 10,000,000원이 있다. tip 금융소득금액이 2,000만원 이하인 경우 분리과세가 가능하기 때문에 공제 가능	○	
15	1인 미디어 콘텐츠 창작자(유튜버)로서 사업소득금액 900,000원이 있다. tip 사업소득금액이 100만원 이하이므로 공제 가능	○	
10	소득이 없으며 장애인 복지법에 따른 장애인이다.	○	장애인
20	대학에 재학 중이고, 총급여액 연 3,000,000원의 소득이 있다. tip 총급여액이 500만원 이하이므로 공제 가능	○	
20	대학에 재학 중이고, 개인사업자로서 연 1,000,000원의 사업소득금액이 있다. tip 사업소득금액이 100만원 이하에 해당하므로 기본공제 가능	○	
20	대학에 재학 중이고, 일용근로소득 10,000,000원이 있다. tip 일용근로소득은 분리과세 되므로 공제 가능	○	

나이	내 용	기본공제	추가공제
15	교내 성악대회에서 장려상을 받고 상금 1,200,000원을 수령하였으며, 분리과세를 선택하였다. **tip** 교내 대회는 불특정 다수가 경쟁하는 대회가 아니므로 필요경비 인정 않됨 소득금액이 100만원을 초과하지만 분리과세를 선택하였으므로 공제 가능(기타소득금액 300만원까지 분리과세 선택가능)	○	
16	교육부가 승인하여 어린이재단(공익법인)이 시행한 어린이 미술대회에서 입상하여 상금 2,000,000원을 수령하였다. **tip** 주무관청이 승인한 공익법인에서 수령한 상금 및 불특정 다수가 순위 경쟁하는 대회에서 입상자가 받는 상금과 부상은 필요경비 80%인정 기타소득금액이 100만원 이하이므로 공제 가능 총수입금액 2,000,000원 - 필요경비 1,600,000원(80%) = 기타소득금액 400,000원	○	
15	AT실무경진대회에서 대상을 받고 상금 1,000,000원을 받았다. [영어말하기경진대회, 청소년로봇발명대회, 과학경진대회 등] **tip** 기타소득금액이 100만원 이하이므로 공제 가능	○	
17	모친으로부터 상속받은 재산 100,000,000원외 다른 소득은 없다. **tip** 상속받은 재산은 소득요건 대상이 아니므로 공제 가능	○	
21	장애인복지법에 의한 청각장애인에 해당하며 총급여액 6,000,000원이 있다. **tip** 장애인은 나이제한은 없지만 총급여액이 500만원을 초과하여 공제 불가능	×	
21	2024년 대학교를 자퇴하였으며 소득은 없다. **tip** 나이제한으로 공제 불가능	×	
22	군복무(병장) 중에 있으며 별도의 소득은 없다. **tip** 나이제한으로 공제 불가능	×	
10	은행이자소득 25,000,000원이 있다. **tip** 금융소득 합계액이 2,000만원을 초과하므로 공제 불가능	×	
2	김사랑은 당해연도에 입양하였다. **tip** 해당 연도 입양자녀로 기본공제 및 자녀세액공제(출산입양공제) 가능	○	
10	9월에 위탁받은 위탁아동을 부양하고 있다. **tip** 양육기간이 6개월 이하이므로 공제 불가능	×	
10	손녀 김지혜는 별도의 소득이 없다. **tip** 기본공제 및 자녀세액공제 가능	○	
32	자 김장남은 지적 장애인이며, 별도의 소득이 없다. 며느리 이예빈은 지적장애인이며, 별도의 소득이 없다. **tip** 아들과 며느리 모두 장애인인 경우 며느리도 공제 가능 아들은 자녀세액공제가 가능하나 며느리는 자녀세액공제 불가능	○	장애인

[부양가족 공제 - 형제자매]

- 만 20세 이하 또는 만 60세 이상에 해당하며, 소득금액이 100만원 이하인 경우 공제 가능
- 대상: 본인의 형제자매, 배우자의 형제자매(처제, 처남, 시동생, 시누이)
  ※ 형제자매의 배우자(형수 등), 직계존속의 형제자매(고모, 이모, 삼촌, 외삼촌)는 공제 불가능
- 형제자매가 장애인에 해당하는 경우 장애인공제, 70세 이상에 해당하는 경우 경로우대공제 가능
- 기본공제 대상자가 장애인인 경우 소득요건이 있으나, 나이 제한은 없다.

[사 례]

나이	내 용	기본공제	추가공제
32	동생 김윤영은 장애인복지법에 따른 시각장애인이며, 소득은 없다. **tip** 장애인이며 소득이 없으므로 나이 상관없이 공제 가능	○	장애인
30	국가유공자 등 예우 및 지원에 관한 법률에 의한 상이자이며, 소득은 없다. **tip** 국가유공자로서 소득이 없으므로 공제 가능	○	장애인
30	장애인 복지법에 의한 장애인으로, 지역 평생학습교육관에서 강연을 하고 받은 기타소득 2,500,000원이 있다.(필요경비 60%) **tip** 기타소득금액 100만원 이하이므로 공제 가능 총수입금액 2,500,000원 - 필요경비 1,500,000원(60%) = 기타소득금액 1,000,000원	○	장애인
30	항시 치료를 요하는 중증환자였으나 해당연도 12월 2일자로 완치 판정을 받았다. **tip** 질병이 완치되었으나 해당 연도 중 중증환자이므로 공제 가능	○	장애인
35	시각장애인(장애인복지법에 따른 장애인)이며, 근로소득 3,000,000원이 있다. **tip** 근로소득이 500만원 이하이므로 공제 가능	○	장애인
20	대학생으로 일용근로소득 1,100,000원이 있다. **tip** 일용직근로소득은 분리과세이므로 공제 가능	○	
30	일시적인 문예창작소득으로 1,000,000원이 있다. **tip** 나이제한으로 공제 불가능	×	
35	6월 30일자로 퇴직하여 현재 재취업을 준비하고 있으며 실업급여 2,000,000원을 받았다. **tip** 실업급여 2백만원은 비과세 근로소득이나, 나이제한으로 공제 불가능	×	
35	장애인복지법에 따른 장애인이며, 7월 31일자로 퇴직하여 현재 재취업을 준비하고 있으며 퇴직소득금액 2,000,000원이 있다. **tip** 퇴직소득금액이 100만원을 초과하므로 공제 불가능	×	
30	총급여 15,000,000원이 있다. **tip** 총급여액이 500만원을 초과하므로 공제 불가능	×	
30	청각장애인이며, 사업소득금액 15,000,000원이 있다. **tip** 장애인이지만 사업소득금액이 100만원을 초과하므로 공제 불가능	×	

나이	내 용	기본공제	추가공제
30	장애인복지법에 따른 장애인이며 근로소득 6,000,000원이 있다. **tip** 근로소득이 500만원을 초과하므로 공제 불가능	×	
60	형수 김영숙은 별도의 소득이 없다. **tip** 형제자매의 배우자는 공제 불가능	×	
68	이모 김귀남은 간암으로 투병 중이며 소득이 없다. **tip** 직계존속의 형제자매는 공제 불가능, 사원등록에 입력하지 않는다.	×	
72	고모 김경희는 별도의 소득이 없으며, 시각장애인이다. **tip** 직계존속의 형제자매는 공제 불가능, 사원등록에 입력하지 않는다.	×	
80	이모 강창숙은 소득이 없는 청각장애인으로 집안의 모든 가사일을 전담하고 있다. **tip** 직계존속의 형제자매는 불가능, 사원등록에 입력하지 않는다.	×	

2 수당등록 및 공제등록

[수당등록 사례]

수당항목	과세구분	비과세종류	내 용
연장근로수당 [야간근로수당] [시간외근무수당]	비과세	연장근로	정상적인 근로시간을 초과하여 근무할 경우 연장근로수당을 지급하고 있으며 사무직은 과세, 생산직은 비과세를 적용하고 있다.
휴일근로수당	비과세	연장근로	휴일에 근무할 경우 지급하고 있다.
식대 [중식대]	비과세	식대	매월 지급하고 있으며, 별도의 음식물은 제공하고 있지 않다.
	과세		• 회사에서 식당을 운영하며, 식사를 제공하고 있다. • 회사는 근로자들에게 중식을 제공하고 있다.
자가운전보조금 [차량보조금]	비과세	자가운전	• 종업원 본인 소유 차량으로 회사 업무를 수행하고 지급기준에 의해 지급하고 있다.(실비변상 성격임.) • 시내 출장과 관련하여 별도의 차량유류대는 지급하지 않고 있다. • 본인과 배우자 공동명의의 차량으로 회사업무에 사용하고 있으며, 회사의 지급규정에 의하여 지급받고 있다.
	과세		• 차량을 소유하고 있는 직원에게 자가운전보조금을 지급하고 있으며, 시내출장 시 별도의 출장비를 지급하고 있다. • 차량을 소유하고 있는 직원에게 자가운전보조금을 지급하고 있으며, 차량유류대를 별도 지급하고 있다.

수당항목	과세구분	비과세종류	내 용
국외근로수당	비과세	9.국외근로 100만원비과세	해외지사에 파견되어 근무하는 사무직 근로자에게 지급하고 있다.
국외근로수당	비과세	10.국외근로 500만원비과세	해외지사에 파견되어 근무하는 건설현장 근로자에게 지급하고 있다. [원양어업선박, 건설현장 등에서 근무(설계 및 감리업무 포함)]
육아수당 [보육수당]	비과세	육아수당	출산 및 6세 이하 자녀를 양육하는 경우 매월 고정적으로 지급하고 있다.
직무발명보상금	비과세	직무발명보상금	회사에서는 기계장치 성능개선관련 아이디어 제안공모에 따라 채택된 사원에게 「발명진흥법」에 따른 직무발명 보상금을 지급하고 있다.
연구보조비	비과세	연구개발비	• 당사는 중소기업으로써 기업부설연구소 직원들에게 매월 고정적으로 연구보조비를 지급하고 있다. • 벤처기업으로 연구개발 전담부서에서 연구활동에 직접 종사하는 직원에게 매월 지급하고 있다.
일 직 료	비과세	일직료/숙직료등	일직 근무자에게 일괄적으로 지급하고 있다.
직책수당	과세		급여지급 기준에 따라 직책별로 일정금액을 지급하고 있다.
자녀수당	과세		초·중·고등학생 자녀가 있는 경우 일정금액을 지급하고 있다.
건강수당	과세		흡연자들이 금연을 하는 경우 건강수당으로 지급하고 있다.
가족수당	과세		부양가족에 대하여 일정금액을 지급하고 있다.
자격수당	과세		업무 관련 자격증 취득자에게 지급하고 있다. 회계관련 국가공인자격증 소지자에 한해 매월 지급하고 있다.
문화수당	과세		복지정책의 일환으로 전체 근로자들에게 일괄 지급하고 있다.
출제수당	과세		회사에서는 신입직원을 대상으로 하는 OJT에서 시험문제를 출제하는 팀장에게 수당을 지급하고 있다.
교 육 비	과세		회사에서는 대학생 자녀가 있는 임직원을 대상으로 사내 지급규정에 따라 일정액을 지급하고 있다.
근속수당	과세		근속연수에 따라 차등 지급하고 있다.
교통보조금	과세		출퇴근 보조금액으로 실제여비와 상관없이 전직원에게 매월 고정적으로 지급하고 있다.
안전수당	과세		생산직 근로자들에게 일괄 지급하고 있다.
연차수당	과세		회사는 매년 3월 직전연도 연월차 미사용자에 한하여 그 해당액을 급여에 포함하여 지급하고 있다.

[공제등록 사례]

공제항목	공제소득유형	내 용
건강보험료정산	건강보험료정산	
장기요양보험료정산	장기요양보험정산	
기부금	기부금	당사는 임직원을 대상으로 자매결연기관인 사회복지공동모금회에 매월 급여지급시 일정액(기본급의0.1%)을 공제하고 있다. * 공제등록의 공제소득유형을 [3.기부금]으로 선택한다.
노동조합비	기부금	노사 간의 협의에 따라 회사는 급여 지급시 노동조합비를 공제하고 있으며, 연말정산시 기부금명세서에 자동 반영되도록 설정한다.
학자금상환액	무구분	
사우회비	무구분	사우회에 가입한 직원을 대상으로 급여에서 공제하고 있다
상조회비	무구분	당사는 임직원을 대상으로 급여에서 상조회비를 공제하고 있다.

3 연말정산

[사원등록 수정]

[사 례]

구분	내 용
출생아 추가	출생신고서 **tip** 사원추가 등록 – 기본공제(직계비속, 20세이하), 출산입양공제
입양아 추가	입양관계증명서 **tip** 사원추가 등록 – 기본공제(직계비속, 20세이하), 출산입양공제
장애인 추가	장애인증명서 **tip** 추가공제(장애인) 1. 장애인복지법에 따른 장애인 2. 국가유공자 등 근로능력 없는 자 3. 항시 치료를 요하는 중증환자
소득금액 변동으로 기본공제 수정	배우자 강연료 기타소득금액 300만원 초과 발생 **tip** 기본공제를 '부'로 변경
	배우자 총급여액 600만원 발생 **tip** 기본공제를 '부'로 변경
	직계존속 사업소득금액 500만원 발생 **tip** 기본공제를 '부'로 변경
	직계존속 사적연금소득 1,500만원 이하(분리과세 선택) **tip** 분리과세를 선택하였으므로 기본공제 가능

[종전근무지 입력]

[사 례]

<table>
<tr><th>구분</th><th>내 용</th></tr>
<tr><td rowspan="3">비과세 수당 입력</td><td>국외근로 있는 경우</td></tr>
<tr><td>야간근로수당 있는 경우</td></tr>
<tr><td>

II 비과세 및 감면소득 명세			
	⑱ 국외근로	MOX	2,500,000
	⑱-1 야간근로수당	OOX	1,200,000
	⑱-2 출산・보육수당	QOX	
	⑱-4 연구보조비	HOX	
	⑲ 수련보조수당	Y22	
	⑳ 비과세소득 계		
	⑳-1 감면소득 계		

tip 비과세 및 감면소득명세의 비과세 해당란에 입력</td></tr>
<tr><td rowspan="4">소득세 등 입력</td><td>결정세액 0원, 기납부세액, 환급세액 있는 경우</td></tr>
<tr><td>결정세액, 기납부, 환급세액 있는 경우</td></tr>
<tr><td>결정세액, 기납부, 납부세액 있는 경우</td></tr>
<tr><td>

III 세액명세	구 분			⑦⑧ 소 득 세	⑦⑨ 지방소득세	⑧⑩ 농어촌특별세
	⑦④ 결 정 세 액			120,000	12,000	
	기납부 세 액	⑦⑤ 종(전)근무지 (결정세액란의 세액 기재)	사업자 등록 번호			
		⑦⑥ 주(현)근무지		320,000	32,000	
	⑦⑦ 납부특례세액					
	⑦⑧ 차 감 징 수 세 액(⑦④-⑦⑤-⑦⑥-⑦⑦)			-200,000	-200,000	

tip 종전근무지 영수증에서 결정세액란의 소득세, 지방소득세 금액을 확인하고 입력, 기납부세액 및 차감징수세액란은 무시</td></tr>
</table>

[주택자금공제]

• 공제대상: 무주택 세대주(장기주택저당차입금은 1주택을 보유한 세대주도 가능)로서 주택구입 또는 주택임차를 위해 차입한 차입금의 이자 등을 상환하거나 지급한 경우
• 주택자금공제 종류: 주택임차차입금 원리금상환액, 장기주택저당차입금 이자상환액

[사 례]

구분	내 용
주택임차입금 원리금상환액	tip 무주택 세대주인지 확인
장기주택 저당차입금 이자상환액	2011년 이전 차입분(상환기간에 따라 한도액 달라짐) 2012년 이후 차입분(금리종류 및 상환종류에 따라 한도액 달라짐) 2015년 이후 차입분(상환기간, 금리종류, 상환종류에 따라 한도액 달라짐) tip 주택을 소유하지 아니하거나 1주택을 보유한 세대의 세대주인지 확인 취득 당시 기준시가 6억원(2006년~2013년 3억원, 2014~2018년 4억원, 2019년~2023년 5억원) 이하인지 확인

[주택마련저축]

• 공제대상: 총급여액 7천만원 이하의 무주택 세대주인 근로자가 본인 명의로 해당 연도에 「주택마련저축」에 납입한 금액
• 주택마련저축 종류: 청약저축, 주택청약종합저축, 근로자주택마련저축

[사 례]

구분	내 용
청약저축 주택청약저축 근로자주택마련저축	tip 총급역 7천만원 이하, 무주택 세대주인지 확인

[신용카드 공제]

• 종류: 신용카드, 직불 · 선불카드, 현금영수증, 전통시장사용분, 대중교통이용분, 도서 · 공연 등 사용분

구분	부양가족 지출액 요건		근로기간 지출한 비용만 공제	비고
	나이요건	소득요건		
신용카드	×	○	○	형제자매 사용분은 공제 불가능

[사 례]

구분	내 용	공제여부
본인 사용액	본인 사용액 중 교복구입비 포함(이중공제 가능)	○
	본인 사용액 중 의료비 지출액 포함(이중공제 가능)	○
	본인 사용액 중 회사 업무 관련 비용	×
배우자	소득금액 100만원 이하 배우자의 사용액	○
	소득금액 100만원 초과 배우자의 사용액	×
직계존속	소득금액 100만원 이하 직계존속의 사용액	○
	소득금액 100만원 초과 직계존속의 사용액 **tip** 나이 상관없이 소득금액만 검토	×
직계비속 (자녀 등)	소득금액 100만원 이하 직계비속의 사용액	○
	소득금액 100만원 초과 직계비속의 사용액 **tip** 나이 상관없이 소득금액만 검토	×
형제자매	소득금액 100만원 이하 사용액	×
	소득금액 100만원 초과 사용액	×
	소득금액 100만원 이하 장애인 형제자매의 신용카드 사용액 **tip** 나이, 소득 상관없이 무조건 공제 불가능	×

• 신용카드 등 소득공제와 특별세액공제 중복적용 여부!

구분		특별세액공제 항목	신용카드공제
신용카드로 결제한 의료비		의료비 세액공제 가능	○
신용카드로 결제한 보장성 보험료		보험료 세액공제 가능	×
신용카드로 결제한 학원비	취학전아동	교육비 세액공제 가능	○
	그외	교육비 세액공제 불가	
신용카드로 결제한 교복구입비		교육비 세액공제 가능	○
신용카드로 결제한 기부금		기부금 세액공제 가능	×

[연금계좌 세액공제]

• 공제대상: 본인이 불입한 금액
• 배우자 등 부양가족 명의의 연금저축 납입액은 공제 불가능
• 종류: 연금저축, 퇴직연금, 과학기술인공제회

[사 례]

구분	내 용	공제여부
본인	본인 연금저축 불입액	○
	본인 퇴직연금 불입액	○
부양가족 (배우자, 직계존속, 직계비속, 형제자매)	소득금액 100만원 이하 부양가족의 불입액	×
	소득금액 100만원 초과 부양가족의 불입액 **tip** 나이, 소득 상관없이 본인 불입 금액만 공제 가능	×

[보험료 세액공제]

구분	부양가족 지출액 요건		근로기간 지출한 비용만 공제	비고
	나이요건	소득요건		
보험료	○	○	○	저축성보험료 공제 불가능

• 종류: 보장성보험료, 장애인보장성보험료

[사 례]

구분	내 용	공제여부
본인	본인 지출액	○
배우자	소득금액 100만원 이하 배우자의 지출액	○
	소득금액 100만원 초과 배우자의 지출액	×
직계존속	나이 60세 이상, 소득금액 100만원 이하 직계존속의 지출액	○
	나이 60세 이상, 소득금액 100만원 초과 직계존속의 지출액	×
	나이 60세 미만 직계존속의 지출액	×
	tip 나이요건, 소득요건 두가지 모두 충족해야 공제 가능	
직계비속 (자녀 등)	나이 20세 이하, 소득금액 100만원 이하 직계비속의 지출액	○
	나이 20세 이하, 소득금액 100만원 초과 직계비속의 지출액	×
	나이 20세 초과 직계비속의 지출액	×
	tip 나이요건, 소득요건 두가지 모두 충족해야 공제 가능	
형제자매	나이 20세 이하 또는 60세 이상, 소득금액 100만원 이하 형제의 지출액	○
	나이 20세 이하 또는 60세 이상, 소득금액 100만원 초과 형제의 지출액	×
	나이 20세 초과 또는 60세 미만 형제의 지출액	×
	tip 나이요건, 소득요건 두가지 모두 충족해야 공제 가능	
저축성보험	**tip** 무조건 공제 불가능	

[의료비 세액공제]

구분	부양가족 지출액 요건		근로기간 지출한 비용만 공제	비고
	나이요건	소득요건		
의료비	×	×	○	

- 종류: 일반의료비, 안경 또는 콘텍트렌즈 구입비, 산후조리원비용
- 의료비 지출액 중 실손의료보험금, 국민건강보험공단으로부터 '본인부담금상한제 사후환급금'을 받는 경우, 사내근로복지기금으로부터 지급받은 의료비는 공제 불가능

[사 례]

구분	내 용	공제여부
일반의료비	**tip** 본인, 배우자, 직계존속, 직계비속, 형제자매의 소득 및 나이 상관없이 공제 가능	
	소득금액 100만원 초과 직계존속 의료비	○
	60세 미만 직계존속 의료비	○
	당해 사망한 직계존속의 의료비	○
	소득금액 100만원 초과 배우자 의료비	○
	소득금액 100만원 초과 배우자 화상치료목적 성형수술비	○
	소득금액 100만원 이하, 20세 초과 형제자매 의료비	○
	소득금액 100만원 초과, 20세 초과 형제자매 의료비	○
	소득금액 100만원 이하, 20세 초과 자녀의 의료비	○
	소득금액 100만원 초과, 20세 초과 자녀의 의료비	○
안경 구입비	**tip** 한도액이 50만원이므로 50만원까지만 입력	
	연말정산 간소화 서비스자료	○
	일반 영수증 **tip** 사용자의 성명 및 시력교정용임을 안경사가 확인한 영수증인지 확인 거래상대방 인적사항 입력	○
산후조리원	산후초리원에 지출한 비용 공제 가능 (출산 1회당 200만원 한도)	○
건강증진을 위한 의약품 구입비용	건강 증진을 위한 보약, 건강기능식품 구입비용은 공제 불가능	×
미용·성형수술을 위한 비용	미용·성형수술을 위한 지출액은 공제 불가능	×

<table>
<tr><th>구분</th><th>내 용</th><th>공제여부</th></tr>
<tr><td rowspan="4">실손의료보험금 등</td><td>실손의료보험금은 공제 대상 의료비에서 차감하여 공제</td><td></td></tr>
<tr><td>의료비 지출액 3,000,000원 중 1,000,000원은 국민건강보험공단에서 지급받는 본인부담금 상한액을 초과하여 환급받은 금액으로 실손의료보험금에 해당된다.
<table>
<tr><th colspan="3">지급처</th><th colspan="3">지급명세</th></tr>
<tr><th>상호</th><th>사업자번호</th><th>의료증빙코드</th><th>건수</th><th>지급액</th><th>실손의료보험금</th></tr>
<tr><td></td><td></td><td>국세청</td><td>1</td><td>3,000,000</td><td>1,000,000</td></tr>
</table></td><td></td></tr>
<tr><td>의료비 지출내역은 직원체육대회에서 어깨부상을 입고 치료받은 내역이다.
(단, 회사가 근로자를 피보험자로 하여 가입한 단체상해보험에서 보험금을 수령하였다)</td><td></td></tr>
<tr><td>tip 의료비 총 지출액과 실손의료보험금을 각각 입력하면 차감되어 계산된다.</td><td></td></tr>
</table>

[교육비 세액공제]

<table>
<tr><th rowspan="2">구분</th><th colspan="2">부양가족 지출액 요건</th><th rowspan="2">근로기간 지출한 비용만 공제</th><th rowspan="2">비고</th></tr>
<tr><th>나이요건</th><th>소득요건</th></tr>
<tr><td>교육비</td><td>×</td><td>○</td><td>○</td><td>직계존속의 교육비는 공제 불가능</td></tr>
</table>

- 종류
  - 취학전 아동의 어린이집, 유치원, 학원 및 체육시설 교육비
  - 초 · 중 · 고등 · 대학교 교육비
  - 교과서 구입비(초 · 중 · 고등학생만 해당)
  - 교복구입비(중 · 고등학생만 해당, 1인당 50만원 한도)
  - 현장체험학습비(초 · 중 · 고등학생만 해당, 학생 1명당 30만원 한도)
  - 방과후 학교나 방과후 과정 등의 수업료 및 특별활동비
- 대학원 교육비는 본인 지출분만 공제 가능
- 장애인 특수교육비는 소득, 나이 상관없이 공제 가능(직계존속도 포함)

[사 례]

구분	내 용	공제여부
대학원	본인 대학원 교육비	○
	배우자의 대학원 교육비	×
	자녀의 대학원 교육비	×
	tip 대학원 교육비는 본인 지출분만 공제 가능	
대학	소득금액 100만원 이하, 20세 초과 자녀의 교육비	○
	소득금액 100만원 초과, 20세 초과 자녀의 교육비	×
	소득금액 100만원 초과, 20세 이하 자녀의 교육비	×
	tip 소득요건만 충족하면 공제 가능, 나이요건은 없음	
초·중·고등	소득금액 100만원 이하, 20세 이하 자녀의 교육비	○
	소득금액 100만원 초과, 20세 이하 자녀의 교육비	×
	tip 소득금액 100만원을 초과하면 공제 불가능	
유치원 어린이집	취학전 자녀의 유치원 교육비	○
	취학전 자녀의 어린이집 교육비	○
	취학전 자녀의 어린이집 방과후활동비	○
교복구입비	중·고등 교복구입비(50만원 한도)	○
현장체험학습비	초·중·고등학생 현장체험학습비(30만원 한도)	○
	취학전 자녀의 현장체험학습비	×
	tip 초·중·고등학생 현장체험학습비만 공제 가능	
급식비	자녀의 초등학교 급식비	○
학원교육비	초·중·고등·대학교 학원교육비	×
	취학전 자녀의 학원교육비	○
	취학전 자녀의 태권도장 교육비	○
	tip 취학전 자녀의 학원교육비만 공제 가능	
장애인 특수교육비	소득금액 100만원 초과 부양가족(배우자, 형제자매, 직계비속) 장애인특수교육비	○
	소득금액 100만원 초과 직계존속의 장애인특수교육비	○
	소득금액 100만원 이하 직계존속의 장애인특수교육비	○
	tip 장애인 특수교육비는 소득 및 나이의 제한을 받지 않으며, 직계존속도 공제 가능	

[기부금 세액공제]

구분	부양가족 지출액 요건		근로기간 지출한 비용만 공제	비고
	나이요건	소득요건		
기부금	×	○	×	정치자금은 본인 지출분만 공제 가능

• 종류: 정치자금기부금, 고향사랑기부금, 특례기부금, 일반기부금, 우리사주조합기부금, 종교단체기부금

[사 례]

구분	내　　용	공제여부
정치자금 기부금 고향사랑 기부금	본인의 정치자금(선거관리위원회) 기부금 본인의 고향사랑 기부금	○
	부양가족(배우자, 직계존속, 형제자매, 직계비속)의 정치자금 기부금 부양가족(배우자, 직계존속, 형제자매, 직계비속)의 고향사랑 기부금	×
특례기부금 일반기부금 종교단체기부금	본인 지출 특례기부금(특별재해지역 자원봉사용역, 사회복지공동모금회 등)	○
	소득금액 100만원 이하 부양가족 지출 (배우자, 직계존속, 형제자매, 직계비속)	○
	소득금액 100만원 초과 부양가족 지출 (배우자, 직계존속, 형제자매, 직계비속)	×
	tip 나이는 상관없으나 소득금액 제한은 있음	

[월세액공제]

• 공제대상: 총급여액 8천만원 이하의 무주택 세대주인 근로자가 국민주택규모의 주택 또는 기준시가 4억원 이하 주택을 임차하기 위하여 지급하는 월세액

[사 례]

구분	내　　용	공제여부
월세액 공제	무주택 세대주, 총급여 초과자 월세 지출	×
	국민주택 규모 이하 주택 임차	○
	국민주택 규모 초과 주택, 기준시가 4억원 이하	○
	tip 국민주택규모의 주택 또는 기준시가 4억원 이하의 주택에 대하여 지출한 월세는 월세액 세액공제 대상에 해당	

최신 기출문제

최신 기출문제 제59회

실무이론평가

아래 문제에서 특별한 언급이 없으면 기업의 보고기간(회계기간)은 매년 1월 1일부터 12월 31일까지입니다. 또한 기업은 일반기업회계기준 및 관련 세법을 계속적으로 적용하고 있다고 가정하고 물음에 가장 합당한 답을 고르시기 바랍니다.

01 다음 중 내부회계관리제도에 대한 설명으로 옳지 않은 것은?

① 기업은 내부고발자를 보호하는 프로그램을 갖추어야 한다.
② 외부에 공시되는 재무제표의 신뢰성 확보를 주된 목적으로 한다.
③ 회계감사를 수행하는 외부감사인이 따라야 할 감사절차를 규정하고 있다.
④ 재고자산이 보관된 창고에 대한 물리적 접근을 통제하는 것도 내부회계관리제도 범위에 포함된다.

02 다음 중 매출원가 계산에 영향을 미치지 않는 것은?

① 재고자산평가손실
② 정상적으로 발생한 재고자산감모손실
③ 재고자산의 매출시 운반비
④ 재고자산의 매입에누리와 환출

03 다음은 (주)한공의 2024년 대손 관련 자료이다. 2024년 손익계산서에 계상될 대손상각비는 얼마인가?

1월 1일	매출채권에 대한 대손충당금 기초잔액은 400,000원이다.
4월 20일	매출채권 300,000원이 회수불능으로 판명되어 대손처리하였다.
10월 15일	2023년도에 대손처리했던 매출채권 중 100,000원을 현금으로 회수하였다.
12월 31일	기말 매출채권 잔액 100,000,000원 중 1%를 회수불확실한 금액으로 추정한다.

① 800,000원 ② 900,000원
③ 1,000,000원 ④ 1,300,000원

04 (주)한공은 당기 중 유상증자를 2차례 실시하였다. 다음 자료를 토대로 재무상태표에 표시되는 주식발행초과금을 계산하면 얼마인가?(단, 전기말 주식발행초과금과 주식할인발행차금 잔액은 없는 것으로 가정한다.)

- 3월 5일 발행주식수 1,000주, 1주당 발행금액 20,000원(액면: @10,000원)
  주식발행 수수료는 없다.
- 9월 20일 발행주식수 1,000주, 1주당 발행금액 8,000원(액면: @10,000원)
  주식발행 수수료 200,000원이 발생하였다.

① 7,800,000원 ② 8,000,000원
③ 8,200,000원 ④ 10,000,000원

05 다음은 (주)한공의 외화매출 관련 자료이다. 이를 토대로 계산한 외화외상매출금과 외화환산손익은 얼마인가?

- 7월 1일
  미국에 있는 거래처에 상품을 US$1,000에 외상으로 판매하였다.
  판매시점 환율은 US$1= 1,000원이다.
- 12월 31일
  결산시점의 환율은 US$1=1,100원이다.

① 외화외상매출금 : 1,000,000원
  외화환산손실 : 100,000원
② 외화외상매출금 : 1,000,000원
  외화환산이익 : 100,000원
③ 외화외상매출금 : 1,100,000원
  외화환산손실 : 100,000원
④ 외화외상매출금 : 1,100,000원
  외화환산이익 : 100,000원

06 다음은 (주)한공이 2024년 중 취득하여 보유중인 유가증권 내역이다. 2024년말 결산시 유가증권의 평가 결과로 옳은 것은?

구분	종류	액면 단가	취득단가	단위당 공정가치
단기매매 증권	A주식 1,000주	5,000원	6,000원	7,000원
단기매매 증권	B주식 3,000주	5,000원	8,000원	5,000원
매도가능 증권	C주식 2,000주	5,000원	7,000원	9,000원

① 당기순이익이 1,000,000원 증가한다.
② 당기순이익이 4,000,000원 감소한다.
③ 당기순이익이 8,000,000원 감소한다.
④ 당기순이익이 9,000,000원 감소한다.

07 다음 중 부가가치세 공급가액에 포함되는 것은?

가. 인도 전에 파손된 원재료 가액
나. 재화 또는 용역의 공급과 직접 관련이 되지 아니하는 국고보조금
다. 장기외상매출금의 할부이자 상당액
라. 제품의 외상판매가액에 포함된 운송비

① 가, 나　　② 가, 다
③ 가, 라　　④ 다, 라

08 다음은 컴퓨터 제조업을 영위하는 (주)한공의 2024년 제2기 부가가치세 확정신고기간(2024.10.1.~2024.12.31.)의 자료이다. 이를 토대로 부가가치세 납부세액을 계산하면 얼마인가?(단, 모든 거래금액은 부가가치세가 포함되어 있지 않고 필요한 세금계산서는 적법하게 수취하였다.)

• 국내 매출액: 300,000,000원
• 직수출액: 120,000,000원
• 컴퓨터 부품 매입액: 110,000,000원
• 배달용 1톤 트럭 구입액: 70,000,000원
• 거래처 증정용 선물구입액: 8,000,000원

① 11,200,000원　　② 12,000,000원
③ 23,200,000원　　④ 24,000,000원

09 다음은 거주자 김회계 씨의 2024년 귀속 이자소득과 배당소득 내역이다. 김회계 씨의 종합과세 대상 이자소득과 배당소득은 얼마인가? (단, 외국법인으로부터 받은 현금배당금을 제외하고는 모두 소득세법에 따라 적법하게 원천징수 되었다.)

가. 내국법인으로부터 받은 현금배당금 4,000,000원
나. 직장공제회 초과반환금 9,000,000원
다. 외국법인으로부터 받은 현금배당금 3,000,000원
라. 비영업대금의 이익 12,000,000원

① 3,000,000원　　② 13,000,000원
③ 16,000,000원　　④ 19,000,000원

10 다음 중 2024년 귀속 소득세법상 기타소득에 대한 설명으로 옳은 것은?

① 복권 당첨소득 중 3억원 초과분은 20%의 세율로 원천징수한다.
② 연금계좌에서 연금 외 수령한 기타소득은 무조건 종합과세 대상 기타소득에 해당한다.
③ 법인세법에 의하여 처분된 기타소득의 수입시기는 그 법인의 해당 사업연도 결산확정일이다.
④ 뇌물, 알선수재 및 배임수재에 따라 받은 금품의 기타소득금액의 합계액이 300만원 이하인 경우 분리과세를 선택할 수 있다.

실무수행평가

(주)반도산업(회사코드 2159)은 골프용품 제조업을 영위하는 법인기업으로 회계기간은 제6기(2024.1.1. ~ 2024.12.31.)이다. 제시된 자료와 자료설명을 참고하여, [수행과제]를 완료하고 [평가문제]의 물음에 답하시오.

실무수행 유의사항	1. 부가가치세 관련거래는 [매입매출전표입력]메뉴에 입력하고, 부가가치세 관련 없는 거래는 [일반전표입력]메뉴에 입력한다. 2. 타계정 대체와 관련된 적요는 반드시 코드를 입력하여야 한다. 3. 채권·채무, 예금거래 등 관리대상 거래자료에 대하여는 거래처코드를 반드시 입력한다. 4. 자금관리 등 추가 작업이 필요한 경우 문제의 요구에 따라 추가 작업하여야 한다. 5. 제조경비는 500번대 계정코드를 사용한다. 6. 판매비와 관리비는 800번대 계정코드를 사용한다. 7. 등록된 계정과목 중 가장 적절한 계정과목을 선택한다.

실무수행 ◎ 거래자료입력

실무프로세스 자료이다. [자료설명]을 참고하여 [수행과제]를 수행하시오.

1 3만원 초과 거래 자료에 대한 영수증수취명세서 작성

NO.	영 수 증 (공급받는자용)			
	(주)반도산업 귀하			
공급자 사업자등록번호	119-15-50400			
공급자 상호	비둘기마트	성명	이문희	
공급자 사업장소재지	강원도 춘천시 명동길 22			
공급자 업태	도,소매업	종목	생활용품	
작성일자	공급대가총액		비고	
2024.2.15.	₩ 100,000			
공급내역				
월/일	품명	수량	단가	금액
2/15	간식			100,000
합계			₩ 100,000	
위 금액을 **영수**(청구)함				

자료설명	생산부 공장직원들을 위한 간식을 현금으로 구입하고 수취한 영수증이다. 회사는 이 거래가 지출증명서류 미수취 가산세 대상인지를 검토하려고 한다.
수행과제	1. 거래자료를 입력하시오. 2. 영수증수취명세서(2)와 (1)서식을 작성하시오.

2 기타일반거래

저축보험 가입증명서

▶ 보험종목: 행복자산만들기 보험 ▶ 증권번호: 3355897

피보험자	(주)반도산업	계약자	(주)반도산업
		계약일자	2024년 3월 1일
보험기간	2024년 3월 1일 부터 2026년 2월 28일 까지		

▶ 가입내역

증권번호	3355897	1회보험료	(저축성보험)540,000원
			(보장성보험) 60,000원
보험종목	행복자산만들기 보험	계약기간	5년

▶ 담보사항

납입방법: 보통은행 계좌 이체
204456-02-344714
납입일: 매월1일

보험회사: 교보생명

■ 보통예금(국민은행) 거래내역

		내 용	찾으신금액	맡기신금액	잔 액	거래점
번호	거래일	계좌번호 204456-02-344714 (주)반도산업				
1	2024-3-1	1회차 납입금 (교보생명보험)	600,000		***	***

자료설명	1. 영업부 직원들에 대한 보험료 1회분을 국민은행 보통예금 계좌에서 지급하였다. 2. 보험료 600,000원 중 저축성보험 540,000원은 자산(장기성예금)으로 처리하고 보장성보험 60,000원은 비용으로 처리하기로 하였다.
수행과제	거래자료를 입력하시오.

3 기타일반거래

<table>
<tr><td colspan="9">전자계산서 (공급받는자 보관용)</td><td>승인번호</td><td></td></tr>
<tr><td rowspan="6">공급자</td><td>등록번호</td><td colspan="3">101-90-21110</td><td rowspan="6">공급받는자</td><td>등록번호</td><td colspan="3">120-81-32144</td></tr>
<tr><td>상호</td><td>대신환경</td><td>성명(대표자)</td><td>유은종</td><td>상호</td><td>(주)반도산업</td><td>성명(대표자)</td><td>김강남</td></tr>
<tr><td>사업장 주소</td><td colspan="3">서울시 강남구 강남대로 65</td><td>사업장 주소</td><td colspan="3">강원도 춘천시 명동길 11(조양동)</td></tr>
<tr><td>업태</td><td>서비스업</td><td colspan="2">종사업장번호</td><td>업태</td><td>제조업외</td><td colspan="2">종사업장번호</td></tr>
<tr><td>종목</td><td>하수처리시설관리외</td><td colspan="2"></td><td>종목</td><td>골프용품외</td><td colspan="2"></td></tr>
<tr><td>E-Mail</td><td colspan="3">daesin@naver.com</td><td>E-Mail</td><td colspan="3">bando@bill36524.com</td></tr>
<tr><td colspan="2">작성일자</td><td colspan="2">2024.4.5</td><td colspan="2">공급가액</td><td colspan="2">2,150,000</td><td>비 고</td><td colspan="2"></td></tr>
</table>

월	일	품목명	규격	수량	단가	공급가액	비고
4	5	정화조청소				2,150,000	

합계금액	현금	수표	어음	외상미수금	이 금액을 ○ 영수 ◉ 청구 함
2,150,000				2,150,000	

자료설명	대신환경으로부터 공장 정화조 청소용역을 제공받고 발급받은 전자계산서이다.
수행과제	거래자료를 입력하시오. (전자계산서는 '전자입력'으로 처리하고, '수수료비용' 계정과목을 사용할 것.)

실무수행 ◎ 부가가치세관리

부가가치세 신고 관련 자료이다. [자료설명]을 참고하여 [수행과제]를 수행하시오.

1 전자세금계산서 발급

자료 1. 거래명세서

거래명세서 (공급자 보관용)

공급자	등록번호	120-81-32144			공급받는자	등록번호	514-81-32112	
	상호	(주)반도산업	성명	김강남		상호	(주)중고나라	성명 이상훈
	사업장 주소	강원도 춘천시 명동길 11(조양동)				사업장 주소	서울 강남구 강남대로112길 28	
	업태	제조업외	종사업장번호			업태	도소매업	종사업장번호
	종목	골프용품외				종목	중고가전	

거래일자	미수금액	공급가액	세액	총 합계금액
2024.4.10.		1,000,000	100,000	1,100,000

NO	월	일	품목명	규격	수량	단가	공급가액	세액	합계
1	4	10	복사기		1	1,000,000	1,000,000	100,000	1,100,000

자료 2. 보통예금(국민은행) 거래내역

		내 용	찾으신금액	맡기신금액	잔 액	거래점
번호	거래일	계좌번호 204456-02-344714 (주)반도산업				
1	2024-4-10	복사기매각		1,100,000	***	***

자료설명	1. 자료 1은 사용하던 복사기 1대(취득원가 3,000,000원, 감가상각누계액 2,500,000원)를 매각하고 발급한 거래명세서이다. 2. 자료 2는 비품 매각대금(부가세 포함)이 입금된 국민은행 보통예금 거래내역이다. 3. 당기 양도일까지의 감가상각비는 계상하지 않기로 한다.
수행과제	1. 거래자료를 입력하시오. 2. 전자세금계산서 발행 및 내역관리 를 통하여 발급·전송하시오. (전자세금계산서 발급 시 결제내역 및 전송일자는 무시할 것.)

2 수정전자세금계산서의 발급

<table>
<tr><td colspan="6">전자세금계산서 (공급자 보관용)</td><td colspan="2">승인번호</td><td colspan="2"></td></tr>
<tr><td rowspan="6">공급자</td><td>등록번호</td><td colspan="3">120-81-32144</td><td rowspan="6">공급받는자</td><td>등록번호</td><td colspan="3">120-81-32159</td></tr>
<tr><td>상호</td><td>(주)반도산업</td><td>성명(대표자)</td><td>김강남</td><td>상호</td><td>(주)유정산업</td><td>성명(대표자)</td><td>최유정</td></tr>
<tr><td>사업장 주소</td><td colspan="3">강원도 춘천시 명동길 11(조양동)</td><td>사업장 주소</td><td colspan="3">인천 남동구 정각로 16 (구월동, 구월빌딩)</td></tr>
<tr><td>업태</td><td>제조업외</td><td colspan="2">종사업장번호</td><td>업태</td><td>도소매업</td><td colspan="2">종사업장번호</td></tr>
<tr><td>종목</td><td>골프용품외</td><td colspan="2"></td><td>종목</td><td>골프용품</td><td colspan="2"></td></tr>
<tr><td>E-Mail</td><td colspan="3">bando@bill36524.com</td><td>E-Mail</td><td colspan="3">yoojung@bill36524.com</td></tr>
<tr><td>작성일자</td><td>2024.5.10</td><td>공급가액</td><td colspan="2">30,000,000</td><td>세 액</td><td colspan="4">3,000,000</td></tr>
<tr><td>비고</td><td colspan="9"></td></tr>
</table>

월	일	품목명	규격	수량	단가	공급가액	세액	비고
5	10	골프화		500	60,000	30,000,000	3,000,000	

합계금액	현금	수표	어음	외상미수금	이 금액을 ○ 영수 ◉ 청구 함
33,000,000				33,000,000	

자료설명	5월 10일 (주)유정산업에 제품을 공급하고 전자세금계산서를 발급하였다. 본 건에 대하여 다음과 같이 내국신용장을 발급받아 영세율을 적용하려고 한다. - 내국신용장 발급일자: 2024년 7월 15일 - 개설은행: 국민은행 춘천지점
수행과제	수정사유를 선택하여 수정전자세금계산서를 발급·전송하시오. ※ 전자세금계산서는 **전자세금계산서 발행 및 내역관리** 메뉴에서 발급·전송한다. (전자세금계산서 발급 시 결제내역 입력과 전송일자는 무시할 것.)

3 매입세액불공제내역 작성자의 부가가치세 신고서 작성

자료 1. 공급가액(제품)내역 (7월 1일 ~ 9월 30일)

구 분	금 액	비 고
과세분(전자세금계산서)	196,800,000원	
면세분(전자계산서)	49,200,000원	
합 계	246,000,000원	

자료 2. 기계장치 매입내역

<table>
<tr><td colspan="7">전자세금계산서 (공급받는자 보관용)</td><td>승인번호</td><td colspan="2"></td></tr>
<tr><td rowspan="6">공급자</td><td>등록번호</td><td colspan="3">101-81-83017</td><td rowspan="6">공급받는자</td><td>등록번호</td><td colspan="3">120-81-32144</td></tr>
<tr><td>상호</td><td>(주)대영기계</td><td>성명(대표자)</td><td>김대수</td><td>상호</td><td>(주)반도산입</td><td>성명(대표자)</td><td>김강남</td></tr>
<tr><td>사업장주소</td><td colspan="3">서울 동대문구 망우로 70</td><td>사업장주소</td><td colspan="3">강원도 춘천시 명동길 11(조양동)</td></tr>
<tr><td>업태</td><td>제조업</td><td colspan="2">종사업장번호</td><td>업태</td><td>제조업외</td><td colspan="2">종사업장번호</td></tr>
<tr><td>종목</td><td>기계외</td><td colspan="2"></td><td>종목</td><td>골프용품외</td><td colspan="2"></td></tr>
<tr><td>E-Mail</td><td colspan="3">daeyoung@bill36524.com</td><td>E-Mail</td><td colspan="3">bando@bill36524.com</td></tr>
<tr><td>작성일자</td><td colspan="2">2024.7.4.</td><td>공급가액</td><td colspan="2">25,000,000</td><td>세 액</td><td colspan="3">2,500,000</td></tr>
<tr><td>비고</td><td colspan="9"></td></tr>
</table>

월	일	품목명	규격	수량	단가	공급가액	세액	비고
7	4	기계장치				25,000,000	2,500,000	

합계금액	현금	수표	어음	외상미수금	이 금액을 ○ 영수 ◉ 청구 함
27,500,000				27,500,000	

자료설명	본 문제에 한하여 (주)반도산업은 과세사업과 면세사업을 겸영하고 있다고 가정한다. 1. 자료 1은 제2기 부가가치세 예정신고기간의 공급가액 내역이다. 2. 자료 2는 제2기 부가가치세 예정신고기간의 과세사업과 면세사업에 공통으로 사용할 기계장치 매입자료이다.
수행과제	1. 자료 2의 거래자료를 입력하시오.(유형에서 '51.과세매입'으로 선택하고, '전자입력'으로 처리할 것.) 2. 제2기 부가가치세 예정신고기간의 매입세액불공제내역(공통매입세액 안분계산 내역)을 작성하시오. (단, 자료 1과 자료 2에서 주어진 공급가액으로 계산하기로 함.) 3. 제2기 부가가치세 예정신고서에 반영하시오. 4. 공통매입세액 안분계산에 대한 회계처리를 9월 30일자로 입력하시오.

4 건물등감가상각자산취득명세서 작성자의 부가가치세신고서 작성

자료 1. 소프트웨어 구입관련 자료

<table>
<tr><td colspan="6">전자세금계산서 (공급받는자 보관용)</td><td colspan="2">승인번호</td><td colspan="2"></td></tr>
<tr><td rowspan="6">공급자</td><td>등록번호</td><td colspan="3">106-81-57571</td><td rowspan="6">공급받는자</td><td>등록번호</td><td colspan="3">120-81-32144</td></tr>
<tr><td>상호</td><td>(주)스마트산업</td><td>성명(대표자)</td><td>이성희</td><td>상호</td><td>(주)반도산업</td><td>성명(대표자)</td><td>김강남</td></tr>
<tr><td>사업장주소</td><td colspan="3">서울 마포구 마포대로 8</td><td>사업장주소</td><td colspan="3">강원도 춘천시 명동길 11(조양동)</td></tr>
<tr><td>업태</td><td>제조업</td><td colspan="2">종사업장번호</td><td>업태</td><td>제조업외</td><td colspan="2">종사업장번호</td></tr>
<tr><td>종목</td><td>기계</td><td colspan="2"></td><td>종목</td><td>골프용품외</td><td colspan="2"></td></tr>
<tr><td>E-Mail</td><td colspan="3">smart@bill36524.com</td><td>E-Mail</td><td colspan="3">bando@bill36524.com</td></tr>
<tr><td>작성일자</td><td colspan="2">2024.10.15.</td><td>공급가액</td><td colspan="2">30,000,000</td><td>세 액</td><td colspan="3">3,000,000</td></tr>
<tr><td>비고</td><td colspan="9"></td></tr>
</table>

월	일	품목명	규격	수량	단가	공급가액	세액	비고
10	15	스마트팩토리솔루션				30,000,000	3,000,000	

합계금액	현금	수표	어음	외상미수금	이 금액을	○ 영수 ◉ 청구	함
33,000,000				33,000,000			

자료 2. 건물증축공사 기성청구 자료

<table>
<tr><td colspan="6">전자세금계산서 (공급받는자 보관용)</td><td>승인번호</td><td colspan="3"></td></tr>
<tr><td rowspan="6">공급자</td><td>등록번호</td><td colspan="3">108-81-21220</td><td rowspan="6">공급받는자</td><td>등록번호</td><td colspan="3">120-81-32144</td></tr>
<tr><td>상호</td><td>(주)인우건설</td><td>성명(대표자)</td><td>이인우</td><td>상호</td><td>(주)반도산업</td><td>성명(대표자)</td><td>김강남</td></tr>
<tr><td>사업장 주소</td><td colspan="3">서울 강남구 양재대로 340</td><td>사업장 주소</td><td colspan="3">강원도 춘천시 명동길 11(조양동)</td></tr>
<tr><td>업태</td><td>건설업</td><td>종사업장번호</td><td></td><td>업태</td><td>제조업외</td><td>종사업장번호</td><td></td></tr>
<tr><td>종목</td><td colspan="3">건축공사</td><td>종목</td><td colspan="3">골프용품외</td></tr>
<tr><td>E-Mail</td><td colspan="3">inwoo@bill36524.com</td><td>E-Mail</td><td colspan="3">bando@bill36524.com</td></tr>
<tr><td>작성일자</td><td>2024.11.14.</td><td>공급가액</td><td colspan="2">50,000,000</td><td>세 액</td><td colspan="4">5,000,000</td></tr>
<tr><td>비고</td><td colspan="9"></td></tr>
</table>

월	일	품목명	규격	수량	단가	공급가액	세액	비고
11	14	건물증축공사				50,000,000	5,000,000	

합계금액	현금	수표	어음	외상미수금	이 금액을 ○ 영수 ◉ 청구 함
55,000,000				55,000,000	

자료 3. 비품 구입관련 자료

**** 현금영수증 ****
(지출증빙용)

사업자등록번호 : 342-81-00349
사업자명 : (주)애플전자
단말기ID : 53453259(tel:02-349-5545)
가맹점주소 : 서울 서대문구 충정로7길 19-7 (충정로 3가)

현금영수증 회원번호
120-81-32144 (주)반도산업
승인번호 : 73738585 (PK)
거래일시 : **2024년 12월 7일**

공급금액 **1,500,000원**
부가세금액 **150,000원**
총합계 **1,650,000원**

휴대전화, 카드번호 등록
http://현금영수증.kr
국세청문의(126)
38036925-GCA10106-3870-U490
<<<<<<이용해 주셔서 감사합니다.>>>>>>

자료설명	1. 자료 1은 스마트공장 구축의 일환으로 생산부에서 사용할 소프트웨어를 외상으로 구입하고 발급받은 전자세금계산서이다. 2. 자료 2는 공장건물 증축공사에 따른 전자세금계산서이며 대금은 11월 30일에 지급하기로 하였다.(자본적 지출로 처리할 것.) 3. 자료 3은 경영지원팀 사무실에서 사용할 복사기를 구입하고 받은 현금영수증이다.(자산으로 처리할 것.)
수행과제	1. 자료 1 ~ 자료 3의 거래를 매입매출전표에 입력하시오. (전자세금계산서와 관련된 거래는 '전자입력'으로 처리할 것.) 2. 제2기 확정신고기간의 건물등감가상각자산취득명세서를 작성하시오. 3. 아래 전자신고세액공제를 반영하여 제2기 부가가치세 확정신고서를 작성하시오. - 제2기 부가가치세 확정신고서를 홈택스에서 전자신고하여 전자신고세액공제 10,000원을 공제받기로 한다.

평가문제 ◎ 실무수행평가

입력자료 및 회계정보를 조회하여 [평가문제]의 답안을 입력하시오. (70점)

평가문제 답안입력 유의사항

❶ 답안은 지정된 단위의 숫자로만 입력해 주십시오.
* 한글 등 문자 금지, 콤마(,) 외 기호 금지

	정답	오답(예)
(1) **금액은 원 단위로 숫자를 입력**하되, 천 단위 콤마(,)는 생략 가능합니다. (1-1) 답이 0원인 경우 반드시 "0" 입력 (1-2) 답이 음수(-)인 경우 숫자 앞에 " - " 입력 (1-3) 답이 소수인 경우 반드시 " . " 입력	1,245,000 1245000	1.245.000 1,245,000원 1,245,0000 12,45,000 1,245천원
(2) 질문에 대한 **답안은 숫자로만 입력**하세요.	4	04 4/건/매/명 04건/매/명
(3) **거래처 코드번호는 5자리로 입력**하세요.	00101	101 00101번

❷ 답안에 천원단위(000) 입력시 더존 프로그램 숫자 입력 방법과 다르게 숫자키패드 '+' 기능은 지원되지 않습니다.

❸ 더존 프로그램에서 조회되는 자료를 복사하여 붙여넣기가 가능합니다.

❹ 수행과제를 올바르게 입력하지 않고 작성한 답과 모범답안이 다른 경우 오답처리됩니다.

◉ [실무수행평가] – 부가가치세관리

번호	평 가 문 제	배점
11	**평가문제 [계산서합계표 조회]** 제1기 확정 신고기간의 면세계산서 수취금액은 얼마인가?	2
12	**평가문제 [매입매출전표입력 조회]** 5월 10일자 수정세금계산서의 수정입력사유 코드번호를 입력하시오.	2
13	**평가문제 [세금계산서합계표 조회]** 제1기 확정 신고기간의 매출전자세금계산서 발급매수는 총 몇 매인가?	2
14	**평가문제 [부가가치세신고서 조회]** 제1기 확정 신고기간의 부가가치세신고서에 반영되는 영세율 과세표준 금액은 얼마인가?	2
15	**평가문제 [부가가치세신고서 조회]** 제1기 확정 신고기간 부가가치세신고서의 과세표준에 반영되는 수입금액제외 총액은 얼마인가?	2
16	**평가문제 [매입세액불공제내역 조회]** 제2기 예정 신고기간 매입세액불공제내역 '3.공통매입세액 안분계산 내역'의 불공제 매입세액은 얼마인가?	2
17	**평가문제 [부가가치세신고서 조회]** 제2기 예정 신고기간 부가가치세신고서의 차가감납부할세액(27란) 세액은 얼마인가?	2
18	**평가문제 [부가가치세신고서 조회]** 제2기 예정 신고기간의 부가가치세 신고시에 작성되는 부가가치세 첨부서류에 해당하지 않는 것은? ① 계산서합계표 ② 건물등감가상각자산취득명세서 ③ 신용카드매출전표등수령금액합계표 ④ 공제받지못할매입세액명세서	3
19	**평가문제 [부가가치세신고서 조회]** 제2기 확정 신고기간의 부가가치세신고서의 세금계산서수취부분_고정자산매입(11란) 금액은 얼마인가?	3
20	**평가문제 [부가가치세신고서 조회]** 제2기 확정 신고기간의 부가가치세 차가감납부할세액(27번란)은 얼마인가?	2
	부가가치세 소계	22

실무수행 ⊙ 결산

[결산자료]를 참고하여 결산을 수행하시오.(단, 제시된 자료 이외의 자료는 없다고 가정함.)

1 수동결산

자료설명

1. 전기이월 된 선수수익(이자수익)에는 당기 도래분 250,000원이 있다.
2. 9월 1일에 보험료를 지급하고 전액 보험료(판) 계정으로 회계처리하였다.

가입대상	보험회사	보험금납입액	보험적용기간
자동차	(주)삼성화재	816,000원	2024년 09월 01일 ~ 2025년 08월 31일

수행과제

1. 전기 선수수익 중 당기 도래분에 대하여 1월 1일자로 회계처리하시오.
2. 당기 발생분 보험료(판)에 대하여 12월 31일자로 결산정리분개를 하시오. (월할 계산할 것.)

2 결산자료입력에 의한 자동결산

자료설명

1. 기말재고 실사내역

(단위: 원)

구 분	실사내역		
	단위당원가	수량	평가액
원재료	40,000	250	10,000,000
제 품	80,000	500	40,000,000

※ 기말제품에는 시용판매에 따른 시송품 중 구입의사 미표시분 5,000,000원이 포함되어 있지 않다.

2. 이익잉여금처분계산서 처분확정(예정)일
   - 당기: 2025년 3월 31일
   - 전기: 2024년 3월 31일

수행과제

결산을 완료하고 이익잉여금처분계산서에서 손익대체분개를 하시오.
(단, 이익잉여금처분내역은 없는 것으로 하고 미처분이익잉여금 전액을 이월이익잉여금으로 이월하기로 한다.)

◉ [실무수행평가] – 재무회계

번호	평 가 문 제	배점
21	평가문제 [영수증수취명세서 조회] 영수증수취명세서(1)에 반영되는 '12.명세서제출 대상' 금액은 얼마인가?	1
22	평가문제 [일/월계표 조회] 1/4분기(1월~3월) 발생한 복리후생비(제조)는 얼마인가?	2
23	평가문제 [일/월계표 조회] 1/4분기(1월~3월) 발생한 보험료(판매관리비)는 얼마인가?	2
24	평가문제 [일/월계표 조회] 2/4분기(4월~6월) 발생한 제조경비 총액은 얼마인가?	2
25	평가문제 [일/월계표 조회] 2/4분기(4월~6월) 발생한 영업외수익은 얼마인가?	2
26	평가문제 [거래처원장 조회] 12월 말 현재 국민은행의 보통예금 잔액은 얼마인가?	1
27	평가문제 [합계잔액시산표 조회] 4월 말 투자자산 금액은 얼마인가?	1
28	평가문제 [합계잔액시산표 조회] 4월 말 미지급금 잔액은 얼마인가?	1
29	평가문제 [손익계산서 조회] 당기에 발생한 이자수익은 얼마인가?	2
30	평가문제 [재무상태표 조회] 9월 말 기계장치 장부금액은 얼마인가?	2
31	평가문제 [재무상태표 조회] 12월 말 선급비용 잔액은 얼마인가?	2
32	평가문제 [재무상태표 조회] 기말 제품 잔액은 얼마인가?	1
33	평가문제 [재무상태표] 12월 말 유형자산 계정 장부금액으로 옳지 않은 것은? ① 토지 512,000,000원 ② 건물 850,000,000원 ③ 차량운반구 35,000,000원 ④ 비품 24,300,000원	1
34	평가문제 [재무상태표 조회] 12월 말 무형자산 금액은 얼마인가?	2
35	평가문제 [재무상태표 조회] 12월 말 이월이익잉여금(미처분이익잉여금) 잔액으로 옳은 것은? ① 125,410,123원 ② 219,118,431원 ③ 385,120,691원 ④ 435,720,156원	1
	재무회계 소계	23

실무수행 ◎ 근로소득관리

인사급여 관련 자료이다. [자료설명]을 참고하여 [수행과제]를 수행하시오.

1 가족관계증명서에 의한 사원등록

[별지 제1호서식] <개정 2010.6.3>

가족관계증명서

등록기준지	서울시 서대문구 충정로9길 15 (충정로2가)

구분	성 명	출생연월일	주민등록번호	성별	본
본인	서윤종	1977년 12월 19일	771219-1021517	남	利川

가족사항

구분	성명	출생연월일	주민등록번호	성별	본
부	서경석 (사망)	1943년 05월 02일	430502-1205211	남	利川
배우자	이지숙	1978년 06월 14일	780614-2021054	여	密陽
자녀	서영수	2001년 07월 22일	010722-3023451	남	利川
자녀	서영희	2008년 09월 01일	080901-4689553	여	利川

자료설명	재경팀에서 근무 중인 관리직 서윤종(2001)의 가족관계증명서이다. 1. 부 서경석은 장애인복지법에 따른 장애인으로 당해 1월 15일 사망하였고, 별도의 소득은 없다. 2. 배우자 이지숙은 사업소득금액 1,100,000원이 있다.(종합과세 선택) 3. 자녀 서영수는 현재 퇴사 후 구직활동 중이다. 재직 중 총급여 4,800,000원을 받았고, 구직활동 중 실업급여 3,000,000원을 수령하였다. 4. 자녀 서영희는 타지역 학교의 기숙사에서 생활하고 있으며, 별도의 소득은 없다. 5. 세부담을 최소화하는 방법을 선택한다.
수행과제	사원등록에서 부양가족명세를 작성하시오.

◉ [실무수행평가] - 근로소득관리 1

번호	평 가 문 제	배점
36	평가문제 [서윤종 근로소득원천징수영수증 조회] '25.배우자' 공제대상액은 얼마인가?	2
37	평가문제 [서윤종 근로소득원천징수영수증 조회] '26.부양가족' 공제대상액은 얼마인가?	2
38	평가문제 [서윤종 근로소득원천징수영수증 조회] '27.경로우대' 공제대상액은 얼마인가?	1
39	평가문제 [서윤종 근로소득원천징수영수증 조회] '28.장애인' 공제대상액은 얼마인가?	2
40	평가문제 [서윤종 근로소득원천징수영수증 조회] '57.자녀세액공제' 세액공제액은 얼마인가?	1

2 일용직사원의 원천징수

자료 1. 김삼식의 주민등록등본

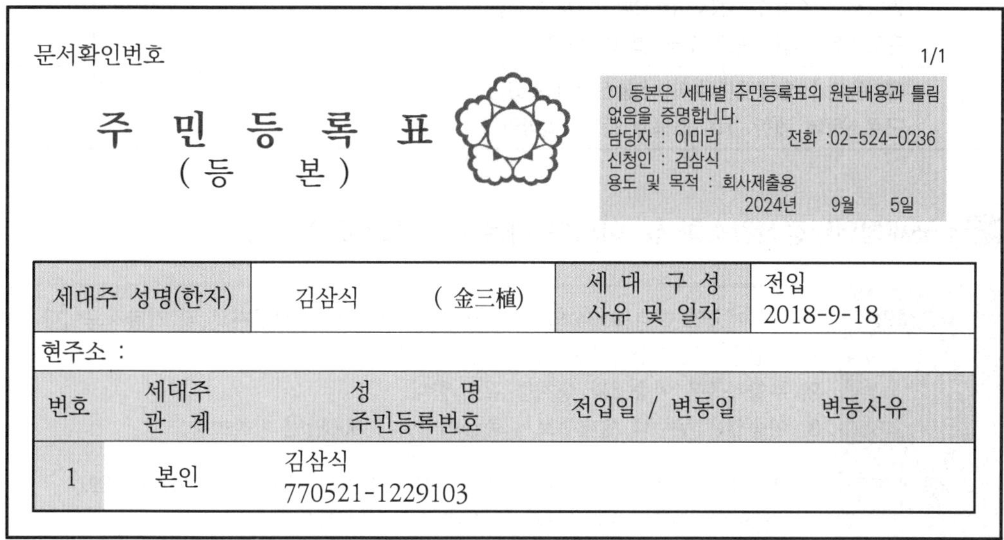

문서확인번호 1/1

주 민 등 록 표
(등 본)

이 등본은 세대별 주민등록표의 원본내용과 틀림 없음을 증명합니다.
담당자 : 이미리 전화 :02-524-0236
신청인 : 김삼식
용도 및 목적 : 회사제출용
2024년 9월 5일

세대주 성명(한자)	김삼식 (金三植)	세 대 구 성 사유 및 일자	전입 2018-9-18
현주소 :			

번호	세대주 관 계	성 명 주민등록번호	전입일 / 변동일	변동사유
1	본인	김삼식 770521-1229103		

자료 2. 일용직급여내역

성명	입사일	급여	계산내역	9월의 근무일수
김삼식	2024.9.5.	1,000,000원	1일 250,000원 × 총4일	5, 6, 7, 8일

자료설명	1. 자료 1, 2는 일용직 사원 관련 정보 및 급여지급내역이다. 2. 일용직 급여는 매일 지급하는 방식으로 한다. 3. 사회보험료 중 고용보험만 징수하기로 한다. 4. 제시된 사항 이외의 자료는 없는 것으로 한다.
수행과제	1. [일용직사원등록] 메뉴에 사원등록을 하시오.(사원코드 1000번으로 등록하고, 우편번호 입력은 생략할 것.) 2. [일용직급여입력] 메뉴에 급여내역을 입력하시오. 3. 9월 귀속분 원천징수이행상황신고서를 작성하시오.

◉ [실무수행평가] – 근로소득관리 2

번호	평가문제	배점
41	**평가문제 [일용직(김삼식) 9월 일용직급여입력 조회]** 공제항목 중 고용보험의 합계액은 얼마인가?	2
42	**평가문제 [일용직(김삼식) 9월 일용직급여입력 조회]** 9월 급여의 차인지급액 합계는 얼마인가?	2
43	**평가문제 [9월 원천징수이행상황신고서 조회]** 근로소득 지급인원은 모두 몇 명인가?	2
44	**평가문제 [9월 원천징수이행상황신고서 조회]** 근로소득에 대한 '10. 소득세 등'은 얼마인가?	1

3 국세청연말정산간소화 및 이외의 자료를 기준으로 연말정산

자료설명	사무직 이승엽 대리(1004)의 연말정산을 위한 국세청 제공자료 및 기타자료이다. 1. 사원등록의 부양가족현황은 사전에 입력되어 있다. 2. 부양가족은 이승엽과 생계를 같이 한다. 3. 이승엽은 무주택 세대주로서 총급여액이 7,000만원 이하이다.
수행과제	[연말정산근로소득원천징수영수증] 메뉴를 이용하여 연말정산을 완료하시오. - 신용카드소득공제는 [신용카드] 탭에서 입력한다. - 보험료세액공제는 [소득공제] 탭에서 입력한다. - 교육비세액공제는 [소득공제] 탭에서 입력한다. - 월세액세액공제는 [정산명세] 탭에서 입력한다. (임대차계약서상 주소지는 이승엽의 현 주소지와 동일함.)

자료 1. 이승엽 대리의 부양가족내역

● 부양가족명세 (2024.12.31기준)

	연말정산관계	기본	세대	부녀	장애	경로 70세	출산 입양	자녀	한부모	성명		주민(외국인)번호	가족관계
1	0.본인	본인	○							이승엽	내	690601-1985018	
2	3.배우자	배우자								김희애	내	781111-2222220	02.배우자
3	1.(소)직계존속	부								이춘희	내	380505-1111111	03.부
4	4.직계비속((손	20세이하						○		이대한	내	070203-3023180	05.자녀
5													
	합 계							1					

자료 2. 이승엽의 국세청 간소화 서비스 자료 및 기타자료

2024년 귀속 소득·세액공제증명서류 [신용카드]

■ 사용자 인적사항

성 명	주 민 등 록 번 호
이승엽	690601-1******

■ 신용카드 사용내역

(단위: 원)

구분	금액
일반 인별합계금액	13,450,000
전통시장 인별합계금액	0
대중교통 인별합계금액	650,000
인별합계금액	14,100,000

• 본 증명서류는 『소득세법』 제165조 제1항에 따라 영수증 발급기관으로부터 수집한 서류로 소득·세액공제 충족 여부는 근로자가 직접 확인하여야 합니다.
• 본 증명서류에서 조회되지 않는 내역은 영수증 발급기관에서 직접 발급받으시기 바랍니다.

2024년 귀속 소득·세액공제증명서류 [현금영수증]

■ 사용자 인적사항

성 명	주 민 등 록 번 호
김희애	781111-2******

■ 현금영수증 사용내역

(단위: 원)

구분	금액
일반 인별합계금액	620,000
전통시장 인별합계금액	3,450,000
대중교통 인별합계금액	230,000
인별합계금액	4,300,000

• 본 증명서류는 「소득세법」 제165조 제1항에 따라 영수증 발급기관으로부터 수집한 서류로 소득·세액공제 충족 여부는 근로자가 직접 확인하여야 합니다.
• 본 증명서류에서 조회되지 않는 내역은 영수증 발급기관에서 직접 발급받으시기 바랍니다.

2024년 귀속 소득·세액공제증명서류 : 기본(지출처별)내역 [보장성 보험, 장애인전용보장성보험]

■ 계약자 인적사항

성 명	주 민 등 록 번 호
이승엽	690601-1******

■ 보장성보험(장애인전용보장성보험) 납입내역

(단위: 원)

종류	상 호 / 사업자번호 / 종피보험자1	보험종류 / 증권번호 / 종피보험자2	주피보험자 / 종피보험자3		납입금액 계
보장성	삼성생명보험(주)	**생명보험			2,100,000
	106-81-41***	100540651**	380505-1******	이춘희	
보장성	동부화재(주)	**어린이보험			550,000
	108-81-15***	5478965**	070203-3******	이대한	
인별합계금액			2,650,000		

• 본 증명서류는 「소득세법」 제165조 제1항에 따라 영수증 발급기관으로부터 수집한 서류로 소득·세액공제 충족 여부는 근로자가 직접 확인하여야 합니다.
• 본 증명서류에서 조회되지 않는 내역은 영수증 발급기관에서 직접 발급받으시기 바랍니다.

2024년 귀속 소득·세액공제증명서류: 기본(지출처별)내역 [교육비]

■ 학생 인적사항

성 명	주 민 등 록 번 호
김희애	781111-2******

■ 교육비 지출내역

(단위: 원)

교육비구분	학교명	사업자번호	납입금액 계
대학교등록금	**사이버 대학교	108-90-15***	5,000,000
인별합계금액			5,000,000

- 본 증명서류는 「소득세법」 제165조 제1항에 따라 영수증 발급기관으로부터 수집한 서류로 소득·세액공제 충족 여부는 근로자가 직접 확인하여야 합니다.
- 본 증명서류에서 조회되지 않는 내역은 영수증 발급기관에서 직접 발급받으시기 바랍니다.

월세 납입 내역서

가입자 (임차인)	성명	이승엽	주민등록번호	690601-1985018
	주소	서울특별시 관악구 신림로 45길 삼성아파트 101동 1402호		
출금계좌번호		우리은행 1002-33-246807		
(임대인)	성명	김영숙	주민등록번호	541201-2135218
	주소	경기도 파주시 송학3길 4 이산아트빌 201호		
입금계좌번호		국민은행 551-1232-5656		

세부내용
- 임대차 기간: 2024년 7월 1일 ~ 2026년 6월 30일
- 임대차계약서상 주소지: 서울특별시 관악구 신림로 45길 삼성아파트 101동 1402호
- 주택유형: 아파트, 계약면적 85㎡(국민주택 규모 이하)

조회 기간 : 2024.01.01. ~ 2024.12.31.

SEQ	일자	금액(원)	수취인명 (임대인)	은행명	수취인계좌
1	2024.07.01	750,000	김영숙	국민은행	551-1232-5656
2	2024.08.01	750,000	김영숙	국민은행	551-1232-5656
3	2024.09.01	750,000	김영숙	국민은행	551-1232-5656
4	2024.10.01	750,000	김영숙	국민은행	551-1232-5656
5	2024.11.01	750,000	김영숙	국민은행	551-1232-5656
6	2024.12.01	750,000	김영숙	국민은행	551-1232-5656
합계액		4,500,000	사용목적	소득공제신청	

월세를 위와 같이 납입하였음을 증명하여 주시기 바랍니다.

2024년 12월 31일

신청인 이승엽 (서명 또는 인) 

◉ [실무수행평가] - 근로소득관리 3

번호	평 가 문 제	배점
45	평가문제 [이승엽 근로소득원천징수영수증 조회] '42.신용카드등' 소득공제 최종공제액은 얼마인가?	2
46	평가문제 [이승엽 근로소득원천징수영수증 조회] '61.보장성보험' 공제대상금액은 얼마인가?	2
47	평가문제 [이승엽 근로소득원천징수영수증 조회] '63.교육비' 세액공제액은 얼마인가?	2
48	평가문제 [이승엽 근로소득원천징수영수증 조회] '70.월세액' 세액공제액은 얼마인가?	2
49	평가문제 [이승엽 근로소득원천징수영수증 조회] '75.기납부세액(소득세)'은 얼마인가?	1
50	평가문제 [이승엽 근로소득원천징수영수증 조회] '82.실효세율(%)'은 몇 %인가? ① 1.2% ② 1.5% ③ 2.5% ④ 3.1%	1
	근로소득 소계	25

최신 기출문제 제60회

실무이론평가

아래 문제에서 특별한 언급이 없으면 기업의 보고기간(회계기간)은 매년 1월 1일부터 12월 31일까지입니다. 또한 기업은 일반기업회계기준 및 관련 세법을 계속적으로 적용하고 있다고 가정하고 물음에 가장 합당한 답을 고르시기 바랍니다.

01 다음 중 선생님의 질문에 대하여 바르게 대답한 학생은?

① 명희 ② 설아
③ 민종 ④ 우성

02 다음은 (주)한공의 7월 상품 거래내역이다. 선입선출법에 의한 7월 매출원가와 매출총이익은 얼마인가?

		수량	단가	금액
7월 1일	기초	50개	100원	5,000원
7월 12일	매입	100개	120원	12,000원
7월 20일	매출	80개	200원	16,000원

	매출원가	매출총이익
①	8,600원	8,400원
②	8,600원	7,400원
③	8,400원	8,600원
④	7,400원	8,600원

03 (주)한공은 2024년 3월 1일에 1년분 보험료 2,400,000원을 납부하면서 전액 비용처리하였다. 이에 대한 결산정리사항으로 옳은 것은? (단, 월할계산을 가정한다.)

① (차) 선급비용 400,000원
(대) 보험료 400,000원
② (차) 선급비용 600,000원
(대) 보험료 600,000원
③ (차) 보험료 400,000원
(대) 선급비용 400,000원
④ (차) 보험료 600,000원
(대) 선급비용 600,000원

04 다음 총계정원장 자료를 바탕으로 외상매출금 기말잔액에 대한 대손추정액을 계산하면 얼마인가?

대손충당금

차변		대변	
7/ 6 외상매출금	30,000	1/ 1 전기이월	130,000
12/31 차기이월	200,000	12/31 대손상각비	100,000
	230,000		230,000

① 30,000원 ② 100,000원
③ 130,000원 ④ 200,000원

05 다음 자료를 토대로 (주)한공이 2024년 손익계산서에 계상할 토지 재평가손익을 계산하면 얼마인가?

- (주)한공은 2023년에 공장을 건설할 목적으로 토지를 2,000,000원에 취득하였으며, 매 보고기간마다 재평가모형을 적용하기로 하였다.
- 2023년말과 2024년말 토지의 공정가치는 각각 2,200,000원과 1,800,000원이다.

① 재평가손실 200,000원
② 재평가손실 400,000원
③ 재평가이익 200,000원
④ 재평가이익 400,000원

06 (주)한공은 2022년에 장기투자 목적으로 (주)서울의 주식을 1,000,000원에 취득하고 매도가능증권으로 분류하였다. 다음 자료에 의해 2023년에 인식할 매도가능증권처분손익을 계산하면 얼마인가?

• 2022년말 공정가치	900,000원
• 2023년말 공정가치	1,200,000원
• 2024년중 처분금액	1,100,000원

① 매도가능증권처분손실 100,000원
② 매도가능증권처분손실 200,000원
③ 매도가능증권처분이익 100,000원
④ 매도가능증권처분이익 200,000원

07 다음 중 부가가치세법상 재화의 공급이 아닌 것은?

① 매매계약에 따라 재화를 인도하거나 양도하는 경우
② 자기가 주요자재의 전부 또는 일부를 부담하고 상대방으로부터 인도받은 재화를 가공하여 새로운 재화를 만들어 인도하는 경우
③ 재화의 인도 대가로서 다른 재화를 인도받거나, 용역을 제공받는 교환계약에 따라 재화를 인도하거나 양도하는 경우
④ 재화를 잃어버리거나 재화가 멸실된 경우

08 다음은 제조업을 영위하는 일반과세자 (주)한공의 2024년 제1기 부가가치세 확정신고와 관련된 매입세액 자료이다. 부가가치세법상 공제받을 수 있는 매입세액은 얼마인가?(단, 세금계산서는 적법하게 수취하였다.)

가. 공장용 화물차 유류대 관련 매입세액:	2,500,000원
나. 거래처 발송용 추석 선물세트 구입 관련 매입세액:	1,000,000원
다. 사무용 비품 구입 관련 매입세액:	4,000,000원
라. 토지 자본적 지출 관련 매입세액:	3,400,000원

① 5,000,000원　② 5,900,000원
③ 6,500,000원　④ 7,400,000원

09 다음 자료를 토대로 거주자 김한공 씨의 2024년도 귀속 종합소득금액을 계산하면 얼마인가? (단, 모든 소득은 국내에서 발생한 것으로 세법에서 규정된 원천징수는 적법하게 이루어졌으며 필요경비는 확인되지 않는다.)

가. 은행예금이자	3,000,000원
나. 비상장주식의 양도소득	5,000,000원
다. 유실물 습득으로 인한 보상금	6,000,000원

① 3,000,000원　② 6,000,000원
③ 8,000,000원　④ 14,000,000원

10 다음 중 근로소득자의 연말정산에 대한 설명으로 옳지 않은 것은?

해당 과세기간 중에
이혼한 배우자는 기본공제를
적용받을 수 없어
현호

인적공제 적용 시
장애인은 나이의 제한을
받지 않아.
예지

인적공제 합계액이
종합소득금액을 초과하는
경우 그 초과하는 금액은
없는 것으로 해.
제형

부녀자공제와 한부모공제는
동시에 적용받을 수 있어.
지영

① 현호　② 예지
③ 제형　④ 지영

실무수행평가

(주)네팔산업(회사코드 2160)은 등산용품 제조업을 영위하는 법인기업으로 회계기간은 제6기 (2024.1.1. ~ 2024.12.31.)이다. 제시된 자료와 자료설명을 참고하여, [수행과제]를 완료하고 [평가문제]의 물음에 답하시오.

실무수행 유의사항	1. 부가가치세 관련거래는 [매입매출전표입력]메뉴에 입력하고, 부가가치세 관련 없는 거래는 [일반전표입력]메뉴에 입력한다. 2. 타계정 대체와 관련된 적요는 반드시 코드를 입력하여야 한다. 3. 채권·채무, 예금거래 등 관리대상 거래자료에 대하여는 거래처코드를 반드시 입력한다. 4. 자금관리 등 추가 작업이 필요한 경우 문제의 요구에 따라 추가 작업하여야 한다. 5. 제조경비는 500번대 계정코드를 사용한다. 6. 판매비와 관리비는 800번대 계정코드를 사용한다. 7. 등록된 계정과목 중 가장 적절한 계정과목을 선택한다.

실무수행 ◎ 거래자료입력

실무프로세스 자료이다. [자료설명]을 참고하여 [수행과제]를 수행하시오.

1 3만원초과 거래자료에 대한 경비 등 송금명세서 작성

자료 1. 부동산 임대차계약서

(사 무 실) 월 세 계 약 서					□ 임 대 인 용 ■ 임 차 인 용 □ 사무소보관용	
부동산의 표시	소재지	서울특별시 강남구 강남대로 246, 3층				
	구 조	철근콘크리트조	용도	사무실	면적	80㎡
월 세 보 증 금		**금 20,000,000원정**		**월세 2,000,000원정**		
제 1 조 위 부동산의 임대인과 임차인 합의하에 아래와 같이 계약함. 제 2 조 위 부동산의 임대차에 있어 임차인은 보증금을 아래와 같이 지불키로 함.						
계 약 금	10,000,000원정은 계약시 지불하고					
중 도 금	원정은 년 월 일 지불하며					
잔 금	10,000,000원정은 2024년 1월 1일 중개업자 입회하에 지불함.					
제 3 조 위 부동산의 명도는 2024년 1월 1일로 함. 제 4 조 임대차 기간은 2024년 1월 1일로부터 (24)개월로 함. 제 5 조 **월세금액은 매월 25일에 지불**키로 하되 만약 기일내에 지불치 못할 시에는 보증금액에서 공제하기로 함.**(기업은행, 계좌번호: 801210-52-072659, 예금주: 이도물산)**						
중 략						
임 대 인	주 소	서울 서초구 서초중앙로18길 43				
	사업자등록번호	211-08-98342	전화번호	02-555-1255	상호	이도물산
					대표자	이창성

자료 2. 보통예금(국민은행) 거래내역

		내용	찾으신금액	맡기신금액	잔액	거래점
번호	거래일	계좌번호 204456-02-344714 (주)네팔산업				
1	2024-1-25	이도물산	2,000,000		***	***

자료설명	1. 자료 1은 영업부서에서 사용할 사무실 임대차계약서이며, 임대인은 간이 과세자이다.(이도물산은 세금계산서 발급이 불가능한 간이과세자임.) 2. 자료 2는 1월분 월세를 국민은행 보통예금 계좌에서 이체한 내역이다.
수행과제	1. 1월 25일의 거래자료를 일반전표에 입력하시오. 2. 부동산 임대차계약서를 참조하여 경비등송금명세서를 작성하시오. (단, 영수증수취명세서 작성은 생략할 것.)

2 약속어음의 만기결제, 할인 및 배서양도

전 자 어 음

(주)네팔산업 귀하 00420240110123456789

금 일천만원정 10,000,000원

위의 금액을 귀하 또는 귀하의 지시인에게 지급하겠습니다.

지급기일 2024년 4월 10일
지 급 지 국민은행
지급장소 역삼지점

발행일 2024년 1월 10일
발행지 주 소 서울특별시 강남구 강남대로 262-12
발행인 (주)버팔로

자료설명	[2월 10일] (주)버팔로로부터 받아 보관 중이던 전자어음을 2월 10일에 국민은행에서 할인하고, 할인료를 차감한 잔액은 국민은행 보통예금계좌에 입금하였다. (단, 할인율은 연 12%, 월할계산, 매각거래로 처리할 것.)
수행과제	1. 어음의 할인과 관련된 거래자료를 입력하시오. 2. 자금관련정보를 입력하여 받을어음현황에 반영하시오.

3 기타 일반거래

자료 1. 건강보험료 영수증

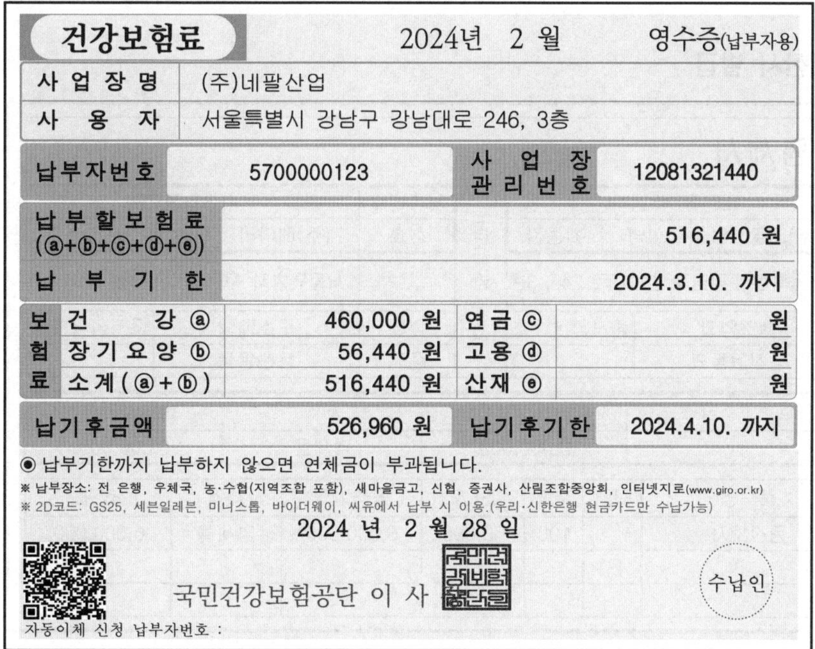

건강보험료 2024년 2 월 영수증(납부자용)

사 업 장 명	(주)네팔산업		
사 용 자	서울특별시 강남구 강남대로 246, 3층		
납부자번호	5700000123	사 업 장 관 리 번 호	12081321440
납부할보험료 (ⓐ+ⓑ+ⓒ+ⓓ+ⓔ)	516,440 원		
납 부 기 한	2024.3.10. 까지		

보험료		보험료	
건 강 ⓐ	460,000 원	연금 ⓒ	원
장기요양 ⓑ	56,440 원	고용 ⓓ	원
소계(ⓐ+ⓑ)	516,440 원	산재 ⓔ	원

납기후금액	526,960 원	납기후기한	2024.4.10. 까지

◉ 납부기한까지 납부하지 않으면 연체금이 부과됩니다.

※ 납부장소: 전 은행, 우체국, 농·수협(지역조합 포함), 새마을금고, 신협, 증권사, 산림조합중앙회, 인터넷지로(www.giro.or.kr)

※ 2D코드: GS25, 세븐일레븐, 미니스톱, 바이더웨이, 씨유에서 납부 시 이용.(우리·신한은행 현금카드만 수납가능)

2024 년 2 월 28 일

국민건강보험공단 이 사 (국민건강보험공단)

수납인

자동이체 신청 납부자번호 :

자료 2. 보통예금(국민은행) 거래내역

		내용	찾으신금액	맡기신금액	잔액	거래점
번호	거래일	계좌번호 204456-02-344714 (주)네팔산업				
1	2024-4-10	건강보험료	526,960		***	***

자료설명	1. 자료 1은 2월 급여지급분에 대한 건강보험료와 장기요양보험료 영수증이다. 2. 자료 2는 납부기한일에 건강보험료 등을 납부하지 못하여 연체가산금(10,520원)을 포함한 금액을 4월 10일 국민은행 보통예금 계좌에서 이체한 내역이다. 3. 해당 건강보험료(장기요양보험료 포함) 516,440원은 각각 회사50%(258,220원)와 종업원이 50%(258,220원)씩 부담하고 있으며, 회사부담분 258,220원은 생산직 129,110원, 사무직 129,110원이다.
수행과제	건강보험료 및 장기요양보험료 납부일의 거래자료를 입력하시오. (단, 건강보험 및 장기요양보험료 회사부담금은 '복리후생비'로 회계처리 하고, 연체가산금은 '잡손실' 계정과목을 사용할 것.)

실무수행 ◎ 부가가치세관리

부가가치세 신고 관련 자료이다. [자료설명]을 참고하여 [수행과제]를 수행하시오.

1 전자세금계산서 발급

거래명세서 (공급자 보관용)

공급자	등록번호	120-81-32144			공급받는자	등록번호	514-81-35782		
	상호	(주)네팔산업	성명	최종길		상호	(주)메아리	성명	김세창
	사업장 주소	서울특별시 강남구 강남대로 246, 3층				사업장 주소	서울특별시 구로구 가마산로 134-10		
	업태	제조업외	종사업장번호			업태	도소매업	종사업장번호	
	종목	등산용품외				종목	등산용품		

거래일자	미수금액	공급가액	세액	총 합계금액
2024.5.25.		6,000,000	영세율	6,000,000

NO	월	일	품목명	규격	수량	단가	공급가액	세액	합계
1	5	25	등산모자		100	60,000	6,000,000	영세율	6,000,000

자료설명	(주)메아리에 구매확인서(approval of purchase)에 의하여 제품을 공급하고 발급한 거래명세서이며, 물품대금은 전액 6월 30일에 받기로 하였다.
수행과제	1. 거래자료를 입력하시오. 2. **전자세금계산서 발행 및 내역관리** 를 통하여 발급·전송하시오. (전자세금계산서 발급 시 결제내역 및 전송일자는 무시할 것.)

2 수정전자세금계산서의 발급

전자세금계산서 (공급자 보관용)					승인번호				
공급자	등록번호	120-81-32144		공급받는자	등록번호	120-81-51234			
	상호	(주)네팔산업	성명(대표자) 최종길		상호	(주)설악산업	성명(대표자) 설악산		
	사업장 주소	서울특별시 강남구 강남대로 246, 3층			사업장 주소	서울특별시 구로구 구로중앙로 198			
	업태	제조업외	종사업장번호		업태	도소매업	종사업장번호		
	종목	등산용품외			종목	등산용품			
	E-Mail	nepal@bill36524.com			E-Mail	mountain@bill36524.com			
작성일자	2024.6.10.	공급가액	5,000,000	세 액	500,000				
비고									

월	일	품목명	규격	수량	단가	공급가액	세액	비고
6	10	계약금				5,000,000	500,000	

합계금액	현금	수표	어음	외상미수금	이 금액을 ◉ 영수 ○ 청구 함
5,500,000	5,500,000				

자료설명	1. 6월 10일 제품을 공급하기로 하고 계약금을 수령한 후 전자세금계산서를 발급하였다. 2. 본 거래에 대하여 노동조합파업으로 인한 공장가동 중단으로 납품계약을 이행할 수 없어 해제되었다.(계약해제일: 2024.6.20.) 3. 계약금은 해제일에 전액 현금으로 지급하였다.
수행과제	수정사유를 선택하여 수정전자세금계산서를 발급·전송하시오. (전자세금계산서 발급 시 결제내역 및 전송일자는 고려하지 않는다.)

3 신용카드매출전표발행집계표 작성자의 부가가치세신고서 작성

자료 1. 영세율전자세금계산서

<table>
<tr><td colspan="6">영세율전자세금계산서 (공급자 보관용)</td><td colspan="2">승인번호</td><td colspan="3"></td></tr>
<tr><td rowspan="6">공급자</td><td>등록번호</td><td colspan="3">120-81-32144</td><td rowspan="6">공급받는자</td><td>등록번호</td><td colspan="4">105-81-21518</td></tr>
<tr><td>상호</td><td>(주)네팔산업</td><td>성명(대표자)</td><td>최종길</td><td>상호</td><td>(주)승연무역</td><td>성명(대표자)</td><td colspan="2">성승연</td></tr>
<tr><td>사업장 주소</td><td colspan="3">서울특별시 강남구 강남대로 246, 3층</td><td>사업장 주소</td><td colspan="4">서울 서대문구 충정로7길 19-7 (충정로 3가)</td></tr>
<tr><td>업태</td><td>제조업외</td><td colspan="2">종사업장번호</td><td>업태</td><td>무역업</td><td colspan="3">종사업장번호</td></tr>
<tr><td>종목</td><td>등산용품외</td><td colspan="2"></td><td>종목</td><td>등산용품</td><td colspan="3"></td></tr>
<tr><td>E-Mail</td><td colspan="3">nepal@bill36524.com</td><td>E-Mail</td><td colspan="4">sung@bill36524.com</td></tr>
<tr><td>작성일자</td><td colspan="2">2024.7.9.</td><td>공급가액</td><td colspan="3">4,000,000</td><td>세 액</td><td colspan="3">영세율</td></tr>
<tr><td>비고</td><td colspan="10"></td></tr>
</table>

월	일	품목명	규격	수량	단가	공급가액	세액	비고
7	9	등산복		10	400,000	4,000,000	0	

합계금액	현금	수표	어음	외상미수금	이 금액을	○ 영수 ◉ 청구	함
4,000,000				4,000,000			

신용카드매출전표

카드종류: 비씨카드
회원번호: 1236-4875-****-1**6
회 원 명: (주)승연무역
거래일시: 2024.7.9. 10:01:23
거래유형: 신용승인
매　　출: 4,000,000원
부 가 세:
합　　계: 4,000,000원
결제방법: 일시불
승인번호: 45678912

가맹점번호: 690134722
가맹점명: (주)네팔산업
- 이 하 생 략 -

자료 2.

매출전표

카드종류		거래일자							
우리카드		2024.7.13.10:13:42							
카드번호(CARD NO)									
2112-3535-****-67**									
승인번호		금액		백		천			원
20240713800023		AMOUNT		3	0	0	0	0	0
일반	할부	부가세 V.A.T			3	0	0	0	0
일시불									
	등산화	봉사료 CASHBACK							
거래유형		합계 TOTAL		3	3	0	0	0	0
가맹점명									
(주)네팔산업									
대표자명		사업자번호							
최종길		120-81-32144							
전화번호		가맹점번호							
02-569-4209		203469274							
주소									
서울특별시 강남구 강남대로 246, 3층									

상기의 거래 내역을 확인합니다. 서명 (주)삼광산업

자료 3.

현금영수증
(지출증빙용)

사업자등록번호: 120-81-32144
사업자명: (주)네팔산업
단말기ID: 53123563(tel:02-1234-1234)
가맹점주소: 서울특별시 강남구 강남대로 246, 3층

현금영수증 회원번호
123-51-12121 이주영
승인번호: 44556677
거래일시: 2024년 7월 21일 14시10분14초

공급금액: 190,000원
부 가 세: 19,000원
합 계: 209,000원

- 이 하 생 략 -

자료설명	1. 자료 1은 (주)승연무역에 제품을 공급하면서 영세율전자세금계산서를 발급하고, 대금결제 시 발행한 신용카드매출전표이다. 2. 자료 2는 (주)삼광산업에 제품을 매출하고 발급한 신용카드매출전표이다. 3. 자료 3은 개인사업자 이주영에게 제품을 매출하고 발급한 현금영수증이다.
수행과제	1. 자료 1 ~ 자료 3의 거래를 매입매출전표에 입력하시오. (전자세금계산서와 관련된 거래는 '전자입력'으로 처리할 것.) 2. 제2기 부가가치세 예정신고기간의 신용카드매출전표발행집계표를 작성하시오. 3. 제2기 부가가치세예정신고서에 반영하시오.

4 수출실적명세서 작성자의 부가가치세신고서 작성

자료 1. 수출신고필증(갑지)

수 출 신 고 필 증 (갑지)

※ 처리기간 : 즉시

제출번호 12345-04-0001230 ①신 고 자 대한 관세법인 관세사 백용명	⑤신고번호 71-12-18-0055857-4	⑥ 세관.과 130-82	⑦신고일자 2024/11/15	⑧신고구분 H	⑨C/S구분
②수 출 대 행 자 (주)네팔산업 (통관고유부호) (주)자유-1-74-1-12-4 수출자구분 A 수 출 화 주 (주)네팔산업 (통관고유부호) (주)자유-1-74-1-12-4 (주소) 서울특별시 강남구 강남대로 246, 3층 (대표자) 최종길 (소재지) 서울특별시 강남구 강남대로 246, 3층 (사업자등록번호) 120-81-32144	⑩거래구분 11 ⑬목적국 US USA ⑯선박명(항공편명) HANJIN SAVANNAH ⑲운송형태 10 BU ㉑물품소재지 한진보세장치장 인천 중구 연안동 245-1	⑪종류 A ⑭적재항 INC 인천항 ⑰출항예정일자 2024/11/22		⑫결제방법 TT ⑮선박회사 (항공사) HJSC ⑱적재예정보세구역 03012202 ⑳검사희망일 2024/11/20	
③제 조 자 (주)네팔산업 (통관고유부호) (주)네팔산업-1-74-1-12-4 제조장소 214 산업단지부호	㉒L/C번호 868EA-10-55554 ㉔사전임시개청통보여부 A			㉓물품상태 N ㉕반송 사유	
④구 매 자 K2 Co., Ltd. (구매자부호) CNTOSHIN12347	㉖환급신청인 1 (1:수출대행자/수출화주, 2:제조자) 간이환급 NO				

• 품명 • 규격 (란번호/총란수: 999/999)

㉗품 명 등산용품 ㉘거래품명 등산용품			㉙상표명 NO		
㉚모델·규격 ABC-1 250		㉛성분	㉜수량 400(BOX)	㉝단가(US$) 30	㉞금액(US$) 12,000
㉟세번부호	1234.12-1234	㊱순중량 870KG	㊲수량 5,000(BOX)	㊳신고가격 (FOB)	$12,000 \13,440,000
㊴송품장번호	AC-2013-00620	㊵수입신고번호	㊶원산지 Y	㊷포장갯수(종류)	300C/T
㊸수출요건확인(발급서류명)					
㊹총중량	950KG	㊺총포장갯수 5,000C/T	㊻총신고가격 (FOB)		$12,000 \13,440,000
㊼운임(₩)		㊽보험료(₩)	㊾결제금액	FOB-$12,000	
㊿수입화물관리번호			(51)컨테이너번호	CKLU2005013	Y
※ 신고인기재란 수출자 : 제조/무역, 전자제품			(52)세관기재란		
(53)운송(신고)인 한라통운(주) 박운송 (54)기간 2024/011/15 부터 2024/11/30 까지	(55)적재의무기한 2024/11/20		(56)담당자 990101 (이지훈)	(57)신고수리일자	2024/11/15

자료 2. 기준환율 내역

11월 10일	11월 15일	11월 20일
1,100원/USD	1,120원/USD	1,120원/USD

자료설명	1. 자료 1은 미국의 K2 Co., Ltd.에 제품을 선적지인도조건으로 직수출하고 신고한 수출신고필증이다. 2. 수출계약일은 11월 10일이고, 수출대금은 11월 15일에 전액 원화로 환가하여 국민은행 보통예금 계좌로 입금되었다. 3. 수출물품은 11월 20일에 선적하였다.
수행과제	1. 자료 2와 11월 15일의 거래자료를 참고하여 선적일의 거래자료를 입력하시오. 2. 제2기 확정신고기간의 수출실적명세서를 작성하시오. 3. 제2기 부가가치세 확정신고서에 반영하시오.

평가문제 실무수행평가

입력자료 및 회계정보를 조회하여 [평가문제]의 답안을 입력하시오. (70점)

평가문제 답안입력 유의사항

❶ 답안은 지정된 단위의 숫자로만 입력해 주십시오.
* 한글 등 문자 금지, 콤마(,) 외 기호 금지

	정답	오답(예)
(1) **금액은 원 단위로 숫자를 입력**하되, 천 단위 콤마(,)는 생략 가능합니다. (1-1) 답이 0원인 경우 반드시 "0" 입력 (1-2) 답이 음수(-)인 경우 숫자 앞에 " - " 입력 (1-3) 답이 소수인 경우 반드시 " . " 입력	1,245,000 1245000	1.245.000 1,245,000원 1,245,0000 12,45,000 1,245천원
(2) 질문에 대한 **답안은 숫자로만 입력**하세요.	4	04 4/건/매/명 04건/매/명
(3) **거래처 코드번호는 5자리로 입력**하세요.	00101	101 00101번

❷ 답안에 천원단위(000) 입력시 더존 프로그램 숫자 입력 방법과 다르게 숫자키패드 '+' 기능은 지원되지 않습니다.

❸ 더존 프로그램에서 조회되는 자료를 복사하여 붙여넣기가 가능합니다.

❹ 수행과제를 올바르게 입력하지 않고 작성한 답과 모범답안이 다른 경우 오답처리됩니다.

◉ [실무수행평가] - 부가가치세관리

번호	평 가 문 제	배점
11	**평가문제 [환경설정 조회]** (주)네팔산업의 환경설정 정보이다. 다음 중 올바르지 않은 것은? ① 계정과목코드체계는 세목미사용(3자리) 이다. ② 소수점관리는 '수량 1.버림, 단가 1.버림, 금액 3.반올림' 으로 설정되어 있다. ③ 카드입력방식은 '2.공급가액(부가세제외)' 이다. ④ 카드채무에 대하여 '253.미지급금' 계정을 사용한다.	2
12	**평가문제 [매입매출전표입력 조회]** 6월 20일자 수정세금계산서의 수정사유를 코드로 입력하시오.	2
13	**평가문제 [세금계산서합계표 조회]** 제1기 확정 신고기간의 거래처 '(주)메아리'에 전자발행된 세금계산서 공급가액은 얼마인가?	2
14	**평가문제 [세금계산서합계표 조회]** 제1기 확정 신고기간의 매출전자세금계산서 발급매수는 총 몇 매인가?	2
15	**평가문제 [신용카드매출전표발행집계표 조회]** 제2기 예정 신고기간의 신용카드매출전표발행집계표의 「과세매출분」 합계금액은 얼마인가?	2
16	**평가문제 [부가가치세신고서 조회]** 제2기 예정신고기간 부가가치세신고서의 영세_세금계산서발급분(5란) 금액은 얼마인가?	2
17	**평가문제 [부가가치세신고서 조회]** 제2기 예정 신고기간의 부가가치세 신고시에 작성되는 부가가치세 첨부서류에 해당하지 않는 것은? ① 세금계산서합계표 ② 신용카드매출전표발행집계표 ③ 영세율매출명세서 ④ 건물등감가상각자산취득명세서	2
18	**평가문제 [수출실적명세서 조회]** 제2기 확정 신고기간의 수출실적명세서 ⑩수출한재화 원화금액은 얼마인가?	3
19	**평가문제 [부가가치세신고서 조회]** 제2기 확정 신고기간의 부가가치세신고서에 반영되는 영세율 과세표준 총금액은 얼마인가?	2
20	**평가문제 [부가가치세신고서 조회]** 제2기 확정 신고기간의 부가가치세 그밖의공제매입세액(14란) 세액은 얼마인가?	3
	부가가치세 소계	**22**

실무수행 ◎ 결산

[결산자료]를 참고하여 결산을 수행하시오.(단, 제시된 자료 이외의 자료는 없다고 가정함.)

1 수동결산

매도가능증권 명세

종목명: (주)삼성전자 보통주

년월일	내역	수량	주당 취득단가	주당 공정가치	비고
2023.05.27.	취득	100주	50,000원		
2023.12.31.	평가	100주		60,000원	
2024.12.31.	평가	100주		48,000원	

자료설명	자료는 당사가 보유하고 있는 매도가능증권 명세이며 전기 말 평가는 기업회계기준에 따라 적절하게 이루어졌다.
수행과제	결산정리분개를 입력하시오.

2 결산자료입력에 의한 자동결산

자료설명

1. 기말현재 퇴직급여추계액 전액을 퇴직급여충당부채로 설정하고자 한다. 기말 현재 퇴직급여추계액 및 당기 퇴직급여충당부채 설정 전의 퇴직급여충당부채 잔액은 다음과 같다.

부 서	퇴직금추계액	퇴직급여충당부채잔액
생산부	32,000,000원	25,000,000원
관리부	26,000,000원	15,000,000원

2. 기말재고자산 현황

(단위: 원)

구 분	실사내역		
	단위당원가	수량	평가액
원재료	50,000	500	25,000,000
제 품	100,000	350	35,000,000

※ 기말원재료 평가액에는 도착지 인도조건의 운송중인 재고 5,000,000원이 포함되어 있지 않다.

3. 이익잉여금처분계산서 처분확정(예정)일
   - 당기: 2025년 3월 31일
   - 전기: 2024년 3월 31일

수행과제

결산을 완료하고 이익잉여금처분계산서에서 손익대체분개를 하시오.
(단, 이익잉여금처분내역은 없는 것으로 하고 미처분이익잉여금 전액을 이월이익잉여금으로 이월하기로 할 것.)

◉ [실무수행평가] – 재무회계

번호	평 가 문 제	배점
21	**평가문제 [경비등송금명세서 조회]** 경비등송금명세서에 반영되는 기업은행의 은행코드번호(CD)를 입력하시오.	1
22	**평가문제 [받을어음 현황조회]** 1/4분기(1월~3월)에 할인한 받을어음의 총액은 얼마인가?	1
23	**평가문제 [거래처원장 조회]** 5월 말 거래처별 외상매출금 잔액으로 옳지 않은 것은? ① 03350.(주)메아리 8,200,000원 ② 03360.샤크산업(주) 19,800,000원 ③ 03400.(주)설악산업 2,200,000원 ④ 04003.(주)볼핑블루 3,300,000원	2
24	**평가문제 [거래처원장 조회]** 9월 말 우리카드(코드 99602)의 외상매출금 잔액은 얼마인가?	2
25	**평가문제 [일/월계표 조회]** 1/4분기(1월~3월) 발생한 임차료(판매관리비)는 얼마인가?	2
26	**평가문제 [일/월계표 조회]** 1/4분기(1월~3월)에 발생한 영업외비용 총액은 얼마인가?	2
27	**평가문제 [일/월계표 조회]** 2/4분기(4월~6월) 발생한 복리후생비(제조)는 얼마인가?	1
28	**평가문제 [일/월계표 조회]** 4/4분기(10월~12월)제품매출 발생액은 얼마인가?	1
29	**평가문제 [합계잔액시산표 조회]** 4월 말 예수금 잔액은 얼마인가?	2
30	**평가문제 [합계잔액시산표 조회]** 6월 말 선수금 잔액은 얼마인가?	1
31	**평가문제 [손익계산서 조회]** 전기대비 당기 수선비의 증감액은 얼마인가?	1
32	**평가문제 [재무상태표 조회]** 기말 원재료 금액은 얼마인가?	2
33	**평가문제 [재무상태표 조회]** 12월 말 퇴직급여충당부채 잔액은 얼마인가?	2
34	**평가문제 [재무상태표 조회]** 12월 말 매도가능증권평가손익은 얼마인가? (평가손실인 경우 음수(-)로 입력 할 것)	2
35	**평가문제 [재무상태표 조회]** 12월 말 이월이익잉여금(미처분이익잉여금) 잔액으로 옳은 것은? ① 242,510,873원 ② 352,489,970원 ③ 423,510,981원 ④ 589,510,632원	1
	재무회계 소계	23

실무수행 ◎ 근로소득관리

인사급여 관련 자료이다. [자료설명]을 참고하여 [수행과제]를 수행하시오.

1 일용직사원의 원천징수

자료 1. 이지원의 주민등록표

문서확인번호 1/1

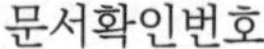

주 민 등 록 표
(등 본)

이 등본은 세대별 주민등록표의 원본내용과 틀림없음을 증명합니다.
담당자: 이등본 전화: 02-3149-0236
신청인: 이지원
용도 및 목적: 회사제출용
2024년 12월 31일

세대주 성명(한자)	이지원 (李智援)	세 대 구 성 사유 및 일자	전입 2016-10-07
현주소 : 서울특별시 강남구 강남대로 238-4 (도곡동)			

번호	세대주 관계	성 명 / 주민등록번호	전입일 / 변동일	변동사유
1	본인	이지원 881007-1093212		

자료 2. 일용직급여내역

성명	급여	계산내역	12월의 근무일수
이지원	1,000,000원	1일 200,000원 × 총5일	5, 6, 7, 8, 9일
합계	1,000,000원		

자료설명	1. 자료 1은 본사 일용직 사원 이지원(2201)의 주민등록표이다. (입사연월일: 2024.12.4.) 2. 자료 2는 일용직 사원 이지원의 급여지급내역이다. 3. 일용직 급여는 매일 지급하는 방식으로 한다. 4. 사회보험 중 고용보험은 원천징수한다. (프로그램에서 자동 계산된 금액으로 공제할 것.) 5. 제시된 사항 이외의 자료는 없는 것으로 한다.
수행과제	1. [일용직사원등록] 메뉴에 사원등록을 하시오. (단, 제시된 사항만 입력하기로 하고 우편번호는 생략할 것.) 2. [일용직급여입력] 메뉴에 급여내역을 입력하시오. 3. 12월 귀속분 원천징수이행상황신고서를 작성하시오.

◉ [실무수행평가] – 근로소득관리 1

번호	평 가 문 제	배점
36	**평가문제 [이지원 12월 일용직급여입력 조회]** 12월 원천징수 대상 소득세 합계는 얼마인가?	2
37	**평가문제 [이지원 12월 일용직급여입력 조회]** 12월 일용직 급여 지급시 공제총액 합계는 얼마인가?	2
38	**평가문제 [원천징수이행상황신고서 조회]** 12월분 근로소득 가감계(A10)의 총 인원은 몇 명인가?	2
39	**평가문제 [원천징수이행상황신고서 조회]** 12월분 근로소득 가감계(A10)의 '6.소득세 등' 금액은 얼마인가?	2

2 중도퇴사자의 원천징수

자료. 8월 급여자료

(단위: 원)

기본급	공 제 항 목					
	국민연금	건강보험	고용보험	장기요양보험	건강보험료정산	장기요양보험료정산
3,500,000	157,500	124,070	31,500	15,890	25,320	3,850

자료설명	김현준 사원(코드 102)의 급여자료이다. 1. 급여지급일은 매월 25일이다. 2. 생산부 김현준 사원은 2024년 8월 25일에 퇴직하였다. 중도퇴사자 정산 시 기 등록되어 있는 자료 이외의 공제는 없는 것으로 한다.
수행과제	1. [사원등록] 메뉴에서 김현준 사원의 퇴사일을 입력하시오. 2. 공제등록에 600.건강보험료정산, 601.장기요양보험료정산을 등록하시오. 3. 8월분 급여자료를 입력하고 [중도퇴사자정산]버튼을 이용하여 중도퇴사자 정산 내역을 급여자료에 반영하시오.(단, 구분 1.급여로 선택할 것.) 4. 8월 귀속분 [원천징수이행상황신고서]를 작성하시오. (조정대상 환급액은 다음 달로 이월하기로 한다.)

◉ [실무수행평가] – 근로소득관리 2

번호	평 가 문 제	배점
40	**평가문제 [김현준 8월 급여자료 조회]** 8월 중도퇴사자 정산시 김현준의 차인지급액은 얼마인가?	2
41	**평가문제 [김현준 연말정산 근로소득원천징수영수증 [중도]탭 조회]** '75.주(현) 근무지 기납부세액' 소득세는 얼마인가?	2
42	**평가문제 [김현준 연말정산 근로소득원천징수영수증 [중도]탭 조회]** '77.차감징수세액 계'(지방소득세 포함)는 얼마인가?	2
43	**평가문제 [김현준 연말정산 근로소득원천징수영수증 [중도]탭 조회]** '82.실효세율'은 몇 %인가? ① 1.3% ② 1.9% ③ 2.3% ④ 2.5%	1
44	**평가문제 [8월 원천징수이행상황신고서 조회]** 근로소득 가감계(A10)의 '6.소득세 등' 금액은 얼마인가?	1

3 국세청연말정산간소화 및 이외의 자료를 기준으로 연말정산

자료설명	사무직 이무상(104)의 연말정산을 위한 자료이다. 1. 사원등록의 부양가족현황은 사전에 입력되어 있다. 2. 배우자 김세희의 의료비 지출내역에는 건강검진 비용 2,050,000원과 안경구입비 750,000원이 포함되어 있다. 3. 부양가족은 이무상과 생계를 같이 한다.
수행과제	[연말정산 근로소득원천징수영수증] 메뉴에서 연말정산을 완료하시오. 1. 의료비세액공제는 [의료비] 탭에서 입력하며, 국세청자료는 공제대상 합계금액을 1건으로 집계하여 입력한다. 2. 신용카드등소득공제는 [신용카드] 탭에서 입력한다. 3. 보험료세액공제는 [소득공제] 탭에서 입력한다. 4. 소득공제 및 세액공제는 최대한 세부담을 최소화하는 방향으로 선택한다.

자료 1. 이무상의 부양가족등록 현황

연말정산관계	기본공제	추가공제	성 명	주민등록번호
0.본인	본인		이무상	760101 - 1774915
1.소득자의 직계존속	60세이상	경로자공제	이영근	400202 - 1560211
3.배우자	부		김세희	841212 - 2772917
6.형제자매	부		이인웅	830207 - 1120325

자료 2. 이무상의 국세청 간소화 서비스 자료 및 기타자료

2024년 귀속 소득·세액공제증명서류: 기본(지출처별)내역 [의료비]

■ 환자 인적사항

성 명	주 민 등 록 번 호
김세희	841212-2*******

■ 의료비 지출내역

(단위: 원)

사업자번호	상 호	종류	지출금액 계
1-15-16*	참빛병원	일반	2,050,000
2-23-21*	빛나안경점	안경 또는 콘텍트렌즈 구입비용	750,000
의료비 인별합계금액			2,050,000
안경구입비 인별합계금액			750,000
산후조리원 인별합계금액			
인별합계금액			2,800,000

- 본 증명서류는 『소득세법』 제165조 제1항에 따라 영수증 발급기관으로부터 수집한 서류로 소득·세액공제 충족 여부는 근로자가 직접 확인하여야 합니다.
- 본 증명서류에서 조회되지 않는 내역은 영수증 발급기관에서 직접 발급받으시기 바랍니다.

2024년 귀속 소득·세액공제증명서류 [신용카드]

■ 사용자 인적사항

성 명	주 민 등 록 번 호
이인웅	830207-1******

■ 신용카드 등 사용금액 집계

일반	전통시장	대중교통	도서공연 등	합계금액
1,450,000	0	150,000	0	1,600,000

■ 신용카드 등 사용내역

(단위: 원)

구분	사업자번호	상호	종류	공제대상금액합계
신용카드	202-81-48***	신한카드 주식회사	대중교통	150,000
신용카드	214-81-37***	비씨카드(주)	일반	1,450,000
인별합계금액				1,600,000

국세청
National Tax Service

- 본 증명서류는 『소득세법』 제165조 제1항에 따라 영수증 발급기관으로부터 수집한 서류로 소득·세액공제 충족 여부는 근로자가 직접 확인하여야 합니다.
- 본 증명서류에서 조회되지 않는 내역은 영수증 발급기관에서 직접 발급받으시기 바랍니다.

합격 확신 문제풀이

2024년 귀속 소득·세액공제증명서류 [현금영수증]

■ 사용자 인적사항

성　명	주 민 등 록 번 호
이무상	760101-1******

■ 현금영수증 사용내역

일반	전통시장	대중교통	도서공연 등	합계금액
13,000,000	5,450,000	450,000	0	18,900,000

• 본 증명서류는 『소득세법』 제165조 제1항에 따라 영수증 발급기관으로부터 수집한 서류로 소득·세액공제 충족 여부는 근로자가 직접 확인하여야 합니다.
• 본 증명서류에서 조회되지 않는 내역은 영수증 발급기관에서 직접 발급받으시기 바랍니다.

2024년 귀속 소득·세액공제증명서류 : 기본내역(지출처별)내역 [보장성 보험, 장애인전용보장성보험]

■ 계약자 인적사항

성　명	주 민 등 록 번 호
이무상	760101-1*******

■ 보장성보험(장애인전용보장성보험) 납입내역

(단위: 원)

종류	상　호 / 사업자번호	보험종류 / 증권번호	주피보험자 / 종피보험자		납입금액 계
보장성	LIG손해보험(주)	운전자	760101-1******	이무상	720,000
	126-81-41***	5478965**			
보장성	삼성생명보험(주)	백세시대보험	400202-1******	이영근	950,000
	108-81-32***	004545217**			
인별합계금액		1,670,000			

• 본 증명서류는 『소득세법』 제165조 제1항에 따라 영수증 발급기관으로부터 수집한 서류로 소득·세액공제 충족 여부는 근로자가 직접 확인하여야 합니다.
• 본 증명서류에서 조회되지 않는 내역은 영수증 발급기관에서 직접 발급받으시기 바랍니다.

◉ [실무수행평가] - 근로소득관리 3

번호	평 가 문 제	배점
45	**평가문제 [이무상 근로소득원천징수영수증 조회]** '42.신용카드 등' 소득공제 최종공제액은 얼마인가?	2
46	**평가문제 [이무상 근로소득원천징수영수증 조회]** '56.근로소득' 세액공제액은 얼마인가?	1
47	**평가문제 [이무상 근로소득원천징수영수증 조회]** '61.보장성보험' 세액공제액은 얼마인가?	2
48	**평가문제 [이무상 근로소득원천징수영수증 조회]** '62.의료비' 세액공제액은 얼마인가?	2
49	**평가문제 [이무상 근로소득원천징수영수증 조회]** '77.차감징수세액' 소득세 금액은 얼마인가?	1
50	**평가문제 [이무상 근로소득원천징수영수증 조회]** '82.실효세율'은 몇 %인가? ① 2.5% ② 2.7% ③ 3.1% ④ 3.9%	1
	근로소득 소계	25

최신 기출문제 제61회

실무이론평가

아래 문제에서 특별한 언급이 없으면 기업의 보고기간(회계기간)은 매년 1월 1일부터 12월 31일까지입니다. 또한 기업은 일반기업회계기준 및 관련 세법을 계속적으로 적용하고 있다고 가정하고 물음에 가장 합당한 답을 고르시기 바랍니다.

01 **다음 중 재고자산에 관한 설명으로 옳지 않은 것은?**

① 재고자산감모손실 중 정상적으로 발생한 감모손실은 매출원가에 가산한다.
② 물가가 지속적으로 상승하는 상황에서 선입선출법을 적용한 경우의 기말재고액은 이동평균법, 총평균법, 후입선출법을 적용한 경우의 기말재고액보다 크다.
③ 재고자산감모손실 중 비정상적으로 발생한 감모손실은 영업외비용으로 처리한다.
④ 저가법을 적용함으로써 발생한 재고자산평가손실은 영업외비용으로 처리한다.

02 **(주)한공은 2024년 1월 1일 다음의 조건으로 사채를 발행하였다. 2024년말 손익계산서상 사채 관련 이자비용은 얼마인가?**

- 액면금액 100,000,000원(3년 만기), 발행금액 97,400,000원
- 액면이자율 5%(매년 말 지급), 유효이자율 6%

① 4,870,000원 ② 5,000,000원
③ 5,844,000원 ④ 6,000,000원

03 **(주)한공은 당기 중 다음과 같이 유상증자를 2차례 실시하였다. 재무상태표에 계상될 주식발행초과금은 얼마인가?(단, 전기 말 주식발행초과금과 주식할인발행차금 잔액은 없는 것으로 한다.)**

- 3월 5일 발행주식수 1,000주, 1주당 발행금액 15,000원(액면금액 @10,000원)
  주식발행 수수료는 없었다.
- 9월 20일 발행주식수 1,000주, 1주당 발행금액 9,000원(액면금액 @10,000원)
  주식발행 수수료 100,000원이 발생하였다.

① 3,900,000원 ② 4,000,000원
③ 4,100,000원 ④ 5,000,000원

04 **다음은 (주)한공의 저작권 관련 자료이다. 2024년의 저작권상각액은 얼마인가?**

- 2020년 1월 1일 저작권을 10,000,000원에 취득하였다.(내용연수 10년, 잔존가치 없음, 정액법 상각)
- 2024년 1월 1일 자본적지출 600,000원이 발생하였다.(단, 내용연수는 연장되지 않는다.)

① 0원 ② 1,000,000원
③ 1,100,000원 ④ 1,200,000원

05 **다음 자료를 토대로 기말현재 퇴직금추계액을 계산하면 얼마인가?**

〈총계정원장의 일부〉

퇴직급여충당부채

4/5 보통예금	2,000,000	1/1 전기이월	6,000,000

〈결산정리사항〉

12월 31일
(차) 퇴직급여 3,000,000원
(대) 퇴직급여충당부채 3,000,000원

① 1,000,000원 ② 4,000,000원
③ 7,000,000원 ④ 9,000,000원

06 **다음은 (주)한공이 정부보조금을 수령하여 취득한 차량운반구 관련 자료이다. 2024년 결산정리 후 재무상태표의 차량운반구 장부금액은 얼마인가?**

- 취득일: 2024년 1월 1일
- 취득원가: 12,000,000원 (보통예금 지급)
- 정부보조금: 4,000,000원 (보통예금 수령)
- 내용연수: 5년, 잔존가치: 없음, 정액법 적용

① 5,600,000원 ② 6,400,000원
③ 8,000,000원 ④ 9,600,000원

07 **세금계산서(또는 전자세금계산서)에 대한 설명으로 옳지 않은 것은?**

① 법인사업자는 모두 전자세금계산서 의무발급대상이나, 개인사업자는 일정한 요건에 해당하는 경우에만 전자세금계산서 의무발급대상이다.
② 전자세금계산서 발급명세는 전자세금계산서 발급 후 10일 이내에 국세청장에게 전송하여야 한다.
③ 공급받는 자의 등록번호는 세금계산서의 필요적 기재사항이다.
④ 필요적 기재사항 등이 착오 외의 사유로 잘못 적힌 경우는 재화나 용역의 공급일이 속하는 과세기간에 대한 확정신고기간까지 수정세금계산서를 발급할 수 있다.

08 **다음 자료를 토대로 도매업을 영위하는 (주)한공의 2024년 제1기 확정신고기간 부가가치세 과세표준을 계산하면 얼마인가?**

거래내용	공급가액
상품국내매출액	4,000,000원 (매출할인 1,000,000원 차감 전)
상품수출액	2,000,000원
거래처에 무상 제공한 견본품	1,500,000원 (시가 2,000,000원)
공급받는 자에게 도달하기 전에 파손된 재화 가액	5,000,000원

① 3,000,000원 ② 5,000,000원
③ 6,500,000원 ④ 8,000,000원

09 **다음은 거주자 김회계 씨(과장)가 (주)한공으로부터 수령한 소득자료이다. 이를 이용하여 2024년 김회계 씨의 총급여액을 계산하면 얼마인가?**

가. 기본급: 36,000,000원(월 3,000,000원)
나. 상여금: 3,000,000원
다. 식 대: 2,400,000원
(월 200,000원, 식사는 제공받지 않음.)
라. 자녀보육수당: 2,400,000원(월 200,000원, 김회계씨의 6세 이하 자녀는 2명임.)

① 39,000,000원 ② 40,200,000원
③ 41,400,000원 ④ 42,600,000원

10 **다음 중 소득세법상 소득공제 및 세액공제에 대한 설명으로 옳지 않은 것은?**

① 특별세액 공제대상 교육비에는 초·중등교육법에 따른 학교에서 실시하는 방과후 학교 수업료 및 교재구입비가 포함된다.
② 근로소득자 본인의 종교단체 기부금은 기부금세액공제 대상이다.
③ 종합소득이 있는 거주자가 공적연금보험료를 납입한 경우 전액 소득공제한다.
④ 의료비 지출액에 대해서는 신용카드소득공제와 의료비 세액공제를 중복하여 적용할 수 없다.

실무수행평가

(주)청정산업(회사코드 2161)은 정수기 제조업을 영위하는 법인기업으로 회계기간은 제6기(2024.1.1. ~ 2024.12.31.)이다. 제시된 자료와 자료설명을 참고하여, [수행과제]를 완료하고 [평가문제]의 물음에 답하시오.

실무수행 유의사항	1. 부가가치세 관련거래는 [매입매출전표입력]메뉴에 입력하고, 부가가치세 관련 없는 거래는 [일반전표입력]메뉴에 입력한다. 2. 타계정 대체와 관련된 적요는 반드시 코드를 입력하여야 한다. 3. 채권·채무, 예금거래 등 관리대상 거래자료에 대하여는 거래처코드를 반드시 입력한다. 4. 자금관리 등 추가 작업이 필요한 경우 문제의 요구에 따라 추가 작업하여야 한다. 5. 제조경비는 500번대 계정코드를 사용한다. 6. 판매비와 관리비는 800번대 계정코드를 사용한다. 7. 등록된 계정과목 중 가장 적절한 계정과목을 선택한다.

실무수행 ◎ 거래자료입력

실무프로세스 자료이다. [자료설명]을 참고하여 [수행과제]를 수행하시오.

1 3만원 초과 거래 자료에 대한 영수증 수취명세서 작성

NO.

영 수 증 (공급받는자용)

(주)청정산업 귀하

공급자	사업자등록번호	122-56-12346		
	상호	선우인쇄	성명	이선우
	사업장소재지	서울특별시 중구 퇴계로51길		
	업태	제조업외	종목	인쇄외

작성일자	공급대가총액	비고
2024.1.4.	₩ 50,000	

공 급 내 역

월/일	품명	수량	단가	금액
1/4	직원명함	2	25,000	50,000
합 계			₩ 50,000	

위 금액을 **영수**(청구)함

자료설명	영업부 직원 명함 인쇄를 의뢰하고, 제작 대금은 현금으로 지급하고 수취한 영수증이다. 회사는 이 거래가 지출증명서류 미수취 가산세 대상인지를 검토하려고 한다.
수행과제	1. 거래자료를 입력하시오. 2. 영수증수취명세서(1)과 (2)서식을 작성하시오.

2 단기매매증권구입 및 매각

자료 1. 차량구입시 채권 구입

NO. 7

춘천시 지역개발채권 매입필증
(증빙서류 첨부용)

채권매입금액	금삼십만원정 (₩300,000)		
성명/업체명	(주)청정산업	주민등록번호 (사업자 번호)	1208132144
주 소	강원도 춘천시 명동길 11 (조양동)		
대리인(성명)	****	주민등록번호	720125-******
청 구 기 관	******		

※ 용도

1. 자동차 신규등록 2. 자동차 이전등록 3. 각종 허가 및 신고 4. 각종 계약체결

자료 2. 보통예금(기업은행) 거래내역

		내용	찾으신금액	맡기신금액	잔액	거래점
번호	거래일	계좌번호 986-1568-5754 (주)청정산업				
1	2024-2-14	공채구입	300,000		***	***

자료설명	본사 업무용 차량을 구입하면서 법령에 의한 공채를 액면금액으로 구입하고 기업은행 보통예금 계좌에서 이체하여 지급하였다. (공채 매입시 공정가치는 260,000원이며 '단기매매증권'으로 회계처리할 것.)
수행과제	거래자료를 입력하시오.

3 통장사본에 의한 거래자료입력

자료. 보통예금(기업은행) 거래내역

		내용	찾으신금액	맡기신금액	잔액	거래점
번호	거래일	계좌번호 986-1568-5754 (주)청정산업				
1	2024-4-12	퇴직연금	6,000,000		***	***

자료설명	자료는 기업은행 보통예금 계좌에서 삼성생명으로 자동이체된 퇴직연금 이체내역이다.
수행과제	거래자료를 입력하시오.

구분	금액
확정급여형(DB)형	3,000,000원
확정기여형(DC형)	사무직 1,500,000원
	생산직 1,500,000원
합계	6,000,000원

실무수행 ◎ 부가가치세관리

부가가치세 신고 관련 자료이다. [자료설명]을 참고하여 [수행과제]를 수행하시오.

1 전자세금계산서 발급

거래명세서 (공급자 보관용)

	공급자				공급받는자			
등록번호	120-81-32144			등록번호	102-81-17053		
상호	(주)청정산업	성명	오세훈	상호	(주)코웨이산업	성명	윤춘호
사업장 주소	강원도 춘천시 명동길 11(조양동)			사업장 주소	서울특별시 서대문구 간호대로 10 (홍제동)		
업태	제조업외	종사업장번호		업태	도소매업	종사업장번호	
종목	정수기외			종목	정수기외		

거래일자	미수금액	공급가액	세액	총 합계금액
2024.5.15.		6,000,000	600,000	6,600,000

NO	월	일	품목명	규격	수량	단가	공급가액	세액	합계
1	5	15	온수정수기		10	600,000	6,000,000	600,000	6,600,000

자료설명	1. (주)코웨이산업에 제품을 공급하고 발급한 거래명세서이다. 2. 회사는 (주)코웨이산업에서 4월 10일 계약금 2,000,000원을 수령하였으며 잔액은 국민은행 보통예금계좌로 이체받았다.
수행과제	1. 거래명세서에 의해 매입매출자료를 입력하시오. 2. **전자세금계산서 발행 및 내역관리** 를 통하여 발급·전송하시오. (전자세금계산서 발급 시 결제내역 및 전송일자는 무시할 것.)

2 수정전자세금계산서의 발급

<table>
<tr><td colspan="6">전자세금계산서 (공급자 보관용)</td><td colspan="2">승인번호</td><td colspan="4"></td></tr>
<tr><td rowspan="6">공급자</td><td>등록번호</td><td colspan="3">120-81-32144</td><td rowspan="6">공급받는자</td><td>등록번호</td><td colspan="4">105-81-47288</td></tr>
<tr><td>상호</td><td>(주)청정산업</td><td>성명(대표자)</td><td>오세훈</td><td>상호</td><td>(주)웰스산업</td><td>성명(대표자)</td><td colspan="2">박종길</td></tr>
<tr><td>사업장 주소</td><td colspan="3">강원도 춘천시 명동길 11(조양동)</td><td>사업장 주소</td><td colspan="4">서울특별시 금천구 시흥대로 405 (독산동)</td></tr>
<tr><td>업태</td><td>제조업외</td><td colspan="2">종사업장번호</td><td>업태</td><td>도소매업</td><td colspan="3">종사업장번호</td></tr>
<tr><td>종목</td><td>정수기외</td><td colspan="2"></td><td>종목</td><td>정수기외</td><td colspan="3"></td></tr>
<tr><td>E-Mail</td><td colspan="3">chungjung@bill36524.com</td><td>E-Mail</td><td colspan="4">wells@bill36524.com</td></tr>
<tr><td colspan="2">작성일자</td><td>2024.6.15.</td><td>공급가액</td><td colspan="3">12,000,000</td><td>세 액</td><td colspan="4">1,200,000</td></tr>
<tr><td colspan="2">비고</td><td colspan="10"></td></tr>
<tr><td>월</td><td>일</td><td colspan="2">품목명</td><td>규격</td><td>수량</td><td>단가</td><td>공급가액</td><td>세액</td><td colspan="3">비고</td></tr>
<tr><td>6</td><td>15</td><td colspan="2">미니정수기</td><td></td><td>100</td><td>120,000</td><td>12,000,000</td><td>1,200,000</td><td colspan="3"></td></tr>
<tr><td colspan="2">합계금액</td><td>현금</td><td>수표</td><td>어음</td><td>외상미수금</td><td colspan="6" rowspan="2">이 금액을 ○ 영수 ◉ 청구 함</td></tr>
<tr><td colspan="2">13,200,000</td><td></td><td></td><td></td><td>13,200,000</td></tr>
</table>

자료설명	1. (주)웰스산업에 제품을 공급하고 발급한 전자세금계산서이다. 2. 전자세금계산서의 공급단가를 130,000원으로 기재했어야 하나, 담당자의 실수로 공급단가를 120,000원으로 기재하여 발급하였음을 확인하였다.
수행과제	수정사유에 따른 수정전자세금계산서를 발급 전송하시오. (외상대금 및 제품매출에서 음수(-)로 처리하고 전자세금계산서 발급 시 결제내역 입력 및 전송일자는 고려하지 말 것.)

3 의제매입세액공제신고사업자의 부가가치세신고서 작성

자료 1. 면세매입 계산서

계산서 (공급받는자 보관용) 승인번호

공급자	등록번호	101-90-39264			공급받는자	등록번호	120-81-32144		
	상호	온누리농산	성명(대표자)	지미화		상호	(주)청정산업	성명(대표자)	오세훈
	사업장 주소	경기도 안양시 동안구 흥안대로 313				사업장 주소	강원도 춘천시 명동길 11(조양동)		
	업태	축산물	종사업장번호			업태	제조업외	종사업장번호	
	종목	농축수산물				종목	정수기외		
	E-Mail	onnuri@naver.com				E-Mail	chungjung@bill36524.com		

작성일자	공급가액	비 고
2024.7.10.	10,000,000	

월	일	품목명	규격	수량	단가	공급가액	비고
7	10	돼지고기	kg	200	50,000	10,000,000	

합계금액	현금	수표	어음	외상미수금	이 금액을 ◉ 영수 ○ 청구 함
10,000,000	10,000,000				

자료 2. 농산물 거래 내역서

농산물 거래 내역서

■ 공급자 인적사항

성 명	주 민 등 록 번 호
이지웅	740502-1245119

■ 거래 내역

농산물 품목	수량	납품일자	금 액
배추	30kg	2024.7.15.	600,000원
합계금액			600,000원

■ 대금지급조건: 납품 시 현금 결제

자료 3. 미가공 농산물(보리) 구입관련 자료

현금영수증
CASH RECEIPT

거래일시	2024-07-30 14:15:27
품명	보리
식별번호	208341****
승인번호	165656304
판매금액	**2,200,000원**
부가가치세	**0원**
봉사료	**0원**
합계	**2,200,000원**

현금영수증가맹점명 하나로마트
사업자번호 229-81-16010
대표자명: 신영호 TEL: 02 755 1112
주소: 서울특별시 서초구 청계산로 10
CATID: 1123973 전표No:

현금영수증 문의: Tel 126
http://현금영수증.kr
감사합니다.

자료설명	본 문제에 한하여 음식점업을 겸업 운영한다고 가정하며, 아래 자료는 음식점업과 관련된 내역이다. 1. 자료 1은 돼지고기를 현금으로 구입하고 수취한 계산서이다. 2. 자료 2는 배추를 농민으로부터 현금으로 직접 구입하고 수취한 농산물 거래 내역서이다. 3. 자료 3은 미가공 농산물(보리 10가마니)을 현금으로 구입한 현금영수증이다. 4. 자료 1 ~ 3의 계정과목은 원재료로 처리하고, 법인 음식점업 공제율은 6/106으로 한다. 5. 단, 회사는 중소기업에 해당한다.
수행과제	1. 자료 1 ~ 3의 거래를 검토하여 의제매입세액공제 요건을 갖춘 거래는 매입매출전표에 입력하고, 그 외의 거래는 일반전표에 입력하시오. (의제매입세액공제신고서에 자동반영 되도록 적요를 선택할 것.) 2. 제2기 부가가치세 예정신고기간의 의제매입세액공제신고서를 작성하시오. 3. 의제매입세액공제내역을 제2기 부가가치세 예정신고서에 반영하시오. 4. 의제매입세액과 관련된 회계처리를 일반전표입력에 9월 30일자로 입력하시오. (공제세액은 '부가세대급금'으로 회계처리할 것.)

4 신용카드매출전표등 수령금액합계표 작성자의 부가가치세신고서 작성

자료 1.

매출전표

카드종류	거래일자
삼성카드	2024.10.2.10:25:11
카드번호(CARD NO)	
9410-3256-****-2351	

승인번호	30010947
일반 / 할부	일시불
경유	
거래유형	신용승인
금액 AMOUNT	50000
부가세 V.AT	5000
봉사료 CASHBACK	
합계 TOTAL	55000
가맹점명	춘천주유소
대표자명	추상훈
사업자번호	229-98-01188
전화번호	033-457-8004
가맹점번호	312110073
주소	강원 춘천시 동내면 세실로 38

상기의 거래 내역을 확인합니다. 서명 *(주)청정산업*

자료 2.

신용카드매출전표

가 맹 점 명 향정원
사업자번호 215-03-80780
대 표 자 명 백종원
주 소 서울 강남 테헤란로8길 29

현대카드 신용승인
거래일시 2024-11-4 오후 14:08:04
카드번호 6880-1256-****-4056
유효기간 **/**
가맹점번호 123460001
매입사 : 현대카드(전자서명전표)

공 급 금 액 200,000원
부가세금액 20,000원
합 계 220,000원

자료 3.

**** 현금영수증 ****
(지출증빙용)

사업자등록번호 : **477-07-00913**
사업자명 오피스알파
단말기ID : 73453259(tel:02-257-1004)
가맹점주소 : 서울 강남구 테헤란로 51길

현금영수증 회원번호
120-81-32144 (주)청정산업
승인번호 : 57231010
거래일시 : 2024년 12월 6일 10시10분10초

공 급 금 액 **300,000원**
부가세금액 **30,000원**
총 합 계 **330,000원**

휴대전화, 카드번호 등록
http://현금영수증.kr
국세청문의(126)
38036925-GCA10106-3870-U490
<<<<<<이용해 주셔서 감사합니다.>>>>>>

자료설명	1. 자료 1은 공장 화물트럭에 주유하고 결제한 법인 신용카드매출전표이다. 2. 자료 2는 매출처 직원 접대를 하고 결제한 법인 신용카드매출전표이다. 3. 자료 3은 관리부에서 사용할 소모품을 구입하고 수취한 현금영수증이다. (자산으로 처리할 것.) 단, 제시된 자료의 거래처는 모두 일반과세자이다.
수행과제	1. 자료 1 ~ 3을 일반전표 및 매입매출전표에 입력하시오. 2. 제2기 확정 신용카드매출전표등 수령금액 합계표를 작성하시오. 3. 신용카드매입 및 전자신고세액공제를 반영하여 제2기 부가가치세 확정신고서를 작성하시오. - 제2기 부가가치세 확정신고서를 홈택스에서 전자신고하여 전자신고세액공제 10,000원을 공제받기로 한다.

평가문제 실무수행평가

입력자료 및 회계정보를 조회하여 [평가문제]의 답안을 입력하시오. (70점)

평가문제 답안입력 유의사항

❶ 답안은 지정된 단위의 숫자로만 입력해 주십시오.
* 한글 등 문자 금지, 콤마(,) 외 기호 금지

	정답	오답(예)
(1) **금액은 원 단위로 숫자를 입력**하되, 천 단위 콤마(,)는 생략 가능합니다. (1-1) 답이 0원인 경우 반드시 "0" 입력 (1-2) 답이 음수(-)인 경우 숫자 앞에 " - " 입력 (1-3) 답이 소수인 경우 반드시 " . " 입력	1,245,000 1245000	1.245.000 1,245,000원 1,245,0000 12,45,000 1,245천원
(2) 질문에 대한 **답안은 숫자로만 입력**하세요.	4	04 4/건/매/명 04건/매/명
(3) **거래처 코드번호는 5자리로 입력**하세요.	00101	101 00101번

❷ 답안에 천원단위(000) 입력시 더존 프로그램 숫자 입력 방법과 다르게 숫자키패드 '+' 기능은 지원되지 않습니다.

❸ 더존 프로그램에서 조회되는 자료를 복사하여 붙여넣기가 가능합니다.

❹ 수행과제를 올바르게 입력하지 않고 작성한 답과 모범답안이 다른 경우 오답처리됩니다.

◉ [실무수행평가] – 부가가치세관리

번호	평 가 문 제	배점
11	**평가문제 [세금계산서합계표 조회]** 제1기 확정신고기간의 거래처 '(주)코웨이산업'에 전자발행된 세금계산서 공급가액은 얼마인가?	2
12	**평가문제 [세금계산서합계표 조회]** 제1기 확정신고기간의 매출전자세금계산서 발급매수는 총 몇 매인가?	2
13	**평가문제 [매입매출전표입력 조회]** 6월 15일자 수정세금계산서의 수정입력사유를 코드로 입력하시오.	2
14	**평가문제 [의제매입세액공제신고서 조회]** 제2기 예정신고기간의 의제매입세액공제신고서의 '의제매입세액 계'는 얼마인가?	2
15	**평가문제 [부가가치세신고서 조회]** 제2기 예정신고기간 부가가치세신고서의 과세_세금계산서발급분(1란) 금액은 얼마인가?	2
16	**평가문제 [부가가치세신고서 조회]** 제2기 예정신고기간의 부가가치세 신고시에 작성되는 부가가치세 첨부서류에 해당하지 않는 것은? ① 세금계산서합계표 ② 신용카드매출전표등수령금액합계표 ③ 의제매입세액공제신고서 ④ (면세)계산서합계표	2 (정답 없음)
17	**평가문제 [부가가치세신고서 조회]** 제2기 예정신고기간의 부가가치세 신고시와 관련된 설명으로 옳지 않은 것은? ① 과세표준 금액은 226,800,000원이다. ② 부가가치세 조기환급은 적용받을 수 없다. ③ 전자신고세액공제는 확정신고시에만 적용받을 수 있다. ④ 국세환급금 계좌은행은 '국민은행'이다.	2
18	**평가문제 [신용카드매출전표등 수령금액 합계표(갑) 조회]** 제2기 확정신고기간의 신용카드매출전표 수령금액 합계표(갑)에 반영되는 신용카드 매입명세 합계(공급가액)는 얼마인가?	3
19	**평가문제 [부가가치세신고서 조회]** 제2기 확정신고기간 부가가치세신고서에 반영되는 과세표준명세의 '수입금액제외' 금액은 얼마인가?	2
20	**평가문제 [부가가치세신고서 조회]** 제2기 확정신고기간의 부가가치세 차가감납부할(환급받을)세액(27란)의 금액은 얼마인가? (환급세액인 경우 음수(-)로 입력 할 것.)	3
	부가가치세 소계	**22**

실무수행 ⊙ 결산

[결산자료]를 참고하여 결산을 수행하시오.(단, 제시된 자료 이외의 자료는 없다고 가정함.)

1 수동결산

자료설명	결산일 현재 보유한 외화부채는 다음과 같다.

계정과목	금액	거래처	전기말 적용환율	결산일 적용환율
외화장기차입금	US$100,000	tesla.co.kr	US$1 / 1,300원	US$1 / 1,290원

수행과제	결산정리분개를 입력하시오.

2 결산자료입력에 의한 자동결산

자료설명

1. 당기 법인세는 14,232,000원이고 법인지방소득세는 1,423,200원이다.
   법인세와 법인지방소득세는 법인세등으로 계상한다.(법인세 중간예납세액 및 원천징수세액은 선납세금계정에 계상되어 있다.)
2. 기말재고자산 현황

구분	평가금액
제 품	30,000,000원

※ 기말제품 평가액에는 시용판매 조건으로 고객에게 인도한 제품 2,000,000원 (구입의사 미표시분)이 포함되어 있지 않다.

3. 이익잉여금처분계산서 처분확정(예정)일
   - 당기: 2025년 3월 31일
   - 전기: 2024년 3월 31일

수행과제

결산을 완료하고 이익잉여금처분계산서에서 손익대체분개를 하시오.
(단, 이익잉여금처분내역은 없는 것으로 하고 미처분이월이익잉여금 전액을 이월이익잉여금으로 이월하기로 한다.)

◉ [실무수행평가] – 재무회계

번호	평 가 문 제	배점
21	**평가문제 [영수증수취명세서 조회]** 영수증수취명세서(1)에 반영되는 '12.명세서제출 대상' 금액은 얼마인가?	2
22	**평가문제 [거래처원장 조회]** 6월 말 국민은행(코드 98000) 보통예금 잔액은 얼마인가?	1
23	**평가문제 [일/월계표 조회]** 1/4분기(1월~3월)에 발생한 도서인쇄비(판매관리비) 총금액은 얼마인가?	1
24	**평가문제 [일/월계표 조회]** 2/4분기(4월~6월)에 발생한 퇴직급여(판매관리비)는 얼마인가?	1
25	**평가문제 [일/월계표 조회]** 2/4분기(4월~6월)에 발생한 제품매출 금액은 총 얼마인가?	2
26	**평가문제 [일/월계표 조회]** 4/4분기(10월~12월)에 발생한 차량유지비(제조)는 얼마인가?	1
27	**평가문제 [합계잔액시산표 조회]** 6월 말 단기매매증권 잔액은 얼마인가?	1
28	**평가문제 [합계잔액시산표 조회]** 6월 말 퇴직연금운용자산 잔액은 얼마인가?	2
29	**평가문제 [재무상태표 조회]** 9월 말 원재료 잔액으로 옳은 것은? ① 352,685,398원 ② 352,809,926원 ③ 352,912,724원 ④ 353,375,963원	2
30	**평가문제 [재무상태표 조회]** 12월 말 차량운반구 장부금액은 얼마인가?	1
31	**평가문제 [재무상태표 조회]** 12월 말 외화장기차입금 잔액은 얼마인가?	2
32	**평가문제 [재무상태표 조회]** 기말 제품 잔액은 얼마인가?	2
33	**평가문제 [재무상태표 조회]** 12월 말 미지급세금 잔액은 얼마인가?	1
34	**평가문제 [재무상태표 조회]** 12월 말 소모품 잔액은 얼마인가?	3
35	**평가문제 [재무상태표 조회]** 12월 말 이월이익잉여금(미처분이익잉여금) 잔액으로 옳은 것은? ① 152,168,150원 ② 225,120,269원 ③ 279,702,471원 ④ 320,158,743원	1
	재무회계 소계	23

실무수행 ◎ 근로소득관리

인사급여 관련 자료이다. [자료설명]을 참고하여 [수행과제]를 수행하시오.

1 가족관계증명서에 의한 사원등록

자료 1. 윤현우의 가족관계증명서

[별지 제1호서식] <개정 2010.6.3>

가족관계증명서

등록기준지	경기도 평택시 경기대로 701 (지제동)

구분	성 명	출생연월일	주민등록번호	성별	본
본인	윤 현 우	1974년 10월 11일	741011-1111113	남	坡平

가족사항

구분	성 명	출생연월일	주민등록번호	성별	본
부	윤 두 식	1938년 09월 22일	380922-1785417	남	坡平
모	이 채 민	1940년 11월 12일	401112-2075529	여	慶州
배우자	이 다 정	1980년 01월 17일	800117-2247093	여	全州
자녀	윤 만 세	2015년 08월 12일	150812-4985710	여	坡平
형제	윤 도 준	1977년 09월 15일	770915-1927311	남	坡平

자료설명	2024년 4월 1일에 입사한 사원 윤현우(1004)가 제출한 가족관계증명서이다. 1. 윤현우는 세대주이다. 2. 부 윤두식은 부동산임대소득금액 20,000,000원이 있다. 3. 모 이채민은 일용 근로소득 6,000,000원이 있다. 4. 배우자 이다정은 복권당첨소득 15,000,000원이 있다. 5. 자녀 윤만세는 2024년 10월 입양한 자녀이다. 6. 형제 윤도준은 장애인복지법에 따른 장애인이며, 총급여액 6,000,000원이 있다. 7. 세부담을 최소화하는 방법을 선택한다.
수행과제	사원등록메뉴에서 부양가족명세를 작성하시오.

◉ [실무수행평가] - 근로소득관리 1

번호	평 가 문 제	배점
36	평가문제 [윤현우 근로소득원천징수영수증 조회] 본인과 배우자를 포함한 부양가족의 기본공제 대상액은 얼마인가?	2
37	평가문제 [윤현우 근로소득원천징수영수증 조회] '27.경로우대' 추가공제액은 얼마인가?	2
38	평가문제 [윤현우 근로소득원천징수영수증 조회] '28.장애인' 추가공제액은 얼마인가?	2
39	평가문제 [윤현우 근로소득원천징수영수증 조회] 공제대상자녀 세액공제액은 얼마인가?	1
40	평가문제 [윤현우 근로소득원천징수영수증 조회] 출산입양 세액공제액은 얼마인가?	1

2 급여명세에 의한 급여자료

자료 1. 12월 급여자료

(단위: 원)

사원	기본급	육아 수당	자격증 수당	식대	월차 수당	야간근로 수당	국민 연금	건강 보험	고용 보험	장기 요양 보험
박성욱	5,000,000	120,000	200,000	220,000	100,000	0	프로그램에서 자동 계산된 금액으로 공제한다.			
김도훈	2,100,000	0	100,000	220,000	100,000	800,000				

자료 2. 수당 및 공제요건

구분	코드	수당 및 공제명	내 용
수당등록	101	기본급	설정된 그대로 사용한다.
	200	육아수당	출산 및 6세 이하 자녀를 양육하는 경우 매월 고정적으로 지급하고 있다.
	201	자격증수당	직무관련 자격 취득시 자격증수당을 지급하고 있다.
	202	식대	야근시에는 야식을 제공하고 있으며, 야식을 제외한 별도의 음식물은 제공하고 있지 않다.
	203	월차수당	전월에 만근한 사원에게 수당을 지급하고 있다.
	204	야간근로수당	생산직 사원에게 연장근로시간에 대하여 수당을 지급하고 있다.

자료설명	1. 자료 1에서 박성욱은 영업부 과장이다. 2. 자료 1에서 김도훈은 생산직 사원이며, 2023년 총급여액은 3,800만원이다. 3. 12월 귀속분 급여지급일은 당월 25일이며, 사회보험료는 자동 계산된 금액으로 공제한다. 4. 당사는 반기별 원천징수 납부대상자가 아니며, 전월미환급세액 33,000원(지방소득세 3,000원 포함)이 있다.
수행과제	1. 사원등록에서 생산직 비과세여부를 적용하시오. 2. 급여자료입력 메뉴에 수당등록을 하시오. 3. 12월분 급여자료를 입력하시오.(단, 구분 '1.급여'로 선택할 것.) 4. 12월 귀속분 [원천징수이행상황신고서]를 작성하시오.

◉ [실무수행평가] – 근로소득관리 2

번호	평 가 문 제	배점
41	**평가문제 [박성욱 12월 급여자료입력 조회]** 급여항목 중 비과세대상 지급액은 얼마인가?	2
42	**평가문제 [박성욱 12월 급여자료입력 조회]** 12월 급여의 차인지급액은 얼마인가?	1
43	**평가문제 [김도훈 12월 급여자료입력 조회]** 급여항목 중 과세대상 지급액은 얼마인가?	2
44	**평가문제 [김도훈 12월 급여자료입력 조회]** 수당항목 중 과세대상 야간근로수당 금액은 얼마인가?	1
45	**평가문제 [12월 원천징수이행상황신고서 조회]** '10.소득세 등' 총 합계 금액은 얼마인가?	2

3 국세청연말정산간소화 및 이외의 자료를 기준으로 연말정산

자료설명	사무직 이익준(1003)의 연말정산을 위한 자료이다. 1. 사원등록의 부양가족현황은 사전에 입력되어 있다. 2. 부양가족은 이익준과 생계를 같이 한다.
수행과제	[연말정산 근로소득원천징수영수증] 메뉴에서 연말정산을 완료하시오. 1. 의료비는 [의료비] 탭에서 입력하며, 국세청자료는 공제대상 합계금액을 1건으로 집계하여 입력한다. (단, 실손의료보험금 500,000원을 수령하였다.) 2. 보험료와 교육비는 [소득공제] 탭에서 입력한다. 3. 연금계좌는 [정산명세] 탭에서 입력한다.

자료 1. 이익준 사원의 부양가족등록 현황

연말정산관계	성명	주민번호	기타사항
0.본인	이익준	781010-1774911	세대주
3.배우자	채송화	781202-2045671	이자소득 4,000,000원과 배당소득 8,000,000원 있음
1.소득자 직계존속	박희진	430411-2222229	소득 없음
4.직계비속	이우주	181218-3094111	소득 없음

자료 2. 국세청간소화서비스 및 기타증빙자료

2024년 귀속 소득·세액공제증명서류: 기본(지출처별)내역 [의료비]

■ 환자 인적사항

성 명	주 민 등 록 번 호
이우주	181218-3******

■ 의료비 지출내역

(단위: 원)

사업자번호	상 호	종류	지출금액 계
109-04-16***	서울**병원	일반	2,500,000
106-05-81***	***안경원	일반	700,000
의료비 인별합계금액			2,500,000
안경구입비 인별합계금액			700,000
산후조리원 인별합계금액			0
인별합계금액			3,200,000

- 본 증명서류는 『소득세법』 제165조 제1항에 따라 영수증 발급기관으로부터 수집한 서류로 소득·세액공제 충족 여부는 근로자가 직접 확인하여야 합니다.
- 본 증명서류에서 조회되지 않는 내역은 영수증 발급기관에서 직접 발급받으시기 바랍니다.

2024년 귀속 소득·세액공제증명서류: 기본(지출처별)내역 [보장성 보험, 장애인전용보장성보험]

■ 계약자 인적사항

성 명	주 민 등 록 번 호
이익준	781010-1******

■ 보장성보험(장애인전용보장성보험) 납입내역

(단위: 원)

종류	상 호 / 사업자번호 / 종피보험자1	보험종류 / 증권번호 / 종피보험자2	주피보험자 / 종피보험자3		납입금액 계
보장성	한화생명보험(주)	실손의료보험	181218-3094***	이우주	1,200,000
	108-81-15***	202112345**			
보장성	삼성생명보험(주)	실버든든보험	430411-2222***	박희진	1,800,000
	106-81-41***	100540651**			
인별합계금액					3,000,000

- 본 증명서류는 『소득세법』 제165조 제1항에 따라 영수증 발급기관으로부터 수집한 서류로 소득·세액공제 충족 여부는 근로자가 직접 확인하여야 합니다.
- 본 증명서류에서 조회되지 않는 내역은 영수증 발급기관에서 직접 발급받으시기 바랍니다.

2024년 귀속 세액공제증명서류: 기본내역[퇴직연금]

■ 가입자 인적사항

성 명	주 민 등 록 번 호
이익준	781010-1******

■ 퇴직연금 납입내역

(단위: 원)

상호	사업자번호	당해연도 납입금액	당해연도 납입액 중 인출금액	순납입금액
계좌번호				
신한생명보험(주)	108-81-26***	2,400,000		2,400,000
12345204578				
순납입금액 합계		2,400,000		

- 본 증명서류는 「소득세법」 제165조 제1항에 따라 영수증 발급기관으로부터 수집한 서류로 소득·세액공제 충족 여부는 근로자가 직접 확인하여야 합니다.
- 본 증명서류에서 조회되지 않는 내역은 영수증 발급기관에서 직접 발급받으시기 바랍니다.

2024년 귀속 세액공제증명서류: 기본내역[연금저축]

■ 가입자 인적사항

성 명	주 민 등 록 번 호
채송화	781202-2******

■ 연금저축 납입내역

(단위: 원)

상호	사업자번호	당해연도 납입금액	당해연도 납입액 중 인출금액	순납입금액
계좌번호				
신한생명보험(주)	108-81-26***	4,500,000	3,000,000	1,500,000
013479999				
순납입금액 합계		1,500,000		

- 본 증명서류는 「소득세법」 제165조 제1항에 따라 영수증 발급기관으로부터 수집한 서류로 소득·세액공제 충족 여부는 근로자가 직접 확인하여야 합니다.
- 본 증명서류에서 조회되지 않는 내역은 영수증 발급기관에서 직접 발급받으시기 바랍니다.

◉ [실무수행평가] – 근로소득관리 3

번호	평 가 문 제	배점
46	평가문제 [이익준 근로소득원천징수영수증 조회] '연금계좌' 세액공제액은 얼마인가?	2
47	평가문제 [이익준 근로소득원천징수영수증 조회] '61.보장성보험' 세액공제액은 얼마인가?	2
48	평가문제 [이익준 근로소득원천징수영수증 조회] '62.의료비' 세액공제액은 얼마인가?	2
49	평가문제 [이익준 근로소득원천징수영수증 조회] '77.차감징수세액(소득세)'은 얼마인가?	2
50	평가문제 [이익준 근로소득원천징수영수증 조회] '82.실효세율'은 몇 %인가? ① 0.2% ② 0.6% ③ 1.2% ④ 1.6%	1
근로소득 소계		25

최신 기출문제 제62회

실무이론평가

아래 문제에서 특별한 언급이 없으면 기업의 보고기간(회계기간)은 매년 1월 1일부터 12월 31일까지입니다. 또한 기업은 일반기업회계기준 및 관련 세법을 계속적으로 적용하고 있다고 가정하고 물음에 가장 합당한 답을 고르시기 바랍니다.

01 다음은 (주)한공의 2024년 12월 31일 현재 보유중인 상품에 대한 자료이다. 2024년 손익계산서에 인식할 재고자산평가손실은 얼마인가?

수량	장부상 단가	단위당 예상 판매가격	단위당 예상 판매비용
1,000개	100원	110원	30원

① 0원 ② 10,000원
③ 20,000원 ④ 30,000원

02 다음 자료를 토대로 (주)한공의 당기순이익을 계산하면 얼마인가?

〈기초 및 기말 자본〉
- 기초 자본 4,000,000원
- 기말 자본 7,000,000원

〈당기 중 자본거래〉
- 유상증자 3,000,000원
- 현금배당 1,000,000원
- 주식배당 2,000,000원

① 1,000,000원 ② 2,000,000원
③ 3,000,000원 ④ 4,000,000원

03 다음은 (주)한공이 2024년 중 취득하여 보유중인 유가증권 내역이다. 2024년말 결산시 유가증권의 평가 결과가 당기순이익에 미치는 영향으로 옳은 것은?

구분	종류	액면단가	취득단가	단위당 공정가치
단기매매증권	A주식 1,000주	5,000원	6,000원	7,000원
단기매매증권	B주식 3,000주	5,000원	8,000원	5,000원
매도가능증권	C주식 2,000주	5,000원	7,000원	9,000원

① 4,000,000원 증가 ② 4,000,000원 감소
③ 8,000,000원 증가 ④ 8,000,000원 감소

04 (주)한공은 사용하던 기계장치를 다음과 같이 거래처의 동종자산으로 교환하여 취득하였다. 새로운 기계장치의 취득원가로 옳은 것은?

- (주)한공이 제공한 기계장치(A) 관련 금액
  - 취득원가 30,000,000원
  - 감가상각누계액 24,000,000원
  - 공정가치 5,000,000원
- 거래처로부터 제공받은 기계장치(B) 관련 금액
  - 취득원가 20,000,000원
  - 감가상각누계액 15,000,000원
  - 공정가치 3,000,000원

① 3,000,000원 ② 4,000,000원
③ 5,000,000원 ④ 6,000,000원

05 다음은 (주)한공의 12월 중 상품 매매 자료이다. 재고자산의 평가방법으로 이동평균법과 총평균법을 적용할 때 12월말 상품재고액으로 옳은 것은?

일자	구분	수량	단가
12월 1일	월초재고	1,000개	100원
12월 8일	외상매입	1,000개	110원
12월 12일	상품매출	1,500개	500원
12월 16일	외상매입	1,000개	120원

① 이동평균법 : 175,000원, 총평균법 : 155,000원
② 이동평균법 : 155,000원, 총평균법 : 175,000원
③ 이동평균법 : 172,500원, 총평균법 : 165,000원
④ 이동평균법 : 165,000원, 총평균법 : 172,500원

06 **(주)한공의 외화매출 거래는 다음과 같다. 기말 재무상태표에 표시되는 외화외상매출금과 손익계산서에 인식하는 외화환산손익은 얼마인가?**

> • 7월 1일
> 미국에 있는 거래처에 상품을 US$100,000에 외상으로 판매하였다.
> 판매시점 환율은 US$1=1,100원이다.
> • 12월 31일
> 결산시점 환율은 US$1=1,200원이다.

	외화외상매출금	외화환산손익
①	110,000,000원	외화환산손실 10,000,000원
②	110,000,000원	외화환산이익 10,000,000원
③	120,000,000원	외화환산손실 10,000,000원
④	120,000,000원	외화환산이익 10,000,000원

07 **다음은 과세사업자인 (주)한공의 거래내역이다. 이 중 부가가치세 과세거래에 해당하는 것은?**

> 가. 담보목적으로 부동산을 제공하는 경우
> 나. 매입세액공제를 받지 못한 재화를 거래처에 증정하는 경우
> 다. 특수관계인에게 사업용 부동산을 무상으로 임대하는 경우
> 라. 건물을 교환하는 경우

① 가, 나　② 나, 다
③ 다, 라　④ 가, 라

08 **다음은 일반과세자인 (주)한공의 2024년 제1기 부가가치세 확정신고와 관련된 자료이다. 이 자료를 토대로 매출세액을 계산하면 얼마인가?**

> 가. 상품공급액(부가가치세 포함) 66,000,000원
> 나. 매출채권의 회수지연에 따라 받은 연체이자 1,100,000원
> 다. 거래처의 파산으로 당기에 대손확정된 전기 과세표준에 포함된 매출채권(부가가치세 포함) 5,500,000원

① 5,400,000원　② 5,500,000원
③ 5,940,000원　④ 6,050,000원

09 **다음은 김한공 씨의 수입 내역이다. 이를 토대로 원천징수대상 기타소득금액을 계산하면 얼마인가? 단, 실제 사용된 필요경비는 없는 것으로 가정한다.**

> 가. 유실물의 습득으로 인한 보상금 2,000,000원
> 나. 주택입주 지체상금 1,000,000원
> 다. 고용관계 없이 다수인에게 강연을 하고 받은 대가 5,000,000원

① 3,200,000원　② 4,200,000원
③ 4,400,000원　④ 5,000,000원

10 **다음 중 신용카드 등 사용금액에 대한 소득공제에 대한 설명으로 옳지 않은 것은?**

① 고등학생의 교복을 신용카드로 구입한 경우 신용카드 등 사용금액에 대한 소득공제는 교육비세액공제와 중복적용이 가능하다.
② 소득세법에 따라 세액공제를 적용받는 월세액은 신용카드 등 사용금액에 포함하지 아니한다.
③ 해외에서 사용한 금액은 신용카드 등 사용금액에 포함하지 아니한다.
④ 신용카드로 지급한 의료비에 대하여 의료비세액공제를 받은 경우에는 신용카드 등 사용금액에 대한 소득공제를 받을 수 없다.

실무수행평가

(주)태평산업(회사코드 2162)은 가정용 전기밥솥 제조업을 영위하는 법인기업으로 회계기간은 제7기(2024.1.1. ~ 2024.12.31.)이다. 제시된 자료와 자료설명을 참고하여, [수행과제]를 완료하고 [평가문제]의 물음에 답하시오.

실무수행 유의사항	1. 부가가치세 관련거래는 [매입매출전표입력]메뉴에 입력하고, 부가가치세 관련 없는 거래는 [일반전표입력]메뉴에 입력한다. 2. 타계정 대체와 관련된 적요는 반드시 코드를 입력하여야 한다. 3. 채권·채무, 예금거래 등 관리대상 거래자료에 대하여는 거래처코드를 반드시 입력한다. 4. 자금관리 등 추가 작업이 필요한 경우 문제의 요구에 따라 추가 작업하여야 한다. 5. 제조경비는 500번대 계정코드를 사용한다. 6. 판매비와 관리비는 800번대 계정코드를 사용한다. 7. 등록된 계정과목 중 가장 적절한 계정과목을 선택한다.

실무수행 ◎ 거래자료입력

실무프로세스 자료이다. [자료설명]을 참고하여 [수행과제]를 수행하시오.

1 3만원초과 거래자료에 대한 경비등송금명세서 작성

자료 1. 공급자 정보

<table>
<tr><td colspan="6">영 수 증 (공급받는자용)</td></tr>
<tr><td colspan="6">(주) 태평산업 귀하</td></tr>
<tr><td rowspan="4">공급자</td><td>사 업 자 등록번호</td><td colspan="4">315-25-00910</td></tr>
<tr><td>상 호</td><td>번개화물</td><td>성명</td><td colspan="2">이재훈</td></tr>
<tr><td>사 업 장 소 재 지</td><td colspan="4">서울특별시 성동구 상원길 59</td></tr>
<tr><td>업 태</td><td>운수업</td><td>종목</td><td colspan="2">개별화물</td></tr>
<tr><td colspan="2">작성 년월일</td><td colspan="2">공급대가총액</td><td colspan="2">비고</td></tr>
<tr><td colspan="2">2024. 1. 5.</td><td colspan="2">₩ 250,000</td><td colspan="2"></td></tr>
<tr><td colspan="6">위 금액을 영수(청구)함.</td></tr>
<tr><td>월/일</td><td>품명</td><td>수량</td><td>단가</td><td colspan="2">공급대가(금액)</td></tr>
<tr><td>1/5</td><td>운송료</td><td></td><td></td><td colspan="2">250,000</td></tr>
<tr><td></td><td></td><td></td><td></td><td colspan="2"></td></tr>
<tr><td colspan="6">입 금 계 좌 : 우리은행 123-124567-800</td></tr>
</table>

자료 2. 보통예금(하나은행) 거래내역

		내용	찾으신금액	맡기신금액	잔액	거래점
번호	거래일	계좌번호 112-088-123123 (주)태평산업				
1	2024-1-5	번개화물	250,000		***	***

자료설명	원재료를 매입하면서 당사 부담의 운반비를 번개화물(간이과세자)에 이체하여 지급하였다. 해당사업자는 경비등송금명세서 제출대상자에 해당한다.
수행과제	1. 거래자료를 입력하시오. 2. 경비등송금명세서를 작성하시오.(단, 영수증수취명세서 작성은 생략할 것.)

2 유/무형자산의 매각

자료 1. 토지 매각시 매매계약서

토지 매매 계약서

본 부동산에 대하여 매도인과 매수인은 합의에 의하여 다음과 같이 매매계약을 체결한다.

1. 부동산의 표시

소재지	경기도 용인시 처인구 백암면 장평리 79-6			
토지	지목	대지	면적	6,611.57㎡ (2,000평)

2. 계약내용

제1조 위 부동산의 매매에 있어 매매대금 및 매수인의 대금 지불 시기는 다음과 같다.

매매대금	金	이억원정 (₩ 200,000,000)

(중략)

<특약사항>
토지 매매대금은 계약일에 일시불로 지급함.

2024년 2월 21일

매 도 인	주소	강원도 춘천시 명동길 11 (조양동)					印
	주민등록번호	221-81-55552	전화	033-330-1234	성명	(주)태평산업	
매 수 인	주소	서울특별시 금천구 서부샛길 606					印
	주민등록번호	109-13-67050	전화	02-513-0001	성명	금천산업	

자료 2. 보통예금(국민은행) 거래내역

		내용	찾으신금액	맡기신금액	잔액	거래점
번호	거래일	계좌번호 101-25-859655 (주)태평산업				
1	2024-02-21	토지매매대금		198,000,000	***	***

자료설명	1. 자료 1은 공장신축 목적으로 구입하였던 토지(2024. 1. 10. 취득, 취득가액 190,000,000원)의 공장신축이 취소되어 처분한 계약서이다. 2. 자료 2는 부동산중개수수료(매매대금 200,000,000원의 1%)를 제외한 금액(198,000,000원)이 당사 국민은행 보통예금 계좌로 입금된 내역이다.
수행과제	2월 21일의 토지 처분일의 거래 자료를 일반전표에 입력하시오.

3 퇴직금 지급

퇴직금 정산서

- 사업장명: (주)태평산업
- 성　　명: 송중기
- 생년월일: 1985년 10월 20일
- 퇴사일자: 2024년 03월 31일
- 퇴직금 지급일자: 2024년 03월 31일
- 퇴직금: 20,000,000원(『근로자퇴직급여 보장법』상 금액)
- 퇴직금 지급방법: 확정급여형퇴직연금(DB) 계좌에서 지급

자료설명	1. (주)태평산업은 확정급여형퇴직연금(DB)에 가입하여 퇴직금추계액의 100%를 불입하고 있다. 2. 송중기 퇴사시 퇴직금 전액을 개인형 퇴직연금(IRP)계좌로 지급한다.
수행과제	3월 31일 퇴직금 지급과 관련된 거래자료를 입력하시오. (거래처코드 입력은 생략할 것.)

실무수행 ◎ 부가가치세관리

부가가치세 신고 관련 자료이다. [자료설명]을 참고하여 [수행과제]를 수행하시오.

1 전자세금계산서 발급

거래명세서 (공급자 보관용)

공급자	등록번호	221-81-55552			공급받는자	등록번호	123-81-52149		
	상호	(주)태평산업	성명	장민국		상호	(주)중앙물산	성명	오민수
	사업장 주소	강원도 춘천시 명동길 11(조양동)				사업장 주소	서울특별시 송파구 송파대로 170		
	업태	제조업	종사업장번호			업태	도소매업	종사업장번호	
	종목	전기밥솥				종목	전자제품외		

거래일자	미수금액	공급가액	세액	총 합계금액
2024.4.18.		12,000,000	1,200,000	13,200,000

NO	월	일	품목명	규격	수량	단가	공급가액	세액	합계
1	4	18	전기압력밥솥		30	400,000	12,000,000	1,200,000	13,200,000

자료설명	1. 제품을 공급하고 발행한 거래명세서이다. 2. 공급대가 중 1,200,000원은 (주)중앙물산이 발행한 당좌수표로 받았고, 잔액은 10일 후에 받기로 하였다.
수행과제	1. 거래자료를 입력하시오. 2. 전자세금계산서 발행 및 내역관리 를 통하여 발급·전송하시오. (전자세금계산서 발급 시 결제내역 및 전송일자는 무시할 것.)

2 수정전자세금계산서의 발급

<table>
<tr><td colspan="6">전자세금계산서 (공급자 보관용)</td><td colspan="2">승인번호</td><td colspan="3"></td></tr>
<tr><td rowspan="6">공급자</td><td>등록번호</td><td colspan="3">221-81-55552</td><td rowspan="6">공급받는자</td><td>등록번호</td><td colspan="4">506-81-45111</td></tr>
<tr><td>상호</td><td>(주)태평산업</td><td>성명(대표자)</td><td>장민국</td><td>상호</td><td>(주)기남전자</td><td>성명(대표자)</td><td colspan="2">장기남</td></tr>
<tr><td>사업장주소</td><td colspan="3">강원도 춘천시 명동길 11(조양동)</td><td>사업장주소</td><td colspan="4">경상북도 포항시 남구 시청로 9</td></tr>
<tr><td>업태</td><td>제조업</td><td colspan="2">종사업장번호</td><td>업태</td><td>제조.도소매업</td><td colspan="3">종사업장번호</td></tr>
<tr><td>종목</td><td>전기밥솥</td><td colspan="2"></td><td>종목</td><td>가전제품</td><td colspan="3"></td></tr>
<tr><td>E-Mail</td><td colspan="3">sot@bill36524.com</td><td>E-Mail</td><td colspan="4">kinam@bill36524.com</td></tr>
<tr><td colspan="2">작성일자</td><td>2024.6.1.</td><td>공급가액</td><td colspan="2">20,000,000</td><td>세 액</td><td colspan="4">2,000,000</td></tr>
<tr><td colspan="2">비고</td><td colspan="9"></td></tr>
<tr><td>월</td><td>일</td><td>품목명</td><td>규격</td><td>수량</td><td>단가</td><td>공급가액</td><td colspan="3">세액</td><td>비고</td></tr>
<tr><td>6</td><td>1</td><td>전기밥솥</td><td></td><td>100</td><td>200,000</td><td>20,000,000</td><td colspan="3">2,000,000</td><td></td></tr>
<tr><td colspan="2">합계금액</td><td>현금</td><td>수표</td><td>어음</td><td>외상미수금</td><td colspan="4" rowspan="2">이 금액을 ○ 영수 ◉ 청구</td><td rowspan="2">함</td></tr>
<tr><td colspan="2">22,000,000</td><td></td><td></td><td></td><td>22,000,000</td></tr>
</table>

자료설명	1. 6월 1일 제품을 공급하고 발급한 전자세금계산서이며 매입매출전표에 입력되어 있다. 2. 6월 10일 당초의 결제조건에 의하여 2% 할인된 금액만큼 차감하고 결제되었다.
수행과제	수정사유를 선택하여 공급가액 변동에 따른 수정전자세금계산서를 발급·전송하시오.(매출할인에 대해서만 회계처리하며, 외상대금 및 제품매출에서 음수(-)로 처리하고 전자세금계산서 발급 시 결제내역 및 전송일자는 무시할 것.)

3 건물등감가상각자산취득명세서 작성자의 부가가치세신고서 작성

자료 1. 기계장치 구입관련 자료

<table>
<tr><td colspan="5">전자세금계산서 (공급받는자 보관용)</td><td colspan="2">승인번호</td><td colspan="3"></td></tr>
<tr><td rowspan="6">공급자</td><td>등록번호</td><td colspan="3">869-88-01648</td><td rowspan="6">공급받는자</td><td>등록번호</td><td colspan="3">221-81-55552</td></tr>
<tr><td>상호</td><td>(주)용인기계</td><td>성명(대표자)</td><td>김원선</td><td>상호</td><td>(주)태평산업</td><td>성명(대표자)</td><td>장민국</td></tr>
<tr><td>사업장 주소</td><td colspan="3">경기도 용인시 기흥구 강남로 3</td><td>사업장 주소</td><td colspan="3">강원도 춘천시 명동길 11(조양동)</td></tr>
<tr><td>업태</td><td>제조업</td><td colspan="2">종사업장번호</td><td>업태</td><td>제조업</td><td colspan="2">종사업장번호</td></tr>
<tr><td>종목</td><td>전자기기</td><td colspan="2"></td><td>종목</td><td>전기밥솥</td><td colspan="2"></td></tr>
<tr><td>E-Mail</td><td colspan="3">yongin@bill36524.com</td><td>E-Mail</td><td colspan="3">sot@bill36524.com</td></tr>
</table>

작성일자	2024.7.10.	공급가액	20,000,000	세 액	2,000,000
비고					

월	일	품목명	규격	수량	단가	공급가액	세액	비고
7	10	프레스기계				20,000,000	2,000,000	

합계금액	현금	수표	어음	외상미수금	이 금액을	○ 영수 ◉ 청구	함
22,000,000				22,000,000			

자료 2. 화물차 구입

<table>
<tr><td colspan="5">전자세금계산서 (공급받는자 보관용)</td><td colspan="2">승인번호</td><td colspan="3"></td></tr>
<tr><td rowspan="6">공급자</td><td>등록번호</td><td colspan="3">750-35-00091</td><td rowspan="6">공급받는자</td><td>등록번호</td><td colspan="3">221-81-55552</td></tr>
<tr><td>상호</td><td>드림모터스</td><td>성명(대표자)</td><td>한석민</td><td>상호</td><td>(주)태평산업</td><td>성명(대표자)</td><td>장민국</td></tr>
<tr><td>사업장 주소</td><td colspan="3">경기도 수원시 권선구 곡반정로 13번길 18</td><td>사업장 주소</td><td colspan="3">강원도 춘천시 명동길 11(조양동)</td></tr>
<tr><td>업태</td><td>도소매업</td><td colspan="2">종사업장번호</td><td>업태</td><td>제조업</td><td colspan="2">종사업장번호</td></tr>
<tr><td>종목</td><td>자동차</td><td colspan="2"></td><td>종목</td><td>전기밥솥</td><td colspan="2"></td></tr>
<tr><td>E-Mail</td><td colspan="3">dream@bill36524.com</td><td>E-Mail</td><td colspan="3">sot@bill36524.com</td></tr>
</table>

작성일자	2024.8.15.	공급가액	16,000,000	세 액	1,600,000
비고					

월	일	품목명	규격	수량	단가	공급가액	세액	비고
8	15	1.5트럭				16,000,000	1,600,000	

합계금액	현금	수표	어음	외상미수금	이 금액을	○ 영수 ◉ 청구	함
17,600,000				17,600,000			

자료 3. 차량 수리비

신용카드매출전표

카드종류: 롯데카드
회원번호: 6880-1256-****-40**
거래일시: 2024.9.10. 10:01:23
거래유형: 신용승인
매　　출: 1,000,000원
부 가 세: 100,000원
합　　계: 1,100,000원
결제방법: 일시불
승인번호: 98776544

가맹점명: (주)블루핸즈 춘천점

- 이 하 생 략 -

자료설명	자료 1. 제품 생산용 프레스 기계를 구입하고 발급받은 전자세금계산서이다. 자료 2. 물류팀에서 사용할 제품배송용 화물차를 구입하고 수취한 전자세금계산서이다. 자료 3. 영업부 승용자동차(개별소비세 과세대상, 5인승, 2,000cc)에 대한 자동차 수리비를 지출하고 수취한 신용카드매출전표이다. (자본적 지출로 처리할 것.)
수행과제	1. 자료 1 ~ 자료 3에 대한 거래자료를 입력하시오. (전자세금계산서와 관련된 거래는 '전자입력'으로 처리할 것.) 2. 제2기 예정신고기간의 건물등감가상각자산취득명세서를 작성하시오. 3. 제2기 예정 부가가치세 신고서에 반영하시오.

4 매입세액불공제내역 작성자의 부가가치세신고서 작성

자료 1. 수수료비용(판매관리비) 내역

<table>
<tr><td colspan="9">전자세금계산서 (공급받는자 보관용)</td><td>승인번호</td><td colspan="3"></td></tr>
<tr><td rowspan="6">공급자</td><td>등록번호</td><td colspan="3">214-06-97431</td><td rowspan="6">공급받는자</td><td>등록번호</td><td colspan="4">221-81-55552</td></tr>
<tr><td>상호</td><td>나이스회계법인</td><td>성명(대표자)</td><td>김영남</td><td>상호</td><td>(주)태평산업</td><td>성명(대표자)</td><td colspan="2">장민국</td></tr>
<tr><td>사업장 주소</td><td colspan="3">서울특별시 강남구 강남대로 272</td><td>사업장 주소</td><td colspan="4">강원도 춘천시 명동길 11(조양동)</td></tr>
<tr><td>업태</td><td>서비스업</td><td colspan="2">종사업장번호</td><td>업태</td><td>제조업</td><td colspan="3">종사업장번호</td></tr>
<tr><td>종목</td><td>공인회계사</td><td colspan="2"></td><td>종목</td><td>전기밥솥</td><td colspan="3"></td></tr>
<tr><td>E-Mail</td><td colspan="3">nice@bill36524.com</td><td>E-Mail</td><td colspan="4">sot@bill36524.com</td></tr>
<tr><td>작성일자</td><td colspan="2">2024.9.30.</td><td>공급가액</td><td colspan="3">5,000,000</td><td>세 액</td><td colspan="4">500,000</td></tr>
<tr><td colspan="2">비고</td><td colspan="10"></td></tr>
<tr><td>월</td><td>일</td><td>품목명</td><td>규격</td><td>수량</td><td>단가</td><td>공급가액</td><td>세액</td><td>비고</td></tr>
<tr><td>9</td><td>30</td><td>컨설팅 수수료비용</td><td></td><td></td><td></td><td>5,000,000</td><td>500,000</td><td></td></tr>
<tr><td>합계금액</td><td>현금</td><td>수표</td><td>어음</td><td>외상미수금</td><td rowspan="2">이 금액을 ○ 영수 ◉ 청구 함</td></tr>
<tr><td>5,500,000</td><td></td><td></td><td></td><td>5,500,000</td></tr>
</table>

자료 2. 공급가액 내역

구 분	제2기 예정	제2기 확정	계
과세분(전자세금계산서)	300,000,000원	370,000,000원	670,000,000원
면세분(전자계산서)	100,000,000원	230,000,000원	330,000,000원
합 계	400,000,000원	600,000,000원	1,000,000,000원

* 제2기 예정신고 시에 공통매입세액 중 안분계산을 통해 125,000원을 기 불공제 처리하였다.

자료설명	본 문제에 한하여 (주)태평산업은 과세사업과 면세사업을 겸영하고 있다고 가정한다. 1. 자료 1은 공통매입내역으로 과세·면세사업 사용 구분이 불가하다. 2. 자료 2는 제2기 예정 및 확정신고기간의 과세 및 면세 공급가액이다. 3. 제2기 과세기간 중 공통매입세액과 관련하여 주어진 자료 외에 다른 자료는 없다고 가정한다.
수행과제	1. 제2기 확정 [매입세액불공제내역]의 공통매입세액 정산내역을 작성하시오. 2. 매입세액불공제내역 및 전자신고세액공제를 반영하여 제2기 부가가치세 확정신고서를 작성하시오. - 제2기 부가가치세 확정신고서를 홈택스로 전자신고하여 전자신고세액공제 10,000원을 공제받기로 한다. 3. 공통매입세액의 정산내역에 의한 회계처리를 12월 31일자로 일반전표에 입력하시오.

평가문제 실무수행평가

입력자료 및 회계정보를 조회하여 [평가문제]의 답안을 입력하시오. (70점)

평가문제 답안입력 유의사항

❶ 답안은 지정된 단위의 숫자로만 입력해 주십시오.
* 한글 등 문자 금지, 콤마(,) 외 기호 금지

	정답	오답(예)
(1) **금액은 원 단위로 숫자를 입력**하되, 천 단위 콤마(,)는 생략 가능합니다. (1-1) 답이 0원인 경우 반드시 "0" 입력 (1-2) 답이 음수(-)인 경우 숫자 앞에 " - " 입력 (1-3) 답이 소수인 경우 반드시 " . " 입력	1,245,000 1245000	1.245.000 1,245,000원 1,245,0000 12,45,000 1,245천원
(2) 질문에 대한 **답안은 숫자로만 입력**하세요.	4	04 4/건/매/명 04건/매/명
(3) **거래처 코드번호는 5자리로 입력**하세요.	00101	101 00101번

❷ 답안에 천원단위(000) 입력시 더존 프로그램 숫자 입력 방법과 다르게 숫자키패드 '+' 기능은 지원되지 않습니다.

❸ 더존 프로그램에서 조회되는 자료를 복사하여 붙여넣기가 가능합니다.

❹ 수행과제를 올바르게 입력하지 않고 작성한 답과 모범답안이 다른 경우 오답처리됩니다.

◉ [실무수행평가] – 부가가치세관리

번호	평 가 문 제	배점
11	**평가문제 [회사등록 조회]** (주)태평산업의 회사등록 정보이다. 다음 중 올바르지 않은 것은? ① (주)태평산업은 내국법인이며, 사업장 종류별 구분은 "비중소기업"에 해당한다. ② (주)태평산업의 업종(기준경비율)코드는 '293001'로 제조업에 해당한다. ③ (주)태평산업의 국세환급사유 발생시 하나은행으로 입금된다. ④ 전자세금계산서 관리를 위한 담당자 E-mail은 sot@bill36524.com이다.	2
12	**평가문제 [매입매출전표입력 조회]** 6월 10일자 수정세금계산서의 수정입력사유를 코드로 입력하시오.	2
13	**평가문제 [세금계산서합계표 조회]** 제1기 확정 신고기간의 거래처 '(주)중앙물산'에 전자발행된 세금계산서 공급가액은 얼마인가?	2
14	**평가문제 [세금계산서합계표 조회]** 제1기 확정 신고기간의 매출전자세금계산서 발급매수는 총 몇 매인가?	2
15	**평가문제 [건물등감가상각자산취득명세서 조회]** 제2기 예정 신고기간의 건물등감가상각취득명세서에서 조회되는 차량운반구(자산구분코드 3)공급가액은 얼마인가?	2
16	**평가문제 [부가가치세신고서 조회]** 제2기 예정 신고기간 부가가치세신고서의 세금계산서수취부분_고정자산매입(11란) 금액은 얼마인가?	2
17	**평가문제 [부가가치세신고서 조회]** 제2기 예정 신고기간의 부가가치세 신고시에 작성되는 부가가치세 첨부서류에 해당하지 않는 것은? ① 세금계산서합계표 ② 수출실적명세서 ③ 건물등감가상각자산취득명세서 ④ 신용카드매출전표등수령금액합계표	3
18	**평가문제 [부가가치세신고서 조회]** 제2기 예정신고기간 부가가치세 신고서에 관련된 내용으로 옳지 않은 것은? ① 과세표준 금액은 300,000,000원이다. ② 과세표준 명세의 '수입금액제외' 금액은 3,000,000원이다. ③ 예정신고이므로 환급세액에 대하여 조기환급을 적용하지 않는다. ④ 국세환급금 계좌은행은 '하나은행'이다.	3
19	**평가문제 [매입세액불공제내역 조회]** 제2기 확정 신고기간의 공통매입세액 정산내역에 반영되는 면세비율은 몇 %인가? (소수점 이하 기재 생략할 것.)	2
20	**평가문제 [부가가치세신고서 조회]** 제2기 확정 신고기간의 부가가치세 차가감납부할세액(27번란)은 얼마인가?	2
	부가가치세 소계	22

실무수행 ◎ 결산

[결산자료]를 참고하여 결산을 수행하시오.(단, 제시된 자료 이외의 자료는 없다고 가정함.)

1 수동결산

자료설명	당기에 취득후 소모품 계정으로 처리한 소모성 물품의 사용액은 800,000원이며, 제조부(30%)와 관리부(70%)가 사용한 것으로 확인되었다.
수행과제	결산정리분개를 입력하시오.

2 결산자료입력에 의한 자동결산

자료설명

1. 기말재고자산 현황

구분	단위당 원가	단위당 순실현가능가치	장부수량	실사수량	비고
원재료	10,000	12,000	500개	450개	50개 수량부족
제품	30,000	45,000	1,000개	1,000개	-

(1) 원재료 50개 수량부족분은 원가성이 없는 것으로 확인되었다.
(2) 당사는 저가법으로 재고자산을 평가하고 있다.

2. 이익잉여금처분계산서 처분확정(예정)일
   - 당기: 2025년 3월 31일
   - 전기: 2024년 3월 31일

수행과제

결산을 완료하고 이익잉여금처분계산서에서 손익대체분개를 하시오.
(단, 이익잉여금처분내역은 없는 것으로 하고 미처분이익잉여금 전액을 이월이익잉여금으로 이월하기로 할 것.)

◉ [실무수행평가] – 재무회계

번호	평 가 문 제	배점
21	**평가문제 [경비등송금명세서 조회]** 경비등송금명세서에 반영되는 우리은행의 은행코드번호(CD)를 입력하시오.	1
22	**평가문제 [현금출납장 조회]** 4월 한 달 동안 '현금' 입금액은 얼마인가?	1
23	**평가문제 [거래처원장 조회]** 3월 말 국민은행(코드 98001)의 보통예금 잔액은 얼마인가?	2
24	**평가문제 [거래처원장 조회]** 4월 말 거래처별 외상매출금 잔액으로 옳지 않은 것은? ① 01116.(주)중앙물산 28,500,000원 ② 03150.(주)기성물산 110,000,000원 ③ 04001.(주)유니전자 5,500,000원 ④ 04003.(주)오투전자 2,310,000원	2
25	**평가문제 [거래처원장 조회]** 6월 말 (주)기남전자(코드 04004)의 외상매출금 잔액은 얼마인가?	1
26	**평가문제 [거래처원장 조회]** 9월 말 롯데카드(코드 99601)의 미지급금 잔액은 얼마인가?	2
27	**평가문제 [일/월계표 조회]** 1/4분기(1월~3월) 원재료 증가액은 얼마인가?	1
28	**평가문제 [손익계산서 조회]** 당기 손익계산서의 수수료비용(판매관리비)은 얼마인가?	2
29	**평가문제 [손익계산서 조회]** 당기 손익계산서의 영업외비용은 얼마인가?	1
30	**평가문제 [합계잔액시산표 조회]** 3월 말 퇴직급여충당부채 잔액은 얼마인가?	2
31	**평가문제 [합계잔액시산표 조회]** 9월 말 미지급금 잔액은 얼마인가?	2
32	**평가문제 [재무상태표 조회]** 12월 말 소모품 잔액은 얼마인가?	1
33	**평가문제 [재무상태표 조회]** 12월 말 토지 금액은 얼마인가?	2
34	**평가문제 [재무상태표 조회]** 기말 원재료 금액은 얼마인가?	2
35	**평가문제 [재무상태표 조회]** 12월 말 이월이익잉여금(미처분이익잉여금) 잔액으로 옳은 것은? ① 169,251,810원 ② 251,120,133원 ③ 399,338,937원 ④ 423,520,189원	1
	재무회계 소계	23

실무수행 ◎ 근로소득관리

인사급여 관련 자료이다. [자료설명]을 참고하여 [수행과제]를 수행하시오.

1 주민등록등본에 의한 사원등록

자료 1. 윤세리의 주민등록등본

문서확인번호 1/1

주 민 등 록 표
(등 본)

이 등본은 세대별 주민등록표의 원본내용과 틀림없음을 증명합니다.
담당자: 이등본 전화: 02-3149-0236
신청인: 윤세리
용도 및 목적: 회사제출용
2024년 12월 31일

세대주 성명(한자)	이정혁 (李 政 革)	세 대 구 성 사유 및 일자	전입 2021-12-05
현주소 : 서울특별시 구로구 도림로 108(구로동)			

번호	세대주 관계	성 명 주민등록번호	전입일 / 변동일	변동사유
1	본인	이정혁 821010-1774916		
2	배우자	윤세리 850426-2785416	2021-12-05	전입
3	모	김윤희 550515-2899738	2021-12-05	전입
4	자	이치수 090701-3013459	2021-12-05	전입
5	형제	이무혁 800827-1222225	2021-12-05	전입

자료설명	사무직 사원 윤세리(1300)의 사원등록을 위한 자료이다. 1. 부양가족은 윤세리와 생계를 같이 하며, 근로소득금액은 3,000만원 이하이다. 2. 남편 이정혁은 사업소득 관련 결손금 8,000,000원과 근로소득금액 6,000,000원이 있다. 3. 모 김윤희는 과세대상인 공무원 총연금액(연금소득공제 전) 3,000,000원이 있다. 4. 자녀 이치수는 별도 소득이 없다. 5. 형제 이무혁은 시각장애인이며, 근로소득금액 5,000,000원이 있다. 6. 세부담을 최소화하는 방법으로 선택한다.
수행과제	[사원등록] 메뉴에서 부양가족명세를 작성하시오.

◉ [실무수행평가] – 근로소득관리 1

번호	평 가 문 제	배점
36	**평가문제 [윤세리 근로소득원천징수영수증 조회]** '25.배우자' 공제대상액은 얼마인가?	2
37	**평가문제 [윤세리 근로소득원천징수영수증 조회]** '26.부양가족' 공제대상액은 얼마인가?	2
38	**평가문제 [윤세리 근로소득원천징수영수증 조회]** '28.장애인' 공제대상액은 얼마인가?	1
39	**평가문제 [윤세리 근로소득원천징수영수증 조회]** '29.부녀자' 공제대상액은 얼마인가?	2
40	**평가문제 [윤세리 근로소득원천징수영수증 조회]** '57.자녀세액공제' 공제대상 자녀는 몇 명인가?	1

2 일용직사원의 원천징수

자료 1. 일용직사원 관련정보

성 명	천경수 (코드 4001)
거주구분(내국인 / 외국인)	거주자 / 내국인
주민등록번호	860925 – 1182817
입사일자	2024년 12월 1일

자료 2. 일용직급여내역

성 명	계산내역	12월의 근무일
천경수	1일180,000원 × 총 5일 = 900,000원	5, 7, 9, 12, 14

자료설명	1. 자료 1, 2는 일용직 사원(생산라인 보조)의 관련정보 및 급여지급내역이다. 2. 일용직 급여는 일정기간 지급하는 방식으로 한다. 3. 사회보험료 중 고용보험만 징수하기로 한다. 4. 제시된 사항 이외의 자료는 없는 것으로 한다.
수행과제	1. [일용직사원등록] 메뉴에 사원등록을 하시오. 2. [일용직급여입력] 메뉴에 급여내역을 입력하시오. 3. 12월 귀속분 원천징수이행상황신고서를 작성하시오.

◉ [실무수행평가] - 근로소득관리 2

번호	평 가 문 제	배점
41	**평가문제 [일용직(천경수) 12월 일용직급여입력 조회]** 공제항목 중 고용보험의 합계액은 얼마인가?	2
42	**평가문제 [일용직(천경수) 12월 일용직급여입력 조회]** 12월 급여의 차인지급액 합계는 얼마인가?	2
43	**평가문제 [12월 원천징수이행상황신고서 조회]** 근로소득에 대한 원천징수대상 인원은 총 몇 명인가?	2
44	**평가문제 [12월 원천징수이행상황신고서 조회]** 근로소득 일용근로(A03) '6.소득세 등' 금액은 얼마인가?	1

3 국세청연말정산간소화 및 이외의 자료를 기준으로 연말정산

자료설명	사무직 김나영(1400)의 연말정산을 위한 자료이다. 1. 사원등록의 부양가족현황은 사전에 입력되어 있다. 2. 부양가족은 김나영과 생계를 같이 한다. 3. 김나영은 2024년 8월 31일까지 (주)평화산업에서 근무하고 퇴직하였다.
수행과제	[연말정산 근로소득원천징수영수증] 메뉴에서 연말정산을 완료하시오. 1. 종전근무지 관련서류는 [소득명세] 탭에서 입력한다. 2. 장기주택저당차입금 이자상환액(소득공제요건 충족)은 [정산명세] 탭에서 입력한다. 3. 의료비는 [의료비] 탭에서 입력하며, 국세청자료는 공제대상 합계금액을 1건으로 집계하여 입력한다. 4. 기부금은 [기부금] 탭에서 입력한다.

자료 1. 김나영 사원의 부양가족등록 현황

연말정산관계	성명	주민번호	기타사항
0.본인	김나영	880103-2774918	
1.배우자	이민재	900512-1887561	근로소득금액 12,000,000원
1.소득자 직계존속	이정희	520411-2222220	이자소득 10,000,000원 사적연금소득 12,000,000원
4.직계비속	이지은	201218-4094113	

자료 2. 김나영 사원의 전근무지 정산내역

(8쪽 중 제1쪽)

관리번호		[√]근로소득 원천징수영수증 [ ]근로소득 지 급 명 세 서 ([√]소득자 보관용 [ ]발행자 보관용 [ ]발행자 보고용)

거주구분		거주자1 / 비거주자2	
거주지국	대한민국	거주지국코드	kr
내·외국인		(내국인1)/외국인9	
외국인단일세율적용		여 1 / 부 2	
외국법인소속파견근로자여부		여 1 / (부 2)	
국적	대한민국	국적코드	kr
세대주 여부		세대주1, (세대원2)	
연말정산 구분		계속근로1, (중도퇴사2)	

구분		
징수의무자	① 법인명(상 호) (주)평화산업	② 대 표 자(성 명) 이동은
	③ 사업자등록번호 305-86-11110	④ 주 민 등 록 번 호
	③-1 사업자단위과세자여부 여 1 / (부 2)	
	⑤ 소 재 지(주소) 대전광역시 동구 가양남로 10	
소득자	⑥ 성 명 김나영	⑦ 주 민 등 록 번 호 880103-2774918
	⑧ 주 소 서울특별시 서대문구 충정로 7길 30(충정로2가)	

	구 분		주(현)	종(전)	종(전)	⑯-1 납세조합	합 계
I 근무처별소득명세	⑨ 근 무 처 명		(주)평화산업				
	⑩ 사업자등록번호		305-86-11110				
	⑪ 근무기간		2024.1.1.~ 2024.8.31.	~	~	~	~
	⑫ 감면기간		~	~	~	~	~
	⑬ 급 여		28,000,000				28,000,000
	⑭ 상 여		7,000,000				7,000,000
	⑮ 인 정 상 여						
	⑮-1 주식매수선택권 행사이익						
	⑮-2 우리사주조합인출금						
	⑮-3 임원 퇴직소득금액 한도초과액						
	⑮-4						
	⑯ 계		35,000,000				35,000,000
II 비과세 및 감면소득 명세	⑱ 국외근로	M0X					
	⑱-1 야간근로수당	O0X					
	⑱-2 출산·보육수당	Q0X					
	⑱-4 연구보조비	H0X					
	~						
	⑲ 수련보조수당	Y22					
	⑳ 비과세소득 계						
	⑳-1 감면소득 계						

	구 분			⑧⓪ 소 득 세	⑧① 지방소득세	⑧② 농어촌특별세
III 세액명세	⑦③ 결 정 세 액			1,300,500	130,050	
	기납부 세액	⑦④ 종(전)근무지 (결정세액란의 세액 기재)	사업자 등록 번호			
		⑦⑤ 주(현)근무지		1,401,880	140,180	
	⑦⑥ 납부특례세액					
	⑦⑦ 차 감 징 수 세 액(⑦③-⑦④-⑦⑤-⑦⑥)			-101,380	-10,130	

국민연금보험료 : 1,093,500원
건강보험료 : 833,750원
장기요양보험료 : 96,040원
고용보험료 : 280,000원

위의 원천징수액(근로소득)을 정히 영수(지급)합니다.

2024년 8월 31일

징수(보고)의무자 (주)평화산업 (서명 또는 

대 전 세 무 서 장 귀하

210mm×297mm[백상지 80g/㎡(재활용품)]

자료 3. 국세청간소화서비스 및 기타증빙자료

2024년 귀속 소득·세액공제증명서류기본(취급기관별)내역 [장기주택저당차입금 이자상환액]

■ 계약자 인적사항

성 명	주 민 등 록 번 호
김나영	880103-2774***

■ 장기주택저당차입금 이자상환액 부담내역

(단위: 원)

<table>
<tr><th rowspan="2">취급기관</th><th rowspan="2">대출종류</th><th>최초차입일
최종상환예정일</th><th>상환기간</th><th>주택
취득일</th><th>저당권
설정일</th><th rowspan="2">연간
합계액</th><th rowspan="2">소득공제
대상액</th></tr>
<tr><th>차입금</th><th>고정금리
차입금</th><th>비거치식
상환차입금</th><th>당해년
원금상환액</th></tr>
<tr><td rowspan="2">(주)신한은행
(201-81-72***)</td><td rowspan="2">주택구입
자금대출</td><td>2012-08-02
2032-08-02</td><td>20년</td><td>2012-08-01</td><td>2012-08-02</td><td rowspan="2">1,200,000</td><td rowspan="2">1,200,000</td></tr>
<tr><td>30,000,000</td><td>0</td><td>30,000,000</td><td>3,000,000</td></tr>
<tr><td>인별합계금액</td><td colspan="7">1,200,000</td></tr>
</table>

• 본 증명서류는 「소득세법」 제165조 제1항에 따라 영수증 발급기관으로부터 수집한 서류로 소득·세액공제 충족 여부는 근로자가 직접 확인하여야 합니다.
• 본 증명서류에서 조회되지 않는 내역은 영수증 발급기관에서 직접 발급받으시기 바랍니다.

2024년 귀속 소득·세액공제증명서류 : 기본(지출처별)내역 [의료비]

■ 환자 인적사항

성 명	주 민 등 록 번 호
이정희	520411-2******

■ 의료비 지출내역

(단위: 원)

사업자번호	상 호	종류	납입금액 계
109-04-16***	서울**병원	일반	1,800,000
106-05-81***	***의원	일반	400,000
의료비 인별합계금액			2,200,000
안경구입비 인별합계금액			0
산후조리원 인별합계금액			0
인별합계금액			2,200,000

국세청
National Tax Service

• 본 증명서류는 「소득세법」 제165조 제1항에 따라 영수증 발급기관으로부터 수집한 서류로 소득·세액공제 충족 여부는 근로자가 직접 확인하여야 합니다.
• 본 증명서류에서 조회되지 않는 내역은 영수증 발급기관에서 직접 발급받으시기 바랍니다.

<table>
<tr><td colspan="9">일련번호 0233   기 부 금 영 수 증</td></tr>
<tr><td colspan="9">※ 아래의 작성방법을 읽고 작성하여 주시기 바랍니다.</td></tr>
<tr><td colspan="9">① 기부자</td></tr>
<tr><td>성명(법인명)</td><td colspan="3">김 나 영</td><td colspan="2">주민등록번호
(사업자등록번호)</td><td colspan="3">880103-*******</td></tr>
<tr><td>주소(소재지)</td><td colspan="8">서울특별시 성북구 대사관로11가길 36</td></tr>
<tr><td colspan="9">② 기부금 단체</td></tr>
<tr><td>단 체 명</td><td colspan="3">제일성결교회</td><td colspan="2">사업자등록번호
(고유번호)</td><td colspan="3">106-82-99369</td></tr>
<tr><td>소 재 지</td><td colspan="3">서울 영등포구
영등포로 21</td><td colspan="2">기부금공제대상
기부금단체 근거법령</td><td colspan="3">소득세법
제34조제1항</td></tr>
<tr><td colspan="9">③ 기부금 모집처(언론기관 등)</td></tr>
<tr><td>단 체 명</td><td colspan="3"></td><td colspan="2">사업자등록번호</td><td colspan="3"></td></tr>
<tr><td>소 재 지</td><td colspan="8"></td></tr>
<tr><td colspan="9">④ 기부내용</td></tr>
<tr><td rowspan="3">유형</td><td rowspan="3">코드</td><td rowspan="3">구분</td><td rowspan="3">연월일</td><td rowspan="3">내용</td><td colspan="4">기 부 금 액</td></tr>
<tr><td rowspan="2">합계</td><td rowspan="2">공제대상
기부금액</td><td colspan="2">공제제외 기부금</td></tr>
<tr><td>기부장려금
신청금액</td><td>기타</td></tr>
<tr><td>종교단체</td><td>41</td><td>금전</td><td>2024.12.20.</td><td>기부금</td><td>600,000</td><td>600,000</td><td></td><td></td></tr>
<tr><td colspan="9">- 이 하 생 략 -</td></tr>
</table>

◉ [실무수행평가] – 근로소득관리 3

번호	평 가 문 제	배점
45	**평가문제 [김나영 근로소득원천징수영수증 조회]** '36.특별소득공제 합계'의 공제대상액은 얼마인가?	2
46	**평가문제 [김나영 근로소득원천징수영수증 조회]** '56.근로소득' 세액공제액은 얼마인가?	1
47	**평가문제 [김나영 근로소득원천징수영수증 조회]** '62.의료비' 세액공제액은 얼마인가?	2
48	**평가문제 [김나영 근로소득원천징수영수증 조회]** '64.기부금' 세액공제액은 얼마인가?	2
49	**평가문제 [김나영 근로소득원천징수영수증 조회]** 기납부세액(소득세)은 얼마인가?('74.종(전)근무지'와 '75.주(현)근무지'의 합계액)	2
50	**평가문제 [김나영 근로소득원천징수영수증 조회]** '77.차감징수세액(소득세)'은 얼마인가?	1
	근로소득 소계	**25**

최신 기출문제 제63회

실무이론평가

아래 문제에서 특별한 언급이 없으면 기업의 보고기간(회계기간)은 매년 1월 1일부터 12월 31일까지입니다. 또한 기업은 일반기업회계기준 및 관련 세법을 계속적으로 적용하고 있다고 가정하고 물음에 가장 합당한 답을 고르시기 바랍니다.

01 다음은 (주)한공의 회계담당자간 대화이다. 아래의 (가), (나)에 들어갈 내용으로 옳은 것은?

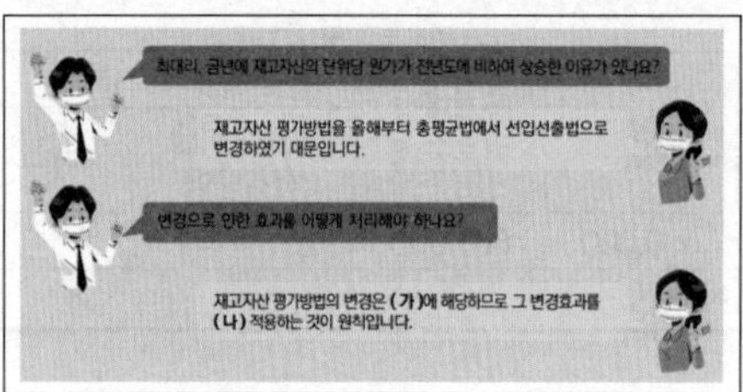

	(가)	(나)
①	회계정책의 변경	전진적으로
②	회계추정의 변경	전진적으로
③	회계정책의 변경	소급하여
④	회계추정의 변경	소급하여

02 다음은 (주)한공의 A기계장치 관련 자료이다. 2024년 말에 인식할 유형자산손상차손 금액은 얼마인가?

- 2023년 1월 1일
  A기계장치를 200,000,000원에 취득
- 2023년 12월 31일
  A기계장치에 대한 감가상각비 계상
  (차) 감가상각비 20,000,000원
  (대) 감가상각누계액 20,000,000원
- 2024년 12월 31일
  A기계장치에 대한 감가상각비 계상
  (차) 감가상각비 20,000,000원
  (대) 감가상각누계액 20,000,000원
- 2024년 말 A기계장치에 대한 손상검사를 실시한 결과, 처분 시 예상되는 순공정가치는 60,000,000원, 계속사용가치는 70,000,000원으로 판단되었다.

① 60,000,000원　② 70,000,000원
③ 90,000,000원　④ 100,000,000원

03 다음은 (주)한공의 상품 관련 자료이다. 이를 토대로 2024년도 매출원가를 계산하면 얼마인가? (단, 재고자산평가손실은 모두 정상적인 것이다.)

[자료 1. 2023년도]

기초상품 재고액	당기매입액	기말상품재고액
1,000,000원	6,000,000원	취득원가: 2,000,000원 순실현가능가치: 1,500,000원

[자료 2. 2024년도]

기초상품 재고액	당기매입액	기말상품재고액
×××	7,000,000원	취득원가: 3,000,000원 순실현가능가치: 2,000,000원

① 5,500,000원　② 6,000,000원
③ 6,500,000원　④ 7,000,000원

04 다음 자료를 토대로 (주)한공의 재고자산 중 자연재해로 인해 유실된 금액을 계산하면 얼마인가?

〈재고자산 자료〉
- 기초상품재고액　500,000원
- 당기상품매입액 1,500,000원
- 당기상품매출액　2,000,000원
- 매출총이익율 20%

〈재해 발생 후 재고자산 실사 결과 자료〉
- 기말상품재고 창고실사 결과 실재액　300,000원

① 100,000원　② 200,000원
③ 300,000원　④ 500,000원

05 **(주)한공은 2024년 결산 후에 매출거래처인 (주)서울이 2024년 12월에 파산하여 매출채권의 회수가 불가능한 사실을 알게 되었다. 이에 대한 회계처리 누락이 2024년 재무제표에 미치는 영향으로 옳은 것은?(단, 대손충당금 잔액은 없다.)**

① 매출의 과대계상
② 당기순이익의 과소계상
③ 자산의 과대계상
④ 이익잉여금의 과소계상

06 **다음은 (주)한공의 매도가능증권 관련 자료이다. 7월 1일자 회계처리로 옳은 것은?**

- 2023년 8월 10일 : 매도가능증권 1,000주를 1주당 공정가치 8,000원에 취득하다.
- 2023년 12월 31일 : 매도가능증권을 1주당 공정가치 9,000원으로 평가하다.
- 2024년 7월 1일 :매도가능증권 1주당 7,000원에 모두 처분하고 주금은 현금으로 받다.

㉮ (차) 현금 7,000,000원
매도가능증권처분손실 1,000,000원
(대) 매도가능증권 8,000,000원

㉯ (차) 현금 7,000,000원
매도가능증권평가이익 1,000,000원
(대) 매도가능증권 8,000,000원

㉰ (차) 현금 7,000,000원
매도가능증권처분손실 2,000,000원
(대) 매도가능증권 9,000,000원

㉱ (차) 현금 7,000,000원
매도가능증권평가이익 1,000,000원
매도가능증권처분손실 1,000,000원
(대) 매도가능증권 9,000,000원

① ㉮ ② ㉯
③ ㉰ ④ ㉱

07 **부가가치세법상 재화의 수입에 대한 설명으로 옳지 않은 것은?**

① 보세구역 내에서 보세구역 외의 장소로 공급하는 재화가 외국에서 도착한 물품인 경우 재화의 수입에 해당한다.
② 수출신고가 수리된 물품으로서 선적되지 아니한 물품을 보세구역에서 반입하는 경우는 재화의 수입에 해당하지 아니한다.
③ 외국에서 보세구역으로 재화를 반입하는 것은 재화의 수입에 해당한다.
④ 부가가치세가 과세되는 재화를 수입하는 경우에는 세관장이 수입세금계산서를 발급한다.

08 **다음은 제조업을 영위하는 일반과세자 (주)한공의 2024년 제1기 부가가치세 확정신고와 관련된 매입세액 자료이다. 부가가치세법상 공제받을 수 있는 매입세액은 얼마인가?(단, 세금계산서는 적법하게 수취하였다.)**

가. 공장용 화물차 유류대 관련 매입세액 3,400,000원
나. 거래처 접대용 선물세트 구입 관련 매입세액 1,000,000원
다. 사무용 비품 구입 관련 매입세액 4,000,000원
라. 토지 자본적 지출 관련 매입세액 2,500,000원

① 5,000,000원 ② 5,900,000원
③ 6,500,000원 ④ 7,400,000원

09 **다음 중 연금소득에 대한 설명으로 옳지 않은 것은?**

① 연금계좌에서 연금수령하는 경우의 연금소득은 연금수령한 날이 수입시기가 된다.
② 연금소득공제액이 900만원을 초과하는 경우에는 900만원을 공제한다.
③ 공적연금소득을 지급하는 원천징수의무자는 해당 과세기간의 다음 연도 2월분 공적연금 소득을 지급할 때에 연말정산을 하여야 한다.
④ 공적연금을 연금이 아닌 일시금으로 수령하는 경우에는 퇴직소득으로 과세한다.

10 **다음은 (주)한공에서 근무하는 김회계씨(총급여액 60,000,000원)의 연말정산자료의 일부이다. 2024년 연말정산 시 적용하여야 할 의료비 세액공제액을 계산하면 얼마인가?**

가. 시력보정용 안경구입비	600,000원
나. 국내 의료기관에서의 치료비	3,000,000원
다. 외국대학병원에서의 치료비	2,000,000원
라. 미용을 위한 성형수술비	1,000,000원

① 180,000원 ② 255,000원
③ 571,000원 ④ 720,000원

실무수행평가

(주)시원전자(회사코드 2163)는 공기청정기 제조업을 영위하는 법인기업으로 회계기간은 제7기 (2024.1.1. ~ 2024.12.31.)이다. 제시된 자료와 자료설명을 참고하여, [수행과제]를 완료하고 [평가문제]의 물음에 답하시오.

실무수행 유의사항	1. 부가가치세 관련거래는 [매입매출전표입력]메뉴에 입력하고, 부가가치세 관련 없는 거래는 [일반전표입력]메뉴에 입력한다. 2. 타계정 대체와 관련된 적요는 반드시 코드를 입력하여야 한다. 3. 채권·채무, 예금거래 등 관리대상 거래자료에 대하여는 거래처코드를 반드시 입력한다. 4. 자금관리 등 추가 작업이 필요한 경우 문제의 요구에 따라 추가 작업하여야 한다. 5. 제조경비는 500번대 계정코드를 사용한다. 6. 판매비와 관리비는 800번대 계정코드를 사용한다. 7. 등록된 계정과목 중 가장 적절한 계정과목을 선택한다.

실무수행 ⊙ 거래자료입력

실무프로세스 자료이다. [자료설명]을 참고하여 [수행과제]를 수행하시오.

1 3만원초과 거래자료에 대한 경비등의송금명세서 작성

■ 보통예금(국민은행) 거래내역

		내용	찾으신금액	맡기신금액	잔액	거래점
번호	거래일	계좌번호 719-119-123123 (주)시원전자				
1	2024-1-10	임차료	500,000		***	***

공급자 정보

- 상 호: 현대개발
- 사업자등록번호: 120-07-27772
- 대 표 자: 이종민
- 주 소: 경기도 수원시 팔달구 매산로 10-7 (매산로1가)
- 은 행 정 보: 신한은행 011202-04-012368
- 예 금 주: 이종민(현대개발)

자료설명	원재료 단순 보관을 위해 현대개발에서 임차한 임야에 대한 1월분 임차료 500,000원을 국민은행 보통예금에서 이체하였다. (현대개발은 세금계산서 발급이 불가능한 간이과세자임.)
수행과제	1. 거래자료를 입력하시오.(단, 비용처리할 것.) 2. 경비등의 송금명세서를 작성하시오.(단, 영수증수취명세서 작성은 생략할 것.)

2 신규매입자산의 고정자산 등록

자료 1. 업무용승용차 구입내역

전자세금계산서 (공급받는자 보관용)								승인번호	
공급자	등록번호	101-81-09147			공급받는자	등록번호	120-81-32144		
	상호	현대자동차(주)	성명(대표자)	정의선		상호	(주)시원전자	성명(대표자)	오세정
	사업장주소	서울특별시 서초구 헌릉로 12				사업장주소	서울특별시 강남구 삼성로 530		
	업태	제조업	종사업장번호			업태	제조업외	종사업장번호	
	종목	자동차				종목	공기청정기		
	E-Mail	hdmotors@bill36524.com				E-Mail	cool@bill36524.com		
작성일자	2024.2.5.	공급가액	60,000,000		세 액	6,000,000			
비고									

월	일	품목명	규격	수량	단가	공급가액	세액	비고
2	5	제네시스G80				60,000,000	6,000,000	

합계금액	현금	수표	어음	외상미수금	이 금액을	○ 영수 ◉ 청구	함
66,000,000				66,000,000			

자료 2. 업무용전용 자동차보험 가입내역

자동차보험증권

증 권 번 호	3954231	계 약 일	2024년 2월 5일
보 험 기 간	**2024 년 2 월 5 일 00:00부터**		**2025 년 2 월 4 일 24:00까지**
차 량 번 호	315나5678	차 종	제네시스G80(3,500cc)
보험계약자	(주)시원전자	주민(사업자)번호	120-81-32144
피 보 험 자	(주)시원전자	주민(사업자)번호	120-81-32144

자료설명	1. 자료 1은 관리부에서 사용할 업무용승용차(5인승, 3,500cc)를 구입하고 발급받은 전자세금계산서이다. 2. 자료 2는 업무용승용차 구입에 따른 자동차보험 가입내역이다.
수행과제	1. 자료 1을 참고로 하여 매입매출자료를 입력하시오. (전자세금계산서와 관련된 거래는 '전자입력'으로 처리할 것.) 2. [고정자산등록]에서 신규취득한 자산을 등록하시오. (코드번호: 1000, 자산명: 제네시스G80, 상각방법: 정액법, 내용연수: 5년) 3. 자료 2를 참고로 하여 [업무용승용차등록]에서 신규 취득한 승용차를 등록하시오. - 코드번호: 1000 - 차종: 제네시스G80

3 자본거래

자료 1. 신주발행 내역

주식 수	주당 액면가액	주당 발행가액	주식발행비용
3,500주	5,000원	15,000원	850,000원

자료 2. 보통예금(기업은행) 거래내역

		내용	찾으신금액	맡기신금액	잔액	거래점
번호	거래일	계좌번호 1588-9824-69555 (주)시원전자				
1	2024-3-30	주식대금		51,650,000	***	***

자료설명	1. 자료 1은 임시주주총회에서 결의한 신주발행 내역이다. 2. 자료 2는 주식대금에서 주식발행비용을 차감하고 입금된 내역이다.
수행과제	주식발행일의 거래자료를 입력하시오.

실무수행 ◎ 부가가치세관리

부가가치세 신고 관련 자료이다. [자료설명]을 참고하여 [수행과제]를 수행하시오.

1 전자세금계산서 발급

거래명세서 (공급자 보관용)

공급자	등록번호	120-81-32144			공급받는자	등록번호	102-81-17053		
	상호	(주)시원전자	성명	오세정		상호	(주)클린기업	성명	이용수
	사업장 주소	서울특별시 강남구 삼성로 530				사업장 주소	서울특별시 서대문구 간호대로 10		
	업태	제조업외	종사업장번호			업태	도소매업	종사업장번호	
	종목	공기청정기				종목	전자제품		

거래일자	미수금액	공급가액	세액	총 합계금액
2024.4.30.		12,000,000	1,200,000	13,200,000

NO	월	일	품목명	규격	수량	단가	공급가액	세액	합계
1	4	15	차량용 공기청정기		20	800,000	16,000,000	1,600,000	17,600,000
2	4	22	차량용 공기청정기		-5	800,000	-4,000,000	-400,000	-4,400,000

비 고	전미수액	당일거래총액	입금액	미수액	인수자
		13,200,000		13,200,000	

자료설명	(주)클린기업에 제품을 공급하고 전자세금계산서를 발급·전송하였다. (전자세금계산서는 **매월말일 월합계**로 발급하고 대금은 해당 월의 다음달 10일 입금받기로 할 것.)
수행과제	1. 4월 30일의 거래자료를 입력하시오. (복수거래 를 이용하여 입력하시오) 2. 전자세금계산서 발행 및 내역관리 를 통하여 발급·전송하시오. (전자세금계산서 발급 시 결제내역 및 전송일자는 고려하지 않는다.)

2 수정전자세금계산서의 발급

<table>
<tr><td colspan="7">전자세금계산서 (공급자 보관용)</td><td colspan="2">승인번호</td><td colspan="3"></td></tr>
<tr><td rowspan="6">공급자</td><td>등록번호</td><td colspan="3">120-81-32144</td><td rowspan="6">공급받는자</td><td>등록번호</td><td colspan="5">220-87-12697</td></tr>
<tr><td>상호</td><td>(주)시원전자</td><td>성명(대표자)</td><td>오세정</td><td>상호</td><td>예림산업(주)</td><td>성명(대표자)</td><td colspan="3">이예림</td></tr>
<tr><td>사업장주소</td><td colspan="3">서울특별시 강남구 삼성로 530</td><td>사업장주소</td><td colspan="5">서울특별시 강남구 테헤란로114길 38</td></tr>
<tr><td>업태</td><td>제조업외</td><td colspan="2">종사업장번호</td><td>업태</td><td colspan="2">도매업</td><td colspan="3">종사업장번호</td></tr>
<tr><td>종목</td><td>공기청정기</td><td colspan="2"></td><td>종목</td><td colspan="2">전자제품</td><td colspan="3"></td></tr>
<tr><td>E-Mail</td><td colspan="3">cool@bill36524.com</td><td>E-Mail</td><td colspan="5">yerim@bill36524.com</td></tr>
<tr><td colspan="2">작성일자</td><td colspan="2">2024.6.22</td><td>공급가액</td><td colspan="2">10,000,000</td><td>세 액</td><td colspan="4">1,000,000</td></tr>
<tr><td colspan="2">비고</td><td colspan="10"></td></tr>
<tr><td>월</td><td>일</td><td colspan="2">품목명</td><td>규격</td><td>수량</td><td>단가</td><td>공급가액</td><td>세액</td><td colspan="3">비고</td></tr>
<tr><td>6</td><td>22</td><td colspan="2">미니 공기청정기</td><td></td><td>100</td><td>100,000</td><td>10,000,000</td><td>1,000,000</td><td colspan="3"></td></tr>
<tr><td></td><td></td><td colspan="2"></td><td></td><td></td><td></td><td></td><td></td><td colspan="3"></td></tr>
<tr><td></td><td></td><td colspan="2"></td><td></td><td></td><td></td><td></td><td></td><td colspan="3"></td></tr>
<tr><td colspan="2">합계금액</td><td>현금</td><td>수표</td><td>어음</td><td colspan="2">외상미수금</td><td rowspan="2">이 금액을</td><td rowspan="2" colspan="3">○ 영수
◉ 청구</td><td rowspan="2">함</td></tr>
<tr><td colspan="2">11,000,000</td><td></td><td></td><td></td><td colspan="2">11,000,000</td></tr>
</table>

자료설명

1. 6월 22일 (주)예림산업에 제품을 공급하고 거래일에 전자세금계산서를 발급 및 전송하였다.
2. 6월 30일 (주)예림산업에 납품된 제품에 일부 불량이 발견되어 당초의 공급가액에 대해서 3%를 매출에누리로 확정하고 외상대금과 상계처리 하였다.

수행과제

수정사유를 선택하여 공급가액 변동에 따른 수정전자세금계산서를 발급·전송하시오.(공급가액 변동부분에 대해서만 회계처리하며, 외상대금 및 제품매출에서 음수(-)로 처리하고 전자세금계산서 발급 시 결제내역 및 전송일자는 무시 할 것.)

3 부동산임대사업자의 부가가치세신고서 작성

자료 1. 부동산임대차계약서

(사 무 실) 월 세 계 약 서

■ 임 대 인 용
□ 임 차 인 용
□ 사무소보관용

부동산의 표시	소재지	서울특별시 강남구 삼성로 530, 2층 201호				
	구 조	철근콘크리트조	용도	사무실	면적	95㎡
월 세 보 증 금	금 200,000,000원정 월세 5,000,000원정(VAT 별도)					

제 1 조 위 부동산의 임대인과 임차인 합의하에 아래와 같이 계약함.

제 2 조 위 부동산의 임대차에 있어 임차인은 보증금을 아래와 같이 지불키로 함.

계 약 금	200,000,000원정은 계약 시 지불하고
중 도 금	원정은 년 월 일 지불하며
잔 금	원정은 년 월 일 중개업자 입회하에 지불함.

제 3 조 위 부동산의 명도는 2024년 9월 1일로 함.

제 4 조 임대차 기간은 2024년 9월 1일로부터 (24)개월로 함.

제 5 조 **월세금액은 매월 말일에 지불**키로 하되 만약 기일내에 지불치 못할 시에는 보증금액에서 공제키로 함.

제 6 조 임차인은 임대인의 승인하에 개축 또는 변조할 수 있으나 계약 대상물을 명도시에는 임차인이 일체 비용을 부담하여 원상복구 하여야 함.

제 7 조 임대인과 중개업자는 별첨 중개물건 확인설명서를 작성하여 서명 날인하고 임차인은 이를 확인 수령함. 다만, 임대인은 중개물건 확인설명에 필요한 자료를 중개업자에게 제공하거나 자료수집에 따른 법령에 규정한 실비를 지급하고 대행케 하여야 함.

제 8 조 본 계약을 임대인이 위약시는 계약금의 배액을 변상하며 임차인이 위약시는 계약금은 무효로 하고 반환을 청구 할 수 없음.

제 9 조 부동산 중개업법 제 20 조 규정에 의하여 중개료는 계약당시 쌍방에서 법정수수료를 중개인에게 지불하여야 함.

본 계약을 증명하기 위하여 계약 당사자가 이의 없음을 확인하고 각각 서명·날인 후 임대인, 임차인 및 중개업자는 매장마다 간인하여야 하며, 각 1통씩 보관한다.

2024년 9월 1일

임 대 인	주 소	서울특별시 강남구 삼성로 530				
	사업자등록번호	120-81-32144	전화번호	02-569-4207	성명	(주)시원전자
임 차 인	주 소	서울특별시 강남구 삼성로 530, 2층 201호				
	사업자등록번호	314-81-38777	전화번호	02-580-1952	성명	(주)해신전자
중개업자	주 소	서울특별시 강남구 강남대로 252 대한빌딩 102호			허가번호	92240000-004
	상 호	대한부동산	전화번호	02-578-2151	성명	백 용 명

자료 2. 9월분 임대료

<table>
<tr><td colspan="6">전자세금계산서 (공급자 보관용)</td><td colspan="6">승인번호</td></tr>
<tr><td rowspan="6">공급자</td><td>등록번호</td><td colspan="4">120-81-32144</td><td rowspan="6">공급받는자</td><td>등록번호</td><td colspan="4">314-81-38777</td></tr>
<tr><td>상호</td><td>(주)시원전자</td><td>성명(대표자)</td><td colspan="2">오세정</td><td>상호</td><td>(주)해신전자</td><td>성명(대표자)</td><td colspan="2">박상태</td></tr>
<tr><td>사업장 주소</td><td colspan="4">서울특별서 강남구 삼성로 530</td><td>사업장 주소</td><td colspan="4">서울특별시 강남구 삼성로 530, 2층 201호</td></tr>
<tr><td>업태</td><td colspan="2">제조업외</td><td colspan="2">종사업장번호</td><td>업태</td><td colspan="2">도소매업</td><td colspan="2">종사업장번호</td></tr>
<tr><td>종목</td><td colspan="2">공기청정기</td><td colspan="2"></td><td>종목</td><td colspan="2">사무용기기</td><td colspan="2"></td></tr>
<tr><td>E-Mail</td><td colspan="4">cool@bill36524.com</td><td>E-Mail</td><td colspan="4">haesin@bill36524.com</td></tr>
<tr><td colspan="2">작성일자</td><td colspan="2">2024.9.30.</td><td>공급가액</td><td colspan="2">5,000,000</td><td>세 액</td><td colspan="4">500,000</td></tr>
<tr><td colspan="2">비고</td><td colspan="10"></td></tr>
</table>

월	일	품목명	규격	수량	단가	공급가액	세액	비고
9	30	임대료				5,000,000	500,000	

합계금액	현금	수표	어음	외상미수금	이 금액을 ○ 영수 ○ 청구 함
5,500,000					

자료설명	1. 자료 1은 (주)해신전자와 체결한 부동산임대차계약서이다. 2. 자료 2는 9월분 임대료를 국민은행 보통예금계좌로 입금 받고 발급한 전자세금계산서이다. 3. 간주임대료에 대한 부가가치세는 임차인이 부담하기로 하였으며, 9월 30일 간주임대료에 대한 부가가치세가 국민은행 보통예금계좌로 입금되었다.
수행과제	1. 9월 임대료를 매입매출전표에 입력하시오.(전자세금계산서와 관련된 거래는 '전자입력'으로 처리할 것.) 2. 제2기 예정신고에 대한 부동산임대공급가액명세서를 작성하시오. (적용이자율 3.5%, 동 입력은 생략할 것.) 3. 간주임대료에 대한 회계처리를 9월 30일자로 매입매출전표에 입력하시오. 4. 9월 임대료 및 간주임대료에 대한 내용을 제2기 부가가치세 예정신고서에 반영하시오.

4 매입세액불공제내역 작성자의 부가가치세 신고서 작성

자료 1. 공통매입내역

취득일자	계정과목	공급가액	부가가치세
2022. 6.25.	건 물	200,000,000원	20,000,000원
2023. 3. 5.	기계장치	50,000,000원	5,000,000원
2024. 4.10.	토지	100,000,000원	-

자료 2. 과세기간의 제품매출(공급가액) 내역

일자	과세사업	면세사업	총공급가액	면세비율
2024년 제1기	400,000,000원	100,000,000원	500,000,000원	20%
2024년 제2기	360,000,000원	240,000,000원	600,000,000원	40%

자료설명	본 문제에 한하여 (주)시원전자는 과세사업과 면세사업을 겸영하고 있다고 가정한다. 1. 자료 1은 과세사업과 면세사업에 공통으로 사용되는 자산의 구입내역이다. 2. 자료 2는 2024년 1기 및 2024년 2기의 제품매출내역이다. (기 입력된 데이터는 무시하고 제시된 자료에 의할 것.)
수행과제	1. 공통매입세액 재계산을 하여 제2기 확정 부가가치세신고기간의 매입세액불공제 내역서를 작성하시오. 2. 공통매입세액 재계산 결과 및 전자신고세액공제를 반영하여 제2기 부가가치세 확정신고서를 작성하시오. - 제2기 부가가치세 확정신고서를 홈택스에서 전자신고하여 전자신고세액공제 10,000원을 공제받기로 한다. 3. 공통매입세액 재계산 관련 회계처리를 일반전표입력에 12월 31일자로 입력하시오.

평가문제 실무수행평가

입력자료 및 회계정보를 조회하여 [평가문제]의 답안을 입력하시오. (70점)

평가문제 답안입력 유의사항

❶ 답안은 지정된 단위의 숫자로만 입력해 주십시오.
  * 한글 등 문자 금지, 콤마(,) 외 기호 금지

	정답	오답(예)
(1) **금액은 원 단위로 숫자를 입력**하되, 천 단위 콤마(,)는 생략 가능합니다. (1-1) 답이 0원인 경우 반드시 "0" 입력 (1-2) 답이 음수(-)인 경우 숫자 앞에 " - " 입력 (1-3) 답이 소수인 경우 반드시 " . " 입력	1,245,000 1245000	1.245.000 1,245,000원 1,245,0000 12,45,000 1,245천원
(2) 질문에 대한 **답안은 숫자로만 입력**하세요.	4	04 4/건/매/명 04건/매/명
(3) **거래처 코드번호는 5자리로 입력**하세요.	00101	101 00101번

❷ 답안에 천원단위(000) 입력시 더존 프로그램 숫자 입력 방법과 다르게 숫자키패드 '+' 기능은 지원되지 않습니다.

❸ 더존 프로그램에서 조회되는 자료를 복사하여 붙여넣기가 가능합니다.

❹ 수행과제를 올바르게 입력하지 않고 작성한 답과 모범답안이 다른 경우 오답처리됩니다.

◉ [실무수행평가] – 부가가치세관리

번호	평 가 문 제	배점
11	**평가문제 [세금계산서합계표 조회]** 제1기 확정 신고기간의 거래처 '(주)클린기업'에 전자발행된 세금계산서 공급가액은 얼마인가?	2
12	**평가문제 [세금계산서합계표 조회]** 제1기 확정신고기간의 매출전자세금계산서 발급매수는 총 몇 매인가?	2
13	**평가문제 [매입매출전표입력 조회]** 6월 30일자 수정세금계산서의 수정사유를 코드로 입력하시오	2
14	**평가문제 [부동산임대공급가액명세서 조회]** 제2기 예정 신고기간의 부동산임대공급가액명세서의 보증금 이자(간주임대료) 금액은 얼마인가?	2
15	**평가문제 [부가가치세신고서 조회]** 제2기 예정 신고기간 부가가치세신고서의 과세_세금계산서발급분(1란) 금액은 얼마인가?	2
16	**평가문제 [부가가치세신고서 조회]** 제2기 예정 신고기간 부가가치세신고서의 그밖의공제매입세액(14란) 세액은 얼마인가?	2
17	**평가문제 [부가가치세신고서 조회]** 제2기 예정 신고기간의 부가가치세 신고시에 작성되는 부가가치세 첨부서류에 해당하지 않는 것은? ① 계산서합계표 ② 부동산임대공급가액명세서 ③ 건물등감가상각자산취득명세서 ④ 신용카드매출전표등수령금액합계표	3
18	**평가문제 [매입세액불공제내역 조회]** 제2기 확정 신고기간의 납부세액 재계산 내역에 반영되는 면세비율 증감액은 몇 %인가?	3
19	**평가문제 [부가가치세신고서 조회]** 제2기 확정 신고기간 부가가치세신고서의 공제받지못할매입세액(16란) 세액은 얼마인가?	2
20	**평가문제 [부가가치세신고서 조회]** 제2기 확정 신고기간의 부가가치세 차가감납부할세액(27란)의 금액은 얼마인가?	2
	부가가치세 소계	22

실무수행 ◎ 결산

[결산자료]를 참고하여 결산을 수행하시오.(단, 제시된 자료 이외의 자료는 없다고 가정함.)

1 수동결산

자료설명	(주)연성전자에서 영업자금을 차입하고 이자는 6개월마다 지급하기로 하였다. - 차입기간: 2024. 10. 1. ~ 2026. 9. 30. - 차 입 액: 30,000,000원 (이자율 연 5%)
수행과제	결산정리분개를 입력하시오.(단, 이자는 월할계산할 것.)

2 결산자료입력에 의한 자동결산

자료설명

1. 무형자산내역

계정과목	자산코드	자산명	취득일	취득가액	전기말 상각누계액	상각방법	내용연수	용도
특허권	1000	미세먼지 방지기능	2024.2.1	3,000,000원	-	정액법	5년	관리부

[고정자산등록] 메뉴에서 특허권에 대한 감가상각비를 계상하고, 결산에 반영하시오.

2. 기말재고자산 현황

구분	단위당 원가	단위당 시가	수량
제 품	62,000원	70,000원	500개

3. 이익잉여금처분계산서 처분확정(예정)일
   - 당기: 2025년 3월 31일
   - 전기: 2024년 3월 31일

수행과제

결산을 완료하고 이익잉여금처분계산서에서 손익대체분개를 하시오.
(단, 이익잉여금처분내역은 없는 것으로 하고 미처분이익잉여금 전액을 이월이익잉여금으로 이월 할 것.)

◉ [실무수행평가] – 재무회계

번호	평 가 문 제	배점
21	**평가문제 [경비등송금명세서 조회]** 경비등송금명세서에 반영되는 신한은행의 은행코드번호(CD) 3자리를 입력하시오.	2
22	**평가문제 [업무용승용차등록 조회]** [업무용승용차 등록] 내용으로 옳지 않은 것은? ① 차량번호는 '315나5678'이다. ② 기본사항 2.고정자산코드는 '001000'이다. ③ 기본사항 5.경비구분은 '1.500번대'이다. ④ 기본사항 10.보험기간은 '2024-02-05. ~ 2025-02-04.'이다.	1
23	**평가문제 [거래처원장 조회]** 3월 말 기업은행(코드98500) 보통예금 잔액은 얼마인가?	1
24	**평가문제 [거래처원장 조회]** 5월 말 거래처별 외상매출금 잔액으로 옳지 않은 것은? ① 01116.(주)우주산업 5,500,000원 ② 02040.(주)클린기업 17,600,000원 ③ 03150.(주)비전통상 11,000,000원 ④ 04820.하남전자(주) 13,200,000원	1
25	**평가문제 [거래처원장 조회]** 3/4분기(7월~9월)에 국민은행(코드98000) 보통예금 계정의 증가액은 얼마인가?	2
26	**평가문제 [일/월계표 조회]** 1/4분기(1월~3월)에 발생한 임차료(제조) 금액은 얼마인가?	1
27	**평가문제 [일/월계표 조회]** 2/4분기(4월~6월)에 발생한 제품매출 금액은 얼마인가?	1
28	**평가문제 [손익계산서 조회]** 당기 발생한 영업외비용은 얼마인가?	2
29	**평가문제 [재무상태표 조회]** 3월 말 차량운반구 장부금액은 얼마인가?	2
30	**평가문제 [재무상태표 조회]** 3월 말 자본잉여금 금액은 얼마인가?	1
31	**평가문제 [재무상태표 조회]]** 12월 말 건물의 장부금액은 얼마인가?	2
32	**평가문제 [재무상태표 조회]** 12월 말 기계장치의 장부금액은 얼마인가?	2
33	**평가문제 [재무상태표 조회]** 기말 제품 잔액은 얼마인가?	1
34	**평가문제 [재무상태표 조회]** 12월 말 특허권 장부금액은 얼마인가?	3
35	**평가문제 [재무상태표 조회]** 12월 말 이월이익잉여금(미처분이익잉여금) 잔액으로 옳은 것은? ① 195,194,251원 ② 298,251,180원 ③ 383,052,104원 ④ 423,169,587원	1
	재무회계 소계	23

실무수행 ◎ 근로소득관리

인사급여 관련 자료이다. [자료설명]을 참고하여 [수행과제]를 수행하시오.

1 중도퇴사자의 원천징수

자료. 마동석 5월 급여자료

(단위: 원)

수당항목			공제항목					
기본급	퇴직위로금	특별수당	국민연금	건강보험	고용보험	장기요양보험	건강보험료정산	장기요양보험료정산
3,500,000	2,000,000	1,000,000	157,500	124,070	58,500	16,060	-55,800	-3,050

자료설명	5월분 급여대장이다. 1. 관리부 마동석(1002)부장은 2024년 5월 30일 퇴사하였다. 중도퇴사자 정산은 기등록되어 있는 자료 이외의 공제는 없는 것으로 한다. 2. 급여지급일은 매월 30일이다.
수행과제	1. [사원등록] 메뉴에 퇴사 일자를 입력하시오. 2. [급여자료입력]메뉴에 수당, 공제등록을 하시오. 3. 5월분 급여자료를 입력하고 [중도퇴사자정산]버튼을 이용하여 중도퇴사자 정산 내역을 급여자료에 반영하시오.(단, 구분 1.급여로 선택할 것.) 4. 5월 귀속분 [원천징수이행상황신고서]를 작성하시오. (전월미환급세액 150,000원을 반영하고, 조정대상 환급액은 당월 환급 신청할 것.)

◉ [실무수행평가] – 근로소득관리 1

번호	평가문제	배점
36	**평가문제 [마동석 5월 급여자료입력 조회]** 급여항목 중 과세대상 지급액은 얼마인가?	2
37	**평가문제 [마동석 5월 급여자료입력 조회]** 5월 급여의 소득세는 얼마인가?	2
38	**평가문제 [마동석 5월 급여자료입력 조회]** 5월 급여의 공제총액은 얼마인가?	1
39	**평가문제 [원천징수이행상황신고서 조회]** 중도퇴사자료가 반영된 '6.소득세'의 가감계는 얼마인가?	1
40	**평가문제 [원천징수이행상황신고서 조회]** '21.환급신청액'은 얼마인가?	2

2 가족관계증명서에 의한 사원등록

자료설명	경영지원팀 윤혜린(1004) 팀장의 가족관계증명서이다. 1. 부양가족은 윤혜린과 생계를 같이하고 있으며 윤혜린이 세대주이다. 2. 시부 박재용은 소득이 없으며 항시 치료를 요하는 중증환자이다. 3. 시모 김인희는 부동산 양도소득금액 1,200,000원이 있다. 4. 배우자 박태수는 총급여 50,000,000원이 있다. 5. 자녀 박은식은 소득이 없다. 6. 세부담을 최소화하는 방법을 선택한다.
수행과제	[사원등록] 메뉴에서 부양가족명세를 작성하시오.

자료. 윤혜린의 가족관계증명서

가족관계증명서

등록기준지	서울특별시 관악구 관악로30길 10 (봉천동)

구분	성 명	출생년월일	주민등록번호	성별	본
본인	윤혜린	1982년 11월 11일	821111-2245111	여	坡平

가족사항

구분	성 명	출생년월일	주민등록번호	성별	본
시부	박재용	1951년 05월 05일	510505-1678526	남	密陽
시모	김인희	1953년 04월 02일	530402-2022340	여	全州
배우자	박태수	1979년 07월 13일	790713-1351206	남	密陽
자녀	박은식	2005년 02월 03일	050203-3023185	남	密陽

◉ [실무수행평가] – 근로소득관리 2

번호	평 가 문 제	배점
41	**평가문제 [윤혜린 근로소득원천징수영수증 조회]** '26.부양가족' 공제대상 인원은 몇 명인가?	1
42	**평가문제 [윤혜린 근로소득원천징수영수증 조회]** '27.경로우대' 공제대상액은 얼마인가?	2
43	**평가문제 [윤혜린 근로소득원천징수영수증 조회]** '28.장애인' 공제대상액은 얼마인가?	2
44	**평가문제 [윤혜린 근로소득원천징수영수증 조회]** '29.부녀자' 공제대상액은 얼마인가?	1
45	**평가문제 [윤혜린 근로소득원천징수영수증 조회]** '57.자녀세액공제' 금액은 얼마인가?	1

3 국세청연말정산간소화 및 이외의 자료를 기준으로 연말정산

자료설명	사무직 천지훈(1003)의 연말정산을 위한 자료이다. 1. 사원등록의 부양가족현황은 사전에 입력되어 있다. 2. 부양가족은 천지훈과 생계를 같이 한다. 3. 천지훈은 무주택 세대주이며, 총급여는 7천만원 이하이다.
수행과제	[연말정산 근로소득원천징수영수증] 메뉴에서 연말정산을 완료하시오. 1. 신용카드는 [신용카드] 탭에서 입력한다. 2. 보험료와 교육비는 [소득공제] 탭에서 입력한다. 3. 월세는 [정산명세] 탭에서 입력한다.

자료 1. 천지훈 사원의 부양가족등록 현황

연말정산관계	성명	주민번호	기타사항
0.본인	천지훈	860512-1875655	
3.배우자	백마리	880103-2774918	기본공제
2.배우자 직계존속	백현무	540608-1899730	부
2.배우자 직계존속	오민아	520411-2222220	기본공제, 경로
4.직계비속	천예진	091218-4094112	기본공제
6.형제자매	백은지	901111-2845670	기본공제, 장애인

자료 2. 국세청간소화서비스 및 기타증빙자료

2024년 귀속 소득·세액공제증명서류: 기본(사용처별)내역 [신용카드]

■ 사용자 인적사항

성 명	주 민 등 록 번 호
백마리	880103-2774***

■ 신용카드 등 사용금액 집계

일반	전통시장	대중교통	도서공연등	합계금액
22,000,000	2,500,000	0	0	24,500,000

• 본 증명서류는 『소득세법』 제165조 제1항에 따라 영수증 발급기관으로부터 수집한 서류로 소득·세액공제 충족 여부는 근로자가 직접 확인하여야 합니다.
• 본 증명서류에서 조회되지 않는 내역은 영수증 발급기관에서 직접 발급받으시기 바랍니다.

2024년 귀속 소득·세액공제증명서류: 기본(사용처별)내역 [신용카드]

■ 사용자 인적사항

성 명	주 민 등 록 번 호
백은지	901111-2845***

■ 신용카드 등 사용금액 집계

일반	전통시장	대중교통	도서공연등	합계금액
1,800,000	0	600,000	0	2,400,000

• 본 증명서류는 『소득세법』 제165조 제1항에 따라 영수증 발급기관으로부터 수집한 서류로 소득·세액공제 충족 여부는 근로자가 직접 확인하여야 합니다.
• 본 증명서류에서 조회되지 않는 내역은 영수증 발급기관에서 직접 발급받으시기 바랍니다.

2024년 귀속 소득·세액공제증명서류 : 기본(지출처별)내역 [보장성 보험, 장애인전용보장성보험]

■ 계약자 인적사항

성 명	주 민 등 록 번 호
천지훈	860512-1******

■ 보장성보험(장애인전용보장성보험) 납입내역

(단위: 원)

종류	상 호 / 사업자번호 / 종피보험자1		보험종류 / 증권번호 / 종피보험자2		주피보험자 / 종피보험자3		납입금액 계
보장성	한화생명보험(주)		실손의료보험		540608-1******	백현무	2,400,000
	108-81-15***						
저축성	MG손해보험		든든100세저축		520411-2******	오민아	6,000,000
	104-81-28***		000005523***				
인별합계금액							8,400,000

국세청 National Tax Service

• 본 증명서류는 『소득세법』 제165조 제1항에 따라 영수증 발급기관으로부터 수집한 서류로 소득·세액공제 충족 여부는 근로자가 직접 확인하여야 합니다.
• 본 증명서류에서 조회되지 않는 내역은 영수증 발급기관에서 직접 발급받으시기 바랍니다.

2024년 귀속 세액공제증명서류: 기본(지출처별)내역 [교육비]

■ 학생 인적사항

성 명	주 민 등 록 번 호
천예진	091218-4094***

■ 교육비 지출내역

교육비종류	학교명	사업자번호	납입금액 계
현장학습비	***중학교	**3-83-21***	300,000
교복	***교복사	**2-81-01***	800,000
인별합계금액			1,100,000

국세청 National Tax Service

• 본 증명서류는 『소득세법』 제165조 제1항에 따라 영수증 발급기관으로부터 수집한 서류로 소득·세액공제 충족 여부는 근로자가 직접 확인하여야 합니다.
• 본 증명서류에서 조회되지 않는 내역은 영수증 발급기관에서 직접 발급받으시기 바랍니다.

<table>
<tr><td colspan="4">월 세 납 입 영 수 증</td></tr>
<tr><td colspan="4">■ 임대인</td></tr>
<tr><td>성명(법인명)</td><td>김나영</td><td>주민등록번호(사업자번호)</td><td>800707-2026122</td></tr>
<tr><td>주소</td><td colspan="3">서울특별시 마포구 월드컵로12길 99 (서교동, 서교빌라 707호)</td></tr>
<tr><td colspan="4">■ 임차인</td></tr>
<tr><td>성명</td><td>천지훈</td><td>주민등록번호</td><td>860512-1875655</td></tr>
<tr><td>주소</td><td colspan="3">서울특별시 서초구 방배로15길 22</td></tr>
<tr><td colspan="4">■ 세부내용
- 임대차 기간: 2024년 1월 1일 ~ 2026년 1월 31일
- 임대차계약서상 주소지: 서울특별시 서초구 방배로15길 22
- 월세금액: 400,000원 (2024년 총액 4,800,000원)
- 주택유형: 단독주택, 주택계약면적 85㎡</td></tr>
</table>

◉ [실무수행평가] – 근로소득관리 3

번호	평 가 문 제	배점
46	**평가문제 [천지훈 근로소득원천징수영수증 조회]** '42.신용카드' 소득공제 최종공제액은 얼마인가?	2
47	**평가문제 [천지훈 근로소득원천징수영수증 조회]** '61.보장성보험' 세액공제액은 얼마인가?	2
48	**평가문제 [천지훈 근로소득원천징수영수증 조회]** '63.교육비' 세액공제액은 얼마인가?	2
49	**평가문제 [천지훈 근로소득원천징수영수증 조회]** '70.월세액' 세액공제액은 얼마인가?	2
50	**평가문제 [천지훈 근로소득원천징수영수증 조회]** '77.차감징수세액'(지방소득세 포함)은 얼마인가?	2
	근로소득 소계	**25**

최신 기출문제 제64회

실무이론평가

아래 문제에서 특별한 언급이 없으면 기업의 보고기간(회계기간)은 매년 1월 1일부터 12월 31일까지입니다. 또한 기업은 일반기업회계기준 및 관련 세법을 계속적으로 적용하고 있다고 가정하고 물음에 가장 합당한 답을 고르시기 바랍니다.

01 다음 중 선생님의 질문에 올바른 답변을 한 사람은?

선생님: 경영진과 독립적으로 내부회계관리제도에 대한 평가기능을 수행하는 담당조직은 무엇인가요?

민수: 감사위원회입니다.
준희: 대표이사입니다.

지혜: 경리부서입니다.
수현: 이사회입니다.

① 민수 ② 준희
③ 지혜 ④ 수현

02 다음은 (주)한공의 본사 건물 관련 자료이다. 2024년 1월 1일부터 건물의 처분시점까지 인식한 감가상각비는 얼마인가?

- 건물의 2023년말 장부금액은 2,000,000원이었다.
- 이 건물을 2024년 8월 1일 2,050,000원에 처분하고 250,000원의 처분이익이 발생하였다.

① 50,000원 ② 200,000원
③ 250,000원 ④ 300,000원

03 다음은 (주)한공의 퇴직급여에 관한 자료이다. 이에 대해 올바르게 설명하고 있는 것은?

퇴직급여충당부채	
⋮	기초 5,000,000원
	⋮

- 2024년말 현재 전종업원이 일시에 퇴직할 경우 지급하여야 할 퇴직금은 7,000,000원이고, 이는 퇴직급여규정의 개정으로 증가된 1,500,000원이 포함되어 있다.(전기 이전분 1,300,000원, 당기분 200,000원)
- 당기에 지급한 퇴직급여는 1,000,000원이다.

① 기말 재무상태표상 퇴직급여충당부채는 6,500,000원이다.
② 2024년 손익계산서상의 퇴직급여는 3,000,000원이다.
③ 퇴직급여규정의 개정으로 증가된 전기 이전분 1,300,000원은 전기이익잉여금에 반영한다.
④ (주)한공은 확정기여형(DC) 퇴직연금제도를 적용하고 있다.

04 제조업을 영위하는 (주)한공의 수정 전 영업이익은 6,000,000원이다. 다음의 결산정리사항을 반영한 수정 후 영업이익은 얼마인가?

- 미지급임차료 500,000원에 대한 회계처리를 누락하였다.
- 보험료선급분 100,000원을 전액 당기비용으로 처리하였다.
- 이자미수분 200,000원에 대한 회계처리를 누락하였다.

① 5,400,000원 ② 5,500,000원
③ 5,600,000원 ④ 5,800,000원

05 다음 중 주식배당으로 인한 영향으로 옳지 않은 것은?

① 미교부주식배당금만큼 부채가 증가한다.
② 순자산의 유출없이 배당효과를 얻을 수 있다.
③ 자본금은 증가하지만 이익잉여금은 감소한다.
④ 자본 총액은 변동이 없으나 주식 수는 증가한다.

06 장부마감 전 발견된 다음 오류사항 중 당기순이익에 영향을 미치는 것은?

① 주식할인발행차금의 미상각
② 유형자산처분손실을 판매비와관리비로 계상
③ 재고자산에 대한 평가손실 미계상
④ 매도가능증권에 대한 평가손실 미계상

07 다음 중 부가가치세 과세대상 용역의 공급이 아닌 것은?

① 근로계약에 따라 근로를 제공하는 경우
② 특수관계인에게 사업용 부동산을 무상으로 임대하는 경우
③ 산업재산권을 대여하는 경우
④ 건설업자가 건설용역을 제공하면서 건설자재의 일부를 부담하는 경우

08 다음 자료를 토대로 (주)한공의 2024년 제2기 부가가치세 예정신고 시 과세표준을 계산하면 얼마인가?(단, 주어진 자료에는 부가가치세가 포함되지 아니하였다.)

• 제품 매출액	50,000,000원
• 국가에 무상으로 기증한 제품	20,000,000원(시가)
• 화재로 인하여 소실된 제품	5,000,000원(시가)
• 중고 기계장치 처분액	10,000,000원

① 55,000,000원 ② 60,000,000원
③ 75,000,000원 ④ 80,000,000원

09 다음 중 과세대상 근로소득에 해당하는 것은?

① 사내근로복지기금으로부터 근로자의 자녀가 지급받는 학자금
② 월 20만원씩 받는 기자의 취재수당
③ 국외에서 근로를 제공하고 받는 급여 중 월 100만원
④ 퇴직시 받는 금액 중 퇴직소득에 속하지 않는 퇴직위로금

10 제조업을 영위하는 개인사업자 김한공 씨의 2024년도 사업소득금액을 계산하면?

가. 소득세 차감 전 순이익	100,000,000원
나. 손익계산서에 포함된 수익 항목	
• 예금 이자수입	2,000,000원
• 사업과 관련된 자산수증이익(이월결손금 보전에 충당하지 아니함)	3,000,000원
다. 손익계산서에 포함된 비용 항목	
• 교통사고벌과금	5,000,000원
• 김한공 씨의 배우자(영업부서에 근무)에 대한 급여	4,000,000원

① 101,000,000원 ② 103,000,000원
③ 106,000,000원 ④ 107,000,000원

실무수행평가

(주)히말라야(회사코드 2164)는 등산용품 제조업을 영위하는 법인기업으로 회계기간은 제6기 (2024.1.1. ~ 2024.12.31.)이다. 제시된 자료와 [자료설명]을 참고하여 [평가문제]의 물음에 답하시오.

실무수행 유의사항	1. 부가가치세 관련거래는 [매입매출전표입력]메뉴에 입력하고, 부가가치세 관련 없는 거래는 [일반전표입력]메뉴에 입력한다. 2. 타계정 대체와 관련된 적요는 반드시 코드를 입력하여야 한다. 3. 채권·채무, 예금거래 등 관리대상 거래자료에 대하여는 거래처코드를 반드시 입력한다. 4. 자금관리 등 추가 작업이 필요한 경우 문제의 요구에 따라 추가 작업하여야 한다. 5. 제조경비는 500번대 계정코드를 사용한다. 6. 판매비와 관리비는 800번대 계정코드를 사용한다. 7. 등록된 계정과목 중 가장 적절한 계정과목을 선택한다.

실무수행 ◉ 거래자료입력

실무프로세스 자료이다. [자료설명]을 참고하여 [수행과제]를 수행하시오.

1 3만원초과 거래자료에 대한 경비등의송금명세서 작성

자료 1. 공급자 정보

NO. **영 수 증** (공급받는자용)

(주)히말라야 귀하

공급자	사업자 등록번호	312-04-22512		
	상 호	동아가공	성명	옥수형
	사업장 소재지	서울특별시 서대문구 충정로7길 13-7		
	업 태	제조	종목	금형 외

작성일자	공급대가총액	비고
2024.1.10.	₩ 400,000	

공 급 내 역

월/일	품명	수량	단가	금액
1/10	가공비			400,000
합 계			₩ 400,000	

위 금액을 **영수**(청구)함

자료 2. 보통예금(국민은행) 거래내역

		내용	찾으신금액	맡기신금액	잔액	거래점
번호	거래일	계좌번호 204456-02-344714 (주)히말라야				
1	2024-1-10	가공비	400,000		***	***

자료설명	동아가공에 제품제조에 필요한 가공용역을 의뢰하고 대금 400,000원을 국민은행 보통예금에서 송금하였다. 1. 자료 1은 공급자 정보이며, 해당사업자는 경비등의송금명세서 제출대상자에 해당한다. 2. 자료 2는 가공비 계좌이체 내역이다. (은행정보: 농협은행 44212-2153-700, 예금주: 동아가공 옥수형)
수행과제	1. 거래자료를 입력하시오. 2. 경비등의 송금명세서를 작성하시오.

2 퇴직연금

자료. 보통예금(국민은행) 거래내역

		내용	찾으신금액	맡기신금액	잔액	거래점
번호	거래일	계좌번호 204456-02-344714 (주)히말라야				
1	2024-2-15	퇴직연금(DC형)	12,000,000		***	***

자료설명	5월분 퇴직연금(공장직원 7,000,000원, 본사 사무직 5,000,000원)을 이체하여 납입하였다.(단, 회사는 해당 직원에 대하여 국민은행에 확정기여형(DC형) 퇴직연금이 가입되어 있다.)
수행과제	거래자료를 입력하시오.

3 기타 일반거래

자료 1. 출장비 지출 내역

지출내역	금액(원)	비고
숙박비	200,000	100,000원 × 2박
교통비	90,000	택시비 등
거래처식사	120,000	매출거래처 접대비
지출 합계	410,000	

자료 2. 보통예금(국민은행) 내역

번호	거래일	내용	찾으신금액	맡기신금액	잔액	거래점
		계좌번호 204456-02-344714 (주)히말라야				
1	2024-4-20	손호준	410,000		***	***

자료설명	1. 자료 1은 지역 영업점 및 거래처 출장을 마친 영업부 손호준 사원의 출장비 지출 내역이다. 2. 회사는 출장비의 경우 사후 정산 방식을 적용하고 있으며, 계좌이체일 기준으로 회계처리 하고 있다.
수행과제	거래자료를 입력하시오.

실무수행 ◎ 부가가치세관리

부가가치세 신고 관련 자료이다. [자료설명]을 참고하여 [수행과제]를 수행하시오.

1 전자세금계산서 발급

거래명세서 (공급자 보관용)

공급자	등록번호	120-81-32144		
	상호	(주)히말라야	성명	최종길
	사업장 주소	서울특별시 강남구 강남대로 246, 3층		
	업태	제조업외	종사업장번호	
	종목	등산용품외		
공급받는자	등록번호	514-81-35782		
	상호	(주)야호산업	성명	김윤호
	사업장 주소	서울특별시 구로구 가마산로 134-10		
	업태	도소매업	종사업장번호	
	종목	등산용품		

거래일자	미수금액	공급가액	세액	총 합계금액
2024.5.25		6,000,000	0	6,000,000

NO	월	일	품목명	규격	수량	단가	공급가액	세액	합계
1	5	25	등산장갑		100	60,000	6,000,000	0	6,000,000

자료설명	(주)야호산업에 내국신용장(Local L/C)에 의하여 제품을 공급하고 발급한 거래명세서이며, 물품대금은 전액 6월 30일에 받기로 하였다.
수행과제	1. 5월 25일의 거래자료를 입력하시오. 2. 전자세금계산서 발행 및 내역관리 를 통하여 발급·전송하시오. (전자세금계산서 발급 시 결제내역 및 전송일자는 고려하지 않는다.)

2 수정전자세금계산서의 발급

전자세금계산서 (공급자 보관용) 승인번호

공급자					공급받는자				
등록번호	120-81-32144				등록번호	120-81-51234			
상호	(주)히말라야	성명(대표자)	최종길		상호	(주)백두산업	성명(대표자)	백두산	
사업장주소	서울특별시 강남구 강남대로 246, 3층				사업장주소	서울특별시 구로구 구로중앙로 198			
업태	제조업외	종사업장번호			업태	도소매업	종사업장번호		
종목	등산용품외				종목	등산용품			
E-Mail	yaho@bill36524.com				E-Mail	mountain@bill36524.com			

작성일자	2024.6.20	공급가액	20,000,000	세 액	2,000,000
비고					

월	일	품목명	규격	수량	단가	공급가액	세액	비고
6	20	등산가방		200	100,000	20,000,000	2,000,000	

합계금액	현금	수표	어음	외상미수금	이 금액을	
22,000,000				22,000,000	○ 영수 ◉ 청구	함

자료설명	1. 6월 20일 제품을 공급하고 발급한 전자세금계산서이며 매입매출전표에 입력되어 있다. 2. 담당자의 착오로 동일 건을 이중 발급한 사실을 확인하였다.
수행과제	수정사유를 선택하여 수정전자세금계산서를 발급·전송하시오.(외상대금 및 제품매출에서 음수(−)로 처리하고 전자세금계산서 발급 시 결제내역 및 전송일자는 무시할 것.)

3 의제매입세액공제신고사업자의 부가가치세신고서 작성

자료 1. 농산물 구입관련 자료(전자계산서 수취)

<table>
<tr><td colspan="5">전자계산서 (공급받는자 보관용)</td><td colspan="5">승인번호</td></tr>
<tr><td rowspan="6">공급자</td><td>등록번호</td><td colspan="3">219-81-25429</td><td rowspan="6">공급받는자</td><td>등록번호</td><td colspan="3">120-81-32144</td></tr>
<tr><td>상호</td><td>(주)영동농협</td><td>성명(대표자)</td><td>김주희</td><td>상호</td><td>(주)히말라야</td><td>성명(대표자)</td><td>최종길</td></tr>
<tr><td>사업장 주소</td><td colspan="3">서울특별시 강남구 강남대로 252 (도곡동)</td><td>사업장 주소</td><td colspan="3">서울특별시 강남구 강남대로 246, 3층</td></tr>
<tr><td>업태</td><td>도소매업</td><td colspan="2">종사업장번호</td><td>업태</td><td>제조업외</td><td colspan="2">종사업장번호</td></tr>
<tr><td>종목</td><td>농산물</td><td colspan="2"></td><td>종목</td><td>등산용품외</td><td colspan="2"></td></tr>
<tr><td>E-Mail</td><td colspan="3">youngdong@bill36524.com</td><td>E-Mail</td><td colspan="3">yaho@bill36524.com</td></tr>
</table>

작성일자	2024.7.15.	공급가액	5,000,000	비 고	

월	일	품목명	규격	수량	단가	공급가액	비고
7	15	사과		100	50,000	5,000,000	

합계금액	현금	수표	어음	외상미수금	이 금액을 ○ 영수 ◉ 청구 함
5,000,000				5,000,000	

자료 2. 농산물 구입관련 자료(농민과의 거래)

농산물 공급 계약서

■ 공급자 인적사항

성 명	주 민 등 록 번 호
한세윤	820927-1032540

■ 계약내역

농산물 품목	공급량	납품일자	금 액
배	300상자	2024.7.20.	15,000,000원
합계금액			15,000,000원

■ 대금지급조건: 공급시기의 다음달 10일까지 지급

자료 3. 농산물 구입관련 자료(현금영수증 수취)

현 금 영 수 증 (고객용)

사업자등록번호 : 229-81-16010 이시만
사 업 자 명 : 하나로마트
단 말 기 I D : 73453259(tel:02-345-4546)
가 맹 점 주 소 : 서울특별시 서초구 청계산로 10

현금영수증 회원번호
120-81-32144 (주)히말라야

승 인 번 호 : 83746302 (PK)
거 래 일 시 : 2024년 7월 24일 10시29분15초
거 래 금 액 : 900,000원

휴대전화, 카드번호 등록
http://현금영수증.kr
국세청문의(126)
38036925-gca10106-3870-U490
〈〈〈〈〈이용해 주셔서 감사합니다.〉〉〉〉〉

자료설명	본 문제에 한하여 (주)히말라야는 농산물(과일)을 구입하여 가공식품(과세제품)을 제조 판매한다고 가정한다. 1. 자료 1은 사과 100상자를 외상으로 구입하고 발급받은 전자계산서이다. 2. 자료 2는 배 300상자를 농민(한세윤)으로부터 외상 구입하고 작성한 계약서이다. 3. 자료 3은 오렌지 30상자를 현금으로 구입하고 발급받은 현금영수증이다. 4. (주)히말라야는 중소기업에 해당하며, 의제매입세액 공제율은 4/104로 한다.
수행과제	1. 자료 1 ~ 3의 거래를 검토하여 의제매입세액공제 요건을 갖춘 거래는 매입매출전표에 입력하고, 그 외의 거래는 일반전표에 입력하시오. (의제매입세액공제신고서에 자동반영 되도록 적요를 선택할 것.) 2. 제2기 부가가치세 예정신고기간의 의제매입세액공제신고서를 작성하시오. 3. 의제매입세액공제내역을 제2기 부가가치세 예정신고서에 반영하시오. 4. 의제매입세액과 관련된 회계처리를 일반전표입력에 9월 30일자로 입력하시오. (공제세액은 '부가세대급금'으로 회계처리할 것.)

4 수출실적명세서 작성자의 부가가치세 신고서 작성

자료 1. 수출신고필증(갑지)

수 출 신 고 필 증 (갑지)

※ 처리기간 : 즉시

제출번호 12345-04-0001230 ①신 고 자 대한 관세법인 관세사 백용명	⑤ 신고번호 071100900558574	⑥ 신고일자 2024/11/10	⑦ 신고구분 H	⑧ C/S구분

②수 출 대 행 자 (주)히말라야 (통관고유부호) (주)히말라야-1-74-1-12-4 수출자구분 A 수 출 화 주 (주)히말라야 (통관고유부호) (주)히말라야-1-74-1-12-4 (주 소) 서울특별시 강남구 강남대로 246, 3층 (대표자) 최종길 (소재지) 서울특별시 강남구 강남대로 246, 3층 (사업자등록번호) 120-81-32144	⑨ 거래구분 11	⑩ 종류 A	⑪ 결제방법 L./C
	⑫ 목적국 JAPAN	⑬ 적재항 INC 인천항	⑭ 선박회사 (항공사) HANJIN
	⑮ 선박명(항공편명) HANJIN SAVANNAH	⑯ 출항예정일자 2024/11/30	⑰ 적재예정보세구역 03012202
	⑱ 운송형태 10 BU		⑲ 검사희망일 2024/11/25
	⑳ 물품소재지 한진보세장치장 인천 중구 연안동 245-1		
③제 조 자 (주)히말라야 (통관고유부호)(주)히말라야-1-74-1-12-4 제조장소 214 산업단지부호	㉑ L/C번호 868EA-10-55554		㉒ 물품상태 N
	㉓ 사전임시개청통보여부 A		㉔ 반송 사유
④구 매 자 오사카상사 (구매자부호) CNTOSHIN12347	㉕ 환급신청인 1 (1:수출대행자/수출화주, 2:제조자) 간이환급 NO		

• 품명 • 규격 (란번호/총란수: 999/999)

㉖ 품 명 등산가방 ㉗ 거래품명 등산가방			㉘ 상표명 NO			
㉙ 모델·규격 텀블러		㉚ 성분	㉛ 수량 1,000(BOX)	㉜ 단가(JPY) 780	㉝ 금액(JPY) 780,000	
㉞ 세번부호	1234.12-1234	㉟ 순중량 900KG	㊱ 수량 1,000(BOX)	㊲ 신고가격 (FOB)	¥800,000 \8,800,000	
㊳ 송품장번호	AC-2024-00620	㊴ 수입신고번호	㊵ 원산지 Y	㊶ 포장갯수(종류)	1,000(BOX)	
㊷ 수출요건확인(발급서류명)						
㊸ 총중량	950KG	㊹ 총포장갯수 1000C/T	㊺ 총신고가격 (FOB)		¥800,000 \8,800,000	
㊻ 운임(₩)		㊼ 보험료(₩)	㊽ 결제금액		FOB-¥800,000	
㊾ 수입화물관리번호			㊿ 컨테이너번호		CKLU7845013	Y

※ 신고인기재란 수출자 : 제조/무역, 판촉물			(51) 세관기재란			
(52) 운송(신고)인 한진통운(주) 최진우 (53) 기간 2024/11/10 부터 2024/11/30 까지	(54) 적재의무기한	2024/11/30	(55) 담당자	990101 (이현구)	(56) 신고수리일자	2024/11/10

자료 2. 환율 내역

11월 5일	11월 10일	11월 30일
1,010원/100¥	1,030원/100¥	1,100원/100¥

자료설명	1. 자료 1은 11월 30일 선적한 일본 오사카상사에 대한 수출신고필증이다. 2. 자료 2는 환율 내역이다. (계약체결일: 11월 5일, 수출신고일: 11월 10일, 선적일: 11월 30일) 3. 수출대금은 전액 2024년 12월 31일 받기로 하였다.
수행과제	1. 거래자료를 입력하시오. 2. 제2기 확정 신고기간의 수출실적명세서를 작성하시오. 3. 수출실적명세 및 전자신고세액공제를 반영하여 제2기 부가가치세 확정신고서를 작성하시오. - 제2기 부가가치세 확정신고서를 홈택스로 전자신고하여 전자신고세액공제 10,000원을 공제받기로 한다.

평가문제 실무수행평가

입력자료 및 회계정보를 조회하여 [평가문제]의 답안을 입력하시오. (70점)

평가문제 답안입력 유의사항

❶ 답안은 지정된 단위의 숫자로만 입력해 주십시오.
* 한글 등 문자 금지, 콤마(,) 외 기호 금지

	정답	오답(예)
(1) **금액은 원 단위로 숫자를 입력**하되, 천 단위 콤마(,)는 생략 가능합니다. (1-1) 답이 0원인 경우 반드시 "0" 입력 (1-2) 답이 음수(-)인 경우 숫자 앞에 " - " 입력 (1-3) 답이 소수인 경우 반드시 " . " 입력	1,245,000 1245000	1.245.000 1,245,000원 1,245,0000 12,45,000 1,245천원
(2) 질문에 대한 **답안은 숫자로만 입력**하세요.	4	04 4/건/매/명 04건/매/명
(3) **거래처 코드번호는 5자리로 입력**하세요.	00101	101 00101번

❷ 답안에 천원단위(000) 입력시 더존 프로그램 숫자 입력 방법과 다르게 숫자키패드 '+' 기능은 지원되지 않습니다.

❸ 더존 프로그램에서 조회되는 자료를 복사하여 붙여넣기가 가능합니다.

❹ 수행과제를 올바르게 입력하지 않고 작성한 답과 모범답안이 다른 경우 오답처리됩니다.

◉ [실무수행평가] - 부가가치세관리

번호	평 가 문 제	배점
11	**평가문제 [환경설정 조회]** (주)히말라야의 환경설정 정보이다. 다음 중 올바르지 않는 것은? ① 계정과목코드체계는 세목미사용(3자리) 이다. ② 소수점관리는 수량: 1.버림, 단가: 1.버림, 금액: 3.반올림 으로 설정되어 있다. ③ 카드입력방식은 '1.공급대가(부가세포함)' 이다. ④ 카드채권에 대하여 120.미수금 계정을 사용한다.	2
12	**평가문제 [매입매출전표입력 조회]** 6월 20일자 수정세금계산서의 수정사유를 코드로 입력하시오.	2
13	**평가문제 [세금계산서합계표 조회]** 제1기 확정 신고기간의 거래처 '(주)야호산업'에 전자발행된 세금계산서 공급가액은 얼마인가?	2
14	**평가문제 [세금계산서합계표 조회]** 제1기 확정 신고기간의 매출전자세금계산서 발급매수는 총 몇 매인가?	3
15	**평가문제 [의제매입세액공제신고서 조회]** 제2기 예정 신고기간의 의제매입세액공제신고서의 의제매입세액은 총 얼마인가?	2
16	**평가문제 [부가가치세신고서 조회]** 제2기 예정 신고기간 부가가치세신고서의 과세_세금계산서발급분(1란) 금액은 얼마인가?	2
17	**평가문제 [부가가치세신고서 조회]** 제2기 예정 신고기간의 부가가치세 신고시에 작성되는 부가가치세 첨부서류에 해당하지 않는 것은? ① 세금계산서합계표 ② 계산서합계표 ③ 건물등감가상각자산취득명세서 ④ 의제매입세액공제신고서	2
18	**평가문제 [수출실적명세서 조회]** 제2기 확정 신고기간의 수출실적명세서 '⑩수출한재화'의 원화금액은 얼마인가?	3
19	**평가문제 [부가가치세신고서 조회]** 제2기 확정 신고기간의 부가가치세신고서에 반영되는 영세율 과세표준 총금액은 얼마인가?	2
20	**평가문제 [부가가치세신고서 조회]** 제2기 확정 신고기간의 부가가치세 신고서와 관련된 설명으로 옳지 않은 것은? ① 과세표준 금액은 253,390,000원이다. ② 부가가치세 조기환급 대상이다. ③ 부가가치세 환급세액의 경우에는 전자신고세액공제를 적용받을 수 없다. ④ 국세환급금 계좌은행은 '국민은행'이다.	2
	부가가치세 소계	22

실무수행 ⊙ 결산

[결산자료]를 참고하여 결산을 수행하시오.(단, 제시된 자료 이외의 자료는 없다고 가정함.)

1 수동결산

자료설명	단기투자목적으로 구입한 유가증권에 대하여 일반기업회계기준에 따라 기말평가를 반영하시오. 단, 현재까지 일반기업회계기준에 따라 회계처리를 하였다.
수행과제	결산정리분개를 입력하시오.

구분	2023.10.15. 취득원가	2023.12.31. 공정가치	2024.12.31. 공정가치
단기매매증권	15,000,000원	17,000,000원	14,000,000원

2 결산자료입력에 의한 자동결산

자료설명

1. 기말 단기대여금 잔액에 대하여 1%의 대손충당금을 보충법으로 설정한다.
2. 기말재고자산 현황

구분	장부상내역		실사내역	
	단위당원가	수량	단위당원가	수량
원재료	30,000원	300개	30,000원	300개
제 품	40,000원	450개	40,000원	420개

- 재고자산감모내역은 모두 정상적으로 발생한 감모손실이다.

3. 이익잉여금처분계산서 처분확정(예정)일
   - 당기: 2025년 3월 31일
   - 전기: 2026년 3월 31일

수행과제

결산을 완료하고 이익잉여금처분계산서에서 손익대체분개를 하시오.
(단, 이익잉여금처분내역은 없는 것으로 하고 미처분이월이익잉여금 전액을 이월이익잉여금으로 이월 할 것.)

◉ [실무수행평가] – 재무회계

번호	평 가 문 제	배점
21	**평가문제 [경비등의송금명세서 조회]** 경비등송금명세서에 반영되는 농협은행의 은행코드번호(CD) 3자리를 입력하시오.	2
22	**평가문제 [일/월계표 조회]** 1/4분기(1월~3월)에 발생한 제조경비 총금액은 얼마인가?	1
23	**평가문제 [일/월계표 조회]** 1/4분기(1월~3월)에 발생한 퇴직급여(판매관리비)는 얼마인가?	2
24	**평가문제 [일/월계표 조회]** 2/4분기(4월~6월)에 발생한 판매관리비 금액으로 옳지 않은 것은? ① 복리후생비 2,292,000원 ② 여비교통비 1,195,000원 ③ 접대비 930,000원 ④ 통신비 176,500원	2
25	**평가문제 [일/월계표 조회]** 2/4분기(4월~6월)에 발생한 제품매출 금액은 얼마인가?	1
26	**평가문제 [일/월계표 조회]** 4/4분기(10월~12월)에 발생한 제품매출 금액은 얼마인가?	1
27	**평가문제 [일/월계표 조회]** 4/4분기(10월~12월)에 발생한 영업외비용 금액은 얼마인가?	2
28	**평가문제 [거래처원장 조회]** 3월 말 거래처별 보통예금 잔액으로 옳지 않은 것은? ① 98000.국민은행 623,247,000원 ② 98001.신한은행 116,316,000원 ③ 98003.우리은행 59,461,000원 ④ 98005.대구은행 7,800,000원	1
29	**평가문제 [거래처원장 조회]** 5월 말 거래처별 외상매출금 잔액으로 옳지 않은 것은? ① 03300.(주)삼광산업 12,000,000원 ② 03350.(주)야호산업 8,200,000원 ③ 03400.(주)백두산업 22,000,000원 ④ 04003.(주)볼핑블루 33,000,000원	2
30	**평가문제 [합계잔액시산표 조회]** 9월 말 원재료 잔액으로 옳은 것은? ① 381,954,029원 ② 382,530,952원 ③ 382,565,567원 ④ 382,757,874원	1
31	**평가문제 [합계잔액시산표 조회]** 9월 말 외상매입금 잔액은 얼마인가?	2
32	**평가문제 [재무상태표 조회]** 12월 말 단기매매증권 잔액은 얼마인가?	2
33	**평가문제 [재무상태표 조회]** 12월 말 단기대여금 순장부금액은 얼마인가?	2
34	**평가문제 [재무상태표 조회]** 기말 제품 금액은 얼마인가?	1
35	**평가문제 [재무상태표 조회]** 12월말 이월이익잉여금(미처분이익잉여금) 잔액으로 옳은 것은? ① 285,120,269원 ② 355,109,431원 ③ 439,002,396원 ④ 524,102,891원	1
	재무회계 소계	23

실무수행 ◎ 근로소득관리

인사급여 관련 자료이다. [자료설명]을 참고하여 [수행과제]를 수행하시오.

1 주민등록등본에 의한 사원등록

자료. 진호개의 주민등록등본

문서확인번호 1/1

주 민 등 록 표
(등 본)

이 등본은 세대별 주민등록표의 원본내용과 틀림없음을 증명합니다.
담당자: 이등본 전화: 02-3149-0236
신청인: 진호개
용도 및 목적: 회사제출용
2024년 12월 31일

세대주 성명(한자)	진호개 (進 護 開)	세 대 구 성 사유 및 일자	전입 2020-11-05
현주소 : 서울특별시 성북구 동소문로 179-12			

번호	세대주 관 계	성 명 주민등록번호	전입일 / 변동일	변동사유
1	본인	진호개 830808-1042112		
2	배우자	송설 830426-2785411	2020-11-05	전입
3	자	진기우 040501-3200481	2020-11-05	전입
4	자	진미화 211215-4399489	2021-12-15	출생등록

자료설명	사무직 사원 진호개(1004)의 사원등록을 위한 자료이다. 1. 부양가족은 진호개와 생계를 같이 한다. 2. 본인 진호개는 장애인복지법상 시각 장애인이다. 3. 배우자 송설은 모친으로부터 상속받은 보통예금 50,000,000원이 있다. 4. 자녀 진기우는 교내 경진대회에서 상금 600,000원을 수령하였으며, 분리과세를 선택하였다. 5. 자녀 진미화는 별도 소득이 없다. 6. 세부담을 최소화하는 방법으로 선택한다.
수행과제	[사원등록] 메뉴에서 부양가족명세를 작성하시오.

◉ [실무수행평가] – 근로소득관리 1

번호	평 가 문 제	배점
36	**평가문제 [진호개 근로소득원천징수영수증 조회]** 기본공제 대상 인원수(본인포함)는 모두 몇 명인가?	1
37	**평가문제 [진호개 근로소득원천징수영수증 조회]** '25.배우자' 공제대상액은 얼마인가?	2
38	**평가문제 [진호개 근로소득원천징수영수증 조회]** '28.장애인' 공제대상액은 얼마인가?	1
39	**평가문제 [진호개 근로소득원천징수영수증 조회]** '37.차감소득금액'은 얼마인가?	2
40	**평가문제 [진호개 근로소득원천징수영수증 조회]** '57.자녀세액공제' 금액은 얼마인가?	2

2 급여명세에 의한 급여자료

자료 1. 12월 급여자료

(단위: 원)

사원	기본급	육아수당	차량 보조금	식대	국외근로 수당	국민 연금	건강 보험	고용 보험	장기 요양 보험	상조 회비
김래원	3,000,000	120,000	300,000	200,000		프로그램에서 자동 계산된 금액으로 공제한다.				30,000
손호준	4,000,000	0	300,000	200,000	1,000,000					

자료 2. 수당 및 공제요건

구분	코드	수당 및 공제명	내 용
수당 등록	101	기본급	설정된 그대로 사용한다.
	200	육아수당	초·중·고 기본공제 대상 자녀를 양육하는 경우 매월 고정적으로 지급하고 있다.
	201	차량보조금	차량을 소유한 직원들에게 지급하며, 출장 시에는 별도의 교통비를 지급하고 있다.
	202	식대	별도의 음식물은 제공하고 있지 않다.
	203	국외근로수당	해외 지사에 파견 근무 중인 사원에게 지급하고 있다.

자료설명	1. 자료 1에서 김래원은 관리부 대리이다. 2. 자료 1에서 손호준은 영업부 사원이며, 2024년 12월부터 싱가포르 지사에 파견되어 근무 중이다. 3. 12월 귀속분 급여지급일은 당월 24일이며, 사회보험료는 자동 계산된 금액으로 공제한다. 4. 전 직원은 급여 지급시 상조회비를 일괄공제하고 있다. 5. 당사는 반기별 원천징수 납부대상자가 아니며, 전월 미환급세액 220,000원(지방소득세 22,000원 제외)이 있다.
수행과제	1. 사원등록에서 국외근로 비과세여부를 적용하시오. 2. 급여자료입력 메뉴에 수당등록을 하시오. 3. 12월분 급여자료를 입력하시오.(단, 구분 '1.급여'로 선택할 것.) 4. 12월 귀속분 [원천징수이행상황신고서]를 작성하시오.

◉ [실무수행평가] – 근로소득관리 2

번호	평 가 문 제	배점
41	**평가문제 [김래원 12월 급여자료입력 조회]** 12월 급여항목 중 과세대상 지급액은 얼마인가?	2
42	**평가문제 [김래원 12월 급여자료입력 조회]** 12월 급여의 차인지급액은 얼마인가?	1
43	**평가문제 [손호준 12월 급여자료입력 조회]** 12월 급여항목 중 비과세대상 지급액은 얼마인가?	2
44	**평가문제 [손호준 12월 급여자료입력 조회]** 12월 급여의 공제액 합계는 얼마인가?	1
45	**평가문제 [12월 원천징수이행상황신고서 조회]** '10.소득세 등' 총 합계 금액은 얼마인가?	2

3 국세청연말정산간소화 및 이외의 자료를 기준으로 연말정산

자료설명	사무직 봉도진(1003)의 연말정산을 위한 자료이다. 1. 사원등록의 부양가족현황은 사전에 입력되어 있다. 2. 부양가족은 봉도진과 생계를 같이 한다.
수행과제	[연말정산 근로소득원천징수영수증] 메뉴에서 연말정산을 완료하시오. 1. 신용카드와 현금영수증은 [신용카드] 탭에서 입력한다. 2. 의료비는 [의료비] 탭에서 입력하며, 국세청자료는 공제대상 합계금액을 1건으로 집계하여 입력한다.(튼튼한의원의 의료비는 전액 건강증진약품 구입비용이다.) 3. 보험료와 교육비는 [소득공제] 탭에서 입력한다.

자료 1. 봉도진 사원의 부양가족등록 현황

연말정산관계	성명	주민번호	기타사항
0.본인	봉도진	801215-1640707	
1.배우자	이희정	920426-2875651	총급여 35,000,000원
1.소득자 직계존속	이은실	520411-2899736	주거형편상 타지역에 거주 중이며, 별도 소득은 없다.
4.직계비속	봉은지	070711-4321578	중학생으로 타지역 기숙사에 생활 중이며, 별도 소득은 없다.
4.직계비속	봉지혁	200927-3321583	별도 소득은 없다.

자료 2. 국세청간소화서비스 및 기타증빙자료

2024년 귀속 소득·세액공제증명서류: 기본(사용처별)내역 [신용카드]

■ 사용자 인적사항

성 명	주 민 등 록 번 호
봉도진	801215-1640***

■ 신용카드 등 사용금액 집계

일반	전통시장	대중교통	도서공연등	합계금액
8,300,000	1,700,000	0	0	10,000,000

• 본 증명서류는 『소득세법』 제165조 제1항에 따라 영수증 발급기관으로부터 수집한 서류로 소득·세액공제 충족 여부는 근로자가 직접 확인하여야 합니다.
• 본 증명서류에서 조회되지 않는 내역은 영수증 발급기관에서 직접 발급받으시기 바랍니다.

2024년 귀속 소득·세액공제증명서류: 기본(사용처별)내역 [현금영수증]

■ 사용자 인적사항

성 명	주 민 등 록 번 호
이은실	520411-2899***

■ 신용카드 등 사용금액 집계

일반	전통시장	대중교통	도서공연등	합계금액
2,200,000	400,000	0	0	2,600,000

- 본 증명서류는 『소득세법』 제165조 제1항에 따라 영수증 발급기관으로부터 수집한 서류로 소득·세액공제 충족 여부는 근로자가 직접 확인하여야 합니다.
- 본 증명서류에서 조회되지 않는 내역은 영수증 발급기관에서 직접 발급받으시기 바랍니다.

2024년 귀속 소득·세액공제증명서류 : 기본(지출처별)내역 [의료비]

■ 환자 인적사항

성 명	주 민 등 록 번 호
이은실	520411-2899***

■ 의료비 지출내역

(단위: 원)

사업자번호	상 호	종류	지출금액 계
109-04-16***	서울한방병원	일반	1,500,000
106-05-81***	튼튼한의원	일반	600,000
의료비 인별합계금액			2,100,000
안경구입비 인별합계금액			0
산후조리원 인별합계금액			0
인별합계금액			2,100,000

- 본 증명서류는 『소득세법』 제165조 제1항에 따라 영수증 발급기관으로부터 수집한 서류로 소득·세액공제 충족 여부는 근로자가 직접 확인하여야 합니다.
- 본 증명서류에서 조회되지 않는 내역은 영수증 발급기관에서 직접 발급받으시기 바랍니다.

2024년 귀속 소득·세액공제증명서류: 기본(지출처별)내역 [보험료]

■ 계약자 인적사항

성 명	주 민 등 록 번 호
봉도진	801215-1640***

■ 보장성보험(장애인전용보장성보험) 납입내역

(단위: 원)

종류	상 호	보험종류	주피보험자		납입금액 계
	사업자번호	증권번호	종피보험자		
보장성	장수손해보험(주)	**운전자보험	801215-1******	봉도진	1,200,000
	106-81-41***	100540651**			
인별합계금액					1,200,000

- 본 증명서류는 『소득세법』 제165조 제1항에 따라 영수증 발급기관으로부터 수집한 서류로 소득·세액공제 충족 여부는 근로자가 직접 확인하여야 합니다.
- 본 증명서류에서 조회되지 않는 내역은 영수증 발급기관에서 직접 발급받으시기 바랍니다.

2024년 귀속 소득·세액공제증명서류: 기본(지출처별)내역 [교육비]

■ 학생 인적사항

성 명	주 민 등 록 번 호
봉도진	801215-1640***

■ 교육비 지출내역

(단위: 원)

교육비종류	학교명	사업자번호	지출금액 계
대학원등록금	**대학교	108-90-15***	2,500,000
인별합계금액			2,500,000

- 본 증명서류는 『소득세법』 제165조 제1항에 따라 영수증 발급기관으로부터 수집한 서류로 소득·세액공제 충족 여부는 근로자가 직접 확인하여야 합니다.
- 본 증명서류에서 조회되지 않는 내역은 영수증 발급기관에서 직접 발급받으시기 바랍니다.

■ 소득세법 시행규칙 [별지 제44호서식]

(앞쪽)

<table>
<tr><td colspan="8">교 육 비 납 입 증 명 서</td></tr>
<tr><td colspan="4">① 상 호   박윤숙 영어학원</td><td colspan="4">② 사업자등록번호 111-90-11114</td></tr>
<tr><td colspan="4">③ 대표자   박윤숙</td><td colspan="4">④ 전 화 번 호</td></tr>
<tr><td colspan="8">⑤ 주 소   서울특별시 강남구 논현로 92</td></tr>
<tr><td rowspan="2">신청인</td><td colspan="3">⑥ 성명 봉도진</td><td colspan="4">⑦ 주민등록번호 801215-1640707</td></tr>
<tr><td colspan="7">⑧ 주소 서울특별시 강남구 강남대로 302-2</td></tr>
<tr><td>대상자</td><td colspan="3">⑨ 성명 봉은지</td><td colspan="4">⑩ 신청인과의 관계 자</td></tr>
<tr><td colspan="8">Ⅰ. 교육비 부담 명세</td></tr>
<tr><td rowspan="2">⑪ 납부연월</td><td rowspan="2">⑫ 종 류</td><td rowspan="2">⑬ 구 분</td><td rowspan="2">⑭ 총교육비(A)</td><td colspan="2">⑮ 장학금 등 수혜액 (B)</td><td rowspan="2" colspan="2">⑯ 공제대상 교육비부담액 (C=A-B)</td></tr>
<tr><td>학비감면</td><td>직접지급액</td></tr>
<tr><td>2024. 4.</td><td>학원</td><td>수업료</td><td>350,000</td><td></td><td></td><td colspan="2">350,000</td></tr>
<tr><td>2024. 7.</td><td>학원</td><td>수업료</td><td>350,000</td><td></td><td></td><td colspan="2">350,000</td></tr>
<tr><td>2024.10.</td><td>학원</td><td>수업료</td><td>350,000</td><td></td><td></td><td colspan="2">350,000</td></tr>
<tr><td></td><td></td><td></td><td></td><td></td><td></td><td colspan="2"></td></tr>
<tr><td>계</td><td></td><td></td><td>1,050,000</td><td></td><td></td><td colspan="2">1,050,000</td></tr>
<tr><td colspan="8">이하 생략</td></tr>
</table>

◉ [실무수행평가] - 근로소득관리 3

번호	평 가 문 제	배점
46	**평가문제 [봉도진 근로소득원천징수영수증 조회]** '47.그 밖의 소득공제' 합계액은 얼마인가?	2
47	**평가문제 [봉도진 근로소득원천징수영수증 조회]** '61.보장성보험' 세액공제액은 얼마인가?	2
48	**평가문제 [봉도진 근로소득원천징수영수증 조회]** '62.의료비' 세액공제액은 얼마인가?	2
49	**평가문제 [봉도진 근로소득원천징수영수증 조회]** '63.교육비' 세액공제액은 얼마인가?	2
50	**평가문제 [봉도진 근로소득원천징수영수증 조회]** '77.차감징수세액(소득세)'은 얼마인가?	1
	근로소득 소계	**25**

최신 기출문제 제65회

실무이론평가

아래 문제에서 특별한 언급이 없으면 기업의 보고기간(회계기간)은 매년 1월 1일부터 12월 31일까지입니다. 또한 기업은 일반기업회계기준 및 관련 세법을 계속적으로 적용하고 있다고 가정하고 물음에 가장 합당한 답을 고르시기 바랍니다.

01 다음 중 (ㄱ), (ㄴ)에 들어갈 회계정보의 질적특성으로 옳은 것은?

- 유형자산을 역사적원가로 평가하면 일반적으로 측정의 (ㄱ) 은(는) 높아지나 (ㄴ) 이(가) 낮아질 수 있다.

	(ㄱ)	(ㄴ)
가.	목적적합성	신뢰성
나.	목적적합성	검증가능성
다.	신뢰성	목적적합성
라.	신뢰성	검증가능성

① 가　　② 나
③ 다　　④ 라

02 다음은 (주)한공의 무형자산 관련 자료이다. 이에 대한 설명으로 옳지 않은 것은?

- (주)한공은 신제품 개발에 성공하여 2024년 9월 1일부터 신제품 생산·판매를 시작하였다.
- 신제품 개발에 소요된 금액은 30,000,000원이며, 자산요건을 충족하여 개발비로 계상하려고 한다.

① 개발비의 2024년 9월 1일 장부금액은 30,000,000원이다.
② 개발비의 상각은 생산·판매를 시작한 2024년 9월 1일부터 시작한다.
③ 차후에 개발비의 공정가치가 증가한 경우 공정가치를 장부금액으로 할 수 있다.
④ 개발비 손상을 시사하는 징후가 있다면 회수가능액을 추정한다.

03 다음은 (주)한공의 주식 관련 자료이다. 2024년 당기순이익에 미치는 영향으로 옳은 것은?

- 2023년 5월 7일 장기투자목적으로 (주)서울의 주식 100주를 주당 1,000원에 취득하였다.
- 2023년 말 이 주식의 공정가치는 주당 1,200원이었다.
- 2024년 9월 30일 이를 주당 1,300원에 전량 매도하였다.

① 10,000원 증가　　② 20,000원 증가
③ 30,000원 증가　　④ 40,000원 증가

04 장부마감전 발견된 다음 오류 사항 중 당기순이익에 영향을 미치지 않는 것은?

① 대손상각비 미계상
② 감가상각비 미계상
③ 재고자산에 대한 평가손실 미계상
④ 매도가능증권에 대한 평가손실 미계상

05 다음 결산 정리사항을 반영한 후 당기순이익의 변동으로 옳은 것은?

- 소모품 미사용액: 30,000원
(구입 시 80,000원 전액 비용처리됨)
- 이자수익 기간경과분 발생액: 20,000원

① 50,000원 감소　　② 30,000원 감소
③ 20,000원 증가　　④ 50,000원 증가

06 다음 중 무형자산에 대한 설명으로 옳지 않은 것은?

① 연구단계에서 발생한 지출은 무형자산으로 인식하지 않는다.
② 전기에 비용으로 인식한 개발단계의 지출은 당기에 무형자산으로 인식할 수 없다.
③ 무형자산의 잔존가치는 없는 것을 원칙으로 한다.
④ 무형자산은 합리적인 상각방법을 정할 수 없는 경우에는 정률법으로 상각한다.

07 다음 중 부가가치세법상 신고·납부에 대한 설명으로 옳지 않은 것은?

① 법인사업자는 예정신고기간의 과세표준과 납부세액을 예정신고기간 종료일부터 25일 이내 신고·납부하는 것이 원칙이다.
② 조기환급신고를 할 때 이미 신고한 과세표준은 확정신고 시 포함하지 않는다.
③ 개인사업자의 부가가치세 예정고지세액이 50만원 미만인 경우 이를 징수하지 아니한다.
④ 주사업장 총괄납부를 하는 경우에 세금계산서는 주사업장에서 총괄하여 발급하여야 한다.

08 다음 자료를 토대로 의류제조업을 영위하는 (주)한공의 공제받을 수 있는 매입세액을 계산하면 얼마인가?(단, 세금계산서는 적법하게 수령하였다.)

- 거래처 방문용 소형승용차(2,000cc)의 매입세액 3,000,000원
- 공장부지의 조성과 관련된 매입세액 14,000,000원
- 해당 과세기간에 매입하였으나 과세기간 말 현재 사용하지 않은 원재료의 매입세액 8,000,000원
- 거래처 접대와 관련된 매입세액 5,000,000원

① 8,000,000원　② 11,000,000원
③ 19,000,000원　④ 22,000,000원

09 다음의 자료를 토대로 사업자 김한공 씨의 2024년 종합소득 산출세액을 계산하면 얼마인가?

가. 복식부기에 따라 계산한 사업소득금액 30,000,000원
나. 근로소득금액 50,000,000원
다. 종합소득공제와 그 밖의 소득공제 합계액 24,000,000원
라. 세율

종합소득과세표준	기본세율
1,400만원 이하	과세표준의 6%
1,400만원 초과 5,000만원 이하	84만원 + 1,400만원 초과금액의 15%
5,000만원 초과 8,800만원 이하	624만원 + 5,000만원 초과금액의 24%

① 7,680,000원　② 10,500,000원
③ 10,620,000원　④ 12,500,000원

10 다음 중 소득세법상 비과세 근로소득에 해당하지 않는 것은?

① 의료 취약지역의 의료인이 받는 벽지수당 월 20만원
② 국민건강보험법에 따라 사용자가 부담하는 건강보험료
③ 고용보험법에 의한 육아휴직수당
④ 출장 여비 등의 실제 비용을 별도로 받는 직원에 대한 자가운전보조금 월 20만원

실무수행평가

(주)아모레산업(회사코드 2165)은 화장품 제조업을 영위하는 법인기업으로 회계기간은 제6기(2024.1.1. ~ 2024.12.31.)이다. 제시된 자료와 [자료설명]을 참고하여 [평가문제]의 물음에 답하시오.

실무수행 유의사항	1. 부가가치세 관련거래는 [매입매출전표입력]메뉴에 입력하고, 부가가치세 관련없는 거래는 [일반전표입력]메뉴에 입력한다. 2. 타계정 대체와 관련된 적요는 반드시 코드를 입력하여야 한다. 3. 채권·채무, 예금거래 등 관리대상 거래자료에 대하여는 거래처코드를 반드시 입력한다. 4. 자금관리 등 추가 작업이 필요한 경우 문제의 요구에 따라 추가 작업하여야 한다. 5. 제조경비는 500번대 계정코드를 사용한다. 6. 판매비와 관리비는 800번대 계정코드를 사용한다. 7. 등록된 계정과목 중 가장 적절한 계정과목을 선택한다.

실무수행 ⊙ 거래자료입력

실무프로세스 자료이다. [자료설명]을 참고하여 [수행과제]를 수행하시오.

1 3만원 초과 거래자료에 대한 영수증수취명세서 작성

자료. 공급자 정보

영 수 증 (공급받는자용)				
(주)아모레산업 귀하				
공급자	사업자등록번호	120-21-12348		
	상호	원명상회	성명	최시현
	사업장소재지	서울시 서대문구 충정로7길 29-8		
	업태	도소매업외	종목	전기제품외
작성년월일		공급대가총액		비고
2024.1.15.		₩ 200,000		
위 금액을 영수(청구)함.				
월/일	품명	수량	단가	공급대가(금액)
1/15	형광등교체			200,000
위 금액을 **영수**(청구)함				

자료설명	공장 형광등을 교체하고, 대금은 국민은행 보통예금계좌에서 이체하여 지급하였다.(원명상회는 일반과세사업자이다.)
수행과제	1. 거래자료를 입력하시오. ('수익적 지출'로 처리할 것.) 2. 영수증수취명세서(2)와 (1)서식을 작성하시오.

2 정부보조금에 의한 유/무형자산의 구입

■ 보통예금(국민은행) 거래내역

		내용	찾으신금액	맡기신금액	잔액	거래점
번호	거래일자	계좌번호 100-23-951241 (주)아모레산업				
1	2024-2-11	중소벤처기업진흥공단		100,000,000	***	***
2	2024-2-15	산업자원부		200,000,000	***	***

자료설명	1. 중소벤처기업진흥공단의 보조금은 운영자금충당목적으로 상환의무가 있다. (상환예정일: 2025년 3월 10일, 장기차입금 처리할 것.) 2. 산업자원부의 보조금은 추후 생산설비 취득예정목적으로 상환의무가 없다.
수행과제	정부보조금 입금과 관련된 2월 11일 및 2월 15일의 거래자료를 각각 입력하시오.

3 기타 일반거래

자료 1. 국민연금보험료 결정내역 통보서

서식기호 E8901	국민연금보험료 결정내역 통보서		
사업장관리번호	12481123440	사업장명칭	(주)아모레산업
해 당 년 월	2024-02		

2024년 2월분 개인별 보험료 내역

(단위: 원)

일련번호	성 명	주민(외국인)등록번호	기준소득월액	월보험료(계)	(사용자부담금)	(근로자기여금)
1	김태영	911109-1******	2,000,000	180,000	90,000	90,000
2	윤서연	850321-2******	3,800,000	342,000	171,000	171,000
대상자수		2명		522,000	261,000	261,000

이하생략

※ 당월에 납부할 연금보험료는 당월분 금액과 소급분 금액의 합산으로 결정됩니다.
※ 개인사업장 사용자의 국민연금보험료는 사용자부담금과 근로자기여금으로 구분하여 표기하였습니다.

자료 2. 보통예금(국민은행) 거래내역

		내용	찾으신금액	맡기신금액	잔액	거래점
번호	거래일	계좌번호 100-23-951241 (주)아모레산업				
1	2024-3-10	국민연금관리공단	522,000		***	***

자료설명	1. 자료 1은 공장에 근무중인 김태영과 본사 관리부에 근무중인 윤서연의 2월분 국민연금 결정내역 통보서이다. 2. 자료 2는 2월분 국민연금을 국민은행 보통예금 통장에서 이체하여 납부한 내역이다.
수행과제	국민연금 납부일의 거래자료를 입력하시오. (단, 국민연금회사부담금은 '세금과공과금'로 회계처리 할 것.)

실무수행 ◉ 부가가치세관리

부가가치세 신고 관련 자료이다. [자료설명]을 참고하여 [수행과제]를 수행하시오.

1 전자세금계산서 발급

자료 1. 보통예금(국민은행) 거래내역

		내용	찾으신금액	맡기신금액	잔액	거래점
번호	거래일	계좌번호 100-23-951241 (주)아모레산업				
1	2024-04-20	(주)수려한		5,000,000	***	***

자료 2. 거래명세서

거래명세서 (공급자 보관용)

공급자	등록번호	124-81-12344			공급받는자	등록번호	514-81-35782		
	상호	(주)아모레산업	성명	정지현		상호	(주)수려한	성명	김혜수
	사업장 주소	경기도 수원시 팔달구 매산로 10 (매산로1가), 301호				사업장 주소	서울특별시 광진구 광나루로 355		
	업태	제조업	종사업장번호			업태	도소매업	종사업장번호	
	종목	화장품				종목	화장품		

거래일자	미수금액	공급가액	세액	총 합계금액
2024-05-10		20,000,000	2,000,000	22,000,000

NO	월	일	품목명	규격	수량	단가	공급가액	세액	합계
1	5	10	주름개선 크림		100	200,000	20,000,000	2,000,000	22,000,000

자료설명	1. 자료 1은 제품공급 전 (주)수려한으로부터 계약금으로 입금된 국민은행 보통예금 거래내역이다. 2. 자료 2는 (주)수려한에 제품을 공급하고 발급한 거래명세서이다. 계약금을 제외한 잔액은 6월 30일에 받기로 하였다.
수행과제	1. 5월 10일의 거래자료를 입력하시오. 2. 전자세금계산서 발행 및 내역관리 를 통하여 발급·전송하시오. (전자세금계산서 발급 시 결제내역 및 전송일자는 무시할 것.)

2 수정전자세금계산서의 발급

전자세금계산서 (공급자 보관용) 승인번호

공급자	등록번호	124-81-12344			공급받는자	등록번호	123-81-95134		
	상호	(주)아모레산업	성명(대표자)	정지현		상호	(주)올리브영	성명(대표자)	이수지
	사업장 주소	경기도 수원시 팔달구 매산로 10 (매산로1가), 301호				사업장 주소	서울 강남구 영동대로 521		
	업태	제조업	종사업장번호			업태	도소매업	종사업장번호	
	종목	화장품				종목	화장품		
	E-Mail	amore@bill36524.com				E-Mail	olive@bill36524.com		

작성일자	2024.6.3.	공급가액	9,000,000	세 액	900,000
비고					

월	일	품목명	규격	수량	단가	공급가액	세액	비고
6	3	미백개선 크림		30	300,000	9,000,000	900,000	

합계금액	현금	수표	어음	외상미수금	이 금액을	○ 영수 ◉ 청구	함
9,900,000				9,900,000			

자료설명	1. (주)올리브영에 제품을 공급하고 발급한 전자세금계산서이다. 2. 전자세금계산서의 공급단가를 320,000원으로 기재했어야 하나, 담당자의 실수로 공급단가를 300,000원으로 기재하여 발급하였음을 확인하였다.
수행과제	수정사유에 따른 수정전자세금계산서를 발급 전송하시오. (외상대금 및 제품매출에서 음수(−)로 처리하고 전자세금계산서 발급 시 결제내역 입력 및 전송일자는 고려하지 말 것.)

3 매입세액불공제내역 작성자의 부가가치세신고서 작성

자료 1. 공급가액(제품)내역 (7월 1일 ~ 9월 30일)

구 분	금 액	비 고
과세분(전자세금계산서)	240,000,000원	
면세분(전자계산서)	60,000,000원	
합 계	300,000,000원	

자료 2. 기계장치 매입금액 중 안분대상내역

<table>
<tr><td colspan="6">전자세금계산서 (공급받는자 보관용)</td><td colspan="2">승인번호</td><td colspan="4">2024010123</td></tr>
<tr><td rowspan="6">공급자</td><td>등록번호</td><td colspan="3">206-81-45981</td><td rowspan="6">공급받는자</td><td>등록번호</td><td colspan="5">124-81-12344</td></tr>
<tr><td>상호</td><td>(주)대주기계</td><td>성명(대표자)</td><td>황재원</td><td>상호</td><td>(주)아모레산업</td><td>성명(대표자)</td><td colspan="3">정지현</td></tr>
<tr><td>사업장 주소</td><td colspan="3">서울시 강남구 강남대로 272</td><td>사업장 주소</td><td colspan="5">경기도 수원시 팔달구 매산로 10 (매산로1가), 301호</td></tr>
<tr><td>업태</td><td>제조업</td><td>종사업장번호</td><td></td><td>업태</td><td>제조업</td><td>종사업장번호</td><td colspan="3"></td></tr>
<tr><td>종목</td><td>포장기계</td><td colspan="2"></td><td>종목</td><td>화장품</td><td colspan="4"></td></tr>
<tr><td>E-Mail</td><td colspan="3">daeju@bill36524.com</td><td>E-Mail</td><td colspan="5">amore@bill36524.com</td></tr>
<tr><td colspan="2">작성일자</td><td>2024.8.7.</td><td>공급가액</td><td colspan="3">20,000,000</td><td>세 액</td><td colspan="4">2,000,000</td></tr>
<tr><td colspan="2">비고</td><td colspan="10"></td></tr>
<tr><td>월</td><td>일</td><td>품목명</td><td>규격</td><td>수량</td><td>단가</td><td colspan="2">공급가액</td><td colspan="2">세액</td><td colspan="2">비고</td></tr>
<tr><td>8</td><td>7</td><td>고속분쇄기계</td><td></td><td></td><td></td><td colspan="2">20,000,000</td><td colspan="2">2,000,000</td><td colspan="2"></td></tr>
<tr><td colspan="2">합계금액</td><td>현금</td><td>수표</td><td>어음</td><td colspan="2">외상미수금</td><td colspan="3" rowspan="2">이 금액을 ○ 영수 ⊙ 청구</td><td colspan="2" rowspan="2">함</td></tr>
<tr><td colspan="2">22,000,000</td><td></td><td></td><td></td><td colspan="2">22,000,000</td></tr>
</table>

자료설명	본 문제에 한하여 (주)아모레산업은 과세사업과 면세사업을 겸영하고 있다고 가정한다. 1. 자료 1은 제2기 부가가치세 예정신고기간의 공급가액 내역이다. 2. 자료 2는 제2기 부가가치세 예정신고기간의 과세사업과 면세사업에 공통으로 사용할 기계장치 매입자료이다.
수행과제	1. 자료 2의 거래자료를 입력하시오.(유형에서 '51.과세매입'으로 선택하고, '전자입력'으로 처리할 것.) 2. 제2기 부가가치세 예정신고기간의 매입세액불공제내역(공통매입세액 안분계산내역)을 작성하고 제2기 예정 부가가치세 신고서에 반영하시오. (단, 자료 1과 자료 2에서 주어진 공급가액으로 계산하기로 할 것.) 3. 공통매입세액 안분계산에 대한 회계처리를 9월 30일자로 일반전표에 입력하시오.

4 매입세액불공제내역 작성자의 부가가치세 신고서 작성

자료 1.

전자세금계산서 (공급받는자 보관용) 승인번호 2024010124

공급자	등록번호	108-81-51419	공급받는자	등록번호	124-81-12344
	상호	(주)수원중고자동차 / 성명(대표자) 이수원		상호	(주)아모레산업 / 성명(대표자) 정지현
	사업장 주소	경기도 수원시 팔달구 매산로 1-10 (매산로1가)		사업장 주소	경기도 수원시 팔달구 매산로 10 (매산로1가), 301호
	업태	도소매업 / 종사업장번호		업태	제조업 / 종사업장번호
	종목	자동차		종목	화장품
	E-Mail	soo1@bill36524.com		E-Mail	amore@bill36524.com

작성일자	공급가액	세 액
2024.10.15.	25,000,000	2,500,000

비고

월	일	품목명	규격	수량	단가	공급가액	세액	비고
10	15	그랜저IG				25,000,000	2,500,000	

합계금액	현금	수표	어음	외상미수금	이 금액을
27,500,000				27,500,000	○ 영수 ◉ 청구 함

자료 2.

전자세금계산서 (공급받는자 보관용) 승인번호 2024010125

공급자	등록번호	101-81-21118	공급받는자	등록번호	124-81-12344
	상호	(주)하모니마트 / 성명(대표자) 이하늘		상호	(주)아모레산업 / 성명(대표자) 정지현
	사업장 주소	서울특별시 서대문구 충정로7길 29-11(충정로3가)		사업장 주소	경기도 수원시 팔달구 매산로 10 (매산로1가), 301호
	업태	도소매업 / 종사업장번호		업태	제조업 / 종사업장번호
	종목	생활잡화		종목	화장품
	E-Mail	hamo@bill36524.com		E-Mail	amore@bill36524.com

작성일자	공급가액	세 액
2024.10.21.	520,000	52,000

비고

월	일	품목명	규격	수량	단가	공급가액	세액	비고
10	21	스팸세트		10	52,000	520,000	52,000	

합계금액	현금	수표	어음	외상미수금	이 금액을
572,000				572,000	○ 영수 ◉ 청구 함

자료 3.

매출전표

카드종류	거래일자
비씨카드	2024.11.10.10:13:42
카드번호(CARD NO)	
5000-1234-****-11**	

승인번호	20241110000231
일반 / 할부	일시불
	아이패드
거래유형	

구분	금액 (백 천 원)
금액 AMOUNT	1,200,000
부가세 V.A.T	120,000
봉사료 CASHBACK	
합계 TOTAL	1,320,000

가맹점명	
전자마트	
대표자명	사업자번호
이정원	603-13-34065
전화번호	가맹점번호
02-439-9846	84561114
주소	
서울 구로구 구로동로 8	

상기의 거래 내역을 확인합니다. 서명 (주)아모레산업

자료설명	자료 1. 관리부 업무용으로 승용차(배기량 2,700cc)를 구입하고 발급받은 전자세금계산서이다. 자료 2. 매출거래처에 증정할 선물을 구입하고 발급받은 전자세금계산서이다. 자료 3. 대표이사(정지현)가 자녀에게 선물할 아이패드를 구입하고 발급받은 법인 신용카드매출전표이다. ('가지급금'으로 회계처리할 것.)
수행과제	1. 자료 1 ~ 3의 거래를 매입매출전표 및 일반전표에 입력하시오. (전자세금계산서와 관련된 거래는 '전자입력'으로 처리할 것.) 2. 제2기 부가가치세 확정신고기간의 매입세액불공제내역을 작성하시오. 3. 매입세액불공제내역 및 전자신고세액공제를 반영하여 제2기 부가가치세 확정신고서를 작성하시오. - 제2기 부가가치세 확정신고서를 홈택스로 전자신고하여 전자신고세액공제 10,000원을 공제받기로 한다.

평가문제 ◎ 실무수행평가

입력자료 및 회계정보를 조회하여 [평가문제]의 답안을 입력하시오. (70점)

평가문제 답안입력 유의사항

❶ 답안은 지정된 단위의 숫자로만 입력해 주십시오.
* 한글 등 문자 금지, 콤마(,) 외 기호 금지

	정답	오답(예)
(1) **금액은 원 단위로 숫자를 입력**하되, 천 단위 콤마(,)는 생략 가능합니다. (1-1) 답이 0원인 경우 반드시 "0" 입력 (1-2) 답이 음수(-)인 경우 숫자 앞에 " - " 입력 (1-3) 답이 소수인 경우 반드시 " . " 입력	1,245,000 1245000	1.245.000 1,245,000원 1,245,0000 12,45,000 1,245천원
(2) 질문에 대한 **답안은 숫자로만 입력**하세요.	4	04 4/건/매/명 04건/매/명
(3) **거래처 코드번호는 5자리로 입력**하세요.	00101	101 00101번

❷ 답안에 천원단위(000) 입력시 더존 프로그램 숫자 입력 방법과 다르게 숫자키패드 '+' 기능은 지원되지 않습니다.

❸ 더존 프로그램에서 조회되는 자료를 복사하여 붙여넣기가 가능합니다.

❹ 수행과제를 올바르게 입력하지 않고 작성한 답과 모범답안이 다른 경우 오답처리됩니다.

◉ [실무수행평가] – 부가가치세관리

번호	평 가 문 제	배점
11	**평가문제 [매입매출전표입력 조회]** 6월 3일자 수정세금계산서의 수정입력사유 코드번호를 입력하시오.	2
12	**평가문제 [세금계산서합계표 조회]** 제1기 확정 신고기간의 거래처'(주)수려한'에 전자발급된 세금계산서 공급가액은 얼마인가?	2
13	**평가문제 [세금계산서합계표 조회]** 제1기 확정 신고기간의 매출전자세금계산서 발급매수는 총 몇 매인가?	2
14	**평가문제 [매입세액불공제내역 조회]** 제2기 예정신고기간 매입세액불공제내역_3.공통매입세액 안분계산 내역의 불공제 매입세액은 얼마인가?	3
15	**평가문제 [부가가치세신고서 조회]** 제2기 예정신고기간 부가가치세신고서의 과세_세금계산서발급분(1란) 금액은 얼마인가?	2
16	**평가문제 [부가가치세신고서 조회]** 제2기 예정신고기간의 부가가치세 차가감납부할세액(27번란)은 얼마인가?	2
17	**평가문제 [부가가치세신고서 조회]** 제2기 예정 신고기간의 부가가치세 신고시에 작성되는 부가가치세 첨부서류에 해당하지 않는 것은? ① 계산서합계표 ② 신용카드매출전표등수령금액합계표 ③ 건물등감가상각자산취득명세서 ④ 공제받지못할매입세액명세서	2
18	**평가문제 [매입세액불공제내역 조회]** 제2기 확정신고기간 매입세액불공내역의 2.공제받지 못할 매입세액 내역의 내용으로 옳지 않은 것은? ① 사업과 직접 관련 없는 지출 관련 건수는 1건이다. ② 비영업용 소형 승용 자동차구입 및 유지관련 건수는 1건이다. ③ 접대비 및 이와 유사한 비용 관련 건수는 1건이다. ④ 공제받지 못할 매입세액은 총 2,552,000원이다.	3
19	**평가문제 [부가가치세신고서 조회]** 제2기 확정신고기간 부가가치세신고서의 세금계산서수취부분_고정자산매입(11란) 금액은 얼마인가?	2
20	**평가문제 [부가가치세신고서 조회]** 제2기 확정 신고기간의 부가가치세신고서의 차가감납부할세액(27번란)은 얼마인가?	2
	부가가치세 소계	**22**

실무수행 ⊙ 결산

[결산자료]를 참고하여 결산을 수행하시오.(단, 제시된 자료 이외의 자료는 없다고 가정함.)

1 수동결산

자료. 장기차입금 내역

은행	차입금액	차입일	상환일	비고
우리은행(차입)	20,000,000원	2023년 6월 1일	2025년 6월 1일	만기 원금일시상환
국민은행(차입)	40,000,000원	2023년 6월 1일	2026년 6월 1일	만기 원금일시상환
신한은행(차입)	30,000,000원	2023년 1월 1일	2027년 2월 28일	만기 원금일시상환

자료설명	2024년 기말 현재 장기차입금 은행별 잔액내역이다.
수행과제	장기차입금에 대한 결산정리분개를 일반전표에 입력하시오.

2 결산자료입력에 의한 자동결산

자료설명

1. 당기 법인세등 15,000,000원을 계상하려고 한다.(법인세 중간예납세액 및 원천징수세액이 선납세금계정에 계상되어 있다.)
2. 기말재고자산 현황

구분	장부상내역			실사내역		
	단위당원가	수량	평가액	단위당원가	수량	평가액
원재료	23,000원	800개	18,400,000원	23,000원	800개	18,400,000원
제 품	50,000원	350개	17,500,000원	50,000원	200개	10,000,000원

※ 제품의 수량차이는 위탁판매제품으로 현재 수탁자의 창고에 보관중이다.

3. 이익잉여금처분계산서 처분확정(예정)일
   - 당기: 2025년 3월 31일
   - 전기: 2024년 3월 31일

수행과제

결산을 완료하고 이익잉여금처분계산서에서 손익대체분개를 하시오.
(단, 이익잉여금처분내역은 없는 것으로 하고 미처분이익잉여금 전액을 이월이익잉여금으로 이월하기로 할 것.)

◉ 실무수행평가] - 재무회계

번호	평 가 문 제	배점
21	평가문제 [영수증수취명세서 조회] 영수증수취명세서(1)에 반영되는 '12.명세서제출 대상' 금액은 얼마인가?	1
22	평가문제 [거래처원장 조회] 5월 말 거래처별 외상매출금 잔액으로 옳지 않은 것은? ① 00101.(주)진성화장품 5,170,000원 ② 00102.(주)서린뷰티 24,125,000원 ③ 03170.(주)수려한 28,000,000원 ④ 05107.(주)필립뷰티플 15,900,000원	1
23	평가문제 [일/월계표 조회] 1/4분기(1~3월)에 발생한 수선비(제조경비) 금액은 얼마인가?	2
24	평가문제 [일/월계표 조회] 1/4분기(1~3월)에 발생한 세금과공과금(제조경비) 금액은 얼마인가?	2
25	평가문제 [일/월계표 조회] 2/4분기(4~6월)에 발생한 제품매출 금액은 얼마인가?	1
26	평가문제 [일/월계표 조회] 4/4분기(10월~12월)에 발생한 접대비(판매관리비) 금액은 얼마인가?	1
27	평가문제 [재무상태표 조회] 3월 말 보통예금 장부금액(보통예금총액-정부보조금)은 얼마인가?	2
28	평가문제 [재무상태표 조회] 3월 말 예수금 잔액은 얼마인가?	2
29	평가문제 [재무상태표 조회] 12월 말 가지급금 잔액은 얼마인가?	1
30	평가문제 [재무상태표 조회] 12월 말 기계장치 장부금액은 얼마인가?	2
31	평가문제 [재무상태표 조회] 12월 말 차량운반구 장부금액은 얼마인가?	2
32	평가문제 [재무상태표 조회] 12월 말 미지급세금 잔액은 얼마인가?	1
33	평가문제 [재무상태표 조회] 12월 말 비유동부채 금액은 얼마인가?	2
34	평가문제 [재무상태표 조회] 기말 제품 잔액은 얼마인가?	2
35	평가문제 [재무상태표 조회] 12월 말 이월이익잉여금(미처분이익잉여금) 잔액으로 옳은 것은? ① 282,692,140원 ② 394,125,400원 ③ 437,513,440원 ④ 509,164,850원	1
	재무회계 소계	23

실무수행 ◎ 근로소득관리

인사급여 관련 자료이다. [자료설명]을 참고하여 [수행과제]를 수행하시오.

1 가족관계증명서에 의한 사원등록

자료. 홍유찬의 가족관계증명서

[별지 제1호서식] <개정 2010.6.3>

가족관계증명서

등록기준지	서울특별시 강남구 강남대로 238-13

구분	성 명	출생연월일	주민등록번호	성별	본
본인	홍 유 찬	1964년 10월 11일	641011-1899772	남	南陽

가족사항

구분	성 명	출생연월일	주민등록번호	성별	본
자	홍 승 혁	1990년 08월 03일	900803-1785417	남	南陽
며느리	손 지 영	1988년 12월 12일	881212-2075525	여	一直
손녀	홍 아 름	2020년 12월 24일	201224-4023187	여	南陽

자료설명	2024년 7월 1일에 입사한 부장 홍유찬(세대주)이 제출한 가족관계증명서이다. 1. 본인 홍유찬은 2022년 배우자와 이혼하였다. 2. 자녀 홍승혁은 국가유공자이며, 별도의 소득은 없다. 3. 며느리 손지영은 장애인이 아니며 별도의 소득이 없다. 4. 손녀 홍아름은 별도의 소득이 없다. 5. 세부담을 최소화하는 방법을 선택한다.
수행과제	사원등록메뉴에서 부양가족명세를 작성하시오.

◉ [실무수행평가] - 근로소득관리 1

번호	평 가 문 제	배점
36	**평가문제 [홍유찬 근로소득원천징수영수증 조회]** '21.총급여'는 얼마인가?	2
37	**평가문제 [홍유찬 근로소득원천징수영수증 조회]** 기본공제 합계액은 얼마인가?	1
38	**평가문제 [홍유찬 근로소득원천징수영수증 조회]** '28.장애인' 추가공제액은 얼마인가?	2
39	**평가문제 [홍유찬 근로소득원천징수영수증 조회]** '30.한부모' 추가공제액은 얼마인가?	2
40	**평가문제 [홍유찬 근로소득원천징수영수증 조회]** 37.차감소득금액'은 얼마인가?	1

2 일용직사원의 원천징수

자료 1. 일용직사원 관련정보

성 명	허성태(코드 5001)
거주구분(내국인 / 외국인)	거주자 / 내국인
주민등록번호	900909 - 1182817
입사일자	2024년 11월 10일

자료 2. 일용직급여내역

성 명	계산내역	11월의 근무일
허성태	1일 170,000원 × 총 5일 = 850,000원	15, 17, 21, 23, 25

자료설명	1. 자료 1, 2는 일용직 사원의 관련정보 및 급여지급내역이다. 2. 일용직 급여는 매일 지급하는 방식으로 한다. 3. 사회보험료 중 고용보험만 징수하기로 한다. 4. 제시된 사항 이외의 자료는 없는 것으로 한다.
수행과제	1. [일용직사원등록] 메뉴에 사원등록을 하시오. 2. [일용직급여입력] 메뉴에 급여내역을 입력하시오. 3. 11월 귀속분 원천징수이행상황신고서를 작성하시오.

◉ [실무수행평가] - 근로소득관리 2

번호	평 가 문 제	배점
41	**평가문제 [일용직(허성태) 11월 일용직급여입력 조회]** 공제항목 중 고용보험의 합계액은 얼마인가?	2
42	**평가문제 [일용직(허성태) 11월 일용직급여입력 조회]** 11월 급여의 차인지급액 합계는 얼마인가?	1
43	**평가문제 [11월 원천징수이행상황신고서 조회]** 근로소득에 대한 원천징수대상 인원은 총 몇 명인가?	2
44	**평가문제 [11월 원천징수이행상황신고서 조회]** 근로소득 일용근로(A03) '6.소득세 등' 금액은 얼마인가?	1
45	**평가문제 [11월 원천징수이행상황신고서 조회]** 근로소득 가감계(A10)의 '6.소득세 등' 금액은 얼마인가?	1

3 국세청연말정산간소화 및 이외의 자료를 기준으로 연말정산

자료설명	사무직 정성화(1400)의 연말정산을 위한 자료이다. 1. 사원등록의 부양가족현황은 사전에 입력되어 있다. 2. 부양가족은 정성화와 함께 생계를 같이 한다.
수행과제	[연말정산 근로소득원천징수영수증] 메뉴에서 연말정산을 완료하시오. 1. 신용카드는 [신용카드] 탭에서 입력한다. (신용카드 일반사용 금액에는 아파트관리비 2,000,000원이 포함되어 있다.) 2. 보험료와 교육비는 [소득공제] 탭에서 입력한다. (김고은은 2024년 출산예정으로 조은손해보험(주)에 납입한 태아보험료 내역이 있다.) 3. 연금계좌세액공제는 [정산명세] 탭에서 입력한다.

자료 1. 정성화 사원의 부양가족등록 현황

연말정산관계	성명	주민번호	기타사항
0.본인	정성화	741011-1111113	
1.배우자	김고은	790502-2222221	복권당첨소득 50,000,000원
1.소득자 직계존속	나문희	510102-2111116	배당소득 4,000,000원
4.직계비속	정진주	091215-3094119	

자료 2. 국세청간소화서비스 및 기타증빙자료

2024년 귀속 소득·세액공제증명서류: 기본(사용처별)내역 [신용카드]

■ 사용자 인적사항

성 명	주민등록번호
정성화	741011-1111***

■ 신용카드 등 사용금액 집계

일반	전통시장	대중교통	도서공연등	합계금액
9,500,000	3,500,000	0	0	13,000,000

• 본 증명서류는 『소득세법』 제165조 제1항에 따라 영수증 발급기관으로부터 수집한 서류로 소득·세액공제 충족 여부는 근로자가 직접 확인하여야 합니다.
• 본 증명서류에서 조회되지 않는 내역은 영수증 발급기관에서 직접 발급받으시기 바랍니다.

2024년 귀속 소득·세액공제증명서류: 기본(지출처별)내역 [보험료]

■ 계약자 인적사항

성 명	주민등록번호
정성화	741011-1111***

■ 보장성보험(장애인전용보장성보험) 납입내역

(단위: 원)

종류	상 호 / 사업자번호	보험종류 / 증권번호	주피보험자 / 종피보험자		납입금액 계
보장성	조은손해보험(주)	**태아보험	790502-2222***	김고은	600,000
	106-81-41***	100540651**			
보장성	삼성생명보험(주)	든든실비보험	790502-2222***	김고은	450,000
	108-81-32***	004545217**			
인별합계금액					1,050,000

• 본 증명서류는 『소득세법』 제165조 제1항에 따라 영수증 발급기관으로부터 수집한 서류로 소득·세액공제 충족 여부는 근로자가 직접 확인하여야 합니다.
• 본 증명서류에서 조회되지 않는 내역은 영수증 발급기관에서 직접 발급받으시기 바랍니다.

2024년 귀속 소득·세액공제증명서류: 기본(지출처별)내역 [교육비]

■ 학생 인적사항

성 명	주 민 등 록 번 호
나문희	510102-2111***

■ 교육비 지출내역

(단위: 원)

교육비종류	학교명	사업자번호	납입금액 계
고등학교등록금	방송통신고등학교	108-90-15***	1,250,000
인별합계금액			1,250,000

- 본 증명서류는 『소득세법』 제165조 제1항에 따라 영수증 발급기관으로부터 수집한 서류로 소득·세액공제 충족 여부는 근로자가 직접 확인하여야 합니다.
- 본 증명서류에서 조회되지 않는 내역은 영수증 발급기관에서 직접 발급받으시기 바랍니다.

2024년 귀속 세액공제증명서류: 기본내역[연금저축]

■ 가입자 인적사항

성 명	주 민 등 록 번 호
정성화	741011-1******

■ 연금저축 납입내역

(단위: 원)

상호	사업자번호	당해연도 납입금액	당해연도 납입액 중 인출금액	순납입금액
계좌번호				
(주)신한은행	134-81-54***	1,200,000		1,200,000
013479999				
순납입금액 합계				1,200,000

- 본 증명서류는 『소득세법』 제165조 제1항에 따라 영수증 발급기관으로부터 수집한 서류로 소득·세액공제 충족 여부는 근로자가 직접 확인하여야 합니다.
- 본 증명서류에서 조회되지 않는 내역은 영수증 발급기관에서 직접 발급받으시기 바랍니다.

◉ [실무수행평가] – 근로소득관리 3

번호	평 가 문 제	배점
46	**평가문제 [정성화 근로소득원천징수영수증 조회]** '42.신용카드' 최종공제액은 얼마인가?	2
47	**평가문제 [정성화 근로소득원천징수영수증 조회]** '61.보장성보험' 세액공제액은 얼마인가?	2
48	**평가문제 [정성화 근로소득원천징수영수증 조회]** '63.교육비' 세액공제액은 얼마인가?	2
49	**평가문제 [정성화 근로소득원천징수영수증 조회]** '60.연금저축' 세액공제액은 얼마인가?	2
50	**평가문제 [정성화 근로소득원천징수영수증 조회]** '77.차감징수세액(소득세)'은 얼마인가?	2
	근로소득 소계	25

최신 기출문제 제66회

실무이론평가

아래 문제에서 특별한 언급이 없으면 기업의 보고기간(회계기간)은 매년 1월 1일부터 12월 31일까지입니다. 또한 기업은 일반기업회계기준 및 관련 세법을 계속적으로 적용하고 있다고 가정하고 물음에 가장 합당한 답을 고르시기 바랍니다.

01 다음 설명과 관련된 회계정보의 질적 특성은?

- 상장법인인 (주)한공은 1분기 손익계산서를 기한 내에 공시하지 않았다. 이로 인해 기업의 투자자들은 투자의사결정 시점에 필요한 정보를 제공받지 못하였다.

① 표현의 충실성 ② 중립성
③ 검증가능성 ④ 적시성

02 다음 중 재고자산과 관련하여 잘못 설명하고 있는 사람은 누구인가?

선적지 인도조건으로 매입한 운송중인 재고는 기말재고에서 제외시켜야 해.

민경

① 호영 ② 준희
③ 준수 ④ 민경

03 다음은 (주)한공의 2024년 12월 31일 현재 보유중인 상품에 대한 자료이다. 2024년 손익계산서에 인식할 재고자산평가손실은 얼마인가?

수량	장부상 단가	단위당 예상 판매가격	단위당 예상 판매비용
1,000개	100원	120원	30원

① 재고자산평가손실 30,000원
② 재고자산평가손실은 없다.
③ 재고자산평가손실 10,000원
④ 재고자산평가손실 20,000원

04 다음 중 무형자산으로 회계처리해야 하는 거래는?

① 조직 개편으로 인한 부서별 명패 교환비용을 지출하였다.
② 프로젝트 초기의 연구단계에서 연구비를 지출하였다.
③ 다른 회사와 합병하면서 영업권을 취득하였다.
④ 재경팀 직원에게 세무교육을 실시하고 강사료를 지급하였다.

05 (주)한공의 오류 수정 전 당기순이익은 5,000,000원이다. 다음 회계처리 오류사항을 수정한 후의 당기순이익은 얼마인가?

- 지급 당시 전액 비용처리한 보험료 기간 미경과분 300,000원을 계상 누락하다.
- 차입금에 대한 발생이자 미지급분 200,000원을 계상 누락하다.

① 4,900,000원 ② 5,000,000원
③ 5,100,000원 ④ 5,300,000원

06 다음은 (주)한공의 2024년 상품거래 내역이다. 매출원가를 계산하면 얼마인가?(단, 선입선출법을 적용한다.)

- 1월 1일
  기초상품 재고 300개의 금액은 300,000원이다.
- 7월 1일
  400개를 단위당 1,500원에 외상 매입하였다.
- 10월 1일
  550개를 1,375,000원에 외상 매출하였다.

① 675,000원 ② 900,000원
③ 1,000,000원 ④ 1,375,000원

07 다음 중 부가가치세법상 재화와 용역의 공급시기로 옳지 안흔 것은?

① 수출재화: 수출재화의 선(기)적일
② 폐업시 잔존재화: 폐업하는 때
③ 단기할부판매: 대가의 각 부분을 받기로 한 때
④ 위탁판매: 수탁자의 공급일

08 다음은 신발제조업을 영위하는 (주)한공의 2024년 2기 확정신고기간의 거래내역이다. 부가가치세법상 매출세액은 얼마인가?(단, 주어진 자료의 금액에는 부가가치세가 포함되어 있지 않다.)

- 국내 매출액 70,000,000원
- 하치장 반출액 10,000,000원
- 국외(수출) 매출액 50,000,000원
- 거래처에 무상으로 제공한 견본품의 시가 8,000,000원

① 7,000,000원 ② 10,000,000원
③ 12,000,000원 ④ 15,000,000원

09 다음 자료는 (주)한공에서 근무하는 거주자 김회계 씨가 2024년에 근로를 제공하고 받은 대가이다. 이를 토대로 김회계 씨의 2024년 총급여액을 계산하면 얼마인가?

- 월정액 급여 50,000,000원
- 상여금 6,000,000원
- 자녀학자금 5,000,000원
- 차량보조금(월 100,000원, 회사 지급규정에 의한 실비변상적 금액) 1,200,000원
- 식대(월 200,000원, 현물식사 제공받음.) 2,400,000원

① 56,000,000원 ② 58,400,000원
③ 63,400,000원 ④ 64,600,000원

10 다음 중 소득세법상 인적공제에 대한 설명으로 옳지 않은 것은?

① 기본공제 대상자 1인당 150만원을 소득공제 한다.
② 과세기간 종료일 전에 사망한 경우 해당연도에는 인적공제 적용 대상에서 제외한다.
③ 인적공제 대상자 판정 시 장애인은 나이의 적용을 받지 않는다.
④ 직계비속은 생계를 같이하는 부양가족으로 본다.

실무수행평가

(주)바람바람(회사코드 2166)은 선풍기 제조업 및 부동산임대업을 영위하는 법인기업으로 회계기간은 제7기(2024.1.1. ~ 2024.12.31.)이다. 제시된 자료와 자료설명을 참고하여, [수행과제]를 완료하고 [평가문제]의 물음에 답하시오.

실무수행 유의사항	1. 부가가치세 관련거래는 [매입매출전표입력]메뉴에 입력하고, 부가가치세 관련 없는 거래는 [일반전표입력]메뉴에 입력한다. 2. 타계정 대체와 관련된 적요는 반드시 코드를 입력하여야 한다. 3. 채권·채무, 예금거래 등 관리대상 거래자료에 대하여는 거래처코드를 반드시 입력한다. 4. 자금관리 등 추가 작업이 필요한 경우 문제의 요구에 따라 추가 작업하여야 한다. 5. 제조경비는 500번대 계정코드를 사용한다. 6. 판매비와 관리비는 800번대 계정코드를 사용한다. 7. 등록된 계정과목 중 가장 적절한 계정과목을 선택한다.

실무수행 ◎ 거래자료입력

실무프로세스 자료이다. [자료설명]을 참고하여 [수행과제]를 수행하시오.

1 3만원 초과 거래자료에 대한 영수증수취명세서 작성

영수증(고객용)

결제기번호: 1180000985(2132)
상　　호: 상록운수(주)
사업자번호: 210-81-08059
대 표 자: 김택영
차 량 번호: 서울33자7311
주　　소: 서울 서대문구 홍은동 346-3
전 화 번호: 023068403
거 래 일시: 2024-01-25 14:10
승하차시간: 13:10 - 14:10 / 10.25km
승 차 요금: 35,000원
기 타 요금: 0원
할 인 요금: 0원
합　　계: 35,000원

이용해 주셔서 감사합니다.

자료설명	영업부 직원 전현무가 출장 시 택시요금 35,000원을 현금으로 지급하고 받은 영수증이다.
수행과제	1. 거래자료를 입력하시오. 2. 영수증수취명세서(2)와 (1)서식을 작성하시오.

2 약속어음의 만기결제, 할인 및 배서양도

전 자 어 음

(주)바람바람 귀하 00420240115123456789

금 일천만원정 10,000,000원

위의 금액을 귀하 또는 귀하의 지시인에게 지급하겠습니다.

지급기일	2024년 7월 15일	발행일	2024년 1월 15일
지 급 지	우리은행	발행지 주 소	서울 강남구 강남대로 119(도곡동)
지급장소	삼성지점	발행인	(주)서원산업

자료설명	[2월 15일] (주)서원산업에서 수취하였던 전자어음을 우리은행에서 할인하고, 할인료 200,000원을 차감한 잔액은 우리은행 당좌예금 계좌로 입금받았다.
수행과제	1. 거래자료를 입력하시오.(매각거래로 처리할 것.) 2. 자금관련 정보를 입력하여 받을어음현황에 반영하시오.

3 계약금 입금

자료 1. 견적서 내역

NO. 10

견 적 서

2024년 3 월 10 일

(주)서구전자 귀하

아래와 같이 견적합니다.

공급자				
등록번호	120-81-32144			
상호(법인명)	(주)바람바람	성명	김범룡	
사업장주소	서울 강남구 삼성로 530			
업 태	제조업외	종목	선풍기외	
전화번호	02-569-4200			

합계금액 (공급가액 + 세액) **사백오십일만원 (4,510,000원)**

품 명	규격	수량	단가	공급가액	세액	비고
무선선풍기		20	205,000	4,100,000	410,000	
계						

자료 2. 보통예금(국민은행) 거래내역

		내용	찾으신금액	맡기신금액	잔액	거래점
번호	거래일	계좌번호 719-119-123123 (주)바람바람				
1	2024-3-10	계약금		451,000	***	***

자료설명	1. 자료 1은 제품 판매주문에 대하여 발급한 견적서이다. 2. 자료 2는 제품 판매주문에 대한 계약금(공급대가의 10%)을 국민은행 보통예금 계좌로 입금받은 내역이다.
수행과제	거래자료를 입력하시오.

실무수행 ◎ 부가가치세관리

부가가치세 신고 관련 자료이다. [자료설명]을 참고하여 [수행과제]를 수행하시오.

1 전자세금계산서 발급

거래명세서 (공급자 보관용)

공급자	등록번호	120-81-32144			공급받는자	등록번호	102-81-17053		
	상호	(주)바람바람	성명	김범룡		상호	(주)세방기업	성명	이용수
	사업장 주소	서울 강남구 삼성로 530				사업장 주소	서울 서대문구 간호대로 10		
	업태	제조업외	종사업장번호			업태	도소매업	종사업장번호	
	종목	선풍기외				종목	전자제품		

거래일자	미수금액	공급가액	세액	총 합계금액
2024.4.5.		20,500,000	2,050,000	22,550,000

NO	월	일	품목명	규격	수량	단가	공급가액	세액	합계
1	4	5	무선 선풍기		100	205,000	20,500,000	2,050,000	22,550,000

비 고	전미수액	당일거래총액	입금액	미수액	인수자
		22,550,000	2,550,000	20,000,000	

자료설명	1. 제품을 공급하고 발행한 거래명세서이다. 2. 전자세금계산서를 발급하고 대금 중 2,550,000원은 자기앞수표로 받고, 나머지는 다음달 10일까지 보통예금계좌로 입금받기로 하였다.
수행과제	1. 거래자료를 입력하시오. 2. **전자세금계산서 발행 및 내역관리** 를 통하여 발급·전송하시오. (전자세금계산서 발급 시 결제내역 및 전송일자는 고려하지 않을 것.)

2 수정전자세금계산서의 발급

전자세금계산서 (공급자 보관용) 승인번호

공급자	등록번호	120-81-32144			공급받는자	등록번호	220-87-12697		
	상호	(주)바람바람	성명(대표자)	김범용		상호	(주)가영산업	성명(대표자)	이가영
	사업장 주소	서울 강남구 삼성로 530				사업장 주소	서울 강남구 테헤란로114길 38		
	업태	제조업외	종사업장번호			업태	도매업	종사업장번호	
	종목	선풍기외				종목	전자제품		
	E-Mail	baram@bill36524.com				E-Mail	gayoung@bill36524.com		

작성일자	2024.4.10.	공급가액	2,000,000	세 액	200,000
비고					

월	일	품목명	규격	수량	단가	공급가액	세액	비고
4	10	계약금				2,000,000	200,000	

합계금액	현금	수표	어음	외상미수금	이 금액을 ◉ 영수 ○ 청구 함
2,200,000	2,200,000				

자료설명	1. 4월 10일 제품을 공급하기로 하고 계약금을 수령한 후 전자세금계산서를 발급하였다. 2. 본 거래에 대하여 노조파업으로 인한 일정 지연으로 물량 납품계약을 이행할 수 없어 계약이 해제되었다.(계약해제일: 2024.5.10.) 3. 계약금은 해제일에 전액 현금으로 지급하였다.
수행과제	계약해제에 따른 수정전자세금계산서를 발급·전송하시오. (전자세금계산서 발급시 결제내역 입력 및 전송일자는 무시할 것.)

3 부동산임대사업자의 부가가치세신고서 작성

자료 1. 부동산임대계약서

(사 무 실) 월 세 계 약 서

■ 임 대 인 용
□ 임 차 인 용
□ 사무소보관용

부동산의 표시	소재지	서울 강남구 삼성로 530, 2층 201호				
	구 조	철근콘크리트조	용도	사무실	면적	95㎡
월 세 보 증 금	금 100,000,000원정		월세 2,000,000원정(부가가치세 별도)			

제 1 조 위 부동산의 임대인과 임차인 합의하에 아래와 같이 계약함.
제 2 조 위 부동산의 임대차에 있어 임차인은 보증금을 아래와 같이 지불키로 함.

계 약 금	10,000,000원정은 계약시 지불하고
중 도 금	원정은 년 월 일 지불하며
잔 금	90,000,000원정은 2024년 9월 1일 중개업자 입회하에 지불함.

제 3 조 위 부동산의 명도는 2024년 9월 1일로 함.
제 4 조 임대차 기간은 2024년 9월 1일로부터 (24)개월로 함.
제 5 조 **월세금액은 매월(1)일에 지불**키로 하되 만약 기일내에 지불치 못할 시에는 보증금액에서 공제키로 함.**(신한은행, 계좌번호: 112-58-252158, 예금주: (주)바람바람)**

중 략

임 대 인	주소	서울 강남구 삼성로 530				
	사업자등록번호	120-81-32144	전화번호	02-569-4200	성명	(주)바람바람(인)

자료 2. 임대료 전자세금계산서 발급

전자세금계산서 (공급자 보관용) 승인번호

공급자	등록번호	120-81-32144			공급받는자	등록번호	314-81-38777		
	상호	(주)바람바람	성명(대표자)	김범룡		상호	(주)해신전자	성명(대표자)	박상태
	사업장 주소	서울 강남구 삼성로 530				사업장 주소	서울 강남구 삼성로 530, 2층 201호		
	업태	제조업외	종사업장번호			업태	도매,무역업	종사업장번호	
	종목	선풍기외				종목	전자제품외		
	E-Mail	baram@bill36524.com				E-Mail	haesin@bill36524.com		

작성일자	2024.9.1.	공급가액	2,000,000	세 액	200,000
비고					

월	일	품목명	규격	수량	단가	공급가액	세액	비고
9	1	9월 임대료				2,000,000	200,000	

합계금액	현금	수표	어음	외상미수금	이 금액을 ◉ 영수 ○ 청구 함
2,200,000					

자료설명	1. 자료 1은 부동산임대계약 체결관련 서류이다. 2. 자료 2는 9월분 임대료에 대한 전자세금계산서이며, 임대료는 9월 1일 신한은행 보통예금계좌에 입금된 것을 확인하였다. 3. 간주임대료에 대한 부가가치세는 임대인이 부담하기로 하였다.
수행과제	1. 9월 1일 임대료에 대한 거래를 매입매출전표에 입력하시오.(전자세금계산서는 '전자입력'으로 처리할 것.) 2. 제2기 예정신고에 대한 부동산임대공급가액명세서를 작성하시오.(간주임대료 적용 이자율은 3.5%로 할 것.) 3. 간주임대료에 대한 회계처리를 9월 30일자로 매입매출전표에 입력하시오. 4. 9월 임대료 및 간주임대료에 대한 내용을 제2기 부가가치세 예정신고서에 반영하시오.

4 신용카드매출전표발행집계표 작성자의 부가가치세신고서 작성

자료 1. 과세매출분에 대한 전자세금계산서 및 신용카드매출전표

전자세금계산서 (공급자 보관용)

승인번호								
공급자	등록번호	120-81-32144		공급받는자	등록번호	113-81-43454		
	상호	(주)바람바람	성명(대표자) 김범룡		상호	하남전자(주)	성명(대표자) 장철환	
	사업장 주소	서울 강남구 삼성로 530			사업장 주소	서울 강남구 강남대로 242-22		
	업태	제조업외	종사업장번호		업태	도매업	종사업장번호	
	종목	선풍기외			종목	전자제품		
	E-Mail	baram@bill36524.com			E-Mail	hanam@bill36524.com		

작성일자	2024.10.5.	공급가액	3,000,000	세 액	300,000
비고					

월	일	품목명	규격	수량	단가	공급가액	세액	비고
10	5	인공지능선풍기		10	300,000	3,000,000	300,000	

합계금액	현금	수표	어음	외상미수금	이 금액을 ○ 영수 ○ 청구 함
3,300,000					

신용카드매출전표

가 맹 점 명 : (주)바람바람
사업자번호 : 120-81-32144
대 표 자 명 : 김범룡
주 소 : 서울 강남구 삼성로 530

신 한 카 드 : 신용승인
거 래 일 시 : 2024.10.5. 14:02:12
카 드 번 호 : 5310-7070-****-0787
유 효 기 간 : **/**
가맹점번호 : 96942515
매 입 사 : 신한카드사(전자서명전표)

판매금액 3,000,000원
부가세액 300,000원
합 계 3,300,000원

자료 2. 과세카드매출 자료

신용카드매출전표

가 맹 점 명 : (주)바람바람
사업자번호 : 120-81-32144
대 표 자 명 : 김범룡
주 소 : 서울 강남구 삼성로 530

신 한 카 드 : 신용승인
거 래 일 시 : 2024.11.20. 14:12:08
카 드 번 호 : 5310-7070-****-0787
유 효 기 간 : **/**
가맹점번호 : 96942515
매 입 사 : 신한카드사(전자서명전표)

판매금액 500,000원
부가세액 50,000원
합 계 550,000원

자료 3. 과세현금매출 자료

현금영수증
CASH RECEIPT

거래일시 2024-12-15 13:20:02
품명 제품
식별번호 208341****
승인번호 191224105
판매금액 300,000원
부가가치세 30,000원
봉사료 0원
합계 330,000원

현금영수증가맹점명 (주)바람바람
사업자번호 120-81-32144
대표자명 : **김범룡** TEL : 025694200
주소 : 서울 강남구 삼성로 530
CATID:1123973 전표No:

현금영수증 문의 : Tel 126
http://현금영수증.kr
감사합니다.

자료설명	자료 1. 하남전자(주)에 제품을 판매하고 발급한 전자세금계산서와 위 대금을 결제받으면서 발급한 신용카드매출전표이다. 자료 2. 개인 박수민에게 과세제품을 판매하고 발급한 신용카드매출전표이다. 자료 3. 개인 김수철에게 과세제품을 판매하고 발급한 현금영수증이다.
수행과제	1. 자료 1 ~ 자료 3의 거래를 매입매출전표에 입력하시오. (전자세금계산서와 관련된 거래는 '전자입력'으로 처리할 것.) 2. 제2기 부가가치세 확정 신고기간의 신용카드매출전표발행집계표를 작성하시오. 3. 전자신고세액공제를 반영하여 제2기 부가가치세 확정신고서를 작성하시오. - 제2기 부가가치세 확정신고서를 홈택스로 전자신고하여 전자신고세액공제 10,000원을 공제받기로 한다.

평가문제 ◎ 실무수행평가

입력자료 및 회계정보를 조회하여 [평가문제]의 답안을 입력하시오. (70점)

평가문제 답안입력 유의사항

❶ 답안은 지정된 단위의 숫자로만 입력해 주십시오.
 * 한글 등 문자 금지, 콤마(,) 외 기호 금지

	정답	오답(예)
(1) **금액은 원 단위로 숫자를 입력**하되, 천 단위 콤마(,)는 생략 가능합니다. (1-1) 답이 0원인 경우 반드시 "0" 입력 (1-2) 답이 음수(-)인 경우 숫자 앞에 " - " 입력 (1-3) 답이 소수인 경우 반드시 " . " 입력	1,245,000 1245000	1.245.000 1,245,000원 1,245,0000 12,45,000 1,245천원
(2) 질문에 대한 **답안은 숫자로만 입력**하세요.	4	04 4/건/매/명 04건/매/명
(3) **거래처 코드번호는 5자리로 입력**하세요.	00101	101 00101번

❷ 답안에 천원단위(000) 입력시 더존 프로그램 숫자 입력 방법과 다르게 숫자키패드 '+' 기능은 지원되지 않습니다.

❸ 더존 프로그램에서 조회되는 자료를 복사하여 붙여넣기가 가능합니다.

❹ 수행과제를 올바르게 입력하지 않고 작성한 답과 모범답안이 다른 경우 오답처리됩니다.

◉ [실무수행평가] – 부가가치세관리

번호	평 가 문 제	배점
11	평가문제 [매입매출전표입력 조회] 5월 10일자 수정세금계산서의 수정입력사유 코드번호를 입력하시오.	2
12	평가문제 [세금계산서합계표 조회] 제1기 확정 신고기간의 거래처 '(주)세방기업'에 전자발행된 세금계산서 공급가액은 얼마인가?	2
13	평가문제 [세금계산서합계표 조회] 제1기 확정 신고기간의 매출전자세금계산서 발급매수는 총 몇매인가?	2
14	평가문제 [부동산임대공급가액명세서 조회] 제2기 예정 신고기간의 부동산임대공급가액명세서의 보증금 이자(간주임대료) 금액은 얼마인가?	2
15	평가문제 [부가가치세신고서 조회] 제2기 예정 신고기간 부가가치세신고서의 과세_세금계산서발급분(1란) 금액은 얼마인가?	2
16	평가문제 [부가가치세신고서 조회] 제2기 예정 신고기간 부가가치세신고서의 그 밖의 공제매입세액(14란)의 세액은 얼마인가?	2
17	평가문제 [부가가치세신고서 조회] 제2기 예정 신고기간의 부가가치세 신고시에 작성되는 부가가치세 첨부서류에 해당하지 않는 것은? ① (면세)계산서합계표 ② 부동산임대공급가액명세서 ③ 공제받지못할매입세액명세서 ④ 신용카드매출전표등수령금액합계표	2
18	평가문제 [신용카드매출전표발행집계표 조회] 제2기 확정 신고기간의 신용카드매출전표발행집계표의 「과세매출분-⑤합계」 금액은 얼마인가?	3
19	평가문제 [부가가치세신고서 조회] 제2기 확정 신고기간 부가가치세신고서의 과세_세금계산서발급분(1란) 금액은 얼마인가?	3
20	평가문제 [부가가치세신고서 조회] 제2기 확정 신고기간의 부가가치세 차가감납부할세액(27번란)은 얼마인가?	2
	부가가치세 소계	22

실무수행 ⊙ 결산

[결산자료]를 참고하여 결산을 수행하시오.(단, 제시된 자료 이외의 자료는 없다고 가정함.)

1 수동결산

자료설명	12월 31일 현재 합계잔액시산표에서 확인되는 선급비용은 전액 공장 화재 보험료이다. 당사는 11월 1일 공장화재보험에 가입하였고 1년분 보험료 1,200,000원을 선납하고 자산처리하였다.
수행과제	보험료의 기간경과액을 계산하여 결산정리분개를 입력하시오.(월할계산할 것.)

2 결산자료입력에 의한 자동결산

자료설명

1. 당기 법인세등 28,000,000원을 계상하려고 한다.(법인세 중간예납세액이 선납세금계정에 계상되어 있다.)
2. 기말재고자산 현황

구분	금액
원재료	25,000,000원
제 품	31,000,000원

3. 이익잉여금처분계산서 처분 예정(확정)일
   - 당기: 2025년 2월 28일
   - 전기: 2024년 2월 28일

수행과제

결산을 완료하고 이익잉여금처분계산서에서 손익대체분개를 하시오.
(단, 이익잉여금처분내역은 없는 것으로 하고 미처분이월이익잉여금 전액을 이월이익잉여금으로 이월하기로 할 것.)

◉ [실무수행평가] – 재무회계

번호	평 가 문 제	배점
21	**평가문제 [영수증수취명세서 조회]** 영수증수취명세서(1)에 반영되는 '11.명세서제출 제외대상' 금액은 얼마인가?	2
22	**평가문제 [받을어음현황 조회]** 1/4분기(1월~3월)에 할인받은 받을어음의 총액은 얼마인가?	2
23	**평가문제 [거래처원장 조회]** 2월 말 우리은행(코드 98005)의 당좌예금 잔액은 얼마인가?	1
24	**평가문제 [거래처원장 조회]** 3월 말 국민은행(코드 98000)의 보통예금 잔액은 얼마인가?	2
25	**평가문제 [거래처원장 조회]** 4월 말 (주)세방기업(코드 02040)의 외상매출금 잔액은 얼마인가?	1
26	**평가문제 [거래처원장 조회]** 9월 말 보통예금 거래처별 잔액으로 옳지 않은 것은? ① 98000.국민은행 198,475,000원 ② 98001.신한은행 470,055,000원 ③ 98500.외환은행 104,000,000원 ④ 99500.하나은행 32,411,000원	1
27	**평가문제 [일/월계표 조회]** 1월에 발생한 여비교통비(판매관리비) 금액은 얼마인가?	1
28	**평가문제 [일/월계표 조회]** 3/4분기(7월~9월)에 발생한 세금과공과금(판매관리비)은 얼마인가?	1
29	**평가문제 [일/월계표 조회]** 4/4분기(10월~12월)에 발생한 제품매출 금액은 얼마인가?	2
30	**평가문제 [재무상태표 조회]** 3월 말 계정별 잔액으로 옳지 않은 것은? ① 지급어음 24,200,000원 ② 예수금 4,385,000원 ③ 가수금 15,000,000원 ④ 선수금 5,651,000원	1
31	**평가문제 [재무상태표 조회]** 5월 말 선수금 잔액은 얼마인가?	1
32	**평가문제 [재무상태표 조회]** 12월 말 선급비용 잔액은 얼마인가?	3
33	**평가문제 [재무상태표 조회]** 기말 제품 잔액은 얼마인가?	2
34	**평가문제 [재무상태표 조회]** 12월 말 미지급세금 잔액은 얼마인가?	2
35	**평가문제 [재무상태표 조회]** 12월 말 이월이익잉여금(미처분이익잉여금) 잔액으로 옳은 것은? ① 323,524,110원 ② 327,344,206원 ③ 329,253,205원 ④ 411,459,714원	1
	재무회계 소계	23

실무수행 ⊙ 근로소득관리

인사급여 관련 자료이다. [자료설명]을 참고하여 [수행과제]를 수행하시오.

1 중도퇴사자의 원천징수

자료. 김승우 11월 급여자료

(단위: 원)

수당항목			공제항목					
기본급	직책수당	특별수당	국민연금	건강보험	고용보험	장기요양보험	건강보험료정산	장기요양보험료정산
4,000,000	800,000	2,000,000	180,000	141,800	61,200	18,360	18,210	1,200

자료설명	11월분 급여대장이다. 1. ESG 경영관리팀 김승우 팀장은 2024년 11월 25일 퇴사하였다. 중도퇴사자 정산은 기등록되어 있는 자료 이외의 공제는 없는 것으로 한다. 2. 급여지급일은 당월 25일이다.
수행과제	1. [사원등록] 메뉴에 퇴사일자를 입력하시오. 2. [급여자료입력] 메뉴에 수당, 공제등록을 하시오. 3. 11월분 김승우 급여자료를 추가 입력하고 [중도퇴사자정산]버튼을 이용하여 중도퇴사자 정산내역을 급여자료에 반영하시오.(단, 구분 1.급여로 선택할 것.) 4. 11월 귀속분 [원천징수이행상황신고서]를 작성하시오.

◉ [실무수행평가] – 근로소득관리 1

번호	평 가 문 제	배점
36	**평가문제 [김승우 11월 급여자료입력 조회]** 김승우의 급여항목 중 과세대상 지급액은 얼마인가?	2
37	**평가문제 [김승우 11월 급여자료입력 조회]** 김승우의 공제액 합계액은 얼마인가?	2
38	**평가문제 [11월 원천징수이행상황신고서 조회]** 근로소득 가감계(A10) '5.총지급액'은 얼마인가?	1
39	**평가문제 [김승우 근로소득원천징수영수증 [중도]탭 조회]** '33.보험_가.건강' 공제대상액은 얼마인가?	1
40	**평가문제 [김승우 근로소득원천징수영수증 [중도]탭 조회]** 기납부세액 '75.주(현)근무지' 소득세 금액(지방소득세 제외)은 얼마인가?	1

2 주민등록등본에 의한 사원등록

자료 1. 김도경의 주민등록등본

문서확인번호 1/1

주 민 등 록 표
(등 본)

이 등본은 세대별 주민등록표의 원본내용과 틀림없음을 증명합니다.
담당자: 이등본 전화: 02-3149-0236
신청인: 김도경
용도 및 목적: 회사제출용
2024년 12월 31일

세대주 성명(한자)	정진수 (鄭眞壽)	세 대 구 성 사유 및 일자	전입 2020-03-25

현주소 : 서울특별시 구로구 도림로 108(구로동)

번호	세대주 관 계	성 명 주민등록번호	전입일 / 변동일	변동사유
1	본인	정진수 830107-1056214		
2	배우자	김도경 800117-2247093	2020-03-25	전입
3	모	김성연 550515-2899738	2020-03-25	전입
4	자녀	정윤재 080505-3032566	2020-03-25	전입

자료설명	사무직 사원 김도경(1002)의 사원등록을 위한 자료이다. 1. 부양가족은 김도경과 생계를 같이 한다. 2. 김도경은 근로소득금액 30,000,000원 이하로 이외의 소득은 없다. 3. 남편 정진수는 암환자로서 항시 치료를 요하는 중증환자이며, 별도의 소득이 없다. 4. 모 김성연은 노인일자리사업에 참여하여 총급여 4,000,000원이 있다. 5. 자녀 정윤재는 과학기술정보통신부에서 주관하는 국제과학기술경진대회에 참가하여 상금 2,000,000원을 수령하였다. 6. 세부담을 최소화하는 방법을 선택한다.
수행과제	[사원등록] 메뉴에서 부양가족명세를 작성하시오.

◉ [실무수행평가] – 근로소득관리 2

번호	평 가 문 제	배점
41	**평가문제 [김도경 근로소득원천징수영수증 조회]** '25.배우자' 공제대상액은 얼마인가?	2
42	**평가문제 [김도경 근로소득원천징수영수증 조회]** '26.부양가족' 공제대상액은 얼마인가?	1
43	**평가문제 [김도경 근로소득원천징수영수증 조회]** '28.장애인' 공제대상액은 얼마인가?	2
44	**평가문제 [김도경 근로소득원천징수영수증 조회]** '29.부녀자' 공제대상액은 얼마인가?	2
45	**평가문제 [김도경 근로소득원천징수영수증 조회]** '57.자녀세액공제' 세액공제액은 얼마인가?	2

3 국세청연말정산간소화 및 이외의 자료를 기준으로 연말정산

자료설명	사무직 한준경(1001)의 연말정산을 위한 자료이다. 1. 사원등록의 부양가족현황은 사전에 입력되어 있다. 2. 부양가족은 한준경과 생계를 같이 한다. 3. 한준경은 무주택 세대주이며, 총급여는 7천만원 이하이다.
수행과제	[연말정산 근로소득원천징수영수증] 메뉴에서 연말정산을 완료하시오. 1. 의료비는 [의료비] 탭에서 입력하며, 국세청자료는 공제대상 합계금액을 1건으로 집계하여 입력한다. 2. 보험료와 교육비는 [소득공제] 탭에서 입력한다. 3. 연금계좌는 [정산명세] 탭에서 입력한다. 4. 월세는 [정산명세] 탭에서 입력한다.

자료 1. 한준경 사원의 부양가족등록 현황

연말정산관계	성명	주민번호	기타사항
0.본인	한준경	721010-1774918	세대주
3.배우자	서나리	730501-2775018	사업소득금액 30,000,000원이 있음.
1.소득자 직계존속	오영선	460901-2122786	소득 없음
4.직계비속	한준희	970927-1241853	장애인복지법에 따른 시각장애인

자료 2. 국세청간소화서비스 및 기타증빙자료

2024년 귀속 소득·세액공제증명서류: 기본(지출처별)내역 [의료비]

■ 환자 인적사항

성 명	주 민 등 록 번 호
오영선	460901-2******

■ 의료비 지출내역

(단위: 원)

사업자번호	상 호	종류	지출금액 계
109-04-16***	서울365**병원	일반	6,900,000
106-05-81***	***안경원	일반	400,000
의료비 인별합계금액			6,900,000
안경구입비 인별한계금액			400,000
산후조리원 인별합계금액			0
인별합계금액			7,300,000

- 본 증명서류는 『소득세법』 제165조 제1항에 따라 영수증 발급기관으로부터 수집한 서류로 소득·세액공제 충족 여부는 근로자가 직접 확인하여야 합니다.
- 본 증명서류에서 조회되지 않는 내역은 영수증 발급기관에서 직접 발급받으시기 바랍니다.

2024년 귀속 소득·세액공제증명서류: 기본내역 [실손의료보험금]

■ 피보험자 인적사항

성 명	주 민 등 록 번 호
오영선	460901-2******

■ 의료비 지출내역

(단위: 원)

상호	상품명	보험계약자		수령금액 계
사업자번호	계약(증권)번호	수익자		
(주)현대해상	(무)안심실손보험	460901-2******	오영선	900,000
201-81-81***	5022***	460901-2******	오영선	
인별합계금액				900,000

- 본 증명서류는 『소득세법』 제165조 제1항에 따라 영수증 발급기관으로부터 수집한 서류로 소득·세액공제 충족 여부는 근로자가 직접 확인하여야 합니다.
- 본 증명서류에서 조회되지 않는 내역은 영수증 발급기관에서 직접 발급받으시기 바랍니다.

2024년 귀속 소득·세액공제증명서류: 기본(지출처별)내역
[보장성 보험, 장애인전용보장성보험]

■ 계약자 인적사항

성 명	주 민 등 록 번 호
한준경	721010-1******

■ 보장성보험(장애인전용보장성보험) 납입내역

(단위: 원)

종류	상 호	보험종류	주피보험자		납입금액 계
	사업자번호	증권번호			
	종피보험자1	종피보험자2	종피보험자3		
보장성	(주)현대해상	(무)안심실손보험	460901-2******	오영선	960,000
	201-81-81***	5022***			
장애인 보장성	AIG생명보험(주)	디딤돌보험	970927-1******	한준희	1,440,000
	106-81-41***	100540651**			
저축성	한화생명	e재테크저축보험	970927-1******	한준희	1,200,000
	104-81-28***				
인별합계금액					3,600,000

• 본 증명서류는 「소득세법」 제165조 제1항에 따라 영수증 발급기관으로부터 수집한 서류로 소득·세액공제 충족 여부는 근로자가 직접 확인하여야 합니다.
• 본 증명서류에서 조회되지 않는 내역은 영수증 발급기관에서 직접 발급받으시기 바랍니다.

2024년 귀속 소득·세액공제증명서류: 기본(지출처별)내역 [교육비]

■ 학생 인적사항

성 명	주 민 등 록 번 호
한준경	721010-1******

■ 교육비 지출내역

교육비종류	학교명	사업자번호	납입금액 계
대학원	***대학원	**3-83-21***	6,500,000
인별합계금액			6,500,000

국세청
National Tax Service

• 본 증명서류는 『소득세법』 제165조 제1항에 따라 영수증 발급기관으로부터 수집한 서류로 소득·세액공제 충족 여부는 근로자가 직접 확인하여야 합니다.
• 본 증명서류에서 조회되지 않는 내역은 영수증 발급기관에서 직접 발급받으시기 바랍니다.

2024년 귀속 소득·세액공제증명서류: 기본내역[연금저축]

■ 가입자 인적사항

성 명	주 민 등 록 번 호
서나리	730501-2******

■ 연금저축 납입내역

(단위: 원)

상호	사업자번호	당해연도 납입금액	당해연도 납입액 중 인출금액	순납입금액
계좌번호				
삼성생명보험(주)	108-81-26***	4,000,000		4,000,000
013478008				
순납입금액 합계				4,000,000

국세청
National Tax Service

• 본 증명서류는 『소득세법』 제165조 제1항에 따라 영수증 발급기관으로부터 수집한 서류로 소득·세액공제 충족 여부는 근로자가 직접 확인하여야 합니다.
• 본 증명서류에서 조회되지 않는 내역은 영수증 발급기관에서 직접 발급받으시기 바랍니다.

<table>
<tr><td colspan="4">월 세 납 입 영 수 증</td></tr>
<tr><td colspan="4">■ 임대인</td></tr>
<tr><td>성명(법인명)</td><td>주성훈</td><td>주민등록번호(사업자번호)</td><td>860512-1875655</td></tr>
<tr><td>주소</td><td colspan="3">서울특별시 용산구 서빙고로 36</td></tr>
<tr><td colspan="4">■ 임차인</td></tr>
<tr><td>성명</td><td>한준경</td><td>주민등록번호</td><td>721010-1774918</td></tr>
<tr><td>주소</td><td colspan="3">서울특별시 구로구 도림로 33길 27</td></tr>
<tr><td colspan="4">■ 세부내용
- 임대차 기간: 2024년 3월 1일 ~ 2026년 2월 28일
- 임대차계약서상 주소지: 서울특별시 구로구 도림로 33길 27
- 월세금액: 700,000원 (2024년 총액 7,000,000원)
- 주택유형: 단독주택, 주택계약면적 85㎡</td></tr>
</table>

◉ [실무수행평가] - 근로소득관리 3

번호	평 가 문 제	배점
46	**평가문제 [한준경 근로소득원천징수영수증 조회]** '60.연금저축' 세액공제액은 얼마인가? ① 0원 ② 300,000원 ③ 400,000원 ④ 600,000원	2
47	**평가문제 [한준경 근로소득원천징수영수증 조회]** '61.보장성보험' 세액공제액은 얼마인가?	2
48	**평가문제 [한준경 근로소득원천징수영수증 조회]** '62.의료비' 세액공제액은 얼마인가?	2
49	**평가문제 [한준경 근로소득원천징수영수증 조회]** '63.교육비' 세액공제액은 얼마인가?	2
50	**평가문제 [한준경 근로소득원천징수영수증 조회]** '70.월세액' 세액공제액은 얼마인가?	1
	근로소득 소계	**25**

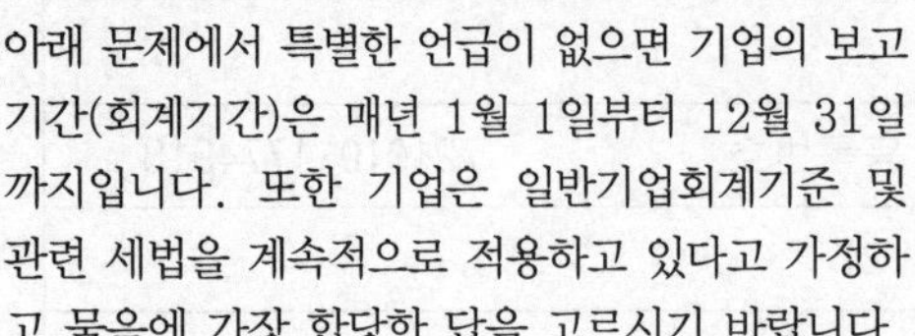

최신 기출문제 제67회

실무이론평가

아래 문제에서 특별한 언급이 없으면 기업의 보고기간(회계기간)은 매년 1월 1일부터 12월 31일까지입니다. 또한 기업은 일반기업회계기준 및 관련 세법을 계속적으로 적용하고 있다고 가정하고 물음에 가장 합당한 답을 고르시기 바랍니다.

01 회계정보의 질적 특성 중 목적적합성에 대한 설명으로 옳지 않은 것은?

① 회계정보가 정보이용자의 의사결정에 반영될 수 있도록 적시에 제공되어야 한다.
② 회계정보는 그 정보가 나타내고자 하는 대상을 충실히 표현하고 있어야 한다.
③ 회계정보는 정보이용자의 당초 기대치를 확인 또는 수정할 수 있게 함으로써 의사결정에 차이를 가져올 수 있다.
④ 회계정보는 정보이용자가 기업실체의 과거, 현재 또는 미래 사건의 결과에 대한 예측을 하는 데 도움이 된다.

02 다음 중 주식배당으로 인한 영향으로 옳지 않은 것은?

① 미교부주식배당금만큼 부채가 증가한다.
② 순자산의 유출없이 배당효과를 얻을 수 있다.
③ 자본금은 증가하지만 이익잉여금은 감소한다.
④ 자본 총액은 변동이 없으나 주식수는 증가한다.

03 다음은 (주)한공의 12월 중 상품 매매 자료이다. 재고자산의 평가방법을 선입선출법으로 적용할 경우 매출원가와 기말재고자산은 각각 얼마인가?

일자	구분	수량	단가
12월 1일	기초재고	100개	1,000원
12월 5일	외상매입	100개	1,200원
12월 9일	상품매출	150개	4,000원
12월 15일	외상매입	100개	1,400원

	매출원가	기말재고자산
①	180,000원	200,000원
②	160,000원	180,000원
③	180,000원	180,000원
④	160,000원	200,000원

04 다음의 거래에 대한 회계처리로 옳은 것은?

기계장치를 1,000,000원에 취득하고 대금은 보통예금으로 수령했던 정부보조금 1,000,000원(상환의무 없음)으로 이체하여 지급하다.

㉮ (차) 기계장치 1,000,000원
　(대) 정부보조금 1,000,000원
　　(보통예금 차감)

㉯ (차) 보통예금 1,000,000원
　(대) 정부보조금 1,000,000원
　　(기계장치 차감)

㉰ (차) 기계장치 1,000,000원
　　정부보조금 1,000,000원
　　(보통예금 차감)
　(대) 보통예금 1,000,000원
　　정부보조금 1,000,000원
　　(기계장치 차감)

㉱ (차) 기계장치 1,000,000원
　　정부보조금 1,000,000원
　　(기계장치 차감)
　(대) 보통예금 1,000,000원
　　정부보조금 1,000,000원
　　(보통예금 차감)

① ㉮ ② ㉯
③ ㉰ ④ ㉱

05 다음 자료를 토대로 퇴직금추계액을 계산하면 얼마인가?

퇴직급여충당부채	
4/5 보통예금 2,000,000	1/1 전기이월 6,000,000

〈결산정리사항〉
12월 31일 (차) 퇴직급여 3,000,000원
　(대) 퇴직급여충당부채 3,000,000원

① 1,000,000원 ② 4,000,000원
③ 7,000,000원 ④ 9,000,000원

06 다음은 (주)한공의 기계장치 관련 거래 내용이다. 2024년 손익계산서에 반영되는 기계장치의 감가상각비(월할계산)는 얼마인가?

> • 2024년 1월 1일
> 기계장치 20,000,000원 취득(내용연수 5년, 잔존가치 0원, 정액법 상각)
> • 2024년 7월 1일
> 기계장치에 대하여 5,400,000원의 자본적지출이 발생하였으며, 이로 인한 내용연수 증가는 없다.

① 4,000,000원 ② 4,600,000원
③ 5,080,000원 ④ 5,200,000원

07 다음 중 부가가치세 과세대상 용역의 공급이 아닌 것은?

① 의료보건용역 중 의약품의 조제용역을 제공하는 경우
② 특수관계인에게 사업용 부동산을 무상으로 임대하는 경우
③ 산업재산권을 대여하는 경우
④ 건설업자가 건설용역을 제공하면서 건설자재의 일부를 부담하는 경우

08 다음은 제조업을 영위하는 (주)한공의 거래내용이다. 2024년 제2기 부가가치세 매출세액에서 공제받을 수 없는 매입세액은 모두 얼마인가? 단, 필요한 세금계산서는 적법하게 수취하였다.

일 자	거 래 내 용	매입세액
8월 18일	기계장치 매입	80,000,000원
10월 26일	접대비 지출	15,000,000원
11월 19일	공장부지의 조성관련 지출	70,000,000원
12월 27일	종업원 식대	3,000,000원

① 70,000,000원 ② 73,000,000원
③ 85,000,000원 ④ 88,000,000원

09 다음 중 소득세 과세대상 근로소득인 것은?

① 사회통념상 타당한 범위의 경조금
② 비출자임원이 사택을 제공받아 얻은 이익
③ 근로자가 사내급식으로 제공받는 식사
④ 근로자가 연 1회 지급받은 휴가비

10 다음은 (주)공인에 근무하는 거주자 김한공(남성, 52세) 씨의 2024년말 현재 부양가족 현황이다. 김한공 씨가 적용받을 수 있는 기본공제와 추가공제의 합계액은 얼마인가?

가. 김한공 씨의 종합소득금액: 60,000,000원
나. 부양가족 현황(모두 생계를 같이 함)

구분	나이	소득	비고
배우자	50세	없음	
자녀	15세	없음	장애인임
부친	79세	사업소득금액 500만원	
모친	73세	없음	

① 6,000,000원 ② 7,000,000원
③ 8,000,000원 ④ 9,000,000원

(주)바비산업(회사코드 2167)은 장난감 제조업을 영위하는 법인기업으로 회계기간은 제6기(2024.1.1. ~ 2024.12.31.)이다. 제시된 자료와 [자료설명]을 참고하여 [수행과제]를 완료하고 [평가문제]의 물음에 답하시오.

실무수행 유의사항	1. 부가가치세 관련거래는 [매입매출전표입력]메뉴에 입력하고, 부가가치세 관련 없는 거래는 [일반전표입력]메뉴에 입력한다. 2. 타계정 대체와 관련된 적요는 반드시 코드를 입력하여야 한다. 3. 채권·채무, 예금거래 등 관리대상 거래자료에 대하여는 거래처코드를 반드시 입력한다. 4. 자금관리 등 추가 작업이 필요한 경우 문제의 요구에 따라 추가 작업하여야 한다. 5. 제조경비는 500번대 계정코드를 사용한다. 6. 판매비와 관리비는 800번대 계정코드를 사용한다. 7. 등록된 계정과목 중 가장 적절한 계정과목을 선택한다.

실무수행 ⊙ 거래자료입력

실무프로세스 자료이다. [자료설명]을 참고하여 [수행과제]를 수행하시오.

1 3만원 초과 거래자료에 대한 영수증수취명세서 작성

일련번호	087	기부금 영수증	
1. 기부자			
성명(법인명)	(주)바비산업	주민등록번호 (사업자등록번호)	120-81-32144
주소(소재지)	서울특별시 서대문구 충정로7길 12		
2. 기부금 단체			
단 체 명	(재)서울대학교발전재단	사업자등록번호 (고유번호)	112-82-00240
소 재 지	서울특별시 관악구 관악로 1	기부금공제대상 기부금단체 근거법령	법인세법 제24조 2항

4. 기부내용

유 형	코드	구분	연월일	내 용	기 부 금 액			
					합계	공제대상 기부금액	공제제외 기부금	
							기부장려금 신청금액	기타
특례기부금	10	금전	2024.1.10	발전기금	5,000,000	5,000,000		

자료설명	1. 비영리법인인 '(재)서울대학교발전재단'에 발전기금을 현금으로 기부하고 수취한 기부금영수증이다. 2. 이 거래가 지출증명서류 미수취가산세 대상인지를 검토하려고 한다.
수행과제	1. 거래자료를 입력하시오. 2. 영수증수취명세서(2)와 (1)서식을 작성하시오.

2 약속어음 수취거래, 만기결제, 할인 및 배서양도

전 자 어 음

(주)바비산업 귀하　　　　00420240125123456780

금 이천이백만원정　　　　22,000,000원

위의 금액을 귀하 또는 귀하의 지시인에게 지급하겠습니다.

지급기일	2024년 5월 25일	**발행일**	2024년 1월 25일
지 급 지	국민은행	**발행지 주 소**	서울 강남구 강남대로 399-20
지급장소	서대문지점	**발행인**	(주)아이나라

자료설명	(주)아이나라 제품매출시 보관 중이던 전자어음을 2월 25일에 국민은행에서 할인하고, 할인료를 차감한 잔액은 국민은행 보통예금계좌에 입금받았다. (단, 할인율은 연 12%, 월할계산, 매각거래로 처리할 것.)
수행과제	1. 어음의 할인과 관련된 거래자료를 입력하시오. 2. 자금관련정보를 입력하여 받을어음현황에 반영하시오.

3 리스회계

<table>
<tr><td colspan="9">전자계산서 (공급받는자 보관용)</td><td colspan="3">승인번호</td><td></td></tr>
<tr><td rowspan="6">공급자</td><td>등록번호</td><td colspan="4">306-81-18407</td><td rowspan="6">공급받는자</td><td>등록번호</td><td colspan="5">120-81-32144</td></tr>
<tr><td>상호</td><td>(주)우리캐피탈</td><td>성명
(대표자)</td><td colspan="2">정연기</td><td>상호</td><td>(주)바비산업</td><td>성명
(대표자)</td><td colspan="3">박세리</td></tr>
<tr><td>사업장
주소</td><td colspan="4">대전광역시 서구 대덕대로 239</td><td>사업장
주소</td><td colspan="5">서울 서대문구 충정로7길 12</td></tr>
<tr><td>업태</td><td>금융서비스업</td><td colspan="3">종사업장번호</td><td>업태</td><td>제조업외</td><td colspan="4">종사업장번호</td></tr>
<tr><td>종목</td><td>대출및리스</td><td colspan="3"></td><td>종목</td><td>장난감외</td><td colspan="4"></td></tr>
<tr><td>E-Mail</td><td colspan="4">woori@bill36524.com</td><td>E-Mail</td><td colspan="5">barbie@bill36524.com</td></tr>
<tr><td colspan="2">작성일자</td><td colspan="2">2024.3.20.</td><td>공급가액</td><td colspan="3">880,000</td><td>비 고</td><td colspan="4"></td></tr>
<tr><td>월</td><td>일</td><td colspan="2">품목명</td><td>규격</td><td>수량</td><td>단가</td><td colspan="3">공급가액</td><td colspan="3">비고</td></tr>
<tr><td>3</td><td>20</td><td colspan="2">기계장비리스</td><td></td><td></td><td></td><td colspan="3">880,000</td><td colspan="3"></td></tr>
<tr><td colspan="2">합계금액</td><td>현금</td><td>수표</td><td>어음</td><td colspan="2">외상미수금</td><td colspan="6" rowspan="2">이 금액을 ○ 영수 ◉ 청구 함</td></tr>
<tr><td colspan="2">880,000</td><td></td><td></td><td></td><td colspan="2">880,000</td></tr>
</table>

자료설명	(주)우리캐피탈과 운용리스계약을 맺고 공장 기계설비를 사용하고 있으며, 3월분 리스료에 대하여 발급받은 전자계산서이다.
수행과제	거래자료를 입력하시오. (임차료로 처리하며, 전자계산서와 관련된 거래는 '전자입력'으로 처리할 것.)

실무수행 ◎ 부가가치세관리

부가가치세 신고 관련 자료이다. [자료설명]을 참고하여 [수행과제]를 수행하시오.

1 전자세금계산서 발급

거래명세서 (공급자 보관용)

공급자					공급받는자				
등록번호	120-81-32144				등록번호	220-81-15085			
상호	(주)바비산업	성명	박세리		상호	(주)아이토이	성명	박상진	
사업장 주소	서울 서대문구 충정로7길 12				사업장 주소	서울 서초구 강남대로 156-4			
업태	제조업외	종사업장번호			업태	도소매업	종사업장번호		
종목	장난감외				종목	장난감			

거래일자	미수금액	공급가액	세액	총 합계금액
2024.4.28.		12,000,000	1,200,000	13,200,000

NO	월	일	품목명	규격	수량	단가	공급가액	세액	합계
1	4	28	미니카 장난감		400	30,000	12,000,000	1,200,000	13,200,000

자료설명	(주)아이토이에 제품을 공급하고 전자세금계산서를 발급·전송하였다. 대금은 다음 달 10일까지 국민은행 보통예금계좌로 입금받기로 하였다.
수행과제	1. 거래명세서에 의해 매입매출자료를 입력하시오 2. 전자세금계산서 발행 및 내역관리 를 통하여 발급·전송하시오. (전자세금계산서 발급 시 결제내역 및 전송일자는 고려하지 않을 것.)

2 수정전자세금계산서 발급

<table>
<tr><td colspan="6">전자세금계산서 (공급자 보관용)</td><td colspan="2">승인번호</td><td colspan="4"></td></tr>
<tr><td rowspan="6">공급자</td><td>등록번호</td><td colspan="4">120-81-32144</td><td rowspan="6">공급받는자</td><td>등록번호</td><td colspan="4">120-81-32159</td></tr>
<tr><td>상호</td><td>(주)바비산업</td><td>성명(대표자)</td><td colspan="2">박세리</td><td>상호</td><td>(주)가가랜드</td><td>성명(대표자)</td><td colspan="2">이유진</td></tr>
<tr><td>사업장 주소</td><td colspan="4">서울 서대문구 충정로7길 12</td><td>사업장 주소</td><td colspan="4">인천 남동구 정각로 16(구월동)</td></tr>
<tr><td>업태</td><td>제조업외</td><td colspan="3">종사업장번호</td><td>업태</td><td>도소매업</td><td colspan="3">종사업장번호</td></tr>
<tr><td>종목</td><td>장난감외</td><td colspan="3"></td><td>종목</td><td>장난감</td><td colspan="3"></td></tr>
<tr><td>E-Mail</td><td colspan="4">barbie@bill36524.com</td><td>E-Mail</td><td colspan="4">gaga@bill36524.com</td></tr>
<tr><td colspan="2">작성일자</td><td>2024.5.23.</td><td>공급가액</td><td colspan="3">20,000,000</td><td>세 액</td><td colspan="4">2,000,000</td></tr>
<tr><td colspan="2">비고</td><td colspan="10"></td></tr>
<tr><td>월</td><td>일</td><td>품목명</td><td>규격</td><td>수량</td><td>단가</td><td>공급가액</td><td>세액</td><td colspan="4">비고</td></tr>
<tr><td>5</td><td>23</td><td>장난감인형</td><td></td><td>400</td><td>50,000</td><td>20,000,000</td><td>2,000,000</td><td colspan="4"></td></tr>
<tr><td>합계금액</td><td>현금</td><td>수표</td><td>어음</td><td>외상미수금</td><td colspan="7" rowspan="2">이 금액을 ○ 영수 ◉ 청구 함</td></tr>
<tr><td>22,000,000</td><td></td><td></td><td></td><td>22,000,000</td></tr>
</table>

자료설명	1. 5월 23일 (주)가가랜드에 제품을 공급하고 전자세금계산서를 거래일에 발급·전송하였다. 2. 5월 31일 대금지급기한에 대한 협의에 따라 이미 납품한 품목의 공급가액을 2% 할인하기로 결정하였다.
수행과제	수정사유를 선택하여 공급가액 변동에 따른 수정전자세금계산서를 발급·전송하시오.(매출할인에 대해서만 회계처리하며, 외상대금 및 제품매출에서 음수(−)로 처리하고 전자세금계산서 발급 시 결제내역 및 전송일자는 무시할 것.)

3 건물등감가상각자산취득명세서 작성자의 부가가치세신고서 작성

자료 1. 기계장치 수선비 자료

전자세금계산서 (공급받는자 보관용) 승인번호

공급자	등록번호	106-81-57571			공급받는자	등록번호	120-81-32144		
	상호	(주)코스모산업	성명(대표자)	이은종		상호	(주)바비산업	성명(대표자)	박세리
	사업장 주소	서울 서대문구 충정로 7길 28-22 (충정로3가)				사업장 주소	서울 서대문구 충정로7길 12		
	업태	제조업	종사업장번호			업태	제조업외	종사업장번호	
	종목	전자기기				종목	장난감외		
	E-Mail	cosmo@bill36524.com				E-Mail	barbie@bill36524.com		

작성일자	2024.7.5.	공급가액	8,000,000	세 액	800,000
비고					

월	일	품목명	규격	수량	단가	공급가액	세액	비고
7	5	프레스기계 수리비				8,000,000	800,000	

합계금액	현금	수표	어음	외상미수금	이 금액을	○ 영수 / ◉ 청구	함
8,800,000				8,800,000			

자료 2. 건물신축공사 계약금 자료

전자세금계산서 (공급받는자 보관용) 승인번호

공급자	등록번호	108-81-21220			공급받는자	등록번호	120-81-32144		
	상호	(주)성신산업	성명(대표자)	이재용		상호	(주)바비산업	성명(대표자)	박세리
	사업장 주소	서울 서대문구 충정로7길 12 (충정로2가)				사업장 주소	서울 서대문구 충정로7길 12		
	업태	건설업	종사업장번호			업태	제조업외	종사업장번호	
	종목	건축공사				종목	장난감외		
	E-Mail	sungsin@bill36524.com				E-Mail	barbie@bill36524.com		

작성일자	2024.8.20.	공급가액	150,000,000	세 액	15,000,000
비고					

월	일	품목명	규격	수량	단가	공급가액	세액	비고
8	20	공장신축공사계약금				150,000,000	15,000,000	

합계금액	현금	수표	어음	외상미수금	이 금액을	◉ 영수 / ○ 청구	함
165,000,000							

자료 3. 태블릿PC 구입

신용카드매출전표

카드종류: 삼성카드
회원번호: 5680-6017-****-40**
거래일시: 2024.9.30. 10:01:23
거래유형: 신용승인
매　　출: 900,000원
부 가 세: 90,000원
합　　계: 990,000원
품　　명: 아이패드
결제방법: 일시불
승인번호: 98776544

가맹점명: 쿠팡(주)

- 이 하 생 략 -

자료설명	자료 1. 생산부에서 사용중인 기계장치 수선비에 대해 발급받은 전자세금계산서이다.(자본적지출로 처리할 것.) 자료 2. 제2공장 건물 신축공사 계약금을 국민은행 보통예금 계좌에서 이체하여 지급하고 발급받은 전자세금계산서이다. 자료 3. 쿠팡(주)로부터 대표이사 박세리의 자녀가 개인적으로 사용할 태블릿PC(아이패드)를 구입하고 수취한 신용카드매출전표이다. ('가지급금'계정으로 처리하며, 거래처 코드: 03090.박세리 사용할 것
수행과제	1. 자료 1 ~ 자료 3에 대한 거래자료를 매입매출전표 및 일반전표에 입력 하시오. (전자세금계산서와 관련된 거래는 '전자입력'으로 처리할 것.) 2. 제2기 예정 신고기간의 건물등감가상각자산취득명세서를 작성하시오. 3. 제2기 예정 부가가치세 신고서에 반영하시오.

4 대손세액공제신고서 작성자의 부가가치세신고서 작성

자료.

전자세금계산서 (공급자 보관용) 승인번호

구분	항목	내용	항목	내용	구분	항목	내용	항목	내용
공급자	등록번호	120-81-32144			공급받는자	등록번호	109-81-25501		
	상호	(주)바비산업	성명(대표자)	박세리		상호	(주)카오물산	성명(대표자)	안성문
	사업장 주소	서울 서대문구 충정로7길 12				사업장 주소	서울 서대문구 충정로7길 115		
	업태	제조업외	종사업장번호			업태	도소매업	종사업장번호	
	종목	장난감외				종목	전자제품외		
	E-Mail	barbie@bill36524.com				E-Mail	cao@bill36524.com		

작성일자	2021.10.10.	공급가액	2,000,000	세 액	200,000
비고					

월	일	품목명	규격	수량	단가	공급가액	세액	비고
10	10	광선검 장난감		100	20,000	2,000,000	200,000	

합계금액	현금	수표	어음	외상미수금	이 금액을 ○ 영수 ◉ 청구 함
2,200,000				2,200,000	

자료설명	1. 자료는 (주)카오물산과의 매출거래 시에 발급한 전자세금계산서이다. 2. (주)카오물산의 외상매출금 2,200,000원은「채무자 회생 및 파산에 관한 법률」에 따른 회수불능파산채권으로 2024년 12월 20일에 확정되었다.(단, 대손사유는 '1.파산'으로 입력할 것.)
수행과제	1. 자료에 대한 대손요건을 판단하여 제2기 부가가치세 확정 신고기간의 대손세액공제신고서를 작성하시오. 2. 대손세액 및 전자신고세액공제를 반영하여 제2기 부가가치세 확정신고서를 작성하시오. - 제2기 부가가치세 확정신고서를 홈택스에서 전자신고하여 전자신고세액공제 10,000원을 공제받기로 한다. 3. 대손확정일(12월 20일)의 대손세액공제 및 대손채권(외상매출금)에 대한 회계처리를 입력하시오.

평가문제 실무수행평가

입력자료 및 회계정보를 조회하여 [평가문제]의 답안을 입력하시오. (70점)

평가문제 답안입력 유의사항

❶ 답안은 지정된 단위의 숫자로만 입력해 주십시오.
* 한글 등 문자 금지, 콤마(,) 외 기호 금지

	정답	오답(예)
(1) **금액은 원 단위로 숫자를 입력**하되, 천 단위 콤마(,)는 생략 가능합니다. (1-1) 답이 0원인 경우 반드시 "0" 입력 (1-2) 답이 음수(-)인 경우 숫자 앞에 "-" 입력 (1-3) 답이 소수인 경우 반드시 "." 입력	1,245,000 1245000	1.245.000 1,245,000원 1,245,0000 12,45,000 1,245천원
(2) 질문에 대한 **답안은 숫자로만 입력**하세요.	4	04 4/건/매/명 04건/매/명
(3) **거래처 코드번호는 5자리로 입력**하세요.	00101	101 00101번

❷ 답안에 천원단위(000) 입력시 더존 프로그램 숫자 입력 방법과 다르게 숫자키패드 '+' 기능은 지원되지 않습니다.

❸ 더존 프로그램에서 조회되는 자료를 복사하여 붙여넣기가 가능합니다.

❹ 수행과제를 올바르게 입력하지 않고 작성한 답과 모범답안이 다른 경우 오답처리됩니다.

◉ [실무수행평가] – 부가가치세관리

번호	평 가 문 제	배점
11	**평가문제 [계산서합계표 조회]** 제1기 예정 신고기간의 면세계산서 수취금액은 얼마인가?	1
12	**평가문제 [세금계산서합계표 조회]** 제1기 확정 신고기간의 거래처 '(주)가가랜드'에 전자발급된 세금계산서 공급가액은 얼마인가?	2
13	**평가문제 [세금계산서합계표 조회]** 제1기 확정 신고기간의 매출전자세금계산서 발급매수는 총 몇매인가?	2
14	**평가문제 [매입매출전표입력 조회]** 5월 23일자 수정세금계산서의 수정입력사유 코드번호를 입력하시오.	2
15	**평가문제 [건물등감가상각자산취득명세서 조회]** 제2기 예정 신고기간의 건물등감가상각취득명세서에서 조회되는 기계장치(자산구분코드 2)공급가액은 얼마인가?	3
16	**평가문제 [부가가치세신고서 조회]** 제2기 예정 신고기간 부가가치세신고서의 세금계산서수취부분_고정자산매입(11란) 금액은 얼마인가?	2
17	**평가문제 [부가가치세신고서 조회]** 제2기 예정 신고기간의 부가가치세 신고시에 작성되는 부가가치세 첨부서류에 해당하지 않는 것은? ① 세금계산서합계표 ② 신용카드매출전표수령금액합계표 ③ 건물등감가상각자산취득명세서 ④ 공제받지못할매입세액명세서	2
18	**평가문제 [대손세액공제신고서 조회]** 제2기 확정 신고기간 대손세액공제신고서에 관한 설명으로 옳지 않은 것은? ① 당초공급일은 2021년 10월 10일이다 ② 대손확정일은 과세기간종료일인 2024년 12월 31일이다 ③ 대손금액으로 입력할 금액은 2,200,000원이다 ④ 대손세액공제는 부가가치세 확정 신고기간에만 적용가능하다	3
19	**평가문제 [부가가치세신고서 조회]** 제2기 확정 신고기간 부가가치세신고서의 대손세액가감(8란) 세액은 얼마인가?	3
20	**평가문제 [부가가치세신고서 조회]** 제2기 확정 신고기간의 부가가치세 차가감납부할세액(27란)은 얼마인가?	2
부가가치세 소계		**22**

실무수행 ◎ 결산

[결산자료]를 참고하여 결산을 수행하시오.(단, 제시된 자료 이외의 자료는 없다고 가정함.)

1 수동결산

자료설명	결산일 현재 보유한 외화 부채는 다음과 같다.
수행과제	결산정리분개를 입력하시오.

계정과목	발생일자	거래처	금액	발생시 환율	결산시 환율
외화 장기차입금	2024.11.10.	원캐피탈	$30,000	1,350원/$	1,200원/$

2 결산자료입력에 의한 자동결산

자료설명

1. 기말 단기대여금 잔액에 대하여 1%의 대손충당금을 보충법으로 설정한다.
2. 기말재고자산 현황

구 분	평가액
원재료	5,250,000원
재공품	8,300,000원
제 품	26,400,000원

3. 이익잉여금처분계산서 처분 예정(확정)일
   - 당기: 2025년 2월 28일
   - 전기: 2024년 2월 28일

수행과제

결산을 완료하고 이익잉여금처분계산서에서 손익대체분개를 하시오.
(단, 이익잉여금처분내역은 없는 것으로 하고 미처분이월이익잉여금 전액을 이월이익잉여금으로 이월하기로 할 것.)

◉ [실무수행평가] – 재무회계

번호	평 가 문 제	배점
21	**평가문제 [영수증수취명세서 조회]** 영수증수취명세서(1)에 반영되는 '11.명세서제출 제외대상' 금액은 얼마인가?	2
22	**평가문제 [받을어음현황 조회]** 1/4분기(1월~3월)에 할인받은 받을어음의 총액은 얼마인가?	2
23	**평가문제 [일/월계표 조회]** 1월에 발생한 영업외비용 금액은 얼마인가?	2
24	**평가문제 [일/월계표 조회]** 2월에 발생한 영업외비용 금액은 얼마인가?	1
25	**평가문제 [일/월계표 조회]** 1/4분기(1월~3월)에 발생한 임차료(제조)는 얼마인가?	1
26	**평가문제 [일/월계표 조회]** 4/4분기(10월~12월)에 발생한 영업외수익 금액은 얼마인가?	1
27	**평가문제 [거래처원장 조회]** 4월 말 거래처별 외상매출금 잔액으로 옳지 않은 것은? ① 03010.(주)코코토이 4,400,000원 ② 03020.(주)진영토이 15,000,000원 ③ 03030.(주)보령산업 9,900,000원 ④ 03040.(주)아이토이 29,200,000원	2
28	**평가문제 [거래처원장 조회]** 6월 말 (주)가가랜드(코드 03050)의 외상매출금 잔액은 얼마인가?	1
29	**평가문제 [손익계산서 조회]** 당기 손익계산서의 대손상각비(판매관리비)는 얼마인가?	1
30	**평가문제 [재무상태표 조회]** 3월 말 미지급금 잔액은 얼마인가?	2
31	**평가문제 [재무상태표 조회]** 9월 말 가지급금 잔액은 얼마인가?	1
32	**평가문제 [재무상태표 조회]** 9월 말 유형자산 금액은 얼마인가?	2
33	**평가문제 [재무상태표 조회]** 12월 말 외화장기차입금 잔액은 얼마인가?	2
34	**평가문제 [재무상태표 조회]** 기말 재고자산 잔액은 얼마인가?	2
35	**평가문제 [재무상태표 조회]** 12월 말 이월이익잉여금(미처분이익잉여금) 잔액으로 옳은 것은? ① 432,442,126원 ② 448,900,518원 ③ 469,821,541원 ④ 487,852,916원	1
	재무회계 소계	**23**

실무수행 ◎ 근로소득관리

인사급여 관련 자료이다. [자료설명]을 참고하여 [수행과제]를 수행하시오.

1 주민등록등본에 의한 사원등록

자료. 김태현의 주민등록등본

문서확인번호 1/1

주 민 등 록 표
(등 본)

이 등본은 세대별 주민등록표의 원본내용과 틀림없음을 증명합니다.
담당자: 이등본 전화: 02-3149-0236
신청인: 김태현
용도 및 목적: 회사제출용
2024년 12월 31일

세대주 성명(한자)	김대현 (金太賢)	세대구성 사유 및 일자	전입 2021-10-05
현주소 : 서울특별시 성북구 동소문로 179-12			

번호	세대주 관계	성명 주민등록번호	전입일 / 변동일	변동사유
1	본인	김태현 800321-1216511		
2	배우자	현주영 810905-2027511	2021-10-05	전입
3	자녀	김선우 160123-4070784	2021-10-05	전입
4	자녀	김선아 240226-4000009	2024-02-26	출생
5	처남	현주성 830303-1850211	2021-10-05	전입

자료설명	사무직 사원 김태현(1004)의 사원등록을 위한 자료이다. 1. 부양가족은 김태현과 생계를 같이 한다. 2. 배우자 현주영은 고용보험으로부터 지급받는 육아휴직급여 12,000,000원이 있다. 3. 자녀인 김선우와 김선아는 소득이 없다. 4. 처남 현주성은 장애인복지법에 의한 청각장애인에 해당하며, 별도 소득이 없다. 5. 세부담을 최소화하는 방법으로 선택한다.
수행과제	[사원등록] 메뉴에서 부양가족명세를 작성하시오.

◉ [실무수행평가] – 근로소득관리 1

번호	평 가 문 제	배점
36	**평가문제 [김태현 근로소득원천징수영수증 조회]** '25.배우자' 공제대상액은 얼마인가?	2
37	**평가문제 [김태현 근로소득원천징수영수증 조회]** '26.부양가족' 공제대상 인원은 몇 명인가?	2
38	**평가문제 [김태현 근로소득원천징수영수증 조회]** '28.장애인' 공제대상액은 얼마인가?	2
39	**평가문제 [김태현 근로소득원천징수영수증 조회]** '37.차감소득금액' 은 얼마인가?	1
40	**평가문제 [김태현 근로소득원천징수영수증 조회]** '57.자녀세액공제' 세액공제액은 얼마인가?	2

2 일용직사원의 원천징수

자료 1. 일용직사원 관련정보

성 명	선우진(코드 2001)
거주구분(내국인 / 외국인)	거주자 / 내국인
주민등록번호	980305 – 1111119
입사일자	2024년 9월 20일

자료 2. 일용직급여내역

성 명	계산내역	9월의 근무일
선우진	1일 250,000원 × 총 5일 = 1,250,000원	20, 21, 22, 25, 26

자료설명	1. 자료 1, 2는 일용직 사원의 관련정보 및 급여지급내역이다. 2. 일용직 급여는 매일 지급하는 방식으로 한다. 3. 사회보험료 중 고용보험만 징수하기로 한다. 4. 제시된 사항 이외의 자료는 없는 것으로 한다.
수행과제	1. [일용직사원등록] 메뉴에 사원등록을 하시오. 2. [일용직급여입력] 메뉴에 급여내역을 입력하시오. 3. 9월 귀속분 원천징수이행상황신고서를 작성하시오.

◉ [실무수행평가] - 근로소득관리 2

번호	평 가 문 제	배점
41	**평가문제 [일용직(선우진) 9월 일용직급여입력 조회]** 공제항목 중 고용보험의 합계액은 얼마인가?	2
42	**평가문제 [일용직(선우진) 9월 일용직급여입력 조회]** 9월 급여의 공제총액 합계액은 얼마인가?	1
43	**평가문제 [9월 원천징수이행상황신고서 조회]** 근로소득 일용근로(A03) '5.총지급액'은 얼마인가?	1
44	**평가문제 [9월 원천징수이행상황신고서 조회]** 근로소득 일용근로(A03) '6.소득세 등' 금액은 얼마인가?	1
45	**평가문제 [9월 원천징수이행상황신고서 조회]** 근로소득 가감계(A10)의 '4.인원'은 몇 명인가?	1

3 국세청연말정산간소화 및 이외의 자료를 기준으로 연말정산

자료설명	사무직 문지훈(1005)의 연말정산을 위한 자료이다. 1. 사원등록의 부양가족현황은 사전에 입력되어 있다. 2. 부양가족은 문지훈과 생계를 같이 한다.
수행과제	[연말정산 근로소득원천징수영수증] 메뉴에서 연말정산을 완료하시오. 1. 사원등록의 부양가족명세를 수정하시오. (세부담을 최소화하는 방법으로 선택한다.) 2. 의료비는 [의료비] 탭에서 입력하며, 국세청자료는 공제대상 합계금액을 1건으로 집계하여 입력한다. 3. 신용카드는 [신용카드] 탭에서 입력한다. 4. 보험료와 교육비는 [소득공제] 탭에서 입력한다.

자료 1. 문지훈 사원의 부양가족등록 현황

연말정산관계	성명	주민번호	기타사항
0.본인	문지훈	741011-1111113	
1.소득자 직계존속	정진향	510102-2111116	일용근로소득 3,500,000원이 있다.
3.배우자	김은희	790502-2222221	총급여 5,000,000원과 기타소득 2,800,000원(분리과세 선택)이 있다.
4.직계비속	문소리	091215-3094119	비인가 대안학교에 다니고 있다.

자료 2. 국세청간소화서비스 및 기타증빙자료

2024년 귀속 소득·세액공제증명서류 : 기본(지출처별)내역 [의료비]

■ 환자 인적사항

성 명	주 민 등 록 번 호
정진향	510102-2******

■ 의료비 지출내역

(단위: 원)

사업자번호	상 호	종류	지출금액 계
109-04-16***	관절튼튼**병원	일반	3,700,000
106-05-81***	***안경원	일반	550,000
의료비 인별합계금액			3,700,000
안경구입비 인별합계금액			550,000
산후조리원 인별합계금액			0
인별합계금액			4,250,000

- 본 증명서류는 『소득세법』 제165조 제1항에 따라 영수증 발급기관으로부터 수집한 서류로 소득·세액공제 충족 여부는 근로자가 직접 확인하여야 합니다.
- 본 증명서류에서 조회되지 않는 내역은 영수증 발급기관에서 직접 발급받으시기 바랍니다.

2024년 귀속 소득·세액공제증명서류: 기본(사용처별)내역 [신용카드]

■ 사용자 인적사항

성 명	주 민 등 록 번 호
김은희	790502-2222***

■ 신용카드 등 사용금액 집계

일반	전통시장	대중교통	도서공연등	합계금액
12,500,000	5,500,000	0	0	18,000,000

- 본 증명서류는 『소득세법』 제165조 제1항에 따라 영수증 발급기관으로부터 수집한 서류로 소득·세액공제 충족 여부는 근로자가 직접 확인하여야 합니다.
- 본 증명서류에서 조회되지 않는 내역은 영수증 발급기관에서 직접 발급받으시기 바랍니다.

2024년 귀속 소득·세액공제증명서류: 기본(지출처별)내역 [보험료]

■ 계약자 인적사항

성 명	주 민 등 록 번 호
문지훈	741011-1111***

■ 보장성보험(장애인전용보장성보험) 납입내역

(단위: 원)

종류	상 호 / 사업자번호	보험종류 / 증권번호	주피보험자 / 종피보험자		납입금액 계
보장성	MIG손해보험(주)	**실손보험	741011-1111***	문지훈	480,000
	106-81-41***	100540651**			
보장성	신한생명보험(주)	(무)든든암보험	510102-2111***	정진향	960,000
	108-81-32***	004545217**			
인별합계금액					1,440,000

- 본 증명서류는 『소득세법』 제165조 제1항에 따라 영수증 발급기관으로부터 수집한 서류로 소득·세액공제 충족 여부는 근로자가 직접 확인하여야 합니다.
- 본 증명서류에서 조회되지 않는 내역은 영수증 발급기관에서 직접 발급받으시기 바랍니다.

2024년 귀속 소득·세액공제증명서류: 기본(지출처별)내역 [교육비]

■ 학생 인적사항

성 명	주 민 등 록 번 호
문지훈	741011-1111***

■ 교육비 지출내역

교육비종류	학교명	사업자번호	납입금액 계
대학교	***대학교	**3-83-21***	4,500,000
인별합계금액			4,500,000

- 본 증명서류는 『소득세법』 제165조 제1항에 따라 영수증 발급기관으로부터 수집한 서류로 소득·세액공제 충족 여부는 근로자가 직접 확인하여야 합니다.
- 본 증명서류에서 조회되지 않는 내역은 영수증 발급기관에서 직접 발급받으시기 바랍니다.

■ 소득세법 시행규칙 [별지 제44호서식]

(앞쪽)

<table>
<tr><td colspan="4">교 육 비 납 입 증 명 서</td></tr>
<tr><td colspan="2">① 상 호 　 별무리학교(대안학교)</td><td colspan="2">② 사업자등록번호 111-90-11114</td></tr>
<tr><td colspan="2">③ 대표자 　 박윤숙</td><td colspan="2">④ 전 화 번 호</td></tr>
<tr><td colspan="4">⑤ 주 소 　 충청남도 금산군 남일면 별무리1길 3</td></tr>
<tr><td rowspan="2">신청인</td><td>⑥ 성명 　 문지훈</td><td colspan="2">⑦ 주민등록번호 741011-1111113</td></tr>
<tr><td colspan="3">⑧ 주소 　 서울특별시 강남구 강남대로 302-2</td></tr>
<tr><td>대상자</td><td>⑨ 성명 　 문소리</td><td colspan="2">⑩ 신청인과의 관계 　 자</td></tr>
<tr><td colspan="4">Ⅰ. 교육비 부담 명세(2024년도)</td></tr>
<tr><td>⑪ 납부연월</td><td>⑫ 구 분</td><td>⑬ 총교육비(A)</td><td>⑭ 교육비 부담금액</td></tr>
<tr><td>2024. 3.</td><td>수업료</td><td>2,350,000</td><td>2,350,000</td></tr>
<tr><td>2024. 9.</td><td>수업료</td><td>2,350,000</td><td>2,350,000</td></tr>
<tr><td colspan="2">계</td><td>4,700,000</td><td>4,700,000</td></tr>
<tr><td colspan="4">이하 생략</td></tr>
</table>

◉ [실무수행평가] – 근로소득관리 3

번호	평 가 문 제	배점
46	**평가문제 [문지훈 근로소득원천징수영수증 조회]** '42.신용카드' 소득공제 공제대상액은 얼마인가?	2
47	**평가문제 [문지훈 근로소득원천징수영수증 조회]** '61.보장성보험' 세액공제액은 얼마인가?	3
48	**평가문제 [문지훈 근로소득원천징수영수증 조회]** '62.의료비' 세액공제액은 얼마인가?	2
49	**평가문제 [문지훈 근로소득원천징수영수증 조회]** '63.교육비' 세액공제액은 얼마인가?	2
50	**평가문제 [문지훈 근로소득원천징수영수증 조회]** '82.실효세율'은 몇 %인가? ① 1.4% ② 2.2% ③ 2.6% ④ 2.8%	1
	근로소득 소계	**25**

최신 기출문제 제68회

실무이론평가

아래 문제에서 특별한 언급이 없으면 기업의 보고기간(회계기간)은 매년 1월 1일부터 12월 31일까지입니다. 또한 기업은 일반기업회계기준 및 관련 세법을 계속적으로 적용하고 있다고 가정하고 물음에 가장 합당한 답을 고르시기 바랍니다.

01 다음은 제조업을 영위하고 있는 (주)한공의 박전무와 김대리의 대화내용이다. (가)와 (나)에 들어갈 항목으로 옳은 것은?

(박전무)
회사가 보유하고 있는 건물은 재무상태표에 어떻게 표시되고 있나요?

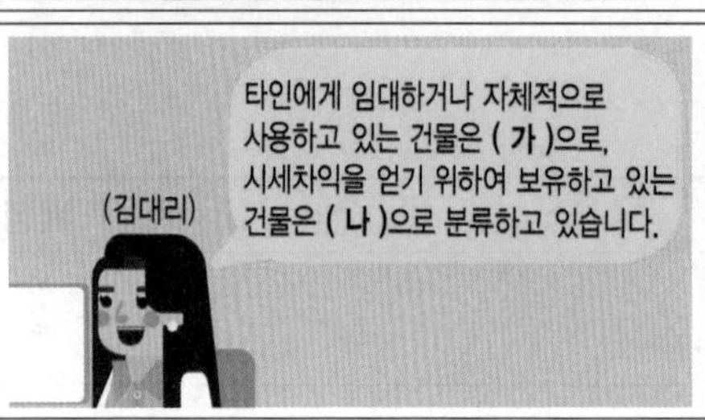
(김대리)
타인에게 임대하거나 자체적으로 사용하고 있는 건물은 (가)으로, 시세차익을 얻기 위하여 보유하고 있는 건물은 (나)으로 분류하고 있습니다.

	(가)	(나)
①	유형자산	재고자산
②	투자자산	재고자산
③	유형자산	투자자산
④	재고자산	유형자산

02 다음 자료를 토대로 (주)한공의 매출원가를 계산하면 얼마인가?

• 매출액	15,500,000원
• 판매비와관리비	4,500,000원
• 영업이익	1,000,000원
• 당기순이익	900,000원

① 11,100,000원　② 10,100,000원
③ 10,000,000원　④ 9,800,000원

03 (주)한공은 전기에 대손처리한 외상매출금 1,000,000원 중 500,000원을 현금으로 회수하였다. 이에 대한 회계처리로 옳은 것은?

㉮ (차) 현금 1,000,000원
　(대) 대손상각비 1,000,000원

㉯ (차) 현금 1,000,000원
　(대) 대손충당금 1,000,000원

㉰ (차) 현금 500,000원
　(대) 대손충당금 500,000원

㉱ (차) 대손충당금 500,000원
　(대) 현금 500,000원

① ㉮　② ㉯
③ ㉰　④ ㉱

04 다음은 (주)한공의 보험료 관련 자료이다. 결산 수정분개를 누락한 결과가 재무제표에 미치는 영향으로 옳은 것은?(월할계산 가정)

• 8월 1일 : 업무용 건물에 대한 1년분 화재 보험료 720,000원을 현금으로 지급하고, 전액 선급비용(자산)으로 처리하였다.
• 12월 31일 : 결산 시 보험료에 대한 결산수정 분개를 누락하였다.

① 손익계산서에 보험료 420,000원이 과소계상된다.
② 손익계산서의 영업이익이 300,000원이 과대계상된다.
③ 재무상태표에 유동부채 300,000원이 과소계상된다.
④ 재무상태표에 유동자산 420,000원이 과대계상된다.

05 다음 중 사채의 시장이자율과 액면이자율의 관계를 바르게 설명한 것은?

① 사채할인발행차금은 시장이자율보다 액면이자율이 낮을 경우 발생한다.
② 사채할인발행차금은 시장이자율보다 액면이자율이 높을 경우 발생한다.
③ 사채할증발행차금은 시장이자율과 액면이자율이 같을 경우 발생한다.
④ 사채할증발행차금은 시장이자율에 의해 영향을 받지 않는다.

06 **다음은 (주)한공이 당기에 취득하여 보유중인 유가증권(시장성 있음) 내역이다. 기말 결산 시 유가증권의 평가결과로 옳은 것은?**

보유목적	종류	주식수	액면단가	취득단가	기말공정 가치
단기매매	A주식	1,000주	5,000원	@6,000원	@7,000원
단기매매	B주식	3,000주	5,000원	@8,000원	@5,000원
장기보유	C주식	2,000주	5,000원	@7,000원	@9,000원

① 당기순이익이 4,000,000원 감소한다.
② 당기순이익이 4,000,000원 증가한다.
③ 당기순이익이 8,000,000원 감소한다.
④ 당기순이익이 8,000,000원 증가한다.

07 **다음 중 부가가치세법상 면세와 관련한 설명으로 옳지 않은 것은?**

① 면세사업자는 부가가치세법에 따른 사업자등록의무가 없다.
② 면세사업자는 면세포기를 하여야만 영세율을 적용받을 수 있다.
③ 면세는 수출산업을 지원하기 위한 목적으로 도입되었다.
④ 국가에 무상으로 공급하는 재화 또는 용역에 대해서는 면세가 적용된다.

08 **다음 자료를 토대로 (주)한공의 2024년 제2기 부가가치세 확정신고 시 과세표준을 계산하면 얼마인가?(단, 주어진 자료에는 부가가치세가 포함되지 아니하였다.)**

- 제품 매출액: 100,000,000원
- 국가에 무상으로 기증한 제품: 30,000,000원 (시가)
- 화재로 인하여 소실된 제품: 12,000,000원 (시가)
- 중고 기계장치 처분액: 10,000,000원

① 100,000,000원 ② 110,000,000원
③ 122,000,000원 ④ 140,000,000원

09 **다음 중 소득세법상 사업소득에 대한 설명으로 옳은 것은?**

① 논·밭을 작물생산에 이용하게 함으로써 발생하는 소득은 비과세된다.
② 대표자 본인에 대한 급여는 필요경비로 인정된다.
③ 원천징수대상 사업소득은 분리과세되어 원천징수로써 납세의무가 종결된다.
④ 사업용 고정자산에 해당하는 토지를 양도함으로써 발생하는 차익은 사업소득금액 계산 시 총수입금액에 산입한다.

10 **다음 자료를 토대로 (주)한공에 근무하는 김회계 씨의 2024년도 총급여액을 계산하면 얼마인가?**

가. 기본급: 56,000,000원
나. 직책수당: 6,000,000원
다. 식대보조금: 2,400,000원
(월 20만원, 별도의 식사를 제공받았음.)
라. 자가운전보조금: 1,200,000원
(월 10만원, 실제 여비를 받지 않았음.)

① 58,400,000원 ② 62,000,000원
③ 64,400,000원 ④ 65,600,000원

실무수행평가

(주)리빙산업(회사코드 2168)은 식기세척기 제조업을 영위하는 법인기업으로 회계기간은 제7기 (2024.1.1. ~ 2024.12.31.)이다. 제시된 자료와 자료설명을 참고하여, [수행과제]를 완료하고 [평가문제]의 물음에 답하시오.

실무수행 유의사항	1. 부가가치세 관련거래는 [매입매출전표입력]메뉴에 입력하고, 부가가치세 관련 없는 거래는 [일반전표입력]메뉴에 입력한다. 2. 타계정 대체와 관련된 적요는 반드시 코드를 입력하여야 한다. 3. 채권·채무, 예금거래 등 관리대상 거래자료에 대하여는 거래처코드를 반드시 입력한다. 4. 자금관리 등 추가 작업이 필요한 경우 문제의 요구에 따라 추가 작업하여야 한다. 5. 제조경비는 500번대 계정코드를 사용한다. 6. 판매비와 관리비는 800번대 계징코드를 사용한다. 7. 등록된 계정과목 중 가장 적절한 계정과목을 선택한다.

실무수행 ◎ 거래자료입력

실무프로세스 자료이다. [자료설명]을 참고하여 [수행과제]를 수행하시오.

1 3만원초과 거래자료에 대한 경비등송금명세서 작성

자료 1.

납 품 확 인 증

(주)리빙산업 귀하

품 명	배추
금 액	300,000 원

위와 같이 납품하였음을 확인함.

2024년 1월 10일

성 명: 이복길 (인)
주민등록번호: 540320-2178111
주 소: 경기 가평군 수목원로 101
계 좌 번 호: 우리은행 110154-21-210

자료 2.

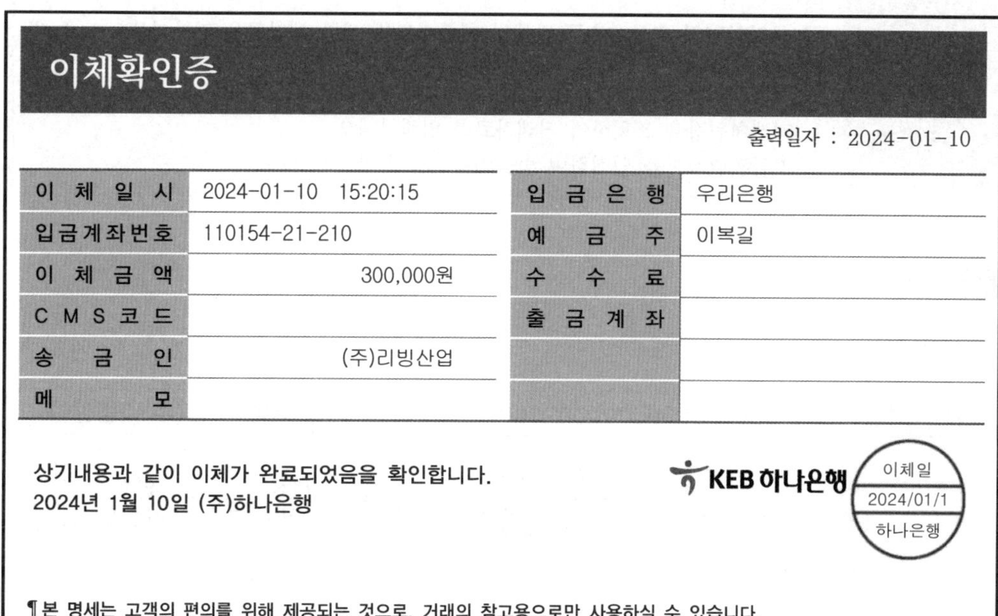

이체확인증

출력일자 : 2024-01-10

이체일시	2024-01-10 15:20:15	입금은행	우리은행
입금계좌번호	110154-21-210	예금주	이복길
이체금액	300,000원	수수료	
CMS코드		출금계좌	
송금인	(주)리빙산업		
메모			

상기내용과 같이 이체가 완료되었음을 확인합니다.
2024년 1월 10일 (주)하나은행

KEB 하나은행 (이체일 2024/01/1 하나은행)

¶본 명세는 고객의 편의를 위해 제공되는 것으로, 거래의 참고용으로만 사용하실 수 있습니다.

자료설명	1. 자료 1은 본사 관리부 직원 구내식당에서 사용할 배추를 농민에게 직접 구입하고 받은 납품확인증이다. 2. 자료 2는 구입대금을 당사 하나은행 보통예금계좌에서 송금한 이체확인증이다.
수행과제	1. 거래자료를 입력하시오. 2. 경비등송금명세서를 작성하시오.(단, 영수증수취명세서 작성은 생략할 것.)

2 약속어음 수취거래

전 자 어 음

(주)리빙산업 귀하 00420240330123456789

금 일천만원정 10,000,000원

위의 금액을 귀하 또는 귀하의 지시인에게 지급하겠습니다.

지급기일	2024년 6월 30일	발행일	2024년 3월 30일
지급지	국민은행	발행지 주소	서울 송파구 송파대로 170
지급장소	서대문지점	발행인	(주)중앙산업

자료설명	[3월 30일] (주)중앙산업의 외상매출금 잔액과 제품매출에 대한 계약금을 전자어음으로 수취하였다.
수행과제	1. 거래처원장을 조회하여 거래자료를 입력하시오. 2. 자금관련정보를 입력하여 받을어음현황에 반영하시오.

3 기타 일반거래

자료. 배당금 지급안내문

배정내역	주주번호	000050000020005*****	주주명	(주)리빙산업

<table>
<tr><th rowspan="2">주주
구분</th><th rowspan="2">주식
종류</th><th rowspan="2">배당
일수</th><th rowspan="2">소유
주식수</th><th colspan="2">배당(정)률</th><th rowspan="2">배당금</th><th rowspan="2">배정
주식수</th><th rowspan="2">단수주</th><th rowspan="2">단주
기준가</th><th rowspan="2">단주
대금
지급액</th></tr>
<tr><th>현금
배당율</th><th>주식
배정율</th></tr>
<tr><td rowspan="3">실물
소유분
(명부)</td><td>보통주</td><td></td><td></td><td></td><td></td><td></td><td></td><td></td><td></td><td></td></tr>
<tr><td></td><td></td><td></td><td></td><td></td><td></td><td></td><td></td><td></td><td></td></tr>
<tr><td></td><td></td><td></td><td></td><td></td><td></td><td></td><td></td><td></td><td></td></tr>
<tr><td rowspan="3">증권회사
위탁분
(실질)</td><td>보통주</td><td>365</td><td>1,000</td><td>0.154</td><td></td><td>1,240,000</td><td></td><td></td><td></td><td></td></tr>
<tr><td></td><td></td><td></td><td></td><td></td><td></td><td></td><td></td><td></td><td></td></tr>
<tr><td></td><td></td><td></td><td></td><td></td><td></td><td></td><td></td><td></td><td></td></tr>
</table>

자료설명	1. 투자목적으로 보유하고 있는 (주)삼성전자 주식에 대한 연차배당이 3월 31일 주주총회에서 결의되어 배당금 지급안내문을 받았다. 해당 배당금은 4월 20일 입금될 예정이다. 2. (주)삼성전자 주식은 단기매매증권으로 분류되어 있다.
수행과제	3월 31일 결의일자에 거래자료를 입력하시오.

실무수행 ◎ 부가가치세관리

부가가치세 신고 관련 자료이다. [자료설명]을 참고하여 [수행과제]를 수행하시오.

1 전자세금계산서 발급

거래명세서 (공급자 보관용)

공급자					공급받는자				
등록번호	221-81-55552				등록번호	134-81-45560			
상호	(주)리빙산업	성명	백종원		상호	삼일전자(주)	성명	강민철	
사업장 주소	서울 서대문구 충정로7길 12				사업장 주소	서울 금천구 시흥대로 106			
업태	제조업	종사업장번호			업태	도소매업	종사업장번호		
종목	식기세척기				종목	전자제품외			

거래일자	미수금액	공급가액	세액	총 합계금액
2024.4.5.		12,000,000원	1,200,000원	13,200,000원

NO	월	일	품목명	규격	수량	단가	공급가액	세액	합계
1	4	5	자외선 식기세척기		15	800,000	12,000,000	1,200,000	13,200,000

자료설명	1. 제품을 공급하고 전자세금계산서를 발급하였다. 2. 전자세금계산서를 발급하고 대금은 전액 신한카드로 결제받았다. (카드결제 대금은 외상매출금으로 처리할 것.)
수행과제	1. 거래자료를 입력하시오. 2. **전자세금계산서 발행 및 내역관리** 를 통하여 발급·전송하시오. (전자세금계산서 발급 시 결제내역 및 전송일자는 무시할 것.)

2 수정전자세금계산서의 발급

<table>
<tr><td colspan="6">전자세금계산서 (공급자 보관용)</td><td colspan="2">승인번호</td><td colspan="3"></td></tr>
<tr><td rowspan="6">공급자</td><td>등록번호</td><td colspan="3">221-81-55552</td><td rowspan="6">공급받는자</td><td>등록번호</td><td colspan="4">506-81-45111</td></tr>
<tr><td>상호</td><td>(주)리빙산업</td><td>성명(대표자)</td><td>백종원</td><td>상호</td><td>(주)한성전자</td><td>성명(대표자)</td><td colspan="2">이한성</td></tr>
<tr><td>사업장 주소</td><td colspan="3">서울 서대문구 충정로7길 12</td><td>사업장 주소</td><td colspan="4">경북 구미시 산동면 첨단기업4로 49-29</td></tr>
<tr><td>업태</td><td>제조업</td><td>종사업장번호</td><td></td><td>업태</td><td>제조.도소매업</td><td>종사업장번호</td><td colspan="2"></td></tr>
<tr><td>종목</td><td>식기세척기</td><td></td><td></td><td>종목</td><td>가전제품</td><td></td><td colspan="2"></td></tr>
<tr><td>E-Mail</td><td colspan="3">living@bill36524.com</td><td>E-Mail</td><td colspan="4">hansung@bill36524.com</td></tr>
<tr><td>작성일자</td><td colspan="2">2024.6.5.</td><td>공급가액</td><td colspan="3">25,000,000</td><td>세 액</td><td colspan="3">2,500,000</td></tr>
<tr><td>비고</td><td colspan="10"></td></tr>
<tr><td>월</td><td>일</td><td>품목명</td><td>규격</td><td>수량</td><td>단가</td><td>공급가액</td><td>세액</td><td colspan="3">비고</td></tr>
<tr><td>6</td><td>5</td><td>3인용 식기세척기</td><td></td><td>100</td><td>250,000</td><td>25,000,000</td><td>2,500,000</td><td colspan="3"></td></tr>
<tr><td>합계금액</td><td>현금</td><td>수표</td><td>어음</td><td>외상미수금</td><td rowspan="2">이 금액을</td><td colspan="2">○ 영수</td><td rowspan="2" colspan="3">함</td></tr>
<tr><td>27,500,000</td><td></td><td></td><td></td><td>27,500,000</td><td colspan="2">◉ 청구</td></tr>
</table>

자료설명	1. 6월 5일 제품을 공급하고 발급한 전자세금계산서이며 매입매출전표에 입력되어 있다. 2. 담당자의 착오로 동일 건을 이중 발급한 사실을 확인하였다.
수행과제	수정사유를 선택하여 수정전자세금계산서를 발급·전송하시오.(외상대금 및 제품매출에서 음수(-)로 처리하고 전자세금계산서 발급 시 결제내역 및 전송일자는 고려하지 않을 것.)

3 수출실적명세서 작성자의 부가가치세 신고서 작성

자료 1. 수출신고필증(갑지)

UNI-PASS

수 출 신 고 필 증 (갑지)

※ 처리기간 : 즉시

- 제출번호 32245-69-11110001
- ①신 고 자 인천 관세법인 관세사 최고봉
- ⑤신고번호 23176-23-067395-X
- ⑥ 세관.과 130-82
- ⑦신고일자 2024/7/15
- ⑧신고구분 H
- ⑨C/S구분
- ②수 출 자 (주)리빙산업
  - (통관고유부호) (주)리빙산업-1-74-1-12-4
  - 수출자구분 A
  - 수 출 화 주 (주)리빙산업
  - (통관고유부호) (주)리빙산업-1-74-1-12-4
  - (주 소) 서울 서대문구 충정로7길 12
  - (대표자) 백종원
  - (소재지) 101
  - (사업자등록번호) 221-81-55552
- ⑩거래구분 11
- ⑪종류 A
- ⑫결제방법 TT
- ⑬목적국 DE GERMANY
- ⑭적재항 INC 인천항
- ⑮선박회사 (항공사) HJSC
- ⑯선박명(항공편명) HANJIN SAVANNAH
- ⑰출항예정일자 20240724
- ⑱ 적재예정보세구역 03012202
- ⑲운송형태 10 BU
- ⑳검사희망일 2024/7/20
- ㉑물품소재지 한진보세장치장 인천 중구 연안동 245-1
- ③제 조 자 (주)리빙산업
  - (통관고유부호)(주)리빙산업-1-74-1-12-4
  - 제조장소 214 산업단지부호
- ㉒L/C번호 868EA-10-55554
- ㉓물품상태 N
- ㉔사전임시개청통보여부 A
- ㉕반송 사유
- ④구 매 자 쉰들러(주) Schindler Co., Ltd
  - (구매자부호) CNTOSHIN12347
- ㉖환급신청인 1 (1:수출대행자/수출화주, 2:제조자)
- 간이환급 NO

• 품명 • 규격 (란번호/총란수: 999/999)

- ㉗품 명 식기서척기
- ㉘거래품명 식기세척기
- ㉙상표명 NO
- ㉚모델·규격 ABC-1 250
- ㉛성분
- ㉜수량 30(EA)
- ㉝단가(EUR) 400
- ㉞금액(EUR) 12,000
- ㉟세번부호 1234.12-1234
- ㊱순중량 500KG
- ㊲수량 30(EA)
- ㊳신고가격(FOB) 12,000 EUR \17,120,000
- ㊴송품장번호 AC-2013-00620
- ㊵수입신고번호
- ㊶원산지 Y
- ㊷포장갯수(종류) 30BOX
- ㊸수출요건확인(발급서류명)
- ㊹총중량 950KG
- ㊺총포장갯수 5,000C/T
- ㊻총신고가격(FOB) 12,000 EUR \17,120,000
- ㊼운임(₩)
- ㊽보험료(₩)
- ㊾결제금액 12,000 EUR
- ㊿수입화물관리번호
- 51 컨테이너번호 CKLU2005013 Y
- ※신고인기재란 수출자 : 제조/무역, 전자제품
- 52 세관기재란
- 53 운송(신고)인 한라통운(주) 박운송
- 54 기간 2024/7/15 부터 2024/7/25 까지
- 55 적재의무기한 2024/7/25
- 56 담당자 990101 (김태호)
- 57 신고수리일자 2024/7/15

자료 2. 기준(재정)환율 내역

외화금액	수출신고일	선적일	7월 15일 기준환율	7월 20일 기준환율
EUR 12,000	7월 15일	7월 20일	1,425.0원/EUR	1,420.0원/EUR

자료설명	1. 자료 1은 독일의 쉰들러(주)에 제품을 직수출하고 신고한 수출신고필증이다. 대금 12,000유로(EUR)는 다음 달 말일에 거래은행을 통하여 송금받기로 하였다. 2. 자료 2는 기준(재정)환율 내역이다.
수행과제	1. 거래자료를 입력하시오. 2. 제2기 예정 신고기간의 수출실적명세서를 작성하시오. 3. 제2기 부가가치세 예정신고서에 반영하시오.

4 신용카드매출전표등 수령금액합계표 작성자의 부가가치세신고서 작성

자료 1.

매출전표

카드종류	거래일자
롯데카드	2024.10.10.13:12:08
카드번호(CARD NO)	
1234-1234-****-1234	
승인번호	금액 AMOUNT: 100,000
30010947	
일반 / 할부	부가세 V.AT: 10,000
일시불	
휘발유	봉사료 CASHBACK:
거래유형	
신용승인	합계 TOTAL: 110,000
가맹점명	
(주)우진에너지	
대표자명	사업자번호
윤승현	125-81-28548
전화번호	가맹점번호
02-457-8004	312110073
주소	
서울 구로구 구로3동	

상기의 거래 내역을 확인합니다. 서명 (주)리빙산업

자료 2.

신용카드매출전표

가맹점명 블루핸즈 북가좌점
사업자번호 106-81-85951
대표자명 정몽구
주소 서울 서대문구 수색로 14

롯데카드 신용승인
거래일시 2024-11-15 오후 13:10:25
카드번호 5678-1980-****-1724
유효기간 **/**
가맹점번호 123460001
매입사 우리카드(전자서명전표)
상품명 수리비 금액 330,000

공급금액 300,000원
부가세금액 30,000원
합계 330,000원

자료 3.

**** 현금영수증 ****
(지출증빙용)

사업자등록번호 : 120-88-00767
사업자명 : 쿠팡(주)
단말기ID : 73453259(tel:02-257-1004)
가맹점주소 : 서울 송파구 송파대로 570

현금영수증 회원번호
221-81-55552 (주)리빙산업
승인번호 : 57231010
거래일시 : 2024년 12월 8일 9시25분21초

공 급 금 액	**900,000원**
부가세금액	**90,000원**
총 합 계	**990,000원**

휴대전화, 카드번호 등록
http://현금영수증.kr
국세청문의(126)
38036925-GCA10106-3870-U490
<<<<<<이용해 주셔서 감사합니다.>>>>>>

자료설명	1. 자료 1은 대표이사 출퇴근용 법인승용자동차(개별소비세 과세대상, 배기량 3,000cc)에 주유하고 결제한 법인 신용카드매출전표이다. 2. 자료 2는 공장 화물차 수리비를 결제한 법인 신용카드매출전표이다. ('차량유지비'로 처리할 것.) 3. 자료 3은 경리부에서 사용할 복합기를 쿠팡(주)에서 구입하고 수취한 현금영수증이다. 대금은 하나은행 보통예금계좌에서 이체지급하였다.(자산으로 처리할 것.) 단, 제시된 자료의 거래처는 모두 일반과세자이다.
수행과제	1. 자료 1 ~ 자료 3의 거래자료를 입력하시오. 2. 제2기 확정 신용카드매출전표등 수령금액 합계표를 작성하시오. 3. 신용카드매입 및 전자신고세액공제를 반영하여 제2기 부가가치세 확정신고서를 작성하시오. - 제2기 부가가치세 확정신고서를 홈택스에서 전자신고하여 전자신고세액공제 10,000원을 공제받기로 한다.

평가문제 실무수행평가

입력자료 및 회계정보를 조회하여 [평가문제]의 답안을 입력하시오. (70점)

평가문제 답안입력 유의사항

❶ 답안은 지정된 단위의 숫자로만 입력해 주십시오.
* 한글 등 문자 금지, 콤마(,) 외 기호 금지

	정답	오답(예)
(1) **금액은 원 단위로 숫자를 입력**하되, 천 단위 콤마(,)는 생략 가능합니다. (1-1) 답이 0원인 경우 반드시 "0" 입력 (1-2) 답이 음수(-)인 경우 숫자 앞에 " - " 입력 (1-3) 답이 소수인 경우 반드시 " . " 입력	1,245,000 1245000	1.245.000 1,245,000원 1,245,0000 12,45,000 1,245천원
(2) 질문에 대한 **답안은 숫자로만 입력**하세요.	4	04 4/건/매/명 04건/매/명
(3) **거래처 코드번호는 5자리로 입력**하세요.	00101	101 00101번

❷ 답안에 천원단위(000) 입력시 더존 프로그램 숫자 입력 방법과 다르게 숫자키패드 '+' 기능은 지원되지 않습니다.

❸ 더존 프로그램에서 조회되는 자료를 복사하여 붙여넣기가 가능합니다.

❹ 수행과제를 올바르게 입력하지 않고 작성한 답과 모범답안이 다른 경우 오답처리됩니다.

◉ [실무수행평가] – 부가가치세관리

번호	평 가 문 제	배점
11	**평가문제 [회사등록 조회]** (주)리빙산업의 회사등록 정보이다. 다음 중 올바르지 않은 것은? ① (주)리빙산업은 내국법인이며, 사업장 종류별 구분은 "중소기업"에 해당한다. ② (주)리빙산업의 표준산업코드는 'C28'로 제조업에 해당한다. ③ (주)리빙산업의 국세환급사유 발생시 '하나은행'으로 입금된다. ④ (주)리빙산업의 사업장관할세무서는 '역삼세무서'이다.	2
12	**평가문제 [매입매출전표입력 조회]** 6월 5일자 수정세금계산서의 수정입력사유 코드번호를 입력하시오.	2
13	**평가문제 [세금계산서합계표 조회]** 제1기 확정 신고기간의 거래처 '삼일전자(주)'에 전자발행된 세금계산서 총공급가액은 얼마인가?	2
14	**평가문제 [세금계산서합계표 조회]** 제1기 확정 신고기간의 매출전자세금계산서 발급매수는 총 몇 매인가?	2
15	**평가문제 [수출실적명세서 조회]** 제2기 예정 신고기간의 수출실적명세서 '⑩수출한재화'의 원화금액은 얼마인가?	2
16	**평가문제 [부가가치세신고서 조회]** 제2기 예정 신고기간의 부가가치세신고서에 반영되는 영세율 과세표준 총금액은 얼마인가?	2
17	**평가문제 [부가가치세신고서 조회]** 제2기 예정 신고기간의 부가가치세 신고시에 작성되는 부가가치세 첨부서류에 해당하지 않는 것은? ① (면세)계산서합계표 ② 수출실적명세서 ③ 건물등감가상각자산취득명세서 ④ 공제받지못할매입세액명세서	3
18	**평가문제 [신용카드매출전표등 수령금액 합계표(갑) 조회]** 제2기 확정 신고기간의 신용카드매출전표등 수령금액 합계표(갑)에 반영되는 '신용카드 등 매입명세 합계'의 공급가액은 얼마인가?	3
19	**평가문제 [부가가치세신고서 조회]** 제2기 확정 신고기간 부가가치세신고서의 「그밖의공제매입세액(14란)_신용매출전표수취/고정(42란)」의 금액은 얼마인가?	2
20	**평가문제 [부가가치세신고서 조회]** 제2기 확정 신고기간의 부가가치세 차가감납부할세액(27란)은 얼마인가?	2
부가가치세 소계		**22**

실무수행 ◎ 결산

[결산자료]를 참고하여 결산을 수행하시오.(단, 제시된 자료 이외의 자료는 없다고 가정함.)

1 수동결산

자료설명	장부상 2024년말 현재 가수금 10,170,000원은 (주)현동기기의 외상매출금 입금액 5,170,000원과 (주)제도전기의 단기대여금 일부 회수금액 5,000,000원으로 밝혀졌다.
수행과제	가수금에 대한 결산정리분개를 일반전표에 입력하시오.

2 결산자료입력에 의한 자동결산

자료설명

1. 기말 현재 퇴직급여추계액 전액을 퇴직급여충당부채로 설정하고자 한다.
   기말 현재 퇴직급여추계액 및 당기 퇴직급여충당부채 설정 전의 퇴직급여충당부채 잔액은 다음과 같다.

부 서	퇴직급여추계액	퇴직급여충당부채 잔액
생산부	52,400,000원	35,000,000원
영업부	24,600,000원	17,000,000원

2. 기말재고자산 현황

구 분	실사내역		
	단위당원가	수량	평가액
원재료	100,000원	300	30,000,000원
제 품	350,000원	500	175,000,000원

※ 기말원재료 평가액에는 선적지 인도조건의 운송중인 재고매입액 3,000,000원이 포함되어 있다.

3. 이익잉여금처분계산서 처분 예정(확정)일
   - 당기: 2025년 3월 31일
   - 전기: 2024년 3월 31일

수행과제

결산을 완료하고 이익잉여금처분계산서에서 손익대체분개를 하시오.
(단, 이익잉여금처분내역은 없는 것으로 하고 미처분이익잉여금 전액을 이월이익잉여금으로 이월하기로 할 것.)

◉ [실무수행평가] – 재무회계

번호	평 가 문 제	배점
21	**평가문제 [경비등송금명세서 조회]** 경비등송금명세서에 반영되는 우리은행의 은행코드번호(CD) 3자리를 입력하시오.	1
22	**평가문제 [받을어음현황 조회]** 6월에 만기가 도래하는 받을어음 총액은 얼마인가?	1
23	**평가문제 [거래처원장 조회]** 4월말 신한카드(코드 99601)의 외상매출금 잔액은 얼마인가?	2
24	**평가문제 [거래처원장 조회]** 6월말 거래처별 외상매출금 잔액으로 옳지 않은 것은? ① 04003.(주)엘지전자 15,510,000원 ② 04004.(주)한성전자 55,000,000원 ③ 04005.(주)하이전자 4,400,000원 ④ 04006.(주)이지전자 14,300,000원	1
25	**평가문제 [일/월계표 조회]** 1/4분기(1월~3월)에 발생한 영업외수익은 얼마인가?	2
26	**평가문제 [일/월계표 조회]** 1/4분기(1월~3월) 발생한 복리후생비(판매관리비)는 얼마인가?	2
27	**평가문제 [일/월계표 조회]** 3/4분기(7월~9월)에 발생한 제품매출은 얼마인가?	2
28	**평가문제 [일/월계표 조회]** 4/4분기(10월~12월)에 발생한 차량유지비(제조)는 얼마인가?	1
29	**평가문제 [재무상태표 조회]** 3월 말 미수금 잔액은 얼마인가?	1
30	**평가문제 [재무상태표 조회]** 3월말 선수금 잔액은 얼마인가?	2
31	**평가문제 [재무상태표 조회]** 12월 말 단기대여금의 장부금액(대손충당금 차감 후)은 얼마인가?	2
32	**평가문제 [재무상태표 조회]** 12월 말 비품의 장부금액(취득원가 – 감가상각누계액)은 얼마인가?	1
33	**평가문제 [재무상태표 조회]** 12월 말 퇴직급여충당부채 잔액은 얼마인가?	2
34	**평가문제 [재무상태표 조회]** 12월 말 기말 원재료 금액은 얼마인가?	2
35	**평가문제 [재무상태표 조회]** 12월 말 이월이익잉여금(미처분이익잉여금) 잔액으로 옳은 것은? ① 612,510,185원 ② 622,125,182원 ③ 635,648,914원 ④ 643,284,312원	1
	재무회계 소계	23

실무수행 ◎ 근로소득관리

인사급여 관련 자료이다. [자료설명]을 참고하여 [수행과제]를 수행하시오.

1 가족관계증명서에 의한 사원등록

자료. 김대영의 가족관계증명서

[별지 제1호서식] <개정 2010.6.3>

가족관계증명서

등록기준지	서울특별시 강남구 영동대로 521

구분	성　명	출생연월일	주민등록번호	성별	본
본인	김 내 영	1980년 03월 21일	800321-1216511	남	光山

가족사항

구분	성　명	출생연월일	주민등록번호	성별	본
부	김 종 덕	1944년 04월 05일	440405-1649478	남	光山
배우자	안 영 희	1981년 09월 05일	810905-2027511	여	公州
자녀	김 한 별	2004년 11월 23일	041123-3070791	남	光山
자녀	김 한 솔	2006년 03월 05일	060305-3111116	남	光山

자료설명	2024년 2월 1일에 재무팀에 입사한 김대영이 제출한 가족관계증명서이다. 1. 김대영은 세대주이다. 2. 부 김종덕은 항시 치료를 요하는 중증환자로서, 현재 타지역의 요양병원에서 생활하고 있으며 소득이 없다. 3. 배우자 안영희는 복권당첨소득 25,000,000원이 있다. 4. 자녀 김한별, 김한솔은 별도의 소득이 없다. 5. 세부담을 최소화하는 방법을 선택한다.
수행과제	사원등록메뉴에서 부양가족명세를 작성하시오.

◉ [실무수행평가] - 근로소득관리 1

번호	평 가 문 제	배점
36	**평가문제 [김대영 근로소득원천징수영수증 조회]** '25.배우자' 기본공제액은 얼마인가?	2
37	**평가문제 [김대영 근로소득원천징수영수증 조회]** '26.부양가족' 공제대상 인원은 몇 명인가?	1
38	**평가문제 [김대영 근로소득원천징수영수증 조회]** '27.경로우대' 추가공제액은 얼마인가?	2
39	**평가문제 [김대영 근로소득원천징수영수증 조회]** '28.장애인' 추가공제액은 얼마인가?	1
40	**평가문제 [김대영 근로소득원천징수영수증 조회]** '57.자녀세액공제' 세액공제액은 얼마인가?	2

2 급여명세에 의한 급여자료

자료 1. 5월 급여자료

(단위: 원)

사원	기본급	직책수당	차량보조금	식대	야간근로수당	국민연금	건강보험	고용보험	장기요양보험
김상훈	3,000,000	150,000	300,000	300,000		프로그램에서 자동 계산된 금액으로 공제한다.			
정수진	2,000,000			300,000	1,000,000				

자료 2. 수당 및 공제요건

구분	코드	수당 및 공제명	내 용
수당등록	101	기본급	설정된 그대로 사용한다.
	200	직책수당	직급별로 차등 지급한다.
	201	차량보조금	본인 소유 차량으로 회사 업무를 수행하는 직원들에게 지급하며, 출장 시에는 별도의 교통비를 지급하고 있지 않다.
	202	식대	매월 지급하고 있으며, 별도의 음식물은 제공하고 있지 않다.
	203	야간근로수당	생산직 사원에게 연장근로시간에 대해 수당을 지급하고 있다.

자료설명	1. 자료 1에서 김상훈은 구매부 과장이다. 2. 자료 1에서 정수진은 생산부 사원이며, 직전연도 총급여액은 35,000,000원이다. 3. 5월 귀속분 급여지급일은 당월 25일이다. 4. 사회보험료는 자동 계산된 금액으로 공제한다.
수행과제	1. 사원등록에서 생산직여부와 야간근로수당의 비과세여부를 반영하시오. 2. 급여자료입력 메뉴에 수당등록을 하시오. 3. 5월분 급여자료를 입력하시오.(단, 구분 '1.급여'로 선택할 것.) 4. 5월 귀속분 [원천징수이행상황신고서]를 작성하시오.

◉ [실무수행평가] - 근로소득관리 2

번호	평 가 문 제	배점
41	**평가문제 [5월 급여자료입력 조회]** 급여항목 중 차량보조금 과세 금액은 총 얼마인가?	2
42	**평가문제 [5월 급여자료입력 조회]** 급여항목 중 식대 과세 금액은 총 얼마인가?	2
43	**평가문제 [5월 급여자료입력 조회]** 급여항목 중 야간근로수당 과세 금액은 총 얼마인가?	2
44	**평가문제 [정수진 5월 급여자료입력 조회]** 정수진의 5월 분 급여에 대한 차인지급액은 얼마인가?	1
45	**평가문제 [5월 원천징수이행상황신고서 조회]** 근로소득에 대한 '10.소득세 등' 금액은 얼마인가?	1

3 국세청연말정산간소화 및 이외의 자료를 기준으로 연말정산

자료설명	사무직 최정훈(1400)의 연말정산을 위한 자료이다. 1. 사원등록의 부양가족현황은 사전에 입력되어 있다. 2. 부양가족은 최정훈과 생계를 같이 한다. 3. 최정훈은 2024년 7월 31일까지 (주)광성물산에서 근무하고 퇴직하였다.
수행과제	[연말정산 근로소득원천징수영수증] 메뉴에서 연말정산을 완료하시오. 1. 종전근무지 관련서류는 [소득명세] 탭에서 입력한다. 2. 의료비는 [의료비] 탭에서 입력하며, 국세청자료는 공제대상 합계금액을 1건으로 집계하여 입력한다. 3. 보험료는 [소득공제] 탭에서 입력한다. 4. 연금계좌는 [정산명세] 탭에서 입력한다.

자료 1. 최정훈 사원의 부양가족등록 현황

연말정산관계	성명	주민번호	기타사항
0.본인	최정훈	770521-1229103	
1.소득자 직계존속	최진수	421110-1919012	부동산임대 소득금액 20,000,000원
1.소득자 직계존속	이정희	500102-2111119	소득없음

자료 2. 최정훈 사원의 전근무지 정산내역

(8쪽 중 제1쪽)

거주구분	거주자1 / 비거주자2
거주지국 대한민국	거주지국코드 kr
내・외국인	(내국인1)/외국인9
외국인단일세율적용	여 1 / 부 2
외국법인소속파견근로자여부	여 1 /(부 2)
국적 대한민국	국적코드 kr
세대주 여부	세대주1,(세대원2)
연말정산 구분	계속근로1,(중도퇴사2)

관리번호

[√]근로소득 원천징수영수증
[ ]근로소득 지 급 명 세 서

([√]소득자 보관용 [ ]발행자 보관용 [ ]발행자 보고용)

징수의무자	① 법인명(상 호) (주)광성물산	② 대 표 자(성 명) 김민영
	③ 사업자등록번호 134-81-21118	④ 주 민 등 록 번 호
	③-1 사업자단위과세자여부 여 1 /(부 2)	
	⑤ 소 재 지(주소) 서울시 서대문구 충정로 7길 28-22(충정로3가)	
소득자	⑥ 성 명 최정훈	⑦ 주 민 등 록 번 호 770521-1229103
	⑧ 주 소 서울특별시 구로구 도림로7 105동 805호	

	구 분	주(현)	종(전)	종(전)	⑯-1 납세조합	합 계
Ⅰ 근무처별 소득명세	⑨ 근 무 처 명	(주)광성물산				
	⑩ 사업자등록번호	134-81-21118				
	⑪ 근무기간	2024.1.1.~ 2024.7.31.	~	~	~	~
	⑫ 감면기간	~	~	~	~	~
	⑬ 급 여	30,000,000				30,000,000
	⑭ 상 여	5,000,000				5,000,000
	⑮ 인 정 상 여					
	⑮-1 주식매수선택권 행사이익					
	⑮-2 우리사주조합인출금					
	⑮-3 임원 퇴직소득금액 한도초과액					
	⑮-4					
	⑯ 계	35,000,000				35,000,000

	구 분	코드					
Ⅱ 비과세 및 감면소득 명세	⑱ 국외근로	M0X					
	⑱-1 야간근로수당	O0X					
	⑱-2 출산·보육수당	Q0X					
	⑱-4 연구보조비	H0X					
	~						
	⑲ 수련보조수당	Y22					
	⑳ 비과세소득 계						
	⑳-1 감면소득 계						

	구 분		⑳ 소 득 세	㉛ 지방소득세	㉜ 농어촌특별세
Ⅲ 세액명세	⑬ 결 정 세 액		380,200	38,020	
	기납부 세 액	⑭ 종(전)근무지 (결정세액란의 세액 기재) 사업자 등록 번호			
		⑮ 주(현)근무지	300,180	30,018	
	⑯납부특례세액				
	⑰ 차 감 징 수 세 액(⑬-⑭-⑮-⑯)		80,020	8,002	

국민연금보험료 : 960,000원
건강보험료 : 733,750원
장기요양보험료 : 86,040원
고용보험료 : 170,000원

위의 원천징수액(근로소득)을 정히 영수(지급)합니다.

2024년 7월 31일

징수(보고)의무자 (주)광성물산 (서명 또는 인)

서 대 문 세 무 서 장 귀하

210mm×297mm[백상지 80g/㎡(재활용품)]

자료 3. 국세청간소화서비스 및 기타증빙자료

2024년 귀속 소득·세액공제증명서류: 기본(지출처별)내역 [의료비]

■ 환자 인적사항

성 명	주 민 등 록 번 호
최진수	421110-1******

■ 의료비 지출내역

(단위: 원)

사업자번호	상 호	종류	지출금액 계
101-15-16***	튼튼**병원	일반	1,900,000
129-17-32***	***내과	일반	800,000
의료비 인별합계금액			2,700,000
안경구입비 인별합계금액			0
산후조리원 인별합계금액			0
인별합계금액			2,700,000

- 본 증명서류는 『소득세법』 제165조 제1항에 따라 영수증 발급기관으로부터 수집한 서류로 소득·세액공제 충족 여부는 근로자가 직접 확인하여야 합니다.
- 본 증명서류에서 조회되지 않는 내역은 영수증 발급기관에서 직접 발급받으시기 바랍니다.

2024년 귀속 소득·세액공제증명서류: 기본(지출처별)내역 [보장성 보험, 장애인전용보장성보험]

■ 계약자 인적사항

성 명	주 민 등 록 번 호
최정훈	770521-1******

■ 보장성보험(장애인전용보장성보험) 납입내역

(단위: 원)

종류	상 호 / 사업자번호 / 종피보험자1	보험종류 / 증권번호 / 종피보험자2	주피보험자 / 종피보험자3		납입금액 계
보장성	삼성생명보험(주)	(무)실손의료보험	770521-1******	최정훈	1,200,000
	108-81-15***				
보장성	(주)KB손해보험	실버암보험	500102-2******	이정희	1,800,000
	104-81-28***				
인별합계금액					3,000,000

- 본 증명서류는 『소득세법』 제165조 제1항에 따라 영수증 발급기관으로부터 수집한 서류로 소득·세액공제 충족 여부는 근로자가 직접 확인하여야 합니다.
- 본 증명서류에서 조회되지 않는 내역은 영수증 발급기관에서 직접 발급받으시기 바랍니다.

2024년 귀속 소득·세액공제증명서류: 기본내역[연금저축]

■ 가입자 인적사항

성 명	주 민 등 록 번 호
최정훈	770521-1******

■ 연금저축 납입내역

(단위: 원)

상호	사업자번호	당해연도 납입금액	당해연도 납입액 중 인출금액	순납입금액
계좌번호				
흥국생명보험(주)	108-81-26***	6,000,000		6,000,000
013458888				
순납입금액 합계				6,000,000

• 본 증명서류는 『소득세법』 제165조 제1항에 따라 영수증 발급기관으로부터 수집한 서류로 소득·세액공제 충족 여부는 근로자가 직접 확인하여야 합니다.
• 본 증명서류에서 조회되지 않는 내역은 영수증 발급기관에서 직접 발급받으시기 바랍니다.

◉ [실무수행평가] – 근로소득관리 3

번호	평 가 문 제	배점
46	**평가문제 [최정훈 근로소득원천징수영수증 조회]** '37.차감소득금액'은 얼마인가?	2
47	**평가문제 [최정훈 근로소득원천징수영수증 조회]** '60.연금저축' 세액공제액은 얼마인가?	2
48	**평가문제 [최정훈 근로소득원천징수영수증 조회]** '61.보장성보험' 세액공제액은 얼마인가?	2
49	**평가문제 [최정훈 근로소득원천징수영수증 조회]** '62.의료비' 세액공제액은 얼마인가?	2
50	**평가문제 [최정훈 근로소득원천징수영수증 조회]** '82.실효세율'은 몇%인가? ① 2.8% ② 3.4% ③ 4.2% ④ 5.4%	1
	근로소득 소계	**25**

제 3 장

출제예상 모의고사

■ 비대면 시험 새롭게 추가된 평가문제 완벽대비 기능

출제예상 모의고사 제1회

아래 문제에서 특별한 언급이 없으면 기업의 보고기간(회계기간)은 매년 1월 1일부터 12월 31일까지입니다. 또한 기업은 일반기업회계기준 및 관련 세법을 계속적으로 적용하고 있다고 가정하고 물음에 가장 합당한 답을 고르시기 바랍니다.

실무이론평가

01 회계정보의 질적특성은 서로 상충될 수 있다. (가), (나), (다), (라)에 들어갈 질적특성으로 옳은 것은?

- 유형자산을 역사적원가로 평가하면 일반적으로 검증가능성이 높으므로 측정의 (가)은(는) 높아지나 (나)이(가) 낮아질 수 있다.
- 시장성 없는 유가증권에 대해 역사적원가를 적용하면 자산가액 측정치의 (다)은(는) 높으나 유가증권의 공정가치를 나타내지 못하여 (라)과(와) 목적적합성이 낮아질 수 있다.

① (가) 목적적합성 (나) 신뢰성 (다) 검증가능성 (라) 표현의 충실성
② (가) 목적적합성 (나) 신뢰성 (다) 표현의 충실성 (라) 검증가능성
③ (가) 신뢰성 (나) 목적적합성 (다) 검증가능성 (라) 표현의 충실성
④ (가) 신뢰성 (나) 목적적합성 (다) 표현의 충실성 (라) 검증가능성

02 다음은 (주)한공의 손익계산서의 주요항목이다. 이 자료로 매출원가를 계산하면 얼마인가?

• 판매비와 관리비	4,500,000원
• 영업외수익	600,000원
• 법인세비용 차감전 순이익	900,000원
• 영업외비용	700,000원
• 매출액	15,500,000원

① 11,100,000원 ② 10,100,000원
③ 10,000,000원 ④ 9,800,000원

03 다음은 재무상태표의 자본 부분이다. (가)의 금액에 영향을 미치는 거래를 〈보기〉에서 고른 것은?(단, 자본거래에 따른 비용은 없으며, 그 밖의 자본관련거래와 내용은 고려하지 않는다)

〈자료 1〉 재무상태표
2024년 12월 31일

㈜한공 (단위: 원)

계정과목	제5기	
	⋮	⋮
자본		
자본금		XXX
(가)		XXX
자본조정		XXX
기타포괄손익누계액		XXX
이익잉여금		XXX
자본총계		XXX

〈보기〉
㉠ 전기에 10,000원에 취득한 자기주식을 20,000원에 처분하였다.
㉡ 보통주(액면금액 5,000원)를 15,000원에 발행하였다.
㉢ 배당을 현금으로 지급하였다.

① ㉠ ② ㉠, ㉡
③ ㉡, ㉢ ④ ㉠, ㉡, ㉢

04 (주)한공은 2023년 12월 31일 토지의 손상징후가 있다고 판단하여 손상차손을 계상하였다. 토지 관련 자료가 다음과 같을 때 2024년 말 회계처리로 옳은 것은?(단, 토지에 대하여 원가모형을 적용한다)

취득원가 (2021년 취득)	2023년말		2024년말	
	순공정가치	사용가치	순공정가치	사용가치
1,000,000원	400,000원	500,000원	1,200,000원	500,000원

(가) (차) 손상차손누계액 500,000원
(대) 손상차손환입 500,000원
(나) (차) 손상차손누계액 600,000원
(대) 손상차손환입 600,000원
(다) (차) 손상차손누계액 700,000원
(대) 손상차손환입 700,000원
(라) (차) 손상차손누계액 800,000원
(대) 손상차손환입 800,000원

① (가) ② (나)
③ (다) ④ (라)

05 다음은 (주)한공의 2024년 결산조정 전 차입금 이자비용과 임대료수익에 대한 총계정원장과 결산조정내용이다.

〈자료 1〉 총계정원장

차입금 이자비용

4/1 보통예금 300,000	
7/1 현금 300,000	
10/1 보통예금 300,000	

임대료수익

	1/1 선수임대료 500,000
	6/1 현금 1,200,000

〈자료 2〉 결산조정내용

- 2024년 1월 1일 서울은행으로부터 10,000,000원(만기 3년, 이자지급조건: 12%, 월할계산, 3개월마다 후급조건으로 4월 1일, 7월 1일, 10월 1일, 1월 1일에 지급한다)을 차입하였다.(이외의 차입금은 없다.)
- 본사건물 중 일부를 임대하고 있으며 임대료는 매년 6월 1일에 1년분 임대료를 수령한다.(월할계산)

재무제표에 대한 설명으로 옳지 않는 것은?

① 당기 이자비용은 1,200,000원이다.
② 당기 임대료수익은 1,200,000원이다.
③ 결산조정이 누락되면 당기순이익은 800,000원 과대계상된다.
④ 결산조정 후 재무상태표상 미지급이자비용은 300,000원이고 선수임대료는 700,000원이다.

06 다음 부가가치세법상 면세되는 재화 또는 용역의 공급을 모두 고르면?

가. 예술창작품
나. 도서대여용역
다. 저술가·작곡가 등이 제공하는 인적용역
라. 신문사 광고
마. 우등고속버스 여객운송용역

① 가, 나, 다 ② 나, 다, 라
③ 가, 나, 다, 마 ④ 가, 나, 다, 라

07 다음은 (주)한공의 2024년 제2기 확정신고기간의 자료이다. 이를 토대로 부가가치세 과세표준을 계산하면 얼마인가?(단, 주어진 자료의 금액은 부가가치세가 포함되어 있지 않은 금액이며, 세금계산서 등 필요한 증빙서류는 적법하게 발급하였거나 수령하였다.)

가. 외상판매액(수출액 3,000,000원 포함) 13,000,000원
나. 비영업용 소형승용차의 매각액 5,000,000원
다. 토지매각액 6,000,000원
라. 재화 공급과 직접 관련되지 않는 국고보조금 수령액 2,500,000원

① 13,000,000원 ② 15,000,000원
③ 18,000,000원 ④ 24,000,000원

08 다음 중 소득세법상 사업소득에 대한 설명으로 옳은 것은?

① 대표자 본인에 대한 급여는 필요경비로 인정된다.
② 논·밭을 작물생산에 이용하게 함으로써 발생하는 소득은 비과세된다.
③ 상품 등의 위탁판매는 위탁자가 수탁자에게 그 위탁품을 인도하는 날을 수입시기로 한다.
④ 원천징수대상 사업소득은 분리과세되어 원천징수로써 납세의무가 종결된다.

09 다음 자료를 토대로 (주)한공에 근무하는 김한공 씨의 2024년도 총급여액을 계산하면 얼마인가?

가. 기본급: (주휴수당 포함)	24,000,000원
나. 직책수당:	3,600,000원
다. 식대보조금: (월 25만원, 별도의 식사를 제공받았음)	3,000,000원
라. 자가운전보조금: (월 20만원, 실제 여비를 받지 않았음)	2,400,000원

① 27,000,000원 ② 28,200,000원
③ 30,600,000원 ④ 33,000,000원

10 다음 자료에 의하여 거주자 한공회씨의 2024년도 귀속 종합소득과세표준 계산시 공제해야 할 소득세법상 인적공제액의 합계액은 얼마인가?

- 한공회씨(남, 50세)의 총급여액 60,000,000원
- 부양가족 현황: 배우자(46세), 아들(22세, 장애인), 딸(20세), 장인(71세), 장모(69세)
- 부양가족은 생계를 같이 한다.
- 배우자는 총급여액 500만원 이하의 근로소득만 있으며, 다른 부양가족은 소득이 없다.

① 9,000,000원 ② 10,000,000원
③ 10,500,000원 ④ 12,000,000원

실무수행평가

(주)홀인원(회사코드 2501)은 골프용품 제조업을 영위하는 법인기업으로 회계기간은 제6기 (2024.1.1. ~ 2024.12.31.)이다. 제시된 자료와 자료설명을 참고하여 [수행과제]를 완료하고 [평가문제]의 물음에 답하시오.

실무수행 유의사항	1. 부가가치세 관련거래는 [매입매출전표입력] 메뉴에 입력하고, 부가가치세 관련없는 거래는 [일반전표입력] 메뉴에 입력한다. 2. 타계정 대체와 관련된 적요는 반드시 코드를 입력하여야 한다. 3. 채권·채무, 예금거래 등 관리대상 거래자료에 대하여는 거래처코드를 반드시 입력한다. 4. 자금관리 등 추가 작업이 필요한 경우 문제의 요구에 따라 추가 작업하여야 한다. 5. 제조경비는 500번대 계정코드를 사용한다. 6. 판매비와 관리비는 800번대 계정코드를 사용한다. 7. 등록된 계정과목 중 가장 적절한 계정과목을 선택한다.

문제 1 거래자료입력

실무프로세스 자료이다. [자료설명]을 참고하여 [수행과제]를 수행하시오.

1 3만원 초과 거래자료에 대한 영수증수취명세서 작성

자료. 교통유발부담금 납부 영수증

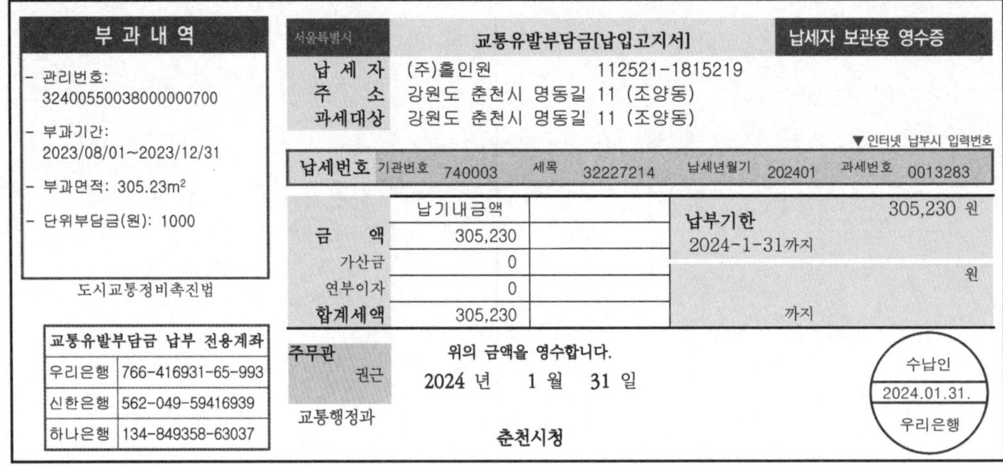

부 과 내 역
- 관리번호: 32400550038000000700
- 부과기간: 2023/08/01~2023/12/31
- 부과면적: 305.23m²
- 단위부담금(원): 1000

도시교통정비촉진법

교통유발부담금 납부 전용계좌	
우리은행	766-416931-65-993
신한은행	562-049-59416939
하나은행	134-849358-63037

서울특별시 교통유발부담금[납입고지서] 납세자 보관용 영수증

납세자	(주)홀인원	112521-1815219
주소	강원도 춘천시 명동길 11 (조양동)	
과세대상	강원도 춘천시 명동길 11 (조양동)	

▼인터넷 납부시 입력번호

납세번호 기관번호 740003 세목 32227214 납세년월기 202401 과세번호 0013283

	납기내금액		납부기한 2024-1-31까지	305,230 원
금액	305,230			
가산금	0			원
연부이자	0			
합계세액	305,230		까지	

주무관 권근 / 교통행정과

위의 금액을 영수합니다.
2024 년 1 월 31 일
춘천시청

수납인 2024.01.31. 우리은행

자료설명	1. 본사건물에 대한 교통유발부담금을 납부기한일에 현금으로 납부하였다. 2. 이 거래가 지출증명서류 미수취가산세대상인지를 검토하려고 한다.
수행과제	1. 거래자료를 입력하시오. 2. 영수증수취명세서(1)과 (2)서식을 작성하시오.(공급자정보 입력은 생략할 것.)

2 약속어음 수취거래

전 자 어 음

(주)홀인원 귀하　　　00420240215123456789

금 일천이백만 원정　　　12,000,000원

위의 금액을 귀하 또는 귀하의 지시인에게 지급하겠습니다.

지급기일	2024년 6월 15일	**발행일**	2024년 2월 15일
지 급 지	국민은행	**발행지 주 소**	서울 강남구 강남대로 346
지급장소	춘천지점	**발행인**	(주)태광산업

자료설명	[2월 15일] (주)태광산업의 제품 외상대금 전액을 회수하기로 하고 일부는 약속어음으로 수취하고, 잔액은 (주)태광산업이 발행한 당좌수표로 받았다.
수행과제	1. 거래자료를 입력하시오. 2. 자금관련정보를 입력하여 받을어음현황에 반영하시오.

3 기타 일반거래

자료 1. 월세계약서

(사 무 실) 월 세 계 약 서

□ 임 대 인 용
■ 임 차 인 용
□ 사무소보관용

부동산의 표시	소재지	서울 구로구 경인로 638				
	구 조	철근콘크리트조	용도	사무실	면적	45㎡
월 세 보 증 금		금 30,000,000원정		월세 1,650,000원정		

제 1 조 위 부동산의 임대인과 임차인 합의하에 아래와 같이 계약함.
제 2 조 위 부동산의 임대차에 있어 임차인은 보증금을 아래와 같이 지불키로 함.

계 약 금	원정은 계약시 지불하고
중 도 금	원정은 년 월 일 지불하며
잔 금	30,000,000원정은 2024년 3월 1일 중개업자 입회하에 지불함.

제 3 조 위 부동산의 명도는 2024년 3월 1일로 함.
제 4 조 임대차 기간은 2024년 3월 1일로부터 (24)개월로 함.
제 5 조 **월세금액은 매월(1)일에 지불**키로 하되 만약 기일내에 지불치 못할 시에는 보증금액에서 공제키로함.**(국민은행, 계좌번호: 801210-52-072659, 예금주: (주)이화산업)**

~ 중 략 ~

임 대 인	주 소	서울 구로구 경인로 638 8층 801호 동진빌딩				
	사업자등록번호	125-81-28548	전화번호	02-555-1255	성명	(주)이화산업

자료 2. 보통예금(국민은행) 거래내역

		내용	찾으신금액	맡기신금액	잔액	거래점
번호	거래일	계좌번호 204456-02-344714 (주)홀인원				
1	2024-3-1	(주)이화산업	31,650,000		***	***

자료설명	1. 자료 1은 서울 영업소 사무실에 대한 임차계약서이다. 2. 자료 2는 보증금과 3월분 월세를 당사 국민은행 보통예금 통장에서 이체한 내역이다.(단, 본 문제에 한하여 부가가치세를 고려하지 않기로 한다.)
수행과제	거래자료를 입력하시오.(단, 임차보증금에 거래처코드 입력 할 것.)

문제 2 부가가치세관리

부가가치세 신고 관련 자료이다. [자료설명]을 참고하여 [수행과제]를 수행하시오.

1 과세매출자료의 전자세금계산서 발급

거래명세서 (공급자 보관용)

공급자	등록번호	120-81-32144			공급받는자	등록번호	220-81-15085		
	상호	(주)홀인원	성명	김강남		상호	(주)고려산업	성명	최재수
	사업장주소	강원도 춘천시 명동길 11(조양동)				사업장주소	서울 서초구 강남대로 156-4		
	업태	제조업외	종사업장번호			업태	도소매업	종사업장번호	
	종목	골프용품외				종목	골프용품		

거래일자	미수금액	공급가액	세액	총 합계금액
2024.4.12.		16,000,000	1,600,000	17,600,000

NO	월	일	품목명	규격	수량	단가	공급가액	세액	합계
1	4	12	골프모자		400	40,000	16,000,000	1,600,000	17,600,000

비 고	전미수액	당일거래총액	입금액	미수액	인수자

자료설명	1. 제품을 공급하고 전자세금계산서를 발급하였다. 2. 대금 전액은 자기앞수표로 수령하였다.
수행과제	1. 매입매출자료를 입력하시오 2. 전자세금계산서 발행 및 내역관리 를 통하여 발급 · 전송하시오. (전자세금계산서 발급 시 결제내역 및 전송일자는 무시할 것.)

2 수정전자세금계산서의 발급

자료 1. 전자세금계산서

<table>
<tr><td colspan="5">전자세금계산서 (공급자 보관용)</td><td colspan="2">승인번호</td><td colspan="3"></td></tr>
<tr><td rowspan="6">공급자</td><td>등록번호</td><td colspan="3">120-81-32144</td><td rowspan="6">공급받는자</td><td>등록번호</td><td colspan="3">120-81-32159</td></tr>
<tr><td>상호</td><td>(주)홀인원</td><td>성명(대표자)</td><td>김강남</td><td>상호</td><td>(주)유정산업</td><td>성명(대표자)</td><td>최유정</td></tr>
<tr><td>사업장 주소</td><td colspan="3">강원도 춘천시 명동길 11(조양동)</td><td>사업장 주소</td><td colspan="3">인천 남동구 정각로 16(구월동)</td></tr>
<tr><td>업태</td><td>제조업외</td><td colspan="2">종사업장번호</td><td>업태</td><td>도소매업</td><td colspan="2">종사업장번호</td></tr>
<tr><td>종목</td><td>골프용품외</td><td colspan="2"></td><td>종목</td><td>골프용품</td><td colspan="2"></td></tr>
<tr><td>E-Mail</td><td colspan="3">holeinone@bill36524.com</td><td>E-Mail</td><td colspan="3">yoojung@bill36524.com</td></tr>
<tr><td>작성일자</td><td colspan="2">2024.5.10.</td><td>공급가액</td><td colspan="2">5,000,000</td><td>세 액</td><td colspan="3">500,000</td></tr>
<tr><td colspan="2">비고</td><td colspan="8"></td></tr>
</table>

월	일	품목명	규격	수량	단가	공급가액	세액	비고
5	10	계약금				5,000,000	500,000	

합계금액	현금	수표	어음	외상미수금	이 금액을	◉ 영수 ○ 청구	함
5,500,000	5,500,000						

자료설명	1. 자료 1은 계약금을 수령한 후 발급한 전자세금계산서이다. 2. 원재료 구입처의 파산으로 제품 납품이 지연되어 5월 20일에 (주)유정산업과의 계약을 해제하고, 수령한 계약금을 현금으로 반환하였다.
수행과제	계약해제에 따른 수정전자세금계산서를 발급 및 전송하시오.(전자세금계산서 발급 시 결제내역 입력 및 전송일자는 무시할 것.)

3 매입세액불공제내역 작성자의 부가가치세신고서 작성

자료. 전자세금계산서 수취 자료

일자	거래처	품목	공급가액	세 액	비 고
7월 8일	에이스가구	책상	2,000,000원	200,000원	대표이사(김강남)의 개인적 사용(가지급금으로 회계처리)
8월 6일	(주)현대자동차	승용차 수리	3,000,000원	300,000원	영업부 업무용 승용차 수리 (개별소비세 과세대상)

자료설명	전자세금계산서의 모든 거래는 외상이다. (전자세금계산서는 '전자입력'으로 처리한다.)
수행과제	1. 매입매출전표에 거래자료를 입력하시오. 2. 2024년도 제2기 예정 [매입세액불공제내역]을 작성하시오. 3. 2024년도 제2기 부가가치세 예정신고서에 반영하시오.

4 대손세액공제신고서 작성자의 부가가치세신고서 작성

전자세금계산서 (공급자 보관용) 승인번호

공급자	등록번호	120-81-32144		
공급자	상호	(주)홀인원	성명(대표자)	김강남
공급자	사업장 주소	강원도 춘천시 명동길 11(조양동)		
공급자	업태	제조업외	종사업장번호	
공급자	종목	골프용품외		
공급자	E-Mail	holeinone@bill36524.com		
공급받는자	등록번호	209-81-63746		
공급받는자	상호	(주)미나리	성명(대표자)	윤여정
공급받는자	사업장 주소	서울시 성북구 길음로 92		
공급받는자	업태	도소매업	종사업장번호	
공급받는자	종목	골프용품		
공급받는자	E-Mail	minari@bill36524.com		

작성일자	2021.12.7.	공급가액	20,000,000	세 액	2,000,000
비고					

월	일	품목명	규격	수량	단가	공급가액	세액	비고
12	7	골프채		40	500,000	20,000,000	2,000,000	

합계금액	현금	수표	어음	외상미수금	이 금액을 ○ 영수 ◉ 청구 함
22,000,000				22,000,000	

자료설명	1. 자료는 (주)미나리와의 2021년 거래 시에 발급했던 전자세금계산서이다. 2. (주)미나리의 채권소멸시효가 2024년 12월 7일에 완성되어 전액 대손으로 확정되었다. 이와 관련하여 제2기 부가가치세 확정신고 시 대손세액공제신고서를 작성하려고 한다.
수행과제	1. 자료에 대한 대손요건을 판단하여 제2기 부가가치세 확정 신고기간의 [대손세액공제신고서]를 작성하시오. 2. 대손세액 및 전자신고세액공제를 반영하여 제2기 부가가치세 확정신고서를 작성하시오. - 제2기 부가가치세 확정신고를 홈택스에서 전자신고하여 전자신고세액공제 10,000원을 적용하기로 한다. 3. 대손확정일(12월 7일)의 대손세액공제 및 대손채권(외상매출금)에 대한 회계처리를 입력하시오.

실무수행평가

입력자료 및 회계정보를 조회하여 [평가문제]의 답안을 입력하시오.(70점)

◉ 부가가치세관리

번호	평가문제	배점
11	평가문제 [환결설정 조회] (주)홀인원의 환경설정 정보이다. 다음 중 올바르지 않은 것은? ① 계정과목코드체계는 세목미사용(3자리)이다. ② 소수점관리는 수량 1.버림, 단가 1.버림, 금액 3.반올림으로 설정 되어있다. ③ 카드입력방식은 2.공급가액(부가세제외)이다. ④ 카드채무에 대하여 253.미지급금 계정을 사용한다.	2
12	평가문제 [매출매출전표입력 조회] 5월 10일 세금계산서의 계약금 해제와 관련하여 발급된 수정세금계산서의 수정사유를 코드로 입력하시오.	2
13	평가문제 [전자세금계산서 발행 및 내역관리 조회] 제1기 확정 신고기간 동안 Bill36524에서 발급한 전자세금계산서 공급가액 합계액은 얼마인가?	2
14	평가문제 [부가가치세신고서 조회] 제1기 예정 신고기간의 부가가치세신고와 관련된 회계처리를 하려고 한다. 부가세대급금으로 회계처리할 금액은 얼마인가?	2
15	평가문제 [부가가치세신고서 조회] 제1기 확정 신고기간 과세표준 총액은 얼마인가?	2
16	평가문제 [매입세액불공제내역 조회] 제2기 예정 신고기간의 매입세액불공제내역에 반영되는 공제받지못할 매입세액 내역은 모두 몇 건인가? ① 1건 ② 2건 ③ 3건 ④ 4건	2
17	평가문제 [매입세액불공제내역 조회] 제2기 예정 신고기간의 매입세액불공제내역에 반영되는 공제받지못할 매입세액은 얼마인가?	2
18	평가문제 [부가가치세신고서 조회] 제2기 예정 신고기간의 부가가치세신고서에 반영되는 공제가능한 매입세액 총액은 얼마인가?	3
19	평가문제 [대손세액공제신고서 조회] 제2기 확정 신고기간에 작성되는 대손세액공제신고서에 반영되는 대손세액은 얼마인가?	3
20	평가문제 [부가가치세신고서 조회] 제2기 확정 신고기간의 부가가치세 납부할세액은 얼마인가?	2
	부가가치세 소계	22

문제 3 결산

[결산자료]를 참고로 결산을 수행하시오.(단, 제시된 자료 이외의 자료는 없다고 가정함.)

1 수동결산

자료설명	[재고 실사내역]

구 분	장부상내역			실사내역		
	단위당원가	수량	금액	단위당원가	수량	금액
원재료	220,000원	100개	22,000,000원	220,000원	100개	22,000,000원
제 품	350,000원	110개	38,500,000원	350,000원	100개	35,000,000원

재고자산감모손실 3,500,000원은 비정상적으로 발생한 감모손실이다.

수행과제	수량부족분에 대한 결산정리분개를 입력하시오.

2 결산자료입력에 의한 자동결산

자료설명

1. 관리부에서 사용하고 있는 소프트웨어 상각 자료

- 코　　드: 5500
- 자 산 명: 위하고회계프로그램
- 취 득 일: 2024.7.1.
- 취득가액: 10,000,000원
- 상각방법: 정액법
- 내용연수: 5년
- 회계처리: 직접법

2. 기말재고자산 현황

구분	금액
원재료	22,000,000원
제품	35,000,000원

3. 이익잉여금처분계산서 처분확정(예정)일
   - 당기: 2025년 2월 28일
   - 전기: 2024년 3월 28일

수행과제

1. [고정자산등록]에 입력하여 무형자산에 대한 상각비를 계산하고 결산에 반영하시오.(단, 제시된 자산에 대해서만 상각하기로 할 것.)
2. 결산을 완료하고 이익잉여금처분계산서에서 손익대체분개를 하시오.
   (단, 이익잉여금처분내역은 없는 것으로 하고 미처분이익잉여금 전액을 이월이익잉여금으로 이월하기로 할 것.)

실무수행평가

◉ 재무회계

번호	평가문제	배점
21	평가문제 [영수증수취명세서 조회] 영수증수취명세서에 반영되는 12.명세서제출 대상 금액은 얼마인가?	2
22	평가문제 [받을어음현황 조회] 2024년 상반기(1월~6월)에 만기 예정인 받을어음의 총액은 얼마인가?	2
23	평가문제 [월계표 조회] 1/4분기(1월~3월)에 발생한 판매관리비 중 세금과공과금 금액은 얼마인가?	1
24	평가문제 [월계표 조회] 1/4분기(1월~3월)에 발생한 판매관리비 중 임차료 금액은 얼마인가?	1
25	평가문제 [월계표 조회] 3/4분기(7월~9월)에 발생한 가지급금은 얼마인가?	2
26	평가문제 [월계표 조회] 3/4분기(7월~9월)에 발생한 판매관리비 중 차량유지비 금액은 얼마인가?	2
27	평가문제 [거래처원장 조회] 하반기(7월~12월)에 외상매출금이 가장 많이 감소한 거래처는 어디인가? (거래처코드로 표기할 것)	1
28	평가문제 [결산자료입력 조회] 결산자료 입력 후 확인되는 2024년 소득평율(%)은 얼마인가?	2
29	평가문제 [손익계산서 조회] 당기에 발생한 대손상각비는 얼마인가?	2
30	평가문제 [손익계산서 조회] 당기에 발생한 무형고정자산상각비는 얼마인가?	1
31	평가문제 [손익계산서 조회] 당기에 발생한 영업외비용은 얼마인가?	1
32	평가문제 [재무상태표 조회] 3월 말 현금 잔액은 얼마인가?	2
33	평가문제 [재무상태표 조회] 12월 말 제품 잔액은 얼마인가?	1
34	평가문제 [재무상태표 조회] 12월 말 선수금 잔액은 얼마인가?	1
35	평가문제 [재무상태표 조회] 12월 말 이월이익잉여금(미처분이익잉여금) 잔액으로 옳은 것은? ① 151,953,020원 ② 591,169,457원 ③ 875,274,975원 ④ 121,485,125원	2
	재무회계 소계	23

문제 4 근로소득관리

인사급여 관련 자료이다. [자료설명]을 참고하여 [수행과제]를 수행하시오.

1 일용직사원의 원천징수

자료.

성명 (코드)	민경진 (1003)
입사일 / 퇴사일	2024년 7월 12일 / 2024년 7월 15일
주민등록번호	851210－1774919
주 소	서울특별시 마포구 백범로 14 (노고산동)
급여지급방법 / 급여유형	매일지급 / 일급직(정상급여 1일 200,000원)
귀속년월 / 지급년월	2024년 7월 / 2024년 7월
근무일	2024년 7월 12일, 13일, 14일, 15일
총지급액 계산내역	1일 200,000원 × 총 4일 = 800,000원

자료설명	1. 자료는 일용직 사원의 관련 정보 및 급여지급 내역이다. 2. 일용직 급여는 매일 지급하는 방식으로 한다. 3. 사회보험료 중 고용보험만 징수하기로 한다. 4. 제시된 사항 이외의 자료입력은 생략한다.
수행과제	1. [일용직사원등록] 메뉴에 사원등록을 하시오.(우편번호 입력 생략) 2. [일용직급여입력] 메뉴에 급여내역을 입력하시오. 3. 기 입력된 7월분 급여 및 일용직급여에 대하여 7월 귀속분 [원천징수이행상황신고서]를 작성하시오.

실무수행평가

◉ 근로소득관리1

번호	평가문제	배점
36	**평가문제 [민경진 7월분 일용직 급여자료입력 조회]** **임금 지급 총액은 얼마인가?**	2
37	**평가문제 [7월 원천징수이행상황신고서 조회]** **7월분 일용근로소득에 대한 소득세는 얼마인가?**	2
38	**평가문제 [민경진 7월분 일용직 급여자료입력 조회]** **공제총액을 제외한 차인지급액은 얼마인가?**	2

2 급여명세에 의한 급여자료

자료 1. 김현준의 9월분 급여자료

급 여 명 세 서

(단위: 원)

구분	수당항목			공제항목			
	기본급	건강수당	식대	소득세	국민연금	고용보험	상조회비
	자가운전 보조금	국외근로 수당		지방소득세	건강보험	장기요양 보험료	
재무팀 (김현준)	4,300,000	160,000	100,000	자동반영			20,000
	250,000	1,700,000					

자료 2. 수당 및 공제요건

구분	코드	수당 및 공제명	내 용
수당등록	101	기본급	프로그램의 설정된 내용 그대로 사용한다.
	102	상 여	
	200	건강수당	흡연자들이 금연을 하는 경우 건강수당으로 지급하고 있다.
	201	식대	매월 지급하고 있으며, 별도의 음식물은 제공하고 있지 않다.
	202	자가운전보조금	차량을 소유하고 있는 직원에게 자가운전보조금을 지급하고 있으며, 시내출장 시 별도의 출장비를 지급하고 있다.
	203	국외근로수당	국외 지사에 근무하는 사무직 근로자에게 지급하고 있다.
공제등록	501 ~ 505	국민연금/건강보험/ 고용보험/장기요양 보험료/학자금상환액	프로그램의 설정된 내용 그대로 사용한다.
	600	상조회비	당사는 임직원을 대상으로 급여에서 상조회비를 공제하고 있다.

자료설명	본사 재무팀 과장 김현준(1024)의 급여자료이다. 1. 급여지급일은 매월 25일이다. 2. 사회보험은 자동계산된 금액으로 공제하고, 상조회비는 제시된 금액으로 공제한다. 3. 김현준은 9월 1일자로 미국지사로 발령받아 근무하고 있다.
수행과제	1. 사원등록 메뉴에 국외근로수당을 반영하시오. 2. 급여자료입력 메뉴에 수당 및 공제등록을 하시오. (상조회비 공제소득유형은 0.무구분을 선택할 것.) 3. 9월분 급여자료를 입력하시오.(단, 구분 1. 급여로 선택할 것.) 4. 9월 귀속분 [원천징수이행상황신고서]를 작성하시오.

실무수행평가

◉ 근로소득관리2

번호	평가문제	배점
39	**평가문제 [김현준 9월 급여자료 조회]** **수당항목 중 자가운전보조금 과세 금액은 얼마인가?**	2
40	**평가문제 [김현준 9월 급여자료 조회]** **수당항목 중 국외근로수당 과세 금액은 얼마인가?**	2
41	**평가문제 [김현준 9월 급여자료 조회]** **수당항목 중 비과세 총액은 얼마인가?**	2
42	**평가문제 [김현준 9월 급여자료 조회]** **9월분 급여에 대한 차인지급액은 얼마인가?**	2
43	**평가문제 [9월 원천징수이행상황신고서 조회]** **근로소득에 대한 '10.소득세 등' 금액은 얼마인가?**	2

3 국세청연말정산간소화 및 이외의 자료를 기준으로 연말정산

자료설명	사무직 김영교(1004)의 연말정산을 위한 자료이다. 1. 사원등록의 부양가족현황은 사전에 입력되어 있다. 2. 부양가족은 김영교와 생계를 같이 한다. 3. 김영교는 무주택자이다.
수행과제	[연말정산 근로소득원천징수영수증] 메뉴에서 연말정산을 완료하시오. 1. 의료비세액공제는 [의료비] 탭에서 입력하며, 국세청자료는 공제대상 합계금액을 1건으로 집계하여 입력한다. 2. 신용카드소득공제는 [신용카드] 탭에서 입력한다. 3. 교육비세액공제는 [소득공제] 탭에서 입력한다. 4. 월세액공제는 [정산명세] 탭에서 입력한다. 5. 소득공제 및 세액공제는 최대한 세부담을 최소화하는 방향으로 선택한다.

자료 1. 김영교의 부양가족등록 현황

연말정산관계	성 명	주민등록번호	기타사항
0.본인	김영교	800321-1216511	세대주
3.배우자	박소정	810905-2027511	소득없음
4.직계비속	김민정	070526-4154871	소득없음

자료 2. 김영교의 국세청 간소화 서비스 및 기타증빙 자료

2024년 귀속 소득·세액공제증명서류: 기본(지출처별)내역[의료비]

■ 환자 인적사항

성 명	주 민 등 록 번 호
김영교	800321-1******

■ 의료비 지출내역

(단위: 원)

사업자번호	상 호	종류	지출금액 계
129-17-32***	***내과	일반	9,800,000
의료비 인별합계금액			9,800,000
안경구입비 인별합계금액			
산후조리원 인별합계금액			
인별합계금액			**9,800,000**

- 본 증명서류는 『소득세법』 제165조 제1항에 따라 영수증 발급기관으로부터 수집한 서류로 소득·세액공제 충족 여부는 근로자가 직접 확인하여야 합니다.
- 본 증명서류에서 조회되지 않는 내역은 영수증 발급기관에서 직접 발급받으시기 바랍니다.

2024년 귀속 소득·세액공제증명서류: 기본내역[실손의료보험금]

■ 피보험자 인적사항

성 명	주 민 등 록 번 호
김영교	800321-1******

■ 실손의료보험금 수령내역

(단위: 원)

상호	상품명	보험계약자		수령금액 계
사업자번호	계약(증권)번호	수익자		
(주)케이비손해보험	(무)닥터안심보험	800321-1******	김영교	500,000
201-81-96***	3021*****	800321-1******	김영교	
인별합계금액				**500,000**

국세청 National Tax Service

- 본 증명서류는 『소득세법』 제165조 제1항에 따라 영수증 발급기관으로부터 수집한 서류로 소득·세액공제 충족 여부는 근로자가 직접 확인하여야 합니다.
- 본 증명서류에서 조회되지 않는 내역은 영수증 발급기관에서 직접 발급받으시기 바랍니다.

2024년 귀속 소득·세액공제증명서류: 기본(지출처별)내역[직불카드 등]

■ 사용자 인적사항

성 명	주 민 등 록 번 호
박소정	810905-2******

■ 신용카드 등 사용금액 집계

일반	전통시장분	대중교통이용분	도서공연 등	합계금액
16,275,000	0	450,600	0	16,725,600

■ 신용카드 사용내역

(단위: 원)

구분	사업자번호	상호	종류	공제대상금액합계
직불카드	330-81-57***	신한카드 주식회사	일반	16,275,000
직불카드	330-81-57***	신한카드 주식회사	대중교통	450,600
인별합계금액				16,725,600

• 본 증명서류는 『소득세법』 제165조 제1항에 따라 영수증 발급기관으로부터 수집한 서류로 소득·세액공제 충족 여부는 근로자가 직접 확인하여야 합니다.
• 본 증명서류에서 조회되지 않는 내역은 영수증 발급기관에서 직접 발급받으시기 바랍니다.

2024년 귀속 소득·세액공제증명서류: 기본(지출처별)내역[교육비]

■ 학생 인적사항

성 명	주 민 등 록 번 호
김민정	070526-4******

■ 교육비 지출내역

(단위: 원)

교육비구분	학교명	사업자번호	구분	지출금액 계
고등학교	***고등학교	**5-83-88***	일반교육비	2,700,000
고등학교	***고등학교	**5-83-88***	현장학습비	780,000
일반교육비 합계금액				2,700,000
현장학습비 합계금액				780,000

• 본 증명서류는 『소득세법』 제165조 제1항에 따라 영수증 발급기관으로부터 수집한 서류로 소득·세액공제 충족 여부는 근로자가 직접 확인하여야 합니다.
• 본 증명서류에서 조회되지 않는 내역은 영수증 발급기관에서 직접 발급받으시기 바랍니다.

<table>
<tr><th colspan="4">월 세 납 입 영 수 증</th></tr>
<tr><td colspan="4">■ 임대인</td></tr>
<tr><td>성명(법인명)</td><td>윤석준</td><td>주민등록번호(사업자번호)</td><td>800707-1026455</td></tr>
<tr><td>주소</td><td colspan="3">서울특별시 마포구 월드컵로12길 99 (서교동, 서교빌라 707호)</td></tr>
<tr><td colspan="4">■ 임차인</td></tr>
<tr><td>성명</td><td>김영교</td><td>주민등록번호</td><td>800321-1216511</td></tr>
<tr><td>주소</td><td colspan="3">서울특별시 서초구 방배로15길 22</td></tr>
<tr><td colspan="4">■ 세부내용
- 임대차 기간: 2023년 7월 1일 ~ 2025년 6월 30일
- 임대차계약서상 주소지: 서울특별시 서초구 방배로15길 22
- 월세금액: 200,000원(연간 총액 2,400,000원)
- 주택유형: 단독주택, 주댁계약면적 85㎡</td></tr>
</table>

실무수행평가

◉ 근로소득관리3

번호	평가문제	배점
44	평가문제 [김영교 근로소득원천징수영수증 조회] '37.차감소득금액'은 얼마인가?	2
45	평가문제 [김영교 근로소득원천징수영수증 조회] '42.신용카드등' 소득공제액은 얼마인가?	1
46	평가문제 [김영교 근로소득원천징수영수증 조회] '56.근로소득' 세액공제액은 얼마인가?	1
47	평가문제 [김영교 근로소득원천징수영수증 조회] '62.의료비' 공제대상 금액은 얼마인가?	1
48	평가문제 [김영교 근로소득원천징수영수증 조회] '63.교육비' 세액공제액은 얼마인가?	1
49	평가문제 [김영교 근로소득원천징수영수증 조회] '70.월세' 세액공제액은 얼마인가?	1
50	평가문제 [김영교 근로소득원천징수영수증 조회] '82.실효세율(결정세액/총급여×100)'은 몇 %인가?	2
	근로소득 소계	25

출제예상 모의고사 제2회

아래 문제에서 특별한 언급이 없으면 기업의 보고기간(회계기간)은 매년 1월 1일부터 12월 31일까지입니다. 또한 기업은 일반기업회계기준 및 관련 세법을 계속적으로 적용하고 있다고 가정하고 물음에 가장 합당한 답을 고르시기 바랍니다.

실무이론평가

01 **다음은 (주)한공의 2023년도 말 재무상태표의 일부이다. (주)한공은 토지에 대하여 재평가모형을 적용하고 있으며 2024년도 말 토지의 공정가치는 4,800,000원이다. 토지 재평가가 2024년 손익계산서에 미치는 영향으로 옳은 것은?**

재무상태표
2024년 12월 31일

㈜한공 (단위: 원)

계정과목	제5기	
⋮	⋮	
유형자산	5,500,000	
토지		
⋮		
자본		
⋮		
토지재평가잉여금	500,000	

① 재평가손실 200,000원
② 재평가손실 700,000원
③ 재평가이익 200,000원
④ 재평가이익 700,000원

02 **다음의 (가), (나)에 들어갈 회계정보의 질적특성을 올바르게 표시한 것은?**

시장성 없는 유가증권에 대해 역사적원가를 적용하면 자산가액 측정치의 (가)은(는) 높으나 유가증권의 실제 가치를 나타내지 못하여 (나)이(가) 저하될 수 있다.

① (가) 검증가능성 (나) 신뢰성
② (가) 비교가능성 (나) 신뢰성
③ (가) 검증가능성 (나) 목적적합성
④ (가) 목적적합성 (나) 검증가능성

03 **다음은 (주)한공의 기말 현금 계정과 보관중인 자산 내역이다. 재무상태표에 현금및현금성자산으로 반영될 금액으로 옳은 것은?**

현 금

차변		대변	
1/1 전기이월	150,000	⋮	
⋮		12/31 차기이월	180,000
	XXX		XXX

• 당좌예금 잔액 400,000원
• 보통예금 통장 잔액 170,000원
• 양도성예금증서(취득 시 만기: 4개월) 300,000원
• 거래처에서 수취한 약속어음(만기: 1개월) 100,000원
• 환매조건이 있는 채권(만기: 1개월) 500,000원

① 1,070,000원 ② 1,170,000원
③ 1,250,000원 ④ 1,350,000원

04 **다음은 (주)한공의 상품재고장이다. 선입선출법과 후입선출법에 의한 4월말 상품재고금액은 얼마인가?(단, 계속기록법을 적용한다.)**

상품재고장

일자	구분	입고		출고	잔고
		수량	단가	수량	수량
4. 1.	월초재고	50개	250원		50개
4. 2.	매입	200개	300원		XXX개
4.10.	매입	100개	350원		XXX개
4.20.	매출			250개	XXX개
4.30.	월말재고				XXX개

① 선입선출법: 27,500원 후입선출법: 30,000원
② 선입선출법: 30,000원 후입선출법: 35,000원
③ 선입선출법: 35,000원 후입선출법: 27,500원
④ 선입선출법: 35,500원 후입선출법: 30,000원

05 다음은 (주)한공의 사채발행 관련 대화이다. 사채 발행 시 예상되는 사채의 장부금액은 얼마인가?

> • 임사장
> 김과장. 건물 신축에 필요한 자금조달 계획은 어떻게 되나요?
> • 김과장
> 네. 액면금액 60,000,000원의 사채를 상환기간 5년, 액면이자율 연 5% 조건을 발행하고자 합니다.
> • 임사장
> 그렇다면 현재 시장이자율을 고려할 때 할인발행이 되겠군요?
> • 김과장
> 네. 액면금액에서 10% 할인하여 발행하고, 사채발행비 500,000원을 차감한 금액을 당좌예금 계좌로 받도록 하겠습니다.

① 53,500,000원 ② 54,000,000원
③ 54,500,000원 ④ 60,000,000원

06 다음 중 부가가치세법상 과세대상 재화의 공급에 해당하지 않는 것은?

① 교환계약에 의한 공급
② 법률상의 경매에 의한 공급
③ 현물출자에 의한 공급
④ 가공계약에 의한 공급

07 다음 자료를 토대로 (주)한공의 2024년 제1기 부가가치세 확정신고 시 과세표준금액을 계산하면 얼마인가?(단, 주어진 자료에는 부가가치세가 포함되지 아니하였다.)

> • 제품 매출액: 50,000,000원
> • 국가에 무상으로 기증한 제품: 20,000,000원(시가)
> • 화재로 인하여 소실된 제품: 5,000,000원(시가)
> • 중고 기계장치 처분액: 10,000,000원

① 55,000,000원 ② 60,000,000원
③ 75,000,000원 ④ 80,000,000원

08 다음 중 소득세법상 기타소득에 해당하지 않는 것은?

① 복권에 당첨되어 받는 금품
② 물품을 일시적으로 대여하고 사용료로서 받는 금품
③ 재산권에 대한 알선수수료
④ 저작자 또는 음반제작자가 저작권의 양도 또는 사용의 대가로 받는 금품

09 다음은 거주자 김한공 씨(영업부장)가 (주)한공으로부터 수령한 소득자료이다. 이를 이용하여 2024년 김한공 씨의 총급여액을 계산하면 얼마인가?

> 가. 기본급: 36,000,000원(월 3,000,000원)
> 나. 상여금: 3,000,000원
> 다. 식 대: 3,600,000원
> (월 300,000원, 식사는 제공받지 않음.)
> 라. 업무수행에 이용하고 회사의 지급기준에 따라 받는 자가운전보조금: 3,600,000원(월 300,000원)

① 39,000,000원 ② 40,200,000원
③ 41,400,000원 ④ 42,600,000원

10 다음 자료를 이용하여 거주자 김한공 씨(57세)의 2024년도 종합소득과세표준 계산 시 공제되는 인적공제액을 계산하면 얼마인가?

구분	나이	비 고
아내	52세	소득 없음
부친	79세	2024.3.27.사망, 소득 없음
장남	25세	장애인, 사업소득금액 5,000,000원 있음
장녀	17세	소득 없음

① 6,000,000원 ② 7,000,000원
③ 8,500,000원 ④ 9,500,000원

실무수행평가

(주)안동상사(회사코드 2502)는 침구류 등을 제조하는 법인기업으로 회계기간은 제6기 (2024.1.1. ~ 2024.12.31.)이다. 제시된 자료와 자료설명을 참고하여 [수행과제]를 완료하고 [평가문제]의 물음에 답하시오.

실무수행 유의사항	1. 부가가치세 관련거래는 [매입매출전표입력]메뉴에 입력하고, 부가가치세 관련없는 거래는 [일반전표입력]메뉴에 입력한다. 2. 타계정 대체와 관련된 적요는 반드시 코드를 입력하여야 한다. 3. 채권·채무, 예금거래 등 관리대상 거래자료에 대하여는 거래처코드를 반드시 입력한다. 4. 자금관리 등 추가 작업이 필요한 경우 문제의 요구에 따라 추가 작업하여야 한다. 5. 제조경비는 500번대 계정코드를 사용한다. 6. 판매비와 관리비는 800번대 계정코드를 사용한다. 7. 등록된 계정과목 중 가장 적절한 계정과목을 선택한다.

문제 1 거래자료입력

실무프로세스 자료이다. [자료설명]을 참고하여 [수행과제]를 수행하시오.

1 3만원 초과 거래 자료에 대한 영수증 수취명세서 작성

일련번호	087

기부금 영수증

1. 기부자

성명(법인명)	(주)안동상사	주민등록번호 (사업자등록번호)	120-81-32144
주소(소재지)	서울 강남구 삼성대로		

2. 기부금 단체

단 체 명	(재)아름교육재단	사업자등록번호 (고유번호)	101-82-21513

4. 기부내용

유 형	코드	구분	연월일	내 용	기 부 금 액			
					합계	공제대상 기부금액	공제제외 기부금	
							기부장려금 신청금액	기타
특례기부금	10	금전	2024.03.02.	장학기금	8,000,000	8,000,000		

자료설명	1. 아름교육재단에 장학기금을 현금으로 기부하고 수취한 기부금영수증이다. 2. 이 거래가 지출증명서류 미수취가산세 대상인지를 검토하려고 한다.
수행과제	1. 거래자료를 입력하시오. 2. 영수증수취명세서(1)과 (2)서식을 작성하시오.(인적사항 입력은 생략할 것)

2 발행(지급)어음 만기결제

전 자 어 음

(주)선영산업 귀하 00420240202335577881

금 삼천삼백만 원정 33,000,000원

위의 금액을 귀하 또는 귀하의 지시인에게 지급하겠습니다.

지급기일 2024년 4월 2일
지 급 지 국민은행
지급장소 삼성지점

발행일 2024년 2월 2일
발행지 주 소 서울 강남구 삼성대로 530
발행인 (주)안동상사

자료설명	[4월 2일] (주)선영산업의 외상대금 지급을 위해 발행하였던 전자어음이 만기가 되어 국민은행 당좌예금 계좌에서 지급 결제되었다.
수행과제	1. 거래자료를 입력하시오. 2. 자금관련정보를 입력하여 지급어음 현황에 반영하시오.

3 퇴직금 지급

자료 1. 퇴직소득원천징수 내역

(단위: 원)

대상자		퇴사일자	퇴직급여	공제내역		차인지급액
부서	성명			소득세	지방소득세	
구매팀	김수현	2024년 6월 30일	26,117,010	563,650	56,360	25,497,000

자료 2. 보통예금(기업은행) 거래내역

		내용	찾으신금액	맡기신금액	잔액	거래점
번호	거래일자	계좌번호: 451-1232-5634 (주)안동상사				
1	2024-06-30	김수현 퇴직급여	5,497,000		********	종로점

자료설명	1. 당사는 확정급여형 퇴직연금제도에 가입되어 있다. 2. 김수현의 퇴직금 중 20,000,000원은 (주)삼성생명 퇴직연금운용자산에서 지급하고, 나머지는 회사에서 지급하였다. 3. 자료 1은 구매팀 직원 김수현의 퇴직금 지급관련 퇴직소득원천징수 내역이다. 4. 자료 2는 회사가 부담할 퇴직금을 보통예금 계좌에서 지급한 내역이다.
수행과제	거래자료를 입력하시오.

문제 2 부가가치세관리

부가가치세 신고 관련 자료이다. [자료설명]을 참고하여 [수행과제]를 수행하시오.

1 과세매출자료의 전자세금계산서 발행

거래명세서 (공급자 보관용)

공급자	등록번호	120-81-32144			공급받는자	등록번호	105-81-47288		
	상호	(주)안동상사	성명	김하늘		상호	찬용코리아(주)	성명	정찬용
	사업장 주소	서울 강남구 삼성대로 530				사업장 주소	서울 금천구 시흥대로 106		
	업태	제조업외	종사업장번호			업태	도소매업	종사업장번호	
	종목	침구제조, 음식점				종목	침구류 외		

거래일자	미수금액	공급가액	세액	총 합계금액
2024.6.8.		14,000,000		14,000,000

NO	월	일	품목명	규격	수량	단가	공급가액	세액	합계
1	6	8	여름 이불		100	140,000	14,000,000		14,000,000

자료설명	찬용코리아(주)의 구매확인서(approval of purchase)에 의하여 제품을 공급하고 발급한 거래명세서이며, 물품대금은 전액 6월 30일에 받기로 하였다.
수행과제	1. 거래명세서에 의해 매입매출자료를 입력하시오. 2. 전자세금계산서 발행 및 내역관리 를 통하여 발급·전송하시오. (전자세금계산서 발급 시 결제내역 및 전송일자는 고려하지 않는다.)

2 전자세금계산서의 발행

전자세금계산서 (공급자 보관용) 승인번호

공급자	등록번호	120-81-32144			공급받는자	등록번호	120-81-51234		
	상호	(주)안동상사	성명(대표자)	김하늘		상호	(주)소영유통	성명(대표자)	정소영
	사업장 주소	서울 강남구 삼성대로 530				사업장 주소	서울 구로구 구로중앙로 198		
	업태	제조업외	종사업장번호			업태	도소매업	종사업장번호	
	종목	침구제조, 음식점				종목	침구류 외		
	E-Mail	sky1234@naver.com				E-Mail	soyoung1004@bill36524.com		

작성일자	2024.6.20.	공급가액	20,000,000	세 액	2,000,000
비고					

월	일	품목명	규격	수량	단가	공급가액	세액	비고
6	20	고급이불 세트		20	1,000,000	20,000,000	2,000,000	

합계금액	현금	수표	어음	외상미수금	이 금액을	○ 영수 / ◉ 청구	함
22,000,000				22,000,000			

자료설명	1. 6월 20일 제품을 공급하고 발급한 전자세금계산서이며 매입매출전표에 입력되어 있다. 2. 담당자의 착오로 동일 건을 이중 발급한 사실을 확인하였다.
수행과제	수정사유를 선택하여 수정전자세금계산서를 발급·전송하시오.(외상대금 및 제품매출에서 음수(-)로 처리하고 전자세금계산서 발급 시 결제내역 및 전송일자는 무시한다.)

3 의제매입세액공제신고자업자의 부가가치세신고서 작성

자료 1. 면세매입 계산서

<table>
<tr><td colspan="6">계산서 (공급받는자 보관용)</td><td colspan="2">승인번호</td><td colspan="2"></td></tr>
<tr><td rowspan="6">공급자</td><td>등록번호</td><td colspan="3">108-91-31256</td><td rowspan="6">공급받는자</td><td>등록번호</td><td colspan="3">120-81-32144</td></tr>
<tr><td>상호</td><td>영진유통</td><td>성명(대표자)</td><td>이영진</td><td>상호</td><td>(주)안동상사</td><td>성명(대표자)</td><td>김하늘</td></tr>
<tr><td>사업장 주소</td><td colspan="3">대구 북구 복현로 130</td><td>사업장 주소</td><td colspan="3">서울 강남구 삼성대로 530</td></tr>
<tr><td>업태</td><td>도소매업</td><td colspan="2">종사업장번호</td><td>업태</td><td>제조업외</td><td colspan="2">종사업장번호</td></tr>
<tr><td>종목</td><td>농축수산물</td><td colspan="2"></td><td>종목</td><td>침구제조, 음식점</td><td colspan="2"></td></tr>
<tr><td>E-Mail</td><td colspan="3">youngjin@bill36524.com</td><td>E-Mail</td><td colspan="3">sky1234@naver.com</td></tr>
</table>

작성일자	2024.7.10.	공급가액	20,000,000	비 고	

월	일	품목명	규격	수량	단가	공급가액	비고
7	10	쌀외	kg	400	50,000	20,000,000	

합계금액	현금	수표	어음	외상미수금	이 금액을 ◉ 영수 ○ 청구 함
20,000,000	20,000,000				

자료 2. 농산물 거래 내역서

농산물 거래 내역서

■ 공급자 인적사항

성 명	주 민 등 록 번 호
이석기	710110-1235141

■ 거래 내역

농산물 품목	수량	납품일자	금 액
마늘	50kg	2024.7.16.	500,000원
합계금액			**500,000원**

■ 대금지급조건: 납품 시 현금 결제

자료 3. 미가공 축산물 구입관련 자료

현금영수증
CASH RECEIPT

거래일시	2024-07-30 14:15:27
품명	돼지고기
식별번호	208341****
승인번호	165656304
판매금액	**2,200,000원**
부가가치세	**0원**
봉사료	**0원**
합계	**2,200,000원**

현금영수증가맹점명 대길농장
사업자번호 101-90-39264
대표자명 : **이대길** TEL : 033 755 1112
주소 : 강원도 춘천시 명동길 753 (중앙로2가)
CATID:1123973 전표No:

현금영수증 문의 : Tel 126
http://현금영수증.kr
감사합니다.

자료설명	**본 문제에 한하여 음식점업을 겸업 운영한다고 가정하며, 아래 자료는 음식점업과 관련된 내역이다.** 1. 자료 1은 쌀 등을 현금으로 구입하고 수취한 계산서이다. 2. 자료 2는 마늘을 농민으로부터 현금으로 직접 구입하고 수취한 농산물 거래 내역서이다. 3. 자료 3은 미가공 축산물(돼지고기) 200kg을 현금으로 구입한 현금영수증이다. 4. 자료 1 ~ 3의 계정과목은 원재료로 처리하고, 법인 음식점업 공제율은 6/106으로 한다.
수행과제	1. 자료 1 ~ 3의 거래를 검토하여 의제매입세액공제 요건을 갖춘 거래는 매입매출전표에 입력하고, 그 외의 거래는 일반전표에 입력하시오. (의제매입세액공제신고서에 자동반영 되도록 적요를 선택할 것.) 2. 제2기 부가가치세 예정신고기간의 의제매입세액공제신고를 작성하시오. 3. 의제매입세액공제내역을 제2기 부가가치세 예정신고서에 반영하시오. 4. 의제매입세액과 관련된 회계처리를 일반전표입력에 9월 30일자로 입력하시오. (공제세액은 '부가세대급금'으로 회계처리할 것.)

4 매입세액불공제내역 작성자의 부가가치세신고서 작성

자료 1. 2024년 과세사업과 면세사업에 공통으로 사용되는 자산의 구입내역

계정과목	취득일자	공급가액	부가가치세	비 고
건 물	2022.6. 2.	800,000,000원	80,000,000원	
원 재 료	2023.9.30.	30,000,000원	3,000,000원	

자료 2. 과세기간의 제품매출(공급가액) 내역

일자	과세사업	면세사업	총공급가액	면세비율
2024년 제1기	700,000,000원	300,000,000원	1,000,000,000원	30%
2024년 제2기	500,000,000원	500,000,000원	1,000,000,000원	50%

자료설명	(주)안동상사는 과세사업과 면세사업을 겸영하고 있다. 1. 자료 1은 과세사업과 면세사업에 공통으로 사용되는 자산의 구입내역이다. (취득일자에 과세매입으로 회계처리 되었음.) 2. 자료 2는 2024년 제1기 및 2024년 제2기의 제품매출내역이다.(기 입력된 데이터는 무시할 것.)
수행과제	1. 공통매입세액 재계산을 하여 제2기 확정신고기간의 [매입세액불공제내역]을 작성하시오. 2. 제2기 부가가치세 확정신고서에 공통매입세액 재계산 결과를 반영하시오. 3. 공통매입세액 재계산관련 회계처리를 일반전표입력에 12월 31일자로 입력하시오.

실무수행평가

입력자료 및 회계정보를 조회하여 [평가문제]의 답안을 입력하시오.(70점)

◉ 부가가치세관리

번호	평가문제	배점
11	**평가문제 [회사등록 조회]** **(주)안동상사의 회사등록 정보이다. 다음 중 올바르지 않은 것은?** ① (주)안동상사의 관할세무서는 '강남세무서'이다. ② (주)안동상사의 업종코드는 '172101'이다. ③ (주)안동상사는 내국법인이며, 사업장 종류별 구분은 '중소기업'에 해당한다. ④ 전자세금계산서 관리를 위한 담당자 E-mail은 sky1234@naver.com이다.	2
12	**평가문제 [매출매출전표입력 조회]** **6월 20일자 수정세금계산서의 수정사유를 코드로 입력하시오.**	2
13	**평가문제 [전자세금계산서 발행 및 내역관리 조회]** **제1기 확정 신고기간 동안 Bill36524에서 발급한 전자세금계산서 공급가액 합계액은 얼마인가?**	2
14	**평가문제 [부가가치세신고서 조회]** **제1기 확정 신고기간의 부가가치세신고서 과세_세금계산서발급분(1란) 금액은 얼마인가?**	3
15	**평가문제 [의제매입세액공제신고서 조회]** **제2기 예정 신고기간의 의제매입공제신고서에 작성된 의제매입세액 합계액은 얼마인가?**	2
16	**평가문제 [부가가치세신고서 조회]** **제2기 예정 신고기간의 부가가치세신고서 그밖의공제매입세액(14란) 세액은 얼마인가?**	2
17	**평가문제 [부가가치세신고서 조회]** **제2기 예정 신고기간의 부가가치세신고서 계산서수취금액(86란) 금액은 얼마인가?**	2
18	**평가문제 [매입세액불공제내역 조회]** **제2기 확정 신고기간의 매입세액불공제내역서 [5.납부세액 또는 환급세액 재계산내역] Tab의 (23)가산 또는 공제되는 매입세액은 얼마인가?**	2
19	**평가문제 [부가가치세신고서 조회]** **제2기 확정 신고기간의 부가가치세 신고시에 작성되는 부가가치세 첨부서류에 해당하지 않는 것은?** ① 건물등감가상각자산취득명세서 ② 매입세금계산서합계표 ③ 매출세금계산서합계표 ④ 매입세액불공제내역	2
20	**평가문제 [부가가치세신고서 조회]** **제2기 확정 신고기간의 부가가치세신고서 공제받지못할매입세액(16란) 세액은 얼마인가?**	3
	부가가치세 소계	**22**

문제 3 결산

[결산자료]를 참고로 결산을 수행하시오.(단, 제시된 자료 이외의 자료는 없다고 가정함.)

1 수동결산

자료. 장기차입금 내역

은행	차입금액	차입일	상환일	비고
국민은행(차입)	30,000,000원	2023년 6월 1일	2025년 6월 1일	원금일시상환
신한은행(차입)	20,000,000원	2023년 6월 1일	2026년 6월 1일	원금일시상환
기업은행(차입)	50,000,000원	2024년 1월 1일	2028년 12월 31일	2025년부터 5년간 매 연도말 균등 분할상환

자료설명	2024년 기말 현재 장기차입금 은행별 잔액 내역이다.
수행과제	장기차입금에 대한 결산정리분개를 일반전표에 입력하시오.

2 결산자료입력에 의한 자동결산

자료설명

1. 기말재고 실사내역

구 분	실사내역		
	단위당원가	수량	평가액
원재료	20,000원	500개	10,000,000원
제 품	40,000원	300개	12,000,000원

※ 기말원재료재고에는 12월 4일 선적지인도조건에 의해 매입운송 중인 원재료 3,000,000원이 포함되어 있지 않다.

2. 이익잉여금처분계산서 처분확정(예정)일
   - 당기: 2025년 3월 31일
   - 전기: 2024년 3월 31일

수행과제

결산을 완료하고 이익잉여금처분계산서에서 손익대체분개를 하시오.
(단, 이익잉여금처분내역은 없는 것으로 하고 미처분이익잉여금 전액을 이월이익잉여금으로 이월하기로 할 것.)

실무수행평가

◉ 재무회계

번호	평가문제	배점
21	평가문제 [영수증수취명세서 조회] 영수증수취명세서에 반영되는 11.명세서제출 제외대상 금액은 얼마인가?	2
22	평가문제 [지급어음현황 조회] 12월 말 지급어음 중 미결제 금액은 얼마인가?	2
23	평가문제 [월계표 조회] 4월에 발생한 제품매출 금액은 얼마인가?	2
24	평가문제 [월계표 조회] 6월에 발생한 판매관리비 총액은 얼마인가?	1
25	평가문제 [거래처원장 조회] 6월 말 기업은행(보통)의 보통예금 잔액은 얼마인가?	2
26	평가문제 [거래처원장 조회] 12월 말 기업은행(차입)의 장기차입금 잔액은 얼마인가?	2
27	평가문제 [제조원가명세서 조회] 12월 말 당기완성품제조원가는 얼마인가?	1
28	평가문제 [손익계산서 조회] 당기에 발생한 영업외비용 총액은 얼마인가?	2
29	평가문제 [재무상태표 조회] 12월 말 당좌예금 잔액은 얼마인가?	1
30	평가문제 [재무상태표 조회] 12월 말 외상매출금 잔액은 얼마인가?	1
31	평가문제 [재무상태표 조회] 12월 말 재고자산 잔액은 얼마인가?	2
32	평가문제 [재무상태표 조회] 12월 말 퇴직연금운용자산 잔액은 얼마인가?	1
33	평가문제 [재무상태표 조회] 12월 말 유형자산 잔액은 얼마인가?	1
34	평가문제 [재무상태표 조회] 12월 말 유동성장기부채 잔액은 얼마인가?	2
35	평가문제 [재무상태표 조회] 12월 말 이월이익잉여금(미처분이익잉여금) 잔액으로 옳은 것은? ① 550,925,189원 ② 151,953,020원 ③ 875,274,975원 ④ 321,485,125원	1
	재무회계 소계	23

문제 4 근로소득관리

인사급여 관련 자료이다. [자료설명]을 참고하여 [수행과제]를 수행하시오.

1 가족관계증명서에 의한 사원등록

자료 1. 가족관계증명서

[별지 제1호서식] <개정 2010.6.3>

가족관계증명서

등록기준지	서울시 강남구 도곡로 460(대치동)

구분	성 명	출생연월일	주민등록번호	성별	본
본인	김경순	1974년 10월 02일	741002-2024457	여	慶州

가족사항

구분	성명	출생연월일	주민등록번호	성별	본
부	김진구	1944년 04월 05일	440405-1649478	남	慶州
모	최미숙	1947년 01월 26일	470126-2111115	여	全州
자녀	서인수	2004년 11월 23일	041123-3070791	남	夫餘
자녀	서인준	2006년 03월 05일	060305-3111116	남	夫餘

자료 2. 김진구의 사망신고서

사망 신고서

(2024년 9월 9일)

사망자	등록기준지	서울시 강남구 도곡로 460(대치동)			
	주 소	서울시 강남구 도곡로 460 (대치동)		세대주 및 관계	부
	성 명	한글: 김 진 구 / 한자: 金 眞 九	성 별: ■ 남 □ 여	주민등록 번호	440405-1649478
	사망일시	2024년 9월 9일 5시 30분(사망지 시각: 24시각제로 기재)			
	사망장소	장소: 서울시(도) 강남구(군) 도곡동(읍, 면) 100번지			
		구분: □ 주택내 ■ 의료기관 □ 시설기관(양로원, 고아원 등) □ 공로(도로, 차도) □ D.O.A(병원 이송 중 사망) □ 산업장 □ 기타( )			
기타사항					
신고인	성 명	김 경 순		주민등록번호	741002-2******
	자 격	■ 동거친족 □ 비동거친족 □ 동거자 □ 기타(의 자격:)			
	주 소	서울시 강남구 도곡로 460 (대치동)	전화: 010-7513-1124	이메일	-

※ 다음은 국가의 인구정책 수립에 필요한 「통계법」 제32조 및 제33조에 의하여 성실응답 의무가 있으며 개인의 비밀사항이 철저히 보호되므로 사실대로 기입하여 주시기 바랍니다.

자료설명	2024년 1월 11일 입사한 사무직 김경순(1001)의 가족관계증명서이다. 1. 김경순은 배우자와 2022년 이혼 후 세대주이며, 근로소득금액은 30,000,000원 이하이다. 2. 부 김진구는 당해 연도에 사망을 하였으나, 일용근로소득 7,500,000원이 있다. 3. 모 최미숙은 항시 치료를 요하는 중증환자로서, 현재 타지역의 요양시설에서 생활하고 있으며 소득이 없다. 4. 아들 서인수는 현재 대학교에 재학 중이고, 개인사업자로서 연 1,000,000원의 사업소득금액이 있다. 5. 아들 서인준은 현재 고등학생이며 소득은 없다. 6. 세부담을 최소화하는 방법을 선택한다.
수행과제	사원등록에서 부양가족명세를 작성하시오.

실무수행평가

◉ 근로소득관리1

번호	평가문제	배점
36	**평가문제 [김경순 근로소득원천징수영수증 조회]** **기본공제 대상 인원수(본인포함)는 총 몇 명인가?**	2
37	**평가문제 [김경순 근로소득원천징수영수증 조회]** **'26.부양가족' 공제대상액은 얼마인가?**	2
38	**평가문제 [김경순 근로소득원천징수영수증 조회]** **'27.경로우대' 공제대상액은 얼마인가?**	2
39	**평가문제 [김경순 근로소득원천징수영수증 조회]** **'28.장애인' 공제대상액은 얼마인가?**	2
40	**평가문제 [김경순 근로소득원천징수영수증 조회]** **'29.부녀자' 공제대상액은 얼마인가?**	1
41	**평가문제 [김경순 근로소득원천징수영수증 조회]** **'30.한부모가족' 공제대상액은 얼마인가?**	1

2 중도퇴사자의 원천징수

자료. 7월 중도퇴사자 급여자료

(단위: 원)

기본급	공제항목					
	국민연금	건강보험	고용보험	장기요양보험	건강보험료정산	장기요양보험료정산
3,000,000	135,000	106,350	27,000	13,770	-27,280	-2,310

자료설명	영업부 이정원 사원(3001)의 급여자료이다. 1. 급여지급일은 익월 10일이다. 2. 영업부 이정원 사원은 2024년 7월 31일에 퇴직하였다. 중도퇴사자 정산 시기 등록되어 있는 자료 이외의 공제는 없는 것으로 한다.
수행과제	1. 이정원 사원의 퇴사일을 입력하시오. 2. 7월분 급여자료를 입력하고 중도퇴사자 정산내역을 급여자료에 반영하시오. (단, 구분: 1.급여로 선택할 것.) 3. 7월 귀속분 [원천징수이행상황신고서]를 작성하시오. (조정대상 환급액은 익월로 이월하기로 한다.)

실무수행평가

◉ 근로소득관리2

번호	평가문제	배점
42	**평가문제 [이정원 7월 급여자료 조회]** 중도퇴사자 정산을 통해 반영되는 공제액 합계는 얼마인가?	2
43	**평가문제 [7월 원천징수이행상황신고서 조회]** 근로소득에 대한 '5.총지급액(가감계 A10)'은 얼마인가?	2
44	**평가문제 [7월 원천징수이행상황신고서 조회]** '18.조정대상환급액'은 얼마인가?	2

3 연말정산자료입력

자료설명	사무직 박철수(4001)의 연말정산을 위한 자료이다. 1. 자료 1은 박철수의 부양가족현황으로 기입력된 내용이다. 2. 자료 2는 연말정산을 위하여 박철수가 회사에 제출한 자료이다. - 박철수가 연세병원에 지출한 의료비 중 1,000,000원은 삼성화재보험으로부터 실손보험금으로 수령하였다. 3. 부양가족은 모두 박철수와 생계를 같이 하며, 별도의 소득이 없다.
수행과제	[연말정산 근로소득원천징수영수증] 메뉴를 이용하여 연말정산을 완료하시오. 1. 의료비세액공제는 [의료비] 탭에서 입력하며, 국세청자료는 공제대상 합계금액을 1건으로 집계하여 입력한다. 2. 기부금세액공제는 [기부금] 탭과 [정산명세] 탭에서 입력한다. 3. 교육비세액공제는 [소득공제] 탭에서 입력한다.

자료 1. 부양가족현황

연말정산관계	기본공제	추가공제	성명	주민등록번호
0.본인	본인		박철수	830303-1850211
1.소득자의 직계존속	60세 이상	경로우대	한진희	450324-2850219
3.배우자	배우자		조미숙	840303-2850211
4.직계비속(자녀, 입양자)	20세 이하	출산, 자녀	박사랑	240110-4850210

자료 2. 박철수의 국세청 간소화서비스 및 기타증빙자료

2024년 귀속 소득·세액공제증명서류: 기본(지출처별)내역[의료비]

■ 환자 인적사항

성 명	주 민 등 록 번 호
박철수	830303-1******

■ 의료비 지출내역

(단위: 원)

사업자번호	상 호	종류	지출금액 계
109-04-15***	**병원	일반	3,000,000
106-05-81***	**안경점	안경 또는 콘텍트렌즈 구입비용	600,000
의료비 인별합계금액			3,000,000
안경구입비 인별합계금액			600,000
산후조리원 인별합계금액			
인별합계금액			**3,600,000**

국세청 National Tax Service

- 본 증명서류는 『소득세법』 제165조 제1항에 따라 영수증 발급기관으로부터 수집한 서류로 소득·세액공제 충족 여부는 근로자가 직접 확인하여야 합니다.
- 본 증명서류에서 조회되지 않는 내역은 영수증 발급기관에서 직접 발급받으시기 바랍니다.

2024년 귀속 소득·세액공제증명서류: 기본(지출처별)내역[기부금]

■ 기부자 인적사항

성 명	주 민 등 록 번 호
한진희	450324-2******

■ 기부자 지출내역

(단위: 원)

사업자번호	단체명	기부유형	기부금액 합계	공제대상 기부금액	기부장려금 신청금액
120-80-05335	국학운동시민연합	종교단체외 일반(지정)기부금	1,500,000	1,500,000	0
인별합계금액					**1,500,000**

국세청 National Tax Service

- 본 증명서류는 『소득세법』 제165조 제1항에 따라 영수증 발급기관으로부터 수집한 서류로 소득·세액공제 충족 여부는 근로자가 직접 확인하여야 합니다.
- 본 증명서류에서 조회되지 않는 내역은 영수증 발급기관에서 직접 발급받으시기 바랍니다.

2024년 귀속 소득·세액공제증명서류: 기본(지출처별)내역[교육비]

■ 학생 인적사항

성 명	주 민 등 록 번 호
조미숙	840303-2******

■ 교육비 지출내역

(단위: 원)

교육비구분	학교명	사업자번호	구분	지출금액 계
대학원	**대학교	107-90-32***	일반교육비	6,000,000
일반교육비 합계금액				6,000,000
현장학습비 합계금액				0

• 본 증명서류는 「소득세법」 제165조 제1항에 따라 영수증 발급기관으로부터 수집한 서류로 소득·세액공제 충족 여부는 근로자가 직접 확인하여야 합니다.
• 본 증명서류에서 조회되지 않는 내역은 영수증 발급기관에서 직접 발급받으시기 바랍니다.

실무수행평가

■ 근로소득관리3

번호	평가문제	배점
45	평가문제 [박철수 근로소득원천징수영수증 조회] '37.차감소득금액'은 얼마인가?	1
46	평가문제 [박철수 근로소득원천징수영수증 조회] '62.의료비' 공제대상금액은 얼마인가?	2
47	평가문제 [박철수 근로소득원천징수영수증 조회] '63.교육비' 세액공제액은 얼마인가?	2
48	평가문제 [박철수 근로소득원천징수영수증 조회] '64.기부금' 세액공제액은 얼마인가?	2
49	평가문제 [박철수 근로소득원천징수영수증 조회] '75.주(현)근무지 기납부세액(소득세)'은 얼마인가?	1
50	평가문제 [박철수 근로소득원천징수영수증 조회] '77.차감징수세액(소득세)'은 얼마인가?	1
	근로소득 소계	25

출제예상 모의고사 제3회

아래 문제에서 특별한 언급이 없으면 기업의 보고기간(회계기간)은 매년 1월 1일부터 12월 31일까지입니다. 또한 기업은 일반기업회계기준 및 관련 세법을 계속적으로 적용하고 있다고 가정하고 물음에 가장 합당한 답을 고르시기 바랍니다.

실무이론평가 

01 다음은 (주)한공의 기계장치 관련 자료이다. 이에 대한 설명으로 옳지 않은 것은?

- 2024년 5월 1일: 정부보조금 200,000원을 보통예금으로 수령함.
- 2024년 7월 1일: 기계장치를 1,000,000원 (정부보조금 200,000원 포함)에 취득함. (보통예금 지급)
- 감가상각은 월할상각, 정액법을 적용함. (내용연수 5년, 잔존가치 없음)

① 2024년 5월 1일 정부보조금 수령은 자산을 증가시키지 않는다.
② 2024년 7월 1일 기계장치의 장부금액은 800,000원이다.
③ 2024년 12월 31일 기계장치의 장부금액은 720,000원이다.
④ 2024년 기계장치에 대한 감가상각비는 100,000원이다.

02 다음에서 설명하고 있는 회계정보의 질적 특성은 무엇인가?

- 회계정보는 그 정보가 나타내고자 하는 대상을 충실히 표현하고 있어야 한다.
- 객관적으로 검증가능하여야 한다.
- 중립적이어야 한다.

① 목적적합성 ② 신뢰성
③ 비교가능성 ④ 중요성

03 다음은 2024년 1월 2일에 설립된 (주)한공의 주식발행 내역이다. 2024년 재무상태표에 표시되는 주식발행초과금(또는 주식할인발행차금)은 얼마인가?(단, 보통주 주당 액면가액은 5,000원이다.)

- 1월 2일 보통주 1,000주를 주당 10,000원에 발행하였다.
- 9월 20일 보통주 2,000주를 주당 4,000원에 발행하고, 주식발행수수료 1,000,000원을 지급하였다.

① 주식발행초과금 2,000,000원
② 주식발행초과금 3,000,000원
③ 주식할인발행차금 2,000,000원
④ 주식할인발행차금 3,000,000원

04 (주)한공의 영업부장은 매출처 직원과 저녁 식사를 하고 다음과 같은 신용카드매출전표를 받았으나 경리부에 제출하지 않아 관련 회계처리가 누락되었다. 누락된 회계처리가 재무제표에 미치는 영향으로 옳지 않은 것은?

신용카드매출전표

카드종류: 현대카드
회원번호: 3424-3152-****-4**5
거래일시: 2024.3.23. 19:05:16
거래유형: 신용승인
매 출: 143,000원
합 계: 143,000원
결제방법: 일시불
승인번호: 26785995
은행확인: 국민은행

가맹점명: 제일한식점 (156-12-31576)
- 이 하 생 략 -

① 판매관리비 과소계상
② 영업이익 과소계상
③ 매출총이익 영향없음
④ 접대비 과소계상

05 (주)한공은 2년 전 매입한 상장주식을 당기 중 580,000원에 처분하였다. 전기말 장부금액은 450,000원이며, 매도가능증권평가손실 150,000원이 있다. 처분시점에 손익으로 계상되는 처분손익은 얼마인가?

① 매도가능증권처분손실 20,000원
② 매도가능증권처분이익 20,000원
③ 매도가능증권처분손실 130,000원
④ 매도가능증권처분이익 130,000원

06 다음 자료를 토대로 (주)한공(휴대폰 제조업)의 2024년 제1기 확정신고 시 부가가치세 과세표준을 계산하면 얼마인가?(단, 아래의 금액에는 부가가치세가 포함되지 아니하였다.)

가.	제품의 판매금액(매출에누리 500,000원이 차감되지 아니하였음):	12,000,000원
나.	사무용비품 매각금액:	3,000,000원
다.	자산수증이익(기증받은 사무용 비품의 시가):	5,000,000원
라.	대표이사가 개인적 용도로 사용한 제품(매입세액공제를 받았음)의 원가: (시가: 6,000,000원)	4,500,000원

① 17,500,000원 ② 20,500,000원
③ 22,500,000원 ④ 24,500,000원

07 다음 중 부가가치세 신고·납부 및 환급에 대한 설명으로 옳은 것은?

① 폐업하는 경우 폐업일이 속한 과세기간이 끝난 후 25일 이내에 신고·납부하여야 한다.
② 총괄납부사업자의 경우 주된 사업장에서 종된 사업장의 부가가치세를 합산하여 신고·납부하여야 한다.
③ 일반환급의 경우 각 과세기간별로 확정신고기한 후 25일 이내에 환급하여야 한다.
④ 예정신고를 한 사업자는 이미 예정신고한 과세표준을 확정신고 시 포함하지 아니한다.

08 다음 중 소득세법상 금융소득에 대한 설명으로 옳지 않은 것은?

① 직장공제회 초과반환금은 무조건 분리과세 대상이다.
② 이자소득과 배당소득은 필요경비가 인정되지 않는다.
③ 외국법인으로부터 받은 원천징수 대상이 아닌 현금배당은 조건부 종합과세 대상이다.
④ 은행 정기적금 이자 수령액이 연간 2천만원을 초과하는 경우 종합과세 대상이다.

09 다음 중 연금소득에 대한 설명으로 옳지 않은 것은?

① 공적연금소득은 연금을 지급받기로 한 날이 연금소득의 수입시기가 된다.
② 연금소득공제액이 900만원을 초과하는 경우에는 900만원을 공제한다.
③ 공적연금소득만 있는 자는 해당 공적연금소득을 확정신고 하여야 한다.
④ 산업재해보상보험법에 따라 받는 연금은 비과세 연금소득에 해당한다.

10 다음 중 근로소득자의 연말정산에 대한 설명으로 옳지 않은 것은?

[현진]
해당 과세기간 중에 이혼한 배우자는 기본공제를 적용받을 수 없어.

[혜서]
인적공제 적용 시 장애인은 나이의 제한을 받지 않아.

[동엽]
인적공제 합계액이 종합소득금액을 초과하는 경우 그 초과하는 금액은 없는 것으로 해.

[혜림]
부녀자공제와 한부모공제는 동시에 적용받을 수 있어.

① 현진 ② 혜서
③ 동엽 ④ 혜림

실무수행평가

(주)육공상사(회사코드 2503)는 육류 등을 가공제조하는 법인기업으로 회계기간은 제7기 (2024.1.1. ~ 2024.12.31.)이다. 제시된 자료와 자료설명을 참고하여 [수행과제]를 완료하고 [평가문제]의 물음에 답하시오.

실무수행 유의사항	1. 부가가치세 관련거래는 [매입매출전표입력]메뉴에 입력하고, 부가가치세 관련없는 거래는 [일반전표입력]메뉴에 입력한다. 2. 타계정 대체와 관련된 적요는 반드시 코드를 입력하여야 한다. 3. 채권·채무, 예금거래 등 관리대상 거래자료에 대하여는 거래처코드를 반드시 입력한다. 4. 자금관리 등 추가 작업이 필요한 경우 문제의 요구에 따라 추가 작업하여야 한다. 5. 제조경비는 500번대 계정코드를 사용한다. 6. 판매비와 관리비는 800번대 계정코드를 사용한다. 7. 등록된 계정과목 중 가장 적절한 계정과목을 선택한다.

문제 1 거래자료입력

실무프로세스 자료이다. [자료설명]을 참고하여 [수행과제]를 수행하시오.

1 자본거래

자료 1. 신주발행 내역

주식 수	주당 액면금액	주당 발행금액	주식발행비용
4,000주	5,000원	8,000원	850,000원

자료 2. 보통예금(기업은행) 내역

		내용	찾으신금액	맡기신금액	잔액	거래점
번호	거래일	계좌번호 104133-2365314 (주)육공상사				
1	2024-03-10	주식대금		31,150,000	********	***

자료설명	1. 자료 1은 임시주주총회에서 결의한 신주발행 내역이다. 2. 자료 2는 주식대금에서 주식발행비용을 차감하고 입금된 내역이다.
수행과제	주식발행일의 거래자료를 입력하시오.

2 정부보조금에 의한 유형자산의 구입

자료 1. 보통예금(기업은행) 내역

		내용	찾으신금액	맡기신금액	잔액	거래점
번호	거래일	계좌번호 104133-2365314 (주)육공상사				
1	2024-03-23	산업통상자원부		30,000,000	********	***

자료 2. 기계장치 구입

<table>
<tr><td colspan="9">전자세금계산서 (공급받는자 보관용)</td><td>승인번호</td><td colspan="2"></td></tr>
<tr><td rowspan="6">공급자</td><td>등록번호</td><td colspan="3">123-81-12341</td><td rowspan="6">공급받는자</td><td>등록번호</td><td colspan="4">219-81-25429</td></tr>
<tr><td>상호</td><td>(주)은호기계</td><td>성명(대표자)</td><td>이은호</td><td>상호</td><td>(주)육공상사</td><td>성명(대표자)</td><td colspan="2">박지선</td></tr>
<tr><td>사업장 주소</td><td colspan="3">서울 동작구 국사봉2가길 10</td><td>사업장 주소</td><td colspan="4">서울 영등포구 여의대로 56</td></tr>
<tr><td>업태</td><td>제조업</td><td colspan="2">종사업장번호</td><td>업태</td><td>제조업</td><td colspan="3">종사업장번호</td></tr>
<tr><td>종목</td><td>기계</td><td colspan="2"></td><td>종목</td><td>육류가공</td><td colspan="3"></td></tr>
<tr><td>E-Mail</td><td colspan="3">ho1010@bill36524.com</td><td>E-Mail</td><td colspan="4">jisun@hanmail.net</td></tr>
<tr><td>작성일자</td><td colspan="2">2024.3.25.</td><td>공급가액</td><td colspan="3">50,000,000</td><td>세 액</td><td colspan="4">5,000,000</td></tr>
<tr><td>비고</td><td colspan="11"></td></tr>
<tr><td>월</td><td>일</td><td>품목명</td><td>규격</td><td>수량</td><td>단가</td><td colspan="2">공급가액</td><td colspan="2">세액</td><td colspan="2">비고</td></tr>
<tr><td>3</td><td>25</td><td>로봇기계</td><td></td><td></td><td></td><td colspan="2">50,000,000</td><td colspan="2">5,000,000</td><td colspan="2"></td></tr>
<tr><td>합계금액</td><td>현금</td><td>수표</td><td>어음</td><td>외상미수금</td><td colspan="3" rowspan="2">이 금액을</td><td colspan="2" rowspan="2">◉ 영수
○ 청구</td><td rowspan="2">함</td></tr>
<tr><td>55,000,000</td><td></td><td></td><td></td><td></td></tr>
</table>

자료설명	1. 자료 1은 산업통상자원부로부터 상환의무가 없는 정부지원금이 입금된 내역이며, 입력되어 있다. - 정부지원금 무상 지원 목적: 조립공정의 현대화를 위한 로봇기계 도입 2. 자료 2는 정부지원금을 포함한 구매대금 전액을 기업은행 보통예금계좌에서 이체하여 지급하고 발급받은 전자세금계산서이다.
수행과제	1. 유형자산 구입내역을 매입매출전표에 입력하시오. (전자세금계산서와 관련된 거래는 '전자입력'으로 처리할 것.) 2. 3월 23일 거래 자료를 참고하여 정부보조금 관련내역을 일반전표입력에 입력하시오.(단, 정부보조금과 관련된 계정과목은 등록된 자료를 이용할 것.)

3 출장비 정산

자료 1. 출장비 지출 내역

지출내역	금액(원)	비고
숙박비	100,000	50,000원 × 2박
교통비	80,000	택시비 등
식대	50,000	본인 식대
거래처식사	150,000	매출거래처 식사비
지출 합계	380,000	

자료 2. 보통예금(하나은행) 내역

		내용	찾으신금액	맡기신금액	잔액	거래점
번호	거래일	계좌번호 321-9562-0263 (주)육공상사				
1	2024-06-10	허승연	380,000		********	***

자료설명	1. 자료 1은 지역 영업점 및 거래처 출장을 마친 영업부 허승연 사원의 출장비 지출 내역이다. 2. 회사는 출장비의 경우 사후 정산 방식을 적용하고 있으며, 계좌이체일 기준으로 회계처리 하고 있다.
수행과제	거래자료를 입력하시오.

문제 2 부가가치세관리

부가가치세 신고 관련 자료이다. [자료설명]을 참고하여 [수행과제]를 수행하시오.

1 과세매출자료의 전자세금계산서 발행

거래명세서 (공급자 보관용)

공급자	등록번호	219-81-25429			공급받는자	등록번호	106-86-56709		
	상호	(주)육공상사	성명	박지선		상호	(주)윤상마트	성명	조윤상
	사업장 주소	서울 영등포구 여의대로 56				사업장 주소	대전광역시 동구 가양남로 1-3		
	업태	제조업	종사업장번호			업태	도소매업	종사업장번호	
	종목	육류가공				종목	가공식품 외		

거래일자	미수금액	공급가액	세액	총 합계금액
2024.4.30.		10,900,000	1,090,000	11,990,000

NO	월	일	품목명	규격	수량	단가	공급가액	세액	합계
1	4	15	국내산 가공육		45	200,000	9,000,000	900,000	9,900,000
2	4	25	수입산 가공육		10	190,000	1,900,000	190,000	2,090,000

자료설명	(주)윤상마트에 제품을 공급하고 전자세금계산서를 발급·전송하였다. (전자세금계산서는 매월 말일 월합계로 발급하고, 대금 중 20%는 현금으로 받았으며 나머지 금액은 다음달 20일까지 받기로 하였다.)
수행과제	1. 거래명세서에 의해 매입매출전표를 입력하시오.(복수거래 를 이용하여 입력할 것.) 2. 전자세금계산서 발행 및 내역관리 를 통하여 발급·전송하시오. (전자세금계산서 발급 시 결제내역 및 전송일자는 고려하지 않는다.)

2 수정전자세금계산서의 발급

<table>
<tr><td colspan="6">전자세금계산서 (공급자 보관용)</td><td>승인번호</td><td colspan="4"></td></tr>
<tr><td rowspan="6">공급자</td><td>등록번호</td><td colspan="3">219-81-25429</td><td rowspan="6">공급받는자</td><td>등록번호</td><td colspan="4">138-81-15845</td></tr>
<tr><td>상호</td><td>(주)육공상사</td><td>성명(대표자)</td><td>박지선</td><td>상호</td><td>(주)다빈유통</td><td>성명(대표자)</td><td colspan="2">홍다빈</td></tr>
<tr><td>사업장 주소</td><td colspan="3">서울 영등포구 여의대로 56</td><td>사업장 주소</td><td colspan="4">경기 안산시 단원구 적금로 77</td></tr>
<tr><td>업태</td><td>제조업</td><td colspan="2">종사업장번호</td><td>업태</td><td colspan="2">도소매업</td><td colspan="2">종사업장번호</td></tr>
<tr><td>종목</td><td>육류가공</td><td colspan="2"></td><td>종목</td><td colspan="2">가공식품 외</td><td colspan="2"></td></tr>
<tr><td>E-Mail</td><td colspan="3">jisun@hanmail.net</td><td>E-Mail</td><td colspan="4">dabin@bill36524.com</td></tr>
<tr><td>작성일자</td><td colspan="2">2024.5.10.</td><td>공급가액</td><td colspan="2">18,750,000원</td><td>세 액</td><td colspan="4">1,875,000원</td></tr>
<tr><td>비고</td><td colspan="10"></td></tr>
<tr><td>월</td><td>일</td><td>품목명</td><td>규격</td><td>수량</td><td>단가</td><td>공급가액</td><td>세액</td><td colspan="3">비고</td></tr>
<tr><td>5</td><td>10</td><td>고급 포장육</td><td></td><td>25</td><td>750,000</td><td>18,750,000</td><td>1,875,000</td><td colspan="3"></td></tr>
<tr><td></td><td></td><td></td><td></td><td></td><td></td><td></td><td></td><td colspan="3"></td></tr>
<tr><td></td><td></td><td></td><td></td><td></td><td></td><td></td><td></td><td colspan="3"></td></tr>
<tr><td></td><td></td><td></td><td></td><td></td><td></td><td></td><td></td><td colspan="3"></td></tr>
<tr><td colspan="2">합계금액</td><td>현금</td><td>수표</td><td>어음</td><td>외상미수금</td><td rowspan="2">이 금액을</td><td colspan="2" rowspan="2">○ 영수
◉ 청구</td><td colspan="2" rowspan="2">함</td></tr>
<tr><td colspan="2">20,625,000원</td><td></td><td></td><td></td><td>20,625,000원</td></tr>
</table>

자료설명	1. 자료는 (주)다빈유통에 제품을 공급하고 발급한 전자세금계산서이다. 2. 5월 15일 원재료 인상 등 제조원가의 상승으로 인해 동 제품의 공급가액을 3,000,000원 인상하기로 합의하고, 수정세금계산서를 발급하기로 하였다. (대금은 다음 달 20일에 입금받기로 함.)
수행과제	공급가액 변동에 대한 수정전자세금계산서를 발급 · 전송하시오. (전자세금계산서 발급 시 결제내역 입력 및 전송일자는 무시할 것.)

3 신용카드매출전표발행집계표 작성자의 부가가치세신고서 작성

자료 1.

<table>
<tr><td colspan="6">영세율전자세금계산서 (공급자 보관용)</td><td colspan="2">승인번호</td><td colspan="3"></td></tr>
<tr><td rowspan="6">공급자</td><td>등록번호</td><td colspan="3">219-81-25429</td><td rowspan="6">공급받는자</td><td>등록번호</td><td colspan="3">105-81-21518</td></tr>
<tr><td>상호</td><td>(주)육공상사</td><td>성명(대표자)</td><td>박지선</td><td>상호</td><td>(주)승연무역</td><td>성명(대표자)</td><td>성승연</td></tr>
<tr><td>사업장 주소</td><td colspan="3">서울 영등포구 여의대로 56</td><td>사업장 주소</td><td colspan="3">서울 서대문구 충정로7길 19-7 (충정로 3가)</td></tr>
<tr><td>업태</td><td>제조업</td><td colspan="2">종사업장번호</td><td>업태</td><td>무역업</td><td colspan="2">종사업장번호</td></tr>
<tr><td>종목</td><td>육류가공</td><td colspan="2"></td><td>종목</td><td>가공식품</td><td colspan="2"></td></tr>
<tr><td>E-Mail</td><td colspan="3">jisun@hanmail.net</td><td>E-Mail</td><td colspan="3">sung@bill36524.com</td></tr>
<tr><td colspan="2">작성일자</td><td>2024.7.9.</td><td>공급가액</td><td colspan="2">4,000,000</td><td>세 액</td><td colspan="3">영세율</td></tr>
<tr><td colspan="2">비고</td><td colspan="8"></td></tr>
</table>

월	일	품목명	규격	수량	단가	공급가액	세액	비고
7	9	포장 가공육		10	400,000	4,000,000	0	

합계금액	현금	수표	어음	외상미수금	이 금액을	○ 영수 ◉ 청구	함
4,000,000				4,000,000			

신용카드매출전표

카드종류: 국민카드
회원번호: 1236-4875-****-1**6
회 원 명: (주)승연무역
거래일시: 2024. 7. 9. 10:01:23
거래유형: 신용승인
매 출: 4,000,000원
부 가 세:
합 계: 4,000,000원
결제방법: 일시불
승인번호: 45678912

가맹점번호: 60253000

가맹점명: (주)육공상사

- 이 하 생 략 -

자료 2.

매출전표

카드종류	거래일자
비씨카드	2024.7.13.10:13:42

카드번호(CARD NO)
2112-3535-****-67**

승인번호		금액 AMOUNT	3	0	0	0	0	0
20240713800023								
일반	할부	부가세 V.A.T		3	0	0	0	0
일시불								
	가공식품	봉사료 CASHBACK						
거래유형		합계 TOTAL	3	3	0	0	0	0

가맹점명	
(주)육공상사	
대표자명	사업자번호
박지선	219-81-25429
전화번호	가맹점번호
02-1234-1234	71024563
주소	
서울 영등포구 여의대로 56	

상기의 거래 내역을 확인합니다. 서명 (주)주영마트

자료 3.

현금영수증
(지출증빙용)

사업자등록번호: 219-81-25429
사업자명: (주)육공상사
단말기ID: 53123563(tel:02-1234-1234)
가맹점주소: 서울 영등포구 여의대로 56

현금영수증 회원번호
123-51-12121 박나영
승인번호: 44556677
거래일시: 2024년 7월 21일 14시10분14초

공급금액: 190,000원
부 가 세: 19,000원
합 계: 209,000원

- 이 하 생 략 -

자료설명	1. 자료 1은 (주)승연무역에 제품(가공식품)을 공급하면서 영세율전자세금계산서를 발급하고, 대금결제 시 발행한 신용카드매출전표이다. 2. 자료 2는 (주)주영마트에 제품을 매출하고 발급한 신용카드매출전표이다. 3. 자료 3은 개인사업자 박나영에게 제품(장조림캔)을 매출하고 발급한 현금영수증이다.
수행과제	1. 자료 1 ~ 자료 3을 매입매출전표에 입력하시오.(전자세금계산서와 관련된 거래는 '전자입력'으로 처리할 것.) 2. [신용카드매출전표발행집계표]를 작성하고 제2기 부가가치세예정신고서에 반영하시오.

4 의제매입세액공제신고사업자의 부가가치세신고서 작성

자료 1. 면세매입 계산서

전자계산서 (공급받는자 보관용) 승인번호

공급자					공급받는자				
등록번호	108-91-31256				등록번호	219-81-25429			
상호	준경유통	성명(대표자)	한준경		상호	(주)육공상사	성명(대표자)	박지선	
사업장 주소	서울 마포구 마포대로 6				사업장 주소	서울 영등포구 여의대로 56			
업태	도소매업	종사업장번호			업태	제조업	종사업장번호		
종목	농축수산물				종목	육류가공			
E-Mail	junkyoung@naver.com				E-Mail	jisun@hanmail.net			

작성일자	2024.11.25.	공급가액	80,000,000	비 고	

월	일	품목명	규격	수량	단가	공급가액	비고
11	25	닭다리 정육	kg	8,000	10,000	80,000,000	

합계금액	현금	수표	어음	외상미수금	이 금액을 ◉ 영수 ○ 청구 함
80,000,000	80,000,000				

자료 2. 농산물 거래 내역서

농산물 거래 내역서

■ 공급자 인적사항

성 명	주 민 등 록 번 호
조영준	710110-1235141

■ 거래 내역

농산물 품목	수량	납품일자	금 액
마늘	100kg	2024.12.13.	2,000,000원
합계금액			**2,000,000원**

■ 대금지급조건: 납품 시 현금 결제

자료 3. 면세매입 영수증

NO.	영 수 증 (공급받는자용)			
(주)육공상사 귀하				
공급자	사업자등록번호	503-32-12118		
	상호	소희마트	성명	박소희
	사업장소재지	대구 달서구 달구벌대로 1015		
	업태	도소매	종목	농산물
작성일자		공급대가총액		비고
2024. 12. 20.		₩ 100,000		

공급내역				
월/일	품명	수량	단가	금액
12/20	생강	10kg		100,000
합계			₩ 100,000	
위 금액을 **영수**(청구)함				

자료 4. 의제매입세액 정산 관련 자료

- 2024년 2기(7.1.~12.31.)의 양념육 제조와 관련한 과세표준은 800,000,000원 (2기 예정: 450,000,000원, 2기 확정: 350,000,000원)이다.

- 예정신고 시 면세매입금액: 125,000,000원
- 예정신고 시 의제매입세액공제액: 4,807,692원

자료설명	**농축산물을 구입하여 양념육을 제조하는 (주)육공상사의 원재료 매입내역 및 의제매입세액 관련 자료이다.** 1. 자료 1은 닭다리 정육을 현금으로 구입하고 수취한 전자계산서이다. 2. 자료 2는 마늘을 농민으로부터 현금으로 직접 구입하고 수취한 농산물 거래 내역서이다. 3. 자료 3은 생강을 현금으로 구입하고 수취한 영수증이다. 4. 자료 4는 제2기 의제매입세액 정산에 필요한 부가가치세 자료이다. 5. (주)육공상사는 중소기업에 해당한다.
수행과제	1. 자료 1~자료 3의 거래를 매입매출전표 및 일반전표에 입력하시오. (의제매입세액공제신고서에 자동반영 되도록 적요를 선택하고, 전자계산서와 관련된 거래는 '전자입력'으로 처리할 것.) 2. 자료 1 ~ 자료 4를 참고하여 제2기 부가가치세 확정 신고기간의 의제매입세액공제신고서(매입세액정산 포함)를 작성하시오. (의제매입세액 정산 시 기존 데이터는 무시하고, 자료 4를 반영할 것.) 3. 의제매입세액공제내역을 제2기 부가가치세 확정 신고서에 반영하시오. 4. 의제매입세액과 관련된 회계처리를 일반전표입력에 입력하시오.

실무수행평가

입력자료 및 회계정보를 조회하여 [평가문제]의 답안을 입력하시오.(70점)

◉ 부가가치세관리

번호	평가문제	배점
11	**평가문제 [환경설정 조회]** (주)육공상사의 환경설정 정보이다. 다음 중 올바르지 않은 것은? ① 64.매입자발행세금계산서 유형은 사용할 수 없다. ② 카드채무는 253.미지급금으로 설정되어 있다. ③ 일반전표 입력시 엔터키 입력으로 적요코드가 자동으로 복사된다. ④ 카드입력방식은 1.공급대가(부가세포함)로 설정되어 있다.	2
12	**평가문제 [매출매출전표입력 조회]** 5월 10일자 세금계산서의 공급가액 인상과 관련하여 발급된 수정세금계산서의 수정사유를 코드로 입력하시오.	2
13	**평가문제 [전자세금계산서 발행 및 내역관리 조회]** 제1기 확정 신고기간 동안 Bill36524에서 발급한 전자세금계산서 공급가액 합계액은 얼마인가?	2
14	**평가문제 [세금계산서합계표 조회]** 제1기 확정 신고기간의 매출세금계산서합계표에 반영된 전자세금계산서 공급가액은 얼마인가?	2
15	**평가문제 [부가가치세신고서 조회]** 제1기 확정 신고기간의 부가가치세신고서 과세_세금계산서발급분(1란) 금액은 얼마인가?	2
16	**평가문제 [신용카드매출발행집계표 조회]** 제2기 예정 신고기간의 신용카드매출발행집계표에 반영된 ⑨세금계산서 발급금액은 얼마인가?	2
17	**평가문제 [부가가치세신고서 조회]** 제2기 예정 신고기간의 부가가치세 신고시에 작성되는 부가가치세 첨부서류에 해당하지 않는 것은? ① 신용카드매출전표등 수령금액합계표(갑) ② 매입세금계산서합계표 ③ 신용카드매출전표발행집계표 ④ 의제매입세액공제신고서	2
18	**평가문제 [부가가치세신고서 조회]** 제2기 예정 신고기간의 부가가치세신고서 과세_신용카드 · 현금영수증(3란) 금액은 얼마인가?	3
19	**평가문제 [의제매입세액공제신고서 조회]** 제2기 확정 신고기간의 의제매입세액공제신고서 [매입세액정산(의제)] Tab의 18.한도액은 얼마인가?	2
20	**평가문제 [부가가치세신고서 조회]** 제2기 확정 신고기간의 부가가치세신고서 차가감납부할세액(환급받을세액)(27란)은 얼마인가?	3
	부가가치세 소계	22

문제 3 결산

[결산자료]를 참고로 결산을 수행하시오.(단, 제시된 자료 이외의 자료는 없다고 가정함.)

1 수동결산

자료설명

회사가 보유하고 있는 단기매매증권의 내역은 다음과 같다.

자료 1. 단기매매증권명세서

회사명	기초잔액	당기증가	당기감소	기말잔액	비고
LG이노텍(주) 보통주		11,000,000		11,000,000	500주 × 22,000원
합계		11,000,000		11,000,000	

자료 2. 한국거래소 일자별 주가자료(최종거래일이 2024년 12월 28일이다.)

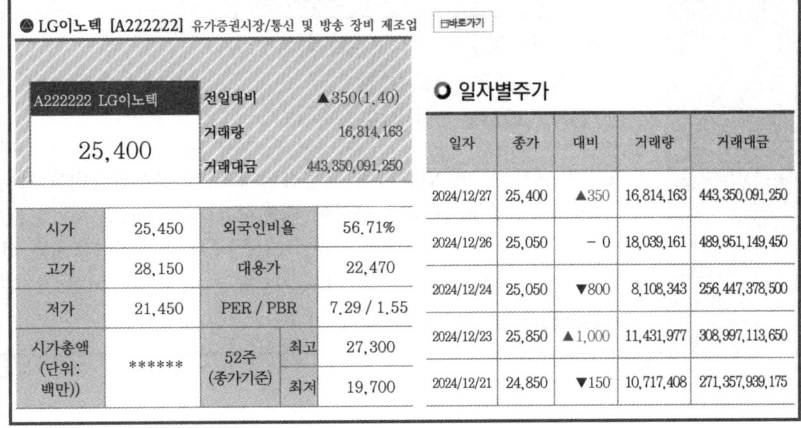

LG이노텍 [A222222] 유가증권시장/통신 및 방송 장비 제조업 바로가기

A222222 LG이노텍	전일대비	▲350(1.40)
25,400	거래량	16,814,163
	거래대금	443,350,091,250

시가	25,450	외국인비율		56.71%
고가	28,150	대용가		22,470
저가	21,450	PER / PBR		7.29 / 1.55
시가총액 (단위: 백만)	******	52주 (종가기준)	최고	27,300
			최저	19,700

일자별주가

일자	종가	대비	거래량	거래대금
2024/12/27	25,400	▲350	16,814,163	443,350,091,250
2024/12/26	25,050	- 0	18,039,161	489,951,149,450
2024/12/24	25,050	▼800	8,108,343	256,447,378,500
2024/12/23	25,850	▲1,000	11,431,977	308,997,113,650
2024/12/21	24,850	▼150	10,717,408	271,357,939,175

수행과제

단기매매증권 평가에 대한 결산정리분개를 12월 31일에 입력하시오.

2 결산자료입력에 의한 자동결산

자료. 유형자산 및 무형자산 내역

코드	계정과목	자산명	취득일	취득원가	감가상각누계액	상각방법	내용연수	사용부서
1001	건물	본사건물	2022.7.1.	200,000,000원	9,000,000원	정액법	40년	영업부

자료설명

1. 제시된 자산에 대해서만 감가상각을 하기로 한다.
2. 2024년 6월 24일 본사건물에 에스컬레이터 설치공사를 완료하였으며 회계처리는 적절하게 되어있다.
3. 기말재고자산 현황

구분	금액
원재료	27,000,000원
제품	32,000,000원

3. 이익잉여금처분계산서 처분확정(예정)일
   - 당기: 2025년 3월 31일
   - 전기: 2024년 3월 31일

수행과제

1. [고정자산등록]에 입력하여 고정자산에 대한 감가상각비를 계상하고 결산에 반영하시오.(단, 제시된 자산에 대해서만 상각하기로 할 것.)
2. 결산을 완료하고 이익잉여금처분계산서에서 손익대체분개를 하시오.
   (단, 이익잉여금처분내역은 없는 것으로 하고 미처분이익잉여금 전액을 이월이익잉여금으로 이월하기로 할 것.)

실무수행평가

◉ 재무회계

번호	평가문제	배점
21	평가문제 [일계표 조회] 12월 20일에 발생한 원재료 매입금액 얼마인가?	2
22	평가문제 [월계표 조회] 5월에 발생한 제품매출금액은 얼마인가?	1
23	평가문제 [월계표 조회] 6월에 발생한 여비교통비(판) 금액은 얼마인가?	2
24	평가문제 [월계표 조회] 12월에 발생한 부가가세대급금은 얼마인가?	2
25	평가문제 [거래처원장 조회] 12월 말 국민카드의 외상매출금 잔액은 얼마인가?	1
26	평가문제 [거래처원장 조회] 6월 말 기업은행(보통)의 보통예금 잔액은 얼마인가?	2
27	평가문제 [제조원가명세서 조회] 12월 말 당기완성품제조원가는 얼마인가?	1
28	평가문제 [손익계산서 조회] 당기에 발생한 영업외수익 총액은 얼마인가?	2
29	평가문제 [재무상태표 조회] 12월 말 현금 잔액은 얼마인가?	1
30	평가문제 [재무상태표 조회] 12월 말 보통예금 장부금액(정부보조금 차감 후 잔액)은 얼마인가?	2
31	평가문제 [재무상태표 조회] 12월 말 단기매매증권 잔액은 얼마인가?	1
32	평가문제 [재무상태표 조회] 12월 말 건물 장부금액(취득금액-감가상각누계액)은 얼마인가?	1
33	평가문제 [재무상태표 조회] 12월 말 기계장치 장부금액(취득금액-감가상각누계액-정부보조금)은 얼마인가?	2
34	평가문제 [재무상태표 조회] 12월 말 주식발행초과금 잔액은 얼마인가?	2
35	평가문제 [재무상태표 조회] 12월 말 이월이익잉여금(미처분이익잉여금) 잔액으로 옳은 것은? ① 550,925,189원 ② 151,953,020원 ③ 616,688,647원 ④ 321,485,125원	1
	재무회계 소계	23

문제 4 근로소득관리

인사급여 관련 자료이다. [자료설명]을 참고하여 [수행과제]를 수행하시오.

1 주민등록등본에 의한 사원등록

자료 1. 김상경의 주민등록등본

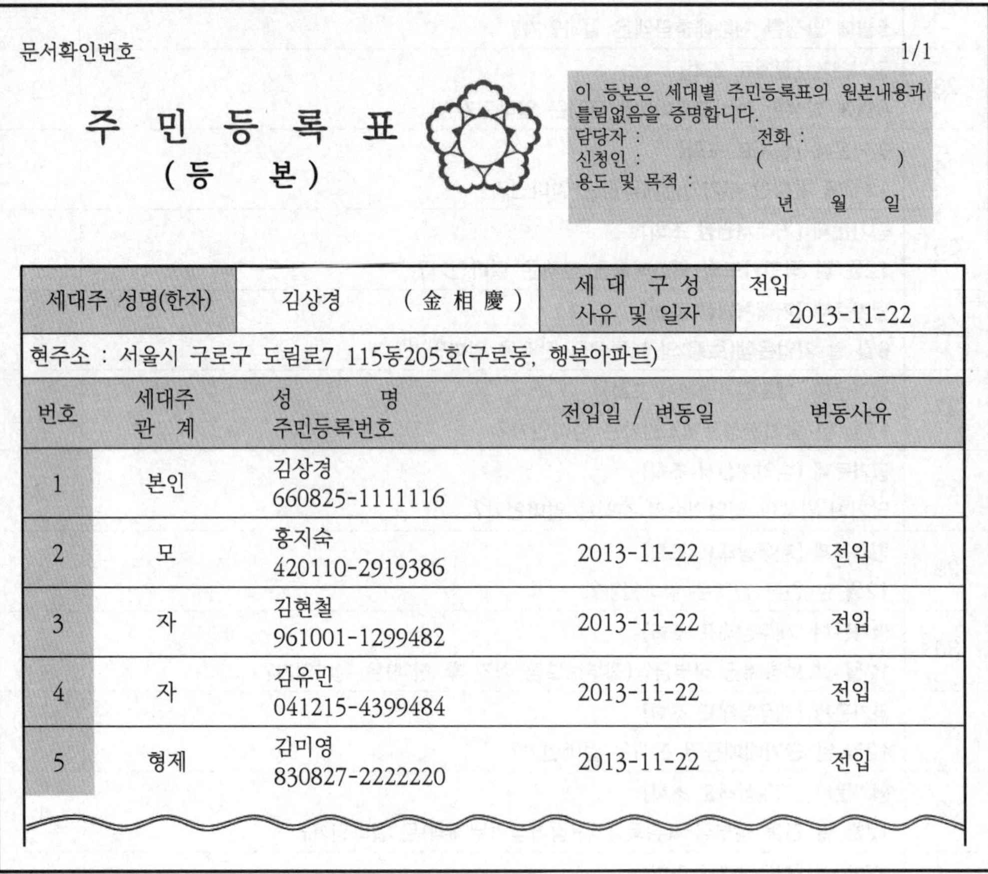

문서확인번호 1/1

주 민 등 록 표
(등 본)

이 등본은 세대별 주민등록표의 원본내용과 틀림없음을 증명합니다.
담당자 : 전화 :
신청인 : ( )
용도 및 목적 :
년 월 일

세대주 성명(한자)	김상경 (金 相 慶)	세 대 구 성 사유 및 일자	전입 2013-11-22

현주소 : 서울시 구로구 도림로7 115동205호(구로동, 행복아파트)

번호	세대주 관 계	성 명 주민등록번호	전입일 / 변동일	변동사유
1	본인	김상경 660825-1111116		
2	모	홍지숙 420110-2919386	2013-11-22	전입
3	자	김현철 961001-1299482	2013-11-22	전입
4	자	김유민 041215-4399484	2013-11-22	전입
5	형제	김미영 830827-2222220	2013-11-22	전입

자료 2. 홍지숙의 장애인증명서

<table>
<tr><td colspan="17">장 애 인 증 명 서</td></tr>
<tr><td colspan="17">1. 증명서 발급기관</td></tr>
<tr><td>① 상 호</td><td>서울요양원</td><td>② 사업자등록번호</td><td>1</td><td>0</td><td>1</td><td>-</td><td>9</td><td>0</td><td>-</td><td>1</td><td>0</td><td>0</td><td>4</td><td>7</td></tr>
<tr><td>③ 대표자(성 명)</td><td colspan="14">이정현</td></tr>
<tr><td>④ 소 재 지</td><td colspan="14">서울시 종로구 낙산1길 10</td></tr>
<tr><td colspan="15">2. 소득자 (또는 증명서 발급 요구자)</td></tr>
<tr><td>⑤ 성 명</td><td>김상경</td><td>⑥ 주민등록번호</td><td>6</td><td>6</td><td>0</td><td>8</td><td>2</td><td>5</td><td>-</td><td>1</td><td>1</td><td>1</td><td>1</td><td>1</td><td>1</td><td>6</td></tr>
<tr><td>⑦ 주 소</td><td colspan="16">서울시 구로구 도림로7 115동205호(구로동, 행복아파트)</td></tr>
<tr><td colspan="17">3. 장애인</td></tr>
<tr><td>⑧성 명</td><td>홍지숙</td><td>⑨ 주 민 등 록 번 호</td><td>4</td><td>2</td><td>0</td><td>1</td><td>1</td><td>0</td><td>-</td><td>2</td><td>9</td><td>1</td><td>9</td><td>3</td><td>8</td><td>6</td></tr>
<tr><td>⑩소득자와의관계</td><td>모</td><td>⑪ 장 애 예 상 기 간</td><td colspan="14">■ 영구 □ 비영구(. . .부터 . .까지)</td></tr>
<tr><td>⑫ 장 애 내 용</td><td>제 3 호</td><td>⑬ 용 도</td><td colspan="14">소득공제 신청용</td></tr>
<tr><td colspan="17">위 사람은 「소득세법」 제51조 제1항 제2호 및 동법 시행령 제107조 제1항에 따른 장애인에 해당하는 자임을 증명합니다.</td></tr>
</table>

자료설명	사무직 사원 김상경(1100)의 주민등록표이다. 1. 부양가족은 김상경과 생계를 같이 한다. 2. 배우자 황수정과 2024년 12월 30일 협의이혼을 하였다. 3. 모 홍지숙은 치매(중증환자) 치료 중이며, 소득세법에 따라 원천징수 된 이자소득 6,000,000원과 배당소득 13,000,000원이 있다. 4. 자 김현철은 군복무(병장) 중에 있으며 별도의 소득은 없다. 5. 자 김유민 AT실무경진대회에서 대상을 받고 상금 1,000,000원을 받았다. 6. 동생 김미영은 총급여 15,000,000원이 있다.
수행과제	사원등록메뉴에 등록된 부양가족명세를 수정하시오.

실무수행평가

◉ 근로소득관리1

번호	평가문제	배점
36	평가문제 [김상경 근로소득원청징수영수증 조회] '25.배우자' 공제대상액은 얼마인가?	2
37	평가문제 [김상경 근로소득원청징수영수증 조회] '26.부양가족' 공제대상액은 얼마인가?	2
38	평가문제 [김상경 근로소득원청징수영수증 조회] '27.경로우대' 공제대상액은 얼마인가?	2
39	평가문제 [김상경 근로소득원청징수영수증 조회] '28.장애인' 공제대상액은 얼마인가?	1
40	평가문제 [김상경 근로소득원청징수영수증 조회] '30.한부모가족' 공제대상액은 얼마인가?	1

2 급여내역에 의한 수당공제등록 및 급여입력

자료 1. 7월 급여자료

(단위: 원)

사원	기본급	상여	국외 근로수당	근속 수당	식 대	자격수당	국민 연금	건강 보험	고용 보험	장기 요양 보험	소득세	지방 소득세
오주연 (재경팀)	2,000,000	기본급의 50%	–	100,000	200,000	100,000	프로그램에서 자동 계산된 금액으로 공제한다.					
성준기 (영업팀)	3,000,000	기본급의 50%	1,500,000	200,000	200,000		프로그램에서 자동 계산된 금액으로 공제한다.					

자료 2. 수당등록사항

코드	수당명	내 용
200	국외근로수당	당사는 해외지사에 파견 근무하는 경우에는 월 1,500,000원의 수당을 지급하고 있다.
201	근속수당	근속연수에 따라 차등 지급하고 있다.
202	식 대	회사는 근로자에게 중식을 제공하지 않고 있으며 매월 200,000원씩 월정액으로 지급하고 있다.
203	자격수당	TAT1,2급 자격증 보유자에게 매월 100,000원씩 월정액으로 지급하고 있다.

자료설명	재경팀 오주연(1200), 영업팀 성준기(1300) 사원의 급여자료이다. 1. 당해 귀속분에 대한 급여지급일은 익월 7일이다. 2. 영업팀 성준기는 미국지사에 파견 근무하고 있다. 3. 사회보험료와 소득세 및 지방소득세는 자동계산 된 금액으로 공제한다.
수행과제	1. [급여자료입력] 메뉴에 수당등록을 하시오. 2. 7월 급여자료를 입력하시오.(구분은 '2.급여+상여'로 선택할 것.) 3. 7월 귀속분 [원천징수이행상황신고서]를 작성하시오.

실무수행평가

◉ 근로소득관리2

번호	평가문제	배점
41	**평가문제 [7월 급여자료 조회]** **수당항목 중 국외근로수당 과세 금액은 얼마인가?**	2
42	**평가문제 [7월 급여자료 조회]** **수당항목 중 식대 비과세 금액은 얼마인가?**	2
43	**평가문제 [7월 급여자료 조회]** **성준기의 7월분 급여에 대한 차인지급액은 얼마인가?**	2
44	**평가문제 [7월 원천징수이행상황신고서 조회]** **근로소득에 대한 '10.소득세 등' 금액은 얼마인가?**	2

3 국세청연말정산간소화 및 이외의 자료를 기준으로 연말정산

자료설명	사무직 하정근(1400)의 연말정산을 위한 자료이다. 1. 부양가족은 모두 하정근과 생계를 같이하고 있으며, 입력되어 있다. 2. 하정근은 2024년 4월 30일까지 (주)해진산업에서 근무하고 퇴직하였다.
수행과제	[연말정산 근로소득원천징수영수증] 메뉴에서 연말정산을 완료하시오. 1. 종전근무지 관련서류는 [소득명세] 탭에서 입력한다. 2. 의료비세액공제는 [의료비] 탭에서 입력하며, 국세청자료는 공제대상 합계금액을 1건으로 집계하여 입력한다. 3. 기부금세액공제는 [기부금] 탭과 [정산명세] 탭에서 입력한다. 4. 보험료세액공제는 [소득공제] 탭에서 입력한다.

자료 1. 하정근 사원의 부양가족등록 현황

연말정산관계	성명	주민번호	기타사항
0.본인	하정근	741011-1111113	세대주
3.배우자	이지영	790502-2222221	소득 없음
1.소득자 직계존속	하충남	510102-1111113	소득 없음
4.직계비속	하준석	091215-3094119	소득 없음

자료 2. 하정근 사원의 전근무지 정산내역

(8쪽 중 제1쪽)

관리번호

[√]근로소득 원천징수영수증
[ ]근로소득 지 급 명 세 서

([√]소득자 보관용 [ ]발행자 보관용 [ ]발행자 보고용)

거주구분		거주자1 / 비거주자2	
거주지국	대한민국	거주지국코드	kr
내・외국인		(내국인1)/외국인9	
외국인단일세율적용		여 1 / 부 2	
외국법인소속파견근로자여부		여 1 / (부 2)	
국적	대한민국	국적코드	kr
세대주 여부		세대주1, (세대원2)	
연말정산 구분		계속근로1, (중도퇴사2)	

징 수 의무자	① 법인명(상 호) (주)해진산업		② 대 표 자(성 명) 정수근
	③ 사업자등록번호 108-81-21220		④ 주 민 등 록 번 호
	③-1 사업자단위과세자 여부	여 1 / (부 2)	③-2 종사업장 일련번호
	⑤ 소 재 지(주소) 서울특별시 강남구 양재대로 340		
소득자	⑥ 성 명 하정근		⑦ 주 민 등 록 번 호(외국인등록번호) 741011-1111113
	⑧ 주 소 서울특별시 강남구 강남대로 238-13		

	구 분	주(현)	종(전)	종(전)	⑯-1 납세조합	합 계
I 근무처별 소득명세	⑨ 근 무 처 명	(주)해진산업				
	⑩ 사업자등록번호	108-81-21220				
	⑪ 근무기간	2024.1.1.~ 2024.4.30.	~	~	~	~
	⑫ 감면기간	~	~	~	~	~
	⑬ 급 여	28,000,000				28,000,000
	⑭ 상 여	1,800,000				1,800,000
	⑮ 인 정 상 여					
	⑮-1 주식매수선택권 행사이익					
	⑮-2 우리사주조합인출금					
	⑮-3 임원 퇴직소득금액 한도초과액					
	⑮-4					
	⑯ 계	29,800,000				29,800,000

	구 분	코드	주(현)	종(전)	종(전)	⑯-1 납세조합	합 계
II 비과세 및 감면소득 명세	⑱ 국외근로	M0X					
	⑱-1 야간근로수당	O0X					
	⑱-2 출산·보육수당	Q0X					
	⑱-4 연구보조비	H0X					
	~						
	⑲ 수련보조수당	Y22					
	⑳ 비과세소득 계						
	⑳-1 감면소득 계						

	구 분			⑧⓪ 소 득 세	⑧① 지방소득세	⑧② 농어촌특별세
III 세액명세	⑦③ 결 정 세 액			1,250,000	125,000	
	기납부 세 액	⑦④ 종(전)근무지 (결정세액란의 세액 기재)	사업자 등록 번호			
		⑦⑤ 주(현)근무지		910,000	91,000	
	⑦⑥납부특례세액					
	⑦⑦ 차 감 징 수 세 액(⑦③-⑦④-⑦⑤-⑦⑥)			340,000	34,000	

국민연금보험료 : 500,000원
건강보험료 : 255,000원
장기요양보험료 : 12,080원
고용보험료 : 50,000원

위의 원천징수액(근로소득)을 정히 영수(지급)합니다.

2024 년 4 월 [illegible] 일

징수(보고)의무자 (주) 해진산업 (서명 또는 인)

강남 세 무 서 장 귀하

210mm×297mm[백상지 80g/㎡(재활용품)]

자료 3. 국세청간소화서비스 및 기타자료

■ 소득세법 시행규칙 [별지 제45호의2서식]

일련번호	2555

기부금 영수증

❶ 기부자

성명(법인명)	이 지 영	주민등록번호 (사업자등록번호)	790502-2******
주소(소재지)	서울시 양천구 공항대로 530		

❷ 기부금 단체

단 체 명	주님교회	사업자등록번호 (고유번호)	106-89-99368
소 재 지	서울시 양천구 신정로 13길 21	기부금공제대상 기부금단체 근거법령	소득세법 제34조 제1항

❸ 기부금 모집처(언론기관 등)

단 체 명		사업자등록번호	
소 재 지			

❹ 기부내용

유형	코드	구분	연월일	내 용			기 부 금 액			
				품명	수량	단가	합계	공제대상 기부금액	공제제외 기부금	
									기부장려금 신청금액	기타
종교단체	41	금전	2024.12.31				4,200,000	4,200,000		

2024년 귀속 소득·세액공제증명서류: 기본(지출처별)내역[의료비]

■ 환자 인적사항

성 명	주 민 등 록 번 호
하충남	510102-1******

■ 의료비 지출내역

(단위: 원)

사업자번호	상 호	종류	지출금액 계
109-04-16***	대한**병원	일반	3,370,000
106-05-81***	***안경	안경	700,000
의료비 인별합계금액			3,370,000
안경구입비 인별합계금액			700,000
산후조리원 인별합계금액			
인별합계금액			**4,070,000**

국세청
National Tax Service

• 본 증명서류는 『소득세법』 제165조 제1항에 따라 영수증 발급기관으로부터 수집한 서류로 소득·세액공제 충족 여부는 근로자가 직접 확인하여야 합니다.
• 본 증명서류에서 조회되지 않는 내역은 영수증 발급기관에서 직접 발급받으시기 바랍니다.

2024년 귀속 소득·세액공제증명서류: 기본(지출처별)내역[보험료]

■ 계약자 인적사항

성 명	주 민 등 록 번 호
하정근	741011-1******

■ 보장성보험 납입내역

(단위: 원)

종류	상 호 / 사업자번호	보험종류 / 증권번호	주피보험자 / 종피보험자		납입금액 계
보장성	교보생명보험(주)	**생명보험	091215-3******	하준석	2,100,000
	106-81-41***	100540651**			
저축성	KEB자녀사랑보험	**생명보험	091215-3******	하준석	1,080,000
	108-81-15***	24451255**			
보장성	동부화재보험(주)	자동차보험	741011-1******	하정근	1,300,000
	108-81-15***	345225510**			
인별합계금액					4,480,000

- 본 증명서류는 『소득세법』 제165조 제1항에 따라 영수증 발급기관으로부터 수집한 서류로 소득·세액공제 충족 여부는 근로자가 직접 확인하여야 합니다.
- 본 증명서류에서 조회되지 않는 내역은 영수증 발급기관에서 직접 발급받으시기 바랍니다.

실무수행평가

◉ 근로소득관리3

번호	평가문제	배점
45	평가문제 [하정근 근로소득원청징수영수증 조회] '37.차감소득금액'은 얼마인가?	1
46	평가문제 [하정근 근로소득원청징수영수증 조회] '61.보장성보험' 세액공제액은 얼마인가?	2
47	평가문제 [하정근 근로소득원청징수영수증 조회] '62.의료비' 공제대상금액은 얼마인가?	2
48	평가문제 [하정근 근로소득원청징수영수증 조회] '64.기부금' 세액공제액은 얼마인가?	2
49	평가문제 [하정근 근로소득원청징수영수증 조회] '74.종(전)근무지 기납부세액(소득세)'은 얼마인가?	1
50	평가문제 [하정근 근로소득원청징수영수증 조회] '73.결정세액(소득세)'은 얼마인가?	1
	근로소득 소계	25

더존 Smart A(iPLUS) 실무교육프로그램 2024 활용

삼일아이닷컴 www.samili.com에서 유용한 정보 및
관련 백데이터, 정오표 등을 확인하세요.

- TAT 2급 실무이론과 실무수행 시험 준비를 한 권으로 끝내기
- 기출문제를 2024년으로 업데이트하여 자세한 해설 수록
- 최근 출제경향을 완벽히 분석한 유형별 연습문제와 해설 수록
- 실무수행 시험 데이터를 자료실에서 다운받아 실제 시험처럼 연습하기
- 저자들의 빠른 Q&A

NCS 국가직무능력표준
National Competency Standards

한국공인회계사회 지정

2024 정답 및 해설

모의고사 및 최신 기출문제

세무실무

더존 Smart A를 이용한

I can! TAT 2급

삼일인포마인 저

SAMIL | 삼일회계법인
삼일인포마인

제4부

정답 및 해설

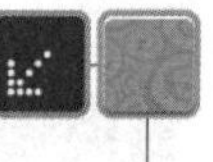

출제예상 평가문제 정답 및 해설

출제예상 평가문제

01 재무회계실무 제대로 알기

1	2	3	4	5
1,350,000원	43,000,000원	02001	206	9,800,000원
6	7	8	9	10
935	1,457,114,000원	10,200,000원*	1,800,000원	745,089,936원

* 퇴직연금운용자산은 퇴직급여충당부채의 차감항목이며, 퇴직급여충당부채를 초과하는 금액은 투자자산으로 표시된다.

02 부가가치세실무 제대로 알기

1	2	3	4	5
7매	5	126,528,000원	2,200,000원	200,000원
6	7	8	9	10
400,000원	143,442원	242,306원	6,600,000원	1,890,000원

03 근로소득실무 제대로 알기

1	2	3	4	5
200,000원	200,000원	1,500,000원	4,245,850원	14,800,000원
6	7	8	9	10
288,910원	6명	195,450원	1,120,506원	162,900,000원

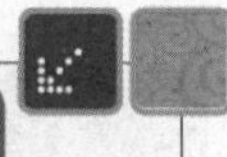

유형별 연습문제 정답 및 해설

실무이론평가

제 1 장 재무회계

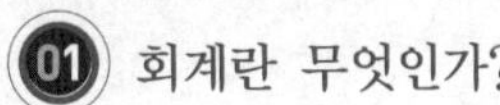

01 회계란 무엇인가?

01 ②

- ① 판매대금의 회수가 구매자의 재판매에 의해 결정되는 경우에 판매자는 구매자에게 판매시 수익을 인식하지 아니한다.
- ③ 매도가능증권으로부터 발생하는 배당금수익과 이자수익은 당기손익으로 처리한다.
- ④ 추가 생산단계에 투입하기 전에 보관이 필요한 경우 외의 보관비용은 재고자산 원가에 포함할 수 없으며 발생기간의 비용으로 인식하여야 한다.

02 ③

- 재무제표의 작성책임은 회사 경영자에게 있다.

03 ②

- 관리회계는 내부 정보이용자에게 경영 활동에 유용한 정보를 제공하는 것이고, 재무회계는 외부 정보이용자에게 유용한 정보를 제공하는 것을 주된 목적으로 한다.

04 ②

- 재무상태표에 대한 설명이다.

05 ②

- 지배회사와 종속회사가 법적실체가 다름에도 단일의 경제적 실체를 형성하여 하나의 회계단위로서 연결재무제표를 작성하는 것은 기업실체의 가정과 관련이 있다.

06 ③

- 적시에 제공되지 않은 정보는 의사결정에 이용할 수 없으므로 목적적합성을 상실하게 된다.

07 ③

- 예측가치와 피드백가치는 목적적합성의 하위 질적특성이다.

08 ②

- 재무회계의 기본가정: 계속기업의 가정, 기업실체의 가정, 기간별 보고의 가정

09 ②

- 금융리스는 표현의 충실성에 대한 사례이고, 표현의 충실성은 회계정보의 신뢰성을 구성한다.

10 ②

- 회계정보가 갖추어야 할 가장 중요한 질적 특성은 목적적합성과 신뢰성이다.

11 ③

- 적시성은 목적적합성과 관련된 특성이다. 재무제표가 신뢰성을 갖기 위해서는 그 정보가 나타내고자 하는 대상을 충실히 표현하고 있어야 하고(표현의 충실성), 객관적으로 검증 가능하여야 하며(검증가능성), 중립적(중립성)이어야 한다.

12 ①

- 회계정보가 정보이용자에게 유용하기 위해서는 그 정보가 의사결정에 반영될 수 있도록 적시에 제공되어야 한다.

13 ②

- 목적적합성에 대한 설명이다.

14 ④

- 회계정보의 목적적합성과 신뢰성을 높일 수 있는 대체적방법이 있음에도 불구하고 비교가능성의 저하를 이유로 회계기준의 개정이나 회계정책의 변경이 이루어지지 않는 것은 적절하지 않다.

15 ④

- 회계정보의 질적특성은 서로 상충될 수 있다. 예를 들어, 유형자산을 역사적원가로 평가하면 일반적으로 검증가능성이 높으므로 측정의 신뢰성은 제고되나 목적적합성은 저하될 수 있으며, 시장성 없는 유가증권에 대해 역사적원가를 적용하면 자산가액 측정치의 검증가능성은 높으나 유가증권의 실제 가치를 나타내지 못하여 표현의 충실성과 목적적합성이 저하될 수 있다.

16 ②

- 정보이용자가 기업실체의 미래 사건의 결과에 대한 예측을 하는 데 도움이 되는 정보는 목적적합한 정보이다.

17 ③

- 재무상태표에 표시되는 자본 총액은 장부금액으로서, 기업의 시가총액과 일치하는 개념이 아니다.

18 ②

- 표현의 충실성을 설명한 것으로서 신뢰성의 속성에 해당한다.

19 ③

- 계속기업의 가정이란 기업실체는 그 목적과 의무를 이행하기에 충분할 정도로 장기간 존속한다고 가정하는 것을 말한다.

02 재무제표

01 ③
- 부채의 정의를 만족하기 위해서는 금액이 반드시 확정되어야 하는 것은 아니다.

02 ④
- 정상적인 영업주기 내에 회수되는 매출채권은 보고기간종료일부터 1년 이내에 실현되지 않더라도 유동자산으로 분류한다.

03 ①
- 재무제표의 표시와 관련하여 재무제표 본문과 주석에 적용하는 중요성에 대한 판단기준은 서로 다를 수 있다. 예를 들어, 재무제표 본문에는 통합하여 표시한 항목이라 할지라도 주석에는 이를 구분하여 표시할 만큼 중요한 항목이 될 수 있다.

04 ④
- 자산과 부채는 원칙적으로 상계하여 표시하지 않는다.

05 ②
- ① 재무제표는 재무상태표, 손익계산서, 현금흐름표, 자본변동표로 구성되며, 주석을 포함한다.
- ③ 재무상태표의 과목배열은 유동성이 높은 순서대로 배열함을 원칙으로 한다.
- ④ 중단사업손익은 영업외손익에 해당하지 않는다.

06 ④
- 발생주의에 따라 측정된 회계이익에 대한 정보는 순현금흐름보다 기업실체의 미래 순현금흐름의 예측에 더 유용한 것으로 인식된다.

07 ②
- 재무상태표에 대한 설명이다.

08 ③
- 미지급금은 상품매입 외의 외상거래(예를 들어, 비품 등의 구입)에서 대금을 1년 이내의 기간에 지급하기로 한 경우에 발생한다.

09 ③
- 경우에 따라서는 법적권리가 없어도 자산의 정의를 충족할 수 있다.

10 ④
- ①, ②, ③은 기타포괄손익누계액, ④는 자본조정 항목이다.

11 ②
- 영업권에 대한 설명이다.

12 ③
- 타인에게 임대하거나 자체적으로 사용하기 위하여 보유하고 있는 부동산은 유형자산으로 분류하고 시세차익을 얻기 위하여 보유하고 있는 부동산은 투자자산으로 분류한다.

13 ④
- 정상적인 영업주기 내에 판매되거나 사용되는 재고자산은 보고기간 종료일로부터 1년 이내에 실현되지 않더라도 유동자산으로 분류한다.

14 ④
- 기업이 고유의 영업활동과 직접적인 관련 없이 투자 목적으로 보유하고 있는 부동산을 투자부동산이라고 한다. 투자부동산은 비유동자산인 투자자산으로 분류된다.

15 ③
- 기업이 미래에 자산을 사용하거나 용역을 제공하는 등 경제적 자원의 희생이 예상될 경우에는 현재시점에서 지출될 금액이 확정되지 않았어도 부채로 인식할 수 있다.

16 ②
- 감가상각방법의 변경과 잔존가치의 변경 모두 회계추정의 변경에 해당한다.

17 ②
- 시송품은 시용자가 매입의사를 표시하는 경우 소유권이 이전된다. 따라서 이 경우 기말재고자산에 포함되지 않는다.

03 당좌자산

01 ①
- 현금및현금성자산 = 타인발행 당좌수표 + 만기도래 공사채이자표 + 배당금지급통지표
  = 230,000원 + 160,000원 + 10,000원 = 400,000원
- 정기적금(1년 만기)은 단기투자자산, 당좌차월은 단기차입금, 사용이 제한된 정기예금(1년 만기)은 단기투자자산이다.

02 ②
- 매출원가 = 120,000원 + 200,000원 − 110,000원
  = 210,000원
  매출액 = 210,000원 + 90,000원 = 300,000원
  외상매출액 = 300,000원 − 50,000원 = 250,000원
  기말매출채권 = 80,000원 + 250,000원 − 200,000원
  = 130,000원

03 ②
- 현금및현금성자산 = 통화 + 만기도래국채이자표 + 타인발행수표 = 1,000,000원 + 200,000원 + 500,000원 = 1,700,000원
- 타인발행약속어음: 매출채권
- 6개월 만기 정기예금, 단기매매지분증권: 단기투자자산

04 ②
- 기초매출채권 = (당기현금회수매출채권 + 당기 대손처리액 + 기말매출채권) - 당기외상매출액 = (3,480,000원 + 20,000원 + 1,500,000원) - 4,000,000원 = 1,000,000원

05 ①
- 회계연도말 매출채권 130,000원 = 기초매출채권 70,000원 + 총매출액 290,000원 - 당기현금매출액 40,000원 - 매출채권회수액 190,000원

06 ④
- 주식취득

(차) 단기매매증권	1,300,000원	
(대) 현금		1,300,000원

- 2022년말

(차) 단기매매증권	200,000원	
(대) 단기매매증권평가이익		200,000원

- 주식처분

(차) 현금	1,000,000원	
단기매매증권처분손실	500,000원	
(대) 단기매매증권		1,500,000원

04 재고자산

01 ③
- 재고자산 수량의 감소는 재고자산감모손실로, 재고자산 가격의 하락은 재고자산평가손실로 회계처리한다.

02 ④
- 저가법을 적용함으로써 발생한 재고자산평가손실은 매출원가에 가산한다.

03 ④
- 매출원가 = 매출액 - 매출총이익 = 300,000원 - (300,000원 × 30%) = 210,000원
- 횡령액 = 장부상 기말재고액 - 실사에 의한 기말재고액 = 140,000원* - 80,000원 = 60,000원
  - * 기초재고액 + 당기매입액 - 기말재고액 = 매출원가
    50,000원 + 300,000원 - 기말재고액(x) = 210,000원
    기말재고액(x) = 140,000원

04 ③
- 재고자산의 취득원가 = 매입가격 + 취득제비용 - 매입에누리 - 매입할인 = 1,000,000원 + 10,000원 - 5,000원 - 10,000원 = 995,000원

05 ②
- 재고자산의 취득원가 = 매입가격 + 매입부대비용 - 매입에누리 - 매입할인 - 매입환출 = 1,200,000원 + 10,000원 - 5,000원 - 10,000원 - 3,000원 = 1,192,000원

06 ②
- 상품의 순매입액 = 총매입액 + 매입부대비용 - 매입할인 - 매입환출 = 3,000,000원 + 50,000원 - 10,000원 - 20,000원 = 3,020,000원

07 ③
- 물가가 지속적으로 상승하고 기초재고자산수량과 기말재고자산수량이 동일한 경우 당기순이익의 크기는 "선입선출법 > 이동평균법 > 총평균법 > 후입선출법"의 순서이다.

08 ④
- 선적지 인도조건으로 매입한 경우 선적시점에 재고자산을 인식하므로 기말재고액에 포함되어야 한다.

09 ①
- 선입선출법에 따라 기초재고와 11월 16일에 매입한 재고자산 중 4,000개가 판매되었으므로 매출원가는 (4,000개 × @400원) + (4,000개 × @440원) = 3,360,000원이다.

10 ③
- 이동평균법
  - 단위당 매출원가 = (1,000개 × 100원 + 1,000개 × 110원) ÷ 2,000개 = 105원
  - 기말상품재고액 = (2,000개 - 1,500개) × 105원 + 1,000개 × 120원 = 172,500원
- 총평균법
  - 단위당 매출원가 = 330,000원 ÷ 3,000개 = 110원
  - 기말상품재고액 = 1,500개 × 110원 = 165,000원

11 ③
- 단위당원가 = (100개 × 100원 + 500개 × 130원) / (100개 + 500개) = 75,000원 / 600개 = 125원
- 월초재고수량 100개 + 당월매입수량 500개 - 당월매출수량 500개 = 월말재고수량 100개
- 월말재고자산 = 100개 × 125원 = 12,500원

12 ③
- 기말재고수량 = 600개 - 550개 = 50개(5/25)
- 기말상품재고액 = 50개 × @1,500원 = 75,000원

- 매출원가 = 기초상품재고액 + 당기순매입액 - 기말상품재고액
  = 100개 × @1,000원 + 400개 × @1,300원 + 100개 × @1,500원 - 75,000원 = 695,000원

13 ③
- 물가가 지속적으로 상승할 경우 당기순이익이 가장 크게 나타나는 재고자산 평가방법은 선입선출법이다. 따라서, 기말재고 수량 100개(판매가능수량 600개 - 매출 수량 500개)에 대한 단가는 가장 최근에 매입한 8월 5일의 1,500원이 된다.

투자자산

01 ③
- 처분손익 = 처분금액 - 취득원가 = 1,300원 × 100주 - 1,000원 × 100주 = 30,000원 이익

02 ①
- ② 매도가능증권평가손익은 기타포괄손익누계액에 영향을 미친다.
  ③ 매도가능증권처분손익은 영업외손익으로 인식된다.
  ④ 단기매매증권의 취득과 관련된 매입수수료는 비용으로 처리한다.

03 ④
- 2023년 12월 31일 평가 시 회계처리

(차) 매도가능증권	1,000,000원	
(대) 매도가능증권평가이익		1,000,000원

- 2024년 7월 1일 처분 시 매도가능증권평가이익을 정리한다.

(차) 현금	3,000,000원	
매도가능증권평가이익	1,000,000원	
매도가능증권처분손실	500,000원	
(대) 매도가능증권		4,500,000원

04 ③
- 2022년말

(차) 매도가능증권평가손실	100,000원	
(대) 매도가능증권		100,000원

- 2023년말

(차) 매도가능증권	300,000원	
(대) 매도가능증권평가손실		100,000원
매도가능증권평가이익		200,000원

- 2024년 중

(차) 현금	1,100,000원	
매도가능증권평가이익	200,000원	
(대) 매도가능증권		1,200,000원
매도가능증권처분이익		100,000원

- 매도가능증권평가손익은 기타포괄손익누계액에 해당된다.

06 유형·무형·기타 비유동자산

01 ③
- 300,000원 + 400,000원 = 700,000원
- 생산 전 또는 사용 전의 시작품과 모형의 설계, 제작 및 시험활동과 새로운 기술과 관련된 공구, 금형, 주형 등을 설계하는 활동은 개발단계에 속하는 활동으로서 무형자산의 개발비로 계상할 수 있다.

02 ③
- 유동자산 항목: 현금및현금성자산, 매출채권, 단기투자자산, 선급금, 상품 → 1,220,000원
  비유동자산 항목: 장기대여금, 개발비, 차량운반구 → 980,000원

03 ③
- 무형자산의 상각기간은 독점적·배타적 권리를 부여하고 있는 관계 법령이나 계약에 정해진 경우를 제외하고는 20년을 초과할 수 없다.

04 ①
- 무형자산의 상각방법에는 정액법, 정률법, 연수합계법, 생산량비례법 등이 있으나, 합리적인 상각방법을 정할 수 없는 경우에는 정액법을 사용한다.

05 ③

2023.12.31. 미상각액: 100,000원 × 6/10	60,000원
2024. 1. 1. 자본적 지출	6,000원
합 계	66,000원

2024.12.31. 상각액: 66,000원 × 1/6 = 11,000원

06 ④
- 무형자산에 대한 설명이다.
  - 개발비, 특허권, 광업권: 무형자산
  - 연구개발비: 기간비용
  - 임대보증금: 기타비유동부채
  - 임차보증금: 기타비유동자산

07 ③
- 무형자산에 대한 지출로서 과거 회계연도의 재무제표나 중간재무제표에서 비용으로 인식한 지출은 그 후의 기간에 무형자산의 취득원가로 인식할 수 없다.

08 ②
- 무형자산의 상각방법을 합리적으로 정할 수 없는 경우에는 정액법을 사용한다.

09 ④
- 무형자산은 경제적 효익이 소비되는 행태를 반영하여 합리적인 방법으로 상각하며, 합리적인 상각방법을 정할 수 없는 경우에는 정액법으로 상각한다.(일반기업회계기준 11장 문단32)

10 ②
- ② 회사간 합병으로 취득한 영업권은 무형자산이다. ①, ③, ④는 당기비용으로 인식한다.

11 ④
- 동종자산의 교환으로 취득한 유형자산의 취득원가는 교환을 위하여 제공한 자산의 장부금액으로 한다. (주)한공이 제공한 자산의 장부금액은 600,000원이므로 취득한 기계장치의 취득원가는 600,000원이 된다. 따라서 (주)한공의 회계처리는 다음과 같다.

(차) 감가상각누계액	2,400,000원	
기계장치	600,000원	
(대) 기계장치		3,000,000원

12 ①
- 본래의 용도를 변경하기 위한 개조와 빌딩의 피난시설 설치는 자본적 지출이고 나머지는 수익적 지출이다.

13 ③
- 자본적 지출을 수익적 지출로 처리 한 경우 자산은 과소 계상되고 비용은 과대 계상된다. 따라서 당기순이익은 과소계상된다.

14 ③
- 본사건물 증축에 지출된 금액이 자본적지출이므로 수선비로 처리한 것은 잘못된 회계처리이다.
- 이로 인하여 비용(판매비와관리비)은 과대계상(수선비가 감가상각비 증가액보다 큼)되고 당기순이익은 과소계상되었으며, 본사건물 취득금액과 감가상각누계액이 과소계상되었다. 그러나 매출원가에 미치는 영향은 없다.

15 ①
- 유형자산에 대한 자본적 지출을 수익적 지출로 잘못 회계처리하는 경우, 순이익의 과소계상, 자산의 과소계상, 비용의 과대계상되는 효과가 발생한다.

16 ③
- 재평가시점의 회계처리

(차) 토지(자산의 증가)	300,000원	
(대) 재평가잉여금(자본의 증가)		300,000원

17 ④
- 2024년 감가상각

(차) 감가상각비	100,000원	
(대) 감가상각누계액		100,000원

- 2024년 재평가

(차) 감가상각누계액	100,000원	
건물	250,000원	
(대) 재평가잉여금		350,000원

18 ③
- 전기말 회수가능액 = Max(55,000,000원, 60,000,000원) = 60,000,000원
  전기말 손상차손 = 80,000,000원 - 60,000,000원 = 20,000,000원
  당기말 손상차손환입 = Min(85,000,000원, 80,000,000원) - 60,000,000원 = 20,000,000원

19 ②
- 2023년 말

(차) 토지	200,000원	
(대) 재평가이익(기타포괄손익)		200,000원

- 2024년 말

(차) 재평가이익(기타포괄손익)	200,000원	
재평가손실(당기손익)	100,000원	
(대) 토지		300,000원

20 ①
- 2023년 말

(차) 토지	200,000원	
(대) 재평가이익(기타포괄손익)		200,000원

- 2024년 말

(차) 재평가이익(기타포괄손익)	200,000원	
재평가손실(당기손익)	200,000원	
(대) 토지		400,000원

21 ①
- 유형자산손상차손에 대한 설명이다.

22 ③
- 2024년말 손상차손=회수가능가액-유형자산장부금액
  : 900,000원 - (2,000,000원 - 2,000,000원 × 2/5)
  = (-)300,000원

23 ④
- 유형자산의 장부금액이 재평가로 인하여 증가된 경우에 그 증가액은 기타포괄손익으로 인식한다. 그러나 동일한 유형자산에 대하여 이전에 당기손익으로 인식한 재평가감소액이 있다면 그 금액을 한도로 재평가증가액만큼 당기손익으로 인식한다.

- 유형자산의 장부금액이 재평가로 인하여 감소된 경우에 그 감소액은 당기손익으로 인식한다. 그러나 그 유형자산의 재평가로 인해 인식한 기타포괄손익의 잔액이 있다면 그 금액을 한도로 재평가감소액을 기타포괄손익에서 차감한다.

24 ③
- 유형자산손상차손 = 장부금액 - MAX(순공정가치, 계속사용가치)
  = 200,000,000원 - 40,000,000원 - 70,000,000원
  = 90,000,000원

25 ④
- 동종자산과의 교환으로 취득한 유형자산의 취득원가는 교환으로 제공한 자산의 장부금액으로 한다.

26 ④
- 새로운 상품을 소개하는데 소요되는 지출은 광고선전비이므로 건물의 취득원가에 포함되지 아니한다.

27 ①
- 정액법
  2023년도 감가상각비: (2,000,000원 - 200,000원) ÷ 5년 = 360,000원
  2024년도 감가상각비: (2,000,000원 - 200,000원) ÷ 5년 × 6/12 = 180,000원
  처분손익: 2,000,000원 - (2,000,000원 - 360,000원 - 180,000원) = 540,000원 이익
- 연수합계법
  2023년도 감가상각비: (2,000,000원 - 200,000원) × 5/15 = 600,000원
  2024년도 감가상각비: (2,000,000원 - 200,000원) × 4/15 × 6/12 = 240,000원
  처분손익: 2,000,000원 - (2,000,000원 - 600,000원 - 240,000원) = 840,000원 이익

28 ①
- 2024년 7월 1일 장부금액 = 1,000,000원(처분가액) - 100,000원(처분이익) = 900,000원
- 2024년 감가상각비 = 1,000,000원(2023년말 장부금액) - 900,000원(2024년 7월 1일 장부금액) = 100,000원

29 ②
- 2024년 8월 1일 장부금액 = 2,000,000원(처분금액) - 250,000원(처분이익) = 1,750,000원
- 2024년 감가상각비 = 2,000,000원(2023년 장부금액) - 1,750,000원(2024년 8월 1일 장부금액) = 250,000원

30 ②
- 건물
  취득원가:15,000,000원×8,000,000원/20,000,000원 = 6,000,000원
- 2023년 결산 시 감가상각비: (6,000,000 ÷ 10) × 6/12 = 300,000원
- 2024년 결산 시 감가상각비: 600,000원
- 2024년 기말 건물 장부금액: 6,000,000원 - (300,000원 + 600,000원) = 5,100,000원

31 ①
- 상환의무가 없는 자산관련 정부보조금은 관련 자산 취득시 자산의 차감계정으로 회계처리한다.

32 ②

(차) 감가상각비	100,000원	
정부보조금	50,000원	
(대) 감가상각누계액		100,000원
감가상각비		50,000원

33 ①
- 2024년 감가상각비
  (100,000원 - 40,000원) × 1년/5년 × 6개월/12개월 = 6,000원
- 정부보조금은 유형자산의 취득원가에서 차감하는 형식으로 표시하고 그 자산의 내용연수에 걸쳐 감가상각비와 상계한다.

34 ①
- 2024년도 감가상각 금액 계산
  건물(1,000,000원 - 0원) ÷ 10년 = 100,000원
  정부보조금 100,000원 ÷ 10년 = 10,000원
  100,000원 - 10,000원 = 90,000원

35 ①
- 정부보조금 수령 시 분개

(차) 현금	1,000,000원	
(대) 정부보조금 (현금차감)		1,000,000원

36 ②
- 2024년 1월 1일 차량운반구 장부금액
  = 1,200,000원 - 400,000원 = 800,000원
- 2024년 감가상각비
  = 800,000원/5년 = 160,000원
- 2024년말 차량운반구 장부금액
  = 800,000원 - 160,000원 = 640,000원

37 ①
- 기계장치에 대한 총 감가상각비 = (3,000,000원 - 300,000원) × 1/5 = 540,000원
- 총 감가상각비 중 정부보조금 해당분 = 500,000원 × 1/5 = 100,000원
- 손익계산서에 계상될 감가상각비 = 540,000원 - 100,000원 = 440,000원

38 ③

- 상환의무가 없는 정부보조금 1,000,000원으로 기계장치를 1,000,000원에 취득할 경우의 회계처리는 다음과 같다.(보통예금 수령/지급 가정)

(차) 기계장치 1,000,000원
정부보조금(보통예금 차감) 1,000,000원
(대) 보통예금 1,000,000원
정부보조금(기계장치 차감) 1,000,000원

 부채와 자본

01 ②

- 사채할인발행차금은 유효이자율법으로 상각하며, 당기에 인식되는 이자비용(유효이자액)은 액면이자액과 사채할인발행차금 상각액의 합계액이다.
- 사채할인발행차금의 상각액은 대변에 분개된다.

02 ④

- 사채가 할증발행 되었을 때 유효이자율법을 적용하면, 만기까지의 기간 중에 발행기업의 재무상태표상 사채의 장부금액은 매년 감소하며, 이에 따라 장부금액에 유효이자율을 곱하는 이자비용 금액은 매년 감소한다.

03 ②

- 사채의 액면금액은 100,000원이고 발행금액은 95,196원이다.

04 ③

- ① 사채계정에는 액면금액을 기록하고 사채발행으로 유입된 현금과 액면금액과의 차액이 사채할인(할증)발행차금으로 기록된다.
- ② 사채발행 시 액면이자율보다 유효이자율이 높으면 할인발행된다.
- ④ 사채가 만기상환되는 경우 사채상환손익이 발생하지 않는다.

05 ③

- 이자비용 = 기초장부금액 × 유효이자율
= 995,843원 × 15% = 149,376원

06 ①

- 사채할인발행차금은 시장이자율보다 액면이자율이 낮을 경우에 발생한다.

07 ④

- 손익계산서상 사채의 이자비용은 사채장부금액에 유효이자율을 곱한 금액이다.

08 ③

- 손익계산서상 이자비용 = 발행가액 × 유효이자율
= 974,000원 × 6% = 58,440원

(차) 이자비용 58,440원
(대) 현금 50,000원
사채할인발행차금 8,440원

09 ②

- 사채할증발행차금은 사채 액면금액에 가산하는 형식으로 재무상태표에 보고한다.

10 ④

- 주식배당액은 주주총회에서 결정될 때 자본조정인 미교부주식배당금으로 계상한다.

11 ③

(차) 현금 등 3,000,000원
(대) 자기주식(자본조정) 2,000,000원
자기주식처분이익(자본잉여금) 1,000,000원

12 ②

- 주식발행비용은 주식발행초과금에서 차감하여 회계처리한다.

13 ①

- 회사가 이미 발행한 주식을 소각 또는 재발행할 목적으로 취득한 경우 이를 자기주식으로 처리하고, 자본조정으로 분류한다.

14 ③

가. (차) 이익잉여금 ×××
(대) 자본금 ×××
⇒ 자본총계 영향없음

나. (차) 현금 ×××
(대) 배당금수익 ×××
⇒ 자본총계 증가

다. (차) 자본금 등 ×××
(대) 자기주식 ×××
⇒ 자본총계 영향없음

라. (차) 현금 등 ×××
(대)자본금 등 ×××
⇒ 자본총계 증가

15 ②

- ① 기타포괄손익누계액 - 해외사업환산손익
③ 자본조정 - 주식선택권
④ 기타포괄손익누계액 - 매도가능증권평가손익

16 ②

- 자기주식 처분거래를 기록하는 시점에서 이익잉여금의 변동은 발생하지 않는다.

17 ①

- 미교부주식배당금은 자본조정항목으로 자본에 해당한다.

18 ④

- 대화 내용대로 주식을 발행하면 할증발행을 하게 된다.

- 주식의 액면금액 만큼 자본금이 증가하고, 주식발행초과금이 발생하여 자본잉여금이 증가하게 된다. 자본금과 자본잉여금이 증가한 만큼 총자본도 증가한다.

19 ①
- 3월 5일 거래에서 주식발행초과금 5,000,000원 발생하고, 9월 20일 거래에서 주식할인발행차금 1,100,000원 발생한다. 따라서 상계 처리 후 주식발행초과금의 잔액은 3,900,000원이다.

20 ②
- 비유동부채 : 퇴직급여충당부채 50,000,000 + 장기차입금 20,000,000 = 70,000,000원

21 ②
- 이익잉여금 = 이익준비금 + 임의적립금 + 미처분이익잉여금
  = 10,000,000원 + 15,000,000원 + 40,000,000원
  = 65,000,000원

22 ③
- 무상증자와 토지의 재평가는 현금이 유입되지 않는다.

23 ①

• 2024년도말 지급하여야 할 기여금	84,000,000원
− 2024년도말 기 지급한 기여금	72,000,000원
미지급비용	12,000,000원

24 ②
- 확정급여형 퇴직연금제도에서는 퇴직급여와 퇴직급여충당부채를 인식한다.

25 ①
- 퇴직급여충당부채는 보고기간말 현재 전종업원이 일시에 퇴직할 경우 지급하여야 할 퇴직금에 상당하는 금액으로 한다.

26 ④

(차) 퇴직급여충당부채	10,000,000원	
퇴직급여	4,000,000원	
(대) 보통예금		13,560,000원
예수금		440,000원

27 ③
- 결산분개

(차) 퇴직급여	2,000,000원	
(대) 퇴직급여충당부채		2,000,000원

- 당기 퇴직금 추산액(6,000,000원) = 전기이월 잔액(x) − 당기 퇴직금 지급액(1,000,000원) + 결산 시 추가 설정액(2,000,000원)
  → 전기이월 잔액(x) = 5,000,000원

28 ④
- 재무상태표에 계상될 퇴직급여충당부채는 2024년 말 전 종업원이 일시에 퇴직할 경우 지급하여야 할 퇴직금인 6,000,000원이다
- 퇴직급여 = 기말 퇴직급여충당부채 − (기초 퇴직급여충당부채 − 퇴직금지급액)
  = 6,000,000원 − (5,000,000원 − 1,000,000원)
  = 2,000,000원

29 ②
- ① 재무상태표상 퇴직급여충당부채는 7,000,000원이다.
  ③ 퇴직급여규정의 개정으로 증가된 전기 이전분 1,300,000원도 당기비용으로 처리한다.
  ④ (주)한공은 확정급여제도(DB형)를 적용하고 있다.

30 ③
- 퇴직금추계액 7,000,000원
  = 퇴직급여충당부채 잔액 4,000,000원 + 결산 시 추가액 3,000,000원

31 ②
- 손익계산서에 표시될 퇴직급여 = 퇴직금추계액 − 결산 전 퇴직급여충당부채 잔액
  = 18,000,000원 − (20,000,000원 − 6,500,000원)
  = 4,500,000원

08 수익과 비용

01 ①

	기초자본	400,000원
+	유상증자	300,000원
-	현금배당	100,000원
+	당기순이익	x원
=	기말자본	700,000원

- 단, 주식배당은 자본의 변동이 없으므로 고려하지 않는다.

02 ④
- 2023년 12월 31일 특허권상각액 = 400,000원/10년
  = 40,000원 (2023년까지 총 160,000원 상각)
  2023년 12월 31일 현재 미상각액: (400,000원 − 160,000원) = 240,000원
  2024년 1월 1일 자본적지출: 60,000원, 잔존내용연수 6년(10년 − 4년)
  2024년 12월 31일 특허권상각액 = (240,000원 + 60,000원) / 6년 = 50,000원

03 ③
- 2024년도 기초상품재고액은 2022년도 기말상품재고액(순실현가능가치)이다.
- 2024년도 매출원가 = 기초상품재고액 + 당기매입액 − 기말상품재고액
  = 1,500,000원 + 7,000,000원 − 2,000,000원
  = 6,500,000원

04 ②

- 재고자산 = (1,000개 + 2,000개 - 2,500개 - 100개) × 110원*1 = 400개 × 110원 = 44,000원

  *1 시가(110원)가 취득원가(120원)보다 하락한 경우 저가법을 사용한다.
- 매출원가 = 월초재고자산 + 당월매입 - 월말재고자산
  = 1,000개 × 100원 + 2000원 × 120원 - ((500개 × 120원) - (100개 × 120원)*2 - (10원 × 400개)*3)
  = 296,000원

  *2 재고자산감모손실

  *3 재고자산평가손실

05 ①

- 매출원가 = 기초상품 재고분 (300개 × 단위당 1,000원 = 300,000원) + 7월 1일 매입분 (250개 × 단위당 1,500원 = 375,000원) = 675,000원

06 ③

- 기말상품재고액은 저가법을 적용한다.
  2023년 기말상품재고액
  = Min[2,000,000원, 1,500,000원] = 1,500,000원
  2024년 기말상품재고액
  = Min[3,000,000원, 2,000,000원] = 2,000,000원
- 2024년도 매출원가 = 기초상품재고액 + 당기매입액 - 기말상품재고액
  = 1,500,000원 + 7,000,000원 - 2,000,000원
  = 6,500,000원

07 ②

- 기초매입채무(60,000원) + 당기상품매입액 - 매입채무현금지급액(550,000원) = 기말매입채무(45,000원)
  따라서 상품매입액 = 535,000원
- 매출원가 = 기초상품재고액 + 당기상품매입액 - 기말상품재고액
  = 100,000원 + 535,000원 - 130,000원 = 505,000원

08 ②

- 7월말 상품재고액 = (20개 × 170원) + (70개 × 180원)
  = 16,000원
  7월 매출원가 = (50개 × 150원) + (30개 × 170원)
  = 12,600원

09 ②

- 매출원가 = 100개 × 1,000원 + 50개 × 1,200원
  = 160,000원
- 매출총이익 = 매출액 - 매출원가 = 150개 × 4,000원 - 160,000원 = 440,000원

10 ③

- 재고자산 매출시 운반비는 판매비와관리비에 포함

11 ③

- 2023년도 기말상품재고액(저가법에 의한 순실현가능가치)가 2023년도 기초상품재고액으로 이월된다.
- 2024년도 매출원가 = 기초상품재고액 + 당기매입액 - 기말상품재고액(저가법 적용)
  = 1,500,000원 + 7,000,000원 - 2,000,000원
  = 6,500,000원

12 ②

- 수익과 비용은 각각 총액으로 보고하는 것을 원칙으로 한다.

13 ①

- 재화의 판매로 인한 수익은 통상적으로 위험과 보상이 이전되는 재화의 인도시점에 인식한다.

14 ②

- 회계처리(월할계산 시)

(차) 보험료 2,000,000원(판매비와관리비의 증가)
선급보험료 400,000원(자산의 증가)
(대) 현금 2,400,000원(자산의 감소)

➜ 당기순이익과 자본이 감소하고, 판매비와관리비는 증가한다.

- 화재보험료는 비용처리하므로 본사 건물 취득원가를 증가시키지 않으며, 감가상각누계액과도 무관하다.

15 ①

- (가) 매출거래처 선물용: 접대비
  (나) 불우청소년 선물용: 기부금
  (다) 생산직종업원 선물용: 복리후생비

16 ①

- 종업원의 급여에서 공제한 건강보험료는 예수금계정으로, 회사부담분은 복리후생비계정으로 회계처리한다.

17 ①

- (가) 거래처 직원과의 회식비(접대비)
  (나) 전기요금(수도광열비)
  (다) 사무실 월세(지급임차료)

18 ①

- 매출거래처에 제공한 금액은 접대비로, 불우이웃에게 제공한 금액은 기부금으로 처리한다.

19 ③

- 매출총이익: 매출 112,000,000 - 매출원가 48,000,000 = 64,000,000
- 판관비: 급여 12,090,000 + 대손상각비 27,000,000 = 39,090,000
- 영업이익: 매출총이익 64,000,000 - 판관비 39,090,000 = 24,910,000
- 법인세비용차감전순이익: 24,910,000 + 5,000,000 - 17,000,000 = 12,910,000
- 당기순이익: 12,910,000 - 5,000,000 = 7,910,000

20 ④

- 수정전 당기순이익
  = 수익 − 비용
  = (매출 +유형자산처분이익) - (매출원가 + 급여 + 임차료 + 이자비용 + 법인세비용)
  = (90,000,000원 + 7,000,000원) − (30,000,000원 + 12,000,000원 + 10,000,000원 + 30,000,000원 + 5,000,000원) = 10,000,000원
- 수정사항 (+) 선급임차료: 5,000,000원
  (+) 이자수익: 5,000,000원
- 수정후 당기순이익 = 20,000,000원

21 ②

- 판매비와관리비: 종업원 작업복(복리후생비) + 자동차세(세금과공과) = 100,000원 + 30,000원 = 130,000원
- 재고자산 매입 운반비는 취득원가에 가산하고, 은행차입금 이자는 영업외비용이다.

22 ③

미반영사항 반영 전 매출액	10,000,000원
도착시 인도조건 매출*1	-
수탁자가 판매한 매출*2	300,000원
상품권 매출*3	800,000원
미반영사항 반영 후 매출액	11,100,000원

*1 도착지 인도조건은 매출에 포함되지 않는다.
*2 수탁자가 상품을 판매한 때에 매출을 인식한다.
*3 물품을 판매하고 상품권을 회수한 때에 매출을 인식한다.

23 ①

- 매출원가 800,000원 = 당기상품매출액 1,000,000원 × (1 − 0.2)
- 장부상 기말상품재고액 700,000원
  = 기초상품재고액 300,000원 + 당기상품매입액 1,200,000원 − 매출원가 800,000원
- 유실된 재고자산 100,000원
  = 장부상 기말상품재고액 700,000원 − 기말상품재고실제액 600,000원

24 ①

- 단기매매증권평가손실은 영업외비용(손익계산서)으로 처리하지만 매도가능증권평가손실은 기타포괄손실누계액(재무상태표)으로 처리한다.
- 단기매매증권평가손실 = (7,000원 − 5,000원) × 2,000주 = 4,000,000원

25 ②

- ① 당기분 임차료는 400,000원이다.
  ③ 차기로 이연되는 이자수익은 400,000원이다.
  ④ 당기분 이자수익은 500,000원이다.

26 ①

- 거래처 직원 결혼 축의금은 판매비와관리비 항목인 접대비에 해당하나, 기부금은 영업외비용으로 분류된다. 따라서 영업이익이 과대계상되나 당기순이익에는 영향이 없다.

27 ③

- (주)서울의 매출채권에 대해 다음의 회계처리가 필요하다.
  (차) 대손상각비(당기순이익 과대계상) XXX
  (이익잉여금 과대계상)
  (대) 매출채권(자산 과대계상) XXX
- 매출과는 관련이 없다

28 ③

- 대손처리하였던 외상매출금을 회수하는 경우 대변에 대손충당금으로 회계처리한다.

29 ②

(차) 현금	2,000,000원	
유형자산처분손실	200,000원	
(대) 기계장치(장부금액)		2,200,000원

- 2024년 1월 1일 ~ 2024년 7월 1일까지의 감가상각비 : 2,560,000원 − 2,200,000원 = 360,000원

30 ③

- 2023년 감가상각비= 1,000,000원 × 1/10 = 100,000원
  2024년 감가상각비= (1,000,000원 + 600,000원 − 100,000원) × 1/12=125,000원
  2024년 감가상각누계액 = 100,000원 + 125,000원 = 225,000원

31 ③

- 1.1. ~ 6.30.의 감가상각 = 20,000,000원 ÷ 5년 × 6개월/12개월 = 2,000,000원
- 7.1. ~ 12.31.의 감가상각 = (20,000,000원 − 2,000,000원 + 5,400,000원) × 6개월/54개월 = 2,600,000원
- 2024년 기계장치의 감가상각비 = 2,000,000원 + 2,600,000원 = 4,600,000원

32 ①

- ① 당기순이익 증가 ② 당기순이익 감소
  ③ 당기순이익 감소 ④ 당기순이익 감소

33 ②

- 당기분 보험료 500,000원을 선급보험료로 대체하여 비용으로 인식하고, 임대료수익 과대계상분 200,000원을 선수임대료로 대체한다.
- 비용 증가 500,000원 + 수익 감소 200,000원
  = 당기순이익 감소 700,000원

34 ①

- 이연이란 선수수익과 같이 미래에 수익을 인식하기 위해 현재의 현금유입액을 부채로 인식하거나, 선급비용과 같이 미래에 비용을 인식하기 위해 현재의 현금유출액을 자산으로 인식하는 것을 말한다.

㉠ (차) 선급보험료(자산의 증가) XXX
(대) 보험료(비용의 감소) XXX
㉡ (차) 미수임대료(자산의 증가) XXX
(대) 임대료수익(수익의 증가) XXX
㉢ (차) 이자수익(수익의 감소) XXX
(대) 선수이자(부채의 증가) XXX
㉣ (차) 이자비용(비용의 증가) XXX
(대) 미지급이자(부채의 증가) XXX

35 ④

- 이자수익 미수분 계상: (차) 미수수익 20,000(자산 증가) (대) 이자수익 20,000(수익 증가)
- 소모품의 미사용분 계상: (차) 소모품 30,000(자산 증가) (대) 소모품비 30,000(비용 감소)
- 결산 정리에 따른 자산 증가액: 미수수익 20,000원 + 소모품 30,000원 = 50,000원

36 ②

수정 전 당기순이익		500,000원
미지급이자	−	30,000원
임대료선수분	−	20,000원
보험료선급분	+	5,000원
미수이자	+	50,000원
수정 후 당기순이익		505,000원

37 ①

- 비품의 장부금액 = 취득가액 − 감가상각누계액
= 10,000원 − 3,000원 = 7,000원

38 ①

수정 전 당기순이익		545,000원
(차) 급여	12,000원	(12,000원)
(대) 외상매출금(자산의 감소)	12,000원	
(차) 임대료	22,000원	(22,000원)
(대) 선수임대료	22,000원	
(차) 미수이자	15,000원	15,000원
(대) 이자수익	15,000원	
(차) 선급보험료	8,000원	8,000원
(대) 보험료	8,000원	
수정 후 당기순이익		534,000원

39 ②

- 임대료수익에 대한 회계처리

2024.5.1.
(차) 현금 12,000원
(대) 임대료수익 12,000원

2024.12.31.
(차) 임대료수익 4,000원
(대) 선수임대료 4,000원

- 보험료에 대한 회계처리

2024.10.1.
(차) 보험료 24,000원
(대) 현금 24,000원

2024.12.31.
(차) 선급보험료 21,000원
(대) 보험료 21,000원

40 ①

- 미수수익 = 10,000,000원 × 5% × 9개월/12개월 = 375,000원

41 ③

- 임차료 = 3,000,000원×(9개월÷12개월) = 2,250,000원
- 선급비용 = 3,000,000원 − 2,250,000원 = 750,000원

4월 1일
(차) 임차료 3,000,000원
(대) 현금 3,000,000원

12월 31일
(차) 선급비용 750,000원
(대) 임차료 750,000원

42 ③

- (주)한공이 누락한 기말수정분개

(차) 미수수익 20,000원(당기순이익 20,000원 증가)
(대) 임대료 20,000원
(차) 감가상각비 30,000원(당기순이익 30,000원 증가)
(대) 감가상각누계액 30,000원
(차) 선급비용 40,000원(당기순이익 40,000원 증가)
(대) 보험료 40,000원

- 정확한 당기순이익 = 450,000원 + 20,000원 − 30,000원 + 40,000원 = 480,000원

43 ③

- 기말 대손충당금 설정액: 대손추정액(5,980원) − 대손충당금 잔액(3,000원) = 2,980원
- 결산 분개

(차) 대손상각비 2,980원
(대) 대손충당금 2,980원

• ① 당기 대손발생액은 2,000원이다.
② 당기 외상매출금 회수액은 400,000원이다.
④ 손익계산서에 반영될 대손상각비는 2,980원이다.

44 ③
• 영업이익 계산에 영향을 미치는 항목은 미지급임차료, 보험료선급분이다.
영업이익 = 600,000원 − 50,000원(미지급임차료) + 10,000원(보험료선급분) = 560,000원
• 이자수익은 영업외수익이다.

45 ②
• 재고자산은 저가법에 의하여 취득원가와 시가를 비교하여 낮은 금액으로 표시한다.
• 재고수량 × Min [취득 단가, 시가(개당 추정판매가격 − 개당 추정판매비용)]
→ 3,000개 × 700원 = 2,100,000원

46 ③
• 선입선출법에 의한 기말재고자산은 가장 최근에 매입한 상품으로 구성된다.
- 기말재고수량 = 120개 + 100개 − 30개 − 50개 = 140개
- 기말재고금액 = 70개 × 12,000원 + 70개 × 10,000원 = 1,540,000원

47 ③
• 최종 기말재고액 = 1,800,000원 + 350,000원 + 150,000원 = 2,300,000원

48 ④
• 기말재고액 = 기말재고 실사액 + 운송중인 상품 + 미판매 위탁상품 + 미판매 시송품
= 2,500,000원 + 600,000원 + (100,000원 − 70,000원) + (1,000,000원 − 400,000원) = 3,730,000원

49 ①
• 재무상태표에 표시해야 하는 대손충당금은 기말 매출채권잔액의 3%인 30,000원이고, 그 금액과 설정전 대손충당금 잔액 20,000원의 차액 10,000원이 당기 대손충당금 추가설정액(대손상각비)이다.

50 ①
• 2024년 말 대손상각비:
2024년 말 대손추정액 − (2023년 말 대손충당금 − 2024년 중 대손 확정액) = (200,000원 × 5%) − (14,250원 − 5,000원) = 750원

51 ①

• 대손발생시
(차) 대손충당금 100,000원
대손상각비 400,000원
(대) 매출채권 500,000원

• 기말 대손충당금 설정시
(차) 대손상각비 225,000원
(대) 대손충당금 225,000원

* 기말대손충당금 = (5,000,000원 − 500,000원) × 5% = 225,000원

52 ④
• 기말 대손충당금 설정 후 잔액 = 기말 대손추정액 = 70,000원
• 기말 대손충당금 설정 전 잔액 = 65,000원 − 50,000원 = 15,000원
• 당기 대손상각비 = 70,000원 − 15,000원 = 55,000원

53 ③
• 기말 매출채권 잔액 3,000,000원 × 3% = 90,000원 (대손충당금설정목표액)
대손충당금설정목표 초과액: 125,000원 − 90,000원 = 35,000원

(차) 대손충당금 35,000원
(대) 대손충당금환입 35,000원

54 ①

대손충당금

6. 1. 매출채권	25,000	1. 1. 기초	50,000
		8. 1. 현금	25,000
12.31. 기말	100,000	12.31. 대손상각비	50,000
	125,000		125,000

55 ②

2024년 2월 18일
(차) 대손충당금 1,000,000원
대손상각비 200,000원
(대) 매출채권 1,200,000원

2024년 5월 15일
(차) 현금 700,000원
(대) 매출채권 700,000원

2024년 12월 31일
(차) 대손상각비* 300,000원
(대) 대손충당금 300,000원

* 100,000,000원 × 1% − 700,000원 = 300,000원

56 ④
• 결산일 현재 매출채권 금액 = 외상매출금 금액 + 받을어음 금액 = 1,000,000원
• 매출채권에 대한 대손충당금 = 매출채권 금액(1,000,000원) × 대손추정율(2%) = 20,000원

57 ②
- 결산분개전 대손충당금 = 기초대손충당금 - 대손처리금액 = 80,000원 - 30,000원 = 50,000원
- 기말대손충당금 = 기말매출채권 × 대손추정율 = 700,000원 × 10% = 70,000원
- 대손상각비 = 기말대손충당금 - 결산분개전 대손충당금 = 70,000원 - 50,000원 = 20,000원

58 ①
- 매출채권 기말잔액 = 300,000원 + 940,000원 - 700,000원 - 20,000원 = 520,000원
- 대손상각비 = 기말대손충당금 - (기초대손충당금 - 당기대손처리액)
- 대손상각비 = (520,000원 × 10%) - (300,000원 × 10% - 20,000원) = 42,000원

59 ①
- 2024년 기말매출채권 = 기초매출채권 + 외상매출액 - 회수액 -대손처리액
  = 100,000원 + 140,000원 - 30,000원 20,000원 = 190,000원
- 2024년 기말대손충당금 = 기초대손충당금 - 대손처리액 = 40,000원 - 20,000원 = 20,000원

60 ②
- 매출채권의 회수불능으로 인한 대손상각비 = 600,000원 - 500,000원 = 100,000원
- 기말대손상각비 추가계상액 = 30,000,000원 × 2% - 400,000원 = 200,000원
- 2024년 대손상각비 합계액 = 100,000원 + 200,000원 = 300,000원

61 ①
- 대손충당금 계정 대변 = 기초 + 대손상각비 = 1,000원 + 1,500원 = 2,500원
  따라서 대손충당금 계정 차변 = 대손확정액 + 기말 = 500원 + 2,000원
  당기말 매출채권 계정잔액 - 대손충당금 = 매출채권 순장부금액
  X - 2,000원 = 4,200원
  X = 6,200원

62 ①
- 4월 22일

(차) 대손충당금	300,000원	
(대) 매출채권		300,000원

- 10월 28일

(차) 현금	100,000원	
(대) 대손충당금		100,000원

- 12월 31일

(차) 대손상각비*	800,000원	
(대) 대손충당금		800,000원

* 대손상각비: 100,000,000 × 1% - 200,000 = 800,000원

63 ④
- 대손충당금 기말잔액 = 대손충당금 기초잔액 - 당기 대손발생액 + 당기 대손상각비 계상액
  = 34,000원 - 20,000원 + 66,000원 = 80,000원

64 ②
- 손익계산서에 계상될 대손상각비: 10,000,000원 × 1% - 60,000원 = 40,000원
- ① 기말 매출채권 총액은 10,000,000원이다.
  ③ 수정후 잔액시산표의 대손충당금 잔액은 100,000원이다.
  ④ 매출채권 순장부금액은 9,900,000원이다.

09 회계변경과 오류수정

01 ④
- ① 회계추정의 변경은 전진법으로 처리하고, 회계정책의 변경은 소급법으로 처리한다.
  ② 내용연수의 변경은 회계추정의 변경이다.
  ③ 현금주의로 한 것을 발생주의로 변경하는 것은 오류수정이다.

02 ③
- 재고자산의 원가결정방법을 선입선출법에서 총평균법으로 변경하는 것은 회계정책의 변경이고, 그 이외의 것은 회계추정의 변경이다.

03 ④
- 회계변경의 속성상 그 효과를 회계정책의 변경효과와 회계추정의 변경효과로 구분하기가 불가능한 경우에는 이를 회계추정의 변경으로 본다.

04 ④
- ① 회계정책의 변경은 소급적용하고 회계추정의 변경은 전진적으로 처리한다.
  ② 단순히 세법의 규정을 따르기 위한 회계변경은 정당한 회계변경으로 보지 아니한다.
  ③ 회계변경의 속성상 그 효과를 회계정책의 변경효과와 회계추정의 변경효과로 구분하기 불가능한 경우에는 이를 회계추정의 변경으로 본다.

05 ④
- 회계정책의 변경: 재고자산 평가방법의 변경
  회계추정의 변경: ① ② ③

06 ②

- 단순히 세법의 규정을 따르기 위한 회계변경은 정당한 회계변경으로 보지 아니한다.

07 ②

- 설아가 대답한 재고자산평가방법의 변경은 회계정책의 변경이고, 나머지는 회계추정의 변경에 해당한다.

08 ②

- 단순히 세법의 규정을 따르기 위한 회계변경은 정당한 회계변경으로 보지 아니한다.

09 ③

- ① 유동자산 과소계상, 당기순이익 과소계상
  ② 유동부채 과소계상, 당기순이익 과대계상
  ④ 비유동자산 과대계상, 당기순이익 과대계상

10 ④

- ① 선급비용의 과소 계상: 유동자산의 과소 계상, 자본의 과소 계상
  ② 미지급비용의 과소 계상: 유동부채의 과소 계상, 자본의 과대 계상
  ③ 장기매출채권을 유동자산으로 잘못 분류: 유동자산의 과대 계상, 자본에 영향 없음
  ④ 매출채권에 대한 대손충당금의 과소 계상: 유동자산의 과대 계상, 자본의 과대 계상

11 ①

기말 재고자산 과소계상	(-) 500,000원
미지급급여 과소계상	(+) 100,000원
미지급보험료 과소계상	(+) 200,000원
당기순이익에 미치는 영향	(-) 200,000원

12 ②

- 올바른 분개는
  (차) 이자비용 500,000원 (대) 미지급비용 500,000원
- 수익의 과대계상으로 당기순이익 500,000원이 과대계상 되었으며, 비용의 과소계상으로 당기순이익 500,000원이 과대계상 되었으므로 당기순이익은 총 1,000,000원이 과대계상되었다.

13 ④

- 재고자산을 과대계상하고 매출원가를 과소계상하면 당기순이익과 순자산이 과대계상된다.

14 ③

- 오류수정분개

(가)	(차) 임차료(비용과소)	60,000원	
	(대) 선급임차료(자산과대)		60,000원
(나)	(차) 재해손실(비용과소)	50,000원	
	(대) 상품(자산과대)		50,000원

따라서 비용이 110,000원 과소계상되어 있고, 자산과 이익잉여금이 110,000원 과대계상되어 있다.

15 ③

- 재고자산평가손실은 매출원가로 당기손익에 영향을 미친다.

16 ③

- 거래처 직원과의 식사비용은 접대비로서 판매비와관리비 항목이다. 따라서 접대비 과소계상은 판매관리비 과소계상, 영업이익 과대계상을 초래하나, 영업외비용과 매출총이익에 미치는 영향은 없다.

17 ②

- 5,000,000원 + 1,000,000원 - 500,000원 - 600,000원 = 4,900,000원

18 ②

- 누락된 결산수정분개

(차) 보험료	300,000원	
(대) 선급비용		300,000원

- 보험료(판매비와관리비) 300,000원이 과소계상되어 영업이익이 300,000원 과대계상되고, 선급비용(유동자산) 300,000원이 과대계상된다.

19 ②

- 수정후 당기순이익 = 수정전 당기순이익(10,000,000원) + 보험료 선급분(300,000원) - 이자 미지급분(200,000원) = 10,100,000원

⑩ 내부통제제도와 내부회계관리제도

01 ③

- 내부통제제도의 세 가지 목적은 기업운영의 효율성 및 효과성 확보(운영목적), 재무정보의 신뢰성 확보(재무보고목적), 관련 법규 및 정책의 준수(법규준수목적)임

02 ④

- 회사의 (대표이사)는 효과적인 내부회계관리제도의 설계 및 운영에 대한 최종 책임을 지며, 내부회계관리제도 운영을 담당할 (내부회계관리자)를 지정한다.

03 ④

- 내부통제제도의 구성요소 중 정보 및 의사소통에 대한 설명이다.

04 ③

- 정보는 회사의 규모 및 여건에 따라 공식적 또는 비공식적일 수 있다.

05 ①

- 내부회계관리제도가 내부통제제도의 일부분으로 운영된다.

06 ②
- 이사회는 경영진이 설계·운영하는 내부회계관리제도 전반에 대한 감독책임을 지며, 감사(위원회)는 경영진과 독립적으로 내부회계관리제도에 대한 평가기능을 수행함으로써 내부회계관리제도의 적정한 운영 및 개선을 지원한다.

07 ①
- 내부통제제도의 목적은 다음의 3가지 목적을 달성하기 위하여 운영된다.
  - 기업운영의 효율성 및 효과성 확보
  - 재무정보의 신뢰성 확보
  - 관련 법규 및 정책의 준수

08 ③
- 회계 담당자의 업무 처리 내용을 독립된 내부감사위원회가 평가하는 기능을 수행하여야 한다.

09 ③
- 내부통제의 구성요소 중 통제활동에 대한 설명이다.

10 ③
- 내부회계관리제도는 외부감사인이 따라야 하는 절차가 아니라, 기업 내부의 구성원들에 의하여 운영되는 제도이다.

제 2 장 부가가치세

01 부가가치세 기본이론

01 ④
- 부가가치세는 인세가 아닌 물세에 해당한다.

02 ①
- 부가가치세는 각 단계별로 과세하는 다단계거래세이다.

03 ②
- 비례세제도로서 10%의 동일한 세율을 적용한다.

04 ④
- ① 소비지국 과세원칙을 적용한다.
  ② 전단계세액공제법을 따르고 있다.
  ③ 담세자와 납세자가 다른 간접세에 해당한다.

05 ③
- 임시사업장은 기존사업장에 포함되는 것으로 본다.

06 ①
- ② 주사업장 총괄납부를 하는 경우에도 세금계산서는 각 사업장별로 작성 · 발급해야 한다.
  ③ 주사업장 총괄납부 사업자가 주사업장 총괄납부를 포기할 때에는 납부하려는 과세기간 개시 20일전에 포기신고서를 제출하여야 한다.
  ④ 법인이 주사업장 총괄납부를 하려는 경우 지점을 주된 사업장으로 할 수 있다.

07 ②
- 부가가치세법상 과세기간은 납세자의 신고에 의해 변경할 수 없다.

02 과세대상 거래

01 ①
- 부동산임대업을 하는 사업자가 특수관계인에게 건물을 사무실로 무상 임대하는 경우에는 부가가치세가 과세된다.

02 ①
- 재화를 현물출자한 경우에는 재화의 공급이다. 담보제공, 조세의 물납과 매입세액이 불공제된 재화를 면세사업에 사용한 경우에는 재화의 공급이 아니다.

03 ③
- 가. 담보목적으로 부동산을 제공하는 경우: 공급이 아님
  나. 매입세액공제를 받지 못한 재화를 거래처에 증정하는 경우: 공급이 아님
  다. 특수관계인에게 부동산을 무상으로 임대하는 경우: 과세거래
  라. 건물을 교환한 경우: 과세거래

04 ④
- 은행에 담보로 제공한 컴퓨터 10대는 재화의 공급으로 보지 아니한다.

05 ③
- 부동산에 근저당권 설정은 부가가치세 과세대상 재화의 공급으로 보지 않는다.

06 ②
- ②는 재화의 공급으로 보나, 그 밖의 것은 재화의 공급으로 보지 아니한다.

07 ③
- 사업자가 타인에게 무상으로 용역을 공급하는 경우 과세거래로 보지 아니하나, 특수관계인에게 사업용 부동산을 무상임대하는 경우에는 과세거래로 본다.

08 ④
- 자기가 주요자재의 전부 또는 일부를 부담하고 상대방으로부터 인도받은 재화를 가공하여 새로운 재화를 만드는 가공계약에 따라 재화를 인도하는 것은 재화의 공급이다.

09 ③
- 당근은 미가공 식료품으로서 부가가치세 면세대상이다.

10 ④
- 재화를 잃어버리거나 재화가 멸실된 경우에는 재화의 공급으로 보지 않는다.

11 ③
- ① 광업권의 양도는 재화의 공급에 해당한다.
  ② 화재로 인하여 재화가 멸실된 경우에는 재화의 공급에 해당하지 않는다.
  ④ 현물출자에 의하여 재화를 인도하는 것은 과세거래에 해당한다.

12 ①
- 의료보건 용역의 제공은 면세대상 용역의 공급에 해당한다.

13 ③
- 매입세액 공제된 판매장려물품을 고객에게 제공하는 경우에는 사업상 증여에 따른 재화의 공급에 해당한다.

14 ①
- ② 자기가 주요자재의 전부를 부담하고 상대방으로부터 인도받은 재화를 가공하여 새로운 재화를 만들어 인도하는 경우는 재화의 공급에 해당한다.
  ③ 부동산 매매를 사업목적으로 하여 부동산을 판매하는 경우는 재화의 공급에 해당한다.
  ④ 특허권을 양도하고 대가를 수령하는 경우는 재화의 공급에 해당한다.

15 ①
- ② 매입세액공제를 받지 않았으므로 거래처에 무상제공하는 경우에도 재화 공급의 특례에 해당하지 아니한다.
  ③ 재화의 공급은 재화를 공급하는 자가 사업자인 경우에 한하여 부가가치세 과세대상이 된다.
  ④ 사업을 위하여 대가를 받지 아니하고 다른 사업자에게 인도하거나 양도하는 견본품은 재화의 공급으로 보지 아니한다.

16 ③
- 단기할부판매시에는 인도기준을 적용한다.

17 ③
- 보세구역에서 국내로 재화를 반입하는 것을 재화의 수입으로 본다.

18 ①
- 재화의 수입은 수입자가 사업자인지 여부와 관계없이 과세대상이다.

03 영세율과 면세

01 ②
- 영세율의 목적은 소비지국과세원칙의 구현이다. 부가가치세 세부담의 역진성 완화는 면세의 취지이다.

02 ④
- 도서관, 과학관 등 문화관련 재화와 용역은 부가가치세 면세대상이다.

03 ④
- 영세율은 완전면세제도에 해당한다.

04 ④
- 수출대행수수료는 국내사업자 간의 용역거래이므로 영세율이 적용되지 않는다.

05 ④
- 국가에 무상으로 공급하는 재화는 영세율과세대상이 아닌 면세 대상이다.

06 ④
- 수출업자가 수출자문을 하고 받는 수출자문수수료는 영세율이 적용되지 않는다.

07 ②
- 면세사업자가 영세율을 적용받기 위하여는 면세를 포기하여야 한다.

08 ②
- 면세는 부가가치세의 역진성을 완화하기 위한 목적으로 도입되었다.

09 ①
- 부가가치세의 부담이 완전히 제거되지는 않으므로 부분면세에 해당한다.

10 ②
- 연탄과 무연탄, 시내버스 운송용역이 면세에 해당한다.
  200,000원 + 100,000원 = 300,000원

11 ③
- 100,000원 + 70,000원 = 170,000원
- 중국산 콩과 실내 도서열람 용역은 면세이나, 고속철도 운송용역과 수집용 우표는 과세이다.

12 ③
- 토지, 국민주택, 수돗물의 공급은 면세이나, 착화탄의 공급은 과세이다.

13 ④
- 국가에 판매한 컴퓨터, 주차장용 토지의 임대, 자동차운전학원의 교육용역은 과세대상이나, 토지의 공급은 면세대상이다.

14 ②
- ① 면세사업자는 매입시 부담한 부가가치세액을 공제받을 수 없다.
  ③ 영세율은 소비지국 과세원칙을 구현하기 위한 제도이다.
  ④ 사업자가 비거주자 또는 외국법인인 경우에 상호(면세) 주의에 따른다.

04 과세표준과 매출세액

01 ③
- 대가의 일부로 받는 운송비, 포장비, 하역비, 운송보험료, 산재보험료는 과세표준에 포함된다.

02 ④
- 장기외상매출금의 할부이자 상당액과 제품의 외상판매가액에 포함된 운송비는 부가가치세 공급가액에 포함된다.

03 ④
- 대가의 일부로 받는 운송비와 포장비는 과세표준에 포함된다.

04 ①
- 대손금은 과세표준에서 공제하지 않으며 파산 등의 사유로 대손되어 회수할 수 없는 경우에는 대손세액을 그 대손이 확정된 날이 속하는 과세기간의 매출세액에서 차감할 수 있다.
  공급에 대한 대가의 지급이 지체되었음을 이유로 받는 연체이자는 과세표준에 포함하지 않는다.

05 ①
- 매출환입과 매출할인은 과세표준에서 제외된다.

06 ④
- 확정신고시에만 대손세액공제가 가능하다.

07 ①
- (66,000,000원 × 10/110) + (40,000,000원 × 0%) − (3,300,000원 × 10/110)
  = 6,000,000원 + 0원 − 300,000원 = 5,700,000원

08 ③
- 토지는 면세재화이므로 과세대상이 아니다.
  과세표준 = 100,000,000원 + 20,000,000원 + 60,000,000원 = 180,000,000원

09 ②
- 11,000,000원 × $\frac{10}{110}$ − 550,000원 × $\frac{10}{110}$
  = 950,000원
  토지는 면세이므로 매출세액 계산에 포함하지 아니함.

10 ②
- 매출세액
  - 과 세: (80,000,000원+7,000,000원)×10% = 8,700,000원
  - 영세율: US$ 22,000 × 1,000원/US$ × 0% = -

  계 8,700,000원

11 ③
- (150,000원 + 110,000원) × 10% = 26,000원
  외상판매액과 상가 임대용역의 간주임대료는 과세표준에 포함된다.

12 ②
- 200,000원 + 130,000원 = 330,000원
  특수관계인에게 시가보다 저가로 판매한 경우에는 부당행위계산의 부인에 따라 시가를 공급가액으로 한다.

13 ①
- 가. 매출세액 = (100,000,000원 − 200,000원) × 10% = 9,980,000원
  나. 식수출은 영세율 적용대상이므로 매출세액 계산 시 고려할 필요가 없다.
  다. 판매장려금은 재화 또는 용역의 공급에 대한 대가가 아니므로 과세하지 아니한다.

14 ②
- (주)한공과 영찬산업 모두 자기가 공급한 재화의 시가를 공급가액으로 하므로 (주)한공은 700만원, 영찬산업은 690만원이 공급가액이다.

15 ②
- (180,000,000원 + 20,000,000원 + 6,000,000원) ×10% = 20,600,000원

16 ③
- 2,000,000원 + 1,000,000원 + 800,000원) × 10% = 380,000원
  특수관계인에게 무상으로 공급한 재화는 시가를 공급가액으로 보며, 토지는 부가가치세 면세대상이다.

17 ②
- (2,500,000원 + 4,500,000원) × 10% = 700,000원
  상품 외상판매액과 건물 처분액은 10%의 세율을 적용한다. 내국신용장에 의한 공급은 영세율을 적용한다.

18 ②
- (6,000,000원 − 2,000,000원) + 2,500,000원 = 6,500,000원
  자산수증이익은 부가가치세 과세표준에 포함하지 않는다.

19 ①
- (55,000,000원 × 10/110) − (5,500,000원 × 10/110) = 4,500,000원

20 ④
- 4,000,000원 - 1,000,000원 + 2,000,000원 = 5,000,000원
  견본품과 파손된 재화는 과세표준에 포함하지 아니한다. 매출할인은 과세표준 계산시 총매출액에서 차감한다.

21 ③
- 수출액은 영세율과세대상으로 매출세액이 없으며, 토지 매각액은 면세대상임
  4,400,000원 × 10% + 600,000원 × 10% + 500,000원 × 10% = 550,000원

22 ①
- 국외매출액은 영세율 과세 대상이므로 매출세액이 없으며, 하치장반출액과 무상으로 제공한 견본품은 과세표준에 해당하지 아니한다.
  7,000,000원 × 10% = 700,000원

23 ①
- 부가가치세 과세표준 = 60,000,000원 + 5,000,000원 = 65,000,000원
- 견본품은 과세표준에 포함하지 않는다.
- 토지의 공급은 면세거래에 해당한다.

24 ②
- 부가가치세 과세표준금액 = 50,000,000원 + 10,000,000원 = 60,000,000원
- 국가 무상 기증은 면세 대상에 해당한다.
  화재로 인한 손실은 재화의 공급이 아니다.

25 ②
- (12,000,000원 - 500,000원) + 3,000,000원 + 6,000,000원 = 20,500,000원
  자산수증이익은 과세표준에 포함하지 않는다.
  개인적 공급은 시가를 과세표준에 포함한다.

26 ②
- 외상판매액 10,000,000원 + 비영업용 소형승용차의 매각액 5,000,000원 = 15,000,000원
- 토지매각은 면세에 해당되고, 재화 공급과 직접 관련되지 않는 국고보조금 수령액은 공급가액에 포함하지 않는다.

27 ②
- (30,000,000원 + 3,000,000원) × 10% = 3,300,000원
- 현금매출액은 2기 예정신고기간의 과세표준임.
  거래처 증여인 개인적공급은 시가로 과세됨.
  연체이자는 과세표준에 포함되지 아니함.

05 매입세액

01 ①
- 매입자발행세금계산서의 경우 매입세액 공제가 가능하다.

02 ③
- ①, ②, ④는 토지 관련 매입세액이므로 매출세액에서 공제하지 아니하나, ③은 손실 관련 매입세액이므로 매출세액에서 공제한다.(부법 39조, 부령 80조)

03 ①
- 거래처 선물 목적으로 시계를 구입하면서 발생한 매입세액은 접대비관련 매입세액이므로 공제받을 수 없다.

04 ①
- 제조업은 물론이고 음식점업을 영위하는 사업자도 의제 매입세액의 공제를 받을 수 있다.

05 ③
- 예정신고를 할 때에는 예정신고기간에 있어서 총공급가액에 대한 면세공급가액(비과세공급가액을 포함)의 비율에 따라 안분하여 계산하고, 확정신고를 할 때에 당해 과세기간(6개월)의 공급가액으로 정산한다.

06 ④
- 1,800,000원 + 6,000,000원 = 7,800,000원
- 사무용 소모품 구입 관련 매입세액과 수입원자재 관련 매입세액은 공제대상이며, 접대비 관련 매입세액은 공제받지 못할 매입세액이다.

07 ②
- 200,000원 + 400,000원 × 200,000원 ÷ 500,000 = 360,000원
- 업무무관비용 관련 매입세액과 접대비 관련 매입세액은 공제가 불가능하다.

08 ②
- 1,000,000원(기계장치) + 1,600,000원(트럭) = 2,600,000원

09 ①
- 19,500,000원 × 10% = 1,950,000원
- 원재료를 운반하는 트럭에 대한 수선비 관련 매입세액은 공제가 가능하다. 그러나 소형승용차, 접대비, 토지 조성 공사비(토지의 자본적지출) 관련세액은 공제하지 아니한다.

10 ③
- 3,000,000원 + 20,000,000원 = 23,000,000원
  접대비 관련 매입세액과 토지조성 관련 매입세액은 매입세액 불공제 대상이다.

11 ①
- 제2기 과세기간에 구입한 원재료 관련 매입세액 500,000원은 기말 현재 보유중이더라도 공제가능하다.

또한, 직장체육대회 관련 매입세액 800,000원은 공제 가능하다.

12 ④

- 2,000,000원(접대비 지출) + 50,000,000원(공장부지의 조성관련 지출) + 1,000,000원(종업원 식대, 제2기 지출분) = 53,000,000원

13 ②

- 원재료를 운반하는 트럭 매입세액과 회계감사 수수료 관련 매입세액은 공제받을 수 있으나, 토지 조성 매입세액과 비영업용 소형승용차 매입세액은 불공제 한다.

14 ③

- 2,500,000원 + 4,000,000원 = 6,500,000원
- 공장용 화물차 유류대와 사무용 비품 구입 관련 매입세액은 공제대상이며, 거래처 발송용 추석 선물세트 구입 관련 매입세액과 토지 자본적 지출 관련 매입세액은 공제받지 못할 매입세액이다.

15 ②

- 2,500,000원 + 1,200,000원 = 3,700,000원
- 접대비 관련 매입세액 및 비영업용 소형승용차 구입 관련 매입세액은 공제 대상 매입세액이 아니다.

16 ①

- 당해 과세기간에 매입한 경우에는 과세기간 말 현재 사용하지 않아도 원재료의 매입세액을 공제받을 수 있다.(나머지 금액들은 매입세액 불공제 대상이다.)

17 ③

- 3,500,000원(수입세금계산서) + 2,200,000원(기계장치 유지보수) = 5,700,000원
- 거래처 접대용품 구입 관련 매입세액과 대표이사 업무용 승용차(3,500cc) 구입 관련 매입세액은 불공제 대상이다.

18 ②

- 매출세액: 30,000,000 × 10% + 12,000,000 × 0% = 3,000,000원
- 매입세액: 11,000,000 × 10% + 15,000,000 × 10% = 2,600,000원
- 납부세액: 3,000,000 - 2,600,000 = 400,000원

19 ②

- 전자세금계산서를 지연발급하면 발급자와 수취자 모두에게 가산세가 부과된다.

20 ②

- 내국신용장에 의하여 공급하는 재화는 세금계산서를 발급해야 하나, 나머지는 세금계산서 발급의무가 면제된다.

21 ④

- 전자세금계산서 발급명세는 전자세금계산서 발급일의 다음날까지 국세청장에게 전송하여야 한다.

22 ②

- 택시운송 사업자가 공급하는 재화 또는 용역에 대해서는 세금계산서의 발급의무가 면제된다.

23 ②

- 부가가치세가 과세되는 미용성형수술에 대해서는 세금계산서의 발급의무가 면제된다.

24 ②

- 4월 27일에 상품을 외상으로 판매한 경우 인도일을 공급시기로 하므로 대금을 받는 날에 세금계산서를 발급할 수 없다.

25 ②

- 전자세금계산서를 발급하였을 때에는 그 발급명세를 발급일의 다음날까지 국세청장에게 전송하여야 한다.

26 ③

- ① 세금계산서 기재사항 중 공급 연월일은 임의적 기재사항이다.
  ② 소매업을 경영하는 자는 공급을 받는 자가 세금계산서의 발급을 요구하는 경우에는 세금계산서를 발급하여야 한다.
  ④ 법인사업자는 전자세금계산서 의무발급 사업자이다.

27 ②

- ① 공급가액과 부가가치세액은 세금계산서의 필요적 기재사항이다.
  ③ 전자세금계산서 발급명세는 전자세금계산서 발급일의 다음 날까지 국세청장에게 전송하여야 한다.
  ④ 간주임대료에 대해서는 세금계산서 발급의무를 면제한다.

28 ③

- ① 전자세금계산서 발급명세는 발급일의 다음날까지 국세청장에 전송해야 한다.
  ② 공급받는자의 성명은 임의적 기재사항에 해당한다.

06 신고와 납부 등

01 ②

- 사업자가 폐업하는 경우 폐업일이 속하는 달의 다음달 25일까지 확정신고와 납부를 하여야 한다.

02 ③

- ① 주사업장 총괄납부의 경우에는 납부만을 주된 사업장에서 하고, 신고는 각 사업장별로 한다.
  ② 사업자는 예정신고에 있어서 이미 신고한 내용을 제외하고 확정신고하여야 한다.
  ④ 일반환급의 경우에는 확정신고기한이 지난 후 30일 이내에 환급한다.

03 ③
- 폐업하는 경우 폐업일이 속한 달의 다음달 25일 이내에 신고·납부하여야 한다.

04 ①
- 부가가치세는 분납제도가 없다.

05 ④
- 개인사업자도 영세율 적용, 사업설비 신설 등의 사유에 의해 조기환급을 신청할 수 있다.

06 ④
- 영세율 등 조기환급기간별로 당해 조기환급신고기한 경과 후 15일 이내에 환급해야 한다.

07 ①
- 일반환급의 경우 예정신고시 환급세액은 환급하지 아니하고 확정신고시 납부세액에서 차감한다.

08 ③
- 거래별 회계처리:

(차) 매출채권	935,000원	(대) 매출		850,000원
			부가세예수금	85,000원
(차) 접대비	165,000원	(대) 미지급금		165,000원
(차) 복리후생비	100,000원	(대) 미지급금		110,000원
부가세대급금	10,000원			

- 부채로 계상될 금액 = 부가세예수금 + 미지급금
  = (935,000원/1.1) × 10% + 165,000원 + 110,000원
  = 360,000원
- 비용으로 계상될 금액 = 접대비 + 복리후생비
  = 165,000원 + 100,000원 = 265,000원

07 간이과세자

01 ②
- 법인사업자는 간이과세자가 될 수 없다.

02 ②
- 변호사업은 간이과세 적용배제업종이다.
- 직전 연도의 공급대가가 8,000만원(주1) 이상이거나 법인사업자는 간이과세 적용을 배제한다.
  (주1) 부동산임대업 또는 과세유흥장소를 경영하는 사업자로서 해당 업종의 직전 연도의 공급대가의 합계액이 4,800만원 이상인 사업자는 간이과세 적용을 배제한다.

03 ④
- 일반과세자는 부가가치세를 포함하지 않은 공급가액을 과세표준으로 하나, 간이과세자는 부가가치세를 포함한 공급대가를 과세표준으로 한다.

04 ②
- 간이과세자는 해당 과세기간의 공급대가의 합계액을 과세표준으로 한다.

05 ②
- 간이과세를 포기하고 일반과세자 사업자로 신고한 자는 간이과세자를 포기한 날부터 3년이 되는 날이 속하는 과세기간까지는 간이과세자에 대한 규정을 적용받지 못한다.

제 3 장 소득세

01 소득세법 총설

01 ④
- 소득세는 납세의무자가 과세기간의 다음연도 5월 1일부터 5월 31일(성실신고 대상자는 6월 30일)까지 과세표준 확정신고를 함으로써 확정된다.

02 ②
- 일용근로소득은 무조건 분리과세한다.

03 ③
- 근로소득과 공적연금소득은 둘 다 종합소득으로 각각 연말정산을 해도 세액이 정확하게 계산된 것이 아니기 때문에 종합소득 확정신고를 하여야 한다.
- ①, ②, ④는 연말정산으로 소득세가 정확하게 과세되었으므로 확정신고를 하지 않아도 된다.

04 ③
- 소득세는 신고납세제도를 채택하고 있으므로 납세의무자의 확정신고에 의하여 납세의무가 확정된다.

05 ③
- 소득세의 과세기간은 소득세법에 획일적으로 규정되어 있고, 변경이 불가능하다

06 ④
- 비거주자는 국내원천소득에 대하여만 소득세 납세의무를 진다.

07 ④
- ① 연금저축에 가입하고 연금형태로 지급받는 소득: 연금소득
  ② 곡물재배업으로부터 발생하는 소득: 과세 제외
  ③ 직장공제회 초과반환금: 이자소득

08 ③
- 납부할 세액이 1,000만원을 초과하는 경우 분납을 할 수 있다.

09 ④
- ① 폐업하는 경우에도 과세기간은 1월 1일부터 12월 31일까지이다.

② 부가가치세 면세대상인 의료보건용역과 인적용역에 대한 수입금액은 원천징수대상이다.
③ 이자소득은 종합과세 또는 분리과세 대상이나, 분류과세대상은 아니다.

10 ③
• 부부라고 하더라도 개인별 소득을 기준으로 과세하는 것이 원칙이다.

11 ②
• ① 근로소득과 분리과세이자소득만 있는 자는 과세표준 확정신고를 하지 않아도 된다.
③ 근로소득과 공적연금소득이 있는 자는 과세표준 확정신고를 하여야 한다.
④ 차감납부할 세액이 1천만원을 초과하는 경우 그 납부할 세액의 일부를 납부기한이 지난 후 2개월이내에 분납할 수 있다.

12 ②
• ① 비거주자도 국내원천소득에 대해 소득세를 납부할 의무가 있다.
③ 소득세법은 열거주의 과세방식(일부 소득에 대해서는 유형별 포괄주의)을 적용하고 있다.
④ 퇴직소득은 분류과세 대상소득으로 다른 소득과 합산하지 않고 별도로 과세한다.

13 ④
• 이자소득에는 필요경비가 없으며, 연금소득과 근로소득은 근로소득공제 및 연금소득공제를 일률적으로 공제 받는다. 사업소득의 경우 장부를 작성하여 신고하면 사업자 본인의 건강보험료를 필요경비로 인정받을 수 있다.

14 ①
• ② 이로윤: 상가 임대소득에서 발생한 결손금은 타소득과 통산하지 않는다.
③ 이지호: 퇴직소득과 양도소득은 분류과세에 해당한다.
④ 안이현: 공동사업의 경우에는 원칙적으로 소득금액을 각각 계산한다.

15 ④
• 국내에 거소를 둔 기간은 입국한 날의 다음 날부터 출국한 날까지로 한다.

16 ①
• 과세표준이 없거나 결손시에도 신고해야한다.

17 ④
• 우리나라의 경우에는 원칙적으로 개인단위과세를 채택하고 있으므로 부부나 가족의 소득을 합산하여 과세하지 않는다. 그러나 공동사업자의 동거가족이 손익분배비율을 허위로 정하는 경우에는 그렇지 아니한다.

18 ④
• 국외에서 지급받는 이자소득은 무조건종합과세대상이고 나머지는 무조건분리과세대상이다.

19 ①
• 계약의 위약, 해약을 원인으로 한 손해배상금에 대한 법정이자는 기타소득, 기타의 원인으로 인한 손해배상금에 대한 법정이자는 과세 제외한다.

20 ①
• 비영업대금의 이익은 조건부 종합과세 대상 이자소득으로, 금융소득 합계액이 2천만원을 초과하면 종합과세하고, 2천만원 이하이면 분리과세 한다.

21 ④
• 출자공동사업자의 배당소득은 무조건 종합과세대상이고, 나머지는 무조건 분리과세대상 소득이다.

22 ①
• 직장공제회 초과반환금은 무조건 분리과세대상이며, 이를 제외한 이자·배당소득의 합계액이 1,900만원으로 2,000만원을 초과하지 않으므로 종합과세되지 아니한다. 그러므로 무조건 종합과세대상인 외국법인으로부터 받은 현금배당금에 대해서만 종합과세한다.

23 ③
• ① 금융소득종합과세는 인별 과세이다.
② 원천징수되지 않은 이자소득은 무조건 종합과세이다.
④ 금융소득은 필요경비는 인정 받을 수 없다.

24 ③
• 직장공제회 초과반환금과 비실명 이자소득은 무조건 분리과세대상이며, 비영업대금의 이익은 조건부 종합과세 대상 금융소득임

25 ③
• 외국법인으로부터 받은 원천징수 대상이 아닌 현금배당은 무조건 종합과세 대상이다.

26 ④
• 국내 또는 국외에서 받는 집합투자기구로부터의 이익은 소득세법상 배당소득에 해당한다.

27 ④
• ① 통지예금의 이자는 인출일을 수입시기로 한다.
② 출자공동사업자의 배당소득은 무조건 종합과세 배당 소득에 해당한다.
③ 실지명의가 확인되지 아니하는 금융소득은 무조건 분리과세 대상이다.

28 ①
• 계약의 해약으로 인한 배상금은 기타소득이며, 이를 제외한 이자 · 배당소득의 합계액이 1,600만원으로 2,000만원을 초과하지 않아 종합과세 되지 아니한다.

그러므로 무조건 종합과세대상인 외국법인으로부터 받은 배당에 대해서만 종합과세한다.

29 ②
- 보험모집수당 등 연말정산대상 사업소득도 종합소득에 합산되므로 분리과세대상이라는 설명은 옳지 않다.

30 ②
- ① 대표자 본인에 대한 급여는 필요경비로 인정되지 않는다.
  ③ 상품 등의 위탁판매는 수탁자가 그 위탁품을 판매하는 날을 수입시기로 한다.
  ④ 분리과세되는 사업소득은 없다.

31 ②
- 사업소득금액 = 100,000,000원 − 2,000,000원(예금이자수익) + 5,000,000원(소득세 비용) = 103,000,000원

32 ①
- 종업원에게 지급하는 공로금, 위로금, 학자금, 장학금은 과세되는 것이 원칙이다.

33 ③
- 법인세법에 따라 상여로 처분된 금액은 과세되는 것이 원칙이다.

34 ④
- 하계휴가비는 과세대상 근로소득이다. 그러나 사회통념상 타당한 범위의 경조금, 비출자임원이 사택을 제공받아 얻은 이익, 근로자가 제공받은 식사는 소득세 과세대상이 아니다.

35 ③
- 종업원이 받는 자녀학자금은 과세 대상 근로소득이다.

36 ②
- 가. 종업원이 사택을 무상으로 제공받음으로써 얻는 이익은 근로소득이 아니다.
  나. 사보에 배낭여행기를 기고하고 받은 금액은 기타소득에 해당한다.
  다. 김한공 씨는 차량을 소유하고 있지 않으므로 자가운전보조금은 과세대상 근로소득이다.
  라. 식사를 별도로 제공받으므로 식대는 과세대상 근로소득이다.

37 ③
- 식사의 제공을 받지 않고 수령한 20만원의 식대를 제외하고 모두 과세대상 근로소득에 해당한다.

38 ②
- 비출자임원과 종업원이 사택을 제공받음으로써 얻는 이익은 근로소득으로 보지 아니함.

39 ④
- 근로제공의 대가로 받은 주식매수선택권을 퇴직 후 행사하여 얻은 이익은 기타소득에 해당한다.

40 ④
- ①, ②, ③은 근로소득에 해당하지 않으나, ④는 근로소득이다.

41 ①
- 종업원이 받는 직무수당은 금액에 관계없이 근로소득으로 본다.

42 ①
- 사용인이 사택을 제공받음으로써 얻는 이익은 소득세 과세대상 근로소득에 해당하지 않는다.

43 ③
- 보장성보험료 세액공제와 월세액에 대한 세액공제는 근로소득이 있는 자만 적용 가능하다.

44 ③
- 36,000,000원 + 5,000,000원 + 3,000,000원 + 2,400,000원 = 46,400,000원

45 ③
- 36,000,000원 + 3,000,000원 + (300,000원 − 200,000원) × 12 + (300,000원 − 200,000원) × 12 = 41,400,000원

46 ③
- 24,000,000원 + 3,600,000원 + 3,000,000원 = 30,600,000원
- 식대보조금은 별도의 식사를 제공 받았으므로 전액 과세임. 자가운전보조금은 전액 비과세임.

47 ③
- 인정상여의 귀속시기는 해당 법인의 사업연도 중 근로를 제공한 날이 된다.

48 ①
- 주식매수선택권을 행사함으로써 얻은 이익은 주식매수선택권을 행사한 날을 수입시기로 한다.

49 ④
- 동일한 고용주에게 3개월 이상 고용되지 않은 근로자를 말한다.

50 ③
- 일용근로자의 근로소득공제액은 1일 15만원이다.

51 ②
- 6% 단일세율을 적용한다.

52 ③
- 공적연금 관련법에 따라 받는 유족연금은 비과세되나, 그 밖의 연금소득은 비과세대상이 아니다.

53 ④
- 연금계좌에서 연금수령하는 경우의 연금소득은 연금수령한 날이 수입시기가 된다.

54 ①
- 공적연금을 일시금으로 수령하는 경우에는 퇴직소득으로 과세한다.

55 ③
- 공적연금소득만 있는 자는 연말정산으로 과세가 종결된다.

56 ④
- 무조건분리과세대상 사적연금을 제외한 사적연금소득의 합계액이 연 1,500만원 이하인 경우는 분리과세를 선택할 수 있다.

57 ④
- 공적연금 관련법에 따라 받는 일시금은 퇴직소득에 해당한다.

58 ③
- 계약의 위약 또는 해약으로 받은 위약금(계약금이 위약금으로 대체되는 경우)과 그 외의 기타소득(원천징수되는 소득에 한함)의 소득금액이 연간 300만원 이하이면서 원천징수가 된 때에는 분리과세와 종합과세 중 선택할 수 있다.

59 ④
- 사적연금불입액과 운용수익을 연금외 수령한 소득, 서화·골동품의 양도로 발생하는 소득은 무조건 분리과세하며, 일시적으로 제공한 인적용역 소득은 연 300만원 이하인 경우 분리과세 또는 종합과세를 선택할 수 있다. 그러나 알선수재 및 배임수재에 따라 받은 금품은 무조건 종합과세 한다.

60 ③
- 저축성보험의 보험차익은 이자소득에 해당한다.

61 ③
- 위약금과 배상금 중 주택입주 지체상금은 최소한 총수입금액의 80%를 필요경비로 인정하나, 나머지는 실제 발생된 필요경비만 인정된다.

62 ①
- 전문직사업자가 독립적인 지위에서 사업목적으로 자문용역을 제공하고 얻는 소득은 사업소득에 해당한다.

63 ③
- 저작자 이외의 자에게 귀속되는 소득은 기타소득이지만, 저작자 자신에게 귀속되는 소득은 사업소득에 해당한다.

64 ③
- ① 복권 당첨 소득 중 3억원 초과분은 30%의 세율로 원천징수한다.
  ② 연금계좌에서 연금 외 수령한 기타소득은 무조건 분리과세 대상 기타소득에 해당한다.
  ④ 뇌물, 알선수재 및 배임수재에 따라 받은 금품은 무조건 종합과세 대상 기타소득에 해당한다.

65 ④
- 저작자 또는 실연자·음반제작자·방송사업자가 저작권 또는 저작인접권의 양도 또는 사용의 대가로 받는 금품은 사업소득에 해당한다.

66 ①
- 유실물의 습득으로 인한 보상금은 실제 소요된 필요경비가 없으며, 주택입주 지체상금은 80%의 필요경비가 인정되며, 원작자가 받는 원고료는 60%의 필요경비가 인정된다.
  2,000,000원 + 1,000,000원 × (100% - 80%) + 500,000원 × (100% - 60%) = 2,400,000원

67 ②
- 위약금으로 받은 주택입주 지체상금: 3,000,000원 × (1 - 80%) = 600,000원
  고용관계 없이 다수인에게 강연을 하고 받은 대가로 받은 강연료
  : 8,000,000원 × (1 - 60%) = 3,200,000원
  합계: 3,800,000원
  ※ 상훈법에 따른 상금과 골동품을 박물관에 양도하고 받은 대가는 비과세이다.

68 ②
- 무기명주식의 배당은 그 지급을 받은 날을 수입시기로 한다.

69 ③
- 무기명 채권의 이자와 할인액: 실제 지급을 받은 날

70 ①
- 법인세법에 따라 처분된 기타소득은 법인의 해당 사업연도의 결산확정일을 수입시기로 한다.

71 ②
- ① 시용판매는 구매자가 구입의사를 표시한 날이 수입시기이다.
  ③ 인적용역제공은 용역대가를 지급받기로 한 날 또는 용역의 제공을 완료한 날 중 빠른 날이 수입시기이다.
  ④ 자산의 임대소득은 계약에 의하여 지급일이 정해진 경우에는 그 정해진 날이 수입시기이다.

72 ②
- 금융소득이 연간 2천만원을 초과하는 경우에는 원천징수 후 종합소득에 합산된다.

02 종합소득공제 및 세액공제

01 ①
- 근로소득자 본인의 저축성 보험료는 보험료 공제대상이 아니다.

02 ④
- ①은 장애인공제, ②는 경로우대자공제, ③은 부녀자공제가 적용되나, ④는 추가공제대상이 아니다.

03 ④
- ① 기본공제대상자가 부녀자공제와 한부모공제에 모두 해당되는 경우 한부모공제를 적용한다.
  ② 계부·계모는 직계존속과 동일하게 보아 기본공제대상인지 판정한다.
  ③ 장애인은 나이의 제한이 없으나, 소득금액의 제한은 있다.
  ④ 해당 과세기간에 사망한 자는 사망일 전 날의 상황에 따라 기본공제여부를 판단하므로 기본공제대상이 될 수 있다.

04 ①
- 과세기간 종료일 전에 장애가 치유된 자에 대하여는 치유일 전일의 상황에 따라 공제여부를 판정한다.

05 ④
- 과세기간 중에 이혼한 배우자는 기본공제대상이 아니나, 제시된 그 밖의 사람은 기본공제대상이다.

06 ①
- 종합소득공제액 중 미공제액은 퇴직소득과 양도소득에서 공제할 수 없다.

07 ③
- ① 기본공제대상자가 아닌 경우 추가공제대상자가 될 수 없다.
  ② 양도소득금액 200만원이 있는 경우 기본공제대상자가 될 수 없다.
  ④ 기본공제대상자가 장애인인 경우 200만원을 추가로 공제한다.

08 ④
- 가. 장애인은 나이요건이 없다.
  다. 조카는 기본공제 대상자에 해당하지 않는다.

09 ③
- ① 경로우대공제는 1인당 100만원이다.
  ② 소득이 없는 직계비속이 해당 과세기간 중 20세가 된 경우에도 기본공제대상자에 해당한다.
  ④ 주택담보노후연금 이자비용은 연 200만원을 한도로 연금소득금액에서 공제한다.

10 ④
- 간편장부대상자가 복식부기로 기장한 경우 기장세액공제 대상이다.

11 ③
- 총소득금액이 100만원(근로소득만 있는 경우, 총급여 500만원) 이하만 공제 가능하다.

12 ④
- 의료비 지출액에 대해서는 신용카드소득공제와 의료비 세액공제를 중복하여 적용할 수 있다.

13 ②
- 과세기간 종료일 전에 사망한 경우 사망일 전일의 상황에 따라 공제 여부를 판정한다.

14 ③
- 국내 은행이자만 연간 1,800만원이 있는 생계를 같이 하는 모친(63세)의 소득은 전액 분리과세되므로 기본공제를 적용받을 수 있다.

15 ②
- 기본공제: 1,500,000원 × 4명(본인, 배우자, 아들, 모친)
  = 6,000,000원
- 추가공제: 경로우대공제 1,000,000원
  계 7,000,000원

  딸(장애인)은 소득요건을 충족하지 못하므로 기본공제대상이 아니다.

16 ④
- 기본공제: 1,500,000원 × 4명 = 6,000,000원(본인, 배우자, 아들, 모친)
  추가공제: 3,000,000원(경로우대공제 모친(1,000,000원) 장애인공제 아들(2,000,000원))

17 ③
- 4인(본인, 배우자, 장남, 차남) × 1,500,000원
  = 6,000,000원. 사업소득금액이 1,000,000원 이상인 부친은 공제대상에서 제외된다.

18 ②
- 기본공제: 150만원 × 4명 = 600만원(본인, 배우자, 아들, 모친)
  추가공제: 300만원(경로우대공제 100만원 + 장애인공제 200만원)
- 부친은 소득금액이 100만원을 초과하므로 기본공제대상자에 해당하지 않는다.

19 ②

구 분	본인	배우자	부친
기본공제	1,500,000원	1,500,000원	1,500,000원
추가공제			1,000,000원
합 계			

구 분	장남	장녀	합 계
기본공제	×	1,500,000원	6,000,000원
추가공제			1,000,000원
합 계			7,000,000원

20 ④
- 기본공제: 1,500,000원 × 4명 = 6,000,000원(본인, 배우자, 아들, 모친)

추가공제: 3,000,000원(경로우대공제 모친 1,000,000원. 장애인공제 자녀 2,000,000원)
- 부친은 소득금액이 1,000,000원을 초과하여 기본공제 대상자에 해당하지 않으므로 추가공제 중 경로우대공제도 적용되지 않는다.

21 ①
- 보험료 세액공제 중 장애인전용보장성보험료는 연간 한도 100만원을 초과할 수 없다.

22 ②
- 공제액이 해당 과세기간의 합산과세되는 종합소득금액을 초과하는 경우 그 초과되는 금액은 없는 것으로 한다.

23 ③
- 외국대학병원에서의 치료비와 미용을 위한 성형수술비는 의료비세액공제대상이 아니다.

24 ③
- 교육비 세액공제의 경우 본인의 대학원 등록금은 세액공제대상이다.

25 ④
- ① 사업소득자가 지출한 보험료는 특별세액공제 대상이 아니다.
  ② 근로소득자가 국내병원에서 지출한 의료비는 특별세액공제 대상이나 외국병원에서 지출한 의료비는 특별세액공제 대상이 아니다.
  ③ 연금소득자가 지출한 교육비는 특별세액공제 대상이 아니다.

26 ①
- 의료비세액공제는 총급여액의 3%를 초과하는 의료비지출액에 한하여 적용한다.

27 ②
- ① 공제대상 의료비에는 미용목적 성형수술비용은 포함하지 아니한다.
  ③ 대학생의 교육비는 1명당 연 900만원을 한도로 공제한다.
  ④ 근로자가 기본공제대상자를 위해 지출한 보장성보험료만 공제대상이다.

28 ②
- 5,000,000원 × 15% + 1,000,000원 × 12% = 870,000원
  보장성보험료는 100만원을 한도로 하며, 의료비는 총급여액의 3%에 미달하므로 세액공제액은 없다.

29 ②
- 9,000,000원 + 1,800,000원 = 10,800,000원

30 ④
- 비실명금융자산의 이자는 무조건 분리과세되므로 종합과세에서 제외된다.

31 ②
- ①은 근로소득세액공제, ③은 배당세액공제, ④는 재해손실세액공제를 받을 수 있다. 기장세액공제는 간편장부대상자가 복식부기장부로 기장한 경우에 적용하므로 간편장부대상자가 간편장부로 기장한 경우에는 기장세액공제를 받을 수 없다.

32 ④
- 소득세의 모든 소득은 종합과세, 분리과세, 분류과세 중 어느 한 방법으로 과세된다.

33 ①
- ② 2,000만원 이하의 출자공동사업자 배당소득은 무조건 종합과세 대상 소득이다.
  ③ 일용근로소득은 원천징수로 과세가 종결된다.
  ④ 기타소득 중 복권당첨소득은 원천징수로 과세가 종결된다.

34 ①
- 국내은행예금이자는 금융소득이 2,000만원 이하이므로 분리과세한다.
- 비상장주식의 양도소득은 양도소득이고, 공적연금 관련법에 따라 받는 유족연금은 비과세소득이다.
- 유실물 습득으로 인한 보상금은 실제 필요경비만 인정하는 기타소득으로서 필요경비가 확인되지 아니하므로 기타소득금액은 6,000,000원이다. 이는 3,000,000원을 초과하므로 종합과세한다.

35 ①
- 종합소득금액: 30,000,000원(근로소득금액)
  (금융소득의 합계액이 2,000만원 이하이므로 무조건종합과세대상만 종합과세함)
  종합소득과세표준: 30,000,000원 - 20,000,000원 = 10,000,000원

36 ①
- 가. 금융소득이 2,000만원 이하이므로 분리과세한다.
  나. 양도소득은 종합과세하지 아니하고 분류과세한다.
  다. 국민연금법에 따라 받는 유족연금은 비과세 연금소득이다.
  라. 골동품을 박물관에 양도함으로써 발생하는 소득은 비과세 기타소득이다.

37 ①
- 종합소득금액 : 30,000,000원
  (금융소득의 합계액이 2,000만원 이하이므로 무조건종합과세대상만 종합과세함)
- 종합소득과세표준 : 30,000,000원 - 20,000,000원 = 10,000,000원
- 종합소득산출세액 : 10,000,000원 × 6% = 600,000원

38 ②

구분	금액
이자소득금액(A)	15,000,000 + 6,000,000 = 21,000,000
사업소득금액(B)	42,000,000원
종합소득금액 (C=A+B)	63,000,000원

- 금융소득이 2천만원을 초과하므로 금융소득은 종합과세하며, 퇴직소득은 분류과세한다.

39 ①
- (12,000,000원 - 5,000,000원) × 6% = 420,000원 금융소득의 합계액이 2,000만원 이하 이므로 금융소득은 분리과세 한다.

40 ①
- 근로소득금액과 사업소득금액은 종합과세대상이나, 2,000만원 이하의 금융소득(이자소득, 배당소득)과 직장공제회초과반환금은 분리과세대상이다.
- 50,000,000원 + 12,000,000원 = 62,000,000원

41 ②
- 가. 퇴직소득은 종합과세하지 아니하고 분류과세한다.
  나. 비과세 근로소득이다.
  다. 20,000,000원 - (20,000,000원 × 60%) = 8,000,000원(연 3,000,000원을 초과하므로 종합과세한다.)

42 ①
- 2,000만원 이하의 금융소득 및 골동품 양도로 인한 기타소득은 분리과세된다. 비상장주식 양도소득은 양도소득으로 분류과세된다.

43 ①
- 근로소득금액 - 종합소득공제 = 15,000,000원 - 6,000,000원 = 9,000,000원
  직장공제회초과반환금은 분리과세이고, 국가보안법에 의한 상금은 비과세이다.

44 ②
- 가. 로또복권 당첨금은 분리과세한다.
  나. 양도소득에 해당한다.
  다. 실제 필요경비만 인정하는 기타소득으로서 필요경비가 확인되지 아니하므로 기타소득금액은 500만원이다. 이는 300만원을 초과하므로 종합과세한다.

45 ①
- 근로소득은 종합소득 과세대상이나 정신적피해로 인한 보상금은 과세대상이 아니고, 2천만원 이하의 금융소득은 분리과세대상이다. 소액주주의 상장주식 양도차익은 비과세대상 양도소득이다.

46 ②
- 가. 금융소득이 2,000만원 이하이므로 분리과세한다.
  나. 퇴직소득으로 과세한다.
  다. 실제 필요경비가 확인되지 아니하므로 60%의 법정 필요경비를 공제하여 기타소득금액은 4,000,000원이다. 이는 3,000,000원을 초과하므로 종합과세한다.

47 ①
- 고가주택을 임대하고 받은 소득: 24,000,000원 - 14,000,000원 = 10,000,000원
  일시적인 문예창작의 대가: 15,000,000원 - 15,000,000원 × 60% = 6,000,000원
  합계: 16,000,000원
  ※ 논·밭을 작물 생산에 이용하게 함으로써 발생하는 소득은 비과세소득이고, 「복권 및 복권기금법」에 따른 복권 당첨금은 분리과세 기타소득에 해당한다.

48 ①
- 과세표준: 36,000,000원 + 4,000,000원 - 3,000,000원 = 37,000,000원
  산출세액: 37,000,000원 × 15% - 1,260,000원 = 4,290,000원
- 직장공제회 초과반환금은 무조건 분리과세 대상 이자소득에 해당한다.

49 ①
- 종합소득금액의 계산: 30,000,000원 + 50,000,000원 = 80,000,000원
  과세표준의 계산: 80,000,000원 - 24,000,000원 = 56,000,000원
  산출세액의 계산: 56,000,000원× 24% - 5,760,000원) = 7,680,000원
- 직장공제회 초과반환금은 무조건 분리과세되는 이자소득에 해당한다.

50 ③
- 학원의 수강료로 납부한 금액은 신용카드 소득공제 대상이다.

51 ④
- 미용을 위한 성형수술 비용은 신용카드 등 사용금액에 대한 소득공제대상이나, 그 밖의 것은 신용카드 등 사용금액에 대한 소득공제대상이 아니다.

52 ③
- 의료비 세액공제를 적용 받은 의약품 구입비는 신용카드 등 사용금액에 해당한다.

53 ①
- 아파트관리비와 해외에서 사용한 신용카드 사용액은 공제대상에서 제외된다.

54 ②
- 중학생의 보습학원비는 교육비 세액공제를 적용받을 수 없으므로 신용카드 사용공제 적용 대상이 된다.

55 ④

• 학원의 수강료는 신용카드 등 사용금액에 대한 소득공제 적용 대상에 포함 된다.

56 ④

• 교육비 중 교복구입비 신용카드 결제액은 교육비 세액공제와 신용카드 등 사용액 소득공제가 중복적용 된다.

57 ②

• 일용근로자의 근로소득은 분리과세되므로 연말정산 대상이 아니다.

58 ②

• 중도퇴직자는 퇴직한 달의 급여를 지급하는 때에 정산한다.

59 ③

• 과세표준: 36,000,000원 - 24,000,000원
= 12,000,000원
산출세액: 12,000,000원 × 6% = 720,000원
결정세액: 720,000원 - 520,000원(세액공제)
= 200,000원
환급세액: 200,000원 - 500,000원(기납부세액)
= (-)300,000원

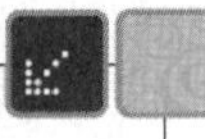

재무회계 분개 연습문제 정답 및 해설

1. 일반분개

번호	차변	금액	대변	금액
[01]	(차) 외상매입금(평화상사)	2,000,000원	(대) 받을어음(서울상사)	2,000,000원
[02]	(차) 당좌예금(우리은행)	11,930,000원	(대) 받을어음(대구상사)	12,000,000원
	수수료비용(판)	70,000원		
[03]	(차) 현금	950,000원	(대) 받을어음(대전상사)	1,000,000원
	매출채권처분손실	50,000원		
	※ 1,000,000원 × 12% × 5/12 = 50,000원			
[04]	(차) 현금	29,480,000원	(대) 받을어음(제주상사)	30,000,000원
	매출채권처분손실	520,000원		
[05]	(차) 단기대여금(광주상사)	4,700,000원	(대) 외상매출금(광주상사)	4,700,000원
[06]	(차) 외상매입금(평화상사)	10,000,000원	(대) 보통예금(한국은행)	5,000,000원
			단기차입금(평화상사)	5,000,000원
[07]	(차) 외상매입금(우리상사)	8,200,000원	(대) 매입환출및에누리(154)	700,000원
			현금	7,500,000원
[08]	(차) 당좌예금(우리은행)	4,900,000원	(대) 외상매출금(강릉상사)	5,000,000원
	매출할인(406)	100,000원		
[09]	(차) 대손충당금(109)	10,000,000원	(대) 외상매출금(부실상사)	33,000,000원
	대손상각비	23,000,000원		
[10]	(차) 대손충당금(111)	5,000,000원	(대) 받을어음(나약기업)	6,000,000원
	대손상각비	1,000,000원		
[11]	(차) 대손충당금(115)	7,000,000원	(대) 단기대여금(부실기업)	10,000,000원
	기타의대손상각비	3,000,000원		
[12]	(차) 보통예금(한국은행)	2,000,000원	(대) 대손충당금(109)	2,000,000원
	※ 당기 이전에 대손 처리한 채권을 회수한 경우에는 대손충당금의 증가로 처리한다.			
[13]	(차) 현금	4,400,000원	(대) 대손충당금(109)	4,000,000원
			부가세예수금	400,000원
[14]	(차) 현금	5,000,000원	(대) 대손충당금(115)	5,000,000원
[15]	(차) 현금	1,000,000원	(대) 선수금(경기상사)	1,000,000원
[16]	(차) 임차보증금	100,000,000원	(대) 보통예금(한국은행)	100,000,000원
[17]	(차) 특정현금과예금(우리은행)	3,000,000원	(대) 현금	3,000,000원
[18]	(차) 보통예금(한국은행)	30,000,000원	(대) 정부보조금(보통예금차감계정)	30,000,000원
[19]	(차) 기계장치	50,000,000원	(대) 보통예금(한국은행)	55,000,000원
	부가세대급금	5,000,000원		
	정부보조금(보통예금차감계정)	30,000,000원	정부보조금(기계장치차감계정)	30,000,000원

부록/정답 및 해설

번호	차변	금액	대변	금액
[20]	(차) 부가세예수금	46,900,000원	(대) 부가세대급금	9,100,000원
			미지급세금	37,800,000원
[21]	(차) 미지급세금	5,000,000원	(대) 보통예금(한국은행)	5,024,000원
	세금과공과금(판)	24,000원		
[22]	(차) 토지	52,600,000원	(대) 현금	2,600,000원
			보통예금(한국은행)	50,000,000원
[23]	(차) 토지	50,800,000원	(대) 보통예금(한국은행)	45,000,000원
			선급금(기흥개발)	5,000,000원
			현금	780,000원
			예수금	20,000원
[24]	(차) 건물	200,000,000원	(대) 미지급금(현대개발)	300,000,000원
	토지	100,000,000원		

※ 건물: 300,000,000 × (160,000,000/240,000,000) = 200,000,000
토지: 300,000,000 × (80,000,000/240,000,000) = 100,000,000

번호	차변	금액	대변	금액
[25]	(차) 토지	105,000,000원	(대) 보통예금(한국은행)	100,000,000원
			현금	5,000,000원
[26]	(차) 감가상각누계액	80,000,000원	(대) 건물	100,000,000원
	유형자산처분손실	23,000,000원	현금	3,000,000원

※ 사용중인 기존건물 철거시 철거비용과 장부금액은 당기 비용처리한다.

번호	차변	금액	대변	금액
[27]	(차) 보통예금(한국은행)	25,000,000원	(대) 토지	23,000,000원
	외상매입금((주)부산산업)	15,000,000원	유형자산처분이익	17,000,000원
[28]	(차) 현금	10,000원	(대) 차량운반구	8,500,000원
	감가상각누계액	8,499,000원	유형자산처분이익	9,000원
[29]	(차) 건설중인자산	2,500,000원	(대) 보통예금(한국은행)	2,500,000원
[30]	(차) 감가상각누계액(209)	2,000,000원	(대) 차량운반구	20,000,000원
	재해손실	18,000,000원		
[31]	(차) 기계장치손상차손	400,000원	(대) 손상차손누계액	400,000원

※ 장부금액 (1,200,000원 - 300,000원) -*회수가능금액 500,000원 = 400,000원
*회수가능금액: 순공정가치와 사용가치를 비교하여 큰 금액

번호	차변	금액	대변	금액
[32]	(차) 투자부동산	210,000,000원	(대) 현금	210,000,000원
[33]	(차) 미수금(아진상사)	250,000,000원	(대) 투자부동산	190,000,000원
			투자자산처분이익	60,000,000원
[34]	(차) 토지	9,300,000원	(대) 당좌예금(우리은행)	12,000,000원
	특허권	1,400,000원		
	영업권	1,300,000원		
[35]	(차) 단기매매증권	50,000,000원	(대) 현금	50,500,000원
	수수료비용(영업외비용)	500,000원		

※ 당기손익인식금융자산(단기매매증권) 취득을 위한 거래원가는 즉시 비용처리한다.

번호	차변	금액	대변	금액
[36]	(차) 단기매매증권	750,000원	(대) 현금	1,000,000원
	차량운반구	250,000원		

[37]	(차)	단기매매증권	1,750,000원	(대)	현금	2,000,000원
		토지	250,000원			
[38]	(차)	보통예금(한국은행)	2,620,000원	(대)	단기매매증권	3,000,000원
		단기매매증권처분손	380,000원			
[39]	(차)	보통예금(한국은행)	14,990,000원	(대)	단기매매증권	16,000,000원
		단기매매증권처분손	1,055,000원		현금	45,000원
[40]	(차)	보통예금(한국은행)	6,250,000원	(대)	단기매매증권	6,400,000원
		단기매매증권처분손	150,000원			

※ 장부금액 = (3,960,000원 + 5,000,000원) × 500주/700주 = 6,400,000원

[41]	(차)	현금	6,550,000원	(대)	단기매매증권	5,700,000원
					단기매매증권처분익	850,000원

※ 장부금액 = 19,000원 × 300주 = 5,700,000원

[42]	(차)	매도가능증권(178)	9,502,580원	(대)	현금	9,502,580원
[43]	(차)	차량운반구	300,000원	(대)	현금	1,000,000원
		매도가능증권(178)	700,000원			
[44]	(차)	현금	12,000,000원	(대)	매도가능증권(178)	15,000,000원
		매도가능증권평가익	5,000,000원		매도가능증권처분익	2,000,000원
[45]	(차)	보통예금 (한국은행)	6,000,000원	(대)	매도가능증권(178)	5,000,000원
		매도가능증권처분손	1,000,000원		매도가능증권평가손	2,000,000원
[46]	(차)	단기차입금(뉴욕은행)	13,000,000원	(대)	현금	12,000,000원
					외환차익	1,000,000원
[47]	(차)	보통예금(한국은행)	158,400,000원	(대)	외상매출금(블랙홀사)	156,000,000원
					외환차익	2,400,000원
[48]	(차)	보통예금(한국은행)	10,000,000원	(대)	단기대여금(혼다사)	9,000,000원
					외환차익	1,000,000원
[49]	(차)	외상매입금(교토상사)	9,000,000원	(대)	현금	9,500,000원
		외환차손	500,000원			
[50]	(차)	외화장기차입금(뉴욕은행)	10,000,000원	(대)	현금	11,220,000원
		외환차손	1,000,000원			
		이자비용	220,000원			
[51]	(차)	보통예금(한국은행)	95,000,000원	(대)	사채	100,000,000원
		사채할인발행차금	5,000,000원			
[52]	(차)	보통예금(한국은행)	1,200,000원	(대)	사채	1,000,000원
		사채할인발행차금	100,000원		현금	300,000원
[53]	(차)	사채	20,000,000원	(대)	보통예금(한국은행)	20,330,000원
		사채상환손실	330,000원			
[54]	(차)	사채	15,000,000원	(대)	보통예금(한국은행)	12,800,000원
		사채상환손실	300,000원		사채할인발행차금	2,500,000원

번호	구분	계정과목	금액	구분	계정과목	금액
[55]	(차)	사채	150,000,000원	(대)	당좌예금(우리은행)	132,000,000원
					사채할인발행차금	15,000,000원
					사채상환이익	3,000,000원

※ 사채할인발행차금 = 20,000,000원 × 150,000,000원/200,000,000원 = 15,000,000원

번호	구분	계정과목	금액	구분	계정과목	금액
[56]	(차)	사채	100,000,000원	(대)	당좌예금(우리은행)	110,000,000원
		사채할증발행차금	4,000,000원			
		사채상환손실	6,000,000원			

※ 사채할증발행차금 = 12,000,000원 × 100,000,000원/300,000,000원 = 4,000,000원

번호	구분	계정과목	금액	구분	계정과목	금액
[57]	(차)	이월이익잉여금	41,000,000원	(대)	이익준비금	1,000,000원
					미지급배당금	10,000,000원
					미교부주식배당금	20,000,000원
					사업확장적립금	10,000,000원
[58]	(차)	배당평균적립금	7,500,000원	(대)	이월이익잉여금	7,500,000원
		이월이익잉여금	19,000,000원		이익준비금	1,000,000원
					미지급배당금	10,000,000원
					미교부주식배당금	5,000,000원
					감채적립금	3,000,000원
[59]	(차)	미지급배당금	10,000,000원	(대)	현 금	8,460,000원
		미교부주식배당금	5,000,000원		예수금	1,540,000원
					자본금	5,000,000원
[60]	(차)	당좌예금(우리은행)	12,000,000원	(대)	자본금	10,000,000원
					현 금	200,000원
					주식발행초과금	1,800,000원

※ 주식발행비용은 별도항목으로 인식하지 않고 주식의 발행금액에서 차감하여 인식한다.

번호	구분	계정과목	금액	구분	계정과목	금액
[61]	(차)	보통예금 (한국은행)	38,400,000원	(대)	자본금	40,000,000원
		주식할인발행차금	2,100,000원		현 금	500,000원
[62]	(차)	보통예금(한국은행)	78,000,000원	(대)	자본금	100,000,000원
		주식발행초과금	20,000,000원			
		주식할인발행차금	2,000,000원			
[63]	(차)	보통예금(한국은행)	60,000,000원	(대)	자본금	50,000,000원
					주식할인발행차금	2,000,000원
					주식발행초과금	3,500,000원
					당좌예금(우리은행)	4,500,000원
[64]	(차)	장기차입금(신한은행)	300,000,000원	(대)	자본금	200,000,000원
					주식발행초과금	100,000,000원
[65]	(차)	자본금	15,000,000원	(대)	보통예금(한국은행)	12,000,000원
					감자차익	3,000,000원
[66]	(차)	미수금((주)삼일)	5,000,000원	(대)	자기주식	3,000,000원
					자기주식처분이익	2,000,000원
[67]	(차)	현 금	240,000원	(대)	자기주식	300,000원
		자기주식처분이익	50,000원			
		자기주식처분손실	10,000원			

번호	차변	금액	대변	금액
[68]	(차) 현　금	3,000,000원	(대) 자기주식	2,500,000원
			자기주식처분손실	200,000원
			자기주식처분이익	300,000원
[69]	(차) 자본금	2,000,000원	(대) 자기주식	3,000,000원
	감자차손	1,000,000원		
[70]	(차) 자본금	5,000,000원	(대) 자기주식	6,000,000원
	감자차익	500,000원		
	감자차손	500,000원		

※ 감자차익과 감자차손은 서로 상계하여 표시하여야 한다.

번호	차변	금액	대변	금액
[71]	(차) 자본금	700,000원	(대) 자기주식	720,000원
	감자차손	20,000원		

※ 자기주식은 자산이 아니므로 평가대상이 아니다. 따라서 전기말 공정가치는 고려되지 아니한다.

번호	차변	금액	대변	금액
[72]	(차) 자본금	160,000,000원	(대) 이월결손금	150,000,000원
			감자차익	10,000,000원

※ 감자금액 = 200,000,000 × 4/5 = 160,000,000원

번호	차변	금액	대변	금액
[73]	(차) 기타자본잉여금	20,000,000원	(대) 자본금	20,000,000원
[74]	(차) 퇴직연금운용자산(신한금융)	30,000,000원	(대) 보통예금(한국은행)	30,300,000원
	수수료비용(판)	300,000원		
[75]	(차) 퇴직연금운용자산(신한금융)	300,000원	(대) 퇴직연금운용수익	300,000원
[76]	(차) 퇴직급여(제)	1,000,000원	(대) 현　금	1,500,000원
	퇴직급여(판)	500,000원		
[77]	(차) 퇴직급여충당부채	2,000,000원	(대) 보통예금(한국은행)	11,600,000원
	퇴직급여(판)	10,000,000원	예수금	400,000원
[78]	(차) 퇴직급여충당부채	26,000,000원	(대) 퇴직연금운용자산(신한금융)	6,000,000원
			보통예금(한국은행)	20,000,000원
[79]	(차) 퇴직급여충당부채	10,000,000원	(대) 국민연금전환금	2,000,000원
	퇴직급여(판)	8,000,000원	주 · 임 · 종단기채권	5,000,000원
			예 수 금	500,000원
			보통예금(한국은행)	10,500,000원
[80]	(차) 세금과공과금(판)	200,000원	(대) 현　금	300,000원
	기부금	100,000원		
[81]	(차) 세금과공과금(판)	120,000원	(대) 현　금	220,000원
	수수료비용(판)	100,000원		
[82]	(차) 기부금	10,000,000원	(대) 상품(적요8. 타계정으로 대체)	10,000,000원
[83]	(차) 교육훈련비(판)	500,000원	(대) 예수금	44,000원
			보통예금(한국은행)	456,000원
[84]	(차) 보통예금(한국은행)	5,860,000원	(대) 장기금융상품(외환은행)	5,000,000원
	선납세금	140,000원	이자수익	1,000,000원
[85]	(차) 보통예금(한국은행)	5,430,000원	(대) 단기대여금((주)제일상사)	5,000,000원
	선납세금	70,000원	이자수익	500,000원

[86] (차) 보통예금(한국은행) 86,000원 (대) 미수수익 81,000원
선납세금 14,000원 이자수익 19,000원

[87] (차) 건물 105,000,000원 (대) 자산수증이익 100,000,000원
현 금 5,000,000원

[88] (차) 토지 315,000,000원 (대) 자산수증이익 300,000,000원
현 금 15,000,000원

[89] (차) 외상매입금((주)상일) 3,000,000원 (대) 당좌예금(우리은행) 1,500,000원
채무면제이익 1,500,000원

[90] (차) 보통예금(한국은행) 1,500,000원 (대) 배당금수익 1,500,000원

[91] (차) 현 금 800,000원 (대) 배당금수익 800,000원

[92] (차) 보통예금(한국은행) 200,000원 (대) 전기오류수정이익(영업외수익) 200,000원

[93] (차) 단기차입금((주)여유통상) 30,000,000원 (대) 보통예금(한국은행) 31,500,000원
이자비용 2,000,000원 예수금 500,000원

[94] (차) 전기오류수정손실(영업외비용) 10,000,000원 (대) 퇴직급여충당부채 10,000,000원

2. 결산 수동분개

[95] (차) 소모품 1,300,000원 (대) 광고선전비(판) 1,300,000원

[96] (차) 가수금(박상준) 75,000원 (대) 가지급금(박상준) 300,000원
여비교통비(판) 225,000원

[97] (차) 여비교통비 32,000원 (대) 현금과부족 40,000원
잡 손 실 8,000원

[98] (차) 장기차입금(신한은행) 100,000,000원 (대) 유동성장기부채(신한은행) 100,000,000원
※ 결산일 현재부터 1년 이내 상환기일이 도래하는 1억원(=5억원/5)은 비유동부채에서 유동부채로 대체한다.

[99] (차) 이자비용 3,000,000원 (대) 사채할인발행차금 3,000,000원
※ 사채할인발행차금 상각은 유효이자율법을 적용하는 것이 원칙이며 상각액은 이자비용으로 회계처리한다.

[100] (차) 선급비용 3,000,000원 (대) 보험료(판) 3,000,000원
※ 선급비용: 4,000,000 × 18월/24월 = 3,000,000원

[101] (차) 임차료(판) 21,000,000원 (대) 선급비용 21,000,000원
※ 임차료 중 7개월분 21,000,000원은 당기 귀속분, 15,000,000원은 차기 귀속분이다.

[102] (차) 이자수익 1,000,000원 (대) 선수수익 1,000,000원

[103] (차) 미수수익 300,000원 (대) 이자수익 300,000원
이자비용 875,000원 미지급비용 875,000원
※ 10,000,000 × 6% × 6/12 = 300,000원
50,000,000 × 7% × 3/12 = 875,000원

[104] (차) 단기매매증권 500,000원 (대) 단기매매증권평가이익 500,000원
※ 단기매매증권은 시가법으로 기말평가를 하며 단기매매증권의 평가손익은 영업외손익에 반영된다.

[105] (차) 단기매매증권	2,000,000원	(대) 단기매매증권평가익	2,000,000원
단기매매증권평가손	1,500,000원	단기매매증권	1,500,000원
[106] (차) 매도가능증권(178)	900,000원	(대) 매도가능증권평가이익	900,000원
[107] (차) 매도가능증권(178)	300,000원	(대) 매도가능증권평가손실	200,000원
		매도가능증권평가이익	100,000원

※ [참고] 전기 회계처리

(차) 매도가능증권평가손실	200,000원	(대) 매도가능증권	200,000원
[108] (차) 매도가능증권평가이익	3,000,000원	(대) 매도가능증권	4,000,000원
매도가능증권평가손실	1,000,000원		

※ 장부상에 매도가능증권평가이익부터 먼저 제거한 후 매도가능증권평가손실을 인식한다.

[109] (차) 외화환산손실	750,000원	(대) 장기차입금(외국은행)	750,000원
[110] (차) 외화환산손실	500,000원	(대) 외화장기차입금(실버사)	500,000원

※ 장부상 외화장기차입금 = $10,000 × 1,120원 = 11,200,000원
결산일 외화장기차입금 = $10,000 × 1,170원 = 11,700,000원

[111] (차) 보통예금(외환은행)	954,000원	(대) 외화환산이익	954,000원

※ 장부상 보통예금 = 34,662,000원
결산일 보통예금 = ¥31,800 × 1,120원 = 35,616,000원

[112] (차) 감가상각비	18,750,000원	(대) 감가상각누계액(시설장치)	18,750,000원
정부보조금(시설장치)	12,500,000원	감가상각비	12,500,000원

※ 감가상각비 = 150,000,000 × 1/4 × 6/12 = 18,750,000원
정부보조금상각액 = 100,000,000 × 1/4 × 6/12 = 12,500,000원
자산차감항목인 정부보조금은 당해자산의 감가상각 시 동일한 비율만큼 당기 감가상각비와 상계처리한다.

[113] (차) 유형자산손상차손	27,000,000원	(대) 손상차손누계액(토지)	27,000,000원

※ 유형자산손상차손 = 200,000,000 − max(136,000,000, 173,000,000) = 27,000,000원

[114] (차) 무형자산손상차손	2,000,000원	(대) 특허권	2,000,000원

3. 결산 자동분개

[115] [결산자료입력]
원재료: 13,000,000원, 재공품: 11,000,000원, 제품: 6,000,000원 입력 후 전표추가
※ 기말제품 중 시송품 1,000,000원을 차감한 6,000,000원만 입력한다.

[116] [결산자료입력]
원재료: 1,500,000원, 재공품: 2,200,000원, 제품: 1,850,000원 입력 후 전표추가
※ 운송 중인 원재료는 도착 전이므로 포함시킬 필요가 없다.

[117] [결산자료입력]
원재료: 1,500,000원, 재공품: 3,000,000원, 제품: 4,000,000원 입력 후 전표추가
※ 운송 중인 원재료는 도착 전이므로 제외하여야 한다.

[118] [결산자료입력]
재공품: 24,650,000원, 제품: 27,300,000원, 상품: 33,200,000원 입력 후 전표추가
※ 운송 중인 상품 2,000,000원은 포함하여야 한다.

[119] [일반전표입력]

(차) 기계장치 50,000,000원 (대) 제품(적요8. 타계정으로 대체) 50,000,000원

[결산자료입력]

원재료: 320,000,000원, 재공품: 170,000,000원, 제품: 231,000,000원 입력 후 전표추가

※ 제품재고액 중 타계정대체분 50,000,000원은 제외한다.

[120] [일반전표입력]

(차) 재고자산감모손실 2,000,000원 (대) 원재료(적요8. 타계정으로 대체) 2,000,000원

※ 비정상적인 감모손실은 영업외비용으로 처리한다.

[결산자료입력]

원재료: 70,000,000원, 재공품: 45,540,000원, 제품: 82,575,000원 입력 후 전표추가

[121] [일반전표입력]

(차) 재고자산감모손실 900,000원 (대) 상품(적요8. 타계정으로 대체) 900,000원

[결산자료입력]

상품: 25,500,000원 입력 후 전표추가

※ 8,500개 × 3,000원 = 25,500,000원

재고자산은 이를 판매하여 수익을 인식한 기간에 매출원가로 인식한다. 재고자산의 시가가 장부금액 이하로 하락하여 발생한 평가손실은 재고자산의 차감계정으로 표시하고 매출원가에 가산한다. 재고자산의 장부상 수량과 실제 수량과의 차이에서 발생하는 감모손실의 경우 정상적으로 발생한 감모손실은 매출원가에 가산하고 비정상적으로 발생한 감모손실은 영업외비용으로 분류한다.

[122] [결산자료입력]

상품매출원가[평가손실] 5,000,000원

상품매출원가[기말상품재고액] 40,000,000원

원재료: 30,000,000원, 재공품: 50,000,000원, 제품: 35,000,000원 입력 후 전표추가

※ 상품매출원가의 평가손실에 대해서는 결산자료입력 대신 12월 31일 일반전표입력에 수동입력 가능하다.

(차) 재고자산평가손실 5,000,000원 (대) 재고자산평가충당금(관계코드146) 5,000,000원

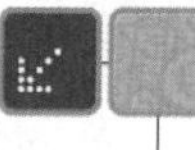

최신 기출문제 정답 및 해설

최신 기출문제 제59회

[실무이론평가]

1	2	3	4	5	6	7	8	9	10
③	③	①	①	④	③	④	②	①	③

01 ③

- 내부회계관리제도는 외부감사인이 따라야 하는 절차가 아니라, 기업 내부의 구성원들에 의하여 운영되는 제도이다.

02 ③

- 재고자산 매출시 운반비는 판매비와관리비에 포함된다.

03 ①

• 4월 20일 : (차) 대손충당금	300,000원	(대) 매출채권	300,000원
• 10월 15일 : (차) 현금	100,000원	(대) 대손충당금	100,000원
• 12월 31일 : (차) 대손상각비	800,000원	(대) 대손충당금	800,000원

※ 대손상각비 100,000,000원 × 1% − 200,000원 = 800,000원

04 ①

- 3월 5일 거래에서 주식발행초과금 10,000,000원 발생하고, 9월 20일 거래에서 주식할인발행차금 2,200,000원 발생한다. 따라서 상계 처리 후 주식발행초과금의 잔액은 7,800,000원이다.

05 ④

- 외화외상매출금은 화폐성 항목이므로 기말 환율로 환산하여 기말 재무상태표에 표시한다. 따라서 「US$1,000 × 1,100원 = 1,100,000원」이 외화외상매출금으로 표시되고, 100,000원은 외화환산이익이 된다.

06 ③

- A주식의 평가: 1,000주 × (7,000원 − 6,000원) = 단기매매증권평가이익 1,000,000원
- B주식의 평가: 3,000주 × (5,000원 − 8,000원) = 단기매매증권평가손실 9,000,000원
- 당기순이익 : 1,000,000원 − 9,000,000원 = (-)8,000,000
- C주식은 매도가능증권으로 매도가능증권평가손익은 기타포괄손익누계액(자본)에 반영한다.

07 ④

- 장기외상매출금의 할부이자 상당액과 제품의 외상판매가액에 포함된 운송비는 부가가치세 공급가액에 포함된다.

08 ②

- 매출세액: 300,000,000원 × 10% + 120,000,000원 × 0% = 30,000,000원
- 매입세액: 110,000,000원 × 10% + 70,000,000원 × 10% = 18,000,000원
- 납부세액: 30,000,000원 − 18,000,000원 = 12,000,000원

09 ①

- 직장공제회 초과반환금은 무조건 분리과세대상이며, 이를 제외한 이자·배당소득의 합계액이 1,900만원으로 2,000만원을 초과하지 않는다. 그러므로 무조건 종합과세대상인 외국법인으로부터 받은 현금배당금에 대해서만 종합과세한다.

10 ③

- ① 복권 당첨 소득 중 3억원 초과분은 30%의 세율로 원천징수한다.
  ② 연금계좌에서 연금 외 수령한 기타소득은 무조건 분리과세 대상 기타소득에 해당한다.
  ④ 뇌물, 알선수재 및 배임수재에 따라 받은 금품은 무조건 종합과세 대상 기타소득에 해당한다.

[실무수행과제]

문제 1 거래자료입력

1 [일반전표입력] 2월 15일

(차) 511.복리후생비 100,000원 (대) 101.현금 100,000원

[영수증수취명세서(2)]

영수증수취명세서(2) | 영수증수취명세서(1) | 해당없음

□	거래일자	상호	성명	사업장	사업자등록번호	거래금액	구분	계정코드	계정과목
□	2024-01-05	(주)두미리주우	이선웅	서울특별시 강남구 강남대로 77-	218-81-20682	700,000		522	차량유지비
□	2024-01-28	(주)피이제이	최경주	서울특별시 강남구 강남대로 369	144-81-12955	35,000		830	소모품비
□	2024-01-30	교보문화재단	김종식	서울특별시 서초구 헌릉로9길 22	102-82-02601	300,000	20	933	기부금
□	2024-02-15	비둘기마트	이문희	강원도 춘천시 명동길 22	119-15-50400	100,000		511	복리후생비

[영수증수취명세서(1)]

영수증수취명세서(2) | 영수증수취명세서(1) | 해당없음

1. 세금계산서, 계산서, 신용카드 등 미사용내역

9. 구분	3만원 초과 거래분		
	10. 총계	11. 명세서제출 제외대상	12. 명세서제출 대상(10-11)
13. 건수	4	1	3
14. 금액	1,135,000	300,000	835,000

2. 3만원 초과 거래분 명세서제출 제외대상 내역

구분	건수	금액	구분	건수	금액
15. 읍, 면 지역 소재			26. 부동산 구입		
16. 금융, 보험 용역			27. 주택임대용역		
17. 비거주자와의 거래			28. 택시운송용역		
18. 농어민과의 거래			29. 전산발매통합관리시스템가입자와의		
19. 국가 등과의 거래			30. 항공기항행용역		
20. 비영리법인과의 거래	1	300,000	31. 간주임대료		
21. 원천징수 대상사업소			32. 연체이자지급분		
22. 사업의 양도			33. 송금명세서제출분		
23. 전기통신, 방송용역			34. 접대비필요경비부인분		
24. 국외에서의 공급			35. 유료도로 통행료		
25. 공매, 경매, 수용			36. 합계	1	300,000

2 [일반전표입력] 3월 1일

(차) 176.장기성예금(98002.교보생명보험) 540,000원 (대) 103.보통예금(98000.국민은행(보통)) 600,000원
(차) 821.보험료 60,000원

3 [매입매출전표입력] 4월 5일

거래유형	품명	공급가액	부가세	거래처	전자세금
53.면세	정화조청소	2,150,000		04500.대신환경	전자입력
분개유형	(차) 531.수수료비용	2,150,000원	(대) 253.미지급금		2,150,000원
3.혼합					

문제 2 부가가치세관리

1 전자세금계산서 발급

1. [매입매출전표입력] 4월 10일

거래유형	품명		공급가액	부가세	거래처	전자세금
11.과세	복사기		1,000,000	100,000	04600.(주)중고나라	전자발행
분개유형	(차) 213.감가상각누계액 2,500,000원			(대) 212.비품 3,000,000원		
3.혼합	103.보통예금 1,100,000원 (98000.국민은행(보통))			255.부가세예수금 100,000원 914.유형자산처분이익 500,000원		

2. [전자세금계산서 발행 및 내역관리]
   ① 미전송된 내역이 조회되면, 미전송내역을 체크한 후 [전자발행 ▾]을 클릭하여 표시되는 로그인 화면에서 [확인(Tab)] 클릭
   ② '전자세금계산서 발행'화면이 조회되면 [발행(F3)] 버튼을 클릭한 다음 확인클릭
   ③ 국세청란에 '발행대상'으로 표시되면 [ACADEMY 전자세금계산서]를 클릭
   ④ [Bill36524 교육용전자세금계산서] 화면에서 [로그인]을 클릭
   ⑤ 좌측화면: [세금계산서 리스트]에서 [미전송]으로 체크 후 [매출조회]를 클릭
   우측화면: [전자세금계산서]에서 [발행]을 클릭
   ⑥ [발행완료되었습니다.] 메시지가 표시되면 [확인(Tab)] 클릭

2 수정전자세금계산서의 발급

1. [수정전자세금계산서 발급]
   ① [매입매출전표입력] 5월 10일 전표선택 ➜ [수정세금계산서] ➜ [수정사유](5.내국신용장 사후 개설)를 선택 ➜ [내국신용장개설일(7월 15일)]을 입력하고 [확인(Tab)]을 클릭

수정사유
수정사유 5. 내국신용장 사후 개설 (발행매수 : 2매 발행)
비 고 내국신용장개설일 2024 년 07 월 15 일
신고년월 2024 년 05 월
※신고년월 : 전표일자를 기준으로 신고합니다.
입력하지 않거나 당초 세금계산서 발급월(전표입력월)을 입력합니다.

   ② 수정세금계산서(매출)화면에서 수량, 단가, 공급가액을 입력한 후 [확인(Tab)]을 클릭

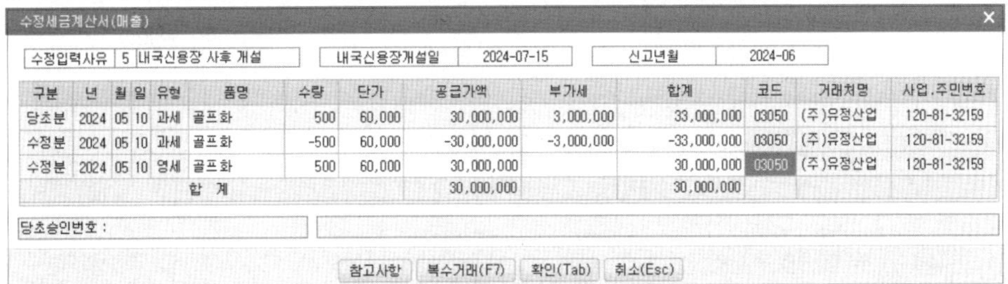
수정세금계산서(매출)

수정입력사유 5 내국신용장 사후 개설 | 내국신용장개설일 2024-07-15 | 신고년월 2024-06

구분	년	월	일	유형	품명	수량	단가	공급가액	부가세	합계	코드	거래처명	사업.주민번호
당초분	2024	05	10	과세	골프화	500	60,000	30,000,000	3,000,000	33,000,000	03050	(주)유정산업	120-81-32159
수정분	2024	05	10	과세	골프화	-500	60,000	-30,000,000	-3,000,000	-33,000,000	03050	(주)유정산업	120-81-32159
수정분	2024	05	10	영세	골프화	500	60,000	30,000,000		30,000,000	03050	(주)유정산업	120-81-32159
					합 계			30,000,000		30,000,000			

당초승인번호 :

참고사항 복수거래(F7) 확인(Tab) 취소(Esc)

   ③ 수정세금계산서 2건에 대한 회계처리가 자동 반영된다.

거래유형	품명	공급가액	부가세	거래처	전자세금
11.과세	골프화	-30,000,000	-3,000,000	03050.(주)유정산업	전자발행
분개유형	(차) 108.외상매출금 -33,000,000원		(대) 404.제품매출 -30,000,000원		
2.외상			255.부가세예수금 -3,000,000원		

거래유형	품명	공급가액	부가세	거래처	전자세금
12.영세	골프화	30,000,000		03050.(주)유정산업	전자발행
분개유형	(차) 108.외상매출금	30,000,000원	(대) 404.제품매출		30,000,000원
2.외상					

2. [전자세금계산서 발행 및 내역관리]
   ① 전자세금계산서 발행 및 내역관리 를 클릭하면 수정 전표 2매가 미전송 상태로 나타난다.
   ② 해당내역을 클릭하여 전자세금계산서 발행 및 국세청 전송을 한다.

3 매입세액불공제내역 작성자의 부가가치세 신고서 작성

1. [매입매출전표입력] 7월 4일

거래유형	품명	공급가액	부가세	거래처	전자세금
51.과세	기계장치	25,000,000	2,500,000	04700.(주)대영기계	전자입력
분개유형	(차) 206.기계장치	25,000,000원	(대) 253.미지급금		27,500,000원
3.혼합	135.부가세대급금	2,500,000원			

2. [매입세액불공제내역]

기간 : 2024 년 07 월 ~ 2024 년 09 월

2.공제받지 못할 매입세액 내역 | 3.공통매입세액 안분계산 내역 | 4.공통매입세액의 정산내역 | 5.납부세액 또는 환급세액 재계산 내역

	계산식	구분	과세,면세 사업 공통매입 (10)공급가액	(11)세액	(12)총공급가액 등 (총예정사용면적)	(13)면세공급가액 등 (총예정사용면적)	(14)불공제 매입세액 (⑪×⑬÷⑫)
1	1.공급가액기준		25,000,000	2,500,000	246,000,000	49,200,000	500,000
2							
	합 계		25,000,000	2,500,000	246,000,000	49,200,000	500,000

공통매입세액 2,500,000 × 면세공급가액 49,200,000 / 총공급가액 246,000,000 = 불공제매입세액 500,000

3. [부가가치세신고서] 7월 1일 ~ 9월 30일

공제받지못할매입세액명세

	구분		금액	세액
16 공제받지 못할매입 세액명세	공제받지못할매입세액	50		
	공통매입세액면세사업	51	5,000,000	500,000
	대손처분받은세액	52		
	합계	53	5,000,000	500,000

4. [일반전표입력] 9월 30일
(차) 206.기계장치 500,000원 (대) 135.부가세대급금 500,000원

4 건물등감가상각자산취득명세서 작성자의 부가가치세신고서 작성

1. [매입매출전표입력]

- 10월 15일

거래유형	품명	공급가액	부가세	거래처	전자세금
51.과세	스마트팩토리솔루션	30,000,000	3,000,000	04800.(주)스마트산업	전자입력
분개유형	(차) 240.소프트웨어 30,000,000원 135.부가세대급금 3,000,000원			(대) 253.미지급금 33,000,000원	
3.혼합					

- 11월 14일

거래유형	품명	공급가액	부가세	거래처	전자세금
51.과세	건물증축공사	50,000,000	5,000,000	04900.(주)인우건설	전자입력
분개유형	(차) 202.건물 50,000,000원 135.부가세대급금 5,000,000원			(대) 253.미지급금 55,000,000원	
3.혼합					

- 12월 7일

거래유형	품명	공급가액	부가세	거래처	전자세금
61.현과	복사기	1,500,000	150,000	05000.(주)애플전자	
분개유형	(차) 212.비품 1,500,000원 135.부가세대급금 150,000원			(대) 101.현금 1,650,000원	
1.현금					

2. [건물등감가상각자산취득명세서]

기간 : 2024 년 10 월 ~ 2024 년 12 월

	감가상각자산 종류	건 수	공 급 가 액	세 액	비 고
취득 내역	합 계	3	81,500,000	8,150,000	
	(1) 건 물 · 구 축 물	1	50,000,000	5,000,000	
	(2) 기 계 장 치				
	(3) 차 량 운 반 구				
	(4) 기타감가상각자산	2	31,500,000	3,150,000	

일련번호	취득일자 월	취득일자 일	상 호	사업자등록번호	자 산 구 분		공 급 가 액	세 액	건 수	유 형
	거래처별 감가상각자산 취득명세									
1	10	15	(주)스마트산업	106-81-57571	4	기타감가상각자산	30,000,000	3,000,000	1	세금계산서
2	11	14	(주)인우건설	108-81-21220	1	건 물 / 구 축 물	50,000,000	5,000,000	1	세금계산서
3	12	07	(주)애플전자	342-81-00349	4	기타감가상각자산	1,500,000	150,000	1	신용카드 등

3. [부가가치세신고서] 10월 1일 ~ 12월 31일

		구분		금액		세액
매입세액	세금계산 수취부분	일반매입	10	36,600,000		3,660,000
		수출기업수입분납부유예	10-1			
		고정자산매입	11	80,000,000		8,000,000
	예정신고누락분		12			
	매입자발행세금계산서		13			
	그밖의공제매입세액		14	1,500,000		150,000
	합계 (10-(10-1)+11+12+13+14)		15	118,100,000		11,810,000
	공제받지못할매입세액		16			
	차감계 (15-16)		17	118,100,000	⑭	11,810,000

그 밖의 경감 · 공제 세액 명세

	구분		금액	세율	세액
18 그 밖의 경감공제 세액명세	전자신고및전자고지	54			10,000
	전자세금발급세액	55			
	택시운송사업자경감세	56			
	대리납부 세액공제	57			
	현금영수증사업자세액	58			
	기타	59			
	합계	60			10,000

문제 3 결산

1 수동결산

[일반전표입력] 1월 1일

(차) 263.선수수익 250,000원 (대) 901.이자수익 250,000원

[일반전표입력] 12월 31일

(차) 133.선급비용 544,000원 (대) 821.보험료 544,000원

* 816,000원 × 8월 ÷ 12월 = 544,000원

2 결산자료입력에 의한 자동결산

[결산자료입력]

- 결산자료입력에서 기말 원재료 10,000,000원, 제품 45,000,000원을 입력하고 전표추가(F3) 를 클릭하여 결산분개를 생성한다.

[이익잉여금처분계산서]

- 이익잉여금처분계산서에서 처분일을 입력한 후, 전표추가(F3) 를 클릭하여 손익대체 분개를 생성한다.

문제 4 근로소득관리

1 가족관계증명서에 의한 사원등록

[사원등록의 부양가족명세]

	연말정산관계	기본	세대	부녀	장애	경로 70세	출산 입양	자녀	한부모	성명		주민(외국인)번호	가족관계
1	0.본인	본인	○							서윤종	내	771219-1021517	
2	1.(소)직계존속	60세이상			1	○				서경석	내	430502-1205211	03.부
3	3.배우자	부								이지숙	내	780614-2021054	02.배우자
4	4.직계비속((손	부								서영수	내	010722-3023451	05.자녀
5	4.직계비속((손	20세이하						○		서영희	내	080901-4689553	05.자녀

① 서경석: 당해 사망 전일 기준으로 기본공제 여부를 판단하므로 기본공제와 장애인 추가공제, 경로우대 추가공제 대상임.

② 이지숙: 사업소득금액이 1,000,000원을 초과하므로 기본공제 대상이 아님.

③ 서영수: 소득요건은 갖추었으나 나이가 만 20세 초과이므로 기본공제 대상이 아님.

④ 서영희: 기본공제와 자녀세액공제 대상임.

2 일용직사원의 원천징수

1. [일용직사원등록]

일용직사원등록 | 일용직급여입력 　　 정렬 0.코드

코드	사원명	주민(외국인)번호		나이
1000	김삼식	내	770521-1229103	47

관리사항등록

1. 입사년월일 2024 년 09 월 05 일
2. 퇴사년월일 년 월 일
3. 주민등록번호 내외국인 0 내국인 770521-1229103
4. 주소 서울특별시 강남구 강남대로 266-2(도곡동)
5. 전화번호) - 6. 핸드폰번호) -
7. Email등록 @ 직접입력
8. 은행/계좌번호/예금주 김삼식
9. 직종/부서/직급 현장 직종 / 부서 직급 / 프로젝트
10. 국적/체류자격 국적 100 한국 체류자격
11. 거주구분/거주지국 거주구분 0 거주자 거주지국 KR 대한민국
12. 퇴직금적용 0 부
13. 단기예술인여부 0 부 단기예술인사업장

급여사항등록

13. 급여지급방법 0 매일지급
14. 정상급여 250,000 원 급여유형 0 일급직
15. 연장급여 0 원 연장급여방식 0 일급직
16. 국민연금 0 일당 0 원 지급방식 0 일지급
17. 건강보험 0 일당 0 원 지급방식 0 일지급
18. 요양보험 0 부 0
19. 고용보험율 1 여 0.9 % 지급방식 0 일지급

2. [일용직급여입력]

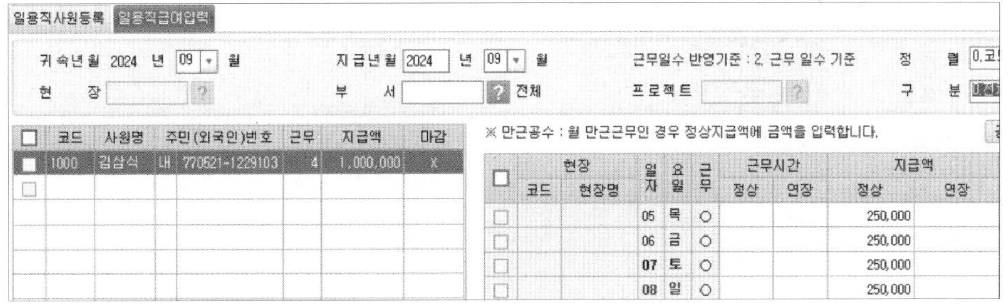

일용직사원등록 | 일용직급여입력

귀속년월 2024 년 09 월 　 지급년월 2024 년 09 월 　 근무일수 반영기준 : 2. 근무 일수 기준 　 정렬 0.코드

현장 　 부서 　 전체 　 프로젝트 　 구분

코드	사원명	주민(외국인)번호		근무	지급액	마감
1000	김삼식	내	770521-1229103	4	1,000,000	X

※ 만근공수 : 월 만근근무인 경우 정상지급액에 금액을 입력합니다.

현장 코드	현장명	일자	요일	근무	근무시간 정상	근무시간 연장	지급액 정상	지급액 연장
		05	목	○			250,000	
		06	금	○			250,000	
		07	토	○			250,000	
		08	일	○			250,000	

3. [원천징수이행상황신고서]

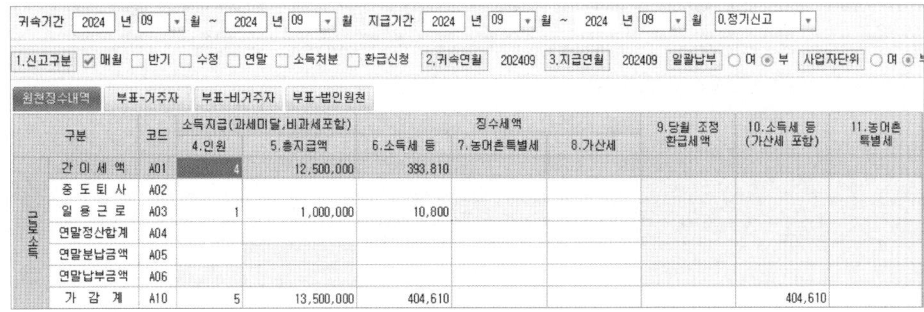

귀속기간 2024 년 09 월 ~ 2024 년 09 월 　 지급기간 2024 년 09 월 ~ 2024 년 09 월 　 0.정기신고

1.신고구분 ☑ 매월 □ 반기 □ 수정 □ 연말 □ 소득처분 □ 환급신청 　 2.귀속연월 202409 　 3.지급연월 202409 　 일괄납부 ○ 여 ◉ 부 　 사업자단위 ○ 여 ◉ 부

원천징수내역 | 부표-거주자 | 부표-비거주자 | 부표-법인원천

구분		코드	소득지급(과세미달,비과세포함) 4.인원	소득지급 5.총지급액	징수세액 6.소득세 등	징수세액 7.농어촌특별세	징수세액 8.가산세	9.당월 조정 환급세액	10.소득세 등 (가산세 포함)	11.농어촌 특별세
근로소득	간이세액	A01	4	12,500,000	393,810					
	중도퇴사	A02								
	일용근로	A03	1	1,000,000	10,800					
	연말정산합계	A04								
	연말분납금액	A05								
	연말납부금액	A06								
	가감계	A10	5	13,500,000	404,610				404,610	

3 국세청연말정산간소화 및 이외의 자료를 기준으로 연말정산

[연말정산자료입력]

1. 신용카드등 소득공제

정산명세 | 소득명세 | 소득공제 | 의료비 | 기부금 | 신용카드 | 연금투자명세 | 월세액명세

● 1. 공제대상자및대상금액

공제대상자		신용카드 등 공제대상금액									
내.외 / 관계	성명 / 생년월일	구분	⑤소계(⑥+⑦+⑧+⑨+⑩+⑪)	⑥신용카드	⑦직불선불카드	⑧현금영수증	⑨도서공연박물관미술관사용분(총급여7천만원이하자만) 신용카드	직불선불카드	현금영수증	⑩전통시장사용분	⑪대중교통이용분
내	이승엽	국세청자료	14,100,000	13,450,000							650,000
본인	1969-06-01	그밖의자료									
내	김희애	국세청자료	4,300,000			620,000				3,450,000	230,000
3	1978-11-11	그밖의자료									

2. 보험료 세액공제

정산명세 | 소득명세 | 소득공제 | 의료비 | 기부금 | 신용카드 | 연금투자명세 | 월

	관계코드 / 내외국인	성명 / 주민등록번호	기본	구분	보험료 건강	고용	보장성	장애인
1	0	이승엽	본인/세대주	국세청				
	1	690601-1985018		기타	1,265,210	422,500		
2	3	김희애	배우자	국세청				
	1	781111-2222220		기타				
3	1	이춘희	부	국세청				
	1	380505-1111111		기타				
4	4	이대한	20세이하	국세청			550,000	
	1	070203-3023180		기타				

- 이춘희는 기본공제자가 아니므로 보험료세액공제 대상이 아님.

3. 교육비 세액공제

정산명세 | 소득명세 | 소득공제 | 의료비 | 기부금 | 신

	관계코드 / 내외국인	성명 / 주민등록번호	기본	교육비 구분	일반	장애인특수교육
1	0	이승엽	본인/세대주	본인		
	1	690601-1985018				
2	3	김희애	배우자	대학생	5,000,000	
	1	781111-2222220				
3	1	이춘희	부			
	1	380505-1111111				
4	4	이대한	20세이하			
	1	070203-3023180				

4. 월세액 세액공제

2. 월세액 세액공제 명세 무주택자해당여부 ◉ 여 ○ 부

임대인성명(상호)	주민(사업자)등록번호	주택유형	주택계약면적(m²)	임대차계약서상 주소지	임대차계약기간 시작	종료	월세액
김영숙	541201-2135218	아파트	85.00	서울특별시 관악구 신림로 45길 심	2024-07-01	2026-06-30	4,500,000

- 당해 월세 합계금액 4,500,000원 입력함.

실무수행평가

11	12	13	14	15
2,350,000	5	25	30,000,000	6,000,000
16	17	18	19	20
500,000	11,900,000	③	80,000,000	11,864,000
21	22	23	24	25
835,000	1,600,000	896,000	10,050,000	1,500,000
26	27	28	29	30
193,250,000	95,540,000	29,295,000	2,810,000	97,500,000
31	32	33	34	35
544,000	45,000,000	④	57,000,000	②
36	37	38	39	40
0	3,000,000	1,000,000	2,000,000	150,000
41	42	43	44	45
9,000	979,120	5	404,610	1,966,750
46	47	48	49	50
550,000	750,000	765,000	2,354,150	②

최신 기출문제 제60회

[실무이론평가]

1	2	3	4	5	6	7	8	9	10
②	②	①	④	①	③	④	③	②	④

01 ②

- 설아가 대답한 재고자산평가방법의 변경은 회계정책의 변경이고, 나머지는 회계추정의 변경에 해당한다.

02 ②

- 7월 매출원가 = (50개 × 100원) + (30개 × 120원) = 8,600원
- 7월 매출총이익 = 80개 × 200원 - 8,600원 = 7,400원

03 ①

- 2025년 귀속 보험료는 선급비용으로 처리하고 보험료를 감소시킨다.

04 ④

- 1월 1일 : 대변 130,000원은 대손충당금 전기이월액이다.
- 7월 6일 : 차변 30,000원은 당기 실제 대손발생액에 대한 회계처리 금액이다.
- 12월 31일 : 차변 200,000원은 당기 매출채권 잔액에 대한 대손추정액이다.
- 12월 31일 : 대변 100,000원은 기말 대손충당금 추가설정 금액이다.

05 ①

- 2023년 말

(차) 토지	200,000원	(대) 재평가이익(기타포괄손익누계액)	200,000원

- 2024년 말

(차) 재평가이익(기타포괄손익누계액)	200,000원	(대) 토지	400,000원
재평가손실(당기손익)	200,000원		

06 ③

2022년말	(차) 매도가능증권평가손실	100,000원	(대) 매도가능증권	100,000원
2023년말	(차) 매도가능증권	300,000원	(대) 매도가능증권평가손실	100,000원
			매도가능증권평가이익	200,000원
2024년중	(차) 현금	1,100,000원	(대) 매도가능증권	1,200,000원
	매도가능증권평가이익	200,000원	매도가능증권처분이익	100,000원

- 매도가능증권평가손익은 기타포괄손익누계액에 해당된다.

07 ④

- 재화를 잃어버리거나 재화가 멸실된 경우에는 재화의 공급으로 보지 않는다.

08 ③

- 2,500,000원 + 4,000,000원 = 6,500,000원
- 공장용 화물차 유류대와 사무용 비품 구입 관련 매입세액은 공제대상이며, 거래처 발송용 추석 선물세트 구입 관련 매입세액과 토지 자본적 지출 관련 매입세액은 공제받지 못할 매입세액이다.

09 ②

- 가. 금융소득이 2,000만원 이하이므로 분리과세한다.
  나. 비상장주식의 양도소득은 양도소득에 해당한다.
  다. 유실물 습득으로 인한 보상금은 실제 필요경비만 인정하는 기타소득으로서 필요경비가 확인되지 아니하므로 기타소득금액은 6,000,000원이다. 이는 3,000,000원을 초과하므로 종합과세한다.

10 ④

- 부녀자공제와 한부모공제에 동시에 해당하는 경우 한부모공제를 적용받는다.

[실무수행과제]

문제 1 거래자료입력

1 [일반전표 입력] 1월 25일

(차) 819.임차료 2,000,000원 (대) 103.보통예금(98000.국민은행(보통)) 2,000,000원

[경비등송금명세서]

● 거래 및 송금내역, 공급자

번호	⑥ 거래일자	⑦ 법인명(상호)	⑧ 성 명	⑨사업자(주민)등록번호	⑩ 거래내역	⑪ 거 래 금 액	⑫ 송금일자	CD	⑬ 은 행 명	⑭ 계 좌 번 호
1	2024-01-25	이도물산	이창성	211-08-98342	임차료	2,000,000	2024-01-25	003	기업은행	801210-52-072659

2 [일반전표입력] 2월 10일

(차) 936.매출채권처분손실 200,000원 (대) 110.받을어음(00104.(주)버팔로) 10,000,000원
103.보통예금(98000.국민은행(보통)) 9,800,000원

※ 할인료(매출채권처분손실): 10,000,000원 × 12% × 2개월/12개월 = 200,000원

어음상태	2 할인(전액)	어음번호	00420240110123456789	수취구분	1 자수	발행일	2024-01-10	만기일	2024-04-10
발행인	00104 (주)버팔로			지급은행	100 국민은행			지점	역삼
배서인		할인기관	98000 국민은행(보통)	지점	역삼	할인율 (%)		어음종류	6 전자
지급거래처				* 수령된 어음을 타거래처에 지급하는 경우에 입력합니다.					

3 [일반전표입력] 4월 10일

(차) 254.예수금 258,220원 (대) 103.보통예금(98000.국민은행(보통)) 526,960원
511.복리후생비 129,110원
811.복리후생비 129,110원
960.잡손실 10,520원

문제 2 부가가치세관리

1 전자세금계산서 발급

1. [매입매출전표입력] 5월 25일

거래유형	품명	공급가액	부가세	거래처	전자세금
12.영세	등산모자	6,000,000	0	03350.(주)메아리	전자발행
분개유형	(차) 108.외상매출금 6,000,000원			(대) 404.제품매출 6,000,000원	
2.외상					

2. [전자세금계산서 발행 및 내역관리]

① 미전송된 내역이 조회되면, 미전송내역을 체크한 후 [전자발행 ▾]을 클릭하여 표시되는 로그인 화면에서 [확인(Tab)] 클릭
② '전자세금계산서 발행'화면이 조회되면 [발행(F3)] 버튼을 클릭한 다음 확인클릭
③ 국세청란에 '발행대상'으로 표시되면 [ACADEMY 전자세금계산서]를 클릭
④ [Bill36524 교육용전자세금계산서] 화면에서 [로그인]을 클릭
⑤ 좌측화면: [세금계산서 리스트]에서 [미전송]으로 체크 후 [매출조회]를 클릭
우측화면: [전자세금계산서]에서 [발행]을 클릭
⑥ [발행완료되었습니다.] 메시지가 표시되면 [확인(Tab)] 클릭

2 수정전자세금계산서의 발급

1. [수정세금계산서 발급]

① [매입매출전표 입력] 6월 10일 전표 선택 ➜ 수정세금계산서 클릭 ➜ [수정사유] 화면에서 [4. 계약의 해제, 당초(세금)계산서 작성일: 2024년 6월 10일] 선택후 확인(Tab)을 클릭

수정사유

수정사유 4. 계약의 해제 (발행매수 : 1 매 발행)

비 고 당초(세금)계산서작성일 2024 년 06 월 10 일

② [수정세금계산서(매출)] 화면에서 수정분 [작성일 6월 20일], [공급가액 -5,000,000원], [세액 -500,000원] 자동반영 후 확인(Tab) 클릭

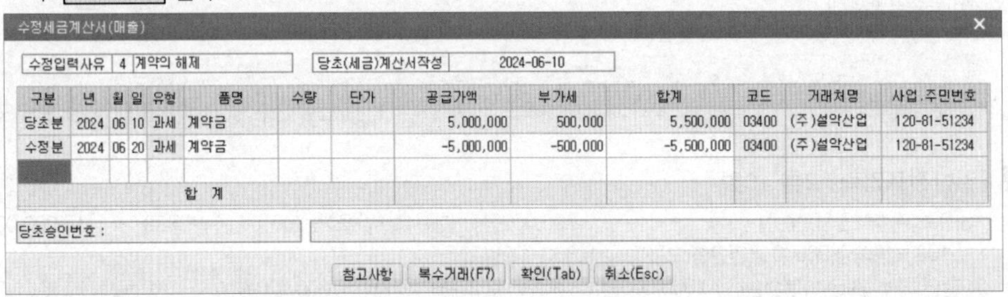

수정세금계산서(매출)

수정입력사유 4 계약의 해제 　 당초(세금)계산서작성 2024-06-10

구분	년	월	일	유형	품명	수량	단가	공급가액	부가세	합계	코드	거래처명	사업.주민번호
당초분	2024	06	10	과세	계약금			5,000,000	500,000	5,500,000	03400	(주)설악산업	120-81-51234
수정분	2024	06	20	과세	계약금			-5,000,000	-500,000	-5,500,000	03400	(주)설악산업	120-81-51234
					합 계								

당초승인번호 :

참고사항 복수거래(F7) 확인(Tab) 취소(Esc)

③ [매입매출전표입력] 6월 20일

방법 1.

거래유형	품명	공급가액	부가세	거래처	전자세금
11. 과세	계약금	-5,000,000	-500,000	03400.(주)설악산업	전자발행
분개유형 1.현금 또는 3.혼합	(차) 101.현금 -5,500,000원		(대) 259.선수금 -5,000,000원 255.부가세예수금 -500,000원		

방법 2.

거래유형	품명	공급가액	부가세	거래처	전자세금
11. 과세	계약금	-5,000,000	-500,000	03400.(주)설악산업	전자발행
분개유형 3.혼합	(차) 259.선수금 5,000,000원		(대) 255.부가세예수금 -500,000원 101.현금 5,500,000원		

방법 3.

거래유형	품명	공급가액	부가세	거래처	전자세금
11. 과세	계약금	-5,000,000	-500,000	03400.(주)설악산업	전자발행
분개유형 3.혼합			(대) 255.부가세예수금 -500,000원 259.선수금 -5,000,000원 101.현금 5,500,000원		

2. [전자세금계산서 발행 및 내역관리]

① 전자세금계산서 발행 및 내역관리 를 클릭하면 수정 전표 1매가 미전송 상태로 나타난다.

② 해당내역을 클릭하여 전자세금계산서 발행 및 국세청 전송을 한다.

3 신용카드매출전표발행집계표 작성자의 부가가치세신고서 작성

1. [매입매출전표입력]

- 7월 9일

거래유형	품명	공급가액	부가세	거래처	전자세금
12.영세	등산복	4,000,000		03600.(주)승연무역	전자입력
분개유형	(차) 108.외상매출금 (99601.비씨카드)	4,000,000원	(대) 404.제품매출		4,000,000원
4.카드					

- 7월 13일

거래유형	품명	공급가액	부가세	거래처	전자세금
17.카과	등산화	300,000	30,000	03300.(주)삼광산업	
분개유형	(차) 108.외상매출금 (99602.우리카드)	330,000원	(대) 404.제품매출 255.부가세예수금		300,000원 30,000원
3.혼합 또는 4.카드					

- 7월 21일

거래유형	품명	공급가액	부가세	거래처	전자세금
22.현과	제품	190,000	19,000	04008.이주영	
분개유형	(차) 101.현금	209,000원	(대) 404.제품매출 255.부가세예수금		190,000원 19,000원
1.현금					

2. [신용카드매출전표발행집계표] 7월~9월

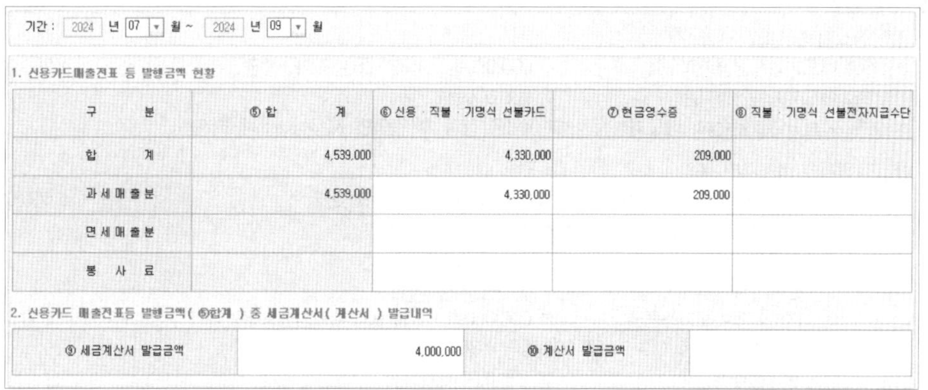

기간 : 2024 년 07 월 ~ 2024 년 09 월

1. 신용카드매출전표 등 발행금액 현황

구 분	⑤ 합 계	⑥ 신용 · 직불 · 기명식 선불카드	⑦ 현금영수증	⑧ 직불 · 기명식 선불전자지급수단
합 계	4,539,000	4,330,000	209,000	
과 세 매 출 분	4,539,000	4,330,000	209,000	
면 세 매 출 분				
봉 사 료				

2. 신용카드 매출전표등 발행금액(⑤합계) 중 세금계산서(계산서) 발급내역

⑨ 세금계산서 발급금액	4,000,000	⑩ 계산서 발급금액	

3. [부가가치세신고서] 7월 1일 ~ 9월 30일

일반과세 | 사업장명세 | 매출세 1,349,000 | 매입세

기 간 : 2024 년 07 월 01 일 ~ 2024 년 09 월 30 일 신고구

		구 분		금액	세율	세액
과세표준및매출세액	과세	세금계산서발급분	1	13,000,000	10/100	1,300,000
		매입자발행세금계산서	2		10/100	
		신용카드.현금영수증	3	490,000	10/100	49,000
		기타	4		10/100	
	영세	세금계산서발급분	5	14,000,000	0/100	
		기타	6		0/100	
	예정신고누락분		7			
	대손세액가감		8			
	합계		9	27,490,000	㉮	1,349,000

4 수출실적명세서 작성자의 부가가치세신고서 작성

1. [매입매출전표입력] 11월 20일

거래유형	품명	공급가액	부가세	거래처	전자세금
16.수출	등산용품	13,440,000		04009.K2 Co., Ltd.	
분개유형	(차) 259.선수금 13,440,000원		(대) 404.제품매출 13,440,000원		
3.혼합					

※ 공급시기가 되기 전에 원화로 환가한 경우 그 환가한 금액을 과세표준으로 한다.

2. [수출실적명세서] 10월 ~ 12월

기간 : 2024 년 10 월 ~ 2024 년 12 월 ※ [주의] 상단 신고기간의 범위안에 입력된 선적일을 기준으로 조회됩니다. 선적일자순

구 분	건 수	외화금액	원화금액	비 고
⑨합 계	1	1,120.00	1,344,000	
⑩수 출 한 재 화	1	1,120.00	1,344,000	
⑪기타영세율적용				기타영세율은 하단상세내역에 입력

NO	□	수출신고번호	기타영세율건수	(14)선(기)적일자	(15)통화코드	(16)환율	(17)외화	(18)원화
1	□	071-12-18-0055857-4		2024-11-20	USD	1,200.0000	1,120.00	1,344,000

3. [부가가치세신고서] 10월 1일 ~ 12월 31일

영세	세금계산서발급분	5	5,000,000	0/100
	기타	6	13,440,000	0/100

문제 3 결산

1 수동결산

[일반전표입력] 12월 31일

(차) 981.매도가능증권평가익 1,000,000원 (대) 178.매도가능증권 1,200,000원
982.매도가능증권평가손 200,000원

※ 매도가능증권평가손실과 매도가능증권평가이익은 상계 후 잔액만 재무상태표에 기재한다.

[참고: 일자별 회계처리 내역]

2023.05.27. (차) 178.매도가능증권 5,000,000원 (대) 101.현금 5,000,000원

2023.12.31. 공정가치 1,000주 × 60,000원 = 6,000,000원
평가전금액 5,000,000원
평가이익 1,000,000원
(차) 178.매도가능증권 1,000,000원 (대) 981.매도가능증권평가익 1,000,000원

2024.12.31. 공정가치 1,000주 × 48,000원 = 4,800,000원
평가전금액 6,000,000원
평가손실 1,200,000원

2 결산자료입력에 의한 자동결산

[결산자료입력 1]

- 퇴직급여(전입액)란에 제조: 7,000,000원, 판매관리비: 11,000,000원을 입력한다.
  ※ 생산부: 퇴직금추계액 32,000,000원 - 퇴직급여충당부채잔액 25,000,000원 = 7,000,000원
  관리부: 퇴직금추계액 26,000,000원 - 퇴직급여충당부채잔액 15,000,000원 = 11,000,000원

[결산자료입력 2]

- 결산자료입력에서 기말 원재료 25,000,000원, 제품 35,000,000원을 입력하고 전표추가(F3) 를 클릭하여 결산분개를 생성한다.

[이익잉여금처분계산서] 메뉴

- 이익잉여금처분계산서에서 처분일을 입력한 후, 전표추가(F3) 를 클릭하여 손익대체 분개를 생성한다.

문제 4 근로소득관리

1 일용직사원의 원천징수

1. [일용직사원등록]

2. [일용직급여입력]

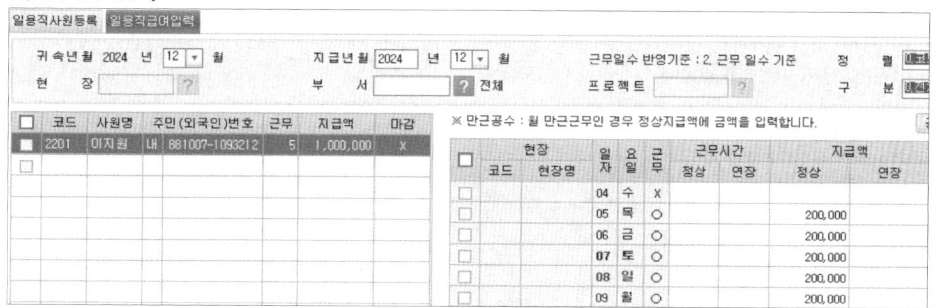

3. [원천징수이행상황신고서]

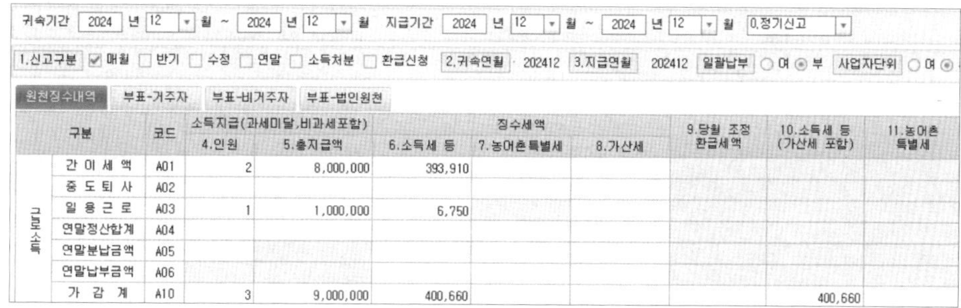

	구분	코드	4.인원	5.총지급액	6.소득세 등	7.농어촌특별세	8.가산세	9.당월 조정 환급세액	10.소득세 등 (가산세 포함)	11.농어촌 특별세
근로소득	간 이 세 액	A01	2	8,000,000	393,910					
	중 도 퇴 사	A02								
	일 용 근 로	A03	1	1,000,000	6,750					
	연말정산합계	A04								
	연말분납금액	A05								
	연말납부금액	A06								
	가 감 계	A10	3	9,000,000	400,660				400,660	

(4~5: 소득지급(과세미달, 비과세포함) / 6~8: 징수세액)

2 중도퇴사자의 원천징수

1. [사원등록]

20. 퇴 사 년 월 일 2024 년 08 월 25 일

2. [급여자료입력]

수당등록 | 공제등록 | 비과세/감면설정 | 사회보험

	코드	공제항목명	공제소득유형
1	501	국민연금	0.무구분
2	502	건강보험	0.무구분
3	503	고용보험	0.무구분
4	504	장기요양보험료	0.무구분
5	505	학자금상환액	0.무구분
6	903	농특세	0.사용
7	600	건강보험료정산	2.건강보험료정산
8	601	장기요양보험료정산	4.장기요양보험정산

귀속년월 2024 년 08 월 구분 1. 급여 지급일 2024 년 08 월 25 일 정렬 1. 코드

코드	사원명	직급	감면율
101	김지우		
102	김현준(중도인		
104	이무상		

급여항목	지급액
기본급	3,500,000

공제항목	공제액
국민연금	157,500
건강보험	124,070
고용보험	31,500
장기요양보험료	15,890
건강보험료정산	25,320
장기요양보험료정산	3,850
소득세	-626,710
지방소득세	-62,650
농특세	

3. [원천징수이행상황신고서]

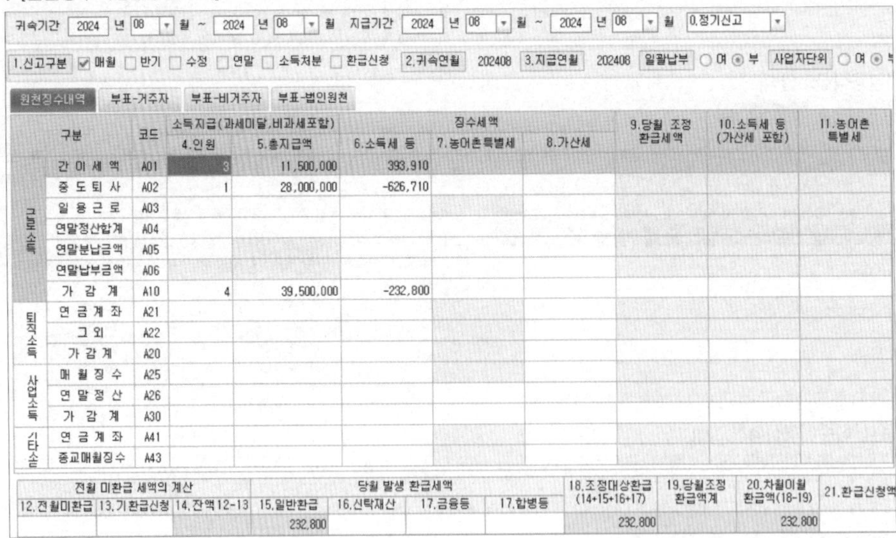

귀속기간 2024 년 08 월 ~ 2024 년 08 월 지급기간 2024 년 08 월 ~ 2024 년 08 월 0.정기신고

1.신고구분 ☑ 매월 □ 반기 □ 수정 □ 연말 □ 소득처분 □ 환급신청 2.귀속연월 202408 3.지급연월 202408 일괄납부 ○ 여 ◉ 부 사업자단위 ○ 여 ◉ 부

원천징수내역 | 부표-거주자 | 부표-비거주자 | 부표-법인원천

구분		코드	소득지급(과세미달,비과세포함) 4.인원	5.총지급액	징수세액 6.소득세 등	7.농어촌특별세	8.가산세	9.당월 조정 환급세액	10.소득세 등 (가산세 포함)	11.농어촌 특별세
근로소득	간 이 세 액	A01	3	11,500,000	393,910					
	중 도 퇴 사	A02	1	28,000,000	-626,710					
	일 용 근 로	A03								
	연말정산합계	A04								
	연말분납금액	A05								
	연말납부금액	A06								
	가 감 계	A10	4	39,500,000	-232,800					
퇴직소득	연 금 계 좌	A21								
	그 외	A22								
	가 감 계	A20								
사업소득	매 월 징 수	A25								
	연 말 정 산	A26								
	가 감 계	A30								
기타소득	연 금 계 좌	A41								
	종교매월징수	A43								

전월 미환급 세액의 계산 12.전월미환급	13.기환급신청	14.잔액12-13	당월 발생 환급세액 15.일반환급	16.신탁재산	17.금융등	17.합병등	18.조정대상환급 (14+15+16+17)	19.당월조정 환급액계	20.차월이월 환급액(18-19)	21.환급신청액
			232,800				232,800		232,800	

3 국세청연말정산간소화 및 이외의 자료를 기준으로 연말정산

[연말정산 근로소득원천징수영수증]

1. 의료비 세액공제

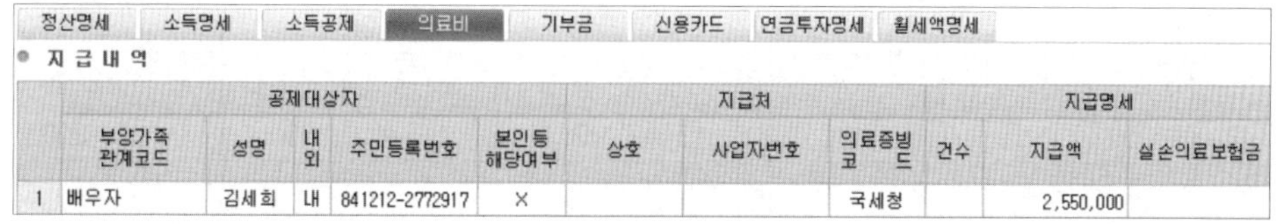

정산명세 | 소득명세 | 소득공제 | 의료비 | 기부금 | 신용카드 | 연금투자명세 | 월세액명세

● 지 급 내 역

	공제대상자					지급처			지급명세		
	부양가족 관계코드	성명	내외	주민등록번호	본인등 해당여부	상호	사업자번호	의료증빙 코드	건수	지급액	실손의료보험금
1	배우자	김세희	내	841212-2772917	×			국세청		2,550,000	

2. 신용카드 등 소득공제

정산명세 | 소득명세 | 소득공제 | 의료비 | 기부금 | 신용카드 | 연금투자명세 | 월세액명세

● 1. 공제대상자및대상금액

공제대상자		신용카드 등 공제대상금액									
내.외 / 관계	성명 / 생년월일	구분	⑤소계(⑥+⑦+⑧+⑨+⑩+⑪)	⑥신용카드	⑦직불선불카드	⑧현금영수증	⑨도서공연박물관미술관사용분(총급여7천만원이하자만) 신용카드	직불선불카드	현금영수증	⑩전통시장 사용분	⑪ 대중교통 이용분
내	이무상	국세청자료	18,900,000			13,000,000				5,450,000	450,000
본인	1976-01-01	그밖의자료									

- 형제자매 신용카드 사용분은 공제 대상이 아니므로 이인웅 신용카드사용액은 입력하지 않음.

3. 보험료 세액공제

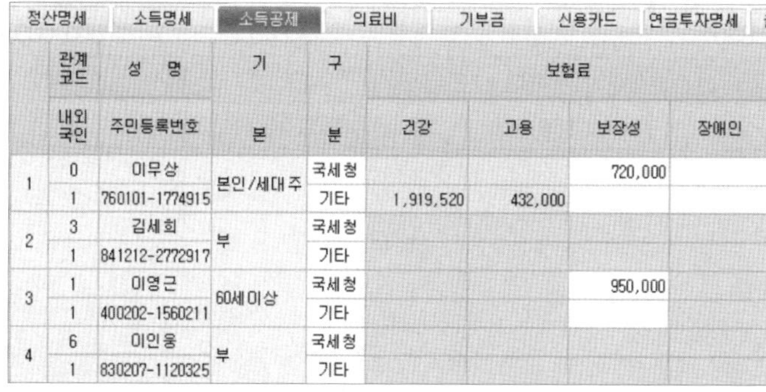

정산명세 | 소득명세 | 소득공제 | 의료비 | 기부금 | 신용카드 | 연금투자명세

	관계코드 / 내외국인	성명 / 주민등록번호	기본	구분	건강	고용	보장성	장애인
1	0	이무상	본인/세대주	국세청			720,000	
	1	760101-1774915		기타	1,919,520	432,000		
2	3	김세희	부	국세청				
	1	841212-2772917		기타				
3	1	이영근	60세이상	국세청			950,000	
	1	400202-1560211		기타				
4	6	이인웅	부	국세청				
	1	830207-1120325		기타				

[연말정산 근로소득원천징수영수증]

4. 정산명세 조회

46.청년형장기집합투자증권저축		72.결 정 세 액(50-55-71)	1,495,272
47.그 밖의 소득 공제 계	2,660,000	82.실 효 세 율(%) (72/21)×100%	3.1%

부록/정답 및 해설

실무수행평가

11	12	13	14	15
③	4	8,000,000	36	4,539,000
16	17	18	19	20
14,000,000	④	13,440,000	18,440,000	15,000
21	22	23	24	25
003	15,000,000	③	1,430,000	2,750,000
26	27	28	29	30
846,000	1,629,110	255,293,110	1,067,780	7,506,000
31	32	33	34	35
426,000	25,000,000	58,000,000	−200,000	②
36	37	38	39	40
6,750	16,400	3	400,660	3,831,230
41	42	43	44	45
995,540	−689,360	①	−232,800	2,660,000
46	47	48	49	50
660,000	120,000	166,500	−700,120	③

최신 기출문제 제61회

[실무이론평가]

1	2	3	4	5	6	7	8	9	10
④	③	①	③	③	②	②	②	②	④

01 ④

- 저가법을 적용함으로써 발생한 재고자산평가손실은 매출원가에 가산한다.

02 ③

- 사채관련 이자비용 = 발행금액 × 유효이자율 = 97,400,000원 × 6% = 5,844,000원

(차) 이자비용	5,844,000원	(대) 현금	5,000,000원
		사채할인발행차금	844,000원

03 ①

- 3월 5일 거래에서 주식발행초과금 5,000,000원 발생하고, 9월 20일 거래에서 주식할인발행차금 1,100,000원 발생한다. 따라서 상계 처리 후 주식발행초과금의 잔액은 3,900,000원이다.

04 ③

2023.12.31. 장부금액: 10,000,000원 - 10,000,000원 × 4년/10년 =	6,000,000원
2024. 1. 1. 자본적지출 금액	600,000원
합 계	6,600,000원

2024.12.31. 상각액: 6,600,000원 × 1년/6년 = 1,100,000원

05 ③

- 퇴직금추계액 (7,000,000원)
  = 퇴직급여충당부채 잔액 (4,000,000원) + 결산 시 추가액 (3,000,000원)

06 ②

- 2024년 1월 1일

(차) 차량운반구	12,000,000원	(대) 보통예금	12,000,000원
정부보조금	4,000,000원	정부보조금	4,000,000원
(보통예금 차감)		(차량운반구 차감)	

- 2024년 12월 31일

(차) 감가상각비	1,600,000원	(대) 감가상각누계액	2,400,000원
정부보조금	800,000원		
(차량운반구 차감)			

- 2024년말 차량운반구 장부금액 = 취득원가 - 정부보조금 잔액 - 감가상각누계액
  = 12,000,000원 - (4,000,000원 - 800,000원) - 2,400,000원
  = 6,400,000원

07 ②

- 전자세금계산서 발급명세는 전자세금계산서 발급일의 다음날까지 국세청장에게 전송하여야 한다.

08 ②

- 4,000,000원 - 1,000,000원 + 2,000,000원 = 5,000,000원
  견본품과 파손된 재화는 과세표준에 포함하지 아니한다. 매출할인은 과세표준 계산시 총매출액에서 차감한다.

09 ①

- 36,000,000원 + 3,000,000원 = 39,000,000원
- 자녀보육수당은 자녀수와 관계 없이 월 20만원까지만 비과세를 적용한다.

10 ④

- 의료비 지출액에 대해서는 신용카드소득공제와 의료비 세액공제를 중복하여 적용할 수 있다.

[실무수행과제]

문제 1 거래자료입력

1 [일반전표입력] 1월 4일

(차) 826.도서인쇄비	50,000원	(대) 101.현금	50,000원

[영수증수취명세서(2)]

영수증수취명세서(2) | 영수증수취명세서(1) | 해당없음

□	거래일자	상 호	성 명	사업장	사업자등록번호	거래금액	구분	계정코드	계정과목
□	2024-01-02	오메가문구	박성규	서울특별시 강남구 강남대로 932	229-81-27370	600,000		830	소모품비
□	2024-01-31	신한은행	이종호	서울특별시 서초구 헌릉로 12	514-81-35782	120,000	16	931	이자비용
□	2024-01-04	선우인쇄	이선우	서울특별시 중구 퇴계로51길	122-56-12346	50,000		826	도서인쇄비

[영수증수취명세서(1)]

영수증수취명세서(2) | 영수증수취명세서(1) | 해당없음

1. 세금계산서, 계산서, 신용카드 등 미사용내역

9. 구분	3만원 초과 거래분		
	10. 총계	11. 명세서제출 제외대상	12. 명세서제출 대상(10-11)
13. 건수	3	1	2
14. 금액	770,000	120,000	650,000

2. 3만원 초과 거래분 명세서제출 제외대상 내역

구분	건수	금액	구분	건수	금액
15. 읍, 면 지역 소재			26. 부동산 구입		
16. 금융, 보험 용역	1	120,000	27. 주택임대용역		
17. 비거주자와의 거래			28. 택시운송용역		
18. 농어민과의 거래			29. 전산발매통합관리시스템가입자와의		
19. 국가 등과의 거래			30. 항공기항행용역		
20. 비영리법인과의 거래			31. 간주임대료		
21. 원천징수 대상사업소			32. 연체이자지급분		
22. 사업의 양도			33. 송금명세서제출분		
23. 전기통신, 방송용역			34. 접대비필요경비부인분		
24. 국외에서의 공급			35. 유료도로 통행료		
25. 공매, 경매, 수용			36. 합계	1	120,000

2 [일반전표입력] 2월 14일

(차) 107.단기매매증권	260,000원	(대) 103.보통예금(98200.기업은행(보통))	300,000원
208.차량운반구	40,000원		

3 [일반전표입력] 4월 12일

(차) 198.퇴직연금운용자산(98005.삼성생명)	3,000,000원	(대) 103.보통예금(98200.기업은행(보통))	6,000,000원
806.퇴직급여	1,500,000원		
508.퇴직급여	1,500,000원		

문제 2 부가가치세관리

1 전자세금계산서 발급

1. [매입매출전표입력] 5월 15일

<table>
<tr><th>거래유형</th><th>품명</th><th>공급가액</th><th>부가세</th><th>거래처</th><th>전자세금</th></tr>
<tr><td>11.과세</td><td>온수정수기</td><td>6,000,000</td><td>600,000</td><td>05100.(주)코웨이산업</td><td>전자발행</td></tr>
<tr><td>분개유형</td><td colspan="2" rowspan="2">(차) 103.보통예금 4,600,000원
(98000.국민은행(보통))
259.선수금 2,000,000원</td><td colspan="3" rowspan="2">(대) 404.제품매출 6,000,000원
255.부가세예수금 600,000원</td></tr>
<tr><td>3.혼합</td></tr>
</table>

2. [전자세금계산서 발행 및 내역관리]
 ① 미전송된 내역이 조회되면, 미전송내역을 체크한 후 [전자발행 ▾]을 클릭하여 표시되는 로그인 화면에서 [확인(Tab)] 클릭
 ② '전자세금계산서 발행' 화면이 조회되면 [발행(F3)] 버튼을 클릭한 다음 확인클릭
 ③ 국세청란에 '발행대상'으로 표시되면 [ACADEMY 전자세금계산서]를 클릭
 ④ [Bill36524 교육용전자세금계산서] 화면에서 [로그인]을 클릭
 ⑤ 좌측화면: [세금계산서 리스트]에서 [미전송]으로 체크 후 [매출조회]를 클릭
 우측화면: [전자세금계산서]에서 [발행]을 클릭
 ⑥ [발행완료되었습니다.] 메시지가 표시되면 [확인(Tab)] 클릭

2 수정전자세금계산서의 발급

1. [수정세금계산서 발급]
 ① [매입매출전표 입력] 6월15일 전표 선택 ➜ [수정세금계산서] 클릭 ➜ [수정사유] 화면에서 [1.기재사항 착오·정정, 착오항목: 1.공급가액 및 세액] 선택 후 [확인(Tab)]을 클릭
 ② [수정세금계산서(매출)] 화면에서 수정분 [단가 130,000원] 입력을 통해 공급가액과 세액을 반영한 후 [확인(Tab)]을 클릭

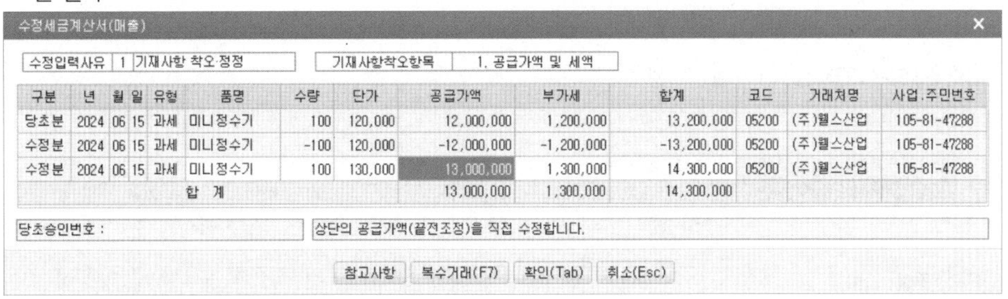

수정세금계산서(매출)

수정입력사유 1 기재사항 착오·정정 | 기재사항착오항목 1. 공급가액 및 세액

구분	년	월	일	유형	품명	수량	단가	공급가액	부가세	합계	코드	거래처명	사업.주민번호
당초분	2024	06	15	과세	미니정수기	100	120,000	12,000,000	1,200,000	13,200,000	05200	(주)웰스산업	105-81-47288
수정분	2024	06	15	과세	미니정수기	-100	120,000	-12,000,000	-1,200,000	-13,200,000	05200	(주)웰스산업	105-81-47288
수정분	2024	06	15	과세	미니정수기	100	130,000	13,000,000	1,300,000	14,300,000	05200	(주)웰스산업	105-81-47288
					합 계			13,000,000	1,300,000	14,300,000			

당초승인번호 : | 상단의 공급가액(끝전조정)을 직접 수정합니다.

참고사항 | 복수거래(F7) | 확인(Tab) | 취소(Esc)

 ③ [매입매출전표입력] 6월 15일에 수정분이 2건 입력된다.

<table>
<tr><th>거래유형</th><th>품명</th><th>공급가액</th><th>부가세</th><th>거래처</th><th>전자세금</th></tr>
<tr><td>11.과세</td><td>미니정수기</td><td>-12,000,000</td><td>-1,200,000</td><td>05200.(주)웰스산업</td><td>전자발행</td></tr>
<tr><td>분개유형</td><td colspan="2" rowspan="2">(차) 108.외상매출금 -13,200,000원</td><td colspan="3" rowspan="2">(대) 404.제품매출 -12,000,000원
255.부가세예수금 -1,200,000원</td></tr>
<tr><td>2.외상 또는
3.혼합</td></tr>
</table>

거래유형	품명	공급가액	부가세	거래처	전자세금
11.과세	미니정수기	13,000,000	1,300,000	05200.(주)웰스산업	전자발행
분개유형	(차) 108.외상매출금 14,300,000원		(대) 404.제품매출 13,000,000원 255.부가세예수금 1,300,000원		
2.외상 또는 3.혼합					

2. [전자세금계산서 발행 및 내역관리]
   ① 전자세금계산서 발행 및 내역관리 를 클릭하면 수정 전표 2매가 미전송 상태로 조회된다.
   ② 해당 내역을 클릭하여 전자세금계산서 발행 및 국세청 전송을 한다.

3 의제매입세액공제신고사업자의 부가가치세신고서 작성

1. [거래자료입력]
- [매입매출전표입력] 7월 10일

거래유형	품명	공급가액	부가세	거래처	전자세금
53.면세	돼지고기	10,000,000		05400.온누리농산	
분개유형	(차) 153.원재료 10,000,000원 (적요6.의제매입세액원재료차감)		(대) 101.현금 10,000,000원		
1.현금					

- [일반전표입력] 7월 15일

(차) 153.원재료 600,000원 (대) 101.현금 600,000원

※ 음식점업은 농어민으로부터 면세 농산물 등을 직접 공급받은 경우 의제매입세액 공제대상이 아니다.

- [매입매출전표입력] 7월 30일

거래유형	품명	공급가액	부가세	거래처	전자세금
62.현면	보리	2,200,000		05600.하나로마트	
분개유형	(차) 153.원재료 2,200,000원 (적요6.의제매입세액원재료차감)		(대) 101.현금 2,200,000원		
1.현금					

2. [의제매입세액공제신고서] 7월 ~ 9월

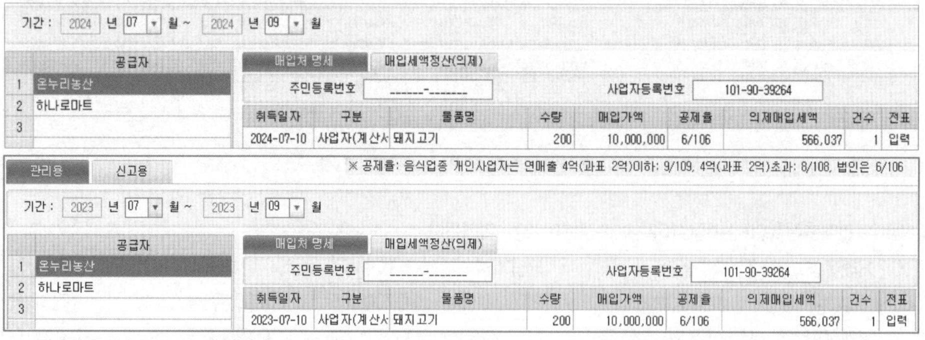

※ 공제율을 6/106으로 변경한다.

※ 공제율을 6/106으로 변경한다.

3. [부가가치세신고서] 7월 1일 ~ 9월 30일

그밖의공제매입세액	14	12,200,000		690,565

4. [일반전표입력] 9월 30일

(차) 135.부가세대급금 690,565원 (대) 153.원재료 690,565원
또는 (차) 153.원재료 -690,565원
(차) 135.부가세대급금 690,565원

4 신용카드매출전표등 수령금액합계표 작성자의 부가가치세신고서 작성

1. 거래자료 입력

① [매입매출전표 입력] 10월 2일

거래유형	품명	공급가액	부가세	거래처	전자세금
57.카과	화물트럭주유	50,000	5,000	00123.춘천주유소	
분개유형	(차) 522.차량유지비 50,000원 135.부가세대급금 5,000원			(대) 253.미지급금 55,000원 (99600.삼성카드)	
3.혼합 또는 4.카드					

② [일반전표입력] 11월 4일

접대비 관련 매입세액은 공제가 불가능하므로 일반전표에 입력한다.

(차) 813.접대비 220,000원 (대) 253.미지급금(99601.현대카드) 220,000원

③ [매입매출전표 입력] 12월 6일

거래유형	품명	공급가액	부가세	거래처	전자세금
61.현과	소모품	300,000	30,000	06200.오피스알파	
분개유형	(차) 172.소모품 300,000원 135.부가세대급금 30,000원			(대) 101.현금 330,000원	
1.현금 또는 3.혼합					

2. [신용카드매출전표등 수령금액 합계표] 10월 ~ 12월

기간 : 2024 년 10 월 ~ 2024 년 12 월

신용카드 등 매입명세 합계

구분	거래건수	공급가액	세액
합계	2	350,000	35,000
현금영수증	1	300,000	30,000
화물 운전자 복지카드			
사업용신용카드	1	50,000	5,000
기타신용카드등			

그 밖의 신용 · 직불카드, 기명식선불카드, 직불전자지급수단 및 기명식선불전자지급수단 매출전표 수령금액 합계 크게

	유형	거래내역				가맹점(공급자)		회원 인적사항		
		거래일자	공급가액	세액	건수	상호	사업자등록번호	성명(법인명)	카드회원번호	승인번호
1	사업용	2024-10-02	50,000	5,000	1	춘천주유소	229-98-01188	삼성카드	9410-3256-1235-2351	
2	현금	2024-12-06	300,000	30,000	1	오피스알파	477-07-00913			

3. [부가가치세신고서] 10월 1일 ~ 12월 31일

그밖의공제매입세액명세

	구분		금액	세율	세액
14	신용매출전표수취/일반	41	350,000		35,000
	신용매출전표수취/고정	42			

그 밖의 경감·공제 세액 명세

	구분		금액	세율	세액
18 그 밖의 경감공제 세액명세	전자신고및전자고지	54			10,000
	전자세금발급세액	55			
	택시운송사업자경감세	56			
	대리납부 세액공제	57			
	현금영수증사업자세액	58			
	기타	59			
	합계	60			10,000

문제 3 결산

1 수동결산

[일반전표입력] 12월 31일

(차) 305.외화장기차입금(01630.tesla.co.kr) 1,000,000원 (대) 910.외화환산이익 1,000,000원

※ US$100,000 × (1,300원 - 1,290원) = 1,000,000원

2 결산자료입력에 의한 자동결산

[결산자료입력 1]

① 선납세금 정리

[일반전표입력] 12월 31일

(차) 998.법인세등 7,521,000원 (대) 136.선납세금 7,521,000원

② 법인세등 계상

[결산자료입력] '법인세 계상'란에 8,134,200원 입력후 전표추가

※ 14,232,000원 + 1,423,200원 - 7,521,000원 = 8,134,200원

[결산자료입력 2]

- 결산자료입력에서 기말 제품 32,000,000원을 입력하고 전표추가(F3) 를 클릭하여 결산분개를 생성한다.

[이익잉여금처분계산서] 메뉴

- 이익잉여금처분계산서에서 처분일을 입력한 후, 전표추가(F3) 를 클릭하여 손익대체 분개를 생성한다.

문제 4 근로소득관리

1 가족관계증명서에 의한 사원등록

[사원등록] 메뉴의 부양가족명세

	연말정산관계	기본	세대	부녀	장애	경로 70세	출산 입양	자녀	한부모	성명		주민(외국인)번호	가족관계
1	0.본인	본인								윤현우	내	741011-1111113	
2	1.(소)직계존속	부								윤두식	내	380922-1785417	03.부
3	1.(소)직계존속	60세이상				○				이채민	내	401112-2075529	04.모
4	3.배우자	배우자								이다정	내	800117-2247093	02.배우자
5	4.직계비속((	20세이하					○(1)	○		윤만세	내	150812-4985710	05.자녀
6	6.형제자매	부								윤도준	내	770915-1927311	22.제

① 윤두식: 부동산임대소득이 20,000,000원 있으므로 기본공제 대상자에 해당하지 않음.

② 이채민: 일용근로소득은 분리과세(완납적원천징수)에 해당하므로, 기본공제 대상임.

③ 이다정: 복권당첨소득은 분리과세(완납적원천징수)에 해당하므로, 기본공제 대상임.

④ 윤만세: 소득이 없는 20세 이하로 기본공제 대상이며 당해 입양공제(첫째) 대상임.
⑤ 윤도준: 총급여가 5,000,000원 초과이므로 기본공제 대상자에 해당하지 않음.

2 급여명세에 의한 급여자료

1. [사원등록]

- 생산직 김도훈은 직전 과세연도 총급여액이 3,000만원을 초과하므로 연장근로비과세 적용 대상이 아님.

18. 생산직 등 여부	1	여	연장근로비과세	0	부

2. [수당등록]

수당등록 | 공제등록 | 비과세/감면설정 | 사회보험

	코드	수당명	과세구분	근로소득유형	
1	101	기본급	과세	1.급여	
2	102	상여	과세	2.상여	
3	200	육아수당	비과세	7.육아수당	Q01
4	201	자격증수당	과세	1.급여	
5	202	식대	비과세	2.식대	P01
6	203	월차수당	과세	1.급여	
7	204	야간근로수당	비과세	1.연장근로	001

3. [급여자료입력-12월]

[박성욱]

급여항목	지급액	공제항목	공제액
기본급	5,000,000	국민연금	225,000
육아수당	120,000	건강보험	177,250
자격증수당	200,000	고용보험	47,880
식대	220,000	장기요양보험료	22,950
월차수당	100,000	소득세	351,350
야간근로수당		지방소득세	35,130
		농특세	

[김도훈]

급여항목	지급액	공제항목	공제액
기본급	2,100,000	국민연금	135,000
육아수당		건강보험	106,350
자격증수당	100,000	고용보험	28,080
식대	220,000	장기요양보험료	13,770
월차수당	100,000	소득세	84,620
야간근로수당	800,000	지방소득세	8,460
		농특세	

4. [원천징수이행상황신고서]

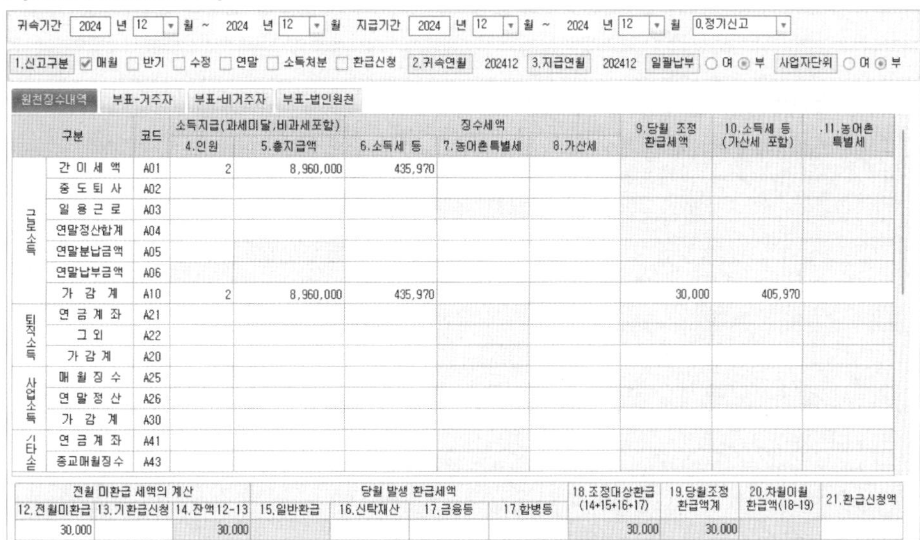

귀속기간 2024 년 12 월 ~ 2024 년 12 월 지급기간 2024 년 12 월 ~ 2024 년 12 월 0.정기신고

1.신고구분 ☑ 매월 □ 반기 □ 수정 □ 연말 □ 소득처분 □ 환급신청 2.귀속연월 202412 3.지급연월 202412 일괄납부 ○ 여 ◉ 부 사업자단위 ○ 여 ◉ 부

원천징수내역 | 부표-거주자 | 부표-비거주자 | 부표-법인원천

구분		코드	소득지급(과세미달,비과세포함) 4.인원	5.총지급액	징수세액 6.소득세 등	7.농어촌특별세	8.가산세	9.당월 조정 환급세액	10.소득세 등 (가산세 포함)	11.농어촌 특별세
근로소득	간이세액	A01	2	8,960,000	435,970					
	중도퇴사	A02								
	일용근로	A03								
	연말정산합계	A04								
	연말분납금액	A05								
	연말납부금액	A06								
	가감계	A10	2	8,960,000	435,970			30,000	405,970	
퇴직소득	연금계좌	A21								
	그외	A22								
	가감계	A20								
사업소득	매월징수	A25								
	연말정산	A26								
	가감계	A30								
기타소득	연금계좌	A41								
	종교매월징수	A43								

전월 미환급 세액의 계산 12.전월미환급	13.기환급신청	14.잔액12-13	당월 발생 환급세액 15.일반환급	16.신탁재산	17.금융등	17.합병등	18.조정대상환급 (14+15+16+17)	19.당월조정 환급액계	20.차월이월 환급액(18-19)	21.환급신청액
30,000		30,000					30,000	30,000		

3 국세청연말정산간소화 및 이외의 자료를 기준으로 연말정산

[연말정산 근로소득원천징수영수증]

1. 의료비 세액공제

정산명세 | 소득명세 | 소득공제 | 의료비 | 기부금 | 신용카드 | 연금투자명세 | 월세액명세

● 지 급 내 역

	공제대상자					지급처			지급명세		
	부양가족 관계코드	성명	내외	주민등록번호	본인등 해당여부	상호	사업자번호	의료증빙 코드	건수	지급액	실손의료보험금
1	직계비속(자녀,입양자)	이우주	내	181218-3094111	○			국세청	1	3,000,000	500,000

2. 보험료 세액공제

정산명세 | 소득명세 | 소득공제 | 의료비 | 기부금 | 신용카드 | 연금투자명세 | 월

	관계코드 / 내외국인	성명 / 주민등록번호	기본	구분	보험료 건강	고용	보장성	장애인
1	0	이익준	본인/세대주	국세청				
	1	781010-1774911		기타	1,726,450	368,000		
2	3	채송화	배우자	국세청				
	1	781202-2045671		기타				
3	1	박희진	60세이상	국세청			1,800,000	
	1	430411-2222229		기타				
4	4	이우주	20세이하	국세청			1,200,000	
	1	181218-3094111		기타				

3. 연금계좌 세액공제

연금계좌

구분	금융회사등		계좌번호	불입금액
1.퇴직연금	406	신한생명보험(주)	12345204578	2,400,000
퇴 직 연 금				2,400,000

- 소득자 본인만 공제 가능하므로 채송화(배우자)가 지출한 금액은 공제 대상이 아님.

4. 정산명세 조회

특별소득공제	34.주택 11년이전 차입분 15년미만		세액공제 특별세액공제	61.보장성보험 3,000,000	120,000
	15~29년			62.의 료 비 3,000,000	177,000
	30년이상			63.교 육 비 0	
	나.장기주택저당차입금이자상환액 12년이후 차입분 (15년이상 고정or비거치			64 기부금 정치자금 10만 이하	
	기타대출			10만 초과	
	15년이후 차입분 (15년이상) 고정&비거치			고향사랑 10만 이하	
	고정or비거치			10만 초과	
	기타대출			다.특례(법정)기부금	
	15년이후 차입분 (10~15년 고정or비거치			라.우리사주기부금	
				마.일반기부금(종교외	
	35.기부금(이월분)			바.일반기부금(종교)	
	36.계	2,094,450		65.계	297,000
37.차 감 소 득 금 액		19,075,550		66.표준세액공제	
그 밖의 소득공제	38.개인연금저축			67.납 세 조 합 공 제	
	39.소기업·소상공인공제부금			68.주 택 차 입 금	
	40.주택마련저축 가.청약저축			69.외 국 납 부	
	나.주택청약종합저축			70.월세액	
	다.근로자주택마련저축				
	41.투자조합출자 등				
	42.신용카드등 0				
	43.우리사주조합 출연금				
	44.고용유지중소기업근로자				
	45.장기집합투자증권저축			71.세 액 공 제 계	1,317,000
	46.청년형장기집합투자증권저축		72.결 정 세 액(50-55-71)		284,332
	47.그 밖의 소득 공제 계		82.실 효 세 율(%) (72/21)×100%		0.6%

		소득세	지방소득세	농어촌특별세	계
73.결정세액		284,332	28,433	0	312,765
기납부 세액	74.종(전) 근무지	0	0	0	0
	75.주(현) 근무지	979,550	97,900	0	1,077,450
76. 납부특례세액		0	0	0	0
77. 차감징수세액(73-74-75-76)		-695,210	-69,460	0	-764,670

부록/정답 및 해설

실무수행평가

11	12	13	14	15
56,000,000	32	1	690,565	196,800,000
16	17	18	19	20
정답없음	②	350,000	10,000,000	−13,477,800
21	22	23	24	25
650,000	129,618,200	90,000	1,500,000	335,140,000
26	27	28	29	30
2,150,000	1,460,000	33,000,000	①	50,040,000
31	32	33	34	35
129,000,000	32,000,000	8,134,200	510,000	③
36	37	38	39	40
6,000,000	1,000,000	0	150,000	300,000
41	42	43	44	45
320,000	4,780,440	3,120,000	800,000	405,970
46	47	48	49	50
360,000	120,000	177,000	−695,210	②

최신 기출문제 제62회

[실무이론평가]

1	2	3	4	5	6	7	8	9	10
③	①	④	④	③	④	③	②	②	④

01 ③

수 량	장부상 단가 (가)	단위당 예상 판매가격 ①	단위당 예상 판매비용 ②	단위당 예상 순실현가능가치 (나) = ① - ②	단위당 평가손실 (가) - (나)
1,000개	100원	110원	30원	80원	20원

- 재고자산평가손실 = 1,000개 × 20원 = 20,000원

02 ①

- 당기순이익 = 기말자본 - 기초자본 - 유상증자 + 현금배당
  = 7,000,000원 - 4,000,000원 - 3,000,000원 + 1,000,000원
- 주식배당으로 인한 자본의 변동은 없으므로 고려하지 않는다.

03 ④

- A주식의 평가: 1,000주 × (7,000원 - 6,000원) = 단기매매증권평가이익 1,000,000원
  B주식의 평가: 3,000주 × (5,000원 - 8,000원) = 단기매매증권평가손실 9,000,000원
  당기순이익 8,000,000원 감소
- C주식에 대한 매도가능증권평가손익(기타포괄손익누계액)은 당기순이익에 영향을 미치지 않는다.

04 ④

- 동종자산의 교환으로 취득한 유형자산의 취득원가는 교환을 위하여 제공한 자산의 장부금액으로 한다.
  (차) 감가상각누계액(A) 24,000,000원 (대) 기계장치(A) 30,000,000원
  기계장치(B) 6,000,000원

05 ③

- 이동평균법
  - 단위당 매출원가 = (1,000개 × 100원 + 1,000개 × 110원) ÷ 2,000개 = 105원
  - 기말상품재고액 = (2,000개 - 1,500개) × 105원 + 1,000개 × 120원 = 172,500원
- 총평균법
  - 단위당 매출원가 = 330,000원 ÷ 3,000개 = 110원
  - 기말상품재고액 = 1,500개 × 110원 = 165,000원

06 ④

- 기말 외화외상매출금 US$100,000 × 1,200원 = 120,000,000원
- 당기 외화환산이익 US$100,000 × (1,200원 - 1,100원) = 10,000,000원

07 ③

- 담보목적으로 부동산을 제공하는 경우와 매입세액공제를 받지 못한 재화를 거래처에 증정하는 경우는 과세거래에 해당하지 않는다.
- 특수관계인에게 부동산을 무상으로 임대하는 경우와 건물을 교환한 경우는 과세거래에 해당한다. 물출자에 의하여 재화를 인도하는 것은 과세거래에 해당한다.

08 ②

- (66,000,000원 × 10/110) - (5,500,000원 × 10/110) = 5,500,000원

09 ②

- 실제 사용된 필요경비가 없는 경우 주택입주 지체상금은 80%, 고용관계 없이 다수인에게 강연을 하고 받은 대가는 60%의 필요경비가 인정된다. 유실물의 습득으로 인한 보상금은 의제필요경비가 적용되지 않는다.
- 2,000,000원 + 1,000,000원 × (100% - 80%) + 5,000,000원 × (100% - 60%) = 4,200,000원

10 ④

- 신용카드로 지급한 의료비에 대하여 의료비세액공제를 받은 경우에도 신용카드 등 사용금액에 대한 소득공제를 받을 수 있다.

[실무수행과제]

문제 1 거래자료입력

1 [일반전표입력] 1월 5일

(차) 153.원재료 250,000원 (대) 103.보통예금(98000.하나은행) 250,000원

[경비등의송금명세서]

● 거래 및 송금내역, 공급자

번호	⑥ 거래일자	⑦ 법인명(상호)	⑧ 성 명	⑨사업자(주민)등록번호	⑩ 거래내역	⑪ 거 래 금 액	⑫ 송금일자	CD	⑬ 은 행 명	⑭ 계 좌 번 호	계정코드
1	2024-01-05	번개화물	이재훈	315-25-00910	운송료	250,000	2024-01-05	081	우리은행	123-124567-800	

2 [일반전표입력] 2월 21일

(차) 103.보통예금(98001.국민은행) 198,000,000원 (대) 201.토지 190,000,000원
914.유형자산처분이익 8,000,000원

3 [일반전표입력] 3월 31일

(차) 295.퇴직급여충당부채 20,000,000원 (대) 198.퇴직연금운용자산 20,000,000원

문제 2 부가가치세관리

1 전자세금계산서 발급

1. [매입매출전표입력] 4월 18일

거래유형	품명	공급가액	부가세	거래처	전자세금
11.과세	전기압력밥솥	12,000,000	1,200,000	01116.(주)중앙물산	전자발행
분개유형	(차) 108.외상매출금 12,000,000원			(대) 404.제품매출 12,000,000원	
3.혼합	101.현금 1,200,000원			255.부가세예수금 1,200,000원	

2. [전자세금계산서 발행 및 내역관리]

① 미전송된 내역이 조회되면, 미전송내역을 체크한 후 [전자발행 ▾]을 클릭하여 표시되는 로그인 화면에서 [확인(Tab)] 클릭

② '전자세금계산서 발행' 화면이 조회되면 [발행(F3)] 버튼을 클릭한 다음 확인클릭

③ 국세청란에 '발행대상'으로 표시되면 [ACADEMY 전자세금계산서]를 클릭

④ [Bill36524 교육용전자세금계산서] 화면에서 [로그인]을 클릭

⑤ 좌측화면: [세금계산서 리스트]에서 [미전송]으로 체크 후 [매출조회]를 클릭
우측화면: [전자세금계산서]에서 [발행]을 클릭

⑥ [발행완료되었습니다.] 메시지가 표시되면 [확인(Tab)] 클릭

2 수정전자세금계산서의 발급

1. [수정전자세금계산서 발급]

① [매입매출전표입력] 6월 1일 전표선택 → 수정세금계산서 클릭 → 수정사유(2.공급가액변동)를 선택 → 확인(Tab) 을 클릭

② [수정세금계산서(매출)] 화면에서 수정분 [작성일 6월 10일], [공급가액 -400,000원], [세액 -40,000원]을 입력한 후 확인(Tab) 을 클릭

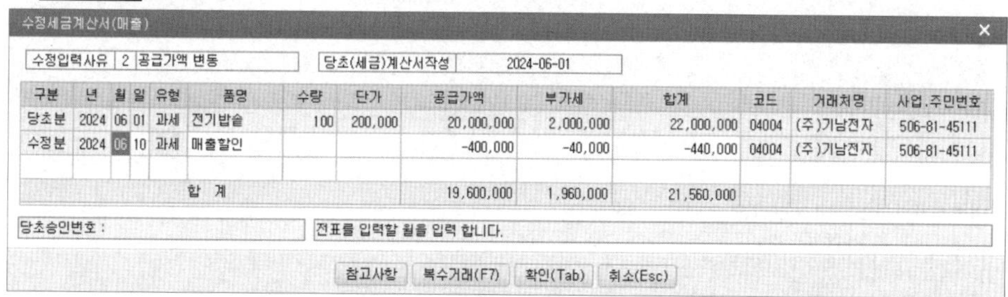

수정세금계산서(매출)

수정입력사유 2 공급가액 변동　　당초(세금)계산서작성 2024-06-01

구분	년	월	일	유형	품명	수량	단가	공급가액	부가세	합계	코드	거래처명	사업.주민번호
당초분	2024	06	01	과세	전기밥솥	100	200,000	20,000,000	2,000,000	22,000,000	04004	(주)기남전자	506-81-45111
수정분	2024	06	10	과세	매출할인			-400,000	-40,000	-440,000	04004	(주)기남전자	506-81-45111
					합 계			19,600,000	1,960,000	21,560,000			

당초승인번호 :　　전표를 입력할 월을 입력 합니다.

참고사항　복수거래(F7)　확인(Tab)　취소(Esc)

③ [매입매출전표입력] 6월 10일

거래유형	품명	공급가액	부가세	거래처	전자세금
11. 과세	매출할인	-400,000	-40,000	04004.(주)기남전자	전자발행
분개유형	(차) 108.외상매출금 -440,000원		(대) 404.제품매출 -400,000원		
2. 외상			255.부가세예수금 -40,000원		

2. [전자세금계산서 발행 및 내역관리]

① 전자세금계산서 발행 및 내역관리 를 클릭하면 수정 전표 1매가 미전송 상태로 조회된다.

② 해당내역을 클릭하여 전자세금계산서 발급(발행) 및 국세청 전송을 한다.

3 건물등감가상각자산취득명세서 작성자의 부가가치세신고서 작성

1. [거래자료입력]

- [매입매출전표입력] 7월 10일

거래유형	품명	공급가액	부가세	거래처	전자세금
51.과세	프레스 기계	20,000,000	2,000,000	00113.(주)용인기계	전자입력
분개유형	(차) 206.기계장치 20,000,000원		(대) 253.미지급금 22,000,000원		
3.혼합	135.부가세대급금 2,000,000원				

- [매입매출전표입력] 8월 15일

거래유형	품명	공급가액	부가세	거래처	전자세금
51.과세	1.5트럭	16,000,000	1,600,000	00118.드림모터스	전자입력
분개유형	(차) 208.차량운반구 16,000,000원		(대) 253.미지급금 17,600,000		
3.혼합	135.부가세대급금 1,600,000원				

- [일반전표입력] 9월 10일

(차) 208.차량운반구 1,100,000원　(대) 253.미지급금(99601.롯데카드) 1,100,000원

2. [건물등감가상각자산취득명세서] 7월 ~ 9월

기간 : 2024 년 07 월 ~ 2024 년 09 월

취득내역	감가상각자산 종류	건 수	공급가액	세 액	비 고
	합 계	2	36,000,000	3,600,000	
	(1) 건 물 · 구 축 물				
	(2) 기 계 장 치	1	20,000,000	2,000,000	
	(3) 차 량 운 반 구	1	16,000,000	1,600,000	
	(4) 기타감가상각자산				

거래처별 감가상각자산 취득명세

일련번호	취득일자 월	취득일자 일	상 호	사업자등록번호	자 산 구 분	공 급 가 액	세 액	건 수	유 형
1	07	10	(주)용인기계	869-88-01648	2 기 계 장 치	20,000,000	2,000,000	1	세금계산서
2	08	15	드림모터스	750-35-00091	3 차 량 운 반 구	16,000,000	1,600,000	1	세금계산서

3. [부가가치세신고서] 7월 1일 ~ 9월 30일

구분			번호	금액		세액
매입세액	세금계산서 수취부분	일반매입	10	256,500,004		25,650,000
		수출기업수입분납부유예	10-1			
		고정자산매입	11	36,000,000		3,600,000
	예정신고누락분		12			
	매입자발행세금계산서		13			
	그밖의공제매입세액		14			
	합계 (10-(10-1)+11+12+13+14)		15	292,500,004		29,250,000
	공제받지못할매입세액		16	1,250,000		125,000
	차감계 (15-16)		17	291,250,004	ⓛ	29,125,000

4 매입세액불공제내역 작성자의 부가가치세신고서 작성

1. [4. 공통매입세액의 정산내역] 10월~12월

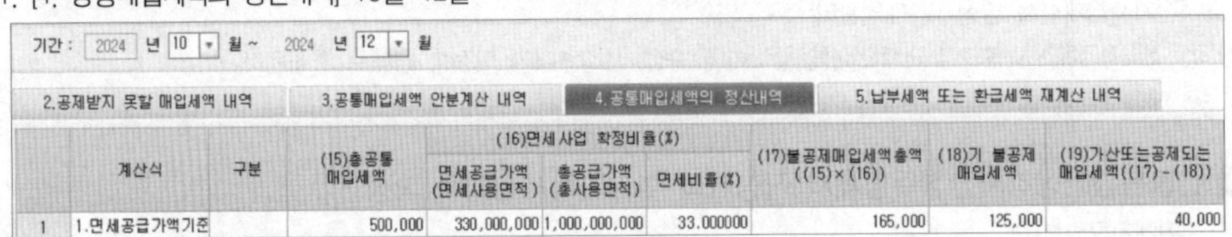

기간 : 2024 년 10 월 ~ 2024 년 12 월

2.공제받지 못할 매입세액 내역 | 3.공통매입세액 안분계산 내역 | 4.공통매입세액의 정산내역 | 5.납부세액 또는 환급세액 재계산 내역

	계산식	구분	(15)총공통매입세액	(16)면세사업 확정비율(%) 면세공급가액(면세사용면적)	총공급가액(총사용면적)	면세비율(%)	(17)불공제매입세액총액((15)×(16))	(18)기 불공제매입세액	(19)가산또는공제되는매입세액((17)-(18))
1	1.면세공급가액기준		500,000	330,000,000	1,000,000,000	33.000000	165,000	125,000	40,000

2. [부가가치세신고서] 10월 1일 ~ 12월 31일

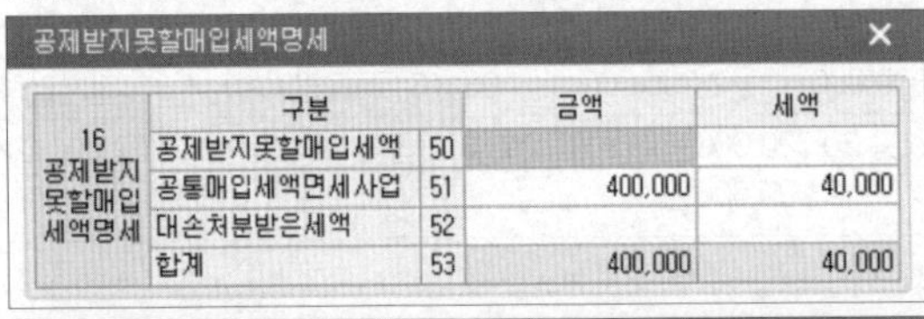

공제받지못할매입세액명세

	구분		금액	세액
16 공제받지 못할매입 세액명세	공제받지못할매입세액	50		
	공통매입세액면세사업	51	400,000	40,000
	대손처분받은세액	52		
	합계	53	400,000	40,000

그 밖의 경감 · 공제 세액 명세

	구분		금액	세율	세액
18 그 밖의 경감공제 세액명세	전자신고및전자고지	54			10,000
	전자세금발급세액	55			
	택시운송사업자경감세	56			
	대리납부 세액공제	57			
	현금영수증사업자세액	58			
	기타	59			
	합계	60			10,000

3. [일반전표입력] 12월 31일

(차) 831.수수료비용 40,000원 (대) 135.부가세대급금 40,000원

문제 3 결산

1 수동결산

[일반전표입력] 12월 31일

(차) 530.소모품비	240,000원	(대) 172.소모품	800,000원
830.소모품비	560,000원		

2 결산자료입력에 의한 자동결산

[결산자료입력 1]

[일반전표입력] 12월 31일

(차) 939.재고자산감모손실	500,000원	(대) 153.원재료 (적요8.타계정으로 대체)	500,000원

[결산자료입력 2]

- 결산자료입력에서 기말 원재료 4,500,000원, 기말 제품 30,000,000원 입력하고 전표추가(F3) 를 클릭하여 결산분개를 생성한다.

[이익잉여금처분계산서] 메뉴

- 이익잉여금처분계산서에서 처분일을 입력한 후, 전표추가(F3) 를 클릭하여 손익대체 분개를 생성한다.

문제 4 근로소득관리

1 주민등록등본에 의한 사원등록

[사원등록]

	연말정산관계	기본	세대	부녀	장애	경로 70세	출산 입양	자녀	한부모	성명	주민(외국인)번호
1	0.본인	본인		○						윤세리	내 850426-2785416
2	3.배우자	배우자								이정혁	내 821010-1774916
3	2.(배)직계존속	60세이상								김윤희	내 550515-2899738
4	4.직계비속((손	20세이하						○		이치수	내 090701-3013459
5	6.형제자매	부								이무혁	내 800827-1222225

① 윤세리: 배우자가 있는 여성근로자(근로소득금액 3천만원 이하)로, 부녀자공제 대상임.
② 이정혁: 종합소득금액 1,000,000원 이하(결손금-근로소득금액) 이므로 기본공제 대상임.
③ 김윤희: 연금소득금액 1,000,000원 이하 이므로 기본공제 대상임.
④ 이치수: 만 20세 이하이고, 소득이 없으므로 기본공제 대상임.
⑤ 이무혁: 장애인 이지만, 근로소득금액이 5,000,000원 이므로 기본공제 대상이 아님.

2 일용직사원의 원천징수

1. [일용직사원등록]

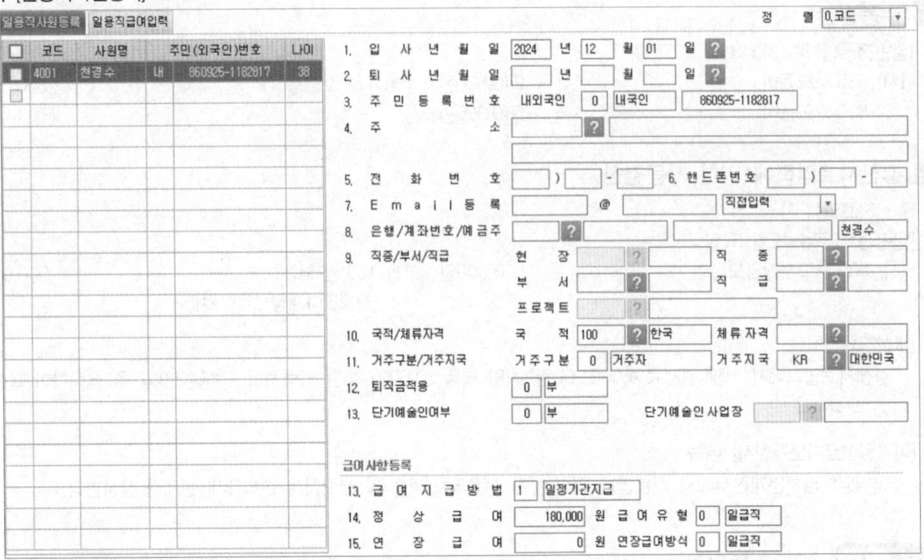

일용직사원등록 | 일용직급여입력 | 정렬 0.코드

코드	사원명	주민(외국인)번호	나이
4001	현경수	내	860925-1182817	38

1. 입사년월일 2024 년 12 월 01 일
2. 퇴사년월일 년 월 일
3. 주민등록번호 내외국인 0 내국인 860925-1182817
4. 주소
5. 전화번호) - 6. 핸드폰번호) -
7. Email등록 @ 직접입력
8. 은행/계좌번호/예금주 현경수
9. 직종/부서/직급 현장 직종 부서 직급 프로젝트
10. 국적/체류자격 국적 100 한국 체류자격
11. 거주구분/거주지국 거주구분 0 거주자 거주지국 KR 대한민국
12. 퇴직금적용 0 부
13. 단기예술인여부 0 부 단기예술인 사업장

급여사항등록

13. 급여지급방법 1 일정기간지급
14. 정상급여 180,000 원 급여유형 0 일급직
15. 연장급여 0 원 연장급여방식 0 일급직

2. [일용직급여입력]

현장 코드	현장명	일자	요일	근무	지급액 정상	지급액 연장	기타비과세	고용보험	국민연금	건강보험	요양보험	소득세
		03	화	X								
		04	수	X								
		05	목	O	180,000			1,620				810
		06	금	X								
		07	토	O	180,000			1,620				810
		08	일	X								
		09	월	O	180,000			1,620				810
		10	화	X								
		11	수	X								
		12	목	O	180,000			1,620				810
		13	금	X								
		14	토	O	180,000			1,620				810

3. [원천징수이행상황신고서]

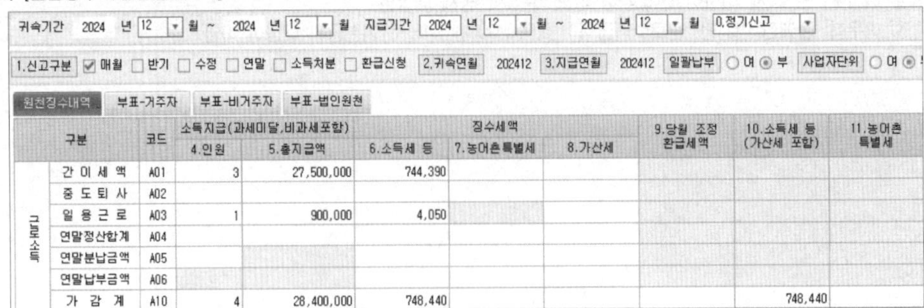

귀속기간 2024 년 12 월 ~ 2024 년 12 월 지급기간 2024 년 12 월 ~ 2024 년 12 월 0.정기신고

1.신고구분 ☑ 매월 □ 반기 □ 수정 □ 연말 □ 소득처분 □ 환급신청 2.귀속연월 202412 3.지급연월 202412 일괄납부 ○ 여 ◉ 부 사업자단위 ○ 여 ◉

원천징수내역 | 부표-거주자 | 부표-비거주자 | 부표-법인원천

	구분	코드	소득지급 4.인원	소득지급 5.총지급액	징수세액 6.소득세 등	징수세액 7.농어촌특별세	징수세액 8.가산세	9.당월 조정 환급세액	10.소득세 등 (가산세 포함)	11.농어촌 특별세
근로소득	간이세액	A01	3	27,500,000	744,390					
	중도퇴사	A02								
	일용근로	A03	1	900,000	4,050					
	연말정산합계	A04								
	연말분납금액	A05								
	연말납부금액	A06								
	가감계	A10	4	28,400,000	748,440				748,440	

3 국세청연말정산간소화 및 이외의 자료를 기준으로 연말정산

[연말정산 근로소득원천징수영수증]

1. 종전근무지 입력

정산명세 | 소득명세 | 소득공제 | 의료비 | 기부금

구분/항목	계	종전1
근무처명		(주)평화산업
사업자등록번호(숫자10자리입력)		305-86-11110
13.급여	42,000,000	28,000,000
14.상여	7,000,000	7,000,000
15.인정상여		
15-1.주식매수선택권행사이익		
15-2.우리사주조합인출금		
15-3.임원퇴직소득한도초과액		
15-4.직무발명보상금		
16.급여계	49,000,000	35,000,000
미제출비과세		
건강보험료	1,323,030	833,750
장기요양보험료	156,040	96,040
국민연금보험료	1,723,500	1,093,500
고용보험료	406,000	280,000
소득세	1,329,660	1,300,500
지방소득세	132,930	130,050
근무기간(시작일)		2024-01-01
근무기간(종료일)		2024-08-31

2. 주택자금 소득공제

주택자금

내역	불입 / 상환액	공제대상금액
㉮청약저축(연 납입 240만원 한도)		
㉯주택청약종합저축(무주택확인서 제출후 연 납입 240만원 한도)		
㉰근로자 주택마련 저축(월 납입 15만원 한도), 연 180만원 한도)		
40.주택마련저축(㉮~㉰) 연 400만원 한도		
주택임차 차입금 원리금상환액 ①대출기관		
주택임차 차입금 원리금상환액 ②거주자 (총급여액 5천만원 이하)		
34㉮.주택임차차입금원리금상환액(①+②) 40+34㉮ <= 연 400만		
장기주택저당차입금이자상환액 2011년 이전 차입분 상환 15년미만(한도600)		
장기주택저당차입금이자상환액 2011년 이전 차입분 상환 15년~29년(한도1,000)		
장기주택저당차입금이자상환액 2011년 이전 차입분 상환 30년이상(한도1,500)		
장기주택저당차입금이자상환액 2012년 이후(15년 이상상환) 고정금리 or 비거치 (1,500)	1,200,000	1,200,000
장기주택저당차입금이자상환액 2012년 이후(15년 이상상환) 기타상환(한도500)		
장기주택저당차입금이자상환액 2015년 이후 차입분 15년 이상 상환 고정 and비거치 (한도1,800)		
장기주택저당차입금이자상환액 2015년 이후 차입분 15년 이상 상환 고정 or비거치 (한도1,500)		
장기주택저당차입금이자상환액 2015년 이후 차입분 15년 이상 상환 기타상환 (한도500)		
장기주택저당차입금이자상환액 2015년 이후 차입분 10~15년미만 고정금리 or비거치(한도300)		
34㉯.장기주택저당차입금 이자 상환액계	1,200,000	1,200,000
합 계 (40+34㉮+34㉯)	1,200,000	1,200,000

3. 의료비 세액공제

정산명세 | 소득명세 | 소득공제 | 의료비 | 기부금 | 신용카드 | 연금투자명세 | 월세액명세

● 지급내역

	공제대상자					지급처			지급명세		
	부양가족 관계코드	성명	내외	주민등록번호	본인등 해당여부	상호	사업자번호	의료증빙 코드	건수	지급액	실손의료보험금
1	소득자의 직계존	이정희	내	520411-2222220	○			국세청	1	2,200,000	

4. 기부금 세액공제

정산명세 | 소득명세 | 소득공제 | 의료비 | 기부금 | 신용카드 | 연금투자명세 | 월세액명세

해당연도 기부명세 | 기부금 조정명세 | 조정명세서 현황 | 노동조합회비 | 급여공제내역 | 엑셀

● 1. 해당연도 기부명세

NO	기부자				기부처		유형	코드	기부명세				구분	내용
	관계	성명	내.외	주민번호	사업자번호	상호			건수	합계금액	기부대상액	장려금신청		
1	1.본인	김나영	내	880103-2774918	106-82-99369	제일성결교회	종교	41	1	600,000	600,000		기타	금전

5. 정산명세 조회

구분	항목			금액	공제액
특별소득공제	33.보험	가.건강		1,479,070	1,479,070
		나.고용		406,000	406,000
	34.주택 - 가.주택임차 차입금 원리금상환액	대출기관			
		거주자			
	34.주택 나.장기주택저당차입금이자상환액	11년이전 차입분	15년미만		
			15~29년		
			30년이상		
		12년이후 차입분 (15년이상	고정 or비거치		1,200,000
			기타대출		
		15년이후 차입분 (15년이상)	고정&비거치		
			고정 or비거치		
			기타대출		
		15년이후 차입분 (10~15년	고정 or비거치		
	35.기부금(이월분)				
	36.계				3,085,070
37.차 감 소 득 금 액					26,491,430
그 밖의 소득공제	38.개인연금저축				
	39.소기업·소상공인공제부금				
	40.주택마련저축	가.청약저축			
		나.주택청약종합저축			
		다.근로자주택마련저축			
	41.투자조합출자 등				
	42.신용카드등			0	
	43.우리사주조합 출연금				
	44.고용유지중소기업근로자				
	45.장기집합투자증권저축				
	46.청년형장기집합투자증권저축				
	47.그 밖의 소득 공제 계				

구분		항목			금액	공제액
세액공제	연금계좌	58.과학기술인공제				
		59.근로자퇴직급여보장법				
		60.연금저축				
		60-1. ISA만기시연금계좌				
	특별세액공제	61.보장성보험			0	
		62.의 료 비			2,200,000	109,500
		63.교 육 비			0	
		64 기부금	정치자금	10만 이하		
				10만 초과		
			고향사랑	10만 이하		
				10만 초과		
			다.특례(법정)기부금			
			라.우리사주기부금			
			마.일반기부금(종교외			
			바.일반기부금(종교)			90,000
		65.계				199,500
		66.표준세액공제				
	67.납 세 조 합 공 제					
	68.주 택 차 입 금					
	69.외 국 납 부					
	70.월세액					
	71.세 액 공 제 계					859,500
72.결 정 세 액(50-55-71)						1,854,214
82.실 효 세 율(%) (72/21)×100%						3.8%

		소득세	지방소득세	농어촌특별세	계
73.결정세액		1,854,214	185,421	0	2,039,635
기납부 세액	74.종(전) 근무지	1,300,500	130,050	0	1,430,550
	75.주(현) 근무지	29,160	2,880	0	32,040
76. 납부특례세액		0	0	0	0
77. 차감징수세액(73-74-75-76)		524,550	52,490	0	577,040

실무수행평가

11	12	13	14	15
①	2	22,000,000	32	16,000,000
16	17	18	19	20
36,000,000	④	③	33	32,373,200
21	22	23	24	25
020	10,940,000	366,180,000	②	21,560,000
26	27	28	29	30
3,100,000	109,640,000	5,965,000	14,532,000	32,000,000
31	32	33	34	35
67,807,900	200,000	253,000,000	4,500,000	③
36	37	38	39	40
1,500,000	3,000,000	0	500,000	1
41	42	43	44	45
8,100	887,450	4	4,050	3,085,070
46	47	48	49	50
660,000	109,500	90,000	1,329,660	524,550

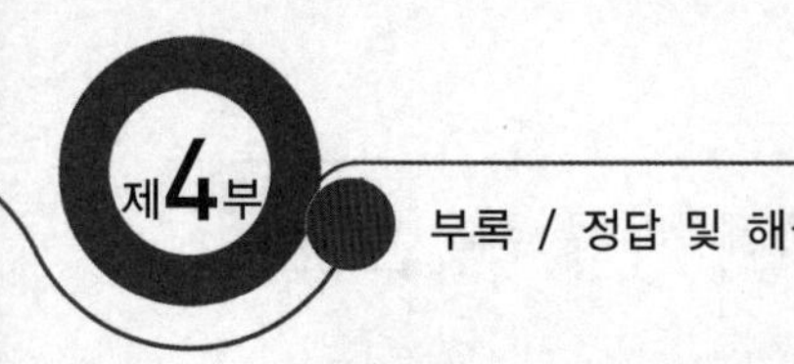

최신 기출문제 제63회

[실무이론평가]

1	2	3	4	5	6	7	8	9	10
③	③	③	①	③	④	③	④	③	②

01 ③

- 재고자산 평가방법의 변경은 (회계정책의 변경)에 해당하므로 그 변경효과를 (소급하여) 적용하여야 한다.

02 ③

- 유형자산손상차손 = 장부금액 - MAX[순공정가치, 계속사용가치] = (200,000,000원 - 40,000,000원) - 70,000,000원
= 90,000,000원

03 ③

- 2023년도 기말상품재고액(저가법에 의한 순실현가능가치)가 2023년도 기초상품재고액으로 이월된다.
- 2024년도 매출원가 = 기초상품재고액 + 당기매입액 - 기말상품재고액(저가법 적용)
= 1,500,000원 + 7,000,000원 - 2,000,000원
= 6,500,000원

04 ①

- 매출원가 = 당기상품매출액(2,000,000원) × 매출원가율(1 - 0.2) =1,600,000원
- 장부상 기말상품재고액 = 기초상품재고액(500,000원) + 당기상품매입액 (1,500,000원)
- 매출원가(1,600,000원) = 400,000원
- 유실된 재고자산 = 장부상 기말상품재고액(400,000원) - 기말상품재고실재액(300,000원)
= 100,000원

05 ③

- (주)서울에 대한 매출채권 대손을 반영하면 다음과 같다.

(차) 대손상각비	×××원	(대) 매출채권	×××원
당기순이익 과대계상		자산 과대계상	
이익잉여금 과대계상			

06 ④

- 2023년 12월 31일 평가 시 회계처리

(차) 매도가능증권	1,000,000원	(대) 매도가능증권평가이익 (기타포괄손익누계액)	1,000,000원

- 2024년 7월 1일 처분 시 매도가능증권평가이익을 정리한다.

(차) 현금	7,000,000원	(대) 매도가능증권	9,000,000원
매도가능증권평가이익	1,000,000원		
매도가능증권처분손실	1,000,000원		

07 ③

- 보세구역에서 국내로 재화를 반입하는 것을 재화의 수입으로 본다.

08 ④

- 3,400,000원 + 4,000,000원 = 7,400,000원
- 공장용 화물차 유류대와 사무용 비품 구입 관련 매입세액은 공제대상이며, 거래처 접대용 선물세트 구입 관련 매입세액과 토지 자본적 지출 관련 매입세액은 공제받지 못할 매입세액이다.

09 ③

- 공적연금소득을 지급하는 원천징수의무자는 해당 과세기간의 다음 연도 1월분 공적연금 소득을 지급할 때에 연말정산을 하여야 한다.

10 ②

- {(500,000원 + 3,000,000원) − 60,000,000원 × 3%} × 15% = 255,000원
- 외국대학병원에서의 치료비와 미용을 위한 성형수술비는 의료비 세액공제대상이 아니다.

[실무수행과제]

문제 1 거래자료입력

1 [일반전표입력] 1월 10일

(차) 519.임차료 500,000원 (대) 103.보통예금(98000.국민은행) 500,000원

[경비등송금명세서]

● 거래 및 송금내역, 공급자

번호	⑥ 거래일자	⑦ 법인명(상호)	⑧ 성 명	⑨사업자(주민)등록번호	⑩ 거래내역	⑪ 거 래 금 액	⑫ 송금일자	CD	⑬ 은 행 명	⑭ 계 좌 번 호
1	2024-01-10	현대개발	이종민	120-07-27772	임차료	500,000	2024-01-10	088	신한은행	011202-04-012368

2 2월 5일

1. [매입매출전표입력]

거래유형	품명	공급가액	부가세	거래처	전자세금
54.불공	제네시스G80	60,000,000	6,000,000	00118.현대자동차(주)	전자입력
불공제사유	3.비영업용 소형승용차 구입 및 유지				
분개유형	(차) 208.차량운반구 66,000,000원		(대) 253.미지급금 66,000,000원		
3.혼합					

2. [고정자산등록]

고정자산계정과목 208 차량운반구 　 자산구분 0.전체 　 상각방법구분 0.전체

	코드	자산	취득일	방법
1	001000	제네시스G80	2024-02-05	정액법
2				

주요등록사항 　 추가등록사항 　 자산변동사항

1. 기초가액		15. 전기말부인누계	
2. 전기말상각누계액	0	16. 전기말자본지출계	
3. 전기말장부가액	0	17. 자본지출즉시상각	
4. 신규취득및증가	66,000,000	18. 전기말의제누계	
5. 부분매각및폐기	0	19. 당기상각범위액	12,100,000
6. 성실기초가액		20. 회사계상상각비	12,100,000
7. 성실상각누계액			사용자수정
8. 상각기초가액	66,000,000	21. 특별상각률	
9. 상각방법	1 정액법	22. 특별상각비	0
10. 내용연수(상각률)	5 0.200	23. 당기말상각누계액	12,100,000
11. 내용연수월수	미경과 11	24. 당기말장부가액	53,900,000
12. 상각상태완료년도	진행	25. 특례적용	0 부
13. 성실경과/차감연수	/	* 년수	년
14. 성실장부가액		26. 업무용승용차여부	0 부
1. 취득수량		4. 최저한세부인액	
2. 경비구분	0 800번대	5. 당기의제상각액	
3. 전체양도일자	----‐--‐--	6. 전체폐기일자	----‐--‐--

3. [업무용승용차등록]

□	코드	차량번호	차 종	명의구분	사용
1 ■	1000	315나5678	제네시스G80	회사	○
2 □					

기본사항

1. 고정자산계정과목 208 차량운반구
2. 고정자산코드 001000
3. 고정자산명 제네시스G80
4. 취득일자 2024-02-05
5. 경비구분 0 800번대
6. 명의구분 0 회사차
7. 임차기간 ____-__-__ ~ ____-__-__
8. 기초주행누적거리 km
9. 보험가입여부 0 업무전용자동차보험(법인) 참고
10. 보험기간 2024-02-05 ~ 2025-02-04
____-__-__ ~ ____-__-__

3 [일반전표입력] 3월 30일

(차) 103.보통예금(98500.기업은행)	51,650,000원	(대) 331.자본금	17,500,000원
		341.주식발행초과금	34,150,000원

문제 2 부가가치세관리

1 전자세금계산서 발급

1. [매입매출전표입력] 4월 30일(복수거래)

거래유형	품명	공급가액	부가세	거래처	전자세금
11.과세	차량용 공기청정기외	12,000,000	1,200,000	02040.(주)클린기업	전자발행

분개유형	차변		대변	
2.외상	(차) 108.외상매출금	13,200,000원	(대) 404.제품매출	12,000,000원
			255.부가세예수금	1,200,000원

2. [전자세금계산서 발행 및 내역관리]
   ① 미전송된 내역이 조회되면, 미전송내역을 체크한 후 [전자발행 ▾]을 클릭하여 표시되는 로그인 화면에서 [확인(Tab)] 클릭
   ② '전자세금계산서 발행' 화면이 조회되면 [발행(F3)] 버튼을 클릭한 다음 확인클릭
   ③ 국세청란에 '발행대상'으로 표시되면 [ACADEMY 전자세금계산서]를 클릭
   ④ [Bill36524 교육용전자세금계산서] 화면에서 [로그인]을 클릭
   ⑤ 좌측화면: [세금계산서 리스트]에서 [미전송]으로 체크 후 [매출조회]를 클릭
   우측화면: [전자세금계산서]에서 [발행]을 클릭
   ⑥ [발행완료되었습니다.] 메시지가 표시되면 [확인(Tab)] 클릭

2 수정전자세금계산서의 발급

1. [수정세금계산서 발급]
   ① [매입매출전표입력] 6월 22일 전표선택 ➜ [수정세금계산서] 클릭 ➜ 수정사유(2.공급가액변동)를 선택 ➜ [확인(Tab)]을 클릭

② [수정세금계산서(매출)] 화면에서 수정분 [작성일 6월 30일, 공급가액 -300,000원, 부가세 -30,000원]을 입력 ➜ 확인(Tab) 클릭

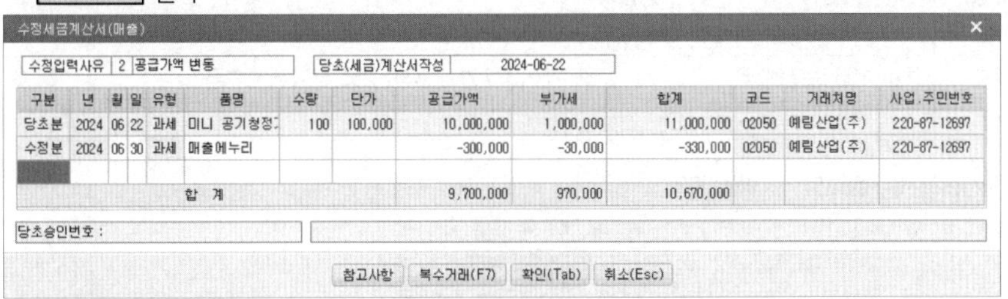
수정세금계산서(매출)

수정입력사유 2 공급가액 변동 | 당초(세금)계산서작성 2024-06-22

구분	년	월	일	유형	품명	수량	단가	공급가액	부가세	합계	코드	거래처명	사업.주민번호
당초분	2024	06	22	과세	미니 공기청정기	100	100,000	10,000,000	1,000,000	11,000,000	02050	예림산업(주)	220-87-12697
수정분	2024	06	30	과세	매출에누리			-300,000	-30,000	-330,000	02050	예림산업(주)	220-87-12697
					합 계			9,700,000	970,000	10,670,000			

당초승인번호 :

참고사항 | 복수거래(F7) | 확인(Tab) | 취소(Esc)

③ [매입매출전표입력] 6월 30일

거래유형	품명	공급가액	부가세	거래처	전자세금
11.과세	매출에누리	-300,000	-30,000	02050.예림산업(주)	전자발행
분개유형	(차) 108.외상매출금 -330,000원		(대) 404.제품매출 -300,000원 255.부가세예수금 -30,000원		
2.외상					

2. [전자세금계산서 발행 및 내역관리]

① 전자세금계산서 발행 및 내역관리를 클릭하면 수정 전표 1매가 미전송 상태로 나타난다.

② 해당내역을 클릭하여 전자세금계산서 발행 및 국세청 전송을 한다.

3 부동산임대사업자의 부가가치세신고서 작성

1. [매입매출전표입력] 9월 30일

거래유형	품명	공급가액	부가세	거래처	전자세금
11.과세	임대료	5,000,000	500,000	00126.(주)해신전자	전자입력
분개유형	(차) 103.보통예금 5,500,000원 (98000.국민은행)		(대) 411.임대료수입 5,000,000원 255.부가세예수금 500,000원		
3.혼합					

2. [부동산임대공급가액명세서]

기간 : 2024 년 07 월 ~ 2024 년 09 월 적용 이자율(간주임대료 요율) 3.500 %

	상호(성명)	층	호수	동
1	(주)해신전자	2	201	
2				

등록사항

사업자등록번호	314-81-38777	주민등록번호	______-_______
면적	95 ㎡	용도	사무실

계약내용

임대기간	2024-09-01 ~ 2026-08-31
계약내용(월) 보증금	200,000,000
계약내용(월) 월세	5,000,000
계약내용(월) 관리비	

임대수입금액 ※ 계(과세표준)금액은 부가세신고서[과세표준]에 입력요망 수입금액(제외)에 입력하면 안됨(국세청 검증사항)

임대수입금액 (30일)	
보증금이자(간주임대료)	573,770
월세	5,000,000
관리비	0
계(과세표준)	5,573,770

갱신일 ____-__-__ 비고

합계 2023.03.19 이전 폐업자 연 1.2%, 2023.03.20 이후 폐업자 및 계속사업자 연 2.9% 적용. 기간 이자율 확인후 상단의 이자율(F7)키로 정확한 이자율로 변경 바랍니다.

보증금이자	573,770	월세등	5,000,000	계(과세표준)	5,573,770

3. [매입매출전표입력] 9월 30일

거래유형	품명	공급가액	부가세	거래처	전자세금
14.건별	간주임대료	573,770	57,377		

분개유형	차변		대변	
3.혼합	(차) 103.보통예금 (98000.국민은행)	57,377원	(대) 255.부가세예수금	57,377원

4. [부가가치세신고서] 7월 1일 ~ 9월 30일

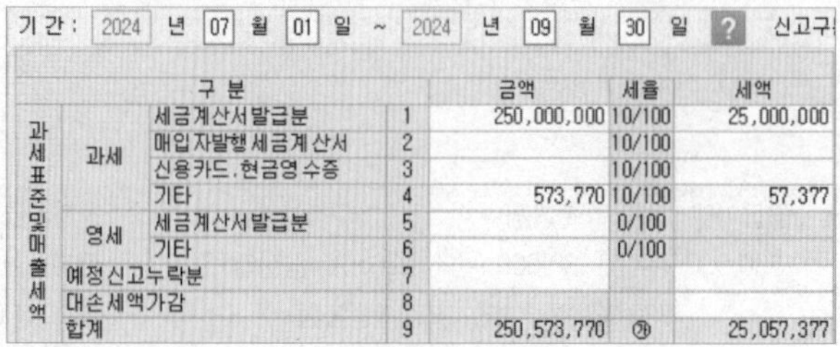

기 간 : 2024 년 07 월 01 일 ~ 2024 년 09 월 30 일 신고구

구분				금액	세율	세액
과세표준및매출세액	과세	세금계산서발급분	1	250,000,000	10/100	25,000,000
		매입자발행세금계산서	2		10/100	
		신용카드.현금영수증	3		10/100	
		기타	4	573,770	10/100	57,377
	영세	세금계산서발급분	5		0/100	
		기타	6		0/100	
	예정신고누락분		7			
	대손세액가감		8			
	합계		9	250,573,770	㉮	25,057,377

4 매입세액불공제내역 작성자의 부가가치세 신고서 작성

1. [매입세액불공제내역]

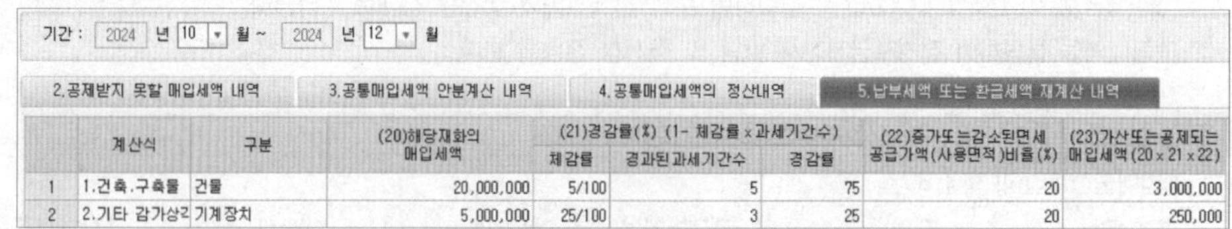

기간 : 2024 년 10 월 ~ 2024 년 12 월

2.공제받지 못할 매입세액 내역 | 3.공통매입세액 안분계산 내역 | 4.공통매입세액의 정산내역 | 5.납부세액 또는 환급세액 재계산 내역

	계산식	구분	(20)해당재화의 매입세액	(21)경감률(%) (1- 체감률 x 과세기간수) 체감률	경과된과세기간수	경감률	(22)증가또는감소된면세 공급가액(사용면적)비율(%)	(23)가산또는공제되는 매입세액(20 x 21 x 22)
1	1.건축.구축물	건물	20,000,000	5/100	5	75	20	3,000,000
2	2.기타 감가상각	기계장치	5,000,000	25/100	3	25	20	250,000

- 건물: 20,000,000원 × (1 - 5% × 5) × 20%(면세증가비율) = 3,000,000원
- 기계장치: 5,000,000 × (1 - 25% × 3) × 20%(면세증가비율) = 250,000원
- 토지는 면세대상이므로 제외

2. [부가가치세신고서] 10월 1일 ~ 12월 31일

공제받지못할매입세액명세

	구분		금액	세액
16 공제받지 못할매입 세액명세	공제받지못할매입세액	50		
	공통매입세액면세사업	51	32,500,000	3,250,000
	대손처분받은세액	52		
	합계	53	32,500,000	3,250,000

그 밖의 경감·공제 세액 명세

	구분		금액	세율	세액
18 그 밖의 경감공제 세액명세	전자신고및전자고지	54			10,000
	전자세금발급세액	55			
	택시운송사업자경감세	56			
	대리납부 세액공제	57			
	현금영수증사업자세액	58			
	기타	59			
	합계	60			10,000

3. [일반전표입력] 12월 31일

(차) 202.건물	3,000,000원	(대) 135.부가세대급금	3,000,000원
(차) 206.기계장치	250,000원	(대) 135.부가세대급금	250,000원

문제 3 결산

1 수동결산

[일반전표입력] 12월 31일

(차) 931.이자비용 375,000원 (대) 262.미지급비용 375,000원

※ 미지급비용: 30,000,000원 × 5% × 3/12 = 375,000원

2 결산자료입력에 의한 자동결산

[결산자료입력 1]

① 고정자산등록

② [결산자료입력]

- 결산자료입력에서 판매비관리비 특허권 상각비란에 550,000원을 직접 입력하고 전표추가(F3) 를 클릭하여 결산분개를 생성한다.

[결산자료입력 2]

- 결산자료입력에서 기말 제품 31,000,000원을 입력하고 전표추가(F3) 를 클릭하여 결산분개를 생성한다.

[이익잉여금처분계산서] 메뉴

- 이익잉여금처분계산서에서 처분일을 입력한 후, 전표추가(F3) 를 클릭하여 손익대체분개를 생성한다.

문제 4 근로소득관리

1 중도퇴사자의 원천징수

1. [사원등록]

사원등록에서 퇴사년월일(2024년 5월 30일) 입력

20. 퇴 사 년 월 일 2024 년 05 월 30 일

2. [수당/공제등록]

수당등록 | 공제등록 | 비과세/감면설정 | 사회보험

	코드	수당명	과세구분	근로소득유형
1	101	기본급	과세	1.급여
2	102	상여	과세	2.상여
3	200	퇴직위로금	과세	1.급여
4	201	특별수당	과세	1.급여

수당등록 | 공제등록 | 비과세/감면설정 | 사회보험

	코드	공제항목명	공제소득유형
1	501	국민연금	0.무구분
2	502	건강보험	0.무구분
3	503	고용보험	0.무구분
4	504	장기요양보험료	0.무구분
5	505	학자금상환액	0.무구분
6	903	농특세	0.사용
7	600	건강보험료정산	2.건강보험료정산
8	601	장기요양보험료정산	4.장기요양보험정산

3. [급여자료입력]

급여자료를 입력한 후, [중도퇴사자 정산]을 클릭하여 연말정산 결과를 반영한다.

귀속년월 2024 년 05 월 구 분 1. 급여 지급일 2024 년 05 월 30 일 ? 정 렬 1. 코드

코드	사원명	직급	감면율
1001	김원일		
1002	마동석(중도인		
1003	천지훈		
1004	윤혜린		

급여항목	지급액
기본급	3,500,000
퇴직위로금	2,000,000
특별수당	1,000,000

공제항목	공제액
국민연금	157,500
건강보험	124,070
고용보험	58,500
장기요양보험료	16,060
건강보험료정산	-55,800
장기요양보험료정산	-3,050
소득세	-431,910
지방소득세	-43,180
농특세	

4. [원천징수이행상황신고서]

귀속기간 2024 년 05 월 ~ 2024 년 05 월 지급기간 2024 년 05 월 ~ 2024 년 05 월 0.정기신고

1.신고구분 ☑ 매월 ☐ 반기 ☐ 수정 ☐ 연말 ☐ 소득처분 ☑ 환급신청 2.귀속연월 202405 3.지급연월 202405 일괄납부 ○ 여 ◉ 부 사업자단위 ○ 여 ◉ 부

원천징수내역 | 부표-거주자 | 부표-비거주자 | 부표-법인원천

구분		코드	소득지급(과세미달,비과세포함) 4.인원	5.총지급액	징수세액 6.소득세 등	7.농어촌특별세	8.가산세	9.당월 조정 환급세액	10.소득세 등 (가산세 포함)	11.농어촌 특별세
근로소득	간이세액	A01	3	14,500,000	194,890					
	중도퇴사	A02	1	20,500,000	-431,910					
	일용근로	A03								
	연말정산합계	A04								
	연말분납금액	A05								
	연말납부금액	A06								
	가감계	A10	4	35,000,000	-237,020					
퇴직소득	연금계좌	A21								
	그외	A22								
	가감계	A20								
사업소득	매월징수	A25								
	연말정산	A26								
	가감계	A30								
기타소득	연금계좌	A41								
	종교매월징수	A43								

전월 미환급 세액의 계산 12.전월미환급	13.기환급신청	14.잔액12-13	당월 발생 환급세액 15.일반환급	16.신탁재산	17.금융등	17.합병등	18.조정대상환급 (14+15+16+17)	19.당월조정 환급액계	20.차월이월 환급액(18-19)	21.환급신청액
150,000		150,000	237,020				387,020		387,020	387,020

2 가족관계증명서에 의한 사원등록

[사원등록]

● 부양가족명세 (2024.12.31기준)

	연말정산관계	기본	세대	부녀	장애	경로 70세	출산 입양	자녀	한부모	성명	주민(외국인)번호		가족관계
1	0.본인	본인	○							윤혜린	내	821111-2245111	
2	2.(배)직계존속	60세이상			3	○				박재용	내	510505-1678526	10.시부
3	2.(배)직계존속	부								김인희	내	530402-2022340	11.시모
4	3.배우자	부								박태수	내	790713-1351206	02.배우자
5	4.직계비속((손	20세이하						○		박은식	내	050203-3023185	05.자녀

① 윤혜린: 소득금액 30,000,000원 초과로 부녀자 공제대상이 아님.
② 박재용: 장애인 및 경로우대자 공제 가능함.
③ 김인희: 양도소득금액이 1,000,000원을 초과하므로 기본공제 대상이 아님.
④ 박은식: 만 20세 이하이고, 소득이 없으므로 기본공제 대상임.
⑤ 박태수: 총급여 5,000,000원 초과로 기본공제대상이 아님.

3 국세청연말정산간소화 및 이외의 자료를 기준으로 연말정산

[연말정산 근로소득원천징수영수증]

1. 신용카드 소득공제

정산명세 | 소득명세 | 소득공제 | 의료비 | 기부금 | 신용카드 | 연금투자명세 | 월세액명세

● 1. 공제대상자및대상금액

공제대상자			신용카드 등 공제대상금액							
내.외 / 관계	성명 / 생년월일	구분	⑤소계(⑥+⑦+⑧+⑨+⑩+⑪)	⑥신용카드	⑦직불선불카드	⑧현금영수증	⑨도서공연박물관미술관사용분(총급여7천만원… 신용카드	직불선불카드	현금영수증	⑩전통시장
내	천지훈	국세청자료								
본인	1986-05-12	그밖의자료								
내	백마리	국세청자료	24,500,000	22,000,000						2,500,000
3	1988-01-03	그밖의자료								

- 형제자매의 신용카드 사용분은 공제 불가능

2. 보험료 세액공제
- 보험료는 기본공제대상자에 한해서 공제 가능함. 저축성 보험료는 공제대상이 아님.

3. 교육비 세액공제

정산명세 | 소득명세 | 소득공제 | 의료비 | 기부금 | 신

	관계코드 / 내외국인	성명 / 주민등록번호	기본	교육비 구분	일반	장애인 특수교육
1	0 / 1	천지훈 / 860512-1875655	본인/세대주	본인		
2	3 / 1	백마리 / 880103-2774918	배우자			
3	2 / 1	백현무 / 540608-1899730	부			
4	2 / 1	오민아 / 520411-2222220	60세이상			
5	4 / 1	현예진 / 091218-4094112	20세이하	초중고	800,000	
6	6 / 1	백은지 / 901111-2845670	장애인			

- 현장체험학습비는 1인당 30만원, 교복구입비는 1인당 50만원까지 공제 가능함.

부록/정답 및 해설

4. 월세 세액공제

2. 월세액 세액공제 명세 　　　무주택자해당여부 ◉ 여 ○ 부

임대인성명 (상호)	주민(사업자)등록번호	주택유형	주택계약 면적(㎡)	임대차계약서상 주소지	임대차계약기간 시작	임대차계약기간 종료	월세액
김나영	800707-2026122	단독주택	85.00	서울특별시 서초구 방배로15길 22	2024-01-01	2026-01-31	4,800,000

5. 정산명세 조회

구분	항목			금액	공제액
특별소득공제	34. 주택 나. 장기주택저당차입금이자상환액	11년이전 차입분	15년미만		
			15~29년		
			30년이상		
		12년이후 차입분 (15년이상	고정or비거치		
			기타대출		
		15년이후 차입분 (15년이상)	고정&비거치		
			고정or비거치		
			기타대출		
		15년이후 차입분 (10~15년	고정or비거치		
	35. 기부금(이월분)				
	36. 계				2,228,840
37. 차 감 소 득 금 액					30,461,160
그 밖의 소득공제	38. 개인연금저축				
	39. 소기업·소상공인공제부금				
	40. 주택마련저축	가. 청약저축			
		나. 주택청약종합저축			
		다. 근로자주택마련저축			
	41. 투자조합출자 등				
	42. 신용카드등			24,500,000	2,125,000
	43. 우리사주조합 출연금				
	44. 고용유지중소기업근로자				
	45. 장기집합투자증권저축				
	46. 청년형장기집합투자증권저축				
	47. 그 밖의 소득 공제 계				2,125,000

구분	항목			금액	공제액
세액공제 특별세액공제	61. 보장성보험			0	
	62. 의 료 비			0	
	63. 교 육 비			800,000	120,000
	64 기부금	정치자금	10만 이하		
			10만 초과		
		고향사랑	10만 이하		
			10만 초과		
		다. 특례(법정)기부금			
		라. 우리사주기부금			
		마. 일반기부금(종교외			
		바. 일반기부금(종교)			
	65. 계				120,000
	66. 표준세액공제				
세액공제	67. 납 세 조 합 공 제				
	68. 주 택 차 입 금				
	69. 외 국 납 부				
	70. 월세액				720,000
	71. 세 액 공 제 계				1,650,000
72. 결 정 세 액(50-55-71)					1,340,424
82. 실 효 세 율(%) (72/21)×100%					2.3%

구분		소득세	지방소득세	농어촌특별세	계
73. 결정세액		1,340,424	134,042	0	1,474,466
기납부 세액	74. 종(전) 근무지	0	0	0	0
	75. 주(현) 근무지	1,716,480	171,600	0	1,888,080
76. 납부특례세액		0	0	0	0
77. 차감징수세액(73-74-75-76)		-376,050	-37,550	0	-413,600

실무수행평가

11	12	13	14	15
16,000,000	32	2	476,712	255,000,000
16	17	18	19	20
12,000	③	20	3,250,000	21,783,200
21	22	23	24	25
088	③	95,650,000	④	33,697,671
26	27	28	29	30
1,500,000	335,174,530	14,907,000	96,000,000	36,150,000
31	32	33	34	35
214,000,000	20,250,000	31,000,000	4,450,000	③
36	37	38	39	40
6,500,000	-431,910	-177,810	-237,020	387,020
41	42	43	44	45
2	1,000,000	2,000,000	0	150,000
46	47	48	49	50
2,125,000	0	120,000	720,000	-413,600

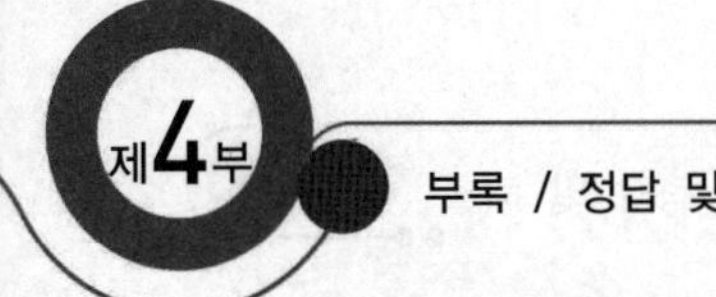

최신 기출문제 제64회

[실무이론평가]

1	2	3	4	5	6	7	8	9	10
①	②	②	③	①	③	①	②	④	②

01 ①
- 경영진과 독립적으로 내부회계관리제도에 대한 평가기능을 수행하는 역할은 감사위원회가 담당한다.

02 ②
- 2024년 8월 1일 장부금액 = 2,050,000원(처분금액) - 250,000원(처분이익) = 1,800,000원
- 2024년 감가상각비 = 2,000,000원(2023년말 장부금액) - 1,800,000원(2024년 8월 1일 장부금액) = 200,000원

03 ②
- ① 재무상태표상 퇴직급여충당부채는 7,000,000원이다.
- ③ 퇴직급여규정의 개정으로 증가된 전기 이전분 1,300,000원도 당기비용으로 처리한다.
- ④ (주)한공은 확정연금형(DB) 퇴직연금제도를 적용하고 있다.

04 ③
- 수정 후 영업이익 = 수정 전 영업이익(6,000,000원) - 미지급임차료(500,000원) + 보험료선급분(100,000원)
  = 5,600,000원
- 이자미수분은 영업이익에 영향을 미치지 않는다.

05 ①
- 미교부주식배당금은 자본조정항목으로 자본에 해당한다.

06 ③
- 재고자산평가손실은 매출원가로 당기손익에 영향을 미친다.

07 ①
- 고용관계에 따라 근로를 제공하는 것은 용역의 공급으로 보지 아니한다.

08 ②
- 부가가치세 과세표준 = 50,000,000원 + 10,000,000원 = 60,000,000원
- 국가 무상 기증은 면세 대상에 해당하며, 화재로 인한 손실은 재화의 공급이 아니다.

09 ④
- 퇴직시 받는 금액 중 퇴직소득에 속하지 않는 퇴직위로금은 근로소득이다.

10 ②
- 사업소득금액 = 100,000,000원 - 2,000,000원(예금이자수익) + 5,000,000원(교통사고 벌과금)
  = 103,000,000원

[실무수행과제]

문제 1 거래자료입력

1 [일반전표입력] 1월 10일

(차) 533.외주가공비 400,000원 (대) 103.보통예금(98000.국민은행(보통)) 400,000원

[경비등송금명세서]

● 거래 및 송금내역, 공급자

번호	⑥ 거래일자	⑦ 법인명(상호)	⑧ 성 명	⑨사업자(주민)등록번호	⑩ 거래내역	⑪ 거 래 금 액	⑫ 송금일자	CD	⑬ 은 행 명	⑭ 계 좌 번 호
1	2024-01-10	동아가공	옥수형	312-04-22512	가공비	400,000	2024-01-10	011	농협은행	44212-2153-700

2 [일반전표입력] 2월 15일

(차) 508.퇴직급여 7,000,000원 (대) 103.보통예금(98000.국민은행(보통)) 12,000,000원
806.퇴직급여 5,000,000원

3 [일반전표입력] 4월 20일

(차) 812.여비교통비 290,000원 (대) 103.보통예금(98000.국민은행(보통)) 410,000원
813.접대비 120,000원

또는

(차) 812.여비교통비 200,000원 (대) 103.보통예금(98000.국민은행(보통)) 410,000원
812.여비교통비 90,000원
813.접대비 120,000원

문제 2 부가가치세관리

1 전자세금계산서 발급

1. [매입매출전표입력] 5월 25일

거래유형	품명	공급가액	부가세	거래처	전자세금
12.영세	등산장갑	6,000,000	0	03350.(주)야호산업	전자발행
분개유형	(차) 108.외상매출금 6,000,000원		(대) 404.제품매출 6,000,000원		
2.외상					

2. [전자세금계산서 발행 및 내역관리]

① 미전송된 내역이 조회되면, 미전송내역을 체크한 후 [전자발행 ▾]을 클릭하여 표시되는 로그인 화면에서 [확인(Tab)] 클릭

② '전자세금계산서 발행' 화면이 조회되면 [발행(F3)] 버튼을 클릭한 다음 확인클릭

③ 국세청란에 '발행대상'으로 표시되면 [ACADEMY 전자세금계산서]를 클릭

④ [Bill36524 교육용전자세금계산서] 화면에서 [로그인]을 클릭

⑤ 좌측화면: [세금계산서 리스트]에서 [미전송]으로 체크 후 [매출조회]를 클릭
우측화면: [전자세금계산서]에서 [발행]을 클릭

⑥ [발행완료되었습니다.] 메시지가 표시되면 [확인(Tab)] 클릭

2 수정전자세금계산서의 발급

1. [수정전자세금계산서 발급]

① [매입매출전표입력]에서 6월 20일 전표 1건 선택 ➜ 툴바의 [수정세금계산서]를 클릭 ➜ 수정사유(6.착오에 의한 이중발급 등)선택 ➜ [확인(Tab)]을 클릭

부록/정답 및 해설

② 수정세금계산서(매출)화면에서 수정분 [작성일 6월 20일], [공급가액 -20,000,000원], [세액 -2,000,000원] 자동 반영 ➜ 확인(Tab) 을 클릭

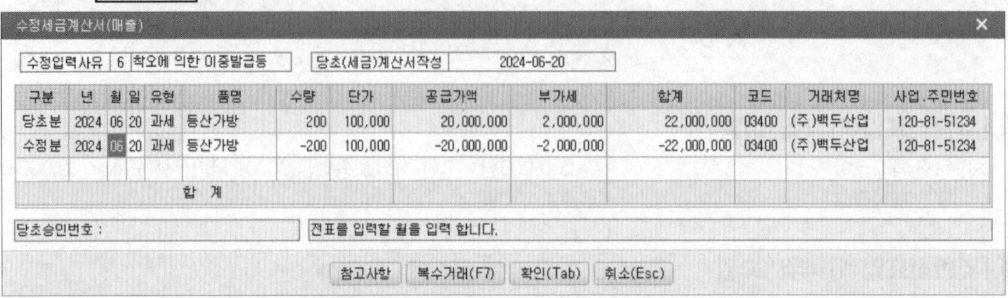

수정세금계산서(매출)

수정입력사유 | 6 | 착오에 의한 이중발급등 | 당초(세금)계산서작성 | 2024-06-20

구분	년	월	일	유형	품명	수량	단가	공급가액	부가세	합계	코드	거래처명	사업.주민번호
당초분	2024	06	20	과세	등산가방	200	100,000	20,000,000	2,000,000	22,000,000	03400	(주)백두산업	120-81-51234
수정분	2024	06	20	과세	등산가방	-200	100,000	-20,000,000	-2,000,000	-22,000,000	03400	(주)백두산업	120-81-51234
					합 계								

당초승인번호 : | 전표를 입력할 월을 입력 합니다.

참고사항 | 복수거래(F7) | 확인(Tab) | 취소(Esc)

③ [매입매출전표입력] 화면에 수정분이 입력된다.

거래유형	품명	공급가액	부가세	거래처	전자세금
11.과세	등산가방	-20,000,000	-2,000,000	03400.(주)백두산업	전자발행
분개유형	(차) 108.외상매출금 -22,000,000원			(대) 255.부가세예수금 -2,000,000원 404.제품매출 -20,000,000원	
2.외상					

2. [전자세금계산서 발행 및 내역관리]

① 전자세금계산서 발행 및 내역관리 를 클릭하면 수정 전표 1매가 미전송 상태로 나타난다.

② 해당내역을 클릭하여 전자세금계산서 발행 및 국세청 전송을 한다.

3 의제매입세액공제신고사업자의 부가가치세신고서 작성

1. 거래자료입력

① [매입매출전표 입력] 7월 15일

거래유형	품명	공급가액	부가세	거래처	전자세금
53.면세	사과	5,000,000		03600.(주)영동농협	전자입력
분개유형	(차) 153.원재료 5,000,000원 (적요: 6.의제매입세액 원재료 차감)			(대) 251.외상매입금 5,000,000원	
2.외상 또는 혼합					

② [매입매출전표 입력] 7월 20일

거래유형	품명	공급가액	부가세	거래처	전자세금
60.면건	배	15,000,000		03700.한세윤	
분개유형	(차) 153.원재료 15,000,000원 (적요: 6.의제매입세액 원재료 차감)			(대) 251.외상매입금 15,000,000원	
2.외상 또는 혼합					

③ [매입매출전표 입력] 7월 24일

거래유형	품명	공급가액	부가세	거래처	전자세금
62.현면	오렌지	900,000		03800.하나로마트	
분개유형	(차) 153.원재료 900,000원 (적요: 6.의제매입세액 원재료 차감)			(대) 251.외상매입금 900,000원	
1.현금					

2. [의제매입세액공제신고서] 7월 ~ 9월

기간 : 2024 년 07 월 ~ 2024 년 09 월

	공급자
1	(주)영동농협
2	하나로마트
3	한세윤
4	

매입처 명세 / 매입세액정산(의제)

주민등록번호 ______-_______ 사업자등록번호 219-81-25429

취득일자	구분	물품명	수량	매입가액	공제율	의제매입세액	건수	전표
2024-07-15	사업자(계산서	사과	100	5,000,000	4/104	192,307	1	입력

기간 : 2024 년 07 월 ~ 2024 년 09 월

주민등록번호 ______-_______ 사업자등록번호 229-81-16010

취득일자	구분	물품명	수량	매입가액	공제율	의제매입세액	건수	전표
2024-07-24	사업자(신용카	오렌지	30	900,000	4/104	34,615	1	입력

기간 : 2024 년 07 월 ~ 2024 년 09 월

주민등록번호 820927-1032540 사업자등록번호 ___-__-_____

취득일자	구분	물품명	수량	매입가액	공제율	의제매입세액	건수	전표
2024-07-20	농.어민으로부	배	300	15,000,000	4/104	576,923	1	입력

3. [부가가치세신고서] 7월 1일 ~ 9월 30일

그밖의공제매입세액명세

	구분		금액	세율	세액
14 그 밖의 공제 매입 세액 명세	신용매출전표수취/일반	41			
	신용매출전표수취/고정	42			
	의제매입세액/평창,광주	43	20,900,000	뒤쪽참조	803,845
	재활용폐자원등매입세	44		뒤쪽참조	
	과세사업전환매입세액	45			
	재고매입세액	46			
	변제대손세액	47			
	외국인관광객환급세액	48			
	합계	49	20,900,000		803,845

4. [일반전표입력] 9월 30일

(차) 135.부가세대급금	803,845원	(대) 153.원재료	803,845원
또는 (차) 153.원재료	-803,845원		
(차) 135.부가세대급금	803,845원		

4 수출실적명세서 작성자의 부가가치세 신고서 작성

1. [매입매출전표입력] 11월 30일

거래유형	품명	공급가액	부가세	거래처	전자세금
16. 수출	등산가방	8,800,000		03900.오사카상사	
분개유형	(차) 108.외상매출금	8,800,000원	(대) 404.제품매출	8,800,000원	
2.외상 또는 3.혼합					

※ 과세표준 = 수출신고필증의 ㊽결제금액 × 선적일의 환율
¥800,000 × 1,100원/100¥ = 8,800,000원

부록/정답 및 해설

2. [수출실적명세서] 10월 ~ 12월

기간 : 2024 년 10 월 ~ 2024 년 12 월 ※ [주의] 상단 신고기간의 범위안에 입력된 선적일을 기준으로 조회됩니다. 선적일자순

구 분	건 수	외화금액	원화금액	비 고
⑨합 계	1	800,000.00	8,800,000	
⑩수 출 한 재 화	1	800,000.00	8,800,000	
⑪기타영세율적용				기타영세율은 하단상세내역에 입력

NO	□	수출신고번호	기타영세율건수	(14)선(기)적일자	(15)통화코드	(16)환율	(17)외화	(18)원화
1	□	071-10-09-0055857-4		2024-11-30	JPY	11.0000	800,000.00	8,800,000

3. [부가가치세신고서] 10월 1일~12월 31일

구 분				금액	세율	세액
과세표준및매출세액	과세	세금계산서발급분	1	214,590,000	10/100	21,459,000
		매입자발행세금계산서	2		10/100	
		신용카드.현금영수증	3		10/100	
		기타	4		10/100	
	영세	세금계산서발급분	5	30,000,000	0/100	
		기타	6	8,800,000	0/100	
	예정신고누락분		7			
	대손세액가감		8			
	합계		9	253,390,000	㉮	21,459,000

그 밖의 경감 · 공제 세액 명세

	구분		금액	세율	세액
18 그 밖의 경감공제 세액명세	전자신고및전자고지	54			10,000
	전자세금발급세액	55			
	택시운송사업자경감세	56			
	대리납부 세액공제	57			
	현금영수증사업자세액	58			
	기타	59			
	합계	60			10,000

문제 3 결산

1 수동결산

[일반전표입력] 12월 31일

(차) 937.단기매매증권평가손 3,000,000원 (대) 107.단기매매증권 3,000,000원

2 결산자료입력에 의한 자동결산

[결산자료입력 1]

- 단기대여금 대손상각비 설정액 = 10,000,000원 × 1% = 100,000원

① 방법 1.
결산자료입력(기타의 대손상각비)란에 단기대여금 100,000원 입력

② 방법 2. [일반전표입력] 12월 31일
(차) 934.기타의대손상각비 100,000원 (대) 115.대손충당금 100,000원

[결산자료입력 2]

- 결산자료입력에서 기말 원재료 9,000,000원, 제품 16,800,000원을 입력하고 전표추가(F3) 를 클릭하여 결산분개를 생성한다.

※ 제품의 재고자산감모손실중 정상적으로 발생한 감모는 매출원가에 산입되므로 별도의 회계처리를 하지 않는다.

[이익잉여금처분계산서] 메뉴

- 이익잉여금처분계산서에서 처분일을 입력한 후, 전표추가(F3) 를 클릭하여 손익대체 분개를 생성한다.

문제 4 근로소득관리

1 주민등록등본에 의한 사원등록

[사원등록]

● 부 양 가 족 명 세 (2024.12.31기준)

	연말정산관계	기본	세대	부녀	장애	경로 70세	출산 입양	자녀	한부모	성명		주민(외국인)번호	가족관계
1	0.본인	본인			1					진호개	내	830808-1042112	
2	3.배우자	배우자								송설	내	830426-2785411	02.배우자
3	4.직계비속((ㅊ	20세이하						○		진기우	내	040501-3200481	05.자녀
4	4.직계비속((ㅊ	20세이하								진미화	내	211215-4399489	05.자녀

① 진호개: 장애인 추가공제 대상임.

② 송설: 상속받은 재산은 소득요건 대상이 아니므로 기본공제 대상임.

③ 진기우: 만 20세 이하 이고, 소득금액 100만원 이하 이므로 기본공제 대상임.

④ 진미화: 만 20세 이하 이고, 소득이 없으므로 기본공제 대상임.

2 급여명세에 의한 급여자료

1. [사원등록]

- 영업부 손호준 사원의 국외근로적용여부 수정

16. 국외근로적용여부 [1] [100만] 17. 선원여부 [0] [부]

2. [수당등록]

수당등록 | 공제등록 | 비과세/감면설정 | 사회보험

	코드	수당명	과세구분	근로소득유형	
1	101	기본급	과세	1.급여	
2	102	상여	과세	2.상여	
3	200	육아수당	과세	1.급여	
4	201	차량보조금	과세	1.급여	
5	202	식대	비과세	2.식대	P01
6	203	국외근로수당	비과세	9.국외등근로(건설지원	M01

수당등록 | 공제등록 | 비과세/감면설정 | 사회보험

	코드	공제항목명	공제소득유형
1	501	국민연금	0.무구분
2	502	건강보험	0.무구분
3	503	고용보험	0.무구분
4	504	장기요양보험료	0.무구분
5	505	학자금상환액	0.무구분
6	903	농특세	0.사용
7	600	상조회비	0.무구분

3. [급여자료입력]

[김래원]

급여항목	지급액	공제항목	공제액
기본급	3,000,000	국민연금	135,000
육아수당	120,000	건강보험	106,350
차량보조금	300,000	고용보험	30,780
식대	200,000	장기요양보험료	13,770
		상조회비	30,000
		소득세	30,580
		지방소득세	3,050
		농특세	

[손호준]

급여항목	지급액	공제항목	공제액
기본급	4,000,000	국민연금	180,000
육아수당		건강보험	141,800
차량보조금	300,000	고용보험	38,700
식대	200,000	장기요양보험료	18,360
국외근로수당	1,000,000	상조회비	30,000
		소득세	236,010
		지방소득세	23,600
		농특세	

4. [원천징수이행상황신고서]

귀속기간 2024 년 12 월 ~ 2024 년 12 월 지급기간 2024 년 12 월 ~ 2024 년 12 월 0.정기신고

1.신고구분 ☑ 매월 ☐ 반기 ☐ 수정 ☐ 연말 ☐ 소득처분 ☐ 환급신청 2.귀속연월 202412 3.지급연월 202412 일괄납부 ○ 여 ◉ 부 사업자단위 ○ 여 ◉ 부

원천징수내역 | 부표-거주자 | 부표-비거주자 | 부표-법인원천

구분		코드	소득지급(과세미달,비과세포함) 4.인원	5.총지급액	징수세액 6.소득세 등	7.농어촌특별세	8.가산세	9.당월 조정 환급세액	10.소득세 등 (가산세 포함)	11.농어촌 특별세
근로소득	간 이 세 액	A01	4	36,020,000	1,760,120					
	중 도 퇴 사	A02								
	일 용 근 로	A03								
	연말정산합계	A04								
	연말분납금액	A05								
	연말납부금액	A06								
	가 감 계	A10	4	36,020,000	1,760,120			220,000	1,540,120	
퇴직소득	연 금 계 좌	A21								
	그 외	A22								
	가 감 계	A20								
사업소득	매 월 징 수	A25								
	연 말 정 산	A26								
	가 감 계	A30								
기타소득	연 금 계 좌	A41								
	종교매월징수	A43								

전월 미환급 세액의 계산 12.전월미환급	13.기환급신청	14.잔액12-13	당월 발생 환급세액 15.일반환급	16.신탁재산	17.금융등	17.합병등	18.조정대상환급 (14+15+16+17)	19.당월조정 환급액계	20.차월이월 환급액(18-19)	21.환급신청액
220,000		220,000					220,000	220,000		

3 국세청연말정산간소화 및 이외의 자료를 기준으로 연말정산

[연말정산 근로소득원천징수영수증]

1. 신용카드 소득공제

정산명세 | 소득명세 | 소득공제 | 의료비 | 기부금 | 신용카드 | 연금투자명세 | 월세액명세

● 1. 공제대상자및대상금액

공제대상자 내.외 / 관계	성명 / 생년월일	구분	⑤소계(⑥+⑦+⑧+⑨+⑩+⑪)	⑥신용카드	⑦직불선불카드	⑧현금영수증	⑨도서공연박물관미술관사용분(총급여7천만원… 신용카드	직불선불카드	현금영수증	⑩전통시장
내	봉도진	국세청자료	10,000,000	8,300,000						1,700,000
본인	1980-12-15	그밖의자료								
내	이은실	국세청자료	2,600,000			2,200,000				400,000
1	1952-04-11	그밖의자료								

2. 의료비 세액공제

정산명세 | 소득명세 | 소득공제 | 의료비 | 기부금 | 신용카드 | 연금투자명세 | 월세액명세

● 지 급 내 역

	공제대상자 부양가족 관계코드	성명	내외	주민등록번호	본인등 해당여부	지급처 상호	사업자번호	의료증빙 코드	지급명세 건수	지급액	실손의료보험금
1	소득자의 직계존	이은실	내	520411-2899736	○			국세청	1	1,500,000	

3. 보험료 세액공제

정산명세 | 소득명세 | 소득공제 | 의료비 | 기부금 | 신용카드 | 연금투자명세 | 월

	관계코드 / 내외국인	성명 / 주민등록번호	기본	구분	보험료 건강	고용	보장성	장애인
1	0	봉도진	본인/세대주	국세청			1,200,000	
	1	801215-1640707		기타	1,655,950	349,200		
2	3	이희정	부	국세청				
	1	920426-2875651		기타				
3	1	이은실	60세이상	국세청				
	1	520411-2899736		기타				
4	4	봉은지	20세이하	국세청				
	1	070711-4321578		기타				
5	4	봉지혁	20세이하	국세청				
	1	200927-3321583		기타				

4. 교육비 세액공제

정산명세	소득명세	소득공제	의료비	기부금	신

	관계코드 / 내외국인	성 명 / 주민등록번호	기본	교육비 구분	교육비 일반	교육비 장애인특수교육
1	0	봉도진	본인/세대주	본인	2,500,000	
	1	801215-1640707				
2	3	이희정	부			
	1	920426-2875651				
3	1	이은실	60세이상			
	1	520411-2899736				
4	4	봉은지	20세이하			
	1	070711-4321578				
5	4	봉지혁	20세이하			
	1	200927-3321583				

- 자녀(봉은지)의 중학생 학원비는 교육비 공제 불가능

5. 정산명세 조회

구분	항목	세부	구분	금액
특별소득공제	34. 주택	11년이전 차입분	15년미만	
			15~29년	
			30년이상	
	나. 장기주택저당차입금이자상환액	12년이후 차입분 (15년이상	고정 or비거치	
			기타대출	
		15년이후 차입분 (15년이상)	고정&비거치	
			고정 or비거치	
			기타대출	
		15년이후 차입분 (10~15년	고정 or비거치	
	35.기부금(이월분)			
	36.계			2,005,150
37.차 감 소 득 금 액				20,520,850
그 밖의 소득공제	38.개인연금저축			
	39.소기업·소상공인공제부금			
	40. 주택마련저축	가.청약저축		
		나.주택청약종합저축		
		다.근로자주택마련저축		
	41.투자조합출자 등			
	42.신용카드등		12,600,000	720,000
	43.우리사주조합 출연금			
	44.고용유지중소기업근로자			
	45.장기집합투자증권저축			
	46.청년형장기집합투자증권저축			
	47.그 밖의 소득 공제 계			720,000

구분	항목	세부	대상금액	세액
세액공제 특별세액공제	61.보장성보험		1,200,000	120,000
	62.의 료 비		1,500,000	30,600
	63.교 육 비		2,500,000	375,000
	64 기부금	정치자금	10만 이하	
			10만 초과	
		고향사랑	10만 이하	
			10만 초과	
		다.특례(법정)기부금		
		라.우리사주기부금		
		마.일반기부금(종교외		
		바.일반기부금(종교)		
	65.계			525,600
	66.표준세액공제			
	67.납 세 조 합 공 제			
	68.주 택 차 입 금			
	69.외 국 납 부			
	70.월세액			
	71.세 액 공 제 계			1,335,600
72.결 정 세 액(50-55-71)				374,527
82.실 효 세 율(%) (72/21)×100%				0.9%

		소득세	지방소득세	농어촌특별세	계
73.결정세액		374,527	37,452	0	411,979
기납부 세액	74.종(전) 근무지	0	0	0	0
	75.주(현) 근무지	1,779,620	177,910	0	1,957,530
76. 납부특례세액		0	0	0	0
77. 차감징수세액(73-74-75-76)		-1,405,090	-140,450	0	-1,545,540

실무수행평가

11	12	13	14	15
④	6	8,000,000	37	803,845
16	17	18	19	20
20,000,000	③	8,800,000	38,800,000	③
21	22	23	24	25
011	13,240,000	8,000,000	②	319,318,840
26	27	28	29	30
256,390,000	11,860,000	④	④	①
31	32	33	34	35
363,014,000	14,000,000	9,900,000	16,800,000	②
36	37	38	39	40
4	1,500,000	2,000,000	15,971,500	150,000
41	42	43	44	45
3,420,000	3,270,470	1,200,000	668,470	1,540,120
46	47	48	49	50
720,000	120,000	30,600	375,000	-1,405,090

최신 기출문제 제65회

[실무이론평가]

1	2	3	4	5	6	7	8	9	10
③	③	③	④	④	④	④	①	①	④

01 ③
- 유형자산을 역사적원가로 평가하면 일반적으로 검증가능성이 높으므로 측정의 신뢰성은 높아지나 목적적합성은 낮아질 수 있다.

02 ③
- 무형자산은 재평가모형이 인정되지 않는다.

03 ③
- 매도가능증권처분이익 = 처분금액 - 취득원가 = (1,300원 - 1,000원) × 100주 = 30,000원

04 ④
- 매도가능증권 평가손실은 기타포괄손익누계액으로 당기손익에 영향을 주지 않는다.

05 ④
- 소모품의 미사용분 계상:
  (차) 소모품 30,000원 (대) 소모품비 30,000원
- 이자수익 미수분 계상:
  (차) 미수수익 20,000원 (대) 이자수익 20,000원
- 결산 정리에 따른 당기순이익 증가액: 소모품 30,000원 + 미수수익 20,000원 = 50,000원

06 ④
- 무형자산은 경제적 효익이 소비되는 행태를 반영하여 합리적인 방법으로 상각하며, 합리적인 상각방법을 정할 수 없는 경우에는 정액법으로 상각한다.

07 ④
- 주사업장 총괄납부를 하는 경우에도 세금계산서는 각 사업장별로 작성·발급하여야 한다.

08 ①
- 해당 과세기간에 매입한 경우에는 과세기간 말 현재 사용하지 않아도 원재료의 매입세액을 공제받을 수 있다.(나머지 금액들은 매입세액 불공제 대상이다.)

09 ①
- 종합소득금액의 계산: 30,000,000원 + 50,000,000원 = 80,000,000원
  과세표준의 계산: 80,000,000원 - 24,000,000원 = 56,000,000원
  산출세액의 계산: 6,240,000원 + (56,000,000 - 50,000,000원) × 24% = 7,680,000원

10 ④
- 자가운전 보조금의 경우 출장 여비 등을 받는 대신에 지급받는 금액 중 월 20만원 까지 비과세 적용됨.

[실무수행과제]

문제 1 거래자료입력

1 1월 15일

1. [일반전표입력]

(차) 520.수선비 200,000원 (대) 103.보통예금(98000.국민은행(보통)) 200,000원

2. [영수증수취명세서(2)]

영수증수취명세서(2) | 영수증수취명세서(1) | 해당없음

□	거래일자	상 호	성 명	사업장	사업자등록번호	거래금액	구분	계정코드	계정과목
□	2024-01-29	(주)해피뷰티	한시준	서울특별시 강남구 강남대로 369	144-81-12955	35,000		172	소모품
□	2024-03-28	기업은행	한명준	서울특별시 강동구 천호대로 1033	104-85-12616	125,000	16	931	이자비용
□	2024-01-15	원명상회	최시현	서울시 서대문구 충정로7길 29-8	120-21-12348	200,000		520	수선비

3. [영수증수취명세서(1)]

영수증수취명세서(2) | 영수증수취명세서(1) | 해당없음

1. 세금계산서, 계산서, 신용카드 등 미사용내역

9. 구분	3만원 초과 거래분		
	10. 총계	11. 명세서제출 제외대상	12. 명세서제출 대상(10-11)
13. 건수	3	1	2
14. 금액	360,000	125,000	235,000

2. 3만원 초과 거래분 명세서제출 제외대상 내역

구분	건수	금액	구분	건수	금액
15. 읍, 면 지역 소재			26. 부동산 구입		
16. 금융, 보험 용역	1	125,000	27. 주택임대용역		
17. 비거주자와의 거래			28. 택시운송용역		
18. 농어민과의 거래			29. 전산발매통합관리시스템가입자와의		
19. 국가 등과의 거래			30. 항공기항행용역		
20. 비영리법인과의 거래			31. 간주임대료		
21. 원천징수 대상사업소			32. 연체이자지급분		
22. 사업의 양도			33. 송금명세서제출분		
23. 전기통신, 방송용역			34. 접대비필요경비부인분		
24. 국외에서의 공급			35. 유료도로 통행료		
25. 공매, 경매, 수용			36. 합계	1	125,000

2 [일반전표입력]

1. 2월 11일

(차) 103.보통예금(98000.국민은행(보통)) 100,000,000원 (대) 293.장기차입금(03150.중소벤처기업진흥공단) 100,000,000원

2. 2월 15일

(차)103.보통예금(98000.국민은행(보통)) 200,000,000원 (대) 104.정부보조금 200,000,000원

3 [일반전표입력] 3월 10일

(차) 254.예수금 261,000원 (대) 103.보통예금(98000.국민은행(보통)) 522,000원
517.세금과공과금 90,000원
817.세금과공과금 171,000원

문제 2 부가가치세관리

1 전자세금계산서 발급

1. [매입매출전표입력] 5월 10일

거래유형	품명	공급가액	부가세	거래처	전자세금
11.과세	주름개선 크림	20,000,000원	2,000,000원	03170.(주)수려한	전자발행
분개유형	(차) 108.외상매출금 17,000,000원			(대) 404.제품매출 20,000,000원	
3.혼합	259.선수금 5,000,000원			255.부가세예수금 2,000,000원	

2. [전자세금계산서 발행 및 내역관리]

① 미전송된 내역이 조회되면, 미전송내역을 체크한 후 [전자발행 ▾]을 클릭하여 표시되는 로그인 화면에서 [확인(Tab)] 클릭

② '전자세금계산서 발행' 화면이 조회되면 [발행(F3)] 버튼을 클릭한 다음 확인클릭

③ 국세청란에 '발행대상'으로 표시되면 [ACADEMY 전자세금계산서]를 클릭

④ [Bill36524 교육용전자세금계산서] 화면에서 [로그인]을 클릭

⑤ 좌측화면: [세금계산서 리스트]에서 [미전송]으로 체크 후 [매출조회]를 클릭
우측화면: [전자세금계산서]에서 [발행]을 클릭

⑥ [발행완료되었습니다.] 메시지가 표시되면 [확인(Tab)] 클릭

2 수정전자세금계산서의 발급

1. [수정세금계산서 발급]

① [매입매출전표 입력] 6월 3일 전표 선택 ➜ [수정세금계산서] 클릭 ➜ [수정사유] 화면에서 [1.기재사항 착오·정정, 착오항목: 1.공급가액 및 세액] 선택 후 [확인(Tab)]을 클릭

② [수정세금계산서(매출)] 화면에서 수정분 [단가 320,000원] 입력을 통해 공급가액과 세액을 반영한 후 [확인(Tab)]을 클릭

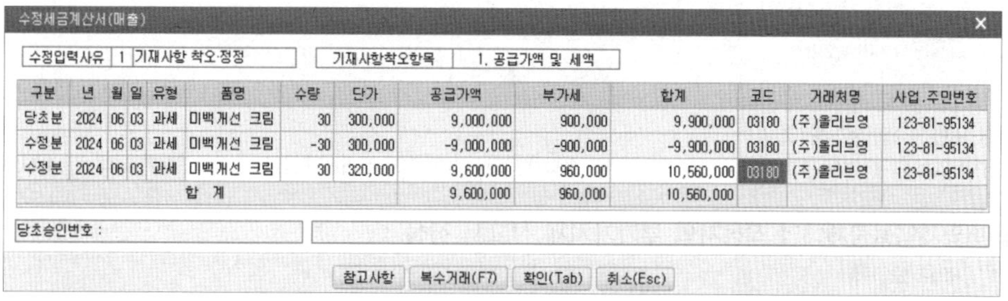

수정세금계산서(매출)

수정입력사유 1 기재사항 착오·정정 | 기재사항착오항목 1. 공급가액 및 세액

구분	년	월	일	유형	품명	수량	단가	공급가액	부가세	합계	코드	거래처명	사업.주민번호
당초분	2024	06	03	과세	미백개선 크림	30	300,000	9,000,000	900,000	9,900,000	03180	(주)올리브영	123-81-95134
수정분	2024	06	03	과세	미백개선 크림	-30	300,000	-9,000,000	-900,000	-9,900,000	03180	(주)올리브영	123-81-95134
수정분	2024	06	03	과세	미백개선 크림	30	320,000	9,600,000	960,000	10,560,000	03180	(주)올리브영	123-81-95134
					합 계			9,600,000	960,000	10,560,000			

당초승인번호 :

참고사항 | 복수거래(F7) | 확인(Tab) | 취소(Esc)

③ [매입매출전표입력] 6월 3일에 수정분이 2건 입력된다.

거래유형	품명	공급가액	부가세	거래처	전자세금
11.과세	미백개선 크림	-9,000,000	-900,000	03180.(주)올리브영	전자발행
분개유형	(차) 108.외상매출금 -9,900,000원			(대) 404.제품매출 -9,000,000원	
2.외상 또는 3.혼합				255.부가세예수금 -900,000원	

거래유형	품명	공급가액	부가세	거래처	전자세금
11.과세	미백개선 크림	9,600,000	960,000	03180.(주)올리브영	전자발행
분개유형	(차) 108.외상매출금	10,560,000원	(대) 404.제품매출 255.부가세예수금	9,600,000원 960,000원	
2.외상 또는 3.혼합					

2. [전자세금계산서 발행 및 내역관리]

① 전자세금계산서 발행 및 내역관리 를 클릭하면 수정 전표 2매가 미전송 상태로 조회된다.

② 해당 내역을 클릭하여 전자세금계산서 발행 및 국세청 전송을 한다.

3 매입세액불공제내역 작성자의 부가가치세신고서 작성

1. [매입매출전표입력] 8월 7일

거래유형	품명	공급가액	부가세	거래처	전자세금
51.과세	고속분쇄기계	20,000,000	2,000,000	03230.(주)대주기계	전자입력
분개유형	(차) 206.기계장치 135.부가세대급금	20,000,000원 2,000,000원	(대) 253.미지급금	22,000,000원	
3.혼합					

2. [매입세액불공제내역] 7월 ~ 9월

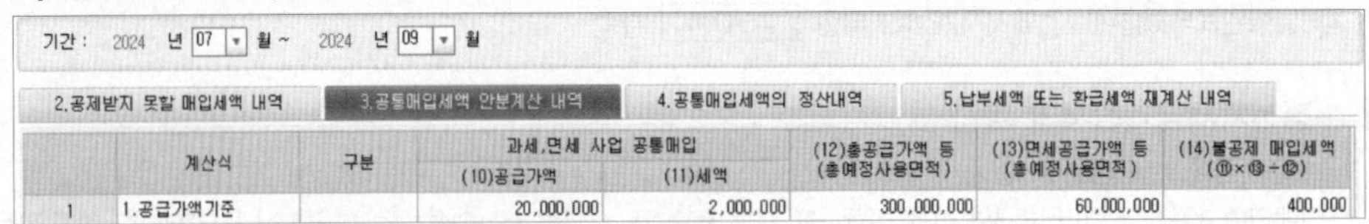
기간 : 2024 년 07 월 ~ 2024 년 09 월

2.공제받지 못할 매입세액 내역 | 3.공통매입세액 안분계산 내역 | 4.공통매입세액의 정산내역 | 5.납부세액 또는 환급세액 재계산 내역

	계산식	구분	과세.면세 사업 공통매입 (10)공급가액	(11)세액	(12)총공급가액 등 (총예정사용면적)	(13)면세공급가액 등 (총예정사용면적)	(14)불공제 매입세액 (⑪×⑬÷⑫)
1	1.공급가액기준		20,000,000	2,000,000	300,000,000	60,000,000	400,000

3. [부가가치세신고서] 7월 1일 ~ 9월 30일

공제받지못할매입세액명세

	구분		금액	세액
16 공제받지 못할매입 세액명세	공제받지못할매입세액	50		
	공통매입세액면세사업	51	4,000,000	400,000
	대손처분받은세액	52		
	합계	53	4,000,000	400,000

4. [일반전표입력] 9월 30일

(차) 206.기계장치 400,000원 (대) 135.부가세대급금 400,000원

4 매입세액불공제내역 작성자의 부가가치세 신고서 작성

1. [거래자료입력]

① [매입매출전표입력] 10월 15일

거래유형	품명	공급가액	부가세	거래처	전자세금
54.불공	그랜저IG	25,000,000	2,500,000	04300.(주)수원중고자동차	전자입력
불공사유	3.비영업용 소형승용차 구입 및 유지				
분개유형	(차) 208.차량운반구	27,500,000원	(대) 253.미지급금	27,500,000원	
3.혼합					

② [매입매출전표입력] 10월 21일

거래유형	품명	공급가액	부가세	거래처	전자세금
54.불공	스팸세트	520,000	52,000	04440.(주)하모니마트	전자입력
불공사유	9.접대비 관련 매입세액				
분개유형	(차) 813.접대비 572,000원		(대) 253.미지급금 572,000원		
3.혼합					

③ [일반전표입력] 11월 10일
(차) 134.가지급금(04450.정지현) 1,320,000원 (대) 253.미지급금(99600.비씨카드) 1,320,000원

2. [매입세액불공제내역] 10월 ~ 12월

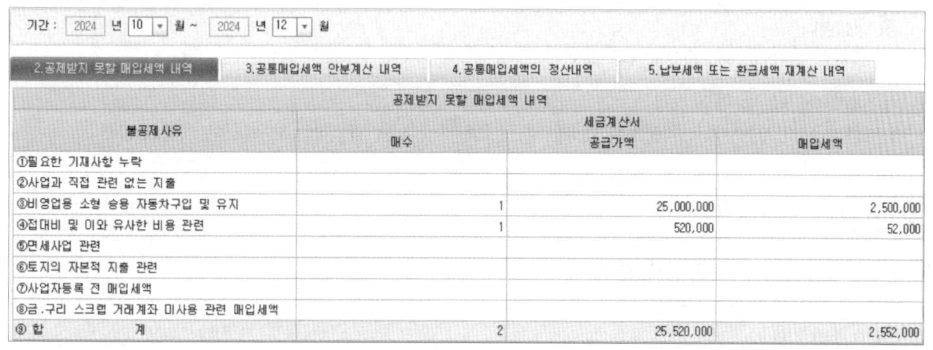

기간 : 2024 년 10 월 ~ 2024 년 12 월

2.공제받지 못할 매입세액 내역 | 3.공통매입세액 안분계산 내역 | 4.공통매입세액의 정산내역 | 5.납부세액 또는 환급세액 재계산 내역

불공제사유	공제받지 못할 매입세액 내역 세금계산서 매수	공급가액	매입세액
①필요한 기재사항 누락			
②사업과 직접 관련 없는 지출			
③비영업용 소형 승용 자동차구입 및 유지	1	25,000,000	2,500,000
④접대비 및 이와 유사한 비용 관련	1	520,000	52,000
⑤면세사업 관련			
⑥토지의 자본적 지출 관련			
⑦사업자등록 전 매입세액			
⑧금.구리 스크랩 거래계좌 미사용 관련 매입세액			
⑨ 합 계	2	25,520,000	2,552,000

3. [부가가치세신고서] 10월 1일 ~ 12월 31일

구분		번호	금액		세액
매입세액 세금계산서 수취부분	일반매입	10	31,688,000		3,168,800
	수출기업수입분납부유예	10-1			
	고정자산매입	11	25,000,000		2,500,000
예정신고누락분		12			
매입자발행세금계산서		13			
그밖의공제매입세액		14			
합계 (10-(10-1)+11+12+13+14)		15	56,688,000		5,668,800
공제받지못할매입세액		16	25,520,000		2,552,000
차감계 (15-16)		17	31,168,000	ⓤ	3,116,800

그 밖의 경감·공제 세액 명세

	구분		금액	세율	세액
18 그 밖의 경감공제 세액명세	전자신고및전자고지	54			10,000
	전자세금발급세액	55			
	택시운송사업자경감세	56			
	대리납부 세액공제	57			
	현금영수증사업자세액	58			
	기타	59			
	합계	60			10,000

문제 3 결산

1 수동결산

[일반전표입력] 12월 31일
(차) 293.장기차입금(98003.우리은행(차입금)) 20,000,000원 (대) 264.유동성장기부채(98003.우리은행(차입금)) 20,000,000원
* 상환일이 1년 이내에 도래하므로 유동성대체 분개를 입력

2 결산자료입력에 의한 자동결산

[결산자료입력 1]

[방법 1] [일반전표입력] 12월 31일 선납세금과 미지급법인세 분개

(차) 998.법인세등	15,000,000원	(대) 136.선납세금	9,308,000원
261.미지급세금	5,692,000원		

[방법 2] [일반전표입력] 12월 31일 선납세금 정리분개 입력

(차) 998.법인세등	9,308,000원	(대) 136.선납세금	9,308,000원

입력 후 [결산자료입력]의 '법인세등' 란에 5,692,000원을 입력

[결산자료입력2]

- 결산자료입력에서 기말 원재료 18,400,000원, 제품 17,500,000원을 입력하고 전표추가(F3) 를 클릭하여 결산분개를 생성한다.
  ➜ 합계잔액시산표 재고자산금액과 일치

[이익잉여금처분계산서] 메뉴

- 이익잉여금처분계산서에서 처분일을 입력한 후, 전표추가(F3) 를 클릭하여 손익대체분개를 생성한다.

문제 4 근로소득관리

1 가족관계증명서에 의한 사원등록

[사원등록] 메뉴의 부양가족명세

● 부 양 가 족 명 세 (2024.12.31기준)

	연말정산관계	기본	세대	부녀	장애	경로70세	출산입양	자녀	한부모	성명	주민(외국인)번호		가족관계
1	0.본인	본인	○						○	홍유찬	내	641011-1899772	
2	4.직계비속(((	장애인			2					홍승혁	내	900803-1785417	05.자녀
3	5.직계비속(4	부								손지영	내	881212-2075525	06.며느리
4	5.직계비속(4	20세이하								홍아름	내	201224-4023187	40.손

① 홍유찬: 배우자가 없는 사람으로 기본공제대상자인 직계비속이 있으므로 한부모 공제 대상임.
② 홍승혁: 기본공제자로 장애인(국가유공자) 추가공제 대상임.
③ 손지영: 기본공제 대상이 아님.
(자녀(홍승혁)가 장애인인 경우 그 배우자(손지영) 또한 장애인에 해당시 공제 가능)
④ 홍아름: 소득이 없는 20세 이하로 기본공제(손녀) 대상임.

2 일용직사원의 원천징수

1. [일용직사원등록]

일용직사원등록 | 일용직급여입력 | 정렬 0.코드

코드	사원명		주민(외국인)번호	나이
5001	허성태	내	900909-1182817	34

1. 입사년월일 2024 년 11 월 10 일
2. 퇴사년월일 년 월 일
3. 주민등록번호 내외국인 0 내국인 900909-1182817
4. 주소
5. 전화번호) - 6. 핸드폰번호) -
7. Email등록 @ 직접입력
8. 은행/계좌번호/예금주 허성태
9. 직종/부서/직급 현장 직종 부서 직급 프로젝트
10. 국적/체류자격 국적 100 한국 체류자격
11. 거주구분/거주지국 거주구분 0 거주자 거주지국 KR 대한민국
12. 퇴직금적용 0 부
13. 단기예술인여부 0 부 단기예술인사업장

급여사항등록

13. 급여지급방법 0 매일지급
14. 정상급여 170,000 원 급여유형 0 일급직
15. 연장급여 0 원 연장급여방식 0 일급직

2. [일용직급여입력]

일용직사원등록 | 일용직급여입력

귀속년월 2024 년 11 월 지급년월 2024 년 11 월 근무일수 반영기준 : 2. 근무 일수 기준 정렬
현장 부서 전체 프로젝트 구분

코드	사원명		주민(외국인)번호	근무	지급액	마감
5001	허성태	내	900909-1182817	5	850,000	X

※ 만근공수 : 월 만근근무인 경우 정상지급액에 금액을 입력합니다. 공수 일괄 삭제

현장 코드	현장명	일자	요일	근무	근무시간 정상	근무시간 연장	지급액 정상	지급액 연장	기타비과세
		14	목	X					
		15	금	O			170,000		
		16	토	X					
		17	일	O			170,000		
		18	월	X					
		19	화	X					
		20	수	X					
		21	목	O			170,000		
		22	금	X					
		23	토	O			170,000		
		24	일	X					
		25	월	O			170,000		
		26	화	X					
		27	수	X					
		28	목	X					
합계 [최종근무일 25일]				5			850,000		

3. [원천징수이행상황신고서]

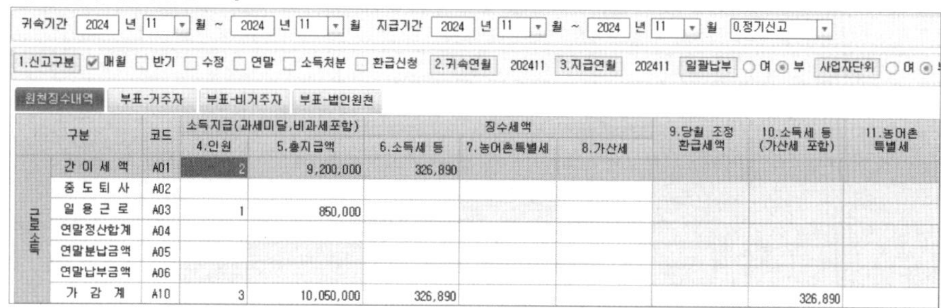

귀속기간 2024 년 11 월 ~ 2024 년 11 월 지급기간 2024 년 11 월 ~ 2024 년 11 월 0.정기신고

1.신고구분 ☑ 매월 □ 반기 □ 수정 □ 연말 □ 소득처분 □ 환급신청 2.귀속연월 202411 3.지급연월 202411 일괄납부 ○ 여 ◉ 부 사업자단위 ○ 여 ◉ 부

원천징수내역 | 부표-거주자 | 부표-비거주자 | 부표-법인원천

	구분	코드	4.인원	5.총지급액	6.소득세 등	7.농어촌특별세	8.가산세	9.당월 조정 환급세액	10.소득세 등 (가산세 포함)	11.농어촌 특별세
근로소득	간이세액	A01	2	9,200,000	326,890					
	중도퇴사	A02								
	일용근로	A03	1	850,000						
	연말정산합계	A04								
	연말분납금액	A05								
	연말납부금액	A06								
	가감계	A10	3	10,050,000	326,890				326,890	

(4.인원, 5.총지급액: 소득지급(과세미달,비과세포함) / 6.~8.: 징수세액)

3 국세청연말정산간소화 및 이외의 자료를 기준으로 연말정산

[연말정산 근로소득원천징수영수증]

1. 신용카드 소득공제

정산명세 | 소득명세 | 소득공제 | 의료비 | 기부금 | 신용카드 | 연금투자명세 | 월세액명세

● 1. 공제대상자및대상금액

공제대상자			신용카드 등 공제대상금액								
내.외 / 관계	성명 / 생년월일	구분	⑤소계(⑥+⑦+⑧+⑨+⑩+⑪)	⑥신용카드	⑦직불선불카드	⑧현금영수증	⑨도서공연박물관미술관사용분(총급여7천만원… 신용카드	직불선불카드	현금영수증	⑩전통시장
내	정성화	국세청자료	11,000,000	7,500,000						3,500,000

- 아파트 관리비는 공제대상이 아님.

2. 보험료 세액공제

정산명세 | 소득명세 | 소득공제 | 의료비 | 기부금 | 신용카드 | 연금투자

	관계코드 / 내외국인	성명 / 주민등록번호	기본	보험료 건강	고용	보장성	장애인
1	0 / 1	정성화 / 741011-1111113	본인/세대주	1,679,600	378,000		
2	3 / 1	김고은 / 790502-2222221	배우자			450,000	

- 태아보험은 보험료 공제대상이 아님.

3. 교육비 세액공제
- 직계존속의 교육비는 공제대상이 아님.

4. 연금계좌세액공제

연금계좌

구분		금융회사등	계좌번호	불입금액
3.연금저축	308	(주)신한은행	013479999	1,200,000
퇴직연금				
과학기술인공제				
연금저축				1,200,000
ISA만기시연금전환				
합계				1,200,000

5. 정산명세 조회

구분	항목				금액
특별소득공제	34.주택	11년이전 차입분	15년미만	›	
			15~29년	›	
			30년이상	›	
	나.장기주택저당차입금이자상환액	12년이후 차입분(15년이상	고정or비거치	›	
			기타대출	›	
		15년이후 차입분(15년이상)	고정&비거치	›	
			고정or비거치	›	
			기타대출	›	
		15년이후 차입분(10~15년	고정or비거치	›	
	35.기부금(이월분)			›	
	36.계				2,057,600
37.차 감 소 득 금 액					19,502,400
그 밖의 소득공제	38.개인연금저축			›	
	39.소기업·소상공인공제부금			›	
	40.주택마련저축	가.청약저축		›	
		나.주택청약종합저축		›	
		다.근로자주택마련저축		›	
	41.투자조합출자 등			›	
	42.신용카드등		11,000,000	›	200,000
	43.우리사주조합 출연금			›	
	44.고용유지중소기업근로자			›	
	45.장기집합투자증권저축			›	
	46.청년형장기집합투자증권저축			›	
	47.그 밖의 소득 공제 계				200,000

구분	항목			금액		공제액
세액공제	특별세액공제	61.보장성보험		450,000	›	54,000
		62.의 료 비		0	›	
		63.교 육 비		0	›	
		64 기부금	정치자금	10만 이하	›	
				10만 초과	›	
			고향사랑	10만 이하	›	
				10만 초과	›	
			다.특례(법정)기부금		›	
			라.우리사주기부금		›	
			마.일반기부금(종교외)		›	
			바.일반기부금(종교)		›	
		65.계				54,000
		66.표준세액공제			›	
	67.납 세 조 합 공 제				›	
	68.주 택 차 입 금				›	
	69.외 국 납 부				›	
	70.월세액				›	
	71.세 액 공 제 계					1,052,000
72.결 정 세 액(50-55-71)						583,360
82.실 효 세 율(%) (72/21)×100%						1.4%

		소득세	지방소득세	농어촌특별세	계
73.결정세액		583,360	58,336	0	641,696
기납부 세액	74.종(전) 근무지	0	0	0	0
	75.주(현) 근무지	1,115,400	111,500	0	1,226,900
76. 납부특례세액		0	0	0	0
77. 차감징수세액(73-74-75-76)		-532,040	-53,160	0	-585,200

실무수행평가

11	12	13	14	15
1	30,000,000	34	400,000	240,000,000
16	17	18	19	20
8,620,000	②	①	25,000,000	20,552,700
21	22	23	24	25
235,000	④	1,000,000	4,290,000	325,270,000
26	27	28	29	30
1,272,000	772,366,000	1,465,000	3,320,000	221,400,000
31	32	33	34	35
62,500,000	5,692,000	210,000,000	17,500,000	④
36	37	38	39	40
35,000,000	4,500,000	2,000,000	1,000,000	16,775,000
41	42	43	44	45
7,650	842,350	3	0	326,890
46	47	48	49	50
200,000	54,000	0	180,000	-532,040

최신 기출문제 제66회

[실무이론평가]

1	2	3	4	5	6	7	8	9	10
④	④	③	③	③	①	③	①	③	②

01 ④
- 회계정보가 정보이용자에게 유용하기 위해서는 그 정보가 의사결정에 반영될 수 있도록 적시에 제공되어야 한다.

02 ④
- 선적지 인도조건으로 매입한 경우 선적시점에 재고자산을 인식하므로 기말재고액에 포함되어야 한다.

03 ③

수 량	장부상 단가(가)	단위당 예상 판매가격 ①	단위당 예상 판매비용 ②	단위당 예상 순실현가능가치 (나) = ① - ②	단위당 평가손실 (가) - (나)
1,000개	100원	120원	30원	90원	10원

- 재고자산평가손실 = 1,000개 × 10원 = 10,000원

04 ③
- 합병으로 취득한 영업권은 무형자산이다. 나머지는 당기비용으로 인식한다.

05 ③
- 수정후 당기순이익 = 수정전 당기순이익(5,000,000원) + 보험료 선급분 (300,000원) - 이자 미지급분(200,000원) = 5,100,000원

06 ①
- 매출원가 = 기초상품 재고분(300개 × 1,000원 = 300,000원) + 7월 1일 매입분(250개 × 1,500원 = 375,000원) = 675,000원

07 ③
- 단기할부판매시에는 인도기준을 적용한다.

08 ①
- 국외매출액은 영세율 과세 대상이므로 매출세액이 없으며, 하치장반출액과 무상으로 제공한 견본품은 과세표준에 해당하지 아니한다.
  70,000,000원 × 10% = 7,000,000원

09 ③
- 50,000,000원 + 6,000,000원 + 5,000,000원 + 2,400,000원 = 63,400,000원

10 ②
- 과세기간 종료일 전에 사망한 경우 사망일 전일의 상황에 따라 공제 여부를 판정한다.

부록/정답 및 해설

[실무수행과제]

문제 1 거래자료입력

1 [일반전표입력] 1월 25일

(차) 812.여비교통비 35,000원 (대) 101.현금 35,000원
또는 (출) 812.여비교통비 35,000원

[영수증수취명세서(2)]

영수증수취명세서(2) | 영수증수취명세서(1) | 해당없음

□	거래일자	상호	성명	사업장	사업자등록번호	거래금액	구분	계정코드	계정과목
□	2024-02-20	(주)삼성화재				1,000,000	16	521	보험료
□	2024-01-27	다모아마트(주	권다정	서울 서대문구 연희로 3	110-81-45128	200,000		811	복리후생비
□	2024-01-25	상록운수(주)	김택영	서울 서대문구 홍은동 346-3	210-81-08059	35,000	28	812	여비교통비

[영수증수취명세서(1)]

영수증수취명세서(2) | 영수증수취명세서(1) | 해당없음

1. 세금계산서, 계산서, 신용카드 등 미사용내역

9. 구분	3만원 초과 거래분		
	10. 총계	11. 명세서제출 제외대상	12. 명세서제출 대상(10-11)
13. 건수	3	2	1
14. 금액	1,235,000	1,035,000	200,000

2. 3만원 초과 거래분 명세서제출 제외대상 내역

구분	건수	금액	구분	건수	금액
15. 읍, 면 지역 소재			26. 부동산 구입		
16. 금융, 보험 용역	1	1,000,000	27. 주택임대용역		
17. 비거주자와의 거래			28. 택시운송용역	1	35,000
18. 농어민과의 거래			29. 전산발매통합관리시스템가입자와의		
19. 국가 등과의 거래			30. 항공기항행용역		
20. 비영리법인과의 거래			31. 간주임대료		
21. 원천징수 대상사업소			32. 연체이자지급분		
22. 사업의 양도			33. 송금명세서제출분		
23. 전기통신, 방송용역			34. 접대비필요경비부인분		
24. 국외에서의 공급			35. 유료도로 통행료		
25. 공매, 경매, 수용			36. 합계	2	1,035,000

2 [일반전표입력] 2월 15일

(차) 102.당좌예금(98005.우리은행(당좌)) 9,800,000원 (대) 110.받을어음(02020.(주)서원산업) 10,000,000원
936.매출채권처분손실 200,000원

[받을어음 관리]

어음상태	2 할인(전액)	어음번호	00420240115123456789	수취구분	1 자수	발행일	2024-01-15	만기일	2024-07-15
발행인	02020 (주)서원산업			지급은행	300 우리은행			지점	
배서인		할인기관	98005 우리은행(당좌)	지점	삼성	할인율(%)		어음종류	6 전자
지급거래처			* 수령된 어음을 타거래처에 지급하는 경우에 입력합니다.						

3 [일반전표입력] 3월 10일

(차)103.보통예금(98000.국민은행(보통)) 451,000원 (대) 259.선수금(00122.(주)서구전자) 451,000원

문제 2 부가가치세관리

1 전자세금계산서 발급

1. [매입매출전표] 4월 5일

거래유형	품명	공급가액	부가세	거래처	전자세금
11.과세	무선 선풍기	20,500,000	2,050,000	02040.(주)세방기업	전자발행
분개유형	(차) 101.현금 2,550,000원		(대) 404.제품매출 20,500,000원		
3.혼합	108.외상매출금 20,000,000원		255.부가세예수금 2,050,000원		

2. [전자세금계산서 발행 및 내역관리]

① 미전송된 내역이 조회되면, 미전송내역을 체크한 후 [전자발행 ▾]을 클릭하여 표시되는 로그인 화면에서 [확인(Tab)] 클릭

② '전자세금계산서 발행' 화면이 조회되면 [발행(F3)] 버튼을 클릭한 다음 확인클릭

③ 국세청란에 '발행대상'으로 표시되면 [ACADEMY 전자세금계산서]를 클릭

④ [Bill36524 교육용전자세금계산서] 화면에서 [로그인]을 클릭

⑤ 좌측화면: [세금계산서 리스트]에서 [미전송]으로 체크 후 [매출조회]를 클릭
우측화면: [전자세금계산서]에서 [발행]을 클릭

⑥ [발행완료되었습니다.] 메시지가 표시되면 [확인(Tab)] 클릭

2 수정전자세금계산서의 발급

1. [수정전자세금계산서 발급]

① [매입매출전표입력] 4월 10일 전표선택 ➜ [수정세금계산서] 클릭 ➜ 수정사유(4.계약의 해제)를 선택 ➜ [확인(Tab)]을 클릭

수정사유
수정사유 4. 계약의 해제 (발행매수 : 1매 발행)
비 고 당초(세금)계산서작성일 2024 년 04 월 10 일

② [수정세금계산서(매출)] 화면에서 수정분 [작성일 5월 10일], [공급가액 -2,000,000원], [세액 -200,000원] 자동반영 후 [확인(Tab)] 클릭

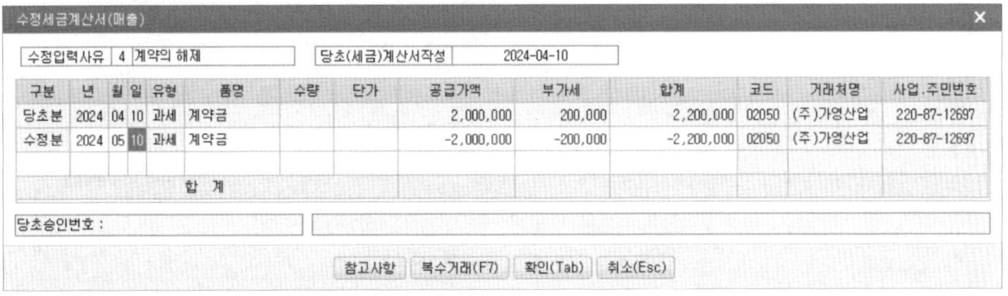
수정세금계산서(매출)

수정입력사유 4 계약의 해제 / 당초(세금)계산서작성 2024-04-10

구분	년	월	일	유형	품명	수량	단가	공급가액	부가세	합계	코드	거래처명	사업.주민번호
당초분	2024	04	10	과세	계약금			2,000,000	200,000	2,200,000	02050	(주)가영산업	220-87-12697
수정분	2024	05	10	과세	계약금			-2,000,000	-200,000	-2,200,000	02050	(주)가영산업	220-87-12697
합 계													

당초승인번호 :

참고사항 복수거래(F7) 확인(Tab) 취소(Esc)

③ [매입매출전표입력] 5월 10일

방법 1.

거래유형	품명	공급가액	부가세	거래처	전자세금
11. 과세	계약금	-2,000,000	-200,000	02050.(주)가영산업	전자발행
분개유형	(차) 101.현금 -2,200,000원		(대) 259.선수금 -2,000,000원		
1.현금 또는 3.혼합			255.부가세예수금 -200,000원		

방법 2.

거래유형	품명	공급가액	부가세	거래처	전자세금
11. 과세	계약금	-2,000,000	-200,000	02050.(주)가영산업	전자발행
분개유형	(차) 259.선수금	2,000,000원		(대) 255.부가세예수금 101.현금	-200,000원 2,200,000원
3.혼합					

방법 3.

거래유형	품명	공급가액	부가세	거래처	전자세금
11. 과세	계약금	-2,000,000	-200,000	02050.(주)가영산업	전자발행
분개유형				(대) 255.부가세예수금 259.선수금 101.현금	-200,000원 -2,000,000원 2,200,000원
3.혼합					

2. [전자세금계산서 발행 및 내역관리]

① 전자세금계산서 발행 및 내역관리 를 클릭하면 수정 전표 1매가 미전송 상태로 조회된다.

② 해당내역을 클릭하여 전자세금계산서 발급(발행) 및 국세청 전송을 한다.

3 부동산임대사업자의 부가가치세신고서 작성

1. [매입매출전표입력] 9월 1일

거래유형	품명	공급가액	부가세	거래처	전자세금
11.과세	9월 임대료	2,000,000	200,000	00126.(주)해신전자	전자입력
분개유형	(차) 103.보통예금 (98001.신한은행(보통))	2,200,000원		(대) 411.임대료수입 255.부가세예수금	2,000,000원 200,000원
3.혼합					

2. 부동산임대공급가액명세서

기간 : 2024 년 07 월 ~ 2024 년 09 월   적용 이자율(간주임대료 요율) 3.500 %

		상호(성명)	층	호수	동
1		(주)해신전자	2	201	
2					

등록사항

사업자등록번호	314-81-38777	주민등록번호	------‐-------
면적	95 ㎡	용도	사무실

계약내용

임대기간		2024-09-01 ~ 2026-08-31
계약내용(월)	보증금	100,000,000
	월세	2,000,000
	관리비	

임대수입금액 ※ 계(과세표준)금액은 부가세신고서[과세표준]에 입력요망 수입금액(제외)에 입력하면 안됨(국세청 검증사항)

임대수입금액 (30일)	보증금이자(간주임대료)	286,885
	월세	2,000,000
	관리비	0
	계(과세표준)	2,286,885
갱신일	----‐--‐--	비고

합계 2023.03.19 이전 폐업자 연 1.2%, 2023.03.20 이후 폐업자 및 계속사업자 연 2.9% 적용. 기간 이자율 확인후 상단의 이자율(F7)키로 정확한 이자율로 변경 바랍니다.

보증금이자	286,885	월세등	2,000,000	계(과세표준)	2,286,885

3. [매입매출전표입력] 9월 30일

거래유형	품명	공급가액	부가세	거래처	전자세금
14.건별	간주 임대료	286,885	28,688		
분개유형	(차) 817.세금과공과금 28,688원			(대) 255.부가세예수금 28,688원	
3.혼합					

4. [부가가치세신고서] 7월 1일 ~ 9월 30일

구 분				금액	세율	세액
과세표준및매출세액	과세	세금계산서발급분	1	252,000,000	10/100	25,200,000
		매입자발행세금계산서	2		10/100	
		신용카드.현금영수증	3		10/100	
		기타	4	286,885	10/100	28,688
	영세	세금계산서발급분	5		0/100	
		기타	6		0/100	
	예정신고누락분		7			
	대손세액가감		8			
	합계		9	252,286,885	㉮	25,228,688
	세금계산	일반매입	10	251,514,700		25,151,470

4 신용카드매출전표발행집계표 작성자의 부가가치세신고서 작성

1. [매입매출전표입력]

- 10월 5일

거래유형	품명	공급가액	부가세	거래처	전자세금
11.과세	인공지능선풍기	3,000,000	300,000	04820.하남전자(주)	전자입력
분개유형	(차) 108.외상매출금 3,300,000원			(대) 404.제품매출 3,000,000원	
4.카드	(99601.신한카드)			255.부가세예수금 300,000원	

- 11월 20일

거래유형	품명	공급가액	부가세	거래처	전자세금
17.카과	제품	500,000	50,000	00121.박수민	
분개유형	(차) 108.외상매출금 550,000원			(대) 404.제품매출 500,000원	
2.외상 또는 4.카드	(99601.신한카드)			255.부가세예수금 50,000원	

- 12월 15일

거래유형	품명	공급가액	부가세	거래처	전자세금
22.현과	제품	300,000	30,000	00125.김수철	
분개유형	(차) 101.현금 330,000원			(대) 404.제품매출 300,000원	
1.현금				255.부가세예수금 30,000원	

2. [신용카드매출전표발행집계표] 10월 ~ 12월

기간 : 2024 년 10 월 ~ 2024 년 12 월

1. 신용카드매출전표 등 발행금액 현황

구분	⑤ 합계	⑥ 신용 · 직불 · 기명식 선불카드	⑦ 현금영수증	⑧ 직불 · 기명식 선불전자지급수단
합계	4,180,000	3,850,000	330,000	
과세매출분	4,180,000	3,850,000	330,000	
면세매출분				
봉사료				

2. 신용카드 매출전표등 발행금액(⑤합계) 중 세금계산서(계산서) 발급내역

⑨ 세금계산서 발급금액	3,300,000	⑩ 계산서 발급금액	

3. [부가가치세신고서] 10월 1일 ~ 12월 31일

구분				금액	세율	세액
과세표준및매출세액	과세	세금계산서발급분	1	273,000,000	10/100	27,300,000
		매입자발행세금계산서	2		10/100	
		신용카드.현금영수증	3	800,000	10/100	80,000
		기타	4		10/100	
	영세	세금계산서발급분	5		0/100	
		기타	6		0/100	
	예정신고누락분		7			
	대손세액가감		8			
	합계		9	273,800,000	㉮	27,380,000

그 밖의 경감 · 공제 세액 명세

	구분		금액	세율	세액
18 그 밖의 경감공제 세액명세	전자신고및전자고지	54			10,000
	전자세금발급세액	55			
	택시운송사업자경감세	56			
	대리납부 세액공제	57			
	현금영수증사업자세액	58			
	기타	59			
	합계	60			10,000

문제 3 결산

1 수동결산

[일반전표입력] 12월 31일

(차) 521.보험료 200,000원 (대) 133.선급비용 200,000원

※ 경과된 보험료 1,200,000원 × 2/12 = 200,000원

2 결산자료입력에 의한 자동결산

[결산자료입력 1]

[방법 1] [일반전표입력] 12월 31일

(차) 998.법인세등 28,000,000원 (대) 136.선납세금 16,200,000원
261.미지급세금 11,800,000원

[방법 2] [일반전표입력] 12월 31일

(차) 998.법인세등 16,200,000원 (대) 136.선납세금 16,200,000원

입력 후 [결산자료입력]의 '법인세등'란에 11,800,000을 입력

[결산자료입력 2]
- 결산자료입력에서 기말 원재료 25,000,000원, 제품 31,000,000원을 입력하고 전표추가(F3) 를 클릭하여 결산분개를 생성한다.

[이익잉여금처분계산서] 메뉴
- 이익잉여금처분계산서에서 처분일을 입력한 후, 전표추가(F3) 를 클릭하여 손익대체 분개를 생성한다.

문제 4 근로소득관리

1 중도퇴사자의 원천징수

1. [사원등록]
   사원등록에서 퇴사년월일(2024년 11월 25일) 입력

20. 퇴 사 년 월 일 2024 년 11 월 25 일

2. [수당/공제등록]

수당등록 | 공제등록 | 비과세/감면설정 | 사회보험

	코드	수당명	과세구분	근로소득유형
1	101	기본급	과세	1.급여
2	102	상여	과세	2.상여
3	200	직책수당	과세	1.급여
4	201	특별수당	과세	1.급여

	코드	공제항목명	공제소득유형	급여
1	501	국민연금	0.무구분	○
2	502	건강보험	0.무구분	○
3	503	고용보험	0.무구분	○
4	504	장기요양보험료	0.무구분	○
5	505	학자금상환액	0.무구분	○
6	903	농특세	0.사용	○
7	600	건강보험료정산	2.건강보험료정산	○
8	601	장기요양보험료정산	4.장기요양보험정산	○

3. [급여자료입력]
   급여자료를 입력한 후, [중도퇴사자 정산]을 클릭하여 연말정산 결과를 반영한다.

귀속년월 2024 년 11 월 구분 1.급여 지급일 2024 년 11 월 25 일 정렬 1.코드

코드	사원명	직급	감면율	급여항목	지급액	공제항목	공제액
1001	한준경			기본급	4,000,000	국민연금	180,000
1002	김도경			직책수당	800,000	건강보험	141,800
1003	김승우(중도인			특별수당	2,000,000	고용보험	61,200
						장기요양보험료	18,360
						건강보험료정산	18,210
						장기요양보험료정산	1,200
						소득세	474,840
						지방소득세	47,540
						농특세	

4. [원천징수이행상황신고서]

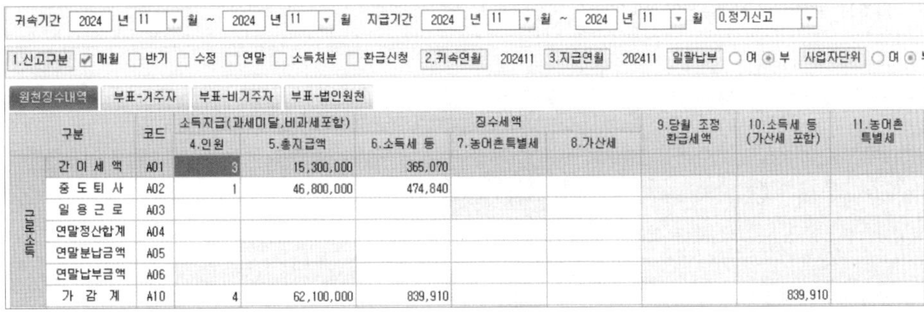

귀속기간 2024 년 11 월 ~ 2024 년 11 월 지급기간 2024 년 11 월 ~ 2024 년 11 월 0.정기신고

1.신고구분 ☑매월 □반기 □수정 □연말 □소득처분 □환급신청 2.귀속연월 202411 3.지급연월 202411 일괄납부 ○여 ◉부 사업자단위 ○여 ◉부

원천징수내역 | 부표-거주자 | 부표-비거주자 | 부표-법인원천

	구분	코드	소득지급(과세미달,비과세포함) 4.인원	5.총지급액	징수세액 6.소득세 등	7.농어촌특별세	8.가산세	9.당월 조정 환급세액	10.소득세 등 (가산세 포함)	11.농어촌 특별세
근로소득	간이세액	A01	3	15,300,000	365,070					
	중도퇴사	A02	1	46,800,000	474,840					
	일용근로	A03								
	연말정산합계	A04								
	연말분납금액	A05								
	연말납부금액	A06								
	가감계	A10	4	62,100,000	839,910				839,910	

2 주민등록등본에 의한 사원등록

[사원등록]

● 부 양 가 족 명 세 (2024.12.31기준)

	연말정산관계	기본	세대	부녀	장애	경로 70세	출산 입양	자녀	한부모	성명	주민(외국인)번호		가족관계
1	0.본인	본인		○						김도경	내	800117-2247093	
2	3.배우자	배우자			3					정진수	내	830107-1056214	02.배우자
3	2.(배)직계존속	60세이상								김성연	내	550515-2899738	11.시모
4	4.직계비속((손	20세이하						○		정윤재	내	080505-3032566	05.자녀

① 김도경: 배우자가 있는 여성근로자(근로소득금액 3천만원 이하)로, 부녀자공제 대상임.
② 정진수: 중증환자로서 소득이 없는 자이므로 기본공제, 장애인공제 대상임.
③ 김성연: 총급여액이 5,000,000원 이하이므로 기본공제 대상임.
④ 정윤재: 만 20세 이하 이고, 기타소득금액 100만원 이하이므로 기본공제 대상임.

3 국세청연말정산간소화 및 이외의 자료를 기준으로 연말정산

[연말정산 근로소득원천징수영수증]

1. 의료비 세액공제

정산명세 | 소득명세 | 소득공제 | 의료비 | 기부금 | 신용카드 | 연금투자명세 | 월세액명세

● 지 급 내 역

	공제대상자					지급처			지급명세		
	부양가족 관계코드	성명	내외	주민등록번호	본인등 해당여부	상호	사업자번호	의료증빙 코드	건수	지급액	실손의료보험금
1	소득자의 직계존·	오영선	내	460901-2122786	○			국세청	1	7,300,000	900,000

2. 보험료 세액공제

정산명세 | 소득명세 | 소득공제 | 의료비 | 기부금 | 신용카드 | 연금투자

	관계코드 / 내외국인	성명 / 주민등록번호	기본	보험료			
				건강	고용	보장성	장애인
1	0	한준경	본인/세대주				
	1	721010-1774918		2,399,400	540,000		
2	3	서나리	부				
	1	730501-2775018					
3	1	오영선	60세이상			960,000	
	1	460901-2122786					
4	4	한준희	장애인				1,440,000
	1	970927-1241853					

- 저축성 보험료는 공제대상이 아니다.

3. 교육비 세액공제

정산명세 | 소득명세 | 소득공제 | 의료비 | 기부금

	관계코드 / 내외국인	성명 / 주민등록번호	기본	교육비		
				구분	일반	장애인 특수교육
1	0	한준경	본인/세대주	본인	6,500,000	
	1	721010-1774918				

4. 연금계좌 세액공제

- 연금계좌 세액공제는 본인 지출분만 공제 가능하므로 공제 대상이 아니다.

5. 월세 세액공제

2. 월세액 세액공제 명세 　　무주택자해당여부 ◉ 여 ○ 부

임대인성명(상호)	주민(사업자)등록번호	주택유형	주택계약면적(㎡)	임대차계약서상 주소지	임대차계약기간		월세액
					시작	종료	
주성훈	860512-1875655	단독주택	85.00	서울특별시 구로구 도림로 33길 2'	2024-03-01	2026-02-28	7,000,000

6. 정산명세 조회

구분	항목			금액
특별소득공제	34.주택 나.장기주택저당차입금이자상환액	11년이전 차입분	15년미만	
			15~29년	
			30년이상	
		12년이후 차입분(15년이상	고정or비거치	
			기타대출	
		15년이후 차입분(15년이상)	고정&비거치	
			고정or비거치	
			기타대출	
		15년이후 차입분(10~15년	고정or비거치	
	35.기부금(이월분)			
	36.계			2,939,400
37.차감소득금액				34,110,600
그 밖의 소득공제	38.개인연금저축			
	39.소기업·소상공인공제부금			
	40.주택마련저축	가.청약저축		
		나.주택청약종합저축		
		다.근로자주택마련저축		
	41.투자조합출자 등			
	42.신용카드등		0	
	43.우리사주조합 출연금			
	44.고용유지중소기업근로자			
	45.장기집합투자증권저축			
	46.청년형장기집합투자증권저축			
	47.그 밖의 소득 공제 계			

구분	항목			대상금액	세액공제액
세액공제 특별세액공제	61.보장성보험			2,400,000	265,200
	62.의료비			7,300,000	690,000
	63.교육비			6,500,000	975,000
	64 기부금	정치자금	10만 이하		
			10만 초과		
		고향사랑	10만 이하		
			10만 초과		
		다.특례(법정)기부금			
		라.우리사주기부금			
		마.일반기부금(종교외			
		바.일반기부금(종교)			
	65.계				1,930,200
	66.표준세액공제				
	67.납세조합공제				
	68.주택차입금				
	69.외국납부				
	70.월세액				1,050,000
	71.세액공제계				3,640,200
72.결정세액(50-55-71)					216,390
82.실효세율(%) (72/21)×100%					0.4%

구분		소득세	지방소득세	농어촌특별세	계
73.결정세액		216,390	21,639	0	238,029
기납부 세액	74.종(전) 근무지	0	0	0	0
	75.주(현) 근무지	2,854,200	285,360	0	3,139,560
76. 납부특례세액		0	0	0	0
77. 차감징수세액(73-74-75-76)		-2,637,810	-263,720	0	-2,901,530

실무수행평가

11	12	13	14	15
4	20,500,000	31	238,356	252,000,000
16	17	18	19	20
13,000	③	4,180,000	273,000,000	24,313,200
21	22	23	24	25
1,035,000	22,000,000	33,300,000	349,720,000	20,000,000
26	27	28	29	30
①	181,000	1,803,835	503,800,000	②
31	32	33	34	35
13,651,000	1,000,000	31,000,000	11,800,000	②
36	37	38	39	40
6,800,000	943,150	62,100,000	1,779,170	1,959,600
41	42	43	44	45
1,500,000	3,000,000	2,000,000	500,000	150,000
46	47	48	49	50
①	265,200	690,000	975,000	1,050,000

최신 기출문제 제67회

[실무이론평가]

1	2	3	4	5	6	7	8	9	10
②	①	④	③	③	②	①	③	④	④

01 ②
- 표현의 충실성을 설명한 것으로서 신뢰성의 속성에 해당한다.

02 ①
- 미교부주식배당금은 자본조정항목으로 자본에 해당한다.

03 ④
- 매출원가 = 기초재고자산(100개 × 1,000원) + 12월 5일 매입분(50개 × 1,200원) = 160,000원
- 기말재고자산 = 12월 5일 매입분(50개 × 1,200원) + 12월 15일 매입분(100개 × 1,400원) = 200,000원

04 ③
- 상환의무가 없는 정부보조금 1,000,000원으로 기계장치를 1,000,000원에 취득할 경우의 회계처리는 다음과 같다.

(차) 기계장치	1,000,000원	(대) 보통예금	1,000,000원
정부보조금 (보통예금 차감)	1,000,000원	정부보조금 (기계장치 차감)	1,000,000원

05 ③
- 퇴직금추계액이란 당기말 현재 전 임직원이 퇴사할 때 소요될 것으로 예상되는 퇴직급여액으로서, 재무상태표에 계상되는 퇴직급여충당부채 기말잔액이다.
- 퇴직금추계액 = 퇴직급여충당부채 기초잔액(6,000,000원) - 당기지급액(2,000,000원) + 결산 시 추가전입액(3,000,000원) = 7,000,000원

06 ②
- 1월 1일 ~ 6월 30일의 감가상각비 = 20,000,000원 ÷ 5년 × 6개월/12개월 = 2,000,000원
- 7월 1일 ~ 12월 31일의 감가상각비 = (20,000,000원 - 2,000,000원 + 5,400,000원) × 6개월/54개월 = 2,600,000원
- 2024년 감가상각비 = 2,000,000원 + 2,600,000원 = 4,600,000원

07 ①
- 약사법에 따른 약사가 제공하는 의약품의 조제용역은 면세대상 용역의 공급에 해당한다.

08 ③
- 15,000,000원(접대비 지출) + 70,000,000원(공장부지의 조성관련 지출) = 85,000,000원

09 ④
- 휴가비는 과세대상 근로소득이다. 그러나 사회통념상 타당한 범위의 경조금, 비출자임원이 사택을 제공받아 얻은 이익, 근로자가 제공받은 식사는 소득세 과세대상이 아니다.

10 ④
- 기본공제: 1,500,000원 × 4명 = 6,000,000원(본인, 배우자, 자녀, 모친)
  추가공제: 3,000,000원(경로우대공제 모친 1,000,000원, 장애인공제 자녀 2,000,000원)
- 부친은 소득금액이 1,000,000원을 초과하여 기본공제대상자에 해당하지 않으므로 추가공제 중 경로우대공제도 적용되지 않는다.

[실무수행과제]

문제 1 거래자료입력

1 [일반전표입력] 1월 10일

(차) 933.기부금	5,000,000원	(대) 101.현금	5,000,000원
또는 (출) 933.기부금	5,000,000원		

[영수증수취명세서]

[영수증수취명세서(2)]

영수증수취명세서(2) | 영수증수취명세서(1) | 해당없음

□	거래일자	상 호	성 명	사업장	사업자등록번호	거래금액	구분	계정코드	계정과목
□	2024-02-21	(주)삼성화재				835,000	16	821	보험료
□	2024-01-13	샤인실업	최재수	서울 구로구 구로동로 27	106-08-12514	200,000		520	수선비
□	2024-01-10	(재)서울대학교		서울특별시 관악구 관악로 1	112-82-00240	5,000,000	20	933	기부금

[영수증수취명세서(1)]

영수증수취명세서(2) | 영수증수취명세서(1) | 해당없음

1. 세금계산서, 계산서, 신용카드 등 미사용내역

9. 구분	3만원 초과 거래분		
	10. 총계	11. 명세서제출 제외대상	12. 명세서제출 대상(10-11)
13. 건수	3	2	1
14. 금액	6,035,000	5,835,000	200,000

2. 3만원 초과 거래분 명세서제출 제외대상 내역

구분	건수	금액	구분	건수	금액
15. 읍, 면 지역 소재			26. 부동산 구입		
16. 금융, 보험 용역	1	835,000	27. 주택임대용역		
17. 비거주자와의 거래			28. 택시운송용역		
18. 농어민과의 거래			29. 전산발매통합관리시스템가입자와의		
19. 국가 등과의 거래			30. 항공기항행용역		
20. 비영리법인과의 거래	1	5,000,000	31. 간주임대료		
21. 원천징수 대상사업소			32. 연체이자지급분		
22. 사업의 양도			33. 송금명세서제출분		
23. 전기통신, 방송용역			34. 접대비필요경비부인분		
24. 국외에서의 공급			35. 유료도로 통행료		
25. 공매, 경매, 수용			36. 합계	2	5,835,000

2 [일반전표입력] 2월 25일

(차) 936.매출채권처분손실	660,000원	(대) 110.받을어음(01500.(주)아이나라)	22,000,000원
103.보통예금(98000.국민은행(보통))	21,340,000원		

※ 할인료(매출채권처분손실): 22,000,000원 × 12% × 3개월/12개월 = 660,000원

2. [자금관리]

어음상태	2 할인(전액)	어음번호	00420240125123456780	수취구분	1 자수	발행일	2024-01-25	만기일	2024-05-25
발행인	01500 (주)아이나라			지급은행	100 국민은행			지점	서대문
배서인		할인기관	98000 국민은행(보통)	지점	서대문	할인율(%)		어음종류	6 전자
지급거래처				* 수령된 어음을 타거래처에 지급하는 경우에 입력합니다.					

3 [매입매출전표입력] 3월 20일

거래유형	품명	공급가액	부가세	거래처	전자세금
53.면세	기계장비리스	880,000		00112.(주)우리캐피탈	전자입력
분개유형	(차) 519.임차료	880,000원	(대) 253.미지급금		880,000원
3.혼합					

문제 2 부가가치세관리

1 전자세금계산서 발급

1. [매입매출전표입력] 4월 28일

거래유형	품명	공급가액	부가세	거래처	전자세금
11.과세	미니카 장난감	12,000,000	1,200,000	03040.(주)아이토이	전자발행
분개유형	(차) 108.외상매출금 13,200,000원		(대) 404.제품매출 12,000,000원		
2.외상			255.부가세예수금 1,200,000원		

2. [전자세금계산서 발행 및 내역관리]

① 미전송된 내역이 조회되면, 미전송내역을 체크한 후 [전자발행 ▾]을 클릭하여 표시되는 로그인 화면에서 [확인(Tab)] 클릭

② '전자세금계산서 발행' 화면이 조회되면 [발행(F3)] 버튼을 클릭한 다음 확인클릭

③ 국세청란에 '발행대상'으로 표시되면 [ACADEMY 전자세금계산서]를 클릭

④ [Bill36524 교육용전자세금계산서] 화면에서 [로그인]을 클릭

⑤ 좌측화면: [세금계산서 리스트]에서 [미전송]으로 체크 후 [매출조회]를 클릭
우측화면: [전자세금계산서]에서 [발행]을 클릭

⑥ [발행완료되었습니다.] 메시지가 표시되면 [확인(Tab)] 클릭

2 수정전자세금계산서의 발급

1. [수정전자세금계산서 발급]

① [매입매출전표입력] 5월 23일 전표선택 ➜ [수정세금계산서] 클릭 ➜ 수정사유(2.공급가액변동)를 선택 ➜ [확인(Tab)]을 클릭

② [수정세금계산서(매출)] 화면에서 수정분 [작성일 5월 31일], [공급가액 -400,000원], [세액 -40,000원]을 입력한 후 [확인(Tab)]을 클릭

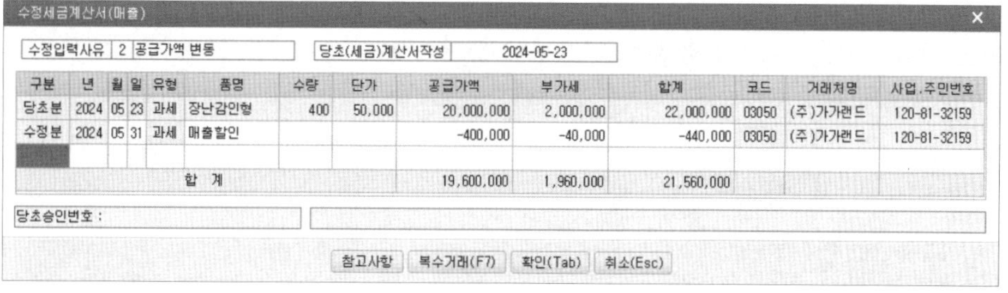

수정세금계산서(매출)

수정입력사유 2 공급가액 변동 | 당초(세금)계산서작성 2024-05-23

구분	년	월	일	유형	품명	수량	단가	공급가액	부가세	합계	코드	거래처명	사업.주민번호
당초분	2024	05	23	과세	장난감인형	400	50,000	20,000,000	2,000,000	22,000,000	03050	(주)가가랜드	120-81-32159
수정분	2024	05	31	과세	매출할인			-400,000	-40,000	-440,000	03050	(주)가가랜드	120-81-32159
					합 계			19,600,000	1,960,000	21,560,000			

당초승인번호 :

참고사항 | 복수거래(F7) | 확인(Tab) | 취소(Esc)

③ [매입매출전표입력] 5월 31일

거래유형	품명	공급가액	부가세	거래처	전자세금
11. 과세	매출할인	-400,000	-40,000	03050.(주)가가랜드	전자발행
분개유형	(차) 108.외상매출금 -440,000원		(대) 404.제품매출 -400,000원		
2. 외상			255.부가세예수금 -40,000원		

2. [전자세금계산서 발행 및 내역관리]

① [전자세금계산서 발행 및 내역관리]를 클릭하면 수정 전표 1매가 미전송 상태로 조회된다.

② 해당내역을 클릭하여 전자세금계산서 발급(발행) 및 국세청 전송을 한다.

3 건물등감가상각자산취득명세서 작성자의 부가가치세신고서 작성

1. [거래자료입력]
- [매입매출전표입력] 7월 5일

거래유형	품명	공급가액	부가세	거래처	전자세금
51.과세	프레스기계 수선비	8,000,000	800,000	03150.(주)코스모산업	전자입력
분개유형	(차) 206.기계장치 8,000,000원		(대) 253.미지급금 8,800,000원		
3.혼합	135.부가세대급금 800,000원				

- [매입매출전표입력] 8월 20일

거래유형	품명	공급가액	부가세	거래처	전자세금
51.과세	공장신축공사계약금	150,000,000	15,000,000	03160.(주)성신산업	전자입력
분개유형	(차) 214.건설중인자산 150,000,000원		(대) 103.보통예금		
3.혼합	135.부가세대급금 15,000,000원		165,000,000원 (98000.국민은행(보통))		

- [일반전표입력] 9월 30일

(차) 134.가지급금(03090.박세리) 990,000원 (대) 253.미지급금(99610.삼성카드) 990,000원

※ 대표이사의 개인적인 물품구입은 매입세액 공제대상이 아니며, 세금계산서를 수취하지 않고 신용카드매출전표를 수취하였으므로 일반전표입력에 매입부가세를 포함한 금액으로 입력하여야 한다.

2. [건물등감가상각자산취득명세서] 7월 ~ 9월

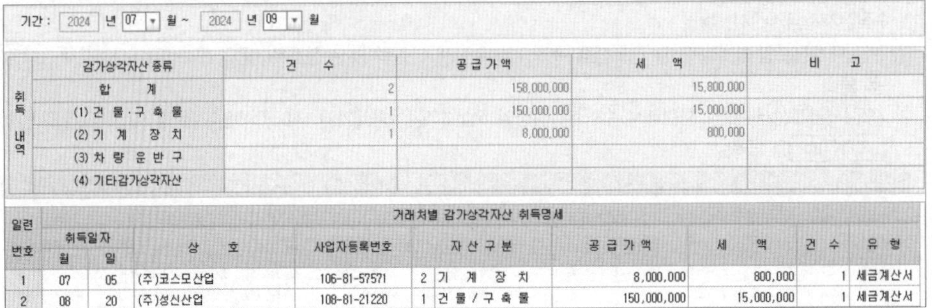

기간 : 2024 년 07 월 ~ 2024 년 09 월

	감가상각자산 종류	건 수	공 급 가 액	세 액	비 고
취득내역	합 계	2	158,000,000	15,800,000	
	(1) 건 물 · 구 축 물	1	150,000,000	15,000,000	
	(2) 기 계 장 치	1	8,000,000	800,000	
	(3) 차 량 운 반 구				
	(4) 기타감가상각자산				

거래처별 감가상각자산 취득명세

일련번호	취득일자 월	취득일자 일	상 호	사업자등록번호	자 산 구 분		공 급 가 액	세 액	건 수	유 형
1	07	05	(주)코스모산업	106-81-57571	2	기 계 장 치	8,000,000	800,000	1	세금계산서
2	08	20	(주)성신산업	108-81-21220	1	건 물 / 구 축 물	150,000,000	15,000,000	1	세금계산서

3. [부가가치세신고서] 7월 1일 ~ 9월 30일

				금액		세액
매입세액	세금계산수취부분	일반매입	10	78,100,000		7,810,000
		수출기업수입분납부유예	10-1			
		고정자산매입	11	158,000,000		15,800,000
	예정신고누락분		12			
	매입자발행세금계산서		13			
	그밖의공제매입세액		14	1,600,000		160,000
	합계 (10-(10-1)+11+12+13+14)		15	237,700,000		23,770,000
	공제받지못할매입세액		16			
	차감계 (15-16)		17	237,700,000	㉯	23,770,000

4 대손세액공제신고서 작성자의 부가가치세신고서 작성

1. [대손세액공제신고서] 작성

대손발생 | 대손변제

기간 : 2024 년 10 월 ~ 2024 년 12 월 공제율 : 10/110

	당초공급일	대손사유	대손기준일	대손확정일	대손금액	대손세액	코드	거래상대방 상호	사업자등록번호	주민등록번호	성명
1	2021-10-10	파산	2021-10-10	2024-12-20	2,200,000	200,000	00114	(주)카오물산	109-81-25501		안성문

2. [부가가치세신고서] 10월 1일 ~ 12월 31일

구분				금액	세율	세액
과세표준및매출세액	과세	세금계산서발급분	1	40,860,000	10/100	4,086,000
		매입자발행세금계산서	2		10/100	
		신용카드.현금영수증	3		10/100	
		기타	4		10/100	
	영세	세금계산서발급분	5		0/100	
		기타	6		0/100	
	예정신고누락분		7			
	대손세액가감		8			-200,000
	합계		9	40,860,000	㉮	3,886,000

그 밖의 경감·공제 세액 명세

	구분		금액	세율	세액
18 그 밖의 경감공제 세액명세	전자신고및전자고지	54			10,000
	전자세금발급세액	55			
	택시운송사업자경감세	56			
	대리납부 세액공제	57			
	현금영수증사업자세액	58			
	기타	59			
	합계	60			10,000

3. [일반전표입력] 12월 20일

(차) 109.대손충당금	900,000원	(대) 108.외상매출금 (00114.(주)카오물산)	2,200,000원
835.대손상각비	1,100,000원		
255.부가세예수금	200,000원		

문제 3 결산

1 수동결산

[일반전표입력] 12월 31일

(차) 305.외화장기차입금(98300.원캐피탈) 4,500,000원 (대) 910.외화환산이익 4,500,000원

※ (1,350원 − 1,200원) × $30,000 = 이익 4,500,000원

2 결산자료입력에 의한 자동결산

[결산자료입력 1]

- 단기대여금 대손상각비 설정액 = 12,000,000원 × 1% = 120,000원

① 방법 1.

결산자료입력(기타의 대손상각비)란에 단기대여금 120,000원 입력

② 방법 2. [일반전표입력] 12월 31일

(차) 934.기타의대손상각비 120,000원 (대) 115.대손충당금 120,000원

[결산자료입력 2]

- 결산자료입력에서 기말 원재료 5,250,000원, 재공품 8,300,000원, 제품 26,400,000원을 입력하고 전표추가(F3) 를 클릭하여 결산분개를 생성한다.

[이익잉여금처분계산서] 메뉴

- 이익잉여금처분계산서에서 처분일을 입력한 후, 전표추가(F3) 를 클릭하여 손익대체 분개를 생성한다.

문제 4 근로소득관리

1 주민등록등본에 의한 사원등록

[사원등록]

● 부양가족명세 (2024.12.31기준)

	연말정산관계	기본	세대	부녀	장애	경로70세	출산입양	자녀	한부모	성명	주민(외국인)번호		가족관계
1	0.본인	본인	○							김태현	내	800321-1216511	
2	3.배우자	배우자								현주영	내	810905-2027511	02.배우자
3	4.직계비속((ﾇ	20세이하						○		김선우	내	160123-4070784	05.자녀
4	4.직계비속((ﾇ	20세이하					○(2)			김선아	내	240226-4000009	05.자녀
5	6.형제자매	장애인			1					현주성	내	830303-1850211	22.제

① 현주영: 고용보험으로부터 지급받는 육아휴직급여는 비과세이므로 기본공제 대상임.
② 김선우: 20세 이하 이고, 소득이 없으므로 기본공제, 자녀세액공제 대상임.
③ 김선아: 해당연도에 출생하였으므로 출산입양공제, 기본공제 대상임.
④ 현주성: 장애인으로 소득이 없으므로 기본공제, 장애인공제 대상임.

2 일용직사원의 원천징수

1. [일용직사원등록]

일용직사원등록 | 일용직급여입력 정렬 0.코드

코드	사원명	주민(외국인)번호		나이
2001	선우진	내	980305-1111119	26

관리사항등록
1. 입사년월일 2024 년 09 월 20 일
2. 퇴사년월일 년 월 일
3. 주민등록번호 내외국인 0 내국인 980305-1111119
4. 주소
5. 전화번호) - 6. 핸드폰번호) -
7. Email등록 @ 직접입력
8. 은행/계좌번호/예금주 선우진
9. 직종/부서/직급 현장 직종 / 부서 직급 / 프로젝트
10. 국적/체류자격 국적 100 한국 체류자격
11. 거주구분/거주지국 거주구분 0 거주자 거주지국 KR 대한민국
12. 퇴직금적용 0 부
13. 단기예술인여부 0 부 단기예술인사업장

급여사항등록
13. 급여지급방법 0 매일지급
14. 정상급여 250,000 원 급여유형 0 일급직

2. [일용직급여입력]

일용직사원등록 | 일용직급여입력

귀속년월 2024 년 09 월   지급년월 2024 년 09 월   근무일수 반영기준 : 2. 근무 일수 기준   정렬
현장 ? 전체   부서 ? 전체   프로젝트 ? 전체   구분

코드	사원명	주민(외국인)번호	근무	지급액	마감
2001	선우진	내 980305-1111119	5	1,250,000	X

※ 만근공수 : 월 만근근무인 경우 정상지급액에 금액을 입력합니다.   공수 일괄 삭제

현장 코드	현장명	일자	요일	근무	근무시간 정상	근무시간 연장	지급액 정상	지급액 연장	기타비과세
		20	금	○			250,000		
		21	토	○			250,000		
		22	일	○			250,000		
		23	월	X					
		24	화	X					
		25	수	○			250,000		
		26	목	○			250,000		
		27	금	X					
		28	토	X					
		29	일	X					
		30	월	X					
합계 [최종근무일 26일]				5			1,250,000		

3. [원천징수이행상황신고서]

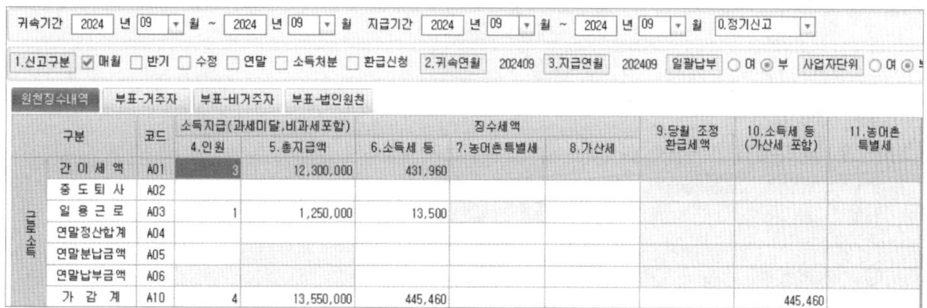

귀속기간 2024 년 09 월 ~ 2024 년 09 월   지급기간 2024 년 09 월 ~ 2024 년 09 월   0.정기신고

1.신고구분 ☑ 매월 ☐ 반기 ☐ 수정 ☐ 연말 ☐ 소득처분 ☐ 환급신청   2.귀속연월 202409   3.지급연월 202409   일괄납부 ○ 여 ◉ 부   사업자단위 ○ 여 ◉ 부

원천징수내역 | 부표-거주자 | 부표-비거주자 | 부표-법인원천

	구분	코드	소득지급(과세미달,비과세포함) 4.인원	5.총지급액	징수세액 6.소득세 등	7.농어촌특별세	8.가산세	9.당월 조정 환급세액	10.소득세 등 (가산세 포함)	11.농어촌 특별세
근로소득	간이세액	A01	3	12,300,000	431,960					
	중도퇴사	A02								
	일용근로	A03	1	1,250,000	13,500					
	연말정산합계	A04								
	연말분납금액	A05								
	연말납부금액	A06								
	가감계	A10	4	13,550,000	445,460				445,460	

3 국세청연말정산간소화 및 이외의 자료를 기준으로 연말정산

[연말정산 근로소득원천징수영수증]

1. 부양가족 등록수정

● 부양가족명세 (2024.12.31기준)

	연말정산관계	기본	세대	부녀	장애	경로 70세	출산 입양	자녀	한부모	성명		주민(외국인)번호	가족관계
1	0.본인	본인	○							문지훈	내	741011-1111113	
2	3.배우자	배우자								김은희	내	790502-2222221	02.배우자
3	1.(소)직계존속	60세이상				○				정진향	내	510102-2111116	04.모
4	4.직계비속((손	20세이하						○		문소리	내	091215-3094119	05.자녀

2. 의료비 세액공제

정산명세 | 소득명세 | 소득공제 | 의료비 | 기부금 | 신용카드 | 연금투자명세 | 월세액명세

● 지급내역

	공제대상자 부양가족 관계코드	성명	내외	주민등록번호	본인등 해당여부	지급처 상호	사업자번호	의료증빙코드	지급명세 건수	지급액	실손의료보험금
1	소득자의 직계존	정진향	내	510102-2111116	○			국세청	1	4,200,000	

3. 신용카드 소득공제

정산명세 | 소득명세 | 소득공제 | 의료비 | 기부금 | 신용카드 | 연금투자명세 | 월세액명세

● 1. 공제대상자및대상금액

공제대상자		신용카드 등 공제대상금액								
내.외	성 명	구분	⑤소계(⑥+⑦+⑧+⑨+⑩+⑪)	⑥신용카드	⑦직불선불카드	⑧현금영수증	⑨도서공연박물관미술관사용분(총급여7천만원…			⑩전통시장
관 계	생년월일						신용카드	직불선불카드	현금영수증	
내	문지훈	국세청자료								
본인	1974-10-11	그밖의자료								
내	김은희	국세청자료	18,000,000	12,500,000						5,500,000
3	1979-05-02	그밖의자료								

4. 보험료 세액공제

정산명세 | 소득명세 | 소득공제 | 의료비 | 기부금 | 신용카드 | 연

	관계코드	성 명	기본	구분	보험료		
	내외국인	주민등록번호			건강	고용	보장성
1	0	문지훈	본인/세대주	국세청			480,000
	1	741011-1111113		기타	2,255,400	507,600	
2	3	김은희	배우자	국세청			
	1	790502-2222221		기타			
3	1	정진향	60세이상	국세청			960,000
	1	510102-2111116		기타			
4	4	문소리	20세이하	국세청			
	1	091215-3094119		기타			

5. 교육비 세액공제

- 비인가 대안교육기관에 지급한 교육비는 세액공제 대상에 해당하지 않는다.

정산명세 | 소득명세 | 소득공제 | 의료비 | 기부금

	관계코드	성 명	기본	교육비		
	내외국인	주민등록번호		구분	일반	장애인특수교육
1	0	문지훈	본인/세대주	본인	4,500,000	
	1	741011-1111113				
2	3	김은희	배우자			
	1	790502-2222221				
3	1	정진향	60세이상			
	1	510102-2111116				
4	4	문소리	20세이하			
	1	091215-3094119				

6. 정산명세 조회

구분	항목			금액
특별소득공제	34.주택 나.장기주택저당차입금이자상환액	11년이전 차입분	15년미만	
			15~29년	
			30년이상	
		12년이후 차입분 (15년이상	고정 or비거치	
			기타대출	
		15년이후 차입분 (15년이상)	고정&비거치	
			고정 or비거치	
			기타대출	
		15년이후 차입분 (10~15년	고정 or비거치	
	35.기부금(이월분)			
	36.계			2,763,000
37.차 감 소 득 금 액				33,029,000
그 밖의 소득공제	38.개인연금저축			
	39.소기업·소상공인공제부금			
	40.주택마련저축	가.청약저축		
		나.주택청약종합저축		
		다.근로자주택마련저축		
	41.투자조합출자 등			
	42.신용카드등	18,000,000		1,560,000
	43.우리사주조합 출연금			
	44.고용유지중소기업근로자			
	45.장기집합투자증권저축			
	46.청년형장기집합투자증권저축			
	47.그 밖의 소득 공제 계			1,560,000

구분		항목			대상금액	세액
세액공제	특별세액공제	61.보장성보험			1,440,000	120,000
		62.의 료 비			4,200,000	376,200
		63.교 육 비			4,500,000	675,000
		64 기부금	정치자금	10만 이하		
				10만 초과		
			고향사랑	10만 이하		
				10만 초과		
			다.특례(법정)기부금			
			라.우리사주기부금			
			마.일반기부금(종교외			
			바.일반기부금(종교)			
		65.계				1,171,200
		66.표준세액공제				
	67.납 세 조 합 공 제					
	68.주 택 차 입 금					
	69.외 국 납 부					
	70.월세액					
	71.세 액 공 제 계					1,981,200
72.결 정 세 액(50-55-71)						1,479,150
82.실 효 세 율(%) (72/21)×100%						2.6%

구분		소득세	지방소득세	농어촌특별세	계
73.결정세액		1,479,150	147,915	0	1,627,065
기납부 세액	74.종(전) 근무지	0	0	0	0
	75.주(현) 근무지	1,939,800	193,920	0	2,133,720
76. 납부특례세액		0	0	0	0
77. 차감징수세액(73-74-75-76)		-460,650	-46,000	0	-506,650

실무수행평가

11	12	13	14	15
1,880,000	19,600,000	29	2	8,000,000
16	17	18	19	20
158,000,000	④	②	-200,000	759,200
21	22	23	24	25
5,835,000	34,000,000	7,200,000	791,000	1,080,000
26	27	28	29	30
6,060,000	③	21,560,000	1,100,000	30,060,900
31	32	33	34	35
1,990,000	602,700,000	36,000,000	41,550,000	②
36	37	38	39	40
1,500,000	3	2,000,000	21,838,480	650,000
41	42	43	44	45
11,250	26,100	1,250,000	13,500	4
46	47	48	49	50
1,560,000	120,000	376,200	675,000	②

최신 기출문제 제68회

[실무이론평가]

1	2	3	4	5	6	7	8	9	10
③	③	③	②	①	③	③	②	①	③

01 ③

- 타인에게 임대하거나 자체적으로 사용하기 위하여 보유하고 있는 부동산은 유형자산으로 분류하고 시세차익을 얻기 위하여 보유하고 있는 부동산은 투자자산으로 분류한다.

02 ③

- 손익계산서 양식에 따라 매출총이익, 매출원가를 계산한다.

과 목	금 액(원)	계산내역
매출액	15,500,000	
매출원가	10,000,000	15,500,000 – 5,500,000
매출총이익	5,500,000	1,000,000 + 4,500,000
판매비와관리비	4,500,000	
영업이익	1,000,000	

03 ③

- 대손처리하였던 외상매출금을 회수하는 경우 대변에 대손충당금으로 회계처리한다.

04 ②

- 누락된 결산수정분개: (차) 보험료 300,000원 (대) 선급비용 300,000원
- 보험료(판매비와관리비) 300,000원이 과소계상되어 영업이익이 300,000원 과대계상되고, 선급비용(유동자산) 300,000원이 과대계상된다.

05 ①

- 사채할인발행차금은 시장이자율보다 액면이자율이 낮을 경우에 발생한다.

06 ③

- 당기순이익에의 영향은 단기매매 목적으로 보유한 A, B주식의 평가손익이다.
- A주식의 평가: 1,000주 × (@7,000원 – @6,000원) = 단기매매증권평가이익 1,000,000원
- B주식의 평가: 3,000주 × (@5,000원 – @8,000원) = 단기매매증권평가손실 9,000,000원
  → 당기순이익 8,000,000원 감소
- C주식은 매도가능증권으로서 관련 평가손익은 자본(기타포괄손익누계액)으로 분류된다.

07 ③

- 면세는 부가가치세의 역진성을 완화하기 위한 목적으로 도입되었다.

08 ②

- 부가가치세 과세표준 = 100,000,000원 + 10,000,000원 = 110,000,000원
- 국가 무상 기증은 면세 대상에 해당하고, 화재로 인한 손실은 재화의 공급에 해당하지 않는다.

09 ①

- ② 대표자 본인에 대한 급여는 필요경비로 인정되지 않는다.
  ③ 분리과세되는 사업소득은 없다.
  ④ 사업용 고정자산에 해당하는 토지를 양도함으로써 발생하는 차익은 사업소득금액 계산 시 총수입금액에 산입하지 않는다.

부록/정답 및 해설

10 ③

- 56,000,000원 + 6,000,000원 + 2,400,000원 = 64,400,000원
- 식대보조금은 별도의 식사를 제공 받았으므로 전액 과세임.
  자가운전보조금은 전액 비과세임.

[실무수행과제]

문제 1 거래자료입력

1 [일반전표입력] 1월 10일

(차) 811.복리후생비 300,000원 (대) 103.보통예금(98000.하나은행(보통)) 300,000원

[경비등송금명세서]

● 거래 및 송금내역, 공급자

번호	⑥ 거래일자	⑦ 법인명(상호)	⑧ 성 명	⑨사업자(주민)등록번호	⑩ 거래내역	⑪ 거 래 금 액	⑫ 송금일자	CD	⑬ 은 행 명	⑭ 계 좌 번 호
1	2024-01-10	이복길	이복길	540320-2178111	배추	300,000	2024-01-10	020	우리은행	110154-21-210

2 3월 30일

1. [거래처원장] 조회

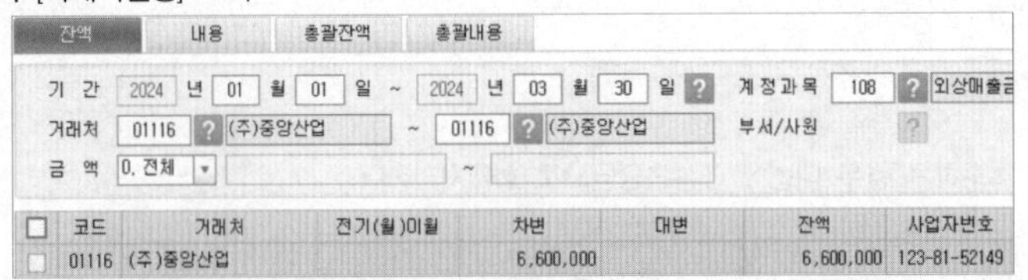

잔액 / 내용 / 총괄잔액 / 총괄내용

기 간 2024 년 01 월 01 일 ~ 2024 년 03 월 30 일 계정과목 108 외상매출금
거래처 01116 (주)중앙산업 ~ 01116 (주)중앙산업 부서/사원
금 액 0. 전체

코드	거래처	전기(월)이월	차변	대변	잔액	사업자번호
01116	(주)중앙산업		6,600,000		6,600,000	123-81-52149

- 01116.(주)중앙산업의 외상매출금 잔액 6,600,000원 확인

2. [일반전표입력] 3월 30일

(차)110.받을어음(01116.(주)중앙산업) 10,000,000원 (대) 108.외상매출금(01116.(주)중앙산업) 6,600,000원
259.선수금(01116.(주)중앙산업) 3,400,000원

어음상태	1	보관	어음종류	6	전자	어음번호	00420240330123456789			수취구분	1	자수
발 행 인	01116	(주)중앙산업		발 행 일		2024-03-30		만 기 일	2024-06-30	배 서 인		
지급은행	100	국민은행	지 점	서대문		할인기관		지 점		할 인 율 (%)		
지급거래처						* 수령된 어음을 타거래처에 지급하는 경우에 입력합니다.						

3 [일반전표입력] 3월 31일

(차) 120.미수금(00118.(주)삼성전자) 1,240,000원 (대) 903.배당금수익 1,240,000원

문제 2 부가가치세관리

1 전자세금계산서 발급

1. [매입매출전표입력] 4월 5일

거래유형	품명	공급가액	부가세	거래처	전자세금
11.과세	자외선 식기세척기	12,000,000	1,200,000	00167.삼일전자(주)	전자발행
분개유형	(차) 108.외상매출금 (99601.신한카드)	13,200,000원	(대) 404.제품매출 255.부가세예수금		12,000,000원 1,200,000원
3.혼합 또는 4.카드					

2. [전자세금계산서 발행 및 내역관리]

① 미전송된 내역이 조회되면, 미전송내역을 체크한 후 [전자발행 ▾]을 클릭하여 표시되는 로그인 화면에서 [확인(Tab)] 클릭

② '전자세금계산서 발행' 화면이 조회되면 [발행(F3)] 버튼을 클릭한 다음 확인클릭

③ 국세청란에 '발행대상'으로 표시되면 [ACADEMY 전자세금계산서]를 클릭

④ [Bill36524 교육용전자세금계산서] 화면에서 [로그인]을 클릭

⑤ 좌측화면: [세금계산서 리스트]에서 [미전송]으로 체크 후 [매출조회]를 클릭
우측화면: [전자세금계산서]에서 [발행]을 클릭

⑥ [발행완료되었습니다.] 메시지가 표시되면 [확인(Tab)] 클릭

2 수정전자세금계산서의 발급

1. [수정전자세금계산서 발급]

① [매입매출전표입력]에서 6월 5일 전표 1건 선택 ➜ 툴바의 [수정세금계산서] 를 클릭 ➜ 수정사유(6.착오에 의한 이중발급 등)선택 ➜ [확인(Tab)]을 클릭

② 수정세금계산서(매출)화면에서 수정분 [작성일 6월 5일], [공급가액 -25,000,000원], [세액 -2,500,000원]을 입력한 후 [확인(Tab)] 클릭

수정세금계산서(매출)

수정입력사유 6 착오에 의한 이중발급등 | 당초(세금)계산서작성 2024-06-05

구분	년	월	일	유형	품명	수량	단가	공급가액	부가세	합계	코드	거래처명	사업.주민번호
당초분	2024	06	05	과세	3인용 식기세척	100	250,000	25,000,000	2,500,000	27,500,000	04004	㈜한성전자	506-81-45111
수정분	2024	06	05	과세	3인용 식기세척	-100	250,000	-25,000,000	-2,500,000	-27,500,000	04004	㈜한성전자	506-81-45111
합 계													

당초승인번호 : | 전표를 입력할 월을 입력 합니다.

참고사항 | 복수거래(F7) | 확인(Tab) | 취소(Esc)

③ [매입매출전표입력] 6월 5일

거래유형	품명	공급가액	부가세	거래처	전자세금
11.과세	3인용 식기세척기	-25,000,000	-2,500,000	04004.(주)한성전자	전자발행
분개유형	(차) 108.외상매출금	-27,500,000원	(대) 404.제품매출 255.부가세예수금	-25,000,000원 -2,500,000원	
2.외상					

2. [전자세금계산서 발행 및 내역관리]

① [전자세금계산서 발행 및 내역관리]를 클릭하면 수정 전표 1매가 '미전송' 상태로 조회된다.

② 해당내역을 클릭하여 전자세금계산서 발급(발행) 및 국세청 전송을 한다.

3 수출실적명세서 작성자의 부가가치세 신고서 작성

1. [매입매출전표입력] 7월 20일

거래유형	품명	공급가액	부가세	거래처	전자세금
16.수출	식기세척기	17,040,000		00112.쉰들러(주)	
분개유형	(차) 108.외상매출금 (00112.쉰들러(주))	17,040,000원	(대) 404.제품매출	17,040,000원	
2.외상					

과세표준 = 수출신고필증의 ㊾결제금액 × 선적일의 기준(재정)환율
12,000EUR × 1,420.0원 = 17,040,000원

2. [수출실적명세서] 7월 ~ 9월

기간 : 2024 년 07 월 ~ 2024 년 09 월 ※ [주의] 상단 신고기간의 범위안에 입력된 선적일을 기준으로 조회됩니다. 선적일자순

구 분	건 수	외화금액	원화금액	비 고
⑨합 계	1	12,000.00	17,040,000	
⑩수 출 한 재 화	1	12,000.00	17,040,000	
⑪기타영세율적용				기타영세율은 하단상세내역에 입력

NO	□	수출신고번호	기타영세율건수	(14)선(기)적일자	(15)통화코드	(16)환율	(17)외화	(18)원화
1	□	23176-23-067395-X		2024-07-20	EUR	1,420.0000	12,000.00	17,040,000

3. [부가가치세신고서] 7월 1일 ~ 9월 30일

영세	세금계산서발급분	5	5,000,000	0/100
	기타	6	17,040,000	0/100

4 신용카드매출전표등 수령금액합계표 작성자의 부가가치세신고서 작성

1. 거래자료 입력

① [일반전표입력] 10월 10일

(차) 822.차량유지비 110,000원 (대) 253.미지급금(99600.롯데카드) 110,000원

② [매입매출전표 입력] 11월 15일

거래유형	품명	공급가액	부가세	거래처	전자세금
57.카과	수리비	300,000	30,000	00121.블루핸즈 북가좌점	
분개유형	(차) 522.차량유지비 300,000원			(대) 253.미지급금 330,000원	
4.카드	135.부가세대급금 30,000원			(99602.우리카드)	

③ [매입매출전표 입력] 12월 8일

거래유형	품명	공급가액	부가세	거래처	전자세금
61.현과	복합기	900,000	90,000	00125.쿠팡(주)	
분개유형	(차) 212.비품 900,000원			(대) 103.보통예금 990,000원	
3.혼합	135.부가세대급금 90,000원			(98000.하나은행(보통))	

2. [신용카드매출전표등 수령금액 합계표] 10월 ~ 12월

- 상단의 '불러오기' 아이콘을 클릭하여 입력 데이터를 자동반영한다.

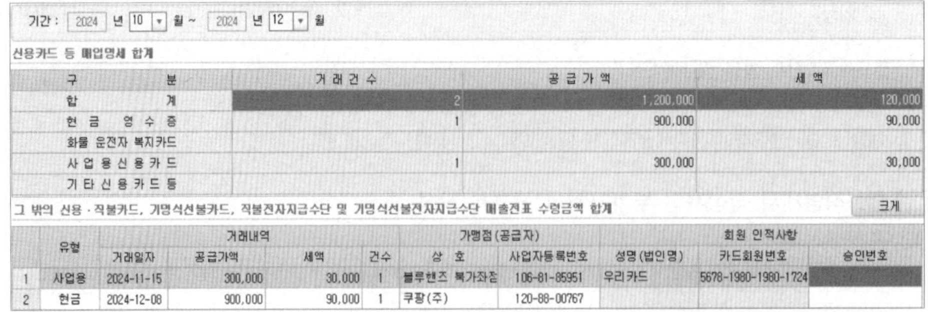

기간 : 2024 년 10 월 ~ 2024 년 12 월

신용카드 등 매입명세 합계

구 분	거래건수	공급가액	세액
합 계	2	1,200,000	120,000
현 금 영 수 증	1	900,000	90,000
화물 운전자 복지카드			
사 업 용 신 용 카 드	1	300,000	30,000
기 타 신 용 카 드 등			

그 밖의 신용 · 직불카드, 기명식선불카드, 직불전자지급수단 및 기명식선불전자지급수단 매출전표 수령금액 합계 크게

	유형	거래내역				가맹점(공급자)		회원 인적사항		
		거래일자	공급가액	세액	건수	상 호	사업자등록번호	성명(법인명)	카드회원번호	승인번호
1	사업용	2024-11-15	300,000	30,000	1	블루핸즈 북가좌점	106-81-85951	우리카드	5678-1980-1980-1724	
2	현금	2024-12-08	900,000	90,000	1	쿠팡(주)	120-88-00767			

3. [부가가치세신고서] 10월 1일 ~ 12월 31일

그밖의공제매입세액명세

	구분		금액	세율	세액
14 그 밖의 공제 매입 세액 명세	신용매출전표수취/일반	41	300,000		30,000
	신용매출전표수취/고정	42	900,000		90,000
	의제매입세액/평창,광주	43		뒤쪽참조	
	재활용폐자원등매입세	44		뒤쪽참조	
	과세사업전환매입세액	45			
	재고매입세액	46			
	변제대손세액	47			
	외국인관광객환급세액	48			
	합계	49	1,200,000		120,000

그 밖의 경감·공제 세액 명세

	구분		금액	세율	세액
18 그 밖의 경감공제 세액명세	전자신고및전자고지	54			10,000
	전자세금발급세액	55			
	택시운송사업자경감세	56			
	대리납부 세액공제	57			
	현금영수증사업자세액	58			
	기타	59			
	합계	60			10,000

문제 3 결산

1 수동결산

[일반전표입력]

(차) 257.가수금 10,170,000원 (대) 108.외상매출금(00156.(주)현동기기) 5,170,000원

114.단기대여금(00109.(주)제도전기) 5,000,000원

2 결산자료입력에 의한 자동결산

[결산자료입력 1]

- 퇴직급여(전입액)란에 제조: 17,400,000원, 판매관리비: 7,600,000원을 입력한다.
  ※ 생산부: 퇴직급여추계액 52,400,000원 – 퇴직급여충당부채 잔액 35,000,000원 = 17,400,000원
  ※ 영업부: 퇴직급여추계액 24,600,000원 – 퇴직급여충당부채 잔액 17,000,000원 = 7,600,000원

[결산자료입력 2]

- 결산자료입력에서 기말 원재료 30,000,000원, 제품 175,000,000원을 입력하고 전표추가(F3) 를 클릭하여 결산분개를 생성한다.

[이익잉여금처분계산서] 메뉴

- 이익잉여금처분계산서에서 처분일을 입력한 후, 전표추가(F3) 를 클릭하여 손익대체 분개를 생성한다.

문제 4 근로소득관리

1 가족관계증명서에 의한 사원등록

[사원등록] 메뉴의 부양가족명세

● 부 양 가 족 명 세 (2024.12.31기준)

	연말정산관계	기본	세대	부녀	장애	경로70세	출산입양	자녀	한부모	성명		주민(외국인)번호	가족관계
1	0.본인	본인	○							김대영	내	800321-1216511	
2	1.(소)직계존속	60세이상			3	○				김종덕	내	440405-1649478	03.부
3	3.배우자	배우자								안영희	내	810905-2027511	02.배우자
4	4.직계비속((손	20세이하						○		김한별	내	041123-3070791	05.자녀
5	4.직계비속((손	20세이하						○		김한솔	내	060305-3111116	05.자녀

① 김종덕: 소득이 없는 중증환자이므로 기본공제, 장애인공제, 경로우대자 대상임.
② 안영희: 복권당첨소득은 무조건 분리과세 대상소득이므로 기본공제 대상임.
③ 김한별: 소득이 없는 20세 이하로 기본공제 대상임.
④ 김한솔: 소득이 없는 20세 이하로 기본공제 대상임.

2 급여명세에 의한 급여자료

1. [사원등록]

- 생산부 정수진 사원의 생산직 여부 수정

18.생산직등여부	1	여	연장근로비과세	0	부

- 직전연도 총급여액이 30,000,000원을 초과하므로 연장근로비과세에 해당 안됨.

2. [수당등록]

수당등록 | 공제등록 | 비과세/감면설정 | 사회보험

	코드	수당명	과세구분	근로소득유형	
1	101	기본급	과세	1.급여	
2	102	상여	과세	2.상여	
3	200	직책수당	과세	1.급여	
4	201	차량보조금	비과세	3.자가운전	H03
5	202	식대	비과세	2.식대	P01
6	203	야간근로수당	비과세	1.연장근로	001

3. [급여자료입력]

[김상훈]

급여항목	지급액	공제항목	공제액
기본급	3,000,000	국민연금	135,000
직책수당	150,000	건강보험	106,350
차량보조금	300,000	고용보험	30,150
식대	300,000	장기요양보험료	13,770
야간근로수당		소득세	107,660
		지방소득세	10,760
		농특세	

[정수진]

급여항목	지급액	공제항목	공제액
기본급	2,000,000	국민연금	90,000
직책수당		건강보험	70,900
차량보조금		고용보험	27,900
식대	300,000	장기요양보험료	9,180
야간근로수당	1,000,000	소득세	82,900
		지방소득세	8,290
		농특세	

4. [원천징수이행상황신고서]

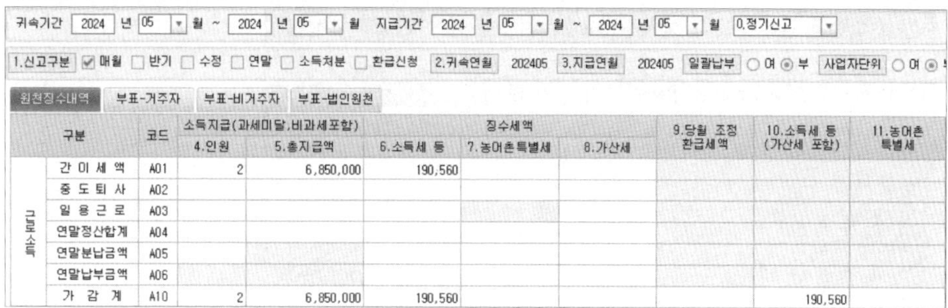

귀속기간 2024 년 05 월 ~ 2024 년 05 월 지급기간 2024 년 05 월 ~ 2024 년 05 월 0.정기신고

1.신고구분 ☑ 매월 ☐ 반기 ☐ 수정 ☐ 연말 ☐ 소득처분 ☐ 환급신청 2.귀속연월 202405 3.지급연월 202405 일괄납부 ○ 여 ◉ 부 사업자단위 ○ 여 ◉ 부

원천징수내역 부표-거주자 부표-비거주자 부표-법인원천

구분		코드	소득지급(과세미달,비과세포함) 4.인원	5.총지급액	징수세액 6.소득세 등	7.농어촌특별세	8.가산세	9.당월 조정 환급세액	10.소득세 등 (가산세 포함)	11.농어촌 특별세
근로소득	간 이 세 액	A01	2	6,850,000	190,560					
	중 도 퇴 사	A02								
	일 용 근 로	A03								
	연말정산합계	A04								
	연말분납금액	A05								
	연말납부금액	A06								
	가 감 계	A10	2	6,850,000	190,560				190,560	

3 국세청연말정산간소화 및 이외의 자료를 기준으로 연말정산

[연말정산 근로소득원천징수영수증]

1. 종전근무지 입력

정산명세 | 소득명세 | 소득공제 | 의료비 | 기부금 | 신용카드

구분/항목	계	연말	종전1
근무처명			(주)광성물산
사업자등록번호(숫자10자리입력)			134-81-21118
13.급여	47,500,000		30,000,000
14.상여	5,000,000		5,000,000
15.인정상여			
15-1.주식매수선택권행사이익			
15-2.우리사주조합인출금			
15-3.임원퇴직소득한도초과액			
15-4.직무발명보상금			
16.급여계	52,500,000		35,000,000
미제출비과세			
건강보험료	1,354,100		733,750
장기요양보험료	165,490		86,040
국민연금보험료	1,747,500		960,000
고용보험료	327,500		170,000
소득세	891,300		380,200
지방소득세	89,120		38,020

2. 의료비 세액공제

정산명세 | 소득명세 | 소득공제 | 의료비 | 기부금 | 신용카드 | 연금투자명세 | 월세액명세

● 지 급 내 역

	공제대상자 부양가족 관계코드	성명	내외	주민등록번호	본인등 해당여부	지급처 상호	사업자번호	의료증빙 코드	지급명세 건수	지급액	실손의료보험금
1	소득자의 직계존	최진수	내	421110-1919012	○			국세청	1	2,700,000	

3. 보험료 세액공제

정산명세 | 소득명세 | 소득공제 | 의료비 | 기부금 | 신용카

	관계코드 / 내외국인	성명 / 주민등록번호	기본	보험료 건강	고용	보장성
1	0	최정훈	본인/세대주			1,200,000
	1	770521-1229103		1,519,590	327,500	
2	1	최진수	부			
	1	421110-1919012				
3	1	이정희	60세이상			1,800,000
	1	500102-2111119				

4. 연금계좌 세액공제

연금계좌

구분	금융회사등		계좌번호	불입금액
3.연금저축	404	흥국생명보험(주)	013458888	6,000,000
퇴 직 연 금				
과학기술인공제				
연 금 저 축				6,000,000
ISA만기시연금전환				
합 계				6,000,000

5. 정산명세 조회

구분				금액
특별소득공제	34.주택 나.장기주택저당차입금이자상환액	11년이전 차입분	15년미만	
			15~29년	
			30년이상	
		12년이후 차입분 (15년이상	고정 or비거치	
			기타대출	
		15년이후 차입분 (15년이상)	고정&비거치	
			고정 or비거치	
			기타대출	
		15년이후 차입분 (10~15년	고정 or비거치	
	35.기부금(이월분)			
	36.계			1,847,090
37.차 감 소 득 금 액				32,530,410
그 밖의 소득공제	38.개인연금저축			
	39.소기업·소상공인공제부금			
	40.주택마련저축	가.청약저축		
		나.주택청약종합저축		
		다.근로자주택마련저축		
	41.투자조합출자 등			
	42.신용카드등		0	
	43.우리사주조합 출연금			
	44.고용유지중소기업근로자			
	45.장기집합투자증권저축			
	46.청년형장기집합투자증권저축			
	47.그 밖의 소득 공제 계			

구분					대상금액	공제액
세액공제	특별세액공제	61.보장성보험			3,000,000	120,000
		62.의 료 비			2,700,000	168,750
		63.교 육 비			0	
		64 기부금	정치자금	10만 이하		
				10만 초과		
			고향사랑	10만 이하		
				10만 초과		
			다.특례(법정)기부금			
			라.우리사주기부금			
			마.일반기부금(종교외			
			바.일반기부금(종교)			
		65.계				288,750
		66.표준세액공제				
	67.납 세 조 합 공 제					
	68.주 택 차 입 금					
	69.외 국 납 부					
	70.월세액					
	71.세 액 공 제 계					1,848,750
72.결 정 세 액(50-55-71)						1,770,811
82.실 효 세 율(%) (72/21)×100%						3.4%

구분		소득세	지방소득세	농어촌특별세	계
73.결정세액		1,770,811	177,081	0	1,947,892
기납부 세액	74.종(전) 근무지	380,200	38,020	0	418,220
	75.주(현) 근무지	511,100	51,100	0	562,200
76. 납부특례세액		0	0	0	0
77. 차감징수세액(73-74-75-76)		879,510	87,960	0	967,470

실무수행평가

11	12	13	14	15
④	6	23,000,000	34	17,040,000
16	17	18	19	20
22,040,000	④	1,200,000	900,000	23,613,200
21	22	23	24	25
020	15,500,000	19,030,000	②	1,360,000
26	27	28	29	30
2,100,000	359,040,000	2,400,000	34,840,000	8,640,000
31	32	33	34	35
59,000,000	4,900,000	77,000,000	30,000,000	④
36	37	38	39	40
1,500,000	3	1,000,000	2,000,000	350,000
41	42	43	44	45
100,000	200,000	1,000,000	3,010,830	190,560
46	47	48	49	50
32,530,410	900,000	120,000	168,750	②

출제예상 모의고사 정답 및 해설

출제예상 모의고사 제1회

[실무이론평가]

1	2	3	4	5	6	7	8	9	10
③	③	②	①	④	①	③	②	③	④

01 ③

- 유형자산을 역사적원가로 평가하면 일반적으로 검증가능성이 높으므로 측정의 신뢰성은 높아지나 목적적합성은 낮아질 수 있다.
- 시장성 없는 유가증권에 대해 역사적원가를 적용하면 자산가액 측정치의 검증가능성은 높으나 유가증권의 공정가치를 나타내지 못하여 표현의 충실성과 목적적합성이 낮아질 수 있다.

02 ③

- 손익계산서의 구조를 쓰고 자료의 금액을 기재하여 영업이익, 매출총이익, 매출원가의 순서로 계산한다.

과 목	금 액(원)	계산내역
매출액	15,500,000	
매출원가	?	15,500,000 － 5,500,000 ＝ 10,000,000
매출총이익	?	1,000,000 ＋ 4,500,000 ＝ 5,500,000
판매비와관리비	4,500,000	
영업이익	?	900,000 ＋ 700,000 － 600,000 ＝ 1,000,000
영업외수익	600,000	
영업외비용	700,000	
법인세비용 차감전 순이익	900,000	

03 ②

- 자본잉여금에 영향을 미치는 거래
  - ㉠ 자기주식처분이익(자본잉여금) 1,000,000원 발생
  - ㉡ 주식발행초과금(자본잉여금) 1,000,000원 발생
  - ㉢ 자기자본에 미치는 영향 없음(이익잉여금의 감소).

04 ①

연도	회수가능가액 = Max(순공정가치, 사용가치)	손상차손(환입액)
2023년말	Max(400,000원, 500,000원) = 500,000원	손상차손 = 1,000,000원 - 500,000원 = 500,000원
2024년말	Max(1,200,000원, 500,000원) = 1,200,000원	손상차손환입액 = 1,000,000원* - 500,000원 = 500,000원

* 손상차손환입으로 증가된 장부금액은 과거에 손상차손을 인식하기 전 장부금액을 초과할 수 없다.
Min(1,200,000원, 1,000,000원) = 1,000,000원

05 ④

- ① 이자비용 = 이자비용지출액 + 미지급이자비용[*1] = 900,000원 + 300,000원 = 1,200,000원
- ② 임대료수익 = 전기선수임대료 + 임대료수령액 － 기말선수임대료[*2] = 500,000원 + 1,200,000원 － 500,000원 = 1,200,000원

• 조정내역

이자비용과소계상(미지급이자비용)	(-)300,000원[*1]
임대료수익과대계상(선수임대료)	(-)500,000원[*2]
당기순이익에 미치는 영향	(-)800,000원

* 1미지급이자비용 = 10,000,000원 × 12% × 3월/12월 = 300,000원

* 2기말선수임대료 = 1,200,000원 × 5월/12월 = 500,000원

• ④ 미지급이자비용은 300,000원, 기말선수임대료는 500,000원이다.

06 ①

• 일반버스 여객운송용역은 면세이나 우등고속버스 여객운송용역은 과세이다.

• 도서, 신문 등은 면세이나 광고는 과세이다.

07 ③

• 외상판매액 13,000,000원 + 비영업용 소형승용차의 매각액 5,000,000원 = 18,000,000원

• 토지매각은 면세에 해당되고, 재화 공급과 직접 관련되지 않는 국고보조금 수령액은 과세표준에 포함하지 않는다.

08 ②

• ① 대표자 본인에 대한 급여는 필요경비로 인정되지 않는다.
③ 상품 등의 위탁판매는 수탁자가 그 위탁품을 판매하는 날을 수입시기로 한다.
④ 분리과세되는 사업소득은 없다.

09 ③

• 24,000,000원 + 3,600,000원 + 3,000,000원 = 30,600,000원

• 식대보조금은 별도의 식사를 제공 받았으므로 전액 과세임.
자가운전보조금은 전액 비과세임.

10 ④

• 기본공제: 6(본인, 배우자, 아들, 딸, 장인, 장모) × 1,500,000 = 9,000,000원

• 추가공제: 1,000,000(경로우대공제, 장인) + 2,000,000(장애인공제, 아들) = 3,000,000원

• 인적공제 합계액: 9,000,000 + 3,000,000 = 12,000,000원

[실무수행과제]

문제 1 거래자료입력

1 [일반전표입력] 1월 31일

(차) 817.세금과공과금 305,230원 (대) 101.현금 305,230원

[영수증수취명세서]

영수증수취명세서(2) | 영수증수취명세서(1) | 해당없음

□	거래일자	상 호	성 명	사업장	사업자등록번호	거래금액	구분	계정코드	계정과목
□	2024-01-15	가인자동차	최지창		108-81-51419	400,000		820	수선비
□	2024-01-31					305,230	19	817	세금과공과금

영수증수취명세서(2) | 영수증수취명세서(1) | 해당없음

1. 세금계산서, 계산서, 신용카드 등 미사용내역

9. 구분	3만원 초과 거래분		
	10. 총계	11. 명세서제출 제외대상	12. 명세서제출 대상(10-11)
13. 건수	2	1	1
14. 금액	705,230	305,230	400,000

2 [일반전표입력] 2월 15일

(차) 110.받을어음(03020.(주)태광산업) 12,000,000원 (대) 108.외상매출금(03020.(주)태광산업) 15,000,000원
101.현금 3,000,000원
※ 03020.(주)태광산업 외상매출금 잔액 15,000,000원 확인

[자금관리]

어음상태	1	보관	어음종류	6	전자	어음번호	00420240215123456789			수취구분	1	자수
발행인	03020	(주)태광산업		발행일		2024-02-15	만기일	2024-06-15		배서인		
지급은행	100	국민은행	지점	춘천지점		할인기관		지점		할인율(%)		
지급거래처							• 수령된 어음을 타거래처에 지급하는 경우에 입력합니다.					

3 일반전표입력] 3월 1일

(차) 962.임차보증금(03030.(주)이화산업) 30,000,000원 (대) 103.보통예금(98000.국민은행(보통)) 31,650,000원
819.임차료 1,650,000원

문제 2 부가가치세

1 과세매출자료의 전자세금계산서 발급

1. [매입매출전표입력 4월 12일

거래유형	품명	공급가액	부가세	거래처	전자세금
11.과세	골프모자	16,000,000	1,600,000	03040.(주)고려산업	전자발행
분개유형	(차) 101.현금	17,600,000원	(대) 404.제품매출 255.부가세예수금		16,000,000원 1,600,000원
1.현금					

2. [전자세금계산서 발행 및 내역관리]
미전송된 내역이 조회되면, 미전송내역을 체크한 후 전자세금계산서 발행 및 국세청 전송

2 수정전자세금계산서의 발행

1. [수정세금계산서 발급]
① [매입매출전표입력] [5월 10일] 전표 선택 → 수정세금계산서 → [수정사유] (4.계약의 해제)를 입력 → 확인(Tab) 클릭
② [수정세금계산서(매출)] 화면에서 수정분 [작성일 5월 20일] 입력, [공급가액 -5,000,000원], [세액 -500,000원] 자동반영 → 확인(Tab) 클릭
③ [매입매출전표입력] → [5월 20일] 전표선택 → 회계처리를 수정

거래유형	품명	공급가액	부가세	거래처	전자세금
11.과세	계약금	-5,000,000	-500,000	03050.(주)유정산업	전자발행
분개유형	(차)		(대) 259.선수금 255.부가세예수금 101.현금		-5,000,000원 -500,000원 5,500,000원
3.혼합					

2. [전자세금계산서 발행 및 내역관리]
① 전자세금계산서 발행 및 내역관리 를 클릭하면 수정 전표 1매가 미전송 상태로 나타난다.
② 해당내역을 클릭하여 전자세금계산서 발행 및 국세청 전송을 한다.

3 매입세액불공제내역 작성자의 부가가치세신고서 작성

1. 거래자료 입력
[매입매출전표입력] 7월 8일

거래유형	품명	공급가액	부가세	거래처	전자세금
54.불공	책상	2,000,000	200,000	03060.에이스가구	전자입력
불공제사유	2. 사업과 관련 없는 지출				
분개유형 3.혼합	(차) 134.가지급금 (03090.김강남) 2,200,000원			(대) 253.미지급금 2,200,000원	

※ 대표이사의 개인적 사용은 매입세액이 공제되지 않으며 가지급금으로 처리한다.

[매입매출전표입력] 8월 6일

거래유형	품명	공급가액	부가세	거래처	전자세금
54.불공	승용차수리	3,000,000	300,000	03070.(주)현대자동차	전자입력
불공제사유	3. 비영업용 소형승용차 구입 및 유지				
분개유형 3.혼합	(차) 822.차량유지비 3,300,000원			(대) 253.미지급금 3,300,000원	

2. [매입세액불공제내역] 7월 ~ 9월

2.공제받지 못할 매입세액 내역 | 3.공통매입세액 안분계산 내역 | 4.공통매입세액의 정산내역 | 5.납부세액 또는 환급세액 재계산 내역

공제받지 못할 매입세액 내역			
불공제사유	세금계산서		
	매수	공급가액	매입세액
①필요한 기재사항 누락			
②사업과 직접 관련 없는 지출	1	2,000,000	200,000
③비영업용 소형 승용 자동차구입 및 유지	1	3,000,000	300,000
④접대비 및 이와 유사한 비용 관련			
⑤면세사업 관련			
⑥토지의 자본적 지출 관련			
⑦사업자등록 전 매입세액			
⑧금.구리 스크랩 거래계좌 미사용 관련 매입세액			
⑨ 합 계	2	5,000,000	500,000

3. [부가가치세신고서] 7월 1일 ~ 9월 30일

공제받지못할매입세액명세

	구분		금액	세액
16 공제받지 못할매입 세액명세	공제받지못할매입세액	50	5,000,000	500,000
	공통매입세액면세사업	51		
	대손처분받은세액	52		
	합계	53	5,000,000	500,000

4 대손세액공제신고서 작성자의 부가가치세신고서 작성

1. [대손세액공제신고서]

대손발생 | 대손변제

기간 : 2024 년 10 월 ~ 2024 년 12 월 　　공제율 : 10/110

	당초공급일	대손사유	대손기준일	대손확정일	대손금액	대손세액	코드	거래상대방 상호	사업자등록번호	주민등록번호	성명
1	2021-12-07	채권시효 소멸	2021-12-07	2024-12-07	22,000,000	2,000,000	04000	(주)미나리	209-81-63746		윤여정

2. [부가가치세신고서] 10월 1일 ~ 12월 31일

예정신고누락분	7		
대손세액가감	8		-2,000,000

	구분		금액	세율	세액
18 그 밖의 경감공제 세액명세	전자신고세액공제	54			10,000
	전자세금발급세액	55			
	택시운송사업자경	56			
	대리납부 세액공제	57			
	현금영수증사업자	58			
	기타	59			
	합계	60			10,000

3. [일반전표입력] 12월 7일

(차) 109.대손충당금	15,000,000원	(대) 108.외상매출금(04000.(주)미나리)	22,000,000원
835.대손상각비	5,000,000원		
255.부가세예수금	2,000,000원		

문제 3 결산

1 수동결산

[일반전표입력] 12월 31일

(차) 939.재고자산감모손실 3,500,000원 (대) 150.제품(적요8.타계정으로 대체액) 3,500,000원

2 결산자료입력에 의한 자동결산

[고정자산등록]

주요등록사항 / 추가등록사항 / 자산변동사항

1. 기초가액
2. 전기말상각누계액 0
3. 전기말장부가액 0
4. 신규취득및증가 10,000,000
5. 부분매각및폐기 0
6. 성실기초가액
7. 성실상각누계액
8. 상각기초가액 10,000,000
9. 상각방법 1 정액법
10. 내용연수(상각률) 5 ? 0.200
11. 내용연수월수 미경과 6
12. 상각상태완료년도 진행
13. 성실경과/차감연수 /
14. 성실장부가액
15. 전기말부인누계
16. 전기말자본지출계
17. 자본지출즉시상각
18. 전기말의제누계
19. 당기상각범위액 1,000,000
20. 회사계상상각비 1,000,000

사용자수정

21. 특별상각률
22. 특별상각비 0
23. 당기말상각누계액 1,000,000
24. 당기말장부가액 9,000,000
25. 특례적용 0 부
* 년수 년
26. 업무용승용차여부 0 부

1. 취득수량
2. 경비구분 0 800번대
3. 전체양도일자 ----.--.--
4. 최저한세부인액
5. 당기의제상각액
6. 전체폐기일자 ----.--.--

[결산자료입력]

- 무형고정자산상각 [소프트웨어]에 1,000,000원 입력
- 기말 원재료 22,000,000원 제품 35,000,000원 입력
- 상단 툴바의 전표추가(F3) 를 클릭하여 결산분개 생성

[이익잉여금처분계산서]

- 이익잉여금처분계산서에서 처분일을 입력한 후, 전표추가(F3) 를 클릭하여 손익대체분개 생성

문제 4 근로소득관리

1 일용직사원의 원천징수

1. [일용직사원등록]

급여사항등록

13. 급여지급방법 0 매일지급
14. 정상급여 200,000 원 급여유형 0 일급직
15. 연장급여 0 원 연장급여방식 0 일급직
16. 국민연금 0 일당 0 원 지급방식 0 일지급
17. 건강보험 0 일당 0 원 지급방식 0 일지급
18. 요양보험 0 부 0
19. 고용보험율 1 여 0.9 % 지급방식 0 일지급

2. [일용직급여입력]

일자	요일	근무	지급액		기타비과세	고용보험	국민연금	건강보험	요양보험	소득세	지방소득세
			정상	연장							
12	금	○	200,000			1,800				1,350	130
13	토	○	200,000			1,800				1,350	130
14	일	○	200,000			1,800				1,350	130
15	월	○	200,000			1,800				1,350	130

3. [원천징수이행상황신고서] 귀속 및 지급기간 2024년 7월 ~ 7월

원천징수내역 | 부표-거주자 | 부표-비거주자 | 부표-법인원천

	구분	코드	소득지급(과세미달,비과세포함) 4.인원	5.총지급액	징수세액 6.소득세 등	7.농어촌특별세	8.가산세	9.당월 조정 환급세액	10.소득세 등 (가산세 포함)	11.농어촌 특별세
근로소득	간 이 세 액	A01	3	13,800,000	717,950					
	중 도 퇴 사	A02								
	일 용 근 로	A03	1	800,000	5,400					
	연말정산합계	A04								
	연말분납금액	A05								
	연말납부금액	A06								
	가 감 계	A10	4	14,600,000	723,350				723,350	

2 급여자료입력

1. [사원등록]

국외에서 사무직으로 근무하고 받는 국외근로수당은 '100만원 비과세'를 선택하여 입력한다.

16. 국외근로적용여부 [1] [100만]

2. [수당 및 공제등록]

수당등록 | 공제등록 | 비과세/감면설정 | 사회보험

	코드	수당명	과세구분	근로소득유형	
1	101	기본급	과세	1.급여	
2	102	상여	과세	2.상여	
3	200	건강수당	과세	1.급여	
4	201	식대	비과세	2.식대	P01
5	202	자가운전보조금	과세	1.급여	
6	203	국외근로수당	비과세	9.국외등근로(건설지원	M01

수당등록 | 공제등록 | 비과세/감면설정 | 사회보험

	코드	공제항목명	공제소득유형
1	501	국민연금	0.무구분
2	502	건강보험	0.무구분
3	503	고용보험	0.무구분
4	504	장기요양보험료	0.무구분
5	505	학자금상환액	0.무구분
6	903	농특세	0.사용
7	600	상조회비	0.무구분

3. [급여자료입력] 지급일 2024년 9월 25일

급여항목	지급액	공제항목	공제액
기본급	4,300,000	국민연금	193,500
건강수당	160,000	건강보험	152,430
식대	100,000	고용보험	48,690
자가운전보조금	250,000	장기요양보험료	19,740
국외근로수당	1,700,000	상조회비	20,000
		소득세	391,570
		지방소득세	39,150

4. [원천징수이행상황신고서] 귀속 및 지급기간 2024년 9월 ~ 9월

원천징수내역 | 부표-거주자 | 부표-비거주자 | 부표-법인원천

	구분	코드	소득지급(과세미달,비과세포함) 4.인원	5.총지급액	징수세액 6.소득세 등	7.농어촌특별세	8.가산세	9.당월 조정 환급세액	10.소득세 등 (가산세 포함)	11.농어촌 특별세
근로소득	간 이 세 액	A01	1	6,510,000	391,570					
	중 도 퇴 사	A02								
	일 용 근 로	A03								
	연말정산합계	A04								
	연말분납금액	A05								
	연말납부금액	A06								
	가 감 계	A10	1	6,510,000	391,570				391,570	

3 연말정산

1. 의료비 세액공제

● 지 급 내 역 ※ 의료비지출액 합계금액에서 실손의료보험금 합계금액을 차감하여 공제대상금액에 반영합니다.

	공제대상자 부양가족 관계코드	성명	내외	주민등록번호	본인등 해당여부	지급처 상호	사업자번호	의료증빙 코드	지급명세 건수	지급액	실손의료보험금	난임시술비 해당 여부	중증질환 결핵환자등	산후조리원 해당여부 (7천만원이하)
1	본인	김영교	내	800321-1216511	○			국세청	1	9,800,000	500,000	X	X	X

부록/정답 및 해설

2. 신용카드 등 소득공제

정산명세 | 소득명세 | 소득공제 | 의료비 | 기부금 | 신용카드 | 연금투자명세 | 월세액명세

● 1. 공제대상자및대상금액

공제대상자		신용카드 등 공제대상금액									
내.외 / 관계	성명 / 생년월일	구분	⑤소계(⑥+⑦+⑧+⑨+⑩+⑪)	⑥신용카드	⑦직불선불카드	⑧현금영수증	⑨도서공연박물관미술관사용분(총급여7천만원이하자만) 신용카드	직불선불카드	현금영수증	⑩전통시장사용분	⑪대중교통이용분
내	김영교	국세청자료									
본인	1980-03-21	그밖의자료									
내	박소정	국세청자료	16,725,600		16,275,000						450,600
3	1981-09-05	그밖의자료									
		국세청자료									
⑤-1 합계			16,725,600		16,275,000						450,600

3. 교육비 세액공제

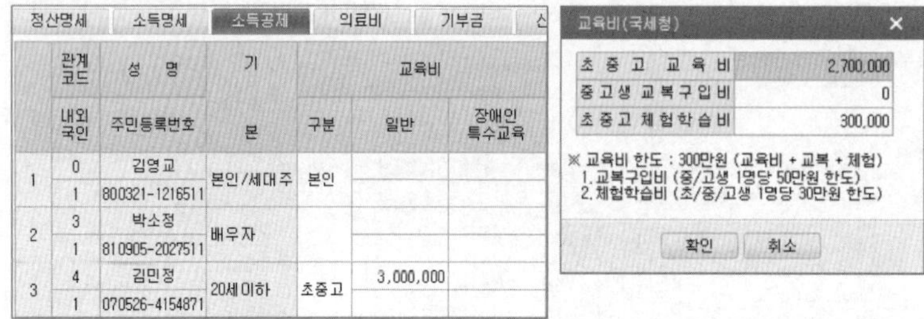

정산명세 | 소득명세 | 소득공제 | 의료비 | 기부금 | 신

	관계코드 / 내외국인	성명 / 주민등록번호	기본	교육비 구분	일반	장애인특수교육
1	0	김영교	본인/세대주	본인		
	1	800321-1216511				
2	3	박소정	배우자			
	1	810905-2027511				
3	4	김민정	20세이하	초중고	3,000,000	
	1	070526-4154871				

교육비(국세청)

초중고 교육비	2,700,000
중고생 교복구입비	0
초중고 체험학습비	300,000

※ 교육비 한도 : 300만원 (교육비 + 교복 + 체험)
1. 교복구입비 (중/고생 1명당 50만원 한도)
2. 체험학습비 (초/중/고생 1명당 30만원 한도)

확인 취소

※ 현장학습비는 30만원 한도

4. 월세액 세액공제

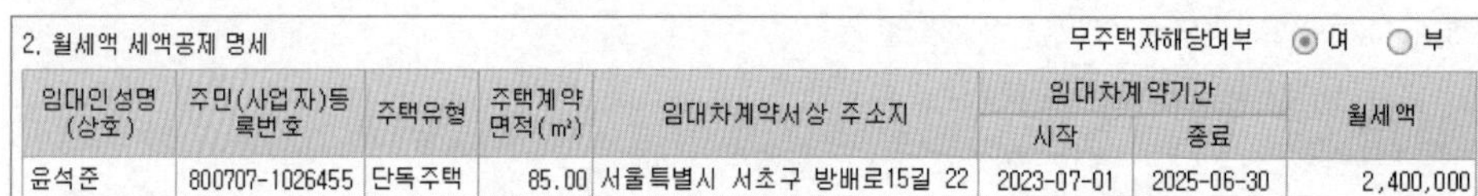

2. 월세액 세액공제 명세 무주택자해당여부 ◉ 여 ○ 부

임대인성명(상호)	주민(사업자)등록번호	주택유형	주택계약면적(㎡)	임대차계약서상 주소지	임대차계약기간 시작	종료	월세액
윤석준	800707-1026455	단독주택	85.00	서울특별시 서초구 방배로15길 22	2023-07-01	2025-06-30	2,400,000

※ 국민주택규모의 주택 또는 기준시가 4억원 이하의 주택에 대하여 지출한 월세는 월세액 세액공제 대상에 해당

실무수행평가

11	12	13	14	15
③	4	16,000,000원	18,505,173원	281,827,560원
16	17	18	19	20
②	500,000원	10,784,461원	2,000,000원	18,558,511원
21	22	23	24	25
400,000원	43,864,510원	599,230원	2,150,000원	2,200,000원
26	27	28	29	30
4,433,810원	04000	46.38%	5,000,000원	1,000,000원
31	32	33	34	35
13,412,000원	196,262,552원	35,000,000원	15,054,790원	②
36	37	38	39	40
800,000원	5,400원	786,880원	250,000원	700,000원
41	42	43	44	45
1,100,000원	5,644,920원	391,570원	31,398,000원	1,087,740원
46	47	48	49	50
660,000원	7,710,000원	450,000원	408,000원	0.9%

출제예상 모의고사 제2회

[실무이론평가]

1	2	3	4	5	6	7	8	9	10
①	③	③	③	①	②	②	④	③	②

01 ①

- 토지의 장부금액이 재평가로 인하여 감소한 경우에 그 감소액은 당기손익으로 인식한다. 그러나 토지의 재평가로 인해 인식한 기타포괄손익의 잔액이 있다면 그 금액을 한도로 재평가감소액을 기타포괄손익에서 차감한다.
- 2024년도 말 토지 재평가 회계처리

(차) 재평가잉여금(자본) 500,000원 (대) 토지 700,000원
재평가손실(당기손익) 200,000원

02 ③

- 시장성 없는 유가증권에 대해 역사적원가를 적용하면 자산가액 측정치의 검증가능성은 높으나 유가증권의 실제 가치를 나타내지 못하여 목적적합성이 저하될 수 있다.

03 ③

- 현금및현금성자산: 현금잔액 + 당좌예금 + 보통예금 + 환매조건부 채권
180,000원 + 400,000원 + 170,000원 + 500,000원 = 1,250,000원

04 ③

- 선입선출법: 100개 × 350원 = 35,000원
후입선출법: 50개 × 250원 + 50개 × 300원 = 27,500원

05 ①

- 사채의 장부금액은 액면금액에서 사채할인발행차금을 차감한 금액이다. 사채할인발행차금은 액면금액과 발행금액과의 차액에 사채발행비를 합산한 금액이다.

(차) 당좌예금 53,500,000원 (대) 사채 60,000,000원
사채할인발행차금 6,500,000원

06 ②

- 법률에 따른 공매, 경매 및 수용절차에 따라 재화를 인도하거나 양도하는 것은 재화의 공급으로 보지 않는다.

07 ②

- 부가가치세 과세표준금액 = 50,000,000원 + 10,000,000원 = 60,000,000원
- 국가 무상 기증은 면세 대상에 해당한다.
화재로 인한 손실은 재화의 공급이 아니다.

08 ④

- 저작자 또는 실연자·음반제작자·방송사업자가 저작권 또는 저작인접권의 양도 또는 사용의 대가로 받는 금품은 사업소득에 해당한다.

09 ③

- 36,000,000원 + 3,000,000원 + (300,000원 − 200,000원) × 12 + (300,000원 − 200,000원) × 12 = 41,400,000원

10 ②

구 분	본인	배우자	부친	장남	장녀	합 계
기본공제	1,500,000원	1,500,000원	1,500,000원	×	1,500,000원	6,000,000원
추가공제			1,000,000원			1,000,000원
합 계						7,000,000원

[실무수행과제]

문제 1 거래자료입력

1 [일반전표입력] 3월 2일

(차) 933.기부금 8,000,000원 (대) 101.현금 8,000,000원

[영수증수취명세서]

영수증수취명세서 — 영수증수취명세서(2) | 영수증수취명세서(1) | 해당없음

□	거래일자	상 호	성 명	사업장	사업자등록번호	거래금액	구분	계정코드	계정과목
□	2024-02-01	(주)알타문구	조성국	서울시 강남구 테헤란로51길	314-81-39140	200,000		830	소모품비
□	2024-01-31	강남구청				320,000	19	817	세금과공과금
□	2024-03-02	(재)아름교육재단				8,000,000	20	933	기부금

영수증수취명세서 — 명세서(2)불러오기(F4) 기능모음(F11) — 영수증수취명세서(2) | 영수증수취명세서(1) | 해당없음

1. 세금계산서, 계산서, 신용카드 등 미사용내역

9. 구분	3만원 초과 거래분		
	10. 총계	11. 명세서제출 제외대상	12. 명세서제출 대상(10-11)
13. 건수	3	2	1
14. 금액	8,520,000	8,320,000	200,000

2 [일반전표입력] 4월 2일

(차) 252.지급어음(00114.(주)선영산업) 33,000,000원 (대) 102.당좌예금(98002.국민은행(당좌)) 33,000,000원

[자금관리]

어음상태	3 결제	어음번호	00420240202335577881	어음종류	4 전자	발행일	2024-02-02
만기일	2024-04-02	지급은행	98002 국민은행(당좌)	지점	삼성		

3 일반전표입력] 6월 30일

(차) 806.퇴직급여 26,117,010원 (대) 198.퇴직연금운용자산(98100.(주)삼성생명) 20,000,000원
254.예수금 620,010원
103.보통예금(98200.기업은행(보통)) 5,497,000원

문제 2 부가가치세

1 과세매출자료의 전자세금계산서 발급

1. [매입매출전표입력 6월 8일

거래유형	품명	공급가액	부가세	거래처	전자세금
12.영세	여름 이불	14,000,000	0	00880.찬용코리아(주)	전자발행
분개유형	(차) 108.외상매출금 14,000,000원		(대) 404.제품매출 14,000,000원		
2.외상					

2. [전자세금계산서 발행 및 내역관리]
미전송된 내역이 조회되면, 미전송내역을 체크한 후 전자세금계산서 발행 및 국세청 전송

2 수정전자세금계산서의 발행

1. [수정세금계산서 발급]

① [매입매출전표입력]에서 6월 20일 전표 1건 선택 → 툴바의 수정세금계산서 을 클릭 → 수정사유(6.착오에 의한 이중발급 등)선택 → 확인(Tab) 을 클릭

② 수정세금계산서(매출)화면에서 수정분 [작성일 6월 20일], [공급가액 -20,000,000원], [세액 -2,000,000원] 입력 → 확인(Tab) 을 클릭

③ [매입매출전표입력] 화면에 수정분이 입력된다.

거래유형	품명	공급가액	부가세	거래처	전자세금
11.과세	고급이불세트	-20,000,000	-2,000,000	01001.(주)소영유통	전자발행
분개유형	(차) 108.외상매출금 -22,000,000원			(대) 255.부가세예수금 -2,000,000원	
2.외상				404.제품매출 -20,000,000원	

2. [전자세금계산서 발행 및 내역관리]

① 전자세금계산서 발행 및 내역관리 를 클릭하면 수정 전표 1매가 미전송 상태로 나타난다.

② 해당내역을 클릭하여 전자세금계산서 발행 및 국세청 전송을 한다.

3 의제매입세액공제신고사업자의 부가가치세신고서 작성

1. 거래자료 입력

[매입매출전표입력] 7월 10일

거래유형	품명	공급가액	부가세	거래처	전자세금
53.면세	쌀외	20,000,000		06000.영진유통	
분개유형	(차) 153.원재료 20,000,000원			(대) 101.현금 20,000,000원	
1.현금	적요6.의제매입세액원재료차감(부가)				

[일반전표입력] 7월 16일

(차) 153.원재료 500,000원 (대) 101.현금 500,000원

※ 음식점업은 농어민으로부터 면세 농산물 등을 직접 공급받은 경우 의제매입세액 공제대상이 아니다.

[매입매출전표입력] 7월 30일

거래유형	품명	공급가액	부가세	거래처	전자세금
62.현면	돼지고기	2,200,000		06200.대길농장	
분개유형	(차) 153.원재료 2,200,000원			(대) 101.현금 2,200,000원	
1.현금	적요6.의제매입세액원재료차감(부가)				

2. [의제매입세액공제신고서] 7월 ~ 9월

	공급자
1	대길농장
2	영진유통
3	

매입처 명세 | 매입세액정산(의제)

주민등록번호 ______-_______ 사업자등록번호 101-90-39264

취득일자	구분	물품명	수량	매입가액	공제율	의제매입세액	건수	전표
2024-07-30	사업자(신용카드등)	돼지고기		2,200,000	6/106	124,528	1	입력

※ 공제율을 6/106으로 변경한다.

	공급자
1	대길농장
2	영진유통
3	

매입처 명세 | 매입세액정산(의제)

주민등록번호 ______-_______ 사업자등록번호 108-91-31256

취득일자	구분	물품명	수량	매입가액	공제율	의제매입세액	건수	전표
2024-07-10	사업자(계산서)	쌀외		20,000,000	6/106	1,132,075	1	입력

※ 공제율을 6/106으로 변경한다.

3. [부가가치세신고서] 7월 1일 ~ 9월 30일

그밖의공제매입세액	14	22,200,000	1,256,603

4. [일반전표입력] 9월 30일
   (차) 135.부가세대급금 1,256,603원 (대) 153.원재료 1,256,603원

4 매입세액불공제내역 작성자의 부가가치세신고서 작성

1. [매입세액불공제내역] 10월 ~ 12월
   - 면세증가비율: 2024년 2기 면세비율 - 2024년 1기 면세비율 = 50% - 30% = 20%
   - 건물: 80,000,000원 × (1 - 5% × 5기) × 20%(면세증가비율) = 12,000,000원

2.공제받지 못할 매입세액 내역 | 3.공통매입세액 안분계산 내역 | 4.공통매입세액의 정산내역 | 5.납부세액 또는 환급세액 재계산 내역

	계산식	구분	(20)해당재화의 매입세액	(21)경감률(%) (1- 체감률 x 과세기간수)			(22)증가또는감소된면세 공급가액(사용면적)비율(%)	(23)가산또는공제되는 매입세액(20 x 21 x 22)
				체감률	경과된과세기간수	경감률		
1	1.건축.구축물		80,000,000	5/100	5	75	20	12,000,000

※ 원재료는 감가상각 대상 자산이 아니므로 재계산할 필요가 없음.

2. [부가가치세신고서] 10월 1일 ~ 12월 31일

공제받지못할매입세액명세

	구분		금액	세액
16 공제받지 못할매입 세액명세	공제받지못할매입세액	50		
	공통매입세액면세사업	51	120,000,000	12,000,000
	대손처분받은세액	52		
	합계	53	120,000,000	12,000,000

3. [일반전표입력] 12월 31일
   (차) 202.건물 12,000,000원 (대) 135.부가세대급금 12,000,000원

문제 3 결산

1 수동결산

[일반전표입력] 12월 31일

(차) 293.장기차입금 (98006.국민은행(차입)) 30,000,000원 (대) 264.유동성장기부채 (98006.국민은행(차입)) 30,000,000원

(차) 293.장기차입금 (98004.기업은행(차입)) 10,000,000원 (대) 264.유동성장기부채* (98004.기업은행(차입)) 10,000,000원

* 2025년에 상환해야 하는 10,000,000원에 대해서만 유동성대체 분개를 입력

※ 장기차입금(신한은행): 유동성 대체에 해당되지 않으므로 별도의 회계처리 없음

2 결산자료입력에 의한 자동결산

[결산자료입력]
- 기말 원재료 13,000,000원, 제품 12,000,000원 입력
- 상단 툴바의 전표추가(F3) 를 클릭하여 결산분개 생성

  ※ 원재료는 당사에 도착하지 않았으나 당사 재고에 포함해야 하므로 3,000,000원을 포함하여야 함

[이익잉여금처분계산서]
- 이익잉여금처분계산서에서 처분일을 입력한 후, 전표추가(F3) 를 클릭하여 손익대체분개 생성

문제 4 근로소득관리

1 사원등록

[부양가족명세]

	연말정산관계	기본	세대	부녀	장애	경로 70세	출산 입양	자녀	한부모	성명	주민(외국인)번호	
1	0.본인	본인	○						○	김경순	내	741002-2023457
2	1.(소)직계존속	60세이상				○				김진구	내	440405-1649478
3	1.(소)직계존속	60세이상			3	○				최미숙	내	470126-2111115
4	4.직계비속((손)	20세이하						○		서인수	내	041123-3070791
5	4.직계비속((손)	20세이하						○		서인준	내	060305-3111116

① 김경순: 기본공제, 한부모공제 가능
② 김진구: 당해 사망, 일용근로소득(무조건 분리과세), 기본공제, 경로우대공제 가능
③ 최미숙: 기본공제, 장애인(3번)공제, 경로우대공제 가능
④ 서인수: 사업소득금액이 100만원 이하에 해당하므로 기본공제, 자녀세액공제 가능
⑤ 서인준: 기본공제, 자녀세액공제 가능

2 급여자료입력

1. [사원등록]
   사원등록에서 퇴사년월일 2024년 7월 31일 입력

2. [급여자료입력] 지급일 2024년 8월 10일
   급여자료를 입력한 후, [중도퇴사자정산]을 클릭하여 연말정산 결과를 반영한다.

급여항목	지급액	공제항목	공제액
기본급	3,000,000	국민연금	135,000
		건강보험	106,350
		고용보험	27,000
		장기요양보험료	13,770
		건강보험료정산	-27,280
		장기요양보험료정산	-2,310
		소득세	-292,770
		지방소득세	-29,250

3. [원천징수이행상황신고서] 귀속기간 2024년 7월 ~ 7월, 지급기간 2024년 8월 8월

원천징수내역 | 부표-거주자 | 부표-비거주자 | 부표-법인원천

	구분	코드	소득지급(과세미달,비과세포함) 4.인원	5.총지급액	징수세액 6.소득세 등	7.농어촌특별세	8.가산세	9.당월 조정 환급세액	10.소득세 등 (가산세 포함)	11.농어촌 특별세
근로소득	간이세액	A01	1	3,000,000						
	중도퇴사	A02	1	18,000,000	-292,770					
	일용근로	A03								
	연말정산합계	A04								
	연말분납금액	A05								
	연말납부금액	A06								

전월 미환급 세액의 계산 12.전월미환급	13.기환급신청	14.잔액12-13	당월 발생 환급세액 15.일반환급	16.신탁재산	17.금융등	17.합병등	18.조정대상환급 (14+15+16+17)	19.당월조정 환급액계	20.차월이월 환급액(18-19)	21.환급신청액
			292,770				292,770		292,770	

3 연말정산

1. 의료비 세액공제

정산명세 | 소득명세 | 소득공제 | 의료비 | 기부금 | 신용카드 | 연금투자명세 | 월세액명세

● 지급내역

	공제대상자 부양가족 관계코드	성명	내외	주민등록번호	본인등 해당여부	지급처 상호	사업자번호	의료증빙 코드	지급명세 건수	지급액	실손의료보험금	난임시술비 해당 여부	중증질환 결핵환자등
1	본인	박철수	내	830303-1850211	○			국세청	1	3,500,000	1,000,000	X	X

※ 안경구입비는 1인당 50만원 한도

2. 기부금 세액공제

① 기부금 탭 [해당연도 기부명세]

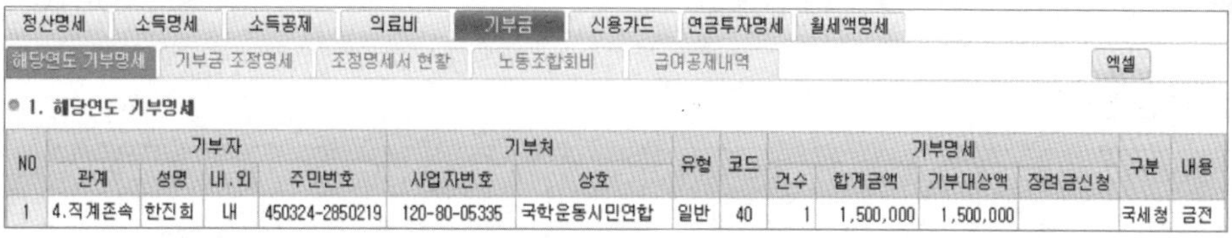

정산명세 | 소득명세 | 소득공제 | 의료비 | 기부금 | 신용카드 | 연금투자명세 | 월세액명세

해당연도 기부명세 | 기부금 조정명세 | 조정명세서 현황 | 노동조합회비 | 급여공제내역 | 엑셀

● 1. 해당연도 기부명세

NO	기부자				기부처		유형	코드	기부명세				구분	내용
	관계	성명	내.외	주민번호	사업자번호	상호			건수	합계금액	기부대상액	장려금신청		
1	4.직계존속	한진희	내	450324-2850219	120-80-05335	국학운동시민연합	일반	40	1	1,500,000	1,500,000		국세청	금전

② 기부금 탭 [기부금 조정명세]에서 [공제액계산 정산명세보내기] 클릭

③ 하단의 [공제금액+정산명세 반영] 클릭(공제금액 정산명세로 자동 반영)

3. 교육비 세액공제

※ 대학원 교육비는 본인만 공제 가능

실무수행평가

11	12	13	14	15
①	6	68,500,000원	264,418,469원	1,256,603원
16	17	18	19	20
1,256,603원	20,000,000원	12,000,000원	①	12,000,000원
21	22	23	24	25
8,320,000원	25,000,000원	76,649,629원	42,450,110원	44,503,000원
26	27	28	29	30
40,000,000원	394,227,360	18,032,000원	17,000,000원	798,328,635원
31	32	33	34	35
25,000,000원	10,000,000원	1,396,300,000원	40,000,000원	①
36	37	38	39	40
5명	6,000,000원	2,000,000원	2,000,000원	0원
41	42	43	44	45
1,000,000원	-69,490원	21,000,000원	292,770원	18,838,800원
46	47	48	49	50
1,300,000원	0원	225,000원	446,880원	-285,060원

출제예상 모의고사 제3회

[실무이론평가]

1	2	3	4	5	6	7	8	9	10
④	②	①	②	①	②	④	③	③	④

01 ④

• 2024년 5월 1일

(차) 보통예금	200,000원	(대) 정부보조금(보통예금 차감)	200,000원

• 2024년 7월 1일

(차) 기계장치	1,000,000원	(대) 보통예금	1,000,000원
정부보조금(보통예금 차감)	200,000원	정부보조금(기계장치 차감)	200,000원

* 7월 1일 기계장치 장부금액: 1,000,000원 - 200,000원 = 800,000원

• 2024년 12월 31일

(차) 감가상각비	80,000원	(대) 감가싱각누계액	100,000원
정부보조금(기계장치 차감)	20,000원		

* 감가상각비: (1,000,000원 - 200,000원) × 1년/5년 × 6개월/12개월 = 80,000원
* 정부보조금 상각: 200,000원 × 1년/5년 × 6개월/12개월 = 20,000원(정부보조금 잔액 180,000원)
* 12월 31일 기계장치 장부금액: 1,000,000원 - 100,000원 - 180,000원 = 720,000원

02 ②

• 회계정보가 정보이용자의 의사결정에 유용하기 위해서는 신뢰할 수 있는 정보이어야 한다. 회계정보의 신뢰성은 회계정보가 나타내고자 하는 대상을 충실히 표현하고 있어야 하고, 객관적으로 검증가능하여야 하며, 중립적이어야 한다.

03 ①

• 1월 2일

(차) 현금 등	10,000,000원	(대) 자본금	5,000,000원
		주식발행초과금	5,000,000원

• 9월 20일

(차) 현금 등	7,000,000원	(대) 자본금	10,000,000원
주식발행초과금	3,000,000원*		

* 주식발행수수료는 주식발행초과금에서 차감한다. ⇒ 2,000주 × (4,000원 - 5,000원) - 1,000,000원 = (-)3,000,000원

04 ②

• 매출처 직원과의 식사비용은 접대비로 회계처리한다.
따라서 접대비 과소계상, 판매관리비 과소계상, 영업이익 과대계상, 매출총이익에 미치는 영향은 없다.

05 ①

• 처분시점 회계처리:

(차) 현금	580,000원	(대) 매도가능증권	450,000원
매도가능증권처분손실	20,000원	매도가능증권평가손실 (기타포괄손익누계액)	150,000원

06 ②

• (12,000,000원 - 500,000원) + 3,000,000원 + 6,000,000원 = 20,500,000원
자산수증이익은 과세표준에 포함하지 않는다.
개인적 공급은 시가를 과세표준에 포함한다.

07 ④
• ① 폐업하는 경우 폐업일이 속한 달의 다음 달 25일 이내에 신고 · 납부하여야 한다.
② 총괄납부사업자의 경우 신고는 각 사업장별로 하되, 주된 사업장에서 종된 사업장분을 합산하여 납부한다.
③ 일반환급의 경우 각 과세기간별로 확정신고기한 후 30일 이내에 환급한다.

08 ③
• 외국법인으로부터 받은 원천징수 대상이 아닌 현금배당은 무조건 종합과세 대상이다.

09 ③
• 공적연금소득만 있는 자는 연말정산으로 과세가 종결된다.

10 ④
• 부녀자공제와 한부모공제에 동시에 해당하는 경우 한부모공제를 적용 받는다.

[실무수행과제]

문제 1 거래자료입력

1 [일반전표입력] 3월 10일

(차) 103.보통예금(98500.기업은행)	31,150,000원	(대) 331.자본금	20,000,000원
		341.주식발행초과금	11,150,000원

2 [매입매출전표입력 3월 25일

거래유형	품명	공급가액	부가세	거래처	전자세금
51.과세	로봇기계	50,000,000	5,000,000	00303.(주)은호기계	전자입력
분개유형	(차) 206.기계장치	50,000,000원	(대) 103.보통예금		55,000,000원
3.혼합	135.부가세대급금	5,000,000원	(98500.기업은행)		

[일반전표입력] 3월 25일

(차) 104.정부보조금	30,000,000원	(대) 219.정부보조금	30,000,000원

3 [일반전표입력] 6월 10일

(차) 812.여비교통비	230,000원	(대) 103.보통예금(98050.하나은행)	380,000원
813.접대비(기업업무추진비)	150,000원		

문제 2 부가가치세

1 과세매출자료의 전자세금계산서 발급

1. [매입매출전표입력 4월 30일(복수거래)

거래유형	품명	공급가액	부가세	거래처	전자세금
11.과세	국내산 가공육외	10,900,000	1,090,000	00924.(주)윤상마트	전자발행
분개유형	(차) 108.외상매출금	9,592,000원	(대) 404.제품매출		10,900,000원
3.혼합	101.현금	2,398,000원	255.부가세예수금		1,090,000원

2. [전자세금계산서 발행 및 내역관리]
미전송된 내역이 조회되면, 미전송내역을 체크한 후 전자세금계산서 발행 및 국세청 전송

2 수정전자세금계산서의 발행

1. [수정세금계산서 발급]
① [매입매출전표입력] 5월 10일 전표 선택 → 수정세금계산서 → [수정사유] 화면에서 [2.공급가액 변동]을 선택한 후 확인(Tab) 클릭
② [수정세금계산서(매출)]화면에서 [작성일 5월 15일], [공급가액 3,000,000원, 세액 300,000원]을 입력한 후 확인(Tab) 클릭
③ 수정세금계산서 1건이 입력이 되는 것을 확인
→ 5월 15일 공급가액 증가분의 회계처리

거래유형	품명	공급가액	부가세	거래처	전자세금
11.과세	공급가액 증가	3,000,000	300,000	00885.(주)다빈유통	전자발행
분개유형	(차) 108.외상매출금	3,300,000	(대) 404.제품매출 255.부가세예수금		3,000,000원 300,000원
2.외상					

2. [전자세금계산서 발행 및 내역관리]
① 전자세금계산서 발행 및 내역관리를 클릭하면 수정 전표 1매가 미전송 상태로 나타난다.
② 해당내역을 클릭하여 전자세금계산서 발행 및 국세청 전송을 한다.

3 신용카드매출전표발행집계표 작성자의 부가가치세신고서 작성

1. 거래자료 입력.

[매입매출전표입력] 7월 9일

거래유형	품명	공급가액	부가세	거래처	전자세금
12.영세	포장 가공육	4,000,000		01122.(주)승연무역	전자입력
분개유형	(차) 108.외상매출금 (99602.국민카드)	4,000,000원	(대) 404.제품매출		4,000,000원
4.카드					

[매입매출전표입력] 7월 13일

거래유형	품명	공급가액	부가세	거래처	전자세금
17.카과	가공식품	300,000	30,000	01230.(주)주영마트	
분개유형	(차) 108.외상매출금 (99600.비씨카드)	330,000원	(대) 404.제품매출 255.부가세예수금		300,000원 30,000원
4.카드					

[매입매출전표입력] 7월 21일

거래유형	품명	공급가액	부가세	거래처	전자세금
22.현과	장조림캔	190,000	19,000	05300.박나영	
분개유형	(차) 101.현금	209,000원	(대) 404.제품매출 255.부가세예수금		190,000원 19,000원
1.현금					

2. [신용카드매출전표발행집계표] 7월 ~ 9월

1. 신용카드매출전표 등 발행금액 현황

구 분	⑤ 합 계	⑥ 신용 · 직불 · 기명식 선불카드	⑦ 현금영수증
합 계	4,539,000	4,330,000	209,000
과세매출분	4,539,000	4,330,000	209,000
면세매출분			
봉 사 료			

2. 신용카드 매출전표등 발행금액(⑥합계) 중 세금계산서(계산서) 발급내역

⑧ 세금계산서 발급금액	4,000,000	⑨ 계산서 발급금액	

3. [부가가치세신고서] 7월 1일 ~ 9월 30일

구 분				금액	세율	세액
과세표준및매출세액	과세	세금계산서발급분	1	250,000,000	10/100	25,000,000
		매입자발행세금계산서	2		10/100	
		신용카드.현금영수증	3	490,000	10/100	49,000
		기타	4		10/100	
	영세	세금계산서발급분	5	4,000,000	0/100	
		기타	6		0/100	
	예정신고누락분		7			
	대손세액가감		8			
	합계		9	254,490,000	㉮	25,049,000

4 의제매입세액공제신고사업자의 부가가치세신고서 작성

1. 거래자료 입력

[매입매출전표입력] 11월 25일

거래유형	품명	공급가액	부가세	거래처	전자세금
53.면세	닭다리 정육	80,000,000		00211.준경유통	전자입력
분개유형	(차) 153.원재료 80,000,000원 적요6.의제매입세액원재료차감(부가)			(대) 101.현금 80,000,000원	
1.현금					

[매입매출전표입력] 12월 13일

거래유형	품명	공급가액	부가세	거래처	전자세금
60.면건	마늘	2,000,000		00321.조영준	
분개유형	(차) 153.원재료 2,000,000원 적요6.의제매입세액원재료차감(부가)			(대) 101.현금 2,000,000원	
1.현금					

[일반전표입력] 12월 20일

(차) 153.원재료 100,000원 (대) 101.현금 100,000원

※ 사업자로부터 영수증을 수취한 경우에는 의제매입세액공제 불가능

2. [의제매입세액공제신고서] 10월 ~ 12월

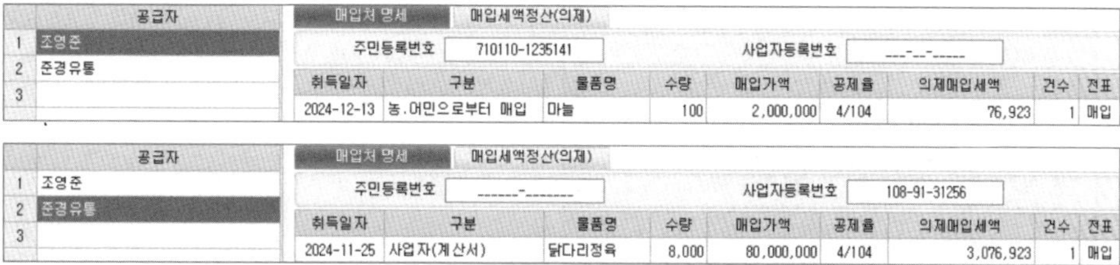

	공급자
1	조영준
2	준경유통
3	

매입처 명세 | 매입세액정산(의제)

주민등록번호 710110-1235141 사업자등록번호 ___-__-_____

취득일자	구분	물품명	수량	매입가액	공제율	의제매입세액	건수	전표
2024-12-13	농.어민으로부터 매입	마늘	100	2,000,000	4/104	76,923	1	매입

	공급자
1	조영준
2	준경유통
3	

매입처 명세 | 매입세액정산(의제)

주민등록번호 ______-_______ 사업자등록번호 108-91-31256

취득일자	구분	물품명	수량	매입가액	공제율	의제매입세액	건수	전표
2024-11-25	사업자(계산서)	닭다리정육	8,000	80,000,000	4/104	3,076,923	1	매입

매입처 명세 | 매입세액정산(의제)

구분	매입처수	건수	매입가액	공제율	의제매입세액
합 계	2	2	82,000,000	4/104	3,153,846
사업자매입분(계 산 서)	1	1	80,000,000	4/104	3,076,923
사업자매입분(신용카드)					
농·어민 매 입 분	1	1	2,000,000	4/104	76,923

3.면세농산물등 의제매입세액 | 4.매입시기 집중제조업 면세농산물등 | ※ 확정(폐업)신고시 3번을 작성하셔야 합니다.

가. 과세기간 과세표준 및 공제가능한 금액 등 — 한도율편집(확정신고)

과세표준			대상액한도계산	
14.합계	15.예정분	16.확정분	17.한도율	18.한도액
800,000,000	450,000,000	350,000,000	50%	400,000,000

가. 과세기간 과세표준 및 공제가능한 금액 등

19. 당기 매입액				20.공제대상금액(=18과 19의 금액 중 적은금액)
합계	월별 조기분	예정분	확정분	
207,000,000		125,000,000	82,000,000	207,000,000

나. 과세기간 공제할 세액

공제대상세액		이미 공제받은 세액			26.공제(납부)할 세액(=22-23)
21.공제율	22.공제대상액	23.합계	24.예정신고분	25.월별조기분	
4/104	7,961,538	4,807,692	4,807,692		3,153,846

3. [부가가치세신고서] 10월 1일 ~ 12월 31일

그밖의공제매입세액	14	82,000,000	3,153,846

4. [일반전표입력] 12월 31일
   (차) 135.부가세대급금 3,153,846원 (대) 153.원재료 3,153,846원

문제 3 결산

1 수동결산

[일반전표입력] 12월 31일
(차) 107.단기매매증권 1,700,000원 (대) 905.단기매매증권평가익 1,700,000원
※ 500주 × (25,400원 − 22,000원) = 1,700,000원

2 결산자료입력에 의한 자동결산

[고정자산등록]

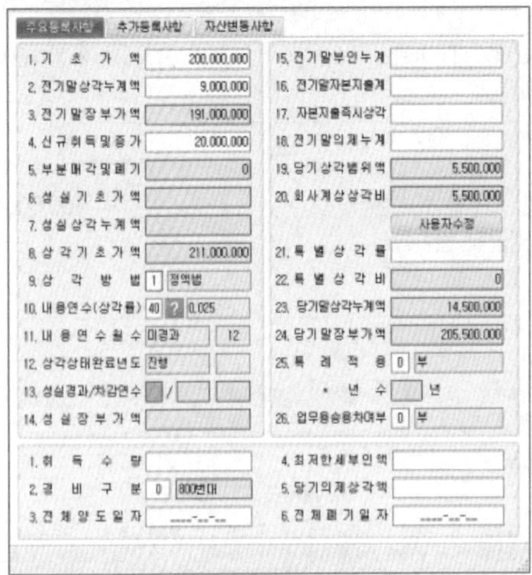

주요등록사항 | 추가등록사항 | 자산변동사항

1.기초가액	200,000,000	15.전기말부인누계	
2.전기말상각누계액	9,000,000	16.전기말자본지출계	
3.전기말장부가액	191,000,000	17.자본지출즉시상각	
4.신규취득및증가	20,000,000	18.전기말의제누계	
5.부분매각및폐기	0	19.당기상각범위액	5,500,000
6.성실기초가액		20.회사계상상각비	5,500,000
7.성실상각누계액			사용자수정
8.상각기초가액	211,000,000	21.특별상각률	
9.상각방법	1 정액법	22.특별상각비	0
10.내용연수(상각률)	40 ? 0.025	23.당기말상각누계액	14,500,000
11.내용연수월수	미경과 12	24.당기말장부가액	205,500,000
12.상각상태완료년도	진행	25.특례적용	0 부
13.성실경과/차감연수	/	* 년수	년
14.성실장부가액		26.업무용승용차여부	0 부
1.취득수량		4.최저한세부인액	
2.경비구분	0 800번대	5.당기의제상각액	
3.전체양도일자	____-__-__	6.전체폐기일자	____-__-__

6월 24일 매입매출전표입력에서 건물의 자본적지출 금액확인
(차) 202.건물 20,000,000원
135.부가세대급금 2,000,000원
(대) 253.미지급금 22,000,000원

※ 고정자산등록 메뉴에서 4.신규취득 및 증가 란에 자본적 지출금액 20,000,000원을 입력한다.

[결산자료입력]
- 감가상각비(판) [건물]에 5,500,000원 입력
- 기말 원재료 27,000,000원 제품 32,000,000원 입력
- 상단 툴바의 전표추가(F3) 를 클릭하여 결산분개 생성

[이익잉여금처분계산서]
- 이익잉여금처분계산서에서 처분일을 입력한 후, 전표추가(F3) 를 클릭하여 손익대체분개 생성

문제 4 근로소득관리

1 사원등록

[부양가족명세]

	연말정산관계	기본	세대	부녀	장애	경로70세	출산입양	자녀	한부모	성명		주민(외국인)번호
1	0.본인	본인	○						○	김상경	내	660825-1111116
2	1.(소)직계존속	60세이상			3	○				홍지숙	내	420110-2919386
3	4.직계비속((손)	부								김현철	내	961001-1299482
4	4.직계비속((손)	20세이하						○		김유민	내	041215-4399484
5	6.형제자매	부								김미영	내	830827-2222220

① 김상경: 이혼으로 한부모공제 가능
② 황수정: 이혼으로 부양가족공제 불가능
③ 홍지숙: 금융소득합계액이 2,000만원 이하로서 분리과세 대상이므로 기본공제, 장애인공제, 경로우대공제 가능
④ 김현철: 20세 이상으로 기본공제 불가능
⑤ 김유민: 20세 이하로 기본공제, 자녀세액공제 가능
⑥ 김미영: 20세 이상이고, 총급여가 500만원을 초과하므로 기본공제 불가능

2 급여자료입력

1. [수당등록]

수당등록 | 공제등록 | 비과세/감면설정 | 사회보험

	코드	수당명	과세구분	근로소득유형	
1	101	기본급	과세	1.급여	
2	102	상여	과세	2.상여	
3	200	국외근로수당	비과세	9.국외등근로(건설지원	M01
4	201	근속수당	과세	1.급여	
5	202	식대	비과세	2.식대	P01
6	203	자격수당	과세	1.급여	

2. [급여자료입력] 귀속월: 7월, 지급일 2024년 8월 7일

① 오주연의 급여자료

급여항목	지급액	공제항목	공제액
기본급	2,000,000	국민연금	90,000
상여	1,000,000	건강보험	70,900
근속수당	100,000	고용보험	28,800
식대	200,000	장기요양보험료	9,180
자격수당	100,000	소득세	19,790
		지방소득세	1,970

② 성준기의 급여자료

급여항목	지급액	공제항목	공제액
기본급	3,000,000	국민연금	153,000
상여	1,500,000	건강보험	120,530
국외근로수당	1,500,000	고용보험	46,800
근속수당	200,000	장기요양보험료	15,600
식대	200,000	소득세	21,300
자격수당		지방소득세	2,130

3. [원천징수이행상황신고서] 귀속기간 2024년 7월 ~ 7월, 지급기간 2024년 8월 ~ 8월

구분		코드	소득지급(과세미달,비과세포함)		징수세액			9.당월 조정 환급세액	10.소득세 등 (가산세 포함)	11.농어촌 특별세
			4.인원	5.총지급액	6.소득세 등	7.농어촌특별세	8.가산세			
근로소득	간이세액	A01	2	9,800,000	41,090					
	중도퇴사	A02								
	일용근로	A03								
	연말정산합계	A04								
	연말분납금액	A05								
	연말납부금액	A06								
	가감계	A10	2	9,800,000	41,090				41,090	

3 연말정산

1. 종전 근무지 입력

정산명세 | 소득명세 | 소득공제 | 의료비 | 기부금

구분/항목	계	종전1
근무처명		(주)해진산업
사업자등록번호(숫자10자리입력)		108-81-21220
13.급여	53,200,000	28,000,000
14.상여	11,800,000	1,800,000
15.인정상여		
15-1.주식매수선택권행사이익		
15-2.우리사주조합인출금		
15-3.임원퇴직소득한도초과액		
15-4.직무발명보상금		
16.급여계	65,000,000	29,800,000
미제출비과세		
건강보험료	1,148,340	255,000
장기요양보험료	126,500	12,080
국민연금보험료	1,634,000	500,000
고용보험료	366,800	50,000
소득세	2,337,920	1,250,000
지방소득세	233,770	125,000

2. 의료비 세액공제

정산명세 | 소득명세 | 소득공제 | 의료비 | 기부금 | 신용카드 | 연금투자명세 | 월세액명세

지 급 내 역

	공제대상자					지급처			지급명세		
	부양가족 관계코드	성명	내외	주민등록번호	본인등 해당여부	상호	사업자번호	의료증빙 코드	건수	지급액	실손의료보험금
1	소득자의 직계존	하충남	내	510102-1111113	○			국세청	1	3,870,000	

※ 안경구입비는 1인당 50만원 한도

3. 기부금 세액공제

① 기부금 탭 [해당연도 기부명세]

해당연도 기부명세 | 기부금 조정명세 | 조정명세서 현황 | 급여공제내역 | 엑셀

1. 해당연도 기부명세

NO	기부자				기부처		유형	코드	기부명세				구분	내용
	관계	성명	내.외	주민번호	사업자번호	상호			건수	합계금액	기부대상액	장려금신청		
1	2.배우자	이지영	내	790502-2222221	106-89-99368	주님교회	종교	41	1	4,200,000	4,200,000		기타	금전

② 기부금 탭 [기부금 조정명세]에서 [공제액계산 정산명세보내기] 클릭

③ 하단의 [공제금액+정산명세 반영] 클릭(공제금액 정산명세로 자동 반영)

4. 보험료 세액공제

정산명세 | 소득명세 | 소득공제 | 의료비 | 기부금

	관계코드 / 내외국인	성 명 / 주민등록번호	기본	보험료 보장성	보험료 장애인
1	0	하정근	본인/세대주	1,300,000	
	1	741011-1111113			
2	3	이지영	배우자		
	1	790502-2222221			
3	1	하충남	60세이상		
	1	510102-1111113			
4	4	하준석	20세이하	2,100,000	
	1	091215-3094119			

※ 저축성보험료는 공제대상이 아님

실무수행평가

11	12	13	14	15
③	2	50,650,000원	239,870,329원	239,870,329원
16	17	18	19	20
4,000,000원	①	490,000원	400,000,000원	20,789,354원
21	22	23	24	25
100,000원	175,902,120원	342,000원	5,610,646원	4,000,000원
26	27	28	29	30
36,150,000원	821,080,253원	4,620,000원	63,735,443원	815,798,821원
31	32	33	34	35
12,700,000원	205,500,000원	35,000,000원	13,150,000원	③
36	37	38	39	40
0원	3,000,000원	1,000,000원	2,000,000원	1,000,000원
41	42	43	44	45
500,000원	400,000원	6,040,640원	41,090원	42,724,360원
46	47	48	49	50
120,000원	1,920,000원	630,000원	1,250,000원	3,300,654원

I CAN TAT 세무실무 2급

발　　행	2014년 2월 20일 초판
	2024년 7월 30일 개정 11판 2쇄
저　　자	삼일인포마인
발 행 인	이 희 태
발 행 처	**삼일인포마인**
주　　소	서울특별시 한강대로 273 용산빌딩 4층
등　　록	1995. 6. 26 제3-633호
전　　화	(02) 3489-3100
팩　　스	(02) 3489-3141
정　　가	28,000원
I S B N	979-11-6784-239-8 13320

저자와의
협의하에
인지생략